Friedrich Kuhlmann

BETRIEBSLEHRE DER AGRAR- UND ERNÄHRUNGSWIRTSCHAFT

Bibliografische Information der Deutschen Bibliothek

Die Deutsche Bibliothek verzeichnet diese Publikation in der Deutschen Nationalbibliografie: detaillierte Bibliografische Daten sind im Internet über http://dnb.ddb.de abrufbar.

Bilder Titelseite:
Großes Bild = MEV-Verlag
Oben links = Martina Taylor - Fotolia.com
Mitte links = Hugues ARGENCE - Fotolia.com
Unten links = Monika Adamczyk - Fotolia.com

Eschborner Landstraße 122
D-60489 Frankfurt am Main
Telefon +49 (0) 69 2 47 88-451
Telefax +49 (0) 69 2 47 88-480
E-Mail: dlg-verlag@dlg.org
Internet: www.dlg-verlag.de

Herstellung: Martina Scharmann, DLG-Verlag, Frankfurt am Main
Gesamtgestaltung: Ruschke und Partner, Oberursel
Druck: Greiserdruck, Rastatts
Printed in Germany
Gedruckt auf chlorfrei gebleichten Papier.
ISBN 978-3-7690-0676-6

Friedrich Kuhlmann

Betriebslehre der Agrar- und Ernährungswirtschaft

VERLAG

Vorwort zur 2. Auflage (Auszug)

Was erwartet den Leser mit der Lektüre dieses Buches? – Einige Hinweise sind schon deshalb angebracht, weil das Buch in seinem Aufbau und seiner Stoffauswahl teilweise von anderen einschlägigen Lehrbüchern abweicht. Dieses Buch ist ein „textbook": Es entstand aus einer Einführungsvorlesung, die ich seit dem Wintersemester 1970/71 für Studierende der Agrarwissenschaften und der Ökotrophologie halte und auf der Grundlage meiner 1978 erschienenen „Einführung in die Betriebswirtschaftslehre für den Agrar- und Ernährungsbereich". Das Buch wendet sich daher einerseits an Studierende an Universitäten und Fachhochschulen, die während ihres Bachelor-Studiums den Einstieg in das Gebiet der Betriebslehre der Agrar- und Ernährungswirtschaft suchen und sich einen Gesamtüberblick über das Fachgebiet verschaffen möchten.

Andererseits wendet sich das Buch aber auch an Unternehmer und Manager im Gesamtbereich der Lebensmittelkette, d. h. in der Landwirtschaft, in den vorgelagerten Betrieben der zugehörigen Investitionsgüter- und Betriebsmittelindustrie und im lebensmittelverarbeitenden Gewerbe. Sie können dieses Buch zur Wissensauffrischung und hoffentlich auch zur Wissenserweiterung sowie als Nachschlagewerk benutzen.

In einem Lehrbuch sollte es nicht vorrangig darum gehen, neueste Forschungsergebnisse vorzutragen, sondern darum, eine didaktische Herausforderung zu bewältigen. Dieses „textbook" enthält daher nur wenige Fragestellungen und Forschungsergebnisse, die nicht schon an anderer Stelle in der Betriebslehre der Agrar- und Ernährungswirtschaft diskutiert wurden. Es ist vielmehr in dem Bestreben entstanden, dem Leser anhand von konkreten Beispielen sachlichen und methodischen Inhalts die Wissensbereiche nahe zu bringen, die er beherrschen sollte, bevor er in ein vertieftes Studium der neuesten Entwicklungen und Spezialgebiete der Betriebswirtschaftslehre einsteigt. Es ist jedoch naheliegend, dass nach einer inzwischen 30-jährigen Tätigkeit als Hochschullehrer an manchen Stellen auch persönliche Auffassungen und eigene Forschungsergebnisse in das Buch eingegangen sind. Insgesamt wollte ich ein anwendungsbezogenes, entscheidungs- und handlungsorientiertes Buch schreiben.

Gießen, November 2002 *Friedrich Kuhlmann*

Vorwort zur 3. Auflage

Die 2. Auflage dieses Lehrbuches wurde von den Lesern insgesamt positiv aufgenommen. Allerdings habe ich aus der Wirtschaft, von den Studierenden und von meinen Mitarbeitern zahlreiche Hinweise für Verbesserungen des Inhaltes und der Lesbarkeit erhalten. Dafür möchte ich mich an dieser Stelle bedanken.

Ausgehend von diesen Hinweisen habe ich den Text und die Rechenbeispiele durchgehend überarbeitet, an verschiedenen Stellen gekürzt, an anderen erweitert. Im 2. Kapitel zu Entscheidungen bei unvollkommener Information wurden Abschnitte zu den Wirkungen verbesserter Vorabinformationen für die Qualität von Entscheidungen und zu den Instrumenten für das Risikomanagement neu aufgenommen. Im Zuge der sukzessiven Deregulierung der Märkte für Agrarprodukte und Lebensmittel wird die vorsorgende Berücksichtigung von Produktions- und Marktrisiken für jeden betrieblichen Entscheidungsträger zu einer zentralen Aufgabe bei der Entscheidungsfindung.

Das 6. Kapitel zu den produktionswirtschaftlichen Handlungsfeldern wurde neu gefasst und um die Abschnitte zur technisch-intensitätsmäßigen Variation von Produktionsprozessen sowie zur Vorgehensweise bei der Zusammenstellung von vollständigen Produktionsverfahren aus zahlreichen Alternativen für die elementaren Produktionsprozesse erweitert. Die Bestimmungen der betriebsindividuell optimalen Konfigurationen von Produktionsverfahren und der optimalen Nutzungsintensitäten maschineller Aggregate werden angesichts immer kapitalintensiver werdender Produktionsprozesse zu zentralen Entscheidungsbereichen, die aber bisher nur unzulänglich behandelt wurden.

In jedem Kapitel des Buches finden sich zahlreiche konkrete Beispiele für Planungsverfahren, für die Entscheidungsvorbereitung und für die Kontrolle der erreichten Ergebnisse. Sie wurden mit dem Tabellenkalkulationsprogramm Excel aufbereitet und sind in der beigefügten CD-ROM zusammengefasst. Zum Selbststudium und mit dem Ziel, dass derartige Verfahren nicht nur „gekannt", sondern „gekonnt" werden sollten, kann der Leser diese Programme am Rechner aufrufen, die jeweiligen Eingabedaten variieren und so tiefere Einsichten in die oft nicht trivialen Entscheidungsfelder gewinnen. Überdies soll er damit Anregungen für eigene Modellentwicklungen erhalten, um möglichst rasch den Schritt von der „Wissensrezeption" zur „Wissensgenerierung" – einem Hauptziel des Studiums – zu vollziehen. Um diesen Prozess weiter zu unterstützen, wurden im Text an zahlreichen Stellen Aufgaben zu den betrachteten Entscheidungsfeldern und auch weiterführende Fragestellungen formuliert.

Die CD-ROM enthält überdies sämtliche übrigen Tabellen und Abbildungen dieses Buches. Sie können für Lehr- und Unterrichtszwecke ausgedruckt oder zur Beamer-Präsentation verwendet werden. Schließlich enthält die CD-ROM eine Datei (LiesMich.htm), die Hinweise zur Handhabung gibt.

Allen Mitarbeitern, die mich auf dem Weg zur Entwicklung und Erstellung dieses Buches begleitet haben, danke ich für die Mühe, die sie sich bei der kritischen Lektüre und der Korrektur der Texte gemacht haben. Bei Frau Margret Heath möchte ich mich dafür bedanken, dass sie den Text in eine lesbare Fassung gebracht und sämtliche Herausforderungen der Textgestaltung glänzend bestanden hat. Verbleibende Fehler und „Ungereimtheiten" gehen aber selbstverständlich allein zu meinen Lasten.

Schließlich bin ich dem DLG-Verlag für die gute und vertrauensvolle Zusammenarbeit bei der Erstellung auch dieser Auflage zu großem Dank verpflichtet.

Gießen, Dezember 2006 *Friedrich Kuhlmann*

1 Grundlagen wirtschaftlichen Handelns

1.1 Bedürfnisbefriedigung und Nutzenmaximierung

Jeder Mensch hat Bedürfnisse und Wünsche, jeder empfindet Mangel, den er beheben möchte. Einige Bedürfnisse muss der Mensch befriedigen, um seine nackte Existenz zu sichern (Nahrung, Kleidung, Wohnung etc.). Andere möchte er gern befriedigen, davon überzeugt, dadurch vorteilhafter oder eben „befriedigter" zu leben. Wir können sogar sagen, dass der Mensch meint, er werde umso zufriedener sein, je mehr seiner Bedürfnisse und Wünsche er soweit wie möglich erfüllen kann. Mit anderen Worten: Der Mensch strebt nach *totaler Bedürfnisbefriedigung*. Das ist die grundlegende Triebkraft seines Handelns.

Indessen lehrt die tägliche Erfahrung, dass die Arten der Bedürfnisse und die Ausmaße, in denen sie befriedigt werden, von Mensch zu Mensch mehr oder weniger variieren. Jeder hat zumindest teilweise eigenständige Vorstellungen davon, was und wie viel gerade für ihn befriedigend bzw. nützlich ist. *Befriedigung und Nutzen* sind subjektive Größen. Sie werden individuell empfunden und bewertet.

Ebenso lehrt die tägliche Erfahrung, dass das von Mensch zu Mensch variierende Ausmaß der Bedürfnisbefriedigung auch durchaus objektive Ursachen hat. Einige Menschen werden mit einem „goldenen Löffel im Mund" geboren; andere haben eine vergleichsweise glückliche Hand oder sind befähigter bei der Durchsetzung ihres Strebens nach Bedürfnisbefriedigung.

Insgesamt können diese Unterschiede – so bedeutsam sie auch sein mögen – jedoch nicht darüber hinwegtäuschen, dass offenbar niemand fortwährend völlig zufrieden oder gar wunschlos glücklich ist, also den Zustand der totalen Bedürfnisbefriedigung auch wirklich erreicht.

Zentrale Ursache dieser misslichen Situation ist, dass zur Befriedigung fast sämtlicher Bedürfnisse Gegenstände und Dienstleistungen („Güter") in Anspruch genommen werden müssen, die niemandem in vollkommen ausreichendem Maße zur Verfügung stehen. *Die Güter zur Bedürfnisbefriedigung sind knapp.*

Diese Knappheit ergibt sich zunächst aus der Tatsache, dass der Mensch zur Beschaffung und Herstellung von Gütern geistig und körperlich *arbeiten* muss. Jede Art von Arbeit beansprucht jedoch Zeit. In der Spanne eines menschlichen Lebens steht aber nur eine begrenzte Gesamtarbeitszeit zur Verfügung, in der auch bei sehr hoher Leistung nach den Gesetzen der Physik nur eine endliche Menge an Gütern hervorgebracht werden kann. Arbeit ist also prinzipiell knapp.

Die eigentliche Knappheit resultiert aber daraus, dass Arbeitszeit auch innerhalb der Gesamtarbeitszeit nicht „kostenlos" ist. Der Mensch kann nicht gleichzeitig mehrere Güter herstellen. Bei Verwendung von Arbeitszeit für ein Gut entgeht ihm der Nutzen aus der nicht gleichzeitig möglichen Herstellung anderer Güter. Da überdies nicht nur die Erzeugung von Gütern, sondern auch ihre Verwendung zur Bedürfnisbefriedigung und ferner das Genießen von Freizeit und Muße Zeit beanspruchen, lässt sich die „produzierende" Tätigkeit nur auf Kosten der „konsumierenden" Tätigkeit ausdehnen. Arbeitszeit ist also auch deshalb knapp, weil sie mit dem entgehenden Nutzen für die eingeschränkte Konsum- und Freizeit belastet ist.

Wir bezeichnen diese „Kosten" für den entgehenden Nutzen als *Opportunitätskosten oder Nutzungskosten*. Opportunitätskosten entstehen generell, weil der Mensch seine Zeit für verschiedene Zwecke verwenden kann, die insgesamt verfügbare Zeit aber begrenzt ist und er mithin die Befriedigung eines Bedürfnisses einschränken muss, wenn er die Befriedigung eines anderen Bedürfnisses ausdehnen möchte: „Time is Money!".

Neben menschlicher Arbeit erfordert die Güterherstellung einen mehr oder weniger umfangreichen Einsatz an sachlichen Hilfsmitteln (Bauten, Maschinen, Materialien etc.). Diese Güter werden nun ihrerseits wieder aus anderen Gütern unter Zuhilfenahme menschlicher Arbeit erzeugt. Verfolgen wir diese – in arbeitsteiligen Volkswirtschaften – sehr vielstufige Kette immer weiter, dann können wir feststellen, dass schließlich sämtliche Güter, seien sie nun direkt für den Konsum bestimmt oder als Hilfsmittel für andere Produktionsstufen vorgesehen, neben menschlicher Arbeit Energie und (Roh-)Stoffe beanspruchen, die aus den natürlichen Ressourcen der Erde, der Erdatmosphäre und der Sonne gewonnen werden müssen. So werden z. B. Phosphor und Kalium als Nährstoffe für die Nutzpflanzenerzeugung aus dem Muttergestein des Bodens und aus speziellen Lagerstätten der oberen Erdschicht entnommen. Ebenso aus Lagerstätten werden andere chemische Elemente und Verbindungen für die industrielle Produktion (z. B. Metalle), für die Energiegewinnung (z. B. Uran, Kohle, Erdöl) und für Baumaterialien abgebaut. Aus der Atmosphäre wird z. B. Stickstoff als Nährstoff für Nutzpflanzen durch Leguminosen und Stickstofffabriken entzogen. Die Sonne dient als Quelle laufender Energiezufuhr, z. B. für den Nutzpflanzenanbau zur Erzeugung von Nahrungsmitteln oder für Sonnenkollektoren zur Erzeugung von Wärme. Schließlich ist die Sonne selbstverständlich auch die Quelle für die in der Vergangenheit entstandenen Kohle- und Erdöllagerstätten, die ihrerseits fossile Energien liefern.

Man könnte sich nun auf den Standpunkt stellen, dass Energie und Stoffe letztlich nicht wirklich knapp seien, weil die Sonne noch auf unabsehbare Zeit scheinen wird, weil der Stickstoffvorrat der Erdatmosphäre durch fortwährende Freisetzung nur vorübergehend in den Gütern gebundenen Stickstoffs immer wieder aufgefüllt wird und weil für die ebenfalls nur vorübergehend in den Gütern gebundenen, aus der Erde gewonnenen Stoffe prinzipiell der Satz von der Erhaltung der Masse gilt. Die Stoffe werden nach Verbrauch der Güter, in denen sie enthalten sind, stets wieder freigesetzt.

Tatsächlich sind diese Stoffe aber zum einen knapp, weil ihre Bereitstellung ebenfalls menschliche Arbeit erfordert und sich deren Knappheit auf die Stoffe überträgt. Zum anderen können sie im Laufe der Zeit sogar noch weiter verknappen, weil sich erstens die Lagerstätten für fossile Energieträger erschöpfen und die alternativ mögliche Nutzung von laufender Sonnenenergie arbeitsaufwändiger ist, und weil zweitens für die Nutzung der chemischen Elemente und Verbindungen aus der oberen Erdschicht eine spezielle Form des Entropiesatzes gilt: Die ursprünglich in Lagerstätten hoch konzentriert vorliegenden Stoffe werden durch die Güterproduktion und deren Verzehr nach und nach immer gleichmäßiger über die Erdoberfläche verteilt (das Maß der Unordnung nimmt zu). Ihre Wiederverwendung (Recycling) wird dadurch fortgesetzt schwieriger. Nutzbare Energie und nutzbare Stoffe werden mithin fortlaufend knapper. Allerdings ist anzumerken, dass zwar die grundsätzliche Knappheit von Energie und Stoffen so lange erhalten bleibt, wie sie der menschlichen Bedürfnisbefriedigung dienen und ihre Bereitstellung menschliche Arbeit erfordert, dass aber der Grad ihrer Knappheit nicht zwangsläufig kontinuierlich zunehmen muss, vielmehr infolge technischer Fortschritte vorübergehend durchaus auch wieder abnehmen kann.

Des Weiteren werden für die Bedürfnisbefriedigung nicht nur menschliche Arbeit, Energie und Stoffe benötigt, vielmehr muss dabei unvermeidlich auch *Fläche (Raum)* eingesetzt werden, weil sowohl die Güterproduktion als auch der Güterkonsum an bestimmten Orten bzw. auf bestimmten Flächen stattfinden muss. Das gilt für die besonders flächenbeanspruchende Agrar- und Forstproduktion, aber auch für die Produktions- und Verkaufsstätten der gewerblichen Wirtschaft, des Handels, der Verkehrswirtschaft und der Dienstleistungsbetriebe und schließlich auch für Wohnungen und Freizeitanlagen als den Orten des Güterkonsums. Insgesamt wird die nutzbare Erdoberfläche dadurch zwar nicht aufgezehrt, sie hat jedoch eine endliche Größe und ist mithin prinzipiell knapp.

Ganz ähnlich wie bei der menschlichen Arbeitszeit ergibt sich die eigentliche Knappheit aber erst daraus, dass die Fläche ein Mittel ist, das zwar einerseits für sämtliche Arten der Bedürfnisbefriedigung eingesetzt werden muss, andererseits eben deshalb aber auch alternativen Verwendungszwecken zugeführt werden kann. Wenn nun eine Teilfläche während einer bestimmten Zeitspanne für einen bestimmten Zweck genutzt wird, dann scheidet sie während dieser Zeit für anderweitige Nutzungen aus. Bei Verwendung der Fläche für die Befriedigung eines Bedürfnisses (oder auch eines Bedürfnisbündels) entgeht der Nutzen für die mögliche Befriedigung anderer Bedürfnisse. Die Flächennutzung verursacht – analog zur Verwendung menschlicher Arbeitszeit – Opportunitätskosten, deren Höhe sich prinzipiell aus der nützlichsten alternativen Verwendungsmöglichkeit ergibt. Die Flächennutzung ist ein knappes Gut, sie hat einen Preis. Nur in einem Sonderfall kann dieser Preis null werden, nämlich dann, wenn von niemandem eine Verwendungsmöglichkeit für eine bestimmte Fläche gesehen wird. Diese Fläche bleibt dann so lange ein freies Gut, bis sie jemand nutzt, eben weil er sich davon einen Nutzen verspricht.

Aus der Sicht des einzelnen Güterherstellers in einer arbeitsteiligen Volkswirtschaft sind schließlich auch bereits von anderen hergestellte Güter – sog. *produzierte Produktionsmittel* – knapp. Aufgrund des vorher Gesagten ist das unmittelbar einsichtig. Die produzierten Produktionsmittel enthalten knappe menschliche Arbeitszeit, knappe Energie und Rohstoffe und auch knappe Flächennutzung. Die Knappheit ist also abgeleitet. Zudem können die Güter aber oftmals ihrerseits für verschiedene Zwecke verwendet werden. Sie verursachen deshalb nicht nur die abgeleiteten, sondern auch direkte Opportunitätskosten. Bei Verwendung für ein Bedürfnis entgeht der Nutzen für mögliche andere Bedürfnisse.

Betrachten wir die vorstehenden Überlegungen zusammenfassend, dann können wir als Ergebnis festhalten, dass es letztlich die beiden Phänomene *Zeit und Raum* sind, die für den Menschen endliche Ausmaße haben, die mithin seine Handlungsmöglichkeiten begrenzen, die deshalb Opportunitätskosten verursachen und daher für die unaufhebbare Knappheit der Güter zur Bedürfnisbefriedigung verantwortlich sind.

Aus dieser allgemeinen Knappheit der Güter ergeben sich nun entscheidende Konsequenzen für das Handeln des Menschen. Da seine Bedürfnisse größer sind als die Möglichkeiten zu ihrer Befriedigung, wird er das letztlich erstrebte Ziel einer totalen Bedürfnisbefriedigung wohl niemals erreichen. Es bleibt ihm nur das Streben nach einem möglichst hohen Grad der Bedürfnisbefriedigung bzw. nach einem möglichst hohen Gesamtnutzen. Daher gilt: Oberziel menschlichen Handelns in einer Welt der knappen Güter ist die *Nutzenmaximierung*.

1.2 Entscheiden und Wirtschaften

Die mehrseitige Verwendbarkeit der menschlichen Arbeit, des nutzbaren Raumes und der übrigen Hilfsmittel zur Befriedigung der verschiedenen Bedürfnisse bedingt nun, dass der Mensch in Verfolgung seines Oberzieles der Nutzenmaximierung fortgesetzt wählen, d. h. entscheiden muss. Er muss die im Hinblick auf einen möglichst hohen Gesamtnutzen vergleichsweise vorzüglichen Güter ermitteln und ihre zu verwendenden Mengen bestimmen. Insbesondere wird er Arbeitszeit, Fläche und die übrigen Hilfsmittel in sachlicher und zeitlicher Hinsicht so miteinander kombinieren wollen, dass keine andere Kombination der begrenzt verfügbaren Mittel zu einem höheren Gesamtnutzen führt. Dieser Wunsch ist in der Tat selbstverständlich. Wäre einem Menschen nämlich in einer Entscheidungssituation eine zulässige Lösung bekannt, die mit einem höheren Grad der Bedürfnisbefriedigung einherginge, dann würde er sicherlich diese wählen, weil er anderenfalls bewusst auf Nutzen verzichtete.

Bei dem skizzierten Entscheidungsprozess handelt es sich keineswegs um einen einmaligen Vorgang. Vielmehr sieht sich der Mensch in den verschiedenen Bereichen und Phasen seines Daseins immer wieder mit neuen Entscheidungsanlässen konfrontiert. Aneinandergereihte und oftmals gleichzeitig ablaufende Prozesse der Entscheidungsfindung und Entscheidungsumsetzung bilden den wesentlichen Kern des menschlichen Handelns für seine Bedürfnisbefriedigung. Wir bezeichnen dieses Handeln als *Wirtschaften* und definieren:

Wirtschaften ist das Entscheiden über den Einsatz knapper Güter, die alternativ verwendbar sind bzw. zur Befriedigung verschiedener Bedürfnisse dienen können. Oder abstrakter: Wirtschaften ist das Entscheiden über den Einsatz von knappen Mitteln zur Erreichung von Zielen.

Wirtschaften ist also gekennzeichnet durch eine zunächst allgemeine *Ziel-Mittel-Relation*, die grundsätzlich unendlich viele Ausprägungen annehmen kann und deshalb für jeden einzelnen Fall eindeutig festgelegt werden muss. Bei jedem einzelnen Entscheidungsanlass muss der Mensch seine Ziele definieren und dann über den sachlichen und zeitlichen Einsatz von Mitteln zur Zielerreichung entscheiden. Die generelle Frage, die in jeder konkreten Entscheidungssituation immer wieder beantwortet werden muss, lautet: *WOFÜR* soll *WAS, WIE VIEL, WIE, WO, WANN* und durch *WEN* getan werden?

1.3 Die Aufgabe der Betriebswirtschaftslehre

Indessen weiß jeder aus mehr oder weniger schmerzlicher Erfahrung, dass es in vielen Entscheidungssituationen durchaus nicht gelingt, die oben aufgeworfene Frage so zu beantworten, dass die zielwirksamste Lösung eines Problems gefunden würde. Auch bei eindeutig definierten Zielen ist die Auswahl der Mittelarten vielfach ebenso unzureichend, wie es die eingesetzten Mittelmengen im Vergleich zu den damit erreichten Ergebnissen sind. Beides hätte – im Nachhinein betrachtet – oftmals erheblich „besser" sein können. Es wird nicht optimal gewirtschaftet.

Ursache dieses unbefriedigenden Tatbestandes ist erstens, dass die Menschen nur unvollständig über die in fast allen Entscheidungssituationen sehr große Zahl von in Frage kommenden Handlungsalternativen und deren zu erwartender Konsequenzen informiert sind. Ursache ist zweitens, dass methodische Hilfsmittel, nämlich geeignete Verfahrensweisen für eine systematische Informationsbeschaffung und Entscheidungsfindung, entweder gar nicht bekannt sind oder aber unzureichend eingesetzt werden. Und Ursache ist drittens, dass Entscheidungen unter Zeitdruck getroffen werden müssen, weil Zeit – wie wir sahen – knapp ist und daher in vielen Entscheidungssituationen eine erschöpfende Suche nach Informationen und Entscheidungshilfsmitteln nicht möglich ist. In einem Satz: Das entscheidungsnotwendige Sachwissen der Entscheider ist ebenso unvollkommen wie die verwendeten Entscheidungshilfsmittel.

Umgekehrt können wir deshalb aber davon ausgehen, dass Entscheidungen umso zielwirksamer sein werden, je vollkommener die dafür notwendigen Informationen und Entscheidungshilfsmittel sind. Schon bei einem reinen Glücksspiel, wie dem Würfeln, ist es hilfreich zu wissen, dass die 6 bei jedem neuen Wurf wieder mit der Wahrscheinlichkeit $^1/_6$ auftritt, es sei denn, der Würfel wäre manipuliert. Weit wichtiger sind selbstverständlich geeignete Informationen und Entscheidungshilfsmittel in ernsthaften wirtschaftlichen Situationen: Wenn z. B. über die eventuelle Herstellung eines Produktes entschieden werden soll, dann führen genauere Einschätzungen der zu erwartenden Produktionsmittel- und Produktpreise und das Auffinden eines effizienteren Herstellungsverfahrens zu besseren Ergebnissen und damit zu einer zielgerechteren Wirtschaftstätigkeit.

Diese Überlegung bildet die Basis zur Bestimmung des Auftrages der *Betriebswirtschaftslehre* (Management Science) als wissenschaftlicher Disziplin (vgl. z. B. HEINEN 1985, S. 24 ff.). Seit jeher wird es als die vornehmste Aufgabe aller Wissenschaften angesehen, dem Menschen bei der Bewältigung seiner Daseinsprobleme zu helfen. Die Betriebswirtschaftslehre will dem Menschen bei seinen wirtschaftlichen Tätigkeiten behilflich sein, indem sie

- *erstens* Informationen über Entscheidungsfelder, d. h. über Handlungsmöglichkeiten und deren zu erwartende Ergebnisse zusammenträgt, also ein für zielgerechte Entscheidungen notwendiges *Sachwissen* erarbeitet,

- *zweitens* Verfahren zur selbstständigen Informationsbeschaffung und Alternativenauswahl für konkrete Entscheidungsanlässe entdeckt, überprüft und fortentwickelt, also ein für Entscheidungen notwendiges *Methodenwissen* erforscht.

Kurz gesagt: Die Betriebswirtschaftslehre will dem wirtschaftenden Menschen *Entscheidungshilfen* an die Hand geben.

Nach Maßgabe dieses Auftrages der Betriebswirtschaftslehre wurde der weitere Inhalt des vorliegenden Lehrbuchs gestaltet. In allen folgenden Kapiteln werden wir sowohl betriebswirtschaftliches Sachwissen als auch Methodenwissen kennen lernen, wobei stets im Vordergrund stehen wird, dass die Entscheidungsfindung und -umsetzung den Kern des Wirtschaftens bildet.

Im nachfolgenden Teil des ersten Kapitels wird nach einer Diskussion der Hauptentscheidungsfelder des handelnden Menschen eine Eingrenzung auf betriebswirtschaftliche Entscheidungsfelder vorgenommen. Dabei werden wir erste Beispiele für Entscheidungshilfsmittel kennen lernen. Das zweite Kapitel befasst sich mit der zentralen Problematik des wirtschaftenden Menschen, nämlich mit dem unabänderlichen Tatbestand, dass er Entscheidungen bei unvollkommener Information über mögliche Handlungsweisen und deren Folgen treffen muss. Im dritten Kapitel werden wir die einzelwirtschaftlichen Systeme identifizieren, in denen und für die die wirtschaftenden Menschen tätig sind. Diese Identifikation bildet die Basis für das vierte Kapitel, in dem wir die Ziele der Wirtschaftstätigkeit näher untersuchen und Verfahren zur Messung der Zielerreichungsgerade ableiten.

Im fünften bis achten Kapitel werden wir dann auf verschiedene Entscheidungsprobleme in den wesentlichen Teilbereichen von Einzelwirtschaften, nämlich der Personal-, der Produktions-, der Beschaffungs-, der Absatz-, der Investitions- und der Finanzwirtschaft, näher eingehen. Das neunte Kapitel führt diese Einzelergebnisse zusammen und geht auf Fragen ein, die die Einzelwirtschaft als Ganzes betreffen. Im letzten Kapitel werden wir uns schließlich mit der Methodologie befassen. Wir diskutieren hier die Frage, wie im Bereich der Betriebswirtschaftslehre Erkenntnisse gewonnen werden.

1.4 Entscheidungsfelder

In den folgenden Abschnitten wollen wir die bisher abstrakten Überlegungen zur Wirtschaftstätigkeit anhand von Beispielen verdeutlichen und eine gewisse Abgrenzung betriebswirtschaftlicher Entscheidungen von anderen Entscheidungsproblemen des Menschen vornehmen. Prinzipiell lassen sich wirtschaftliche Entscheidungen drei Feldern zuordnen. Im ersten Feld – *Produktion oder Konsum* – geht es um Entscheidungen über die Verteilung von Zeit und Mitteln auf den Gütererwerb und den Güterverzehr. Im zweiten Feld handelt es sich um Entscheidungen innerhalb des *Konsumbereiches* und im dritten Feld um Entscheidungen innerhalb des *Produktionsbereiches*. Wie sind die Entscheidungsanlässe in diesen drei Feldern beschaffen? Wie sollte bei der Entscheidungsfindung vorgegangen werden? Welche Informationen sind notwendig? Was sind mögliche Entscheidungshilfsmittel?

1.4.1 Entscheidungen über Produktion und Konsum

1.4.1.1 Arbeitszeit und Freizeit

Drei Studenten der Agrar- und Ernährungswissenschaften unterhalten sich über die Gestaltung ihres zukünftigen Berufslebens. Der Erste möchte möglichst viel arbeiten, um möglichst viel Geld zu verdienen. Dem Zweiten würde ein gewisses Einkommen genügen. Zugunsten von mehr Freizeit würde er die Arbeitszeit einschränken wollen. Der Dritte meint zunächst, dass es darauf ankomme: Je nach Höhe des Einkommens und alternativem Nutzen der Freizeit müssten Arbeits- und Freizeit wohl unterschiedlich miteinander kombiniert werden.

Um weitere Einsichten in das Entscheidungsfeld zu gewinnen, reduzieren die Studenten – was sich stets empfiehlt – das Problem zunächst auf seinen wesentlichen Kern. Sie gehen davon aus, dass täglich maximal 12 Stunden (h) wahlweise für Arbeits- und Freizeit zur Verfügung stehen und unterstellen dann, dass das Einkommen proportional zur Arbeitszeit steigt und der Lohnsatz 20,00 €/h beträgt. Nach einigem Überlegen entwickeln sie die Tabelle der *Übersicht 1.1*. Sie enthält in den Zeilen 1 und 2 insgesamt 13 Kombinationen von Arbeits- und Freizeit. Aus dem Lohnsatz von 20,00 €/h ergibt sich in Zeile 5 das linear von 240,00 € auf 0,00 € abnehmende Einkommen als Nutzen der Arbeitszeit in Abhängigkeit abnehmender Arbeitszeiten. In Zeile 3 ist zusätzlich die Nutzenveränderung bei abnehmender Arbeitszeit mit – 20,00 €/h angegeben. Sie ist der negative Wert des anderenfalls möglichen Einkommens.

Z	Kombination Nr.	1	2	3	4	5	6	7	8	9	10	11	12	13
1	Arbeitszeit in h [ta]	12	11	10	9	8	7	6	5	4	3	2	1	0
2	Freizeit in h [tf]	0	1	2	3	4	5	6	7	8	9	10	11	12
3	Nutzenänderung ta in €/h		-20	-20	-20	-20	-20	-20	-20	-20	-20	-20	-20	-20
4	Nutzenänderung tf in €/h		+40	+35	+30	+25	+21	+17	+14	+11	+8	+5	+3	+1
5	Arbeitszeitnutzen in € [Na]	240	220	200	180	160	140	120	100	80	60	40	20	0
6	Freizeitnutzen in € [Nf]	0	40	75	105	130	151	168	182	193	201	206	209	210
7	Gesamtnutzen in € [Ng]	240	260	275	285	290	291	288	282	273	261	246	229	210

DECK11

Übersicht 1.1: Nutzen unterschiedlicher Arbeits- und Freizeitanteile bei begrenzter Gesamtzeit

Um den direkt in Geld messbaren Nutzen der Arbeitszeit mit dem Nutzen der Freizeit vergleichen zu können, muss der relative Wert von Freizeit mit einem Maßstab, der für beide Nutzenarten gleichermaßen gilt, gemessen werden. Da die Studenten unterschiedliche Vorstellungen über den „Wert" von Freizeit haben, einigen sie sich darauf, jeweils nur einen von ihnen Aussagen dazu machen zu lassen. Dabei ergibt sich Folgendes: Je weniger Freizeit zur Verfügung steht, desto wertvoller wird sie eingeschätzt. Der Gesamtwert der Freizeit steigt zwar mit zunehmendem Umfang. Der Wert jeder zusätzlichen Stunde nimmt aber im Vergleich zur jeweils vorhergehenden Stunde ab. Des Weiteren werden die ersten Stunden der Freizeit höher als die letzten Stunden der Arbeitszeit eingeschätzt. Schließlich wird der relative Wert der Freizeit dadurch in einem vergleichbaren Maßstab ausgedrückt, dass der befragte Student diesen Wert ebenfalls in €/h angibt.

Die konkreten Wertschätzungen der Freizeitstunden sind in Zeile 4 der *Übersicht 1.1* aufgeführt. Die erste Freizeitstunde bewertet der Student mit 40,00 €/h, wobei es tatsächlich genügen würde, die Freizeit mit einem Wert, der über 20,00 €/h liegt, zu bewerten. Die nächsten Freizeitstunden werden zwar immer noch wertvoller als das alternativ mögliche Arbeitseinkommen eingeschätzt, aber der zusätzliche Nutzen der zweiten Freizeitstunde nimmt im Vergleich zur ersten Stunde bereits ab, die Nutzenveränderung beträgt noch 35,00 €/h. Die nächsten drei Freizeitstunden haben für den Studenten nur noch einen geringfügig höheren Wert als das alternativ erzielbare Arbeitseinkommen. Weitere Freizeit wird mit abnehmendem Zusatznutzen bewertet.

Die durch diese Einzelbewertungen festgestellten Nutzen der Freizeit können nun zum Gesamtnutzen der Freizeit aufaddiert (integriert) werden. Das Ergebnis ist in Zeile 6 der Übersicht dargestellt. Der Freizeitnutzen steigt von 40,00 € für die erste Freizeitstunde auf 210,00 € für 12 Freizeitstunden. Zeile 7 enthält dann den für jede Kombination von Arbeits- und Freizeit erzielbaren Gesamtnutzen des Studenten. Zur Bildung des Gesamtnutzens dürfen die in den Zeilen 5 und 6 angegebenen Arbeits- und Freizeitnutzen addiert werden, weil beide mit dem einheitlichen Maßstab „€" gemessen wurden.

Wir ersehen aus Zeile 7, dass der Gesamtnutzen bis zur Kombination 6 sukzessive ansteigt, um danach wieder abzunehmen. Da der Student den Gesamtnutzen maximieren möchte, wird er die für ihn nutzenmaximale Kombination mit 7 h Arbeits- und 5 h Freizeit wählen; bei jeder anderen Kombination würde er bewusst auf Nutzen verzichten.

Betrachten wir jetzt nochmals die Zeilen 5 und 6 der Übersicht. Sie zeigen, dass vor dem Nutzenmaximum der Freizeitnutzen schneller ansteigt als der Arbeitszeitnutzen abnimmt, während es nach dem Maximum umgekehrt ist. Da diese Nutzenzu- bzw. -abnahmen nichts anderes sind als die in den Zeilen 3 und 4 angegebenen Nutzenveränderungen, können wir sagen, dass das Nutzenmaximum dann erreicht wird, wenn bei Variation der Verwendung von Zeit für Arbeits- und Freizeit die (positiven und negativen) Nutzenveränderungen gerade wertgleich sind. Wir ersehen aus den Zahlen der Zeilen 3 und 4, dass diese Gleichheit bei einer etwas weniger als siebenstündigen Arbeitszeit erreicht wird. Bei Kombination 6 weist die Nutzenabnahme durch weniger Arbeitszeit noch einen geringfügig geringeren Betrag auf als die Nutzenzunahme durch mehr Freizeit, bei Kombination 7 ist es dann umgekehrt. Bezeichnen wir die Nutzenveränderungen durch Veränderung des Umfangs der Freizeit mit ΔNf und diejenige durch Veränderung des Umfangs der Arbeitszeit mit ΔNa sowie die dazu notwendigen Zeitveränderungen mit Δtf und Δta, dann können wir als Bedingung für die Erreichung des Nutzenmaximums schreiben:

$$\frac{\Delta Nf}{\Delta tf} = \frac{\Delta Na}{\Delta ta} \quad (1.1)$$

Lassen wir nun die Nutzen- und Zeitveränderungen der Differenzenquotienten gegen null gehen, d. h., betrachten wir marginale Veränderungen dieser Größen, dann gelten die Differentialquotiente:

$$\frac{dNf}{dtf} = \frac{dNa}{dta} \quad (1.2)$$

Die Zähler der Differentialquotienten werden allgemein als Grenznutzen, die jeweiligen Differentialquotiente als *gewogene Grenznutzen* bezeichnet, weil die Grenznutzen in Bezug auf marginale Veränderungen der Zeitumfänge ausgedrückt, also mit den Zeitveränderungen gewogen werden. Die Bedingung (1.2) sagt also: Der Nutzen einer Gesamtzeit, die in unterschiedlichen Maßen für Arbeitszeit und Freizeit verwendet werden kann, wird dann maximal, wenn die Gesamtzeit so aufgeteilt wird, dass der gewogene Grenznutzen der Freizeit wertgleich ist dem gewogenen Grenznutzen der Arbeitszeit. Diese Aussage wird in der Ökonomie als *Satz vom Ausgleich der gewogenen Grenznutzen* bezeichnet.

Da die Differentialquotienten in der Bedingung (1.2) im mathematischen Sinne nichts anderes sind als die Steigungsmaße bzw. die 1. Ableitungen der Funktionen, die den Freizeit- bzw. Arbeitszeitnutzen in Abhängigkeit der dafür verwendeten Zeit beschreiben, können wir das Nutzenmaximum auch grafisch bestimmen. Bedingung (1.2) sagt nämlich, dass der Gesamtnutzen der verwendeten Zeit dann maximal wird, wenn die Steigung der Funktion des Freizeitnutzens der Steigung der Funktion des Arbeitszeitnutzens entspricht. Die grafische Darstellungsweise ist überdies ein geeignetes Verfahren, um sich Auswirkungen veränderter Nutzeneinschätzungen auf die nutzenmaximale Zeitverwendung zu verdeutlichen.

Übersicht 1.2 zeigt mit den Graphen Na_1 und Nf_1 die vorher in *Übersicht 1.1* (Zeilen 5 und 6) zahlenmäßig erfassten Funktionen für den Arbeitszeit- und den Freizeitnutzen in Abhängigkeit von den jeweils verwendeten Zeiten. Wir verschieben dann die (lineare) Funktion für den Arbeitszeitnutzen solange parallel zu sich selbst, bis sie die Funktion des Freizeitnutzens gerade tangiert. Im Tangentialpunkt sind die Steigungen beider Funktionen gleich. Fällen wir dann das Lot von diesem Tangentialpunkt, so können wir auf der Abszisse mit Vop_1 die nutzenmaximale Freizeit ablesen. Bei begrenzter Gesamtzeit lässt sich daraus die zugehörige Arbeitszeit (ca. 4,5 h Freizeit und entsprechend ca. 7,5 h Arbeitszeit) ableiten.

Kehren wir jetzt zurück zu unseren drei Studierenden. Nachdem sie das Nutzenmaximum abgeleitet haben, wird ihnen an Hand der *Übersicht 1.2* zusätzlich deutlich, dass ein fallender Nutzen der Arbeitszeit zu einem Nutzenmaximum mit mehr Freizeit und ein fallender Nutzen der Freizeit zu einem Nutzenmaximum mit mehr Arbeitszeit führt. Sinkt z. B. der Freizeitnutzen von Nf_1 auf Nf_2 um die Hälfte, dann wird (wie *Übersicht 1.2* zeigt) das neue Nutzenmaximum bei Vop_2 erreicht (ca. 1 h Freizeit und entsprechend ca. 11 h Arbeitszeit). Sinkt dagegen der Arbeitszeitnutzen von Na_1 auf Na_2 um die Hälfte, dann wird das Nutzenmaximum bei Vop_3 erreicht (ca. 8 h Freizeit und entsprechend ca. 4 h Arbeitszeit). Sinken schließlich Freizeit- und Arbeitszeitnutzen auf jeweils die Hälfte, dann verändert sich die ursprüngliche Verteilung nicht. Vop_4 entspricht Vop_1.

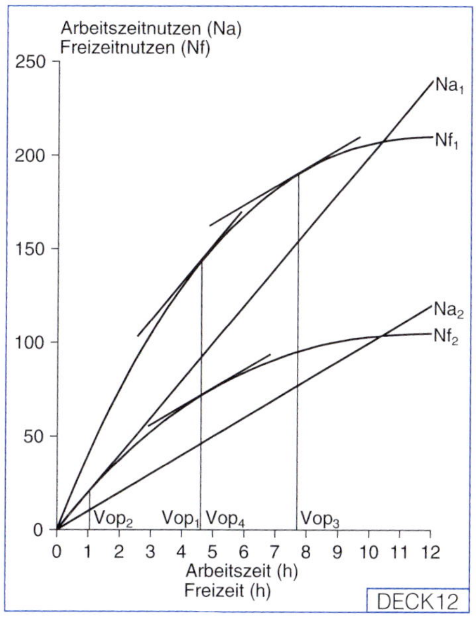

Übersicht 1.2: Nutzenmaximale Verteilung einer begrenzten Gesamtzeit auf Arbeits- und Freizeit

Nach dieser Analyse sind die Studenten jedoch einigermaßen enttäuscht: Zwar lässt sich der Nutzen der Arbeitszeit durch das erzielbare Einkommen objektiv messen, aber der Nutzen der Freizeit ist offenbar nur von subjektiven – tatsächlich von Mensch zu Mensch variierenden – Einschätzungen abhängig.

So kann es z. B. durchaus sein, dass eine Beschäftigung mit geringerem Einkommen nicht zu einer Veränderung der Zeitverteilung führen muss, weil die neue Tätigkeit zusätzliche, „nichtmonetäre" Befriedigung verschafft, die sich nur dadurch ausdrücken lässt, dass der Betroffene jetzt den Nutzen der Freizeit geringer einschätzt (z. B. die Funktionen Nf_2 und Na_2 im Vergleich zu Nf_1 und Na_1 in der *Übersicht 1.2*).

Andererseits kann ein gleiches Beschäftigungsverhältnis von Mensch zu Mensch unterschiedlich befriedigend angesehen werden, was sich in einer unterschiedlichen Bewertung des Freizeitnutzens niederschlägt. Je nachdem wie wertvoll jemand ein Geldeinkommen ansieht, wird der den Nutzen der entgehenden Freizeit mehr oder weniger hoch ansetzen.

Des Weiteren kann der Fall eintreten, dass der Freizeitnutzen bei steigendem Arbeitseinkommen höher eingeschätzt wird und deshalb das neue Nutzenmaximum trotz höheren Arbeitseinkommens bei einer geringeren Arbeitszeit liegt, weil ein gleiches Einkommen mit weniger Zeiteinsatz erreicht werden kann.

Schließlich können wir daraus selbstverständlich auch umgekehrt folgern, dass bei fallenden Einkommen je Arbeitsstunde – z. B. für einen Landwirt, der sich fallenden Erzeugnispreisen gegenübersieht – der Freizeitnutzen geringer eingeschätzt wird und – da ein gewisses Mindesteinkommen sichergestellt werden soll – die Arbeitszeit auf Kosten der Freizeit dann sogar ausgedehnt wird.

Wir gelangen damit zu der ernüchternden Erkenntnis, dass die vorgetragenen Nutzenbetrachtungen zwar grundsätzlich beschreiben können, wie sich Menschen bei der Verteilung von Zeit auf Arbeits- und Freizeit verhalten. Es lässt sich daraus aber keine Vorgehensweise ableiten, die dem Einzelnen in konkreten Entscheidungssituationen helfen könnte, weil das für diese Überlegung zentrale Phänomen des Freizeitnutzens nur subjektiv bewertet werden kann. Schließlich ist die Aussage, dass die Arbeitszeit nur soweit ausgedehnt werden sollte, bis das zusätzliche Einkommen weniger nützlich als die entgehende Freizeit empfunden wird, letztlich eine Selbstverständlichkeit, die sich aus der ebensolchen Selbstverständlichkeit des Oberzieles der Nutzenmaximierung ergibt.

1.4.1.2 Investition und Konsum

Im Rahmen der Fragestellung „Produzieren oder Konsumieren" wollen wir ein weiteres Beispiel betrachten: Eine Familie, die einen agrar- oder ernährungswirtschaftlichen Betrieb führt, der in der Vergangenheit ein zwar jährlich schwankendes, längerfristig aber etwa gleichbleibendes Jahreseinkommen abgeworfen hat, möchte einmal grundsätzlich klären, wie dieses Einkommen eigentlich auf produktive und konsumtive Zwecke verteilt werden sollte und welche Konsequenzen bei der einen oder anderen Aufteilung erwartet werden können. Bisher ist die Aufteilung mehr oder weniger ad hoc erfolgt und nicht selten ist es dabei zu heftigen Diskussionen unter den Familienmitgliedern gekommen.

Der Familienrat stellt zunächst fest, dass die Summe Geldes, die aus dem Betrieb für konsumtive Zwecke entnommen werden könnte, nicht unbedingt damit übereinstimmt, was der Steuerberater als Einkommen nachweist. Wenn man weniger aus dem Betrieb abziehen würde, dann könnte der Rest gespart und im Betrieb (netto-)investiert werden. Dadurch könnte die betriebliche Produktionskapazität aufgestockt werden, wodurch sich das zukünftige Einkommen erhöhen würde. Die zukünftige Einkommenssteigerung ginge aber zu Lasten des gegenwärtig möglichen Konsumeinkommens. Wenn man andererseits mehr Geld aus dem Betrieb abziehen würde, als dem erwirtschafteten Einkommen entspricht, dann würde man aus der Substanz leben und damit die Möglichkeiten für zukünftige Einkommen zugunsten höherer gegenwärtiger Konsumentnahmen einschränken.

Für diese langfristigen Überlegungen geht die Familie vereinfachend davon aus, dass sich das erzielbare Einkommen proportional zur betrieblichen Substanz, d. h. zur insgesamt investierten Kapitalsumme (Kapitalstock) verhält. Ein Substanzverzehr durch entsprechend hohe Konsumentnahmen führt daher zukünftig zu abnehmenden Einkommen und schließlich zum

Verlust der Existenzgrundlage. Geringe Konsumentnahmen, die über Nettoinvestitionen Substanzerweiterungen bewirken, tragen dagegen umgekehrt zur Sicherung und Verbesserung der Existenzgrundlage bei.

Um sich die Konsequenzen unterschiedlicher „Einkommensverwendungsstrategien“ auch quantitativ zu verdeutlichen, rechnet die Familie verschiedene konkrete Einzelstrategien über einen Zeitraum von jeweils 8 Jahren durch. Zur weiteren Vereinfachung des Problems nimmt sie an, dass es sich bei ihrem Betrieb um ein vollständig ohne Fremdkapitel finanziertes, reines Familienunternehmen handelt, also keine Tilgungen, Zinsen und Löhne anfallen. Die Ergebnisse der Rechnungen für fünf Strategien sind in *Übersicht 1.3* dargestellt.

St.	Kenngrößen	Jahr 0	Jahr 1	Jahr 2	Jahr 3	Jahr 4	Jahr 5	Jahr 6	Jahr 7	Jahr 8
	Kapitalstock in T€ [K(t)]	300,00	300,00	300,00	300,00	300,00	300,00	300,00	300,00	300,00
	Einkommensrate [er]	0,25	0,25	0,25	0,25	0,25	0,25	0,25	0,25	0,25
1	Einkommen in T€ [Y(t)]	75,00	75,00	75,00	75,00	75,00	75,00	75,00	75,00	75,00
	Konsumänderungsrate [cw]	0,00	0,00	0,00	0,00	0,00	0,00	0,00	0,00	0,00
	Konsumentnahmen in T€ [C(t)]	75,00	75,00	75,00	75,00	75,00	75,00	75,00	75,00	75,00
	Sparen = Investieren in T€ [I(t)]	0,00	0,00	0,00	0,00	0,00	0,00	0,00	0,00	0,00
	Kapitalstock in T€ [K(t)]	300,00	305,00	311,25	319,06	328,83	341,04	356,29	375,37	399,21
	Einkommensrate [er]	0,25	0,25	0,25	0,25	0,25	0,25	0,25	0,25	0,25
2	Einkommen in T€ [Y(t)]	75,00	76,25	77,81	79,77	82,21	85,26	89,07	93,84	99,80
	Konsumänderungsrate [cw]	0,00	0,00	0,00	0,00	0,00	0,00	0,00	0,00	0,00
	Konsumentnahmen in T€ [C(t)]	70,00	70,00	70,00	70,00	70,00	70,00	70,00	70,00	70,00
	Sparen = Investieren in T€ [I(t)]	5,00	6,25	7,81	9,77	12,21	15,26	19,07	23,84	29,80
	Kapitalstock in T€ [K(t)]	300,00	295,00	288,75	280,94	271,17	258,96	243,71	224,63	200,79
	Einkommensrate [er]	0,25	0,25	0,25	0,25	0,25	0,25	0,25	0,25	0,25
3	Einkommen in T€ [Y(t)]	75,00	73,75	72,19	70,23	67,79	64,74	60,93	56,16	50,20
	Konsumänderungsrate [cw]	0,00	0,00	0,00	0,00	0,00	0,00	0,00	0,00	0,00
	Konsumentnahmen in T€ [C(t)]	80,00	80,00	80,00	80,00	80,00	80,00	80,00	80,00	80,00
	Sparen = Investieren in T€ [I(t)]	-5,00	-6,25	-7,81	-9,77	-12,21	-15,26	-19,07	-23,84	-29,80
	Kapitalstock in T€ [K(t)]	300,00	330,00	363,00	399,30	439,23	483,15	531,47	584,62	643,08
	Einkommensrate [er]	0,25	0,25	0,25	0,25	0,25	0,25	0,25	0,25	0,25
4	Einkommen in T€ [Y(t)]	75,00	82,50	90,75	99,83	109,81	120,79	132,87	146,15	160,77
	Konsumänderungsrate [cw]	0,10	0,10	0,10	0,10	0,10	0,10	0,10	0,10	0,10
	Konsumentnahmen in T€ [C(t)]	45,00	49,50	54,45	59,90	65,88	72,47	79,72	87,69	96,46
	Sparen = Investieren in T€ [I(t)]	30,00	33,00	36,30	39,93	43,92	48,32	53,15	58,46	64,31
	Kapitalstock in T€ [K(t)]	300,00	315,00	330,75	347,29	364,65	382,88	402,03	422,13	443,24
	Einkommensrate [er]	0,25	0,25	0,25	0,25	0,25	0,25	0,25	0,25	0,25
5	Einkommen in T€ [Y(t)]	75,00	78,75	82,69	86,82	91,16	95,72	100,51	105,53	110,81
	Konsumänderungsrate [cw]	0,05	0,05	0,05	0,05	0,05	0,05	0,05	0,05	0,05
	Konsumentnahmen in T€ [C(t)]	60,00	63,00	66,15	69,46	72,93	76,58	80,41	84,43	88,65
	Sparen = Investieren in T€ [I(t)]	15,00	15,75	16,54	17,36	18,23	19,14	20,10	21,11	22,16
1	Einkommensänderung in %	—	0,00	0,00	0,00	0,00	0,00	0,00	0,00	0,00
2	Einkommensänderung in %	—	1,67	2,05	2,51	3,06	3,71	4,47	5,35	6,35
3	Einkommensänderung in %	—	-1,67	-2,12	-2,71	-3,48	-4,50	-5,89	-7,83	-10,61
4	Einkommensänderung in %	—	10,00	10,00	10,00	10,00	10,00	10,00	10,00	10,00
5	Einkommensänderung in %	—	5,00	5,00	5,00	5,00	5,00	5,00	5,00	5,00

DECK13

Übersicht 1.3: Betriebsentwicklungspfade bei verschiedenen Konsumentnahmestrategien

Bei allen Strategien wurde davon ausgegangen, dass der Betrieb gegenwärtig aus einem Kapitalstock von 300 T€ besteht und die zukünftige Relation zwischen Einkommen und Kapitalstock (die Einkommensrate [er]) den schon in der Vergangenheit im Durchschnitt erreichten Wert von 0,25 haben wird, also mit 300 T€ Kapital 75 T€ Einkommen erwirtschaftet werden können.

Strategie 1 im oberen Block der *Übersicht 1.3* zeigt das Verhalten, welches die Familie bisher praktiziert hat. Mit 300 T€ Kapitalstock [K(t)] wurde im Ausgangsjahr (Jahr 0) ein Einkommen [Y(t)] von 75 T€ erwirtschaftet. Dieser Betrag wurde vollständig für Konsumzwecke entnommen (Konsumentnahmen [C(t)] = 75 T€). Das Konsumverhalten wurde in den Folgejahren nicht geändert, die Konsumänderungsrate (cw), mit der jährliche Zu- oder Abnahmen für die Konsumentnahmen ausgedrückt werden, hat den Wert 0. Da die Konsumentnahmen dem Einkommen entsprachen, wurde nichts gespart, es wurden keine Nettoinvestitionen [I(t)] getätigt. Der Kapitalstock änderte sich daher auch nicht. Die Zahlenreihe zeigt das Bild eines sog. stationären Unternehmens.

Bei einer daraufhin ins Auge gefassten 2. Strategie (vgl. 2. Block der *Übersicht 1.3*) sollen die Konsumentnahmen zwar auch wieder konstant gehalten werden, aber ihr Niveau wird mit 70 T€ etwas niedriger als das im Ausgangsjahr erzielte Gesamteinkommen angesetzt. Dadurch können 5 T€ gespart und nettoinvestiert werden, wodurch der Kapitalstock im Jahr 1 auf 305 T€ ansteigt und bei konstanter Einkommensrate jetzt ein Einkommen 76,25 T€ abwirft. Da wieder nur 70 T€ entnommen werden sollen, steigt die für Nettoinvestitionen verfügbare Summe auf 6,25 T€ an, wodurch im nächsten Jahr wiederum der Kapitalstock zunimmt. Der Prozess setzt sich in dieser Weise fort. Im Jahre 8 hat der Kapitalstock um etwa ein Drittel zugenommen, die verfügbare Investitionssumme hat sich nahezu versechsfacht. Die jährlichen prozentualen Veränderungen des Gesamteinkommens sind im unteren Teil der *Übersicht 1.3* angegeben.

Strategie 3 zeigt die umgekehrte Entwicklung. Die Konsumentnahmen liegen im Ausgangsjahr um 5 T€ über dem Einkommen, es stellt sich über die Zeit ein zunehmend rascher verlaufender Substanzverzehr ein. Das Einkommen vermindert sich mit steigenden jährlichen Raten.

Mit den Strategien 4 und 5 bestimmt die Familie schließlich zwei Strategien, die bei sukzessiv steigenden Konsumentnahmen gleichzeitig auch zu steigenden Nettoinvestitionen und Kapitalaufstockungen führen. Strategie 4 zeigt, dass sie jährlich um 10 % zunehmende Konsumentnahmen auf Dauer nur dann sicherstellen kann, wenn der Kapitalstock durch die Investition von 40 % des Jahreseinkommens ebenfalls um jährlich 10 % zunimmt. Infolge dessen können im Ausgangsjahr nur 60 %, d. h. 45 T€ des 75 T€ betragenden Einkommens, für Konsumzwecke entnommen werden. Die Konsumentnahmen steigen dann allerdings rasch an und erreichen bereits im Jahre 5 die Höhe des anfänglichen Gesamteinkommens.

Dieses „harmonische" Unternehmenswachstum wird auch mit der Strategie 5 erreicht, allerdings nur mit der halben jährlichen Wachstumsrate von 5 %. Dafür kann aber schon zu Beginn eine höhere Konsumentnahme getätigt werden. Sie liegt mit 60 T€ um 15 T€ über dem möglichen Betrag bei Strategie 4.

Die Familienmitglieder haben mit dem Durchrechnen der 5 Strategien zwar einige wichtige Einsichten in die Konsequenzen verschiedener Verteilungen von Einkommen auf produktive und konsumtive Zwecke gewonnen, aber die Ergebnisse genügen ihnen als Entscheidungsgrundlage noch nicht. Nachdem sie eine Reihe weiterer Strategien durchgerechnet haben, erkennen sie, dass es tatsächlich unendlich viele Strategien gibt und sie eine große Zahl von Alternativen benötigen würden, um ein einigermaßen vollständiges Bild von der Entscheidungssituation zu erhalten.

Der Sohn der Familie – kurz vor dem Abitur stehend – bemerkt jedoch bald, dass sich sämtliche Strategien mathematisch auf die gleiche Weise beschreiben lassen und bspw. die Entwicklung des Kapitalstocks dem folgenden System von Differenzengleichungen gehorcht:

$$
(1.3) \quad
\begin{aligned}
K(1) &= K(0) + er \cdot K(0) - C(0) \\
K(2) &= K(1) + er \cdot K(1) - C(1) \\
&\vdots \\
K(t+1) &= K(t) + er \cdot K(t) - C(t) \\
&\vdots \\
K(n+1) &= K(n) + er \cdot K(n) - C(n)
\end{aligned}
$$

Die erste Gleichung lautet: Der Kapitalstock im Jahre 1 [K(1)] ist gleich dem Kapitalstock im Jahre 0 [K(0)] zuzüglich dem erzielten Einkommen [er · K(0)] im Jahre 0 und abzüglich der Konsumentnahmen für das Jahr 0 [C(0)]. Da das Einkommen ein konstanter Anteil des Kapitalstocks sein soll, wobei dieses Verhältnis über die Einkommensrate (er) hergestellt wird, gilt für das Einkommen [Y(t)] die allgemeine Beziehung:

$$
(1.4) \quad Y(t) = er \cdot K(t)
$$

Dieser Ausdruck wurde in das Gleichungssystem (1.3) bereits entsprechend eingesetzt. Die Entwicklung des betrieblichen Kapitalstocks wird also bei konstanter Einkommensrate (er) über die Konsumentnahmen gesteuert.

Sollen sich die Konsumentnahmen im Zeitablauf regelmäßig entwickeln, dann gilt für ihren Zeitpfad das folgende Gleichungssystem:

$$
(1.5) \quad
\begin{aligned}
C(1) &= C(0) + cw \cdot C(0) \\
C(2) &= C(1) + cw \cdot C(1) \\
&\vdots \\
C(t+1) &= C(t) + cw \cdot C(t) \\
&\vdots \\
C(n+1) &= C(n) + cw \cdot C(n)
\end{aligned}
$$

Die erste Gleichung lautet: Die Konsumentnahme im Jahre 1 [C(1)] ist gleich der Konsumentnahme im Jahre 0 [C(0)] zuzüglich der Entnahmenänderung [cw · C(0)], wobei die Entnahmenänderungsrate z. B. die Werte cw = 0,0, cw = 0,05, cw = 0,10 annehmen kann, wenn die Konsumentnahmen um 0 %, 5 %, 10 % jährlich zunehmen sollen.

Die Gleichungen (1.3) bis (1.5) können sehr einfach als Programm auf einem Computer implementiert werden, womit sich in kurzer Zeit zahlreiche Strategien durchrechnen lassen. Es sind für jede Strategie lediglich die Anfangsbedingungen [hier K(0) und C(0)] sowie die Parameter (hier er und cw) extern vorzugeben.

HINWEIS: Das mit *Übersicht 1.3* skizzierte Entscheidungshilfsmittel ist als Tabellenkalkulationsprogramm in der diesem Buch beigefügten CD-ROM enthalten. Der Leser kann es auf einem Computer mit Hilfe des Programmpaketes *EXCEL* als Datei DECK13 aufrufen, um sich durch

Variation von Eingabedaten weitere Einsichten in den Entscheidungsraum zu verschaffen. Dieser Hinweis gilt generell auch für später in diesem Buch dargestellte Entscheidungshilfsmittel. Der zugehörige Dateiname ist in der letzten Zeile der Übersichten jeweils angegeben. Außerdem sei darauf hingewiesen, dass in den Übersichten die Felder für die extern einzugebenden bzw. zu verändernden Daten jeweils farbig unterlegt sind. Die übrigen Felder der Tabellen sind geschützt.

Nachdem die Familie mit dem Tabellenkalkulationsprogramm weitere Strategien berechnet hat, gewinnt sie zusätzliche Erkenntnisse über die Beschaffenheit des Entscheidungsfeldes und über die Schwierigkeiten, eine allseits zufriedenstellende Lösung zu finden. Aber schon aus einem Vergleich der in *Übersicht 1.3* skizzierten 5 Strategien geht hervor, dass der Kapitalstock des Betriebes und damit die Möglichkeiten für zukünftige Konsumentnahmen umso rascher wachsen, je stärker man zum Verzicht auf Gegenwartskonsum bereit ist, und umgekehrt.

Wenn nun die einzelnen Familienmitglieder unterschiedliche Strategien präferieren, was in aller Regel der Fall sein wird, dann bringen sie damit tatsächlich ihre unterschiedlichen Einstellungen gegenüber zukünftigen Risiken und unterschiedliche sog. *Zeitpräferenzen* für den Konsum zum Ausdruck. Möchte jemand unter Einschränkung der gegenwärtigen Konsumentnahmen den betrieblichen Kapitalstock möglichst rasch ausdehnen, dann sucht er damit Zukunftssicherung zu betreiben, weil ein höherer Kapitalstock, d. h. ein größerer Betrieb, ein relativ geringeres Risiko für die Erhaltung der Existenzgrundlage darstellt. Gleichzeitig präferiert er damit zukünftigen gegenüber gegenwärtigem Konsum, weil ja der gewachsene Kapitalstock später auch ein höheres Konsumniveau ermöglicht oder es zumindest abzusichern hilft. Hat dagegen jemand weniger Zukunftsangst, oder ist er späteren alternativen Einkommensquellen gegenüber optimistischer eingestellt, dann wird er den gegenwärtigen Konsumverzicht weniger weit treiben wollen. Er präferiert das „hier und jetzt" gegenüber dem „vielleicht später".

Zumindest wissen unsere Familienmitglieder jetzt, dass ihre häufigen Diskussionen um die Verteilung des aus dem Betrieb erwirtschafteten Einkommens letztlich durch unterschiedliche persönliche Einstellungen bedingt sind. Für den Nutzen des gegenwärtigen im Vergleich zum zukünftigen Konsum und für den Nutzen einer „besseren" Zukunftssicherung existiert ebenso wie für den im vorhergehenden Beispiel diskutierten Nutzen der Freizeit kein objektiver und interpersonell verbindlicher Maßstab. Jeder Mensch hat eine individuelle Vorstellung von seiner nutzenmaximalen Einkommensverwendung.

Unsere Familienmitglieder erkennen deshalb: Wenn sich in einer solchen Entscheidungssituation mehrere Personen auf eine gemeinsame Strategie einigen müssen, dann bleiben für die Entscheidungsfindung nur zwei Möglichkeiten. Entweder das Familienoberhaupt entscheidet „autoritär", d. h., es zwingt den übrigen Mitgliedern seine individuelle Nutzenfunktion auf, oder es wird „demokratisch", d. h. durch Mehrheitsbildung, entschieden. In beiden Fällen ist es eine sog. „politische Lösung", wie wir sie täglich auch in der großen Politik beobachten können. Die Bestimmung einer optimalen Strategie ist nur möglich, wenn man sich vorher - wie auch immer - auf eine eindeutige Zielvorgabe einigt.

Die Betriebswirtschaftslehre als Wissenschaft stößt hier an Grenzen: Sie kann zwar Entscheidungshilfsmittel entwickeln, die – wie das obige einfache Verfahren der Gleichungen (1.3) bis (1.5) – durchaus wichtige Einsichten in relevante Zusammenhänge eines Entscheidungsfeldes vermitteln, sie kann aber wegen der verschiedenen individuellen Zielvorstellungen keine Methode anbieten, die die optimale Lösung für ein gemeinsames Nutzenmaximum vorschlagen könnte, bzw. kann sie nur dann Methoden anbieten, wenn Zielvorgaben existieren, an denen die Vorzüglichkeit von Handlungsalternativen interpersonell verbindlich messbar ist.

1.4.2 Entscheidungen im Konsumbereich

Die drei Studenten, die wir schon aus Abschnitt 1.4.1.1 kennen, sitzen – wie an jedem Dienstagabend – in ihrer Stammkneipe, um sich bei Bier und Schmalzbroten zu unterhalten. Plötzlich fragt einer: „Warum trinken wir eigentlich Bier und essen Brot in bestimmten Mengenkombinationen, warum gibt es Unterschiede zwischen uns? Wie entscheiden wir eigentlich, wie wir konsumieren?"

Da ihnen die Diskussion um die Verteilung von Zeit auf Arbeits- und Freizeit noch in Erinnerung ist, wird sofort klar, dass die Entscheidungen etwas mit individuellen Nutzenschätzungen zu tun haben. Sie befragen deshalb einen von ihnen: „Wenn du das erste Bier mit dem (relativen) Nutzen 100 bewertest, wie entwickelt sich dann der Nutzen für weitere Gläser Bier?" Alsbald zeigt sich, dass der zusätzliche Nutzen jeden weiteren Bieres als sukzessive abnehmend empfunden wird, so dass sich für den Gesamtnutzen des Biertrinkens in Abhängigkeit von der verzehrten Menge ein degressiv steigender Verlauf ergibt. Anschließend wird der Student zum Nutzen des Brotverzehrs befragt: „Wenn der Nutzen des ersten Bieres den Wert 100 hat, wie hoch schätzt du im Vergleich dazu den Nutzen des ersten Brotes und möglicher weiterer Brote ein?" Dabei zeigt sich, dass der Nutzen des ersten Brotes geringer als der Nutzen des ersten Bieres empfunden wird und der zusätzliche Nutzen jeden weiteren Brotes – prinzipiell wie beim Bier – immer weiter abnimmt. Andererseits wird aber der Nutzen des ersten Brotes irgendwann höher als der zusätzliche Nutzen des nächsten Bieres.

Der gefundene Zusammenhang, dass nämlich der zusätzliche Nutzen in Abhängigkeit steigender Verzehrsmengen als abnehmend empfunden wird und daher individuelle Nutzenfunktionen stets einen degressiv steigenden Verlauf annehmen, wobei früher oder später Sättigungsgrenzen erreicht werden, lässt sich – wie H. H. Gossen (1810–1858) erstmals erkannte – als generelle Aussage für menschliches Verhalten gegenüber nutzenstiftenden Konsumgütern festhalten. Sie wird deshalb als *1. Gossensches Gesetz* bezeichnet.

Die Studenten möchten aber klären, warum jeder von ihnen eine ganz bestimmte Mengenkombination von Bier und Brot verzehrt. Zur Feststellung der jeweils individuellen Nutzenfunktionen gehen sie – im Vergleich zur Feststellung der nutzenmaximalen Kombination von Arbeits- und Freizeit –„professioneller" vor. Da einer von ihnen seinen Laptop-Computer mitgebracht hat, konzipiert er das in *Übersicht 1.4* dargestellte Tabellenkalkulationsprogramm. Das Programm besteht im Kern aus den im unteren Teil der Übersicht angegebenen *Verhaltensgleichungen* für den Nutzen von Bier und Brot sowie aus den *Definitionsgleichungen* für die durch den Verzehr entstehenden Ausgaben. Über die ebenfalls angegebenen *Parameterwerte* können die konkreten Verläufe der Nutzen- und Ausgabenfunktionen beeinflusst werden.

Kenngrößen	Isoausgabenkombinationen für Budget in €:						30,00				
Gläser Bier [qb]	0,0	1,0	2,0	3,0	4,0	5,0	6,0	7,0	8,0	9,0	10,0
Stücke Brot [qs]	15,0	13,5	12,0	10,5	9,0	7,5	6,0	4,5	3,0	1,5	0,0
Ausgabe Bier [Ab]	0,00	3,00	6,00	9,00	12,00	15,00	18,00	21,00	24,00	27,00	30,00
Ausgabe Brot [As]	30,00	27,00	24,00	21,00	18,00	15,00	12,00	9,00	6,00	3,00	0,00
Gesamtausgabe [A]	30,00	30,00	30,00	30,00	30,00	30,00	30,00	30,00	30,00	30,00	30,00
Nutzen Bier [Nb]	0	100	141	173	200	224	245	265	283	300	316
Nutzen Brot [Ns]	232	220	208	194	180	164	147	127	104	73	0
Gesamtnutzen [N]	232	320	349	368	380	388	392	392	387	373	316
Nutzenmaximum							MAX				
Werte der Parameter:		Nutzen 1. Bier [cb]:	100		Nutzen 1. Brot [cs]:	60			ab (0<ab<1):	0,50	
		Bierpreis [pb]:	3,00		Brotpreis [ps]:	2,00			as (0<as<1):	0,50	
Gleichungen: Nutzen Bier: $Nb=cb*qb^{ab}$; Nutzen Brot: $Ns=cs*qs^{as}$; Gesamtnutzen: N=Nb+Ns; Ausgabe für Bier: Ab=pb*qb; Ausgabe für Brot: As=ps*qs; Gesamtausgabe: A=Ab+As.											

DECK14

Übersicht 1.4: Nutzen unterschiedlicher Kombinationen von zwei Konsumgütern

Der obere Teil der *Übersicht 1.4* ist so angelegt, dass nach Eingabe der Parameterwerte und nach Eingabe einer für den Abend eingeplanten Gesamtausgabe („Budget") sofort die damit prinzipiell möglichen Mengenkombinationen von Bier (qb) und Brot (qs), die notwendigen Ausgaben (Ab), (As) und (A) sowie die erzielbaren Nutzen für Bier (Nb) und Brot (Ns) abgelesen werden können. Außerdem ergibt sich für die mit dem Budget jeweils höchstens realisierbaren Mengenkombinationen von Bier und Brot der erzielbare Gesamtnutzen (N), wobei angenommen ist, dass sich die (relativen) Nutzen für Bier und Brot addieren lassen.

Die Frage lautet jetzt: Wenn mit einem gegebenen Budget verschiedene Mengenkombinationen der Konsumgüter beschafft werden können, welches ist dann die nutzenmaximale Kombination? Für das Budget von 30,00 €, den Preisen von 3,00 € je Glas Bier und 2,00 € je Brot sowie den individuell festgelegten Nutzenverläufen zeigt die Übersicht, dass der Gesamtnutzen bei zunehmendem Bierkonsum und damit notwendigerweise abnehmendem Brotkonsum zunächst ansteigt, bei der Mengenkombination „6 Bier + 6 Brot" offenbar das Nutzenmaximum erreicht, um danach wieder abzunehmen. Betrachten wir die einzelnen Ausgabe- und Nutzenverläufe noch etwas genauer, dann sehen wir, dass vor dem Nutzenmaximum der Nutzen des zunehmenden Bierkonsums von Mengenkombination zu Mengenkombination schneller ansteigt, als der Nutzen für den abnehmenden Brotkonsum zurückgeht, dass aber diese Unterschiede immer geringer werden, bis bei der nutzenmaximalen Kombination die Nutzenzu- und -abnahmen gerade gleich hoch sind. Nach dem Maximum nimmt dagegen der Biernutzen langsamer zu, als der Brotnutzen abnimmt, wobei die Unterschiede sukzessive ansteigen. Das Nutzenmaximum ist in *Übersicht 1.4* mit dem Begriff MAX in einer Extrazeile ebenfalls angegeben.

Bezeichnen wir die von Mengenkombination zu Mengenkombination auftretenden Nutzenveränderungen mit ΔNb und ΔNs und die damit verbundenen Ausgabeveränderungen mit ΔAb und ΔAs, dann lässt sich als Bedingung für das Nutzenmaximum Gleichung (1.6) formulieren:

$$(1.6) \qquad \frac{\Delta Nb}{\Delta Ab} = \frac{\Delta Ns}{\Delta As}$$

Lassen wir jetzt die Nutzen- und Ausgabenveränderungen dieser Differenzenquotienten gegen null gehen, betrachten wir also marginale Veränderungen, dann gelten die Differentialquotienten:

$$(1.7)\qquad \frac{dNb}{dAb} = \frac{dNs}{dAs}$$

Analog zum Beispiel des Abschnittes 1.4.1.1 bezeichnen wir die Zähler der Differentialquotienten als Grenznutzen und die beiden Differentialquotienten als gewogene Grenznutzen, weil der Grenznutzen in Bezug auf marginale Veränderungen der Ausgaben ausgedrückt, also mit den für die Nutzenänderungen notwendigen Ausgabenänderungen gewogen wird. Die Bedingungsgleichung (1.7) sagt mithin: Der Gesamtnutzen eines Budgets, das mit unterschiedlichen Anteilen für zwei Konsumgüter verwendet werden kann, wird dann maximal, wenn das Budget so eingesetzt wird, dass die gewogenen Grenznutzen der beiden Güter wertgleich sind. Das ist der *Satz vom Ausgleich der gewogenen Grenznutzen* für den Spezialfall von zwei Konsumgütern. Er lässt sich für beliebig viele Konsumgüter verallgemeinern und lautet dann: Der Gesamtnutzen eines Budgets, das in unterschiedlichen Maßen für verschiedene Konsumgüter verwendet werden kann, wird dann maximal, wenn das Budget so auf die Güter verteilt wird, dass die gewogenen Grenznutzen aller Güter wertgleich sind. Wir sehen sofort, dass diese Aussage prinzipiell mit den Ergebnissen übereinstimmt, die wir in Abschnitt 1.4.1.1 mit den Gleichungen (1.1) und (1.2) gefunden hatten.

Der Satz vom Ausgleich der gewogenen Grenznutzen wird auch als *2. Gossensches Gesetz* bezeichnet. Als Handlungsanweisung sagt er: Verteile ein gegebenes Konsumgüterbudget so auf die verschiedenen Verwendungszwecke, dass die letzte ausgegebene Geldeinheit bei jeder Verwendungsart den gleichen zusätzlichen Nutzen (Grenznutzen) stiftet!

Nach einigem Nachdenken über die Ergebnisse der Analyse sind die Studenten jedoch wieder ernüchtert. Der Satz vom Ausgleich der gewogenen Grenznutzen kann nicht darüber hinwegtäuschen, dass es eigentlich eine Selbstverständlichkeit ist, dass man die Ausgaben für ein Konsumgut nur solange ausdehnen sollte, bis eine zusätzliche Ausgabe, eingesetzt für ein anderes Gut, einen höheren Zusatznutzen erbringt. Anderenfalls würde man ja bewusst auf möglichen Nutzen verzichten.

Problematisch ist weiterhin, dass der Nutzen – worauf wir bereits in Abschnitt 1.4.1.1 eingegangen sind – eine nur subjektiv zu empfindende Größe ist. Bewertet z. B. ein anderer der Studenten den (relativen) Nutzen von Brot höher und den (relativen) Nutzen von Bier niedriger als sein Kommilitone, dann können die Verhältnisse der *Übersicht 1.5* eintreten. Unter gegenüber der *Übersicht 1.4* ansonsten unveränderten Bedingungen wurde hier lediglich der Anstieg der Funktion für den Biernutzen verringert (der Parameter cb für das erste Bier wurde von 100 auf 80 gesenkt) und der Anstieg der Funktion für den Brotnutzen erhöht (der Parameter cs für das erste Brot wurde von 60 auf 80 angehoben). Das Nutzenmaximum verschiebt sich von vorher „6 Bier + 6 Brote“ auf nunmehr „4 Bier + 9 Brote“.

Durch den Vergleich der Werte aus *Übersicht 1.4* mit den Werten der *Übersicht 1.5* erkennen wir sofort die generelle Konsequenz: Wer den Nutzen von Brot relativ höher einschätzt, sollte vergleichsweise mehr Brot konsumieren. Wer den Nutzen von Bier relativ höher einschätzt, sollte vergleichsweise mehr Bier konsumieren.

Das Ergebnis ist enttäuschend. Tatsächlich handelt es sich bei der Ableitung des Nutzenmaximums für Entscheidungen im Konsumbereich um eine Scheinerklärung, die dadurch zustande kommt, dass der Nutzen – wie gesagt – keine objektiv bestimmbare Größe ist: Weil jemand

Kenngrößen	Isoausgabenkombinationen für Budget in €:						30,00				
Gläser Bier [qb]	0,0	1,0	2,0	3,0	4,0	5,0	6,0	7,0	8,0	9,0	10,0
Stücke Brot [qs]	15,0	13,5	12,0	10,5	9,0	7,5	6,0	4,5	3,0	1,5	0,0
Ausgabe Bier [Ab]	0,00	3,00	6,00	9,00	12,00	15,00	18,00	21,00	24,00	27,00	30,00
Ausgabe Brot [As]	30,00	27,00	24,00	21,00	18,00	15,00	12,00	9,00	6,00	3,00	0,00
Gesamtausgabe [A]	30,00	30,00	30,00	30,00	30,00	30,00	30,00	30,00	30,00	30,00	30,00
Nutzen Bier [Nb]	0	80	113	139	160	179	196	212	226	240	253
Nutzen Brot [Ns]	310	294	277	259	240	219	196	170	139	98	0
Gesamtnutzen [N]	310	374	390	398	400	398	392	381	365	338	253
Nutzenmaximum					MAX						
Werte der Parameter:			Nutzen 1. Bier [cb]:	80			Nutzen 1. Brot [cs]:	80		ab (0<ab<1):	0,50
			Bierpreis [pb]:	3,00			Brotpreis [ps]:	2,00		as (0<as<1):	0,50
Gleichungen: Nutzen Bier: Nb=cb*qb^ab; Nutzen Brot: Ns=cs*qs^as; Gesamtnutzen: N=Nb+Ns; Ausgabe für Bier: Ab=pb*qb; Ausgabe für Brot: As=ps*qs; Gesamtausgabe: A=Ab+As.											

DECK15

Übersicht 1.5: Nutzen unterschiedlicher Kombinationen von zwei Konsumgütern – veränderte Nutzenschätzung

vergleichsweise mehr Bier trinkt, sieht er Bier als vergleichsweise nützlicher an und kommt dann bei der Bestimmung des Nutzenmaximums zu dem Ergebnis, dass er relativ viel Bier und dafür weniger Brot konsumieren sollte, um sein Nutzenmaximum zu verwirklichen.

Die Betriebswirtschaftslehre als Wissenschaft stößt auch hier wieder an Grenzen: Sie kann zwar ermitteln, dass jeder Mensch nach Nutzenmaximierung strebt, sie kann jedoch keine operationalen Entscheidungshilfsmittel zur Bestimmung des Nutzenmaximums erarbeiten, weil der für Entscheidungen im Konsumbereich zentrale Begriff des „Nutzens" nicht objektiv definierbar ist.

1.4.3 Entscheidungen im Produktionsbereich

1.4.3.1 Marktproduktion und Haushaltsproduktion

Im Unterschied zu Entscheidungen im Konsumbereich kann die oben skizzierte Vorgehensweise für Entscheidungen im Produktionsbereich durchaus als operationales Hilfsmittel eingesetzt werden, da es hier nicht um subjektiv empfundene Nutzen, sondern um objektiv messbare Einkommen und Kosten geht.

Menschen stellen Güter her, um damit Einkommen als Voraussetzung für Konsum und Bedürfnisbefriedigung zu schaffen. Für eine Messung des Einkommens ist es prinzipiell unerheblich, ob die produzierten Güter auf einem „Markt" abgesetzt werden sollen, das dadurch erzielbare Einkommen also über den „Marktpreis" direkt gemessen werden kann, oder aber als Haushaltsproduktion für den eigenen Konsum vorgesehen sind. Unter Verwendung des Prinzips der Opportunitätskosten lässt sich auch der Wert der Haushaltsproduktion objektiv bestimmen, indem entweder gefragt wird, welche Kosten dadurch entstünden, dass man Güter, anstatt sie selbst herzustellen, vom Markt beschafft oder aber gefragt wird, welches Einkommen die Haushaltsproduktion erzielen würde, wenn man sie anstelle des Eigenverbrauchs dem Markt andienen würde. Opportunitätskosten als Kosten für den entgangenen Nutzen werden immer dann objektiv messbar, wenn sie direkt oder indirekt durch den Markt bestimmt werden. Ein Beispiel soll das Gesagte verdeutlichen.

Ein junges Paar, das einen landwirtschaftlichen Betrieb übernommen hat, möchte entscheiden, in welchem Ausmaß es seine Jahresarbeitskapazität von 4000 Arbeitsstunden auf die Betriebsführung und die Haushaltsführung, d. h. auf die *Marktproduktion* und die *Haushaltsproduktion* bzw. auf die *Fremdbedarfsdeckung* und die *Eigenbedarfsdeckung* verteilen soll. Zur Messung des Nutzens unterschiedlicher Handlungsalternativen muss das Paar einerseits ermitteln, wie sich das Einkommen aus der Marktproduktion in Abhängigkeit von der aufgewandten Arbeitszeit entwickeln würde und andererseits, welche Kosten dadurch entstünden, dass mit zunehmender betrieblicher Arbeitszeit sukzessive weniger Zeit für Haushaltsarbeiten übrig bleibt. Die Kosten entstehen z. B. dadurch, dass eine Putzhilfe benötigt wird, dass weitgehender zubereitete Nahrungsmittel beschafft werden, dass häufiger außer Haus gegessen wird und schließlich aufwändigere Rationalisierungsinvestitionen für die Haushaltsführung getätigt werden müssen.

Nach einigem Überlegen reduziert unser Paar das Problem auf seinen wesentlichen Kern und erkennt einige prinzipielle Zusammenhänge, wie sie im Tabellenkalkulationsprogramm der *Übersicht 1.6* dargestellt sind. Das Produktionsvolumen (Q) des – zur Vereinfachung angenommenen – Einproduktbetriebes steigt zwar mit zunehmendem Arbeitseinsatz für den Betrieb (Z), aufgrund der begrenzten Betriebsgröße – insbesondere der begrenzten Nutzfläche – nimmt jedoch die zusätzliche Produktmenge je zusätzlicher Arbeitsstunde, d. h. die *Grenzproduktivität* des Arbeitseinsatzes, sukzessive ab, so dass sich ein degressiv steigendes Produktionsvolumen in Abhängigkeit vom betrieblichen Arbeitseinsatz ergibt. Andererseits bemerkt das Paar aber auch, dass die Produktionsbeziehung zwar einen degressiv steigenden Verlauf haben wird, dass aber Maß und Verlauf des Anstiegs z. B. durch die Effizienz des Arbeitseinsatzes beeinflusst werden können. Sie wählen deshalb für diese Beziehung den Ausdruck $Q = c \cdot Z^a$, wobei $0 < a < 1$ sein muss, um einen degressiv steigenden Verlauf der Funktion zu gewährleisten. Mit den Parametern c und a kann die Effizienz des Arbeitseinsatzes beeinflusst werden. (Die wesentlichen Gleichungen und Parameterwerte sind im unteren Teil der *Übersicht 1.6* angegeben.)

Kenngrößen				Verfügbare Arbeitszeit in h:	4.000				
Arbeitszeit für Betrieb in h [Z]	0	500	1.000	1.500	2.000	2.500	3.000	3.500	4.000
Produktionsvolumen [Q]	0	1.201	1.585	1.864	2.091	2.287	2.460	2.616	2.759
Einkommen aus Betrieb in € [Y]	0	28.827	38.037	44.735	50.191	54.877	59.028	62.782	66.227
Kosten für Haushalt in € [K]	0	300	1.585	4.194	8.365	14.291	22.136	32.045	44.151
Nettoeinkommen in € [Yn]	0	28.527	36.453	40.541	41.826	40.586	36.893	30.737	22.076
Grenzeinkommen in € [Y`]		23,06	15,21	11,93	10,04	8,78	7,87	7,18	6,62
Grenzkosten in € [K`]		1,44	3,80	6,71	10,04	13,72	17,71	21,97	26,49
Nettogrenzeinkommen in € [Yn`]		21,62	11,41	5,22	0,00	-4,94	-9,84	-14,80	-19,87
Werte der Parameter:			Arbeitseffizienz [c]:	100		a (0<a<1):	0		
			Produktpreis [pq]:	40		b (b>1):	2		
			Stücksachkosten [skq]:	16		m (m>0):	0		
Gleichungen: Produktionsvolumen: Q=c*Z^a; Einkommen aus Betrieb: Y=(pq-skq)*Q; Kosten für Haushalt: K=m*Z^b; Nettoeinkommen: Yn=Y-K.									

DECK16

Übersicht 1.6: Optimale Verteilung verfügbarer Arbeitszeit auf Betrieb und Haushalt

Das Einkommen aus dem Betrieb (Y) ergibt sich dann, wenn das Produktionsvolumen (Q) mit dem Einkommensbeitrag je Produkteinheit, der aus der Differenz von Produktpreis (pq) und den Sachkosten je Produkteinheit für den Werkstoff- und Betriebsmitteleinsatz (skq) resultiert, multipliziert wird. Da der Einkommensbeitrag je Produkteinheit von unterschiedlichen Produktionsvolumina nicht beeinflusst sein möge, steigt das betriebliche Gesamteinkommen in Abhängigkeit des zunehmenden Arbeitseinsatzes ebenso degressiv an wie das Produktionsvolumen.

Andererseits wird eine Aussage über die Entwicklung der Kosten des Haushaltes (K) in Abhängigkeit des zunehmenden betrieblichen Arbeitseinsatzes benötigt. Dafür kann prinzipiell ein progressiv steigender Verlauf angenommen werden, wie er in *Übersicht 1.6* durch die Funktion $K = m \cdot Z^b$, wobei $b > 1$, abgebildet ist. Mit den Parametern m und b lässt sich analog zur Produktionsbeziehung das Maß des Kostenanstiegs beeinflussen. Der Kostenverlauf ergibt sich aus der Überlegung, dass bei knapper werdender Zeit für den Haushalt zunächst auf diejenigen Haushaltstätigkeiten verzichtet wird, die vergleichsweise „billig" durch vom Markt bezogene Leistungen ersetzt werden können, bei knapper werdender Zeit aber immer qualifiziertere und damit teurere Leistungen zugekauft werden müssen.

Übersicht 1.6 zeigt die konkret angenommenen Parameterwerte sowie die daraus resultierenden Verläufe für das Einkommen aus dem Betrieb (Y), die Kosten für den Haushalt (K) und das als Differenz aus beiden entstehende Nettoeinkommen (Yn). Wir sehen, dass das Nettoeinkommen in Abhängigkeit eines zunehmenden Arbeitseinsatzes für den Betrieb zunächst ansteigt, weil das betriebliche Einkommen stärker wächst als die Haushaltskosten. Bei einem betrieblichen Arbeitseinsatz von 2000 h wird ein Maximum des Nettoeinkommens erreicht, danach nehmen die Haushaltskosten rascher zu als das betriebliche Einkommen. Das maximale Nettoeinkommen ist also – wie wir aus den ebenfalls in *Übersicht 1.6* dargestellten *Grenzeinkommen* und *Grenzkosten* ablesen können – offenbar dann erreicht, wenn das in Bezug auf marginale Veränderungen des betrieblichen Arbeitseinsatzes gemessene Grenzeinkommen aus dem Betrieb (Y') gerade wertgleich ist den ebenfalls in Bezug auf marginale Veränderungen des betrieblichen Arbeitseinsatzes gemessenen Grenzkosten für den Haushalt (K'). Als Kriterium für das maximale Nettoeinkommen gilt also:

$$Y' = K' \tag{1.8}$$

oder:

$$\frac{dY}{dZ} = \frac{dK}{dZ} \tag{1.9}$$

In Worten: Die optimale, d. h. hier einkommensmaximale, Verteilung von Arbeitszeit auf Markt- und Haushaltsproduktion wird dann erreicht, wenn das Grenzeinkommen für die Marktproduktion den Grenzkosten für die Haushaltsproduktion entspricht. Die Kosten für die Haushaltsproduktion sind gleichzeitig die Opportunitätskosten des Arbeitseinsatzes für den Betrieb. Sie sind der entgehende Nutzen, der daraus resultiert, dass die fehlende Arbeitszeit für die Haushaltsproduktion durch entsprechende Leistungen des Marktes ersetzt werden muss.

Der Zusammenhang lässt sich – wie in *Übersicht 1.7* skizziert – auch auf grafischem Wege verdeutlichen. In dieser Übersicht sind mit Y_1 und K die Einkommens- und Kostenverläufe Y und K der *Übersicht 1.6* in Abhängigkeit vom Arbeitseinsatz für den Betrieb (Z) abgetragen. Für den optimalen betrieblichen Arbeitseinsatz (Zop_1) gilt aufgrund der Bedingung (1.9), dass er dann erreicht ist, wenn die Steigung dY/dZ der betrieblichen Einkommenskurve der Steigung dK/dZ der Haushaltskostenkurve entspricht. Wir können dieses Optimum dadurch finden, dass wir die Haushaltskostenkurve parallel zu sich selbst nach oben verschieben, bis sie die betriebliche Einkommenskurve gerade noch tangiert (vgl. *Übersicht 1.7*). Fällen wir das Lot vom Tangentialpunkt auf die Abszisse, können wir den optimalen betrieblichen Arbeitseinsatz bei Zop_1 unmittelbar ablesen. Das maximale Nettoeinkommen $Ynop_1$ ist in der Grafik ebenfalls angedeutet.

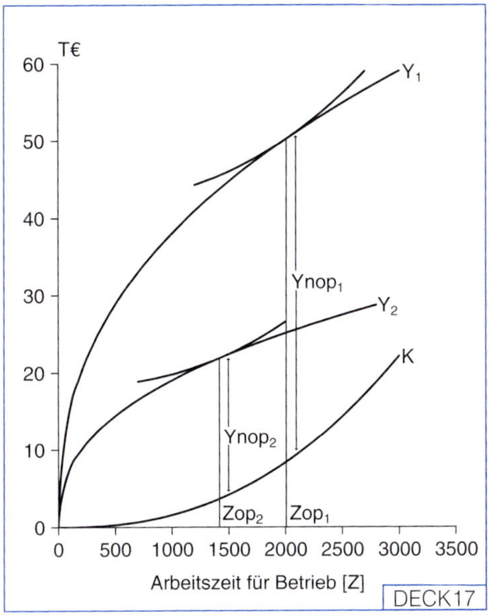

Übersicht 1.7: Verteilung der Arbeitszeit auf Betrieb und Haushalt – Gesamteinkommen und Gesamtkosten

Zusätzlich wurde in *Übersicht 1.7* mit der Kurve Y_2 ein Verlauf für das betriebliche Einkommen dargestellt, der infolge gesunkener Produktpreise oder infolge gestiegener Sachkosten oder auch infolge gesunkener Arbeitseffizienz eine weniger positive Entwicklung des betrieblichen Einkommens in Abhängigkeit vom Arbeitseinsatz beinhaltet. Bei unveränderten Haushaltskosten ergibt sich daraus, dass das optimale Nettoeinkommen bei einem verminderten betrieblichen Arbeitseinsatz liegt (bei Zop_2 im Vergleich zu Zop_1) und sein Betrag von $Ynop_1$ auf $Ynop_2$ abnimmt.

Diese Feststellung lässt sich wie folgt verallgemeinern: Steigende/sinkende Einkommensbeiträge für den betrieblichen Arbeitseinsatz führen c. p. zu steigenden/sinkenden betrieblichen Arbeitseinsätzen, wenn das jeweilige Einkommensmaximum erreicht werden soll. Und: steigende/sinkende Haushaltskostenbeträge für den Ersatz der eigenen Haushaltsproduktion durch Marktleistungen führen c. p. zu sinkenden/steigenden betrieblichen Arbeitseinsätzen, wenn das jeweilige Einkommensmaximum erreicht werden soll. (Verdeutlichen Sie sich die Zusammenhänge durch entsprechende Parametervariation des Tabellenkalkulationsprogramms der *Übersicht 1.6*, Programmaufruf mit DECK16.)

In *Übersicht 1.8* ist zusätzlich dargestellt, dass sich die Optima auch durch eine direkte Betrachtung der Grenzeinkommen und der Grenzkosten finden lassen. Da im Optimum das Grenzeinkommen den Grenzkosten entspricht, können wir die Lote von den Schnittpunkten der betrieblichen Grenzeinkommenskurven Y_1' und Y_2' mit der Grenzhaushaltskostenkurve K' auf die Abszisse fällen und dort die optimalen betrieblichen Arbeitseinsätze Zop_1 bzw. Zop_2 ablesen.

Am Ende dieses Abschnittes sei darauf hingewiesen, dass die Bestimmung der einkommensmaximalen Arbeitszeitverteilung selbstverständlich nicht bedeutet, dass die betroffenen Menschen auch unbedingt so handeln müssten. Aus den Zahlen der Übersicht 1.6 kann unser

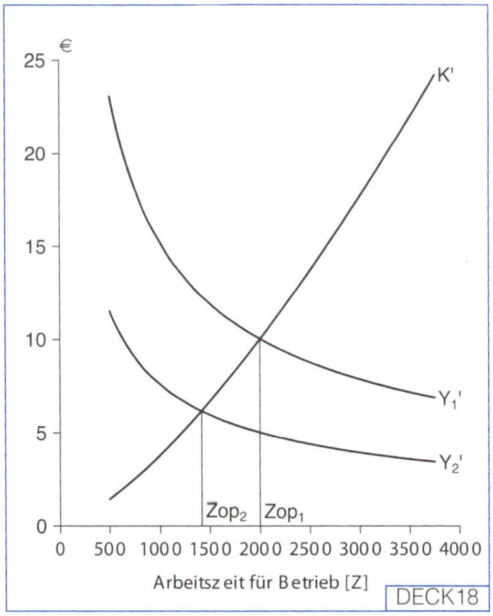

Übersicht 1.8: Verteilung von Arbeitszeit auf Betrieb und Haushalt – Grenzeinkommen und Grenzkosten –

sich für eine andere als die einkommensmaximale Arbeitszeitverteilung entscheiden würde. Würde z. B. der betriebliche Arbeitseinsatz von den optimalen 2000 auf 3000 Stunden ausPaar nämlich auch ablesen, auf welche Einkommensbeiträge es verzichten würde, wenn es gedehnt, dann müsste die entgehende Arbeitszeit für den Haushalt so durch Leistungen des Marktes ausgeglichen werden, dass trotz des steigenden betrieblichen Einkommens das Nettoeinkommen von 41.826,00 € auf 36.893,00 € um ca. 5.000,00 € abnehmen würde. Wird also z. B. Haushaltsarbeit im Vergleich zu betrieblicher Tätigkeit als weniger befriedigend empfunden, dann sind die 5.000,00 € der Preis für die subjektiv höhere Befriedigung aus der betrieblichen Tätigkeit. Der Gedankengang kann verallgemeinert werden: In vielen Fällen lässt sich zwar nicht der direkte Nutzen einer veränderten Verhaltensweise messen, es lässt sich aber der Wert des subjektiv empfundenen Nutzenzuwachses indirekt durch die Opportunitätskosten, die gegenüber einer anderen Verhaltensweise entstehen, bestimmen.

1.4.3.2 Produktionsprogramm

Im vorigen Abschnitt hatte das Paar nur eine betriebliche Produktionsrichtung unterstellt. Angeregt durch die Überlegungen zur Verteilung von Arbeitszeit auf Betrieb und Haushalt fragt es sich jetzt: Wenn in unserem Betrieb realistischerweise mehrere Produktionszweige betrieben werden können, in welchen Umfängen sollen wir sie jeweils betreiben, wenn wir bei begrenzter Gesamtarbeitszeit für den Betrieb ein möglichst hohes Gesamteinkommen erwirtschaften möchten? Das ist die Frage nach dem optimalen *Produktionsprogramm*.

Um das Problem wieder auf den wesentlichen Kern zu reduzieren, geht unser Paar davon aus, dass nur zwei Produktionsrichtungen verfolgt werden sollen. Für beide Produktionsrichtungen gilt, dass wegen der begrenzend wirkenden Betriebsgröße – insbesondere der Flächenausstattung – das Produktionsvolumen mit zunehmendem Arbeitseinsatz degressiv ansteigt, weil zusätzlicher Arbeitsaufwand zwar noch zu Ertragssteigerungen führt, aber z. B. die 200. Arbeitsstunde für die Unkrautbekämpfung einen weniger hohen Zusatzertrag erbringt als die ersten Stunden zur Beseitigung der Hauptunkräuter.

Es wird das in *Übersicht 1.9* dargestellte Tabellenkalkulationsprogramm entwickelt. In der Ausgangssituation unterstellt das Paar, dass eine betriebliche Arbeitskapazität von 2000 h wahlweise auf die Produkte 1 und 2 verteilt werden kann und damit die Produktionsvolumina Q_1 und Q_2 erzeugt werden können. Für die Produktionsvolumina in Abhängigkeit von den Arbeitszeiten Z_1 und Z_2 gelten die unten in der *Übersicht 1.9* angegebenen Gleichungen und die extern einzugebenden Parameterwerte.

Kenngrößen	Verfügbare Gesamtarbeitszeit in h:				2.000				
Arbeit für Produkt 1 [Z_1]	0	250	500	750	1.000	1.250	1.500	1.750	2.000
Arbeit für Produkt 2 [Z_2]	2.000	1.750	1.500	1.250	1.000	750	500	250	0
Gesamtarbeitszeit [Z]	2.000	2.000	2.000	2.000	2.000	2.000	2.000	2.000	2.000
Produktionsvolumen [Q_1]	0	910	1.201	1.413	1.585	1.733	1.864	1.983	2.091
Produktionsvolumen [Q_2]	2.091	1.983	1.864	1.733	1.585	1.413	1.201	910	0
Einkommen Produkt 1 [Y_1]	0	18.206	24.022	28.252	31.698	34.657	37.279	39.650	41.826
Einkommen Produkt 2 [Y_2]	41.826	39.650	37.279	34.657	31.698	28.252	24.022	18.206	0
Gesamteinkommen [Y]	41.826	57.856	61.302	62.910	63.396	62.910	61.302	57.856	41.826
Grenzeinkommen 1 [Y_1`]	-	29,13	19,22	15,07	12,68	11,09	9,94	9,06	8,37
Grenzeinkommen 2 [Y_2`]	8,37	9,06	9,94	11,09	12,68	15,07	19,22	29,13	-
Grenzeinkommensdiff.[DY`]	-	20,07	9,28	3,98	0,00	-3,98	-9,28	-20,07	-
Werte der Parameter:				Arbeitseffizienz für Produkt 1 [c_1]:	100,00			a_1 $(0<a_1\leq 1)$:	0,40
				Arbeitseffizienz für Produkt 2 [c_2]:	100,00			a_2 $(0<a_2\leq 1)$:	0,40
				Preise der Produkte: [pq_1]:	40,00			[pq_2]:	40,00
				Stücksachkosten der Produkte: [sq_1]:	20,00			[sq_2]:	20,00
Gleichungen: Produkt 1: Produktionsvolumen: $Q_1=c_1*Z_1^{a1}$; Einkommen: $Y_1=(pq_1-sq_1)*Q_1$; Produkt 2: Produktionsvolumen: $Q_2=c_2*Z_2^{a2}$; Einkommen: $Y_2=(pq_2-sq_2)*Q_2$ Gesamtarbeitszeit: $Z=Z_1+Z_2$; Gesamteinkommen: $Y=Y_1+Y_2$									
									DECK19

Übersicht 1.9: Optimale Verteilung von Arbeitszeit auf die Herstellung von zwei Produkten

Bei den angenommenen Verläufen der Produktionsbeziehungen und den angenommenen Produktpreisen pq_1 und pq_2 sowie Stücksachkosten sq_1 und sq_2 ergeben sich die im oberen Teil der Übersicht aufgeführten Einkommen Y_1 und Y_2 für die beiden Produkte und das erzielbare Gesamteinkommen Y bei unterschiedlichen Verteilungen der verfügbaren Arbeitszeit. Unter Berücksichtigung der ebenfalls aufgeführten Grenzeinkommen Y_1' und Y_2' sowie der Grenzeinkommensdifferenz DY' sehen wir sofort, dass das Gesamteinkommen Y mit zunehmendem Arbeitseinsatz für Produkt 1 und gleichzeitig abnehmendem Arbeitseinsatz für Produkt 2 zunächst zunimmt, bei einer Verteilung von jeweils 1000 h auf die Produkte ein Maximum erreicht, um danach wieder abzunehmen. Aufgrund der Erfahrungen aus den vorhergehenden Abschnitten und unter Berücksichtigung der Entwicklung der Grenzeinkommen Y_1' und Y_2' können wir sofort ableiten, dass für die einkommensmaximale Arbeitszeitverteilung offenbar das Kriterium (1.10) gilt:

$$(1.10) \qquad Y_1' = Y_2'$$

oder:

$$(1.11) \qquad \frac{dY_1}{dZ_1} = \frac{dY_2}{dZ_2}$$

Durch Vergleich mit der in Abschnitt 1.4.2 abgebildeten Bedingung (1.7) ist einsichtig, dass die Bedingung (1.11) als der *Satz vom Ausgleich der gewogenen Grenzeinkommen* bezeichnet werden kann. Er sagt in verallgemeinerter Form: Das mit einer begrenzten Arbeitskapazität erzielbare Gesamteinkommen wird dann maximal, wenn die insgesamt verfügbare Arbeitszeit so auf verschiedene Produktionsrichtungen verteilt wird, dass die (mit der Arbeitszeit) gewogenen Grenzeinkommen bei allen Produktionsrichtungen wertgleich sind. Als Handlungsanweisung gilt: Verteile zur Erreichung des Einkommensmaximums die Arbeit so auf verschiedene mögliche Produktionsrichtungen, dass die jeweils letzte Arbeitsstunde in allen Produktionsrichtungen das gleiche zusätzliche Einkommen erbringt!

Vergleichen wir nun die mit der in der *Übersicht 1.9* skizzierten Vorgehensweise zur Bestimmung des Einkommensmaximums mit derjenigen zur Bestimmung nutzenmaximaler Konsumgüterkombinationen in Abschnitt 1.4.2, dann wird die formale Übereinstimmung unmittelbar erkennbar. Indessen ergibt sich ein wesentlicher inhaltlicher Unterschied: Während die optimalen Konsumgüterkombinationen auf subjektiven Nutzenschätzungen jeweils eines Menschen basierten, ergeben sich die optimalen Produktmengenkombinationen aus interpersonell überprüfbaren, monetär bewerteten Produktionsbeziehungen. Für Probleme im Produktionsbereich haben die abgeleiteten Handlungsanweisungen daher durchaus eine operationale Bedeutung.

Bei nur zwei Produktionsrichtungen lässt sich die Frage nach dem optimalen Produktionsprogramm, d. h. nach derjenigen mengenmäßigen Kombination der beiden Produkte, bei der bei begrenzter Gesamtarbeitszeit das insgesamt erzielbare Gesamteinkommen höchstmöglich wird, auch auf grafischem Wege beantworten. Das geschieht wie folgt:

Die Zahlen des oberen Teils der *Übersicht 1.9* zeigen u. a. die möglichen Produktionsmengen Q_1 und Q_2 der beiden Produkte, die jeweils mit der Arbeitskapazität von 2000 h erzeugt werden können. Tragen wir die Produktmengenkombinationen in einem Q_1/Q_2-Koordinatensystem ab, dann ergibt sich die sog. *Produktionsmöglichkeitenkurve* (PMK) der *Übersicht 1.10*. In der Halbebene, die durch diese Produktionsmöglichkeitenkurve und die beiden Achsen des Koordinatensystems gebildet wird, liegen sämtliche Produktmengenkombinationen, die mit der Arbeitskapazität Z = 2000 erzeugt werden können. Während die auf dem Rand der Halbebene, d. h. auf der Produktionsmöglichkeitenkurve, liegenden Produktmengenkombinationen die Arbeitskapazität gerade voll ausschöpfen, benötigen Produktmengenkombinationen innerhalb der Halbebene weniger als die volle Gesamtarbeitszeit. Im Hinblick auf die Nutzung der verfügbaren Arbeitskapazität werden die auf dem Rand der Halbebene liegenden Kombinationen als *technisch effizient* bezeichnet, während die innerhalb der Halbebene liegenden Kombinationen *technisch ineffizient* genannt werden.

Zur Bestimmung der einkommensmaximalen Produktmengenkombination müssen wir im nächsten Schritt diejenige auf der Produktionsmöglichkeitenkurve liegende Produktmengenkombination finden, bei der das Gesamteinkommen Y einen höchstmöglichen Wert erreicht. Aus den Zahlen der *Übersicht 1.9* geht hervor, dass das maximale Gesamteinkommen bei Y = 63.396 liegt und die Produktmengenkombination von jeweils 1585 Einheiten für Q_1 und Q_2 erreicht wird.

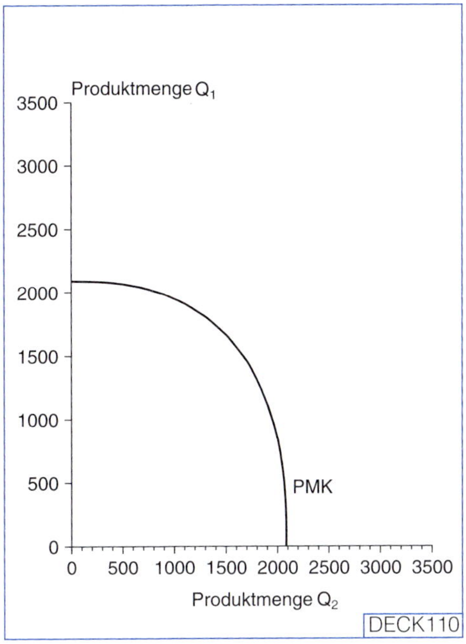

Übersicht 1.10: Produktionsmöglichkeitenkurve (PMK) für zwei Produkte

Auf grafischem Wege können wir dieses optimale Produktionsprogramm finden, indem wir die sog. *Iso-Einkommensgerade* bestimmen. Auf einer Iso-Einkommensgerade liegen alle Produktmengenkombinationen, die zu einem bestimmten Gesamteinkommen führen, d. h., mit dieser Geraden wird die Produktmenge Q_1 von der Produktmenge Q_2 abhängig gemacht.

Die Iso-Einkommensgerade ergibt sich durch einfache Umformung der Definitionsgleichung für das Gesamteinkommen. Das Gesamteinkommen Y ist gemäß Definition (siehe unterer Teil der *Übersicht 1.9*):

(1.12) $Y = Y_1 + Y_2$

Da ebenfalls laut Definition in *Übersicht 1.9*

$Y_1 = (pq_1 - sq_1) \cdot Q_1$ und $Y_2 = (pq_2 - sq_2) \cdot Q_2$

ist, gilt durch Einsetzen dieser Gleichungen in (1.12) für das Gesamteinkommen Y auch:

(1.13) $Y = (pq_1 - sq_1) \cdot Q_1 + (pq_2 - sq_2) \cdot Q_2$

Nehmen wir nun ein bestimmtes Gesamteinkommen an, dann ergibt sich die Abhängigkeit der Produktmenge Q_1 von der Produktmenge Q_2 durch Umformung der Gleichung (1.13) mit:

(1.14) $$Q_1 = \frac{\bar{Y}}{pq_1 - sq_1} - \frac{pq_2 - sq_2}{pq_1 - sq_1} \cdot Q_2$$

Gleichung (1.14) ist der Ausdruck für die Iso-Einkommensgerade.

Wenn wir nun ein Gesamteinkommen von z. B. = 50.000 annehmen und bei den übrigen Parametern von den Werten der *Übersicht 1.9* ausgehen, nämlich $pq_1 = 40$, $sq_1 = 20$, $pq_2 = 40$, $sq_2 = 20$, dann ergibt sich durch Einsetzen dieser Beträge in Gleichung (1.14) die folgende konkrete Iso-Einkommensgerade (1.15):

$$(1.15) \qquad Q_1 = \frac{50.000}{20} - \frac{20}{20} \cdot Q_2 = 2500 - 1 \cdot Q_2$$

Diese Gerade ist in *Übersicht 1.11* zusätzlich zur Produktionsmöglichkeitenkurve aus der *Übersicht 1.10* als I_a dargestellt.

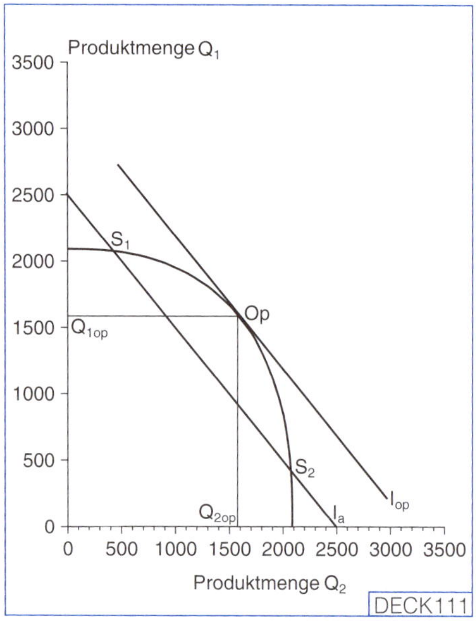

Übersicht 1.11: Bestimmung des optimalen Produktionsprogramms

Aus der *Übersicht 1.11* geht zunächst hervor, dass die Einkommensgerade die Produktionsmöglichkeitenkurve in zwei Punkten (S_1 und S_2) schneidet, was bedeutet, dass an diesen beiden Punkten Produktmengenkombinationen liegen, die bei voller Nutzung der Arbeitskapazität von Z = 2000 zu einem Gesamteinkommen von Y = 50.000 führen. Zwischen den Punkten S_1 und S_2 durchschneidet die Iso-Einkommensgerade die Halbebene des zugehörigen Produktionsmöglichkeitenfeldes, was bedeutet, dass in diesem Abschnitt auf der Iso-Einkommensgerade Kombinationen von Produktmengen liegen, die zwar ebenfalls ein Gesamteinkommen von Y = 50.000 ermöglichen, wobei aber die Arbeitskapazität von Z = 2000 h nicht voll genutzt wird. In Bezug auf die vorgegebene Arbeitskapazität handelt es sich um technisch ineffiziente Produktionsprogramme, weil tatsächlich bei voller Nutzung der Arbeitskapazität größere Produktmengen und damit höhere Gesamteinkommen erreicht werden können.

Schließlich befinden sich zwischen den Schnittpunkten S_1 und S_2 und den jeweiligen Koordinaten zwei weitere Abschnitte der Iso-Einkommensgerade, die außerhalb des zulässigen Produktionsmöglichkeitsfeldes liegen, was bedeutet, dass die auf diesen Abschnitten liegenden Produktmengenkombinationen unzulässig sind, weil sie mehr Arbeit benötigen, als zur Verfügung steht.

Aus diesen Überlegungen können wir schließen, dass die optimale Produktmengenkombination jedenfalls auf der Produktionsmöglichkeitenkurve liegen sollte, weil dabei die verfügbare Arbeitskapazität voll genutzt wird.

Um den Optimalpunkt zu bestimmen, müssen wir noch eine weitere Überlegung anstellen. Aus der Tabelle der *Übersicht 1.9* ging hervor, dass das maximale Gesamteinkommen bei Y = 63.396 liegt. Wenn wir für dieses Einkommen die Iso-Einkommensgerade ableiten, ergibt sich durch Einsetzen in Gleichung (1.15) folgende Gleichung (1.16):

$$(1.16) \qquad Q_1 = \frac{63.396}{20} - \frac{20}{20} \cdot Q_2 = 3169{,}8 - 1 \cdot Q_2$$

Diese Iso-Einkommensgerade ist in *Übersicht 1.11* als I_{op} zusätzlich zur Produktionsmöglichkeitenkurve und zur Iso-Einkommensgerade I_a für das Einkommensniveau von Y = 50.000 dargestellt. I_{op} verläuft aufgrund der unveränderten Steigungsmaße (-1) parallel zur Iso-Einkommensgerade I_a (vgl. Gleichung 1.15).

Um Übrigen verläuft die Iso-Einkommensgerade I_{op} so, dass sie die Produktionsmöglichkeitenkurve gerade noch in einem Punkt tangiert, also nur noch eine zulässige Produktmengenkombination hat. Alle übrigen Produktmengenkombinationen auf der Iso-Einkommensgerade I_{op} sind unzulässig, weil sie außerhalb des zulässigen Produktionsmöglichkeitenfeldes liegen. Der mit Op gekennzeichnete Berührungspunkt repräsentiert die einkommensmaximale, zulässige Produktmengenkombination. Diese Kombination ist nicht nur technisch effizient; vielmehr ist sie auch die *ökonomisch effiziente* Produktmengenkombination. Fällen wir die Lote von dem Optimalpunkt auf die beiden Koordinatenachsen, dann lassen sich dort die zugehörigen optimalen Produktmengen mit Q_{1op} und Q_{2op} ablesen, die im Falle unseres Beispiels jeweils gerade 1585 Produkteinheiten betragen.

Grafisch können wir also bei einer gegebenen Produktionsmöglichkeitenkurve das optimale Produktionsprogramm dadurch ermitteln, dass wir von einer Iso-Einkommensgerade, die wir für ein beliebiges Einkommensniveau bestimmen, ausgehen und diese Gerade dann solange parallel zu sich selbst verschieben, bis sie die Produktionsmöglichkeitenkurve gerade noch tangiert. An dem Tangentialpunkt können wir dann das optimale, d. h. das zulässige einkommensmaximale Produktionsprogramm ablesen.

Aus dieser Überlegung können wir noch ein weiteres Kriterium zur Definition der optimalen Produktmengenkombination ableiten: Da im Tangentialpunkt die Steigung der Produktionsmöglichkeitenkurve gerade der Steigung der Iso-Einkommensgeraden entspricht, können wir auch sagen, dass das Optimum dann erreicht wird, wenn die Steigung der Produktionsmöglichkeitenkurve gleich ist der Steigung der Iso-Einkommensgeraden.

Wir wollen die Steigung der Produktionsmöglichkeitenkurve allgemein mit ihrem Differentialquotienten dQ_1/dQ_2 bezeichnen. Die Steigung der Iso-Einkommensgerade ergibt sich durch Bildung der ersten Ableitung von Gleichung (1.14) allgemein mit:

(1.17) $$Q_1' = -\frac{pq_2 - sq_2}{pq_1 - sq_1}$$

Da – wie gesagt – bei der ökonomisch effizienten Produktmengenkombination die Steigungen der Produktionsmöglichkeitenkurve und der Iso-Einkommensgeraden gleich sind, und wir die Steigung der ersteren allgemein mit dQ_1/dQ_2 bezeichnet haben, gilt auch:

(1.18) $$\frac{dQ_1}{dQ_2} = \frac{pq_2 - sq_2}{pq_1 - sq_1}$$

Das negative Vorzeichen der Steigung in (1.17) wurde in (1.18) nicht berücksichtigt, da auch die Produktionsmöglichkeitenkurve stets negative Steigungen aufweist.

Die Ausdrücke (pq_1 - sq_2) und (pq_1 - sq_2) wollen wir als „Stückeinkommensbeiträge" bezeichnen, weil sie die Einkommensbeiträge je Produktmengeneinheit angeben. Der Differentialquotient dQ_1/dQ_2 als Steigung der Produktionsmöglichkeitenkurve wird *Grenzrate der Substitution* genannt, weil er angibt, um welchen marginalen Betrag die Produktion von Q_1 – bei gleichbleibender Arbeitskapazität – gegen einen marginalen Betrag von Q_2 ausgetauscht werden kann. Als allgemeine Bedingung für die optimale Produktmengenkombination können wir deshalb formulieren: Bei gegebener Arbeitskapazität wird die einkommensmaximale Produktmengenkombination dann erreicht, wenn die Grenzrate der Substitution wertgleich ist dem umgekehrten Verhältnis der Stückeinkommensbeiträge. Für den Sonderfall, dass $sq_1 = 0$ und $sq_2 = 0$ sind, gilt: Die einkommensmaximale Produktmengenkombination wird dann erreicht, wenn die Grenzrate der Substitution wertgleich ist dem umgekehrten Verhältnis der Produktpreise.

Aus der vorstehenden Analyse geht im Übrigen hervor, dass zur Bestimmung der einkommensmaximalen Produktmengenkombination das Prinzip der Opportunitätskosten angewandt wurde. Dehnen wir nämlich die Produktmengen von Q_1 sukzessive aus, dann erhalten wir für dieses Produkt sukzessive ansteigende Einkommensbeträge Y_1. Gleichzeitig müssen wir aber die Produktmengen Q_2 wegen der begrenzten Arbeitskapazität einschränken, wodurch die Einkommensbeiträge für das Produkt 2 nach und nach abnehmen. Durch die Ausdehnung von Q_1 entgeht zunehmend mehr Einkommen aus Q_2. Für Q_1 sind also die entgehenden Einkommensbeiträge aus Q_2 Kosten als entgangener Nutzen. Wir werden deshalb Q_1 nur so lange ausdehnen, bis das daraus resultierende *Grenzeinkommen* den *Grenzopportunitätskosten* entspricht.

Die in *Übersicht 1.11* abgeleitete grafische Vorgehensweise zur Bestimmung der einkommensmaximalen Produktmengenkombination lässt sich auch verwenden, um Auswirkungen von Preis- und Arbeitseffizienzveränderungen zu untersuchen. In *Übersicht 1.12* ist wiederum die gleiche Produktionsmöglichkeitenkurve eingezeichnet.

Für die neue Iso-Einkommensgerade I_v sind jetzt aber bei einem Einkommensniveau von Y = 50.000 Werte zugrunde gelegt, die sich ergeben, wenn der Preis für Produkt 1 von $pq_1 = 40$ auf $pq_1 = 45$ ansteigt und der Preis für Produkt 2 von $pq_2 = 40$ auf $pq_2 = 35$ abfällt. Die Iso-Einkommensgerade lautet nunmehr also:

(1.19) $$Q_1 = \frac{50.000}{25} - \frac{15}{25} \cdot Q_2 = 2000 - 0,6 \cdot Q_2$$

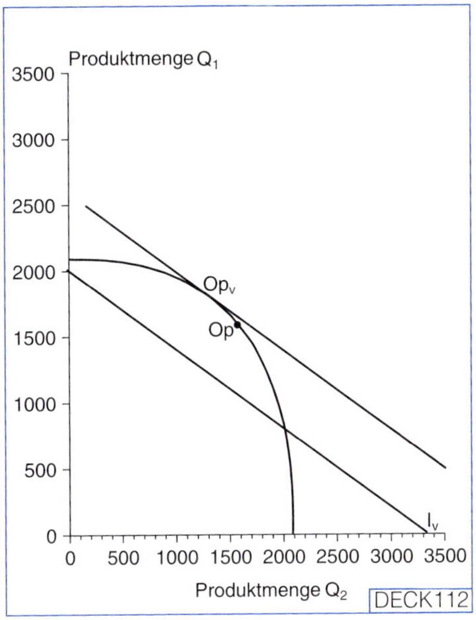

Übersicht 1.12: Veränderung des optimalen Produktionsprogramms bei Produktpreisänderungen

Durch Parallelverschiebung dieser Iso-Einkommensgeraden erreichen wir auf der Produktionsmöglichkeitenkurve das neue Optimum Op_V. Im Vergleich dazu wurde mit Op das Optimum für die ursprünglichen Preisverhältnisse nochmals eingezeichnet. Wir sehen: Bei Preisveränderungen verschiebt sich die optimale Produktmengenkombination in Richtung auf das einkommensmäßig vorzüglicher werdende Produkt. Das quantitative Ausmaß der Veränderung des Produktionsprogramms wird durch das Maß der Änderung der Produktpreisverhältnisse bestimmt. (Verdeutlichen Sie sich diese Aussage durch Variation der Preisparameter im Programm DECK19.)

In *Übersicht 1.13* sind Auswirkungen von Veränderungen der Arbeitseffizienz angedeutet. Steigt z. B. die Arbeitseffizienz für das Produkt 1 bei unveränderter Arbeitseffizienz für das Produkt 2, d. h., können z. B. durch technische Fortschritte jetzt je Arbeitsstunde größere Mengen des Produktes 1 hergestellt werden, dann verändert sich die ursprüngliche Produktionsmöglichkeitenkurve, jetzt PMK_1 genannt, in Richtung auf PMK_2. Bei unveränderten Produktpreisen wird dadurch das durch ein insgesamt höheres Gesamteinkommensniveau gekennzeichnete neue Optimum Op_2 erreicht. Gleichzeitig wird die optimale Produktmengenkombination in Richtung auf (relativ) größere Mengen Q_1 und (relativ) geringere Mengen Q_2 verändert. Das quantitative Ausmaß der Veränderungen wird durch das Ausmaß der Arbeitseffizienzveränderungen bestimmt.

Wie in *Übersicht 1.13* ebenfalls angedeutet, tritt eine umgekehrte Veränderung der einkommensmaximalen Produktmengenkombination ein, wenn die Arbeitseffizienz des Produktes 2 steigt. Es wird dann z. B. das neue Optimum Op_3 auf der veränderten Produktionsmöglichkeitenkurve PMK_3 erreicht. (Verdeutlichen Sie sich die möglichen Veränderungen durch Variation der entsprechenden Parameter im Programm DECK19.)

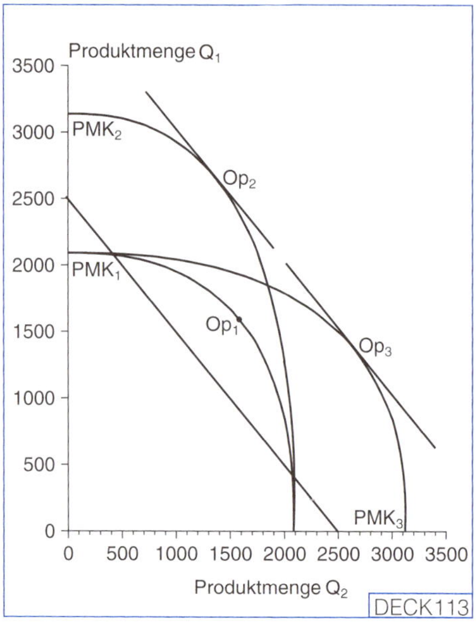

Übersicht 1.13: Veränderung des optimalen Produktionsprogramms bei Veränderung einer Arbeitseffizienz

Schließlich zeigt *Übersicht 1.14*, welche Konsequenzen sich ergeben, wenn die Arbeitseffizienzen für beide Produktionsrichtungen im gleichen Maße ansteigen. Die Produktionsmöglichkeitenkurve verschiebt sich parallel zu sich selbst nach außen. Es wird z. B. das neue Optimum Op_4 auf der Produktionsmöglichkeitenkurve PMK_4 erreicht. Von beiden Produkten können mit unveränderter Arbeitskapazität größere Produktmengen hergestellt werden. Das maximale Gesamteinkommen steigt, das Produktmengenverhältnis ändert sich jedoch nicht.

Die Bestimmung der verschiedenen Einkommensmaxima bedeutet jedoch nicht, dass sich das Paar unseres Beispiels tatsächlich nach Maßgabe des Zieles „Maximierung des Einkommens" verhalten müsste. Für den Fall, dass es sich, aus welchen Gründen auch immer, zu einer anderen Produktmengenkombination entschließt, kann mit dem Kalkulationsverfahren auch abgeleitet werden, welche Opportunitätskosten in Form entgehenden Einkommens ein solcher Entschluss im einen oder anderen Fall mit sich bringen würde.

Am Ende dieses Abschnittes wollen wir noch auf eine zentrale Annahme für die Ableitung der Optima und ihrer Veränderungen bei Preis- und Arbeitseffizienzveränderungen eingehen. Wir hatten angenommen, dass die Produktmengen beider Produkte in Abhängigkeit vom Arbeitseinsatz degressiv ansteigen, also prinzipiell die gleichen Verhältnisse vorliegen wie bei der Nutzenbestimmung des Abschnittes 1.4.2. Technisch kommt dieser Verlauf der Produktionsbeziehungen dadurch zustande, dass wir in *Übersicht 1.9* für die Parameter a_1 und a_2 Werte < 1 (im Beispiel der *Übersicht 1.9* jeweils 0,4) gewählt haben.

Auf den Verlauf der Produktionsbeziehungen unter verschiedenen Produktionsszenarien werden wir im 6. Kapitel noch ausführlich eingehen. Hier sei jedoch kurz untersucht, welche Konsequenzen sich ergeben, wenn wir annehmen, dass sich die Produktmengen proportional zum

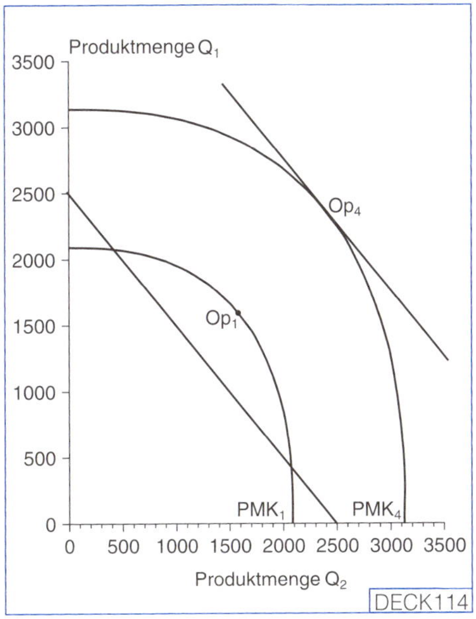

Übersicht 1.14: Veränderung des optimalen Produktionsprogramms bei Veränderung beider Arbeitseffizienzen

Arbeitseinsatz verhalten. Technisch wird das dadurch erreicht, dass für die Parameterwerte $a_1 = 1$ und $a_2 = 1$ gilt.

In *Übersicht 1.15* sind beispielhaft die Konsequenzen für den Fall dargestellt, dass bei unveränderter Arbeitskapazität für die Produkte 1 und 2 jeweils die Arbeitseffizienz $c_1 = 1{,}25$ und $c_2 = 1{,}25$ und die Produktpreise $pq_1 = 45$ und $pq_2 = 35$ bei unveränderten Stücksachkosten von $sq_1 = 20$ und $sq_2 = 20$ angenommen wurden.

Aus dem oberen Teil der *Übersicht 1.15* geht dann hervor, dass das Gesamteinkommen Y mit zunehmender Produktmenge Q_1 und gleichzeitig abnehmender Produktmenge Q_2 sukzessive ansteigt und mit Y = 62.500 ein Maximum erreicht, wenn die volle Arbeitskapazität nur noch zur Herstellung von $Q_1 = 2500$ Einheiten des Produktes 1 genutzt wird.

Grafisch erhalten wir die Verhältnisse der *Übersicht 1.16*. Die Produktionsmöglichkeitenkurve PMKL hat einen linearen Verlauf mit einer gleichbleibenden *Grenzrate der Substitution* zwischen den beiden Produkten.

Wir wollen auch für diese Produktionsmöglichkeitenkurve wieder auf grafischem Wege das optimale Produktionsprogramm bestimmen. Dazu berechnen wir zunächst die Iso-Einkommensgerade. Durch Einsetzen der Werte $pq_1 = 45$, $pq_2 = 35$, $sq_1 = 20$ und $sq_2 = 20$ und einem Gesamteinkommen von beispielsweise $\bar{Y} = 50.000$ in die allgemeine Gleichung (1.14) für die Iso-Einkommensgerade erhalten wir den Ausdruck (1.20):

$$(1.20) \qquad Q_1 = \frac{50.000}{25} - \frac{15}{25} \cdot Q_2 = 2000 - 0{,}6 \cdot Q_2$$

Diese Iso-Einkommensgerade ist in *Übersicht 1.17* als Linie IL_1 eingezeichnet.

Kenngrößen	Verfügbare Gesamtarbeitszeit in h:				4.000				
Arbeit für Produkt 1 [Z_1]	0	250	500	750	1.000	1.250	1.500	1.750	2.000
Arbeit für Produkt 2 [Z_2]	2.000	1.750	1.500	1.250	1.000	750	500	250	0
Gesamtarbeitszeit [Z]	2.000	2.000	2.000	2.000	2.000	2.000	2.000	2.000	2.000
Produktionsvolumen [Q_1]	0	313	625	938	1.250	1.563	1.875	2.188	2.500
Produktionsvolumen [Q_2]	2.500	2.188	1.875	1.563	1.250	938	625	313	0
Einkommen Produkt 1 [Y_1]	0	7.813	15.625	23.438	31.250	39.063	46.875	54.688	62.500
Einkommen Produkt 2 [Y_2]	37.500	32.813	28.125	23.438	18.750	14.063	9.374	4.6888	0
Gesamteinkommen [Y]	37.500	40.625	43.750	46.875	50.000	53.125	56.250	59.375	62.500
Grenzeinkommen 1 [Y_1`]	-	31,25	31,25	31,25	31,25	31,25	31,25	31,25	31,25
Grenzeinkommen 2 [Y_2`]	18,75	18,75	18,75	18,75	18,75	18,75	18,75	18,75	-
Grenzeinkommensdiff.[DY`]	-	12,50	12,50	12,50	12,50	12,50	12,50	12,50	-
Werte der Parameter:	Arbeitseffizienz für Produkt 1 [c_1]:				1,25		a_1 ($0<a_1\leq 1$):		1,00
	Arbeitseffizienz für Produkt 2 [c_2]:				1,25		a_2 ($0<a_2\leq 1$):		1,00
	Preise der Produkte: [pq_1]:				45,00		[pq_2]:		35,00
	Stücksachkosten der Produkte: [sq_1]:				20,00		[sq_2]:		20,00

Gleichungen: Produkt 1: Produktionsvolumen: $Q_1=c_1*Z_1^{a1}$; Einkommen: $Y_1=(pq_1-sq_1)*Q_1$;
Produkt 2: Produktionsvolumen: $Q_2=c_2*Z_2^{a2}$; Einkommen: $Y_2=(pq_2-sq_2)*Q_2$
Gesamtarbeitszeit: $Z=Z_1+Z_2$; Gesamteinkommen: $Y=Y_1+Y_2$

DECK115

Übersicht 1.15: Optimale Verteilung von Arbeitszeit auf die Herstellung von zwei Produkten bei linearen Produktionsbeziehungen

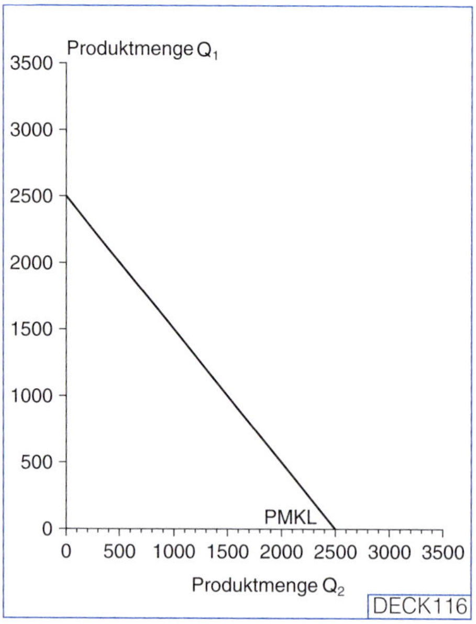

Übersicht 1.16: Produktionsmöglichkeitenkurve (PMKL) für zwei Produkte bei linearen Produktionsbeziehungen

Das optimale Produktionsprogramm finden wir – bekanntlich – durch paralleles Verschieben von IL_1, bis sie die Produktionsmöglichkeitenkurve PMKL gerade noch tangiert. Es ergeben sich die Iso-Einkommenslinie IL_{op1} und der Optimalpunkt Op_1 in *Übersicht 1.17*. Die Iso-Einkommenslinie IL_{op1} berührt die Produktionsmöglichkeitenkurve bei $Q_1 = 2500$ und $Q_2 = 0$ Einheiten. Wir erhalten also ein sog. *Randoptimum*.

Preisveränderungen z. B. in Richtung auf eine steigende wirtschaftliche Vorzüglichkeit des Produktes 2 bewirken nun, dass die (negative) Steigung der Iso-Einkommensgerade zunimmt,

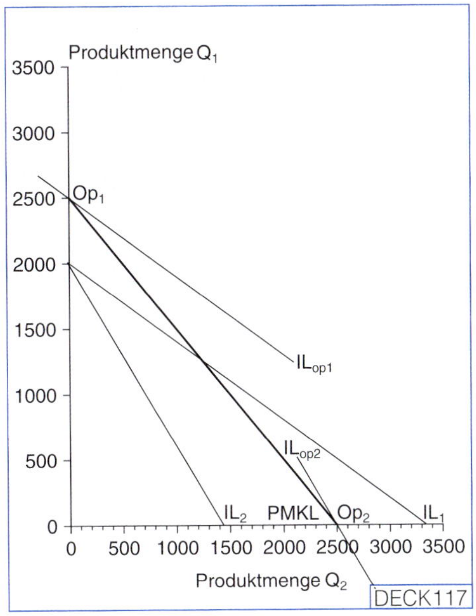

Übersicht 1.17: Bestimmung des optimalen Produktionsprogrammes bei linearen Produktionsbeziehungen

bis das Produktionsprogramm „umkippt", weil das Optimum dann – bezogen auf unser Beispiel – bei $Q_1 = 0$ und $Q_2 = 2500$ erreicht wird.

In *Übersicht 1.17* ist zur Verdeutlichung dieses Tatbestandes die Iso-Einkommensgerade IL_2 eingezeichnet, die sich ergibt, wenn der Preis für das Produkt 2 von $pq_2 = 35$ auf $pq_2 = 55$ ansteigt. Der Ausdruck für die Iso-Einkommensgerade lautet dann:

$$(1.21) \qquad Q_1 = \frac{50.000}{25} - \frac{35}{25} = 2000 - 1,4 \cdot Q_2$$

Verschieben wir jetzt diese Iso-Einkommensgerade IL_2, bis sie die Produktionsmöglichkeitenkurve PMKL gerade noch tangiert, dann erhalten wir die Iso-Einkommensgerade IL_{op2} und das optimale Produktionsprogramm am Punkt Op_2. Wir erhalten also wieder ein Randoptimum.

Lediglich in dem Sonderfall, in dem das Produktpreisverhältnis gerade so beschaffen ist, dass die Steigung der Isoeinkommensgeraden der Steigung der zugehörigen Produktionsmöglichkeitenkurve entspricht, führt jede technisch effiziente Produktmengenkombination zum gleichen (maximalen) Gesamteinkommen. (Verdeutlichen Sie sich die Zusammenhänge durch Variation der entsprechenen Parameterwerte im Programm DECK19.)

1.4.3.3 Produktionsverfahren

1.4.3.3.1 Bestimmung der Minimalkostenkombination

Angeregt durch die im vorhergehenden Abschnitt zunächst gemachte Annahme, dass sich die Produktionsvolumina, die auf einer Nutzfläche erzeugt werden können, in Abhängigkeit von steigenden Arbeitseinsätzen degressiv steigend entwickeln, stellt sich unser junges Paar als Nächstes die Frage, welches das optimale Verhältnis von Nutzfläche und Arbeit ist, d. h., bei welcher Mengenkombination von Nutzfläche und Arbeitszeit eine bestimmte, erwünschte Produktmenge mit geringstmöglichen Kosten erzeugt wird. Das ist die Frage nach der *Minimalkostenkombination*.

Zur Beantwortung der Frage muss unser Paar zunächst eine Produktionsbeziehung auswählen, mit der sich die Produktmenge Q in Abhängigkeit von den beiden Produktionsfaktoren Nutzfläche Nf und Arbeitszeit Az darstellen lässt. Um einen degressiv steigenden Verlauf der Produktmenge bei Ausdehnung von jeweils einem Produktionsfaktor zu gewährleisten, entscheiden sie sich für die in der Volkswirtschaftslehre oft verwendete, linear-homogene *COBB-DOUGLAS-Funktion*, die für unseren Fall wie folgt lautet:

$$Q = c \cdot Az^a \cdot Nf^b \quad \text{wobei} \quad a + b = 1 \quad \text{und} \quad 0 < a < 1, \quad 0 < b < 1 \tag{1.22}$$

In dieser Gleichung ist c ein Skalierungsparameter, über den die Effizienz des Faktoreinsatzes gesteuert werden kann, die Exponenten a und b bestimmen – ganz ähnlich wie in den Gleichungen der vorhergehenden Abschnitte – den Anstieg der Produktmenge Q in Abhängigkeit von den Einsatzmengen für die Arbeitszeit Az und die Nutzfläche Nf. Wenn a und b Werte innerhalb von 0 und 1 haben, ergeben sich degressiv steigende Verläufe der Produktmengen in Abhängigkeit steigender Mengen jeweils eines Produktionsfaktors.

Übersicht 1.18 zeigt ein Zahlenbeispiel für diese Produktionsfunktion und für Parameterwerte von c = 10, a = 0,5 und b = 0,5. Die erwünschte Produktmenge von Q = 4000 kann mit verschiedenen Einsatzkombinationen der beiden Produktionsfaktoren erreicht werden. Für die in Zeile 1 der Übersicht angegebenen Arbeitszeitmengen Az = 500 bis Az = 4500 in Schritten von 500 Einheiten ergeben sich die in Zeile 2 angegebenen zugehörigen Nutzflächenmengen von Nf = 320,0 bis Nf = 35,6 Einheiten.

Z.	Kenngrößen				Erwünschte Produktmenge [Q]:	4.000				
1	Arbeitszeit [Az]	500,0	1.000,0	1.500,0	2.000,0	2.500,0	3.000,0	3.500,0	4.000,0	4.500,0
2	Nutzfläche [Nf]	320,0	160,0	106,7	80,0	64,0	53,3	45,7	40,0	35,6
3	Arbeitskosten [Ka]	6.000	12.000	18.000	24.000	30.000	36.000	42.000	48.000	54.000
4	Nutzflächenkosten [Kn]	96.000	48.000	32.000	24.000	19.200	16.000	13.714	12.000	10.667
5	Gesamtkosten [K]	102.000	60.000	50.000	48.000	49.200	52.000	55.714	60.000	64.667
6	Arbeitsgrenzkosten [Ka']	3,00	6,00	9,00	12,00	15,00	18,00	21,00	24,00	27,00
7	Nutzflächengrenzkosten [Kn']	48,00	24,00	16,00	12,00	9,60	8,00	6,86	6,00	5,33
	Werte der Parameter:			Skalierungsparameter [c]:	10,00		Exponent von Az [a]:	0,50		
				Exponent von Nf [b]:	0,50		Arbeitspreis [pa]:	12,00		
				Nutzflächenpreis [pn]:	300,00					

Gleichungen: Produktmenge: $Q=c*Az^a Nf^b$; a>0, b>0, a+b=1; K=Ka+Kn; Ka=pa*Az; Kn=pn*Nf;
Grenzkosten: $Ka'=dKa/dQ=pa*(1/(c*Nf^b))^{(1/a)}*1/a*Q^{(1/a-1)}$; $Kn'=dNf/dQ=pn*(1/c*Az^a))^{(1/b)}*1/b*Q^{(1/b-1)}$

DECK118

Übersicht 1.18: Rechnerische Bestimmung der Minimalkostenkombination

Um nun diejenige Kombination von Arbeitszeit und Nutzflächenumfang bestimmen zu können, bei der die Kosten zur Herstellung der 4000 Produkteinheiten insgesamt minimal werden, benötigen wir die Preise der beiden Produktionsfaktoren und die Definitionsgleichung für die Kosten (K). Im Beispiel wurden die Faktorpreise mit pa = 12,00 für die Arbeit und pn = 300,00 für die Nutzfläche angenommen. Die Definitionsgleichung für die Kosten lautet:

(1.23) $K = Ka + Kn$

Darin sind:

K = Gesamtkosten
Ka = Arbeitskosten
Kn = Nutzflächenkosten

Für die Arbeits- und Nutzflächenkosten gelten die Definitionsgleichungen:

(1.24) $Ka = Az \cdot pa$

(1.25) $Kn = Nf \cdot pn$

Durch Einsetzen von (1.24) und (1.25) in (1.23) erhalten wir:

(1.26) $K = Az \cdot pa + Nf \cdot pn$

Für unser Beispiel sind in der 3. bis 5. Zeile der *Übersicht 1.18* die Arbeitskosten, die Nutzflächenkosten und die Gesamtkosten angegeben. Zusätzlich sind in der 6. und 7. Zeile die Grenzkosten für die beiden Produktionsfaktoren aufgeführt.

Die zugehörigen Gleichungen für die (partiellen) Grenzkosten der Produktionsfaktoren Arbeit und Nutzfläche sind im unteren Teil der *Übersicht 1.18* angegeben. Zur Bestimmung dieser Gleichungen müssen zunächst die Arbeitskosten (Ka) bzw. die Nutzflächenkosten (Kn) von der Produktmenge (Q) abhängig gemacht werden. Das geschieht z. B. für die Arbeitskosten dadurch, dass man zunächst die nach Az aufgelöste Gleichung (1.22) in die Gleichung (1.24) einsetzt und die sich daraus ergebende Gleichung nach der Produktmenge (Q) differenziert, also die 1. Ableitung als (partielle) Grenzkosten der Arbeit bestimmt. Konkret gilt:

1. Schritt: Die Auflösung der Gleichung (1.22) nach Az ergibt:

$$Az = \left(\frac{1}{c \cdot Nf^b}\right)^{\frac{1}{a}} \cdot Q^{\frac{1}{a}}$$

2. Schritt: Einsetzen dieses Ausdrucks in Gleichung (1.24) führt zu:

$$Ka = pa \cdot \left(\frac{1}{c \cdot Nf^b}\right)^{\frac{1}{a}} \cdot Q^{\frac{1}{a}}$$

3. Schritt: Die Differenziation dieses Ausdrucks nach Q ergibt die 1. Ableitung als (partielle) Grenzkosten der Arbeit mit:

$$Ka' = \frac{dKa}{dQ} = pa \cdot \left(\frac{1}{c \cdot Nf^b}\right)^{\frac{1}{a}} \cdot \frac{1}{a} \cdot Q^{\frac{1}{a}-1}$$

In analoger Weise wird der Ausdruck für die (partiellen) Grenzkosten der Nutzfläche gebildet (Hausaufgabe: Überprüfen Sie die Richtigkeit des in *Übersicht 1.18* angegebenen Ausdrucks für die (partiellen) Grenzkosten der Nutzflächen).

Wenn wir jetzt die Kosten für die Produktionsfaktoren in *Übersicht 1.18* von links nach rechts durchgehen, dann sehen wir, dass zunächst mit zunehmendem Arbeitseinsatz die Nutzflächenkosten rascher abnehmen, als die Arbeitskosten ansteigen, so dass die Gesamtkosten sinken, bis mit der Kombination Az = 2000,0 und Nf = 80,0 offenbar das Gesamtkostenminimum erreicht wird. Nach dem Minimum nehmen die Nutzflächenkosten weniger stark ab, als die Arbeitskosten zunehmen, so dass sich wieder ansteigende Gesamtkosten ergeben.

Offenbar steigen also im Gesamtkostenminimum die Arbeitskosten gerade um den gleichen Betrag an, wie die Nutzflächenkosten abnehmen. Da diese Veränderungen das Gleiche wie die zugehörigen Grenzkosten als 1. Ableitungen der Gesamtkostenbestandteile sind, können wir auch sagen, dass im Kostenminimum die Arbeitsgrenzkosten den Nutzflächengrenzkosten betragsmäßig gleich sind. Wie die Zeilen 6 und 7 der *Übersicht 1.18* ausweisen, trifft das mit Beträgen von jeweils 12,00 auch zu. Für die Grenzkosten gilt allgemein:

für die Arbeit $$Ka' = \frac{dKa}{dQ}$$

und für die Nutzfläche $$Kn' = \frac{dNf}{dQ}$$

Es gilt also für die Minimalkostenkombination die Bedingung:

$$\frac{dKa}{dQ} = \frac{dNf}{dQ} \qquad (1.27)$$

Aufgrund unserer Kenntnisse aus den vorhergehenden Abschnitten können wir sofort sagen, dass diese Bedingung als *Satz vom Ausgleich der gewogenen Grenzkosten* bezeichnet werden kann. Es gilt als Handlungsanweisung: Verändere zur Erreichung der Minimalkostenkombination die Faktormengen solange, bis die in Bezug auf die erwünschte Produktmenge erreichten Werte der Grenzkosten für die Produktionsfaktoren wertgleich sind.

Für nur zwei Produktionsfaktoren und ein Produkt lässt sich die Minimalkostenkombination auch auf grafischem Wege bestimmen. Dazu tragen wir zunächst in einem Koordinatensystem auf den beiden Achsen die beiden Faktormengen ab und dann die jeweiligen Faktorkombinationen für die erwünschte Produktmenge ein. Daraus ergibt sich – für das Zahlenbeispiel der *Übersicht 1.18* – die in *Übersicht 1.19* eingezeichnete sog. *Isoquante* – hier als Iq. Auf dieser Kurve liegen alle Faktormengenkombinationen, mit denen höchstens die Produktmenge Q = 4000 Einheiten erzeugt werden kann. Auf der Isoquante liegen also effiziente Faktoreinsatzkombinationen. Ineffiziente Kombinationen befinden sich rechts der Isoquante, z. B. am Punkt P_{ie} in der Übersicht. An diesem Punkt würde die Produktmenge Q = 4000 mit größeren Faktormengen als notwendig erzeugt. Unzulässige Faktoreinsatzkombinationen liegen dagegen links der Isoquante, z. B. am Punkt P_{uz}, weil die damit verbundenen Faktormengen zu klein sind, um eine Produktmenge von Q = 4000 erzeugen zu können.

Die kostenminimale – d. h. die nicht nur technisch, sondern auch ökonomisch effiziente – Faktorkombination muss also auf der Isoquante liegen. Wir finden diese Kombination – ganz

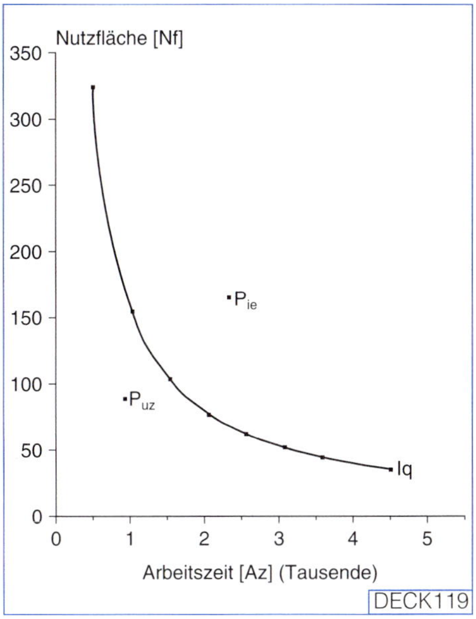

Übersicht 1.19: Isoquante als Kurve gleicher Produktmengen für zwei Produktionsfaktoren

ähnlich wie bei der Bestimmung der optimalen Produktmengenkombination in Abschnitt 1.4.3.2 –, indem wir die sog. *Iso-Kostenlinie* bilden. Auf ihr liegen sämtliche Mengenkombinationen der Faktoren Arbeit und Nutzfläche, die zu gleichen Gesamtkosten (K) führen. Mit der Iso-Kostenlinie wird also die Menge des Faktors Nutzfläche (Nf) von der Menge des Faktors Arbeitszeit (Az) unter der Bedingung gleichbleibender Gesamtkosten abhängig gemacht.

Wir erhalten die Iso-Kostenlinie für eine bestimmte Kostensumme $\bar{K}$ durch einfaches Umformen der Kostengleichung (1.26) mit:

$$(1.28) \qquad Nf = \frac{\bar{K}}{pn} - \frac{pa}{pn} \cdot Az$$

Auf dieser Linie liegen sämtliche Faktormengenkombinationen, deren Einsatz zu der Kostensumme führt.

Für den Fall beispielsweise, dass $\bar{K}$ = 60.000 ist, ergibt sich für die Faktorpreise pa = 12,00 und pn = 300,00 die Iso-Kostenlinie (1.29):

$$(1.29) \qquad Nf = \frac{60.000}{300} - \frac{12}{300} \cdot Az = 200 - 0{,}04 \cdot Az$$

Diese Linie ist als Ik_a zusätzlich zur Isoquante aus *Übersicht 1.19* in der *Übersicht 1.20* eingetragen. Sie durchschneidet die Isoquante an den Punkten S_1 und S_2, was bedeutet, dass an diesen Stellen die Produktmenge Q = 4000 mit Faktoreinsatzkombinationen hergestellt werden kann, welche Kosten von insgesamt K = 60.000 verursachen. Diese Kombinationen sind zwar technisch, aber nicht ökonomisch effizient. Aus der *Übersicht 1.18* wissen wir bereits, dass die ökonomisch effiziente Faktormengenkombination bei Faktoreinsatzmengen von Nf = 80,0 und Az = 2000,0 liegt und Gesamtkosten in Höhe von K = 48.000 verursacht.

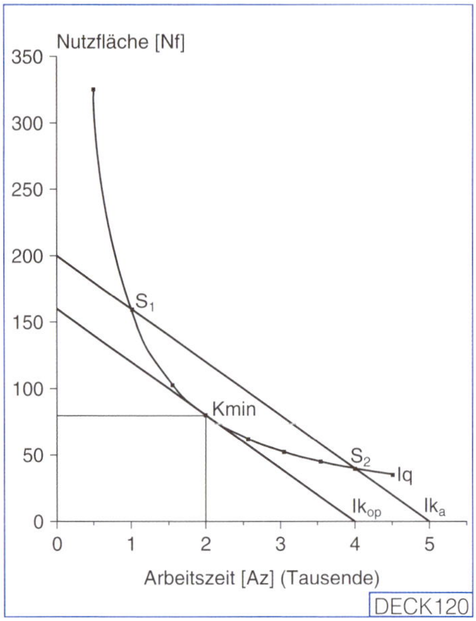

Übersicht 1.20: Grafische Bestimmung der Minimalkostenkombination

Wenn wir nun für die Gesamtkosten K = 48.000 die Iso-Kostenlinie ableiten, dann ergibt sich durch Einsetzen in (1.28) der folgende Ausdruck:

(1.30) $$Nf = \frac{48.000}{300} - \frac{12}{300} \cdot Az = 160 - 0{,}04 \cdot Az$$

Diese Iso-Kostenlinie verläuft parallel zur Iso-Kostenlinie des Ausdrucks (1.29). Sie ist als Ik_{op} ebenfalls in *Übersicht 1.20* eingetragen. Sie tangiert die Isoquante in dem Punkt Kmin. Fällen wir von diesem Punkt die Lote auf die beiden Achsen des Koordinatensystems, dann können wir dort die zugehörigen Faktoreinsatzmengen mit Nf = 80,0 und Az = 2000,0 für die Minimalkostenkombination ablesen.

Auf grafischem Wege finden wir also die Minimalkostenkombination, indem wir von einer Iso-Kostenlinie ausgehen, die wir für eine beliebige Kostensumme $\bar{K}$ bestimmt haben und diese Linie dann solange parallel zu sich selbst verschieben, bis sie die Isoquante nurmehr tangiert. Am Tangentialpunkt können wir die Faktoreinsatzmengen für die Minimalkostenkombination ablesen.

Aus der Darstellung anhand der *Übersicht 1.20* ergibt sich ein weiteres Kriterium für die Minimalkostenkombination. Im Tangentialpunkt der Iso-Kostenlinie mit der Isoquante sind die Steigungen der beiden Kurven offenbar gerade gleich. Die Steigung der Iso-Kostenlinie ergibt sich als 1. Ableitung des allgemeinen Ausdrucks für die Iso-Kostenlinie (1.28) mit:

(1.31) $$Nf' = - \frac{pa}{pn}$$

Bezeichnen wir nun die Steigung der Isoquante allgemein mit dNf/dAz, dann gilt – da beide Steigungen negativ sind – die allgemeine Bedingung für die Minimalkostenkombination (1.32):

$$(1.32) \qquad \frac{dNf}{dAz} = \frac{pa}{pn}$$

Der Ausdruck für die Steigung der Isoquante dNf/dAz wird als *Grenzrate der Substitution* bezeichnet, weil er beschreibt, mit welchem marginalen Betrag der eine Produktionsfaktor bei jeweils gleichbleibender Produktmenge eingeschränkt werden kann, wenn der andere Produktionsfaktor um einen marginalen Betrag ausgedehnt werden soll. In Worten sagt die Bedingung (1.32) also: Die Minimalkostenkombination wird dann erreicht, wenn die Grenzrate der Substitution der beiden Produktionsfaktoren wertgleich ist dem umgekehrten Verhältnis der zugehörigen Produktionsfaktorpreise.

Wir können die grafische Darstellungsweise auch zur Bestimmung der Auswirkungen von Faktorpreisänderungen verwenden. In *Übersicht 1.21* wurde gegenüber *Übersicht 1.18* der Preis des Faktors Arbeit von pa = 12,00 € auf pa = 21,33 € angehoben. Die neue Minimalkostenkombination wird dadurch bei Az = 1500 und Nf = 106,67 Einheiten sowie einer Gesamtkostensumme von K = 63.995,00 € erreicht.

Z.	Kenngrößen			Erwünschte Produktmenge [Q]:	4.000					
1	Arbeitszeit [Az]	500,0	1.000,0	1.500,0	2.000,0	2.500,0	3.000,0	3.500,0	4.000,0	4.500,0
2	Nutzfläche [Nf]	320,0	160,0	106,7	80,0	64,0	53,3	45,7	40,0	35,6
3	Arbeitskosten [Ka]	10.665	21.330	31.995	42.660	53.325	63.990	74.655	85.320	95.985
4	Nutzflächenkosten [Kn]	96.000	48.000	32.000	24.000	19.200	16.000	13.714	12.000	10.667
5	Gesamtkosten [K]	106.665	69.330	63.995	66.660	72.525	79.990	88.369	97.320	106.652
6	Arbeitsgrenzkosten [Ka']	5,33	10,67	16,00	21,33	26,66	32,00	37,33	42,66	47,99
7	Nutzflächengrenzkosten [Kn']	48,00	24,00	16,00	12,00	9,60	8,00	6,86	6,00	5,33
	Werte der Parameter:		Skalierungsparameter [c]:	10,00		Exponent von Az [a]:	0,50			
			Exponent von Nf [b]:	0,50		Arbeitspreis [pa]:	21,33			
			Nutzflächenpreis [pn]:	300,00						

Gleichungen: Produktmenge: $Q=c*Az^{a}Nf^{b}$; a>0, b>0, a+b=1; K=Ka+Kn; Ka=pa*Az; Kn=pn*Nf;
Grenzkosten: $Ka'=dKa/dQ=pa*(1/(c*Nf^{b}))^{(1/a)}*1/a*Q^{(1/a-1)}$; $Kn'=dNf/dQ=pn*(1/c*Az^{a}))^{(1/b)}*1/b*Q^{(1/b-1)}$

DECK121

Übersicht 1.21: Rechnerische Bestimmung der Minimalkostenkombination – Anpassung bei gestiegenem Arbeitspreis

Bestimmen wir nun mit dieser Kostensumme und den veränderten Faktorpreisen die Iso-Kostenlinie durch Einsetzen der Werte in den allgemeinen Ausdruck für die Iso-Kostenlinie (1.28), dann gilt:

$$(1.33) \qquad Nf = \frac{63.995}{300} - \frac{21,33}{300} \cdot Az = 213,3167 - 0,0711 \cdot Az$$

Diese Iso-Kostenlinie ist in *Übersicht 1.22* zusätzlich zur Isoquante Iq und zur Iso-Kostenlinie Ik_{op} für die Ausgangssituation als Isoquante Ik_{opv} eingezeichnet. Das neue Kostenminimum wird am Punkt $Kmin_1$ erreicht. Wir sehen, dass im neuen Kostenminimum zur Erzeugung von Q = 4000 Einheiten weniger Arbeitszeit und mehr Nutzfläche eingesetzt werden soll. Diese Beobachtung lässt sich verallgemeinern: Bei (relativ) steigendem/sinkendem Preis des einen Produktionsfaktors und damit (relativ) sinkendem/steigendem Preis des anderen Produktionsfaktors verändert sich die Lage der Minimalkostenkombination in Richtung auf den (relativen) Mindereinsatz/Mehreinsatz des einen Produktionsfaktors und damit auf den (relativen) Mehreinsatz/Mindereinsatz des anderen Produktionsfaktors. (Verdeutlichen Sie sich die Zusammenhänge durch Veränderungen der Faktorpreise im Programm DECK118.)

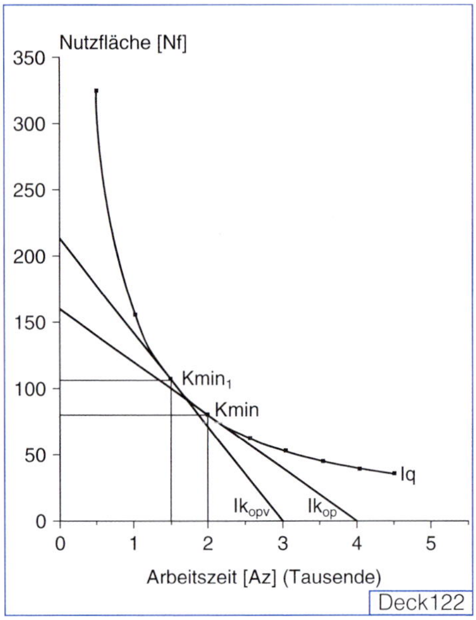

Übersicht 1.22: Grafische Bestimmung der Minimalkostenkombination – Anpassung bei gestiegenem Arbeitspreis

1.4.3.3.2 Auswahl eines kostenminimalen Produktionsverfahrens

In den Beispielen der vorhergehenden Abschnitte hatten wir zunächst durchaus „heroische" Annahmen über die Produktionsbeziehungen, d. h. über die Abhängigkeiten der Produktmengen von den Faktoreinsatzmengen, gemacht. Mit diesen Annahmen konnten wir einige ökonomische Basissätze einfacher und klarer herausarbeiten. Auch im unmittelbar vorhergehenden Abschnitt 1.4.3.3.1 zur Bestimmung der Minimalkostenkombination waren wir zur Vereinfachung von zwei Produktionsfaktoren zur Herstellung eines Produktes ausgegangen und hatten angenommen, dass das Einsatzmengenverhältnis der beiden Produktionsfaktoren zur Erzeugung des Produktes in weiten Grenzen wählbar ist.

Im folgenden Beispiel wollen wir deshalb von einer sehr konkreten Situation zur Bestimmung des kostenminimalen Mitteleinsatzverhältnisses ausgehen und untersuchen, ob die vorher abgeleiteten Aussagen zur Minimalkostenkombination auch dann noch zutreffen.

Für einen Marktfruchtbetrieb in Sachsen-Anhalt soll für die 1000 ha umfassende Getreidefläche ein neues Erntesystem beschafft werden. Dieses System besteht aus einem Satz von Erntemaschinen (z. B. mehrere kleine oder wenige große Mähdrescher) und einer Summe menschlicher Arbeitsstunden für die Bedienung und Wartung der Maschinen. Welche Alternativen werden angeboten, welche soll der Betrieb in die Tat umsetzen?

Für diese Entscheidung geht der Betriebsleiter schrittweise wie folgt vor:

(1) Er beschafft sich von Händlern, aus Fachzeitschriften und aus Maschinenprüfberichten technische Daten über Leistungen und Verbräuche (Mähleistung, Kraftstoffverbrauch, Reparaturbedarf etc.) möglichst vieler Verfahrensalternativen.

(2) Dabei stellt er fest, dass einige der möglichen Verfahren nicht weiter für seinen Betrieb berücksichtigt zu werden brauchen, weil es sich um schleppergezogene Maschinen handelt, für die während der Erntezeit die Schlepper fehlen, oder weil die Maschinen eine so geringe Druschleistung haben, dass man eine zu große Anzahl von Maschinen bzw. von Fahrern für den Betrieb benötigen würde. Auf diese Weise wählt der Betriebsleiter aus dem Feld der *möglichen Verfahren* die für seinen Betrieb *zulässigen Verfahren* aus.

(3) Für die verbleibenden 10 zulässigen Verfahren bestimmt er im nächsten Schritt die erforderlichen Beschaffungsausgaben (Kapitalbedarf) und den für die Maschinenbedienung und -wartung notwendigen Arbeitsbedarf, indem er feststellt, dass die zur Ernte von 1000 ha Gesamtfläche notwendige Anzahl von Mähdreschern jeder Alternative von ihrer mittleren Mähleistung, von der mittleren Schlaggröße und von der Zahl der Mähdruschstunden im Klimagebiet des Betriebes abhängt. Um sich einerseits die Rechnungen zu erleichtern, andererseits aber auch keine Einflussgröße in ihrer Wirkung zu übersehen, konstruiert der Betriebsleiter das in *Übersicht 1.23* dargestellte Tabellenkalkulationsprogramm. Die wesentlichen Gleichungen sind im unteren Teil der Übersicht aufgeführt.

ALLGEMEINE BETRIEBS- UND VERFAHRENSDATEN			
Jahreserntefläche in ha [ef]:	1000	Jahresabschreibung in % [ab]:	10,00
Mittl. Schlaggröße in ha [sg]:	10,00	½ Kapitalzinssatz in % [ki]:	4,00
Mähdruschstunden in h [mh]:	175	Jahresversicherung in % [vs]:	0,30
Arbeitskosten in €/h [pa]:	30,00		
Reparatur- u. Betriebsstoffkostensatz in €/ha [rb]:	28,50	(%-Werte vom Maschinenneuwert)	

Z	Nr. des Verfahrens	1	2	3	4	5	6	7	8	9	10
1	Kostenminimales Verfahren				MIN						
	Verfahrensdaten:										
2	MDh-Bedarf je ha[1] [nb]:	2,00	1,60	1,65	1,36	1,14	1,20	1,10	1,00	0,90	0,70
3	Preis in T€/Maschine [kp]:	32	42	45	52	80	95	92	120	115	175
	Betriebliche Anforderungen:										
4	Mittlerer MDh-Bedarf je ha betrieblicher Erntefläche [he]	1,83	1,47	1,51	1,25	1,05	1,10	1,01	0,92	0,83	0,64
5	Mittlere Erntekapazität je Maschine in ha pro Jahr [ek]	95,45	119,32	115,70	140,37	167,46	159,09	173,55	190,91	212,12	272,73
6	Benötigte Anzahl von Maschinen [zm]	11	9	9	8	6	7	6	6	5	4
7	Kapitalbedarf zur Maschinenbeschaffung in T€ [km]	352	378	405	416	480	665	552	720	575	700
8	Arbeitstunden für Maschineneinsatz und -wartung [am]	2200	1760	1815	1496	1254	1320	1210	1100	990	770
	Verfahrenskosten in T€ je Jahr:										
9	Abschreibungen [An]	35,2	37,8	40,5	41,6	48,0	66,5	55,2	72,0	57,5	70,0
10	Zinsansprüche [Za]	14,1	15,1	16,2	16,6	19,2	26,6	22,1	28,8	23,0	28,0
11	Versicherungen [Vn]	1,1	1,1	1,2	1,2	1,4	2,0	1,7	2,2	1,7	2,1
12	Reparatur+Betriebsstoff [Rk]	28,5	28,5	28,5	28,5	28,5	28,5	28,5	28,5	28,5	28,5
13	MASCHINENKOSTEN [Mk]	78,8	82,6	86,4	88,0	97,1	123,6	107,4	131,5	110,7	128,6
14	ARBEITSKOSTEN [Lk]	66,0	52,8	54,5	44,9	37,6	39,6	36,3	33,0	29,7	23,1
15	GESAMTKOSTEN [Tk]	144,8	135,4	140,9	132,9	134,8	163,2	143,7	164,5	140,4	151,7
16	KOSTEN in €/ha [dk]	144,84	135,35	140,87	132,87	134,76	163,20	143,74	164,46	140,43	151,70

Gleichungen: he=(1+1/sg)*0,5*nb/0,6; ek=mh/he; zm=aufrunden auf Ganzzahl(ef/ek); km=kp*zm; am=ef*he+0,2*mh*ef/ek; An=km*ab/100; Za=km*ki/100; Vn=km*vs/100; Rk=rb*ef/1000; Mk=An+Zn+Vn+Rk; Lk=am*pa/1000; Tk=Mk+Lk; dk=Tk/ef*1000. [1] Bei Feldstückgrößen von 5ha.

DECK123

Übersicht 1.23: Bestimmung von technisch und ökonomisch effizienten Getreideernteverfahren

In der Zeile 2 ist der Bedarf an Mähdruschstunden je ha Erntefläche [nb] für eine Einheit der jeweils 10 Alternativen für den Fall angegeben, dass die durchschnittliche Schlaggröße 5 ha beträgt. Zeile 3 enthält den Kaufpreis je Einheit jeder Alternative [kp].

Da die mittlere Schlaggröße des untersuchten Betriebes 10 ha beträgt, stellt der Betriebsleiter anhand eines Maschinendatenkataloges eine Beziehung zwischen der Arbeitsleistung und der Schlaggröße her, wobei er die angegebene Leistung für den 5-ha-Schlag als „Ankerpunkt" wählt. Daraus ermittelt er in Zeile 4 den mittleren Zeitbedarf je ha betrieblicher Erntefläche [he]. (Die zugehörige Gleichung ist in *Übersicht 1.23* unten dokumentiert. Der Leser sollte sich ihren Inhalt verdeutlichen.)

Des Weiteren stellt der Betriebsleiter anhand einer entsprechenden Datensammlung fest, dass er in seinem Klimagebiet – wie im Kopf der *Übersicht 1.23* angegeben – mit ca. 175 Jahresmähdruschstunden [mh] rechnen kann, wenn das Getreide beim Drusch höchstens noch einen Feuchtigkeitsgehalt von 16 % aufweisen darf. Die Zahl der Mähdruschstunden würde sich selbstverständlich erhöhen, wenn auch noch bei höherer Kornfeuchte gedroschen werden dürfte. In Zeile 5 ergibt sich die saisonale Erntekapazität je Mähdrescher [ek] als Quotient aus den verfügbaren Jahresmähdruschstunden und dem ermittelten Zeitbedarf je ha Erntefläche (Zeile 4). Wird nun die betriebliche Erntefläche durch die Saisonkapazität dividiert, dann ergibt sich (in Zeile 6) die notwendige Zahl der Maschinen für jede Verfahrensalternative [zm]. Da die Maschinen nicht beliebig teilbar sind, wird die nächsthöhere, ganzzahlige Anzahl von Maschinen ausgewiesen.

Nur durch Zufall ergäbe sich eine Maschinenzahl, die gerade voll ausgelastet wäre. Die eingeschränkte Teilbarkeit von Maschinen führt dazu, dass sich unter konkreten betrieblichen Bedingungen i. d. R. mehr oder weniger hohe *Über-* bzw. *Leerkapazitäten* ergeben. Der mittlere Anteil dieser Leerkapazität nimmt jedoch – nebenbei bemerkt – mit einer zunehmenden Zahl von Maschinen gleicher Art ab.

Zeile 7 der Übersicht weist dann den insgesamt notwendigen Kapitalbedarf zur Maschinenanschaffung [km] aus. In Zeile 8 sind die je Verfahren erforderlichen Arbeitsstunden [am] angegeben. Zu ihrer Berechnung wurde nicht nur die Maschineneinsatzzeit, sondern auch der Arbeitsbedarf für die tägliche Wartung berücksichtigt. Dazu wurde nach jeweils 10 h Erntezeit ein 2 h umfassende Wartungszeit kalkuliert. Die zugehörige Bedingungsgleichung ist in *Übersicht 1.23* unten dokumentiert.

(4) Bei Betrachtung der Ergebnisse zum Kapital- und Arbeitsbedarf (Zeilen 7 und 8) stellt der Betriebsleiter fest, dass er einige der zulässigen Verfahren von den weiteren Rechnungen ausschließen kann. Diese Verfahren benötigen entweder mehr Kapital bei mindestens gleich hohem Arbeitsbedarf oder mehr Arbeit bei mindestens gleich hohem Kapitalbedarf oder mehr Arbeit und mehr Kapital als irgendeines der anderen Verfahren. Das gilt für die Alternativen 3, 6 und 8. Diese Verfahren sind in Bezug auf die beiden Faktoren *technisch ineffizient*, während es sich bei den verbleibenden Verfahren um *technisch effiziente* Verfahren handelt.

(5) Der Betriebsleiter überprüft diese Aussage, indem er im nächsten Schritt die Kosten aller Verfahren berechnet, um damit gleichzeitig das für seinen Betrieb wirtschaftlichste Verfahren zu ermitteln. Für die Bestimmung der Maschinenkosten stellt er zunächst klar, dass er diese

Kosten für jeweils eine Erntesaison, d. h. tatsächlich auf Jahresbasis berechnen sollte. Deshalb kann er nicht die Kaufpreise der Mähdrescher als Kosten ansetzen, denn er erwartet, dass die Maschinen z. B. 10 Erntejahre überstehen, bevor sie vollständig verbraucht sind. Demgemäß werden 10 % des Maschinenanschaffungswertes als jährliche Beträge angesetzt. Diese Jahreskosten für die Abnutzung langlebiger Produktionsmittel werden als *Abschreibungen* bezeichnet (vgl. Einzelheiten dazu in den Kapiteln 4 und 6).

Anschließend wird dem Betriebsleiter bewusst, dass er bei den Maschinenkosten auch Opportunitätskosten für das zu investierende Kapital berücksichtigen muss. Er hätte das Kapital ja auch gewinnbringend auf die Bank legen oder für andere betriebliche Investitionen verwenden können und dabei z. B. eine Rendite von 8 % erzielt. Allerdings können diese 8 % nicht voll angesetzt werden, weil der Wert des in Maschinen investierten Kapitals infolge der Maschinenabnutzung sukzessive bis auf null absinkt. Im Durchschnitt der 10 Jahre kann daher nur mit der halben Summe für die Berechnung der Opportunitätskosten kalkuliert werden. Mit anderen Worten: Der Betriebsleiter setzt nicht 8 %, sondern nur 4 % des Neuwertes der Maschinen als jährliche Opportunitätskosten an. Diese Kosten werden als *Zinsansprüche* bezeichnet.

Weiterhin entstehen für die Maschinen Versicherungskosten. Aus entsprechenden Angeboten wird deutlich, dass sie jährlich bei ca. 0,3 % des Maschinenneuwertes liegen dürften. Schließlich verursacht der Maschineneinsatz Kosten für Reparaturen und Betriebsstoffe. Anhand des schon erwähnten Maschinendatenkataloges, der dafür empirisch ermittelte Durchschnittswerte enthält, findet der Betriebsleiter, dass er dafür unabhängig vom Maschinentyp eine gleichbleibende Summe je ha Erntefläche ansetzen kann. Selbstverständlich ist ihm bewusst, dass gerade die Reparaturkosten von Maschine zu Maschine – bzw. was noch wichtiger ist, von Fahrer zu Fahrer – schwanken werden. Er begnügt sich trotzdem mit Durchschnittswerten, weil er genauere Werte naheliegenderweise nicht vorhersagen kann.

Die einzelnen Maschinenkostenbestandteile sind in den Zeilen 9 bis 12 der *Übersicht 1.23* zusammengestellt. Die gesamten Maschinenkosten [Mk] sind in Zeile 13 für die 10 Verfahrensalternativen jeweils aufaddiert.

Für die Bestimmung der Arbeitskosten ist der Betriebsleiter zunächst geneigt, den derzeit an seine Mitarbeiter gezahlten Stundenlohn einzusetzen. Der Satz beträgt 15,00 €/h. Allerdings kommen ihm sofort Zweifel: Die als Mähdrescherfahrer vorgesehenen Mitarbeiter sind überwiegend ständige Arbeitskräfte des Betriebes. Zusätzlich sollen einige Saisonkräfte eingestellt werden. Zur Anwerbung von Saisonkräften müssten höhere Stundenlöhne geboten werden. Aber auch für die ständigen Mitarbeiter des Betriebes darf nicht ihr tatsächlicher Lohnsatz kalkuliert werden, vielmehr sind Opportunitätskosten in Ansatz zu bringen. Die Erntezeit ist eine sog. Arbeitsspitze, in der auch andere betriebliche Aktivitäten (z. B. Stoppelbearbeitung, Rapsaussaat) mit der Getreideernte um die knappen Arbeitsstunden der ständigen Mitarbeiter konkurrieren. Als Arbeitskosten sind deshalb diejenigen Opportunitätskosten anzusetzen, die als Nutzen entgehen, weil nicht gleichzeitig mehrere einkommensträchtige Arbeiten im Betrieb erledigt werden können. Nach einigen überschlägigen Rechnungen – wobei dem Betriebsleiter bewusst wird, wie schwierig die konkrete Kalkulation der Opportunitätskosten sein kann –, setzt er einen Stundensatz von 30,00 € an und berechnet damit die Arbeitskosten [Lk] in Zeile 14 der *Übersicht 1.23*.

(6) Der Betriebsleiter bestimmt schließlich durch Addition der Maschinen- und Arbeitskosten die in Zeile 15 der Übersicht ausgewiesenen jährlichen Gesamtkosten [Tk] für die 10 Verfahren. Es zeigt sich, dass Verfahren 4 mit 132,9 T€ oder 132,87 €/ha die geringsten Jahreskosten verursachen würde (bei Verwendung des Programms DECK123 wird das kostenminimale Verfahren in Zeile 1 der Übersicht mit dem Begriff MIN jeweils automatisch ausgewiesen). Der Betriebsleiter wählt das kostenminimale Verfahren als das nicht nur technisch effiziente, sondern auch *ökonomisch effiziente* Verfahren. Unter den gegebenen betrieblichen Bedingungen ist Verfahren 4 das optimale Ernteverfahren.

(7) Im Anschluss an diese Berechnung tauchen bei dem Betriebsleiter, hervorgerufen durch die geringen Kostenunterschiede zwischen den einzelnen Handlungsalternativen, jedoch Zweifel an der Richtigkeit seiner Entscheidung auf. Die ermittelten Leistungsparameter und Kosten beruhen durchweg auf Schätzungen. Schon geringfügig veränderte Werte können zu einem anderen kostenminimalen Verfahren führen. Das verdeutlicht er sich durch eine *Sensitivitätsanalyse*, indem er die verschiedenen Parameterwerte und Kostensätze des Tabellenkalkulationsprogramms variiert. (Führen Sie eine solche Sensitivitätsanalyse mit dem Programm DECK123 ebenfalls durch, um ein „Gefühl" für die Komplexität des Entscheidungsraumes und die relative Bedeutung einzelner Parameter zu erhalten).

Die Abhängigkeit der kostenminimalen Lösung von veränderten Parameterwerten soll am Beispiel der Arbeitskosten gezeigt werden. Aus dem Programm ergibt sich die in *Übersicht 1.24* aufgeführte Reihenfolge der kostenminimalen Verfahrensalternativen bei steigenden Arbeitskostensätzen. Die Übersicht weist auf einige Tatbestände hin, die der Interpretation bedürfen.

Bei Arbeitskosten in € je h von... ...ist das kostenminimale Verfahren die Nr...	0-8 1	8-20 2	20-38 4	38-51 5	51-81 9	>81 10
Bei einem mittleren Wert für die Arbeitskosten in € je h von ...	3,50	16,00	30,00	44,00	67,00	100,00
...gelten die Parameter für ..						
...Anzahl benötigter Maschinen	11	9	8	6	5	4
...Saisonkapazität je Maschine	95,45	119,32	140,37	167,46	212,13	272,73
...Gesamtkapitalbedarf in T€	352	378	416	480	575	700
...Saisonaler Arbeitsbedarf h	2200	1760	1496	1254	990	770
...Kosten in € je ha Erntefläche	87,64	107,19	131,37	154,20	176,07	205,60

DECK124

Übersicht 1.24: Kostenminimale Ernteverfahren in Abhängigkeit steigender Arbeitskosten

Zunächst zeigt sie, dass nicht nur die drei bereits vorher als technisch ineffizient erkannten Verfahren 3, 6 und 8 bei keinem Lohnniveau als kostenminimale Lösung auftreten, sondern offenbar auch das Verfahren 7. (Überprüfen Sie durch Veränderung der Arbeitskosten im Programm DECK123 die Richtigkeit dieser Aussage.)

Aus *Übersicht 1.25* geht hervor, warum das so ist. In dieser Übersicht sind die Verfahren 1 bis 10 in Abhängigkeit der Kapital- und Arbeitsbedarfswerte, die auf den beiden Koordinatenachsen abgetragen wurden, definiert. Die technisch ineffizienten Verfahren 3, 6 und 8 erkennen wir sofort, wenn wir die Punkte der technisch effizienten Verfahren miteinander verbinden. Wir erhalten dadurch quasi eine Isoquante, auf der als Punkte die Verfahren als (effiziente)

Mengenkombinationen von Arbeit und Kapital liegen, mit denen eine vorgegebene Produktmenge (hier 1000 ha Getreideernte pro Jahr) erzeugt werden kann. Lage und Form der Isoquante verschieben sich selbstverständlich, wenn anstelle der 1000 ha Erntefläche andere Ernteflächen vorgegeben werden. (Prüfen Sie durch Variation der Erntefläche im Programm DECK123, welche Konsequenzen sich ergeben.)

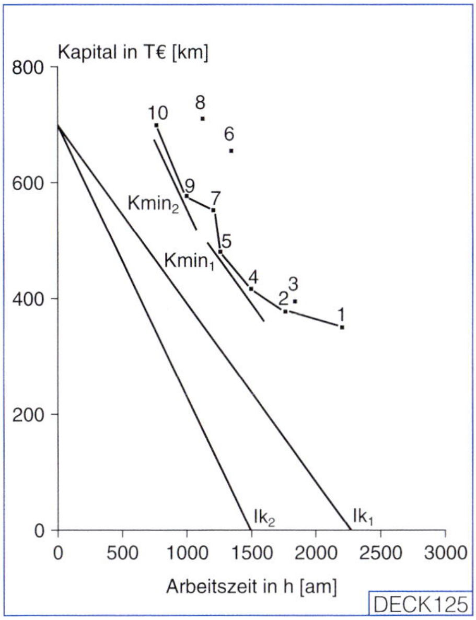

Übersicht 1.25: Bestimmung des kostenminimalen Getreideernteverfahrens bei unterschiedlichen Arbeitskostensätzen

Wie die bereits aus dem vorhergehenden Abschnitt bekannte Isoquante weist auch diese Isoquante eine von links oben nach rechts unten abfallende Form auf, hat also stets negative Steigungen. Im Unterschied zur Isoquante des vorhergehenden Abschnittes ist diese Isoquante jedoch nicht glatt und stetig, vielmehr knickt sie mehrmals nach jeweils einem mehr oder weniger großen linearen Abschnitt ab. Außerdem nimmt die Steigung nicht monoton ab. Im Abschnitt zwischen den Verfahren 5 und 7 nimmt das (negative) Steigungsmaß der Isoquante im Vergleich zum Abschnitt zwischen den Verfahren 9 und 7 wieder zu. Diese Unterschiede zu den bisher betrachteten glatten und stetigen Isoquanten kommen dadurch zustande, dass bei dieser Isoquante jeder Knickpunkt ein wohl definiertes Verfahren beschreibt.

Stellen wir uns jetzt vor, dass die Zahl der effizienten Verfahren ansteigt, dann würde die Isoquante zunehmend mehr Knickpunkte mit immer kürzer werdenden linearen Abschnitten als Verbindungslinien aufweisen. Strebte die Zahl der effizienten Kombinationen schließlich gegen unendlich, erhielten wir wieder eine stetige und glatte Isoquante. Für eine stetige und glatte Isoquante ist also die Annahme einer beliebigen Teilbarkeit und Mengenkombinierbarkeit der beiden Produktionsmittel Arbeit und Kapital notwendig. In einem solchen Fall würde auch die „Einbuchtung“, wie sie sich in *Übersicht 1.25* im Bereich der Verfahren 5, 7 und 9 ergibt, nicht mehr auftreten. Die Einbuchtung zeigt indessen an, dass es sich bei Verfahren 7 in Bezug auf das gegebene Produktionsvolumen von 1000 ha Erntefläche ebenfalls um ein ineffizientes Verfahren handeln muss, welches bei keinem Verhältnis der Preise von Arbeit und Kapital das kostenminimale Verfahren werden kann.

Auf grafische Weise finden wir die Bestätigung für diese Behauptung, indem wir die in dem vorhergehenden Abschnitt dargestellte Vorgehensweise zur Bestimmung der wirtschaftlichsten, d. h. kostenminimalen Kombination, hier der beiden Produktionsfaktoren Arbeit und Kapital, anwenden. Wir müssen dazu auch hier die Iso-Kostenlinie bilden. Diese Linie repräsentiert alle Mengen an Arbeit und Kapital, die bei gegebenen Preisen für die beiden Produktionsmittel mit einer vorgegebenen Kostensumme höchstens eingesetzt werden können. Wir bestimmen die Iso-Kostenlinie wie folgt:

Die Gesamtkosten (Tk) sind:

$$(1.34) \qquad Tk = pk \cdot km + pa \cdot am$$

Darin ist [pk] der Preis bzw. Jahreskostensatz des Faktors Kapital. Er ergibt sich aus *Übersicht 1.23* durch Addition der Sätze für die Jahresabschreibung [ab], den Kapitalzinssatz [ki] und die Jahresversicherung [vs] mit insgesamt 14,3 % oder 0,143 € je 1,00 € eingesetzten Kapitals. Die Reparatur- und Betriebsstoffkosten brauchen bei dieser Rechnung nicht berücksichtigt zu werden, weil sie bei jedem Verfahren den gleichen Betrag je Produkteinheit (hier je ha Erntefläche) aufweisen und deshalb tatsächlich die relative Vorzüglichkeit der Verfahren nicht beeinflussen. [km] ist in Gleichung (1.34) die Kapitalmenge, [pa] ist der Arbeitskostensatz in €/h und [am] ist die Arbeitsmenge, gemessen in Stunden.

Betrachten wir nun eine beliebige Kostensumme $\bar{T}k$, dann ergibt sich die Abhängigkeit der Kapitalmenge [km] von der Arbeitsmenge [am] für das Kostenbudget $\bar{T}k$ durch Umformung von (1.34) mit:

$$(1.35) \qquad km = \frac{\bar{T}k}{pk} - \frac{pa}{pk} \cdot am$$

Übersicht 1.25 enthält zwei Iso-Kostenlinien Ik_1 und Ik_2 für eine Kostensumme von jeweils $\bar{T}k$ = 100.000,00 €, aber unterschiedlichen Arbeitskostensätzen von pa = 44 und pa = 67. Mit steigenden Arbeitskostensätzen verläuft die Iso-Kostenlinie stärker abfallend. Verschieben wir die Iso-Kostenlinie Ik_1 parallel zu sich selbst, bis sie die Isoquante gerade tangiert, dann finden wir als Tangentialpunkt $Kmin_1$ bzw. Verfahren 5 als kostenminimales Verfahren. Verschieben wir dagegen die Iso-Kostenlinie Ik_2 parallel zu sich selbst, dann finden wir als Tangentialpunkt $Kmin_2$ bzw. Verfahren 9 als kostenminimales Verfahren. Die grafische Analyse bestätigt also zunächst das in *Übersicht 1.24* dargestellte Ergebnis.

Wir sehen aus *Übersicht 1.25* aber auch, dass das vorher zusätzlich als ineffizient festgestellte Verfahren 7 bei keinem zwischen pa = 44 und pa = 67 liegenden Arbeitskostensatz erreicht werden kann. Entweder berührt die Iso-Kostenlinie zuerst den Punkt für Verfahren 5 oder zuerst den Punkt für Verfahren 9, oder – in einem Sonderfall, der bei einem Arbeitskostensatz von 51,45 € liegt – beide Punkte gleichzeitig. In diesem Sonderfall sind beide Verfahren gleich wirtschaftlich. Es sei angemerkt, dass sich bei anderen Ernteflächen wegen der nicht beliebigen Mengenkombinierbarkeit der Faktoren Kapital und Arbeit andere Verfahren als ineffizient erweisen können. (Überprüfen Sie das mit dem Programm DECK123 durch Variation der Erntefläche.)

Wir können auch hier wieder das bereits bekannte Kriterium für das optimale Verfahren herleiten. Im Optimum entspricht die Steigung der Isoquante der Steigung der Iso-Kostenlinie. Die Steigung der Iso-Kostenlinie ergibt sich aus der 1. Ableitung von Gleichung (1.35) mit:

$$(1.36) \qquad km' = \frac{pa}{pk}$$

Bezeichnen wir die Steigung der Isoquante allgemein mit ihrem Differentialquotienten dkm/dam, dann gilt wegen der Gleichheit der Steigungsmaße:

$$(1.37) \qquad \frac{dkm}{dam} = \frac{pa}{pk}$$

Der Differentialquotient dkm/dam ist die Grenzrate der Substitution des Faktors Kapital durch den Faktor Arbeit. Das Kriterium (1.37) lautet also – zur Wiederholung – in Worten: Die kostenminimale, d. h. ökonomisch effiziente Kombination von zwei Produktionsfaktoren zur Erzeugung einer bestimmten Produktmenge ist dann erreicht, wenn die Grenzrate der Substitution der beiden Faktoren wertgleich ist dem Kehrwert des Verhältnisses der zugehörigen Produktionsfaktorpreise.

Tatsächlich hätte diese Bedingung auch direkt aus den Werten der *Übersicht 1.23* hergeleitet werden können. Betrachten wir für die effizienten Verfahren 1, 2, 4, 5, 9 und 10 die Entwicklung der Kapital- und Arbeitsbedarfsmengen in den Zeilen 7 und 8, dann sind die Verfahren in Richtung auf monoton ansteigende Kapitalmengen und gleichzeitig monoton abfallende Arbeitsmengen geordnet. Betrachten wir zusätzlich die Entwicklung der Maschinen- und Arbeitskosten als Kosten für die beiden Produktionsfaktoren in den Zeilen 13 und 14, dann können wir feststellen, dass die Maschinenkosten beim Übergang auf mehr Kapital beanspruchende Verfahren vor dem kostenminimalen Verfahren 4 langsamer ansteigen, als die Arbeitskosten abnehmen, dass sie aber nach dem Optimum schneller zunehmen, als die Arbeitskosten abfallen. Das Optimum ist also offenbar dann erreicht, wenn die Kostenzunahme durch den Mehreinsatz des einen Produktionsfaktors gerade ebenso hoch ist wie die Kostenabnahme durch die mögliche Verminderung des anderen Produktionsfaktors. Bezeichnen wir die Zu- und Abnahmen der Kapital- und Arbeitskosten mit ΔMk und ΔLk, dann gilt als Kriterium für das Optimum:

$$(1.38) \qquad \Delta Mk = \Delta Lk$$

Berücksichtigen wir weiterhin, dass Kosten die mathematischen Produkte aus Produktionsfaktormengen und Produktionsfaktorpreisen sind, dann gilt gemäß den Variablennamen der *Übersicht 1.23* auch:

$$(1.39) \qquad \Delta km \cdot pk = \Delta am \cdot pa$$

oder:

$$(1.40) \qquad \frac{\Delta km}{\Delta am} = \frac{pa}{pk}$$

Betrachten wir marginale Veränderungen der Faktoreinsatzmengen, dann wird der Differenzenquotient $\Delta km/\Delta am$ zum Differentialquotienten dkm/dam und es gilt:

(1.41) $\frac{dkm}{dam} = \frac{pa}{pk}$

Bedingung (1.41) ist identisch mit der vorher abgeleiteten Bedingung (1.37).

Zusätzlich ergibt sich als sachliche Konsequenz aus den Ableitungen zur Minimalkostenkombination, dass für eine jeweils kostenminimale Produktion bei steigendem Lohnniveau, d. h. allgemein mit relativ (im Verhältnis zu den Kapitalkosten) steigenden Arbeitskosten, sukzessive menschliche Arbeit durch mehr Kapital beanspruchende Produktionsanlagen ersetzt werden muss. Im vorhergehenden Beispiel ergab sich für die kostenminimalen Verfahren in Abhängigkeit steigender Arbeitskostensätze für die technisch effizienten Verfahren die in *Übersicht 1.24* dargestellte Reihenfolge. Mit zunehmenden Lohnkosten würde der Arbeitsbedarf von 2200 Stunden bei Verfahren 1 auf 770 Stunden bei Verfahren 10 gesenkt, während der Kapitalbedarf von 352 auf 700 T€ anstiege.

Allgemein gilt: In wachsenden Volkswirtschaften, die u. a. durch fortgesetzt steigende Arbeitskosten bzw. Lohnniveaus gekennzeichnet sind, gehen die wirtschaftenden Menschen im Laufe der Zeit auf fortgesetzt kapitalaufwändigere und gleichzeitig weniger arbeitsaufwändige Produktionsverfahren über, um jeweils im Kostenminimum zu produzieren. Die sog. *Kapitalintensität*, definiert als Quotient aus Kapital- und Arbeitsmenge, wird erhöht.

Für die Landwirtschaft der alten Bundesländer ergab sich für den Zeitraum von 1963 bis 1991 die Entwicklung der *Übersicht 1.26*. In einer Zeit nachhaltig gestiegener Löhne (der Tariflohn für landwirtschaftliche Facharbeiter stieg auf das Sechsfache des Ausgangswertes) verminderte sich die Zahl der Erwerbstätigen in der Landwirtschaft um ca. ¾ des Ausgangswertes von rund 3 Mio. auf 750 Tsd., während der Zeitwert des Kapitals (ohne Boden und Wohngebäude) bis 1980 anstieg, um danach zu stagnieren. Insgesamt ergab sich daraus jedoch wegen der ununterbrochen abnehmenden Erwerbstätigenzahl eine weiter zunehmende Kapitalintensität.

Schließlich sei noch auf eine methodische Konsequenz aus dem vorgetragenen Beispiel verwiesen: Bei dem in *Übersicht 1.23* skizzierten Kalkulationsverfahren handelt es sich um eine typische Plan-Kosten-Rechnung, wie sie für zahlreiche Anlässe als Hilfsmittel zur Entscheidungsfindung eingesetzt wird. Mit anderen Entscheidungshilfsmitteln hat sie zunächst das schrittweise Vorgehen bei der Auswahl der wirtschaftlichsten Lösung gemeinsam. Die Plan-Kosten-Rechnungen gleichen sich untereinander darin, dass zur Kalkulation der Kosten für die einzelnen Lösungsalternativen einheitlich folgende mathematische Gleichung zugrunde gelegt wird:

(1.42) $K = \sum_{i=1}^{m}(p_i \cdot r_i)$

Darin sind:

K = Gesamtkosten der Handlungsalternative;
p_i = Preis je Verbrauchsmengeneinheit des i-ten Produktionsfaktors;
r_i = Faktoreinsatzmenge des i-ten Produktionsfaktors als notwendiger Bestandteil einer Handlungsalternative.

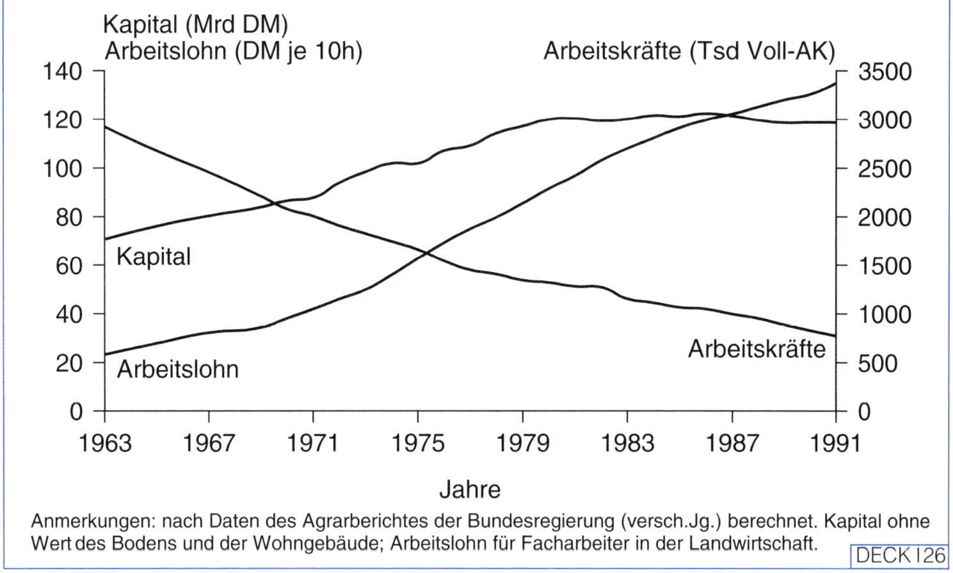

Übersicht 1.26: Entwicklung von Kapital- und Arbeitseinsatz sowie des Lohnniveaus in der Landwirtschaft der Bundesrepublik Deutschland (ABL, 1963–1991)

Gleichung (1.42) weist im Übrigen darauf hin, dass Kosten stets die mathematischen Produkte aus Faktorpreisen und Faktorverbrauchsmengen sind und man deshalb für eine realitätsnahe Kalkulation der Kosten nicht nur die Faktorpreise, sondern auch die Faktoreinsatzmengen genau erfassen muss. Schon im einfachen Beispiel der *Übersicht 1.23* haben wir dieses sog. *Mengengerüst der Produktion* über die Leistungsparameter der Mähdrescher bei gegebenen betrieblichen Rahmenbedingungen auf nicht ganz einfache Weise herleiten müssen. Wir werden in Kapital 6 eingehend behandeln, wie die Mengengerüste auf die Kalkulationsergebnisse einwirken, und welche generellen Zusammenhänge sich aus der Analyse von Mengengerüsten ableiten lassen.

1.5 Das Ergiebigkeitsprinzip

Die vorstehenden Beispiele haben gezeigt, wie die Handlungsfelder beschaffen sind, denen sich der wirtschaftende Mensch gegenübersieht, und auf welche Weise er aus den oft sehr zahlreichen Handlungsalternativen in einem Handlungsfeld die jeweils vorzügliche Alternative finden kann. Generell ist dafür ein schrittweises Vorgehen typisch, wie es in *Übersicht 1.27* skizziert ist.

Im ersten Schritt werden innerhalb des Feldes der *möglichen Handlungsalternativen* die *zulässigen* Handlungsalternativen von den *unzulässigen* getrennt. Unzulässig sind alle Handlungsalternativen, bei deren Realisierung vorgegebene Begrenzungen überschritten werden müssten. Da wir bei einigen Beispielen unmittelbar von den zulässigen Handlungsalternativen ausgegangen sind, wollen wir zur Erläuterung mögliche unzulässige Alternativen nochmals ansprechen: Im ersten Beispiel über die Verteilung einer Gesamtzeit auf Arbeits- und Freizeit würden unzulässige Handlungsalternativen die vorgegebene Gesamtzeit übersteigen. Im zwei-

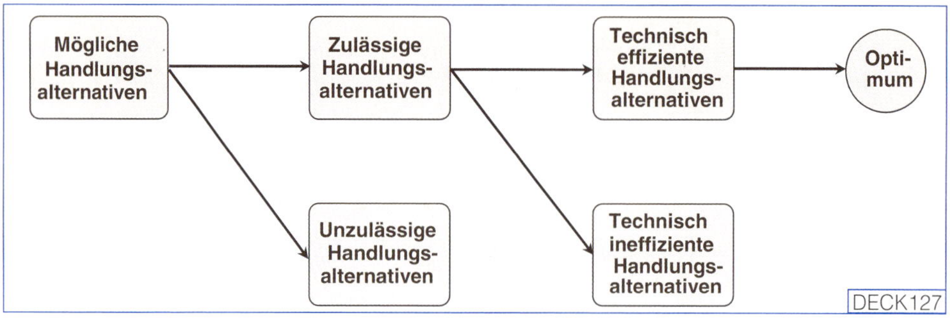

Übersicht 1.27: Schrittweise Bestimmung der optimalen Handlungsalternative

ten Beispiel über die Verteilung des erwirtschafteten Einkommens auf konsumtive und investive Zwecke würden unzulässige Lösungen das zum Entscheidungszeitpunkt insgesamt verfügbare Einkommen überschreiten. Im dritten Beispiel über die Verwendung eines Budgets für Bier und Schmalzbrote würden unzulässige Lösungen das vorgegebene Budget überbeanspruchen. Im vierten Beispiel über die Verwendung von Familienarbeitszeit zur Haushalts- und Marktproduktion würden unzulässige Lösungen die insgesamt verfügbare Arbeitskapazität übersteigen. Für das fünfte Beispiel über die Verteilung von Arbeitszeit auf verschiedene Produktionsrichtungen gilt Gleiches. Im sechsten Beispiel über die Ableitung der Minimalkostenkombination sind Lösungen unzulässig, die das vorgegebene Produktionsvolumen nicht zu erreichen gestatten. Im siebten Beispiel sind Ernteverfahren unzulässig, die entweder mehr Arbeitskräfte erforden, als zur Ernte gleichzeitig zur Verfügung stehen, oder die eine zu geringe Leistung aufweisen, um die vorgegebene Erntefläche in der verfügbaren Mähdruschzeit bewältigen zu können. Zulässig sind also in allen Fällen nur diejenigen Handlungsalternativen, bei denen vorgegebene Leistungspotenziale entweder nur teilweise oder höchstens voll beansprucht werden.

Im zweiten Schritt des Entscheidungsprozesses werden innerhalb der Menge der zulässigen Handlungsalternativen die *technisch effizienten Handlungsalternativen* von den *technisch ineffizienten Handlungsalternativen* getrennt. Hier sind zwei Hauptfälle zu unterscheiden: Bei vorgegebenen Zielerreichungsgraden (einem bestimmten Gesamtnutzen, einem bestimmten Gesamteinkommen, einer bestimmten Erntefläche) sind diejenigen Handlungsalternativen technisch ineffizient, bei denen von mindestens einem der notwendigen Produktionsmittel weniger aufgewandt werden könnte, ohne dass dadurch zur Kompensation mindestens ein anderes der erforderlichen Produktionsmittel ausgedehnt werden müsste, bzw. allgemeiner ausgedrückt, ohne dass dadurch Opportunitätskosten für dessen Mehreinsatz entstünden.

Bei vorgegebenem Mitteleinsatz (vorgegebenen Gesamtausgaben, vorgegebene Gesamtarbeitszeit) sind diejenigen Handlungsalternativen technisch ineffizient, bei denen von mindestens einem der Güter, die zur Erreichung des Ziels (Nutzen, Einkommen) dienen sollen, noch mindestens eines in seinem Volumen ausgedehnt werden könnte, ohne dass dadurch ein anderes in seinem Umfang eingeschränkt werden müsste, bzw. allgemeiner ausgedrückt, ohne dass für diese Ausdehnung Opportunitätskosten entstünden.

Bei vorgegebenen Zielerreichungsgraden sind also diejenigen Handlungsalternativen technisch effizient, bei denen die Menge eines der dafür notwendigen Mittel nur noch auf Kosten der Ausdehnung von mindestens einem anderen der dafür notwendigen Mittel eingeschränkt werden könnte. Die technisch effizienten Lösungen liegen – bildlich gesprochen – auf der Isoquante, die einen vorgegebenen Zielerreichungsgrad beinhaltet.

Bei vorgegebenem Mittelbestand zur Erreichung eines Zieles sind diejenigen Handlungsalternativen technisch effizient, bei denen die Menge eines der Zielerreichung dienenden Güter nur noch auf Kosten der Einschränkung von mindestens einem anderen Gut ausgedehnt werden könnte. In diesem Falle liegen die technisch effizienten Lösungen – bildlich gesprochen – auf der Produktionsmöglichkeitenkurve.

Im dritten Schritt des Entscheidungsprozesses ist dann unter den *technisch effizienten* Handlungsalternativen die *ökonomisch effiziente*, d. h. die *zielwirksamste* oder *optimale Handlungsalternative* zu bestimmen. Bei vorgegebenem Mitteleinsatz liefert sie den größtmöglichen Zielerreichungsgrad (das Nutzenmaximum, das Einkommensmaximum). Bei vorgegebenem Zielerreichungsgrad erfordert sie den geringstmöglichen Mitteleinsatz (das Ausgabenminimum, das Arbeitszeitminimum, das Kostenminimum).

Die optimale Handlungsalternative hebt sich von den übrigen technisch effizienten Alternativen dadurch ab, dass letztere ein weniger vorzügliches Verhältnis zwischen Zielen und Mitteln aufweisen bzw. – wie wir auch sagen wollen – weniger ergiebig sind. In allen Entscheidungssituationen der vorhergehenden Beispiele haben wir also tatsächlich die *ergiebigste Handlungsalternative* gesucht.

Diese Aussage wollen wir verallgemeinern: Auf der Suche nach der optimalen Lösung wird als übergeordnetes Kriterium für alle Entscheidungssituationen das *Ergiebigkeitsprinzip* befolgt. Es lautet:

Entscheide stets so, dass durch die gewählte Handlungsalternative, d. h. durch die gewählte Zuordnung von Gütereinsatz und Güterausbringung, die optimale Ausprägung der verfolgten Ziele erreicht wird.

Wenn wir die beiden oben skizzierten Kategorien des vorgegebenen Mitteleinsatzes und des vorgegebenen Zielerreichungsgrades getrennt berücksichtigen, dann gilt:

(1) Entscheide so, dass sich mit einem vorgegebenen Mitteleinsatz ein maximaler Zielerreichungsgrad ergibt (Maximierungsprinzip).

(2) Entscheide so, dass sich für einen vorgegebenen Zielerreichungsgrad ein minimaler Mitteleinsatz ergibt (Minimierungsprinzip).

Das *Ergiebigkeitsprinzip* ist das generelle *Optimierungsprinzip*, das als Maxime wirtschaftlichen Handelns des Menschen dient. Es wird auch als *Rationalprinzip* bezeichnet, um auszudrücken, dass damit rationale, d. h. vernünftige Entscheidungen getroffen werden. Es heißt auch *Wirtschaftlichkeitsprinzip*, um darauf hinzuweisen, dass damit die wirtschaftlichsten Lösungen von Problemen gefunden werden. Das Ergiebigkeitsprinzip liegt allen Entscheidungen als generelle Verhaltensregel zugrunde. Die in den Beispielen abgeleiteten Kriterien für die nutzen- und einkommensmaximalen ebenso wie für die kosten- und arbeitszeitminimalen Lösungen und die Anwendung des Prinzips der Opportunitätskosten sind nichts anderes als Folgerungen aus dem Ergiebigkeitsprinzip.

Die Aussage, dass Menschen grundsätzlich nach Maßgabe des Ergiebigkeitsprinzips entscheiden, gilt auch dann, wenn sich – stets im Nachhinein – herausstellt, dass jemand die optimale Lösung des Problems offenbar nicht gefunden hat. Die tatsächliche oder angebliche Verfehlung des Optimums kann insbesondere auf vier Ursachen zurückgeführt werden:

(1) Mit Entscheidungen im Konsumbereich wird die direkte Nutzenmaximierung angestrebt. Da der Nutzen – wie gesagt – nicht objektiv messbar ist und jeder Mensch eine individuelle Nutzenfunktion hat, braucht die optimale Handlungsalternative eines Menschen nicht auch die optimale Handlungsalternative eines anderen Menschen zu sein. Aus diesem Grund kann ein Mensch grundsätzlich nicht beurteilen, ob ein anderer Mensch eine nutzenmaximale Alternative erreicht hat oder nicht.

(2) Damit eng zusammen hängt das Problem, dass zur Beurteilung der Zielwirksamkeit einer Handlungsalternative die genaue Kenntnis der Ziele notwendig ist, die jemand mit seiner Entscheidung verfolgt hat. Gerade bei Entscheidungen im Konsumbereich ist das aber besonders schwierig, weil oftmals mehrere Ziele gleichzeitig verfolgt werden. So wird bspw. auch der scheinbar irrationale Impulskauf zu einer durchaus nutzenmaximierenden Handlungsweise, weil die Befriedigung des Kaufimpulses einen höheren Nutzen stiftet als etwa die Suche nach der günstigsten Einkaufsmöglichkeit.

(3) Im Unterschied dazu geht es bei Entscheidungen im Produktionsbereich um die Minimierung oder Maximierung objektiv messbarer Größen, wie den Kosten oder dem Einkommen. Die mit einer Entscheidung verfolgten Ziele sind in der Regel ebenfalls klar erkennbar. Trotzdem wird die angestrebte optimale Handlungsweise aber nur dann erreicht, wenn die Informationen, die zur Entscheidung erforderlich sind, zum Zeitpunkt der Entscheidung auch tatsächlich vollständig und zutreffend waren. Wenn also jemand nach der Umsetzung einer Entscheidung eines anderen Menschen feststellt, dass dieser nicht das Optimum realisiert hat, dann liegt das daran, dass der Entscheider nicht alle notwendigen Informationen besaß und wegen des Wahrscheinlichkeitscharakters vieler auf die Zukunft bezogener Informationen auch nicht besitzen konnte. Mit den vorhandenen Informationen wurde zwar eine Entscheidung nach Maßgabe des Ergiebigkeitsprinzips getroffen, die optimale Lösung aber nicht erreicht (vgl. dazu im einzelnen Kapitel 2).

(4) Gelegentlich wird aus den ex-post zu beobachtenden Verfehlungen optimaler Handlungsweisen auch geschlossen, dass die wirtschaftenden Menschen generell nicht nach einer extremalen (maximalen bzw. minimalen) Alternative suchen, sondern nur nach satisfizierenden, d. h. zufriedenstellenden Lösungen. Für wirtschaftliche Entscheidungen würde deshalb das *Satisfizierungsprinzip* und nicht das *Ergiebigkeitsprinzip* gelten. Dazu Folgendes: Das Ergiebigkeitsprinzip sagt lediglich, dass Menschen nicht bewusst auf eine vorteilhafte zugunsten einer weniger vorteilhaften Alternative verzichten. Wenn also ein Mensch – nur scheinbar – doch bewusst eine solche Entscheidung trifft, dann sieht er in der anderen Alternative tatsächlich andere Vorteile, die den Nachteil, der aus dem Verzicht auf die vorteilhafte

Alternative resultiert, mehr als kompensieren. Anders ausgedrückt: Da die Suche nach zielwirksamen Handlungsalternativen eine Arbeit ist, die knappe Zeit beansprucht, wird die Suche dann abgebrochen, wenn eine zufriedenstellende Lösung, die z. B. ein bestimmtes Mindesteinkommen verspricht, gefunden ist. Ein Mensch, der so entscheidet, geht aber tatsächlich davon aus, dass die weitere Suche zwar noch zielwirksamere Handlungsmöglichkeiten aufdecken könnte, dass aber der daraus resultierende Grenzvorteil geringer ist als die Opportunitätskosten des zusätzlichen Zeitaufwandes. Zeit ist – wie wir schon eingangs festgestellt haben – ein knappes Gut. Entscheidungen müssen mithin stets unter mehr oder weniger großem Zeitdruck getroffen werden. Der Mensch verhält sich deshalb durchaus nach Maßgabe des Ergiebigkeitsprinzips, wenn er nur solange nach zielwirksamen Handlungsalternativen sucht, bis er den Grenznutzen einer weiteren Suche nur mehr als ebenso hoch einschätzt wie die damit verbundenen Opportunitätskosten. Die Behauptung, dass sich Menschen nach dem Satisfizierungsprinzip verhielten, bestätigt tatsächlich nur die allgemeine Gültigkeit des Ergiebigkeitsprinzips.

Auch dem oft zitierten „Routinekauf" unterliegt in der Tat eine Entscheidung nach dem Ergiebigkeitsprinzip. Beim Routinekauf werden Waren einer Marke routinemäßig immer wieder gekauft, oder es werden Waren bei einem Händler routinemäßig nachbestellt, obwohl – objektiv gesehen – die Käufe nicht die kostenminimalen Kaufalternativen darstellen. Es gilt trotzdem das Ergiebigkeitsprinzip, weil der Käufer in diesem Fall die Opportunitätskosten der Suche nach einer geänderten Einkaufsmöglichkeit höher einschätzt als den Zusatznutzen des günstigeren Einkaufs. Wenn das nicht so wäre, würde er auf die günstigere Einkaufsmöglichkeit übergehen. Tatsächlich handelt es sich beim Ergiebigkeitsprinzip – insbesondere auch in Verbindung mit einer nur subjektiv möglichen Nutzenschätzung – um eine unwiderlegbare Aussage, die im Kern eine fast schon banale Selbstverständlichkeit enthält: Der Mensch wird nicht bewusst auf eine vorzüglichere zugunsten einer weniger vorzüglichen Handlungsalternative verzichten. Oder, wie der Volksmund es ausdrückt: „Das Bessere ist des Guten Feind"!

Abschließend sei an dieser Stelle festgehalten, dass das *Ergiebigkeitsprinzip* als *generelles Optimierungsprinzip* auch das *Identitätsprinzip der Betriebswirtschaftslehre* als Wissenschaft ist. Wirtschaften als Entscheiden über den Einsatz knapper Güter zur Erreichung von Zielen wird nach Maßgabe des Ergiebigkeitsprinzips vollzogen. Alle Probleme, die auf eine Ergiebigkeitsfrage hinauslaufen, machen daher den Inhalt des Wirtschaftens aus. Damit ist das Ergiebigkeitsprinzip auch das Identitätsprinzip der Betriebswirtschaftslehre. Mit seiner Hilfe kann das Wirtschaften aus der komplexen realen Welt als Erkenntnisgegenstand dieser Wissenschaft herausgehoben werden (vgl. z. B. SCHWEITZER 2000, S. 47 ff.).

1.6 Entscheidungsvoraussetzungen

Aus den Beispielen des Abschnittes 1.4 können wir des Weiteren ableiten, dass zur erfolgreichen Entscheidungsfindung drei Voraussetzungen erforderlich sind: Es müssen (1) Ziele festgelegt werden. Es müssen (2) Informationen über Handlungsweisen und Handlungsfolgen vorliegen. Und es müssen (3) Entscheidungshilfsmittel zur Bestimmung der Handlungsfolgen von Handlungsweisen und zur Auswahl der zielwirksamsten Handlungsweise zur Verfügung stehen.

1.6.1 Festlegung von Zielen

Die Festlegung eindeutig definierter Ziele ist bedeutsam, weil sich nur so eine Rangfolge von Handlungsalternativen hinsichtlich ihrer Vorteilhaftigkeit bzw. Zielwirksamkeit ermitteln lässt. Die Ziele werden also als Maßstab, d. h. als *Entscheidungskriterien*, für die Bewertung der relativen Vorzüglichkeit von Handlungsalternativen verwendet.

Das junge Paar, das den landwirtschaftlichen Betrieb übernommen hat, konnte die optimale Verteilung seiner Arbeitszeit auf Markt- und Haushaltsproduktion oder auf die verschiedenen betrieblichen Produktionsrichtungen nur dann finden, wenn es vorher das Einkommen als Ziel und Maßstab für die relative Vorzüglicheit unterschiedlicher Arbeitszeitverteilungen bestimmt hatte. Bei der Entscheidung über das zu beschaffende Getreideernteverfahren gelang dem Betriebsleiter die Auswahl des optimalen Ernteverfahrens nur dadurch, dass er vorher die Jahreskosten zum Ziel und Maßstab für die Vorzüglichkeit der Handlungsalternativen bestimmt hatte.

Im Beispiel über die Verteilung des betrieblichen Einkommens auf produktive und komsumtive Zwecke war die Entscheidung über die optimale Handlungsalternative dagegen weit schwieriger, weil sich erst während des Entscheidungsprozesses herausstellte, dass unter den Familienmitgliedern keine gemeinsamen und eindeutigen Vorstellungen über das anzustrebende Ziel herrschten. Vielmehr mussten die Familienmitglieder über ein solches Ziel – autoritär oder demokratisch – zunächst entscheiden.

Im Unterschied zu den übrigen Beispielen weist dieses Beispiel darauf hin, dass Entscheidungssituationen nicht nur dadurch gekennzeichnet werden können, dass für bereits vorgegebene Ziele die optimale Handlungsweise gefunden werden muss, sondern umfassender auch dadurch definiert werden müssen, dass zusätzlich über die zu verfolgenden Ziele zu entscheiden ist. Wirtschaften umfasst tatsächlich nicht nur die *Zielerreichung*, sondern auch die *Zielbildung*. Wir wollen deshalb zwischen *Zielsetzungsentscheidungen* und *Zielerreichungsentscheidungen* unterscheiden.

Bei Zielerreichungsentscheidungen geht der Entscheider von vorgegebenen Zielen aus. Bei den Zielsetzungsentscheidungen wird der einzelne Entscheider – nach Maßgabe seines Oberzieles der Nutzenmaximierung – letztlich zu einer subjektiven Festlegung von Zielen gezwungen. Ebenso kann ein kollektives Entscheidungsorgan die Zielfindung nur durch eine politische Willensbildung vollziehen, bei der die individuellen Nutzenfunktionen der Mitglieder soweit wie möglich in Übereinstimmung gebracht werden. Mit anderen Worten: Für wirtschaftliches Handeln existieren keine objektiven Ziele dergestalt, dass sie in bestimmten Entscheidungssituationen für jeden Entscheider in der gleichen Weise gelten müssten.

Die Betriebswirtschaftslehre als Wissenschaft findet hier ein weiteres Mal eine Grenze: Sie kann zwar aufzeigen, welche Ziele möglich sind und in bestimmten Situationen zweckmäßig sein können, oder auch, welche Kriterien bei der Zielbildung beachtet werden sollten und wie mehrere Einzelziele zu einem Zielsystem zusammengefasst werden können, aber sie kann keine interpersonell verbindlichen Ziele vorgeben. Es ist ein wesentliches Merkmal wirtschaftender Individuen und Kollektive in einer marktwirtschaftlichen Demokratie, dass sie über ihre Ziele selbst entscheiden.

1.6.2 Informationen über Handlungsweisen

Die Vorhersage der Handlungsfolgen von Handlungsweisen ist ein wesentlicher Bestandteil von Entscheidungsprozessen. Um jedoch Handlungsfolgen vorhersagen zu können, muss der Entscheider zuvor die möglichen Handlungsalternativen des betrachteten Entscheidungsfeldes kennen. Wie wichtig diese Kenntnis ist, wird durch das Beispiel über die Beschaffung des Getreideernteverfahrens besonders deutlich. Im Kern bestand dieser Entscheidungsprozess in der Auswahl des kostengünstigsten unter denjenigen Verfahren, die dem Betriebsleiter zur Kenntnis gelangten. Hätte er sich bei der Suche nach möglichen Verfahren weniger Mühe gemacht, wäre ihm womöglich das später als optimal ermittelte Verfahren gar nicht bekannt geworden. Unter den übrigen Verfahren hätte der Betriebsleiter zwar ebenfalls nach Maßgabe des Ergiebigkeitsprinzips das optimale Verfahren ausgewählt, aber – objektiv betrachtet – hätte er sich für ein suboptimales Verfahren entschieden. Eine möglichst eingehende Suche nach Handlungsalternativen trägt deshalb wesentlich zur Zielwirksamkeit wirtschaftlicher Handlungen bei. Andererseits sollten wir aber nicht vergessen, dass die Opportunitätskosten einer fortgesetzten Suche irgendwann den zu erwartenden zusätzlichen Vorteil übersteigen. Eine Forderung nach einer erschöpfenden Ermittlung aller Handlungsalternativen eines Entscheidungsfeldes wäre daher irrational, weil sie dem Ergiebigkeitsprinzip widerspricht.

Etwas formaler ausgedrückt, geht es bei der Zusammenstellung der möglichen Handlungsweisen bzw. Handlungsalternativen um die inhaltliche Bestimmung des sog. *Handlungsraumes A*, der aus den *Handlungsalternativen* a_i (i = 1, ..., m) besteht. Es gilt als Definition:

(1.43) $$A = \{a_1, a_2, \ldots a_i, \ldots, a_m\}$$

Der Handlungsraum kann eine endliche Menge von Handlungsalternativen enthalten, wie es z. B. bei der Bestimmung des kostenminimalen Getreideernteverfahrens in Abschnitt 1.4.3.3.2 der Fall war. Er kann aber auch aus einer gegen unendlich gehenden Menge von Alternativen bestehen, wenn die zur Zielerreichung eingesetzten Güter beliebig teilbar sind. Das trifft zu, wenn wir annehmen, dass das Paar in den Entscheidungssituationen der Abschnitte 1.4.3.1 und 1.4.3.2 seine Arbeitszeit in beliebigen Teilmengen auf Markt- und Haushaltsproduktion bzw. auf die beiden Produktionsrichtungen aufteilen kann.

1.6.3 Informationen über Handlungsfolgen

1.6.3.1 Informationen und Daten

Mit den Vorhersagen über Handlungsfolgen möglicher Handlungsweisen sollen nicht beliebige, sondern ganz bestimmte *Informationen* erarbeitet werden. Ihre Inhalte werden durch die Ziele bestimmt, die mit einer Entscheidung verfolgt werden sollen. Wenn die Beschaffung eines Getreideernteverfahrens ansteht und dieses mit minimalen Jahreskosten arbeiten soll, dann besteht die Information aus den zu erwartenden Jahreskosten der Verfahrensalternativen. Wenn mit der Verfolgung verschiedener Produktionsrichtungen in einem Betrieb ein möglichst hohes Einkommen erreicht werden soll, dann besteht die Information aus den zu erwartenden Einkommensbeiträgen der unterschiedlichen Produktionsprogramme.

Generell handelt es sich also bei diesen Informationen um *zweckbestimmtes Wissen*, nämlich um Wissen, das der Entscheider für die Auswahl der zielwirksamsten Handlungsalternative benötigt. Wissen, das diesem Ziel nicht dient, ist in diesem Sinne keine Information und sollte deshalb bei einer sachgerechten Anwendung des allgemeinen Ergiebigkeitsprinzips auch nicht erarbeitet werden.

Aus den Beispielen ging hervor, dass die Informationen über die Handlungsfolgen mittels verschiedener Rechenverfahren durch eine mehr oder weniger umfangreiche Verarbeitung von (Ausgangs-)*Daten* generiert werden müssen. So ergaben sich die Jahreskosten der Getreideernteverfahren aus den technischen Leistungsparametern der Mähdrescher, aus den verfügbaren Mähdruschstunden, aus dem Verbrauch von Kraft- und Schmierstoffen, aus dem Bedarf an Arbeitsstunden, aus der Abnutzung der Maschinen und dem geschätzten Reparaturanfall sowie schließlich aus den Preisen für die Erntemaschinen, die Arbeitsstunden und die Materialien. Die Daten beziehen sich also auf Eigenschaften und Verhaltensweisen von Größen, die die Zielbeiträge – z. B. die Kosten oder das Einkommen – der Handlungsalternativen beeinflussen. Sie sind damit ebenfalls zweckbestimmtes Wissen, für deren Beschaffung das Ergiebigkeitsprinzip gilt: Es sind nur solche Daten zu erfassen, die zur Gewinnung der Informationen über die Handlungsfolgen in einer bestimmten Entscheidungssituation von Bedeutung sind. Die Sammlung irgendwelcher oder möglichst zahlreicher Daten ist Zeit- und Geldverschwendung. Sie erzeugt nur „Datenfriedhöfe".

1.6.3.2 Daten über physisch-technische und sozialökonomische Einflussgrößen

Generell können wir bei den Einflussgrößen auf die Zielbeiträge von Handlungsalternativen, über deren Eigenschaften und Verhaltensweisen Daten beschafft werden müssen, zwei Hauptgruppen unterscheiden, nämlich die physisch-technischen und die sozialökonomischen Variablen (vgl. Kubicek und Thom 1975)

Mit den *physisch-technischen Variablen* werden Abhängigkeiten zwischen physisch-technischen Eingangs- und Ausgangsgrößen erfasst, also z. B. die Zusammenhänge zwischen Arbeitseinsatz und Produktmengen, zwischen Kraftstoffverbrauch und geernteter Fläche oder auch zwischen Klimagebiet und Zahl der verfügbaren Mähdruschstunden. Diese Variablen beschreiben das *Mengengerüst der Handlungsalternativen*. Sie werden auch *Input-Output-Relationen* genannt. Die Daten über physisch-technische Variable sind jeweils konkrete nummerische Werte, also z. B. „20 l Dieselölbedarf je Mähdruschstunde für einen Mähdrescher des Typs XYZ bei einer Druschleistung von 10 t/h für Weizen mit maximal 16 % Feuchtigkeit bei Feldstücksgrößen von 5 ha in ebenem Gelände". In den Beispielsprogrammen des Abschnitts 1.4 sind einige der einzugebenden Parameter Daten über physisch-technische Variablen.

Bei den *sozialökonomischen Variablen* handelt es sich um Einflussgrößen, die in ihrer jeweiligen Ausprägung direkt durch menschliches Handeln bestimmt oder mitbestimmt werden, also z. B. um die Preise der Mähdrescher und des Kraftstoffs oder die Lohnsätze und tarifrechtlichen Arbeitsbedingungen der Mähdrescherfahrer.

Bei den sozialökonomischen Variablen können wir drei Gruppen unterscheiden. Die erste Gruppe bilden die *Kontrahierungsbedingungen* für die bei einer Handlungsalternative eingesetzten und erzeugten Güter, also die Preise, die Zahlungsbedingungen, die Lieferzeiten usw. Diese

Variablen beschreiben das *Preisgerüst der Handlungsalternativen*. Es ist unmittelbar einsichtig, dass die nummerischen Werte dieser Variablen, also z. B. der „Preis eines Mähdreschers vom Typ XYZ bei dreimonatigem Zahlungstermin und sechswöchiger Lieferzeit", den Zielbeitrag einer Handlungsalternative wesentlich mitbestimmen. In den Beispielsprogrammen des Abschnitts 1.4 sind die einzugebenden Faktor- und Produktpreise Daten über sozialökonomische Variablen.

Wirtschaftliches Handeln spielt sich nicht in einer ungeregelten Sphäre ab. Vielmehr werden die zulässigen Handlungsalternativen durch gesetzgeberische Maßnahmen, d. h. durch *Gesetze und Verordnungen* zum Schutze der Allgemeinheit (zum direkten Schutz anderer Menschen oder auch zum Schutz der natürlichen Ressourcen) gegenüber unzulässigen Handlungsalternativen generell abgegrenzt. Besondere Bedeutung für wirtschaftliches Handeln haben das Arbeits- und Sozialrecht, das Handels- und Gesellschaftsrecht, das Steuerrecht, das Umweltrecht und das Lebensmittelrecht. Die zugehörigen Gesetze und Verordnungen, die sich in konkreten Handlungsvorgaben niederschlagen, bilden die zweite Gruppe der sozialökonomischen Variablen.

Die dritte Gruppe der sozialökonomischen Variablen ergibt sich aus dem soziokulturellen Raum, in dem sich der einzelne Entscheider bewegt. Der Kulturkreis äußert sich in bestimmten *Sitten, Gebräuchen, Verhaltensmustern* etc., die zwar im juristischen Sinne keine Gesetze sind, die der Entscheider bei der Bewertung von Handlungsalternativen aber tunlichst berücksichtigen sollte, will er Nachteile vermeiden.

1.6.3.3 Kontrollierbare Variable und nichtkontrollierbare Variable

Eine wesentliche Bedeutung für die Bewertung von Handlungsalternativen hat die Gliederung der für die Handlungsfolgen bedeutsamen physisch-technischen und sozioökonomischen Einflussgrößen in *kontrollierbare Variable* und *nichtkontrollierbare Variable*. Mit den nichtkontrollierbaren Variablen werden Kräfte bezeichnet, die zwar den Zielbeitrag von Handlungsalternativen beeinflussen, die der Entscheider aber seinerseits nicht oder zumindest nicht merklich beeinflussen kann. In einer anderen Terminologie werden sie auch *Erwartungsparameter* genannt, während die kontrollierbaren Variablen *Aktionsparameter* heißen. Die nichtkontrollierbaren Variablen heißen auch *Umwelteinflüsse* oder *Umweltvariable*, weil sie von außen, d. h. aus der Umwelt, auf den Entscheider und seine Wirtschaftseinheit einwirken.

In unseren Beispielen waren typische nichtkontrollierbare Variablen die Preise für die Konsumgüter, die Preise für die verschiedenen Produktionsmittel und Produkte oder auch die Klimabedingungen, die die Zahl der Mähdruschstunden bestimmen. Kontrollierbare Variablen waren dagegen die Mengen an Betriebsmitteln, die der Entscheider zur Zielerreichung ins Auge fasste, sowie die Arbeitskräfte und die einzusetzenden Arbeitsstunden für die verschiedenen Zwecke.

Die Bedeutung dieser beiden Variablengruppen für die Bewertung von Handlungsfolgen wird unmittelbar einsichtig, wenn wir bedenken, dass der Entscheider mit den kontrollierbaren Variablen die Zielbeiträge von Handlungsalternativen aktiv beeinflussen kann, während er auf nichtkontrollierbare Variablen nur reagieren kann bzw. sich an ihre Wirkungen nach Maßgabe der verfolgten Ziele nur bestmöglich anpassen kann.

Die Zuordnung nach kontrollierbaren und nichtkontrollierbaren Variablen gilt jedoch nicht unveränderlich jeweils für bestimmte Arten von Variablen. Für den einzelnen Landwirt, der z. B. gemeinsam mit vielen anderen Landwirten Getreide oder Milch herstellt, sind die zugehörigen Produktpreise sicherlich nicht oder nur in sehr engen Grenzen kontrollierbare Größen. Für den einzelnen Landwirt, der in einem bestimmten Gebiet als einziger Reitgelegenheiten anbietet, ist der Preis für das Mieten eines Pferdes dagegen durchaus eine Größe, die er, zumindest innerhalb gewisser Grenzen, selber setzen kann. Das Gleiche gilt für die Weinpreise eines Winzers, der Weine besonderer Qualitäten direkt vermarktet.

Für die meisten Landwirte ist die Wasserversorgung der Nutzpflanzen eine nichtkontrollierbare Variable, die in ihrer konkreten Ausprägung langfristig durch die Klimabedingungen der Region und kürzerfristig durch die jeweilige Witterung bestimmt wird. Die Wasserversorgung wird aber zu einer kontrollierbaren Variablen, wenn sich der Landwirt zur Anschaffung einer Beregnungsanlage entschließt oder gar auf die Gewächshausproduktion übergeht.

Ungeachtet dieser Unterschiede wollen wir aber festhalten, dass sich jeder Entscheider einer mehr oder weniger großen Menge von nichtkontrollierbaren Variablen gegenübersieht, die er bei der Bewertung von Handlungsalternativen in jeder konkreten Entscheidungssituation berücksichtigen muss. Selbstverständlich gilt auch hier wieder die Forderung, dass für den jeweiligen Entscheidungsprozess nur Daten über solche nichtkontrollierbaren Variablen beschafft werden sollten, die sich auf die Zielbeiträge der Handlungsalternativen auch tatsächlich auswirken.

1.6.4 Entscheidungshilfsmittel

Wir haben vorher abgeleitet, dass der Entscheider zur Bewältigung von Entscheidungsprozessen neben den Zielen Informationen über mögliche Handlungsalternativen und deren Folgen benötigt. Informationen über die Handlungsfolgen sind Vorhersagen über die zu erwartenden Zielbeiträge der Handlungsalternativen. Der Entscheider braucht sie, um durch ihren Vergleich die zielwirksamste Handlungsalternative auswählen zu können.

Für diesen Prozess bedient sich der Entscheider verschiedener *Entscheidungshilfsmittel*, die aus Gleichungen oder ganzen Gleichungssystemen aus verschiedenen Feldern der Mathematik bestehen. Als Beispiele haben wir u. a. das System der Differenzengleichungen zur Vorhersage der langfristigen Einkommensentwicklung oder die Summengleichung der Plan-Kosten-Rechnung zur Vorhersage der Kosten unterschiedlicher Getreideernteverfahren kennen gelernt.

Bei diesen Gleichungssystemen handelt es sich in jedem Falle um (mathematische) Abbildungen, d. h. um (quantitative) *Modelle* von realen Systemen, über die oder für die Entscheidungen getroffen werden sollen. So ist z. B. die Plan-Kosten-Rechnung ein zwar vereinfachtes, aber im Wesentlichen realitätsgetreues Abbild der wirklichen Getreideerntesysteme, das diejenigen technisch-physischen und sozialökonomischen Relationen und Beträge enthält, die bei Anschaffung des einen oder anderen Erntesystems auch tatsächlich eintreten würden.

Modelle sind zweckgerichtete, ausschnitthafte Abbilder des jeweils untersuchten realen Systems. Sie sollen – gemessen an den mit einer Entscheidung verfolgten Zielen – diejenigen Aspekte des realen Systems enthalten, die für die jeweilige Entscheidung bedeutsam (relevant) sind. So sind etwa die Farbgebungen der Mähdrescher sicherlich belanglos, während die Druschleistungen von erheblicher Bedeutung sind, wenn es um die Ermittlung der Erntekosten geht. Modelle sollen also die relevanten Aspekte auf eine solche Weise abbilden, dass damit Vorhersagen über die zu erwartenden Zielbeiträge der untersuchten Handlungsalternativen gemacht werden können.

Unter diesem Gesichtspunkt lassen sich Modelle zunächst nach den Zwecken gliedern, für die sie genutzt werden sollen. Analog etwa zu einem Straßenatlas, in dem es (großmaßstäbliche) Übersichtskarten für die generelle Tourenplanung und detaillierte Regions- und Stadtpläne für die Feinplanung gibt, können wir uns Modelle vorstellen, mit denen über generelle und langfristige Strategien entschieden werden soll und solche, mit denen die Vorzüglichkeit von sehr konkreten Maßnahmen beurteilt werden kann. Das Modell zur Abschätzung der Einkommensverwendung für produktive und konsumtive Zwecke oder das Modell zur Entscheidung über die Aufteilung von Arbeitszeit auf Markt- und Haushaltsproduktion gehören zur ersten Gruppe. Sie enthalten einerseits sehr starke Vereinfachungen, indem z. B. angenommen wurde, dass sich das Einkommen proportional zum Kapitalstock verhält, bzw. dass sich das betriebliche Einkommen in Abhängigkeit vom Arbeitseinsatz degressiv steigend entwickelt, obwohl wir selbstverständlich wissen, dass das Einkommen noch von zahlreichen anderen Faktoren bestimmt wird. Andererseits sind die Vereinfachungen aber ebenso wie bei den Übersichtskarten im Straßenatlas gerechtfertigt und auch nützlich, weil sie dem Menschen mit seiner endlichen Fähigkeit zur Informationsverarbeitung ermöglichen, sich auf die Kernelemente eines Entscheidungsproblems zu konzentrieren. Wer von Frankfurt/Main nach Berlin mit dem Auto reisen möchte, den interessiert zunächst nicht, dass zwischen Hersfeld und Eisenach eine Steigung liegt, die seine Fahrgeschwindigkeit herabsetzen wird.

Demgegenüber war das Modell zur Bestimmung des optimalen Ernteverfahrens schon sehr viel detaillierter, denn hier ging es um einen kleinen, aber wichtigen Ausschnitt des betrieblichen Geschehens. Der Betriebsleiter wollte in diesem Fall die Handlungsfolgen sehr genau abschätzen, weil es sich im Vergleich zu den Gewinnbeiträgen aus dem Getreidebau schon bemerkbar macht, ob für die Getreideernte 20,00 €/ha mehr oder weniger aufgewendet werden müssen. Um im Bild zu bleiben: Wer in Berlin einen Freund besuchen möchte, der wird sich am Stadtrand den detaillierten Stadtplan vornehmen, um die Fahrt vom Berliner Ring zur Wohnung des Freundes so effizient wie möglich zu gestalten.

Generell ist festzuhalten, dass sich die Detailliertheit eines Modells bzw. – wie es in der Fachsprache heißt – der Grad der *Disaggregation* nach dem Zweck richtet, der mit der Modellanwendung verfolgt wird. Auch für die Modellbildung gilt das Prinzip der Opportunitätskosten. Da zusätzliche Modellverfeinerungen Zeit kosten, wird man die Disaggregation dann abbrechen, wenn die zusätzlichen Opportunitätskosten den Informationsgrenzgewinn erreichen. Die Konstruktion völlig realitätsgetreuer Modelle widerspricht dem Ergiebigkeitsprinzip. Außerdem sollte man sich stets die als *Bonnini-Paradoxon* bekannt gewordene Mahnung zu Herzen nehmen: Je realitätsnäher und damit komplexer ein Modell wird, desto weniger hilft es, die reale Welt zu verstehen und somit zu kontrollieren.

Nachzutragen bleibt, dass die oben diskutierte Gliederung der Modelle (im Bild: „Übersichtskarten“ vs. „Detailkarten“) ursprünglich aus der Militärwissenschaft stammt. Die erste Gruppe wird deshalb unter dem Begriff *strategische Modelle* zusammengefasst, während die zweite Gruppe *taktische Modelle* genannt wird.

Eine weitere Gliederung der Modellarten ergibt sich aus dem Tatbestand, dass für die Entscheidungsfindung zunächst die Handlungsfolgen der Handlungsalternativen bestimmt werden müssen, damit in einem weiteren Schritt anhand der Handlungsfolgen dann die optimale Alternative ausgewählt werden kann. Auf der einen Seite existieren Modelle, mit denen – bei wohldefinierten Zielen bzw. Entscheidungskriterien – beide Teilaufgaben in einem Schritt bewältigt werden können. Die Modelle zur Bestimmung des optimalen Produktionsprogramms oder zur Bestimmung des kostenminimalen Erntesystems lieferten neben den Zielbeiträgen der Handlungsalternativen gleichzeitig auch die optimale Alternative. Derartige Modelle werden als *Optimierungsmodelle* bezeichnet.

Auf der anderen Seite gibt es aber auch Modelle, die nur die Konsequenzen von unterschiedlichen Handlungsalternativen aufzeigen. Der Entscheider muss dann in einem weiteren Schritt – nach Maßgabe seiner Ziele bzw. Entscheidungskriterien – die optimale Alternative bestimmen. Das System der Differenzengleichungen zur Ableitung langfristiger Einkommensentwicklungen ist ein solches Modell. Derartige Modelle werden als *experimentelle Modelle* bezeichnet, weil mit ihnen – ähnlich wie bei naturwissenschaftlichen Experimenten – durch Variation von Parametern zusätzliche Erkenntnisse über den Handlungsraum gewinnbar sind. Sie werden auch *Simulationsmodelle* genannt, weil mit ihnen nach Maßgabe der Frage „was wäre, wenn?“ durchgespielt oder eben simuliert werden kann, welche Handlungsfolgen sich ergäben, wenn kontrollierbare Variablen – z. B. der Einkommensanteil für Investitionen – in ihren Werten verändert würden. Während also mit Simulationsmodellen nur die Frage „was wäre, wenn?“ beantwortet wird und in einem weiteren Schritt die Frage „welches ist die optimale Handlungsalternative?“ beantwortet werden muss, können Optimierungsmodelle die zweite Frage unmittelbar beantworten. Sicherlich wird jeder Entscheider Optimierungsmodelle bevorzugen. Leider existieren solche Modelle bisher jedoch nur für bestimmte Fragestellungen. In vielen Fällen bleiben wir vorerst auf Simulationsmodelle angewiesen.

Hinzu kommt, wie das Beispiel in Abschnitt 1.4.1.2 über die langfristige Aufteilung von Einkommen auf produktive und konsumtive Zwecke ebenfalls zeigt, dass wir in jedem Fall die experimentelle Methode mit Hilfe von Simulationsmodellen einsetzen müssen, wenn die Ziele im Vorhinein nicht wohldefiniert sind. In solchen Fällen können Simulationsmodelle die Zielbildungsentscheidung unterstützen. Mit Optimierungsmodellen werden dagegen Zielerreichungsentscheidungen getroffen, weil die Ziele bzw. Entscheidungskriterien für den Einsatz dieser Modelle vorgegeben sein müssen.

Schließlich wollen wir die Entscheidungshilfsmittel in *dynamische Modelle* und *statische Modelle* gruppieren. Bei dem System der Differenzengleichungen handelt es sich um ein dynamisches Modell. Mit dynamischen Modellen kann das Verhalten des abgebildeten realen Systems und insbesondere die Entwicklung seines Zielbeitrages im Zeitablauf untersucht werden. Bei dynamischen Modellen hängen die Werte der betrachteten Variablen während einer Periode von den Werten dieser Variablen während der Vorperioden ab. Im Beispiel des Abschnittes 1.4.1.2 entwickelten sich das Einkommen und der Kapitalstock in Abhängigkeit von deren Werten in den Vorperioden. Mathematisch gesehen handelt es sich bei dynamischen Modellen um Gleichungen oder Gleichungssysteme, bei denen die untersuchten Variablen auf beiden Seiten des Gleichheitszeichens, allerdings mit Werten, die sich bezüglich des Zeitpunktes unterscheiden, auftauchen. Dynamische Modelle werden deshalb mit Differenzen- und Differentialgleichungen gestaltet.

Das Gegenstück zu den dynamischen Modellen bilden die statischen Modelle. Dabei werden die relevanten Variablen nur zu einem bestimmten Zeitpunkt oder für eine fest vorgegebene Zeitperiode untersucht. Bei sämtlichen Programmen des Abschnittes 1.4, außer dem bereits angesprochenen System der Differenzengleichungen, handelt es sich um statische Modelle. So wurden z. B. die Kosten der Erntesysteme nur für eine Erntesaison berechnet.

Da nun aber sämtliche Handlungen Zeit beanspruchen, könnte man zur Bevorzugung der dynamischen Modelle neigen, weil diese Modelle die Zeit explizit berücksichtigen. Allerdings führt das Einbeziehen der Zeit durchaus nicht immer zu zusätzlichen Erkenntnissen. Wenn sich z. B. die Kosten der Erntesysteme von Periode zu Periode nicht verändern oder die möglichen Änderungen als vernachlässigbar gering angesehen werden können, dann genügt es, diese Kosten für eine „Standardperiode" zu berechnen. Das Hantieren mit komplizierten Differenzengleichungen würde keinen Informationszuwachs erbringen. Deshalb gilt auch hier wieder das Prinzip der Opportunitätskosten: Die einfachere Mathematik ist hinreichend, wenn die zusätzlichen Opportunitätskosten für den zeitaufwändigeren Einsatz der komplizierteren Mathematik den zusätzlichen Informationsgewinn übersteigen.

Wir werden in den nachfolgenden Kapiteln zahlreiche Beispiele für die verschiedenen Modellarten kennen lernen und anhand unterschiedlicher Entscheidungssituationen feststellen, wann welche Modelle eingesetzt werden sollten.

1.7 Komplexität des Handlungsraumes und Dynamik der nichtkontrollierbaren Variablen

Salopp ausgedrückt, wird im vorstehenden Abschnitt dafür plädiert, Modelle als Entscheidungshilfsmittel nicht komplizierter als notwendig zu machen. Wir müssen jetzt allerdings hinzufügen, dass diese Beschränkung in vielen Fällen nicht nur aus freien Stücken und nach sorgfältiger Abwägung nach Maßgabe des Prinzips der Opportunitätskosten erfolgt. In vielen Fällen ist nämlich der Handlungsraum für ein untersuchtes reales System so komplex, dass auch die tatsächlich bedeutsamen Relationen und Fakten mit einem Modell gar nicht völlig realitätsgetreu abgebildet werden können.

Mit den in Abschnitt 1.4 diskutierten Modellen haben wir uns in dieser Hinsicht nur sehr grob an die Wirklichkeit angenähert. Tatsächlich hängt die Höhe des Einkommens aus unterschiedlichen Produktionsprogrammen eben nicht nur von den aufgewandten Arbeitszeiten, den Beziehungen zwischen Arbeitseinsatz und Produktmengen sowie den Produktpreisen und Stücksachkosten ab. Vielmehr wird in der Realität das Ergebnis der Wirtschaftstätigkeit durch sehr vielgestaltige Mengen- und Preisgerüste bestimmt. Die erzeugten Produktmengen werden außer vom Arbeitseinsatz von zahlreichen Materialverbräuchen (Rohstoffe, Betriebsstoffe, Hilfsstoffe), von verschiedenen Maschinen und baulichen Anlagen, von der Beschaffenheit des Kulturbodens, seinen Nährstoffvorräten, seiner Wasserspeicherfähigkeit sowie nicht zuletzt von den Witterungsbedingungen und vielen anderen physisch-technischen Einflussgrößen bestimmt. Auch die Produkt- und Faktorpreise sind nicht so eindeutig vorgegeben, wie wir zunächst angenommen hatten. Vielmehr verbirgt sich dahinter eine Vielzahl von Kunden und Lieferanten, die durchaus unterschiedliche und oft schwer durchschaubare Kontrahierungsbedingungen anbieten. Mit einem Satz: In vielen Entscheidungssituationen ist der Handlungsraum so komplex strukturiert, dass der Entscheider darüber nur mehr oder weniger unvollkommenes Wissen erlangen kann.

Diese *Komplexität des Handlungsraumes* bewirkt nun, dass Entscheidungen unter *Unsicherheit*, d. h. bei *unvollkommener Information* über die tatsächlich eintretenden Handlungsfolgen getroffen werden müssen.

Die zweite Ursache für die Unvollkommenheit der Modelle ist darin zu sehen, dass sie die Dynamik der nichtkontrollierbaren, aber auf das betrachtete System tatsächlich einwirkenden Variablen nur unvollständig erfassen können.

In der Tat wären die in Abschnitt 1.6.3.3 identifizierten nichtkontrollierbaren Variablen für die Bestimmung der optimalen Handlungsalternative zwar wichtig, aber nicht von so zentraler Bedeutung, wenn sich ihre jeweiligen Werte im Zeitablauf nicht verändern würden. Der Entscheider müsste sie einmal bestimmen und könnte dann für alle Zukunft sichere Vorhersagen über sie machen. In Wirklichkeit verändern sich aber sowohl die Werte der physisch-technischen als auch der sozialökonomischen Variablen mehr oder weniger häufig im Zeitablauf.

Die für die Landwirtschaft besonders bedeutsamen Witterungsbedingungen schwanken von Vegetationsperiode zu Vegetationsperiode, so dass die für das Pflanzenwachstum wichtigen Wasser- und Wärmemengen in jedem Jahr unterschiedliche Werte aufweisen. Die Wetterlagen ändern sich sogar innerhalb weniger Stunden, so dass die betrieblichen Arbeitsabläufe in der Pflanzenproduktion immer wieder kurzfristig angepasst werden müssen. Die Zahl und die Art der möglichen Handlungsalternativen und ihre Mengengerüste verändern sich durch technische und biologische Fortschritte, indem z. B. leistungsfähigere und weniger reparaturanfällige Maschinen konstruiert oder neuartige und veränderte Verfahren zur Lebensmittelbearbeitung entwickelt werden. So bewirkt die hauptsächliche berufliche Tätigkeit der meisten Agrarwissenschaftler und Ökotrophologen eben diese Veränderungen.

Die Werte der sozialökonomischen Variablen verändern sich ebenfalls durch die technischen und biologischen Fortschritte, die Veränderungen der Knappheitsverhältnisse hervorrufen, aber auch durch Veränderungen des Nachfrageverhaltens der Konsumenten. Neue Gesetze und Verordnungen führen dazu, dass bestimmte Handlungsalternativen nur noch eingeschränkt oder gar nicht mehr zulässig sind.

Auch die Veränderungen der Werte der nichtkontrollierbaren Variablen wären nun nicht von so großer Bedeutung, wenn der einzelne Entscheider sie in ihren Entwicklungen sicher vorhersagen könnte. Leider ist es jedoch eine Binsenweisheit, dass gerade das nicht zutrifft. Die Witterungsbedingungen sind schon über einige Tage im Voraus nicht mehr prognostizierbar. Für die Preise vieler Güter gilt prinzipiell das Gleiche. Technische Neuentwicklungen und veränderte Gesetze und Verordnungen treten ebenfalls immer wieder auf, ohne dass man sicher vorhersagen könnte, wann und in welcher Form das der Fall sein wird.

Kurzum: Der Mensch kann nicht in die Zukunft schauen. Er muss notgedrungen mit mehrwertigen Datenvorstellungen über zukünftige Zustände der ihn und seine Wirtschaftseinheit beeinflussenden Umwelt leben, d. h., er muss damit leben, dass er zwar einerseits für seine Entscheidungen die Handlungsfolgen von Handlungsalternativen vorhersagen muss, dass aber andererseits die unzulängliche Vorhersehbarkeit der meisten nichtkontrollierbaren Variablen immer wieder dazu führt, dass sich die gewählte Handlungsalternative im Nachhinein als suboptimale Lösung erweist.

Die Komplexität des Handlungsraumes und die Dynamik der nichtkontrollierbaren Variablen bewirken, dass der Mensch seine Entscheidungen mit unzulänglichen Modellen der unterliegenden Realität, d. h. bei unvollkommener Information über die eintretenden Handlungsfolgen treffen muss. Wie kann er angesichts dieser Situation trotzdem noch vernünftig entscheiden? Wie lassen sich die Entscheidungssituationen strukturieren und welche Vorgehensweisen sind zur Entscheidungsfindung geeignet? Diesen Fragen wollen wir uns im zweiten Kapitel dieses Buches zuwenden.

1.8 Bibliographische Hinweise zum Studium der agrar- und ernährungswirtschaftlichen Betriebslehre

Zum Abschluss des 1. Kapitels soll noch eine – zugegeben subjektive – Auswahl an Lehrbüchern, Nachschlagewerken und fachlichen Periodika für das Studium der Betriebswirtschaftslehre und insbesondere der agrar- und ernährungswirtschaftlichen Betriebslehre gegeben werden.

Zur allgemeinen Betriebswirtschaftslehre seien die folgenden Lehrbücher für ein erweitertes Studium empfohlen:

- BEA, F. X., FRIEDL, B. und M. SCHWEITZER (Hrsg.): Allgemeine Betriebswirtschaftslehre. Bd. 1 (2004): Grundfragen. 9. Aufl., Bd. 2 (2005): Führung. 9. Aufl., Bd. 3 (2002): Leistungsprozess. 8. Aufl., Uni-Taschenbücher 1081-1083, Stuttgart
- BITZ, M., DOMSCH, M., EWERT, R. und F. W. WAGNER (Hrsg.): Vahlens Kompendium der Betriebswirtschaftslehre. Bd. 1 (2005) und 2 (2005), 5. Aufl., München
- KORNDÖRFER, W. (2003): Allgemeine Betriebswirtschaftslehre, 13. Aufl., Wiesbaden
- SCHIERENBECK, H. (2002): Grundzüge der Betriebswirtschaftslehre, 16. Aufl., München und Wien
- WÖHE, G. (2005): Einführung in die Allgemeine Betriebswirtschaftslehre, 22. Aufl., München

Zur Betriebslehre der Agrar- und Ernährungswirtschaft ist festzustellen, dass es Lehrbücher zum Gesamtgegenstand der Betriebslehre der Ernährungswirtschaft bisher nicht gibt. Ein Teilbereich ist die Betriebslehre des Groß- oder Anstaltshaushaltes. Dazu wird ein Lehrbuch aufgeführt. Die übrigen angegebenen Lehrbücher befassen sich dagegen schwerpunktmäßig mit der agrarwirtschaftlichen Betriebslehre. Folgende Lehrbücher seien für das diesbezügliche Studium empfohlen:

- BOTTLER, J. (1982): Wirtschaftslehre des Großhaushaltes, Stuttgart
- DOLUSCHITZ, R. (1997): Unternehmensführung in der Landwirtschaft, Uni-Taschenbücher 1977, Stuttgart
- ODENING, M. und W. BOKELMANN(2001): Agrarmanagement, 2. Aufl., Stuttgart
- REISCH, E. und J. ZEDDIES (1992): Einführung in die landwirtschaftliche Betriebslehre. Spezieller Teil, 3. Aufl., Uni-Taschenbücher 617, Stuttgart
- STEFFEN, G. und D. BORN(1987): Betriebs- und Unternehmensführung in der Landwirtschaft, Uni-Taschenbücher 1923, Stuttgart
- STEINHAUSER, H., LANGBEHN, C. und U. PETERS (1992): Einführung in die landwirtschaftliche Betriebslehre. Allgemeiner Teil, 5. Aufl., Uni-Taschenbücher 113, Stuttgart

Das Fehlen von Literatur für die ernährungswirtschaftliche Betriebslehre trifft auch für das englischsprachige Schrifttum zu. Im Folgenden können deshalb nur Lehrbücher zum agrarwirtschaftlichen Bereich angeführt werden:

- Barnard C. S. and J. S. Nix (1979): Farm Planning and Control. 2nd ed., Reprints 1982 & 1999, Cambridge, New York, Melbourne
- Boehlje, M. D. and V. R. Eidmann (1984): Farm Management. New York, Chicester, Brisbane, Toronto, Singapore
- Harsch, S. B., Connor, L. J. and G. D. Schwab (1981): Managing the Farm Business. Englewood Cliffs
- Kay R. D. (2004): Farm Management, Planning, Control and Implementation, 5th ed., New York

Aus vielerlei Gründen ist es für Studierende des Fachgebietes der Betriebslehre der Agrar- und Ernährungswirtschaft nützlich, sich auch mit den klassischen Autoren zu befassen. Dazu werden die nachfolgenden fünf Werke empfohlen:

- Aereboe, F. (1923): Allgemeine landwirtschaftliche Betriebslehre. 6. Aufl., Berlin
- Brinkmann, Th. (1922): Die Ökonomik des landwirtschaftlichen Betriebes. In: Grundriss der Sozialökonomie, Abt. VII, Tübingen
- Heady, E. O. (1952): Economics of Agricultural Production and Resource Use., Englewood Cliffs
- Thaer, A. (1821): Grundsätze der rationellen Landwirtschaft, 2. wohlfeilere Ausgabe, Berlin
- Thünen, J. H. v. (1875): Der isolierte Staat in Beziehung auf Landwirtschaft und National-ökonomie, 3. Aufl., Berlin

Für konkrete Kalkulationen sind Unterlagen für Begriffsbestimmungen und für physische und monetäre Daten von großem Nutzen. Einige Nachschlagewerke, die in allen einschlägigen Bibliotheken vorhanden sind, werden im Folgenden aufgeführt:

- BUNDESMINISTERIUM FÜR ERNÄHRUNG, LANDWIRTSCHAFT UND VERBRAUCHERSCHUTZ (jährlich): Statistisches Jahrbuch über Ernährung, Landwirtschaft und Forsten der Bundesrepublik Deutschland, Münster
- Grochla, E. und W. Wittmann (Hrsg.) (1993): Handwörterbuch der Betriebswirtschaft, 5. Aufl., Stuttgart
- HLBS (Hauptverband der landwirtschaftlichen Buchstellen und Sachverständigen e.V.) (Hrsg.) (1999): Begriffskatalog zum Jahresabschluss. Heft 80, 5. Aufl., St. Augustin
- HLBS (Hauptverband der landwirtschaftlichen Buchstellen und Sachverständigen e.V.) (Hrsg.) (1996): Betriebswirtschaftliche Begriffe für die landwirtschaftliche Buchführung und Beratung. Heft 14, 7. Aufl., Sankt Augustin
- KTBL (Kuratorium für Technik und Bauwesen in der Landwirtschaft) (Hrsg.) (jährlich): Betriebsplanung Landwirtschaft: Daten für die Betriebsplanung in der Landwirtschaft, Münster
- KTBL (Kuratorium für Technik und Bauwesen in der Landwirtschaft) (Hrsg.) (jährlich): Standarddeckungsbeiträge (SDB), Daten zur Betriebsklassifizierung nach der EU-Typologie, Münster
- (http://www.ktbl.de/standarddeckungsbeitrag/index.htm)
- KTBL (Kuratorium für Technik und Bauwesen in der Landwirtschaft) (Hrsg.) (2005): Faustzahlen für die Landwirtschaft. 13. Aufl., Münster-Hiltrup

Schließlich sollen einige wichtige fachliche Periodika aufgeführt werden, die während des Studiums und später möglichst regelmäßig verfolgt werden sollten:

- Agrarwirtschaft, Zeitschrift für Betriebswirtschaft, Marktforschung und Agrarpolitik, Frankfurt/M. (8x jährlich)
- Berichte über Landwirtschaft, Zeitschrift für Agarpolitik und Landwirtschaft, Stuttgart (vierteljährlich)
- DLG-Mitteilungen, Frankfurt/M. (monatlich)
- Schriften der Gesellschaft für Wirtschafts- und Sozialwissenschaften des Landbaus, Münster-Hiltrup (jährlich)
- Agricultural Economics, Malden, Mass. (vierteljährlich)
- American Journal of Agricultural Economics, Malden, Mass. (5 Hefte pro Jahr)
- European Review for Agricultural Economics, Oxford (vierteljährlich)
- Journal of Agricultural Economics, Oxford (6x jährlich)

2 Entscheiden bei unvollkommener Information

2.1 Das Prinzip der Steuerung

Die Überlegungen in Abschnitt 1.7 des 1. Kapitels lassen sich durch die beiden Hälften der *Übersicht 2.1* zusammenfassen. In beiden Hälften ist derselbe Zusammenhang dargestellt. Es wurden lediglich unterschiedliche Begriffe aus verschiedenen Teilbereichen der Betriebswirtschaftslehre verwendet (KUHLMANN und WAGNER 1986).

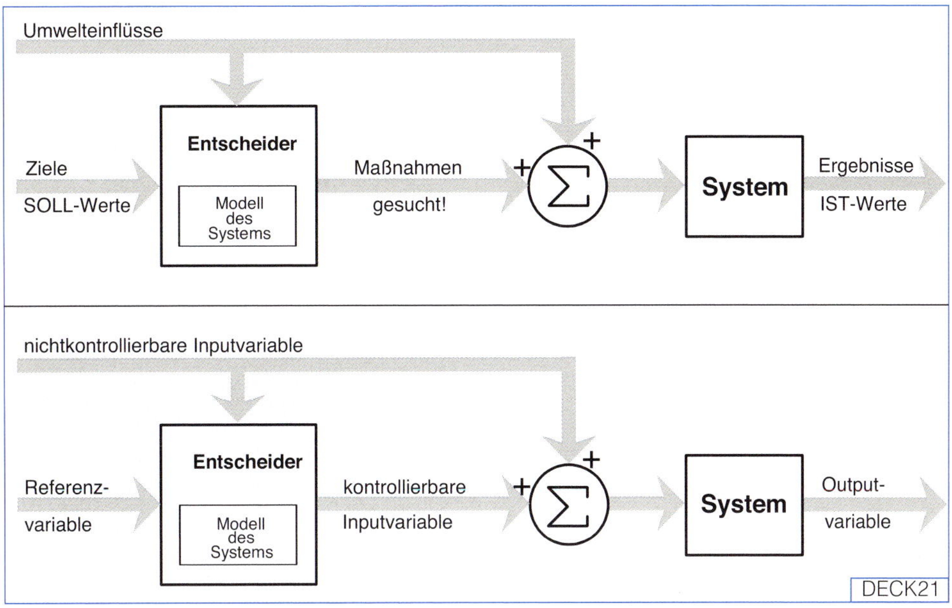

Übersicht 2.1: Das Prinzip der Steuerung

Die obere Hälfte der Übersicht zeigt, dass Entscheidungssituationen stets dadurch charakterisiert sind, dass ein Entscheider mit geeigneten Maßnahmen ein reales System so beeinflussen möchte, dass es – gemessen an den Zielen als den SOLL-Werten – Ergebnisse als IST-Werte liefert, die mit den SOLL-Werten möglichst gut übereinstimmen.

Das reale System kann vielfältige Formen annehmen. Es ist bspw. der Mensch selber, wenn er mit bestimmten Bier- und Brotmengen seinen Nutzen beim Kneipenbesuch maximieren möchte (s. Abschnitt 1.4.2), es kann aber auch das Erntesystem sein, das die Getreideernte mit geringstmöglichen Kosten bewältigen soll (s. Abschnitt 1.4.3.3.2). Ebenso kann es das gesamte Unternehmen sein, mit dem ein möglichst hohes oder nachhaltig in bestimmter Weise steigendes Einkommen erwirtschaftet werden soll (s. Abschnitt 1.4.1.2).

Zur Suche nach geeigneten Maßnahmen bedient sich der Entscheider – wie wir bereits wissen – verschiedener Entscheidungshilfsmittel in Form von *Modellen* der jeweils betrachteten realen Systeme.

Darüber hinaus wurde im vorigen Kapitel abgeleitet, dass die Ergebnisse, die ein reales System liefert, nicht nur durch die Maßnahmen des Entscheiders, sondern auch durch Umwelteinflüsse bestimmt werden. Deshalb wurden in der *Übersicht 2.1* die Maßnahmen und die Umwelteinflüsse als in der Summe auf das reale System einwirkend dargestellt.

Der Entscheider muss nun bei Modellanwendungen die Umwelteinflüsse in ihren Wirkungen auf das reale System antizipieren, damit er die Maßnahmen so gestalten kann, dass sie unter Einbeziehung der erwarteten Wirkungen der Umwelteinflüsse möglichst zielwirksame Ergebnisse hervorbringen. Die Modelle müssen deshalb Komponenten zur Erfassung der Umwelteinflüsse und zur Vorhersage ihrer zukünftigen Werte enthalten.

Im unteren Teil der *Übersicht 2.1* wurde die gleiche Entscheidungssituation mit Begriffen der (ursprünglich ingenieurwissenschaftlichen) Kontrolltheorie skizziert. Es handelt sich um das *Prinzip der Steuerung*. Nach Maßgabe von Zielen als Referenzvariablen und unter Einbeziehung von prognostizierten Werten der nichtkontrollierbaren Inputvariablen versucht der Entscheider mit Hilfe von Modellen des zu steuernden realen Systems geeignete Werte für die kontrollierbaren Inputvariablen zu bestimmen. Und zwar so, dass das reale System bei Umsetzung dieser Werte nachfolgend Werte der Outputvariablen liefert, die mit den Werten der Referenzvariablen bestmöglich übereinstimmen. Da aber die nichtkontrollierbaren Inputvariablen in ihren zukünftigen Werten nicht eindeutig bzw. nicht sicher vorhergesagt werden können und die Modelle die Komplexität des Handlungsraumes oftmals nur unvollkommen erfassen, werden die tatsächlich eintretenden Werte der Outputvariablen i. d. R. mehr oder weniger stark von den Werten der Referenzvariablen abweichen. Zum Beispiel werden sich die wirklichen Getreideerntekosten (s. Abschnitt 1.4.3.3.2) aufgrund falscher Einschätzungen der Reparaturanfälligkeiten oder der Kraftstoffpreise im Laufe der Zeit von den Plankosten unterscheiden. Aufgrund dieser unvollkommenen Vorhersehbarkeit der nichtkontrollierbaren Inputvariablen und der unvollständigen Erfassung der Komplexität des Handlungsraumes müssen Entscheidungen notwendigerweise unter Unsicherheit, d. h. bei unvollkommener Information über die nachfolgend wirklich eintretenden Ergebnisse von Handlungen getroffen werden.

2.2 Die Entscheidungsmatrix

Die Ergebnisse von Handlungen – die Handlungsfolgen – werden einerseits durch die angewandten Maßnahmen – die Handlungsalternativen – und andererseits durch die relevanten Umwelteinflüsse bestimmt. Die Umwelteinflüsse als nichtkontrollierbare Inputvariablen werden in der Entscheidungstheorie als *Umweltzustände* bezeichnet. Die generelle Entscheidungssituation bei unvollkommener Information lässt sich deshalb durch die in *Übersicht 2.2* skizzierte *Entscheidungsmatrix* beschreiben.

Der Entscheider verfügt über den aus Abschnitt 1.6.2 des 1. Kapitels bereits bekannten *Handlungsraum A* mit den Handlungsalternativen a_i:

(2.1) $$A = \{a_1, a_2, \ldots, a_i, \ldots, a_m\}$$

Die Handlungsalternativen bilden die Spaltenköpfe der Entscheidungsmatrix.

Handlungsalternativen / Umweltzustände	a_1	a_2	...	a_i	...	a_m
u_1	e_{11}	e_{12}	...	e_{1i}	...	e_{1m}
u_2	e_{21}	e_{22}	...	e_{2i}	...	e_{2m}
.	.	.		.		.
.	.	.		.		.
.	.	.		.		.
u_j	e_{j1}	e_{j2}	...	e_{ji}	...	e_{jm}
.	.	.		.		.
.	.	.		.		.
.	.	.		.		.
u_n	e_{n1}	e_{n2}	...	e_{ni}	...	e_{nm}

DECK22

Übersicht 2.2: Entscheidungs-Matrix für m Handlungsalternativen, n Umweltzustände und ein Ziel

Die zu erwartenden Ergebnisse der Handlungsalternativen werden durch die Umweltzustände beeinflusst. Der *Zustandsraum U* enthält die möglichen Zustände u_j:

$$(2.2) \qquad U = \{u_1, u_2, \ldots, u_j, \ldots, u_n\}$$

Zum Beispiel kann der Zustandsraum mögliche Niederschläge während einer Vegetationsperiode beschreiben. Die einzelnen Zustände wären dann jeweils unterschiedliche Niederschlagsmengen, die mit mehr oder weniger großen Wahrscheinlichkeiten eintreten können. Der Entscheider weiß zwar, dass eine dieser Niederschlagsmengen eintreten wird, er weiß aber nicht welche. Ebenso kann es sich bei dem Zustandsraum um Kontrahierungsbedingungen für ein Produkt handeln. Die einzelnen Zustände sind dann z. B. unterschiedliche Preise. Der Entscheider weiß zwar, dass einer dieser Preise eintreffen wird, er weiß aber nicht welcher. Schließlich kann der Zustandsraum auch eine Kombination der Werte von mehreren nichtkontrollierbaren Inputvariablen beinhalten, z. B. Preise und Witterungsbedingungen. Die Zahl der zu berücksichtigenden Einzelzustände steigt dadurch stark an. Sehen wir bspw. nur drei Niederschlagsmengen und drei Produktpreise als wahrscheinlich an, dann erhöht sich die Zahl der Einzelzustände bereits auf $3 \cdot 3 = 9$. In der Entscheidungsmatrix bilden die Umweltzustände die Köpfe der Matrixzeilen.

Die Handlungsfolgen – als Ergebnisse der Handlungsalternativen unter Berücksichtigung der Umweltzustände – werden dann in den Zellen der Entscheidungsmatrix $\underline{E}$ erfasst. Zum Beispiel stellt sich das Ergebnis e_{ji} ein, wenn die Handlungsalternative a_i gewählt wird und der Umweltzustand u_j eintritt. Bei den Ergebnissen handelt es sich also um bedingte Vorhersagen über Handlungsfolgen. Wir haben ein Entscheidungsproblem, weil wir zwar die Handlungsalternativen kennen, nicht aber den tatsächlich eintretenden Umweltzustand sicher vorhersagen können.

Da die eigentliche Entscheidungsmatrix aus den Ergebnissen besteht, wird sie auch *Ergebnismatrix* genannt. Die einzelnen Werte der Ergebnismatrix werden in derselben Dimension ausgedrückt wie das Ziel, das mit der Entscheidung verfolgt werden soll. Nur so kann das Ziel seine Aufgabe als Maßstab (Entscheidungskriterium) für die Messung der relativen Vorzüglichkeit einer Handlungsalternative bei Eintreffen eines bestimmten Umweltzustandes erfüllen. Wenn also das Ziel in einer Kostenminimierung oder einer Einkommensmaximierung besteht, dann werden die Ergebnisse der Matrix in der Dimension „€-Kosten" bzw. „€-Einkommen" angegeben. Weil es bei wirtschaftlichen Entscheidungen i. d. R. um Geldgrößen geht, wird die Ergebnismatrix in der angelsächsischen Literatur auch als *Payoff-Matrix* bezeichnet.

Die Entscheidungsmatrix der *Übersicht 2.2* stellt insofern eine Vereinfachung dar, als in ihr nur Vorhersagen über die Handlungsfolgen für ein Ziel enthalten sind. Bei mehreren gleichzeitig verfolgten Zielen müssten die Ergebnisse für jedes Ziel aufgeführt werden. Das Entscheidungsproblem wird dadurch zwar umfangreicher, aber nicht prinzipiell anders. Wir begnügen uns hier mit einem Ziel und verweisen auf die Spezialliteratur (z. B. BAMBERG und COENENBERG 1991; HANF 1991).

Bei der Konstruktion von Entscheidungsmatrizen sind die folgenden beiden Forderungen zu beachten:

(1) Die Ergebnismatrix ist nur dann eine hinreichende Grundlage zur Bestimmung der optimalen Handlungsalternative, wenn die möglichen Alternativen vollständig erfasst sind, weil anderenfalls die Gefahr besteht, dass unter den erfassten Alternativen eine suboptimale Handlungsalternative ausgewählt wird. Wir sind auf dieses Problem bereits in Abschnitt 1.6.2 eingegangen. Die Forderung ist zwar wichtig, aber insofern zu relativieren, als sich aufgrund der Komplexität des Handlungsraumes und unter Beachtung der Opportunitätskosten eine erschöpfende Alternativensuche oftmals nicht verwirklichen lässt und auch nicht zweckmäßig ist. Gerade wegen des unvollkommenen Informationsgrades lässt sich auch nicht sagen, ob tatsächlich sämtliche Alternativen gefunden wurden. Wir wollen die Forderung darauf reduzieren, dass wir nicht bewusst bestimmte Handlungsalternativen ausschließen sollten. Auch dann kann die Entscheidungsmatrix noch eine wertvolle Entscheidungshilfe sein.

(2) Die betrachteten Handlungsalternativen müssen sich wechselseitig ausschließen. Diese Forderung ist unmittelbar einsichtig: Wenn nämlich eine Alternative nur in Verbindung mit einer anderen gewählt werden kann oder eine Alternative als Teil in einer anderen Alternative enthalten ist, dann handelt es sich tatsächlich nicht um zwei, sondern nur um jeweils eine einzige Alternative.

Die Ergebnismatrix erlaubt überdies auf einfache Weise eine Gliederung von Entscheidungssituationen: Wenn in einem gedanklichen Extremfall nur eine Handlungsalternative a_1 möglich ist und nur ein Umweltzustand u_1 eintreten kann, dann erhalten wir das Ergebnis e_{11} als linke obere Zelle der Ergebnismatrix. Eine Entscheidungssituation liegt nicht vor, weil der Entscheider nicht wählen kann.

Das Gleiche trifft zu, wenn zwar mehrere Umweltzustände u_1 bis u_n eintreten können, aber nur eine Handlungsalternative a_1 gegeben ist. Wir erhalten dann die Ergebnisse der linken Spalte der Matrix e_{11} bis e_{n1}.

Wenn in einem weiteren Fall mehrere Handlungsalternativen a_1 bis a_m zur Wahl stehen, aber nur ein Umweltzustand u_1 eintreten kann, dann sind die Ergebnisse e_{11} bis e_{1m} der ersten Matrixzeile möglich. Eine – wenn auch vergleichsweise einfache – Entscheidungssituation liegt vor: Es wird die Handlungsalternative mit dem zielwirksamsten Ergebnis gewählt. Wir haben eine *Entscheidung unter Sicherheit*. Tatsächlich haben wir diese Situation in allen Beispielen des 1. Kapitels (Abschnitt 1.4) unterstellt. Die Entscheidungssituation ist zwar vergleichsweise einfach, allerdings kann der Entscheider auch in diesem Fall noch erhebliche Fehler machen. Er kann in Frage kommende Handlungsalternativen übersehen. Er kann Daten, die er richtig erfassen könnte, falsch erfassen. Er kann falsche Rechenmethoden anwenden oder sich nur schlicht und einfach verrechnen.

Der Normalfall ist aber die *Entscheidung unter Unsicherheit* mit mehreren Handlungsalternativen a_1 bis a_m, wobei mehrere Umweltzustände u_1 bis u_n eintreten können, tatsächlich aber – im Nachhinein betrachtet – nur ein Umweltzustand eintritt. Die Ergebnisse dieser Entscheidungssituation füllen die Entscheidungsmatrix voll aus. Welche Handlungsalternative soll gewählt werden? Wir wollen diese Frage in den folgenden Abschnitten anhand eines Beispiels beantworten.

2.3 Entscheidungsprinzipien und Entscheidungsregeln

2.3.1 Entscheidungsregeln ohne Berücksichtigung von Eintrittswahrscheinlichkeiten für die Umweltzustände

Ein Landwirt, der in gewissem Umfang Körnermais anbaut, möchte über die anzubauende Sorte neu entscheiden. Er möchte diejenige Sorte bestimmen, die den höchsten Einkommensbeitrag je ha Anbaufläche verspricht. Der Landwirt weiß zunächst, dass die Körnermaissorten nach Maßgabe der bis zur Reife benötigten Wärmesummen den vier verschiedenen Reifegruppen „früh“, „mittelfrüh“, „mittelspät“ und „spät“ zugeordnet werden. In kühlen Jahren bringt die frühe Reifegruppe die (relativ) höchsten Erträge, in warmen Jahren sind die späteren Reifegruppen leistungsfähiger. Da manchmal kühle, häufig normale und manchmal warme Jahre auftreten, der Landwirt bei der Aussaat aber nicht sagen kann, welche Witterung sich während der Vegetationsperiode einstellen wird, schätzt er aufgrund von mehrjährigen Versuchsergebnissen aus seiner Region seine möglichen Naturalerträge für die vier Reifegruppen bei drei verschiedenen Witterungsbedingungen. Die Ergebnisse sind im oberen Teil der *Übersicht 2.3* aufgeführt. Wir sehen zunächst, dass die Erträge der späteren Reifegruppen mit zunehmend wärmer werdenden Witterungslagen im Vergleich zu den frühen Reifegruppen stärker ansteigen, dass aber die späteste Reifegruppe bei allen Witterungsbedingungen relativ geringe Erträge bringt, weil sie so hohe Wärmesummen erfordert, dass sie selbst in warmen Jahren in der Region nicht vollständig ausreift, in jedem Falle also hohe Druschverluste infolge von zu weichen Körnern entstehen.

Die ermittelten Ertragsdaten bilden die Basis für die Berechnung der Einkommensbeiträge. Da sich das Einkommen als Differenz aus den Erlösen und den Produktionskosten ergibt, berechnet unser Landwirt zunächst die Erlöse, indem er die Naturalerträge je ha Anbaufläche mit den Produktpreisen multipliziert. Allerdings ist er sich unsicher über die zu erwartenden Produktpreise. Der Landwirt weiß zwar, dass er mindestens 8,25 €/dt erlösen wird, es könnten aber auch bis zu 12,75 €/dt werden. Tatsächlich kann er nur ausschließen, dass der Preis unter 8,25 €/dt und über 12,75 €/dt hinausgehen würde. Zur Vereinfachung bildet er innerhalb dieser Spanne drei Preisklassen und rechnet dann mit deren Mittelwerten 9,00, 10,50 und 12,00 €/dt. Die drei Preise sind ebenfalls im oberen Teil der *Übersicht 2.3* aufgeführt.

Schließlich benötigt er die Produktionskosten zur Bestimmung der Einkommensbeiträge für die verschiedenen Handlungsalternativen, Jahreswitterungen und Produktpreise. Nach kurzer Überlegung gelangt er jedoch zu dem Schluss, dass sich die je ha anfallenden Kosten für die verschiedenen Handlungsalternativen (bzw. Maisreifegruppen) nicht unterscheiden, er die Kosten deshalb nicht zu berücksichtigen braucht, weil sie die wirtschaftliche Rangfolge der Handlungsalternativen nicht beeinflussen.

DATEN:		Körnermaissorte in der Reifegruppe »»»	FRÜH	MITTEL-FRÜH	MITTEL-SPÄT	SPÄT
Naturalerträge in dt/ha [y] für Witterungsbedingungen		Kühles Jahr [k] »»»	70,00	68,00	60,00	40,00
		Normales Jahr [n] »»»	76,00	80,00	80,00	60,00
		Warmes Jahr [w] »»»	82,00	93,00	100,00	80,00
Maispreise in €/dt:	Schwacher Preis [s]: 9,00	Mittlerer Preis [m]:	10,50	Günstiger Preis [g]:		12,00
		HANDLUNGSALTERNATIVEN:	a_1	a_2	a_3	a_4
UMWELT-ZUSTÄNDE:		ERGEBNIS-MATRIX:	Handlungsfolgen: Einkommensbeiträge bei verschiedenen Jahreswitterungen [k U n U w] und Körnermaispreisen [s U m U g].			
u_1	Kühles Jahr	Schwacher Preis »»»	630,00	612,00	540,00	360,00
u_2		Mittlerer Preis »»»	735,00	714,00	630,00	420,00
u_3		Günstiger Preis »»»	840,00	816,00	720,00	480,00
u_4	Normales Jahr	Schwacher Preis »»»	684,00	720,00	720,00	540,00
u_5		Mittlerer Preis »»»	798,00	840,00	840,00	630,00
u_6		Günstiger Preis »»»	912,00	960,00	960,00	720,00
u_7	Warmes Jahr	Schwacher Preis »»»	738,00	837,00	900,00	720,00
u_8		Mittlerer Preis »»»	861,00	976,50	1050,00	840,00
u_9		Günstiger Preis »»»	984,00	1116,00	1200,00	960,00
ENTSCHEIDUNGS-REGEL:			Handlungsempfehlungen: Ergebnisse bei Anwendung unterschiedlicher Entscheidungsregeln.			
I. EINFACH-DURCHSCHNITT-Regel:		Entscheidungsdaten »»»	798,00	843,50	840,00	630,00
		Empfohlene Alternative »»»		a2		
II. MAXIMIN-Regel:		Entscheidungsdaten »»»	630,00	612,00	540,00	360,00
		Empfohlene Alternative »»»	a1			
III. MAXIMAX-Regel:		Entscheidungsdaten »»»	984,00	1116,00	1200,00	960,00
		Empfohlene Alternative »»»			a3	
IV. PESSIMISMUS-OPTIMISMUS-Regel:		λ: 0,5 (0<=λ<=1)				
		Entscheidungsdaten »»»	807,00	864,00	870,00	660,00
		Empfohlene Alternative »»»			a3	
REGRET-Matrix	Kühles Jahr	Schwacher Preis »»»	0,00	18,00	90,00	270,00
		Mittlerer Preis »»»	0,00	21,00	105,00	315,00
		Günstiger Preis »»»	0,00	24,00	120,00	360,00
	Normales Jahr	Schwacher Preis »»»	36,00	0,00	0,00	180,00
		Mittlerer Preis »»»	42,00	0,00	0,00	210,00
		Günstiger Preis »»»	48,00	0,00	0,00	240,00
	Warmes Jahr	Schwacher Preis »»»	162,00	63,00	0,00	180,00
		Mittlerer Preis »»»	189,00	73,50	0,00	210,00
		Günstiger Preis »»»	216,00	84,00	0,00	240,00
V. REGRET-Regel:		Entscheidungsdaten »»»	216,00	84,00	120,00	360,00
		Empfohlene Alternative »»»		a2		

DECK23

Übersicht 2.3: Ergebnis-Matrix und Handlungsempfehlungen bei Anwendung unterschiedlicher Entscheidungsregeln

Um sich die nachfolgenden Rechnungen zu erleichtern, konstruiert der Landwirt das der *Übersicht 2.3* zugrunde liegende Tabellenkalkulationsprogramm (Programmaufruf mit DECK23). Dabei sieht er vor, dass er die Preis- und Ertragsdaten ggf. verändern möchte. Mit Hilfe der Daten berechnet er dann die Ergebnismatrix im mittleren Teil der Übersicht. Die Handlungsalternativen a_1 bis a_4 würden unter Berücksichtigung der Umweltzustände u_1 bis u_9 die aufgeführten Einkommensbeiträge (hier als Erlöse) je ha Anbaufläche erbringen. Bei insgesamt 9 Umweltzuständen, die sich aus der Kombination von 3 möglichen Witterungsbedingungen mit 3 möglichen Preisen ergeben, und 4 Handlungsalternativen enthält die Ergebnismatrix 36 Einkommensbeiträge. Beispielsweise ergibt sich der Einkommensbeitrag in Höhe von 630,00 €/ha für die Handlungsalternative a_1 (frühe Reifegruppe im kühlen Jahr und einem schwachen Preis) durch die Multiplikation des zugehörigen Naturalertrages von 70,00 dt/ha mit dem schwachen Preis in Höhe von 9,00 €/dt. Analog dazu wurden die übrigen Einkommensbeiträge der Ergebnismatrix berechnet.

Für welche Maisreifegruppe soll sich der Landwirt entscheiden? Würde er eine frühe Sorte anbauen, dann würde er zwar in kühlen Jahren bei allen Preisen die höchsten Einkommensbeiträge erwirtschaften, aber schon in Normaljahren und insbesondere in warmen Jahren wären mittelfrühe und mittelspäte Sorten überlegen. Eine gewisse Vorauswahl kann er aber schon treffen. Die späte Sorte (a_4) schneidet bei allen Umweltzuständen schlechter ab als die übrigen Sorten. Die späte Sorte wird bei sämtlichen Klimabedingungen der Region von den übrigen Sorten *dominiert* und braucht deshalb nicht weiter berücksichtigt zu werden (vgl. dazu auch Abschnitt 2.3.6).

Für Handlungsalternativen, die sich nicht so eindeutig gegenseitig dominieren, wurden für die Auswahl der „besten" Alternative von verschiedenen Autoren eine Reihe von Entscheidungsregeln vorgeschlagen, deren Ergebnisse im unteren Teil der *Übersicht 2.3* aufgeführt sind.

(1) Die erste Regel wollen wir vorläufig als *EINFACH-DURCHSCHNITT-Regel* bezeichnen. Sie sagt, dass man zunächst für jede Handlungsalternative das einfache (ungewogene) durchschnittliche Ergebnis bei Berücksichtigung aller Umweltzustände bilden und dann diejenige Handlungsalternative wählen sollte, die den maximalen Durchschnittswert aufweist. Wir können schreiben:

$$(2.3) \qquad \text{Max}\ \{S_1, \ldots, S_i, \ldots, S_m\}, \text{ wobei } Si = \sum_{j=1}^{n} e_{ji}/n$$

Darin ist:

S_i = Einfache Durchschnitte der Ergebnisse e_{ji} einer Handlungsalternative a_i für die Umweltzustände u_j ($j = 1, \ldots, n$)
n = Anzahl der Umweltzustände

Die durchschnittlichen Einkommensbeiträge sind in *Übersicht 2.3* bei der EINFACH-DURCHSCHNITT-Regel (Entscheidungsregel Nr. I) in der Zeile „Entscheidungsdaten" angegeben. Die Alternative mit dem maximalen Durchschnittswert wird vom Programm automatisch in der Zeile „empfohlene Alternative" ausgewiesen. Nach dieser Regel sollte der Landwirt die mittelfrühe Sorte (a_2) wählen.

Aus den Zahlen der Ergebnismatrix erkennen wir sofort, dass der Landwirt mit dieser Entscheidung nur bei Eintritt von 3 der insgesamt 9 möglichen Umweltzustände richtig liegen würde. Nur in normalen Jahren wären bei allen Preisen (Umweltzustände u_4, u_5 und u_6) die Einkommensbeiträge der Handlungsalternative a_2 mindestens ebenso hoch wie diejenigen der übrigen Handlungsalternativen a_1, a_3 und a_4. In kühlen Jahren wäre dagegen die Alternative a_1 vorzüglich und in warmen Jahren die Alternative a_3.

(2) Für Entscheider, die derartige Nachteile bei Eintritt ungünstiger Umweltzustände (hier: kühles Jahr) vermeiden wollen, hat der Statistiker WALD die *MAXIMIN-Regel* vorgeschlagen (WALD 1950). Sie besagt, dass der Entscheider diejenige Alternative a_i wählen sollte, die im ungünstigsten Fall – bei nachteiligstem Umweltzustand – noch das beste Ergebnis erbringt. Wir können schreiben:

(2.4) $\text{Max } \{B_1, \ldots, B_i, \ldots, B_m\}$, wobei $B_i = \text{Min } \{e_1, \ldots, e_{ji}, \ldots, e_{ni}\}$

Darin ist:
B_i = Minimales Ergebnis einer Handlungsalternative a_i unter Berücksichtigung der Umweltzustände u_j ($j = 1, \ldots, n$)

Die minimal möglichen Einkommensbeiträge der Alternativen sind als Entscheidungsdaten in der *Übersicht 2.3* unter II aufgeführt. Der höchste Minimaleinkommensbeitrag wird in kühlen Jahren und bei schwachen Preisen durch die frühe Sorte (a_1) erreicht. Diese Sorte wäre anzubauen.

Die MAXIMIN-Regel wird nur jemand verwenden, der als ausgesprochener Pessimist den häufigen Eintritt von ungünstigen Umweltbedingungen erwartet oder bei dem die Sicherung eines gewissen Mindesteinkommens, z. B. wegen hoher Kreditbelastungen, eine beherrschende Rolle spielt. Aus den Zahlen der Ergebnismatrix wird deutlich, dass mit der Handlungsalternative a_1 zwar keine Höchsteinkommen erreicht werden können, andererseits aber auch kein Desaster droht.

(3) Im Unterschied zu einem sehr vorsichtigen Entscheider kann der Optimist nach der *MAXIMAX-Regel* verfahren. Diese Regel verlangt, dass der Entscheider diejenige Handlungsalternative wählt, die das beste der besten Ergebnisse aller Handlungsalternativen erbringt. Wir können schreiben:

(2.5) $\text{Max } \{C_1, \ldots, C_i, \ldots, C_m\}$, wobei $C_i = \text{Min } \{e_{1i}, \ldots, e_{ji}, \ldots, e_{ni}\}$

Darin ist:
C_i = Maximales Ergebnis einer Handlungsalternative a_i unter Berücksichtigung der Umweltzustände u_j ($j = 1, \ldots, n$)

Die maximal möglichen Einkommensbeiträge der Alternativen sind als Entscheidungsdaten in der *Übersicht 2.3* unter III angegeben. Den höchsten Einkommensbeitrag erbringt die Alternative a_3 beim Eintritt von Umweltzustand 9 (u_9).

(4) Eine Verbindung der MAXIMIN- mit der MAXIMAX-Regel ist die *HURWICZ-Regel*, die auch *PESSIMISMUS-OPTIMISMUS-Regel* genannt wird. Bei dieser Regel benutzt der Entscheider einen

gewogenen Durchschnitt aus dem bestmöglichen und dem schlechtestmöglichen Ergebnis der Handlungsalternativen als Entscheidungsdaten und entscheidet sich dann für diejenige Alternative, die den höchsten Durchschnittswert aufweist. Die best- und schlechtestmöglichen Ergebnisse der Alternativen werden mit den Faktoren λ und $(1-\lambda)$ gewogen. Je nach Risikoneigung kann der Entscheider die Werte von λ, zwischen 0 und 1, niedriger oder höher ansetzen und damit die gewogenen Durchschnitte beeinflussen. Hohe Werte von λ erhöhen das Gewicht der bestmöglichen Ergebnisse, niedrige Werte von λ dagegen das Gewicht der schlechtestmöglichen Ergebnisse. $\lambda = 0{,}5$ bedeutet, dass der Entscheider beiden Ergebnissen für die Alternativenbewertung die gleiche Bedeutung beimisst. Die Regel lässt sich wie folgt ausdrücken:

(2.6) $\text{Max}\,\{D_1, \ldots, D_i, \ldots, D_m\}$, wobei $D_i = \lambda \cdot C_i + (1 - \lambda) \cdot B_i$

Darin ist:

D_i = Gewichteter Durchschnitt des maximalen (C_i) und des minimalen (B_i) Ergebnisses in Handlungsalternative a_i unter Berücksichtigung der Umweltzustände u_j ($j = 1, \ldots, n$)

Übersicht 2.3 enthält unter IV die Entscheidungsdaten und die empfohlene Alternative für den Fall, dass der Entscheider sich für $\lambda = 0{,}5$ entschieden hat. Die mittelspäte Sorte (a_3) sollte angebaut werden.

(5) Von Savage und Niehans wurde die *REGRET-Regel* als „Prinzip des minimalen Bedauerns" vorgeschlagen (Savage 1954). Sie ist in *Übersicht 2.3* unter V dargestellt. Bei dieser Regel wird davon ausgegangen, dass aufgrund der nicht eindeutig vorhersehbaren Umweltzustände immer die Gefahr besteht, eine falsche Entscheidung zu treffen. Der Entscheider sollte deshalb diejenige Handlungsalternative wählen, bei der er nach Eintritt des tatsächlichen Ergebnisses am wenigsten bedauert, sie gewählt zu haben. Um diese Handlungsalternative zu finden, wird aus der Ergebnismatrix die Regret-Matrix gebildet. Anhand der im unteren Teil der *Übersicht 2.3* dargestellten Regret-Matrix soll die dafür erforderliche Vorgehensweise erläutert werden.

Würde der Umweltzustand u_1 – kühles Jahr und schwacher Preis – eintreten und hätte der Landwirt die frühe Maissorte a_1 angebaut, dann wäre die Entscheidung richtig gewesen. Er hätte unter diesen Bedingungen den höchstmöglichen Einkommensbeitrag aller Handlungsalternativen erzielt. Das zahlenmäßige Bedauern wäre 0. Hätte er dagegen a_2 gewählt, würde der Einkommensbeitrag nur 612,00 €/ha im Vergleich zu 630,00 €/ha bei der Alternative a_1 betragen. Er würde seine Entscheidung also in Höhe von 18,00 €/ha „bedauern". Die zahlenmäßige Höhe des Bedauerns würde bei Wahl der Alternative a_3 90,00 €/ha und bei Alternative a_4 sogar 270,00 €/ha betragen. Auf die gleiche Weise werden die jeweils besten Alternativen und die jeweiligen zahlenmäßigen Beträge des Bedauerns bei Wahl der übrigen Alternativen für sämtliche Umweltzustände berechnet.

Als Entscheidungsdaten werden im nächsten Schritt für jede Handlungsalternative die jeweils höchsten Werte des Bedauerns festgestellt und dann mit Hilfe der MAXIMIN-Regel die Handlungsalternative mit dem geringsten Höchstwert des zahlenmäßigen Bedauerns ausgewählt. Im Beispiel der *Übersicht 2.3* ist das die Alternative a_2 (Höchstwert 84,00 €). Zusammengefasst lässt sich die REGRET-Regel wie folgt darstellen:

(2.7) $\text{Min}\ \{S_1, \ldots, S_i, \ldots, S_m\}$
$S_i = \text{Max}\ \{r_{1i}, \ldots, r_{ji}, \ldots, r_{ni}\}$

Darin ist:

S_i = Maximales Ergebnis r_{ji} einer Handlungsalternative a_i unter Berücksichtigung der Umweltzustände u_j.

$$r_{ji} = Z_j - e_{ji}$$

Darin ist:

r_{ji} = Differenz aus dem maximalen Ergebnis des Umweltzustandes u_j ($j = 1, \ldots, n$) unter Berücksichtigung der Handlungsalternativen a_i und dem Ergebnis e_{ji} der entsprechenden Handlungsalternativen a_i (Regret-Matrix).

$$Z_j = \text{Max}\ \{e_{j1}, \ldots, e_{ji}, \ldots, e_{jm}\}$$

Darin ist:

Z_j = Maximales Ergebnis des Umweltzustandes u_j ($j = 1, \ldots, n$) unter Berücksichtigung der Handlungsalternativen a_i.

Wir haben fünf Entscheidungsregeln kennen gelernt. Zwei führten zur Wahl der Handlungsalternative a_2, zwei zur Wahl der Handlungsalternative a_3 und eine zur Wahl der Handlungsalternative a_1. Selbstverständlich können wir ganz andere Ergebnisse erhalten, wenn wir für die Preise und/oder die Naturalerträge andere Beträge annehmen. (Verändern Sie im Programm DECK23 die Naturalertrags- und Preisdaten, um zu untersuchen, wie dadurch die Auswahl der optimalen Handlungsalternativen bei den verschiedenen Entscheidungsregeln beeinflusst wird.)

Trotz der unterschiedlichen Entscheidungsergebnisse lässt sich aber nicht behaupten, dass auch nur eine der angesprochenen Regeln unsinnig, falsch oder unvernünftig wäre. Wir können das zeigen, indem wir die Regeln auf eine eindeutige Entscheidungssituation anwenden. Würde sich die Entscheidungssituation z. B. wie in der *Übersicht 2.4* darstellen, dann würde jede Regel zur Wahl derselben optimalen Handlungsalternative a_3 führen. Gegenüber den Daten der *Übersicht 2.3* wurden hier die Naturalerträge der mittelspäten Sorte a_3 so angehoben, dass sie bei jedem Umweltzustand den höchsten Einkommensbeitrag liefert. Bei Anwendung aller Regeln kommt nur die Alternative a_3 in Betracht. Tatsächlich würde in einem solchen Fall keine echte Entscheidung unter Unsicherheit vorliegen. Nur bei mehrdeutigen Verhältnissen sind Entscheidungsregeln überhaupt notwendig.

Dennoch bleibt die Frage nach den Ursachen für die unterschiedlichen Ergebnisse der verschiedenen Regeln bestehen. Die Unterschiede sind dadurch bedingt, dass bei den Entscheidungsregeln die einzelnen Ergebnisse tatsächlich implizit unterschiedlich stark gewichtet werden. So werden bei der MAXIMIN-Regel den ungünstigen Umweltzuständen große Gewichte beigemessen, wohingegen bei der MAXIMAX-Regel den günstigen Umweltzuständen ein hohes Gewicht gegeben wird. Bei der REGRET-Regel wird ebenfalls den ungünstigen Umweltzuständen ein relativ hohes Gewicht beigemessen, während bei der EINFACH-DURCHSCHNITT-Regel tatsächlich allen Umweltzuständen das gleiche Gewicht zugeordnet wird. Wenn wir nämlich den einfachen Durchschnitt bilden, dann ist das der „ungewogene" – oder richtiger – der für alle Ergebnisse mit gleichem Gewicht gewogene Durchschnitt.

Im Unterschied dazu haben wir bei der PESSIMISMUS-OPTIMISMUS-Regel mit dem Faktor λ bereits eine Gewichtungsmöglichkeit eingeführt. Der Leser kann sich mit dieser Regel durch eine Variation des Faktors λ im Programm DECK23 die vorstehenden Überlegungen verdeutlichen. Bei hohen Werten für λ, d. h. bei hohen Gewichten für günstige Umweltzustände, wird a_3 ebenso wie bei der MAXIMAX-Regel zur empfohlenen Handlungsalternative. Mit abnehmenden Werten von λ „springt" die optimale Alternative dann über a_2 nach a_1, also zu der Alternative, die auch von der pessimistischen MAXIMIN-Regel vorgeschlagen wird.

DATEN:	Körnermaissorte in der Reifegruppe »»»	FRÜH	MITTEL-FRÜH	MITTEL-SPÄT	SPÄT
Naturalerträge in dt/ha [y] für Witterungsbedingungen	Kühles Jahr [k] »»»	70,00	68,00	72,00	40,00
	Normales Jahr [n] »»»	76,00	80,00	82,00	60,00
	Warmes Jahr [w] »»»	82,00	93,00	100,00	80,00
Maispreise in €/dt:	Schwacher Preis [s]: 9,00 / Mittlerer Preis [m]: 10,50 / Günstiger Preis [g]: 12,00				
	HANDLUNGSALTERNATIVEN:	a_1	a_2	a_3	a_4
UMWELT-ZUSTÄNDE:	ERGEBNIS-MATRIX:	Handlungsfolgen: Einkommensbeiträge bei verschiedenen Jahreswitterungen [k U n U w] und Körnermaispreisen [s U m U g].			
u_1 Kühles Jahr	Schwacher Preis »»»	630,00	612,00	648,00	360,00
u_2	Mittlerer Preis »»»	735,00	714,00	756,00	420,00
u_3	Günstiger Preis »»»	840,00	816,00	864,00	480,00
u_4 Normales Jahr	Schwacher Preis »»»	684,00	720,00	738,00	540,00
u_5	Mittlerer Preis »»»	798,00	840,00	861,00	630,00
u_6	Günstiger Preis »»»	912,00	960,00	984,00	720,00
u_7 Warmes Jahr	Schwacher Preis »»»	738,00	837,00	900,00	720,00
u_8	Mittlerer Preis »»»	861,00	976,50	1050,00	840,00
u_9	Günstiger Preis »»»	984,00	1116,00	1200,00	960,00
ENTSCHEIDUNGS-REGEL:		Handlungsempfehlungen: Ergebnisse bei Anwendung unterschiedlicher Entscheidungsregeln.			
I. EINFACH-DURCHSCHNTT-Regel:	Entscheidungsdaten »»»	798,00	843,50	889,00	630,00
	Empfohlene Alternative »»»			a3	
II. MAXIMIN-Regel:	Entscheidungsdaten »»»	630,00	612,00	648,00	360,00
	Empfohlene Alternative »»»			a3	
III. MAXIMAX-Regel:	Entscheidungsdaten »»»	984,00	1116,00	1200,00	960,00
	Empfohlene Alternative »»»			a3	
IV. PESSIMISMUS-OPTIMISMUS-Regel:	λ: 0,5 ($0<=\lambda<=1$)				
	Entscheidungsdaten »»»	807,00	864,00	924,00	660,00
	Empfohlene Alternative »»»			a3	
REGRET-Matrix Kühles Jahr	Schwacher Preis »»»	18,00	36,00	0,00	288,00
	Mittlerer Preis »»»	21,00	42,00	0,00	336,00
	Günstiger Preis »»»	24,00	48,00	0,00	384,00
Normales Jahr	Schwacher Preis »»»	54,00	18,00	0,00	198,00
	Mittlerer Preis »»»	63,00	21,00	0,00	231,00
	Günstiger Preis »»»	72,00	24,00	0,00	264,00
Warmes Jahr	Schwacher Preis »»»	162,00	63,00	0,00	180,00
	Mittlerer Preis »»»	189,00	73,50	0,00	210,00
	Günstiger Preis »»»	216,00	84,00	0,00	240,00
V. REGRET-Regel:	Entscheidungsdaten »»»	216,00	84,00	0,00	384,00
	Empfohlene Alternative »»»			a3	

DECK24

Übersicht 2.4: Ergebnis-Matrix und Handlungsempfehlungen bei Anwendung unterschiedlicher Entscheidungsregeln – veränderte Naturalerträge bei der mittelspäten Reifegruppe –

2.3.2 Entscheidungsregeln mit Berücksichtigung von Eintrittswahrscheinlichkeiten für die Umweltzustände

2.3.2.1 *Die LAPLACE-BAYES-Regel und das „Prinzip des unzureichenden Grundes"*

Die Feststellung, dass unterschiedliche Gewichtungen der Umweltzustände bei der Bewertung der Ergebnisse von Handlungsalternativen von Bedeutung sind, führt zu der Forderung, die Gewichtungen dann auch offensichtlich zu machen. Wir können das erreichen, indem wir die *Eintrittswahrscheinlichkeiten* für das Eintreffen der verschiedenen Umweltzustände schätzen.

Tatsächlich wurden bei Anwendung der EINFACH-DURCHSCHNITT-Regel sämtliche möglichen Umweltzustände implizit mit derselben Eintrittswahrscheinlichkeit gewichtet. Diese Zuweisung der Gewichte wird deshalb auch als Vorgehensweise nach dem *Prinzip des unzureichenden Grundes* bezeichnet. Dazu lässt sich wie folgt argumentieren: Wenn ein Entscheider gar keine Vorstellungen über die Eintrittswahrscheinlichkeiten der in Frage kommenden Umweltzustände hat, dann bleibt ihm nichts anderes übrig, als sämtliche Umweltzustände als gleich wahrscheinlich eintretend anzusehen. Mit den so bestimmten gleichen Eintrittswahrscheinlichkeiten lassen sich dann die *Erwartungswerte* der Handlungsalternativen berechnen.

Zur Erläuterung der Rechenweise ist in *Übersicht 2.5* das aus den vorhergehenden Übersichten bereits bekannte Entscheidungsproblem nochmals dargestellt. Die Entscheidungsmatrix wurde jetzt jedoch um die Eintrittswahrscheinlichkeiten $p(u_j)$ der neun Umweltzustände u_1 bis u_9 ergänzt. Die Eintrittswahrscheinlichkeit für jeden Umweltzustand beträgt $p(u_j) = \frac{1}{9} = 0{,}111$. Der Erwartungswert der Ergebnisse einer Handlungsalternative a_i wird mit der folgenden Gleichung berechnet:

$$\mu_i = E(a_i) = \sum_{j=1}^{n} p(u_i) \cdot e_{ji} \qquad (2.8)$$

Darin sind:

$\mu = E(a_i)$ = Erwartungswert der Ergebnisse einer Handlungsalternative a_i;
$p(u_j)$ = Eintrittswahrscheinlichkeit des j-ten Umweltzustandes;
e_{ji} = Ergebnis der Handlungsalternative a_i bei Eintritt des Umweltzustandes u_j.

Durch einen Vergleich mit der Formel (2.3) für den einfachen Durchschnitt ist erkennbar, dass der Erwartungswert einer Handlungsalternative dann dem einfachen Durchschnitt ihrer Ergebnisse entspricht, wenn die Eintrittswahrscheinlichkeiten aller Umweltzustände denselben Wert – in unserem Beispiel $\frac{1}{9}$ – haben.

Die Erwartungswerte für die Ergebnisse der vier Handlungsalternativen des Beispiels sind im unteren Teil der *Übersicht 2.5* in der Zeile „Entscheidungsdaten" ausgewiesen. Ein Vergleich mit den Entscheidungsdaten für die EINFACH-DURCHSCHNITT-Regel in *Übersicht 2.3* zeigt, dass die Werte identisch sind.

Als optimale Handlungsalternative sollte dann diejenige Alternative gewählt werden, die den höchsten Erwartungswert aufweist. Diese Entscheidungsregel wird nach ihren Entdeckern LAPLACE und BAYES als *LAPLACE-BAYES-Regel* bezeichnet (BAYES 1736). Formal lässt sie sich wie folgt schreiben:

DATEN:		Körnermaissorte in der Reifegruppe	»»»	FRÜH	MITTEL-FRÜH	MITTEL-SPÄT	SPÄT
Naturalerträge in dt/ha [y] für Witterungsbedingungen		Kühles Jahr [k]	»»»	70,00	68,00	60,00	40,00
		Normales Jahr [n]	»»»	76,00	80,00	80,00	60,00
		Warmes Jahr [w]	»»»	82,00	93,00	100,00	80,00
Maispreise in €/dt:	Schwacher Preis [s]: 9,00	Mittlerer Preis [m]:		10,50	Günstiger Preis [g]:		12,00

Umwelt-zustände	EINTRITTSWAHRSCHEINLICHKEITEN: p(Witterung)	p(Maispreise)		p(uj)	HANDLUNGSALTERNATIVEN: a_1	a_2	a_3	a_4
					Handlungsfolgen: Einkommensbeiträge bei verschiedenen Jahreswitterungen [k U n U w] und Körnermaispreisen [s U m U g].			
u_1		p(s): 0,33	Schwacher Preis	0,111	630,00	612,00	540,00	360,00
u_2	p(k): 0,33 Kühles Jahr	p(m): 0,33	Mittlerer Preis	0,111	735,00	714,00	630,00	420,00
u_3		p(g): 0,33	Günstiger Preis	0,111	840,00	816,00	720,00	480,00
u_4		p(s): 0,33	Schwacher Preis	0,111	684,00	720,00	720,00	540,00
u_5	p(n): 0,33 Normales Jahr	p(m): 0,33	Mittlerer Preis	0,111	798,00	840,00	840,00	630,00
u_6		p(g): 0,33	Günstiger Preis	0,111	912,00	960,00	960,00	720,00
u_7		p(s): 0,33	Schwacher Preis	0,111	738,00	837,00	900,00	720,00
u_8	p(w): 0,33 Warmes Jahr	p(m): 0,33	Mittlerer Preis	0,111	861,00	976,50	1050,00	840,00
u_9		p(g): 0,33	Günstiger Preis	0,111	984,00	1116,00	1200,00	960,00
	Summe: 1,00		Summe:	1,000				
Handlungsempfehlung nach dem PRINZIP DES UNZUREICHENDEN GRUNDES								
LAPLACE-BAYES-Regel:	Entscheidungsdaten	»»»			798,00	843,50	840,00	630,00
	Empfohlene Alternative	»»»				a2		

DECK25

Übersicht 2.5: Ergebnis-Matrix und Handlungsempfehlungen nach der LAPLACE-BAYES-Regel bei Anwendung des „Prinzip des unzureichenden Grundes" (gleiche Eintrittswahrscheinlichkeiten für alle Umweltzustände)

(2.9) $\quad \text{Max}\ \{E(a_1), \ldots, E(a_i), \ldots, E(a_m)\},\qquad \text{wobei } E(a_i) = \sum_{j=1}^{n} p(u_j) \cdot e_{ji}$

Darin sind:

$E(a_i)$ = Erwartungswert der Ergebnisses einer Handlungsalternative a_i;

$p(u_j)$ = Eintrittswahrscheinlichkeit für einen Umweltzustand u_j. Es gilt $0 \leq p(u_j) \leq 1$.

e_{ji} = Ergebnis der Handlungsalternative a_i bei Eintritt des Umweltzustandes u_j.

In dem Programm, das der *Übersicht 2.5* zugrunde liegt (Programmaufruf mit DECK25), wird die optimale Handlungsalternative in der Zeile „empfohlene Alternative" automatisch ausgewiesen. Es ist im Beispiel aufgrund der gleichen Eintrittswahrscheinlichkeiten für die Umweltzustände wie bei Anwendung der EINFACH-DURCHSCHNITT-Regel die Alternative a_2 (vgl. *Übersicht 2.3*).

2.3.2.2 Die LAPLACE-BAYES-Regel bei unterschiedlichen Eintrittswahrscheinlichkeiten für die Umweltzustände

Die bisher unterstellte Situation, dass der Entscheider gar keine Vorstellungen über die Eintrittswahrscheinlichkeiten der Umweltzustände hat und deshalb gleiche Eintrittswahrscheinlichkeiten für alle Umweltzustände annehmen muss, dürfte in der Realität praktisch niemals gegeben sein. In jeder wirklichen Entscheidungssituation wird der Entscheider entweder auf vergangene Erfahrungen oder – wie etwa bei der Witterung – sogar auf langfristige Aufzeichnungen sowie auf vielerlei andere Informationsquellen zurückgreifen können. Er wird dadurch gewisse unterschiedliche Wahrscheinlichkeiten schätzen können. Die LAPLACE-BAYES-Regel kann jedoch auch auf solche Fälle angewendet werden.

In *Übersicht 2.6* ist wieder die gleiche Entscheidungssituation dargestellt. Dabei wurde zur Bestimmung der Eintrittswahrscheinlichkeiten für die neun Umweltzustände im mittleren Teil der Übersicht einerseits davon ausgegangen, dass der Entscheider über 50-jährige Witterungsaufzeichnungen aus seiner Region verfügt. Daraus möge hervorgehen, dass in diesen 50 Jahren 8 kühle Jahre, 32 Normaljahre und 10 warme Jahre aufgetreten sind. Daraus schließt er auf Eintrittswahrscheinlichkeiten p(Witterung) von p(k) = 8/50 = 0,16 für kühle Jahre, p(n) = 32/50 = 0,64 für Normaljahre und p(w) = 10/50 = 0,20 für warme Jahre.

Des Weiteren hält der Entscheider den Eintritt eines mittleren Preises von 10,50 €/dt für am wahrscheinlichsten und setzt dafür den Wert p(m) = 0,5 ein. Außerdem hält er den günstigen Preis für etwas wahrscheinlicher als den schwachen Preis und setzt dafür die Wahrscheinlichkeiten p(g) = 0,3 und p(s) = 0,2 ein. Daraus errechnet er dann durch einfache Multiplikation die Eintrittswahrscheinlichkeiten für die neuen Umweltzustände $p(u_j)$, deren Werte aus *Übersicht 2.6* ersichtlich sind.

Im unteren Teil der Übersicht sind in der Zeile „Entscheidungsdaten" wieder die Erwartungswerte für die Ergebnisse der Handlungsalternativen – errechnet nach Maßgabe der Gleichung (2.7) – angegeben und in der Zeile „empfohlene Alternative" die jetzt optimale Handlungsweise a_3. (Variieren Sie im Programm DECK26 die Eintrittswahrscheinlichkeiten, um zu untersuchen, wie die Erwartungswerte und die optimale Alternative davon abhängen.)

DATEN:		Körnermaissorte in der Reifegruppe	»»»	FRÜH	MITTEL-FRÜH	MITTEL-SPÄT	SPÄT
Naturalerträge in dt/ha [y] für Witterungsbedingungen		Kühles Jahr [k]	»»»	70,00	68,00	60,00	40,00
		Normales Jahr [n]	»»»	76,00	80,00	80,00	60,00
		Warmes Jahr [w]	»»»	82,00	93,00	100,00	80,00
Maispreise in €/dt:	Schwacher Preis [s]: 9,00	Mittlerer Preis [m]:		10,50	Günstiger Preis [g]:		12,00
		HANDLUNGSALTERNATIVEN:		a_1	a_2	a_3	a_4
Umwelt-zustände	EINTRITTSWAHRSCHEINLICHKEITEN: p(Witterung)	p(Maispreise)	p(uj)	Handlungsfolgen: Einkommensbeiträge bei verschiedenen Jahreswitterungen [k U n U w] und Körnermaispreisen [s U m U g].			
u_1		p(s): 0,20 Schwacher Preis	0,032	630,00	612,00	540,00	360,00
u_2	p(k): 0,16 Kühles Jahr	p(m): 0,50 Mittlerer Preis	0,080	735,00	714,00	630,00	420,00
u_3		p(g): 0,30 Günstiger Preis	0,048	840,00	816,00	720,00	480,00
u_4		p(s): 0,20 Schwacher Preis	0,128	684,00	720,00	720,00	540,00
u_5	p(n): 0,64 Normales Jahr	p(m): 0,50 Mittlerer Preis	0,320	798,00	840,00	840,00	630,00
u_6		p(g): 0,30 Günstiger Preis	0,192	912,00	960,00	960,00	720,00
u_7		p(s): 0,20 Schwacher Preis	0,040	738,00	837,00	900,00	720,00
u_8	p(w): 0,20 Warmes Jahr	p(m): 0,50 Mittlerer Preis	0,100	861,00	976,50	1050,00	840,00
u_9		p(g): 0,30 Günstiger Preis	0,060	984,00	1116,00	1200,00	960,00
	Summe: 1,00	Summe:	1,000				
Handlungsempfehlung nach der LAPLACE-BAYES-Regel:		Entscheidungsdaten	»»»	811,96	859,24	860,52	647,52
		Empfohlene Alternative	»»»			a3	

DECK26

Übersicht 2.6: Ergebnis-Matrix und Handlungsempfehlungen nach der LAPLACE-BAYES-Regel bei unterschiedlichen Eintrittswahrscheinlichkeiten für die verschiedenen Umweltzustände

Bei der Berechnung der Eintrittswahrscheinlichkeiten für die Umweltzustände haben wir auf einige Grundlagen der Wahrscheinlichkeitstheorie zurückgegriffen, auf die wir jetzt kurz eingehen wollen.

(1) Zunächst ist die Forderung zu beachten, dass sich die erfassten Umweltzustände wechselseitig ausschließen, insgesamt aber vollständig sein sollen. Der wechselseitige Ausschluss bedeutet, dass zwar vor einer Handlung mehrere Umweltzustände als möglicherweise eintreffend angesehen werden müssen, dass aber während der Handlung tatsächlich nur einer dieser Umweltzustände eintritt. Es können also nicht zwei oder mehrere Umweltzustände gleichzeitig eintreten. Die Vollständigkeit bedeutet, dass einer und nur einer der vorher als möglicherweise eintreffend angesehenen Umweltzustände dann auch wirklich eintritt. Wenn ein Umweltzustand eintritt, der vorher nicht berücksichtigt wurde, dann hat der Entscheider seine Entscheidung auf einem unvollkommenen Zustandsraum aufgebaut und deshalb nicht die tatsächlich optimale Alternative ermittelt. Angesichts der Tatsache, dass sich der unvollkommene Informationsgrad selbstverständlich auch auf die Umweltzustände bezieht, muss die Forderung so interpretiert werden, dass sie der Entscheider jedenfalls nicht bewusst verletzen sollte.

(2) Die Wahrscheinlichkeiten für die Umweltzustände müssen in dem Bereich zwischen 0 und 1 liegen. Ein Umweltzustand mit der Eintrittswahrscheinlichkeit 0 tritt mit Sicherheit nicht ein. Ein Umweltzustand mit der Wahrscheinlichkeit 1 tritt mit Sicherheit ein. Das sind die logischen Grenzen für die Eintrittswahrscheinlichkeiten. Es gilt mithin:

(2.10) $$0 \leq p(u_j) \leq 1$$

(3) Die Wahrscheinlichkeit, dass entweder einer oder ein anderer der sich wechselseitig ausschließenden Umweltzustände eintritt, ist die Summe der Eintrittswahrscheinlichkeiten der beiden Umweltzustände. So beträgt etwa im Beispiel der *Übersicht 2.6* die Wahrscheinlichkeit, dass entweder ein kühles oder ein normales Jahr eintrifft 0,16 + 0,64 = 0,80. Es gilt also:

(2.11) $$p(u_1 \cup u_2) = p(u_1) + p(u_2); \quad \cup = \text{oder}$$

(4) Daraus ergibt sich, dass die Summe der Eintrittswahrscheinlichkeiten der vollständigen und sich wechselseitig ausschließenden Umweltzustände gleich 1 ist. Nur wenn sie 1 ist, haben wir alle möglichen Umweltzustände vollständig erfasst. Es gilt daher:

(2.12) $$\sum_{j=1}^{n} p(u_j) = 1$$

(5) Zur Feststellung der Eintrittswahrscheinlichkeiten $p(u_j)$ für die neun verschiedenen Umweltzustände wurden in der *Übersicht 2.6* die Eintrittswahrscheinlichkeiten für die Jahreswitterungen einfach mit denjenigen für die Maispreise multipliziert. Auf diese Weise wurden verbundene Wahrscheinlichkeiten, z. B. $p(k,s) = 0{,}2 \cdot 0{,}16 = 0{,}032$ oder $p(n,s) = 0{,}2 \cdot 0{,}64 = 0{,}128$ kalkuliert.

Allgemein gilt also zur Bestimmung verbundener Wahrscheinlichkeiten p von zwei Ereignissen A und B die folgende Rechenanweisung:

(2.13) $$p(A \cap B) = p(A) \cdot p(B) \qquad \cap = \text{und}$$

Diese Multiplikation ist jedoch nur dann zulässig, wenn die beiden Ereignisse voneinander unabhängig sind. Ein Ereignis B heißt unabhängig von einem Ereignis A, wenn der Eintritt von A die Eintrittswahrscheinlichkeit von B nicht beeinflusst. Im Beispiel der *Übersicht 2.6* wurde also angenommen, dass die Eintrittswahrscheinlichkeiten für die Maispreise nicht von den Jahreswitterungen beeinflusst werden. Wir werden in Abschnitt 2.4 zeigen, welche Sachverhalte zu beachten sind und welche Konsequenzen sich ergeben, wenn die Ereignisse nicht unabhängig voneinander sind.

Bei der konkreten Festlegung der Eintrittswahrscheinlichkeiten für die Maispreise und die Jahreswitterungen haben wir einen Unterschied insofern gemacht, als wir angenommen hatten, dass der Entscheider bei den Jahreswitterungen auf Aufzeichnungen aus den vergangenen 50 Jahren zurückgreifen konnte, während er die Maispreise nur mehr oder weniger „gefühlsmäßig" schätzte. Diese Unterschiede bei der Ermittlung von Eintrittswahrscheinlichkeiten werden im Anschluss an (den amerikanischen Ökonomen) Frank KNIGHT namentlich in der deutschen Literatur bis heute zur Bildung der Kategorien „Entscheidungen unter Risiko", „Entscheidungen unter Ungewissheit" und „Entscheidungen unter Unsicherheit" verwendet (KNIGHT, 1921). Danach läge eine *Entscheidung unter Risiko* vor, wenn sich die Eintrittswahrscheinlichkeiten der relevanten Umweltzustände aufgrund entsprechend umfangreicher Daten „objektiv" statistisch schätzen lassen. Eine *Entscheidung unter Ungewissheit* läge vor, wenn der Entscheider die Eintrittswahrscheinlichkeiten nur „subjektiv" schätzen kann. Schließlich läge eine *Entscheidung unter Unsicherheit* vor, wenn der Entscheider gar keine Vorstellungen über die Eintrittswahrscheinlichkeiten hat.

In der angelsächsischen Literatur werden diese Unterscheidungen kaum noch gemacht. Einerseits sind die Voraussetzungen dafür, dass objektive Wahrscheinlichkeiten geschätzt werden können, in der Wirtschaftswirklichkeit nur selten gegeben. Selbst 50-jährige Witterungsaufzeichnungen bedeuten noch nicht, dass die Verteilungsfunktion für die nächsten 50 Jahre nicht gewisse Änderungen aufweisen kann. Andererseits wird sich ein Entscheider, wenn er sich wirklich entscheiden muss, sicherlich gewisse Gedanken darüber machen, ob ein Umweltzustand mit Sicherheit oder auch gar nicht eintritt oder mit gewissen Eintrittswahrscheinlichkeiten belegt werden kann. Wir wollen deshalb in diesem Buch die Begriffe „Risiko", „Unsicherheit" und „Ungewissheit" synonym verwenden.

2.3.2.3 Zur Schätzung der Eintrittswahrscheinlichkeiten von Umweltzuständen

Die Schätzung von (objektiven) Eintrittswahrscheinlichkeiten erfolgt auf der Grundlage von Stichprobenräumen. Der *Stichprobenraum* für die Schätzung der Eintrittswahrscheinlichkeiten für die drei verschiedenen Jahreswitterungen umfasste im vorhergehenden Abschnitt die Wetteraufzeichnungen mit den insgesamt 50 Jahreswitterungen. Die Eintrittswahrscheinlichkeiten für die kühlen, normalen bzw. warmen Jahre wurden dadurch gebildet, dass die Anzahl der kühlen, normalen bzw. warmen Jahreswitterungen durch die insgesamt betrachtete Zahl der Jahreswitterungen dividiert wurde. Diese Vorgehensweise ist bei endlichen Stichprobenräumen, wie sie in der Regel gegeben sind, zur Schätzung von Eintrittswahrscheinlichkeiten für Ereignisse anzuwenden. Allgemein gilt deshalb:

$$P(A) = \frac{|A|}{|S|} \qquad (2.14)$$

Darin sind:

A = Elementarereignis (z. B. kühles Jahr);
S = Stichprobenraum (z. B. Jahreswitterungen);
P(A) = Wahrscheinlichkeit, mit der das Elementarereignis A eintritt;
|A| = Anzahl der Elementarereignisse A im Stichprobenraum S (z. B. 8 kühle Jahre);
|S| = Anzahl aller möglichen Elementarereignisse im Stichprobenraum S (z. B. 50 Jahreswitterungen)

Zur konkreten Ermittlung von (subjektiven) Wahrscheinlichkeiten sind in der Literatur zahlreiche Vorgehensweisen vorgeschlagen worden (vgl. z. B. ANDERSON, DILLON and HARDAKER 1977, pp. 19-26). Wir wollen hier nur das in *Übersicht 2.7* für die Schätzung der Maispreise skizzierte Verfahren darstellen und im Übrigen auf die Spezialliteratur verweisen.

Körnermaispreise in €/dt [mp_j] :					Wägungszahlen der Überzeugung: (Üm)		Summe(Üm)		Subjektive Wahrscheinlichkeiten: $p(mp_j)$
Zustand	Preisbereich			Mittelwert					
mp_1	weniger	als	6,75		0	:	200	=	0,000
mp_2	6,75	bis	8,25	7,50	0	:	200	=	0,000
mp_3	8,26	bis	9,74	9,00	40	:	200	=	0,200
mp_4	9,75	bis	11,25	10,50	100	:	200	=	0,500
mp_5	11,26	bis	12,74	12,00	60	:	200	=	0,300
mp_6	12,75	bis	14,25	13,50	0	:	200	=	0,000
mp_7	mehr	als	14,25		0	:	200	=	0,000
					Summe(Üm)= 200		Summe $p(mp_j)$ =		1,000

DECK27

Übersicht 2.7: Ermittlung von subjektiven Wahrscheinlichkeiten mit Hilfe von „Wägungszahlen der Überzeugung"

Im 1. Schritt wird der Preisbereich festgelegt, der überhaupt als wahrscheinlich angesehen wird. Der Bereich sollte so groß gewählt werden, dass quasi mit Sicherheit ausgeschlossen werden kann, dass später ein Preis außerhalb dieses Bereiches eintrifft.

Im 2. Schritt wird der Preisbereich in verschiedene Preisklassen aufgeteilt. Im Beispiel wurde der Preisbereich als zwischen 6,75 €/dt und 14,25 €/dt liegend festgelegt. Der Bereich wurde dann in zwei Randbereiche „weniger als 6,75" und „mehr als 14,25" und in fünf gleich große Klassen zwischen diesen Randbereichen aufgeteilt. Die Zahl der Klassen richtet sich nach dem Unterscheidungsvermögen des Entscheiders. Es ist nutzlos, die Preise von Cent zu Cent zu variieren, wenn der Entscheider für die dann entstehenden 750 Klassen keine Wahrscheinlichkeiten mehr angeben kann.

Aus den Klassen werden im 3. Schritt die jeweiligen Mittelwerte als tatsächliche Bewertungsgrundlage gebildet. Im Beispiel sind das die Preise 7,50, 9,00, 10,50, 12,00 und 13,50 €/dt.

Im 4. Schritt muss der Entscheider diesen Preisen sog. Wägungszahlen der Überzeugung zuordnen. Sie erfassen sozusagen den Grad der Überzeugung, dass ein Preis wahrscheinlich auch eintreten kann. Der Preis, den der Entscheider für den wahrscheinlichsten hält, erhält den Wert 100. Preise, die er für völlig ausgeschlossen hält, erhalten den Wert 0. Den übrigen Preisen werden Werte zwischen 0 und 100 zugewiesen. Im Beispiel haben nur die Preise (jeweils als Vertreter von Preisklassen) 9,00, 10,50 und 12,00 €/dt Wägungszahlen erhalten, die von 0 verschieden sind. Die höchste Wägungszahl wurde dem Preis von 10,50 € zugewiesen.

Im 5. Schritt wird zunächst die Summe der Wägungszahlen [Summe(Üm)] gebildet, dann jede Wägungszahl durch diese Summe dividiert, um daraus die in der letzten Spalte der *Übersicht 2.7* angegebenen subjektiven Wahrscheinlichkeiten zu erzeugen. Auf diese Weise wird sichergestellt, dass die Forderungen der Gleichungen (2.10) und (2.12) erfüllt sind, also jede Wahrscheinlichkeit zwischen 0 und 1 liegt und die Summe aller Wahrscheinlichkeiten immer 1 ist. (Überzeugen Sie sich durch Variation der Wägungszahlen im Programm DECK27.)

2.3.3 Das BERNOULLI-Prinzip

2.3.3.1 Individuelles Risikoverhalten

Die LAPLACE-BAYES-Regel erscheint als eine sehr elegante und einsehbare Methode zur Bestimmung der optimalen Handlungsalternative bei Entscheidungen unter Unsicherheit, weil sie weniger wahrscheinliche Konsequenzen niedriger gewichtet als solche mit einer hohen Eintrittswahrscheinlichkeit. Trotzdem ist bereits von Daniel BERNOULLI (1738) eingewandt worden, dass diese Regel ein *risikoneutrales Entscheidungsverhalten* des Entscheiders voraussetze. In Wirklichkeit gäbe es aber auch *risikofreudiges* und *risikoscheues Entscheidungsverhalten* (BERNOULLI 1738). Dazu Folgendes:

In *Übersicht 2.8* sind drei unterschiedliche Entscheidungssituationen I, II und III mit den zugehörigen Ergebnismatrizen M1, M2 und M3 dargestellt. In jeder Entscheidungssituation sind nur zwei Handlungsalternativen möglich, und es können die beiden Umweltzustände u_1 und u_2 mit den jeweils gleichen Eintrittswahrscheinlichkeiten von 0,5 eintreten.

Die Entscheidungssituation I lässt sich z. B. folgendermaßen interpretieren: Jemand bietet seinem Freund als Geburtstagsgeschenk ein Glücksspiel mit einer Münze an. Das „Geburtstagskind" kann sich zwischen Spiel (a_1) und Nichtspiel (a_2) entscheiden. Bei Teilnahme wird ein Geschenk von 200,00 € fällig, wenn beim ersten und einzigen Wurf der Münze der Kopf erscheint. Falls die Zahl erscheint, geht das Geburtstagskind leer aus. Verzichtet es dagegen auf das Spiel, schenkt ihm der Freund sicher 100,00 €. Die Frage an den Leser lautet: Würden Sie am Spiel teilnehmen oder nicht?

Einige Menschen werden vermutlich nicht teilnehmen, weil ihnen die sicheren 100,00 € nützlicher erscheinen als die Möglichkeit, eventuell auch leer auszugehen. Andere werden teilnehmen, weil sie die Aussicht auf einen Gewinn von 200,00 € besticht. Einigen Menschen wäre es gleichgültig, sie verhalten sich gegenüber den Alternativen *indifferent*.

Berechnen wir jetzt die Erwartungswerte der Ergebnisse für beide Handlungsalternativen, dann ergeben sich selbstverständlich die gleichen Beträge von 100,00 € für beide Alternativen. Bei Anwendung der LAPLACE-BAYES-Regel wären beide Alternativen also gleich vorzüglich. Ein Entscheider, der sich nach Maßgabe dieser Regel entscheidet, müsste sich gegenüber den Alternativen a_1 und a_2 indifferent verhalten.

Wenn sich trotzdem manche Menschen eindeutig für die eine oder für die andere Handlungsalternative entscheiden, dann können wir daraus vorläufig schließen, dass die Erwartungswerte der Ergebnisse nicht das einzige Kriterium für die Wahl einer Handlungsalternative sein können. Und weiterhin, dass nur diejenigen Menschen, die sich in der skizzierten Entscheidungs-

ENTSCHEIDUNGSSITUATION:		I		II		III	
HANDLUNGSALTERNATIVEN:		a_1	a_2	a_3	a_4	a_5	a_6
Umwelt-zustände	Eintrittswahr-scheinlichkeiten	ERGEBNISMATRIZEN [M]					
		M1:		M2:		M3:	
u_1	$p(u_1)$: 0,500	0	100	0	10.000	-100	100
u_2	$p(u_2)$: 0,500	200	100	20.000	10.000	300	100
Erwartungswert [µ]:		100	100	10.000	10.000	100	100
Varianz [Var]:		10.000	0	100.000.000	0	40.000	0
Standardabweichung [s]:		100	0	10.000	0	200	0,00
Variationskoeffizient [V] % :		100	0	100	0	200	0,00

DECK28

Übersicht 2.8: Zur Nutzeneinschätzung von Handlungsalternativen in unterschiedlichen Entscheidungssituationen

situation indifferent verhalten, risikoneutral sind. Menschen, die die Alternative „100,00 € sicher" wählen, sind offenbar risikoscheu, während diejenigen, die das Spiel wählen würden, offenbar risikofreudig sind.

Aber auch die Menschen, die sich in der Entscheidungssituation I noch risikofreudig oder risikoneutral verhalten würden, könnten in der Entscheidungssituation II zu risikoscheuen Entscheidern werden. Hier wird das gleiche Spiel, jetzt allerdings mit hundertfach höheren Beträgen, vorgeschlagen. Es ist sicherlich unmittelbar einsichtig, dass dabei mehr Menschen für die Unterlassung des Spiels, d. h. für den sicheren Betrag von 10.000,00 €, votieren würden, obwohl auch in dieser Entscheidungssituation beide Handlungsalternativen denselben Erwartungswert der Ergebnisse aufweisen. Wir können daraus folgern, dass das Verhalten von Entscheidern von der Höhe der auf dem Spiel stehenden Beträge und damit gleichzeitig auch von der Höhe der Beträge abhängt, die bei Eintritt nachteiliger Umweltzustände verloren gehen können.

Die Entscheidungssituation III ist wieder durch die ursprünglichen Erwartungswerte von 100,00 € für die beiden Alternativen, aber durch andere Ergebnisse für die Spielalternative (a_5) gekennzeichnet. Wenn sich jemand für das Spiel entscheidet, dann kann er jetzt zwar einerseits 300,00 € gewinnen, andererseits aber auch 100,00 € verlieren. Wir können erwarten, dass sich einige Menschen, die sich in der Entscheidungssituation I noch zum Spiel entschließen würden, in der vorliegenden Situation wegen der drohenden Verlustgefahr lieber auf „Nummer sicher" gehen würden. Das lässt den Schluss zu, dass das Verhalten von Entscheidern auch davon abhängt, wie weit die möglichen Ergebnisse in einer Entscheidungssituation „streuen" und welche Verluste im schlimmsten Fall drohen.

Mit anderen Worten: Bei einem bewertenden Vergleich von Handlungsalternativen sollten neben den Unterschieden zwischen den Erwartungswerten auch die Höhe der auf dem Spiel stehenden Beträge und die Verteilung der (Einzel-)Ergebnisse eine wichtige Rolle spielen. Einfache statistische Maße für die Höhe und Verteilung der auf dem Spiel stehenden Ergebnisse sind im unteren Teil der *Übersicht 2.8* mit der *Varianz (Var)*, der *Standardabweichung (σ)* und dem *Variationskoeffizienten (V)* angegeben. Diese Maße sind hier wie folgt definiert:

(2.15) $$\text{Varianz: } Var_i = \sigma_i^2 = \sum_{j=1}^{n} p(u_j) \cdot (e_{ji} - \mu_i)^2$$

(2.16) Standardabweichung $\sigma_i = \sqrt{Var_i}$

(2.17) Variationskoeffizient (%): $V = \frac{\sigma_i}{\mu_i} \cdot 100$

Darin sind:

$p(u_j)$ = die Eintrittswahrscheinlichkeiten der Umweltzustände u_j;

e_{ji} = die Ergebnisse der i-ten Handlungsalternative bei den Umweltzuständen u_j;

μ_i = der Erwartungswert der Ergebnisse der i-ten Handlungsalternative (er entspricht hier dem arithmetischen Mittelwert, da jeder Umweltzustand dieselbe Eintrittswahrscheinlichkeit hat).

Wir ersehen aus der *Übersicht 2.8*, dass sich beim Übergang von der Entscheidungssituation I auf die Situation II die absoluten Streuungsmaße der Einzelergebnisse ebenso auf ihren hundertfachen Wert erhöhen wie die Einzelbeträge e_{ji} und deren Erwartungswerte μ_j, während der Variationskoeffizient als relatives Maß der Streuung unverändert bleibt.

Bei einem Vergleich der Entscheidungssituationen I und III wird deutlich, dass trotz gleichbleibender Beträge für die Erwartungswerte μ jetzt sowohl die absoluten als auch das relative Maß für die Streuung der Einzelergebnisse ansteigen. Wir können daraus schließen, dass diese Streuungsmaße geeignete Kriterien für die Beurteilung von Handlungsalternativen sein können. Wir werden darauf im Abschnitt 2.3.5 näher eingehen.

2.3.3.2 Sicherheitsäquivalent und Risikoprämie

Zunächst wollen wir die drei Arten des Entscheidungsverhaltens noch etwas genauer definieren. Dazu wurde in *Übersicht 2.9* die Entscheidungssituation I der *Übersicht 2.8* wiederholt und in gewissem Umfang variiert. Wir nehmen wieder an, dass jemand an dem Spiel mit der Münze teilnehmen kann oder nicht, und entweder je nach Kopf oder Zahl 200,00 € oder nichts erhält, oder bei Nichtteilnahme 100,00 € sicher bekommt. Wenn wir jetzt den Entscheider nach dem sicheren Betrag fragen, bei dem es ihm gerade gleichgültig wäre, ob er an dem Spiel teilnähme oder nicht, bei dem er sich also gegenüber den beiden Handlungsalternativen indifferent verhielte, dann ist dieser (sichere) Betrag das sog. *Sicherheitsäquivalent.*

Wenn wir dann drei verschiedene Personen I, II und III fragen, welcher Betrag sie jeweils gegenüber den beiden Handlungsalternativen indifferent machen würde, dann bekämen wir u. U. drei verschiedene Antworten. Wenn jemand schon bei einem Sicherheitsäquivalent von weniger als 100,00 € – z. B. 90,00 € – gegenüber dem Spiel mit dem Erwartungswert von 100,00 € indifferent wäre, dann würde es sich um einen risikoscheuen Entscheider handeln. Wäre er gegenüber dem Spiel aber erst bei einem Sicherheitsäquivalent von bspw. 110,00 € indifferent, dann würde es sich um einen risikofreudigen Entscheider handeln. Bei dem Grenzfall eines Sicherheitsäquivalentes von 100,00 € wäre der Entscheider gerade risikoneutral.

Wenn wir die Differenz zwischen dem Erwartungswert der Ergebnisse des Spiels und dem Sicherheitsäquivalent als *Risikoprämie* bezeichnen, dann können wir auch sagen, dass eine risikoscheue Person eine positive Risikoprämie benötigt, um sich auf die riskante Situation einzulassen. Im Beispiel der *Übersicht 2.9* müsste sie mehr als 10,00 € betragen, denn bei 10,00 € wäre die Person gerade indifferent. Eine risikofreudige Person benötigt eine negative

ENTSCHEIDUNGSSITUATION:		I		II		III	
HANDLUNGSALTERNATIVEN:		a_1	a_2	a_3	a_4	a_5	a_6
Umwelt-zustände	Eintrittswahr-scheinlichkeiten	ERGEBNISMATRIZEN [M]					
		M1:		M2:		M3:	
u_1	$p(u_1)$: 0,500	0	100	0	110	0	90
u_2	$p(u_2)$: 0,500	200	100	200	110	200	90
Erwartungswert [μ]:		100		100		100	
Sicherheitsäquivalent [CE]:			100		110		90
Risikoprämie [RP],[RP=μ-CE]:		0		-10		10	
Risikoverhalten:		risikoneutral		risikofreudig		risikoscheu	

DECK29

Übersicht 2.9: Die Risikoprämie als Ausdruck des Risikoverhaltens von Entscheidern

Risikoprämie, im Beispiel von mehr als 10,00 €, um auf das Spiel zu verzichten. Bei einer risikoneutralen Person ist die Risikoprämie gerade 0.

In der Realität können wir nun feststellen, dass sich Entscheider namentlich dann, wenn sehr große Beträge auf dem Spiel stehen, i. d. R. risikoscheu verhalten. Anders ausgedrückt: Je höher die Beträge sind, die auf dem Spiel stehen, desto eher wird der Entscheider auf Handlungsalternativen mit hohen Erwartungswerten zugunsten von Handlungsalternativen verzichten, die zwar einen geringeren Erwartungswert aufweisen, aber auch eine geringere Varianz der Einzelergebnisse. Dabei ist anzumerken, dass die sichere Handlungsalternative unseres Spiels – selbstverständlich – die Varianz 0 hat.

2.3.3.3 Von der Ergebnismatrix zur Risikonutzenmatrix

Es wurde deshalb von v. NEUMANN und MORGENSTERN in Weiterführung der Überlegungen von David BERNOULLI vorgeschlagen, für eine sachgerechte Vorgehensweise bei Entscheidungen unter Unsicherheit die Ergebnismatrix in eine (Risiko-)*Nutzenmatrix* umzuwandeln (NEUMANN und MORGENSTERN 1961). Dazu sollen die Einzelergebnisse der Ergebnismatrix mit einer (subjektiven) Nutzenfunktion gewichtet werden (diese Nutzenfunktion wird auch *Risikonutzenfunktion* genannt, um den Unterschied zur *GOSSEN'schen* Nutzenfunktion, die wir im Abschnitt 1.4.2 kennen gelernt haben, deutlich zu machen). Der generelle Verlauf der Nutzenfunktion kann z. B. dadurch bestimmt werden, dass ein Entscheider in der vorher skizzierten einfachen Spielsituation der Spielalternative bei unterschiedlich hohen Beträgen jeweils Sicherheitsäquivalente zuordnet. Für einen risikoscheuen Entscheider würde sich daraus eine degressiv steigende Beziehung zwischen den Sicherheitsäquivalenten und den Erwartungswerten der Spielalternative ableiten lassen. Wird nun diese Beziehung nach einer (linearen) Transformation auf die Einzelergebnisse einer Ergebnismatrix angewendet, dann ergeben sich daraus ebenfalls degressiv steigende Beziehungen zwischen dem Nutzen der Ergebnisse und den ursprünglichen Werten dieser Ergebnisse. Der Nutzen eines Ergebnisses steigt zwar absolut mit zunehmendem Ergebnisbetrag, nimmt jedoch im Vergleich zum Nutzen des Ergebnisses einer Handlungsalternative, das den geringsten Betrag aufweist, relativ ab. Höhere Ergebnisse haben einen relativ geringeren (Risiko-)Nutzen.

Auf die solcherart in eine Nutzenmatrix umgewandelte Ergebnismatrix ist dann wieder die LAPLACE-BAYES-Regel unter Berücksichtigung der Eintrittswahrscheinlichkeiten für die Umweltzustände anzuwenden, um daraus jetzt aber anstelle der Erwartungswerte den *Erwartungs- oder Risikonutzen* der Handlungsalternativen zu berechnen. Schließlich wird – analog zur LAPLACE-BAYES-Regel – diejenige Alternative als vorzüglich ausgewählt, die den höchsten Erwartungsnutzen aufweist. Diese Vorgehensweise wird nach ihrem Entdecker als *BERNOULLI-Prinzip* bezeichnet.

Wir erkennen jetzt auch, warum eine direkte Anwendung der LAPLACE-BAYES-Regel auf die Ergebnismatrix ein risikoneutrales Verhalten des Entscheiders unterstellt. Für den risikoneutralen Entscheider ergäbe sich nämlich in der Spielsituation eine lineare Beziehung zwischen den Sicherheitsäquivalenten und den Erwartungswerten der Spielalternative und damit auch eine lineare Beziehung zwischen dem Nutzen von Ergebnissen und ihren Beträgen. Sämtliche Ergebnisse werden dadurch mit demselben Faktor gewichtet, also lediglich skaliert, so dass sich bei Anwendung der LAPLACE-BAYES-Regel auf die Nutzenmatrix dieselbe Rangfolge der Handlungsalternativen ergeben würde wie bei einer direkten Anwendung dieser Regel auf die ursprüngliche Ergebnismatrix.

Die praktische Anwendung des BERNOULLI-Prinzips, so sehr es auch einleuchtet, ist jedoch schwierig. Entweder müsste nämlich die Nutzenschätzung für die Ergebnisse in einer jeden Entscheidungssituation wieder aufs Neue vorgenommen werden, oder der Entscheider müsste für sich eine generelle Nutzenfunktion bestimmen, die er dann bei jeder Entscheidungssituation „einprogrammiert" und anwendet. (Sie können Anhaltspunkte über Ihre eigene Nutzenfunktion gewinnen, indem Sie das der *Übersicht 2.9* zugrunde liegende Programm DECK29 in geeigneter Weise anwenden, also die Beträge der Ergebnisse für die Spielalternativen variieren und sich dann jeweils fragen, wie hoch Ihr Sicherheitsäquivalent wäre. Sie sollten diese Sicherheitsäquivalente dann in einem Koordinatensystem abtragen, das auf der Ordinate die Sicherheitsäquivalente enthält und auf der Abszisse die Erwartungswerte der Spielalternative.) Durch die Anwendung einer einmal festgestellten Nutzenfunktion würde sich der Entscheider für spätere Entscheidungssituationen Arbeit sparen, er würde damit aber unterstellen, dass seine Nutzenfunktion, die er z. B. mit einem einfachen Spielbeispiel abgeleitet hat, auch für alle realen Entscheidungssituationen gilt.

Diese Annahme kann jedoch aus mehreren Gründen nicht gemacht werden: Erstens verändert sich das Risikoverhalten bei sich ändernden Wahrscheinlichkeiten und Beträgen für Gewinne und Verluste. Zweitens verändert sich das Risikoverhalten einer Person im Zeitablauf. Ältere Menschen sind häufig risikoscheuer als jüngere. Drittens verändert sich das Risikoverhalten in Abhängigkeit von sich ändernden finanziellen Situationen. Ein wohlhabend gewordener Mensch wird auch bei höheren Beträgen risikofreudiger bleiben als vorher. Infolge dieser Gegebenheiten wird die generelle Ableitung auch individueller Nutzenfunktionen praktisch unmöglich.

Ein gleichwertiger Ansatz zur Berücksichtigung des BERNOULLI-Prinzips könnte schließlich auch darin gesehen werden, dass der Entscheider – z. B. in der Entscheidungssituation der *Übersicht 2.6* – nicht jedem Ergebnis einen Nutzen, sondern nur jeder Handlungsalternative ein Sicherheitsäquivalent zuordnet, d. h. denjenigen Betrag bestimmt, bei dessen Erhalt, etwa als Stilllegungsprämie, er auf den Maisanbau verzichten würde. Die Handlungsalternative mit dem höchsten Sicherheitsäquivalent würde dann als vorzüglich ausgewählt. Das muss nicht die Alternative mit dem höchsten Erwartungswert sein, da – wie wir gesehen haben – ein hoher

Erwartungswert mit einer hohen Streuung der Einzelergebnisse einhergehen kann und sich eine höhere Varianz prinzipiell erniedrigend auf den Wert des Sicherheitsäquivalentes auswirkt. Erfahrungen zeigen indessen, dass die Zuweisung von Sicherheitsäquivalenten für den Entscheider sehr schwierig wird, wenn bei jeder Handlungsalternative mehr als nur einige wenige mögliche Ergebnisse eintreten können und insbesondere, wenn die Umweltzustände in weiten Wahrscheinlichkeitsbereichen variieren.

Auf der anderen Seite haben wir aber auch gesehen, dass die Niveaus und die Verteilungen der auf dem Spiel stehenden Beträge bei Entscheidungen unter Unsicherheit zweifellos von großer Bedeutung sind. Wir wollen deshalb hier zwar das BERNOULLI-Prinzip zur Ableitung operationaler Vorgehensweisen für die Entscheidungsfindung nicht weiter als Entscheidungsregel konkretisieren; aber wir wollen noch weitere Entscheidungsregeln diskutieren, die unsere Überlegungen zum Entscheidungsverhalten einerseits in handhabbarer Weise einbeziehen und andererseits gleichwohl die generelle Forderung des BERNOULLI-Prinzips berücksichtigen (zur weitergehenden Diskussion des BERNOULLI-Prinzips vgl. z. B. BAMBERG und COENNEBERG 1991, 4. Kapitel; BRANDES und ODENING 1992, 5. Kapitel; HANF 1991, 3. Kapitel).

2.3.4 Die SAFETY-FIRST-Regel

Die *SAFETY-FIRST-Regel* ist eine Entscheidungsregel, bei der neben den Erwartungswerten der Handlungsalternativen als zusätzliches Kriterium eine Wahrscheinlichkeit einbezogen wird, mit der ein bestimmtes Ergebnis (etwa ein bestimmter Einkommensbeitrag) eintreten soll (vgl. dazu BOEHLJE und EIDMANN 1984, p. 461). Die bei dieser Regel in drei Schritten erfolgende Auswahl der vorzüglichen Handlungsalternative soll anhand der *Übersicht 2.10* demonstriert werden. Die Übersicht enthält wieder die bereits bekannte Entscheidungssituation, in ihrem unteren Teil ist der Auswahlprozess skizziert.

Im 1. Schritt legt der Entscheider nach Berechnung der Ergebnismatrix bei dieser Regel fest, welches Ergebnis er mindestens erreichen möchte („gefordertes Minimalergebnis") und wie hoch die Eintrittswahrscheinlichkeit dafür sein soll, dass dieses Ergebnis auch tatsächlich mindestens erreicht wird („minimale Eintrittswahrscheinlichkeit".)

Im 2. Schritt werden dann für sämtliche Handlungsalternativen die Eintrittswahrscheinlichkeiten derjenigen Ergebnisse aufgelistet, deren Beträge den Betrag des geforderten Minimalergebnisses übersteigen oder mindestens erreichen. Für jede Handlungsalternative wird dann die Summe dieser Eintrittswahrscheinlichkeiten gebildet. Dafür gilt das Prinzip der Gleichung (2.11) in Abschnitt 2.3.2. Diese (Gesamt-)Wahrscheinlichkeiten, mit denen das geforderte Minimalergebnis von den Handlungsalternativen a_i mindestens erreicht wird, sind im unteren Teil der *Übersicht 2.10* aufgelistet. Die Wahrscheinlichkeiten werden dann mit der geforderten minimalen Eintrittswahrscheinlichkeit verglichen und diejenigen Handlungsalternativen ausgesondert, die die geforderte minimale Eintrittswahrscheinlichkeit nicht erreichen.
Für die verbleibenden Handlungsalternativen werden im 3. Schritt die Erwartungswerte gebildet und schließlich mit Hilfe der LAPLACE-BAYES-Regel diejenige Handlungsalternative als vorzüglich ausgewählt, die den höchsten Erwartungswert aufweist.

In *Übersicht 2.10* wurde z. B. ein Minimalergebnis von 700,00 €/ha Einkommensbeitrag gefordert, das mit einer Wahrscheinlichkeit von 0,88, entsprechend 88 %, mindestens eintreffen

DATEN: Körnermaissorte in der Reifegruppe »»»	FRÜH	MITTEL-FRÜH	MITTEL-SPÄT	SPÄT
Naturalerträge in dt/ha [y] für Witterungsbedingungen – Kühles Jahr [k] »»»	70,00	68,00	60,00	40,00
Naturalerträge in dt/ha [y] für Witterungsbedingungen – Normales Jahr [n] »»»	76,00	80,00	80,00	60,00
Naturalerträge in dt/ha [y] für Witterungsbedingungen – Warmes Jahr [w] »»»	82,00	93,00	100,00	80,00

Maispreise in €/dt: Schwacher Preis [s]: 9,00 | Mittlerer Preis [m]: 10,50 | Günstiger Preis [g]: 12,00

Umweltzustände	EINTRITTSWAHRSCHEINLICHKEITEN: p(Witterung)	p(Maispreise)		p(uj)	HANDLUNGSALTERNATIVEN: a_1	a_2	a_3	a_4
					Handlungsfolgen: Einkommensbeiträge bei verschiedenen Jahreswitterungen [k U n U w] und Körnermaispreisen [s U m U g].			
u_1		p(s): 0,20	Schwacher Preis →	0,032	630,00	612,00	540,00	360,00
u_2	p(k): 0,16 Kühles Jahr	p(m): 0,50	Mittlerer Preis →	0,080	735,00	714,00	630,00	420,00
u_3		p(g): 0,30	Günstiger Preis →	0,048	840,00	816,00	720,00	480,00
u_4		p(s): 0,20	Schwacher Preis →	0,128	684,00	720,00	720,00	540,00
u_5	p(n): 0,64 Normales Jahr	p(m): 0,50	Mittlerer Preis →	0,320	798,00	840,00	840,00	630,00
u_6		p(g): 0,30	Günstiger Preis →	0,192	912,00	960,00	960,00	720,00
u_7		p(s): 0,20	Schwacher Preis →	0,040	738,00	837,00	900,00	720,00
u_8	p(w): 0,20 Warmes Jahr	p(m): 0,50	Mittlerer Preis →	0,100	861,00	976,50	1050,00	840,00
u_9		p(g): 0,30	Günstiger Preis →	0,060	984,00	1116,00	1200,00	960,00
	Summe: 1,00		Summe:	1,000				

Ableitung der Handlungsempfehlung nach der SAFETY-FIRST-Regel:

VORGABEN: Gefordertes Minimalergebnis: 700,00 | Minimale Eintrittswahrscheinlichkeit: 0,880

Eintrittswahrscheinlichkeiten der Ergebnisse, deren Werte den Wert des geforderten Minimalergebnisses übersteigen oder ihn mindestens erreichen	a_1	a_2	a_3	a_4
u_1 →				
u_2 →	0,080	0,080		
u_3 →	0,048	0,048	0,048	
u_4 →		0,128	0,128	
u_5 →	0,320	0,320	0,320	
u_6 →	0,192	0,192	0,192	0,192
u_7 →	0,040	0,040	0,040	0,040
u_8 →	0,100	0,100	0,100	0,100
u_9 →	0,060	0,060	0,060	0,060
Wahrscheinlichkeit, mit der das geforderte Minimalergebnis von der Handlungsalternative [a] mindestens erreicht wird »»»	0,840	0,968	0,888	0,392
Entscheidungsdaten »»»	0,00	859,24	860,52	0,00
Empfohlene Alternative »»»			a3	

DECK210

Übersicht 2.10: Bestimmung der empfehlenswerten Handlungsalternative mit Hilfe der SAFETY-FIRST-Regel

sollte. Die Analyse der Ergebnisse der Handlungsalternativen ergibt, dass diese Bedingungen nur von den Alternativen a_2 und a_3 erfüllt werden. Für diese beiden Alternativen wurden in der Zeile „Entscheidungsdaten" die Erwartungswerte aufgeführt, für die übrigen Alternativen erscheint der Wert 0. In der Zeile „empfohlene Alternative" wird dann die Alternative a_3 als vorzüglich vorgeschlagen, weil sie den höchsten Erwartungswert hat.

Eine nähere Betrachtung der 36 Werte in der Ergebnismatrix zeigt uns, dass das Minimalergebnis und die minimale Eintrittswahrscheinlichkeit in einer bestimmten Beziehung stehen. Je höher die minimale Eintrittswahrscheinlichkeit sein soll, desto geringer wird das noch erfüllbare Minimalergebnis und umgekehrt. Durch eine entsprechende Variation des geforderten Minimalergebnisses im Programm DECK210, das der *Übersicht 2.10* zugrunde liegt, können wir den in *Übersicht 2.11* skizzierten Zusammenhang ableiten. In dieser Übersicht sind die Wahrscheinlichkeiten dargestellt, mit denen ein Einkommensbeitrag eintritt, der geringer oder höchstens gleich ist den auf der Abszisse abgetragenen Minimaleinkommensbeiträgen. Wir sehen also bspw., dass ein Einkommensbeitrag von 700,00 €/ha bei Wahl der geeigneten Handlungsalternative nur mit einer Wahrscheinlichkeit von etwa 3 % nicht erreicht wird, dass aber ein

Einkommensbeitrag von 850,00 €/ha schon mit einer Wahrscheinlichkeit von ca. 60 % nicht mehr erreicht wird bzw. nur noch mit einer Wahrscheinlichkeit von ca. 40 % noch erreicht oder überschritten wird.

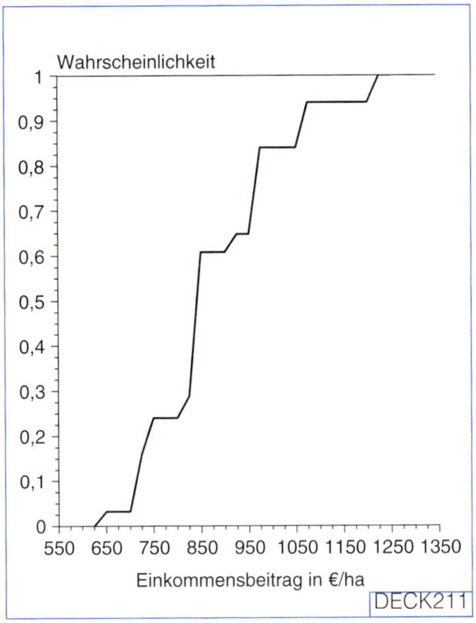

Übersicht 2.11: Wahrscheinlichkeit des Nichteintritts von Einkommensbeiträgen

In Form eines Computerprogramms ist also die SAFETY-FIRST-Regel sehr geeignet, dem Entscheider die Beziehungen zwischen den Ergebnissen und den zugehörigen Eintrittswahrscheinlichkeiten zu vermitteln. Er entwickelt dadurch ein „Gefühl" für das Risiko, das mit verschiedenen Handlungsweisen verbunden ist. Das Programm versetzt ihn in die Lage, diejenige Handlungsalternative zu wählen, die seinen (subjektiven) Vorstellungen über die Kombination von Anspruchsniveau und Eintrittswahrscheinlichkeit am „besten" entspricht. Je risikoscheuer ein Entscheider ist, desto eher wird er das Anspruchsniveau zugunsten einer hohen Eintrittswahrscheinlichkeit zurückzuschrauben bereit sein. (Variieren Sie im Programm DECK210 die Ergebniswerte, um Ihre persönliche Risikobereitschaft zu testen.)

Die SAFETY-FIRST-Regel dürfte dem Denken der meisten Entscheider sehr entgegenkommen. Sie ist einfach zu handhaben, weil sie lediglich die Festsetzung eines Minimalergebnisses und einer Eintrittswahrscheinlichkeit, dass dieses Ergebnis mindestens erreicht wird, erfordert. Allerdings hätte eine allzu mechanische Anwendung dieser Regel Nachteile, die schon aus den Ergebnissen der *Übersicht 2.10* deutlich werden. Dort wird bei einem Minimalergebnis von 700,00 €/ha und einer minimalen Eintrittswahrscheinlichkeit von 0,88 die Alternative a_3 empfohlen. Gegenüber der Alternative a_2 weist a_3 aber nur einen um 1,30 €/ha höheren Erwartungswert des Einkommensbeitrages auf. Andererseits wird bei der Alternative a_2 ein Einkommensbeitrag von 700,00 €/ha nur mit einer 3,2%igen Wahrscheinlichkeit nicht erreicht (d. h. nur einmal in etwa 30 Jahren), während das für die Alternative a_3 mit einer etwa 11,2%igen Wahrscheinlichkeit zutrifft (also etwa einmal in 9 Jahren). Der Entscheider sollte also die SAFETY-FIRST-Regel möglichst in Verbindung mit der Simulation unterschiedlicher Minimalforderungen anwenden. Erfreulicherweise erlaubt das der Computer heute ohne Schwierigkeiten.

2.3.5 Das Erwartungswert-Varianz-Prinzip

Der Forderung von David BERNOULLI nach Berücksichtigung des unterschiedlichen Risikonutzens kommt das *Erwartungswert-Varianz-Prinzip*, das wegen der gängigen Symbole für den Erwartungswert und die Varianz auch $[\mu, \sigma^2]$-Prinzip heißt, am weitesten entgegen. Dieses Prinzip sagt, dass der Entscheider – wie wir in Abschnitt 2.3.3 bereits abgeleitet haben – bei einer Bewertung von mehreren Handlungsalternativen neben den Erwartungswerten (μ) auch die Varianzen (σ^2) der Ergebnisse berücksichtigen sollte. Ein risikoscheuer Entscheider wird dabei auf Handlungsalternativen mit hohen Erwartungswerten, aber auch hohen Varianzen, zugunsten von Handlungsalternativen verzichten, die bei geringeren Erwartungswerten aber auch geringere Varianzen der Ergebnisse aufweisen. Bei solchen Alternativen besteht keine Aussicht auf „Höchstgewinne“, aber auch eine geringere Gefahr, dass der Entscheider ein Desaster erlebt.

2.3.5.1 Die $[\mu, \sigma^2]$-Regel

Das $[\mu, \sigma^2]$-Prinzip lässt grundsätzlich verschiedene konkrete $[\mu, \sigma^2]$-Regeln zu. Eine häufig gebrauchte Regel besagt, dass der Entscheider zur Beurteilung von Handlungsalternativen die Differenz aus den Erwartungswerten und den gewogenen Varianzen heranziehen, d. h. nach Maßgabe der mit Gleichung (2.17) errechneten Ergebnisse $R(\mu, \sigma^2)$ entscheiden sollte.

$$R(\mu, \sigma^2) = \mu - \lambda \cdot \sigma^2 \qquad (2.18)$$

Die empfehlenswerte Handlungsalternative ist diejenige, die den höchsten $R(\mu, \sigma^2)$-Wert aufweist. In der Gleichung (2.18) wird λ als Gewichtungsfaktor für die Varianz der Handlungsalternativen verwendet. Positive λ-Werte bedeuten, dass die Varianz den $R(\mu, \sigma^2)$-Wert senkt, und zwar umso stärker, je höher die Varianz der Ergebnisse einer Handlungsalternative ist. Handlungsalternativen mit vergleichsweise hohen Varianzen werden dadurch prinzipiell gegenüber solchen mit geringeren Varianzen benachteiligt. Die Benachteiligung ist c. p. umso stärker, je höher der (positive) Wert für λ gesetzt wird. Positive λ-Werte werden von risikoscheuen Entscheidern gewählt, wobei λ umso höher angesetzt wird, je risikoscheuer der Entscheider ist. Demgegenüber unterstellt ein Wert von $\lambda = 0$ einen risikoneutralen Entscheider. Der risikoneutrale Entscheider berücksichtigt nur den Erwartungswert von Handlungsalternativen und nicht deren Varianzen.

Die auf der Grundlage von Gleichung (2.18) skizzierte $[\mu, \sigma^2]$-Regel soll anhand der *Übersicht 2.12* demonstriert werden. Dazu wurde wiederum die bereits bekannte Ergebnismatrix zugrunde gelegt, wobei allerdings die dominierte Handlungsalternative a_4 durch eine Alternative a_{1s} ersetzt wurde. Wir wollen zunächst nur die Alternativen a_1 bis a_3 betrachten und auf die zusätzliche Alternative a_{1s} erst im nächsten Abschnitt eingehen.

Aus dem unteren Teil der *Übersicht 2.12* geht hervor, dass zur Bestimmung der empfehlenswerten Alternative zunächst die Erwartungswerte und die Varianzen der Alternativen berechnet werden müssen. Bei Festsetzung der Werte für den Gewichtungsfaktor mit $\lambda = 0{,}006$ ergeben sich dann in der Zeile „Entscheidungsdaten“ die $R(\mu, \sigma^2)$-Werte für die Handlungsalternativen.

Im Beispiel wird schließlich a_2 als „empfohlene Alternative“ ausgewiesen, weil sie den höchsten $R(\mu, \sigma^2)$-Wert besitzt. Die optimale Alternative variiert jedoch je nach Wert des Gewichtungsfaktors λ. Ein Wert $\lambda > 0{,}0091$ führt dazu, dass a_1 zur empfohlenen Alternative wird, ein Wert von $\lambda < 0{,}000149$ bewirkt, dass a_3 vorzüglich wird. (Überprüfen Sie die Wirkung unterschiedlicher λ-Werte mit dem Programm DECK212, das der *Übersicht 2.12* zugrunde liegt.)

2.3.5.2 Die Efficiency Frontier

Aus den Erwartungswerten und den Varianzen der Handlungsalternativen a_1 bis a_3 können wir des Weiteren ablesen, dass offenbar folgender Zusammenhang zwischen diesen beiden statistischen Maßen besteht: Die Varianz steigt mit zunehmendem Erwartungswert und umgekehrt. Für unser Beispiel ergeben sich für die Handlungsalternativen die Punkte a_1, a_2 und a_3 im Koordinatensystem der *Übersicht 2.13*. Verbinden wir diese 3 Punkte, dann erhalten wir eine sog. *efficiency frontier*, d. h. eine Grenzlinie, auf der Handlungsalternativen liegen, die insofern effizient sind, als sie bei jeweils spezifischen λ-Werten zur empfohlenen Handlungsalternative werden (vgl. z. B. Boelje und Eidmann 1984, p. 462).

Um den Inhalt der efficiency frontier zu verdeutlichen, wollen wir uns eine weitere Handlungsalternative a_v vorstellen, die bei etwa gleicher Varianz wie die Alternative a_2 einen geringeren Erwartungswert aufweist. Anstelle der Erträge 68, 80 und 93 dt/ha für a_2 würde die Alternative a_v bei den 3 Witterungslagen zu Erträgen von 65, 78 und 91 dt/ha führen. Aufgrund der Überlegungen in Abschnitt 2.3.2 können wir sofort sagen, dass die Maissorte a_v von der Sorte a_2 dominiert würde, weil sie bei jeder Witterungslage geringere Erträge erbringt. Rechnungen mit dem Programm DECK212 zeigen, dass die Alternative a_v eine Kombination aus Erwartungswert und Varianz aufweist, die in der *Übersicht 2.13* mit dem Punkt a_v gekennzeichnet ist. Der Punkt a_v liegt sozusagen „unterhalb" der efficiency frontier. Die Alternative a_v ist den übrigen Handlungsalternativen unter-

DATEN:		Körnermaissorte in der Reifegruppe »»»		FRÜH	MITTEL-FRÜH	MITTEL-SPÄT	FRÜH Festpreis
Naturalerträge in dt/ha [y] für Witterungsbedingungen		Kühles Jahr [k] »»»		70,00	68,00	60,00	70,00
		Normales Jahr [n] »»»		76,00	80,00	80,00	76,00
		Warmes Jahr [w] »»»		82,00	93,00	100,00	82,00
Maispreise in €/dt:	Schwacher Preis [s]: 9,00	Mittlerer Preis [m]: 10,50		Günstiger Preis [g]:			12,00
		HANDLUNGSALTERNATIVEN:		a_1	a_2	a_3	a_{1s}
Umwelt-zustände	p(Witterung)	EINTRITTSWAHRSCHEINLICHKEITEN: p(Maispreise)	p(u)	Handlungsfolgen: Einkommensbeiträge bei verschiedenen Jahreswitterungen [k U n U w] und Körnermaispreisen [s U m U g].			
u_1		p(s): 0,20 Schwacher Preis →	0,032	630,00	612,00	540,00	
u_2	p(k): 0,16 Kühles Jahr	p(m): 0,50 Mittlerer Preis →	0,080	735,00	714,00	630,00	735,00
u_3		p(g): 0,30 Günstiger Preis →	0,048	840,00	816,00	720,00	
u_4		p(s): 0,20 Schwacher Preis →	0,128	684,00	720,00	720,00	
u_5	p(n): 0,64 Normales Jahr	p(m): 0,50 Mittlerer Preis →	0,320	798,00	840,00	840,00	798,00
u_6		p(g): 0,30 Günstiger Preis →	0,192	912,00	960,00	960,00	
u_7		p(s): 0,20 Schwacher Preis →	0,040	738,00	837,00	900,00	
u_8	p(w): 0,20 Warmes Jahr	p(m): 0,50 Mittlerer Preis →	0,100	861,00	976,50	1050,00	861,00
u_9		p(g): 0,30 Günstiger Preis →	0,060	984,00	1116,00	1200,00	
	Summe: 1,00	Summe:	1,000				
Ableitung der Handlungsempfehlung nach der [μ,σ²]-Regel:							
		Erwartungswerte [μ] »»»		811,96	859,24	860,52	800,52
		Varianzen [σ²] »»»		7885,97	13633,11	23616,13	1422,49
		λ: 0,00600					
Entscheidungsdaten: μ-λ*σ²:		Entscheidungsdaten »»»		764,64	777,44	718,82	791,99
		Empfohlene Alternative »»»			a2		
							DECK212

Übersicht 2.12: Bestimmung der empfehlenswerten Handlungsalternative mit Hilfe der [μ, σ²]-Regel

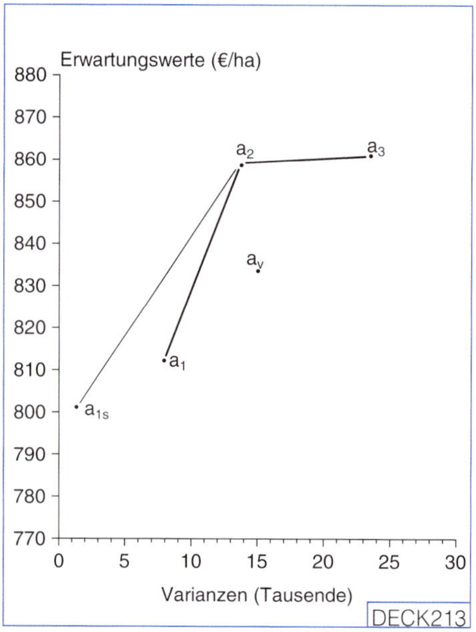

Übersicht 2.13: Efficiency Frontier bei λ = 0,006

legen und braucht deshalb im weiteren Entscheidungsprozess nicht mehr berücksichtigt zu werden. Wir können aus dieser Überlegung auch schließen, dass die efficiency frontier eine monoton von „links" nach „rechts" ansteigende Linie sein muss, deren Steigung jedoch von effizienter zu effizienter Handlungsalternative abnimmt oder höchstens gleich bleibt. Die efficiency frontier ist also ähnlich der Isoquante zur Bestimmung effizienter Faktorkombinationen im Beispiel über die Auswahl des optimalen Getreideernteverfahrens (Abschnitt 1.4.3.3.2) ein Hilfsmittel zur Abgrenzung effizienter von ineffizienten Handlungsalternativen. (Überprüfen Sie durch Variationen der Ertragsparameter und/oder der Eintrittswahrscheinlichkeiten für die Umweltzustände in Verbindung mit Variationen der λ-Werte mit Hilfe des Programms DECK212 die Richtigkeit der vorstehenden Überlegungen.)

Darüber hinaus zeigt die efficiency frontier die Relation zwischen Erwartungswert und Varianz von (effizienten) Handlungsalternativen und kann so dem risikoscheuen Entscheider bei der Bestimmung seiner (subjektiv) besten Handlungsalternative behilflich sein. Anzumerken bleibt, dass der risikoneutrale oder gar risikofreudige Entscheider stets die am weitesten „rechts" auf der efficiency frontier liegende Handlungsalternative wählen wird, weil sie den höchsten Erwartungswert aufweist und die höhere Varianz vom risikoneutralen Entscheider gar nicht und vom risikofreudigen Entscheider sogar positiv bewertet wird.

Übersicht 2.13 enthält mit a_{1s} noch eine weitere Kombination aus Erwartungswert und Varianz. Dieser Punkt bezieht sich auf die Handlungsalternative a_{1s} im rechten Teil der *Übersicht 2.12*. Sie beinhaltet Folgendes: Der Landwirt unseres Beispiels könnte das Preisrisiko des Körnermaisanbaus dadurch ausschalten, dass er mit einem Schweinemäster bereits vor der Maisaussaat einen Vertrag über die Lieferung von Mais der frühen Sorte im nachfolgenden Herbst abschließen kann, wobei sich der mittlere Preis von 10,50 €/dt als Festpreis vereinbaren ließe. Für die Bestimmung der Vorzüglichkeit dieser Handlungsalternative sind damit nur noch die drei möglichen Witterungslagen als Umweltzustände zu berücksichtigen. Im Vergleich zur vorher optimalen Handlungsalternative a_2 ohne Preisfixierung liegt der Erwartungswert der Alternative a_{1s} zwar mit 800,52 €/ha um 58,72 €/ha niedriger, aber die Varianz ist von 13.633,11 für a_2 auf 1.422,49 für a_{1s} drastisch zurückgegangen. Aus den Entscheidungsdaten für die insgesamt vier Alternativen geht hervor, dass der Landwirt den Liefervertrag abschließen sollte, weil die Alternative a_{1s} mit 791,99 bei einem Gewichtungsfaktor $\lambda = 0{,}006$ den höchsten $R(\mu, s^2)$-Wert aller Handlungsalternativen aufweist. (Überlegen Sie, wie weit der Festpreis gesenkt werden kann, bis der Vorteil der Alternative a_{1s} verloren geht.)

Aus *Übersicht 2.13* wird ebenfalls deutlich, dass a_{1s} und a_2 die Alternative a_1 offenbar dominieren, weil a_{1s} bei zwar geringerem Erwartungswert eine so stark verringerte Varianz aufweist, dass entweder sie oder a_2 bei allen positiven λ-Werten überlegen bleibt. Unter Einbeziehung der Alternative a_{1s} würde die efficiency frontier jetzt nicht mehr von a_1 über a_2 nach a_3, sondern von a_{1s} über a_2 nach a_3 verlaufen. Der neue Verlauf der efficiency frontier sagt aber gleichzeitig, dass a_{1s} nicht die Alternativen a_2 und a_3 dominiert. Bei geringeren Werten für λ (wobei jedoch weiterhin $\lambda > 0$ gilt), d. h. bei weniger risikoscheuer Einstellung, können auch wieder die Alternativen a_2 und a_3 – nicht jedoch a_1 – zum Zuge kommen. (Überprüfen Sie die Aussage durch Variation des λ-Wertes im Programm DECK212.)

Die $[\mu, \sigma^2]$-Regel berücksichtigt sowohl die Erwartungswerte als auch die Varianzen der Ergebnisse von Handlungsalternativen. Sie ist damit ein sicherlich elegantes und gleichzeitig recht einfach zu handhabendes Entscheidungshilfsmittel, das auch die Forderung des *BERNOULLI*-Prinzips einbezieht. Allerdings hat sie auch Nachteile.
Einerseits verlangt sie vom Entscheider die Festlegung eines λ-Wertes. Die empfohlene Handlungsalternative hängt – wie wir gesehen haben – von dem Betrag dieses Gewichtungsfaktors ab. Es ist schwierig vorstellbar, wie der Entscheider diesen Wert bemessen soll. Ebenso wie bei der SAFETY-FIRST-Regel muss deshalb auch bei der $[\mu, \sigma^2]$-Regel vor einer mechanischen Anwendung gewarnt werden. Der Entscheider sollte sich vielmehr auf eine Betrachtung der efficiency frontier konzentrieren, also das Verhältnis von Erwartungswert zu Varianz der untersuchten Handlungsalternativen betrachten und dann diejenige Alternative wählen, deren Verhältnis den für ihn (subjektiv) „besten" Wert aufweist.

Überdies lassen sich sehr unterschiedliche Wahrscheinlichkeitsfunktionen konstruieren, z. B. Normalverteilungen und Dreiecksverteilungen ebenso wie schiefe Verteilungen und Gleichverteilungen, die bei entsprechenden Werten für die Ergebnisse e_{ji} sämtlich denselben Erwartungswert und dieselbe Varianz besitzen. Aus diesem Grund sind Entscheider oftmals mehr daran interessiert, anstelle von wenigen zusammenfassenden Statistiken die gesamten Verteilungsfunktionen verschiedener Handlungsalternativen miteinander vergleichen zu können, um auf der Basis dieser Information eine Entscheidung zu treffen.

2.3.6 Berücksichtigung stochastischer Dominanzen bei der Auswahl von Handlungsalternativen

2.3.6.1 Die Stochastische Dominanz 1. Grades

Zwei Maßstäbe, die bei einem solchen Vergleich von Verteilungsfunktionen behilflich sein können, sind die stochastische Dominanz des 1. und des 2. Grades. Zur Erläuterung betrachten wir in *Übersicht 2.15* die diskreten Verteilungsfunktionen der beiden Handlungsalternativen a_2 und

a_4 aus *Übersicht 2.10*. Die dafür notwendigen Daten wurden der *Übersicht 2.14* entnommen. Die Verteilungsfunktionen geben an, mit welcher Wahrscheinlichkeit bei einer Handlungsalternative ein Einkommensbeitrag in Kauf genommen werden muss, der unterhalb des jeweils betrachteten (auf der Abszisse abgetragenen) Einkommensbeitragsniveaus liegt. Zum Beispiel wird bei der Alternative a_4 ein Einkommensbeitrag von weniger als 540,00 €/ha mit der Wahrscheinlichkeit 0,16 oder von weniger als 840,00 €/ha mit der Wahrscheinlichkeit 0,84 erreicht.

Zur Beschreibung der Vorgehensweise bei der Bestimmung von Verteilungsfunktionen wollen wir kurz auf die Daten der *Übersicht 2.14* eingehen. Die Übersicht enthält in 5 Blöcken

SPALTE:	1	2	3
	Geordnete Ergebnisse	Zugehörige p(uj)	Kumulierte p(uj)
Daten zur Bestimmung der Dominanzen für die Alternative a_1	630,00	0,032	0,032
	684,00	0,128	0,160
	735,00	0,080	0,240
	738,00	0,040	0,280
	798,00	0,320	0,600
	840,00	0,048	0,648
	861,00	0,100	0,748
	912,00	0,192	0,940
	984,00	0,060	1,000
Daten zur Bestimmung der Dominanzen für die Alternative a_2	612,00	0,03	0,032
	714,00	0,08	0,112
	720,00	0,13	0,240
	816,00	0,05	0,288
	837,00	0,04	0,328
	840,00	0,32	0,648
	960,00	0,19	0,840
	976,50	0,10	0,940
	1116,00	0,06	1,000
Daten zur Bestimmung der Dominanzen für die Alternative a_3	540,00	0,03	0,032
	630,00	0,08	0,112
	720,00	0,05	0,160
	720,00	0,13	0,288
	840,00	0,32	0,608
	900,00	0,04	0,648
	960,00	0,19	0,840
	1050,00	0,10	0,940
	1200,00	0,06	1,000
Daten zur Bestimmung der Dominanzen für die Alternative a_4	360,00	0,03	0,032
	420,00	0,08	0,112
	480,00	0,05	0,160
	540,00	0,13	0,288
	630,00	0,32	0,608
	720,00	0,19	0,800
	720,00	0,04	0,840
	840,00	0,10	0,940
	960,00	0,06	1,000
Daten zur Bestimmung der Dominanzen für die Alternative a_{1s}	0,00	0,00	0,000
	0,00	0,00	0,000
	0,00	0,00	0,000
	0,00	0,00	0,000
	0,00	0,00	0,000
	0,00	0,00	0,000
	735,00	0,16	0,160
	798,00	0,64	0,800
	861,00	0,20	1,000

DECK214

Übersicht 2.14: Berechnung der Daten zur Bestimmung der Dominanzen 1. und 2. Grades

Daten für die 4 Handlungsalternativen a_1 bis a_4 aus dem Beispiel der *Übersicht 2.10* und zusätzlich im unteren Block Daten für eine Handlungsalternative a_{1s}, die wir aus der *Übersicht 2.12* bereits kennen. Zur Ableitung der Verteilungsfunktionen benötigen wir einerseits die Ergebnisse e_{ji} der Handlungsalternativen und andererseits die kumulierten Eintrittswahrscheinlichkeiten. Um die kumulierten Eintrittswahrscheinlichkeiten berechnen zu können, müssen die Ergebnisse der Handlungsalternativen in aufsteigender Reihenfolge geordnet werden. Die Ergebnisse der Handlungsalternativen, die in Spalte 1 der *Übersicht 2.14* aufgeführt sind, wurden auf diese Weise geordnet und unterscheiden sich deshalb von den Ergebnissen in der Ergebnismatrix der *Übersicht 2.10* bzw. *2.12* nur durch die Reihenfolge. Die Spalte 2 wiederholt dann die Eintrittswahrscheinlichkeiten $p(u_j)$ der Ergebnisse.

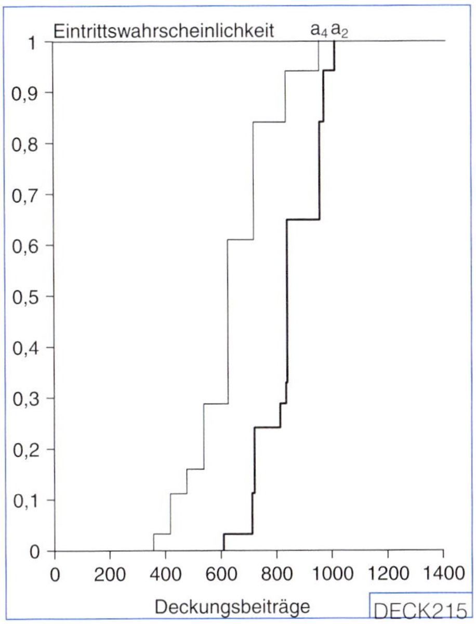

Übersicht 2.15: Diskrete Verteilungsfunktionen der Alternativen a_2 und a_4

In Spalte 3 sind die kumulierten Eintrittswahrscheinlichkeiten angegeben. Sie entstehen durch Aufaddieren der Werte von Spalte 2. Die Verteilungsfunktionen a_2 und a_4 in *Übersicht 2.15* sind also aus den Werten der Spalten 1 und 3 der *Übersicht 2.14* gebildet worden. (Anmerkung: Die *Übersicht 2.14* ist tatsächlich ein Ausschnitt aus einem Tabellenkalkulationsprogramm, das auch die übrigen Informationen unserer Entscheidungssituation, so wie wir sie aus den vorhergehenden Abschnitten bereits kennen, enthält. Der Leser kann dieses Programm mit DECK214 aufrufen.)

Die Handlungsanweisung zur Berücksichtigung der *stochastischen Dominanz 1. Grades* basiert auf der Annahme, dass der Entscheider ein Mehr dem Weniger vorzieht. Wenn also bspw. der Einkommensbeitrag das Entscheidungskriterium ist, dann wird er einen höheren Einkommensbeitrag einem geringeren Einkommensbeitrag vorziehen. Wenn wir die Verteilungsfunktionen von zwei Handlungsalternativen vergleichen, dann würde die eine Alternative die andere dann nach Maßgabe der stochastischen Dominanz 1. Grades dominieren, wenn die kumulierten Eintrittswahrscheinlichkeiten der einen Alternative bei allen erreichbaren Einkommensbeiträgen geringer oder höchstens gleich sind denjenigen der anderen Alternative, wobei die Ungleichheit für mindestens ein Einkommensbeitragsniveau gelten muss. Wir sehen aus der *Übersicht 2.15* unmittelbar, dass die kumulierten Eintrittswahrscheinlichkeiten für die Alternative a_2 (dickere Linie) bei allen Einkommensbeitragsniveaus geringer sind als diejenigen für die Alternative a_4 (dünnere Linie). Wir können daraus schließen, dass die Alternative a_2 die Alternative a_4 nach Maßgabe der stochastischen Dominanz 1. Grades dominiert. Dieses Ergebnis hatten wir vorläufig bereits in Abschnitt 2.3.1 abgeleitet. In der grafischen Darstellung erkennen wir die stochastische Dominanz 1. Grades daran, dass die Verteilungsfunktion der dominierten Alternative keine Stelle aufweist, an der sie „rechts" von der Verteilungsfunktion der dominanten Alternative liegt.

Sachlich sagt die stochastische Dominanz 1. Grades nichts anderes, als dass bei der Wahl der dominanten Alternative ein jeweils betrachtetes Einkommensbeitragsniveau mit einer geringeren Wahrscheinlichkeit nicht erreicht wird als bei der Wahl der dominierten Alternative bzw. umgekehrt, dass bei der Wahl der dominanten Alternative ein jeweils betrachtetes Einkommensbeitragsniveau mit einer höheren Wahrscheinlichkeit mindestens erreicht wird als bei der Wahl der dominierten Alternative. Jeder vernünftige Entscheider wird also in seinem weiteren Auswahlprozess die nach Maßgabe der stochastischen Dominanz 1. Grades dominierten Handlungsalternativen nicht weiter berücksichtigen.

Anhand der Daten der *Übersicht 2.14* kann der Leser selbst die Verteilungsfunktionen der Handlungsalternativen a_1, a_3 und a_{1s} grafisch abtragen und dabei feststellen, dass auch diese Alternativen die Alternative a_4 nach Maßgabe der stochastischen Dominanz 1. Grades dominieren. Wir können also a_4 aus dem weiteren Auswahlprozess ausscheiden.

Die Berücksichtigung der stochastischen Dominanz 1. Grades ist kein Mittel zur Bestimmung der optimalen Handlungsalternative, sondern lediglich ein Mittel zur Ausgrenzung von ineffizienten bzw. umgekehrt, zur Eingrenzung der möglichen Alternativen auf die effizienten Alternativen.

2.3.6.2 Die Stochastische Dominanz 2. Grades

Für eine weitere Eingrenzung der Alternativenmenge kann die *stochastische Dominanz 2. Grades* verwendet werden. Sie kann in gewissem Maße berücksichtigen, dass die Verhältnisse bei vielen Handlungsalternativen nicht so eindeutig sind wie zwischen den eben betrachteten Handlungsalternativen a_4 und a_2.

Zur Erläuterung wurde in *Übersicht 2.16* die Verteilungsfunktion der vorher dominanten Alternative a_2 nochmals abgetragen, zusätzlich wurde die Verteilungsfunktion der Alternative a_1 (dünnere Linie) dargestellt. Wir sehen, dass die Verteilungsfunktion a_1 teilweise links und teilweise rechts von derjenigen von a_2 verläuft sowie teilweise mit ihr identisch ist. Weder a_1 dominiert a_2 noch a_2 dominiert a_1 nach Maßgabe der stochastischen Dominanz 1. Grades.

Bei der Handlungsanweisung zur Berücksichtigung der stochastischen Dominanz 2. Grades wird nun die zusätzliche Annahme gemacht, dass der Entscheider nicht nur ein Mehr gegenüber einem Weniger präferiert, sondern auch risikoscheu ist. Diese Annahme ist sicherlich realitätskonform, wie wir bereits vorher diskutiert haben.

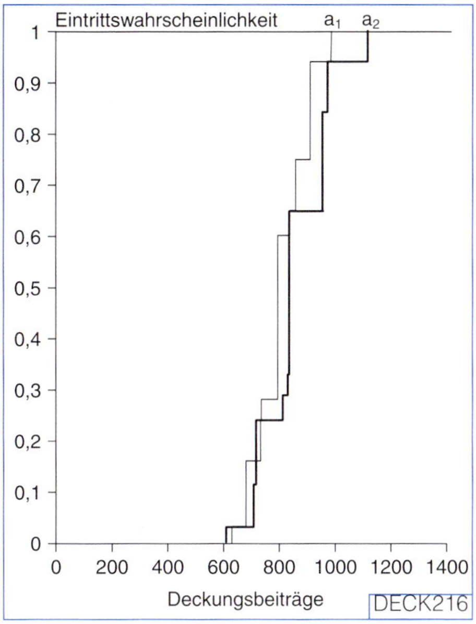

Übersicht 2.16: Diskrete Verteilungsfunktionen der Alternativen a_1 und a_2

Für eine Auswahl von Handlungsalternativen nach Maßgabe der stochastischen Dominanz 2. Grades wird das Integral der Verteilungsfunktionen von Handlungsalternativen vergleichend betrachtet. Grafisch bedeutet das, dass die Flächen unter den Verteilungsfunktionen verglichen werden müssen. Die Auswahlregel sagt dann, dass risikoscheue Entscheider sich bei einem Vergleich von zwei Alternativen für diejenige entscheiden sollten, deren Fläche unter der Verteilungsfunktion bei keinem Einkommensbeitragsniveau die Fläche unter der Verteilungsfunktion der anderen Handlungsalternative überschreitet und bei mindestens einem Niveau geringer ist. Mit anderen Worten: Eine Handlungsalternative dominiert eine andere Alternative nach Maßgabe der stochastischen Dominanz 2. Grades dann, wenn die Fläche unter der Verteilungsfunktion der einen Alternative bei allen Einkommensbeitragsniveaus geringer oder höchstens gleich ist der Fläche unter der Verteilungsfunktion der anderen Alternative, wobei die Ungleichheit für mindestens ein Einkommensbeitragsniveau gelten muss.

Ob eine stochastische Dominanz 2. Grades vorliegt, lässt sich auf grafischem Wege nur in relativ einfachen Situationen ableiten. Eine solche Situation ist bei einem Vergleich der Handlungsalternativen a_1 und a_{1s} gegeben. In *Übersicht 2.17* sind die auf den zugehörigen Daten der *Übersicht 2.14* basierenden Verteilungsfunktionen der beiden Alternativen abgetragen. Beginnen wir unsere Betrachtung bei den geringen Einkommensbeitragsniveaus, dann ist die Fläche unter der Verteilungsfunktion von a_1 zunächst eindeutig größer als diejenige unter der Verteilungsfunktion von a_{1s}. Die Differenz beträgt F_1, sie wurde in der Übersicht schraffiert. Im oberen Bereich der Einkommensbeitragsniveaus nimmt dagegen die Fläche unter der Verteilungsfunktion a_{1s} bis zum Erreichen der kumulierten Wahrscheinlichkeit von 0,8 rascher zu als diejenige unter der Verteilungsfunktion von a_1. Die Flächendifferenz beträgt F_2, sie ist ebenfalls schraffiert. Da die Fläche F_2 jedoch offensichtlich kleiner ist als die Fläche F_1, wird der „Vorsprung" für a_{1s} aus F_1 nicht vollständig aufgezehrt. Die Fläche unter der Verteilungsfunktion von a_{1s} bleibt deshalb bis zum Erreichen der Eintrittswahrscheinlichkeit von

1,0 stets kleiner als die Fläche unter der Verteilungsfunktion von a_1, d. h., die Handlungsalternative a_{1s} verhält sich gegenüber der Handlungsalternative a_1 nach Maßgabe der stochastischen Dominanz 2. Grades dominant.

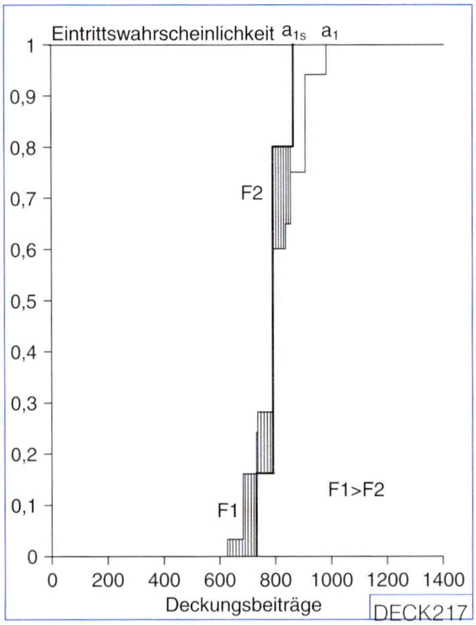

Übersicht 2.17: Diskrete Verteilungsfunktionen der Alternativen a_1 und a_{1s}

Sachlich bedeutet diese Aussage, dass ein risikoscheuer Entscheider bei einem Vergleich nur dieser beiden Handlungsalternativen die Alternative a_1 nicht weiter berücksichtigen sollte, weil die Alternative a_{1s} bestimmte Mindesteinkommensbeiträge mit einer geringeren Eintrittswahrscheinlichkeit unterschreitet als die Alternative a_1.

Der Entscheider sollte in die Endauswahl der Handlungsalternativen also nur diejenigen Alternativen aufnehmen, die sich nach Maßgabe der stochastischen Dominanz 2. Grades nicht gegenseitig dominieren. Die Feststellung, ob das zutrifft oder nicht, lässt sich bei komplizierteren Verläufen, wie z. B. bei den Alternativen a_1 und a_2 in *Übersicht 2.16*, nicht mehr auf grafischem Wege feststellen. Vielmehr müssen dafür die Flächen unter den Verteilungsfunktionen in Abhängigkeit steigender Einkommensbeitragsniveaus bestimmt werden. Für diskrete Funktionen lässt sich die notwendige Rechnung so vollziehen, wie in der *Übersicht 2.18* dargestellt. In dieser Übersicht sollen die Alternativen a_1, a_2 und a_{1s} miteinander verglichen werden.

Wir erhalten die Flächen unter den Verteilungsfunktionen, indem wir die Teilflächen bestimmen, die sich jeweils von „Knickpunkt" zu „Knickpunkt" der Verteilungsfunktionen ergeben. Dabei ist allerdings zu berücksichtigen, dass ein Vergleich für die Bestimmung der stochastischen Dominanz 2. Grades nur gelingt, wenn wir aus den Mengen der Einkommensbeiträge an den Knickpunkten, die in Spalte 1 der *Übersicht 2.14* angegeben waren, die Vereinigungsmenge für die 3 Handlungsalternativen bilden. Das ist in der Spalte „geordnete Ergebnisse" der *Übersicht 2.18* geschehen.

	Alternativen a_1,a_2,a_{1s}		Alternative a_1		Alternative a_2		Alternative a_{1s}	
ZEILE	Geordnete Ergebnisse	Ergebnis-veränderung	Kumulierte $p(u_j)$	Integrierte Verteilung	Kumulierte $p(u_j)$	Integrierte Verteilung	Kumulierte $p(u_j)$	Integrierte Verteilung
1	612,00	0,00	0,000	0,000	0,032	0,000	0,000	0,000
2	630,00	18,00	0,032	0,000	0,032	0,576	0,000	0,000
3	684,00	54,00	0,160	1,728	0,032	2,304	0,000	0,000
4	714,00	30,00	0,160	6,528	0,112	3,264	0,000	0,000
5	720,00	6,00	0,160	7,488	0,240	3,936	0,000	0,000
6	735,00	15,00	0,240	9,888	0,240	7,536	0,160	0,000
7	738,00	3,00	0,280	10,608	0,240	8,256	0,160	0,480
8	798,00	60,00	0,600	27,408	0,240	22,656	0,800	10,080
9	816,00	18,00	0,600	38,208	0,288	26,976	0,800	24,480
10	837,00	21,00	0,600	50,808	0,328	33,024	0,800	41,280
11	840,00	3,00	0,648	52,608	0,648	34,008	0,800	43,680
12	861,00	21,00	0,748	66,216	0,648	47,616	1,000	60,480
13	912,00	51,00	0,940	104,364	0,648	80,664		
14	960,00	48,00	0,940	149,484	0,840	111,768		
15	976,50	16,50	0,940	164,994	0,940	125,628		
16	984,00	7,50	1,000	172,044	0,940	132,678		
17	1116,00	132,00			1,000	256,758		

DECK218

Übersicht 2.18: Daten zur Bestimmung der stochastischen Dominanz 2. Grades

Zur Bestimmung der Flächen unter den Verteilungsfunktionen, d. h. zur Bestimmung der integrierten Verteilungen, müssen wir jetzt die Ergebnisveränderungen als Differenzen von zwei Werten der Vereinigungsmenge der geordneten Ergebnisse bilden und diese dann jeweils mit der bis dahin erreichten kumulierten Eintrittswahrscheinlichkeit multiplizieren. Durch Aufaddieren der jeweils vorher erreichten Beträge für die integrierte Verteilung als Fläche unter der Verteilungsfunktion erhalten wir dann die bis zum jeweiligen Einkommensbeitragsniveau insgesamt erreichte Fläche unter der Verteilungsfunktion. Diese integrierten Verteilungen sind in der *Übersicht 2.18* für die betrachteten Handlungsalternativen a_1, a_2 und a_{1s} angegeben.

Zunächst bestätigt sich unsere anhand der *Übersicht 2.17* getroffene Feststellung, dass a_{1s} der Alternative a_1 nach Maßgabe der stochastischen Dominanz 2. Grades überlegen ist. Verfolgen wir die integrierten Verteilungen der beiden Alternativen in der Übersicht von oben nach unten, dann sehen wir, dass die integrierte Verteilung von a_{1s} stets geringer ist als diejenige von a_1.

Demgegenüber zeigt ein Vergleich der Alternative a_2 mit der Alternative a_{1s}, dass a_{1s} die Alternative a_2 nicht dominiert. Bei höheren Einkommensbeiträgen weist die integrierte Verteilung von a_{1s} höhere Werte auf als diejenige von a_2.

Auch bei einem Vergleich zwischen den Alternativen a_1 und a_2 lässt sich eine stochastische Dominanz 2. Grades nicht feststellen. Obwohl die Fläche unter der Verteilungsfunktion von a_2 bei höheren Einkommensbeiträgen stets geringere Werte aufweist, dominiert sie die Alternative a_1 nicht, weil sie bei den ersten geringen Einkommensbeiträgen höhere Werte für die Fläche unter der Verteilungsfunktion hat.

Da aber a_{1s} die Alternative a_1 nach Maßgabe der stochastischen Dominanz 2. Grades dominiert, kann letztere aus dem weiteren Kreis der effizienten Handlungsalternativen ausgeschieden werden. Wir erhalten damit das gleiche Ergebnis wie bei der Diskussion der efficiency frontier im vorhergehenden Abschnitt.

Diesen Abschnitt abschließend soll nochmals darauf hingewiesen werden, dass es sich bei der Berücksichtigung der stochastischen Dominanzen 1. und 2. Grades im Unterschied zu den vorher diskutierten Entscheidungsregeln nicht um ein Verfahren zur Bestimmung der optimalen Handlungsalternative, sondern nur um ein Verfahren zur Eingrenzung der für eine endgültige Entscheidung verbleibenden Handlungsalternativen handelt. Eine Feststellung der Dominanzen unterstützt den Entscheider bei der Vorauswahl.

2.3.7 Vergleichende Bewertung der Entscheidungsregeln

Wir wollen die Diskussion der Entscheidungsregeln mit der Ableitung von einigen generellen Aussagen zu ihrer Nutzung abschließen:

(1) Die Entscheidungsregeln, bei denen die Eintrittswahrscheinlichkeit für die verschiedenen Umweltzustände nicht geschätzt zu werden brauchen, sollten nur dann angewendet werden, wenn sich solche Eintrittswahrscheinlichkeiten auch tatsächlich keinesfalls schätzen lassen. Bei der Entscheidung zum Einsatz der einen oder anderen Regel sollte der Entscheider aber berücksichtigen, dass er je nach Regel ein unterschiedliches Risikoverhalten für sich unterstellt. Der Entscheider muss sich also vorher bewusst machen, ob er in einer konkreten Entscheidungssituation eher risikofreudig oder eher risikoscheu sein wird.

(2) In den meisten Entscheidungssituationen wird der Entscheider zumindest subjektive Eintrittswahrscheinlichkeiten für die in Frage kommenden Umweltzustände schätzen können. Als Hauptkriterium der Entscheidung wird er dann in allen Fällen die Erwartungswerte der Handlungsalternativen verwenden, um dann nach Maßgabe der LAPLACE-BAYES-Regel zu entscheiden.

(3) Wenn der Entscheider nur die Erwartungswerte der Handlungsalternativen berücksichtigt, dann verhält er sich risikoneutral. Er wird mit dieser Auswahl der optimalen Handlungsalternative – längerfristig gesehen – aber auch objektiv insofern am zielwirksamsten handeln, als er bei dieser Vorgehensweise den höchsten (gewogenen) Durchschnittswert für die Zielvariable, z. B. für den Einkommensbeitrag oder den Gewinn, erreicht. Diese Aussage bedarf einer gewissen Erläuterung: Sie gilt dann, wenn wir davon ausgehen, dass der Entscheider – ex post betrachtet – die Eintrittswahrscheinlichkeiten für die Umweltzustände auch richtig vorhergesagt hat. Es wären dann jeweils so viele Jahre mit den jeweiligen Umweltzuständen eingetreten, wie mit den Eintrittswahrscheinlichkeiten ex ante angenommen. Der sich daraus ergebende Durchschnittswert für den Zielbeitrag entspricht dem Erwartungswert der Handlungsalternative (vgl. dazu auch den folgenden Abschnitt 2.4.3).

(4) Die Berücksichtigung von zusätzlichen Kriterien für die Entscheidung, wie etwa der Mindesteintrittswahrscheinlichkeit für ein Mindestergebnis bei der SAFETY-FIRST-Regel oder der (gewichteten) Varianz bei der $[\mu, \sigma^2]$-Regel oder auch des Erwartungsnutzens nach dem BERNOULLI-Prinzip, kann dagegen – wie wir gesehen haben – in vielen Fällen dazu führen, dass nicht mehr die Handlungsalternative mit dem höchsten Erwartungswert ausgewählt wird. Ex post betrachtet, würde damit auch nicht mehr der höchstmögliche, durchschnittliche Zielbeitrag erreicht. Zusätzliche Entscheidungskriterien schränken also den Erreichungsgrad für das Hauptkriterium bzw. das Hauptziel der Entscheidung ein.

(5) Da die Berücksichtigung von zusätzlichen Entscheidungskriterien aus der Sicht des risikoscheuen Entscheiders aber das Risiko vergleichsweise geringer Gewinne oder gar Verluste sen-

ken soll und dieses Risiko umso höher wird, je stärker die Einzelergebnisse streuen und je höher ihre Beträge sind, sollte der Entscheider immer dann lediglich den Erwartungswert als Entscheidungskriterium verwenden, wenn die Ergebnisse vergleichsweise geringfügig streuen und die auf dem Spiel stehenden Beträge so niedrig sind, dass bei Eintritt von nachteiligen Umweltzuständen keine direkte Existenzgefährdung droht. Wie gesagt, wird der Entscheider dann den langfristig höchsten durchschnittlichen Einkommensbeitrag erreichen. Derartige Situationen sind in allen Betrieben sehr häufig gegeben: Etwas geringere Umsätze in einem Jahr z. B. für einen Produktionsbereich führen nicht sofort dazu, dass der Betrieb Konkurs anmelden muss.

(6) Die SAFETY-FIRST-Regel und/oder die [μ, σ^2]-Regel, die die Aussagen des BERNOULLI-Prinzips berücksichtigen, sollte der Entscheider dagegen dann anwenden, wenn es im Betrieb um große Investitionsentscheidungen oder die Aufnahme neuer Produktionszweige geht, wenn also ein Fehlschlag zu existenziellen Konsequenzen führen kann. Hier empfiehlt sich ein vorsichtiges bzw. risikoscheues Verhalten, das zu Gunsten relativ sicherer Minimalgewinne auf Höchstgewinne verzichtet.

(7) Allerdings sollte der Entscheider diese beiden Regeln – wie wir gesehen haben – nicht rein mechanisch anwenden, sondern im Falle der SAFETY-FIRST-Regel das geforderte Minimalergebnis sowie die minimale Eintrittswahrscheinlichkeit und im Falle der [μ, σ^2]-Regel den Gewichtungsfaktor λ für die Varianz variieren, um sich mit dieser experimentellen Methode seiner tatsächlich präferierten Handlungsalternative zu nähern.

(8) Unter anderem folgt aus dieser Überlegung, dass es sich bei dem reinen Erwartungswertprinzip um eine wegen seiner Eindeutigkeit einfach delegierbare Entscheidungsregel handelt, mit der in größeren Betrieben, die mehr als eine Leitungsebene aufweisen, delegierbare Entscheidungen getroffen werden sollten. Derartige Entscheidungen können gemäß Punkt (5) so definiert werden, dass bei ihnen auch negative Konsequenzen in Folge widriger Umweltzustände nicht zur Existenzgefährdung des Gesamtbetriebes führen. Die Betriebsleitung spart wertvolle Zeit, wenn sie derartige Entscheidungen an Mitarbeiter – z. B. einen Abteilungsleiter – delegiert. Sie hat gleichzeitig den Vorteil, dass mit dieser Regel – wie gesagt – langfristig der höchstmögliche Zielbeitrag erreicht wird (vgl. dazu SCHLAIFER 1959, p. 24).

(9) Die wesentlichen Entscheidungen für einen Betrieb sind dagegen nicht delegierbar. Sie sollten nach Maßgabe des BERNOULLI-Prinzips unter Anwendung der SAFETY-FIRST-Regel und/oder der [μ, σ^2]-Regel von der Betriebsleitung selbst getroffen werden. Durch eine abwägende Anwendung der Regeln, d. h. durch Variation der unter Punkt (5) genannten Parameter, kann die Betriebsleitung wirksame Entscheidungsunterstützung erfahren. Weil aber gerade zum Abwägen der Bedeutsamkeit von Mindesteintrittswahrscheinlichkeiten und unterschiedlichen Varianzen Erfahrung und Verantwortungsbewusstsein für das Ganze gehört, kann nur die oberste Leitung derartige u. U. die Existenz des Betriebes aufs Spiel setzende Entscheidungen treffen. Eine Betrachtung der efficiency frontier und die Ermittlung der stochastischen Dominanzen 1. und 2. Grades können den Entscheidungsprozess weiter unterstützen.

(10) Ein Problem bleibt jedoch die Schätzung von subjektiven Eintrittswahrscheinlichkeiten für die Umweltzustände. Ein pessimistischer Entscheider wird die Eintrittswahrscheinlichkeiten

für ungünstige Zustände oftmals vermutlich unbewusst höher einschätzen als ein Entscheider mit einer optimistischen Grundeinstellung. Da sich aber – wie wir gesehen haben – die Eintrittswahrscheinlichkeiten bei allen Entscheidungsregeln, die darauf basieren, auf die Wahl der optimalen Handlungsalternative auswirken, kann es gerade darüber bei mehrköpfigen Entscheidungsgremien zu Kontroversen kommen. Mit dem Plädoyer für die eine oder andere Eintrittswahrscheinlichkeit versuchen einzelne Mitglieder schon im Vorhinein die Entscheidung auf die tatsächlich von ihnen präferierte Alternative auszurichten. Meist operieren sie dabei nicht mit konkreten Zahlen, sondern mit mehr oder weniger suggestiven Äußerungen.

Da insbesondere existenzielle Entscheidungen unter unvollkommener Information getroffen werden müssen, kann selbstverständlich keine Entscheidungsregel dem Entscheider letztlich die Entscheidung völlig abnehmen. Die Entscheidungsregeln haben aber den großen Vorteil, dass sie zum vollständigen Durchdenken der Entscheidungssituation zwingen, verschiedene Einflussgrößen offen legen und deutlich zeigen, welche Konsequenzen unter welchen Bedingungen erwartet werden können. Sie tragen damit wesentlich dazu bei, dass der Entscheider seine „beste" Handlungsalternative vollständiger informiert finden kann. Von der Betriebswirtschaftslehre erarbeitete Entscheidungshilfsmittel sind – wie gesagt – Entscheidungshilfen und kein Entscheidungsersatz.

2.4 Zum Wert verbesserter und vollkommener Informationen

2.4.1 Nutzung bedingter Wahrscheinlichkeiten zur Informationsverbesserung

In dem bisher verwendeten Beispiel sind wir davon ausgegangen, dass der Landwirt die Eintrittswahrscheinlichkeiten für die drei Jahreswitterungen aus 50-jährigen Wetteraufzeichnungen abgeleitet hat, dass er aber die Eintrittswahrscheinlichkeiten für die drei Maispreise nur subjektiv ohne weitere Datengrundlagen geschätzt hat. Indessen lässt sich aber auch für die Maispreise annehmen, dass dazu längerfristige Preisreihen existieren, die – nach sachgerechter Aufbereitung (Trendbereinigung, Berücksichtigung eventueller Währungsumstellungen etc.) – als Grundlage zur Schätzung der Eintrittswahrscheinlichkeiten von zukünftigen Maispreisen herangezogen werden können.

Wenn wir zunächst annehmen, dass der Landwirt über eine Preisreihe verfügt, die den gleichen Zeitraum umfasst wie die Wetteraufzeichnungen, und bei deren Betrachtung er feststellt, dass in 10 von 50 Jahren ein schwacher, in 25 von 50 Jahren ein mittlerer und in 15 von 50 Jahren ein günstiger Maispreis eingetreten ist, dann ergeben sich für die Maispreise in Anwendung der in Abschnitt 2.3.2.3 abgeleiteten Gleichung (2.14) die folgenden Eintrittswahrscheinlichkeiten:

Schwacher Preis: $p(s) = \frac{10}{50} = 0{,}2$

Mittlerer Preis: $p(m) = \frac{25}{50} = 0{,}5$

Günstiger Preis: $p(g) = \frac{15}{50} = 0{,}3$

Da diese (nunmehr objektiven) Eintrittswahrscheinlichkeiten mit den vorher vom Landwirt geschätzten (subjektiven) Eintrittswahrscheinlichkeiten für die Preise übereinstimmen, käme er bezüglich der jeweils empfohlenen Handlungsalternative zu den selben Ergebnissen wie bisher. Bei Anwendung der LAPLACE-BAYES-Regel würden nach wie vor die Zusammenhänge und Ergebnisse der *Übersicht 2.6* gelten. Die neue Schätzung der Eintrittswahrscheinlichkeiten brächte damit formal zunächst keine Verbesserung der Informationsgrundlage.

Bei einem nochmaligen detaillierten Vergleich der Wetter- mit den Preisreihen möge unser Landwirt jedoch feststellen, dass er die Summen der Jahre mit schwachen, mittleren und günstigen Maispreisen zwar richtig ermittelt hat, dass sich die Verteilungen der Preisklassen auf die drei Witterungslagen aber sehr unterschiedlich gestalten. Die Verteilungen sind mittels eines sog. *Ereignisbaumes* in *Übersicht 2.19* dargestellt.

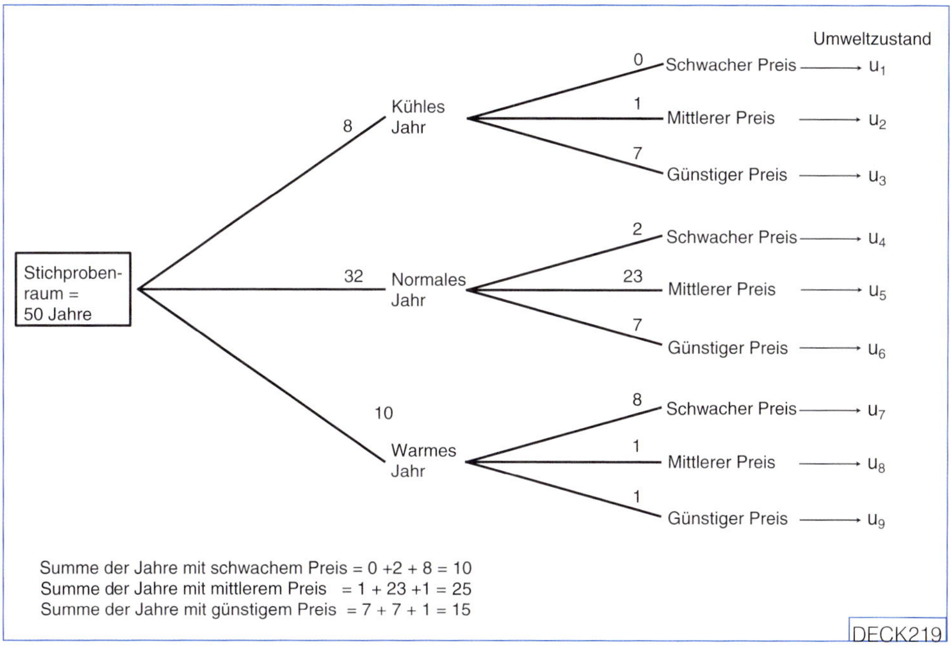

Übersicht 2.19: Ereignisbaum für Jahreswitterungen und Maispreise

Daraus geht hervor, dass der Stichprobenraum – wie gesagt – 50 Jahre umfasst und dass die kühlen, normalen und warmen Jahre in 8, 32 bzw. 10 Jahren aufgetreten sind. Des Weiteren zeigt sich aber, dass die Verteilung der Preise je nach Jahreswitterung unterschiedlich ist. Während in kühlen Jahren der günstige Preis überwiegt und in normalen Jahren der mittlere Preis, ist in warmen Jahren der schwache Preis vorherrschend.

Offenbar besteht also zwischen den Witterungslagen und den Preisklassen eine Beziehung, die Preise sind nicht unabhängig von den Jahreswitterungen. Diese Beziehungen können ökonomisch damit erklärt werden, dass in kühlen Jahren geringe Maisernten mit relativ geringen Angebotsmengen auftreten, die den Maispreis – aufgrund des Gesetzes von Angebot und Nachfrage – nach oben treiben, während es in warmen Jahren mit hohen Maisernten gerade umgekehrt ist.

Damit können aber die Eintrittswahrscheinlichkeiten für die Maispreise nicht mehr – wie bisher angenommen – unabhängig von den Eintrittswahrscheinlichkeiten für die Jahreswitterungen geschätzt werden. Für die Schätzung der verbundenen Wahrscheinlichkeiten kann deshalb auch nicht mehr die in Abschnitt 2.3.2.2 abgeleitete Gleichung (2.14) herangezogen werden, vielmehr ist dafür die folgende Gleichung (2.19) heranzuziehen, die auch als *Multiplikationssatz* für die Bestimmung verbundener Wahrscheinlichkeiten bezeichnet wird (vgl. z. B. LIPSCHUTZ, S. 54 ff.). Es gilt:

(2.19) $$P(B \cap A) = P(A) \cdot P(B|A)$$

Darin sind:

$P(B \cap A)$ = Verbundene Wahrscheinlichkeit dafür, dass die Ereignisse B (z. B. mittlerer Preis) und A (z. B. kühles Jahr) gemeinsam eintreten;

$P(A)$ = Wahrscheinlichkeit dafür, dass das Ereignis A (z. B. kühles Jahr) eintritt;

$P(B|A)$ = Wahrscheinlichkeit dafür, dass das Ereignis B (z. B. mittlerer Preis) eintritt, wenn das Ereignis A (z. B. kühles Jahr) eintritt.

Der Ausdruck P(B|A) wird als *bedingte Wahrscheinlichkeit* bezeichnet, weil die Wahrscheinlichkeit für das Ereignis B durch das Ereignis A bedingt ist.

Bereits in Abschnitt 2.3.2.3 wurde mit Gleichung (2.14) definiert, dass die Wahrscheinlichkeit für den Eintritt des Ereignisses A (z. B. kühles Jahr) bei endlichen Stichprobenräumen allgemein mit dem hier als Gleichung (2.20) wiederholten Ausdruck berechnet wird:

(2.20) $$P(A) = \frac{|A|}{|S|}$$

Darin sind:

$|A|$ = Anzahl der Elementarereignisse A im Stichprobenraum S;

$|S|$ = Anzahl aller möglichen Elementarereignisse im Stichprobenraum S.

Die bedingte Wahrscheinlichkeit P(B|A), z. B. für den Eintritt eines mittleren Preises (B) in einem kühlen Jahr (A), wird allgemein wie folgt bestimmt:

(2.21) $$P(B|A) = \frac{P(B \cap A)}{P(A)}$$

Für endliche Stichprobenräume lässt sich die verbundene Wahrscheinlichkeit für das gemeinsame Auftreten von B und A wie folgt bestimmen:

(2.22) $$P(B \cap A) = \frac{|B \cap A|}{|S|}$$

Darin ist:

$|A \cap B|$ = Anzahl der Fälle, in denen die Ereignisse A und B gemeinsam eintreten.

Mit Hilfe der Gleichungen (2.19) bis (2.22) lassen sich die Eintrittswahrscheinlichkeiten für den Eintritt der drei Jahreswitterungen, die bedingten Wahrscheinlichkeiten für den Eintritt der drei Preisklassen und die verbundenen Eintrittswahrscheinlichkeiten für die 9 Umweltzustände (u_j) anhand der Zahlen der *Übersicht 2.19* berechnen.
Beispielsweise beträgt die Eintrittswahrscheinlichkeit für ein kühles Jahr in Anwendung von Gleichung (2.20):

$$P\ (\text{kühles Jahr}) = \frac{8}{50} = 0{,}160$$

Die verbundene Wahrscheinlichkeit dafür, dass z. B. der mittlere Preis und ein kühles Jahr gemeinsam auftreten, beträgt in Anwendung der Gleichung (2.22):

$$P\ (\text{mittlerer Preis} \cap \text{kühles Jahr}) = \frac{1}{50} = 0{,}020$$

Die bedingte Wahrscheinlichkeit dafür, dass z. B. ein mittlerer Preis eintritt, wenn ein kühles Jahr gegeben ist, beträgt in Anwendung von Gleichung (2.21):

$$P\ (\text{mittlerer Preis} \,/\, \text{kühles Jahr}) = \frac{0{,}020}{0{,}160} = 0{,}125$$

Sind schließlich die Wahrscheinlichkeiten für den Eintritt der verschiedenen Jahreswitterungen und die bedingten Wahrscheinlichkeiten für den Eintritt der verschiedenen Preise bereits gegeben, lässt sich die verbundene Wahrscheinlichkeit dafür, dass z. B. ein mittlerer Preis und ein kühles Jahr gemeinsam auftreten, d. h. für den daraus in *Übersicht 2.19* resultierenden Umweltzustand u_2, in Anwendung der Gleichung (2.19) wie folgt ermitteln:

$$P\ (\text{mittlerer Preis} \cap \text{kühles Jahr}) = 0{,}160 \cdot 0{,}125 = 0{,}020$$

Übersicht 2.20 zeigt dann wieder das Beispiel, das wir mit *Übersicht 2.6* bereits für die Anwendung der LAPLACE-BAYES-Regel verwendet hatten, allerdings jetzt unter Berücksichtigung der bedingten Wahrscheinlichkeiten für den Eintritt der verschiedenen Preise. Die verbundenen Eintrittswahrscheinlichkeiten $p(u_j)$ für die 9 Umweltzustände u_j wurden in der Übersicht nach Maßgabe der oben abgeleiteten Vorgehensweise auf der Grundlage der Daten aus *Übersicht 2.19* berechnet.

Die *Übersicht 2.20* zeigt im Vergleich zur *Übersicht 2.6*, dass bei – wie vorher gesagt – insgesamt gleich bleibender Gesamtzahl an Ereignissen für die schwachen, mittleren und günstigen Preise, aber veränderter Zuordnung aufgrund der verbesserten Informationslage, jetzt die Handlungsalternative a_2 im Unterschied zu a_3 zur empfohlenen Alternative nach der LAPLACE-BAYES-Regel wird. Unter der Annahme, dass die Eintrittswahrscheinlichkeiten für die drei Witterungslagen und die abgeleiteten bedingten Eintrittswahrscheinlichkeiten für die drei Preisklassen auch zukünftig zutreffen, würde die Informationsverbesserung einen Zuwachs des Erwartungswertes des Einkommensbeitrages, d. h. eine Wertsteigerung in Höhe von 853,89 - 852,00 = 1,89 €/ha erbringen. Von Bedeutung ist zudem, dass der Landwirt sich tatsächlich für die mittelfrühe (a_2) und nicht für die mittelspäte Maissorte (a_3) entscheiden sollte.

Schließlich ist zu beachten, dass durch die Verbesserung des Informationsstandes in Form der bedingten Eintrittswahrscheinlichkeiten für die Preise das Niveau der Erwartungswerte für die Einkommensbeiträge der Handlungsalternativen (vgl. *Übersicht 2.6* mit *Übersicht 2.1*) gesunken ist, der Landwirt also vor einer Überschätzung seiner Einkommensaussichten bewahrt wird.

DATEN: Körnermaissorte in der Reifegruppe »»»	FRÜH	MITTEL-FRÜH	MITTEL-SPÄT	SPÄT
Naturalerträge in dt/ha [y] für Witterungsbedingungen – Kühles Jahr [k] »»»	70,00	68,00	60,00	40,00
Naturalerträge in dt/ha [y] für Witterungsbedingungen – Normales Jahr [n] »»»	76,00	80,00	80,00	60,00
Naturalerträge in dt/ha [y] für Witterungsbedingungen – Warmes Jahr [w] »»»	82,00	93,00	100,00	80,00

Maispreise in €/dt: Schwacher Preis [s]: 9,00 | Mittlerer Preis [m]: 10,50 | Günstiger Preis [g]: 12,00

Umwelt-zu-stände	EINTRITTSWAHRSCHEINLICHKEITEN: p(Witterung)	p(Maispreise)		$p(u_j)$	a_1	a_2	a_3	a_4
					Handlungsfolgen: Einkommensbeiträge bei verschiedenen Jahreswitterungen [k U n U w] und Körnermaispreisen [s U m U g].			
u_1		p(s): 0,000	Schwacher Preis	0,000	630,00	612,00	540,00	360,00
u_2	p(k): 0,160 Kühles Jahr	p(m): 0,125	Mittlerer Preis	0,020	735,00	714,00	630,00	420,00
u_3		p(g): 0,875	Günstiger Preis	0,140	840,00	816,00	720,00	480,00
u_4		p(s): 0,063	Schwacher Preis	0,040	684,00	720,00	720,00	540,00
u_5	p(n): 0,640 Normales Jahr	p(m): 0,719	Mittlerer Preis	0,460	798,00	840,00	840,00	630,00
u_6		p(g): 0,219	Günstiger Preis	0,140	912,00	960,00	960,00	720,00
u_7		p(s): 0,800	Schwacher Preis	0,160	738,00	837,00	900,00	720,00
u_8	p(w): 0,200 Warmes Jahr	p(m): 0,100	Mittlerer Preis	0,020	861,00	976,50	1050,00	840,00
u_9		p(g): 0,100	Günstiger Preis	0,020	984,00	1116,00	1200,00	960,00
	Summe: 1,000		Summe:	1,000				
Handlungsempfehlung nach der LAPLACE-BAYES-Regel:		Entscheidungsdaten »»»			809,40	853,89	852,00	639,00
		Empfohlene Alternative »»»				a2		

DECK220

Übersicht 2.20: Ergebnis-Matrix und Handlungsempfehlung bei Anwendung der LAPLACE-BAYES-Regel unter Berücksichtigung von bedingten Eintrittswahrscheinlichkeiten für die Maispreise

2.4.2 Zum Wert vollkommener Information

Bei der Anwendung der bisher diskutierten Entscheidungsregeln sind wir stets davon ausgegangen, dass sich der Entscheider angesichts unvollkommener Informationen über die zu erwartenden Umweltzustände letztlich nur zu einer Handlungsalternative entschließen kann, bei der er sich – über einen längeren Zeitraum im Nachhinein betrachtet – noch am wenigsten gravierend irren würde. Der risikoneutrale Entscheider wählt deshalb die Handlungsalternative, die den höchsten Erwartungswert der Ergebnisse aufweist. Diese Wahl bedeutet aber auch, dass der langfristig im Durchschnitt erreichte Zielbeitrag unterhalb des Betrages liegt, den der Entscheider erreichen würde, wenn er die eintretenden Umweltzustände jeweils sicher vorhersagen könnte. Er würde dann jeweils die Handlungsalternative wählen, die bei dem sicher eintretenden Umweltzustand den höchsten Zielbeitrag erbringt.

Zur Verdeutlichung dieser Überlegung wollen wir die aus 7 Blöcken bestehende *Übersicht 2.21* betrachten. Darin ist wieder die bereits bekannte Entscheidungssituation, allerdings mit einigen Vereinfachungen, dargestellt, um das Wesentliche besser herausarbeiten zu können. Zunächst wurde angenommen, dass unser Landwirt mit einem sicheren (mittleren) Maispreis von 10,50 €/dt rechnen kann (Block 1) und dann nur noch die nicht dominierten Handlungsalternativen a_1 bis a_3 betrachtet, wobei er wieder die schon vorher geschätzten Naturalerträge unterstellt (Block 2). Aus den Daten der Blöcke 1 und 2 ergibt sich die Ergebnismatrix des Blocks 3. Unter der beibehaltenen Annahme, dass die Eintrittswahrscheinlichkeiten für die Jahreswitterungen und damit hier für die Umweltzustände u_1, u_2 und u_3 0,16, 0,64 und 0,20 betragen, enthält die letzte Zeile des Blocks 3 die nach der LAPLACE-BAYES-Regel berechneten Erwartungswerte der Handlungsalternativen a_1 bis a_3. Der risikoneutrale Entscheider würde die Alternative a_3 wählen, weil sie mit 848,40 €/ha den höchsten Erwartungswert aufweist.

1	DATEN:	
	Körnermaispreis in €/dt [m]:	10,50

2	EINGABEMATRIX für ha-Erträge der Maisreifegruppen 'früh'(a_1),'mittelfrüh'(a_2) und 'mittelspät' (a_3) bei unterschiedlichen Jahreswitterungen (u_j)			
		Handlungsalternativen (a_i)		
Umweltzustände	(u_j)	a_1	a_2	a_3
Kühles Jahr	u_1	70,00	68,00	60,00
Normales Jahr	u_2	76,00	80,00	80,00
Warmes Jahr	u_3	82,00	93,00	100,00

3	ERGEBNISMATRIX der Einkommensbeiträge in €/ha für die Maisreifegruppen (a_i) bei den Jahreswitterungen (u_j)			
		Handlungsalternativen (a_i)		
Umweltzustände	(u_j)	a_1	a_2	a_3
Kühles Jahr	u_1	735,00	714,00	630,00
Normales Jahr	u_2	798,00	840,00	840,00
Warmes Jahr	u_3	861,00	976,50	1050,00
Erwartungswerte	µ	800,52	847,14	848,40

4	ERGEBNISMATRIX der langfristig zu erwartenden ∅-Einkommensbeiträge bei unterschiedlichen Informationsgraden	(u_j)	Anfängliche INFO	Sichere INFO	Verbesserte INFO
		u_1	***	735,00	787,50
		u_2	***	840,00	849,13
		u_3	***	1050,00	924,00
	Informationsgraden	»»	848,40	865,20	856,80
	Differenzen zu Sichere INFO	»»	-16,80		-8,40

5	EINGABEMATRIX zur Berechnung der Wahrscheinlichkeiten der Umweltzustände (u_j) und (z_k)				
	Umweltzustände (z_k) (Witterung im Monat April)				
	Kühl	Normal	Warm		
(u)	z_1	z_2	z_3	$\sum u_j$	$p(u_j)$
u_1	5	3	0	8	0,1600
u_2	7	16	9	32	0,6400
u_3	0	4	6	10	0,2000
$\sum z_k$	12	23	15	50	« ∑(E)
$p(z_k)$	0,2400	0,4600	0,3000	S(p)»	1,0000

6	ERGEBNISMATRIX für die (bedingten) a-posteriori-Wahrscheinlichkeiten $p(u_j \mid z_k) = p(u_j \# z_k) / p(z_k)$		
	(z_k)		
(u)	z_1	z_2	z_3
u_1	0,4167	0,1304	0,0000
u_2	0,5833	0,6957	0,6000
u_3	0,0000	0,1739	0,4000

7	ERGEBNISMATRIX der Erwartungswerte der Handlungsalternativen (a_i) bei verschiedenen Umweltzuständen (z_k)		
	Handlungsalternativen (a_i)		
(z_k)	a_1	a_2	a_3
z_1	771,75	787,50	752,50
z_2	800,74	847,30	849,13
z_3	823,20	894,60	924,00

DECK221

Übersicht 2.21: Zu den Werten vollkommener und verbesserter Vorab-Informationen

Auch im langfristigen Durchschnitt würde der Entscheider nun diesen Erwartungswert als Einkommensbeitrag erreichen, weil die Umweltzustände dann auch mit den Häufigkeiten eingetreten wären, die den Eintrittswahrscheinlichkeiten entsprechen. Vorausgesetzt wird also, dass der Landwirt die Eintrittswahrscheinlichkeiten der Umweltzustände a priori so geschätzt hat, wie sie a posteriori – selbstverständlich über einen hinreichend langen Zeitraum – dann auch eintreten.

Der mit der optimalen Handlungsalternative a_3 erreichbare Durchschnittseinkommensbeitrag ist in der Spalte „Anfängliche INFO" des Blockes 4 der *Übersicht 2.21* aufgeführt.

Könnte unser Landwirt demgegenüber die eintretenden Umweltzustände jeweils sicher vor der jeweiligen Maisaussaat vorhersagen, dann würde er die Handlungsalternativen mehr oder weniger häufig wechseln. Wir sehen aus Block 3, dass er für ein kühles Jahr (u_1) die Alternative a_1 wählen würde, weil sie mit 735,00 €/ha den höchsten Einkommensbeitrag erbrächte. Für ein normales Jahr (u_2) könnte er entweder die Alternative a_2 oder die Alternative a_3 wählen und für ein warmes Jahr (u_3) würde er die Alternative a_3 wählen. Die jeweils besten Ergebnisse für die Umweltzustände sind in der Spalte „Sichere INFO" des Blockes 4 der *Übersicht 2.21* angegeben. Wenn nun die Umweltzustände über einen längeren Zeitraum mit den Häufigkeiten 0,16, 0,64 und 0,20 eintreten, dann errechnet sich daraus für den erzielbaren Einkommensbeitrag der gewogene Durchschnitt (der dem Erwartungswert formal entspricht) von 865,20 €/ha. Er liegt um 16,80 €/ha über dem Erwartungswert, der bei der unvollkommenen Information erreicht wird. Unser Landwirt könnte also in diesem Falle für eine vollkommene Vorhersage der Jahreswitterung bis zu 16,80 €/ha ausgeben, bevor er mit der unvollkommenen Information weiterwirtschaftet. Ein Landwirt, der z. B. 100 ha Mais jährlich anbaut, könnte demgemäß jährlich fast 1.700,00 € für eine solche Witterungsvorhersage aufwänden. Der Wert der vollkommenen Information steigt also proportional zum Produktionsumfang.

2.4.3 Zum Wert verbesserter Vorab-Informationen

Nun wird eine sichere Wetterprognose kaum jemals möglich werden. Denkbar ist jedoch ein Vorhersageverfahren, dessen Prognosen mit einer gewissen Wahrscheinlichkeit eintreffen. Wie ist ein solches Verfahren beschaffen, soll unser Landwirt ein solches Verfahren nutzen?

Um die Entscheidungssituation zu verdeutlichen, wollen wir den Block 5 der *Übersicht 2.21* betrachten. Dabei wurde angenommen, dass der Landwirt seine 50-jährigen Wetteraufzeichnungen nochmals untersucht und festgestellt hat, dass sich die Aprilwitterungen, wenn sie ebenfalls den drei Klassen „kühl" (z_1), „normal" (z_2) und „warm" (z_3) zugeordnet werden, in den 50 Jahren so zu den Jahreswitterungen verhalten, wie in der Matrix angegeben. Aus der 1. Matrixzeile geht z. B. hervor, dass in den 8 kühlen Jahren (u_1) der April in 5 Jahren ebenfalls kühl, in 3 Jahren normal, aber in keinem Jahr warm war. In den 32 normalen Jahren (u_2) war der April in 16 Jahren ebenfalls normal, in 7 Jahren kühl und in 9 Jahren warm. Schließlich war der April in den 10 warmen Jahren (u_3) in 6 Jahren ebenfalls warm, in 4 Jahren normal und niemals kühl.

Wir sehen sofort, dass zwischen den Aprilwitterungen und den nachfolgenden Jahreswitterungen ein gewisser Zusammenhang besteht, der sich für die Vorhersage der Jahreswitterung nutzbringend verwenden lassen könnte, weil die Aprilwitterung vor der Anfang Mai liegenden Maisaussaat „stattfindet". Der Landwirt könnte sich damit noch rechtzeitig bei der Auswahl der Maissorte an die zu erwartende Jahreswitterung anpassen. Er würde sich zwar wünschen, dass die Zusammenhänge zwischen den beiden Witterungen noch enger wären, aber offensichtlich sind sie jedenfalls besser, als wenn die Aprilwitterungen bei jeder Jahreswitterung gleichmäßig über alle Klassen (z_k) verteilt wären. Selbstverständlich wäre es erfreulich, wenn in allen kühlen/normalen/warmen Jahren die Aprilwitterungen ebenfalls kühl/normal/warm gewesen wären. Unser Landwirt hätte dann – vorausgesetzt der Zusammenhang gilt auch für die Zukunft – ein perfektes Prognoseinstrument. Mit der Aprilwitterung könnte er die Jahreswitterung Jahr für Jahr sicher vorhersagen und dann die entsprechende Maissorte als Handlungsalternative wählen.

Aber auch die in der Matrix angegebenen Werte können zur Erhöhung der Prognosegenauigkeit beitragen. Zur Erstellung einer solchen Vorhersage müssen zunächst die bedingten Wahrscheinlichkeiten dafür berechnet werden, dass ein bestimmter Umweltzustand u_j nachfolgend eintritt, wenn vorher ein bestimmter Umweltzustand z_k eingetreten ist. Diese Wahrscheinlichkeiten, die auch a posteriori Wahrscheinlichkeiten heißen, um den Unterschied zu den a priori Wahrscheinlichkeiten für das Eintreffen der Umweltzustände u_j deutlich zu machen, können in Anwendung der allgemeinen Gleichung (2.21) unter Berücksichtigung der hier verwendeten Symbole wie folgt bestimmt werden:

$$p(u_j|z_k) = \frac{p(u_j \cap z_k)}{p(z_k)} \qquad (2.23)$$

Darin sind:

$p(u_j \cap z_k)$ = die verbundene Wahrscheinlichkeit dafür, dass ein Zustand u_j und ein Zustand z_k gemeinsam auftreten;

$p(z_k)$ = die Wahrscheinlichkeit dafür, dass ein Zustand z_k eintritt.

Für endliche Stichprobenräume, wie sie bei wirtschaftlichen Problemen in aller Regel vorliegen, und wie er in der Matrix des Blockes 5 mit den 50 betrachteten Jahren gegeben ist, lässt sich die verbundene Wahrscheinlichkeit in Anwendung der allgemeinen Gleichung (2.22) wie folgt bestimmen:

$$(2.24) \qquad p(u_j \cap z_k) = \frac{|u_j \cap z_k|}{|\Sigma E|}$$

Darin sind:

$|\Sigma E|$ = Summe der Stichprobe, die in unserem Beispiel 50 Jahre beträgt, wie in der Matrix des Blocks 5 unten rechts angegeben;

$|u_j \cap z_k|$ = die Anzahl der Fälle, bei denen u_j und z_k gemeinsam auftreten.

Aus der Matrix geht hervor, dass z. B. $|u_1 \cap z_1| = 5$ oder $|u_2 \cap z_2| = 16$ usw. ist.

Die Wahrscheinlichkeit $p(z_k)$ im Nenner der Gleichung (2.23) lässt sich in Anwendung der allgemeinen Gleichung (2.20) wie folgt ermitteln:

$$(2.25) \qquad p(z_k) = \frac{|\Sigma z_k|}{|\Sigma E|}$$

Durch Einsetzen von (2.24) und (2.25) in (2.23) gilt für endliche Stichprobenräume zur Bestimmung der bedingten Wahrscheinlichkeit:

$$(2.26) \qquad p(u_j|z_k) = \frac{|u_j \cap z_k|}{|\Sigma z_k|}$$

Für unser Beispiel sind die Zahlenwerte der bedingten Wahrscheinlichkeiten in Block 6 der *Übersicht 2.21* angegeben.

Die bedingten Wahrscheinlichkeiten $p(u_j|z_k)$ werden nun zur Berechnung der Erwartungswerte für die Handlungsalternativen a_i eingesetzt. Der Erwartungswert ergibt sich für eine Handlungsalternative a_i dadurch, dass die Ergebnisse e_{ji} der Handlungsalternative für die Umweltzustände u_j mit den bedingten Wahrscheinlichkeiten dafür gewichtet (multipliziert) werden, dass der Umweltzustand u_j eintritt, wenn der Umweltzustand z_k eingetreten ist, und dann die Summe gebildet wird. Zum Beispiel ergibt sich der Erwartungswert der Handlungsalternative a_1 für den Fall, dass der Zustand z_1 eingetreten ist ($\mu(a_1, z_1)$), mit:

$$\mu(a_1, z_1) = e_{11} \cdot p(u_1|z_1) + e_{21} \cdot p(u_2|z_1) + e_{31} \cdot p(u_3|z_1)$$

$$\mu(a_1, z_1) = 735{,}00 \cdot 0{,}4167 + 798{,}00 \cdot 0{,}5833 + 861{,}00 \cdot 0{,}0000 = 771{,}75$$

Allgemeiner gilt also für die Berechnung der Erwartungswerte:

$$(2.27) \quad \mu(a_i, z_i) = \sum_{i=1}^{m} e_{ji} \cdot p(u_j|z_k), \qquad j = 1, \ldots, n \quad k = 1, \ldots, q$$

Die solcherart berechneten Erwartungswerte sind in Block 7 der *Übersicht 2.21* angegeben. Diese Matrix verwendet der Entscheider dann, um die jeweils vorzügliche Handlungsalternative zu bestimmen. Ist im Beispiel der Zustand z_1 eingetreten, sollte die Alternative a_2 gewählt werden, weil sie mit 787,50 € den höchsten Erwartungswert aufweist. Für z_2 sollte a_3 und für z_3 ebenfalls a_3 gewählt werden. Die 3 „zeilenmaximalen" Erwartungswerte sind in Block 4 in der Spalte „Verbesserte INFO" aufgeführt.

Bedenken wir jetzt, dass die Zustände z_1, z_2 und z_3 mit den Wahrscheinlichkeiten $z_1 = 0{,}2400$, $z_2 = 0{,}4600$ und $z_3 = 0{,}3000$ auftreten, dann können wir die zeilenmaximalen Erwartungswerte in Block 4 mit diesen Wahrscheinlichkeiten gewichten und aus der Addition der Ergebnisse den langfristigen durchschnittlichen Einkommensbeitrag errechnen, der bei konsequenter Nutzung der Information über die Aprilwitterungen erreicht werden kann. Der durchschnittliche Einkommensbeitrag liegt mit 856,80 €/ha zwar um 8,40 €/ha unter dem Wert für die sichere Vorhersage der Umweltzustände u_j, aber auch um 8,40 €/ha höher als der Wert, den wir erreichen würden, wenn wir nur die a priori Wahrscheinlichkeiten $p(u_j)$ nutzen könnten. Für den Fall, dass die angenommenen Beziehungen zwischen den April- und den Jahreswitterungen zuträfen, würde unser Landwirt also die Feststellung der Apriltemperaturen mit 8,40 €/ha vergütet bekommen. Das ist der Wert dieser verbesserten Prognose. Auch dieser Wert steigt selbstverständlich proportional zum Produktionsumfang. Größere Betriebe haben also ökonomische Vorteile bei der Informationsnutzung.

Aus dem Beispiel können wir darüber hinaus ableiten, dass die verbesserte Prognose umso wertvoller wird, je enger die Beziehung zwischen den vorher bekannten Zuständen z_k und den hinterher eintretenden Zuständen u_j wird. (Variieren Sie im Programm DECK221, das der *Übersicht 2.21* zugrunde liegt, die Jahreswerte in Block 5, um diesen Zusammenhang nachzuvollziehen. Insbesondere werden Sie dabei auch feststellen, dass die Zahl der Jahre, die Sie jeweils eingeben, keine Rolle für die „formale" Richtigkeit der Ergebnisse spielt. Die Wahrscheinlichkeiten werden jeweils automatisch richtig berechnet.)

2.5 Risikomanagement

2.5.1 Ursachen von Risiken und Instrumente zur Risikominderung

Bei der Diskussion der verschiedenen Entscheidungsregeln sind wir davon ausgegangen, dass sich der Entscheider angesichts unvollkommener Informationen über die eintretenden Umweltzustände letztlich nur zu einer Handlungsalternative entschließen kann, die seinen Vorstellungen zum Verhältnis zwischen dem Erwartungswert des Einkommensbeitrages der Handlungsalternative und dem damit verbundenen Risiko, ausgedrückt durch seine Varianz, am „besten" entspricht. Je risikoscheuer der Entscheider ist, desto eher wird er zum Verzicht bei der Höhe des Erwartungswertes zu Gunsten einer Einschränkung der Varianz bereit sein. Gleichwohl ist aber jede gewählte Handlungsalternative damit verbunden, dass die eintretenden Ergebnisse im Zeitablauf mehr oder weniger streuen.

Damit ergibt sich die Frage, mit welchen Instrumenten die Streuung der Einzelergebnisse einer Handlungsalternative gegebenenfalls eingeschränkt werden und insbesondere der Eintritt von sehr geringen oder gar negativen Einkommensbeiträgen vermieden werden kann. Die Anwendung derartiger Instrumente wird *Risikomanagement* genannt.

Ein systematisches Risikomanagement mag für das bisher in diesem Buch verwendete Beispiel von nachrangiger Bedeutung sein, weil der Eintritt von mehr oder weniger hohen Einkommensbeiträgen je ha Anbaufläche für den Landwirt noch keine Existenzbedrohung darstellt. Das Risikomanagement wird jedoch von großer Bedeutung, wenn es sich bei den Handlungsalternativen um ganze Produktionszweige handelt, bei denen in manchen Jahren sehr geringe oder gar negative Einkommensbeiträge auftreten können. Tritt jedoch ein solches Ergebnis ein, d. h. droht dem Landwirt ein gravierender Verlust, dann ist seine wirtschaftliche Existenz in Frage gestellt, weil er den Lebensunterhalt für sich und seine Familie nicht mehr bestreiten kann, oder weil er aufgenommene Kredite, deren Tilgungsraten und Zinsen er bisher aus dem erwirtschafteten Einkommen beglichen hat, nicht mehr bedienen kann und womöglich Konkurs anmelden müsste.

Die Art der Instrumente zum Risikomanagement lässt sich aus den Ursachen für die Risiken ableiten. Da sich die jährlichen Einkommensbeiträge einer Handlungsalternative generell aus der Differenz zwischen den damit verbundenen Erlösen und Kosten ergeben, und die Erlöse aus den mathematischen Produkten der Produktmengen und Produktpreise sowie die Kosten aus den mathematischen Produkten der Produktionsfaktormengen und Faktorpreise bestehen, ist die Streuung der Einzelergebnisse durch zwei mögliche Ursachenbereiche bedingt: Schwankende Produktmengen und schwankende Faktormengen sowie schwankende Produktpreise und schwankende Faktorpreise. Nach Maßgabe dieser beiden Risikogruppen unterscheiden wir zwischen den *Produktionsrisiken* (Mengenschwankungen) und den *Marktrisiken* (Preisschwankungen).

In der Landwirtschaft entstehen die Produktionsrisiken in erster Linie dadurch, dass die Produktionsprozesse aufgrund der Mitwirkung nichtkontrollierbarer Produktionsfaktoren (vor allem der Jahreswitterungen) jährlich unterschiedliche Erntemengen hervorbringen und/oder jährlich unterschiedliche Faktoreinsatzmengen für die Aussaat, Pflege und Ernte der Nutzpflanzenbestände verursachen. Zum Beispiel bedeuten zu nasse oder zu trockene Böden erhöhte menschliche und maschinelle Arbeitsaufwändungen bei der Saatbettbereitung. Hohe Niederschläge während der Wachstumsperiode begünstigen die Schädlings- und Krankheitsentwicklung. Sie führen zu Ertragsausfällen und erhöhen die Faktoreinsatzmengen zur Gesunderhaltung der Nutzpflanzenbestände. Feuchte Witterung während der Ernte steigert den Arbeits- und Maschineneinsatz für die Erntebergung und kann bei den verfügbaren Kapazitäten der Erntemaschinen unter Umständen dazu führen, dass Teile der Ernte nicht rechtzeitig, d. h. nur mit Qualitäts- und Ertragseinbußen, oder gar nicht eingebracht werden können. Schließlich können Hagel- und Hochwasserereignisse die Ernte ganz oder teilweise vernichten.

Das Preisrisiko für die weitaus meisten Landwirte, deren Marktmacht nicht ausreicht, um die Preise selber aktiv beeinflussen zu können, entsteht durch die nur unvollkommen vorhersehbaren Schwankungen bei den Produktpreisen (z. B. vergleichsweise stark bei Kartoffeln, Gemüse und Obst) und/oder bei den Faktorpreisen (z. B. bei Mineraldüngern, Futtermitteln und Jungtieren für die Fleischerzeugung).

Zur Begrenzung des Produktionsrisikos können in der Hauptsache die Instrumente der (1) Schadensversicherungen, des (2) Vorhaltens von größeren Mengen an menschlichen und maschinellen Arbeitskapazitäten, des (3) Vorhaltens von Lagerbeständen für Produktionsmittel, deren Einsatz terminlich eng begrenzt ist, die (4) Umstellung auf weniger risikoreiche Produktionszweige und (5) die Diversifizierung des betrieblichen Produktionsprogramms genutzt werden. Zur Begrenzung des Marktrisikos können – neben (1) darauf bezogenen Versicherungen und (2) der Diversifizierung des Produktionsprogramms – auf der Faktorseite (3) Lieferverträge und auf der Produktseite (4) Abnahmeverträge, jeweils mit Preis- und Mengengarantien versehen, eingesetzt werden. Auf die Wirkungsweise der wichtigsten Instrumente wollen wir im Folgenden anhand von Beispielen eingehen.

2.5.2 Risikomanagement durch Versicherungen

Der von einem Landwirt gewählte Produktionszweig möge aufgrund von unvollkommen vorhersehbaren Produktmengenschwankungen bei vier unterschiedlichen Umweltzuständen u_1 bis u_4 durch die unter a_1 (ohne Versicherung) in *Übersicht 2.22* angegebenen Einkommensbeiträge und die ebenfalls angegebenen Eintrittswahrscheinlichkeiten für die Umweltzustände $p(u_1)$ bis $p(u_4)$ gekennzeichnet sein. Die Einzelergebnisse der Handlungsalternative umfassen neben den zu erwartenden Einkommensbeiträgen für kühle, normale und warme Jahre (u_2 bis u_4) auch den negativen Einkommensbeitrag für ein Jahr mit Ernteausfall (Schadensjahr) (u_1). Der mit Gleichung (2.8) abgeleitete Erwartungswert der Handlungsalternative ($\mu(a_1)$) in Höhe von 37.000,00 € ist mit einer nach Gleichung (2.15) berechneten Varianz ($\sigma^2(a_1)$) – als Ausdruck für das Risiko der Handlungsalternative – in Höhe von 1821 Mio. verbunden. Der negative Einkommensbeitrag für den Umweltzustand u_1 trifft zwar nur mit der vergleichsweise geringen Wahrscheinlichkeit von $p(u_1) = 0{,}10$ ein, wenn er allerdings eintritt, steht für den Entscheider die Existenz auf dem Spiel. Das Ergebnis kann z. B. durch Hagelschäden oder Hochwasserschäden oder auch durch Frostschäden bedingt sein, die zum totalen Ausfall der Erlöse bei weiterhin bestehenden Kosten führen.

Umweltzustände (u_j)		Eintrittswahrscheinlichkeiten $p(u_j)$:		Handlungsalternativen (a_i) mit Ergebnissen als Einkommensbeiträge in €:					
					a_1 (ohne Versicherung)		a_2 (mit Versicherung)		a_3 (mit Versicherung)
u_1	Schadensjahr	$p(u_1)$:	0,100		-80.000,00		-10.000,00		33.000,00
u_2	Kühles Jahr	$p(u_2)$:	0,200		20.000,00		10.000,00		3.000,00
u_3	Normales Jahr	$p(u_3)$:	0,400		50.000,00		40.000,00		33.000,00
u_4	Warmes Jahr	$p(u_4)$:	0,300		70.000,00		60.000,00		53.000,00
Erwartungswerte ($\mu(a_i)$):				$\mu(a_1)$:	37.000,00	$\mu(a_2)$:	35.000,00	$\mu(a_3)$:	33.000,00
Varianzen ($\sigma^2(a_i)$):				$\sigma^2(a_1)$:	1.821.000.000	$\sigma^2(a_2)$:	525.000.000	$\sigma^2(a_3)$:	300.000.000
Jahresversicherungsprämien in €:							10.000,00		17.000,00

DECK222

Übersicht 2.22: Wirkungen von Ertrags- und Erlösversicherungen

Zur Minderung der damit für den Landwirt u. U. katastrophalen Folgen kann er eine Schadensversicherung abschließen. Die Versicherungsgesellschaft als Versicherungsgeber gleicht den gegebenenfalls eintretenden wetterbedingten Schaden z. B. so aus, dass der Landwirt in einem solchen Jahr zwar keinen positiven, aber auch keinen negativen Einkommensbeitrag erwirtschaftet. Umgekehrt verlangt sie dafür vom Landwirt als dem Versicherungsnehmer eine jährliche Prämie. Aus der Sicht des Landwirtes sind die Versicherungsprämien zusätzliche Kosten, die sämtliche Einkommensbeiträge schmälern. Beträgt die Jahresprämie z. B. 10.000,00 € und wird der Verlust bei Eintritt des Umweltzustandes u_1 dadurch ausgeglichen, dann werden aus der Sicht des Landwirtes die unter der Handlungsalternative a_2 (mit Versicherung)

Umweltzustände (u_j)		Eintritts-wahrschein-lichkeiten $p(u_j)$:		Handlungsalternativen (a_i) mit Ergebnissen als Einkommensbeiträge in €:					
					a_1 (ohne Versicherung)		a_2 (mit Versicherung)		a_3 (mit Versicherung)
u_1	Schadensjahr	$p(u_1)$:	0,050		-80.000,00		-6.000,00		39.500,00
u_2	Kühles Jahr	$p(u_2)$:	0,200		20.000,00		14.000,00		9.500,00
u_3	Normales Jahr	$p(u_3)$:	0,400		50.000,00		44.000,00		39.500,00
u_4	Warmes Jahr	$p(u_4)$:	0,300		70.000,00		64.000,00		59.500,00
		Erwartungswerte	($\mu(a_i)$):	$\mu(a_1)$:	43.500,00	$\mu(a_2)$:	41.500,00	$\mu(a_3)$:	39.500,00
		Varianzen	($\sigma^2(a_i)$):	$\sigma^2(a_1)$:	1.102.750.000	$\sigma^2(a_2)$):	418.750.000	$\sigma^2(a_3)$:	300.000.000
				Jahresversicherungsprämien in €:			6.000,00		10.500,00
									DECK223

Übersicht 2.23: Wirkungen von Ertrags- und Erlösversicherungen gegenüber Übersicht 2.22 auf die Hälfte verminderte Eintrittswahrscheinlichkeit für ein Schadensjahr

aufgeführten Einkommensbeiträge erreicht. Der Erwartungswert der Handlungsalternative vermindert sich zwar gegenüber der Handlungsalternative a_1 um 2000,00 €, aber die Varianz als Ausdruck für das Risiko geht von 1821 Mio. auf 525 Mio. drastisch zurück. Die beiden Alternativen dominieren sich also nicht gegenseitig. Nun wird zwar ein risikoneutraler Entscheider die Alternative a_2 (mit Versicherung) nicht wählen, weil er nur die Höhe des Erwartungswertes und nicht die Variabilität der Einzelergebnisse in seine Entscheidung einbezieht. Ein in der Regel risikoscheuer Entscheider wird dagegen zu umso höheren Prämienzahlungen bereit sein, je risikoscheuer er ist, d. h. je eher er zum Verzicht bei den Erwartungswerten der Einkommensbeiträge zu Gunsten von eingeschränkten Varianzen bereit ist.

Die von der Versicherung geforderten Prämien steigen selbstverständlich mit der Höhe des Schadensausgleichs. Wenn die Versicherung im Schadensfall nicht nur den Verlust ausgleicht, sondern sogar Zahlungen in Höhe des Einkommensbeitrages für ein normales Jahr leisten muss, dann ergäbe sich bspw. die Handlungsalternative a_3 in *Übersicht 2.22*. Dabei wurde von einem jährlichen Prämienvolumen von 17.000,00 € ausgegangen. Trotz der höheren Kosten würde sich ein risikoscheuer Entscheider womöglich für diese Alternative entscheiden, weil ihm die dabei zusätzlich mögliche Einschränkung der Varianz von 525 Mio. auf 300 Mio. höherwertig erscheint als der Verlust beim Erwartungswert des Einkommensbeitrages in Höhe von weiteren 2000,00 €.

Der vom Versicherungsgeber zu fordernde Prämienbeitrag und die vom Versicherungsnehmer erzielbaren Erwartungswerte für den Einkommensbeitrag und dessen Varianz werden erheblich von der Eintrittswahrscheinlichkeit für ein Schadensjahr beeinflusst. *Übersicht 2.23* zeigt den Sachverhalt für den Fall, dass die Eintrittswahrscheinlichkeit für ein Schadensjahr in einer anderen Region mit stabileren Witterungsverhältnissen z. B. nur 5 statt 10 % beträgt, während die Wahrscheinlichkeit für den Eintritt eines normalen Jahres um 5 % höher liegt. Unter sonst gleichen Bedingungen kann der Landwirt jetzt bei allen Handlungsalternativen mit höheren Erwartungswerten für sein Einkommen und geringeren Varianzen rechnen. Die Prämienbeträge können erheblich gesenkt werden, wenn der Erwartungswert der Einkommensbeiträge mit geringem (a_2) und hohem (a_3) Schadensausgleich jeweils nur um 2000,00 € abnehmen soll.

Prinzipiell die gleichen Versicherungskonzepte, wie sie hier für das Produktionsrisiko durch unvorhersehbare Produktmengenschwankungen dargestellt wurden, lassen sich auch für die Begrenzung des Marktrisikos durch unvorhersehbare Preis- bzw. Erlösschwankungen anwenden. Für den Landwirt ergäbe sich die gleiche Entscheidungssituation, wie sie eben für die Produktmengenschwankungen dargestellt wurde.

2.5.3 Risikomanagement mittels Vorhaltens von Produktionskapazitäten und Lagerbeständen

Das Produktionsrisiko kann – wie bereits erwähnt – auch dadurch entstehen, dass bei ungünstigen Witterungslagen die verfügbaren menschlichen und maschinellen Arbeitskapazitäten eines Betriebes für die rechtzeitige Arbeitserledigung nicht ausreichen, weil sie nur für „normale" Jahre bemessen wurden, oder weil die verfügbaren Mengen an Produktionsmitteln mit enger Termingebundenheit für ihren Einsatz (z. B. Pflanzenschutzmittel) bei unvorhersehbarem Eintritt von Kalamitäten nicht rasch genug vom Markt beschafft werden könnten und deshalb dafür Lagerbestände vorgehalten werden müssten.

Die zusätzlichen menschlichen und maschinellen Arbeitskapazitäten sowie die zusätzlichen Lagerbestände verursachen für den Landwirt jedoch erhöhte Arbeits-, Maschinen- und Lagerhaltungskosten. Mit den zusätzlichen Kosten kann er zwar die Varianz des Einkommensbeitrages der Handlungsalternative einschränken, andererseits muss er jedoch Einbußen beim Erwartungswert des Einkommens in Kauf nehmen. Insgesamt wirkt damit diese Art des Risikomanagements prinzipiell ebenso wie die vorher dargestellte Versicherung: Die Varianz wird zu Lasten der Erwartungswerte eingeschränkt. Je nach Risikobereitschaft wird der Entscheider mehr oder weniger hohe Zusatzkosten für den erhöhten Produktionsmittelbedarf in Kauf nehmen, um damit eine größere Planungs- bzw. Einkommenssicherheit – wenn auch auf niedrigerem Niveau – zu erreichen.

2.5.4 Risikomanagement durch Liefer- und Abnahmeverträge

Liefer- und Abnahmeverträge mit Preisgarantien führen dazu, dass die Varianz der Einkommensbeiträge einer Handlungsalternative bezüglich der preisbedingten Varianz auf null sinkt. Die Wirkungsweise derartiger Preisgarantien, die wir in Abschnitt 2.3.5.2 bereits angesprochen hatten, soll an einem weiteren Beispiel verdeutlicht werden.

Ein Landwirt erzeugt mit seiner Hauptproduktionsrichtung jährlich gleichbleibend eine Produktmenge von 10.000 Stück mit Produktionskosten von 100.000,00 €. Die erzielbaren Marktpreise für das Produkt schwanken jedoch von Jahr zu Jahr. Es kann ein geringer Preis von 12,00 €/St., ein mittlerer Preis von 15,00 €/St. und ein günstiger Preis von 17,00 €/St. sowie u. U. sogar ein katastrophal niedriger Preis von nur 2,00 €/St. eintreten. Der Landwirt kennt aufgrund vergangener Erfahrungen die Eintrittswahrscheinlichkeiten für diese Marktpreise, er weiß jedoch nicht im Vorhinein, welcher Preis in welchem Jahr eintreten wird. Die zugehörige Entscheidungssituation ist in *Übersicht 2.24* skizziert.

Bei den vier verschiedenen Marktpreisen und den zugehörigen Eintrittswahrscheinlichkeiten erzielt der Landwirt nach Abzug der Produktionskosten von den jeweiligen Erlösen (Produktmenge · Produktpreis) die unter der Handlungsalternative a_1 berechneten Einkommensbeiträge zwischen -80.000,00 € und +70.000,00 €. Der Erwartungswert für die Handlungsalternative beträgt 37.000,00 € und die zugehörige Varianz ist 1821 Mio.

Als Alternative bietet der Abnehmer dem Landwirt einen Abnahmevertrag mit einem garantierten Preis in Höhe von 13,00 €/St. an. Der zugehörige Sachverhalt ist in *Übersicht 2.24* unter a_2 dargestellt. Unabhängig vom Marktpreis würde der Landwirt jährlich einen Einkommens-

Produktmenge (St):		10.000	Vertragspreis (€/St):		13,00	Produktionskosten (€):		100.000,00
Umweltzustände (u_j):		Marktpreise in €/St	Eintrittswahrscheinlichkeiten $p(u_j)$:		Handlungsalternativen (a_i) mit Ergebnissen als Einkommensbeiträge in €:			
						a_1 (ohne Vertrag)		a_2 (mit Vertrag)
u_1	katastrophaler Marktpreis	2,00	$p(u_1)$:	0,100		-80.000,00		30.000,00
u_2	geringer Marktpreis	12,00	$p(u_2)$:	0,200		20.000,00		30.000,00
u_3	mittlerer MarktpPreis	15,00	$p(u_3)$:	0,400		50.000,00		30.000,00
u_4	günstiger Marktpreis	17,00	$p(u_4)$:	0,300		70.000,00		30.000,00
			Erwartungswerte ($\mu(a_i)$):		$\mu(a_1)$:	37.000,00	$\mu(a_2)$:	30.000,00
			Varianzen ($\sigma^2(a_i)$):		$\sigma^2(a_1)$:	1.821.000.000	$\sigma^2(a_2)$):	0
Risikoprämie für die vertragslose Handlungsalternative a_1 (€):						7.000,00		
								DECK224

Übersicht 2.24: Wirkungen von Abnahmeverträgen mit Preisgarantie

beitrag von 30.000,00 € erzielen. Der Erwartungswert beträgt deshalb ebenfalls 30.000,00 € und die Varianz sinkt auf null.

Der Abnehmer hat den Vertragspreis in einer solchen Höhe angeboten, dass der Landwirt zwar bei Annahme des Vertrages im langfristigen Durchschnitt auf Einkommen in Höhe von jährlich 7000,00 € verzichten müsste, dafür aber kein Marktrisiko mehr hätte. Die beiden Handlungsalternativen dominieren also einander nicht. Auch in diesem Falle ist aber die Risikoeinschränkung nicht ohne Kosten erhältlich. Wenn ein risikoscheuer Landwirt diesen Vertrag akzeptiert, dann muss seine Risikoprämie, die hier 7000,00 € beträgt (siehe letzte Zeile der *Übersicht 2.24*), mehr als 7000,00 € betragen.

Selbstverständlich verändert sich die Entscheidungssituation mit veränderten Preis-Kosten-Verhältnissen und veränderten Eintrittswahrscheinlichkeiten für die Marktpreise. (Verdeutlichen Sie sich diese Veränderungen durch Variation der Parameter in dem Programm DECK224.)

2.5.5 Risikomanagement durch Übergang auf weniger „riskante" Produktionszweige

Ein Landwirt, der bisher einen vergleichsweise riskanten Produktionszweig betreibt, d. h. eine Produktionsrichtung mit hoher Varianz der Einkommensbeiträge, kann auch dadurch Risikomanagement betreiben, dass er seinen Betrieb auf weniger risikoreiche Produktionszweige, bei denen die jährlichen Produktmengen und/oder Marktpreise weniger stark schwanken, umstellt. Wie allerdings die *Übersicht 2.25* anhand von Buchführungsergebnissen landwirtschaftlicher Betriebe mit unterschiedlichen Produktionsschwerpunkten zeigt, ist eine solche Umstellung gleichzeitig mit geringeren Erwartungswerten für die Einkommensbeiträge verbunden.

Veredlungsbetriebe, die Schweine mit stark schwankenden Ferkel- und Schlachtschweinepreisen erzeugen, erzielen im mehrjährigen Durchschnitt substantiell höhere Einkommensbeiträge als Ackerbau- und Futterbaubetriebe, die pflanzliche Produkte bzw. Milch- und Rindfleisch produzieren. Die Preise der letztgenannten Produkte schwanken weniger stark. Die Veredlungsbetriebe erzielen also als Gegenleistung für die Inkaufnahme des höheren Risikos eine positive Risikoprämie, die im Durchschnitt des 9-jährigen Zeitraumes im Vergleich zu den Futterbaubetrieben bei 9655 € lag und damit das Einkommen der Futterbaubetriebe um fast 50 % überstieg.

Wirtschaftsjahre	Futterbaubetriebe Gewinn je nicht-entlohnter AK in €	Ackerbaubetriebe Gewinn je nicht-entlohnter AK in €	Veredlungsbetriebe Gewinn je nicht-entlohnter AK in €
1996/1997	15.284	21.445	46.519
1997/9898	16.630	23.115	36.377
1998/1999	18.685	17.802	10.072
1999/2000	18.622	21.462	21.873
2000/2001	21.897	23.760	42.426
2001/2002	24.397	26.991	39.716
2002/2003	20.243	20.053	13.338
2003/2004	19.759	20.957	11.266
2004/2005	24.061	29.508	44.881
Erwartungswerte in €:	19.953	22.788	29.608
Varianzen:	8,53 Mio	11,46 Mio	208,24 Mio
Risikoprämien in €:	0	2.835	9.655
Quelle: n. Daten Landesbetrieb Landwirtschaft Hessen: Buchführungsergebnisse Landw. Betriebe in Hessen, Kassel 2006, S.12f., berechnet.			

DECK225

Übersicht 2.25: Jahreswerte, Erwartungswerte und Varianzen der Gewinne je nichtentlohnter AK (= Familienarbeitskraft) von 1996/97 bis 2004/05 sowie Risikoprämien in verschiedenen Ausrichtungen landwirtschaftlicher Haupterwerbsbetriebe in Hessen

2.5.6 Risikomanagement durch Diversifizierung des Produktionsprogramms

Risikomanagement kann schließlich auch dadurch betrieben werden, dass das betriebliche Produktionsprogramm diversifiziert wird, also im einfachsten Fall statt bisher nur einem Produktionszweig nunmehr zwei betriebliche Produktionszweige in jeweils beispielsweise nur halbem Umfang betrieben werden. Diese Aussage gilt allerdings nur, wenn sich die beiden Produktionszweige nicht dominieren und zwischen ihren Ergebnissen komplementäre Beziehungen derart bestehen, dass der eine Produktionszweig bei einer bestimmten Jahreswitterung hohe Erträge bzw. günstige Produktpreise erbringt, während der andere Produktionszweig geringe Erträge bzw. niedrige Produktpreise aufweist und umgekehrt. In diesem Falle bestehen zwischen den Produktionszweigen negative Kovarianzen und negative Korrelationen.

Allgemein gilt für die *Kovarianz* von zwei Zufallsvariablen A und B, die sich bezüglich ihrer Einzelergebnisse und deren Eintrittswahrscheinlichkeiten unterscheiden, der folgende Ausdruck (vgl. z. B. für die Herleitung Lipshutz, S. 79 ff.):

(2.28) $$\mathrm{Cov}\,(A,B) = \sum_{i,j} a_i \cdot b_j \cdot h(a_i,b_j) - \mu(A) \cdot \mu(B)$$

Darin sind:

Cov (A,B) = Kovarianz der Zufallsvariablen A und B;
a_i = Einzelergebnisse (i = 1, ..., m) der Zufallsvariablen A;
b_j = Einzelergebnisse (j = 1, ..., n) der Zufallsvariablen B;
$h(a_i,b_j)$ = verbundene Wahrscheinlichkeiten dafür, dass die Einzelergebnisse a_i und b_j gemeinsam auftreten;
$\mu(A)$ = Erwartungswert der Zufallsvariablen A;
$\mu(B)$ = Erwartungswert der Zufallsvariablen B.

Für den Fall, dass jeweils Paare von Einzelergebnissen zweier Handlungsalternativen mit gleichen Wahrscheinlichkeiten auftreten, gilt für die Kovarianz der Handlungsalternativen vereinfacht:

$$(2.29) \qquad Cov\ (A,B) = \sum_{j=1}^{n} a_j \cdot b_j \cdot p(u_j) - \mu(A) \cdot \mu(B)$$

Darin sind:
$p(u_j)$ = (verbundene) Wahrscheinlichkeit, mit der das Einzelergebnispaar a_j und b_j gemeinsam auftritt.

Der mit Gleichung (2.29) beschriebene Sachverhalt für die Kovarianz ist für Entscheidungssituationen mit zwei Handlungsalternativen zutreffend. In unserer bisher verwendeten Notation gilt deshalb für die Kovarianz von zwei Handlungsalternativen a_1 und a_2:

$$(2.30) \qquad Cov\ (a_1,a_2) = \sum_{j=1}^{n} e_{j1} \cdot e_{j2} \cdot p(u_j) - \mu(a_1) \cdot \mu(a_2)$$

Darin sind:
e_{j1} und e_{j2} = Einzelergebnisse der Handlungsalternativen a_1 und a_2;
$\mu(a_1)$ und $\mu(a_2)$ = Erwartungswerte der Handlungsalternativen a_1 und a_2.

Die *Korrelation* zwischen zwei Zufallsvariablen A und B wird aus der Kovarianz dadurch abgeleitet, dass die Kovarianz durch das mathematische Produkt der Standardabweichungen der beiden Zufallsvariablen ($\sigma(A)$ und $\sigma(B)$) dividiert wird. Es gilt:

$$(2.31) \qquad p(A,B) = \frac{Cov\ (A,B)}{\sigma(A) \cdot \sigma(B)}$$

Darin sind:
$p(A,B)$ = Korrelation zwischen den Zufallsvariablen A und B;
$\sigma(A)$ und $\sigma(B)$ = Standardabweichungen der Zufallsvariablen A und B.

Für unsere bisher verwendete Notation ergibt sich:

$$(2.32) \qquad p(a_1,a_2) = \frac{Cov\ (a_1, a_2)}{\sigma(a_1) \cdot \sigma(a_2)}$$

Die Standardabweichungen werden nach den bereits in Abschnitt 2.3.3.1 aufgeführten Gleichungen (2.15) und (2.16) bestimmt.

Während die Kovarianz von zwei Handlungsalternativen prinzipiell Werte zwischen $-\infty$ und $+\infty$ annehmen kann, ist die Korrelation als relativer Ausdruck für die Beziehung zwischen zwei Handlungsalternativen dadurch gekennzeichnet, dass sie nur Werte zwischen -1 und +1 umfasst.

Zur Verdeutlichung der Wirkung von Beziehungen zwischen zwei Handlungsalternativen sowie der Kovarianz und der Korrelation diene das nachfolgende Beispiel. Es zeigt zunächst zwei gedankliche Extremfälle.

Ein Landwirt führt bisher den im oberen Block I der *Übersicht 2.26* unter a_1 aufgeführten Produktionszweig als Handlungsalternative a_1 durch. Bei kühlen, normalen und warmen Jahren, die mit den Wahrscheinlichkeiten $p(u_1) = 0{,}250$, $p(u_2) = 0{,}500$ und $p(u_3) = 0{,}2500$ eintreten,

I		Eintrittswahrschein-		Handlungsalternativen (a_i):					
Umweltzustände (u_j):		lichkeiten $p(u_j)$:			a_1		a_2		a_3
u_1	Kühles Jahr	$p(u_1)$:	0,250		-10.000,00		-10.000,00		-10.000,00
u_2	Normales Jahr	$p(u_2)$:	0,500		45.000,00		45.000,00		45.000,00
u_3	Warmes Jahr	$p(u_3)$:	0,250		100.000,00		100.000,00		100.000,00
Erwartungswerte ($\mu(a_i)$):				$\mu(a_\cdot)$:	45.000,00	$\mu(a_2)$:	45.000,00	$\mu(a_3)$:	45.000,00
Varianzen ($\sigma^2(a_i)$):				$\sigma^2(a_\cdot)$:	1.512.500.000	$\sigma^2(a_2)$:	1.512.500.000	$\sigma^2(a_3)$:	1.512.500.000
Kovarianz von a_1 und a_2 ($Cov(a_1,a_2)$):					1.512.500.000		Anteil a_1 an a_3 (aa_1)[1]:		0,50
Korrelation von a_1 und a_2 ($p(a_1,a_2)$):					1,0000		Anteil a_2 an a_3 (aa_2)[1]:		0,50
II		Eintrittswahrschein-		Handlungsalternativen (a_i):					
Umweltzustände (u_j):		lichkeiten $p(u_j)$:			a_1		a_2		a_3
u_1	Kühles Jahr	$p(u_1)$:	0,250		-10.000,00		100.000,00		45.000,00
u_2	Normales Jahr	$p(u_2)$:	0,500		45.000,00		45.000,00		45.000,00
u_3	Warmes Jahr	$p(u_3)$:	0,250		100.000,00		-10.000,00		45.000,00
Erwartungswerte ($\mu(a_i)$):				$\mu(a_1)$:	45.000,00	$\mu(a_2)$:	45.000,00	$\mu(a_3)$:	45.000,00
Varianzen ($\sigma^2(a)$):				$\sigma^2(a_1)$:	1.512.500.000	$\sigma^2(a_2)$:	1.512.500.000	$\sigma^2(a_3)$:	0
Kovarianz von a_1 und a_2 ($Cov(a_1,a_2)$):					-1.512.500.000		Anteil a_1 an a_3 (aa_1)[1]:		0,50
Korrelation von a_1 und a_2 ($p(a_1,a_2)$):					-1,0000		Anteil a_2 an a_3 (aa_2)[1]:		0,50

Anmerkung: [1]) Die Parameter aa_1 und aa_2 geben die Anteile der Handlungsalternativen a_1 und a_2 an der Handlungsalternative a_3 als quantitative Kombination der Alternativen a_1 und a_2 an.

DECK226

Übersicht 2.26: Auswirkungen unterschiedlicher Kovarianzen und Korrelationen auf die relative Vorzüglichkeit von Handlungsalternativen

erwartet der Landwirt Einkommensbeiträge von -10.000, 45.000 und 100.000 €. Der Erwartungswert der Handlungsalternative beträgt $\mu(a_1) = 45.000$ € und die zugehörige Varianz als Ausdruck für das Risiko der Handlungsalternative ist $\sigma^2(a_1) = 1512{,}5$ Mio. (siehe *Übersicht 2.26*, oberer Block I).

Der Landwirt plant nun die Diversifizierung seines Produktionsprogramms mit der zusätzlichen Aufnahme des ebenfalls im oberen Block der Übersicht aufgeführten Produktionszweiges als Handlungsalternative a_2. Sie erbringt bei den verschiedenen Jahreswitterungen die gleichen Einkommensbeiträge wie die Alternative a_1 und hat deshalb auch den gleichen Erwartungswert und die gleiche Varianz.

Da der Landwirt nur über eine begrenzte Nutzfläche verfügt, möchte er (im Beispiel) die beiden Handlungsalternativen auf jeweils der Hälfte seiner Nutzfläche realisieren. Daraus erhält er die ebenfalls im oberen Block der *Übersicht 2.26* aufgeführte kombinierte Handlungsalternative a_3. Sie erbringt – logischerweise – den gleichen Erwartungswert und hat die gleiche Varianz wie die beiden Alternativen a_1 und a_2. Es wäre in diesem Falle also völlig gleichgültig, welche der drei Handlungsalternativen der Landwirt verwirklichen würde. Insbesondere brächte die Diversifizierung durch Kombination der Alternativen a_1 und a_2 weder im Hinblick auf den Erwartungswert noch auf das Risiko (Varianz) für ihn Vorteile.

Aus dem linken Teil der beiden letzten Zeilen des oberen Blocks 1 der Übersicht geht hervor, dass die mit der Gleichung (2.30) bestimmte Kovarianz zwischen den Handlungsalternativen a_1 und a_2 mit 1512,5 Mio. den gleichen Betrag aufweist, wie die Varianzen der drei Handlungsalternativen und die mit Gleichung (2.32) bestimmte Korrelation einen Wert von $p(a_1,a_2) = 1{,}0$ hat.

Im Unterschied zu den bisher unterstellten Gegebenheiten wurde im unteren Block II der *Übersicht 2.26* angenommen, dass der Landwirt die Alternative a_1 mit der gegenüber der Alternative a_2 im oberen Block I veränderten Alternative a_2 kombinieren möchte. Die Alternative

a_2 des unteren Blocks weist zwar die gleichen Einzelergebnisse wie a_2 im oberen Block auf, jedoch in veränderter Reihenfolge. Sie liefert immer dann hohe bzw. geringe oder negative Einkommensbeiträge, wenn die Alternative a_1 geringe oder negative bzw. hohe Einkommensbeiträge aufweist.

Die alleinige Durchführung der neuen Handlungsalternative a_2 würde jedoch im Vergleich zur Alternative a_1 für den Landwirt keine Vorteile bringen, weil sie den gleichen Erwartungswert und die gleiche Varianz wie die Alternative a_1 aufweist. Kombiniert er jedoch die beiden Alternativen miteinander auf jeweils 50 % seiner Nutzfläche, dann ergibt sich die neue Handlungsalternative a_3 im unteren Block. Bei gleichbleibendem Erwartungswert von $\mu(a_3) = 45.000$ € sinkt die Varianz auf null. Die Kombination brächte eindeutige Vorteile. Jeder risikoscheue Entscheider wird die neue Alternative a_3 den Alternativen a_1 und a_2 vorziehen.

Aus dem linken Teil der beiden letzten Zeilen des unteren Blocks II geht überdies hervor, dass die Kovarianz zwischen den Alternativen a_1 und a_2 -1512,5 Mio. beträgt und die Korrelation -1 ist. Der Unterschied in den Vorzeichen für diese Ausdrücke zum oberen Block der *Übersicht 2.26* bestätigt unsere eingangs gemachte Aussage, dass die Diversifizierung für den Entscheider nur dann zu empfehlen ist, wenn die zur Kombination vorgesehenen Alternativen eine negative Kovarianz aufweisen bzw. negativ miteinander korreliert sind, sich in Bezug auf die Einzelergebnisse also gegenseitig ergänzen.

Das Beispiel der *Übersicht 2.26* ist insofern ein Extremfall, als die beiden zur Kombination anstehenden Handlungsalternativen die gleichen Einzelergebnisse aufweisen. In der Regel werden die Beziehungen jedoch nicht so eindeutig sein. Die sich daraus ergebenden Konsequenzen verdeutlicht *Übersicht 2.27* im Vergleich zu *Übersicht 2.26*. In *Übersicht 2.27* wurden die Einzelergebnisse der Alternative a_2 verändert. Aus dem oberen Teil der Übersicht geht hervor, dass die Korrelation zwischen den beiden Alternativen a_1 und a_2 zwar wiederum positiv, aber kleiner als 1 ist. Die Alternativen a_1 und a_2 dominieren einander nicht, a_1 weist im Vergleich zu a_2 zwar einen höheren Erwartungswert, aber auch eine höhere Varianz auf. Die

I		Eintrittswahrschein-		Handlungsalternativen (a_i):					
Umweltzustände (u_j):		lichkeiten $p(u_j)$:			a_1		a_2		a_3
u_1	Kühles Jahr	$p(u_1)$:	0,250		-10.000,00		15.000,00		2.500,00
u_2	Normales Jahr	$p(u_2)$:	0,500		45.000,00		40.000,00		42.500,00
u_3	Warmes Jahr	$p(u_3)$:	0,250		100.000,00		70.000,00		85.000,00
Erwartungswerte ($\mu(a_i)$):				$\mu(a_1)$:	45.000,00	$\mu(a_2)$:	41.250,00	$\mu(a_3)$:	43.125,00
Varianzen ($\sigma^2(a_i)$):				$\sigma^2(a_1)$:	1.512.500.000	$\sigma^2(a_2)$:	379.687.500	$\sigma^2(a_3)$:	851.171.875
Kovarianz von a_1 und a_2 ($Cov(a_1,a_2)$):					756.250.000		Anteil a_1 an a_3 (aa_1)[1]:		0,50
Korrelation von a_1 und a_2 ($p(a_1,a_2)$):					0,9979		Anteil a_2 an a_3 (aa_2)[1]:		0,50
II		Eintrittswahrschein-		Handlungsalternativen (a_i):					
Umweltzustände (u_j):		lichkeiten $p(u_j)$:			a_1		a_2		a_3
u_1	Kühles Jahr	$p(u_1)$:	0,250		-10.000,00		70.000,00		30.000,00
u_2	Normales Jahr	$p(u_2)$:	0,500		45.000,00		40.000,00		42.500,00
u_3	Warmes Jahr	$p(u_3)$:	0,250		100.000,00		15.000,00		57.500,00
Erwartungswerte ($\mu(a_i)$):				$\mu(a_1)$:	45.000,00	$\mu(a_2)$:	41.250,00	$\mu(a_3)$:	43.125,00
Varianzen ($\sigma^2(a_i)$):				$\sigma^2(a_1)$:	1.512.500.000	$\sigma^2(a_2)$:	379.687.500	$\sigma^2(a_3)$:	94.921.875
Kovarianz von a_1 und a_2 ($Cov(a_1,a_2)$):					-756.250.000		Anteil a_1 an a_3 (aa_1)[1]:		0,50
Korrelation von a_1 und a_2 ($p(a_1,a_2)$):					-0,9979		Anteil a_2 an a_3 (aa_2)[1]:		0,50
Anmerkung: 1) Die Parameter aa_1 und aa_2 geben die Anteile der Handlungsalternativen a_1 und a_2 an der Handlungsalternative a_3 als quantitative Kombination der Alternativen a_1 und a_2 an.									

DECK227

Übersicht 2.27: Auswirkungen unterschiedlicher Kovarianzen und Korrelationen auf die relative Vorzüglichkeit von Handlungsalternativen – gegenüber Übersicht 2.26 veränderte Einzelergebnisse der Alternative a_2 –

kombinierte Alternative a_3 wird von a_1 und a_2 ebenfalls nicht dominiert. Sie liegt im Erwartungswert mit $\mu(a_3) = 43.125$ € und ihrer Varianz von $\sigma^2(a_3) = 851{,}17$ Mio. zwischen den entsprechenden Werten der Alternativen a_1 und a_2. Es muss dem Entscheider überlassen bleiben, sich nach Maßgabe seiner subjektiven Risikoeinstellung für eine der drei Alternativen a_1, a_2 und a_3 zu entscheiden.

Im unteren Block II der *Übersicht 2.27* wurden mit der veränderten Alternative a_2 komplementäre Beziehungen zur unveränderten Alternative a_1 simuliert. In a_2 wurde dafür die Reihenfolge der Einzelergebnisse umgestellt. Die Kovarianz zwischen den Handlungsalternativen a_1 und a_2 ist nunmehr ebenso wie die Korrelation negativ. Die Korrelation ist jedoch mit $p(a_1,a_2) = -0{,}9979$ geringer als -1.

Werden nun diese beiden Alternativen auf jeweils 50 % der betrieblichen Nutzfläche miteinander kombiniert, dann dominiert die daraus entstehende Alternative a_3 die Alternative a_2, weil sie einen höheren Erwartungswert für den Einkommensbeitrag bei gleichzeitig stark verminderter Varianz aufweist. Gegenüber der nicht dominierten Alternative a_1 ist die Varianz von $\sigma^2(a_1) = 1512{,}5$ Mio. auf $\mu(a_3) = 94{,}9$ Mio. drastisch zurückgegangen. Als entscheidender Vorteil ergibt sich zudem, dass das Auftreten von existenzgefährdenden negativen Einkommensbeiträgen mit der kombinierten Alternative vermieden wird.

Bei negativen Korrelationen zwischen zwei Handlungsalternativen kann die Diversifizierung also wirtschaftliche Vorteile für den Landwirt ergeben. Allerdings sind die Verhältnisse nicht so eindeutig, wie man sie sich vielleicht gewünscht hätte. (Variieren Sie in dem der *Übersicht 2.27* unterliegenden Programm DECK227 die Eintrittswahrscheinlichkeiten und die Einzelergebnisse der Handlungsalternativen, um weitere Einsichten in die Beziehungen zwischen den Alternativen und die Vorzüglichkeit der Diversifizierung zu gewinnen.)

Ein Nachteil der Diversifizierung muss auch darin gesehen werden, dass der diversifizierte Betrieb vom Landwirt umfangreichere Fachkenntnisse für die Führung der größeren Anzahl von Produktionszweigen erfordert und er außerdem die kostenmäßigen Vorteile großer Produktionszweige, die sich aus der höheren Auslastung leistungsfähigerer Produktionsanlagen ergeben können, weniger gut nutzen kann. Beide Einflüsse führen dazu, dass die einzelnen Einkommensbeiträge aufgrund geringerer Führungseffizienz und höherer Kosten abnehmen und damit die Vorteile der Diversifizierung u. U. wieder verloren gehen können.

2.6 Das Prinzip der Regelung

Bei der Behandlung des Steuerungsprinzips in Abschnitt 2.1 hatten wir festgestellt, dass die tatsächlich eintretenden Werte der Output-Variablen (IST-Werte) eines gesteuerten Systems von den Referenzwerten (SOLL-Werte) immer wieder abweichen, weil neben den kontrollierbaren Variablen auch die nichtkontrollierbaren Input-Variablen auf das reale System einwirken und wir deren Auswirkungen nicht sicher vorhersagen können. Die Anwendung der in den vorhergehenden Abschnitten diskutierten Entscheidungsregeln soll deshalb gewährleisten, dass die SOLL-IST-Abweichungen so gering wie möglich bleiben oder zumindest so beschaffen sind, dass sie aus der Sicht des i. d. R. risikoscheuen Entscheiders nicht zur Katastrophe führen.

Bei Anwendung des Steuerungsprinzips wird nur dann eine vollständige Übereinstimmung zwischen vorher gesetzten SOLL-Werten und nachher erreichten IST-Werten erreicht, wenn die Werte der nichtkontrollierbaren Input-Variablen vollständig und sicher vorhergesagt werden können oder aber deren Einflüsse so gering bleiben, dass sie praktischerweise zu vernachlässigen sind. Da es bisher für die komplexen, biotisch determinierten Systeme der Agrar- und Lebensmittelproduktion nur in sehr einfachen Fällen präzise Prognoseverfahren gibt, diese Systeme aber stets durch zahlreiche nichtkontrollierbare Input-Variablen beeinflusst werden, wird mit der Anwendung des Steuerungsprinzips eine Übereinstimmung zwischen SOLL- und IST-Werten nur in Ausnahmefällen tatsächlich erreicht.

Eine verbesserte Annäherung der IST-Werte an die SOLL-Werte kann im Zeitablauf bei der Steuerung eines realen Systems aber auch durch eine mehr oder weniger kontinuierliche, aber jeweils nachträgliche Erfassung und Diagnose der Abweichungen angestrebt werden. Diese *Überwachung* als SOLL-IST-Vergleich ist das zentrale Element des *Prinzips der Regelung*, wie es aus der Pflanzen- und Tierwelt seit langem bekannt ist und wie es heute auch bei technischen und ökonomischen Systemen vielfach angewandt wird. Überwachung meint die im Zeitablauf möglichst stetig erfolgende Erfassung von IST-Werten der Output-Variablen und ihres Vergleichs mit den angestrebten SOLL-Werten der Referenzvariablen. Die SOLL-IST-Vergleiche zeigen Abweichungen auf, die dann wieder zur Bestimmung von neuen Werten für die kontrollierbaren Input-Variablen und damit sozusagen zur „Gegensteuerung" auffordern.

Die Überwachung ist das notwendige Bindeglied, um bei unvollkommener Vorhersehbarkeit der nichtkontrollierbaren Input-Variablen aus der Steuerung die Regelung als Abfolge von Rückkopplungsprozessen werden zu lassen. Derartige Systeme werden seit ihrem Entdecker Norbert Wiener (1948) als *kybernetische Systeme* bezeichnet (Wiener 1952). Ein kybernetisches System in Lebewesen ist z. B. die Körpertemperaturregulierung. Wenn die Außentemperatur abnimmt, also die Abweichung zwischen körpereigener SOLL-Temperatur und Umgebungstemperatur einen gewissen Wert übersteigt, verbrennt der Körper mehr Energie, im umgekehrten Fall sondert er Wasser ab, um die Verdunstungskälte zur Kühlung zu nutzen. Ähnlich funktioniert das kybernetische System einer Hausklimaanlage. Auch wirtschaftliche Systeme werden so geführt: Jeder Student steuert sein Leben nach dem Prinzip der Regelung durch mehr oder weniger regelmäßige Überwachung seines Kontos. Wenn der Kontostand sinkt, werden die Ausgaben notgedrungen eingeschränkt, wenn er dann wieder durch entsprechende Zahlungen der BAföG-Behörde oder der Eltern gestiegen ist, wird wieder mehr ausgegeben. (Eine umfangreiche Darstellung landwirtschaftlicher Produktionsprozesse, Betriebe und Unternehmen als kybernetische Systeme findet sich bei Steffen und Born 1987.)

In Anlehnung an die Terminologie, die wir aus dem unteren Teil der *Übersicht 2.1* bereits kennen, ist das Prinzip der Regelung in *Übersicht 2.28* skizziert. Bei Anwendung dieses Prinzips versucht der Entscheider ein reales System mit Hilfe der kontrollierbaren Input-Variablen so zu beeinflussen, dass das System nachfolgend Werte der Output-Variablen liefert, die mit den Werten der Referenzvariablen möglichst gut übereinstimmen. Da auf das System aber auch die nichtkontrollierbaren Input-Variablen einwirken, werden die tatsächlichen Werte der Output-Variablen immer wieder von den erwünschten Werten der Referenzvariablen abweichen. Der Entscheider ermittelt nun mit Hilfe geeigneter Messinstrumente die Werte der Output-Variablen und bestimmt die Abweichung E zwischen den Werten der Output-Variablen und denjenigen der Referenzvariablen. Die Abweichungen dienen als Inputgrößen für die Modelle des realen

Systems, mit deren Hilfe der Entscheider dann neue Werte der kontrollierbaren Input-Variablen als Korrekturmaßnahmen kalkuliert, um das reale System so zu beeinflussen, dass es wieder auf „Kurs“ kommt. Da jedoch die nichtkontrollierbaren Input-Variablen fortwirken und sich im Zeitablauf verändern, muss dieser Rückkopplungsprozess immer wieder aufs Neue durchlaufen werden.

Der Entscheider als Regler des realen Systems verändert also seine Maßnahmen im Nachhinein immer dann, wenn er SOLL-IST-Abweichungen diagnostiziert hat. Auch der Entscheider als Regler kann eine Vollsynchronisation zwischen SOLL- und IST-Werten nicht herstellen, da

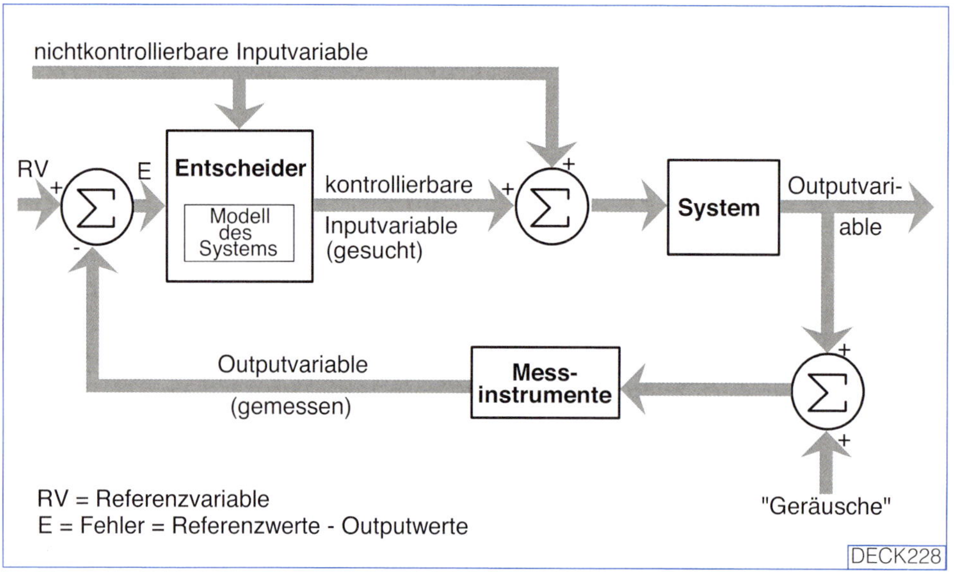

Übersicht 2.28: Das Prinzip der Regelung

notgedrungen mit nachträglichen Diagnosen gearbeitet werde muss. Er ist gegenüber dem Entscheider nach dem Steuerungsprinzip sogar insofern im Nachteil, als letzterer Veränderungen, die sich aus den Wirkungen der nichtkontrollierbaren Input-Variablen ergeben, zu antizipieren versucht. Dagegen ergibt sich für den Entscheider nach dem Regelungsprinzip der Vorteil, dass er bei zahlreichen nichtkontrollierbaren Input-Variablen – wie es oft in der Realität zutrifft – nicht jede einzelne erfassen und auch prognostizieren muss, sondern nur die zusammengefasste Wirkung aller nicht kontrollierbaren Variablen in Form der SOLL-IST-Abweichung.

Allerdings wird auch die Bestimmung der Abweichung oft dadurch erschwert, dass von den Messinstrumenten – wie im unteren Teil der *Übersicht 2.28* angedeutet – oftmals zusätzlich unerwünschte Größen, die wir in Anlehnung an die Kontrolltheorie als „Geräusche“ bezeichnen wollen, mit erfasst werden. Dadurch können sich die gemessenen Werte der Output-Variablen durchaus von den wirklichen Werten unterscheiden, was u. U. zu einer falschen Erfassung der SOLL-IST-Abweichung und damit zu einer falschen Bestimmung von Korrekturmaßnahmen führen kann.

Mit diesen Überlegungen zum Regelungsprinzip sollte jedoch nicht der Eindruck entstehen, dass wir uns für die Führung von Systemen zwischen dem Prinzip der Steuerung und dem

Prinzip der Regelung entscheiden müssten. Vielmehr ist in vielen Situationen zwar das eine Prinzip geeigneter als das andere, aber häufig kann auch nur das eine oder das andere angewandt werden. Bei dem Beispiel der Maisaussaat, das wir in den vorhergehenden Abschnitten verwendet hatten, bleibt nur das Prinzip der Steuerung. Der Landwirt muss mit der einmal getroffenen Entscheidung bis zur Ernte leben. Er kann die Maissorte nicht während der Vegetationsperiode ändern. Andererseits wird er bei der Stickstoffdüngung des Getreides das Prinzip der Regelung anwenden. Er wird sich nicht für die gesamte Vegetationsperiode mit einer Stickstoffgabe festlegen, weil er nicht weiß, wie sich die Witterung entwickelt. Je nach Witterungsverlauf würde er dann nämlich entweder zu viel (frühzeitiges Lagergetreide, Stickstoffauswaschung in den Unterboden, Nichtausnutzung von Stickstoff wegen Trockenheit) oder zu wenig (keine volle Nutzung des Ertragspotenzials) gedüngt haben. Er wird also den Stickstoff auf mehrere Gaben verteilen, das System „Getreideschlag“ während der Vegetationsperiode überwachen und nur dann nachdüngen, wenn seine Messinstrumente („Farbe“ des Bestandes, Düngefenster, Nitratschnelltest etc.) ihm anzeigen, dass der Bestand unterversorgt zu werden droht. Allerdings sind gerade bei den komplexen, biotisch determinierten Systemen der Landwirtschaft noch viele Messinstrumente so unvollkommen, dass die bereits angesprochenen Messfehler in größerem Umfang entstehen können. Hier besteht ein dringender Forschungsbedarf.

In vielen Entscheidungssituationen sind auch Kombinationen des reinen Regelungsprinzips mit einer teilweisen Erfassung und Vorhersage der nichtkontrollierbaren Input-Variablen nach Maßgabe des Steuerungsprinzips realisierbar. Dadurch lassen sich die Nachteile der beiden reinen Prinzipien zwar nicht völlig beseitigen, doch werden durch eine Kombination die Abweichungen von den SOLL-Werten verringert. Wir wollen diese Kombination aus Steuerung und Regelung, die in der Kontrolltheorie „Regelung mit Störgrößenaufschaltung“ heißt, das *Prinzip der Führung* nennen. Tatsächlich ist dieses Prinzip in der *Übersicht 2.28* mit dem Pfeil der nichtkontrollierbaren Input-Variablen angedeutet, der nicht nur auf das reale System einwirkt, sondern auch auf den „Entscheiderblock“ weist. Damit ist die Erfassung der nichtkontrollierbaren Input-Variablen durch den Entscheider gemeint. Das reine Prinzip der Regelung würde auf diesen „Pfeil“ verzichten.

Bei Verwendung des Prinzips der Führung wird mit einer Kombination aus „Grobsteuerung“ und „Feineinstellung“ gearbeitet. Als Beispiel bietet sich wieder die Stickstoffdüngung für Getreide an: Nach Maßgabe des Steuerungsprinzips – der N-Bedarf ist als Mindestbedarf vorhersehbar – wird im Frühjahr eine erste Gabe ausgebracht. Weitere kleine Gaben werden nach Maßgabe des Regelungsprinzips verabreicht, nämlich immer dann, wenn für den Bestand Bedarf besteht.

2.7 Lernprozesse

2.7.1 Das Prinzip der adaptiven Regelung

Bei der Diskussion des Regelungsprinzips wurde implizit unterstellt, dass der Entscheider über geeignete Modelle des zu regelnden realen Systems als Entscheidungshilfsmittel verfügt, die er zur Bestimmung der Werte der kontrollierbaren Input-Variablen einsetzen kann. Insbesondere bei den biotisch determinierten Produktionsprozessen der Agrar- und Ernährungswirtschaft und auch für neue Produktionsverfahren mit bisher nicht vom Entscheider verwendeten Produktionsmitteln trifft das allerdings nur sehr begrenzt zu. Verfügt aber der Entscheider nicht über gewisse Modelle, z. B. für das Produktionssystem „Kulturboden + Nutzpflanzenbestand", dann ist er bei der Bestimmung von Maßnahmen, etwa zur Düngung und zum Pflanzenschutz, auf mehr oder weniger systematisches Probieren angewiesen. Der Entscheider muss dann gleichsam ein Modell während der Produktionsabläufe entwickeln. Wir bezeichnen dies als das *Prinzip der adaptiven Regelung*.

Übersicht 2.29 verdeutlicht als Beispiel die dafür zutreffende Vorgehensweise. Angenommen, ein Landwirt plane den Anbau einer bisher nicht im Betrieb erzeugten Frucht. Er wird über ein vorläufiges Wissen zur Produktionsstruktur, zum Einfluss der Umweltvariablen und zur Wirkung von Bearbeitungsmaßnahmen verfügen. Dieses vorläufige „Modell" der Nutzpflanze ist sein A priori-Wissen. Wird das Wissen bereits als hinreichend empfunden, dann kann über die Anbaumaßnahme entschieden und der Produktionsprozess durchgeführt werden. Durch entsprechende SOLL-IST-Vergleiche kann hinterher der Maßnahmenerfolg überprüft werden. Der Landwirt lernt aus Erfahrungen bzw. durch Vergleichen für die nächsten Produktionsperioden und gewinnt so A posteriori-Informationen.

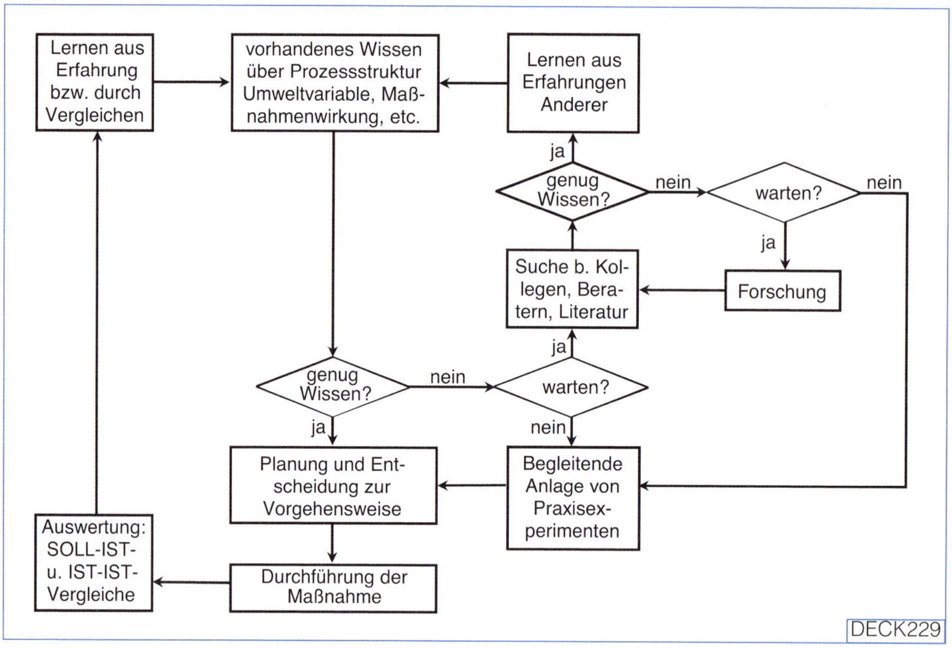

Übersicht 2.29: Das Prinzip der adaptiven Regelung – Beispiel –

Wird dagegen das A-priori-Wissen als unzureichend empfunden, muss der Landwirt entscheiden, ob er zur weiteren Informationsgewinnung mit der Produktionsaufnahme warten sollte. Ist das der Fall, wird er z. B. bei Experten oder aus der Fachliteratur zusätzliche Informationen beschaffen. Er lernt aus Erfahrungen Dritter. Falls der Landwirt jedoch, z. B. bei sehr neuartigen Produktionsverfahren, auch dieses Wissen als unzureichend empfindet, er aber warten kann, könnte er auf spätere Forschungsergebnisse hoffen. Wenn allerdings nicht gewartet werden soll, z. B. weil Experten ohnehin keine betriebsspezifischen Aussagen machen können, bleibt nur ein mehr oder weniger systematisches Probieren, etwa durch die begleitende Anlage von Praxisversuchen. Der Landwirt lernt dann aus einem Vergleich verschiedener angewandter Maßnahmenbündel, wodurch sich über die Jahre eine stetige Verbesserung seines Informationsgrades ergeben sollte.

2.7.2 Lernkurven

Das Beispiel führt uns zu einer weiteren Überlegung: In einer Zeit, in der fortwährend biologische und technische Neuerungen von den Betrieben zu adaptieren sind, arbeiten die Produktionsprozesse nicht sofort mit maximaler Ergiebigkeit. Die Betreiber müssen den Umgang mit den neuen Hilfsmitteln erst lernen. Sie bewegen sich dabei prinzipiell auf einer Lernkurve, wie sie in der *Übersicht 2.30* dargestellt ist. Die tatsächliche Effizienz des Produktionsprozesses nähert sich erst im Laufe der Zeit der höchstmöglichen Effizienz.

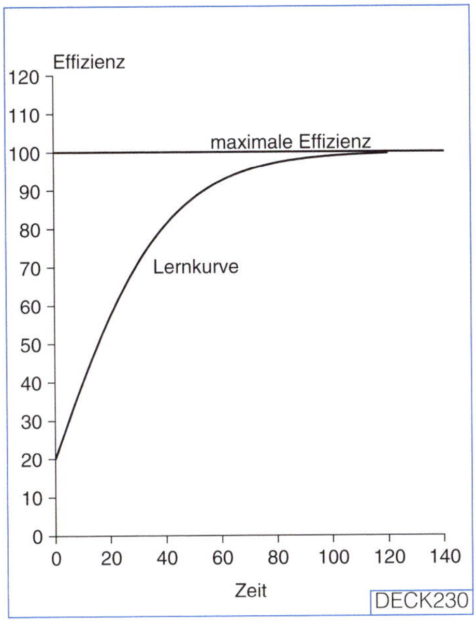

Übersicht 2.30: Lernkurve in der Produktion

Aus der Psychologie ist bekannt, dass es sich bei *Lernprozessen* um sehr komplexe Phänomene handelt. Vereinfacht lässt sich sagen, dass Lernprozessen ein „Trial-and-Error-Verfahren" zugrunde liegt, wobei sich der Lernende einerseits durch Übung und andererseits durch Motivation als Reaktion auf Erfolg und schließlich Einsicht auf der Lernkurve nach oben bewegt. Norbert Wiener erkannte daher: „Lernen ist dem Wesen nach eine Form der Rückkopplung, bei der das Verhaltenschema durch vorausgegangene Erfahrung abgewandelt wird" (Wiener, 1952). Mit anderen Worten: Voraussetzung für erfolgreiches Lernen bei der Führung von realen Systemen ist die Nutzung von Regelungsmechanismen mit einer laufenden Erfassung der IST-Werte von Output-Variablen unter Berücksichtigung der dabei jeweils eingesetzten Maßnahmen. Rasches Lernen, welches in einer innovativen Umwelt permanent gefordert ist, kann deshalb z. B. durch den Einsatz der Informationselektronik, die eine beschleunigte Datenerfassung und -verarbeitung ermöglicht, erheblich unterstützt werden. (*Anmerkung:* Auch die in diesem Buch enthaltenen einfachen Computerprogramme sollen mit ihren Möglichkeiten zur Parametervariation, d. h. zur Simulation von unterschiedlichen „Wenn-Dann-Situationen", als Hilfsmittel für Lernprozesse dienen. Man lernt nicht – wie der Landwirt unseres vorhergehenden Beispiels – aus der teuren, „realen" Realität, sondern aus der kostengünstigeren „virtuellen" Realität.)

2.8 Zum Wert steigender Regelungsintensitäten

Für eine ökonomische Bewertung von Regelungsprozessen ergibt sich die Frage nach dem Nutzen von unterschiedlich häufigen Durchläufen des Regelungskreises, d. h. nach dem Wert unterschiedlicher *Regelungsintensitäten* (KUHLMANN 1990, S. 41). Wir können eine Vorgehensweise zur Schätzung des Nutzens häufigerer und umfangreicherer Überwachungen und Regelungsdurchläufe ableiten, wenn wir uns bewusst machen, dass Abweichungen der IST-Werte von den SOLL-Werten der Output-Variablen entweder Produktionsmittelverschwendung oder Produktentgang bedeuten, also entweder höhere direkte Kosten für die unnötig eingesetzten Betriebsmittelmengen oder Opportunitätskosten für die entgangenen Produktmengen hervorrufen. Je nach Regelungsintensität entstehen dadurch unterschiedlich hohe sog. *Fehlerkosten*. Wir wollen den Zusammenhang anhand von *Übersicht 2.31* verdeutlichen.

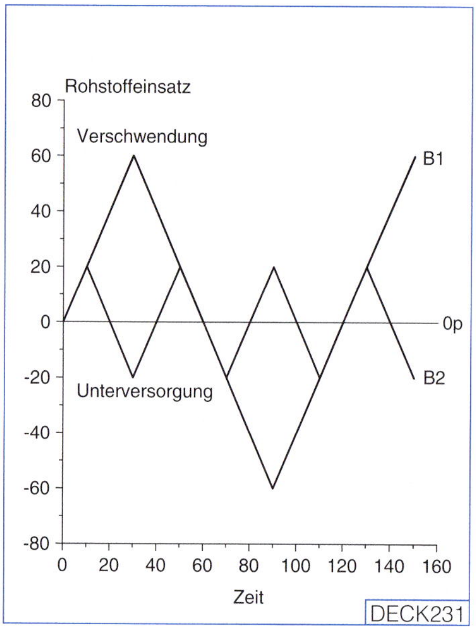

Übersicht 2.31: Betriebsmitteleinsatz in Abhängigkeit von der Zeit und von der Regelungsintensität

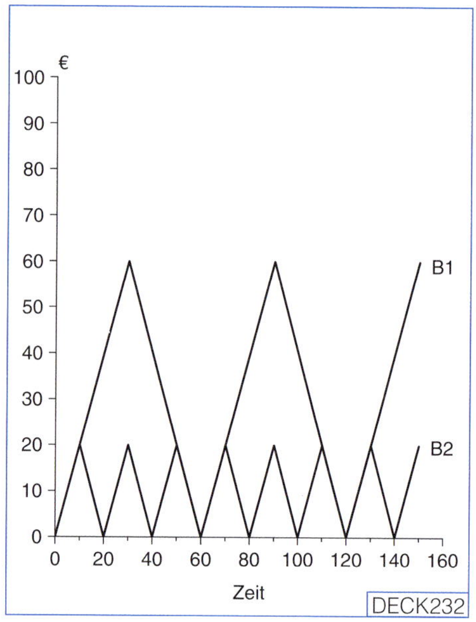

Übersicht 2.32: Fehlerkosten in Abhängigkeit von der Zeit und von der Regelungsintensität

In der Übersicht wird davon ausgegangen, dass im Zeitablauf für eine Produktion ein bestimmter optimaler Rohstoffeinsatz existiert, z. B. des Rohstoffes Zuckerrüben für die Zuckerherstellung. Dieser optimale Rohstoffeinsatz sei durch die parallel zur Abszisse verlaufende Linie Op gegeben. Aufgrund mangelhafter Kenntnisse des Steuerers der Zuckerextraktionsanlage über die sehr komplexen Input-Output-Relationen des realen Systems „Zuckerrüben und Zuckerextraktionsanlage" und der Wirkungen wechselnder Zuckergehalte des nicht standardisierbaren biotischen Rohstoffes „Zuckerrüben" wird der tatsächliche Rohstoffeinsatz fortgesetzt die Neigung haben, von der optimalen Einsatzmenge abzuweichen. Je häufiger nun das System überwacht wird, desto häufiger kann der Rohstoffeinsatz korrigiert werden, desto geringer werden die aus der Rohstoffverschwendung und dem Nutzenentgang resultierenden Fehlerkosten sein.

Für den vereinfachten Fall, dass sich die Abweichungen sehr regelmäßig entwickeln, möge sich bei häufigeren Kontrollen für den tatsächlichen Rohstoffeinsatz bspw. die Kurve B2 ergeben (Messungen und Anpassungen der Verbrauchsmengen zu den Zeitpunkten 10, 30, 50, ... usw.), während für weniger häufige Kontrollen die Kurve B1 gelten möge (Messungen und Anpassungen der Verbrauchsmengen zu den Zeitpunkten 30, 90, 150, ... usw.).

Daraus entstünden nun im Zeitablauf die in *Übersicht 2.32* abgetragenen Fehlerkosten für die beiden Regelungsintensitäten B1 und B2.

Integrieren wir nun diese Fehlerkostenkurven über einen gewissen Zeitraum, dann können wir die Fehlerkostensumme prinzipiell so in Abhängigkeit von der Regelungsintensität abtragen, wie es in *Übersicht 2.33* geschehen ist. Die Fehlerkostensumme sinkt mit zunehmender Regelungsintensität.

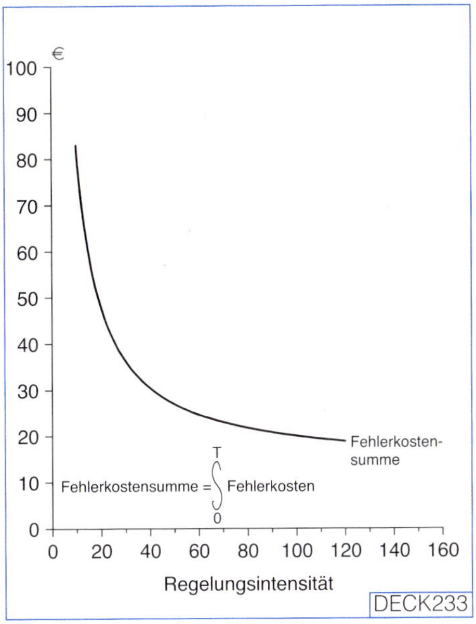

Übersicht 2.33: Fehlerkostensumme in Abhängigkeit von der Regelungsintensität

Zu ganz ähnlichen Ergebnissen gelangen wir, wenn wir annehmen, dass der Entscheider aus der Prozessüberwachung lernt und damit nach Maßgabe des Prinzips der adaptiven Regelung die Qualität seiner Entscheidungshilfsmittel verbessert. Wie in *Übersicht 2.34* skizziert, bewegt sich der Entscheider dabei auf Lernkurven, die den jeweils erreichten Geldnutzen angeben und sich dem maximal möglichen Nutzenniveau annähern. Nehmen wir realistischerweise an, wie das in *Übersicht 2.34* z. B. mit den dort eingezeichneten drei Kurven geschehen ist, dass die Lernkurven umso steiler ansteigen, je höher die Regelungsintensität gewählt wird, dann lassen sich in *Übersicht 2.35* die Fehlerkosten als entgangener Nutzen des nicht erreichten maximalen Nutzens in Abhängigkeit von der Zeit darstellen. Integrieren wir diese Fehlerkosten über einen bestimmten Zeitraum, dann kann die Fehlerkostensumme in Abhängigkeit von der Regelungsintensität abgetragen werden. Sie entspricht prinzipiell der Kurve in der *Übersicht 2.33*.

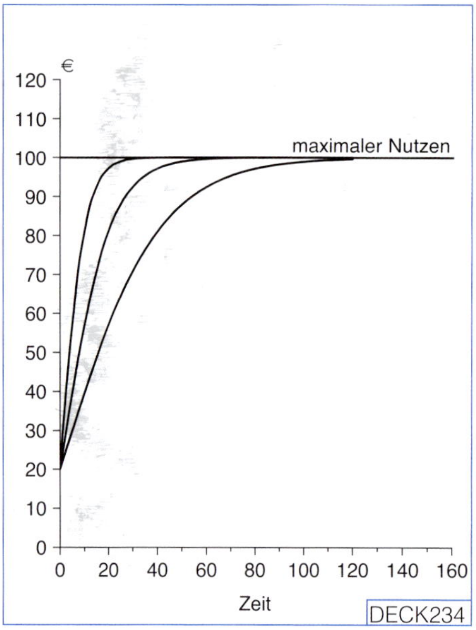

Übersicht 2.34: Realisierter Nutzen in Abhängigkeit von der Zeit und Regelungsintensität

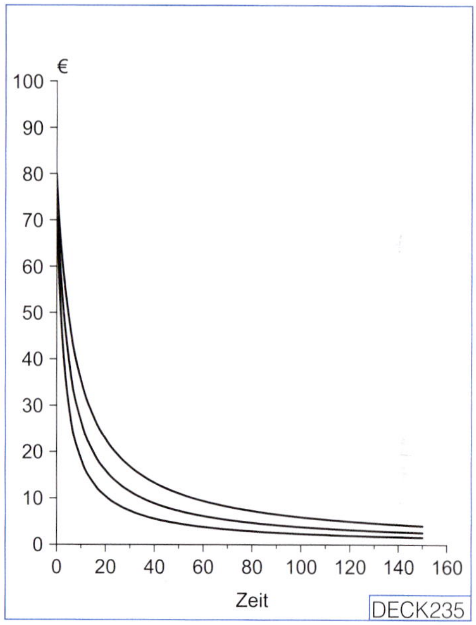

Übersicht 2.35: Fehlerkosten = Entgangener Nutzen in Abhängigkeit von der Zeit und der Regelungsintensität

Zur Schätzung des Nutzens unterschiedlicher Regelungsintensitäten müssen wir aber noch berücksichtigen, dass diese zusätzlich direkte Kosten der Überwachung verursachen. Wenn wir annehmen, dass sich diese Kosten proportional zur Regelungsintensität verhalten, dann ergibt sich für die gesamten Regelungskosten als Summe aus den direkten Überwachungskosten und den Fehlerkosten ein u-förmiger Verlauf. Dieser Zusammenhang ist in *Übersicht 2.36* dargestellt. Wir können die optimale Kontrollintensität unmittelbar ablesen. Sie wird im Minimum der gesamten Regelungskosten erreicht. Ebenso lassen sich daraus die Grenzgewinne ableiten, die entstehen, wenn eine vorher nicht optimale Regelungsintensität in Richtung auf das Optimum verändert wird.

Aus den Kostenkurven der *Übersicht 2.36* ist des Weiteren ersichtlich, dass die optimale Regelungsintensität von der Höhe der Fehlerkosten und von den direkten Überwachungskosten beeinflusst wird. Der dafür relevante Zusammenhang ist in der *Übersicht 2.37* skizziert. Sinken z. B. die Stückkosten je Überwachungsvorgang, verläuft also die Linie der direkten Überwachungskosten weniger steil, dann ergibt sich bspw. bei einer Halbierung der direkten Überwachungskosten für die Gesamtkosten der Regelung die Kurve Rks_2 im Vergleich zur Ausgangssituation mit der Kurve Rks_1. Die optimale Regelungsintensität steigt von Op_1 auf Op_2. Steigt andererseits die Fehlerkostensumme, dann gilt bspw. die Kurve Rks_3 für die gesamten Regelungskosten. Die optimale Regelungsintensität steigt von Op_1 auf Op_3.

Im Einzelfall ist zwar die konkrete Feststellung der Kosten von Regelungsvorgängen durchaus mit Schwierigkeiten verbunden, generell können wir jedoch festhalten, dass sich die eben skizzierten Änderungen der Regelungskostenbestandteile zukünftig weiter verstärken werden. Einerseits werden weitere Fortschritte bei der Informationselektronik dazu führen, dass die direkten Kosten der Überwachung weiter abnehmen. Andererseits werden nachhaltige Vergrößerungen der Produktionsumfänge der Unternehmen dazu führen, dass Fehler beim Werkstoff- und Betriebsmitteleinsatz immer höhere Nutzenentgänge bedeuten. Die Regelungsintensitäten werden deshalb zukünftig sukzessive weiter ansteigen.

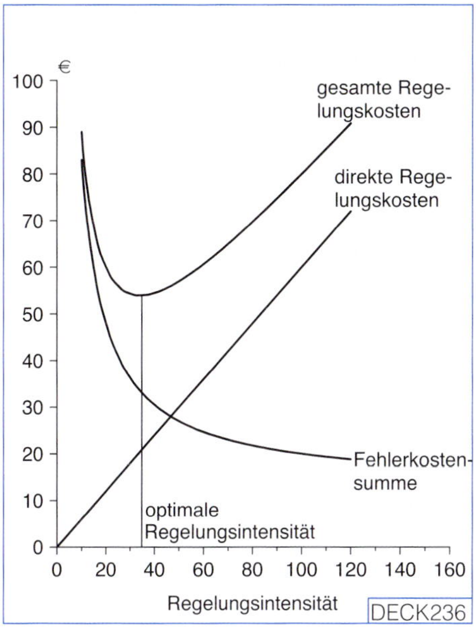

Übersicht 2.36: Bestimmung der optimalen Regelungsintensität

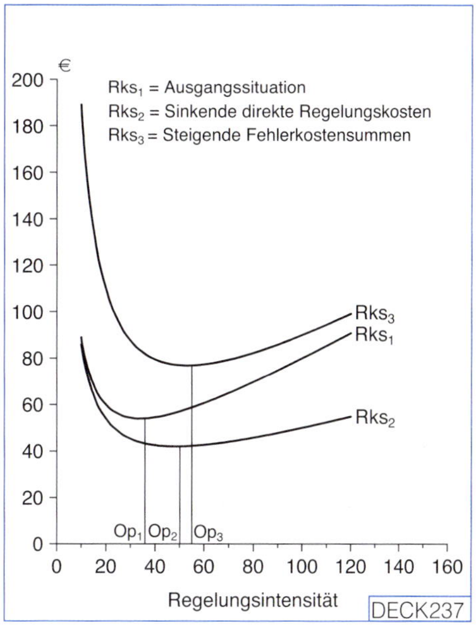

Übersicht 2.37: Optimale Regelungsintensitäten bei variablen Beträgen der Regelungskostenarten

2.9 Aufnahmebereitschaft für Innovationen

Die Bereitschaft zur Durchführung von Lernprozessen hängt eng zusammen mit der Bereitschaft zur Aufnahme von Innovationen. Diese Bereitschaft zur Nutzung neuer Handlungsalternativen ist zwar von Mensch zu Mensch unterschiedlich, doch lassen sich die Menschen diesbezüglich verschiedenen Kategorien zuordnen. Zum einen existieren Meinungsführer und früh aufnahmebereite Personen. Einige Hausfrauen sind die ersten, die neue Produkte ausprobieren, und einige Landwirte werden neue Produktionsmittel vor ihren Kollegen anwenden. Ebenso sind Individuen anzutreffen, die Innovationen erst sehr viel später akzeptieren.

Diese Unterschiede haben ROGERS zur Klassifikation von Individuen in die in *Übersicht 2.38* dargestellten fünf Aufnehmerkategorien veranlasst (ROGERS 1962). In Abhängigkeit von der Zeit werden dabei die Wahrscheinlichkeiten, dass Innovationen von Individuen aufgenommen werden, als normal verteilt angesehen. Zum Zeitpunkt 0 tritt eine Innovation erstmalig auf. Nach einem langsamen Anlauf akzeptieren zunehmend mehr Individuen die Innovation. Ihre Zahl erreicht schließlich ein Maximum, um dann wieder abzunehmen. Sowohl empirische als auch theoretische Studien untermauern die angegebene Normalverteilung.

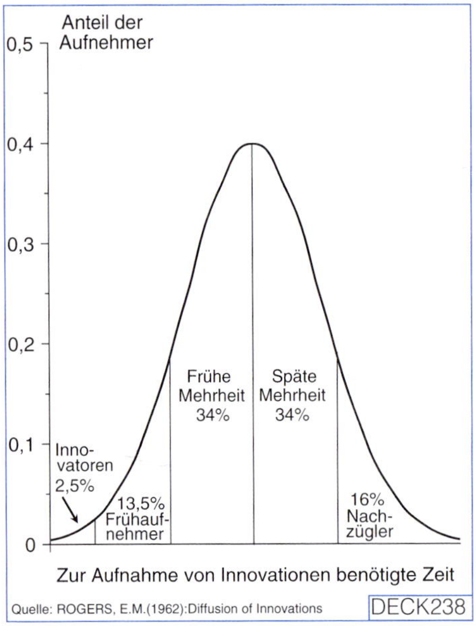

Übersicht 2.38: Klassifikation der Aufnehmer von Innovationen auf der Basis der relativen Aufnahmezeit

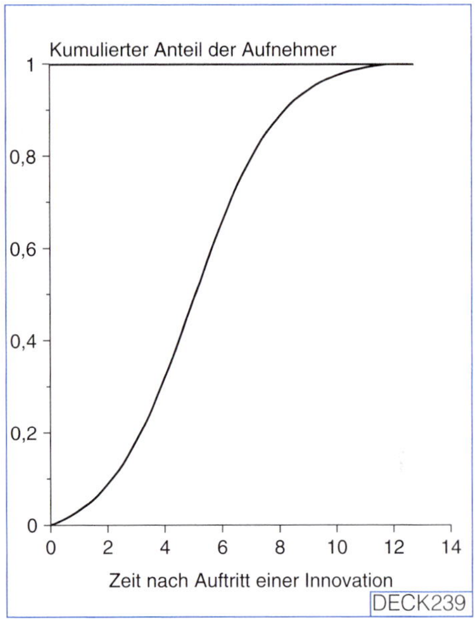

Übersicht 2.39: Anteil der Aufnehmer einer Innovation in Abhängigkeit von der Zeit nach Auftritt der Innovation

Wir können nun die Normalverteilung integrieren und erhalten dann die Verteilungsfunktion, die in *Übersicht 2.39* dargestellt ist. Die Verteilungsfunktion sagt, welcher Anteil einer Population bis zu einem bestimmten Zeitpunkt die Innovation akzeptiert hat. Je stärker die s-förmige Verteilungsfunktion ansteigt, desto rascher verläuft ein Prozess der Innovationsadaption.

Von ROGERS stammt auch der Versuch, die subjektiven Wertevorstellungen der Individuen in den fünf Aufnehmerkategorien zu beschreiben. Innovatoren legen großen Wert auf Abenteuerlichkeit. Sie probieren gern Neues aus, auch wenn dies mit einigen Risiken verbunden ist. Sie halten sich für weltstädtisch orientiert. Frühaufnehmern liegt es in erster Linie an der Respektierlichkeit. Sie werden in ihrer Gemeinde als Meinungsführer angesehen und nehmen neue Ideen zwar früh, aber wählerisch auf. Die der frühen Mehrheit angehörenden Individuen legen Wert auf Vorsicht. Sie akzeptieren neue Ideen zwar auch noch überdurchschnittlich früh, sind aber selten Meinungsführer. Die Angehörigen der späten Mehrheit sind Skeptiker. Sie akzeptieren eine Innovation erst dann, wenn die Meinung der Mehrheit ihre Nützlichkeit zu bestätigen scheint. Die Nachzügler legen großen Wert auf Tradition. Sie stehen Veränderungen argwöhnisch gegenüber, halten sich an andere traditionsgebundene Mitbürger und akzeptieren eine Innovation erst dann, wenn sie in gewissem Maße selbst zur Tradition geworden ist.

Die Feststellung darüber, welche Individuen im konkreten Fall welcher Aufnehmerkategorie zugeordnet werden sollen, ist z. B. von großer praktischer Bedeutung, wenn ein landwirtschaftlicher Fachberater bei den Landwirten ein neues Produktionsverfahren einführen möchte oder eine Firma, die neue landwirtschaftliche Betriebsmittel herstellt, diese Innovationen so rasch wie möglich bei den Landwirten verbreiten möchte. Der Berater oder die Firma werden sich nicht an die Innovatoren wenden, weil diese gerade in ländlichen Gebieten, wo sozusagen „jeder jeden kennt", oft ein wenig belächelt werden. Wenn sie eine Innovation einsetzen, dann besteht die Gefahr, dass diese Innovation als „halbgare" Idee abgetan wird. Die geeignete Zielgruppe sind vielmehr die Frühaufnehmer. Sie werden von ihren Kollegen als akzeptierte Meinungsführer bzw. als Vorbilder angesehen. Wenn sie eine Innovation einsetzen, dann verleihen sie dem Produktionsverfahren oder dem Produktionsmittel eine hohe Glaubwürdigkeit und bewirken damit, dass die übrigen Landwirte der Innovation eine höhere subjektive Eintrittswahrscheinlichkeit für den Erfolg der Handlungsalternative zumessen.

3 Identifikation einzelwirtschaftlicher Systeme

Die verschiedenen Aktivitäten von Menschen zur Befriedigung ihrer Bedürfnisse finden in *Einzelwirtschaften* statt. Einzelwirtschaften sind offene, dynamische, soziotechnische Systeme. Sie sind offen, weil sie durch ihre Umwelt beeinflusst werden und auf diese Einflüsse mit Anpassungsmaßnahmen reagieren. Sie sind dynamisch, weil sich ihre Produktionsvorgänge in der Zeit vollziehen und die durch Umwelteinflüsse hervorgerufenen Anpassungsmaßnahmen zeitlich mehr oder weniger verzögert erfolgen. Sie sind schließlich soziotechnische Systeme, weil in ihnen Menschen und sachliche Hilfsmittel zusammenwirken und sie von Menschen zur Erreichung von Zielen geführt werden. In den folgenden Abschnitten sollen diese Systeme und ihre Funktionen unter Berücksichtigung der Erkenntnisse aus den beiden ersten Kapiteln näher analysiert bzw. identifiziert werden.

3.1 Institutionelle Identifikation von Einzelwirtschaften

Die Begriffe „Betrieb", „Unternehmen", „Haushalt" und „Einzelwirtschaft" wurden bisher mehrfach benutzt, ohne sie näher zu definieren. Das soll jetzt nachgeholt werden. Dazu wollen wir uns anhand der *Übersicht 3.1* zunächst einen Überblick über diese Institutionen verschaffen (vgl. dazu Kosiol 1966).

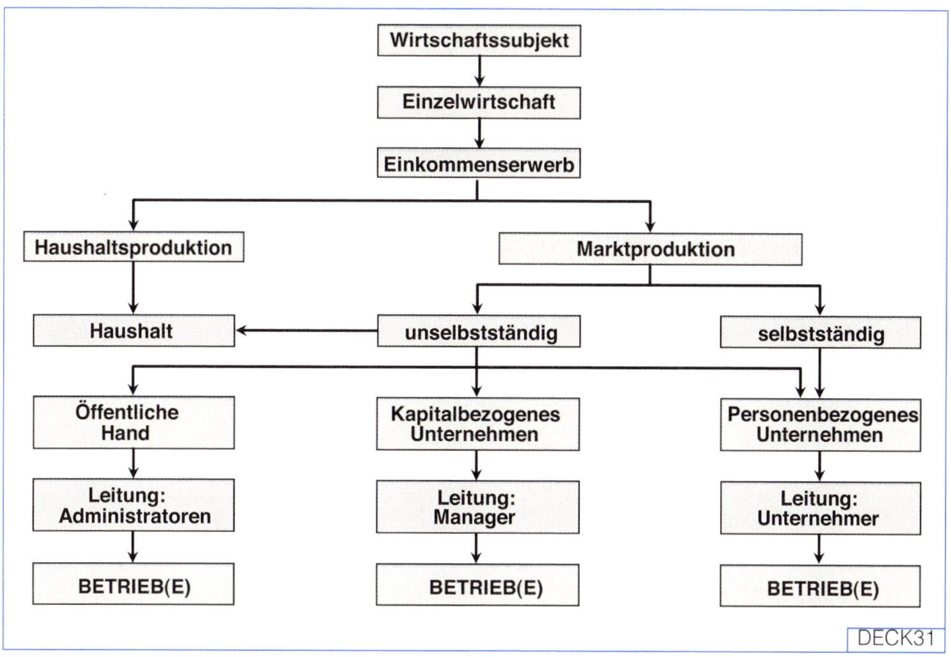

Übersicht 3.1: Institutionelle Identifikation von Einzelwirtschaften

Wir gehen vom handelnden Individuum in seiner Eigenschaft als *Wirtschaftssubjekt* aus. Wirtschaftssubjekte sind alle diejenigen Personen, welche ihre Konsumweise selber festlegen, Entscheidungen über die Art des Wirtschaftens treffen und diese Entscheidungen dann auch realisieren. *Übersicht 3.1* zeigt, dass jedes Wirtschaftssubjekt über eine *Einzelwirtschaft* verfügt.

Als Einzelwirtschaft verstehen wir dasjenige System von Tätigkeiten einer Einzelperson oder einer Personenvereinigung, das die Voraussetzungen zur Verwirklichung der von diesen Subjekten beabsichtigten Konsumweise schafft. Diese Voraussetzungen bestehen darin, dass das Wirtschaftssubjekt *Einkommen* erwirbt, d. h., die für den Konsum bestimmten Güter bereitstellt. Die Einzelwirtschaft umfasst also den Gesamtbereich wirtschaftlichen Handelns eines Wirtschaftssubjektes.

Wie wir bereits anhand des Beispiels aus Abschnitt 1.4.3.1 gesehen haben, kann der Einkommenserwerb grundsätzlich durch die Haushaltsproduktion oder die Marktproduktion erfolgen, wobei je nach Person und Situation einmal mehr die eine und einmal mehr die andere Form überwiegt.

Während bei der Haushaltsproduktion die für den Konsum bestimmten Güter direkt hergestellt oder bearbeitet werden, möchte das Wirtschaftssubjekt mit der Marktproduktion in der arbeitsteiligen Volkswirtschaft zunächst ein Geldeinkommen erwerben, um damit dann die Konsumgüter beschaffen zu können. Der Einkommenserwerb kann entweder dadurch erfolgen, dass das Wirtschaftssubjekt seine Arbeitskraft anderen zur Verfügung stellt (unselbstständige Tätigkeit) oder auch durch eine selbstständige Betätigung oder schließlich auch durch eine Kombination beider Tätigkeitsarten.

Die Gesamtheit derjenigen Tätigkeiten, die eine Person in selbstständiger Position mit dem Ziel des Einkommenserwerbs vollzieht, nämlich das, was eine Person an leistungserstellenden (nicht konsumtiven) Handlungen unternimmt, wollen wir *personenbezogenes Unternehmen* nennen. Das Wirtschaftssubjekt als Leiter eines solchen Unternehmens bezeichnen wir als *Unternehmer.*

Das Adjektiv „personenbezogen“ dient der Abgrenzung gegenüber der zweiten in der Wirtschaft anzutreffenden Unternehmensform, nämlich dem *kapitalbezogenen Unternehmen.* Der Unterschied zwischen den beiden Unternehmensformen besteht darin, dass der Leiter des personenbezogenen Unternehmens als Unternehmer im eigentlichen Sinne nicht nur Leiter, sondern auch Eigentümer, d. h. Eigenkapitalgeber für das Unternehmen ist, während diese beiden Funktionen in kapitalbezogenen Unternehmen getrennt sind. In kapitalbezogenen Unternehmen als nicht an die Person eines Unternehmers gebundene eigene Rechtspersönlichkeiten haben wir einerseits die Eigenkapitalgeber als Anteilseigner (Aktionäre, Gesellschafter) und andererseits ein bestelltes Management (Vorstand, Geschäftsführer), das in der Regel nicht Miteigentümer ist.

Typische personenbezogene Unternehmen sind landwirtschaftliche Betriebe, Handwerksbetriebe (z. B. Bäckereien, Metzgereien), Arztpraxen, Anwaltskanzleien, kleinere Einzelhandelsgeschäfte oder auch kleinere gewerbliche Fabriken. Typische kapitalbezogene Unternehmen sind Aktiengesellschaften (AG) und Gesellschaften mit beschränkter Haftung (GmbH), wie etwa die Großunternehmen der Nahrungsmittelindustrie oder des Maschinen- und Fahrzeugbaues.

Neben den kapital- und personenbezogenen Unternehmen ist für die Volkswirtschaft der Bereich der *öffentlichen Hand* zu nennen. Die Institutionen der öffentlichen Hand können unter den hier relevanten Aspekten als Spezialfall der kapitalbezogenen Unternehmen angesehen werden. Eigenkapitalgeber sind die Steuerzahler, das Management besteht aus Politikern und Beamten (Administratoren).

Während nun als Quelle für den Geldeinkommenserwerb in selbstständiger Position nur das personenbezogene Unternehmen in Frage kommt, lässt sich Einkommen in unselbstständiger Tätigkeit sowohl in personenbezogenen als auch in kapitalbezogenen Unternehmen, bei der öffentlichen Hand und schließlich auch in Haushalten von anderen Wirtschaftssubjekten erzielen.

Als Voraussetzung für den Einkommenserwerb produzieren die Unternehmen (materielle und immaterielle) Güter, nämlich Gegenstände und Dienstleistungen. Die öffentliche Hand ist vornehmlich auf die Erzeugung von Dienstleistungen spezialisiert. Sämtliche Produktionsprozesse vollziehen sich in *Betrieben*. Betriebe definieren wir dabei vorläufig als diejenigen Gebilde, die wir konkret sehen können (Fabriken, Höfe, Einzelhandelsgeschäfte etc.).

Die Unternehmen und ihre Betriebe sowie die Haushalte sind also Einheiten, die den Wirtschaftssubjekten letztlich als Instrumente zur Einkommensbeschaffung dienen. Während in der arbeitsteiligen Volkswirtschaft in den Unternehmen und ihren Betrieben durch den Verkauf der erzeugten Güter an andere Wirtschaftssubjekte vorwiegend Geldeinkommen erwirtschaftet wird, werden in den Haushalten durch die Wirtschaftssubjekte vorwiegend nichtmonetäre Einkommensbeiträge direkt erarbeitet. Anders ausgedrückt: Betriebe tragen zur *Fremdbedarfsdeckung* bei, während in den Haushalten *Eigenbedarfsdeckung* erfolgt.

Abweichend von dieser Definition wird in verschiedenen Teilbereichen der Wirtschaftswissenschaften der Haushalt als Ort des Güterkonsums angesehen. Diese Betrachtungsweise ist dann zweckmäßig, wenn Fragen der Einkommensverwendung untersucht werden sollen. In diesem Fall wird unter Haushalt die Person als Wirtschaftssubjekt oder die Familie als Gruppe von Wirtschaftssubjekten verstanden, die ihre Konsumweise selbstständig bestimmen. Für die hier gewählte Systematik bleibt aber festzuhalten, dass auch in den Haushalten, die letztlich eine Spezialform eines Betriebes sind, ebenfalls Gegenstände und Dienstleistungen zur Bedürfnisbefriedigung erarbeitet werden, also tatsächlich Einkommen erwirtschaftet wird.

Insgesamt können wir aus der *Übersicht 3.1* verschiedene einzelwirtschaftliche Systeme ableiten, die von jeweils speziellen Zweigen der Wirtschafts- und Sozialwissenschaften untersucht werden. Im weiteren Verlauf dieses Buches konzentrieren wir uns auf die beiden folgenden Systeme.

1. *Wirtschaftssubjekt – Einzelwirtschaft – Einkommenserwerb – Marktproduktion – selbstständig – personenbezogenes Unternehmen – Betriebe*

2. *Marktproduktion – kapitalbezogenes Unternehmen – Betriebe.*

3.2 Systemorientierte Identifikation von Einzelwirtschaften

3.2.1 Güterwirtschaftliche Ströme und Bestände in Betrieben

3.2.1.1 Güterwirtschaftliche Beziehungen zwischen Betrieb und Gesamtwirtschaft

Betriebe sind zweckgerichtete, räumlich, technisch und sozial definierte Systeme, in denen Güter aus anderen Gütern hergestellt werden. Es sind Systeme, in die einerseits Güter hineinfließen und aus denen andererseits Güter herausflließen. Bei den zufließenden ebenso wie bei den abfließenden Gütern handelt es sich um (menschliche) Arbeit und (sächliche) Gegenstände. Aus Sicht des einzelnen Betriebes werden die zufließenden Güter als Produktionsfaktoren oder als Inputs und die daraus hergestellten abfließenden Güter als Produkte oder Outputs bezeichnet. Betriebe können deshalb auch als *Input-Output-Systeme* definiert werden.

Die Inputs für einen Betrieb sind Outputs anderer Betriebe und – was die menschliche Arbeit anbelangt – Outputs von Haushalten. Umgekehrt fließen die Outputs eines Betriebes als Inputs in andere Betriebe und in Haushalte. Jeder Betrieb steht also in mehrfachen Input-Output-Beziehungen zu anderen Betrieben und zu Haushalten.

In entwickelten, arbeitsteiligen Volkswirtschaften entsteht daraus eine Vielfalt netzwerkartiger Verflechtungen. Es bildet sich ein „Wirtschaftsglobus" mit den Polen „Natur" einerseits und „Bedürfnisse" andererseits (Schäfer 1963). Auch wenn in diesem Netzwerk nur ein Teil der Betriebe konsumreife Produkte herstellt, so ist der gemeinsame Zweck aller Betriebe doch letztlich die Erzeugung von Gütern für die menschliche Bedürfnisbefriedigung. In der modernen Volkswirtschaft übernimmt jeder Betrieb einen Teil dieser Aufgabe, indem er Inputs zielorientiert einsetzt, um daraus konsumnähere Outputs herzustellen. Diese Arbeitsteilung hat sich – wie bereits Adam Smith (1776) erkannte – als vorteilhaft erwiesen, weil sich der Einzelbetrieb dadurch auf einige wenige Produktionsvorgänge spezialisieren kann, was zu wirksameren Verwendungen der Produktionsfaktoren, d. h. zu Produktivitätsgewinnen, führt.

Zur Verdeutlichung zeigt *Übersicht 3.2* als Ausschnitt aus dem Wirtschaftsglobus den Lebensmittelsektor einer Volkswirtschaft. Aus dem Pol „Natur" werden von der Landwirtschaft, gleichzeitig aber auch von der Energiewirtschaft und der Grundstoffindustrie Energie und Stoffe als Inputs entnommen. Die daraus von den Energie- und Grundstoffbetrieben als Outputs hergestellten Erzeugnisse elektrischer Strom, Kraftstoffe, Baumaterialien, chemische Rohstoffe etc. dienen dann der Bauwirtschaft, der Landmaschinenindustrie, der chemischen Industrie und der Futtermittelindustrie als Inputs, aus denen sie dann Gebäude, Maschinen, Düngemittel, Pflanzenschutzmittel etc. als Outputs herstellen. Von der Landwirtschaft werden diese Güter als Inputs eingesetzt, um daraus Nahrungsrohstoffe als Outputs zu erzeugen. Die von der Landwirtschaft hergestellten Nahrungsrohstoffe werden von der Ernährungswirtschaft zu Lebensmitteln weiterverarbeitet, von den Haushalten in einer letzten Stufe aufbereitet, um dann der menschlichen Bedürfnisbefriedigung zu dienen. Die Haushalte stellen ihrerseits die Arbeit für die verschiedenen Produktionsstufen zur Verfügung. Außerdem ergeben sich zahlreiche Vorwärts- und Rückwärtsverkettungen, die in der Übersicht nur teilweise angedeutet sind.

Insgesamt ist gerade der Lebensmittelsektor als Ausschnitt des Wirtschaftsglobus immer vielstufiger geworden. In der ursprünglichen Wirtschaft bildeten die landwirtschaftlichen Betriebe und Haushalte Selbstversorgungseinheiten (Subsistenzwirtschaften), in denen prinzipiell sämtliche Aufgaben, die heute von den der Landwirtschaft vor- und nachgelagerten Industrien durchgeführt werden, bewältigt wurden. Zwischen den Polen „Natur" und „Bedürfnisbefriedigung" stand nur die Subsistenzwirtschaft. Naturgemäß war der erreichte Grad der Bedürfnisbefriedigung unvergleichlich geringer.

Die zunehmende Arbeitsteiligkeit hat zusammen mit den sie begleitenden technischen und biologischen Fortschritten umwälzende Wirkungen gezeitigt: Während noch um die Mitte des 19. Jahrhunderts mehr als die Hälfte aller Erwerbspersonen in Deutschland in der Landwirtschaft

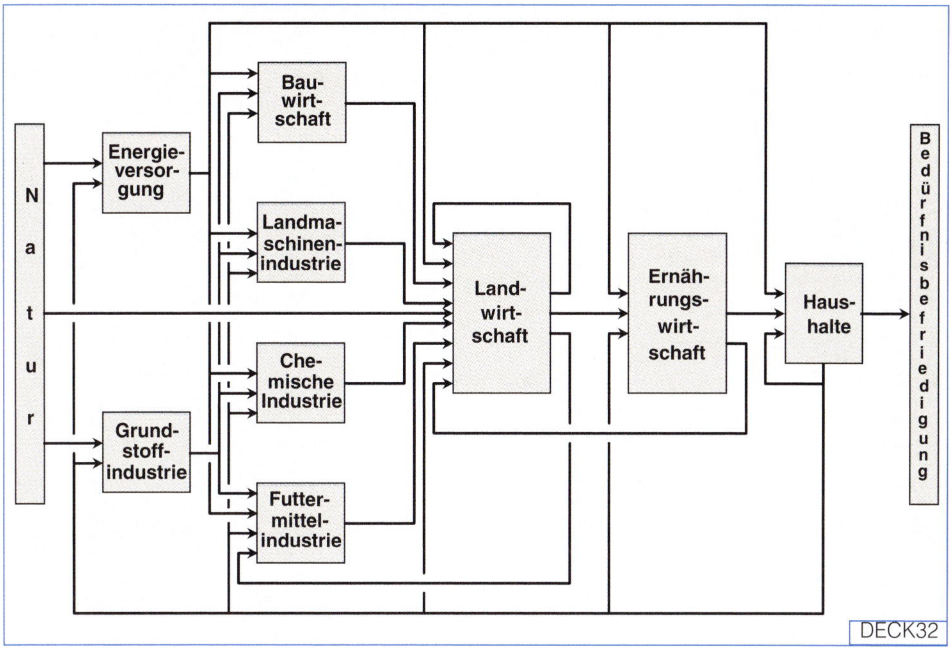

Übersicht 3.2: Lebensmittelsektor einer Volkswirtschaft

tätig waren, sind es gegenwärtig nur noch etwa 3 %. Während der „Normalbürger“ damals noch etwa 60 bis 80 % seines Einkommens für die Ernährung aufwenden musste, sind es heute bei einem unvergleichlich höheren Versorgungsniveau nur mehr 12 bis 15 %.

Die Bedeutung der Natur als Quelle von Energie und Stoffen für die Lebensmittelerzeugung ist zwar insgesamt erhalten geblieben, immer weniger dieser Ressourcen werden aber von der Landwirtschaft direkt aus dem Boden, aus den Klimafaktoren und von der Sonne entnommen. Ein Großteil wird vielmehr von den vorgelagerten Industrien vorverarbeitet. Aus der Sicht der eigentlichen Landwirtschaft ergibt sich daraus ein wichtiger Substitutionsprozess: Der direkte Einsatz von landwirtschaftlichen Nutzflächen zur Erzeugung von pflanzlichen Nahrungsrohstoffen wird zunehmend durch vorproduzierte Güter (Mineraldünger, Pflanzenschutzmittel, Kraftstoffe, Baustoffe, Maschinen etc.) ersetzt. Während noch Mitte des 19. Jahrhunderts in Deutschland zur Erzeugung von einer t Weizen ein ha Ackerland benötigt wurde, erfordert diese Produktmenge heute manchmal nur noch ein Zehntel dieser Fläche. Trotz steigender Bevölkerung hat sich deshalb die Bedeutung des Bodens für die Nahrungsversorgung so stark vermindert, dass umfangreiche Flächen, die erst während der letzten 200 Jahre in Kultur genommen wurden, wieder stillgelegt oder anderen Nutzungen zugeführt werden können (z. B. für nachwachsende Rohstoffe zur Energiegewinnung).

3.2.1.2 Typen betrieblicher Input-Output-Systeme

Für eine erste Typisierung der verschiedenen Betriebe nach Maßgabe der Arten von Input-Output-Systemen werden in der betriebswirtschaftlichen Literatur eine Reihe unterschiedlicher Gliederungsmerkmale diskutiert. Darauf soll an dieser Stelle nur insoweit eingegangen werden, als sich daraus Ansätze für unterschiedliche Entscheidungsanlässe in land- und ernährungswirtschaftlichen Betrieben ableiten lassen. Zur Verdeutlichung dient das Baumdiagramm der *Übersicht 3.3*. *Baumdiagramme* sind geeignete Hilfsmittel zur Systematisierung einer Vielzahl von Elementen, die teilweise über gemeinsame Eigenschaften verfügen.

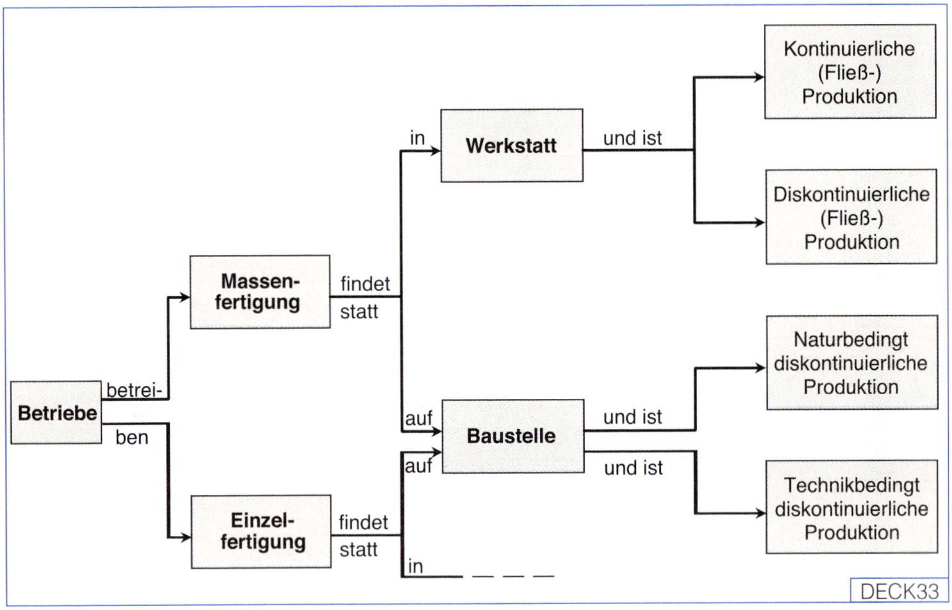

Übersicht 3.3: Typen betrieblicher Produktionssysteme

Aus der Übersicht geht zunächst hervor, dass Betriebe entweder *Massenfertigung* oder *Einzelfertigung* betreiben. Bei der Massenfertigung werden von bestimmten Gütern auf Dauer und kontinuierlich größere Mengen erzeugt. Die Gütermengen sind vollkommen oder nahezu *homogen*, d. h., die Teilmengen unterscheiden sich nicht oder kaum in ihrer Beschaffenheit. Untergruppen der Massenfertigung werden auch *Serien- und Sortenfertigung* genannt, weil die Produkte in großen Serien hergestellt werden (z. B. Straßenfahrzeuge, Dauerbackwaren) oder als Sorten von prinzipiell homogenen Gütern (z. B. Weizensorten, Brotsorten).

Eine zweite Gruppe von Betrieben betreibt Einzelfertigung. Diese Betriebe stellen Einzelstücke als Produkte her, wobei sich jede Einheit von der anderen unterscheidet. Zum Beispiel ist die Einzelfertigung typisch für die Bauwirtschaft, den Schiffsbau und praktisch sämtliche Dienstleistungsbetriebe. In der Regel nach Erteilung von konkreten Aufträgen werden die Outputs (Gebäude, Schiffe, Krankenbehandlungen, Rechtsberatungen etc.) individuell „gefertigt".

Bei der Massenfertigung liegt dagegen i. d. R. kein spezieller Herstellungsauftrag vor. Die Güter werden für den *anonymen Markt* erzeugt. Niveau und Struktur der Nachfrage sind so beschaffen, dass mit einem nahezu kontinuierlichen Absatz gerechnet werden kann.

Diese Unterscheidung zwischen den Input-Output-Systemen bedeutet nicht, dass Betriebe der einen oder anderen Branche den beiden Fertigungstypen fest zugeordnet werden könnten. So ist etwa im Gaststättengewerbe der Übergang von der Einzel- zur Massenfertigung zu beobachten, während sich in der Autoindustrie durchaus auch eine umgekehrte Entwicklung feststellen lässt. Nur im Einzelfall kann und muss entschieden werden, welche Fertigungsweise für einen Betrieb die ergiebigste Handlungsalternative ist.

Trotzdem können wir sagen, dass für den überwiegenden Teil der agrar- und ernährungswirtschaftlichen Betriebe die Massenfertigung – vorwiegend als Sortenfertigung – typisch ist. Es werden z. B. jeweils größere gleichartige Mengen an Getreide, Schlachtvieh oder Brot – unterteilt nach verschiedenen Sorten – erzeugt. In *Übersicht 3.3* wurden deshalb die für die Agrar- und Ernährungswirtschaft bedeutsamen Gliederungsmerkmale mit den durchgezogenen dickeren Pfeilen gekennzeichnet und andere Betriebstypen im unteren Teil der Übersicht nur mit dünneren Pfeilen angedeutet.

Generell kann die Massenfertigung ebenso wie die Einzelfertigung entweder „unter Dach", d. h. in *Werkstätten,* oder „unter freiem Himmel", d. h. auf *Baustellen,* durchgeführt werden. Die unterschiedlichen Produktionsorte haben entscheidende Bedeutung für die Gestaltung und Führung der Produktionsprozesse. Während bei der *Werkstattfertigung* die Produktionsanlagen fest und witterungsunabhängig installiert sind (z. B. die Fabrikationsanlagen der Lebensmittelindustrie) und die Vorprodukte diese ortsfesten Anlagen durchlaufen, müssen bei der *Baustellenfertigung* gerade umgekehrt die Produktionsanlagen (Maschinen) beweglich sein und zu den (Vor-)Produkten gebracht werden. Überdies sind diese Input-Output-Systeme den Witterungseinflüssen ausgesetzt.

Auch diese Unterscheidung bedeutet indessen nicht, dass alle Betriebe einer Branche der einen oder anderen Gruppe von Fertigungsorten fest zugeordnet sind. So ist z. B. in der einzelfertigenden Bauwirtschaft durch die Herstellung von vorfabrizierten Teilen der Übergang von der reinen Baustellenfertigung auf eine teilweise Werkstattfertigung ebenso gelungen wie in der Landwirtschaft der Übergang vom Freilandzierpflanzenbau auf die Gewächshausproduktion. In manchen Fällen ergibt sich also durchaus ein gewisser Entscheidungsspielraum für die Wahl der Produktionsorte.

Betrachten wir die Werkstatt- und die Baustellenfertigung für die agrar- und ernährungswirtschaftliche Massenproduktion näher, dann zeigt *Übersicht 3.3,* dass die Werkstattfertigung in Stallungen und Fabrikationshallen als kontinuierliche und als diskontinuierliche (Fließ-) Produktion gestaltet werden kann. Bei der *kontinuierlichen Fließproduktion* ergibt sich ein quasi stetiger Produktstrom wie etwa bei der Milch- und Eiererzeugung in der Landwirtschaft oder der Mehl- und Backwarenherstellung in der Ernährungswirtschaft. Die zugehörigen Input-Output-Systeme lassen sich vergleichsweise langfristig und sicher vorherplanen und können relativ „starr" gestaltet werden. Die meisten Produktionsvorgänge wiederholen sich stetig und routinemäßig. Wenn der Absatz der in diesen Systemen hergestellten Outputs ebenso kontinuierlich erfolgen kann wie ihre Herstellung, erübrigt sich eine größere Lagerhaltung.

Die *diskontinuierliche Fließproduktion* in Werkstätten ist dagegen dadurch gekennzeichnet, dass nach mehr oder weniger langen Produktionsperioden jeweils größere Produktmengen zu bestimmten Zeitpunkten anfallen. Typisch dafür sind die Mastvieherzeugung im „Rein-Raus-Verfahren" oder die Herstellung von Käsesorten mit längeren Reifungsperioden. Auch bei der diskontinuierlichen Fließproduktion wiederholen sich die Produktionsvorgänge zwar im Zeitablauf, allerdings bei weitem nicht so häufig wie bei der kontinuierlichen Produktion.

Wenn nun die Nutzung der solcherart hergestellten Produkte in den nachgelagerten Betrieben und Haushalten kontinuierlich erfolgt, dann ist die diskontinuierliche Fließproduktion nur dann realisierbar, wenn entweder die Produkte lagerfähig sind und dann über Zwischenläger der Ausgleich zwischen den Erzeugungs- und Verbrauchsströmen hergestellt werden kann, oder aber mehrere Teilprozesse zeitlich so gestaffelt begonnen werden können, dass eine quasi kontinuierliche Fließproduktion entsteht. Da die Werkstattproduktion witterungsunabhängig ist, können diese Teilprozesse in der Tat jederzeit begonnen werden. Die Diskontinuität ist nur technisch oder organisatorisch bedingt. Wenn also z. B. ein landwirtschaftlicher Betrieb mehrere Metzger mit Schlachtschweinen beliefert, dann muss er seine Mastanlage so in Teilanlagen aufgliedern, dass er wöchentlich lieferfähig bleibt.

Prinzipiell lässt sich diese Lösung auch durch ein Zusammenwirken mehrerer Betriebe realisieren: Zahlreiche landwirtschaftliche Betriebe können ihre Mastprozesse jeweils im „Rein-Raus-Verfahren" betreiben. Bei einer genügend großen Zahl von Betrieben ergibt sich eine annähernde Gleichverteilung für den Beginn und das Ende der Mastprozesse. Zwischengeschaltete Handelsorganisationen übernehmen die Aufgabe, die Schlachtschweine aus den verschiedenen Betrieben jeweils so zu sammeln und an die Metzger zu verteilen, dass diese kontinuierlich versorgt werden.

Auch hier ergibt sich für den einzelnen Tierproduzenten ein Entscheidungsanlass: Er muss zwischen dem Rein-Raus-Verfahren und der quasi kontinuierlichen Gestaltung seiner Mastprozesse wählen. Der Vorteil des Rein-Raus-Verfahrens besteht darin, dass nicht gleichzeitig mehrere Altersgruppen von Tieren mit unterschiedlichen Anforderungen an die Fütterung und das Stallklima betreut werden müssen, die Gestaltung dieser Maßnahmen vielmehr kontinuierlich für die gesamte Anlage angepasst werden kann. Ein Nachteil ergibt sich daraus, dass der zwischengeschaltete Handel für seine Sammel- und Verteilfunktion selbstverständlich entgolten werden möchte, was sich beim Erzeuger in verringerten Produktpreisen niederschlägt.

Im Unterschied zur diskontinuierlichen Werkstattfertigung, die zu beliebigen Zeiten im Jahr begonnen werden kann, ist die landwirtschaftliche Baustellenproduktion naturbedingt diskontinuierlich. Die Produktionsprozesse des *Freilandpflanzenbaus* lassen sich nur zu bestimmten Zeiten im Jahr starten und müssen zu ebenso bestimmten Zeiten abgeschlossen werden. Diese naturbedingt diskontinuierliche Produktion unterscheidet sich von allen übrigen Produktionsprozessen in mehrfacher Hinsicht.

Erstens müssen – wie gesagt – die Maschinen, die Werkstoffe und die Arbeitskräfte zu den Vorprodukten, d. h. zu den wachsenden Pflanzenbeständen, gebracht werden. Da diese Baustellenfertigung unter freiem Himmel stattfindet, werden diese Input-Output-Systeme in besonderem Maße durch nichtkontrollierbare Variablen, nämlich die Witterungsbedingungen, sowohl saisonal als auch täglich beeinflusst. Entscheidungen müssen also bei unvollkommener Information getroffen werden. Die Produktionsprozesse können deshalb weit weniger starr als bei der Werkstattproduktion gestaltet werden. Vielmehr ist über den tatsächlichen Einsatz der Produktionsanlagen und des Bedienungspersonals täglich oder sogar stündlich neu zu entscheiden. Während sich der Landwirt bei seinen Entscheidungen in der Tierproduktion vorrangig auf eine möglichst effiziente und vollständige, aber auch möglichst gleichmäßige Nutzung der Produktionsanlagen konzentrieren muss, tritt im Freilandpflanzenbau die laufende

Anpassung des Einsatzes der Produktionsanlagen in den Vordergrund der Entscheidungstätigkeit. Es ist gut vorstellbar, dass dafür auch unterschiedliche Typen von Entscheidern verlangt werden

Zweitens bedeutet die naturbedingt diskontinuierliche Produktion, dass die Produktmengen nur einmal jährlich und dann in größeren Mengen anfallen. Da der Verbrauch dieser Produkte, sei es nun im selben Betrieb für die Tierproduktion oder in nachgelagerten Betrieben für die Lebensmittelherstellung, aber mehr oder weniger gleichmäßig erfolgt, spielen bei der naturbedingt diskontinuierlichen Produktion Probleme der Lagerwirtschaft eine bedeutendere Rolle als bei den Formen der Werkstattproduktion.

Ein dritter wesentlicher Unterschied zwischen der werkstattbezogenen und der baustellenbezogenen Produktion ergibt sich schließlich daraus, dass die in der Werkstattproduktion benötigten Produktionsanlagen ganzjährig gleichmäßig und voll ausgelastet werden können, während die Maschinen auf den „Baustellen" des Pflanzenbaus nur zu bestimmten Jahreszeiten beansprucht werden. Deshalb werden in der Werkstattproduktion vorrangig Spezialaggregate eingesetzt, die bestimmte Teilaufgaben bestmöglich erfüllen und der Automatisierung vergleichsweise einfach zugänglich sind (z. B. computergesteuerte Maschinen), während bei der Baustellenfertigung zur möglichst vollständigen Auslastung der Anlagen die Neigung besteht, verstärkt vielseitiger verwendbare Maschinen (z. B. Standardschlepper) einzusetzen. Dabei entsteht ein zusätzlicher Entscheidungsanlass: Vielseitiger verwendbare Maschinen erledigen die verschiedenen Teilaufgaben i. d. R. weniger perfekt, als es mehrere Spezialmaschinen könnten. Der Vorteil der höheren Auslastung von vielseitigen Maschinen wird also mit dem Nachteil einer u. U. qualitativ geringwertigeren Aufgabenerledigung erkauft.

Zur Ergänzung zeigt *Übersicht 3.3* schließlich, dass auch in der Agrar- und Ernährungswirtschaft neben der Massenfertigung die Einzelfertigung – vorwiegend auf Baustellen – eine gewisse Rolle spielen kann, z. B. wenn ein Betrieb Bau- und Meliorationsmaßnahmen selber durchführt. Diese Maßnahmen können im Unterschied zu den Prozessen des Freilandpflanzenbaus praktisch zu jedem beliebigen Zeitpunkt aufgenommen und abgebrochen werden. Die Betriebe bedienen sich dieser Möglichkeit insofern, als sie die Einzelfertigung vorrangig dann betreiben, wenn der Freilandpflanzenbau keinen oder nur einen geringen Arbeitsbedarf hat. Indessen ergibt sich auch hier wieder ein Entscheidungsanlass: Der Vorteil der zusätzlichen Nutzung von Arbeitskräften und Maschinen wird u. U. mit dem Nachteil erkauft, dass die innerbetriebliche Einzelfertigung weniger professionell erfolgt, als wenn sie von dritten, darauf spezialisierten Betrieben durchgeführt würde.

Diesen Abschnitt zusammenfassend wollen wir festhalten, dass die Verschiedenartigkeit der betrieblichen Input-Output-Systeme dazu führt, dass jeweils unterschiedliche Entscheidungsanlässe im Vordergrund der Betriebsführung stehen. Wir werden darauf im 6. Kapitel weiter eingehen.

Zum Schluss noch ein Wort zur Vorsicht: Der Leser sollte aus der unterschiedlichen Konfiguration der Betriebs- und Fertigungstypen nicht schließen, dass der eine oder andere Typ wegen der einen oder anderen Vorteile vergleichsweise wirtschaftlicher zu betreiben wäre. Wenn z. B. die Freilandpflanzenproduktion besondere Gestaltungs- und Führungsansprüche stellt, dann werden diese Nachteile in der Marktwirtschaft durch Produktpreisanpassungen ausgeglichen.

Solange pflanzliche Produkte von den Verbrauchern nachgefragt werden, werden sie nur dann produziert, wenn ihre Produktion wegen der Gültigkeit des Prinzips der Opportunitätskosten nachhaltig prinzipiell ebenso gewinnträchtig erfolgen kann wie die Herstellung tierischer Erzeugnisse. Insbesondere können deshalb auch die besonderen Verhältnisse der naturbedingt diskontinuierlichen Baustellenfertigung des Freilandpflanzenbaus nicht zur Erklärung eines relativ geringen Einkommensniveaus in der Landwirtschaft herangezogen werden.

3.2.1.3 Input-Output-Prozesse: Die Produktionsfunktion

Trotz der eben abgeleiteten Unterschiede zwischen den Typen der betrieblichen Input-Output-Systeme weisen diese Systeme aber auch sehr wesentliche Gemeinsamkeiten auf. Sie sollen in diesem Abschnitt anhand der *Übersicht 3.4* gezeigt werden.

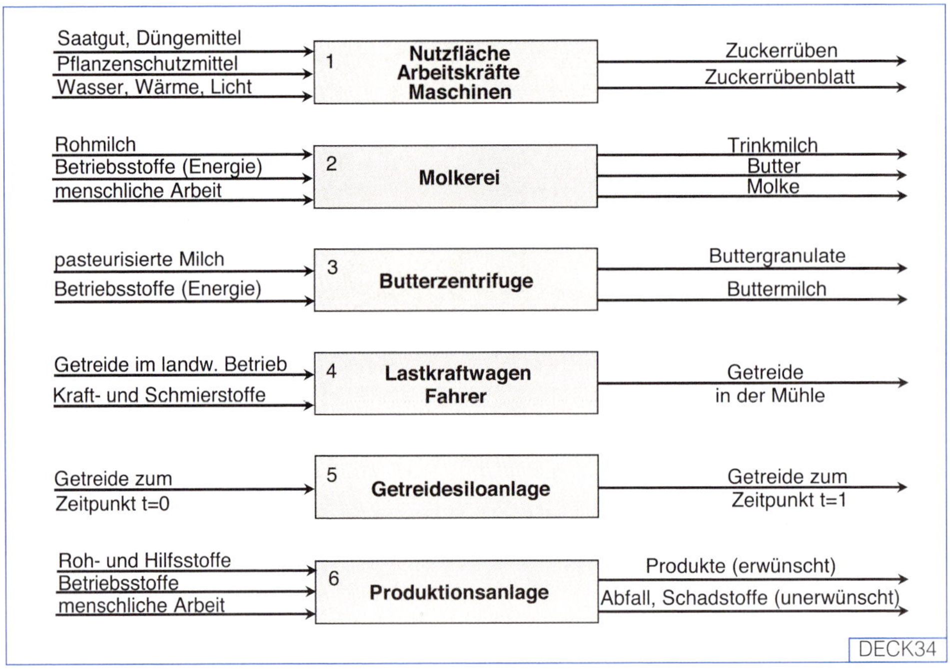

Übersicht 3.4: Beispiele für betriebliche Input-Output-Systeme

Eine Betrachtung der dort skizzierten Beispiele ergibt zunächst, dass in allen Fällen jeweils mehrere Inputs mit Hilfe von Produktionsanlagen (Maschinen, Bauten, Nutzflächen etc.) in Outputs überführt werden. Diese Überführung von Inputs in Outputs wird allgemein mit dem Begriff *Transformation* bzw. *Transformationsprozess* bezeichnet, wobei die Produktionsanlagen die Transformatoren sind. Die Transformationen bzw. Transformationsprozesse äußern sich entweder darin, dass aus Vorprodukten völlig andere Produkte hergestellt werden (Beispiele 1, 2 und 3) oder aber dergestalt, dass an „durchlaufende" Güter bestimmte Leistungen abgegeben werden, indem sie bspw. über Raum und Zeit transformiert werden (Beispiele 4 und 5).

Des Weiteren wird aus den Beispielen deutlich, dass für die Betrachtung von Input-Output-Systemen offenbar verschiedene Ebenen gewählt werden können. In Beispiel 2 ist die Molkerei der Transformator. Als Inputs werden Rohmilch, Betriebsstoffe (Energie) und menschliche Arbeit zugeführt, als Outputs entstehen Trinkmilch, Butter und Molke. In Beispiel 3 wird dagegen eine einzelne Maschine einer Molkerei als Transformator angesehen. Neben den Betriebsstoffen werden jetzt pasteurisierte Milch als Input und Buttergranulate sowie Buttermilch als Outputs betrachtet.

Wir können daraus schließen, dass sich jeder Betrieb als übergeordnetes Input-Output-System in zahlreiche Subsysteme auflösen lässt, die ihrerseits wieder bis auf elementare Input-Output-Prozesse zerlegt werden können. Die jeweils zu wählende Betrachtungsebene wird durch den Entscheidungsanlass bestimmt. Wer die Wirtschaftlichkeit einer einzelnen Maschine in einem Betrieb verändern möchte, wird nur diese Maschine und die sie unmittelbar beeinflussenden Inputs betrachten. Wer dagegen z. B. aus einem Vergleich einer betrieblichen Milchviehanlage mit der womöglich ebenfalls vorhandenen Schweinemastanlage Anregungen für eventuelle Produktionsumstellungsentscheidungen gewinnen möchte, wird nicht einzelne Tiere, sondern die Stallsysteme sowie die stärker aggregierten Input- und Outputströme untersuchen. Wichtig ist in jedem Falle, dass der Entscheider nach Maßgabe des vorher klar definierten Problems das zu untersuchende Input-Output-System jeweils so identifiziert und abgrenzt, dass relevante Inputs und Outputs vollständig erfasst werden und unbedeutende Variablen das Entscheidungsproblem nicht unnötig „verdunkeln". Generell verbindliche Systemebenen und Systemgrenzen lassen sich nicht definieren.

Schließlich wurde mit dem Beispiel 1 der *Übersicht 3.4* angedeutet, dass bei der Analyse von Input-Output-Systemen neben den kontrollierbaren Variablen „Saatgut", „Düngemittel", „Pflanzenschutzmittel" als kontrollierbare Inputs auch die relevanten nichtkontrollierbaren Variablen als nichtkontrollierbare Inputs erfasst werden sollten. Deshalb wurden in dem Beispiel „Wasser, Wärme, Licht" als Inputs aufgeführt.

Insgesamt können wir in *Übersicht 3.4* die Beispiele 1 bis 5 durch Beispiel 6 zusammenfassen: Mit Hilfe von Produktionsanlagen als Transformatoren werden Roh-, Hilfs- und Betriebsstoffe sowie menschliche Arbeit als Inputs in Produkte als Outputs überführt. Bei fast allen Input-Output-Prozessen entstehen neben den erwünschten Outputs auch unerwünschte Outputs in Form von Abfall und Schadstoffen. Es ist ein wesentliches technologisches und ökonomisches Ziel, diese unerwünschten Outputs zu minimieren.

Auf weiteren Abstraktionsstufen wurden nun die Input-Output-Prozesse in der *Übersicht 3.5* dargestellt. Im oberen Teil wurde dabei ausdrücklich zwischen kontrollierbaren und nichtkontrollierbaren Inputs unterschieden. Allgemein können wir sagen, dass Input-Output-Prozesse dadurch charakterisiert sind, dass eine Menge von n kontrollierbaren Inputs und eine Menge von p nichtkontrollierbaren Inputs in eine Menge von m Outputs transformiert wird.

Zwischen den Arten und Mengen der Outputs und den Arten und Mengen der Inputs bestehen vielfältige Beziehungen dergestalt, dass die möglichen Arten und Mengen der Outputs durch die eingesetzten Arten und Mengen der Inputs bestimmt werden. Außer diesen sachlichen Abhängigkeiten sind auch zeitliche Abhängigkeiten zu berücksichtigen: Die Qualitäten und Quantitäten sowie der zeitliche Anfall der Outputs werden bestimmt von Qualitäten und Quantitäten sowie dem zeitabhängigen Einsatz der Inputs. Die Berücksichtigung der Zeit ist

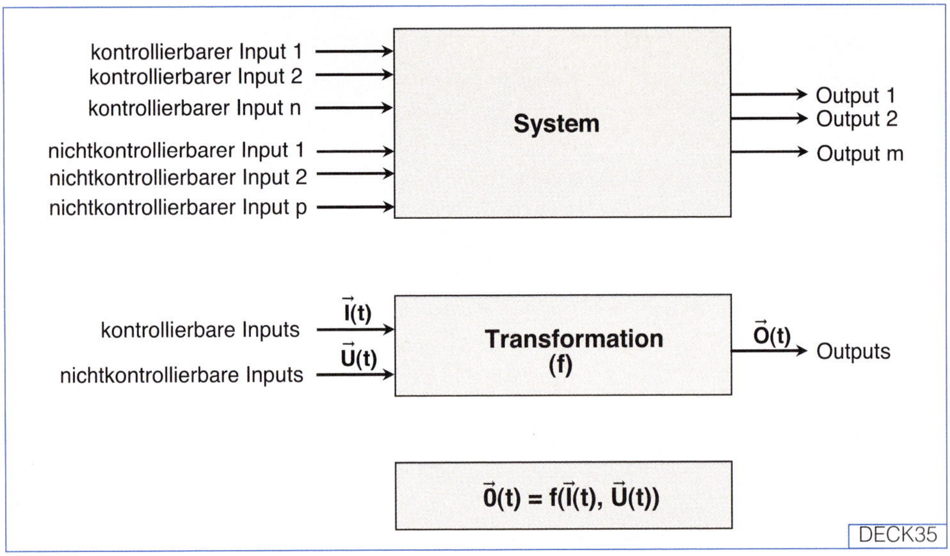

Übersicht 3.5: Input-Output-Prozesse: Die Produktionsfunktion

bedeutsam, weil sämtliche Produktionsprozesse Zeit beanspruchen und unterschiedlich lange Produktionszeiten aufweisen können.

Im mittleren Teil der *Übersicht 3.5* wurde diesem Tatbestand dadurch Rechnung getragen, dass die als Vektoren zusammengefassten kontrollierbaren und nichtkontrollierbaren Inputs und auch die Outputs als zeitabhängige Funktionen $\vec{I}(t)$, $\vec{U}(t)$ und $\vec{O}(t)$ dargestellt wurden. Die Abbildung zeigt, dass in betrieblichen Input-Output-Prozessen die zeitabhängigen kontrollierbaren Inputs $\vec{I}(t)$ und die zeitabhängigen nichtkontrollierbaren Inputs $\vec{U}(t)$ in die Outputs $\vec{O}(t)$ transformiert werden, wobei die Art der Transformation zunächst allgemein durch das Funktionszeichen (f) gekennzeichnet wurde.

Als Konsequenz ergibt sich die Gleichung im unteren Teil der *Übersicht 3.5.* Sie lautet:

$$\vec{O}(t) = f\ [\vec{I}(t), \vec{U}(t)] \tag{3.1}$$

In Worten: Die zeitabhängigen Outputs sind eine Funktion der zeitabhängigen kontrollierbaren und nichtkontrollierbaren Inputs.

Diese jeden Input-Output-Prozess charakterisierende allgemeine Gleichung wird als *Produktionsfunktion* bezeichnet. Wie wir bereits anhand der Beispiele des Abschnitts 1.4 sahen, wird diese güterwirtschaftliche Beziehung zwischen den Inputs und den Outputs als Mengengerüst von Handlungsalternativen benötigt, um gemeinsam mit den Preisgerüsten der Handlungsalternativen die Handlungsfolgen für die Entscheidungsfindung bestimmen zu können.

In der abstrakten, bisher rein beschreibenden Form der Gleichung (3.1) ist die Produktionsfunktion als Grundlage für konkrete Kalkulationen allerdings noch ungeeignet. Dafür muss sie in je nach Entscheidungsanlass mehr oder weniger umfangreiche Systeme von operationalen Einzelgleichungen aufgelöst werden.

Wenn wir in einem sehr einfachen Fall eine Produktionsfunktion nur für eine feste Zeitperiode betrachten, also den Zeitablauf nicht berücksichtigen, und des Weiteren annehmen, dass die Menge (je Periode) der einzigen Outputart O_1 nur von der Menge (je Periode) der einzigen Inputart I_1 bestimmt wird, dann gilt:

(3.2) $O_1 = f(I_1)$

Auch hier muss aber der funktionale Zusammenhang noch operationalisiert werden. Nehmen wir dazu bspw. an, dass sich die Outputmenge proportional zur Inputmenge verhält, dann gilt:

(3.3) $O_1 = k \cdot I_1,$ k = Proportionalitätskonstante

Diese Annahme hatten wir z. B. im letzten Teil des Abschnittes 1.4.3.2 getroffen (vgl. *Übersicht 1.15*). Die Proportionalitätskonstante k wird auch *Output-Input-Koeffizient* genannt. Der Koeffizient gibt an, welche quantitative lineare Beziehung zwischen dem Output und dem Input besteht, d. h., welche Outputmenge je Inputeinheit erzeugt werden kann.

Nehmen wir dagegen an, dass sich die Menge der Outputart O_1 in Abhängigkeit steigender Einsatzmengen der Inputart I_1 degressiv steigend entwickelt, dann gilt bspw.:

(3.4) $O_1 = c_1 \cdot I_1^{a1},$ wobei $0 \leq a1 \leq 1$

In dieser Gleichung ist c_1 ein Skalierungsfaktor. Die durch Gleichung (3.4) ausgedrückte Produktionsfunktion hatten wir im 1. Teil des Abschnittes 1.4.3.2 unterstellt (*vgl. Übersicht 1.19*). Wir hatten dabei gezeigt, dass Maß und Verlauf des Anstiegs der Outputmenge durch den Skalierungsfaktor c_1 und den Exponenten a1 festgelegt werden können (zur weiteren Konkretisierung und Operationalisierung von Produktionsfunktionen vgl. Kapitel 6, insbesondere die Abschnitte 6.3 ff.).

3.2.1.4 Produktionsfaktoren in güterwirtschaftlichen Input-Output-Prozessen

In diesem Abschnitt sollen anhand der Beispiele der *Übersicht 3.4* die Produktionsfaktoren, die in güterwirtschaftlichen Input-Output-Prozessen eingesetzt werden, systematisch definiert und in ihren Eigenschaften charakterisiert werden. Aus den Beispielen der *Übersicht 3.4* geht hervor, dass sämtliche Input-Output-Prozesse dadurch gekennzeichnet werden können, dass in ihnen verschiedene Inputs in Form von Rohstoffen (z. B. Saatgut, Düngemittel, Rohmilch), in Form von Betriebsstoffen (z. B. elektrischer Strom und Kraftstoffe) oder auch in Form von Hilfsstoffen (z. B. Pflanzenschutzmittel) durch die Produktionsanlagen zu Outputs transformiert werden. Die Bedienung und Wartung der Anlagen und zusätzliche weitere „Handarbeiten" erfolgen dann durch betriebliche Mitarbeiter als den Arbeitskräften.

Die Produktionsanlagen werden in der Betriebswirtschaftslehre unter dem Oberbegriff der *Betriebsmittel* zusammengefasst. Zu den Betriebsmitteln zählen (außer den Arbeitskräften) sämtliche Produktionsfaktoren, die nicht direkt in die Produktion eingehen, sondern für die

Produktion Dienste bereitstellen. Soweit es sich dabei um ortsfeste und bewegliche Maschinen und maschinelle Anlagen handelt, bestehen die Dienste aus (maschineller) Arbeit. Je nach der Größe bzw. „Leistungsfähigkeit" einer Maschine ist ihre maximale Arbeitsmenge je Zeiteinheit, d. h. die maximale Leistung (= „Leistungsfähigkeit" oder auch „Kapazität" genannt), unterschiedlich. Wir können deshalb – wie wir es bspw. in Abschnitt 1.4.3.3.2 beim Vergleich der verschiedenen Mähdrescher getan haben –, die Betriebsmittel über ihre Leistungsfähigkeit bzw. Kapazität miteinander vergleichen, um die unter den jeweils spezifischen betrieblichen Gegebenheiten wirtschaftlich ergiebigste Betriebsmittelart und -größe herauszufinden.

Zu den Betriebsmitteln zählen des Weiteren Standflächen für die Produktion, land- und forstwirtschaftliche Nutzflächen, Wirtschaftsgebäude (z. B. Fabrikationshallen, Stallanlagen oder Lagerhallen und Lagersilos) und auch Nutzungsrechte (z. B. in der Landwirtschaft Nutzungsrechte für gepachtete Nutzflächen oder Lieferrechte für Zuckerrüben und für Milch). Diese Betriebsmittel geben ihre Dienste in Form der Bereitstellung von Flächen und Räumlichkeiten für die Produktion, aber auch in Form von Rechten für die Lieferung von bestimmten Produktmengen an die Marktpartner ab. In der Landwirtschaft zählen auch die längerlebigen Nutztiere (z. B. Milchkühe, Sauen zur Ferkelerzeugung) zu den Betriebsmitteln.

Sämtliche Betriebsmittel sind dadurch gekennzeichnet, dass sie bestimmte Nutzungspotenziale haben, d. h., im Verlaufe ihrer „Lebensdauer" bzw. im Laufe des Gesamtzeitraumes, in dem sie genutzt werden, bestimmte maximale Dienstemengen abgeben können, bis sie entweder soweit verschlissen oder technisch soweit veraltet sind, dass sich ihre Weiternutzung wirtschaftlich nicht mehr rechtfertigen lässt. Bei Nutzungsrechten ist diese Lebensdauer oftmals auch vertraglich begrenzt. Die Lebensdauer der meisten Betriebsmittel ist also endlich, weshalb auch ihre maximal realisierbaren Dienstemengen endlich sind. Ausnahmen bilden Flächen als Standorte der Produktion und auch die land- und forstwirtschaftlichen Nutzflächen. Hier kann von gegen unendlich gehenden Nutzungsdauern ausgegangen werden, weil sich die Flächen nicht abnutzen bzw. im Falle der land- und forstwirtschaftlichen Flächen durch entsprechende Maßnahmen der Flächennutzer (Bearbeitung, mineralische und organische Düngung etc.) in ihrer Leistungsfähigkeit erhalten werden.

An dieser Stelle ist anzufügen, dass die Betriebsmittel in der Fachliteratur gelegentlich auch als Gebrauchsgüter oder als Potenzialfaktoren bezeichnet werden. Sie werden Gebrauchsgüter genannt, weil sie im Unterschied zu den unten charakterisierten Verbrauchsgütern nicht nach einmaligem Gebrauch vollständig verbraucht sind, sondern über mehr oder weniger lange Zeiträume für die Bereitstellung ihrer Dienste gebraucht werden können. Sie heißen auch Potenzialfaktoren, weil sie bestimmte Nutzungspotenziale in Form maximal realisierbarer Dienstemengen haben.

An den betrieblichen Input-Output-Prozessen sind immer auch Arbeitskräfte als Bedienungspersonal und für Handarbeiten beteiligt. Bei den Arbeitskräften handelt es sich um Produktionsfaktoren, die – technisch gesprochen – ganz ähnliche Eigenschaften aufweisen wie die Betriebsmittel. Sie gehen ebenfalls nicht direkt in die Produktion ein, sondern nur ihre Dienste in Form von (menschlicher) Arbeit. Sie sind deshalb ebenfalls nicht nach einmaligem Gebrauch verbraucht, haben also bestimmte Nutzungspotenziale und bestimmte Leistungsfähigkeiten in Form der maximalen Arbeitsmengen, die sie pro Zeiteinheit abgeben können.

Im Unterschied dazu können die vorher als Inputs bezeichneten Roh-, Hilfs- und Betriebsstoffe dadurch charakterisiert werden, dass sie in den betrieblichen Input-Output-Prozessen nach einmaligem Gebrauch vollständig verbraucht sind. In der Betriebswirtschaftslehre werden diese Stoffe unter dem Begriff der *Werkstoffe* zusammengefasst. Die Gruppen der Werkstoffe lassen sich wie folgt charakterisieren:

Die *Rohstoffe* sind Güter, die als Hauptbestandteile in die herzustellenden Produkte eingehen (z. B. Zuckerrüben für die Zuckerherstellung, Mehl für die Brotherstellung, Düngemittel und Saatgut für die Nutzpflanzenerzeugung). Rohstoffe sind entweder Produkte vorgelagerter Input-Output-Systeme oder sie stammen direkt aus der Natur (z. B. Wasser, CO_2 und Solarenergie für die Nutzpflanzenerzeugung). Rohstoffe können je nach der Art der damit herzustellenden Produkte unverändert in die Produkte eingehen (z. B. Futterkomponenten als Rohstoffe für das Produkt Mischfuttermittel) oder eine Formveränderung erfahren oder auch in ihrer Stoffzusammensetzung verändert werden (z. B. Essig aus Wein oder Milch aus Futtermitteln).

Als *Hilfsstoffe* werden Werkstoffe bezeichnet, die zwar in ein Produkt eingehen, jedoch keinen wesentlichen Bestandteil des Produktes bilden (z. B. Bindemittel in Marmeladen oder Pflanzenschutzmittel in der Nutzpflanzenerzeugung).

Als *Betriebsstoffe* werden Werkstoffe bezeichnet, die eingesetzt werden müssen, damit die Betriebsmittel, insbesondere die maschinellen Anlagen, ihre Dienste abgeben können. Dazu zählen i. d. R. Kraftstoffe, Schmierstoffe, elektrischer Strom oder auch Heizstoffe. Die Betriebsstoffe gehen also in die Betriebsmittel, nicht aber direkt in die Produkte ein.

Des Weiteren ist festzuhalten, dass die Werkstoffe sowie die Dienste der Arbeitskräfte und Betriebsmittel in ihren Einsatzmengen beliebig teilbar sind, während das für die Betriebsmittel und die Arbeitskräfte selber nicht zutrifft. Man kann zwar beliebige Teilmengen an Rohstoffen oder Maschinenarbeit in den Input-Output-Prozessen verbrauchen, man kann aber entweder keine oder eine oder eine größere ganzzahlige Menge an Maschinen und Mitarbeitern für die Produktion bereitstellen. Diese nichtbeliebige Teilbarkeit der Arbeitskräfte und Betriebsmittel hat für produktionswirtschaftliche Planungsprobleme insofern Bedeutung, als man berücksichtigen muss, dass für ihre Bereitstellung bereits Kosten entstehen, die unabhängig von ihren in der Produktion tatsächlich aktualisierten Dienstemengen sind, sich aber gleichwohl auf die Ergiebigkeit der Produktion auswirken (siehe zu den Konsequenzen im Einzelnen die Abschnitte 6.3 bis 6.7).

Dies steht in engem Zusammenhang mit der Unterscheidung der Produktionsfaktoren danach, ob sie für eine Produktionsperiode in begrenztem oder unbegrenztem Umfang zur Verfügung stehen. Die Werkstoffe können i. d. R. als unbegrenzt verfügbar angesehen werden, weil sie zu geltenden Marktpreisen jederzeit in beliebigen Mengen beschafft werden können. Das trifft prinzipiell zwar auch für die Betriebsmittel zu. Wenn allerdings bei Planungsproblemen von einem vorhandenen Betriebsmittelbestand, der nicht verändert werden soll, ausgegangen wird, dann sind die Dienstemengen, die diese Produktionsfaktoren abgeben können, nach oben begrenzt, weil diese Produktionsfaktoren bestimmte Kapazitäten aufweisen.

Mit dieser Bemerkung ist ein generelles Problem angesprochen: Für eine entscheidungsorientierte Betrachtungsweise ist die bisher implizit angenommene Zuweisung der Werkstoffe und

Dienste zu den Inputs und der Betriebsmittel und Arbeitskräfte als Transformatoren in den betrieblichen Input-Output-Prozessen nur dann sachgerecht, wenn lediglich über eventuelle Veränderungen der Werkstoff- und Dienstemengen bei unverändertem Bestand an Betriebsmitteln und Arbeitskräften entschieden werden soll. Allerdings sind derartige Entscheidungsanlässe in den Betrieben sehr häufig gegeben, z. B. wenn in Brotfabriken über die Zusammensetzung des Teiges oder in Nutzpflanzenbeständen über die Düngung entschieden werden soll. In solchen Situationen werden die Betriebsmittel und Arbeitskräfte nach Maßgabe ihrer maximalen Dienstemengen je Zeiteinheit (Kapazitäten) als Begrenzungen für die zulässigen Handlungsweisen berücksichtigt. Zum Beispiel wäre ein Düngungsprogramm in einem landwirtschaftlichen Betrieb unzulässig, wenn es in dem Betrieb aufgrund einer bestehenden Ausstattung mit Schleppern und Düngerstreuern, die nicht verändert werden soll, in der maximal dafür verfügbaren Zeitspanne nicht durchgeführt werden kann. Wenn dagegen auch über veränderte Mengen der Betriebsmittel und Arbeitskräfte entschieden werden soll, sind auch diese Produktionsfaktoren als Inputs anzusehen. Als Transformator wird dann u. U. der ganze Betrieb betrachtet.

Wir sprechen in diesem Zusammenhang deshalb auch von Entscheidungsanlässen der *Strukturoptimierung* im Unterschied zu Entscheidungsanlässen der *Prozessoptimierung*. Bei der Prozessoptimierung wird die Struktur der betrieblichen Input-Output-Systeme, d. h. der Bestand an Betriebsmitteln und an Arbeitskräften, als unveränderlich angenommen. Es geht lediglich um die bestmögliche Nutzung dieser Produktionsfaktoren durch eine geeignete und sachliche Kombination der Werkstoffe und Dienste. Bei der Strukturoptimierung werden dagegen die Betriebsmittel und Arbeitskräfte selbst zum Entscheidungsobjekt. Es geht dabei um eine Verbesserung oder sogar Optimierung der Konfiguration von Produktionsanlagen bzw. um die Bestimmung der Struktur der Input-Output-Systeme. Wenn in diesem Zusammenhang auch menschliche Arbeitskräfte als „Betriebsmittel“ angesehen werden, dann werden sie bei der Prozessoptimierung als unveränderliche Größen angenommen, es kann lediglich über die Verteilung des Stromes von Arbeitsmengen entschieden werden, z. B. darüber, wie die Arbeitsstunden während der Vegetationsperiode für die verschiedenen Arbeiten in den Zweigen der pflanzlichen Produktion eines landwirtschaftlichen Betriebes verwendet werden sollen. Bei einer Strukturoptimierung kann dagegen die Art und die Zahl der Mitarbeiter ebenso zur Disposition stehen wie die Art und der Umfang des Betriebsmittelbestandes.

3.2.1.5 Betriebe als Systeme von güterwirtschaftlichen Input-Output-Prozessen

Betriebe sind generell dadurch gekennzeichnet, dass sie aus zahlreichen elementaren und übergeordneten Input-Output-Prozessen und -Systemen zusammengesetzt sind, die untereinander in mehr oder weniger engen Beziehungen stehen. Für eine zunächst qualitative Analyse dieses aus Subsystemen aufgebauten „Supersystems“ eignet sich die Technik des *funktionalen Blockdiagramms*. Das ist eine graphische Darstellungsweise, bei der die Transformationsprozesse als Blöcke und die Ströme der Inputs und Outputs als gerichtete Linien abgebildet werden. Mit anderen Worten: Der Gesamtbetrieb wird in Prozesse der im vorigen Abschnitt diskutierten Typen aufgelöst.

Zwei Beispiele sollen zeigen, wie die Produktionsstrukturen im Agrar- und Ernährungsbereich beschaffen sind und welche Möglichkeiten zur Analyse der Produktionsfunktion das funktionale Blockdiagramm bietet.

BEISPIEL 1 (vgl. *Übersicht 3.6)*: Eine norddeutsche Getreidemühle hat sich auf die Vermahlung von Weizen spezialisiert. Die jährliche Rohstoffmenge von 120.000 t Weizen wird von Landwirten der Region im Vertragsanbau produziert. Die Fertigprodukte Mehl (Type 550) und Kleie werden an die Backwaren- bzw. Futtermittelindustrie geliefert. Außer der Kleie ergeben sich weitere Nebenprodukte (dunkle Mehle und Keime, in *Übersicht 3.6* nicht berücksichtigt), die ebenso wie die Kleie als Koppelprodukte der Mehlherstellung anfallen.

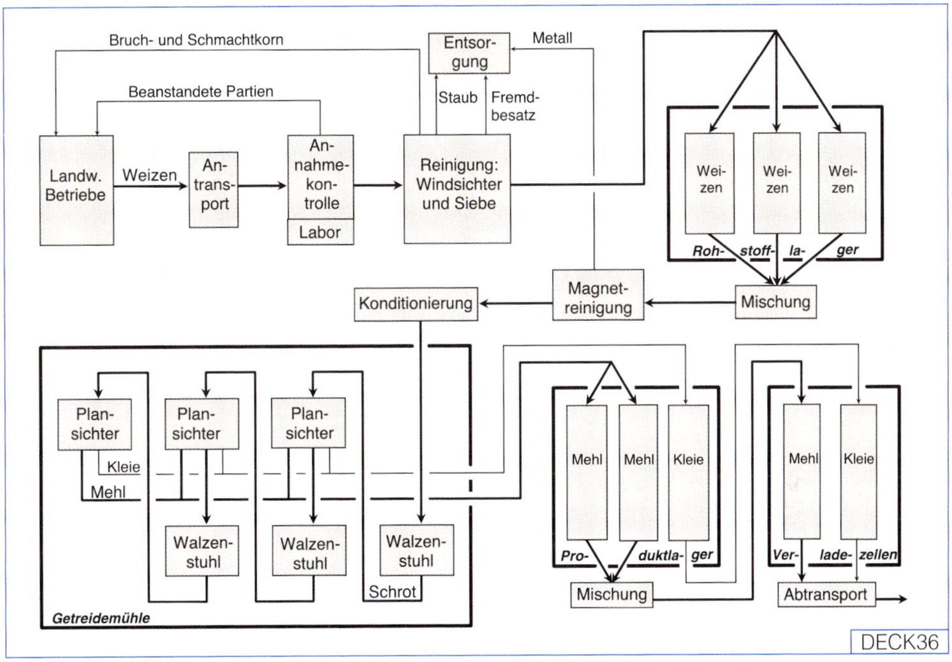

Übersicht 3.6: Input-Output-System einer Weizenmühle

Die landwirtschaftlichen Betriebe erzeugen im Vertragsanbau Weizensorten der verschiedenen Qualitätsgruppen (E = Eliteweizen, A = Qualitätsweizen, B = Brotweizen, C = sonstiger Weizen und C_K = Keksweizen). Durch eine geeignete Sortenmischung stellt der Mühlenbetrieb sicher, dass Mehle bestimmter Qualitäten, d. h. Mehle mit bestimmten Backeigenschaften, erzeugt werden können.

Das eigentliche Input-Output-System der Weizenmühle beginnt im linken oberen Teil der *Übersicht 3.6* mit dem während des ganzen Jahres erfolgenden Antransport von Weizenpartien mit schleppergezogenen Schüttgutanhängern oder durch Schüttgut-LKWs. Die Hauptlagerung des Weizens erfolgt in den landwirtschaftlichen Betrieben; das Weizenlager der Mühle reicht nur etwa für eine Wochenproduktion. Vor dem Entladen der Partien werden im Rahmen der Annahmekontrolle Proben von den Partien gezogen und im Labor ausgewertet. Partien, die den Qualitätsanforderungen der Mühle nicht genügen (z. B. zu hoher Mykotoxinbefall), werden beanstandet und zurückgewiesen. Dieser Fall tritt selten ein, da die Mühle im Rahmen der Verträge bereits während der Vegetationsperiode und der anschließenden Hoflagerung Qualitätssicherungsmaßnahmen vereinbart.

Die angenommenen Weizenpartien werden im nächsten Schritt entladen und mit Windsichtern und Siebanlagen von Staub und Fremdbesatz (Spreu, Unkrautsamen, Erdklumpen) gereinigt. Der gereinigte Weizen wird dann mit Becherelevatoren in die Silozellen – getrennt nach Qualitätsgruppen, Herkunft und Sorten – befördert. Die Rohstoffe werden mit Schwingförderern wieder aus den Zellen entnommen. Daran schließt sich die Mischung der einzelnen Partien zur Erreichung einer einheitlichen Rohstoffqualität, die Magnetreinigung zur Entfernung von Metallteilen und die sog. Konditionierung an. Bei der Konditionierung wird der Weizen auf einen einheitlichen Trockenmassegehalt gebracht und benetzt, was bei der Vermahlung zu einer erleichterten Trennung der Schale vom Mehlkern der Weizenkörner führt.

Der so vorbehandelte Weizen tritt dann in den eigentlichen Vermahlungsprozess ein. Die Mühle besteht aus Walzenstühlen mit gegenläufigen und unterschiedlich schnell drehenden Walzen, die die Körner zerreißen und zerquetschen. Das Zwischenprodukt ist Schrot, welches dann mit einem Pneumatikförderer in den über dem Walzenstuhl liegenden Plansichter transportiert wird. Mittels eines Satzes von Sieben und durch Druckluftzufuhr werden nach Maßgabe des spezifischen Gewichts und der Korngröße die Mehlanteile und die Kleieanteile (Schalen von Getreidekörnern) von den übrigen Bestandteilen des Schrotes getrennt. Eine vollständige Trennung in Mehl und Kleie gelingt jedoch nicht nach einmaliger „Passage", wie der Durchlauf des Materials durch Walzenstuhl und Plansichter heißt, sondern erfordert je nach erwünschter Mehlqualität und Ausmahlungsgrad ca. 8 bis 12 Wiederholungen (in *Übersicht 3.6* wurde das durch zwei Wiederholungen angedeutet). In den einzelnen Passagen entstehen als weitere (Zwischen-)Produkte Dunst und Grieß, deren Partikelgrößen diejenige von Mehl übersteigen und die in dieser Mühle in weiteren Passagen zu Mehl aufgearbeitet werden. In anderen Mühlen können sie jedoch auch Endprodukte sein.

Die Endprodukte Mehl und Kleie, die in bestimmten Mengenanteilen anfallen und deshalb Koppelprodukte heißen, werden dann mit Pneumatikförderern in die Silozellen des Produktlagers überführt. Bei der Entnahme aus den Silozellen kann sich ein weiterer Mischvorgang anschließen, um Mehl einheitlicher Qualität zu gewährleisten. Danach gelangen das Mehl und die Kleie in die Verladezellen, aus denen die Produkte in Tank-LKWs abgefüllt werden, um zu den Kunden transportiert zu werden.

*BEISPIEL 2 (*vgl. *Übersicht 3.7):* Der Produktionswert des landwirtschaftlichen Lehr- und Versuchsbetriebes MARIENBORN-HELDENBERGEN der Justus-Liebig-Universität Gießen in Höhe von jährlich ca. 1 Mio. € wird durch Milchviehhaltung, Schweinemast und einen vorgelagerten Pflanzenbau erwirtschaftet. Auf den Nutzflächen werden Getreide, Raps, Zuckerrüben, Mais und Gras erzeugt. Während Zuckerrüben, Raps und ein Teil des Getreides verkauft werden, dienen das Gras, der Mais sowie ein Teil des Getreides als Futter für die Nutzviehzweige.

Aus den Lägern fließen Roh- und Hilfsstoffe (Saatgut, Düngemittel etc.) als Inputs in die Subsysteme der Pflanzenproduktion. Bei der Graslandnutzung entsteht als Output Silagegras, das nach dem Passieren eines Lagers sukzessive dem Subsystem Milchviehanlage zugeführt wird. Vom Maisbau fließt Silomais über Futtersilos ebenfalls an die Milchviehanlage, Körnermais fließt über das Körnerfruchtlager sowohl in die Milchviehhaltung als auch in die Schweinemast. Auch das Getreide wird verschiedenen Subsystemen zugeführt. Teilweise dient es als Kraftfutter der Milchviehhaltung, teilweise als Futterkomponente der Mastschweinehaltung und teilwei-

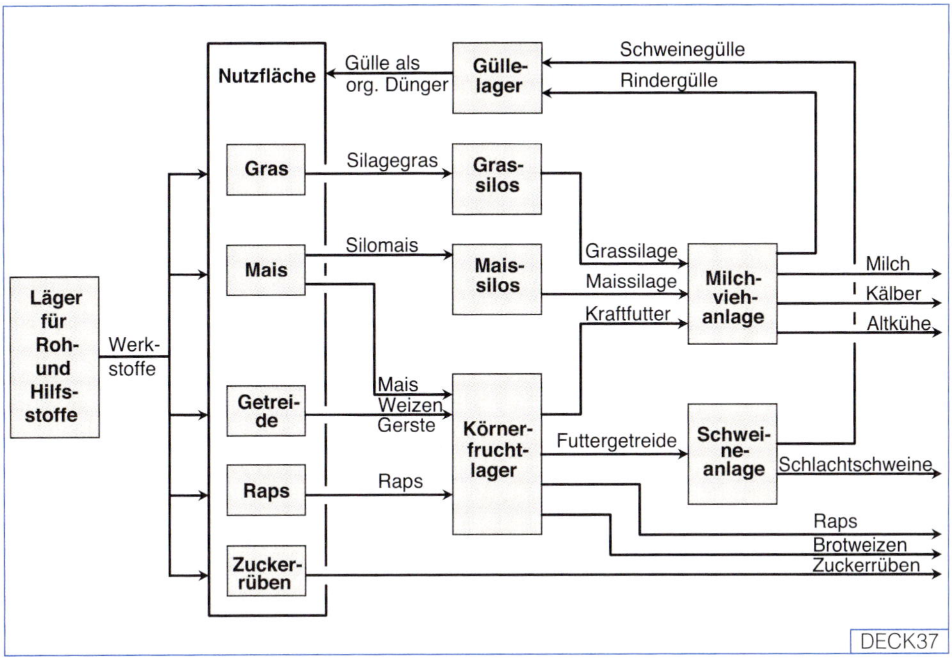

Übersicht 3.7: Input-Output-System des Lehr- und Versuchsbetriebes Marienborn-Heldenbergen

se verlässt es den Betrieb zum Verkauf. Raps – nach entsprechender Aufbereitung und Zwischenlagerung – sowie Zuckerrüben werden direkt verkauft. Als Outputs der Mastschweineanlage entstehen Schlachtschweine und Gülle, als Outputs der Milchviehanlage Milch, Kälber, Altkühe und ebenfalls Gülle. Die Gülle wird dem Subsystem Pflanzenproduktion über ein Lager wieder als organischer Dünger zugeführt.

Wir sehen sofort, dass die Blockdiagramme der Betriebe offenbar nicht sämtliche Ströme von Inputs und Outputs und nicht sämtliche Transformationsprozesse im Detail zeigen. Es fehlen z. B. die Ströme an Arbeitsstunden sowie an Betriebsstoffen für die Antriebsaggregate (Motoren und Schlepper). Für eine detailliertere Analyse müssen die Übersichtsdiagramme in verschiedene Unterdiagramme aufgelöst werden. Das Maß der Aufgliederung wird durch den Zweck der Analyse bestimmt. Zusammenfassung von Subsystemen führt zu größerer Übersichtlichkeit, verdeckt jedoch u. U. wichtige Details.

Aber bereits aus den Übersichtsdiagrammen können wir einige generelle Aussagen zur Struktur agrar- und ernährungswirtschaftlicher Betriebe und den damit verbundenen Hauptentscheidungsanlässen ableiten:

(1) Zunächst können agrar- und ernährungswirtschaftliche Betriebe nach der Zahl der erzeugten Produkte in *Einproduktbetriebe* und *Mehrproduktbetriebe* untergliedert werden.

Der in *Übersicht 3.6* dargestellte Mühlenbetrieb ist ein Einproduktbetrieb. Obwohl bei der Getreidevermahlung tatsächlich mehrere Produkte anfallen, ist Mehl das einzige Hauptprodukt. Weitere Produkte entstehen im Vermahlungsprozess zwangsläufig als Nebenprodukte. Sie sind an die Erzeugung des Hauptproduktes gekoppelt. Der Mühlenbetrieb ist also ein Einproduktbetrieb mit *Koppelproduktion*.

Bei dem in *Übersicht 3.7* dargestellten landwirtschaftlichen Betrieb handelt es sich dagegen um einen Mehrproduktbetrieb. Hier werden mehrere Produkte der Nutzpflanzenerzeugung durch zwei Hauptprodukte der Nutztierhaltung ergänzt. Sobald die Nutzpflanzenproduktion durch einen Viehhaltungszweig erweitert wird, entsteht in der Landwirtschaft zumindest ein Zweiproduktbetrieb. Zudem müssen im Pflanzenbau aus Gründen der Fruchtfolgegestaltung und des saisonalen Arbeitsausgleichs (vgl. Kapitel 5 und 6) mehrere Produkte erzeugt werden. Auch in der Lebensmittelindustrie sind Mehrproduktbetriebe vorherrschend. Molkereien stellen z. B. Trinkmilch, Butter, Joghurt und Frischkäse her.

(2) Einproduktbetriebe bestehen aus einem Betriebszweig. Mehrproduktbetriebe bestehen aus mehreren Betriebszweigen. Ein *Betriebszweig* ist ein Teilbereich eines Betriebes, der auf die Herstellung eines Hauptproduktes oder einer verwandten Produktgruppe oder einer Gruppe von Koppelprodukten ausgerichtet ist. Im Mühlenbetrieb ist die Mehlproduktion mit Koppelprodukten der einzige Betriebszweig. Betriebszweige im landwirtschaftlichen Betrieb MARIENBORN-HELDENBERGEN sind bspw. der Zuckerrübenbau (ein Hauptprodukt), der Getreidebau (verwandte Produktgruppe) oder die Milchviehhaltung (Milch als Hauptprodukt mit Kälbern, Altkühen und Gülle als Koppelprodukten).

Der oder die Betriebszweige eines Betriebes bilden sein *Produktionsprogramm*. Im Rahmen von Entscheidungen zur Strukturoptimierung muss grundsätzlich über die qualitative und quantitative Art des Produktionsprogramms entschieden werden, weil sich danach die Arten und Mengen der benötigten Betriebsmittel richten. Häufig können jedoch mit einem gegebenen Betriebsmittelbestand ähnliche Produkte in unterschiedlichen Anteilen hergestellt werden. Die Bestimmung der optimalen quantitativen Verteilung ist dann ein Problem der Prozessoptimierung. Im Mühlenbetrieb kann z. B. der Anteil des Mehls der Type 550 zugunsten größerer Anteile von Mehl mit geringeren oder höheren Mineralstoffanteilen verändert werden. Im landwirtschaftlichen Betrieb können mit gegebenem Betriebsmittelbestand unterschiedliche Anteile der einzelnen Getreidearten produziert werden.

(3) Innerhalb der Betriebszweige können nach der Art der Input-Output-Systeme einzelne *Produktionsverfahren* unterschieden werden. Im Abschnitt 1.4.3.3.2 hatten wir verschiedene Ernteverfahren als Bestandteile von möglichen Produktionsverfahren für den Betriebszweig „Getreidebau" bereits kennen gelernt. Das Produktionsverfahren ist also das konkrete Input-Output-System für einen Betriebszweig, das über seine verschiedenen Produktionsschritte (beim Getreidebau: Bodenbearbeitung, Aussaat, Düngung, Pflanzenschutz und Ernte; beim Mühlenbetrieb: Weizenreinigung, Weizenlagerung, Qualitätsgruppenmischung, Konditionierung, Mahlvorgang etc.) und die dafür verwendeten Dienste- und Werkstoffmengen exakt definiert ist (vgl. dazu im Einzelnen Abschnitt 6.3.1). Da für die Durchführung eines Betriebszweiges zahlreiche Betriebsmittel und Werkstoffe mit unterschiedlichen Leistungsfähigkeiten und Eigenschaften zur Verfügung stehen (im Mühlenbetrieb z. B. unterschiedlich leistungsfähige Walzenstühle, Plansichter, aber auch Weizenqualitätsgruppen; im landwirtschaftlichen Betrieb unterschiedlich leistungsfähige Schlepper, Mähdrescher, aber auch Mineraldüngemittel), ist die Zusammenstellung der jeweils einzusetzenden Produktionsverfahren eine wichtige Entscheidung sowohl im Rahmen der Strukturoptimierung

(Auswahl der Betriebsmittel) als auch im Rahmen der Prozessoptimierung (Auswahl der Werkstoffe).

(4) Bei den betrieblichen Erzeugnissen handelt es sich z. T. um *Zwischenprodukte,* die nur innerbetrieblich weitergenutzt werden können, z. T. besteht die Wahl zwischen innerbetrieblicher Nutzung und Verkauf und z. T. sind es eindeutige *Verkaufsprodukte.* Je nachdem, ob in einem Betriebszweig als Hauptprodukt nur ein Verkaufserzeugnis hergestellt wird oder aber der Betriebszweig tatsächlich aus zwei oder mehr Produktionsstufen besteht, von denen nur die letzte Verkaufserzeugnisse als Hauptprodukte liefert, während die vorgelagerten Stufen innerbetrieblich zu verwertende Hauptprodukte als Zwischenerzeugnisse bereitstellen, unterscheiden wir zwischen *einstufiger Produktion* und *mehrstufiger Produktion.* In MARIENBORN-HELDENBERGEN sind die Raps- und die Zuckerrübenerzeugung einstufige Produktionen, während es sich bei dem Betriebszweig „Futterbau – Milchviehhaltung" ebenso wie bei dem Betriebszweig „Getreidebau – Mastschweinehaltung" um zweistufige Produktionen handelt. Im Mühlenbetrieb könnte eine zweistufige Produktion dann entstehen, wenn man sich zur Aufnahme eines Betriebszweiges „Fertigteigmischungen" entschließen würde, für den das Mehl der bisherigen Produktionsstufe ein wichtiger Input wäre.

Mit der Entscheidung zum Aufbau mehrstufiger Produktionen sind mehrere Teilentscheidungen verbunden, die sowohl die Struktur- als auch die Prozessoptimierung betreffen. Zunächst ist zu entscheiden, ob und wenn ja in welchem Umfang eine zweistufige Produktion aufgenommen werden soll. Wenn der Output der ersten Produktionsstufe auch direkt verkauft werden könnte, ist zu entscheiden, ob die zweite Produktionsstufe tatsächlich eingerichtet werden soll. Wenn die Produkte der ersten Produktionsstufe dagegen nicht direkt marktgängig sind, wie z. B. in der Landwirtschaft bei einigen Futterstoffen für die Milchviehhaltung, dann ist zu entscheiden, ob deren Erzeugung durch Umstellung der Pflanzenproduktion nicht wirtschaftlich vorteilhaft vermieden werden könnte. Wenn die zweite Produktionsstufe nicht unbedingt auf die Outputs der ersten Stufe angewiesen ist, vielmehr z. B. bei der Schweinemast in MARIENBORN-HELDENBERGEN das Futtergetreide auch zugekauft werden könnte, dann ist zu entscheiden, ob die zweistufige Produktion trotzdem eingerichtet werden sollte. Weitere Entscheidungsanlässe kann der Leser sicherlich finden.

(5) Aus den funktionalen Blockdiagrammen der *Übersichten 3.6* und *3.7* geht weiterhin hervor, dass Betriebe entweder aus unverzweigten Produktionsketten bestehen, die untereinander keine direkten Verbindungen haben oder aber Verflechtungen aufweisen. Zusätzlich sind auch Kombinationen aus beiden Formen denkbar. Im Mühlenbetrieb ist die Mehlherstellung mit Koppelprodukten eine unverzweigte Produktionskette. In MARIENBORN-HELDENBERGEN bilden der Zuckerrüben- und der Rapsbau unverzweigte Produktionsketten, die mit den Komplexen „Futterbau – Milchviehhaltung" und „Getreidebau – Mastschweinehaltung" nicht direkt in Verbindung stehen. Andererseits ist der Komplex, in dessen Mittelpunkt die Milchviehhaltung steht, selbst ein Beispiel für eine verbundene Produktion, bei dem die beteiligten Betriebszweige enge Verbindungen eingehen. Die Milchviehhaltung wird von mehreren Betriebszweigen mit Inputs beliefert. Sie selbst liefert für die Betriebszweige des Pflanzenbaus Gülle als Input in Form von Pflanzennährstoffen. Je nachdem, ob ein Betrieb Produktionsbereiche mit solchen Verflechtungen aufweist oder aber nur isolierte Produktionsketten, unterscheiden wir zwischen *verbundener Produktion* und *unverbundener Produktion.*

Eine wesentliche Entscheidung im Rahmen der Strukturoptimierung ist die Gestaltung der Formen und Ausmaße dieser Verbindungen. Insbesondere ist dabei zu berücksichtigen, ob sich einzelne Betriebszweige gegenseitig in ihrer Wirtschaftlichkeit fördern oder aber eher behindern. Zum Beispiel fördert in MARIENBORN-HELDENBERGEN die Milchviehhaltung die Pflanzenproduktion dadurch, dass sie über die Güllelieferung Einsparungen beim Mineraldüngereinsatz im Pflanzenbau ermöglicht. Andererseits behindert sie die Pflanzenproduktion dadurch, dass bestimmte Nutzflächenanteile für den Futterbau reserviert werden müssen, die deshalb für die Erzeugung von pflanzlichen Verkaufsprodukten nicht mehr zur Verfügung stehen.

Diesen Abschnitt abschließend wollen wir festhalten, dass es sich bei agrar- und ernährungswirtschaftlichen Betrieben häufig um *mehrstufige Mehrproduktbetriebe mit verbundener Produktion* handelt. Wesentliche Entscheidungen für die Gestaltung dieser Betriebe ergeben sich mit der Festlegung der optimalen *Produktionstiefe* (Mehrstufigkeit vs. Einstufigkeit) und mit der Festlegung der optimalen *Produktionsbreite* (Einproduktbetrieb vs. Mehrproduktbetrieb, unverbundene vs. verbundene Produktion).

3.2.2 Güter- und geldwirtschaftliche Ströme und Bestände in Unternehmen

3.2.2.1 Güter- und geldwirtschaftliche Beziehungen zwischen Unternehmen und Gesamtwirtschaft

Jeder Betrieb ist ein Glied der Gesamtwirtschaft. Alle Betriebe zusammen verfolgen den Endzweck, Konsumgüter herzustellen. In der arbeitsteiligen Volkswirtschaft trägt aber jeder Betrieb nur einen sehr kleinen Teil zur Konsumgüterherstellung bei. Zahlreiche Betriebe stellen gar keine Konsumgüter her. Andererseits sind in jedem Betrieb Menschen tätig. Das Ziel ihrer Arbeit ist letztlich die Erzeugung von Konsumgütern, die ihrer Bedürfnisbefriedigung dienen sollen. Jeder arbeitende Mensch in jedem Betrieb möchte für seine Arbeit, d. h. für seinen Anteil an der gesamten Konsumgütererzeugung, so entgolten werden, dass er ein möglichst breites Konsumgüterangebot zur Bedürfnisbefriedigung beschaffen kann. Da jedoch in jedem Betrieb nur wenige oder gar keine Konsumgüter hergestellt werden, entsteht ein Verteilungsproblem.

Eine Möglichkeit zur Lösung dieses Verteilungsproblems könnte darin bestehen, dass jeder Betrieb von den ihm nachgelagerten Betrieben für seine Produkte alle möglichen Konsumgüter erhält und diese dann teilweise als Arbeitsentgelt an seine Betriebsangehörigen weitergibt und teilweise zur Beschaffung von Produktionsfaktoren aus den ihm vorgelagerten Betrieben verwendet. Dieses Verfahren ist jedoch reichlich umständlich. Man benötigt ein generelles Tauschmittel und hat dafür das Geld erfunden.

In seiner Funktion als generelles Tauschmittel dient das Geld als allgemeiner Wertmaßstab. Der Preis des Geldes ist gleich 1 und sämtliche Güter haben dazu Relativpreise. Die Bildung der Güterpreise erfolgt in marktwirtschaftlichen Systemen prinzipiell durch das Wechselspiel von Angebot und Nachfrage.

Die Einführung des Geldes ermöglicht, dass die verschiedenen Konsumgüter nicht über komplizierte Naturaltauschverfahren, sondern bei wenigen darauf spezialisierten Wirtschaftseinheiten, nämlich den Einzelhandelsgeschäften, beschafft werden können. Auch die Betriebe beschaffen die notwendigen Inputs nicht durch Tausch gegen eigene Outputs, sondern durch Tausch gegen Geld. Ebenso beziehen sie für ihre Outputs nicht Outputs der nachgelagerten Betriebe, sondern Geld.

Infolgedessen sind die einzelnen Glieder einer Volkswirtschaft nicht nur über Güter-, sondern zusätzlich über Geldströme miteinander verbunden. *Übersicht 3.8* zeigt den Zusammenhang für den vereinfachten Fall einer Volkswirtschaft, die nur aus vier Wirtschaftseinheiten, nämlich der Betriebsmittel- und Werkstoffherstellung (U1), der Konsumgüterherstellung (U2), dem Einzelhandelsgeschäft (U3) und den Haushalten besteht.

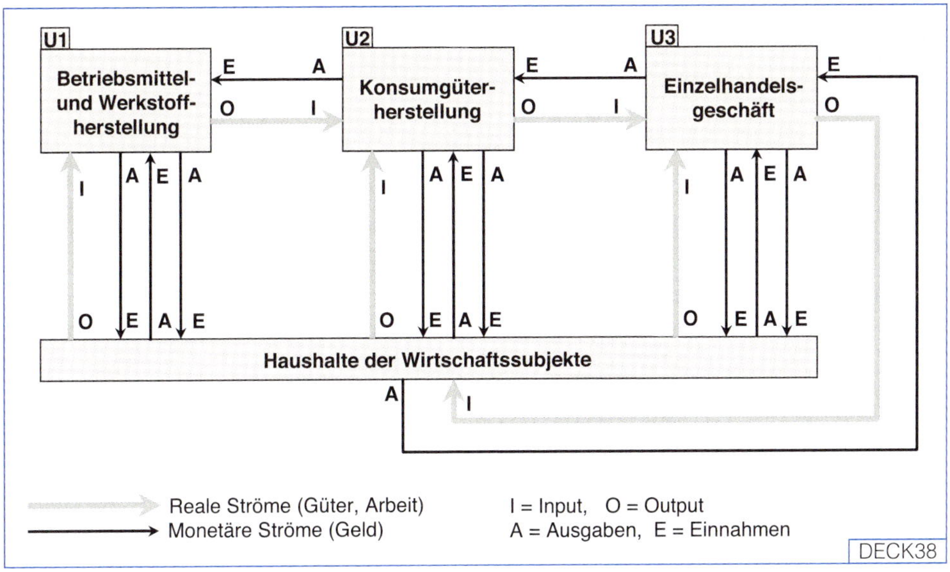

Übersicht 3.8: Geld- und Güterströme zwischen Unternehmen und Haushalten

Aus der Übersicht geht hervor, dass Produktionsmittel von U1 als Outputs (O) nach U2 fließen. Für U2 sind sie Inputs (I). In U2 werden sie zu Konsumgütern transformiert und dann als Outputs an das Einzelhandelsgeschäft U3 geliefert. Von dort gelangen die Konsumgüter als Outputs an die Haushalte der Wirtschaftssubjekte, für die sie wiederum Inputs darstellen. Die Haushalte zahlen dafür Ausgaben (A), die bei U3 zu Einnahmen (E) werden. Ein Teil der Einnahmen fließt als Ausgaben an den Vorlieferanten U2 weiter, der dann wiederum einen Teil benutzt, um seinen Vorlieferanten U1 für dessen Leistungen zu entgelten. Das Geld, welches die Haushalte für Konsumgüter ausgeben, erhalten sie teilweise als Arbeitsentgelt (A-E-Beziehungen zwischen Unternehmen und Haushalten) für die Arbeit, die sie in U1, U2 und U3 leisten (O-I-Beziehungen zwischen Haushalten und Unternehmen). Dieses Geld wird jedoch von vielen Haushalten nicht voll für Konsumgüter ausgegeben. Vielmehr sind oder werden die Wirtschaftssubjekte auch Eigentümer oder Miteigentümer der Unternehmen. Die Wirtschaftssubjekte stellen dafür einen Teil ihrer Einnahmen (oft über die Banken als Vermittler) als Kapital bereit. Wird andererseits von einem Haushalt Miteigentum an einem Unternehmen aufgegeben, so fließt Kapital als Einnahme zurück. Außerdem erhalten die Haushalte für die Kapitalhergabe Zinsen und Kapitalgewinne (als den weiteren A-E- und E-A-Beziehungen zwischen Haushalten und Unternehmen).

3.2.2.2 *Güter-Geld-Kreisläufe im Unternehmen*

In dem vielgestaltigen System der modernen arbeitsteiligen Volkswirtschaft repräsentiert die einzelne Wirtschaftseinheit mit ihren Güter- und Geldströmen nur einen kleinen Ausschnitt. Diesen Ausschnitt, der unter einer einheitlichen Leitung (personenbezogenes Unternehmen: Unternehmer, kapitalbezogenes Unternehmen: Management) steht, bezeichnen wir als *Unternehmen*. Im Unterschied zum Betrieb ist das Unternehmen nicht nur eine räumliche, technische und soziale, sondern auch eine finanzwirtschaftliche Einheit, die einen oder mehrere Betriebe umfassen kann. Darüber hinaus ist das Unternehmen eine rechtlich abgegrenzte Einheit. Da mit dem Kauf von Produktionsmitteln, mit der Beschäftigung von Mitarbeitern und mit der Kapitalaufnahme einerseits sowie mit dem Verkauf von Produkten andererseits rechtliche Fragen des Eigentums und der Vertragsgestaltung einhergehen, sind „Rechtspersönlichkeiten" notwendig, mit denen die Partner des Unternehmens in Beziehung treten können (s. dazu im Einzelnen Abschnitt 3.4).

Überdies arbeitet ein Unternehmen auf eigenes Risiko. Angesichts der Unsicherheit der Erwartungen besteht – wie im 2. Kapitel gezeigt wurde – stets das Risiko, dass mit dem Unternehmen nicht nur positive, sondern auch negative Einkommen erzielt werden. Dieses Risiko kann dem Unternehmen prinzipiell nicht vollständig von Dritten (z. B. durch den Staat) abgenommen werden.

Es gilt daher die Definition: Das Unternehmen ist durch Rechtsform und finanzwirtschaftliche Einheit gekennzeichnet. Es kann sich aus mehreren räumlichen, technischen und sozialen Einheiten (Betrieben) zusammensetzen. Es untersteht einer einheitlichen Unternehmensführung, entweder durch den Unternehmer oder durch ein bestelltes Management und arbeitet auf eigenes Risiko.

Für eine detaillierte Analyse des einzelnen Unternehmens empfiehlt es sich, die verschiedenen Wirtschaftseinheiten, mit denen das Unternehmen in Verbindung steht, vereinfacht und anonym als *Arbeitsmarkt, Produktionsmittelmarkt (Betriebsmittel und Werkstoffe), Kapitalmarkt, öffentliche Hand* und – soweit es sich um ein personenbezogenes Unternehmen handelt – *Unternehmer(-haushalt)* zu bezeichnen. Die genannten Einheiten sind dann die Ausgangs- und Bezugsgrößen für die Geld- und Güterströme des Unternehmens. Mit dieser Annahme lässt sich das Unternehmen sehr übersichtlich in Form eines funktionalen Blockdiagramms darstellen. *Übersicht 3.9* zeigt ein solches Unternehmensmodell (vgl. dazu insbesondere SEUSTER 1966).

Das Schema gilt sowohl für das personenbezogene als auch für das kapitalbezogene Unternehmen. Das personenbezogene unterscheidet sich vom kapitalbezogenen Unternehmen lediglich durch die Einheit „Wirtschaftssubjekt: Unternehmer(-haushalt)" und die damit in Verbindung stehenden Ströme.

Betrachten wir das Schema zunächst ohne diesen Zusatz, so wird deutlich, dass das kapitalbezogene Unternehmen entweder als *güter- und finanzwirtschaftliches Input-Output-System* oder – unter Einbeziehung der Märkte – als *Geld- und Güterkreislauf* gesehen werden kann.

Im ersten Fall bestehen zwei gegenläufige Input-Output-Prozesse:

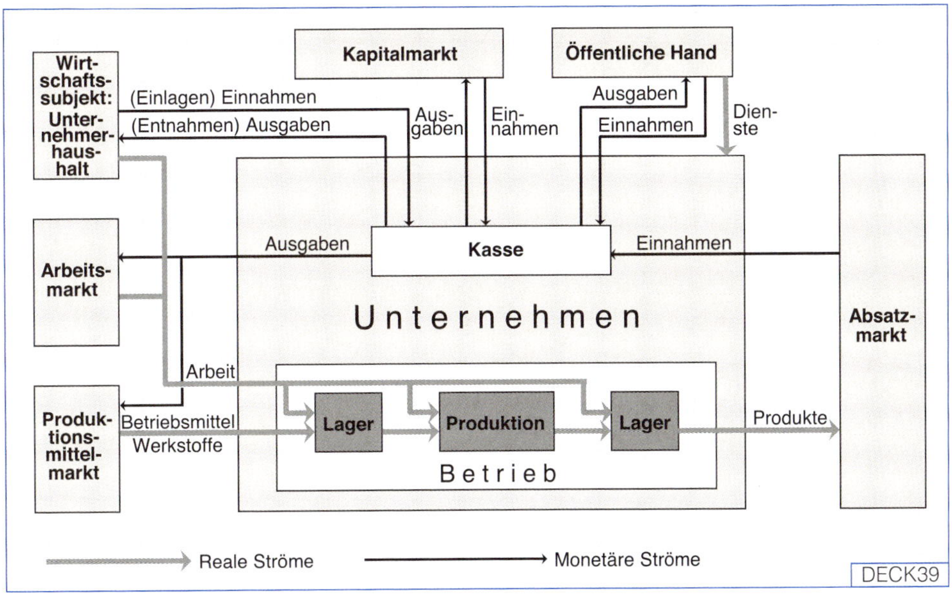

Übersicht 3.9: Geld- und Güterkreislauf im Unternehmen

(1) Betriebsmittel und Werkstoffe, Arbeit und Leistungen der öffentlichen Hand fließen als Inputs über mehrere Stufen durch den Betrieb. Produkte fließen aus dem Betrieb als Outputs ab.

(2) Geld fließt als Input vom Absatzmarkt und vom Kapitalmarkt in Form der Einnahmen in die Unternehmenskasse. Outputs sind die Ausgaben für Betriebsmittel und Werkstoffe sowie für Arbeit, Kapital und Leistungen der öffentlichen Hand.

Im zweiten Fall handelt es sich bei dem Geld- und Güterkreislauf um den Prozess der Beschaffung, Umformung und Rückgewinnung von Kapital: Vom Kapitalmarkt, der die (Mit-)Eigentümer und die Banken umfasst, wird Eigen- und Fremdkapital beschafft und in die Unternehmenskasse geleitet. Das Kapital wird dann in Betriebsmittel, Werkstoffe, Arbeit und Leistungen der öffentlichen Hand umgeformt.

Nach einer eventuellen Zwischenlagerung der Werkstoffe werden diese Inputs in den eigentlichen Transformationsprozessen in Produkte überführt. Die Produkte werden u. U. zwischengelagert und dann auf den Absatzmärkten verkauft. Durch den Absatz werden Einnahmen erzielt und das Kapital wird somit zurückgewonnen. Es fließt wieder in die Kasse des Unternehmens und kann den Kreislauf von neuem beginnen. Teile der Einnahmen können außerdem als Steuern und Abgaben an die öffentliche Hand und als Tilgung und Zinsen für Fremdkapital sowie als Dividende für das Eigenkapital der Miteigentümer aus dem Unternehmen abfließen. Selbstverständlich überlagern sich in den Unternehmen die verschiedensten Beschaffungs-, Umformungs- und Rückgewinnungsprozesse ständig, so dass tatsächlich ein kontinuierlicher Strom von Beschaffungen, Umformungen und Rückgewinnungen entsteht.

Prinzipiell die gleichen Aussagen gelten auch für das personenbezogene Unternehmen. Hinzu kommt jedoch, dass Arbeit und Kapital nicht nur von den Arbeits- und Kapitalmärkten, sondern auch vom Unternehmer (Arbeit vielfach auch von seinen „mithelfenden Familienangehörigen") zur Verfügung gestellt werden. Als Haupteigenkapitalgeber stellt der Unternehmer Kapital in Form der *Einlagen* bereit. Als Unternehmensleiter leistet er darüber hinaus leitende und anordnende Arbeit. Er ist für die Entscheidungsfindung und -umsetzung zuständig. Insbesondere in den Familienunternehmen der Landwirtschaft und des Ernährungshandwerks liefern der Unternehmer und seine mithelfenden Familienangehörigen auch den überwiegenden Teil der ausführenden Arbeit. Als Entgelt für diese Tätigkeiten werden vom Unternehmerhaushalt zur Deckung der Konsumausgaben Geldbeträge aus dem Unternehmen entnommen. Diese Beträge, die aus der Sicht des Unternehmers Ausgaben darstellen, aus der Sicht des Unternehmerhaushaltes jedoch Einnahmen sind, bezeichnen wir als *Entnahmen*.

Sämtliche geld- und güterwirtschaftlichen Beziehungen, die zwischen dem Unternehmen und seinen verschiedenen Partnern bestehen, wurden in der *Übersicht 3.10* systematisch zusammengefasst. Dabei wurde erstens nach den Richtungen der Geld- und Güterströme – Bezug und Lieferung –, zweitens zwischen den Partnern – Kapitalmarkt, Arbeitsmarkt usw. – und drittens bei den Geldströmen zwischen abfließenden und zufließenden Strömen – Einnahmen, Ausgaben – unterschieden. Eine klare Definition dieser Ströme wird insbesondere für die Gestaltung von Kontrollrechnungsverfahren benötigt (vgl. Kapitel 4).

Art und Richtung der Güter- und Geldströme		*Geldbewegung*
1 Unternehmen - Kapitalmarkt		
Bezug:	Kredite (Fremdkapitalaufnahme)	Einnahme
	Beteiligungen (Eigenkapitalzufuhr)	Einnahme
	Zinsen für Finanzanlagen	Einnahme
	Rückzahlung von Finanzanlagen	Einnahme
Lieferung:	Kredittilgung	Ausgabe
	Kreditzinsen u. andere Kreditkosten	Ausgabe
	Entgelt für Beteiligungen	Ausgabe
	Rückzahlung von Beteiligungen	Ausgabe
2 Unternehmen - Produktionsmittelmarkt		
Bezug:	Betriebsmittel	
	Werkstoffe	
Lieferung:	Entgelt für Betriebsmittel u. Werkstoffe	Ausgabe
3 Unternehmen - Arbeitsmarkt		
Bezug:	ausführende Arbeit	
	leitende Arbeit	
	Beratung	
Lieferung:	Lohn	Ausgabe
	Gehalt	Ausgabe
	Honorar	Ausgabe
4 Unternehmen - Öffentliche Hand		
Bezug:	Leistungen (Infrastruktur)	
	Subventionen (Beihilfen)	Einahme
Lieferung:	Steuern und Abgaben	Ausgabe
5 Unternehmen - Absatzmarkt		
Bezug:	Entgelt für Produkte	Einnahme
Lieferung:	Produkte	
6. Unternehmen - Unternehmerhaushalt		
Bezug:	Einlagen (Eigenkapitalzufuhr)	Einnahme
	leitende Arbeit	
	ausführende Arbeit	
Lieferung:	Entnahmen	Ausgabe

DECK12

Übersicht 3.10: Art und Richtung der Geld- und Güterströme zwischen einem Unternehmen und seiner Umwelt (Marktpartner)

3.2.2.3 *Transformations- und Transaktionsprozesse*

Die *Übersicht 3.9* liefert nicht nur die Möglichkeit zur Identifikation und Systematisierung der Geld- und Güterströme zwischen dem Unternehmen und seiner Umwelt, vielmehr weist sie gleichzeitig – gewissermaßen bildlich – auf Abgrenzungen zwischen dem Unternehmen und seinen Märkten sowie zwischen dem Unternehmen und seinem Betrieb hin.

So wird in *Übersicht 3.9* der Betrieb – bildlich gesprochen – als Teilbereich des Unternehmens angesehen, in dem die eigentliche Produktion, ergänzt durch Lagerhaltungs- und Transportprozesse, stattfindet. Wir können diese Hauptaktivitäten der räumlichen, technischen und sozialen Einheit Betrieb in Anlehnung an die Aussagen des vorhergehenden Hauptabschnittes (3.2.1) mit dem Begriff *Transformationsprozesse* zusammenfassen. Aufgabe des Betriebes ist also die Durchführung der Transformationsprozesse.

Des Weiteren wird in der *Übersicht 3.9* das Unternehmen zwar einerseits von seiner zugehörigen Umwelt abgegrenzt, andererseits wird aber durch die angedeuteten Geld- und Güterströme auch gezeigt, dass es mit seiner Umwelt in vielfältigen Austauschbeziehungen steht. Diese Austauschbeziehungen sind nicht automatisch gegeben, vielmehr müssen sie aktiv gestaltet werden. Zusammen mit der Produktionsaufgabe des Betriebes werden diese Aktivitäten als die *Grundfunktionen des Unternehmens* bezeichnet. Wir wollen sie wie folgt definieren:

(1) Mit dem Begriff *Personalwirtschaft* werden sämtliche Tatbestände und Tätigkeiten erfasst, die sich auf die Einstellung, den Einsatz, die Betreuung und die Entlassung von Mitarbeitern, d. h. auf die Austauschaktivitäten mit dem Arbeitsmarkt, beziehen.

(2) Mit dem Begriff *Produktion* werden alle Tatbestände und Tätigkeiten erfasst, die sich auf die Transformation von Werkstoffen und Diensten in Produkte beziehen. Die Produktion einschließlich der Lagerung und des Transportes der Werkstoffe und Produkte ist der Aufgabenbereich des Betriebes.

(3) Mit dem Begriff *Absatz* werden alle Tatbestände und Tätigkeiten erfasst, die sich auf den Verkauf der Produkte an die nachgelagerten Partner des Unternehmens beziehen. Die Austauschaktivitäten dieses Bereiches werden auch Marketing genannt.

(4) Mit dem Begriff *Beschaffung* werden alle Tatbestände und Tätigkeiten erfasst, die sich auf den Ankauf von Betriebsmitteln und Werkstoffen von den vorgelagerten Partnern des Unternehmens, d. h. auf die Austauschaktivitäten mit dem Produktionsmittelmarkt, beziehen.[1]

(5) Mit dem Begriff *Finanzierung* werden alle Tatbestände und Tätigkeiten erfasst, die sich auf die Gelddispositionen eines Unternehmens, d. h. auf die Austauschbeziehungen mit dem Kapitalmarkt, beziehen.

Da es sich bei den Aktivitäten zwischen dem Unternehmen und seinen Märkten und auch dem Unternehmerhaushalt um die Gestaltung von Austauschprozessen handelt, wobei Geld gegen (reale) Güter und Güter gegen Geld sowie Geld gegen Geld getauscht werden, wollen wir diese Aktivitäten im Unterschied zu den Transformationsprozessen des Betriebes mit dem Begriff *Transaktionsprozesse* zusammenfassen.

Nach Maßgabe dieser Definitionen und unter Berücksichtigung der Begriffsfassungen aus dem 1. Kapitel können wir den allgemeinen Begriff des Wirtschaftens auf das Wirtschaften in Unternehmen eingrenzen und wie folgt definieren:

Wirtschaften als Entscheiden über den Einsatz von knappen Mitteln zur Erreichung von Zielen bedeutet in Unternehmen die zielwirksame Gestaltung von Transformations- und Transaktionsprozessen.

Die Möglichkeiten zur aktiven Gestaltung der Transformations- und Transaktionsprozesse bedingen, dass die Grenzen zwischen Unternehmen und Betrieb sowie zwischen Unternehmen und seiner Umwelt keinesfalls als starr angesehen werden dürfen.

So verlaufen die Transformationsprozesse des Betriebes nicht unabhängig von den Transaktionsprozessen des Unternehmens. Die Kontrahierungsbedingungen, die das Unternehmen für seine Produkte und Produktionsfaktoren realisieren kann, d. h. letztlich die Preise dieser Faktoren und Produkte, beeinflussen selbstverständlich die Art und Gestaltung der betrieblichen Transformationsprozesse. Wir haben bereits in den Beispielen der Abschnitte 1.4.3.2 und 1.4.3.3 gesehen, dass die Einsatzmengenrelationen der Produktionsfaktoren und die Outputmengenverhältnisse der Produkte von den Preisverhältnissen für die Produktionsfaktoren bzw. die Produkte abhängen. In entscheidungsorientierter Sicht ergibt sich eine Abgrenzung des Betriebes gegenüber dem übrigen Unternehmen nur daraus, dass für Entscheidungen über die Gestaltung und Führung des Produktionsbereiches die Preise der Produkte und Produktionsfaktoren i. d. R. als Daten angesehen werden, deren Werte nicht verändert werden sollen. Demgegenüber sind die Preise bei den Fragen zur Gestaltung der Absatz- und Beschaffungsaktivitäten ein wesentliches Entscheidungsobjekt. Die Abgrenzung des Betriebes innerhalb des Unternehmens dient also zur Reduktion der Komplexität des Entscheidungsfeldes: Wer z. B. über eine veränderte Futterration für Mastschweine oder über eine veränderte Backmittelmischung für die Brotherstellung entscheiden möchte, der wird von gegebenen Komponentenpreisen ausgehen und nicht gleichzeitig auch über Einflussmöglichkeiten zur Veränderung dieser Preise entscheiden wollen.

Des Weiteren wurden das Unternehmen und der Unternehmerhaushalt in *Übersicht 3.9* zur Abgrenzung des kapitalbezogenen vom personenbezogenen Unternehmen als getrennte Einheiten dargestellt, um die zusätzlich auftretenden realen und monetären Ströme kenntlich zu

---

[1] Für wissenschaftliche Untersuchungen werden vielfach die Beschaffung und die Finanzierung abweichend von den obigen Begriffsbestimmungen definiert. So wird oft zwischen der Beschaffung von Betriebsmitteln und Werkstoffen unterschieden. Nur der Ankauf von Werkstoffen wird als Beschaffung angesehen, während die Beschaffung von Betriebsmitteln aufgrund ihrer besonderen Probleme eigenständig unter dem Begriff der Investition zusammengefasst wird. Andererseits werden Investition und Finanzierung vielfach gemeinsam betrachtet, weil die Finanzierung der Betriebsmittel besondere Probleme aufwirft. Bei wieder anderen Fragestellungen werden die Beschaffung von Werkstoffen und die Lagerhaltung gemeinsam abgehandelt, da die Lagerung besondere Bedeutung für die Werkstoffe hat (z. B. optimale Beschaffungsmenge und optimaler Beschaffungszeitpunkt). Sämtliche Begriffsfassungen sind jedoch nicht prinzipieller, sondern rein praktischer Natur. Je nach dem Zweck einer Untersuchung wird man der einen oder anderen Begriffsfassung den Vorzug geben. Um Verständigungsschwierigkeiten zu vermeiden, sollte indessen angegeben werden, was man im konkreten Fall unter den Begriffen subsumiert.

machen. In entscheidungsorientierter Sicht ist diese formale Trennung ebenfalls interpretationsbedürftig: Wie bereits anhand der Beispiele der Abschnitte 1.4.1.2 (Investition und Konsum) und 1.4.3.1 (Haushaltsproduktion und Marktproduktion) festgestellt wurde, bilden das personenbezogene Unternehmen und der Unternehmerhaushalt tatsächlich für viele Entscheidungen eine Einheit. Da die Unternehmerfamilie – salopp ausgedrückt – Geld nur einmal ausgeben kann, muss sie immer wieder entscheiden, ob und zu welchen Anteilen vorhandene Kassenbestände, die durch Einnahmen aus dem Absatz von Produkten entstanden sind, als Entnahmen für Konsumzwecke oder als Ausgaben für die Beschaffung weiterer Produktionsmittel oder auch zur Abdeckung von Verpflichtungen gegenüber dem Kapitalmarkt verwendet werden sollen. Demgegenüber ist eine Trennung zwischen Unternehmerhaushalt und Unternehmen insofern nützlich, als sie eine rechnungstechnisch eindeutige Systematisierung der realen und monetären Beziehungen zwischen diesen beiden Einheiten liefert, die namentlich bei Kontrollrechnungen zur Bestimmung der Wirtschaftlichkeit des Unternehmens von Bedeutung ist (vgl. dazu Kapitel 4).

Schließlich beinhaltet auch die Gestaltung der konkreten Grenzen zwischen dem Unternehmen und seinen aktuellen und potenziellen Marktpartnern wesentliche Entscheidungsanlässe. Die zugehörigen Probleme lassen sich mit den Fragen „Kaufen oder Selbermachen?“ und „Verkaufen oder Selbernutzen?“ sowie auch „Beeinflussen oder Anpassen?“ umreißen.

Auf der Beschaffungsseite des Unternehmens ergibt sich im Rahmen der Strukturoptimierung die Frage, ob bestimmte Produktionsfaktoren vom Markt beschafft, oder – falls möglich – selber hergestellt werden sollten. So muss z. B. ein Landwirt, der neben Ackerbau auch Schweinemast betreibt, entscheiden, ob er mögliche Produktvarianten des Getreidebaus – als Futtergetreide – in der Schweinemast nutzen oder aber – z. B. als Saatgut – verkaufen sollte, um dann Futtermittel vom Markt zu beschaffen. Diese scheinbar einfache Frage berührt mehrere Teilbereiche des Unternehmens, wie sich der Leser selber weiter verdeutlichen mag.

Ein Beispiel für die Abgrenzungsproblematik zwischen Beschaffungsmarkt und Unternehmen der Ernährungswirtschaft (z. B. Zuckerfabriken) ist die Frage, ob Reparatur- und Pflegearbeiten für Maschinen und Gebäude durch betriebseigene Handwerker oder durch selbstständige Handwerksbetriebe ausgeführt werden sollten. Auch diese Entscheidung beeinflusst die konkrete Grenzziehung zwischen Unternehmen und Umwelt.

Auf der Absatzseite stehen Unternehmen vor dem Problem, dass sie bestimmte Produkte – z. B. der pflanzlichen Erzeugung – entweder innerbetrieblich weiterverarbeiten oder aber direkt verkaufen können. Wenn die Entscheidung für den Verkauf fällt, entsteht die Frage, ob die Produkte – z. B. Eier – an den Erfassungshandel abgegeben oder – im Extremfall – direkt bei den Endverbrauchern abgesetzt werden sollen. Im letzteren Fall würden Aufgaben, die häufig durch selbstständige Institutionen des Absatzmarktes erledigt werden, in das Unternehmen integriert. Die Grenze zwischen Unternehmen und Absatzmarkt verschiebt sich gewissermaßen nach außen.

Ein ganz wesentlicher Aspekt der Abgrenzung zwischen den Unternehmen und ihren Umwelten wird mit der Frage „Anpassen oder Beeinflussen?“ angesprochen. Diese Frage bezieht sich auf die Abgrenzung zwischen kontrollierbaren und nichtkontrollierbaren Variablen in Entscheidungssituationen. Konkret gesagt, können Unternehmen z. B. bestimmte Produktpreise als nichtkontrollierbare Variable ansehen und sich dann mit ihren Produktionsprogrammen an die gegebenen Preisverhältnisse anpassen. Sie können aber auch Strategien zur aktiven Preisgestaltung entwickeln, indem sie z. B. bestimmte Spezialprodukte erzeugen oder als „Großkunden“ einen gewissen wirtschaftlichen Druck auf die Handelspartner ausüben. Sie versuchen damit die Preise zu beeinflussen, d. h., letztlich aus den nichtkontrollierbaren Variablen zumindest teilweise kontrollierbare Größen zu machen. Auch durch diese Aktivitäten verschieben sich die Unternehmensgrenzen nach außen.

3.3 Kapitaltheoretische Identifikation von Einzelwirtschaften

3.3.1 Begriff und Aufgabe des Kapitals

In den vorhergehenden Abschnitten wurde der Begriff des Kapitals mehrfach verwendet, ohne dass er bisher eindeutig definiert wurde. Anhand eines Beispiels wollen wir deshalb jetzt untersuchen, was Kapital ist, welche Aufgaben es im Unternehmen erfüllt und wie es entsteht (vgl. Heinen 1966 und Kuhlmann 1969).

Zwei junge Agrar- und Ernährungswissenschaftler, die beide noch promovieren wollen, haben sich zusammengetan. Da sie aufgrund der schlechten Finanzierungslage kein Promotionsstipendium erhalten können, beschließen sie, für den Lebensunterhalt ihre im Studium erworbenen Fachkenntnisse praktisch einzusetzen, indem sie ein mit relativ wenig Arbeit verbundenes „Nebenerwerbsunternehmen“ aufbauen. Da sie besondere Kenntnisse auf den Gebieten der Tierernährung und der Betriebswirtschaftslehre besitzen, soll eine Schweinemast aufgezogen werden.

Ein gebrauchter Stall mit 400 Mastplätzen könnte von einem Nachbarn für einen Preis von 250,00 € je Stallplatz, d. h. für insgesamt 100.000,00 €, beschafft werden. Die Doktoranden könnten den gebrauchten Stall noch für ca. 8 Jahre nutzen. Die Schweinemast soll im „Rein-Raus-Verfahren“ betrieben werden.

Um sich einen möglichst raschen Überblick über mögliche Handlungsfolgen zu verschaffen, entwickeln sie das Tabellenkalkulationsprogramm der *Übersicht 3.11* (Aufruf mit DECK311). Die Übersicht enthält in ihrem oberen Block die Eingabedaten zur Definition des Mengen- und Preisgerüstes der Produktion. Diese Daten können zur Durchführung von Sensitivitätsanalysen variiert werden. Im Beispiel rechnen die Doktoranden zunächst mit einem Ferkeleinstallgewicht von 29 kg LM (LM = Lebendmasse), einem Schweineausstallgewicht von 107 kg LM, einer mittleren Tageszunahme von 700 g je Tier und einer durchschnittlichen Futterverwertung von 1 : 2,9. Zur Vereinfachung nehmen sie an, dass keine Tierverluste im Produktionsprozess entstehen. Der Ferkelpreis wird mit 2,25 €/kg und der Mastschweinepreis mit 1,36 €/kg angesetzt. Die Mast soll mit Fertigfutter betrieben werden. Das Futter könnte zu einem Preis von 0,23 €/kg beschafft werden. Für Hilfsstoffe (Strom, Wasser, Medikamente etc.) werden nach Maßgabe eines Normwertkataloges 16,50 € je Stallplatz und Jahr berücksichtigt.

Zur Berechnung der Zahlungsströme nehmen unsere Doktoranden für sämtliche Transaktionsprozesse vereinfachend an, dass die Geldbewegungen zu den Kontrahierungszeitpunkten erfolgen (keine Zahlungsziele), also Güter- und Geldbewegungen zeitlich synchron verlaufen. Weiter-

EINGABEDATEN: Mengen- und Preisgerüste der Schlachtschweineproduktion			
Anzahl der Stallplätze in St. [sp]:	400	Ankaufspreis je Stallplatz in € [pp]:	250,00
Ferkeleinstallgewicht in kgLM [eg]:	29	Ankaufspreis für Ferkel in €/kgLM [pf]:	2,25
Austallgewicht in kgLM [ag]:	107	Verkaufspreis für Schweine in €/kgLM [ps]:	1,36
Mittlere Zunahme in g/Tag [gz]:	700	Ankaufspreis für Futter in €/kg [pm]:	0,23
Ø-Futterverwertung in kg/kgLM [fv]:	2,90	Hilfsstoffausgaben in €/Jahresplatz [ph]:	16,50
Periode des Futtermitteleinkaufs... ...in Wochen [tw]:	8	Periode der Hilfsstoffzahlungen... ...in Wochen [th]:	4

ERGEBNISSE:			
Mastdauer je Durchgang in Wochen [mw] »»»	16	Ausgaben für Stall in € [as] »»»	100.000,00
Ausgaben für Ferkel je Beschaffungsvorgang in € [af] »»»	26.100,00		
Ausgaben für Futter je Beschaffungsvorgang in € [am] »»»	10.405,20		
Ausgaben für Hilfsstoffe je Bezahlungsvorgang in € [ah] »»»	507,69	KAPITALBEDARF in €	
Einnahmen für Mastschweine je Absatzvorgang in € [es] »»»	58.208,00	[K] »»»	148.941,17

Gleichungen: mw=aufrunden auf Ganzzahl(((ag-eg)*1000)/gz)/7; af=sp*eg*pf; as=sp*pp;
am=(((ag-eg)*fv*sp)/mw)*tw*pm; ah=(ph*sp/52)*th; es=ag*sp*ps; K=MIN(kezt-kazt)*(-1);

Woche	Einzelausgaben in € für Ferkel [aft]	Futter [amt]	Hilfsstoffe [aht]	Ausgaben € incl.[as] i.1.Wo.[azt]	Einnahmen in € [ezt]	Kumulierte Ausgaben [kazt]	Kumulierte Einnahmen [kezt]	Differenz: [kezt] - [kazt]	Kassenbestand bei gegebenem Kapital
1	26.100,00	10.405,20	507,69	137.012,89	0,00	137.012,89	0,00	-137.012,89	11.928,28
2	0,00	0,00	0,00	0,00	0,00	137.012,89	0,00	-137.012,89	11.928,28
3	0,00	0,00	0,00	0,00	0,00	137.012,89	0,00	-137.012,89	11.928,28
4	0,00	0,00	0,00	0,00	0,00	137.012,89	0,00	-137.012,89	11.928,28
5	0,00	0,00	507,69	507,69	0,00	137.520,58	0,00	-137.520,58	11.420,58
6	0,00	0,00	0,00	0,00	0,00	137.520,58	0,00	-137.520,58	11.420,58
7	0,00	0,00	0,00	0,00	0,00	137.520,58	0,00	-137.520,58	11.420,58
8	0,00	0,00	0,00	0,00	0,00	137.520,58	0,00	-137.520,58	11.420,58
9	0,00	10.405,20	507,69	10.912,89	0,00	148.433,48	0,00	-148.433,48	507,69
10	0,00	0,00	0,00	0,00	0,00	148.433,48	0,00	-148.433,48	507,69
11	0,00	0,00	0,00	0,00	0,00	148.433,48	0,00	-148.433,48	507,69
12	0,00	0,00	0,00	0,00	0,00	148.433,48	0,00	-148.433,48	507,69
13	0,00	0,00	507,69	507,69	0,00	148.941,17	0,00	-148.941,17	0,00
14	0,00	0,00	0,00	0,00	0,00	148.941,17	0,00	-148.941,17	0,00
15	0,00	0,00	0,00	0,00	0,00	148.941,17	0,00	-148.941,17	0,00
16	0,00	0,00	0,00	0,00	0,00	148.941,17	0,00	-148.941,17	0,00
17	26.100,00	10.405,20	507,69	37.012,89	58.208,00	185.954,06	58.208,00	-127.746,06	21.195,11
18	0,00	0,00	0,00	0,00	0,00	185.954,06	58.208,00	-127.746,06	21.195,11
19	0,00	0,00	0,00	0,00	0,00	185.954,06	58.208,00	-127.746,06	21.195,11
20	0,00	0,00	0,00	0,00	0,00	185.954,06	58.208,00	-127.746,06	21.195,11
21	0,00	0,00	507,69	507,69	0,00	186.461,75	58.208,00	-128.253,75	20.687,42
22	0,00	0,00	0,00	0,00	0,00	186.461,75	58.208,00	-128.253,75	20.687,42
23	0,00	0,00	0,00	0,00	0,00	186.461,75	58.208,00	-128.253,75	20.687,42
24	0,00	0,00	0,00	0,00	0,00	186.461,75	58.208,00	-128.253,75	20.687,42
25	0,00	10.405,20	507,69	10.912,89	0,00	197.374,65	58.208,00	-139.166,65	9.774,52
26	0,00	0,00	0,00	0,00	0,00	197.374,65	58.208,00	-139.166,65	9.774,52
27	0,00	0,00	0,00	0,00	0,00	197.374,65	58.208,00	-139.166,65	9.774,52
28	0,00	0,00	0,00	0,00	0,00	197.374,65	58.208,00	-139.166,65	9.774,52
29	0,00	0,00	507,69	507,69	0,00	197.882,34	58.208,00	-139.674,34	9.266,83
30	0,00	0,00	0,00	0,00	0,00	197.882,34	58.208,00	-139.674,34	9.266,83
31	0,00	0,00	0,00	0,00	0,00	197.882,34	58.208,00	-139.674,34	9.266,83
32	0,00	0,00	0,00	0,00	0,00	197.882,34	58.208,00	-139.674,34	9.266,83
33	26.100,00	10.405,20	507,69	37.012,89	58.208,00	234.895,23	116.416,00	-118.479,23	30.461,94
34	0,00	0,00	0,00	0,00	0,00	234.895,23	116.416,00	-118.479,23	30.461,94
35	0,00	0,00	0,00	0,00	0,00	234.895,23	116.416,00	-118.479,23	30.461,94

DECK311

Übersicht 3.11: Bestimmung des Kapitalbedarfs der Schlachtschweineproduktion

hin gehen sie davon aus, dass sie jeweils für 8 Wochen Futter einkaufen und die Hilfsstoffe in vierwöchigem Turnus im Voraus begleichen. Aus diesen Vorgaben resultieren die im zweiten Block der Übersicht aufgeführten Ergebnisse. Sie wurden mit den ebenfalls angegebenen Gleichungen berechnet. Bei den angenommenen Datenwerten ergibt sich eine 16-wöchige Mastdauer. Es entstehen die aufgeführten Geldbewegungen für die einzelnen Beschaffungs- und Absatzaktivitäten.

Zur weiteren Analyse der Handlungsfolgen verschaffen sich die Doktoranden ein Bild von den zu erwartenden Zahlungsströmen, indem sie diese Ströme über einen längeren Zeitraum vorausberechnen. Für das erste Jahr sind sie im unteren Teil der *Übersicht 3.11* dargestellt. Die sich regelmäßig wiederholenden Einzelausgaben für Ferkel, Futter und Hilfsstoffe werden in der Spalte „Ausgaben € incl. (as) i. 1. Wo." zusammengefasst. Diese Spalte enthält überdies in der ersten Woche die Zahlung in Höhe von 100.000,00 € für den Ankauf des Stalles (as). Die Einnahmen aus dem Schweineverkauf werden den Ausgaben in der nächsten Spalte gegenübergestellt. Diese Einnahmen fallen in einem 16-wöchigen Turnus an, also erstmals zu Beginn der 17., dann zu Beginn der 33. Woche usw.

Im nächsten Schritt kumulieren (integrieren) die Doktoranden die Ausgaben und Einnahmen über die Zeit, um die Summen dieser Größen über einen längeren Zeitraum zu ermitteln. Die zweitletzte Spalte der Übersicht zeigt dann die zu den einzelnen Zeitpunkten zu erwartenden Einnahmen-Ausgaben-Differenzen.

Da die ersten Ausgaben – teilweise mehrfach – schon in den ersten Wochen entstehen und insbesondere die Ausgaben für den Stall zu Buche schlagen, während die ersten Einnahmen aus dem Verkauf der ersten Mastschweinepartie erst in der 17. Woche anfallen, verlaufen die kumulierten Einnahmen über einen längeren Zeitraum unterhalb der kumulierten Ausgaben. Die Differenz hat ein negatives Vorzeichen. Die größte (negative) Differenz ergibt sich in der 16. Woche kurz vor dem Zufluss der ersten Einnahmen. Diese größte Differenz ist der *Kapitalbedarf* für den geplanten Produktionsprozess. Er beträgt im Beispiel 148.941,17 €. Dieser Betrag wird in der *Übersicht 3.11* im rechten Teil des zweiten Blockes ausgewiesen. Zusätzlich ist dort der Beschaffungspreis für den Stall angegeben.

Bei dem Kapitalbedarf handelt es sich also um diejenige Geldsumme, die in der Kasse vorhanden oder von der Bank abrufbar sein muss, um die Produktion überhaupt in Gang setzen zu können, d. h., um solange die Ausgaben für die Produktion bestreiten zu können, bis zur Deckung weiterer Ausgaben die ersten Einnahmen aus der Produktion zurückfließen. Die letzte Spalte der Übersicht zeigt, wie hoch der jeweils verbleibende Betrag in der Kasse wäre, wenn die Doktoranden bei Produktionsbeginn die 148.941,17 € als Kapitalbedarf bereitstellen können. Der Kassenbestand erreicht in der 16. Woche den Wert 0, um danach stets positive Werte aufzuweisen.

Kapital ist mithin Geld, das notwendig wird, weil die ersten Produktionseinnahmen zeitlich nach den ersten Produktionsausgaben anfallen. Da die erforderlichen (Anfangs-)Beschaffungen zur Durchführung einer Produktion als Investitionen bezeichnet werden, gilt generell: *Kapital ist Finanzierungsmittel für Investitionen* (Preiser 1953). Es ist Geld, das letztlich deshalb benötigt wird, weil jeder Produktionsprozess Zeit beansprucht. (Variieren Sie in dem Programm DECK311 die Eingabedaten, um zu untersuchen, durch welche Größen der Kapitalbedarf wie beeinflusst wird.)

In der *Übersicht 3.12* wurden die kumulierten Einnahmen- und Ausgabenströme für die vorgesehene Gesamtlebensdauer der Schweinemastanlage (8 Jahre) grafisch leicht vereinfacht abgetragen. Die Einnahmen aus der Produktion sind über längere Zeit ganz oder in bestimmten Zeitabschnitten kleiner als die bis dahin aufgelaufenen Ausgaben. Die Einnahmenfunktion verläuft unterhalb der Ausgabenfunktion. Erst nach etwa fünf Jahren erreichen die Einnahmen die

Ausgaben, d. h., erst jetzt ist der vorfinanzierte Kapitalbedarf wieder voll zurückgeflossen. Das Kapital ist wiedergewonnen. Wir bezeichnen deshalb die Zeitspanne vom Beginn der Produktion bis zu dem Zeitpunkt, an dem die Einnahmen aus der Produktion die Ausgaben voll erreichen, und später auch nicht mehr zeitweise geringer werden, als die *Kapitalwiedergewinnungszeit*. Der Kapitalbedarf (K) und die Kapitalwiedergewinnungszeit sind in der *Übersicht 3.12* angedeutet.

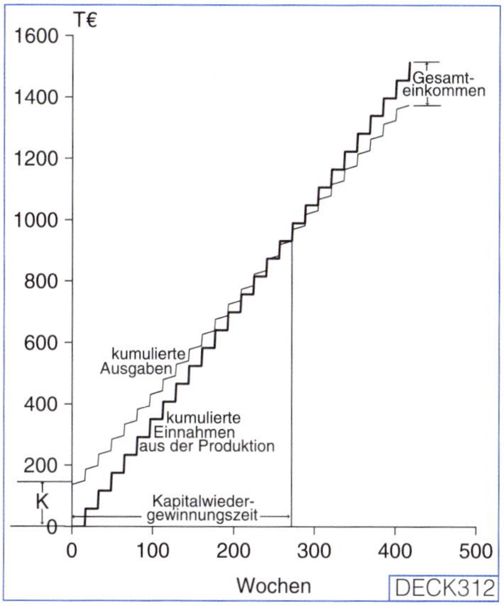

Übersicht 3.12: Kumulierte Zahlungsströme der Schlachtschweineerzeugung

Die Kapitalwiedergewinnungszeit ist die erste wichtige Größe, die etwas über die Wirtschaftlichkeit eines Produktionsprozesses aussagt. Grundsätzlich gilt nämlich, dass eine Produktion nur dann wirtschaftlich ist, wenn die Kapitalwiedergewinnungszeit kürzer ist als die Gesamtzeitspanne, bis zu der das in der Produktion eingesetzte Betriebsmittel mit der längsten Lebensdauer (hier der Stall) vollständig verbraucht ist und im Falle einer Weiterführung der Produktion ersetzt werden müsste.

Nur wenn das der Fall ist, wird nicht nur das zu Beginn eingesetzte Kapital wiedergewonnen; vielmehr können darüber hinaus Einnahmenüberschüsse als Einkommen abgezweigt werden. Bei gegebenen Verläufen der Einnahmen- und Ausgabenströme werden diese Überschüsse insgesamt umso größer sein, je kürzer die Kapitalwiedergewinnungszeit im Vergleich zur Lebensdauer des Betriebsmittels ist.

Unter den Annahmen, dass die Doktoranden den Kapitalbedarf zur Verfügung stellen können und der Stall nach 8 Jahren vollständig abgenutzt ist, lässt sich der als Einkommen verfügbare Gesamteinnahmenüberschuss ebenfalls aus der *Übersicht 3.12* ablesen. Es ist die Differenz aus den Einnahmen und den Ausgaben, die am Ende des 8-jährigen Zeitraumes erreicht wird (Gesamteinkommen).

Dieser Überschuss kann auch durch eine *Totalerfolgsrechnung* für das Unternehmen berechnet werden. Sie ist in *Übersicht 3.13* dargestellt. In dieser Übersicht wurden die Perioden der Zahlungen und die Einzelbeträge der Zahlungen aus der *Übersicht 3.11* übernommen. Die Anzahl der Zahlungsvorgänge während des 8-jährigen Zahlungszeitraumes und die sich jeweils erge-

Zahlungsvorgänge	Periode der Zahlungen in Wochen	Anzahl der Zahlungs-vorgänge	Beträge je Zahlungs-vorgang in €	Gesamt-beträge in €
Planungszeitraum in Jahren:		8		
EINNAHMEN aus...				
...Kapitalbeschaffung		1	148.941,17	148.941,17
...Mastschweineabsatz	16	26	58.208,00	1.513.408,00
EINNAHMENSUMME				1.662.349,17
AUSGABEN für...				
...Stallbeschaffung		1	100.000,00	100.000,00
...Ferkelbeschaffung	16	26	26.100,00	678.600,00
...Futterbeschaffung	8	52	10.405,20	541.070,40
...Hilfsstoffbeschaffung	4	104	507,69	52.799,76
AUSGABENSUMME				1.372.470,16
GESAMTGELDÜBERSCHUSS				289.879,01
abzüglich Kapital-wiedergewinnung				148.941,17
= GESAMTEINKOMMEN				140.937,84
				DECK313

Übersicht 3.13: Totalerfolgsrechnung für die Schlachtschweineerzeugung

benden Gesamtbeträge errechnen sich durch einfache Multiplikationen und Divisionen aus den angegebenen Daten.

Setzen wir den notwendigen Kapitalbedarf aus der Sicht des Unternehmens zunächst als Einnahme an, weil er von außen in das Unternehmen hineinfließt, dann erbringt das Unternehmen innerhalb von 8 Jahren einen *Gesamtgeldüberschuss* von 289.879,01 €. Subtrahieren wir davon dann die nicht aus der Produktion stammenden 148.941,17 € des Kapitalbedarfes, so verbleibt ein als *Gesamteinkommen* verfügbarer Restüberschuss in Höhe von 140.937,84 €.

Die Doktoranden werden dieses Einkommen jedoch nicht erst nach 8 Jahren als Gesamtbetrag entnehmen wollen. Vielmehr werden sie möglichst versuchen, jährlich gewisse Teilbeträge, z. B. jeweils ein Achtel der Gesamtsumme, für Konsumzwecke aus dem Unternehmen abzuziehen. Die rechte Spalte der *Übersicht 3.11* zeigt, dass dafür bereits ab der 17. Woche Kassenbestände verfügbar wären, die nicht mehr vollständig für die Produktion benötigt würden. Allgemein können wir sagen, dass die sukzessive anfallenden Geldüberschüsse im Zeitablauf im Großen und Ganzen so für die Kapitalwiedergewinnung und für Entnahmen verwendet werden, dass sich jährlich in etwa gleichbleibende Beträge für die beiden Verwendungszwecke ergeben.

Wenn die Doktoranden jährlich im Durchschnitt z. B. 17.617,23 € (140.937,84 € Gesamteinkommen dividiert durch 8 Jahre) aus der Produktion abziehen, dann können sie aus dem Gesamtgeldüberschuss von 289.879,01 € jährlich noch 18.617,65 € (148.941,17 Kapitalbedarf dividiert durch 8 Jahre) für die Wiedergewinnung des zu Beginn eingesetzten Kapitals zurücklegen.

3.3.2 Kapitalbildung

Im vorhergehenden Abschnitt wurden zwar die Fragen nach dem Wesen und der Aufgabe des Kapitals beantwortet; erklärt wird jedoch nicht, auf welche Weise Kapital entsteht. Diese Frage wollen wir wiederum anhand des vorhergehenden Beispiels beantworten.

Ermutigt durch das Einkommen, das unsere Doktoranden mit der Schlachtschweineerzeugung erreichen können, denken sie über Ausdehnungen der Produktion nach und gehen von folgender Überlegung aus: Zur Erwirtschaftung eines Jahreseinkommens von 17.617,23 € müssten sie Kapital in Höhe von 148.941,17 € einsetzen. Sie erreichen damit eine *Kapitalproduktivität* – als Quotient aus Jahreseinkommen und Kapital – von ca. 11,8 % oder 0,118. Wenn die Doktoranden die Stallanlage jährlich um einen bestimmten Anteil vergrößern würden, müsste auch das Einkommen im Verhältnis von 0,118 € je 1 € zusätzlichen Kapitaleinsatzes zunehmen. Zur Finanzierung der Produktionsaufstockungen wird also zusätzliches Kapital benötigt. Zur Deckung dieses Kapitalbedarfes fassen die Doktoranden zwei Möglichkeiten ins Auge: Sie könnten entweder auf Teile ihres Einkommens verzichten, es also – statt zu konsumieren – in die Stallerweiterung investieren, oder sie könnten sich die notwendigen Investitionsmittel auch als Kredit von der Bank beschaffen.

Um die Handlungsfolgen dieser Handlungsalternativen im Einzelnen überprüfen zu können, konstruieren sie das Tabellenkalkulationsprogramm der *Übersicht 3.14*. Diese Übersicht eröffnet prinzipiell die Möglichkeit zur Simulation unterschiedlicher Entwicklungen der Mastschweineproduktion. Zur Vereinfachung kalkulieren die Doktoranden mit gerundeten Beträgen (150 T€ Anfangskapital anstelle der genauen 148.941,17 €) und mit vorsichtigen Annahmen über die Wirtschaftlichkeit des Produktionsprozesses (Kapitalproduktivität 0,10 anstelle des vorher kalkulierten Wertes von 0,118).

Das Jahr 1 der *Übersicht 3.14* entspricht damit prinzipiell der gegenwärtigen Situation. Mit einem Kapitalstock K(t) = 150 T€, der vollständig aus Eigenkapital besteht, also EK(t) = 150 T€, erreichen sie ein Jahreseinkommen von Y(t) = 15 T€.

EINGABEDATEN (Werte in T€):							Kapitalproduktivität [p]:	0,10
			Anfangseigenkapital [EK(0)]:	150,00			Fremdkapitalzinssatz [i]:	0,08
			Anfangsfremdkapital [FK(0)]:	0,00			Entnahmenanteil [cq]:	0,70
Jahr	Eigenkapital in T€	Fremdkapital in T€	Kapital in T€	Einkommen T€	Fremdkapitalzins in T€	Entnahmen in T€	Sparen in T€	Kreditaufnahme in T€
(t)	[EK(t)]	[FK(t)]	[K(t)]	[Y(t)]	[Z(t)]	[C(t)]	[S(t)]	[KA(t)]
1	150,00	0,00	150,00	15,00	0,00	10,50	4,50	0,00
2	154,50	0,00	154,50	15,45	0,00	10,82	4,64	0,00
3	159,14	0,00	159,14	15,91	0,00	11,14	4,77	0,00
4	163,91	0,00	163,91	16,39	0,00	11,47	4,92	0,00
5	168,83	0,00	168,83	16,88	0,00	11,82	5,06	0,00
6	173,89	0,00	173,89	17,39	0,00	12,17	5,22	0,00
7	179,11	0,00	179,11	17,91	0,00	12,54	5,37	0,00
8	184,48	0,00	184,48	18,45	0,00	12,91	5,53	0,00
9	190,02	0,00	190,02	19,00	0,00	13,30	5,70	0,00
10	195,72	0,00	195,72	19,57	0,00	13,70	5,87	0,00
11	201,59	0,00	201,59	20,16	0,00	14,11	6,05	0,00
12	207,64	0,00	207,64	20,76	0,00	14,53	6,23	0,00
13	213,86	0,00	213,86	21,39	0,00	14,97	6,42	0,00
14	220,28	0,00	220,28	22,03	0,00	15,42	6,61	0,00
15	226,89	0,00	226,89	22,69	0,00	15,88	6,81	0,00
16	233,70	0,00	233,70	23,37	0,00	16,36	7,01	0,00
17	240,71	0,00	240,71	24,07	0,00	16,85	7,22	0,00
18	247,93	0,00	247,93	24,79	0,00	17,35	7,44	0,00
19	255,36	0,00	255,36	25,54	0,00	17,88	7,66	0,00
20	263,03	0,00	263,03	26,30	0,00	18,41	7,89	0,00
21	270,92	0,00	270,92	27,09	0,00	18,96	8,13	0,00
22	279,04	0,00	279,04	27,90	0,00	19,53	8,37	0,00
23	287,42	0,00	287,42	28,74	0,00	20,12	8,62	0,00
24	296,04	0,00	296,04	29,60	0,00	20,72	8,88	0,00
25	304,92	0,00	304,92	30,49	0,00	21,34	9,15	0,00

Gleichungen: K(t)=EK(t)+FK(t); Y(t)=p*K(t); Z(t)=i*FK(t); C(t)=cq*(Y(t)-Z(t));
S(t)=Y(t)-Z(t)-C(t); EK(t+1)=[WENN:(FK(t)+KA(t)-S(t)>=0,DANN:EK(t+1)=EK(t)+S(t),
SONST:EK(t+1)=EK(t)-(KA(t)-S(t))]; FK(t+1)=[WENN:(KA(t)>0,DANN:FK(t+1)=FK(t)+KA(t),
SONST:WENN:(FK(t)+KA(t)-S(t)>=0,DANN:FK(t+1)=FK(t)+KA(t)-S(t),SONST:FK(t+1)=0))]

DECK314

Übersicht 3.14: Kapitalbildung und Unternehmensentwicklung

Die Doktoranden entschließen sich dazu, zukünftig nur noch 70 % (Entnahmenanteil cq = 0,7) der erwirtschafteten Jahreseinkommen zu entnehmen, 30 % sollen gespart und für sukzessive Erweiterungen der Stallanlage genutzt werden. Dadurch steigt das Kapital im Jahre 1 auf 154,5 T€, womit dann ein Jahreseinkommen von 15,45 T€, erreicht würde. Davon werden wiederum 30 %, d. h. jetzt 4,64 T€, zur weiteren Unternehmensaufstockung verwendet. Der Prozess, den wir in seiner allgemeinen Form schon aus dem Beispiel des Abschnittes 1.4.1.2 über die Verteilung von Einkommen auf konsumtive und produktive Zwecke kennen, setzt sich in den nächsten Jahren, wie in der Übersicht angegeben, fort. Bereits nach 13 Jahren würde die Stallanlage soweit ausgedehnt worden sein, dass die Doktoranden das ursprüngliche Entnahmenniveau von 15 T€ trotz weiterer Investitionstätigkeit wieder voll erreichen würden. Das Entnahmenniveau könnte in den folgenden Jahren durch zusätzliche Betriebsaufstockungen weiter ansteigen.

Mit einer derartigen betrieblichen Wachstumspolitik würden die Unternehmer offenbar zusätzliches Kapital bilden, indem sie auf Teile der (Konsum-)Entnahmen verzichten, um sie zugunsten zusätzlicher Investitionen zu sparen. Diese Aussage können wir verallgemeinern: *Kapital entsteht durch Konsumverzicht*. Es entsteht durch Sparen von Einkommen. Kapital wird in der Wirtschaft immer dann gebildet, wenn die Summe des pro Periode erwirtschafteten Einkommens größer ist als die Summe des pro Periode konsumierten Einkommens.

In der modernen arbeitsteiligen Volkswirtschaft wird das Sparen, bzw. die Kapitalbildung, selbstverständlich nicht nur über einbehaltene Teile des Einkommens in jedem Unternehmen

EINGABEDATEN (Werte in T€):						Kapitalproduktivität [p]:		0,10
			Anfangseigenkapital [EK(0)]:	150,00		Fremdkapitalzinssatz [i]:		0,08
			Anfangsfremdkapital [FK(0)]:	150,00		Entnahmenanteil [cq]:		0,70
Jahr	Eigenkapital in T€	Fremdkapital in T€	Kapital in T€	Einkommen T€	Fremdkapitalzins in T€	Entnahmen in T€	Sparen in T€	Kreditaufnahme in T€
(t)	[EK(t)]	[FK(t)]	[K(t)]	[Y(t)]	[Z(t)]	[C(t)]	[S(t)]	[KA(t)]
1	150,00	150,00	300,00	30,00	12,00	12,60	5,40	0,00
2	155,40	144,60	300,00	30,00	11,57	12,90	5,53	0,00
3	160,93	139,07	300,00	30,00	11,13	13,21	5,66	0,00
4	166,59	133,41	300,00	30,00	10,67	13,53	5,80	0,00
5	172,39	127,61	300,00	30,00	10,21	13,85	5,94	0,00
6	178,33	121,67	300,00	30,00	9,73	14,19	6,08	0,00
7	184,41	115,59	300,00	30,00	9,25	14,53	6,23	0,00
8	190,63	109,37	300,00	30,00	8,75	14,88	6,38	0,00
9	197,01	102,99	300,00	30,00	8,24	15,23	6,53	0,00
10	203,54	96,46	300,00	30,00	7,72	15,60	6,68	0,00
11	210,22	89,78	300,00	30,00	7,18	15,97	6,85	0,00
12	217,07	82,93	300,00	30,00	6,63	16,36	7,01	0,00
13	224,08	75,92	300,00	30,00	6,07	16,75	7,18	0,00
14	231,25	68,75	300,00	30,00	5,50	17,15	7,35	0,00
15	238,60	61,40	300,00	30,00	4,91	17,56	7,53	0,00
16	246,13	53,87	300,00	30,00	4,31	17,98	7,71	0,00
17	253,84	46,16	300,00	30,00	3,69	18,41	7,89	0,00
18	261,73	38,27	300,00	30,00	3,06	18,86	8,08	0,00
19	269,81	30,19	300,00	30,00	2,42	19,31	8,28	0,00
20	278,09	21,91	300,00	30,00	1,75	19,77	8,47	0,00
21	286,56	13,44	300,00	30,00	1,08	20,25	8,68	0,00
22	295,24	4,76	300,00	30,00	0,38	20,73	8,89	0,00
23	304,12	0,00	304,12	30,41	0,00	21,29	9,12	0,00
24	313,25	0,00	313,25	31,32	0,00	21,93	9,40	0,00
25	322,65	0,00	322,65	32,26	0,00	22,59	9,68	0,00

Gleichungen: K(t)=EK(t)+FK(t); Y(t)=p*K(t); Z(t)=i*FK(t); C(t)=cq*(Y(t)-Z(t));
S(t)=Y(t)-Z(t)-C(t); EK(t+1)=[WENN:(FK(t)+KA(t)-S(t)>=0,DANN:EK(t+1)=EK(t)+S(t),
SONST:EK(t+1)=EK(t)-(KA(t)-S(t))]; FK(t+1)=[WENN:(KA(t)>0,DANN:FK(t+1)=FK(t)+KA(t),
SONST:WENN:(FK(t)+KA(t)-S(t)>=0,DANN:FK(t+1)=FK(t)+KA(t)-S(t),SONST:FK(t+1)=0))]

DECK315

Übersicht 3.15: Kapitalbildung und Unternehmensentwicklung bei zusätzlicher Fremdkapitalaufnahme zu Beginn der Unternehmenslaufzeit

EINGABEDATEN (Werte in T€):						Kapitalproduktivität [p]:		0,10
		Anfangseigenkapital [EK(0)]:		150,00		Fremdkapitalzinssatz [i]:		0,08
		Anfangsfremdkapital [FK(0)]:		150,00		Entnahmenanteil [cq]:		0,70
Jahr	Eigenkapital in T€	Fremdkapital in T€	Kapital in T€	Einkommen T€	Fremdkapitalzins in T€	Entnahmen in T€	Sparen in T€	Kreditaufnahme in T€
(t)	[EK(t)]	[FK(t)]	[K(t)]	[Y(t)]	[Z(t)]	[C(t)]	[S(t)]	[KA(t)]
1	150,00	150,00	300,00	30,00	12,00	12,60	5,40	0,00
2	155,40	144,60	300,00	30,00	11,57	12,90	5,53	0,00
3	160,93	139,07	300,00	30,00	11,13	13,21	5,66	0,00
4	166,59	133,41	300,00	30,00	10,67	13,53	5,80	0,00
5	172,39	127,61	300,00	30,00	10,21	13,85	5,94	0,00
6	178,33	121,67	300,00	30,00	9,73	14,19	6,08	0,00
7	184,41	115,59	300,00	30,00	9,25	14,53	6,23	0,00
8	190,63	109,37	300,00	30,00	8,75	14,88	6,38	0,00
9	197,01	102,99	300,00	30,00	8,24	15,23	6,53	0,00
10	203,54	96,46	300,00	30,00	7,72	15,60	6,68	0,00
11	210,22	89,78	300,00	30,00	7,18	15,97	6,85	0,00
12	217,07	82,93	300,00	30,00	6,63	16,36	7,01	0,00
13	224,08	75,92	300,00	30,00	6,07	16,75	7,18	150,00
14	231,25	225,92	457,18	45,72	18,07	19,35	8,29	0,00
15	239,55	217,63	457,18	45,72	17,41	19,82	8,49	0,00
16	248,04	209,14	457,18	45,72	16,73	20,29	8,70	0,00
17	256,74	200,44	457,18	45,72	16,04	20,78	8,90	0,00
18	265,64	191,54	457,18	45,72	15,32	21,28	9,12	0,00
19	274,76	182,42	457,18	45,72	14,59	21,79	9,34	0,00
20	284,10	173,08	457,18	45,72	13,85	22,31	9,56	0,00
21	293,66	163,52	457,18	45,72	13,08	22,85	9,79	0,00
22	303,45	153,73	457,18	45,72	12,30	23,39	10,03	0,00
23	313,47	143,70	457,18	45,72	11,50	23,96	10,27	0,00
24	323,74	133,44	457,18	45,72	10,67	24,53	10,51	0,00
25	334,25	122,92	457,18	45,72	9,83	25,12	10,77	0,00

Gleichungen: K(t)=EK(t)+FK(t); Y(t)=p*K(t); Z(t)=i*FK(t); C(t)=cq*(Y(t)-Z(t));
S(t)=Y(t)-Z(t)-C(t); EK(t+1)=[WENN:(FK(t)+KA(t)-S(t)>=0,DANN:EK(t+1)=EK(t)+S(t),
SONST:EK(t+1)=EK(t)-(KA(t)-S(t))]; FK(t+1)=[WENN:(KA(t)>0,DANN:FK(t+1)=FK(t)+KA(t),
SONST:WENN:(FK(t)+KA(t)-S(t)>=0,DANN:FK(t+1)=FK(t)+KA(t)-S(t),SONST:FK(t+1)=0))]

DECK316

Übersicht 3.16: Kapitalbildung und Unternehmensentwicklung bei zusätzlicher Fremdkapitalaufnahme während der Unternehmenslaufzeit (hier im 13. Jahr)

unmittelbar durchgeführt. Vielmehr wird Kapital auch dann gebildet, wenn andere Erwerbstätige Teile ihrer Einkommen zur Bank bringen, damit diese dann das Geld für Kapitalaufstockungen an die Unternehmen ausleiht. In dieser Form kann das Kapital dann wieder zu weiterer Kapitalbildung in den Unternehmen anregen.

Damit kommen wir zur zweiten Handlungsalternative unserer Doktoranden. Sie ist in *Übersicht 3.15*, die der *Übersicht 3.14* formal entspricht, dargestellt. Die Unternehmer möchten jetzt ihren Kapitalstock im Jahre 1 durch eine Fremdkapitalaufnahme zur Stallerweiterung um 150 T€ aufstocken und damit ihre Produktion mit einem Gesamtkapitalstock von 300 T€ beginnen. Sie möchten aber weiterhin 30 % ihrer Jahreseinkommen nicht aus dem Betrieb abziehen, sondern zur Rückzahlung des aufgenommenen Kredites verwenden. Dadurch ist im Jahre 2 das Eigenkapital bereits auf 155,40 T€ gestiegen, während sich das Fremdkapital durch eine Teiltilgung des Kredites bereits auf 144,60 T€ vermindert hat. Schon im Jahre 1 haben die Doktoranden bei einer Kapitalproduktivität von p = 0,10 ein Jahreseinkommen von Y(t) = 30 T€ erwirtschaftet. Sie möchten jedoch nicht 70 % dieses Betrages entnehmen, weil sie für das aufgenommene Fremdkapital Zinsen an die Bank zahlen müssen. Bei einem Zinssatz von i = 0,08 = 8 % beträgt die Zinszahlung am Ende des Jahres 1 Z(t) = 12,00 T€. Von dem verbleibenden Rest in Höhe von 18,00 T€ verwenden die Doktoranden dann 70 %, nämlich 12,60 T€, für Entnahmen und 30 %, nämlich 5,40 T€, als Sparsumme zur Tilgung des Kredites. Der angedeutete Prozess setzt sich in den nächsten Jahren fort.

Wir sehen, dass der Kredit bei dieser Politik nach 22 Jahren vollständig getilgt sein würde. Danach könnten weitere Sparbeträge wieder zur Ausdehnung der Produktionskapazität eingesetzt werden. Wenn wir die Zahlen der *Übersicht 3.15* mit den Zahlen der *Übersicht 3.14* vergleichen, können wir feststellen, dass unsere Unternehmer das ursprüngliche Entnahmenniveau von 15,00 T€ trotz der Zinszahlungen jetzt bereits im Jahre 9 – vorher erst im Jahre 13 – wieder erreichen. Die Nutzung von Fremdkapital hat also dazu geführt, dass sie sowohl mehr Einkommen entnehmen als auch trotz der Zinszahlungen weiterhin Eigenkapital bilden können. Durch einen Vergleich der Entnahmenströme in den *Übersichten 3.14* und *3.15* lässt sich insbesondere ableiten, dass die Unternehmer bei in beiden Fällen absolut gleichen Entnahmenströmen im Falle der Kreditaufnahme sogar höhere Beträge sparen könnten.

Die Unternehmer möchten das Unternehmen noch rascher ausdehnen. Sie gehen zur Risikoabsicherung davon aus, dass der Kapitalstock mindestens zur Hälfte aus Eigenkapital bestehen sollte, und nehmen deshalb im 13. Jahr einen weiteren Kredit in Höhe von 150 T€ auf. *Übersicht 3.16* zeigt, dass die Risikoabsicherung auch im 14. Jahr mit 231,25 T€ Eigenkapital und 225,92 T€ Fremdkapital gewährleistet bleibt, dass aber durch diese Kreditaufnahme das Einkommen und die Entnahmen sprunghaft ansteigen und sich die Entnahmen weiter positiv entwickeln können. (Variieren Sie in dem Programm DECK316 die verschiedenen Eingabeparameter, um weitere Einsichten in den tatsächlich recht komplexen Handlungsraum zu gewinnen. Untersuchen Sie insbesondere, wie die Entnahmen durch die Kapitalproduktivität, die Fremdkapitalaufnahme zu verschiedenen Zeitpunkten, den Fremdkapitalzins und den Entnahmenanteil beeinflusst werden.)

Insgesamt können wir aus den drei skizzierten Handlungsalternativen entnehmen, dass Kapital in jedem Fall durch Konsumverzicht gebildet werden muss und dass Konsumverzicht von dritten Personen für Unternehmen (in Form von Fremdkapital) zusätzlich zur Kapitalbildung in den Unternehmen beitragen kann.

Da Kapital in jedem Fall nur durch Konsumverzicht entsteht, ist es letztlich der eigentlich knappe Faktor in jedem einzelnen Unternehmen. Gegen Kapital lassen sich alle übrigen Produktionsfaktoren zu jeweils gültigen Marktpreisen beschaffen.

3.3.3 Kapitalverfügbarkeit: Die Liquidität

Welch bedeutende Rolle dem Kapital in den Unternehmen zukommt, wird zusätzlich aus der folgenden Überlegung deutlich:

Der notwendige Kapitalbedarf für ein Unternehmen stellt, wie wir anhand des Beispiels der *Übersicht 3.11* gesehen haben, zunächst sicher, dass während der Anlaufphase einer Produktion genügend Einnahmen zur Verfügung stehen, um die notwendigen Anfangsausgaben fristgerecht abdecken zu können. Im weiteren Verlauf des Unternehmensprozesses werden dann die Ausgaben durch die Einnahmen aus dem Absatz der hergestellten Produkte bestritten.

Ein Unternehmen, das jederzeit über genügend Einnahmen verfügt, um sämtliche Ausgabenverpflichtungen fristgerecht abdecken zu können, wird als *liquide* bezeichnet. Tritt dagegen im Zeitablauf eine Situation ein, bei der eine notwendige Ausgabe nicht fristgerecht getätigt werden kann, so ist das Unternehmen *illiquide*. Lässt sich keine Einnahme (z. B. durch

EINGABEDATEN: Mengen- und Preisgerüst der Mastschweineproduktion			
Anzahl der Stallplätze in St. [sp]:	400	Ankaufspreis je Stallplatz in € [pp]:	250,00
Ferkeleinstallgewicht in kgLM [eg]:	29	Ankaufspreis für Ferkel in €/kgLM [pf]:	2,25
Austallgewicht in kgLM [ag]:	107	Verkaufspreis für Schweine in €/kgLM [ps]:	1,36
Mittlere Zunahme in g/Tag [gz]:	700	Ankaufspreis für Futter in €/kg [pm]:	0,23
Æ-Futterverwertung in kg/kgLM [fv]:	2,90	Hilfsstoffausgaben in €/Jahresplatz [ph]:	16,50
Periode des Futtermitteleinkaufs...		Periode der Hilfsstoffzahlungen...	
...in Wochen [tw]:	8	...in Wochen [th]:	4
ERGEBNISSE: Mastdauer je Durchgang in Wochen [mw] »»	16	Ausgaben für Stall in €	
Ausgaben für Ferkel je Beschaffungsvorgang in € [af] »»	26.100,00	[as] »»»	100.000,00
Ausgaben für Futter je Beschaffungsvorgang in € [am] »»	10.405,20		
Ausgaben für Hilfsstoffe je Bezahlungsvorgang in € [ah] »»	507,69	KAPITALBEDARF in	
Einnahmen für Mastschweine je Absatzvorgang in € [es] »»	58.208,00	[K] »»»	148.941,17

Gleichungen: mw=aufrunden auf Ganzzahl(((ag-eg)*1000)/gz)/7; af=sp*eg*pf; as=sp*pp; am=(((ag-eg)*fv*sp)/mw)*tw*pm; ah=(ph*sp/52)*th; es=ag*sp*ps; K=MIN(kezt-kazt)*(-1);

Woche	Einzelausgaben in € für Ferkel [aft]	Futter [amt]	Hilfstoffe [aht]	Ausgaben € incl.[as] i.1.Wo.[azt]	Einnahmen in € [ezt]	Kumulierte Ausgaben [kazt]	Kumulierte Einnahmen [kezt]	Differenz: [kezt] - [kazt]	Kassenbestand bei gegebenem Kapital
1	26.100,00	10.405,20	507,69	137.012,89	0,00	137.012,89	0,00	-137.012,89	11.928,28
2	0,00	0,00	0,00	0,00	0,00	137.012,89	0,00	-137.012,89	11.928,28
3	0,00	0,00	0,00	0,00	0,00	137.012,89	0,00	-137.012,89	11.928,28
4	0,00	0,00	0,00	0,00	0,00	137.012,89	0,00	-137.012,89	11.928,28
5	0,00	0,00	507,69	507,69	0,00	137.520,58	0,00	-137.520,58	11.420,59
6	0,00	0,00	0,00	0,00	0,00	137.520,58	0,00	-137.520,58	11.420,59
7	0,00	0,00	0,00	0,00	0,00	137.520,58	0,00	-137.520,58	11.420,59
8	0,00	0,00	0,00	0,00	0,00	137.520,58	0,00	-137.520,58	11.420,59
9	0,00	10.405,20	507,69	10.912,89	0,00	148.433,48	0,00	-148.433,48	507,69
10	0,00	0,00	0,00	0,00	0,00	148.433,48	0,00	-148.433,48	507,69
11	0,00	0,00	0,00	0,00	0,00	148.433,48	0,00	-148.433,48	507,69
12	0,00	0,00	0,00	0,00	0,00	148.433,48	0,00	-148.433,48	507,6
13	0,00	0,00	507,69	507,69	0,00	148.941,17	0,00	-148.941,17	0,00
14	0,00	0,00	0,00	0,00	0,00	148.941,17	0,00	-148.941,17	0,00
15	0,00	0,00	0,00	0,00	0,00	148.941,17	0,00	-148.941,17	0,00
16	0,00	0,00	0,00	0,00	0,00	148.941,17	0,00	-148.941,17	0,00
17	26.100,00	10.405,20	507,69	37.012,89	58.208,00	185.954,06	58.208,00	-127.746,06	21.195,11
18	0,00	0,00	0,00	0,00	0,00	185.954,06	58.208,00	-127.746,06	21.195,11
19	0,00	0,00	0,00	0,00	0,00	185.954,06	58.208,00	-127.746,06	21.195,11
20	0,00	0,00	0,00	0,00	0,00	185.954,06	58.208,00	-127.746,06	21.195,11
21	0,00	0,00	507,69	507,69	0,00	186.461,75	58.208,00	-128.253,75	20.687,42
22	0,00	0,00	0,00	0,00	0,00	186.461,75	58.208,00	-128.253,75	20.687,42
23	0,00	0,00	15.000,00	15.000,00	0,00	201.461,75	58.208,00	-143.253,75	5.687,42
24	0,00	0,00	0,00	0,00	0,00	201.461,75	58.208,00	-143.253,75	5.687,42
25	0,00	10.405,20	507,69	10.912,89	0,00	212.374,65	58.208,00	-154.166,65	-5.225,48
26	0,00	0,00	0,00	0,00	0,00	212.374,65	58.208,00	-154.166,65	-5.225,48

DECK317

Übersicht 3.17: Entstehung einer Liquiditätslücke durch unvorhergesehene Ausgaben für Behandlungen des Tierbestandes in der 23. Woche (15.000,00 € bei Hilfsstoffen)

Aufnahme weiterer Kredite) mehr rechtzeitig beschaffen, so ist das Unternehmen zahlungsunfähig und muss aufgelöst oder verkauft werden. Damit wird die Aufrechterhaltung der *Liquidität* zur zentralen Nebenbedingung für die Gestaltung von Unternehmensprozessen. Nur solche Wirtschaftsabläufe sind zulässig, bei denen die Liquidität jederzeit sichergestellt werden kann.

Wegen der unvollkommenen Vorhersehbarkeit der Umweltvariablen ist jedoch jede *Liquiditätsplanung* mit Unsicherheiten behaftet. Auch eine zunächst richtige Bestimmung des Kapitalbedarfes stellt nicht sicher, dass ein Unternehmen im weiteren Verlauf jederzeit liquide bleibt. Zum Beispiel können sich die vorgesehenen Ausgaben- und Einnahmenströme durch später eintretende Produktpreissenkungen und Produktionsmittelpreissteigerungen oder auch durch unvorhergesehene Zusatzkosten verändern.

Dieser Zusammenhang lässt sich anhand unseres Beispiels über die Schlachtschweineerzeugung ebenfalls verdeutlichen. Angenommen, während der zweiten Mastperiode würde der Mastschweinebestand von einer bösartigen Dysenterie befallen, deren Bekämpfung zu zusätzlichen Ausgaben von 15.000,00 € führt. *Übersicht 3.17*, die ein Ausschnitt aus *Übersicht 3.11* ist, zeigt, welche Konsequenzen durch diese Ausgabe hervorgerufen werden. In der 23. Woche müssen die 15.000,00 € zusätzlich zu den übrigen regelmäßig anfallenden Ausgaben getätigt werden. Diese Mehrausgaben führen dazu, dass der Kassenbestand ab der 25. Woche einen negativen Wert aufweist, die entstehenden Ausgaben also durch die vorhandenen Einnahmen nicht mehr abgedeckt werden können. Es tritt eine *Liquiditätslücke* auf, die hier 5225,48 € beträgt. Wenn dieser Betrag nicht aus anderen Quellen beschafft werden kann, dann sind die Doktoranden zu Einsparungen beim Einkauf von Ferkeln, Futter und Hilfsstoffen gezwungen, sie müssen die Produktion entweder deutlich einschränken oder sogar ganz einstellen.

3.4 Handels- und gesellschaftsrechtliche Identifikation von Einzelwirtschaften

3.4.1 Das Unternehmen als System von Verträgen

Rechtsgrundlage für das Einrichten und das Betreiben eines Unternehmens durch ein oder mehrere Wirtschaftssubjekte (in der zuständigen Gesetzgebung als „natürliche Personen" bezeichnet) mit dem Ziel des Einkommenserwerbs bilden in der modernen arbeitsteiligen Volkswirtschaft *Verträge*, d. h. mündliche oder schriftliche Absprachen darüber, wie die Transaktionsprozesse zwischen den Wirtschaftssubjekten gestaltet werden und wie Wirtschaftssubjekte bei der Durchführung von Transformationsprozessen zusammenarbeiten sollen. Nur das völlig isoliert gedachte Wirtschaftssubjekt ROBINSON CRUSOE setzt Arbeit und andere Produktionsfaktoren ein, um sie zu Produkten zu transformieren, die seiner unmittelbaren Bedürfnisbefriedigung dienen. Beziehungen zu anderen Wirtschaftssubjekten sind definitionsgemäß nicht vorhanden. Es bedarf keinerlei Regelungen über Zusammenarbeit und Austausch.

Wenn aber ein Wirtschaftssubjekt hergestellte Güter mit einem anderen Wirtschaftssubjekt gegen andere Güter oder Geld tauschen möchte, werden Abmachungen über die Modalitäten des Tausches getroffen. Es werden Kontrahierungsbedingungen festgelegt. Rechtlich gesehen liegt jedem Tauschvorgang ein *Kaufvertrag* zugrunde, auch wenn er nicht schriftlich abgefasst ist. Das gilt beim Verkauf von Produkten ebenso wie beim Einkauf von Produktionsfaktoren.

Wenn ein Wirtschaftssubjekt mit anderen Wirtschaftssubjekten bei der Herstellung von Gütern zusammenarbeiten möchte, dann werden Absprachen über die Bedingungen der Zusammenarbeit und die Abgeltung erbrachter Leistungen notwendig. Diese Beziehungen werden durch *Arbeits- und Werkverträge* geregelt.

Im vorhergehenden Abschnitt wurde abgeleitet, dass zur Durchführung von Produktionsprozessen Kapital erforderlich ist, weil diese Prozesse Zeit beanspruchen und Leistungen zur Herstellung der Produkte vorfinanziert werden müssen. Wenn ein Wirtschaftssubjekt nicht über hinreichend eigenes Kapital verfügt, um einen bestimmten Produktionsprozess in Gang setzen zu können, und sich deshalb von anderen Wirtschaftssubjekten (Fremd-)Kapital als

Kredit beschaffen muss, dann werden Absprachen über die Bedingungen der Kapitalüberlassung und -rückgabe in Form von *Kreditverträgen* notwendig.

Wenn sich ein Wirtschaftssubjekt mit anderen Wirtschaftssubjekten zusammenschließt, um wirtschaftliche Aktivitäten auf der Grundlage gemeinsamer Kapital- und Arbeitseinsätze durchzuführen, dann werden dafür Absprachen über die Nutzung des Kapitals, über die Funktionen der Wirtschaftssubjekte bei der Aufgabenbewältigung und über die Abgeltung der erbrachten Leistungen notwendig. Dazu dienen die *Gesellschaftsverträge*.

Wenn die öffentliche Hand bestimmte übergeordnete Leistungen für die Wirtschaftssubjekte erbringen soll, dann werden dazu bestimmte Abmachungen zwischen den Wirtschaftssubjekten und dem Staat über die Abgeltung dieser Leistungen in Form von *Gesetzen über Steuern und Abgaben* erforderlich.

Generell gilt nun in marktwirtschaftlich orientierten demokratischen Volkswirtschaften das Prinzip der *Vertragsfreiheit*, d. h., die angesprochenen Kauf-, Arbeits-, Kredit- und Gesellschaftsverträge können beliebig gestaltet werden, solange sie die Zustimmung der Vertragspartner finden. Allerdings hat der Gesetzgeber in verschiedenen Bereichen des Rechts (z. B. im Arbeitsrecht und im Handels- und Gesellschaftsrecht) gewisse Vorgaben gemacht, um schwächere Wirtschaftssubjekte vor Übervorteilung zu schützen und Vertragsgestaltungen auszuschließen, die zu Lasten Dritter oder der Gesellschaft als Ganzes gehen würden. Darüber hinaus hat der Staat für die Gestaltung von Gesellschaftsverträgen bestimmte Muster vorgegeben. Wenn mehrere Wirtschaftssubjekte gemeinsam ein Unternehmen gründen wollen, dann können sie nur zwischen einer endlichen Zahl von sog. *Rechtsformen des Unternehmens* als Basis für die Gestaltung des Gesellschaftsvertrages wählen.

Besonders rigoros sind die Vorgaben für die Ausformung der Beziehungen zwischen den Wirtschaftssubjekten und der öffentlichen Hand. Hier gibt der Staat die Vertragsbedingungen in Form der Steuergesetze einseitig vor. Die Wirtschaftssubjekte müssen Steuern und Abgaben nach den gesetzlich festgelegten Regeln leisten, ohne dass sich umgekehrt der Staat zu unmittelbaren Gegenleistungen verpflichtet. Obwohl also der Staat für die Steuern und Abgaben tatsächlich vielfältige Gegenleistungen erbringt, besteht im Unterschied zu den übrigen Verträgen keine bindende Reziprozität.

Insgesamt entsteht aus rechtlicher Sicht ein Unternehmen dadurch, dass ein Wirtschaftssubjekt mit anderen Wirtschaftssubjekten der Absatz- und Beschaffungsmärkte über Kaufverträge, des Arbeitsmarktes über Arbeitsverträge, des Kapitalmarktes über Kreditverträge, mit der öffentlichen Hand über die Steuergesetze sowie gegebenenfalls auch mit anderen Wirtschaftssubjekten über Gesellschaftsverträge in mehr oder weniger dauerhafte Beziehungen eintritt, um sein Ziel des Einsatzes von knappen Mitteln zur Erwirtschaftung von Einkommen zu erreichen.

Während die Gesellschaftsverträge die rechtliche Basis zur Regelung der *Innenverhältnisse* im Unternehmen bilden, dienen die Arbeits-, Kredit- und Kaufverträge als rechtliche Basis zur Gestaltung der *Außenverhältnisse* des Unternehmens. Hierdurch wird die Form der Transaktionsprozesse des Unternehmens mit anderen Wirtschaftssubjekten und Unternehmen konkret ausgeformt. Während mit den Gesellschaftsverträgen die Innenverhältnisse eines Unternehmens im Allgemeinen auf eine langfristige oder dauerhafte Grundlage gestellt werden sollen, können die Verträge zur Gestaltung der Außenverhältnisse von Regelungen einmaliger Tauschvorgänge über längerfristige Bindungen bis hin zu dauerhaften Zusammenschlüssen mehrerer Unternehmen reichen.

In einem betriebswirtschaftlichen Lehrbuch können die vielfältigen rechtlichen Beziehungen nicht vollständig und im Einzelnen behandelt werden. Das ist vielmehr die Aufgabe juristischer Werke. Auf einige wesentliche Beziehungen ist jedoch im Folgenden einzugehen, weil sie bedeutsame Determinanten für Entscheidungen zur Unternehmensgestaltung sind. Die Rechtsformen der Unternehmen als Grundlage der Gesellschaftsverträge zur Gestaltung der Innenverhältnisse werden im nachfolgenden Abschnitt 3.4.2 behandelt. Formen der vertraglichen Bindungen, Kooperationen und Zusammenschlüsse als Grundlage für die Gestaltung der Außenverhältnisse werden im Abschnitt 3.4.3 dargestellt. Die Beziehungen zwischen den Wirtschaftssubjekten und der öffentlichen Hand, d. h. die aus den Steuergesetzen resultierenden Verpflichtungen, werden im Abschnitt 3.5 beschrieben. Da die Steuer- und Abgabenbelastung auch von der Rechtsform des Unternehmens abhängt, bildet umgekehrt das Steuer- und Abgabenrecht eine wesentliche Determinante für die Wahl der Rechtsform.

3.4.2 Rechtsformen der Unternehmen

Grundsätzlich kann bei den Rechtsformen nach den Formen des *Privatrechts* und denjenigen des *öffentlichen Rechts* untergliedert werden. Die in Abschnitt 3.1 identifizierten *personen- und kapitalbezogenen Unternehmen* werden nach Maßgabe von Vorschriften des Privatrechts gegründet und betrieben. Wirtschaftseinheiten der öffentlichen Hand (z. B. die Universität oder das Studentenwerk) unterliegen hingegen den Vorschriften des öffentlichen Rechts. Nur auf die Rechtsformen des Privatrechts wird im Folgenden näher eingegangen.

3.4.2.1 Einzelunternehmen und Gesellschaftsunternehmen

Im vorhergehenden Abschnitt wurde u. a. abgeleitet, dass wir aus rechtlicher Sicht prinzipiell zwischen Wirtschaftseinheiten unterscheiden können, die nur von einer natürlichen Person betrieben werden, und solchen, die gemeinsam von mehreren natürlichen Personen auf der Basis von Gesellschaftsverträgen betrieben werden, Wir können deshalb die *Einzelunternehmen* von den *Gesellschaftsunternehmen* abgrenzen.

Die Einzelunternehmen sind in jedem Fall personenbezogene Unternehmen. Bei den Gesellschaftsunternehmen lassen sich hingegen drei Hauptgruppen identifizieren, nämlich die *Personengesellschaften,* die *Kapitalgesellschaften* und die *Genossenschaften.* Die Kapitalgesellschaften und die Genossenschaften sind kapitalbezogene Unternehmen im Sinne der Definition des Abschnittes 3.1. Der Zusammenschluss von mehreren natürlichen Personen über den Gesellschaftsvertrag führt hier zu Unternehmen in Form der sog. *juristischen Person,* d. h., die Unternehmen und nicht ihre natürlichen Träger sind hier die eigentlichen Rechtspersönlichkeiten.

Die Personengesellschaften werden zwar ebenfalls durch einen vertraglichen Zusammenschluss mehrerer natürlicher Personen gebildet. Es entsteht dabei jedoch keine eigenständige Rechtspersönlichkeit. Rechtspersönlichkeiten bleiben vielmehr die Gesellschafter als natürliche Personen, die hier zu Mitunternehmern werden. Im Sinne der Definition des Abschnittes 3.1 lassen sich deshalb auch die Personengesellschaften den personenbezogenen Unternehmen zuordnen.

Übersicht 3.18 zeigt die vier Hauptunternehmensgruppen des Privatrechts sowie innerhalb der Gesellschaftsunternehmen einige Rechtsformen, die für agrar- und ernährungswirtschaftliche Unternehmen besonders bedeutsam sind. Wir werden darauf in den folgenden Abschnitten näher eingehen.

1 Einzelunternehmen

2 Personengesellschaften
2.1 Gesellschaft des bürgerlichen Rechts (GbR)
2.2 Offene Handelsgesellschaft (OHG)
2.3 Kommanditgesellschaft (KG)

3 Kapitalgesellschaften
3.1 Gesellschaft mit beschränkter Haftung (GmbH)
3.2 Aktiengesellschaft (AG)

4 Genossenschaften

DECK318

Übersicht 3.18: Rechtsformen von Unternehmen

Die gesellschaftlichen Unternehmensformen haben ihre Rechtsgrundlagen hauptsächlich in den folgenden Bereichen und Einzelgesetzen des Privatrechts (HLBS 1996, S. 9):

- Bürgerliches Gesetzbuch (Gesellschaft bürgerlichen Rechts (GbR), auch als BGB-Gesellschaft bezeichnet);
- Handelsgesetzbuch (Offene Handelgesellschaft (OHG) und Kommanditgesellschaft (KG));
- Gesetz betreffend die Gesellschaften mit beschränkter Haftung (GmbH);
- Aktiengesetz (Aktiengesellschaft (AG));
- Gesetz betreffend die Erwerbs- und Wirtschaftsgenossenschaften (eG).

Die gesellschaftlichen Unternehmensformen – mit Ausnahme der GbR – setzen die Eintragung in das *Handelsregister* voraus. Das Handelsregister ist ein nach Maßgabe des Handelsgesetzbuches vom Amtsgericht geführtes öffentliches Verzeichnis, in das die Inhaber sog. vollkaufmännischer Gewerbebetriebe eines Bezirkes und bestimmte, für ihre Haftung gegenüber Dritten bedeutsame Tatsachen eingetragen werden (z. B. Erteilung einer Prokura). Das Handelsregister ist quasi das öffentliche Grundbuch aller Gewerbebetriebe. Wie das Grundbuch kann das Handelsregister jedermann einsehen und daraus Abschriften verlangen. Es dient mithin den Wirtschaftssubjekten als Informationsquelle, z. B. über die Rechtsverhältnisse eines potenziellen Marktpartners.

In das Handelsregister können aber nicht nur die Inhaber von Gesellschaftsunternehmen, sondern auch die Betreiber von Einzelunternehmen eingetragen werden. In Verbindung mit den Vorschriften des Handelsgesetzbuches werden sie dadurch zum Kaufmann mit entsprechenden Rechten und Pflichten, die sich aus dem Handelsgesetzbuch im Einzelnen ergeben.

Grundsätzlich werden Einzelunternehmen jedoch formlos gegründet. Jemand wird zum Unternehmer, weil er etwas unternimmt. Nur falls der Gegenstand der gewerblichen Betätigung eines der in § 1 des Handelsgesetzbuches aufgeführten neun sog. Grundhandelsgewerbe ist und einen eingerichteten Geschäftsbetrieb erfordert, wird eine Eintragung in das Handelsregister notwendig (Wöhe 2005, S. 253). Die Land- und Forstwirtschaft zählt prinzipiell nicht zu den neun Grundhandelsgewerben.

Deshalb sind die meisten landwirtschaftlichen Unternehmen Einzelunternehmen, die nicht in das Handelsregister eingetragen sind. Im handelsrechtlichen Sinne sind diese Landwirte „Nichtkaufleute", der Betrieb eines landwirtschaftlichen Unternehmens ist von den Rechten und Pflichten des Handelsgesetzbuches ausgenommen. Der land- und forstwirtschaftliche Unternehmer ist aber berechtigt, die Eintragung in das Handelsregister herbeizuführen und damit die Eigenschaft sowie die Rechte und Pflichten eines Kaufmanns zu erlangen (HLBS 1996, S. 10).

Auch sämtliche der übrigen in *Übersicht 3.18* angegebenen Rechtsformen stehen natürlichen Personen offen, die gemeinschaftlich ein Unternehmen zur Herstellung von landwirtschaftlichen Produkten gründen und betreiben wollen. Während jedoch der alleinige Inhaber eines land- und forstwirtschaftlichen Unternehmens die Eintragung in das Handelsregister herbeiführen kann, aber nicht muss, besteht – wie gesagt mit Ausnahme der GbR – diese Wahlfreiheit nicht, wenn ein landwirtschaftliches Unternehmen als Gesellschaftsunternehmen betrieben werden soll. In diesen Fällen ist die Eintragung in das Handelsregister zwingend vorgeschrieben.

Die Wahlfreiheit zwischen Einzel- und Gesellschaftsunternehmen bzw. zwischen Eintragung und Nichteintragung in das Handelsregister ist namentlich für Landwirte insofern von Bedeutung, als die Eintragung in das Handelsregister im steuerrechtlichen Sinne bewirkt, dass ein Unternehmen zum Gewerbebetrieb und damit im Unterschied zum nichteingetragenen „land- und forstwirtschaftlichen (Einzel-)Betrieb" gewerbesteuerpflichtig wird (vgl. dazu Abschnitt 3.5.4.2).

3.4.2.2 Kriterien für die Wahl der Rechtsform

Jede der in *Übersicht 3.18* aufgeführten Rechtsformen ist durch die unterschiedliche Ausprägung einer Reihe von bedeutsamen Merkmalen gekennzeichnet. Da die vorteilhafte Ausprägung eines Merkmals oft mit einer gleichzeitig weniger vorteilhaften Ausprägung anderer Merkmale in Verbindung steht, ergibt sich für den oder die Gründer eines Unternehmens ein Entscheidungsproblem: Es ist diejenige Rechtsform zu bestimmen, die eine optimale Ausprägung der Merkmale verspricht. Je nach Unternehmenszweck kann die Entscheidung zugunsten der einen oder anderen Rechtsform ausfallen.

Die wichtigsten Merkmale als Kriterien für die Entscheidung über die Rechtsform sind in *Übersicht 3.19* zusammengestellt. Dazu ist Folgendes zu erläutern (vgl. dazu Bea 2004, S. 354 ff. und Wöhe 2005, S. 247 ff.):

(1) Bei der *Haftung* wird zwischen der unbeschränkten und der beschränkten Haftung unterschieden. Im ersten Fall haften der Unternehmer bzw. die Mitunternehmer für die Verbindlichkeiten des Unternehmens mit ihrem gesamten Privatvermögen. Im zweiten Fall haften sie

Haftung
Finanzierungsmöglichkeiten
Leitungsbefugnis
Gewinn- und Verlustbeteiligung
Rechnungslegung und Publizität
Steuerbelastung
Rechtsformabhängige Aufwendungen
Unternehmenskontinuität
DECK319

Übersicht 3.19: Kriterien für die Wahl der Rechtsform eines Unternehmens

dagegen nur mit den Kapitaleinlagen, zuzüglich evtl. vereinbarter Nachschüsse. Bei der unbeschränkten Haftung ist naturgemäß das Risiko der Eigenkapitalgeber relativ größer als dasjenige eventueller Fremdkapitalgeber. Bei der beschränkten Haftung ist es prinzipiell umgekehrt. Die Kreditwürdigkeit eines Unternehmens steigt also c. p. mit der Strenge der Haftungsverpflichtungen.

(2) Mit den *Finanzierungsmöglichkeiten* werden die rechtsformenspezifischen Vorschriften über die notwendige Eigenkapitalausstattung und die Eigenkapitalbeschaffungsmöglichkeiten angesprochen. Beides beeinflusst die Möglichkeiten zur Kreditbeschaffung; die Kreditwürdigkeit steigt c. p. mit zunehmender Eigenkapitalausstattung.

(3) Die *Leitungsbefugnis* ist bei personenbezogenen Unternehmen anders geregelt als bei kapitalbezogenen Unternehmen. Während die Unternehmensleitung im Einzelunternehmen und in den Personengesellschaften durch den Unternehmer bzw. die Mitunternehmer erfolgt, weisen die kapitalbezogenen Unternehmen besondere Geschäftsführungsorgane auf, wobei diese Organe durch zusätzliche Kontrollorgane überwacht werden. In der Aktiengesellschaft wird der Vorstand als geschäftsführendes Organ durch den Aufsichtsrat und die Hauptversammlung überwacht. In der GmbH nimmt diese Aufgabe die Gesellschafterversammlung wahr. Außerdem haben die Arbeitnehmer (Betriebsrat) je nach Unternehmensform und Größe ein mehr oder weniger wirksames Mitspracherecht. Der oder die Inhaber personenbezogener Unternehmen sind also vergleichsweise weniger von Kontrollen dritter Organe abhängig.

(4) Die *Gewinn- und Verlustbeteiligung* richtet sich bei allen Rechtsformen prinzipiell nach der Höhe der Eigenkapitalanteile und der Haftungsverpflichtungen, die die Gesellschafter als Mitunternehmer im personenbezogenen Unternehmen oder z. B. als Aktionäre in Aktiengesellschaften übernommen haben. Im Einzelunternehmen ist der Inhaber die alleinige Bezugsperson für Gewinne und Verluste.

(5) Insbesondere zum Schutz der Gläubiger als Fremdkapitalgeber und der Anteilseigner als Eigenkapitalgeber, aber auch der allgemeinen Öffentlichkeit, hat der Gesetzgeber je nach Unternehmensgröße und Unternehmensrechtsform unterschiedlich strenge Vorschriften über die notwendige *Rechnungslegung* der Unternehmen, über die *Prüfung* des Unternehmens durch unabhängige Prüfungsgesellschaften und über die *Publizitätspflicht* der Wirtschaftsergebnisse eines Unternehmens erlassen. Generell gilt, dass das Maß dieser Verpflichtungen vom Einzelunternehmen über die Personengesellschaften zur Kapitalgesellschaft und zur Genossenschaft ansteigt und darüber hinaus mit der Unternehmensgröße zunimmt.

(6) Die *Steuerbelastung*, die den verfügbaren Gewinn des Unternehmens schmälert, unterscheidet sich von Rechtsform zu Rechtsform und ist deshalb ein wichtiges Kriterium für die Wahl der Rechtsform (vgl. dazu auch Abschnitt 3.5.2).

(7) *Rechtsformabhängige Aufwändungen* ergeben sich einerseits aus den unterschiedlichen Rechnungslegungs-, Prüfungs- und Publizitätsvorschriften. Unterschiede liegen aber auch in den Gründungsaufwändungen und den Organisationskosten (z. B. Kosten für Gesellschafterversammlungen und Sitzungen des Aufsichtsrates). Auch hier gilt, dass diese Kosten prinzipiell vom Einzelunternehmen über die Personengesellschaft zur Kapitalgesellschaft und Genossenschaft hin ansteigen.

(8) Probleme der *Unternehmenskontinuität* ergeben sich hauptsächlich bei Einzelunternehmen und Personengesellschaften. Durch den starken Zuschnitt dieser Rechtsformen auf den Unternehmer bzw. die Mitunternehmer sind hier die Fragen der unternehmenserhaltenden Regelung der Erbfolge und des Gesellschafterwechsels von erheblich größerer Bedeutung als bei den Kapitalgesellschaften, wo z. B. ein Wechsel der Anteilseigner über den Kauf und Verkauf von Aktien das Unternehmen als solches zunächst kaum beeinflusst.

Da zwischen den einzelnen Kriterien für die Rechtsformenwahl offensichtlich teilweise konkurrierende Beziehungen bestehen, liegt das Entscheidungsproblem für die Träger eines Unternehmens prinzipiell darin, diejenige Rechtsform zu finden, bei der die optimale Kombination erreicht wird. Je nach relativer Gewichtung der einzelnen Kriterien kann diese Entscheidung nur im Einzelfall getroffen werden. Aus der Tatsache, dass in der Realität sämtliche der genannten Rechtsformen auftreten, können wir aber bereits schließen, dass es eine generelle optimale Lösung nicht geben kann. Als Entscheidungshilfe soll in den nachfolgenden Abschnitten bei der Darstellung der Rechtsformen auf die Ausprägung der acht skizzierten Kriterien eingegangen werden.

3.4.2.3 Einzelunternehmen

Das *Einzelunternehmen* wird von einem Kaufmann ohne Gesellschafter betrieben. Ein Einzelunternehmen wird formlos gegründet und im Falle einer gewerblichen Betätigung erfolgt die Eintragung in das Handelsregister (vgl. dazu im einzelnen Abschnitt 3.4.2.1). Die Rechtsvorschriften dazu regelt das Handelsgesetzbuch (HGB) im § 1.

Der Einzelunternehmer haftet allein und uneingeschränkt nicht nur mit seinem Betriebsvermögen, sondern auch mit dem gesamten Privatvermögen. An Finanzierungsmöglichkeiten stehen dem Einzelunternehmer die Selbstfinanzierung sowie die Kreditfinanzierung zur Verfügung. Beiden Finanzierungsquellen sind jedoch enge Grenzen gesetzt, da sie zum einen von der Ertragskraft und zum anderen vom Umfang des Vermögens als Grundlage der Kreditabsicherung abhängen.

Die Leitungsbefugnis sowie die Gewinn- und Verlustbeteiligung liegen allein beim Einzelunternehmer. Aus dieser Personengebundenheit ergeben sich Probleme bei der Unternehmenskontinuität, da beim plötzlichen Tod des Unternehmers die Existenz des Unternehmens gefährdet sein kann.

Die Rechnungslegungsvorschriften dieser Rechtsform sind wenig streng, eine Publizitätspflicht existiert nicht, rechtsformenabhängige Aufwändungen sind ohne Bedeutung. Die Steuerbelastung des eingetragenen Einzelunternehmens resultiert vornehmlich aus den Grund-, Vermögen-, Gewerbe- und Einkommensteuern. Bei einem nichteingetragenen landwirtschaftlichen Einzelunternehmen entfällt die Gewerbesteuerpflicht.

3.4.2.4 Personengesellschaften

Die *Gesellschaft des bürgerlichen Rechts (GbR)* ist ein vertraglicher Zusammenschluss von natürlichen und juristischen Personen zur Förderung eines von den Gesellschaftern gemeinsam verfolgten Zwecks. Der Gesellschaftsvertrag wird formlos abgeschlossen, einer Schriftform bedarf es nicht. Die GbR kann nicht ins Handelsregister eingetragen werden; sie kann jedoch als Rechtsform für verschiedene Zwecke und Gelegenheiten verwendet werden, wobei oft die Durchführung bestimmter Aufgaben auf Zeit im Vordergrund steht.

Die Gesellschafter der GbR haften persönlich mit ihrem gesamten Privatvermögen. Ähnlich wie beim Einzelunternehmen stehen zur Finanzierung der GbR vor allem die Einlagen der Gesellschafter zur Verfügung.

Die Leitungsbefugnis steht allen Gesellschaftern gemeinschaftlich zu, am Gewinn und Verlust haben alle Gesellschafter gleichmäßigen Anteil soweit nicht vertragliche Vereinbarungen andere Regelungen vorsehen.

Rechnungslegungs-, Prüfungs- und Publizitätspflichten sowie rechtsformenbezogene Aufwändungen fallen nicht an. Sobald die GbR ihren Zweck erfüllt hat, kann sie aufgelöst werden.

Grundsätzlich besteht für eine GbR keine Pflicht zur Entrichtung von Körperschaft- und Gewerbesteuern. Vermögen- und Einkommensteuerpflicht besteht nicht für die Gesellschaft, sondern für die einzelnen Gesellschafter entsprechend ihrer Anteile bzw. des Gesellschaftsvertrages. In der Landwirtschaft erfreut sich die GbR größerer Beliebtheit, da sie im Rahmen von Vater/Sohn-Gesellschaften als Einstieg in die „gleitende Betriebsübergabe" gewählt wird und bei größeren Unternehmen eine relativ unkomplizierte Partnerschaft mehrerer Mitunternehmer ermöglicht (z. B. ist die GbR als Rechtsform in der Landwirtschaft der neuen Bundesländer relativ stark vertreten).

In steuerlicher Hinsicht unterliegt die GbR der Buchführungspflicht. Die Festlegung der Einkommensteuer geht grundsätzlich von dem aus einer ordnungsgemäßen Buchführung ermittelten Gewinn aus, der entsprechend der Vertragsgestaltung auf die einzelnen Gesellschafter aufgeteilt wird. Eine weitere Eignung der GbR im landwirtschaftlichen Bereich besteht bei Maschinen- oder Betriebszweiggemeinschaften. So kann bspw. eine GbR mit dem Ziel einer gemeinsamen Tierhaltung gegründet werden.

Die *offene Handelsgesellschaft (OHG)* ist eine Gesellschaft, deren Zweck auf den Betrieb eines Handelsgewerbes unter gemeinsamer Firma gerichtet ist. Die Firma muss den Namen mindestens eines Gesellschafters mit einem Zusatz enthalten, in dem das Gesellschaftsverhältnis zum Ausdruck kommt (z. B. Karl Müller OHG). Die Gesellschafter der OHG haften uneingeschränkt mit ihrem gesamten Vermögen. Ein Gläubiger kann sich somit sofort an einen einzelnen Gesellschafter halten und die gesamte Leistung von ihm verlangen.

Die Finanzierung der OHG erfolgt zum einen über die Eigenfinanzierung (Einlagen der Gesellschafter) und zum anderen über die Aufnahme neuer Gesellschafter, die entsprechende Einlagen leisten müssen. Zum Dritten besteht die Möglichkeit der Fremdfinanzierung, da die OHG in Verbindung mit der uneingeschränkten Haftung der Gesellschafter eine hohe Kreditwürdigkeit genießt.

Bei der OHG sind alle Gesellschafter zur Geschäftsführung berechtigt und auch verpflichtet, soweit der Gesellschaftsvertrag keine anderen Regelungen trifft.

Die Gewinn- und Verlustbeteiligung wird auf der Grundlage des Gesellschaftsvertrages vorgenommen. Die Rechnungslegungs-, Prüfungs- und Publizitätspflichten fallen ebenfalls nicht an, ebensowenig rechtsformenbezogene Aufwändungen.

Grundsätzlich bietet sich die OHG nur für langfristige Zusammenschlüsse an, da die Ansprüche gegen einzelne Gesellschafter noch bis zu fünf Jahren nach ihrem Ausscheiden wirksam bleiben.

Die *Kommanditgesellschaft (KG)* unterscheidet sich von der OHG in erster Linie dadurch, dass sie zwei Arten von Gesellschaftern aufweist. Die erste Gruppe von Gesellschaftern haftet uneingeschränkt mit ihrem gesamten Vermögen (Komplementäre), während die zweite Gruppe nur mit einer bestimmten, im Handelsregister eingetragenen Kapitaleinlage beschränkt haftet (Kommanditisten). Eine KG muss mindestens einen Komplementär und einen Kommanditisten haben. Auch hier muss die Firma wenigstens den Namen eines Komplementärs und einen das Gesellschaftsverhältnis andeutenden Zusatz enthalten (z. B. Karl Müller & Co. KG). Der Name eines Kommanditisten darf nicht in die Firma aufgenommen werden.

Durch den beschränkt haftenden Kommanditisten steht der KG eine zusätzliche Eigenfinanzierungsmöglichkeit offen. Es können auch zahlreiche kleinere Kapitalanteile gesammelt werden, ohne dass die Entscheidungskompetenz der Komplementäre dadurch eingeschränkt wird.

Die Leitungsbefugnis liegt grundsätzlich bei den Komplementären und wird in einem Gesellschaftsvertrag im Einzelnen geregelt. Die Kommanditisten bleiben von der Geschäftsführung prinzipiell ausgeschlossen. Die Gewinn- und Verlustbeteiligung richtet sich nach dem Gesellschaftsvertrag bzw. nach dem Handelsgesetz.

Bezüglich der Rechnungslegungs-, Prüfungs- und Publizitätsvorschriften sowie der rechtsformenabhängigen Aufwändungen gelten die gleichen Regelungen wie bei der OHG.

Auch hinsichtlich der Unternehmenskontinuität gelten die Bedingungen der OHG, jedoch mit der Einschränkung, dass der Tod eines Kommanditisten kein Auflösungsgrund ist. In diesem Falle treten einzelne Erben als Kommanditisten in das Gesellschaftsverhältnis ein. Damit ist die Funktionsfähigkeit der KG vergleichsweise langfristiger als bei der OHG sichergestellt.

3.4.2.5 Kapitalgesellschaften

Die *Gesellschaft mit beschränkter Haftung (GmbH)* ist eine Rechtsform auf der Grundlage des GmbH-Gesetzes, deren Eigentümer ihre Haftung auf ihre Kapitaleinlagen in das Unternehmen beschränken wollen. Die Rechtsform der GmbH erfreut sich jedoch auch bei größeren Unternehmen einiger Beliebtheit, da sie bezüglich der Rechnungslegungsvorschriften, vor allem aber der Pflichtprüfung und der Veröffentlichung des Jahresabschlusses als weniger aufwändig als die Aktiengesellschaft gilt. Neuere Regelungen bei den Rechnungslegungsvorschriften werden insbesondere bei großen GmbH's die Attraktivität dieser Rechtsform aber wohl mindern.

Das Stammkapital der GmbH muss mindestens 25.000,00 € betragen, die Stammeinlage eines jeden Gesellschafters mindestens 100,00 €. Die Finanzierungsmöglichkeiten bestehen zum einen in Kapitalerhöhungen und zum anderen in der Aufnahme neuer Gesellschafter, die zusätzliche Stammeinlagen zeichnen. Die Beschaffung von Fremdkapital kann i. d. R. über eine bestimmte Summe hinaus nur dann erhöht werden, wenn die Absicherung der Kredite über das Privatvermögen der Gesellschafter erfolgt.

Die Leitung der GmbH liegt bei der Geschäftsführung, wobei der Gesellschaftsvertrag einzelne Befugnisse regelt. Die Geschäftsführung wird durch die Gesellschafterversammlung überwacht.

Die Gewinn- und Verlustbeteiligung erfolgt nach dem Verhältnis der gezeichneten Geschäftsanteile, soweit im Gesellschaftsvertrag keine abweichenden Regelungen getroffen wurden.

Die Rechnungslegungsvorschriften sind durch das Bilanzrichtliniengesetz strenger geregelt worden. Die GmbH unterliegt ebenso wie die Aktiengesellschaft der Prüfungspflicht (ausgenommen sind lediglich kleinere GmbH's) und der Publizitätspflicht. Rechtsformenabhängige Aufwändungen ergeben sich für die Vertragsabschlüsse (notarieller Vertrag) und die Anmeldung bei Behörden. Außerdem fallen laufende Aufwändungen für die Abhaltung der Gesellschafterversammlungen sowie für die Erfüllung der Rechnungslegungs-, Prüfungs- und Publizitätspflichten an.

Als juristische Person ist die GmbH selbstständiges Steuerobjekt. Neben der Gewerbesteuerpflicht besteht für die Gesellschaft zusätzlich die Pflicht zur Abführung von Körperschaftsteuern.

Das Ausscheiden von Gesellschaftern hat keine Auswirkungen auf die Unternehmenskontinuität, da neue Gesellschafter aufgenommen werden und außerdem die Gesellschafter und die Geschäftsführer unterschiedliche Personen sein können.

Die *Aktiengesellschaft (AG)* ist wie die GmbH eine Gesellschaft mit eigener Rechtspersönlichkeit, bei der das Grundkapital in Aktien zerlegt ist. Sie ermöglicht die Beschaffung großer Kapitalbeträge über den Kapitalmarkt und ist somit eine bevorzugte Rechtsform von Großunternehmen mit hohem Kapitalbedarf. Die Aktiengesellschaft haftet nur mit dem Gesellschaftsvermögen. Für die Anteilseigner besteht keine Haftungsverpflichtung. Sie tragen allerdings das Risiko des Kursverlustes ihrer Aktien, wenn die Aktiengesellschaft notleidend wird.

Bereits für den Gründungsvorgang enthält das Aktiengesetz zwingende Vorschriften über den Ablauf und die Zahl der Gesellschafter (mindestens 5) sowie das Grundkapital (mindestens

50.000,00 €). Das Grundkapital wird in Aktien mit einem Mindestnennbetrag von 1,00 € je Aktie gestückelt. Aktien sind Wertpapiere, die das Mitgliedschaftsrecht an der Aktiengesellschaft verbriefen. Aktien können an der Börse zu einem bestimmten Kurs von einer Person auf die andere übertragen werden. Hinsichtlich der Übertragungsmöglichkeiten und der verbrieften Rechte der Aktionäre unterscheidet das Aktiengesetz verschiedene Typen. Die Aktiengesellschaften verfügen über vergleichsweise vorteilhafte Möglichkeiten zur Finanzierung durch Eigenkapital. Sowohl bei der Gründung als auch bei Kapitalerhöhungen können in der Regel zahlreiche Kapitalgeber als Anteilseigner gewonnen werden.

Im Hinblick auf die Leitungsbefugnis sieht das Aktiengesetz drei Organe mit weitgehend vorgeschriebenen Aufgabenbereichen vor, nämlich den Vorstand, den Aufsichtsrat und die Hauptversammlung.

Die Aufgabe des Vorstandes, der aus einer oder auch mehreren Personen bestehen kann, liegt in der laufenden Geschäftsführung und der Vertretung der Gesellschaft nach außen. Der Aufsichtsrat hat die Aufgabe, den Vorstand zu bestellen, zu überwachen und abzuberufen. Ihm steht ein umfassendes Informations- und Prüfungsrecht zu. Die Mitglieder des Aufsichtsrates (mindestens 3 bis höchstens 21 Personen) werden von der Hauptversammlung auf maximal 4 Jahre gewählt.

Die Hauptversammlung gilt als oberstes Organ der Gesellschaft und ist die Versammlung der Aktionäre. Zu ihren Aufgaben gehört die Bestellung der Aktionärsvertreter im Aufsichtsrat, die Entscheidung über die Verwendung des Bilanzgewinns, die Entscheidung über Satzungsänderungen, die Entlastung des Vorstandes und des Aufsichtsrates und die Wahl des Abschlussprüfers. Das Stimmrecht der Aktionäre bemisst sich nach den Nennbeträgen ihrer Aktien. Ein Aktionär kann sein Stimmrecht persönlich oder auch durch einen Bevollmächtigten (Depotstimmrecht einer Bank) ausüben.

Die Gewinn- und Verlustbeteiligung erfolgt nach dem Verhältnis der Aktiennennbeträge. Die Rechnungslegungsvorschriften der Aktiengesellschaft sind nach dem Aktiengesetz und dem Handelsgesetzbuch vergleichsweise streng geregelt. Alle großen Aktiengesellschaften unterliegen der Prüfungs- und Publizitätspflicht, d. h., es sind die Bilanz, die Gewinn- und Verlustrechnung und ein Lagebericht der Gesellschaft zu veröffentlichen.

Rechtsformenabhängige Aufwändungen fallen für die Vertragsabschlüsse, für Prüfungen, für Anmeldungen bei Behörden und für die Emission von Aktien an. Laufende Aufwändungen entstehen für die Organe, die Rechnungslegung sowie die Prüfungs- und Publizitätspflicht.

3.4.2.6 Genossenschaften

Eine *Genossenschaft* ist eine Gesellschaft mit einer nicht geschlossenen Zahl von Mitgliedern (Genossen), die einen genossenschaftlichen Zweck verfolgen und sich dazu eines gemeinsamen Geschäftsbetriebes bedienen. Neben den Kapitalgesellschaften besitzt auch die eingetragene Genossenschaft (eG) eine eigene Rechtspersönlichkeit. Der Zweck besteht in der „Förderung des Erwerbs oder der Wirtschaft der Mitglieder mittels gemeinschaftlichen Geschäftsbetriebes". Gemäß dieser Zwecksetzung ist das ursprüngliche Ziel der Genossenschaften nicht die Gewinnerwirtschaftung, sondern die Selbsthilfe der Mitglieder durch gegenseitige Förderung.

Alle Mitglieder sind gleichberechtigt, jedes Mitglied hat in der Generalversammlung unabhängig von der Höhe seiner Geschäftsanteile nur eine Stimme. Zur Gründung sind mindestens 7 Mitglieder erforderlich. Die Genossenschaft wird als juristische Person in das Genossenschaftsregister eingetragen. Im Statut der Genossenschaft wird geregelt, wie hoch die Einlagen der Mitglieder (Geschäftsanteile) sind und welcher Betrag davon mindestens eingezahlt werden muss (Mindesteinlage). Dem eingezahlten Betrag eines jeden Mitgliedes (Geschäftsguthaben) werden Gewinne solange zugeschrieben, bis der Geschäftsanteil voll erreicht ist. Verluste werden entsprechend abgezogen.

Für die Verbindlichkeiten der Genossenschaft haftet den Gläubigern nur das Vermögen der Genossenschaft. Aufgrund der beschränkten Haftung sind die Nachschüsse der Mitglieder zur Deckung der Verbindlichkeiten der Genossenschaft auf die im Statut festgelegten Haftsummen beschränkt. Die Eigenkapitalbeschaffungsmöglichkeiten der Genossenschaften sind deshalb weniger günstig als bei der Aktiengesellschaft, da die Höhe des Eigenkapitals von der Zahl der Mitglieder abhängt. Da jedoch jedes Mitglied in der Generalversammlung nur eine Stimme hat, ist der Erwerb mehrerer Genossenschaftsanteile vergleichsweise wenig attraktiv. Außerdem müssen nach dem Statut der Genossenschaft Rücklagen gebildet werden, um mögliche Verluste abdecken zu können. Diese Rücklagen sind Teil des Eigenkapitals und für die Kreditwürdigkeit der Genossenschaft durchaus von Bedeutung.

Die Organe der Genossenschaft sind die Generalversammlung, der Aufsichtsrat und der Vorstand. Der Aufsichtsrat kontrolliert den Vorstand, und die Generalversammlung wählt im Gegensatz zur Aktiengesellschaft sowohl den Aufsichtsrat als auch den Vorstand und entlastet diese beiden Organe für das jeweils abgeschlossene Geschäftsjahr. Die Generalversammlung beschließt über den Jahresabschluss und die Verteilung des Gewinns. Grundsätzlich hat jeder Genosse eine Stimme in der Generalversammlung. Die Gewinn- und Verlustbeteiligung erfolgt nach Maßgabe des Verhältnisses der Geschäftsguthaben.

Die Rechnungslegungsvorschriften sind vergleichsweise streng, da für die Genossenschaft die Pflicht zur Prüfung durch einen Prüfungsverband besteht. Die steuerliche Belastung ist mit der von Kapitalgesellschaften vergleichbar. Als juristische Person unterliegt die Genossenschaft der Körperschaftsteuerpflicht. Obwohl eingetragene Genossenschaften kraft Rechtsform als Gewerbebetriebe gelten, sind landwirtschaftliche Nutzungs- und Verwertungsgenossenschaften von der Gewerbesteuer befreit. Vermögensteuerpflicht besteht für die eingetragenen Genossenschaften nur insoweit, wie sie nichtlandwirtschaftliche Nutzungs- und Verwertungsgenossenschaften sind.

3.4.3 Unternehmenszusammenschlüsse

Unternehmen regeln ihre Außenverhältnisse, d. h. ihre Beziehungen zu anderen Wirtschaftssubjekten (Unternehmen, natürliche Personen), durch Verträge. Diese Verträge werden kaum sichtbar, wenn ein Unternehmen mit anderen Unternehmen lediglich kurzfristige, für jeden Einzelfall neu vereinbarte Tauschvorgänge abwickelt. Rechtlich gesehen liegen solchen Tauschvorgängen zwar auch Kaufverträge zugrunde, oftmals sind sie jedoch nicht schriftlich fixiert.

Ein Unternehmen wird mit anderen Unternehmen darüber hinausgehende längerfristige Bindungen eingehen, wenn diese vertraglichen Vereinbarungen höhere und/oder sicherere

Einkommen für das Unternehmen erwarten lassen. Prinzipiell stehen dem Unternehmen zur Erreichung dieses Ziels die folgenden Wege offen:

(1) Es kann mit Unternehmen seiner Beschaffungsmärkte längerfristige Vereinbarungen über die Konditionen zur Lieferung von Produktionsmitteln treffen.

(2) Es kann mit Unternehmen seiner Absatzmärkte längerfristige Vereinbarungen über die Konditionen zur Lieferung seiner Produkte treffen.

(3) Es kann mit gleichartigen Unternehmen eine längerfristige Zusammenarbeit vereinbaren, um durch ein gemeinsames Auftreten gegenüber Unternehmen der Absatz- und Beschaffungsmärkte sowie des Kapitalmarktes Vorteile bei den Kontrahierungsbedingungen zu erlangen.

(4) Es kann mit gleichartigen Unternehmen eine längerfristige Zusammenarbeit vereinbaren, um dadurch Vorteile bei einer gemeinsamen Aufgabenerledigung im Produktionsbereich zu erreichen.

Die Zusammenarbeit mit anderen Unternehmen kann also sowohl auf eine vorteilhaftere Gestaltung der Transaktionsprozesse als auch der Transformationsprozesse abzielen. Die unter (1) und (2) genannten Bindungsformen werden als *vertikale Zusammenarbeit* bezeichnet, während die unter (3) und (4) genannten Formen *horizontale Zusammenarbeit* heißen. Schließlich können Vereinbarungen zwischen Unternehmen auch aus einer Kombination von horizontaler und vertikaler Zusammenarbeit bestehen.

Nach dem Ausmaß der Bindungen zwischen den beteiligten Unternehmen können wir die in *Übersicht 3.20* genannten Formen unterscheiden. Dabei wurden die Formen von oben nach unten in der Reihenfolge des zunehmenden Bindungsgrades geordnet (vgl. BEA 2004, S. 398 ff. und WÖHE 2005, S. 285 ff.).

1 Verträge über Lieferungen und Leistungen
1.1 Lieferverträge
1.2 Pacht- und Mietverträge

2 Teilintegration
2.1 Arbeitsgemeinschaften
2.2 Interessengemeinschften
2.3 Kartelle
2.4 Gemeinschaftsunternehmen

3 Vollintegration
3.1 Konzern
3.2 Fusion

DECK320

Übersicht 3.20: Rechtsformen der Zusammenarbeit zwischen Unternehmen

Erste über Vereinbarungen zu einmaligen Tauschvorgängen hinausgehende Bindungen zwischen Unternehmen sind die zeitlich befristeten oder auch unbefristeten *Verträge über Lieferungen und Leistungen*. Mit einem Liefervertrag kann sich z. B. ein Mastschweineproduzent langfristig an Ferkelproduzenten binden, indem die Partner Umfang und Zeitablauf der Ferkellieferungen vereinbaren sowie Qualitäts- und Zahlungsmodalitäten regeln. Derartige Verträge können auch Vereinbarungen über den Ferkelpreis in Abhängigkeit vom Schlachtschweinepreis beinhalten, um das Preisrisiko auf beide Partner möglichst gleichmäßig zu verteilen. Umgekehrt kann der Schlachtschweineproduzent einen Liefervertrag mit einer Großküche zur Lieferung von Schweinehälften eingehen, der ebenfalls die Lieferbedingungen bezüglich Qualität, Lieferumfang, zeitlicher Abfolge und Zahlungsbedingungen exakt definiert.

Pacht- und Mietverträge regeln die längerfristige Überlassung von Grundstücken, Gebäuden oder auch Maschinen. Insbesondere ist in solchen Verträgen die Nutzungsdauer, die Pflege und Instandhaltung der Objekte und die Höhe des Nutzungsentgelts zu definieren.

Unter den Verträgen über Lieferungen und Leistungen können schließlich auch Arbeits- und Kreditverträge subsumiert werden. Auf die Gestaltung derartiger Verträge werden wir in den Kapiteln 5 und 8 näher eingehen.

Bei den vertraglichen Vereinbarungen zur *Teilintegration* werden Teile der Aufgaben von mehreren Unternehmen integriert. Die Teilintegration wird auch *Kooperation* genannt, wobei dann – nach Maßgabe der vorhergehenden Überlegungen – zwischen *vertikaler und horizontaler Kooperation* unterschieden wird.

Eine *Arbeitsgemeinschaft* ist ein Zusammenschluss von Unternehmen, mit dem eine befristete und abgegrenzte Aufgabe gemeinsam erfüllt werden soll. Zum Wesen dieses Zusammenschlusses gehört es, dass er nach der Erfüllung der gemeinsamen Aufgabe wieder aufgelöst wird. In der Regel erfolgt der Zusammenschluss mit der Rechtsform der Gesellschaft bürgerlichen Rechts (GbR). Die Arbeitsgemeinschaft ist vornehmlich in der Bauindustrie verbreitet, wenn etwa mehrere Baufirmen ein Großprojekt gemeinsam durchführen. Auch in der Landwirtschaft sind Arbeitsgemeinschaften durchaus vorstellbar, z. B. wenn mehrere Landwirte einer Gemeinde den Feldwegebau oder Meliorationsmaßnahmen gemeinsam durchführen wollen, wovon die Grundstücke aller Beteiligten betroffen sind.

Die *Interessengemeinschaft* unterscheidet sich von der Arbeitsgemeinschaft prinzipiell dadurch, dass sie nicht mit einer zeitlichen Befristung gebildet wird. Auch dieser Zusammenschluss erfolgt i. d. R. in Form einer GbR. Derartige Interessengemeinschaften finden sich in der Agrar- und Ernährungswirtschaft sehr häufig:

Zuckerrübenproduzierende Landwirte einer Region schließen sich zu einer Verlade- und Transportgemeinschaft zusammen. Durch die gemeinsame Nutzung schlagkräftiger Transportkapazitäten (Zuckerrübenlader und Reinigungsgeräte, LKW) entfällt die Anschaffung unternehmensindividueller Maschinen, außerdem wird durch den „Ab-Feld-Transport" bei den beteiligten Betrieben Arbeit gespart.

Interessengemeinschaften in Form der sog. Maschinengemeinschaften sind außerordentlich weit verbreitet. Landwirte schließen sich in einer GbR zusammen, um Großmaschinen, deren Auslastung im einzelnen Unternehmen nicht gewährleistet werden kann, gemeinsam vollständig zu nutzen. Ziel des Zusammenschlusses ist hier das Bestreben nach Kostensenkung bei der Arbeitserledigung.

Ebenso können Interessengemeinschaften als GbR zum gemeinsamen Betrieb von Milchviehanlagen und Mastanlagen oder für die Weiterverarbeitung von Agrarprodukten gebildet werden. Die Interessengemeinschaft ist dann auch eine Gewinngemeinschaft. Der Gesellschaftsvertrag muss Regelungen über die Verteilung des Gewinns und Verlusts aus der gemeinsam betriebenen Anlage enthalten.

Die Gewinnpoolung spielt auch bei einer Interessengemeinschaft als vertikaler Kooperation zwischen Ferkelerzeugern und Schlachtschweineproduzenten eine wichtige Rolle. Diese Landwirte schließen sich zusammen, um eine stärkere Marktstellung durch größere einheitliche Produktmengen zu erreichen, und darüber hinaus, um das Preisrisiko auf mehrere Unternehmen zu verteilen. So kann sich z. B. die Endabrechnung über die auszuzahlenden Ferkel- und Schlachtschweinepreise aus dem Gesamtgewinn der mehrstufigen Interessengemeinschaft ergeben. Der Gesamtgewinn, den die Interessengemeinschaft erwirtschaftet, wird über die Preise auf die einzelnen Mitglieder der Gemeinschaft weitergegeben.

Ein *Kartell* ist ein Zusammenschluss von Unternehmen, deren Zweck die Beeinflussung der Absatzmärkte durch Wettbewerbsbeschränkungen ist. Das Kartell wird in der Regel ebenfalls in der Rechtsform einer GbR gebildet.

Zu unterscheiden ist zwischen Kartellen niederer Ordnung und solchen höherer Ordnung. Kartelle niederer Ordnung regeln vergleichsweise unbedeutende Maßnahmen der Absatzpolitik der beteiligten Unternehmen. Zum Beispiel können sie vereinbaren, dass sie ihre Leistungen nur zu einheitlichen Konditionen auf dem Markt anbieten. Kartelle höherer Ordnung konzentrieren sich dagegen auf die wesentlichen Variablen der unternehmerischen Absatzpolitik. So vereinbaren z. B. mehrere Unternehmen einer Branche, dass sie ihre Produkte nur zu einheitlichen Preisen anbieten (Preiskartell). Da Kartelle das konstituierende Element marktwirtschaftlich orientierter Volkswirtschaften, nämlich den Wettbewerb, einschränken wollen, unterliegen sie strenger staatlicher Aufsicht (Bundeskartellamt). Im Gesetz gegen Wettbewerbsbeschränkungen (GWB) ist die Zulässigkeit von Kartellen im Einzelnen geregelt.

Es ist eine wesentliche wirtschaftliche Voraussetzung für die Bildung von Kartellen, dass eine Wirtschaftsbranche nur wenige Unternehmen umfasst, also eine Oligopolsituation vorliegt. Nur in einer solchen Situation lassen sich Kartellabsprachen auch überwachen bzw. einhalten. Das Kartell spielt deshalb in der Landwirtschaft mit ihren Hunderttausenden von Kleinunternehmen keine Rolle. Allerdings lässt sich ein Kartell vorstellen, wenn z. B. eine begrenzte Zahl von relativ großen Gemüse- oder Obstproduzenten die alleinigen Versorger einer Großstadtregion mit Frischprodukten sind.

Zumindest kartellähnliche Zusammenschlüsse sind schließlich auch bei Betrieben des organischen Landbaus vorstellbar, die Preis- und Konditionenabsprachen insbesondere für begrenzt lagerfähige Produkte treffen könnten.

Ein *Gemeinschaftsunternehmen* entsteht aus der Zusammenarbeit mehrerer Unternehmen durch Gründung einer eigenständigen Gesellschaft (Personengesellschaft, Kapitalgesellschaft), an der die kooperierenden Unternehmen über Kapitaleinlagen und Leitungsbefugnisse gemeinsam beteiligt sind. So können z. B. mehrere Landwirte eine Personen- oder Kapitalgesellschaft als Kühl- und Lagerhaus sowie als Absatzorganisation für Obst und Gemüse bilden. Generell ist auch vorstellbar, dass die vorher als Interessengemeinschaft in Form der GbR angesprochenen Unternehmenszusammenschlüsse auch in Form von Personen- oder Kapitalgesellschaften betrieben werden können. Steuerliche Gesichtspunkte geben oft den Ausschlag für die Wahl der einen oder anderen Rechtsform. Anders als bei der GbR besteht bei Personen- und Kapitalgesellschaften die Gewerbesteuerpflicht.

Im Unterschied zur Teilintegration verlieren die beteiligten Unternehmen bei der *Vollintegration* ihre wirtschaftliche Selbstständigkeit (Konzern) oder zusätzlich auch ihre rechtliche Selbstständigkeit (Fusion).

Der *Konzern* umfasst mehrere rechtlich selbstständige Unternehmen, die aber unter einer einheitlichen Leitung zusammengefasst sind und deshalb eine für alle Beteiligten einheitliche Unternehmenspolitik betreiben. Es ist prinzipiell vorstellbar, dass sich z. B. mehrere Unternehmen der Ernährungswirtschaft, die in Form von Aktiengesellschaften geführt werden, zu einem Konzern zusammenschließen können, wenn sie sich davon wirtschaftliche Vorteile versprechen.

Der weitestgehende Schritt bei der Zusammenarbeit von Unternehmen ist die *Fusion*. Eine Fusion liegt dann vor, wenn die sich verbindenden Unternehmen nicht nur ihre wirtschaftliche, sondern auch ihre rechtliche Selbstständigkeit verlieren. Unternehmensfusionen dürften gerade in der Landwirtschaft an Bedeutung gewinnen. Zur Schaffung von Wirtschaftseinheiten, die aus Gründen einer möglichst vollständigen Auslastung von Großmaschinen und Mitarbeitern mit Spezialkenntnissen vorteilhaft sind, können z. B. mehrere landwirtschaftliche Einzelunternehmen zu einer Personengesellschaft oder auch zu einer Kapitalgesellschaft fusionieren. Eventuelle steuerliche Nachteile können durchaus durch Vorteile bei den Transformations- und Transaktionskosten mehr als ausgeglichen werden (Skaleneffekte). Eine weitere Deregulierung der Agrarmärkte wird die Zahl der Unternehmensfusionen in der Landwirtschaft vermutlich ansteigen lassen.

3.5 Steuerrechtliche Identifikation von Einzelwirtschaften

3.5.1 Steuer- und Abgabenarten

Ein wesentlicher Teil der geldwirtschaftlichen Beziehungen zwischen den Unternehmen und der öffentlichen Hand besteht darin, dass Unternehmer und Unternehmen durch Gesetze und Verordnungen zur Zahlung von Steuern und Abgaben an den Staat verpflichtet werden. Steuern sind nach § 3 der Abgabenordnung „Geldleistungen, die nicht eine Gegenleistung für eine besondere Leistung darstellen und von einem öffentlich-rechtlichen Gemeinwesen zur Erzielung von Einnahmen allen auferlegt werden, bei denen der Tatbestand zutrifft, an den das Gesetz die Leistungspflicht knüpft; die Erzielung von Einnahmen kann Nebenzweck sein".

Die beiden zentralen Prinzipien der Besteuerung sind die *Gleichmäßigkeit* und die *Leistungsfähigkeit*. Das Steuersystem besteht aus ca. 50 Steuerarten, die im Hinblick auf die Gesetzgebungskompetenz sowie die Ertrags- und Verwaltungskompetenz unterschiedlich sind.

Dem Bund stehen vornehmlich die Einnahmen aus Zöllen, aus bestimmten Verbrauchsteuern, aus der Kapitalverkehrsteuer, der Versicherungsteuer und der Wechselsteuer zu. Die Bundesländer vereinnahmen die Vermögen- und Erbschaftsteuer, bestimmte Verkehrsteuern und Verbrauchsteuern. Darüber hinaus teilen sich der Bund und die Länder einige Gemeinschaftsteuern, wie etwa die Einkommen- und Körperschaftsteuer. Außerdem sorgt der Finanzausgleich zwischen den Ländern (horizontal) und zwischen Bund und Ländern (vertikal) dafür, dass ein größeres Steuergefälle vermieden wird. Den Gemeinden steht ein Anteil am Einkommensteueraufkommen des jeweiligen Bundeslandes zu. Außerdem erhalten sie die größten Anteile aus der Gewerbesteuer und der Grundsteuer.

Die aus der Sicht des Unternehmens, bzw. des Unternehmers, bedeutendsten Steuern sind in *Übersicht 3.21* aufgeführt. Sie lassen sich in Substanz-, Ertrag- und Verkehrsteuern untergliedern. Während bei den Substanzsteuern Werte des Betriebsmittelbestandes die Bemessungsgrundlage für die Höhe der zu zahlenden Steuern bilden, liegen den Ertragsteuern Einkommensgrößen zugrunde. Die Verkehrsteuern setzen erhebungstechnisch an Transaktionsprozessen an (z. B. Lieferung eines Produktes, Erwerb eines Grundstücks).

1 Substanzsteuern
1.1 Grundsteuer (GrSt)

2 Ertragsteuern
2.1 Einkommensteuer (ESt)
2.2 Kirchensteuer (KiSt)
2.3 Gewerbeertragsteuer (GewESt)
2.4 Körperschaftsteuer (KSt)
2.5 Solidaritätszuschlag

3 Verkehrsteuern
3.1 Umsatzsteuer (USt)
3.2 Grunderwerbsteuer (GrESt)

DECK321

Übersicht 3.21: Wichtige Arten von Steuern

Zu den *Substanzsteuern* zählt die Grundsteuer. Die Grundsteuer setzt an einem Teil der Unternehmenssubstanz, nämlich dem Grundvermögen, an. Die Grundsteuerpflicht besteht für alle Grundstückseigentümer, d. h., sowohl für die natürlichen als auch für die juristischen Personen. Bemessungsgrundlage für die Höhe der Grundsteuer sind die Einheitswerte der Grundstücke, die nach den Vorschriften des Bewertungsgesetzes ermittelt werden. Der Einheitswert ist also ein nach gesetzlichen Vorschriften ermittelter Wert, der mit dem Verkehrswert eines Grundstückes nicht übereinstimmen muss. In der Regel liegt er erheblich unter dem Verkehrswert.

Zu den *Ertragsteuern* gehören die Einkommensteuer, die Kirchensteuer, die Gewerbeertragsteuer und die Körperschaftsteuer. Die Gemeinsamkeit dieser Steuern besteht darin, dass die Steuerbemessungsgrundlage in allen Fällen vom Einkommen bestimmt wird. Steuerschuldner bei der Einkommensteuer und der Kirchensteuer ist die natürliche Person, bei der Körperschaftsteuer dagegen die Kapitalgesellschaft als juristische Person. Für die Gewerbeertragsteuer bildet der Gewerbebetrieb (eingetragenes Unternehmen) den Steuergegenstand. Steuerschuldner für diese Steuer ist hier der Einzelunternehmer, der ein Einzelunternehmen betreibt, oder das Unternehmen als Personen- bzw. Kapitalgesellschaft. Folglich wird jedes gewerbliche Unternehmen mit zwei (bzw. einschließlich der Kirchensteuer mit drei) Ertragsteuern belastet. Einzelunternehmen und Personengesellschaften unterliegen der Gewerbeertragsteuer, und die Unternehmensträger als natürliche Personen unterliegen der Einkommensteuer und ggf. der

Kirchensteuer. Bei Kapitalgesellschaften kommt zur Gewerbeertragsteuer die Körperschaftsteuer hinzu. Für das nichteingetragene land- und forstwirtschaftliche Unternehmen entfällt die Gewerbeertragsteuer. Die Kirchensteuer ist ebenfalls eine Ertragsteuer, da sich ihre Höhe proportional zur Einkommensteuer verhält. Im Unterschied zu den übrigen Ertragsteuern kann sich der Steuerschuldner von der Kirchensteuer jedoch auf Antrag befreien lassen.

Die Umsatzsteuer als zentrale *Verkehrsteuer* ist als Allphasen-Netto-Umsatzsteuer mit Vorwegabzug ausgestaltet, d. h., dass mit dieser Steuer alle Umsätze auf jeder Stufe einer Leistungskette zwischen den Unternehmen und zwischen dem letzten Unternehmen und den Verbrauchern steuerlich erfasst werden. Bemessungsgrundlage sind die Gesamteinnahmen, die das Unternehmen aus dem Verkauf von Gütern erzielt. Das Unternehmen darf jedoch von seiner Steuerschuld die ihm in Rechnung gestellte Umsatzsteuer für die von ihm von anderen Unternehmen bezogenen Vorleistungen abziehen, so dass im Ergebnis nur der Netto-Umsatz als Mehrwert besteuert wird („Mehrwertsteuer"). Der generelle Steuersatz liegt gegenwärtig (2007) bei 19 %; allerdings bestehen für verschiedene Gütergruppen Sonderregelungen mit geringeren Steuersätzen.

Im Unterschied zur Umsatzsteuer, die sich auf alle Transaktionsprozesse mit Sachgütern bezieht, fällt die *Grunderwerbsteuer* nur bei Transaktionen von Grundstücken als fester Prozentsatz des Einheitswertes des Grundstückes (2 %) an. Steuerschuldner ist der Käufer eines Grundstückes.

3.5.2 Zur Ermittlung der Substanz- und Ertragsteuerschuld

Die Ermittlung der Substanz- und Ertragsteuerschuld eines Unternehmens ist nicht problemlos, weil sich die als Bemessungsgrundlagen dienenden Substanz- und Einkommensgrößen nicht unmittelbar aus den entsprechenden Werten der unternehmensinternen Kontrollrechnungen ergeben und darüber hinaus die Beträge für einzelne Steuerarten von den Beträgen anderer Steuerarten beeinflusst werden. Anhand des Beispiels eines (eingetragenen) Einzelunternehmens wollen wir zeigen, wie sich die Summe der Steuerschuld aus Substanz- und Ertragsteuern prinzipiell herleitet (vgl. dazu z. B. auch KUPSCH 2004, S. 180 f.). Da sich die Steuergesetze jedoch häufig verändern, können die nachfolgenden Ausführungen nur als Situationsbild für einen Zeitpunkt gesehen werden. Für jeweils exakte Analysen muss auf einschlägige Spezialwerke und Loseblattsammlungen verwiesen werden.

Für die Summe aus Substanz- und Ertragsteuern (S) gilt zunächst folgende Definitionsgleichung:

$$S = Sga + Sge + Se \qquad (3.5)$$

Darin sind:

S = Summe aus Substanz- und Ertragsteuern;
Sga = Grundsteuerbetrag;
Sge = Gewerbeertragsteuerbetrag;
Se = Kombinierter Einkommen- und Kirchensteuerbetrag.

Die Steuerlast ergibt sich also als Summe der Beträge für die Grundsteuer als Substanzsteuer sowie der Beträge für die Gewerbeertragsteuer und der kombinierten Einkommen- und Kirchensteuer als den Ertragsteuern.

Für die *Grundsteuer* (Sga) gilt:

(3.6) $Sga = qga \cdot ha/100 \cdot EW$

Darin sind:

qga = Grundsteuersatz in %/100 („Steuermesszahl");
ha = Hebesatz der Gemeinde für die Grundsteuer in %;
EW = Einheitswert des Grundeigentums als Bemessungsgrundlage in €.

Bei der Grundsteuer ist zwischen der Grundsteuer A und der Grundsteuer B zu unterscheiden. Die Grundsteuer A, die wir der Einfachheit halber in diesem Beispiel ausschließlich annehmen wollen, wird für land- und forstwirtschaftlichen Grundbesitz nach Maßgabe der Einheitswerte von land- und forstwirtschaftlichen Betrieben erhoben; die Grundsteuer B wird für den übrigen Grundbesitz, z. B. für Einfamilienhäuser, fällig. Die Steuermesszahl für die Grundsteuer A beträgt einheitlich 0,35 %, d. h., qga hat in Gleichung (3.6.) den Wert qga = 0,0035. Zur Berechnung der Grundsteuerlast wird dieser Wert dann mit dem Hebesatz der Gemeinde (dividiert durch 100) multipliziert. Die Hebesätze liegen je nach Gemeinde zwischen 200 und 500 %, oft liegt der Hebesatz bei 300 %. Hat z. B. ein land- und forstwirtschaftlicher Betrieb einen Einheitswert von 100.000,00 € und liegt der Hebesatz der Gemeinde bei 300 %, dann ergibt sich eine jährliche Steuerschuld für die Grundsteuer in Höhe von 0,0035 · 300/100 · 100.000,00 € = 1.050,00 €.

Für die *Gewerbeertragsteuer* (Sge), zu der nur gewerbliche Unternehmen herangezogen werden, gilt:

(3.7) $Sge = qge \cdot hs/100 \cdot (GE - Sge)$

Darin sind:

qge = Gewerbeertragsteuersatz in %/100 („Steuermesszahl");
hs = Hebesatz der Gemeinde für die Gewerbeertragsteuer in %;
GE = zu versteuernder Gewerbeertrag in €.

Der Gewerbeertragsteuersatz beträgt bei Kapitalgesellschaften einheitlich 5 %, d. h. qge hat den Wert qge = 0,05. Bei Einzelunternehmen und Personengesellschaften steigt die Steuermesszahl in Abhängigkeit von der Höhe des Gewerbeertrages in Stufen von jeweils 12.000,00 € um 1 % auf 5 % an. Zur Berechnung der Gewerbeertragsteuerschuld wird der Gewerbeertragsteuersatz mit dem Hebesatz der Gemeinde (dividiert durch 100) multipliziert.

Der zu versteuernde Gewerbeertrag (GE) selbst errechnet sich prinzipiell aus dem Gewinn des Gewerbebetriebes unter Berücksichtigung verschiedener Hinzufügungen und Kürzungen sowie nach Abzug eines Freibetrages.

Aus Gleichung (3.7) geht weiterhin hervor, dass die Gewerbeertragsteuer von ihrer eigenen Bemessungsgrundlage abzugsfähig ist. Die Größe Sge taucht auf beiden Seiten der Gleichung auf. Die tatsächliche Gewerbesteuerbelastung ergibt sich deshalb durch Auflösung der Gleichung (3.8) nach Sge mit:

(3.8) $Sge = (qge \cdot hs) / (100 + qge \cdot hs) \cdot GE$

Die *kombinierte Einkommen- und Kirchensteuer* (Se) beträgt:

(3.9) $Se = qe \cdot VE$

Darin sind:
qe = kombinierter Einkommen- und Kirchensteuersatz in %/100;
VE = zu versteuerndes Einkommen in €.

Das zu versteuernde Einkommen (VE) errechnet sich aus dem Jahreseinkommen (BVE) vor Abzug der Grundsteuer und der Gewerbeertragsteuer. Für das zu versteuernde Einkommen gilt also:

(3.10) $VE = BVE - Sga - Sge$

Das Jahreseinkommen (BVE), das gegenüber dem tatsächlich erzielten Einkommen ebenfalls schon eine bereinigte Größe darstellt, errechnet sich als Summe der verschiedenen Einkunftsarten einer natürlichen Person (z. B. Einkünfte aus Land- und Forstwirtschaft, Einkünfte aus Gewerbebetrieb, Einkünfte aus selbstständiger und unselbstständiger Arbeit etc.) nach Abzug diverser Freibeträge und sonstiger Abzugsbeträge.

Aufgrund der Tatsachen, dass der zur Bestimmung der Einkommensteuerschuld anzuwendende Durchschnittssteuersatz mit der Höhe des Einkommens variiert, sich nach Maßgabe der *Übersicht 3.22* verhält und sich darüber hinaus die Kirchensteuer einerseits als fester Anteil der Einkommensteuer bemisst, diese Steuer andererseits aber das zu versteuernde Einkommen mindert und deshalb auch die Einkommensteuerschuld senkt, ist der kombinierte Steuersatz (qe) in Gleichung (3.9) nur auf einem längeren Weg errechenbar. Dazu Folgendes:

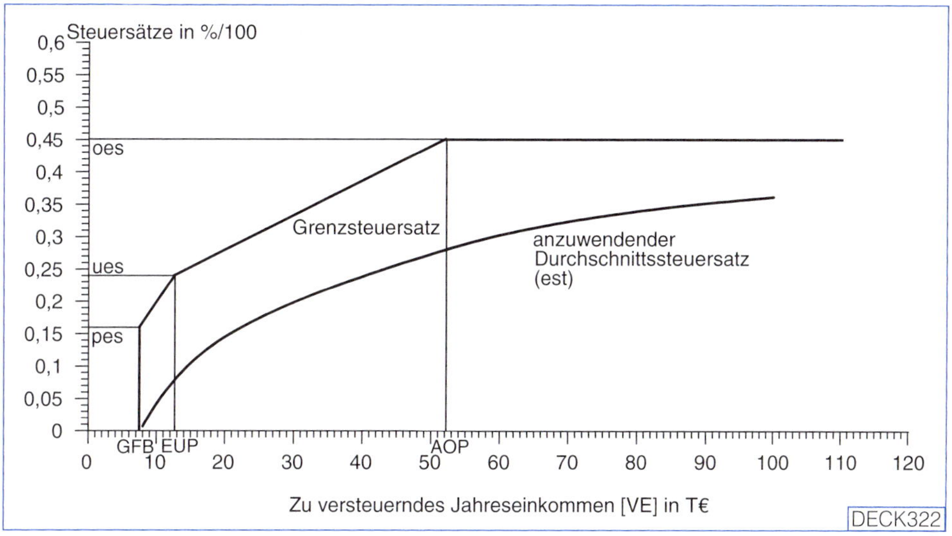

Übersicht 3.22: Grenzsteuersatz und Durchschnittssteuersatz für die Einkommensteuer

Übersicht 3.22 zeigt mit der oberen Kurve die derzeit (2007) gültigen Grenzsteuersätze in Abhängigkeit des zu versteuernden Einkommens VE. Die Grenzsteuersätze sind prinzipiell wie folgt gestaltet: Ist VE nicht größer als der Grundfreibetrag (GFB), dann ist keine Einkommensteuer zu zahlen, der Grenzsteuersatz ist also 0. Der Grundfreibetrag beträgt gegenwärtig 7664,00 €. Ist das Einkommen nicht größer als der Endbetrag (EUP) für die sog. untere Anstiegszone, dann gilt für den oberhalb GFB liegenden Einkommensbetrag ein linearer Anstieg von 16 %, bzw. pes = 0,16 bis 24,05 %, bzw. ues = 0,2405. Der Wert für EUP beträgt gegenwärtig 12.739,00 €. Liegt das zu versteuernde Einkommen dagegen höher als der Betrag für den Beginn der sog. Proportionalzone (AOP), dann ist für den Betrag, der oberhalb AOP liegt, ein konstanter Grenzsteuersatz (oes) zu zahlen. Er beträgt gegenwärtig 45 % bzw. oes = 0,45 und beginnt ab AOP = 52.152,00 €. Für die Einkommensbeträge zwischen EUP und AOP gelten schließlich die von (ues) nach (oes) linear ansteigenden Grenzsteuersätze.

Der zur Berechnung der Einkommensteuer in Abhängigkeit des zu versteuernden Einkommens (VE) relevante Wert ist jedoch der in *Übersicht 3.22* mit der unteren Kurve ebenfalls abgetragene Durchschnittssteuersatz (est). Er lässt sich für jedes Einkommen (VE) errechnen, wenn man das bestimmte Integral des Grenzsteuersatzes von 0 bis VE bildet und diesen Betrag dann durch VE dividiert. Das bestimmte Integral ist die jeweilige Fläche unter der Kurve der Grenzsteuersätze. Da die Grenzsteuerkurve aus linearen Teilstücken besteht, ergibt sich die Fläche unter der Kurve der Grenzsteuersätze prinzipiell als Summe aus Rechtecks- und Dreiecksflächen. Wir können deshalb den anzuwendenden Durchschnittssteuersatz (est) nach Maßgabe des folgenden Ausdrucks finden:

(3.11)

WENN VE ≤ GFB; DANN est = 0; SONST

WENN VE ≤ EUP; DANN est = [(VE–GFB) · (ues–pes) · (VE–GFB)/(EUP–GFB)/2 + (VE–GFB) · pes]/VE; SONST

WENN VE ≤ AOP; DANN est = [(EUP–GFB) · pes + (EUP–GFB) · (ues–pes)/2 + (VE–EUP) · (oes–ues) · (VE–EUP)/(AOP–EUP)/2 + (VE–EUP) · ues]/VE;

SONST: est = [(EUP–GFB) · pes + (EUP–GFB) · (ues–pes)/2 + (AOP–EUP) · ues + (AOP-EUP) · (oes–ues)/2 + (VE–AOP) · oes]/VE

Darin sind:

VE	= zu versteuerndes Jahreseinkommen in €;
GFB	= Grundfreibetrag in €;
EUP	= Endbetrag der Anstiegszone in €;
AOP	= Spitzeneinkommensteuersatz in €;
pes	= Anfangseinkommensteuersatz in %/100;
ues	= Steuersatz vom Ende der Anstiegszone in %/100;
oes	= Spitzeneinkommensteuersatz in %/100;
est	= anzuwendender Einkommensteuersatz in %/100.

Die Einkommensteuerschuld (Sest) ergibt sich, wenn wir von dem zu versteuernden Einkommen (VE) die Kirchensteuer (Ski) subtrahieren und diese Differenz dann mit dem Einkommensteuersatz (est) gewichten. Es gilt:

$$(3.12) \qquad Sest = est \cdot (VE - Ski)$$

Umgekehrt ergibt sich aber die zu zahlende Kirchensteuer (Ski) als Anteil der Einkommensteuerschuld (Sest), so dass gilt:

$$(3.13) \qquad Ski = qki \cdot Sest$$

Darin ist (qki) der Kirchensteuersatz. Die Kirchensteuer beträgt gegenwärtig im Allgemeinen 8 oder 9 % der Einkommensteuer, so dass qki = 0,08 bzw. qki = 0,09 gilt.

Durch Einsetzen der Gleichung (3.13) in (3.12) und einigen Umformungen können wir für die Einkommensteuer (Sest) und die Kirchensteuer (Ski) die folgenden Ausdrücke erhalten:

$$(3.14) \qquad Sest = \frac{est}{1+est \cdot qki} \cdot VE$$

$$(3.15) \qquad Ski = \frac{qki \cdot est}{1+qki \cdot est} \cdot VE$$

Durch Addition der Gleichungen (3.14) und (3.15) ergibt sich nach einigen Umformungen der kombinierte Einkommen- und Kirchensteuersatz (qe), wobei berücksichtigt ist, dass qe per definitionem qe = (Sest + Ski)/VE ist, mit:

$$(3.16) \qquad qe = \frac{est \cdot (1+qki)}{1+qki \cdot est}$$

Der Faktor (qe) dient dann zur Berechnung der kombinierten Einkommen- und Kirchensteuer gemäß Gleichung (3.9).

Bereich	Bezeichnung		Beträge
Steuergesetzliche Vorgaben	Grundsteuersatz(A) in %/100	[qga]:	0,0035
	Grundsteuerhebesatz(A) in %	[ha]:	300,00
	Gewerbeertragsteuersatz in %/100	[qge]:	0,04
	Gewerbesteuerhebesatz in %	[hs]:	300,00
	Kirchensteuersatz in %/100	[qki]:	0,08
	Anfangseinkommensteuersatz in %/100	[pes]:	0,16
	Steuersatz am Ende der Anstiegszone in %/100	[ues]:	0,2405
	Spitzeneinkommensteuersatz in %/100	[oes]:	0,45
	Einkommensteuergrundfreibetrag in €	[GFB]:	7.664,00
	Ende der Anstiegszone in €	[EUP]:	12.739,00
	Beginn der oberen Proportionalzone in €	[AOP]:	52.152,00
Angaben des Steuerpflichtigen	Zu versteuernder Einheitswert(A) in €	[EW]:	50.000,00
	Jahreseinkommen vor Abzug der Grundsteuer und der Gewerbeertragsteuer in €	[BVE]:	55.000,00
	Zu versteuernder Gewerbeertrag in €	[GE]:	40.000,00
Vorkalkulationen	Zu versteuerndes Jahreseinkommen in €	[VE]»	50.189,29
	Anzuwendender Einkommensteuersatz in %/100	[est]»	0,27
Einzel-steuerbeträge	Grundsteuer(A) in €	[Sga]»	525,00
	Gewerbeertragsteuer in €	[Sge]»	4.285,71
	Einkommen- und Kirchensteuer in €	[Se]»	14.532,16
Ergebnis	Summe der Steuerschuld für Substanz- und Ertragsteuern in €	[S]»	19.342,87
			DECK323

Übersicht 3.23: Vereinfachte Berechnung der Steuerschuld für Substanz- und Ertragsteuern

Bereich	Bezeichnung		Beträge
Steuergesetzliche Vorgaben	Grundsteuersatz(A) in %/100	[qga]:	0,0035
	Grundsteuerhebesatz(A) in %	[ha]:	300,00
	Gewerbeertragsteuersatz in %/100	[qge]:	0,04
	Gewerbesteuerhebesatz in %	[hs]:	300,00
	Kirchensteuersatz in %/100	[qki]:	0,08
	Anfangseinkommensteuersatz in %/100	[pes]:	0,16
	Steuersatz am Ende der Anstiegszone in %/100	[ues]:	0,2405
	Spitzeneinkommensteuersatz in %/100	[oes]:	0,45
	Einkommensteuergrundfreibetrag in €	[GFB]:	7.664,00
	Ende der Anstiegszone in €	[EUP]:	12.739,00
	Beginn der oberen Proportionalzone in €	[AOP]:	52.152,00
Angaben des Steuerpflichtigen	Zu versteuernder Einheitswert(A) in €	[EW]:	50.000,00
	Jahreseinkommen vor Abzug der Grundsteuer und der Gewerbeertragsteuer in €	[BVE]:	55.000,00
	Zu versteuernder Gewerbeertrag in €	[GE]:	0,00
Vorkalkulationen	Zu versteuerndes Jahreseinkommen in €	[VE]»	54.475,00
	Anzuwendender Einkommensteuersatz in %/100	[est]»	0,29
Einzel-steuerbeträge	Grundsteuer(A) in €	[Sga]»	525,00
	Gewerbeertragsteuer in €	[Sge]»	0,00
	Einkommen- und Kirchensteuer in €	[Se]»	16.541,83
Ergebnis	Summe der Steuerschuld für Substanz- und Ertragsteuern in €	[S]»	17.066,83
			DECK324

Übersicht 3.24: Vereinfachte Berechnung der Steuerschuld für Substanz- und Ertragsteuern in Einzelunternehmen ohne Berücksichtigung der Gewerbeertragsteuer (ldw. Betrieb)

Übersicht 3.23 zeigt ein Tabellenkalkulationsprogramm, mit dem die Summe der Steuerschuld für Substanz- und Ertragsteuern von Einzelunternehmen berechnet werden kann. Das Programm enthält einige Vereinfachungen, die die Vorgehensweise aber nicht grundsätzlich verfälschen (vgl. zur genauen Berechnung der Steuerschuld und insbesondere auch zur Berechnung der Steuerbemessungsgrundlagen namentlich KÖHNE und WESCHE 1995).

Übersicht 3.23 enthält im oberen Teil die steuergesetzlichen Vorgaben einschließlich der gemeindespezifischen Hebesätze und Kirchensteuersätze als Beispiele. Im zweiten Teil der *Übersicht 3.23* werden die Bemessungsgrundlagen für die Steuern des steuerpflichtigen Unternehmers eingegeben. Aus den dort angegebenen Zahlen errechnen sich unter Berücksichtigung der steuergesetzlichen Vorgaben mit Hilfe der vorher abgeleiteten Gleichungen (3.12) bis (3.15) und (3.7) bis (3.10) sowie (3.11) und (3.16) die Zwischen- und Endergebnisse in den drei unteren Abschnitten der *Übersicht 3.23*.

Für die Beispielszahlen über die zu versteuernden Substanz- und Einkommensgrößen der Übersicht 3.23 ergibt sich eine Steuerbelastung von insgesamt 19.342,87 €. (Variieren Sie mit dem Programm DECK323 die Angaben des Steuerpflichtigen, um die Abhängigkeit der Steuerschuld insbesondere von unterschiedlichen Jahreseinkommen für die Berechnung der kombinierten Einkommen- und Kirchensteuer festzustellen.) Aus der Übersicht 3.23 geht im Übrigen hervor, dass die Einkommensteuer die bei weitem wichtigste Steuer ist. Lediglich die Gewerbeertragsteuer spielt dann noch eine größere Rolle, wenn das Jahreseinkommen und der Gewerbeertrag ähnliche Beträge aufweisen.

Die aufgeführten drei bzw. vier Steuerarten gelten nur für das gewerbliche Einzelunternehmen. Im (nicht eingetragenen) land- und forstwirtschaftlichen Unternehmen entfällt die Gewerbeertragsteuer. *Übersicht 3.24* zeigt bei sonst gleichen Substanz- und Einkommensbeträgen, dass die Gesamtsteuerbelastung von vorher 19.342,87 € auf jetzt noch 17.066,83 € absinkt. Die daraus resultierende Differenz in Höhe von 2276,04 € ist jedoch geringer als die vorher errech-

neten Beträge für die Gewerbesteuern in Höhe von 4285,71 €. Da sich die Gewerbesteuern steuermindernd auf die Einkommen- und Kirchensteuer auswirken, liegt die zu zahlende Einkommen- und Kirchensteuer im landwirtschaftlichen Unternehmen um 2009,67 € höher. Der Steuervorteil des land- und forstwirtschaftlichen Unternehmens ist also geringer als die eingesparte Gewerbesteuersumme.
Schließlich bleibt darauf hinzuweisen, dass sich die von einem Einzelunternehmer zu zahlenden Substanz- und Ertragsteuern noch um den Solidaritätszuschlag erhöhen. Der zu zahlende Solidaritätszuschlag beträgt gegenwärtig 5,5 % der zu zahlenden Einkommensteuer. Er kann nicht gegen andere Steuern verrechnet werden.

3.5.3 Die Umsatzsteuer als Verkehrsteuer

Die Wirkungsweise der Umsatzsteuer, die gegenwärtig (2007) im Regelfall 19 % des Güter (netto)-wertes beträgt, lässt sich durch das Schema der *Übersicht 3.25* verdeutlichen. Das Schema ist an die vereinfachte Darstellung des „Wirtschaftsglobus" in *Übersicht 3.8* angelehnt. Der Wirtschaftsglobus besteht wieder nur aus den drei Unternehmen U1 bis U3 sowie den Haushalten der Verbraucher. Zusätzlich wurde die Finanzbehörde als Steuereinnahmestelle für die Umsatzsteuer eingeführt.

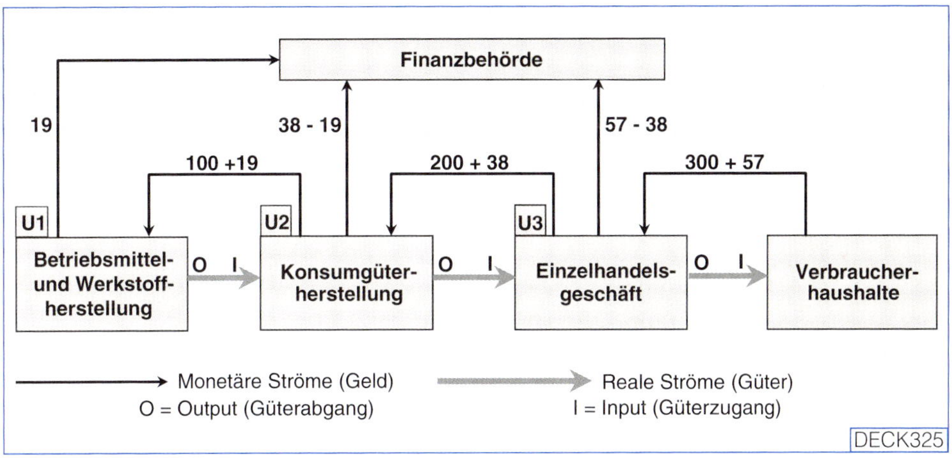

Übersicht 3.25: Die Wirkungsweise der Umsatzsteuer

Das Unternehmen der Betriebsmittel- und Werkstoffherstellung U1 möge Produkte im Güterwert von 100,00 € an das Konsumgüterunternehmen U2 liefern. Es stellt dafür neben dem Kaufpreis bei einem Umsatzsteuersatz von 19 % des Güterwertes einen Umsatzsteuerbetrag von 19,00 € in Rechnung. Vom erhaltenen Gesamtbetrag (119,00 €) führt U1 19,00 € als Steuer an die Finanzbehörde ab. U2 verkauft dann die weiterverarbeiteten Produkte zu einem Güterwert von 200,00 € an das Einzelhandelsgeschäft U3. U2 stellt U3 238,00 € (davon 38,00 € Umsatzsteuer) in Rechnung. U2 subtrahiert dann von den 38,00 € erhaltener Umsatzsteuer die 19,00 €, die es an U1 gezahlt hat, und führt die Differenz in Höhe von 19,00 € an das Finanzamt ab. U2 zahlt also die 19%ige Umsatzsteuer nur für die Differenz aus eigenem Produktionswert (200,00 €) und Vorleistungen (100,00 €), d. h. für den selbstgeschaffenen Mehrwert in Höhe von 100,00 €.

Das Einzelhandelsgeschäft U3 verkauft schließlich die für brutto 238,00 € von U2 bezogenen Waren für 357,00 € an die Endverbraucher. In diesen 357,00 € sind 19 % oder 57,00 € Umsatzsteuer enthalten. Nach Abzug der Vorsteuern in Höhe von 38,00 €, die U3 an U2 gezahlt hat, führt U3 19,00 € an das Finanzamt ab. Insgesamt erhält also das Finanzamt 3 x 19,00 € = 57,00 €. Diese 57,00 € entsprechen 19 % des Mehrwertes, der von den drei Unternehmen U1, U2 und U3 zusammen erwirtschaftet wurde.

Die Umsatzsteuer wird als Verbrauchsteuer angesehen, weil der Endverbraucher über den Preis der Ware – er zahlt im Beispiel 357,00 € anstelle der 300,00 €, die dem Netto-Warenwert entsprächen – steuerlich belastet wird, auch wenn die Unternehmen steuertechnisch die Steuerschuldner sind. Es gilt also die Annahme, dass die Unternehmen die Umsatzsteuer im Preis auf die Verbraucher überwälzen können, die Umsatzsteuern also für die Unternehmen lediglich durchlaufende Posten sind. (Überlegen Sie unter Berücksichtigung Ihrer Kenntnisse aus der Mikroökonomie und der Marktlehre, ob diese Annahme in vollem Umfang zutrifft.)

Für land- und forstwirtschaftliche Unternehmen, soweit sie nicht Gewerbebetriebe im handelsrechtlichen Sinne sind, gilt eine Sonderregelung insofern, als diese Unternehmen generell der *Durchschnittsbesteuerung* (Pauschalierung) unterliegen und die oben dargestellte *Regelbesteuerung* ausdrücklich wählen (optieren) müssen (vgl. dazu im Einzelnen KÖHNE und WESCHE 1995, S. 150 ff.). Für diese Durchschnittsbesteuerung ist der Gesetzgeber von bestimmten Steuersätzen ausgegangen, die so bemessen sind, dass eine Steuerzahllast für den pauschalierenden Landwirt nicht entsteht und deshalb für ihn „umsatzsteuerliche Aufzeichnungen wie auch Abrechnungen mit dem Finanzamt nicht erforderlich sind" (KÖHNE und WESCHE, 1995, S. 166).

Bezüglich der Steuersätze ist zunächst zu berücksichtigen, dass der Gesetzgeber für Nahrungsmittel generell einen Umsatzsteuersatz von nur 7 % im Unterschied zu den sonst üblichen 19 % festgesetzt hat, um den Verbraucher aus sozialpolitischen Gründen bei der Befriedigung des Grundbedürfnisses Ernährung zu entlasten. Der pauschalierende Landwirt darf nun aber gegenwärtig (2007) für seine Produkte nicht nur diese 7 %, sondern 10,7 % Umsatzsteuern bei seinen Kunden in Rechnung stellen. Für seine Vorleistungen zahlt er dagegen nur 7 %, soweit es sich um Vorleistungen landwirtschaftlichen Ursprungs handelt (z. B. Saatgut, Futtermittel etc.), und die üblichen 19 %, soweit es sich um sonstige Vorleistungen handelt (z. B. Dieselöl, Ersatzteile, Maschinen etc.).

Bei diesen Steuersätzen geht der Gesetzgeber – wie gesagt – davon aus, dass für den „durchschnittlichen" Landwirt eine Steuerzahllast nicht entsteht, weil er in der Summe ebenso viele Steuern an seine Vorlieferanten abführt, wie er von seinen Kunden erhält. Allerdings können für den einzelnen Landwirt davon abweichende Verhältnisse eintreten, die ihn zum Übergang auf die Regelbesteuerung veranlassen können, weil für ihn unter den Bedingungen der Durchschnittsbesteuerung tatsächlich eine Steuerlast entstünde, die er jedoch vermeiden möchte. Ein Beispiel möge die Entscheidungssituation verdeutlichen.

Nehmen wir an, wie es in den Relationen grob der Realität entspricht, dass ein Landwirt Produkte mit einem (Netto-)Warenwert von 250.000,00 € verkauft, wofür er von seinen Kunden einschließlich der 10,7%igen Umsatzsteuer 276.750,00 € erhält und dass er zur Herstellung dieser Produkte landwirtschaftliche Waren als Vorleistungen in Höhe von (netto) 77.916,67 € und sonstige Waren als Vorleistungen in Höhe von (netto) 112.083,33 € einsetzt, dann ergibt sich für ihn die Rechnung des oberen Teils der *Übersicht 3.26* (Zeilen 1–4). Bei den relevanten Umsatzsteuersätzen errechnet sich bei Ansatz der Nettobeträge ebenso ein Überschuss als Mehrwert in Höhe von 60.000,00 € wie bei dem Ansatz der Bruttobeträge (Bruttozahlungen als Warenwerte inkl. Umsatzsteuer). Der vereinnahmte Umsatzsteuerbetrag in Höhe von 26.750,00 € wird durch die an die Vorlieferanten gezahlten Beträge von 5454,17 € und 21.295,83 € gerade ausgeglichen. Eine Steuerschuld als Differenz aus vereinnahmter und verausgabter Umsatzsteuer entsteht nicht.

	Vorteilhafte Alternative: » **unterschiedslos** «	(Netto-) Warenwert in €	Steuer-satz in %	Umsatz-steuer in €	Brutto-zahlung in €
Zeile	A. DURCHSCHNITTSBESTEUERUNG (pauschalierender Landwirt)				
1	+ Verkäufe landw. Waren	250.000,00	10,7	26.750,00	276.750,00
2	- Zukäufe landw. Waren	77.916,67	7,0	5.454,17	83.370,84
3	- Zukäufe sonst. Waren	112.083,33	19,0	21.295,83	133.379,16
4	Salden (Z1-Z2-Z3) »	60.000,00	---	0,00	60.000,00
	B. REGELBESTEUERUNG (optierender Landwirt)				
5	+ Verkäufe landw. Waren	250.000,00	7,0	17.500,00	267.500,00
6	- Zukäufe landw. Waren	77.916,67	7,0	5.454,17	83.370,84
7	- Zukäufe sonst. Waren	112.083,33	19,0	21.295,83	133.379,16
8	Salden (Z5-Z6-Z7) »	60.000,00	---	-9.250,00	50.750,00
9	Umsatzsteuerabführung an das Finanzamt			»	0,00
10	Umsatzsteuerrückerstattung vom Finanzamt			»	9.250,00
11	Überschuß unter Einbeziehung des Steuersaldos			»	60.000,00
					DECK326

Übersicht 3.26: Vereinfachte Berechnung der Vorteilhaftigkeit unterschiedlicher Umsatzsteuerungsverfahren für landwirtschaftliche Unternehmen

Würde der Landwirt nun für die Regelbesteuerung optieren, dann würde für ihn die Rechnung des unteren Teils der *Übersicht 3.26* gelten (Zeilen 5 bis 11). Er dürfte für seine Verkäufe in Höhe von 250.000,00 € lediglich 7 % oder 17.500,00 € Umsatzsteuer von seinen Kunden verlangen und würde für seine Vorleistungen die gleichen Beträge wie bei der Pauschalierung zahlen. Aus Zeile 8 der Übersicht geht hervor, dass er bei der Rechnung mit den Nettowerten wie bei der Pauschalierung einen Überschuss von 60.000,00 € erzielen würde, dass er aber bei der Bruttorechnung nur auf einen Betrag von 55.750,00 € käme, weil er von seinem Kunden weniger Umsatzsteuern erhält, als er an seine Lieferanten zahlen muss.

Das Umsatzsteuergesetz sieht nun vor, dass der optierende Landwirt dann, wenn der Steuersaldo wie im vorliegenden Beispiel negativ ist (-9250,00 €), diesen Betrag vom Finanzamt nach Abgabe einer entsprechenden Umsatzsteuererklärung zurückerstattet bekommt. Dieser Tatbestand ist in den Zeilen 9 bis 11 der *Übersicht 3.26* erfasst. Unter Einbeziehung der Umsatzsteuerrückerstattung würde der optierende Landwirt ebenso wie vorher der pauschalierende Landwirt einen Überschuss von 60.000,00 € erzielen. Abgesehen von der im zweiten Falle mühevoll zu erstellenden Umsatzsteuererklärung ergibt sich im Beispiel kein Unterschied zwischen der Regelbesteuerung und der Durchschnittsbesteuerung.

Ein Unterschied zwischen den Besteuerungsverfahren tritt erst dann auf, wenn der Steuersaldo im Falle der Pauschalierung nicht gerade null ist. Das Umsatzsteuergesetz sieht nämlich auch vor, dass der optierende Landwirt Umsatzsteuer in Höhe des Steuersaldos an das Finanzamt abführen muss, wenn dieser Steuersaldo für ihn positiv ausfällt. Eine derartige Situation ist in *Übersicht 3.27*, die der *Übersicht 3.26* formal entspricht, dargestellt. In diesem Falle erzeugt

	Vorteilhafte Alternative: » **Pauschalieren** «	(Netto-) Warenwert in €	Steuer-satz in %	Umsatz-steuer in €	Brutto-zahlung in €
Zeile	A. DURCHSCHNITTSBESTEUERUNG (pauschalierender Landwirt)				
1	+ Verkäufe landw. Waren	250.000,00	10,7	26.750,00	276.750,00
2	- Zukäufe landw. Waren	160.000,00	7,0	11.200,00	171.200,00
3	- Zukäufe sonst. Waren	30.000,00	19,0	5.700,00	35.700,00
4	Salden (Z1-Z2-Z3) »	60.000,00	---	9.850,00	69.850,00
	B. REGELBESTEUERUNG (optierender Landwirt)				
5	+ Verkäufe landw. Waren	250.000,00	7,0	17.500,00	267.500,00
6	- Zukäufe landw. Waren	160.000,00	7,0	11.200,00	171.200,00
7	- Zukäufe sonst. Waren	30.000,00	19,0	5.700,00	35.700,00
8	Salden (Z5-Z6-Z7) »	60.000,00	---	600,00	60.600,00
9	Umsatzsteuerabführung an das Finanzamt			»	600,00
10	Umsatzsteuerrückerstattung vom Finanzamt			»	0,00
11	Überschuß unter Einbeziehung des Steuersaldos			»	60.000,00
					DECK327

Übersicht 3.27: Vorteilhafte Einnahmen-Ausgaben-Situation für das Pauschalieren bei der Umsatzsteuer

der Landwirt einen Produktwert von (netto) wiederum 250.000,00 € mit landwirtschaftlichen Vorleistungen in Höhe von jetzt 160.000,00 € und sonstigen Vorleistungen in Höhe von jetzt 30.000,00 €. Der Nettoüberschuss beträgt wiederum 60.000,00 €. Im Falle der Pauschalierung (Zeilen 1 bis 3) beträgt der tatsächlich relevante Bruttoüberschuss jedoch 69.850,00 €, weil der Landwirt 5850,00 € mehr Umsatzsteuer vereinnahmt, als er verausgaben muss.

Würde der Landwirt in diesem Falle für die Regelbesteuerung optieren, müsste er, wie die Zeilen 5 bis 11 der *Übersicht 3.27* zeigen, den sich jetzt ergebenden Umsatzsteuerüberschuss von 600,00 € an das Finanzamt abführen, so dass sein Bruttoüberschuss dem Nettoüberschuss von 60.000,00 € gerade entspräche. Im Vergleich zur Durchschnittsbesteuerung wäre er bei der Option für die Regelbesteuerung so um 9850,00 € benachteiligt. Die vorteilhafte Alternative (im linken oberen Rechteck des Programms DECK326 bzw. DECK327 automatisch ausgewiesen) lautet „Pauschalieren".

	Vorteilhafte Alternative: » **Optieren** «	(Netto-) Warenwert in €	Steuer-satz in %	Umsatz-steuer in €	Brutto-zahlung in €
Zeile	A. DURCHSCHNITTSBESTEUERUNG (pauschalierender Landwirt)				
1	+ Verkäufe landw. Waren	250.000,00	10,7	26.750,00	276.750,00
2	- Zukäufe landw. Waren	50.000,00	7,0	3.500,00	53.500,00
3	- Zukäufe sonst. Waren	140.000,00	19,0	26.600,00	166.600,00
4	Salden (Z1-Z2-Z3) »	60.000,00	---	-3.350,00	56.650,00
	B. REGELBESTEUERUNG (optierender Landwirt)				
5	+ Verkäufe landw. Waren	250.000,00	7,0	17.500,00	267.500,00
6	- Zukäufe landw. Waren	50.000,00	7,0	3.500,00	53.500,00
7	- Zukäufe sonst. Waren	140.000,00	19,0	26.600,00	166.600,00
8	Salden (Z5-Z6-Z7) »	60.000,00	---	-12.600,00	47.400,00
9	Umsatzsteuerabführung an das Finanzamt			»	0,00
10	Umsatzsteuerrückerstattung vom Finanzamt			»	12.600,00
11	Überschuß unter Einbeziehung des Steuersaldos			»	60.000,00
					DECK328

Übersicht 3.28: Vorteilhafte Einnahmen-Ausgaben-Situation für das Optieren bei der Umsatzsteuer

Der umgekehrte Fall kann jedoch eintreten, wenn sich z. B. die Relationen der *Übersicht 3.28* ergeben. In diesem Falle erzielt der Landwirt mit Warenverkäufen von netto wiederum 250.000,00 € aber Vorleistungen in Höhe von 50.000,00 € für landwirtschaftliche Waren und 140.000,00 € für sonstige Waren einen Nettoüberschuss von wiederum 60.000,00 €. Würde der Landwirt pauschalieren, dann ergäbe sich für ihn ein tatsächlicher Überschuss von nur

56.650,00 €, weil er um 3350,00 € höhere Umsatzsteuerbeträge an seine Lieferanten zahlt, als er von seinen Kunden erhält. Im Falle der Regelbesteuerung träte dagegen ein negativer Steuersaldo in Höhe von 12.600,00 € ein, der vom Finanzamt zurückerstattet würde, so dass der Bruttoüberschuss jetzt ebenso wie der Nettoüberschuss 60.000,00 € beträgt. Die vorteilhafte Alternative heißt jetzt also „Optieren".

Aus den Beispielen können wir insgesamt schließen, dass die Regelbesteuerung im Vergleich zur Durchschnittsbesteuerung umso eher vorteilhaft wird, je höher die Vorleistungen im Vergleich zum Produktionswert werden und je höher bei den Vorleistungen der Anteil der mit 19 % zu versteuernden sonstigen Vorleistungen wird. Das den *Übersichten 3.26* bis *3.28* zugrunde liegende Tabellenkalkulationsprogramm (Aufruf mit DECK326) unterstützt die Bestimmung der vorteilhaften Alternative für den Einzelfall. (Variieren Sie in diesem Programm die Eingabewerte, um sich Einsichten in die relative Vorzüglichkeit der Handlungsalternativen zu verschaffen.)

3.6 Entscheidungsorientierte Identifikation von Einzelwirtschaften

Menschen müssen grundsätzlich entscheiden, weil sie knappe Güter bestmöglich zur Zielerreichung verwenden wollen. Sie müssen häufiger entscheiden, weil sich ihre konkreten Ziele im Verlaufe des Lebens immer wieder verändern und damit veränderte zielwirksame Handlungen notwendig werden. Menschen müssen selbst bei unveränderten Zielen häufiger entscheiden, weil sich die auf die Ergebnisse von Handlungen einwirkenden Umweltvariablen im Zeitlauf in ihren Werten verändern. Und Menschen müssen schließlich mehr oder weniger kontinuierlich entscheiden, weil sie nur unvollkommene Informationen über die komplexen Handlungsräume und die sich verändernden Werte der Umweltvariablen erlangen können. Anpassungsmaßnahmen werden notwendig, weil die tatsächlichen Ergebnisse der Handlungen immer wieder von den erwarteten Ergebnissen abweichen und deshalb „gegengesteuert" werden muss.

Wirtschaften muss also als eine Folge von repetitiv und simultan ablaufenden Prozessen gesehen werden, als eine Abfolge, die aus verschiedenen Einzelschritten besteht, welche sich mehr oder weniger häufig aneinanderreihen, wiederholen, überlappen und auch gleichzeitig ablaufen. Jeder einzelne Prozess dieser Entscheidungsfindungen und -umsetzungen besteht nun seinerseits wieder aus den fünf Phasen, wie sie im mittleren Teil der *Übersicht 3.29* dargestellt sind. Wir wollen diese Phasen anhand des Beispiels über die Beschaffung des neuen Getreideerntesystems (Abschnitt 1.4.3.3.2) verdeutlichen.

Die Phase der *Zielbildung* beginnt mit einer Anregung und Problemerkennung: Der Betriebsleiter stellt fest, dass das bisherige Erntesystem physisch abgenutzt oder technisch so veraltet ist, dass es durch ein neues System ersetzt werden sollte. Er gelangt zu dem Schluss, dass das formale Oberziel der Nutzenmaximierung in dieser konkreten Entscheidungssituation am besten dadurch erreicht wird, dass er versucht, die Getreideernte zu geringstmöglichen Kosten zu erledigen. Alternative Ziele könnten sein: Einbringung der Ernte mit geringstmöglichem Kapitalbedarf oder auch mit geringstmöglichem Arbeitsbedarf.

In zweiten Schritt tritt der Betriebsleiter dann in die Phase der *Planung* ein. Sie umfasst die Identifikation des Handlungsraumes, d. h. die Ermittlung der zulässigen und technisch effizienten Handlungsalternativen, die Identifikation des Zustandsraumes, d. h. die Ermittlung der

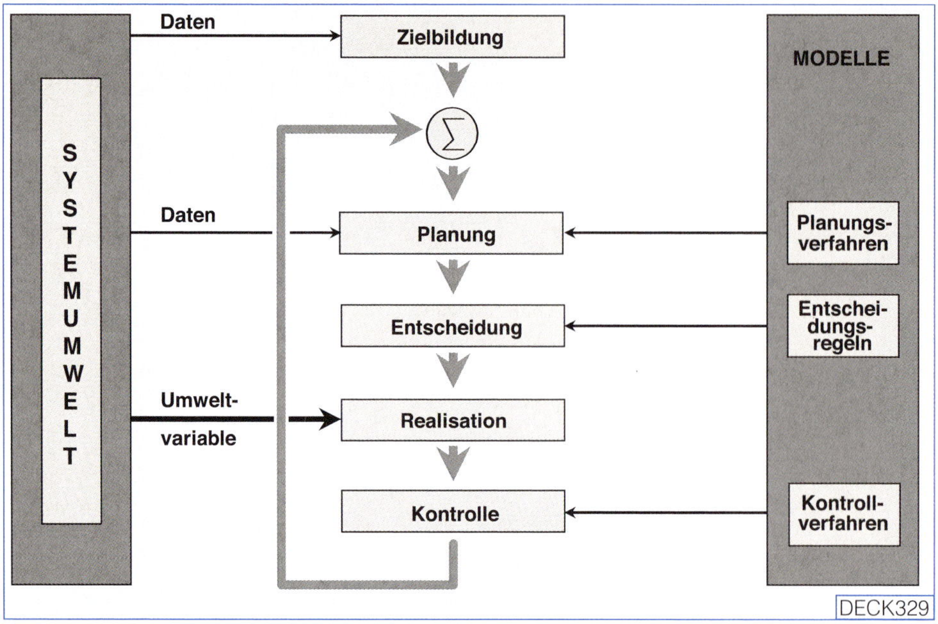

Übersicht 3.29: Das Phasentheorem des Handelns

Umweltvariablen, die auf das Erntesystem einwirken, und die Feststellung der Handlungsfolgen, d. h. der Kosten, die bei den verschiedenen Ernteverfahren entstehen würden. Planung ist also als Vorbereitung auf die eigentliche Entscheidung eine gedankliche Vorwegnahme zukünftigen Handelns durch ein zielbezogenes Abwägen von verschiedenen möglichen Handlungsalternativen. Mit dem Begriff Planung fassen wir die verschiedenen Einzelaktivitäten zusammen, die wir im 1. und 2. Kapitel bereits diskutiert hatten.

In unserem Fall ermittelt der Betriebsleiter zunächst die möglichen Erntesysteme, bestimmt dann die physisch-technischen Leistungsparameter, um daraus unter Berücksichtigung der zu erwartenden Preise für die Betriebsmittel und die Werkstoffe sowie für die menschliche Arbeit die Kosten der Verfahren vorherzusagen. Im Beispiel des Abschnittes 1.4.3.3.2 hatten wir unterschiedliche Umweltzustände noch nicht berücksichtigt, also tatsächlich eine (vereinfachte) Entscheidungssituation bei vollkommener Information unterstellt. Nach der Lektüre des 2. Kapitels soll es dem Leser überlassen bleiben, für die Getreideernteverfahren eine Entscheidungsmatrix zu konstruieren, bei der z. B. unterschiedliche Entwicklungen der Arbeitslöhne oder unterschiedliche Jahreswitterungen, die sich in einer von Jahr zu Jahr variierenden Zahl der verfügbaren Mähdruschstunden äußern, für die Entscheidung bedeutsam sind.

Die Phase der Planung ist der Phase der eigentlichen *Entscheidung* vorgelagert: Nachdem der Betriebsleiter sämtliche Ernteverfahren unter Berücksichtigung unterschiedlicher Werte für die Umweltvariablen auf ihre Kosten hin durchgerechnet hat, entscheidet er sich für das kostenminimale Verfahren.

In der anschließenden Phase der *Realisation* wird die Entscheidung in die Tat umgesetzt. Das ausgewählte Getreideernteverfahren wird beschafft und in den nächsten Jahren im Betrieb eingesetzt.

Nachdem das Ernteverfahren arbeitet, beginnt die Phase der *Kontrolle*. Der Betriebsleiter wird prüfen, ob die jetzt tatsächlich entstehenden Kosten mit den vorhergesagten übereinstimmen und falls nicht, welche Anpassungsmaßnahmen vorgenommen werden sollten. Dieser Vergleich der IST-Werte mit den SOLL-Werten ist in *Übersicht 3.29* durch die von der Kontrollphase zur Planungsphase verlaufende Rückkopplungsschleife, die wir aus der Diskussion des Prinzips der Regelung schon kennen, dargestellt.

Die Abweichanalyse liefert u. U. bereits den Anlass für einen neuen Entscheidungsprozess. Weiterer Entscheidungsbedarf kann dadurch entstehen, dass der Betriebsleiter die Neuentwicklung von Getreideernteverfahren kontinuierlich verfolgt und nach einiger Zeit feststellen könnte, dass sein Verfahren nicht mehr das kostengünstigste ist. Selbst wenn dieser Fall nicht eintritt, wird ein weiterer Entscheidungsprozess spätestens dann akut, wenn das Ernteverfahren wieder vollständig abgenutzt ist und ersetzt werden muss.

Neben diesen Phasen des wirtschaftlichen Handelns zeigt die *Übersicht 3.29* die Systemumwelt, die in der Phase der Realisation auf das Erntesystem einwirkt und aus der in den Phasen der Zielbildung und Planung Daten über die Werte der relevanten Umweltvariablen erfasst und vorhergesagt werden müssen. Dabei ist darauf hinzuweisen, dass im vorliegenden Beispiel die Systemumwelt nicht aus der Umwelt des Unternehmens besteht, in dem das Getreideernteverfahren eingesetzt werden soll, sondern aus der Umwelt des Ernteverfahrens. Für das Ernteverfahren bildet auch das übrige landwirtschaftliche Unternehmen einen Teil seiner Systemumwelt. Mit anderen Worten: Aus der Sicht des Entscheiders über das Erntesytem sind auch Daten über die IST-Zustände des Unternehmens und deren weitere Entwicklungen zu erfassen und vorherzusagen.

In der Literatur wird vielfach zwischen externen und internen Daten unterschieden, wobei sämtliche Daten aus der Umwelt des Unternehmens als externe Daten und sämtliche Daten, die sich auf das Unternehmen selbst beziehen, als interne Daten bezeichnet werden. Diese Abgrenzung ist unzulässig. Externe Daten sind Daten über Variablen, die auf das jeweils betrachtete reale System einwirken, unabhängig davon, ob sie innerhalb oder außerhalb des Unternehmens angesiedelt sind. Wir müssen also für jede Entscheidungssituation das reale System, für das eine Entscheidung getroffen werden soll, sehr genau definieren. Von den definierten Systemgrenzen hängt es ab, ob eine bestimmte Einflussgröße als nichtkontrollierbare Variable anzusehen ist oder nicht. Wenn sich eine Entscheidung auf das gesamte Unternehmen bezieht, dann haben sämtliche relevanten nichtkontrollierbaren Variablen ihren Ursprung außerhalb des Unternehmens. Wenn sie sich dagegen – wie es praktisch immer der Fall ist – tatsächlich nur auf einen Teil des Unternehmens beziehen, sind auch Einflussgrößen von innerhalb des Unternehmens als nichtkontrollierbare Variable zu berücksichtigen.

Schließlich zeigt die *Übersicht 3.29*, dass einzelne Phasen des Prozesses der Entscheidungsfindung und -umsetzung durch Modelle als Entscheidungshilfsmittel unterstützt werden. Wir haben bereits verschiedene Modelle zur Unterstützung des Entscheiders in der Planungs- und Entscheidungsphase kennen gelernt. Sämtliche Modelle, die die Planungsphase unterstützen, wollen wir zusammenfassend als *Planungsverfahren* bezeichnen, während die Modelle für die Entscheidungsphase – wie wir bereits wissen – *Entscheidungsprinzipien und Entscheidungsregeln* genannt werden.

Der „Instrumentenkasten der Entscheidungshilfsmittel" wird durch die *Kontrollverfahren* oder *Kontrollrechnungsverfahren*, die der Entscheider in der Kontrollphase einsetzt, ergänzt. Bei den Kontrollverfahren handelt es sich wie bei den übrigen Entscheidungshilfsmitteln um Gleichungen oder Systeme von Gleichungen aus den verschiedenen Bereichen der Mathematik. Im Unterschied zu den Planungsverfahren sollen damit aber nicht zukünftig möglicherweise eintretende, sondern in der Vergangenheit tatsächlich eingetretene Ergebnisse der Wirtschaftstätigkeit berechnet werden. Im Unterschied zu den *antizipativen Kalkulationen* auf der Grundlage von Planungsverfahren handelt es sich bei den Kontrollrechnungen um *retrospektive Kalkulationen*. Die konkreten Rechenverfahren unterscheiden sich dabei im mathematischen Sinne in vielen Fällen kaum oder gar nicht. Zum Beispiel kann das in Abschnitt 1.4.3.3.2 mit Gleichung (1.42) skizzierte Verfahren für die Plankostenrechnung selbstverständlich auch für retrospektive Rechnungen verwendet werden. Anstelle der geplanten Verbrauchsmengen und Preise für die Produktionsfaktoren werden dann lediglich tatsächlich eingetretene Werte eingesetzt, um nunmehr die IST-Kosten, z. B. des eingesetzten Ernteverfahrens, zu bestimmen. Der Unterschied zwischen den antizipativen und den retrospektiven Rechnungen ergibt sich erst bei den Entscheidungsregeln. Naheliegenderweise brauchen bei retrospektiven Rechnungen keine unterschiedlichen Umweltzustände berücksichtigt zu werden, weil nur ein Umweltzustand auch tatsächlich eingetreten ist.

3.7 Informations- und kommunikationstechnische Identifikation von Einzelwirtschaften

Seit langem erfindet, entwickelt und nutzt der Mensch technische Hilfsmittel zur Steigerung der Effizienz seiner wirtschaftlichen Aktivitäten (vgl. zu diesem Abschnitt Kuhlmann und Wagner 1986). Bis vor wenigen Jahrzehnten diente die Technik vorwiegend zur Erhöhung der physischen Arbeitsleistung. Aufgrund von nachhaltigen Fortschritten in der Elektrotechnik, in der Elektronik und insbesondere in der Informationselektronik können wir jedoch feststellen, dass die Technik inzwischen in erheblichem Ausmaß auch zur Verstärkung der geistigen Leistung des Menschen eingesetzt wird. In den Unternehmen ist sie das wesentliche Hilfsmittel für die Durchführung der Aktivitäten zur Entscheidungsfindung und Entscheidungsumsetzung.

Eine Steigerung der geistigen Produktivität bedeutet aber nichts anderes als eine Erhöhung der Effizienz bei der Verarbeitung von Daten zu Informationen. Im Kern ist dieser Vorgang eine zielgerichtete Auswertung von Daten bzw. Nachrichten, die vorher durch (biotische und technische) Sensoren aufgenommen und in eine zentrale Speicher- und Bearbeitungseinrichtung (Gehirn, Computer) weitergeleitet wurden. Auf den Menschen bezogen heißt dieser Vorgang Denken. Wird er von technischen Hilfsmitteln durchgeführt, heißt er *Datenverarbeitung*. In zunehmendem Ausmaß wird menschliches Denken in allen Lebensbereichen durch die Datenverarbeitung unterstützt.

Informationen als die Produkte der Datenverarbeitungsprozesse sind – wie wir in den Abschnitten 2.4 und 2.7 des 2. Kapitels abgeleitet haben – als zweckgerichtetes Wissen wertvolle Güter.

Eine planvolle Nutzung informationstechnischer Hilfsmittel zur Steigerung der geistigen Produktivität bedeutet deshalb „bessere" Entscheidungen, d. h. höhere Zielerreichungsgrade. Da Informationen wertvolle Güter sind, entstehen für sie ebenso wie für die materiellen Güter Fragen zur zweckmäßigen Gestaltung der zugehörigen Produktionsvorgänge, über die ebenfalls nach Maßgabe des Ergiebigkeitsprinzips entschieden werden muss.

Aufgrund dieser Überlegung wollen wir das Unternehmen unter informations- und kommunikationstechnischen Aspekten in ein *Basissystem* und ein darauf bezogenes *Informationssystem* gliedern. *Übersicht 3.30* zeigt, dass sowohl das Basissystem als auch das Informationssystem wiederum in zwei Subsysteme, nämlich das Produktions- und das Distributionssubsystem, untergliedert werden können. Den beiden Distributionssubsystemen obliegt die Aufgabe, Verbindungen zwischen den Produktionssystemen und der Umwelt des Unternehmens herzustellen und aufrechtzuerhalten.

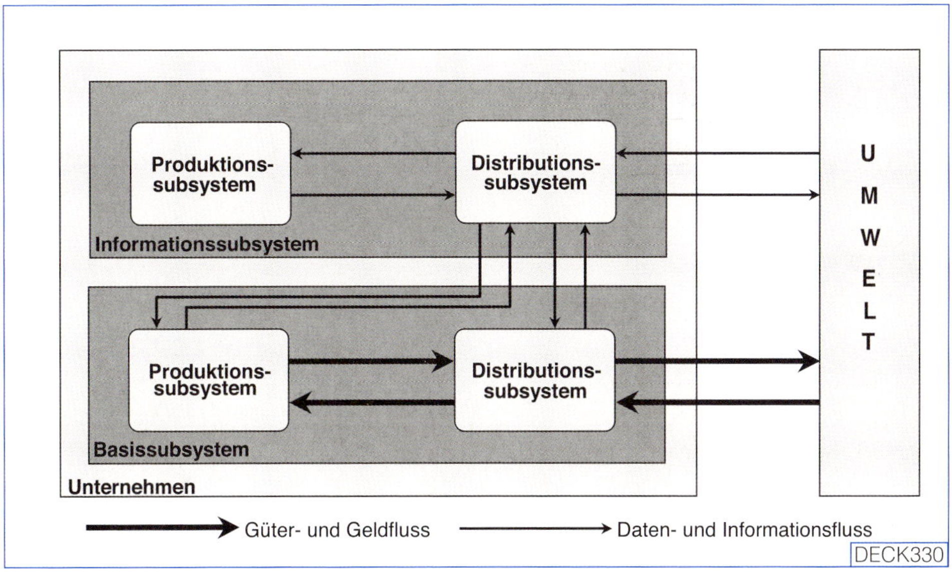

Übersicht 3.30: Das Unternehmen als Basis- und Informationssubsystem

Als Basissystem definieren wir dann denjenigen Bereich des Unternehmens, der reale Vorprodukte und Geld aus der Unternehmensumwelt aufnimmt, umwandelt und dann als Produkte wieder an die Umwelt abgibt. Das Produktionssubsystem leistet dabei die eigentliche Herstellung und Verarbeitung. Dem Distributionssubsystem obliegt dagegen die Distributionsfunktion, d. h. die Lagerung und der Transport der Güter.

Analog dazu können wir ein auf das Basissystem des Unternehmens bezogenes Informationssystem definieren. Das Distributionssubsystem nimmt hier Daten als Vorprodukte aus der Umwelt und aus den beiden Subsystemen des Basissubsystems auf, lagert sie gegebenenfalls, um sie dann an das Produktionssubsystem weiterzuleiten. Das Produktionssubsystem erfüllt seine Aufgabe, indem es die Daten zu Informationen verarbeitet. Die produzierten Informationen werden – gegebenenfalls nach Lagerung – dann wieder vom Distributionssubsystem an die Umwelt (z. B. in Form von Angeboten, Aufträgen und Werbung) und die Bereiche des Basissystems (z. B. als Aufträge oder Berichte) weitergeleitet. Das Distributionssystem erfüllt also seine Aufgabe durch Erfassen, Transportieren, Lagern und Verteilen von Daten und Informationen.

Die für das Informationssystem identifizierten Aufgaben der Distribution und Produktion werden als *Kommunikation* und *Datenverarbeitung* bezeichnet.

Eine Kommunikation als Informationsdistribution liegt immer dann vor, wenn mindestens zwei Kommunikationssubjekte bestimmte Kommunikationsobjekte mit Hilfe von Kommunikationsmitteln austauschen. Das Grundmodell der Kommunikation besteht, wie aus *Übersicht 3.31* hervorgeht, aus den fünf Bestandteilen Sender, Sendegerät, Übertragungskanal, Empfangsgerät und Empfänger. Der Sender gibt Kommunikationsobjekte, d. h. Daten und Informationen, die hier als Nachrichten bezeichnet werden, an ein Sendegerät weiter, welches die Nachrichten kodiert und dann als Signale über den Übertragungskanal an ein Empfangsgerät weiterleitet. Das Empfangsgerät decodiert diese Signale wieder zu Nachrichten und gibt sie an den Empfänger ab. Es lassen sich die drei Teilaufgaben der Nachrichtenvermittlung, -übermittlung und -ermittlung definieren.

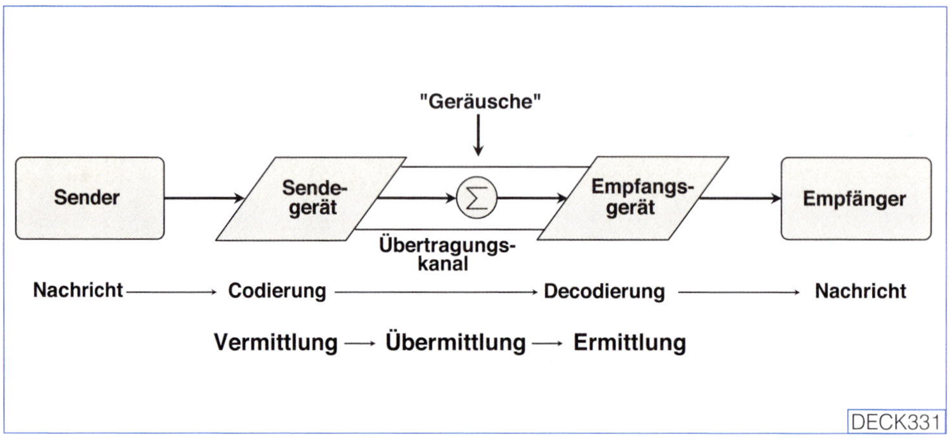

Übersicht 3.31: Das Grundmodell der Kommunikation

Bei den Sendern und Empfängern kann es sich sowohl um Menschen als auch um technische Hilfsmittel wie Computer oder Messfühler (Sensoren) oder Schalter (Aktoren) handeln. Als Sende- und Empfangsgeräte können demgemäß sowohl menschliche Sprechwerkzeuge bzw. Augen und Ohren als auch Funkgeräte, Telefon- und Telefaxanlagen, Fernschreib- und Bildschirmtexteinrichtungen oder das Internet in Frage kommen. Übertragungskanäle sind schließlich die Luft, wobei Signale in Form von Schallwellen übertragen werden, ebenso wie Verkehrsmittel, die Schriftstücke transportieren, oder Leitungen, die Signale auf elektronischem Wege übertragen. Vorausgesetzt, Sender und Empfänger verfügen über den gleichen Code, so dass die Decodierung keine Probleme bereitet, ergeben sich technische Schwierigkeiten im Kommunikationsprozess nur dann, wenn der Übertragungskanal außer den gewollten Signalen ungewollte „Geräusche" aufnimmt und weiterleitet. Der Empfänger erhält dann andere Nachrichten, als der Sender abgegeben hat.

Das skizzierte Kommunikationsmodell betont neben der Erfassung und Abgabe insbesondere den Aspekt der Raumüberwindung bei Nachrichten als Daten und Informationen. Wir sprechen deshalb von Telekommunikation, wenn Ortsungleichheit zwischen Sender und Empfänger vorliegt. Neben dem Problem der Ortsungleichheit, das einen Grundtatbestand praktisch jeder Informationsübertragung nicht nur zwischen den Unternehmen, sondern auch innerhalb eines Unternehmens darstellt, spielt jedoch auch das Problem der Zeitungleichheit eine wichtige Rolle. Daten und Informationen entstehen zu anderen Zeitpunkten, als sie verarbeitet und genutzt werden können, d. h., die Daten und Informationen müssen gelagert werden.

Zusammenfassend können wir die Distributionsfunktion des Informationssystems eines Unternehmens als jede Verbindung zwischen zwei oder mehr Kommunikationssubjekten (Sender, Empfänger) kennzeichnen, bei der Kommunikationsobjekte (Daten, Informationen) mit Hilfe von Kommunikationsmitteln (Sende- und Empfangsgeräte, Übertragungskanäle, Datenspeicher) räumlichen und zeitlichen Veränderungen zum Zwecke des Daten- und Informationsaustausches unterliegen.

Das zweite Subsystem des Informationssystems eines Unternehmens ist das Produktionssystem, in dem die eigentliche Datenverarbeitung zur Informationsgewinnung erfolgt. Das Grundmodell der Datenverarbeitung ist in *Übersicht 3.32* skizziert: Prinzipiell werden dabei – wie wir bereits wissen – aus dem Basissystem und/oder der Umwelt des Unternehmens stammende Daten mit Hilfe von Modellen zu Informationen verarbeitet.

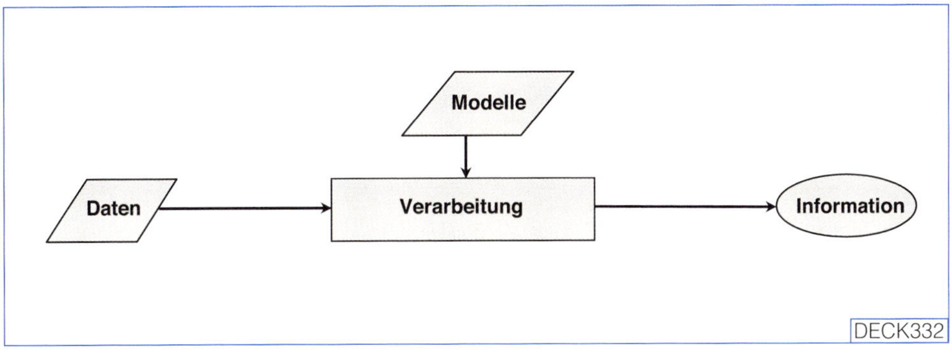

Übersicht 3.32: Das Grundmodell der Datenverarbeitung

Fassen wir schließlich die Überlegungen zur Kommunikation und Datenverarbeitung zusammen, dann erhalten wir das mit der *Übersicht 3.33* dargestellte Bild des Informationssystems eines Unternehmens. Die Darstellung abstrahiert von der Natur der Aufgabenträger. Sowohl im Produktions- als auch im Distributionssystem kann es sich um Menschen, um technische Hilfsmittel oder – im Regelfall – um Kombinationen von beiden handeln.

Das Informationssystem, das Daten aus der Unternehmensumwelt und dem Basissystem des Unternehmens aufnimmt, transportiert, lagert, verarbeitet und dann als Informationen wieder an die Umwelt und das Basissystem abgibt, ist das wesentliche technische Hilfsmittel nicht nur zur Entscheidungsfindung, sondern auch zur Entscheidungsumsetzung und -kontrolle in jedem Unternehmen. Selbstverständlich wird es z. B. in einem Großunternehmen der Nahrungsmittelindustrie oder in einem größeren und vielseitigen landwirtschaftlichen Unternehmen

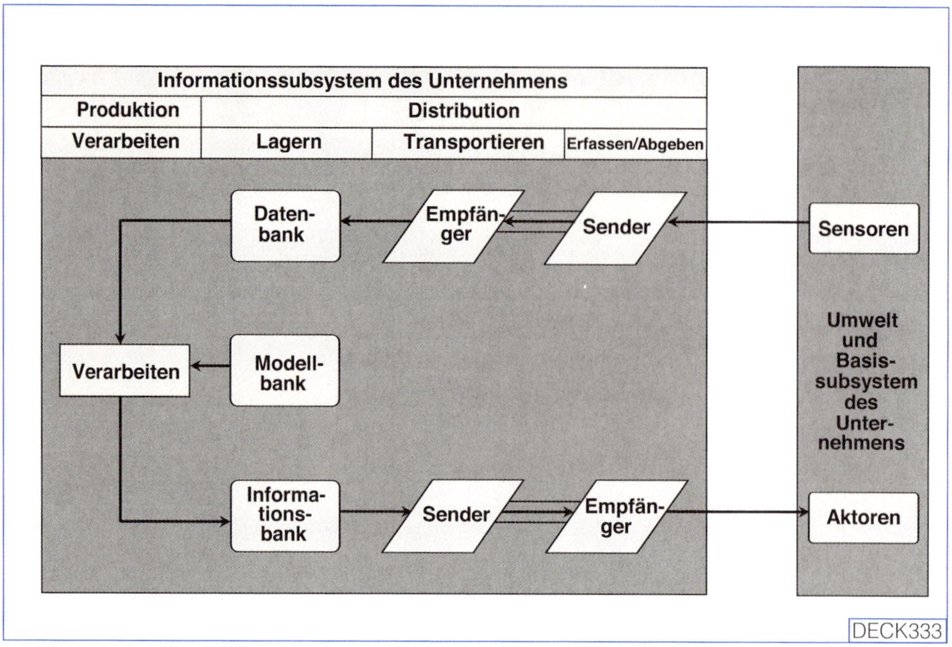

Übersicht 3.33: Das Informationssystem des Unternehmens

eine andere Gestalt haben als in einem kleinen landwirtschaftlichen Familienunternehmen. Prinzipiell ergeben sich jedoch keine Unterschiede. In jedem Unternehmen müssen Daten und Informationen erfasst, gelagert, transportiert und verarbeitet werden, und in jedem Unternehmen sind diese Aufgaben so effizient wie möglich zu lösen. In einem Fall werden vernetzte Großrechenanlagen und ein umfangreiches Berichtswesen installiert, im anderen Fall genügt ein einzelner PC oder auch nur ein Taschenrechner, ergänzt um einige Aktenordner. Über die zweckmäßige Form des Informationssystems kann deshalb nur im Einzelfall nach Maßgabe des auch hier anzuwendenden Ergiebigkeitsprinzips entschieden werden.

3.8 Produktionsfaktoren im Unternehmen

In den vorhergehenden Abschnitten sind wir an verschiedenen Stellen auf unterschiedliche Produktionsfaktoren eingegangen, ohne jedoch bisher dazu einen systematischen Überblick nicht nur für den Betrieb, sondern auch für das Unternehmen gegeben zu haben. Eine Systematik der Produktionsfaktoren kann zu verbesserten Einsichten in die wirtschaftlichen Zusammenhänge von Unternehmen beitragen.

Eine gewisse Verwirrung entsteht zuweilen dadurch, dass die Produktionsfaktoren in der Volkswirtschaftslehre anders als in der Betriebswirtschaftslehre und innerhalb der Betriebswirtschaftslehre auf verschiedene Weise definiert werden. Systematiken sind immer bis zu einem gewissen Grade willkürlich, eine eindeutig „richtige" Gliederung lässt sich nicht finden. Daraus folgt jedoch, dass für jeden Zweck eine Systematik mit klaren Definitionen der einzelnen Begriffe gegeben werden sollte, um unnötige Verständigungsschwierigkeiten zu vermeiden. Die hier bevorzugte Systematik soll nachfolgend abgeleitet werden.

In einigen Fachgebieten der Volkswirtschaftslehre wird von drei Produktionsfaktorgruppen ausgegangen, nämlich den beiden „originären" Produktionsfaktorgruppen Arbeit und Boden und dem „produzierten Produktionsmittel" Kapital, wobei unter Boden die natürlichen Ressourcen (Klima, Bodenschätze, natürliche Wasserwege, Boden als Standort etc.) subsumiert werden und unter Arbeit das „Rohangebot" an menschlicher Arbeitsleistung verstanden wird.

Für betriebswirtschaftliche Zwecke ist diese Gliederung vornehmlich aus den folgenden Gründen ungeeignet: Zunächst sollten die Begriffe (produzierte) Produktionsmittel und Kapital nicht synonym benutzt werden. Kapital ist, wie wir gesehen haben, Finanzierungsmittel für Investitionen, d. h., es dient dem Unternehmen zur Beschaffung von Werkstoffen und Betriebsmitteln sowie auch zur Beschaffung von Boden. Überdies kann die Vorfinanzierung menschlicher Arbeit ebenfalls Kapital erfordern. Grundsätzlich sollte daher zwischen dem *nominalen Produktionsfaktor* Kapital einerseits und den *realen Produktionsfaktoren* menschliche Arbeitskräfte und „sächliche" Produktionsmittel andererseits unterschieden werden.

Weiterhin sollte berücksichtigt werden, dass aus der Sicht des Unternehmens weder Boden noch Arbeit „originäre", d. h. nicht produzierte Produktionsfaktoren sind. Kulturboden für landwirtschaftliche Zwecke ist ein Gut, das erst durch erhebliche Meliorationsmaßnahmen (Rodung, Steigerung der Bodenfruchtbarkeit, Dränage etc.) zu dem gemacht wurde, was es heute ist, nämlich tatsächlich ebenfalls ein „produziertes Produktionsmittel".

Auch das „Rohangebot" an menschlichen Arbeitskräften ist in den heutigen Produktionsprozessen kaum noch einzusetzen. Erst durch mehr oder weniger lange kapitalbeanspruchende Ausbildungsgänge werden die Arbeitskräfte zu tragenden Elementen für die betrieblichen Transformationsprozesse.

Aus der Sicht des Unternehmens sollte des Weiteren zwischen ausführenden und leitenden Arbeitskräften unterschieden werden. Die erste Art der Arbeitskräfte wird zur tatsächlichen Durchführung der Produktion eingesetzt, die zweite Art dient dagegen der Leitung, d. h. der Planung, Führung und Überwachung der Produktionsprozesse. Vielfach leisten Arbeitskräfte allerdings sowohl ausführende als auch leitende Arbeit. Der Familienlandwirt z. B. plant und führt dann die Maßnahmen auch selber durch.

Darüber hinaus sollte bei den (sächlichen) Produktionsmitteln – wie wir aus Abschnitt 3.2.1.4 bereits wissen – zwischen Betriebsmitteln und Werkstoffen unterschieden werden.

Bei den Betriebsmitteln und den menschlichen Arbeitskräften ist weiter zu berücksichtigen, dass es sich zwar um Produktionsfaktoren handelt, dass sie aber im Unterschied zu den Roh- und Hilfsstoffen nicht selber in die Produktion eingehen, sondern nur ihre Dienste in Form von menschlicher und maschineller Arbeit oder – bei einigen Betriebsmitteln – in Form der Bereitstellung von Standraum, Lieferrechten etc.

Schließlich müssen wir berücksichtigen, dass Produktionsprozesse nur durchgeführt werden können, wenn physisch-technische und sozialökonomische Daten über Handlungsalternativen und nichtkontrollierbare Variablen zur Verfügung stehen und wenn Entscheidungshilfsmittel in Form von Planungsverfahren, Entscheidungsregeln und Kontrollverfahren eingesetzt werden können. Das ist die dritte Gruppe der Produktionsfaktoren, nämlich die *informationellen Produktionsfaktoren*. Aus diesen Überlegungen ergibt sich zusammenfassend die in der *Übersicht 3.34* dargestellte Systematik.

1 Reale Produktionsfaktoren

1.1 **(menschliche) Arbeitskräfte**
- ausführende Arbeitskräfte
- leitende Arbeitskräfte
- Dienste der Arbeitskräfte

1.2 **(sächliche) Produktionsmittel**
- Betriebsmittel
- Dienste der Betriebsmittel
- Werkstoffe
  - Rohstoffe
  - Hilfsstoffe
  - Betriebsstoffe

2 Nominale Produktionsfaktoren
- **Kapital**

3 Informationelle Produktionsfaktoren

3.1 **Daten**
- physisch-technische Daten
- sozialökonomische Daten

3.2 **Entscheidungshilfsmittel**
- Planungsverfahren
- Entscheidungsregeln
- Kontrollverfahren

DECK334

Übersicht 3.34: Produktionsfaktoren in Unternehmen

4 Einzelwirtschaftliche Ziele

4.1 Einkommenserwerb als wirtschaftliches Oberziel in Unternehmen

Die Verfügung über Geldeinkommen ist in der arbeitsteiligen Wirtschaft eine zentrale Voraussetzung für die Bedürfnisbefriedigung. Wir haben bereits in Abschnitt 3.1 abgeleitet, dass Wirtschaftssubjekte Unternehmen aufbauen und betreiben, um damit Geldeinkommen zu erzielen. Unternehmen sind Instrumente, die den Unternehmensträgern als Einkommensquelle dienen. Das wirtschaftliche Oberziel zur Einrichtung und Führung von Unternehmen ist die Erwirtschaftung von Einkommen.

Diese Zielformulierung ist jedoch noch zu unbestimmt, das Ziel ist nicht hinreichend operational definiert, um danach im Unternehmen zielwirksame Entscheidungen treffen zu können. Insbesondere ist es in inhaltlicher, quantitativer und zeitlicher Hinsicht so zu spezifizieren, dass sich damit die Zielwirksamkeit von Handlungsalternativen in Planungs- und Kontrollrechnungen eindeutig messen lässt. Es muss also definiert werden, welche Geldbeträge im Unternehmen zum Einkommen zählen und für welche Zeiträume das Einkommen ermittelt werden soll. Dazu dienen die folgenden Abschnitte.

4.2 Verfahren der Einkommensmessung

Da das Einkommen eine Größe ist, die in Geldeinheiten gemessen wird, spielen bei der Einkommensmessung die Begriffspaare *Einnahmen* und *Ausgaben* sowie *Erträge* und *Aufwändungen* eine zentrale Rolle. Die Eignung dieser Begriffe für die Einkommensmessung wollen wir anhand des in Abschnitt 3.3 verwendeten Beispiels über die Schweinemast überprüfen.

4.2.1 Die Rechnung mit Einnahmen und Ausgaben

Als Ergebnis des Beispiels erhielten wir u. a. eine *Einnahmen-Ausgaben-Rechnung* als *Totalerfolgsrechnung* für die geplante Gesamtlebensdauer des Unternehmens (vgl. *Übersicht 3.13*). Die Totalerfolgsrechnung ergab zwar wesentliche Informationen über das zu erwartende Gesamteinkommen; in der Wirtschaftswirklichkeit ist diese Rechnung jedoch i. d. R. nicht durchführbar.

Als Planungsrechnung ist sie nur dann möglich, wenn der Zeitpunkt des Unternehmensendes bereits zum Zeitpunkt der Planung bekannt ist. Unternehmen sind jedoch im Allgemeinen Veranstaltungen auf Dauer, d. h., ein definitives Unternehmensende wird i. d. R. nicht bewusst ins Auge gefasst. Darüber hinaus müssen für Planungsrechnungen die Daten über die relevanten Umweltvariablen für den gesamten Planungszeitraum bekannt sein. Im Unterschied zu den vereinfachenden Annahmen unseres Beispiels bleiben diese Daten indessen weder über acht Jahre konstant noch lassen sie sich für so lange Zeiträume eindeutig vorhersagen. Deshalb müssen Planungsrechnungen zur Bestimmung künftiger Einkommen von Handlungsalternativen zwangsläufig für begrenzte Zeiträume, die in fast allen Fällen nicht bis zum Unternehmensende reichen, durchgeführt werden.

Andererseits werden Einkommensrechnungen auch als Kontrollrechnungen zur Bestimmung des tatsächlich in der Vergangenheit erzielten Einkommens eingesetzt. Die Totalerfolgsrechnung ließe sich als Kontrollrechnung aber nur dann verwenden, wenn das Unternehmensende bereits erreicht wäre. Da die Wirtschaftssubjekte jedoch schon während der Lebensdauer eines Unternehmens Kontrollrechnungen über abgelaufene Wirtschaftsperioden durchführen möchten, um daraus Informationen über Maßnahmen für die zukünftige Wirtschaftstätigkeit zu erlangen, werden auch aus diesem Grund Einkommensrechnungen für begrenzte Zeiträume benötigt. Hinzu kommt, dass das jeweils in vergangenen Perioden erwirtschaftete Einkommen als Grundlage für die Bemessung der Ertragsteuern dient (vgl. Abschnitt 3.5). Der Staat kann aus naheliegenden Gründen auf die Steuerzahlungen nicht bis zum Ende der Lebensdauer eines Unternehmens warten und berechnet deshalb die Steuerschulden auf der Basis von Jahreseinkommen.

Aus den genannten Gründen erfolgen Einkommensrechnungen meistens in Jahresabschnitten, wobei der Gesamtzeitraum für Planungsrechnungen durchaus mehrere Jahre umfassen kann. Selbstverständlich sind auch andere als jährliche Perioden für Planungs- und Kontrollrechnungen denkbar und werden – wie in späteren Kapiteln noch gezeigt wird – auch durchgeführt. Festzuhalten bleibt, dass Einkommensrechnungen für definierte Perioden, die innerhalb der Lebensdauer eines Unternehmens liegen, erfolgen müssen.

Nicht nur für die Gesamtlebensdauer, sondern auch für Jahresperioden ließen sich Einnahmen-Ausgaben-Rechnungen erstellen; allerdings würden sie wenig über die tatsächliche Einkommenswirksamkeit eines Unternehmens aussagen. Das wird deutlich, wenn wir die Begriffe Einnahmen und Ausgaben näher betrachten: Aufgrund der Darlegungen im Abschnitt 3.2.2 können wir als *Einnahmen* und *Ausgaben* sämtliche Geldbewegungen bezeichnen, die zwischen einem Unternehmen und anderen Unternehmen sowie Wirtschaftssubjekten als Bestandteile von Transaktionsprozessen stattfinden. Aus der Sicht des Unternehmens sind Ausgaben sämtliche *(Bar- und Buch-)Geldabflüsse* aus dem Unternehmen. Entsprechend sind Einnahmen sämtliche *(Bar- und Buch-)Geldzuflüsse* in das Unternehmen (Schierenbeck 2002, S. 451).

Einnahmen und Ausgaben entstehen also immer dann, wenn das Unternehmen Transaktionsprozesse vollzieht.[1] Mit den eigentlichen Produktionsvorgängen, d. h. mit dem Produktionsfaktorge- und -verbrauch sowie der Produktherstellung, brauchen sie zeitlich nicht übereinzustimmen und etwa im Falle von Finanzausgaben und -einnahmen (Kreditzu- und -abgänge) auch sachlich nicht direkt zusammenzuhängen.

Würden wir nun für das in Abschnitt 3.3 mit den *Übersichten 3.11* bis *3.13* dargestellte Beispiel der Schweinemast jährliche Einnahmen-Ausgaben-Rechnungen durchführen, dann erhielten wir bspw. für die drei ersten Jahre die Ergebnisse des linken Teils der *Übersicht 4.1*. Im ersten Jahr ergeben sich aus dem dreimaligen Verkauf von Mastschweinen (in der 17., der 33. und der 49. Woche) Einnahmen von insgesamt 174.624,00 €. Die Ausgaben entstehen für die Beschaffung von Ferkeln, Futter und Hilfsstoffen sowie für die Stallanlage. Die viermalige Ferkelbeschaffung (in der 1., der 17., der 33. und der 49. Woche) führt zu Ausgaben von 104.400,00 €. Für die siebenmalige Futterbeschaffung und die dreizehnmalige Hilfsstoffbeschaffung entstehen Ausgaben von 72.836,40 € bzw. 6599,97 €. Außerdem wird zu Beginn

[1] Falls ein Lieferant eine Zahlungsfrist einräumt oder einem Kunden eine Zahlungsfrist eingeräumt wird, entstehen zum Zeitpunkt der Transaktionen Buchgeldbewegungen. Aus der Sicht des Unternehmens treten Verbindlichkeiten bzw. Forderungen, d. h. Kreditzu- bzw. -abgänge, auf.

des Jahres die Stallanlage für 100.000,00 € angekauft. Insgesamt ergibt sich daraus eine (Einnahmen-Ausgaben-)DIFFERENZ in Höhe von -109.212,37 €.

		Einnahmen-Ausgaben-Rechnung					Ertrags-Aufwands-Rechnung			
		Transaktionen:				Einnahmen/	Einnahmen/	Minde-	Meh-	Ertrag/
Jahr	Art der Güter	[Zahl]	*	[€/Aktion]	=	Ausgaben	Ausgaben	rung	rung	Aufwand
1	+ Mastschweine	3	*	58.208,00	=	174.624,00	174.624,00	0,00	34.127,00	208.751,00
	- Ferkel	4	*	26.100,00	=	104.400,00	104.400,00	0,00	0,00	104.400,00
	- Futter	7	*	10.405,20	=	72.836,40	72.836,40	5.202,60	0,00	67.633,80
	- Hilfsstoffe	13	*	507,69	=	6.599,97	6.599,97	0,00	0,00	6.599,97
	- Stallanlage	1	*	100.000,00	=	100.000,00	*********	*********	12.500,00	12.500,00
	= DIFFERENZ					-109.212,37	-9.212,37		17.617,23	
2	+ Mastschweine	3	*	58.208,00	=	174.624,00	174.624,00	34.127,00	42.154,00	182.651,00
	- Ferkel	3	*	26.100,00	=	78.300,00	78.300,00	0,00	0,00	78.300,00
	- Futter	6	*	10.405,20	=	62.431,20	62.431,20	0,00	5.202,60	67.633,80
	- Hilfsstoffe	13	*	507,69	=	6.599,97	6.599,97	0,00	0,00	6.599,97
	- Stallanlage	0	*	0,00	=	0,00	*********	*********	12.500,00	12.500,00
	= DIFFERENZ					27.292,83	27.292,83			17.617,23
3	+ Mastschweine	3	*	58.208,00	=	174.624,00	174.624,00	42.154,00	50.181,00	182.651,00
	- Ferkel	3	*	26.100,00	=	78.300,00	78.300,00	0,00	0,00	78.300,00
	- Futter	7	*	10.405,20	=	72.836,40	72.836,40	5.202,60	0,00	67.633,80
	- Hilfsstoffe	13	*	507,69	=	6.599,97	6.599,97	0,00	0,00	6.599,97
	- Stallanlage	0	*	0,00	=	0,00	*********	*********	12.500,00	12.500,00
	= DIFFERENZ					16.887,63	16.887,63			17.617,23

DECK41

Übersicht 4.1: Die Einnahmen-Ausgaben-Rechnung und die Ertrag-Aufwand-Rechnung für die Mastschweineproduktion des Beispiels in Abschnitt 3.3.1 (Jahre 1 bis 3) – Werte in € –

Entsprechende Rechnungen für das zweite und dritte Jahr führen zu (Einnahmen-Ausgaben-) DIFFERENZEN in Höhe von +27.292,83 € bzw. +16.887,63 €. Obwohl wir also bei der Konstruktion des Beispiels in Abschnitt 3.3.1 angenommen hatten, dass sich die Schweinemast im Zeitablauf mit gleichbleibenden Mengen- und Preisgerüsten vollziehen sollte und deshalb auch jährlich gleichbleibende Einkommensbeträge zu erwarten gewesen wären, erhalten wir bei den Einnahmen-Ausgaben-Rechnungen tatsächlich von Jahr zu Jahr stark schwankende Ergebnisse.

Diese Schwankungen resultieren daraus, dass die Jahresperioden im Vergleich zum betrachteten Produktionsprozess letztlich willkürliche Zeitabschnitte darstellen. So ist z. B. ein großer Teil des immensen Unterschiedes zwischen dem Ergebnis des 1. Jahres und den Ergebnissen des 2. und 3. Jahres darauf zurückzuführen, dass nur im 1. Jahr die Ausgaben für den Stall in Höhe von 100.000,00 € anfallen, der Stall jedoch noch in den folgenden Jahren genutzt wird. Überdies ergeben sich Schwankungen auch daraus, dass die Zahl der jährlichen Beschaffungsvorgänge bei Ferkeln und Futter nicht ein konstantes ganzzahliges Vielfaches eines Jahres ist. So werden z. B. im Jahr 1 viermal Ferkel beschafft, während es in den Jahren 2 und 3 nur jeweils drei Beschaffungsvorgänge sind. Ähnliche Schwankungen treten auch bei der Futterbeschaffung auf.

4.2.2 Die Rechnung mit Erträgen und Aufwändungen

Die reine Einnahmen-Ausgaben-Rechnung ist zur Bestimmung des jährlich von einem Unternehmen erwirtschafteten Einkommens also offensichtlich ungeeignet. Insbesondere zur Korrektur der eben skizzierten Zufallsschwankungen wird deshalb für die Ermittlung des Periodeneinkommens eine Kalkulation durchgeführt, die mit Erträgen und Aufwändungen arbeitet. Diese Größen sind wie folgt definiert (HLBS 1996, S. 27 f.):

Erträge sind der gesamte Wertzugang in einer Abrechnungsperiode aus der Leistungserstellung eines Unternehmens sowie aus anderen Quellen, gemessen in monetären Einheiten.

Aufwändungen sind der gesamte Wertverzehr in einer Abrechnungsperiode in Form des Gebrauches und Verbrauches von Produktionsfaktoren einschließlich öffentlicher Abgaben, gemessen in monetären Einheiten.

Erträge und Aufwändungen werden also von dem tatsächlichen Wertezugang und Werteverzehr abgeleitet, der während einer Abrechnungsperiode in einem Unternehmen stattfindet. Sie erfassen die Werte der Zu- und Abgänge unabhängig davon, ob dafür Einnahmen bzw. Ausgaben bereits entstanden sind oder noch entstehen oder auch niemals entstehen werden. Außerdem bleiben reine Finanzeinnahmen und -ausgaben unberücksichtigt, da sie mit dem Prozess der Leistungsstellung nicht direkt in Verbindung stehen.

Die *Ertrags-Aufwands-Rechnung* unterscheidet sich von der Einnahmen-Ausgaben-Rechnung namentlich in drei wesentlichen Punkten:

Erstens werden die erstellten Leistungen unterschiedlich behandelt. In der Einnahmen-Ausgaben-Rechnung werden nur die während einer Rechnungsperiode tatsächlich verkauften Produkte mit den dafür erhaltenen Einnahmen berücksichtigt. Es kann jedoch sein, dass zu Beginn der Periode Lagerbestände von Produkten vorhanden waren, die bereits in Vorperioden hergestellt wurden, aber durch Verkauf erst in dieser Periode zu Einnahmen werden. Umgekehrt können während der Periode Produktmengen hergestellt worden sein, die zum Periodenende noch als Lagerbestände vorhanden sind und deshalb noch nicht zu Einnahmen geführt haben. Bei diesen Gegebenheiten spiegeln die Einnahmen der Rechnungsperiode nicht den tatsächlichen Wertzugang als Ertrag wider. In Bezug auf die verkauften Anfangsbestände sind die Einnahmen höher als die Erträge, in Bezug auf die vorhandenen Endbestände sind sie geringer. Rechnungstechnisch wird deshalb der Ertrag für ein Produkt aus den Einnahmen dadurch abgeleitet, dass *Mehrungen* und *Minderungen* berücksichtigt werden. Zur Bestimmung des Ertrages gilt die 1. generelle Gleichung für die Ertrags-Aufwands-Rechnung:

(4.1) EINNAHMEN – MINDERUNG + MEHRUNG = ERTRAG

Die Werte der Anfangs- und Endbestände lassen sich grundsätzlich auf zweierlei Weise verrechnen. Zum einen können Bestandesveränderungen als Differenzen aus End- und Anfangsbeständen nach Maßgabe der Gleichung (4.2) gebildet werden:

(4.2) WERT DES ENDBESTANDES – WERT DES ANFANGSBESTANDES = WERT DER BESTANDESVERÄNDERUNG

Falls nun der Wert der Bestandesveränderung positiv ist, also der Wert des Endbestandes den Wert des Anfangsbestandes übersteigt, wird der (absolute) Betrag dieser Bestandesveränderung in Gleichung (4.1) in die Position MEHRUNG eingesetzt, während die Position MINDERUNG den Wert 0 erhält. Auf diese Weise werden die Einnahmen um die (positive) Bestandesveränderung erhöht, um den Ertrag zu berechnen. Falls jedoch der Wert der Bestandesveränderung negativ ist, also umgekehrt der Wert des Endbestandes den Wert des Anfangsbestandes unterschreitet, wird der (absolute) Betrag der Bestandesveränderung in Gleichung (4.1) in die Position

MINDERUNG eingesetzt, während die Position MEHRUNG den Wert 0 erhält. Dadurch wird der Wert des Ertrages um den Betrag der Minderung kleiner als die Einnahmen.

Zum anderen kann jedoch eine zweite Vorgehensweise gewählt werden, die leichter verständlich ist und im Übrigen zum selben Ergebnis führt. In diesem Falle wird der Wert des Endbestandes direkt als Betrag der Mehrung und der Wert des Anfangsbestandes direkt als Betrag der Minderung eingesetzt und dann der Ertrag aus den Einnahmen nach Maßgabe der Gleichung (4.3) berechnet:

(4.3) EINNAHMEN – WERT DES ANFANGSBESTANDES + WERT DES ENDBESTANDES = ERTRAG

Der Endbestand wirkt mithin ertragserhöhend, der Anfangsbestand ertragsmindernd.

Hinzuzufügen bleibt, dass bei bestimmten Produkten einige der Positionen in den Gleichungen (4.1) bzw. (4.3) stets die Werte 0 haben. Bei nicht lagerfähigen Gütern, z. B. bei Dienstleistungen, sind die Werte für die Minderungen und die Mehrungen 0, weil aus naheliegenden Gründen keine Lagerbestände auftreten. In diesen Fällen entspricht der Ertrag den Einnahmen. Bei Produkten, die das Unternehmen während einer Rechnungsperiode zwar erzeugt hat, die es aber ohne dafür Einnahmen zu erzielen, an Dritte abgegeben hat (z. B. als „Naturalien" an den Unternehmerhaushalt), haben die Positionen EINNAHMEN und MINDERUNG in Gleichung (4.1) die Werte 0. Der Wert dieser Produkte wird in die Position MEHRUNG eingesetzt und führt gemäß Gleichung (4.1) zu einem Ertrag in gleicher Höhe.

Zweitens werden die Werkstoffe unterschiedlich behandelt. In der Einnahmen-Ausgaben-Rechnung werden nur die während einer Rechnungsperiode tatsächlich beschafften Mengen mit den dafür entstandenen Ausgaben berücksichtigt. Es kann jedoch sein, dass zu Beginn der Periode Lagerbestände an Werkstoffen vorhanden waren, die bereits in Vorperioden beschafft wurden, die aber erst jetzt verbraucht werden. Umgekehrt können während der Rechnungsperiode Werkstoffe beschafft werden, für die dann Ausgaben entstehen, die aber bis zum Periodenende nicht verbraucht werden und deshalb als Lagerbestände übrig bleiben.

Bei solchen Gegebenheiten spiegeln die Ausgaben während der Rechnungsperiode nicht den tatsächlichen Wertverzehr als Aufwand wider. In Bezug auf die verbrauchten Anfangsbestände sind die Aufwändungen höher als die Ausgaben; in Bezug auf die vorhandenen Endbestände sind die Ausgaben höher als die Aufwändungen. Rechnungstechnisch wird deshalb der Aufwand für einen Werkstoff aus den Ausgaben dadurch abgeleitet, dass Minderungen und Mehrungen berücksichtigt werden. Zur Ableitung des Aufwandes für Werkstoffe gilt die 2. generelle Gleichung für die Ertrags-Aufwands-Rechnung:

(4.4) AUSGABEN – MINDERUNG + MEHRUNG = AUFWAND

Die Ähnlichkeit mit der Gleichung (4.1) wird unmittelbar deutlich. Wenden wir jetzt wieder die vorher skizzierte zweite Vorgehensweise zur Bestimmung der Minderungen und Mehrungen aus den Anfangs- und Endbeständen an, dann gilt nunmehr die Gleichung (4.5):

(4.5) AUSGABEN – WERT DES ENDBESTANDES + WERT DES ANFANGSBESTANDES = AUFWAND

Ein Endbestand wirkt aufwandsmindernd, ein Anfangsbestand dagegen aufwandsmehrend. Auch hier kann analog zur Ertragsgleichung (4.1) der Fall eintreten, dass einige Positionen der Gleichung (4.4) stets den Wert 0 haben. Zum Beispiel haben die Positionen MINDERUNG und MEHRUNG bei empfangenen Dienstleistungen – etwa bei Lohnarbeiten durch einen Lohnunternehmer – den Wert 0. Die Ausgaben entsprechen dem Aufwand.

Drittens werden die Betriebsmittel unterschiedlich behandelt. Während ein Betriebsmittel in der Einnahmen-Ausgaben-Rechnung in der Rechnungsperiode, in der es angeschafft wurde, mit seinem vollen Anschaffungswert als Ausgabe erscheint, wird diese Summe in der Ertrags-Aufwands-Rechnung als Aufwand über die gesamte erwartete Nutzungsdauer des Gutes verteilt. Da das Betriebsmittel erst im Verlauf mehrerer Jahre vollständig abgenutzt bzw. verbraucht wird, darf jährlich nur der jeweils abgenutzte Wertanteil als Aufwand berechnet werden, wohingegen die Anschaffungsausgaben unberücksichtigt bleiben. Der Aufwandsanteil für eine Abrechnungsperiode wird als *Abschreibung* bezeichnet und im einfachsten Fall (vgl. zu weiteren Abschreibungsverfahren Abschnitt 6.1) nach der folgenden Gleichung (4.6) ermittelt:

$$AB_z = \frac{AP - EVP}{EN} \tag{4.6}$$

Darin sind:

AB_z = Abschreibung des Betriebsmittels je Rechnungsperiode, gemessen in €;
AP = Ankaufspreis des Betriebsmittels, gemessen in €;
EVP = Erwarteter Verkaufspreis des Betriebsmittels am Ende seiner erwarteten Nutzungsdauer, gemessen in €;
EN = erwartete Nutzungsdauer des Betriebsmittels, gemessen in Rechnungsperioden.

Für die Bestimmung des Aufwandes für das Betriebsmittel gilt dann die einfache Identität:

(4.7) ABSCHREIBUNG (AB_z) = AUFWAND

Hinzugefügt werden soll, dass der Unterhaltungsaufwand für Betriebsmittel selbstverständlich an anderer Stelle noch zusätzlich als Aufwand berücksichtigt werden muss.

Wenn wir diese Überlegungen nunmehr auf das Beispiel der Schweinemast anwenden, dann erhalten wir die Ertrags-Aufwands-Rechnung des rechten Teils der *Übersicht 4.1*. Ausgehend von den Einnahmen für den dreimaligen Mastschweineverkauf im 1. Jahr in Höhe von 174.624,00 € ergibt sich ein Ertrag in Höhe von 208.751,00 €. Er ist die Summe aus den Einnahmen und einer Mehrung in Höhe von 34.127,00 €. Diese Mehrung kann z. B. wie folgt errechnet werden (vgl. dazu jedoch auch Abschnitt 4.4.2): Bei einer 16-wöchigen Mastdauer wird die 3. Partie Mastschweine nach 48 Wochen verkauft. Die 4. Partie „absolviert" bis zum Ende des 1. Jahres also noch ein Viertel ihrer Mastperiode. Sie hat damit (in etwa) am Ende des Jahres einen Wert erreicht, der der Summe aus dem Wert der beschafften Ferkel (26.100,00 €) und dem Wert des in den 4 Wochen erzielten Gewichtszuwachses entspricht. Der Wert des Gewichtszuwachses beträgt in diesem Beispiel ein Viertel der Wertedifferenz zwischen dem Mastschweinewert und dem Ferkelwert, d. h. (58.208,00 € - 26.100,00 €) / 4 = 8027,00 €.

Insgesamt beträgt also der Wert des Endbestandes der Mastschweine 26.100,00 € + 8027,00 € = 34.127,00 €. Dieser Wert wurde in die Spalte Mehrung eingesetzt. Die Minderung hat dagegen im 1. Jahr den Wert 0, weil zu Beginn des Unternehmens noch kein Schweinebestand vorhanden war.

Die Mehrung des 1. Jahres wird im 2. Jahr zu einer Minderung, denn die teilweise ausgemästeten Mastschweine sind ja zu Beginn des 2. Jahres bereits als Anfangsbestand vorhanden. Im 2. Jahr ergibt sich der Wert des Endbestandes als Mehrung daraus, dass am Ende dieses Jahres Schweine vorhanden sind, die bereits die Hälfte ihrer Mastperiode durchlaufen haben.

Aus der *Übersicht 4.1* geht des Weiteren hervor, dass bei den Ferkeln in den drei dargestellten Jahren weder eine Minderung noch eine Mehrung auftritt. Dieser Sachverhalt ergibt sich daraus, dass wir bei der Errechnung der Minderungen und Mehrungen für die Mastschweine tatsächlich angenommen hatten, dass die jeweils aufgestallten Ferkel unmittelbar nach ihrer Aufstallung in (Halbfertig-)Produkte umgewandelt werden und eventuelle Minderungen und Mehrungen deshalb bei diesen Produkten berücksichtigt werden müssen. Beim jeweiligen Periodenwechsel sind daher definitionsgemäß keine Ferkel vorhanden. Es sei jedoch darauf hingewiesen, dass bei dieser Sachlage mögliche Minderungen und Mehrungen anstatt bei den Mastschweinen auch bei den Ferkeln hätten berücksichtigt werden können. (Überlegen Sie, welche Rechnungen dann sachgerecht sind.)

Übersicht 4.1 zeigt darüber hinaus, dass sich bei dem Rohstoff Futter in den drei Jahren abwechselnd Minderungen und Mehrungen in Höhe von 5202,60 € ergeben. Diese Periodizität erklärt sich aus dem 8-wöchigen Turnus des Futtereinkaufes. Im 1. Jahr wurde zu Beginn der 49. Woche zum 7. Mal Futter für einen Betrag von 10.405,20 € angeschafft. Dieses Futter wird in den letzten vier Wochen des 1. Jahres nur zur Hälfte verbraucht, so dass sich ein Wert des Endbestandes von 5202,60 € ergibt. Gemäß den Gleichungen (4.4) und (4.5) resultiert daraus im 1. Jahr ein Futteraufwand in Höhe von 67.633,80 €. Im 2. Jahr wird dagegen der Futterendbestand zum Anfangsbestand, der dann zu einer Aufwandsmehrung von 5202,60 € führt. Es ergibt sich im 2. Jahr dagegen keine Minderung, weil die 13. Futtereinkaufsmenge am Ende des 2. Jahres gerade vollständig verbraucht ist, also ein Endbestand nicht übrig bleibt.

Weiterhin zeigt *Übersicht 4.1*, dass bei den Hilfsstoffen keine Minderungen und Mehrungen auftreten. Bei einem vierwöchtigen Beschaffungszyklus für diese Produktionsmittel verbleiben beim jeweiligen Jahreswechsel keine Endbestände. Der Aufwand entspricht somit den Ausgaben.

Schließlich weist die Ertrags-Aufwands-Rechnung jährliche Aufwändungen für die Stallanlage – resultierend aus Mehrungen – in Höhe von 12.500,00 € aus, während die Ausgabe für die Stallanlage nicht mehr berücksichtigt ist. Die Aufwändungen als Abschreibungen ergeben sich gemäß Gleichung (4.6) daraus, dass der Anschaffungswert AP = 100.000,00 €, der erwartete Wiederveräußerungswert EVP = 0,00 € und die erwartete Nutzungsdauer EN = 8 Jahre beträgt, so dass sich eine jährliche Abschreibung in Höhe von 12.500,00 € als Aufwand für die Stallanlage errechnet.

Insgesamt geht aus den Ertrags-Aufwands-Rechnungen der *Übersicht 4.1* im Vergleich zu den Einnahmen-Ausgaben-Rechnungen hervor, dass sich nunmehr in jedem Jahr die gleiche (Ertrags-

Aufwands-)DIFFERENZ in Höhe von 17.617,23 € ergibt. Diesen Einkommensbetrag konnten wir mit der Einnahmen-Ausgaben-Rechnung nur als Durchschnittswert aus der Totalerfolgsrechnung (vgl. *Übersicht 3.13*) bestimmen. Da der Produktionsprozess unseres Beispiels bei zeitkonstanten Preis- und Mengengerüsten jedoch gleichmäßig fortschreitet, sollten wir ein solches jährlich gleichbleibendes Einkommensergebnis auch erwarten. Die Periodenerfolgsrechnung als Ertrags-Aufwands-Rechnung liefert also ein im Vergleich zur periodischen Einnahmen-Ausgaben-Rechnung zutreffenderes Bild über geplante bzw. tatsächlich erwirtschaftete Einkommen. Die Ertrags-Aufwands-Rechnung ist deshalb eine geeignetere Maßvorschrift für das Einkommensoberziel.

Abschließend sei darauf hingewiesen, dass die periodische Ertrags-Aufwands-Differenz selbstverständlich nur dann von Jahr zu Jahr unverändert bleibt, wenn die vorher genannten Bedingungen der zeitkonstanten Preis- und Mengengerüste und des sich gleichmäßig wiederholenden Produktionsprozesses gegeben sind. Ändern sich dagegen die relevanten Produkt- und Faktorpreise und ändert sich der Produktionsprozess im Zeitablauf nach Art und Umfang, muss sich das selbstverständlich in ebenfalls veränderten Ertrags-Aufwands-Differenzen niederschlagen. Die Schwankungen sind dann aber durch sachliche Ursachen und nicht durch die Zufälligkeiten der Periodenabgrenzungen bedingt.

4.2.3 Das Unternehmenseinkommen als Unternehmenswertschöpfung

Wir wollen die abgeleitete Ertrags-Aufwands-Rechnung jetzt stärker verallgemeinern. Im Unterschied zu dem einfachen Beispiel ergibt sich der Gesamtertrag wirklicher Unternehmen i. d. R. als Summe aus mehreren Einzelerträgen, weil mehrere Produkte erzeugt werden. Dieser Gesamtertrag wird als *Unternehmensertrag* bezeichnet und nach Maßgabe der folgenden Gleichung bestimmt:

$$UE = \sum_{i=1}^{m} E_i \qquad (4.8)$$

Darin sind:

UE = Unternehmensertrag je Rechnungsperiode, gemessen in €;

E_i = Einzelertrag i je Rechnungsperiode in €, bestimmt nach Maßgabe der Gleichungen (4.1) oder (4.3);

m = Anzahl der Einzelerträge.

Der Gesamtaufwand eines Unternehmens setzt sich prinzipiell aus Aufwändungen für den Betriebsmittel- und Werkstoffeinsatz sowie aus Aufwändungen für den Arbeits- und Kapitaleinsatz zusammen. Wir wollen hier zunächst – wie es auch für das Beispiel zutraf – nur die Aufwändungen für den Betriebsmittel- und Werkstoffeinsatz sowie für Dienste und Abgaben berücksichtigen. Die Summe dieser Aufwändungen während einer Rechnungsperiode wird als *Unternehmenssachaufwand* bezeichnet und wie folgt berechnet:

$$USA = \sum_{j=1}^{n} VA_j + \sum_{k=1}^{p} AB_k \qquad (4.9)$$

Darin sind:

USA	= Unternehmenssachaufwand je Rechnungsperiode, gemessen in €;
VA_j	= Einzelaufwand j für einen Werkstoff oder eine Dienstleistung, gemessen in €, berechnet nach Maßgabe der Gleichungen (4.4) oder (4.5);
AB_k	= Einzelaufwand k als Abschreibung für ein Betriebsmittel, gemessen in €, berechnet nach Maßgabe von Gleichung (4.6);
n	= Anzahl der Einzelaufwändungen für Werkstoffe und Dienstleistungen;
p	= Anzahl der Einzelaufwändungen für Abschreibungen von Betriebsmitteln.

Subtrahieren wir nun den Unternehmenssachaufwand vom Unternehmensertrag, dann ergibt sich das *Unternehmenseinkommen*. Es gilt die Definition:

$$UW = UE - USA \qquad (4.10)$$

Darin sind:

UW	= Unternehmenseinkommen je Rechnungsperiode, gemessen in €;
UE	= Unternehmensertrag gemäß Gleichung (4.8), gemessen in €;
USA	= Unternehmenssachaufwand gemäß Gleichung (4.9), gemessen in €.

Im Beispiel der *Übersicht 4.1* repräsentieren die DIFFERENZEN bei den Ertrags-Aufwands-Rechnungen die erwirtschafteten Unternehmenseinkommen.

Das Unternehmenseinkommen wird auch als *Unternehmenswertschöpfung* bezeichnet, weil es denjenigen Betrag angibt, den die Träger eines Unternehmens während einer Rechnungsperiode durch ihren Arbeits- und Kapitaleinsatz zusätzlich an Werten bzw. an Einkommen geschaffen haben bzw. schaffen möchten. Dieser Betrag unterscheidet sich vom Unternehmensertrag – auch *Produktionswert* des Unternehmens genannt – durch den Sachaufwand für den Ge- und Verbrauch von Gütern und Diensten, die zwar im Unternehmen verwendet, als Werte jedoch bereits durch andere Unternehmen geschaffen wurden. Im Beispiel der Mastschweineproduktion sind die Doktoranden die alleinigen Träger des Unternehmens. Durch ihren Arbeits- und Kapitaleinsatz schaffen sie die kalkulierten Wertschöpfungen als jährliche Unternehmenseinkommen.

4.3 Einkommenserwerb als Resultante von Nutzenvorstellungen der Unternehmensträger

Der Gedanke liegt nahe, dass das Unternehmenseinkommen das (operational definierte) wirtschaftliche Oberziel für die Einrichtung und den Betrieb von Unternehmen sein sollte. Je höher das Unternehmenseinkommen wird, desto wirtschaftlicher verwenden unsere Unternehmer ihre Arbeit und ihr Kapital bzw. desto höher wird ihr Arbeits- und Kapitaleinsatz „entlohnt". Tatsächlich müssen wir aber bedenken, dass im Unterschied zu unserem einfachen Beispiel in realen Unternehmen i. d. R. mehrere Unternehmensträger auftreten, die durchaus unterschiedliche Zielvorstellungen über ihre Beiträge zur Wirtschaftstätigkeit der Unternehmen haben können. Wir wollen in den nächsten Abschnitten die daraus zu erwartenden Konsequenzen für die Unternehmensziele untersuchen, dafür zuvor jedoch die einzelnen Unternehmensträger näher bestimmen.

4.3.1 Die Unternehmensträger

Aus verschiedenen Überlegungen des dritten Kapitels (insbesondere Abschnitte 3.1 und 3.4) lässt sich unmittelbar ableiten, dass als Unternehmensträger diejenigen Personengruppen bezeichnet werden können, die (1) Arbeit oder Kapital für das Unternehmen bereitstellen; (2) an den Entscheidungsprozessen für die Unternehmensgestaltung und -führung mitwirken; (3) Risiko übernehmen und (4) am Unternehmenserfolg, d. h. an der Unternehmenswertschöpfung, beteiligt werden. Aufgrund dieser Kriterien kommen im kapitalbezogenen Unternehmen die *Kapitalgeber*, die *Belegschaft* und das *Management* als Unternehmensträger in Betracht.

Die Kapitalgeber erfüllen sämtliche der genannten Kriterien. Als *Fremdkapitalgeber* sind sie über den Fremdkapitalzins für den Kapitaleinsatz an der Unternehmenswertschöpfung beteiligt. Sie tragen das Risiko des Kapitalverlustes, falls das Unternehmen notleidend wird. Die *Eigenkapitalgeber* sind an der Unternehmenswertschöpfung sogar zentral beteiligt. Sie erhalten für den Einsatz ihres Kapitals bei positiver Unternehmensentwicklung Dividenden und tragen das Risiko des Kursverlustes bei einer negativen Entwicklung. Aufgrund dieser Tatbestände haben die Kapitalgeber selbstverständlich ein mehr oder weniger großes Mitspracherecht bei der Unternehmenspolitik, sind also an den Entscheidungsprozessen beteiligt.

Eine Sondergruppe von Kapitalgebern, die in der Landwirtschaft von großer Bedeutung ist, bilden die *Verpächter*. Sie setzen zwar kein (Geld-)Kapital im Unternehmen ein, sie stellen aber landwirtschaftliche Nutzflächen als eine wesentliche Form des (Sach-)Vermögens für viele Unternehmen bereit. Auch sie müssen deshalb grundsätzlich als Unternehmensträger angesehen werden. Sie sind an der Unternehmenswertschöpfung über den Pachtzins beteiligt und tragen das Risiko des Vermögensverlustes, wenn das Unternehmen die Pachtsache nicht pfleglich behandelt. Sie üben deshalb eine gewisse Mitsprache bei der Gestaltung der Unternehmenspolitik aus.

Die *Belegschaftsmitglieder* sind ebenfalls echte Unternehmensträger. Sie liefern die Arbeitsleistungen. An der Unternehmenswertschöpfung sind sie über Löhne und Gehälter beteiligt. Risiko tragen sie durch den möglichen Verlust ihrer Arbeitsplätze, falls das Unternehmen eine negative Entwicklung nimmt. An der Entscheidungsausübung wirkt die Belegschaft in großen Unternehmen kraft Gesetzes mit (Mitbestimmung), de facto sind die Mitarbeiter jedoch in allen Unternehmen mehr oder weniger an den Entscheidungsprozessen beteiligt.

Das *Management* bringt ebenfalls Arbeit auf, ist an den Entscheidungsprozessen sogar zentral beteiligt und trägt gleichfalls das persönliche Risiko des Arbeitsplatzverlustes. An der Unternehmenswertschöpfung partizipiert das Management über die Gehälter und über Erfolgsbeteiligungen.

Die Unternehmensträger sind damit:

1. Eigenkapitalgeber;
2. Fremdkapitalgeber;
3. Verpächter;
4. Belegschaft;
5. Management.

Diese Gliederung gilt in reiner Form nur für die kapitalbezogenen Unternehmen. In personenbezogenen Unternehmen ist der Unternehmer bzw. sind die Mitunternehmer dagegen sowohl Eigenkapitalgeber als auch Manager. Als Unternehmensträger verbleiben dann:

1. (Mit-)Unternehmer;
2. Fremdkapitalgeber;
3. Verpächter;
4. Belegschaft.

In der personenbezogenen Unternehmensform des „landwirtschaftlichen Familienbetriebes" entfällt auch die Belegschaft, da der Landwirt und evtl. weitere Familienmitglieder auch die Tätigkeiten dieses Unternehmensträgers übernehmen. Die Zahl der Unternehmensträger vermindert sich damit auf:

1. Unternehmer (und Familienmitglieder);
2. Fremdkapitalgeber;
3. Verpächter.

Wir werden in Abschnitt 4.3.4 darstellen, dass sich die unterschiedliche Zahl der Unternehmensträger in den verschiedenen Unternehmensformen auf die Ausprägung der Unternehmensziele auswirken kann.

4.3.2 Die Aufteilung der Unternehmenswertschöpfung

Der vorhergehende Abschnitt zeigte, dass die Unternehmensträger für ihre jeweiligen Leistungen Einkommensansprüche gegenüber dem Unternehmen geltend machen. Die Unternehmenswertschöpfung ist diejenige Größe, aus der diese Ansprüche abgedeckt werden müssen.

Der zugehörige Sachverhalt ist in *Übersicht 4.2* skizziert. Daraus geht zunächst hervor, dass die Aufteilung der Unternehmenswertschöpfung im personenbezogenen Unternehmen gegenüber den kapitalbezogenen Unternehmen wegen der unterschiedlichen Zahl der Unternehmensträger gewisse Unterschiede aufweist. Des Weiteren wird darauf hingewiesen, dass die Summe der Einkommensansprüche in zwei Hauptgruppen gegliedert werden kann, nämlich in die *Kontrakteinkommen* und die *Residualeinkommen.*

Die Gruppe der Kontrakteinkommen umfasst diejenigen Einkommensbestandteile, die vor dem Einsatz der Produktionsfaktoren zwischen dem betreffenden Unternehmensträger und dem Unternehmen vertraglich für einen bestimmten Zeitraum im Voraus vereinbart werden. Das gilt für den Fremdkapitalzins, den die Fremdkapitalgeber für die Fremdkapitalüberlassung erhalten, für den Pachtzins, den die Verpächter für die Überlassung von Nutzflächen erhalten, und für den Lohn sowie – soweit es sich um kapitalbezogene Unternehmen handelt – für die Gehälter und die Erfolgsbeteiligungen, die die Belegschaft und das Management für ihre Arbeitsleistungen erhalten. Indirekt erhält die letzte Gruppe der Unternehmensträger auch die Sozialabgaben in Form eventueller Leistungen der Sozialversicherungsträger. Die Sozialabgaben zählen deshalb ebenfalls zum Arbeitsentgelt.

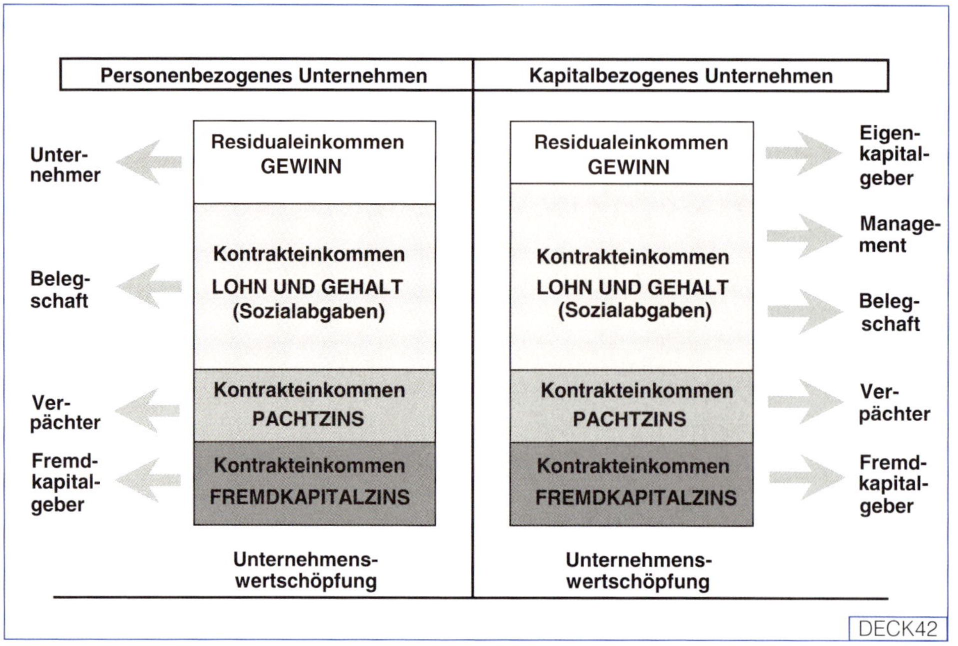

Übersicht 4.2: Die Aufteilung der Unternehmenswertschöpfung in den Unternehmensformen

Die zweite Gruppe der Residualeinkommen ist quasi eine „Restgröße", die sich nach Abzug der Kontrakteinkommen von der Unternehmenswertschöpfung ergibt. Die Höhe dieses Einkommensbestandteils kann nicht vertraglich im Vorhinein vereinbart werden, vielmehr hängt die Höhe vom jeweiligen Wirtschaftserfolg des Unternehmens ab, wobei auch negative Residualeinkommen auftreten können.

Das Residualeinkommen ist sowohl im personenbezogenen als auch im kapitalbezogenen Unternehmen der *Unternehmensgewinn*. Im personenbezogenen Unternehmen ist der *Gewinn* als Summe das Entgelt sowohl für den Arbeitseinsatz des Unternehmers als auch für seinen Eigenkapitaleinsatz, der eigene Nutzflächen einschließt. Im kapitalbezogenen Unternehmen ist der Gewinn dagegen lediglich das Entgelt für die Bereitstellung des Eigenkapitals durch die Anteilseigner.

Übersicht 4.2 zeigt nicht die Situation für das personenbezogene Unternehmen des reinen „Familienbetriebes". In einem solchen Unternehmen entfällt der Kontrakteinkommensbestandteil für die Belegschaft. Der Gewinn als Residualeinkommen ist deshalb als Summe das Entgelt für die leitende und ausführende Tätigkeit des Unternehmers und seiner mithelfenden Familienmitglieder sowie für den Eigenkapitaleinsatz, der auch eigene Nutzflächen einschließt. Wenn ein Familienunternehmer im Extremfall weder Fremdkapital noch Pachtflächen einsetzt, dann umfasst der Gewinn die gesamte Unternehmenswertschöpfung.

4.3.3 Die GOSSEN-Nutzenfunktion und die BERNOULLI-Nutzenfunktion der Unternehmensträger

Auch nach diesen Überlegungen könnten wir noch zu dem Schluss gelangen, dass es sich bei der Erwirtschaftung von Unternehmenswertschöpfung um das wirtschaftliche Oberziel handeln sollte, welches im Unternehmen nach Maßgabe des allgemeinen Ergiebigkeitsprinzips in höchstmöglichem Ausmaße zu verwirklichen wäre. Das jeweilige Einkommen der verschiedenen Unternehmensträger könnte umso höher sein, je höher die Unternehmenswertschöpfung insgesamt wird. Gewinn als Residualeinkommen entsteht überhaupt nur dann, wenn die Unternehmenswertschöpfung die Summe der Kontrakteinkommen übersteigt. Das Management im kapitalbezogenen Unternehmen und der Unternehmer im personenbezogenen Unternehmen müssten also bestrebt sein, durch eine möglichst effiziente Unternehmensgestaltung und -führung eine maximale Unternehmenswertschöpfung zu erwirtschaften.

Tatsächlich können wir jedoch aus *Übersicht 4.2* unmittelbar ablesen, dass es sich bei der Maximierung der Unternehmenswertschöpfung nicht um ein einhellig von allen Beteiligten verfolgtes Ziel handeln kann. Durch die Aufteilung der Unternehmenswertschöpfung auf die verschiedenen Unternehmensträger sind Konkurrenzsituationen quasi „eingebaut". Bei gegebener Gesamtwertschöpfung kann jede Gruppe von Unternehmensträgern ihr Einkommen nur auf Kosten der Anteile der übrigen Unternehmensträger ausdehnen. Diese Konkurrenz um die Einkommensanteile kann sogar dazu führen, dass die Unternehmenswertschöpfung insgesamt negativ beeinflusst wird.

Insbesondere ist zu bedenken, dass es sich bei den Unternehmensträgern um Menschen handelt, die nach Nutzenmaximierung streben. Wie bereits anhand der einführenden Abschnitte des 1. Kapitels deutlich wurde, ist das Streben nach maximalem Nutzen nicht identisch mit dem Streben nach maximalem (Geld-)Einkommen. Vielmehr werden die Wirtschaftssubjekte je nach individueller Nutzenfunktion z. B. zugunsten von mehr Freizeit auf einkommensmehrende Arbeitszeit oder generell zugunsten einer als stärker befriedigend angesehenen Tätigkeit zum Verzicht auf bestimmte Einkommensanteile bereit sein. Wir wollen diese Art der Nutzenfunktion nach ihrem Entdecker als GOSSEN-Nutzenfunktion bezeichnen.

Überdies ging aus den Abschnitten 2.3.3 bis 2.3.5 des 2. Kapitels hervor, dass zwischen der Höhe des erwarteten Einkommens und der Sicherheit seines Eintreffens eine konkurrierende Beziehung besteht. Abschnitt 2.3.5.2 über die „efficiency frontier" zeigte, dass der Anstieg des Erwartungswertes von Einkommen effizienter Handlungsalternativen untrennbar gebunden ist an einen Anstieg der Varianz der möglicherweise eintreffenden Einkommensbeträge. Anders ausgedrückt: Steigende Einkommen sind mit steigenden Risiken verbunden.

Das gleiche Ergebnis erhielten wir bei der Untersuchung des Zusammenhanges zwischen einem geforderten Mindesteinkommen und seiner Mindesteintrittswahrscheinlichkeit (vgl. Abschnitt 2.3.4). Mit steigendem Mindesteinkommensanspruch sinkt die Mindesteintrittswahrscheinlichkeit und umgekehrt. Einkommenshöhe und Einkommenssicherheit konkurrieren miteinander. Je nach individueller Risiko-Nutzenfunktion werden die verschiedenen Unternehmensträger deshalb zum Verzicht auf Handlungsalternativen mit hoher Einkommenserwartung, aber auch hohem Risiko zugunsten von Handlungsalternativen mit zwar geringerer Einkommenserwartung, aber höherer Einkommenssicherheit neigen. Wir wollen diese zweite Art der Nutzenfunktion nach ihrem Entdecker als BERNOULLI-Nutzenfunktion bezeichnen.

4.3.4 Höhe und Verteilung der Unternehmenswertschöpfung als Kompromiss zwischen den Nutzenvorstellungen der Unternehmensträger

Es leuchtet ein, dass die vorstehend geschilderten Beziehungen bei der Analyse der Einkommensziele im Unternehmen berücksichtigt werden müssen. Zusätzlich wollen wir für diese Analyse beachten, dass die Kontrakteinkommensbestandteile zwar zuerst – d. h. vor den Residualeinkommen – aus der Unternehmenswertschöpfung abgegolten werden müssen, weil sie vertraglich für bestimmte Zukunftszeiträume abgesichert sind, dass sie aber längerfristig ebensowenig festliegen wie die Residualeinkommen.

Die Belegschaft erhält für ihre Leistungen das Arbeitsentgelt. Mitglieder der Belegschaft können das allgemeine Ergiebigkeitsprinzip für sich – formal betrachtet – entweder als Minimierungs- oder als Maximierungsprinzip auslegen. Einerseits können sie im Extremfall versuchen, ein bestimmtes vereinbartes Arbeitseinkommen mit einem qualitativen und quantitativen Minimum an Arbeitseinsatz zu erreichen. Extrem langsame und sorglose Arbeitserledigung sowie hohe Ausfallzeiten können zwar bewirken, dass die Mitarbeiter ihre außerhalb des Unternehmens liegenden Nutzenvorstellungen individuell maximieren, sie führen aber auch zu einem steigenden Risiko des individuellen Arbeitsplatzverlustes und – bei einem solchen Verhalten vieler Belegschaftsmitglieder – zu einer sinkenden Unternehmenswertschöpfung und damit letztlich zu einem steigenden Risiko des kollektiven Arbeitsplatzverlustes.

Andererseits können die Mitglieder der Belegschaft durch einen bestimmten oder sogar steigenden Arbeitseinsatz bewirken, dass die Sicherheit der Arbeitsplätze zunimmt und nicht nur die Unternehmenswertschöpfung insgesamt, sondern auch das individuelle Einkommen ansteigt. So lassen sich z. B. die Nutzenfunktionen der Mitarbeiter in größeren Unternehmen durch die begründete Aussicht auf Aufstiegsmöglichkeiten in höherbezahlte und sicherere Arbeitsplätze durchaus in Richtung auf unternehmensbezogenes Denken und Handeln beeinflussen. Infolge der steigenden Arbeitsleistung kann sich dadurch auch die gesamte Unternehmenswertschöpfung positiv entwickeln.

Die Fremdkapitalgeber erhalten den Zins als Kontrakteinkommen für die Kapitalüberlassung. Sie verhalten sich prima vista wirtschaftlich vernünftig, wenn sie einen höchstmöglichen Zinssatz zu erreichen trachten. Bei einer gegebenen Unternehmenswertschöpfung stehen sie mit diesem Ziel aber in Konkurrenz zur Belegschaft, zu den Verpächtern und zu den Eigenkapitalgebern. Bei einem gegebenen Umfang des Fremdkapitaleinsatzes sinken deren Einkommensanteile mit steigendem Zinssatz und umgekehrt.

Da jedoch auch den Fremdkapitalgebern die Beziehung zwischen Einkommenshöhe und Einkommenssicherheit bewusst ist, werden sie tendenziell zugunsten einer langfristigen Kreditsicherheit zu Zugeständnissen bei der Bemessung des Zinssatzes bereit sein. Ein geringerer Zinssatz erhöht die übrigen Bestandteile des Unternehmenseinkommens und vermindert dadurch prinzipiell das Risiko, dass das Unternehmen und damit letztlich auch die eingesetzten Kredite notleidend werden.

Prinzipiell die gleichen Zusammenhänge gelten für das Verhalten der Verpächter. Die Verpächter erhalten den Pachtzins für die Überlassung landwirtschaftlicher Nutzflächen. Sie verhalten sich zwar auf den ersten Blick wirtschaftlich vernünftig, wenn sie den Pachtzins zu maximieren trachten, andererseits ist jedoch auch den Verpächtern die Beziehung zwischen Einkommenshöhe und -sicherheit bewusst. Zugunsten eines wirtschaftlich gesunden Pächters, der zudem die Bodenfruchtbarkeit der überlassenen Flächen erhält oder sogar mehrt, werden sie i. d. R. von einer alleinigen Maximierung des Pachtzinses Abstand nehmen.

Das Residualeinkommen als Gewinn fließt im kapitalbezogenen Unternehmen den Eigenkapitalgebern zu. Die Eigenkapitalgeber verhalten sich prinzipiell wirtschaftlich vernünftig, wenn sie ihren Gewinn in Bezug auf ihre eingebrachten Kapitalbeträge maximieren. Um das zu erreichen, werden sie bestrebt sein, sämtliche Kontrakteinkommensbestandteile so gering wie möglich zu halten. Sie konkurrieren deshalb sowohl mit der Belegschaft als auch mit den Fremdkapitalgebern und den Verpächtern um die Höhe der jeweiligen Wertschöpfungsanteile. Indessen ist auch den Eigenkapitalgebern sicherlich klar, dass sich relativ geringe Arbeitseinkommen und eventuell auch noch ungünstige Arbeitsbedingungen negativ auf die Leistungsbereitschaft der Mitarbeiter und damit langfristig auf die Höhe der gesamten Unternehmenswertschöpfung auswirken. Als Folge wird dadurch auch die Höhe ihres Gewinns negativ beeinflusst. Zusätzlich erschwert eine solche Politik die Gewinnung qualifizierter Mitarbeiter.

Des Weiteren wirkt sich übertriebene „Preisdrückerei" nicht nur negativ auf die Leistungen der Belegschaft, sondern ebenso negativ auf die Beschaffung von Krediten und Pachtflächen aus. Fremdkapitalgeber und Verpächter werden sich nach anderen Kreditnehmern und Pächtern umsehen. Indirekt kann dadurch zusätzlich die Wettbewerbsfähigkeit der Konkurrenten des Unternehmens gestärkt werden.

Schließlich ist gerade auch bei den Eigenkapitalgebern, die bei negativer Unternehmensentwicklung das Risiko des Verlustes in besonderer Weise tragen, weil ihre Einkommensansprüche im Unterschied zu den Ansprüchen der Belegschaft, der Fremdkapitalgeber und der Verpächter auch kurzfristig nicht vertraglich abgesichert sind, das Wissen um die Beziehung zwischen Einkommenshöhe und Einkommenssicherheit in besonderer Weise präsent. Zugunsten von Handlungsalternativen, die bei Verzicht auf Höchstgewinne eine relativ sichere Rente versprechen, werden sie darauf drängen, dass besonders risikobehaftete Handlungsalternativen vermieden werden.

Eine zentrale Rolle spielt im kapitalbezogenen Unternehmen das (angestellte) Management in Form des Vorstandes oder der Geschäftsführung. Da das Entgelt der Mitglieder der Leitungsgremien i. d. R. neben einem fest vereinbarten Grundgehalt eine substanzielle Erfolgsbeteiligung vorsieht, werden sie das Ergiebigkeitsprinzip im Allgemeinen in Form des Maximierungsprinzips verfolgen. Durch einen qualitativ und quantitativ hohen Arbeitseinsatz werden sie ein möglichst hohes Einkommen zu erreichen versuchen, um damit gleichzeitig auch die Sicherheit ihrer Arbeitsplätze zu steigern. Diese Verhaltensweise führt nicht nur zu einer Erhöhung der gesamten Unternehmenswertschöpfung, sie bewirkt darüber hinaus, dass die Manager auch andere Individualziele wirkungsvoller befriedigen können. Durch den steigenden Unternehmenserfolg steigt das Ansehen, das die Manager in der „business community" genießen. Gesellschaftliche Bedürfnisse können in höherem Ausmaße befriedigt werden.

Andererseits behält selbstverständlich auch die Unternehmensleitung die Beziehung zwischen Einkommenshöhe und Einkommenssicherheit im Auge. Zugunsten von Handlungsalternativen mit relativ hoher Einkommenssicherheit werden sie auf besonders einkommensträchtige, aber auch besonders riskante Alternativen verzichten, weil sich mit einer solchen Entscheidung gleichzeitig die Sicherheit ihrer Arbeitsplätze erhöht.

Bereits aus diesen wenigen Bemerkungen geht hervor, dass es sich aufgrund der Vielzahl der Unternehmensträger mit ihren jeweils unterschiedlichen Nutzenfunktionen bei der Erwirtschaftung von Unternehmenswertschöpfung nicht um ein einhellig akzeptiertes Oberziel handeln kann, welches von allen Beteiligten gleichermaßen verfolgt würde. Auf der anderen Seite sind die Verhältnisse aber auch nicht so beschaffen, dass einzelne Unternehmensträger wegen der beschriebenen Konkurrenzbeziehungen ihren Einkommensanteil mit allen Mitteln zu Lasten der Anteile der übrigen Unternehmensträger ausdehnen wollten. Es ist im langfristigen Interesse aller Unternehmensträger, wenn sie immer wieder tragfähige Kompromisse zwischen den individuellen Zielvorstellungen finden.

Indessen ist nicht zu verkennen, dass in den kapitalbezogenen Unternehmen das Ziel der Maximierung des Residualeinkommens – unter Beachtung von Nebenbedingungen einer gewissen Einkommenssicherheit und der langfristigen positiven Unternehmensentwicklung – sicherlich Vorrang genießt. Das Vorherrschen dieses Gewinnziels kommt durch die weitgehend komplementären Zielvorstellungen des Managements und der Eigenkapitalgeber zustande.

Wie wir in Abschnitt 3.4.2.5 gesehen haben, wird in der GmbH die Geschäftsführung durch die Gesellschafterversammlung bestellt. Die Gesellschafterversammlung ist die Gemeinschaft der Eigenkapitalgeber als Anteilseigner. Durch eine geeignete Berufungs- bzw. Abberufungspolitik wird diese Gemeinschaft der Anteilseigner sicherstellen wollen, dass ihr Ziel einer hohen und möglichst sicheren Rendite ihres eingesetzten Kapitals bestmöglich in die Tat umgesetzt wird.

Gleiches gilt prinzipiell auch für die Aktiengesellschaft. In der AG wird der Vorstand zwar durch den Aufsichtsrat bestellt, der Aufsichtsrat besteht aber überwiegend aus Vertretern der Anteilseigner und wird von der Hauptversammlung, d. h. von der Gemeinschaft der Anteilseigner, gewählt. Deshalb werden auch in der AG die Anteilseigner dafür Sorge tragen, dass die Unternehmensleitung stärker ihre Ziele als diejenigen der Kontrakteinkommensbezieher berücksichtigt.

Da sich die Erfolgsbeteiligung der Mitglieder des Managements als Anteil des Gewinns berechnet und das Management durch die Anteilseigner bestellt wird, werden die persönlichen Ziele der Manager nach hohem Einkommen und sicherem Arbeitsplatz dann bestmöglich erfüllt, wenn sie unter Beachtung der mehrfach diskutierten Nebenbedingungen ebenfalls nach einem möglichst hohen Unternehmensgewinn streben.

Auf den ersten Blick scheint das Gewinnziel noch stärker im personenbezogenen Unternehmen zu dominieren. Hier sind die Funktionen der Eigenkapitalgeber und des Managements in der Person des Unternehmers (bzw. in den Personen der Mitunternehmer in der Personengesellschaft) vereinigt. Eventuelle Konkurrenzbeziehungen zwischen diesen beiden Unternehmensträgern können insofern nicht auftreten. Der Unternehmer hat das Ziel der Gewinnerwirtschaftung nur gegenüber den Fremdkapitalgebern, den Verpächtern und der Belegschaft durchzusetzen. Im reinen Familienbetrieb entfällt zusätzlich die Konkurrenzbeziehung zur Belegschaft.

Tatsächlich müssen wir aber auch hier beachten, dass die Gewinnerwirtschaftung durch eine mehr oder weniger vielgestaltige Nutzenfunktion des Unternehmers relativiert wird. Der Wunsch nach mehr Freizeit, der Wunsch nach einer gedeihlichen Zusammenarbeit mit den Mitarbeitern, der Wunsch nach einer gewissen Einkommenssicherheit, d. h. das Streben nach einer umfassenden Nutzenmaximierung, beschränkt das eindimensionale Ziel der Gewinnmaximierung.

Andererseits bleibt aber auch festzuhalten, dass wohl jeder Unternehmer unter sonst gleichen Bedingungen einen höheren Gewinn einem geringeren Gewinn vorziehen wird, also dem Geldeinkommenserwerb als der zentralen Voraussetzung für die Befriedigung der meisten Bedürfnisse durchaus Vorrang einräumt. In der Regel werden deshalb Unternehmer das Ziel der Gewinnmaximierung unter Beachtung verschiedener Nebenbedingungen verfolgen. Diese Nebenbedingungen können wir auch als *Begrenzungsziele* bezeichnen, weil sie das *Extremalziel* der Gewinnerwirtschaftung in seinem möglichen Ausmaß begrenzen (vgl. KUHLMANN 1990, S. 32 ff.).

4.4 Bestimmung des Unternehmensgewinns

4.4.1 Berechnung des Gewinns mittels G.u.V.-Rechnung

Die vorherrschende Stellung des Gewinnziels in den Unternehmen findet ihren Ausdruck auch darin, dass bei dem Verfahren der Ertrags-Aufwands-Rechnung der Unternehmensaufwand nicht nur aus den Sachaufwändungen, sondern zusätzlich aus den vorher als Kontrakteinkommen gekennzeichneten Löhnen und Gehältern sowie den Fremdkapital- und Pachtzinsen besteht. Bezeichnen wir die Löhne und Gehälter sowie die zugehörigen Sozialabgaben als *Lohnaufwand* und die Fremdkapital- und Pachtzinsen als *Kapitalaufwand*, dann gilt für den gesamten *Unternehmensaufwand* die Definition:

(4.11) $UA = USA + LA + KA$

Darin sind:
UA = Unternehmensaufwand einer Rechnungsperiode, gemessen in €;
USA = Unternehmenssachaufwand einer Rechnungsperiode, gemessen in €;
LA = Lohnaufwand einer Rechnungsperiode, gemessen in €;
KA = Kapitalaufwand einer Rechnungsperiode, gemessen in €.

Der Gewinn als Residualeinkommen berechnet sich dann als Differenz aus Unternehmensertrag und Unternehmensaufwand. Es gilt die Definition:

(4.12) $G = UE - UA$

Darin sind:
G = Unternehmensgewinn einer Rechnungsperiode, gemessen in €;
UE = Unternehmensertrag einer Rechnungsperiode, gemessen in €;
UA = Unternehmensaufwand einer Rechnungsperiode, gemessen in €.

Die nach Maßgabe der vorstehenden Gleichungen erstellte Ertrags-Aufwands-Rechnung wird als *Gewinn-und-Verlust-Rechnung* oder kurz als *G.u.V.-Rechnung* bezeichnet. Der Verlust wurde in die Bezeichnung aufgenommen, um anzudeuten, dass der Gewinn als Residualeinkommen auch einen negativen Wert aufweisen kann.

Ein weiterer Grund für die Durchführung der Gewinn-und-Verlust-Rechnung als IST-Rechnung für abgelaufene Wirtschaftsperioden besteht darin, dass der so berechnete Gewinn die Grundlage für die Bemessung der Ertragsteuern bildet (vgl. Abschnitt 3.5.2). Dabei ist der Gesetzgeber von der Maßgabe ausgegangen, dass eine doppelte Besteuerung von Einkommensbestandteilen zu vermeiden ist, andererseits aber sämtliche Einkommensbestandteile versteuert werden sollten.

Die Belegschaft der Unternehmen wird von der Finanzbehörde über ihre aus dem Unternehmen bezogenen Löhne, Gehälter und Erfolgsbeteiligungen zur Ertragsbesteuerung herangezogen. Die Eigenkapitalgeber für kapitalbezogene Unternehmen, die Fremdkapitalgeber und die Verpächter werden von der Finanzbehörde über ihre aus dem Unternehmen bezogenen Einkommensanteile zur Ertragsbesteuerung veranlagt. Lediglich die nach Abzug der Unternehmenseinkommensanteile für die eben genannten Unternehmensträger verbleibenden Einkommensanteile sind deshalb noch nicht besteuert. Diese Unternehmenseinkommensanteile umfassen aber – gemäß der vorstehenden Definition – den Unternehmensgewinn, der noch zur Ertragsbesteuerung herangezogen werden muss. Damit unterliegen sämtliche Bestandteile des Unternehmenseinkommens der Ertragsbesteuerung, ohne dass andererseits eine Doppelbesteuerung auftritt.

Auch die G.u.V.-Rechnung ließe sich nun für das Beispiel der Mastschweineproduktion durchführen. Allerdings würden wir dabei keine zusätzlichen Erkenntnisse gewinnen, da in diesem einfachen Unternehmen weder Lohnaufwändungen für Mitarbeiter noch Fremdkapital- oder Pachtzinsen anfallen. Gemäß unseren Annahmen wurde das Unternehmen lediglich von den Doktoranden als Unternehmer selbst betrieben und vollständig mit Eigenkapital finanziert. Deshalb entspricht in diesem Unternehmen laut Gleichung (4.11) der Unternehmensaufwand dem Unternehmenssachaufwand ($LA = 0$ und $KA = 0$) und der Gewinn nach Maßgabe der Gleichungen (4.10) und (4.12) dem Unternehmenseinkommen.

4.4.2 Anleitung zur Durchführung von G.u.V.-Rechnungen

Zur Verdeutlichung der G.u.V.-Rechnung wollen wir deshalb von einem anderen Beispiel ausgehen. Gleichzeitig sollen dabei weitere Eigenschaften dieses Kalkulationsverfahrens gezeigt werden. Eine detaillierte und vollständige Darstellung aller Einzelheiten der G.u.V.-Rechnung muss jedoch Speziallehrbüchern zum betrieblichen Rechnungswesen vorbehalten bleiben (vgl. z. B. Bodmer und Heissenhuber 1993). Hier geht es vorrangig um die Ableitung einer operationalen Maßvorschrift für das „Einkommen" als dem erwerbswirtschaftlichen Oberziel von Unternehmen sowie um eine – wenn auch vereinfachte – praktische Anleitung zur Durchführung von G.u.V.-Rechnungen als Kontrollrechnungen für die abgelaufene Wirtschaftsperiode.

Landwirt Rapsmeyer produziert auf jeweils 50 ha AF (AF = Ackerfläche) Raps, Weizen und Gerste und in einem Mastschweinestall mit 1000 Plätzen jährlich etwa 3000 Mastschweine auf der Basis von zugekauften Ferkeln. Die Schweine werden mit der im Betrieb erzeugten

Gerste und zugekauftem Ergänzungsfutter gemästet. Zur Arbeitserledigung ist neben Rapsmeyer ein Mitarbeiter im Unternehmen beschäftigt. In Spitzenzeiten hilft außerdem seine Ehefrau mit jährlich 500 Arbeitsstunden aus.

Die G.u.V.-Rechnung soll für ein Wirtschaftsjahr durchgeführt werden. Üblicherweise läuft das landwirtschaftliche Wirtschaftsjahr vom 1. Juli eines Jahr bis zum 30. Juni des folgenden Jahres. Zur Vorbereitung der G.u.V.-Rechnung für das abgelaufene Wirtschaftsjahr muss Landwirt Rapsmeyer zunächst die Einnahmen und Ausgaben sowie die Anfangs- und Endbestände der Produkte und Werkstoffe und schließlich die Abschreibungen seiner Betriebsmittel ermitteln, um die Erträge und Aufwändungen gemäß den vorher abgeleiteten Gleichungen (4.1) bis (4.12) berechnen zu können.

Die Einnahmen und Ausgaben des Wirtschaftsjahres sowie die zugehörige Einnahmen-Ausgaben-Rechnung wurden im oberen Block 1 der *Übersicht 4.3* dargestellt, wobei die linke Seite die Einnahmen und die rechte Seite die Ausgaben zeigt. Die Einnahmen aus dem Verkauf der hergestellten Produkte sind in den Zeilen A01 bis A05 erfasst. Die Zeilen A01 bis A03 für die pflanzlichen Produkte enthalten auch die von der EU gewährten Direktzahlungen. Die Agrarpolitik der EU sieht gegenwärtig (2007) vor, dass Rapsmeyer je ha seiner landwirtschaftlichen Nutzfläche eine jährliche Direktzahlung erhalten kann, die in Europa in regional unterschiedlicher Höhe gewährt wird und an seinem Produktionsstandort 350,00 €/ha betragen möge. Er kann diese Zahlungsansprüche jedoch nur realisieren, wenn er nachweist, dass er seine Nutzflächen auch nutzt und nicht einfach brachfallen lässt. Rapsmeyer möge diesen Nachweis erbracht haben. Er hat jeweils 50 ha seiner 150 ha betragenen Nutzfläche für den Anbau von Raps, Weizen und Gerste genutzt und teilt deshalb die erhaltene Gesamtsumme der Direktzahlungen in Höhe von 150 ha · 350,00 €/ha = 52.500,00 € mit Beträgen von jeweils 50 ha · 350,00 €/ha = 17.500,00 € auf seine drei pflanzlichen Produkte auf und verbucht diese Beträge zusätzlich zu den Einnahmen aus den Produktverkäufen bei den Einnahmen für die pflanzlichen Produkte (Zeilen A01 bis A03). Obwohl also Rapsmeyer seine erzeugte Gerste nicht verkauft, sondern an seine Schlachtschweine verfüttert, erscheint in Zeile A02 der *Übersicht 4.3* eine Einnahme von 17.500,00 € für die Direktzahlung. Schließlich erscheinen in Zeile A04 die Einnahmen aus dem Schlachtschweineverkauf und in Zeile A05 sonstige Einnahmen (z. B. Mieteinnahmen aus vermieteten Wohnungen).

Die Ausgaben für Werkstoffe und in Anspruch genommene Dienste wurden in den Zeilen A06 bis A19 aufgelistet. Für den Mitarbeiter entstehen Lohnausgaben und Sozialabgaben in Höhe von insgesamt 22.000,00 €. Rapsmeyer hat einen Teil seiner landwirtschaftlichen Nutzflächen gepachtet, wofür ein Pachtzins in Höhe von 2500,00 € anfällt. Außerdem hat er ein (zinsverbilligtes) Darlehen in Höhe von 200.000,00 € aufgenommen. Einschließlich einiger Sollzinsen für das laufende Kontokorrentkonto sind dafür Fremdkapitalzinsen in Höhe von insgesamt 12.500,00 € entstanden. Die genannten Beträge sind in den Zeilen A20 bis A23 erfasst.

Die Einzelwerte für die Einnahmen und Ausgaben entnimmt Rapsmeyer seiner *laufenden Buchhaltung,* die er während des Wirtschaftsjahres kontinuierlich durchführt. Im einfachsten Fall besteht die laufende Buchhaltung aus zwei Schuhkartons, in denen die Rechnungen und Quittungen als *Urbelege* für die getätigten Transaktionsprozesse gesammelt werden. Am Jahresende müssen dann die Einzelbeträge zur Bestimmung der Gesamteinnahmen und -ausgaben für die einzelnen Produkte und Produktionsfaktoren aufaddiert werden.

1	Erfassung der Einnahmen und Ausgaben: Durchführung der Einnahmen-Ausgaben-Rechnung				
Zeile	Bezeichnung	EINNAHMEN (€)	Zeile	Bezeichnung	AUSGABEN (€)
A01	Weizen	75.000,00	A06	Saat- u. Pflanzgut	8.000,00
A02	Gerste	17.500,00	A07	Düngemittel	20.000,00
A03	Raps	55.000,00	A08	Pflanzenschutzmittel	19.000,00
A04	Schweine	420.000,00	A09	Ferkel	207.500,00
A05	So. Einnahmen	5.500,00	A10	Futtermittel	87.000,00
			A11	Treib- u. Schmierstoffe	8.000,00
			A12	Strom, Heizstoff, Wasser	7.500,00
			A13	Lohnmaschinen	7.500,00
			A14	Unterhaltung Maschinen	19.500,00
			A15	Unterhaltung Gebäude	1.000,00
			A16	Versicherungen,Abgaben	1.000,00
			A17	So. Verbrauchsmaterial	6.900,00
			A18	So. Dienstleistungen	3.000,00
			A19	Vorsteuer Anlagenkäufe	11.400,00
			A20	Löhne u. Gehälter	20.000,00
			A21	Sozialabgaben	2.000,00
			A22	Pachtzins	2.500,00
			A23	Fremdkapitalzins	12.500,00
A24	LAUFENDE EINNAHMEN	573.000,00	A25	LAUFENDE AUSGABEN	444.300,00
A26	Bodenabgänge	0,00	A29	Bodenzugänge	0,00
A27	Gebäudeabgänge	0,00	A30	Gebäudezugänge	0,00
A28	Maschinenabgänge	3.300,00	A31	Maschinenzugänge	60.000,00
A32	Darlehenszugang	0,00	A33	Darlehenstilgung	25.000,00
A34	Einlagen	0,00	A35	Entnahmen	50.000,00
A36	GESAMTEINNAHMEN	576.300,00	A37	GESAMTAUSGABEN	579.300,00
2	Erfassung der Geldbestände des Kontokorrentkontos				
A38	Kontostand Jahresanfang	500,00	A39	Kontostand Jahresende	-2.500,00
3	Erfassung von Güter- und Geldbeständen				
Zeile	JAHRESANFANG	BETRÄGE (€)	Zeile	JAHRESENDE	BETRÄGE (€)
A40	Boden	700.000,00	A43	Boden	700.000,00
A41	Gebäude	190.000,00	A44	Gebäude	155.000,00
A42	Maschinen	200.000,00	A45	Maschinen	229.500,00
A46	Saat- u. Pflanzgut	1.000,00	A53	Saat- u. Pflanzgut	500,00
A47	Düngemittel	5.000,00	A54	Düngemittel	6.000,00
A48	Pflanzenschutzmittel	0,00	A55	Pflanzenschutzmittel	0,00
A49	Futtermittel	13.000,00	A56	Futtermittel	6.500,00
A50	Treib- u. Schmierstoffe	500,00	A57	Treib- u. Schmierstoffe	0,00
A51	Heizstoffe	1.000,00	A58	Heizstoffe	500,00
A52	So. Verbrauchsmaterial	500,00	A59	So. Verbrauchsmaterial	500,00
A60	Weizen	0,00	A65	Weizen	0,00
A61	Gerste	1.500,00	A66	Gerste	2.000,00
A62	Raps	0,00	A67	Raps	0,00
A63	Feldinventar	95.000,00	A68	Feldinventar	95.000,00
A64	Schweine	100.000,00	A69	Schweine	110.000,00
A70	Darlehen	200.000,00	A71	Darlehen	175.000,00
4	Erfassung von Abschreibungen und außerordentlichen Aufwändungen				
A72	Abschreibung Gebäude	35.000,00	A74	A. o. Aufw. f. Bodenabgang	0,00
A73	Abschreibung Maschinen	30.000,00	A75	A. o. Aufw. f. Gebäudeabg.	0,00
			A76	A. o. Aufw. f. Masch. -abg.	500,00
					DECK43

Übersicht 4.3: Einnahmen-Ausgaben- und Bestände-Rechnung zur Vorbereitung des Jahresabschlusses

In der Regel werden jedoch in den Unternehmen schon während des Jahres laufend schriftliche Aufzeichnungen gemacht, wobei die Einnahmen und Ausgaben – gegliedert nach Konten für die einzelnen Einnahmen- und Ausgabenarten sowie nach Zeitpunkten ihrer Entstehung – entweder in Listen oder in einer Computerdatenbank festgehalten werden. Vornehmlich dient diese Buchhaltung der kurzfristigen *Finanzkontrolle* im Unternehmen, außerdem vermindert sie aber den Arbeitsaufwand für die Jahresabschlussrechnungen. Bezüglich der Finanzkontrolle werden wir auf wichtige Einzelheiten der laufenden Buchhaltung im 8. Kapitel näher eingehen (vgl. Abschnitt 8.8).

Eine Addition der einzelnen Einnahmen einerseits und der einzelnen Ausgaben für Werkstoffe und empfangene Dienste sowie für den Arbeits-, Pachtflächen- und Fremdkapitaleinsatz andererseits ergibt die *laufenden Einnahmen* (Zeile A24) und die *laufenden Ausgaben* (Zeile A25) des Unternehmens. Zusätzlich entstehen Einnahmen und Ausgaben für Betriebsmittelein- und -verkäufe sowie für Finanztransaktionen. Im abgelaufenen Jahr hat Rapsmeyer einen neuen Schlepper für (netto) 60.000,00 € beschafft (A31) und dafür eine Altmaschine für einen Betrag von 3300,00 € verkauft (A28). Schließlich hat er 25.000,00 € des Darlehens getilgt (A33) und für den Lebensunterhalt der Familie sowie zur Begleichung der Einkommen- und Kirchensteuerschuld und für private Vorsorgeversicherungen insgesamt 50.000,00 € aus seinem Unternehmen entnommen (A35).

Eine Besonderheit ergibt sich für den in Bezug auf die Umsatzsteuer „pauschalierenden" Landwirt Rapsmeyer bei der Vorsteuer für den Betriebsmittelkauf, d. h. für die Schlepperbeschaffung. Während Rapsmeyer bei allen übrigen Einnahmen und Ausgaben Bruttobeträge, d. h. die Warenwerte inkl. der Umsatzsteuerbeträge, verbuchen darf, weil er sich für die „Pauschalierung" entschieden hat (vgl. Abschnitt 3.5.3), ist im Falle von Betriebsmittelkäufen vorgesehen, dass die insgesamt gezahlte Umsatzsteuer bereits im Anschaffungsjahr als Aufwand abgesetzt werden kann. Zeile A19 der Einnahmen-Ausgaben-Rechnung enthält deshalb einen Betrag von 11.400,00 € für die beim Schlepperkauf gezahlte Vorsteuer in Höhe von 19 % des Anschaffungswertes.

Durch Hinzufügung der Einnahmen und Ausgaben für die Transaktionen im Anlagen- und Finanzbereich ergeben sich die *Gesamteinnahmen* und *Gesamtausgaben* des Unternehmens in den Zeilen A36 und A37 der *Übersicht 4.3*.

Zur Kontrolle der sachlichen und rechnerischen Richtigkeit der Einnahmen-Ausgaben-Rechnung führt Landwirt Rapsmeyer die in Block 2 der *Übersicht 4.3* skizzierte Rechnung durch. Rapsmeyer wickelt seine gesamten Zahlungsvorgänge über ein Kontokorrentkonto bei der örtlichen Bank ab (eine Annahme, die der Vereinfachung dient). Er stellt deshalb den Kontostand am Jahresanfang fest (A38) und berechnet den Kontostand zum Jahresende nach Maßgabe der folgenden Bestimmungsgleichung:

$$BJA + GE - GA = BJE \qquad (4.13)$$

Darin sind:
BJA = Kontostand zu Beginn der Rechnungsperiode, gemessen in €;
GE = Gesamteinnahmen während der Rechnungsperiode, gemessen in €;
GA = Gesamtausgaben während der Rechnungsperiode, gemessen in €;
BJE = Kontostand am Ende der Rechnungsperiode, gemessen in €.

Der Kontostand am Jahresende (A39) ergibt sich also durch Addition aller Zahlungsmittelzugänge und Subtraktion aller Zahlungsmittelabgänge zum bzw. vom Kontostand am Jahresanfang. Wenn nun der für das Jahresende nach Maßgabe der Gleichung (4.13) errechnete Betrag BJE mit dem tatsächlichen Kontostand bei der Bank am Jahresende übereinstimmt, dann ist offenbar zumindest eine notwendige Bedingung für die sachliche und rechnerische Richtigkeit der Einnahmen-Ausgaben-Rechnung erfüllt. (Überlegen Sie, warum das keine hinreichende Bedingung für die sachliche und rechnerische Richtigkeit ist.) Wir wollen hier davon ausgehen, dass die Einnahmen-Ausgaben-Rechnung vollständig und richtig ist, so dass der Kontostand von Rapsmeyers Kontokorrentkonto am Jahresende tatsächlich, wie angegeben, einen Soll-Betrag von 2500,00 € aufweist.

Mit dem Block 3 der *Übersicht 4.3* erfasst Rapsmeyer dann die Werte der Bestände an Werkstoffen und Produkten zum Jahresanfang und zum Jahresende in den Zeilen A46 bis A59 sowie A60 bis A69. Diese Werte werden zur Berechnung der Erträge und Aufwändungen (als Minderungen und Mehrungen) außer den Einnahmen und Ausgaben benötigt.

Die Ermittlung der Anfangs- und Endbestände führt zu *Bewertungsproblemen,* auf die hier nur kursorisch eingegangen werden kann (vgl. zu Einzelheiten z. B. Bodmer und Heissenhuber 1993, S. 46 ff.). Soweit es sich um zugekaufte Werkstoffe handelt, werden die Bestände grundsätzlich mit den *Anschaffungswerten,* d. h. mit den tatsächlich gezahlten Ausgaben, bewertet. Soweit es sich um fertige Produkte handelt, werden die Produkte mit den *Verkaufspreisen*, die man als Einnahme beim Verkauf erzielen würde, bewertet.

Besondere Bewertungen erfahren die Halbfertigprodukte, wie z. B. das in den Zeilen A63 und A68 aufgeführte Feldinventar und die in den Zeilen A64 und A69 angegebenen „wachsenden" Schweinebestände. Das Feldinventar umfasst die am Stichtag 01. Juli relevanten Werte der wachsenden pflanzlichen Kulturen. Grundsätzlich sollten Bestände an wachsenden Masttieren und Nutzpflanzen mit den bis dahin entstandenen *Herstellungskosten* bewertet werden. Da jedoch die Herstellungskosten in vielen Fällen nur sehr schwierig exakt zu ermitteln sind, begnügt man sich, zumindest bei der Gewinnermittlung als Grundlage für die Bemessung der Ertragssteuern, i. d. R. mit Standardwerten, die sich aus durchschnittlichen Herstellungskosten ergeben (vgl. z. B. Bodmer und Heissenhuber 1993, S. 404 ff.).

Block 3 enthält in den Zeilen A40 bis A45 sowie A70 und A71 außerdem die Werte der Anfangs- und Endbestände für die Betriebsmittel und das eingesetzte Fremdkapital. Diese Werte werden für die eigentliche G.u.V.-Rechnung nicht benötigt. Wir werden darauf erst im Abschnitt 4.4.4 näher eingehen.

Benötigt werden für die G.u.V.-Rechnung indessen die Abschreibungen der Betriebsmittel. Sie sind in Block 4 der *Übersicht 4.3* in den Zeilen A72 und A73 aufgelistet. Rapsmeyer hat die Beträge für die einzelnen Gebäude und Maschinen nach Maßgabe der Gleichung (4.6) bestimmt und dann jeweils aufaddiert. Für die Nutzflächen („Boden") entstehen keine Abschreibungen, da der Boden definitionsgemäß nicht abgenutzt wird bzw. die Aufwändungen für seine Werterhaltung (insbesondere Düngung) an anderer Stelle entstehen (im Beispiel bei Zeile A07).

Der Block 4 enthält in den Zeilen A74 bis A76 zusätzlich außerordentliche Aufwändungen für (A. o. Aufw. f.) Boden-, Gebäude- und Maschinenabgang, wobei im Beispiel ein Betrag von 500,00 € für den Maschinenabgang ausgewiesen ist. Derartige Beträge entstehen dann, wenn vom Unternehmen Anlagen verkauft werden und diese Anlagen noch einen buchmäßigen Zeitwert aufweisen. Im vorliegenden Beispiel hatte die für 3300,00 € verkaufte Altmaschine (Einnahmen bei A28) noch einen Buchwert von 500,00 €. Wir werden in der nachfolgenden G.u.V.-Rechnung sehen, welche Konsequenzen ein solcher Tatbestand für die Ertrags-Aufwands-Rechnung hat.

Mit den Blöcken 1 bis 4 der *Übersicht 4.3* hat Landwirt Rapsmeyer sämtliche Daten erfasst, die er zur Erstellung der G.u.V.-Rechnung benötigt. Diese Rechnung ist in *Übersicht 4.4* dargestellt. (Die *Übersichten 4.3* und *4.4* sowie auch die später dargestellte *Übersicht 4.5* sind Bestandteile eines Tabellenkalkulationsprogramms, das der Leser als Datei DECK43 aufrufen kann. Dateneingaben sind für diese Rechnungen nur bei den farbig unterlegten Feldern in der Tabelle der *Übersicht 4.3* erforderlich. Die Zahlen der *Übersichten 4.4* und *4.5* ergeben sich durch programminterne Verrechnung der eingegebenen Daten.)

Die G.u.V.-Rechnung der *Übersicht 4.4* besteht aus den drei Blöcken Unternehmensertrag, Unternehmensaufwand und Unternehmenseinkommen bzw. Gewinn/Verlust. Die Spalten im Ertrags- und im Aufwandsblock sind so gestaltet, wie wir sie aus der *Übersicht 4.1* bereits kennen. Um die Verfolgung des Rechenganges zu erleichtern, wurde jeweils hinter den Zahlenwerten der Spalten angegeben, aus welchen Zeilen der *Übersicht 4.3* die aufgeführten Beträge übernommen werden. Drei Sternchen zeigen an, dass die zugehörigen Werte der G.u.V.-Rechnung intern berechnet werden. Schließlich zeigt eine Sternchenreihe innerhalb der Wertespalten an, dass dort keine Werte benötigt werden.

1	UNTERNEHMENSERTRAG							
Zeile	Bezeichnung	Einnahmen (€)	von	Minderung (€)	von	Mehrung (€)	von	Ertrag (€)
G01	Weizen	75.000,00	A01	0,00	A60	0,00	A65	75.000,00
G02	Gerste	17.500,00	A02	1.500,00	A61	2.000,00	A66	18.000,00
G03	Raps	55.000,00	A03	0,00	A62	0,00	A67	55.000,00
G04	Feldinventar	*************	***	95.000,00	A63	95.000,00	A68	0,00
G06	Schweine	420.000,00	A04	100.000,00	A64	110.000,00	A69	430.000,00
G07	Landw. Erträge	567.500,00	***	196.500,00	***	207.000,00	***	578.000,00
G08	So.Einnahmen	5.500,00	A05	*************	***	*************	***	5.500,00
G09	Zeitraumfremder Ertrag	3.300,00	A26-28	*************	***	*************	***	3.300,00
G10	Sonstige Erträge	8.800,00	***	*************	***	*************	***	8.800,00
G11	Unternehmensertrag	576.300,00	***	196.500,00	***	207.000,00	***	586.800,00
2	UNTERNEHMENSAUFWAND							
Zeile	Bezeichnung	Ausgaben (€)	von	Minderung (€)	von	Mehrung (€)	von	Aufwand (€)
G12	Saat-u.Pflanzgut	8.000,00	A06	500,00	A53	1.000,00	A46	8.500,00
G13	Düngemittel	20.000,00	A07	6.000,00	A54	5.000,00	A47	19.000,00
G14	Pflanzenschutzmittel	19.000,00	A08	0,00	A55	0,00	A48	19.000,00
G15	Ferkel	207.500,00	A09	*************	***	*************	***	207.500,00
G16	Futtermittel	87.000,00	A10	6.500,00	A56	13.000,00	A49	93.500,00
G17	Spezialsachaufwand	341.500,00	***	13.000,00	***	19.000,00	***	347.500,00
G18	Treib-u.Schmierstoffe	8.000,00	A11	0,00	A57	500,00	A50	8.500,00
G19	Strom,Heizstoff,Wasser	7.500,00	A12	500,00	A58	1.000,00	A51	8.000,00
G20	Lohnmaschinen	7.500,00	A13	*************	***	*************	***	7.500,00
G21	Unt.+Abschr. Maschinen	19.500,00	A14	*************	***	30.000,00	A73	49.500,00
G22	Unt.+ Abschr.Gebäude	1.000,00	A15	*************	***	35.000,00	A72	36.000,00
G23	Versicherungen, Abgaben	1.000,00	A16	*************	***	*************	***	1.000,00
G24	So.Verbrauchsmaterial	6.900,00	A17	500,00	A59	500,00	A52	6.900,00
G25	So. Dienstleistungen	3.000,00	A18	*************	***	*************	***	3.000,0
G26	Vorsteuer Anlagenkäufe	11.400,00	A19	*************	***	*************	***	11.400,0
G27	Zeitraumfremder Aufwand	*************	***	*************	***	500,00	A74-76	500,00
G28	Allg. Sachaufwand	65.800,00	***	1.000,00	***	67.500,00	***	132.300,00
G29	Unternehmenssachaufwand	407.300,00	***	14.000,00	***	86.500,00	***	479.800,00
G30	Löhne u. Gehälter	20.000,00	A20	*************	***	*************	***	20.000,00
G31	Sozialabgaben	2.000,00	A21	*************	***	*************	***	2.000,00
G32	Lohnaufwand	22.000,00	***	*************	***	*************	***	22.000,00
G33	Pachtzins	2.500,00	A22	*************	***	*************	***	2.500,00
G34	Fremdkapitalzins	12.500,00	A23	*************	***	*************	***	12.500,00
G35	Kapitalaufwand	15.000,00	***	*************	***	*************	***	15.000,00
G36	Unternehmensaufwand	444.300,00	***	14.000,00	***	86.500,00	***	516.800,00
3	GEWINN UND VERLUST							
G37	Unternehmenseinkommen							107.000,00
G38	GEWINN(+)/VERLUST(-)							70.000,00
								DECK43

Übersicht 4.4: Ertrags-Aufwands-Rechnung als G.u.V.-Rechnung (Gewinn-und-Verlust-Rechnung)

Der Bestimmung der einzelnen Erträge in Block 1 der *Übersicht 4.4* liegt die Gleichung (4.3) zugrunde. Zunächst ergeben sich daraus in Zeile G07 die landwirtschaftlichen Erträge als Summe der Zeilenwerte G01 bis G06. Die sonstigen Erträge (G10) setzen sich aus den sonstigen Einnahmen (G08) und einem zeitraumfremden Ertrag (G09) zusammen. Der zeitraumfremde Ertrag besteht aus den Einnahmen für den Verkauf von Betriebsmitteln. Im Beispiel hat Landwirt Rapsmeyer die Altmaschine für 3300,00 € verkauft. Dieser Ertrag heißt zeitraumfremd, weil er als übriggebliebener Wert der Maschine nicht erst vollständig im Wirtschaftsjahr des Verkaufs, sondern sozusagen während der gesamten Nutzungsdauer der Maschine verblieben ist. Der Unternehmensertrag (G11) ergibt sich dann als Summe aus landwirtschaftlichen und sonstigen Erträgen.

Der Bestimmung der einzelnen Aufwändungen in Block 2 liegt die Gleichung (4.5) zugrunde. Der Unternehmenssachaufwand (G29) setzt sich aus dem *Spezialsachaufwand* (G17) und dem *allgemeinen Sachaufwand* (G28) zusammen. Die Beträge der beiden Untergruppen des Sachaufwandes sind die jeweiligen Summen der zugehörigen Einzelaufwändungen.

Der Spezialsachaufwand trägt diesen Namen, weil die darunter subsumierten einzelnen Roh- und Hilfsstoffaufwändungen bestimmten Produktgruppen speziell zugeordnet werden können, z. B. die Ferkel- und Futtermittel dem Produkt „Mastschweine". Für den allgemeinen Sachaufwand trifft das nicht zu. Treib- und Schmierstoffe könnten z. B. nur bei sehr detaillierten Aufzeichnungen den einzelnen Produkten zumindest annähernd richtig zugeordnet werden.

In den Zeilen G21 und G22 ist dargestellt, dass die Unterhaltungs- und Abschreibungsaufwändungen für Maschinen und Gebäude in der G.u.V.-Rechnung üblicherweise in jeweils einer Zeile zusammengefasst werden. Zeile G21 enthält deshalb z. B. in der Spalte Ausgaben die Ausgaben für die Maschinenunterhaltung und in der Spalte Mehrung die Abschreibungen für die Maschinen.

Darüber hinaus erscheint in Zeile G27 ein zeitraumfremder Aufwand. Hier wird der buchmäßige Wert von verkauften Anlagen als (Aufwands-)Mehrung berücksichtigt. Im Beispiel hatte die Altmaschine zum Zeitpunkt des Verkaufs nach Abzug aller in den Vorperioden und in der Rechnungsperiode bereits getätigten Abschreibungen noch einen Restbuchwert von 500,00 €. Mit dem Verkauf der Maschine ist sie im Unternehmen nicht mehr vorhanden, ihr Wert sinkt deshalb auf null. Der Buchwert in Höhe von 500,00 € als außerordentlicher Aufwand für den Maschinenabgang (vgl. A76 in *Übersicht 4.3*) muss deshalb an dieser Stelle als zeitraumfremder Aufwand berücksichtigt werden. Dieser Aufwand ist quasi während der gesamten Nutzungsdauer der Maschine zusätzlich entstanden.

Würden wir nun vom Unternehmensertrag den gesamten Unternehmenssachaufwand subtrahieren, erhielten wir für das vorliegende Beispiel gemäß der allgemeinen Gleichung (4.10) das Unternehmenseinkommen in Höhe von 107.000,00 €. Dieser Betrag wird in Block 3 der *Übersicht 4.4* in der Zeile G37 ausgewiesen.

Zur Berechnung des Gewinns müssen jedoch noch die in den Zeilen G30 bis G35 angegebenen Lohn- und Kapitalaufwändungen berücksichtigt werden. Durch Hinzufügung des Lohnaufwandes und des Kapitalaufwandes erhalten wir in Zeile G36 den Unternehmensaufwand. Subtrahieren wir schließlich gemäß Gleichung (4.12) den Unternehmensaufwand vom Unternehmensertrag, ergibt sich in Block 3 der *Übersicht 4.4* der Gewinn mit einem Betrag von 70.000,00 € (G38). Er unterscheidet sich von der Unternehmenswertschöpfung um die 37.000,00 € für Lohn- und Kapitalaufwand. (Variieren Sie im Programm DECK43 die Eingabedaten, um sich ein Arbeitswissen über die Erstellung der G.u.V.-Rechnung anzueignen.)

4.4.3 Berechnung des Gewinns mittels Bilanz

Eine zweite Möglichkeit zur Bestimmung des Gewinns eines Unternehmens ist die Erstellung der *Bilanz*. Die Bilanz ist eine Beständerechnung. Im Unterschied zur G.u.V.-Rechnung wird hier der Gewinn nicht aus den Einnahmen und Ausgaben, sondern aus den Werten der Anfangs- und Endbestände an Geld und Gütern sowie aus den Werten der Bestandesveränderungen während der Rechnungsperiode bestimmt.

Wie der Name sagt, besteht die Bilanz aus zwei Seiten, nämlich der *Aktivseite* und der *Passivseite*. Auf der Aktivseite wird aufgezeichnet, wofür, d. h. für welche Güterbestände, das im Unternehmen eingesetzte Kapital verwendet wurde. Der Wert der Bestände wird als *Vermögen* oder als *Aktiva* bezeichnet. Auf der Passivseite wird aufgezeichnet, aus welchen Quellen das im Unternehmen eingesetzte Kapital stammt. Hier wird grundsätzlich zwischen Eigen- und Fremdkapital nach Maßgabe der Kapitalgeber unterschieden. Die Summe aus Eigen- und Fremdkapital heißt *Passiva*. Die Grundgleichungen der Bilanz lauten:

(4.14) $WP = WA$

(4.15) $EK = WP - FK$

Darin sind:

WA = Wert der Aktiva am Bilanzstichtag, gemessen in €;
WP = Wert der Passiva am Bilanzstichtag, gemessen in €;
FK = Fremdkapital am Bilanzstichtag, gemessen in €;
EK = Eigenkapital am Bilanzstichtag, gemessen in €.

Eine Bilanz ist nur dann sachlich und rechnerisch richtig, wenn der Wert der Aktiva dem Wert der Passiva entspricht. Aus dieser Definition ergibt sich Gleichung (4.15), die wegen des „Axioms" der Gleichung (4.14) besagt, dass das Eigenkapital im Unternehmen zwangsläufig die Restgröße sein muss, die sich nach Abzug des Fremdkapitals von den Passiva ergibt.

Die beiden Gleichungen gelten bereits für den Fall, dass lediglich eine *statische Bilanz* für einen Stichtag durch Ermittlung sämtlicher Vermögenswerte und Kapitalbeträge erstellt werden soll. Zur Gewinnermittlung ist jedoch nur eine *dynamische Bilanz* geeignet. Hier werden die Werte der Aktiv- und Passivseite zu Beginn und zum Ende einer Rechnungsperiode, also für unser Beispiel des Landwirts Rapsmeyer, jeweils exakt zum Zeitpunkt 0.00 Uhr in der Nacht vom 30. Juni auf den 01. Juli von zwei aufeinanderfolgenden Wirtschaftsjahren festgestellt. Die Werte der Bestandesveränderungen ergeben sich dann jeweils als Differenz aus den Werten der Anfangs- und Endbestände.

Als weitere Grundgleichung für die Erstellung der Bilanz gilt mithin für einzelne Vermögens- bzw. Kapitalarten die Beziehung:

(4.16) WAB + WZG – WAG – AB = WEB

Darin sind:

WAB = Wert des Anfangsbestandes in € zu Beginn einer Rechnungsperiode;
WZG = Wert des Zuganges in € während einer Rechnungsperiode;
WAG = Wert des Abganges in € während einer Rechnungsperiode;
AB = Abschreibungen auf Betriebsmittel in € während einer Rechnungsperiode;
WEB = Wert des Endbestandes in € am Ende der Rechnungsperiode.

Gleichung (4.16) trifft zwar generell für die Berechnung aller Aktiva und Passiva zu, in der dargestellten Form wird sie jedoch nur für die Betriebsmittel angewandt. Für die Werkstoffe auf der Aktivseite und für die Kapitalgrößen auf der Passivseite wird zum einen berücksichtigt, dass dabei keine Abschreibungen entstehen können. Zum anderen werden die Werte der Zu- und Abgänge als Differenz aus den Werten der Anfangs- und Endbestände bestimmt. Es gilt deshalb nach Umformung von Gleichung (4.16):

(4.17) WEB – WAB = WZG – WAG
Falls WEB > WAB, dann WZG = WEB – WAB und WAG = 0,
andernfalls WAG = WEB – WAB und WZG = 0

In diesen Fällen werden also die Werte der Zu- und Abgänge (WZG und WAG) aus den ermittelten Werten der Anfangs- und Endbestände abgeleitet und dann je nach Vorzeichen der Bestandesänderung bei den Zu- oder Abgängen verbucht.

4.4.4 Anleitung zur Erstellung von Bilanzen

Wir wollen die Bilanzerstellung ebenfalls anhand des Unternehmens Rapsmeyer verdeutlichen. Die Bilanz, die für dasselbe Wirtschaftsjahr wie die G.u.V.-Rechnung erstellt wurde und deshalb ebenfalls auf Ausgangsdaten der *Übersicht 4.3* zurückgreift, ist in *Übersicht 4.5* dargestellt. Die Bilanz besteht aus den beiden Blöcken Aktiva und Passiva. Um die Rechnungsweise besser nachvollziehen zu können, wurde jeweils hinter den Spaltenwerten in den Zeilen angegeben, aus welchen Zeilen der Einnahmen-Ausgaben-Rechnung und der Bestänerechnung in *Übersicht 4.3* die Werte übernommen wurden. Sternchen zeigen an, dass die zugehörigen Werte innerhalb der jeweiligen Zeile bilanzintern berechnet werden. Falls sich Werte bilanzintern, aber aus Werten unterschiedlicher Bilanzzeilen ergeben, ist dies durch B-Werte für die „entsendenden" Zeilen der Bilanz angegeben. Schließlich zeigt eine Sternchenreihe innerhalb der Wertespalten an, dass dort keine Werte einzugeben sind.

Die Bilanzerstellung beginnt auf der Aktivseite mit der Auflistung der Werte der Anfangsbestände in der Spalte *Anfangsbilanz.* Die Werte wurden aus der Bestänerechnung von *Übersicht 4.3* unmittelbar übernommen. Die Aktiva ergeben sich als Summe aus dem *Anlagevermögen,* dem *Viehvermögen* und dem *Umlaufvermögen.* Beim Umlaufvermögen erscheint außer den Zukauf- und Erzeugnisvorräten sowie dem Feldinventar auch die Umlaufvermögensart *Forderungen.* Hier wird der Wert des Anfangsbestandes von Rapsmeyers Kontokorrentkonto (Zeile A38 in *Übersicht 4.3*) verbucht, falls dieser Wert – wie es im Beispiel zutrifft – positiv ist. Rapsmeyer hat gegenüber seiner Bank eine Forderung in Höhe von 500,00 €. Falls der Wert negativ wäre, würde er auf der Passivseite unter *Verbindlichkeiten* (Zeile B19) als Betrag erscheinen. In die-

1	AKTIVA										
Z.	Bezeichnung	Anfangs-bilanz	von	Zugang (mehr)	von	Abgang (weniger)	von	Abschrei-bung	von	Schluss-bilanz	von
B01	Boden	700.000,00	A40	0,00	A29	0,00	A74	*********	***	700.000,00	***
B02	Gebäude	190.000,00	A41	0,00	A30	0,00	A75	35.000,00	A72	155.000,00	***
B03	Maschinen	200.000,00	A42	60.000,00	A31	500,00	A76	30.000,00	A73	229.500,00	***
B04	Anlagevermögen	1.090.000,00	***	60.000,00	***	500,00	***	65.000,00	***	1.084.500,00	***
B05	Schweine	100.000,00	A64	10.000,00	***	0,00	***	*********	***	110.000,00	A69
B06	Viehvermögen	100.000,00	***	10.000,00	***	0,00	***	*********	***	110.000,00	***
B07	Feldinventar	95.000,00	A63	0,00	***	0,00	***	*********	***	95.000,00	A68
B08	Zukaufvorräte	21.000,00	A46-52	0,00	***	7.000,00	***	*********	***	14.000,00	A53-59
B09	Erzeugnisvorräte	1.500,00	A60-62	500,00	***	0,00	***	*********	***	2.000,00	A65-67
B10	Forderungen	500,00	(A38)	0,00	***	500,00	***	*********	***	0,00	(A39)
B11	Umlaufvermögen	118.000,00	***	500,00	***	7.500,00	***	*********	***	111.000,00	**
B12	AKTIVA	1.308.000,00	***	70.500,00	***	8.000,00	***	65.000,00	***	1.305.500,00	***

2	PASSIVA										
Z.	Bezeichnung	Anfangs-bilanz	von	Zugang (mehr)	von	Abgang (weniger)	von	Abschrei-bung	von	Schluss-bilanz	von
B13	Eigenkapital a.A.	1.108.000,00	B12./.B20	*********	***	************	***	*********	***	*********	***
B14	Einlagen	*********	***	0,00	A34	************	***	*********	***	*********	***
B15	Entnahmen	*********	***	*********	***	50.000,00	A35	*********	***	*********	***
B16	Gewinn/Verlust	*********	***	70.000,00	***	0,00	***	*********	***	*********	***
B17	Eigenkapital	1.108.000,00	***	70.000,00	***	50.000,00	***	*********	***	1.128.000,00	B21./.B20
B18	Darlehen	200.000,00	A70	0,00	A32	25.000,00	A33	*********	***	175.000,00	***
B19	Verbindlichkeiten	0,00	(A38)	2.500,00	***	0,00	***	*********	***	2.500,00	(A39)
B20	Fremdkapital	200.000,00	***	2.500,00	***	25.000,00	***	*********	***	177.500,00	***
B21	PASSIVA	1.308.000,00	B12	72.500,00	***	75.000,00	***	*********	***	1.305.500,00	B12

DECK43

Übersicht 4.5: Bilanz

sem Falle hätte die Bank eine Forderung gegen Rapsmeyer und Rapsmeyer deshalb eine Verbindlichkeit gegenüber der Bank.

Es bleibt darauf hinzuweisen, dass im laufenden Unternehmen, welches von Jahr zu Jahr Bilanzen erstellt, die Werte der Anfangsbilanz aus den Werten der Endbilanz des Vorjahres direkt übernommen werden, da diese Werte identisch sind und wegen des sog. *Prinzips der Bilanzkontinuität* auch identisch sein müssen, denn beide Werte werden jeweils zum Bilanzstichtag um 0.00 Uhr bestimmt.

Gemäß Gleichung (4.16) werden auf der Aktivseite beim Anlagevermögen die Werte der Zu- und Abgänge und der Abschreibungen gebucht, um daraus in der Spalte Schlussbilanz die Werte der Endbestände zu bestimmen. Im vorliegenden Beispiel wurde ein neuer Schlepper für 60.000,00 € beschafft (Zugang) und dafür eine Altmaschine mit einem Buchwert von 500,00 € verkauft (Abgang). Die aufgeführten Abschreibungen sind mit den Werten der Abschreibungen in der G.u.V.-Rechnung identisch.

Im Unterschied dazu werden die Werte der Zu- und Abgänge für das Vieh- und das Umlaufvermögen nach Maßgabe von Gleichung (4.17) berechnet. Die Werte der Schlussbilanz stammen aus den angegebenen Zeilen der *Übersicht 4.3*. In Zeile B10 erscheint bei den Forderungen bei der Schlussbilanz der Wert 0. Wie Zeile A39 der *Übersicht 4.3* zeigt, hat Rapsmeyer gegenüber der Bank keine Forderungen mehr, im Gegenteil, das Kontokorrentkonto weist zum Jahresende eine Verbindlichkeit auf. Der Betrag in Höhe von 2500,00 € erscheint in der Schlussbilanz auf der Passivseite in Zeile B19.

Zur Erstellung der Passivseite der Bilanz wird gemäß Gleichung (4.14) zunächst für die Anfangsbilanz der Wert der Aktiva als Wert für die Passiva übernommen (von B12 nach B21).

Nach Abzug des Fremdkapital-Anfangsbestandes (B20) resultiert daraus gemäß Gleichung (4.15) das Eigenkapital a. A. (am Anfang) in Zeile B13.

Im nächsten Schritt werden die Einlagen und Entnahmen in die Spaltenzugänge bzw. -abgänge der Zeilen B14 und B15 aus den Werten der *Übersicht 4.3* übertragen. Zur Bestimmung des Fremdkapitals für die Schlussbilanz werden dann in den Zeilen B18 und B19 die entsprechenden Werte aus *Übersicht 4.3* eingesetzt, um daraus in Zeile B20 das Fremdkapital – hier mit 177.500,00 € – zu bestimmen. Gemäß den Gleichungen (4.14) und (4.15) errechnet sich daraus in Zeile B17 das Eigenkapital zum Jahresende mit 1.128.000,00 €.

Schließlich erscheint in der Spalte Zugang der Zeile B16 der *Gewinn* mit 70.000,00 €, während die Spalte Abgang in dieser Zeile den Wert 0 hat. Falls das Unternehmen *Verlust* erwirtschaftet hätte, würde in der Spalte Zugang der Wert 0 erscheinen, während in der Spalte Abgang der Betrag des Verlustes auftauchte.

Der 70.000,00 € betragende Gewinn wird nun nicht etwa aus dem Ergebnis der G.u.V.-Rechnung übernommen, vielmehr errechnet er sich nach Maßgabe der folgenden abschließenden generellen Bilanzgleichung:

(4.18) $G = EKJE - EKJA + ET - EL$

Darin sind:
G = Gewinn je Rechnungsperiode, gemessen in € (Verlust, falls $G < 0$);
EKJA = Eigenkapital am Periodenanfang, gemessen in €;
EKJE = Eigenkapital am Periodenende, gemessen in €;
ET = Entnahmen während der Rechnungsperiode, gemessen in €;
EL = Einlagen während der Rechnungsperiode, gemessen in €.

Bei der Berechnung des Gewinns wird also davon ausgegangen, dass ein Gewinn, der während einer Periode erzielt wird, dann mit der Änderung des Eigenkapitals, d. h. mit der Differenz EKJE – EKJA, identisch sein muss, wenn anderweitige Eigenkapitalzu- und -abflüsse nicht auftreten. Falls jedoch solche Zu- und Abflüsse in Form von Einlagen und Entnahmen gegeben sind, muss die Eigenkapitalveränderung um diese Beträge korrigiert werden. Einlagen mindern den Gewinn, der durch die Eigenkapitalveränderung entstanden sein kann, Entnahmen mehren ihn. Entsprechendes gilt für den Fall, dass ein Verlust ausgewiesen wird.

Gleichung (4.18) wurde nun zur Bestimmung des Gewinns in Zeile B16 (Spalte Zugang) auf der Passivseite der Bilanz verwendet. Bei richtiger Bestimmung müssen auch die Werte in Zeilen B17 und B21 gemäß den allgemeinen Gleichungen (4.16) bzw. (4.17) richtig sein.

Durch diese Vorgehensweise bei der Bilanzerstellung lässt sich über die geforderte Gleichheit der Gewinne in der G.u.V.-Rechnung und der Bilanz auch überprüfen, ob die Kalkulationen insgesamt sachlich und rechnerisch richtig durchgeführt wurden. (Überprüfen Sie durch Variation der Eingabedaten in dem Programm DECK43, ob die Gleichheit der Gewinne erhalten bleibt und wie sich die Werte der Bilanz verändern. Als weiterführende Aufgabe: Überlegen Sie anhand des Beispiels von Rapsmeyers Unternehmen, weshalb die Identität von G.u.V.- und Bilanzgewinn stets gegeben sein muss. Entwickeln Sie ein zugehöriges Gleichungssystem für die Beweisführung.)

Die Überprüfung der Richtigkeit der Jahresabschlussrechnungen anhand des Gewinns war besonders bedeutungsvoll, solange diese Rechnungen noch per Hand durchgeführt werden mussten. Computergestützte Buchführungsprogramme enthalten dagegen die zugehörigen Gleichungen als programminterne Rechenanweisungen. Das Ergebnis wird automatisch richtig, vorausgesetzt, die Eingabedaten stimmen und das Computerprogramm ist nicht fehlerhaft.

Abschließend bleibt festzuhalten, dass die G.u.V.-Rechnung und die Bilanz für reale Unternehmen und insbesondere für Personen- und Kapitalgesellschaften noch weitere buchungstechnische Einzelheiten aufweisen. Das Prinzip verändert sich jedoch nicht gegenüber unserem einfachen Beispiel (zu Einzelheiten der Jahresabschlussrechnung für landwirtschaftliche Unternehmen vgl. z. B. HLBS 1996; HLBS 1999; BODMER und HEISSENHUBER 1993).

4.5 Zur Eignung des Gewinns als Maßvorschrift für das Einkommensoberziel in den Unternehmen

Nach Ableitung des Gewinns aus der G.u.V.-Rechnung und der Bilanz wollen wir uns die Frage stellen, ob der solcherart bestimmte Gewinn, der auch als *Bilanzgewinn* bezeichnet wird, ein geeignetes Maß für das Einkommensoberziel eines Unternehmens ist. Für diese Untersuchung sind getrennte Betrachtungen der kapitalbezogenen und der personenbezogenen Unternehmen notwendig.

4.5.1 Bilanzgewinn und Eigenkapitalrentabilität im kapitalbezogenen Unternehmen

Aus der Sicht der Eigenkapitalgeber als Anteilseigner des kapitalbezogenen Unternehmens ist der Bilanzgewinn sicherlich die geeignete Maßgröße für das Einkommensoberziel. Die Anteilseigner sind – wie in Abschnitt 4.3.2 anhand der *Übersicht 4.2* gezeigt wurde – die alleinigen Anspruchsberechtigten für dieses Residualeinkommen.

Prinzipiell hängt die Höhe des Bilanzgewinns von den realisierten Mengen- und Preisgerüsten des Unternehmens ab, d. h. letztlich von der Ergiebigkeit, mit der das Management die Transformations- und Transaktionsprozesse im Unternehmen gestaltet. Je effizienter das Unternehmen betrieben wird, desto höher wird bei gegebenen Kontrakteinkommen der Bilanzgewinn, desto besser wird der Eigenkapitaleinsatz der Anteilseigner entlohnt.

Für Entscheidungen der Eigenkapitalgeber über verschiedene Kapitalanlagemöglichkeiten wird deshalb vom kapitalbezogenen Unternehmen auch die *Eigenkapitalrentabilität* als Quotient aus Bilanzgewinn und Eigenkapitaleinsatz als Ausdruck des Wirtschaftserfolges verwendet. Im internationalen Sprachgebrauch heißt die Eigenkapitalrentabilität auch „Return on Investment“, abgekürzt „ROI“. Da die Eigenkapitalrentabilität i. d. R. als Prozentsatz des Eigenkapitals ausgedrückt wird, gilt dafür die Gleichung:

$$R_{EKK} = \frac{G}{EK} \cdot 100 \qquad (4.19)$$

Darin sind:

R_{EKK} = Eigenkapitalrentabilität in % im kapitalbezogenen Unternehmen;

G = Bilanzgewinn je Rechnungsperiode, gemessen in €;
EK = im Unternehmen eingesetztes Eigenkapital, gemessen in €.

Da im kapitalbezogenen Unternehmen der Bilanzgewinn allein den Eigenkapitalgebern zusteht, wird die Eigenkapitalrentabilität genau dann maximal, wenn der Bilanzgewinn maximal wird (vgl. auch Pack 1965, S. 525 ff.).

Der Bilanzgewinn ist im kapitalbezogenen Unternehmen aber auch für die übrigen Unternehmensträger ein durchaus geeigneter Ausdruck für den Wirtschaftserfolg. Je höher er wird, desto gesicherter ist das langfristige Überleben des Unternehmens, desto sicherer sind deshalb auch die Arbeitsplätze der Belegschaft und des Managements und desto besser sind der Fremdkapital- und der Pachtflächeneinsatz abgesichert. Hinzu kommt, dass relativ hohe Bilanzgewinne für die Belegschaft und das Management auch die Chancen für eine Zunahme ihrer Arbeitsentgelte verbessern.

Im Vergleich zum Bilanzgewinn ist die Verwendung der Eigenkapitalrentabilität für die übrigen Unternehmensträger jedoch ein fragwürdiger Ausdruck des Wirtschaftserfolges, wie aus folgendem einfachen Beispiel deutlich wird: Zwei äußerlich gleichartige Unternehmen mögen jeweils 10 Mio. € Kapital als Bilanzsumme ausweisen. Im Unternehmen A bestehe das Kapital aus 7 Mio. € Eigenkapital der Anteilseigner und 3 Mio. € Fremdkapital. Das Unternehmen erziele einen Bilanzgewinn von 700.000,00 €. Gemäß Gleichung (4.19) errechnet sich daraus eine Eigenkapitalrentabilität von 10 %. Im Unternehmen B bestehe das Kapital dagegen umgekehrt aus 3 Mio. € Eigenkapital und 7 Mio. € Fremdkapital. Wegen der höheren Fremdkapitalzinsbelastung betrage der Bilanzgewinn von Unternehmen B nur 400.000,00 €. Gemäß Gleichung (4.19) errechnet sich daraus jedoch trotz des geringeren Bilanzgewinns die höhere Eigenkapitalrentabilität von 13,33 %.

Von den übrigen Unternehmensträgern dürfte Unternehmen A im Vergleich zu Unternehmen B trotz der geringeren Eigenkapitalrentabilität aber wohl als vorteilhaft angesehen werden. Der absolut höhere Bilanzgewinn und die geringere Fremdkapitalbelastung kommen ihrem Streben nach Einkommenssicherheit stärker entgegen.

4.5.2 Gewinnbestandteile im personenbezogenen Unternehmen

Im personenbezogenen Unternehmen ist der Bilanzgewinn ebenfalls der gängige Ausdruck für das Periodeneinkommen. Allerdings ist – wie in den vorhergehenden Abschnitten dargelegt – zu beachten, dass er im Einzelunternehmen das Residualeinkommen ist, welches dem Unternehmer und ggf. seinen mithelfenden Familienmitgliedern als ungeteilte Summe sowohl für ihren Arbeits- als auch für ihren Eigenkapitaleinsatz zufließt.

Prinzipiell werden diese Produktionsfaktoren bei gegebenen Kontrakteinkommen umso besser entlohnt, je ergiebiger sie im Unternehmen bei der Gestaltung der Transformations- und Transaktionsprozesse eingesetzt werden. Um aber feststellen zu können, ob die einzelnen Produktionsfaktoren jeweils für sich eine Entlohnung erreicht haben, die den Umfang ihres Einsatzes im Unternehmen im Vergleich zu anderen Verwendungsmöglichkeiten rechtfertigt, muss der Bilanzgewinn nochmals in verschiedene Bestandteile zerlegt werden. Zum Beispiel lässt sich hier nicht eine Eigenkapitalrentabilität als Prozentsatz des Bilanzgewinns bilden, weil der Bilanzgewinn nicht nur durch den Kapitaleinsatz des Unternehmers, sondern auch durch seinen Arbeitseinsatz entsteht.

Üblicherweise erfolgt die Zerlegung des Bilanzgewinns in die Gruppen *Arbeitsertrag* als Entgelt für den Arbeitseinsatz, *Zinsertrag* als Entgelt für den Eigenkapitaleinsatz und *Unternehmergewinn* (HLBS 1996, S. 52 ff.). Für bestimmte Entscheidungsanlässe empfiehlt sich im landwirtschaftlichen Unternehmen die Trennung des durch Eigenkapital gedeckten Vermögens in die Bestandteile Bodenvermögen und Besatzvermögen. Es ergeben sich dann die Gruppen Arbeitsertrag, Zinsertrag, Pachtertrag und Unternehmergewinn.

Die genannten Erträge sind jeweils kalkulatorische Residualeinkommensgrößen. Der Arbeitsertrag ergibt sich, wenn vom Bilanzgewinn die Zins- und Pachterträge als Zins- und Pachtansätze subtrahiert werden. Der Zinsertrag für das Eigenkapital (ohne Wert des eigenen Bodens) ergibt sich, wenn vom Bilanzgewinn die Arbeits- und Pachterträge als Lohn- und Pachtansätze subtrahiert werden. Der Pachtertrag ergibt sich, wenn vom Bilanzgewinn der Arbeitsertrag und der Zinsertrag für das Eigenkapital (ohne Wert des eigenen Bodens) in Form von Lohn- und Zinsansätzen subtrahiert werden. Der (positive oder negative) Unternehmergewinn ist das Residuum des Residualeinkommens Bilanzgewinn. Er ergibt sich als Restgröße, wenn vom Bilanzgewinn die kalkulatorischen Entlohnungen der übrigen Produktionsfaktoren als Lohn-, Zins- und Pachtansätze subtrahiert werden.

Der *Lohnansatz* bezeichnet denjenigen Lohn, den der Unternehmer und seine mithelfenden Familienmitglieder in einer für sie bestenfalls erreichbaren unselbstständigen Tätigkeit erzielen könnten. Der *Zinsansatz* bezeichnet denjenigen Zinsertrag, den das Eigenkapital bei einer anderweitig möglichen Anlage vergleichbarer Sicherheit erzielen könnte. Der *Pachtansatz* bezeichnet schließlich denjenigen Pachtertrag, den die unternehmereigenen Nutzflächen bei einer Verpachtung erzielen könnten.

Die Lohn-, Zins- und Pachtansätze werden also nach Maßgabe des *Prinzips der Opportunitätskosten* definiert. Im Hinblick auf eine möglichst ergiebige Verwendung der unternehmereigenen Produktionsfaktoren ist deren Einsatz im eigenen Unternehmen grundsätzlich nur dann gerechtfertigt, wenn nach Abzug aller Faktorentlohnungsansprüche ein positiver Unternehmergewinn als letztes Residuum verbleibt, anderenfalls würden anderweitige Verwendungen der Produktionsfaktoren ein höheres Gesamteinkommen für die Unternehmerfamilie erbringen.

Die Bestimmung der verschiedenen kalkulatorischen Residualeinkommensgrößen soll anhand der Zahlen des Unternehmens Rapsmeyer *(Übersichten 4.3* bis *4.5)* mit Hilfe der *Übersicht 4.6* verdeutlicht werden. Im oberen Teil der *Übersicht 4.6* wurden die Residualeinkommensgrößen ohne die Trennung des Eigenkapitals in den Wert des eigenen Besatzvermögens und den Wert des unternehmereigenen Bodens dargestellt, wohingegen die Rechnung im unteren Teil diese Trennung berücksichtigt.

Die Rechnungen gehen in jedem Falle vom Bilanzgewinn aus. Rapsmeyer erzielte einen Jahresgewinn von 70.000,00 €. Der Arbeitsertrag resultiert, wie die linke der drei Rechnungsspalten zeigt, aus dem Gewinn nach Abzug des Zinsansatzes für das Eigenkapital. Bei einem Zinssatz von 0,035 => 3,5 % als Opportunitätskostensatz und einer Eigenkapitalsumme in Höhe von 1.118.000,00 € errechnet sich ein Betrag von 30.870,00 €. Unter Berücksichtigung des Tatbe-

1. Rechnung ohne Trennung des Eigenkapitals in Wert des eigenen Besatzvermögens und Wert des eigenen Bodens	Berechnung der Residualeinkommen für... Familienarbeitseinsatz	Eigenkapitaleinsatz	Unternehmerleistung
Bilanzgewinn in €/Jahr 70.000,00 »»»	+ 70.000,00	+ 70.000,00	+ 70.000,00
Lohnansatz für Unternehmer 11,50 €/h * 2.000,00 h/Jahr	*********	- 23.000,00	- 23.000,00
Lohnansatz für mithelfende Familienmitglieder 7,50 €/h * 500,00 h/Jahr	*********	- 3.750,00	- 3.750,00
Zinsansatz für gesamtes Eigenkapital 0,04 %/100 * 1.118.000,00 €	- 39.130,00	*********	- 39.130,00
Arbeitsertrag in €/Jahr »»»	= 30.870,00		
Arbeitsertrag in €/Arbeitstunde »»»	= 12,35		
Zinsertrag in €/Jahr »»»		= 43.250,00	
Eigenkapitalrentabilität in % »»»		= 3,87	
Unternehmergewinn in €/Jahr »»»			= 4.120,00

2. Rechnung mit Trennung des Eigenkapitals in Wert des eigenen Besatzvermögens und Wert des eigenen Bodens	Berechnung der Residualeinkommen für... Familienarbeitseinsatz	Eigenkapitaleinsatz	Eigenbodeneinsatz	Unternehmerleistung
Bilanzgewinn in €/Jahr »»»	+ 70.000,00	+ 70.000,00	+ 70.000,00	+ 70.000,00
Lohnansatz für Unternehmer 11,50 €/h * 2.000,00 h/Jahr	*********	- 23.000,00	- 23.000,00	- 23.000,00
Lohnansatz f. mithelfende Familienmitglieder 7,50 €/h * 500,00 h/Jahr	*********	- 3.750,00	- 3.750,00	- 3.750,00
Zinsansatz für Eigenkapital ohneBodenwert 0,04 %/100 * 418.000,00 €	- 14.630,00	*********	- 14.630,00	- 14.630,00
Pachtansatz für eigenen Boden 175,00 €/ha * 140,00 ha	- 24.500,00	- 24.500,00	*********	- 24.500,00
Arbeitsertrag in €/Jahr »»»	= 30.870,00			
Arbeitsertrag in €/Arbeitstunde »»»	= 12,35			
Zinsertrag in €/Jahr »»»		= 18.750,00		
Eigenkapitalrentabilität in % »»»		= 4,49		
Pachtertrag in €/Jahr »»»			= 28.620,00	
Grundrente in €/ha »»»			= 204,43	
Unternehmergewinn in €/Jahr »»»				= 4.120,00

DECK46

Übersicht 4.6: Berechnung der Bestandteile des Bilanzgewinns im personenbezogenen Einzelunternehmen

standes, dass Rapsmeyer und seine Frau insgesamt 2500 Arbeitsstunden im Unternehmen einsetzen, lässt sich daraus eine „Arbeitsrentabilität" als *Arbeitsertrag je Arbeitsstunde* in Höhe von 12,35 € ermitteln.

Demgegenüber ergibt sich das kalkulatorische Residualeinkommen für den Eigenkapitaleinsatz nach Abzug der kalkulatorischen Lohnansätze vom Bilanzgewinn. Für die Zahlen des Beispiels errechnet sich ein Zinsertrag von 43.250,00 €. Bei einem Eigenkapitalbetrag in Höhe von 1.118.000,00 € ergibt sich daraus eine Eigenkapitalrentabilität in Höhe von 3,87 %. Im personenbezogenen Unternehmen wird also die Eigenkapitalrentabilität nach Maßgabe der folgenden Gleichung bestimmt (HLBS 1996, S. 55):

$$(4.20) \qquad R_{EKP} = \frac{G - LA}{EK} \cdot 100$$

Darin sind:

R_{EKP} = Eigenkapitalrentabilität in % im personenbezogenen Unternehmen;
G = Bilanzgewinn je Rechnungsperiode in €;
LA = Lohnansatz je Rechnungsperiode in € für den Unternehmer und seine mithelfenden Familienmitglieder;
EK = im Unternehmen eingesetztes Eigenkapital in €.

Für die zur Berechnung der Eigenkapitalrentabilität einzusetzende Eigenkapitalsumme wird üblicherweise der Mittelwert aus Anfangs- und Endeigenkapitalsumme der Bilanz verwendet, also im Beispiel (1.108.000,00 € + 1.128.000,00 €) / 2 = 1.118.000,00 €.

Schließlich wird der Unternehmergewinn als Entlohnung für die eigentliche Unternehmerleistung und als verbleibendes Residuum des Residualeinkommens „Bilanzgewinn" – wie die dritte Rechnungsspalte der *Übersicht 4.6* zeigt – dadurch bestimmt, dass vom Bilanzgewinn sowohl der Lohnansatz als auch der Zinsansatz subtrahiert werden. Im vorliegenden Beispiel beträgt der Unternehmergewinn 4120,00 €.

Aus dem unteren Teil der *Übersicht 4.6* geht hervor, welche Kalkulationen sich für den Fall ergeben, dass das Eigenkapital in den Wert des eigenen Bodens und den Wert des sonstigen eigenen Vermögens aufgeteilt wird. Während der Arbeitsertrag gegenüber der vorhergehenden Kalkulation gleich bleibt, verändern sich der Zinsertrag und die Eigenkapitalrentabilität, weil diese Größen nur für das Eigenkapital ohne den Wert des eigenen Bodens berechnet werden.

Zusätzlich ergibt sich der Pachtertrag im Beispiel mit 28.620,00 €, woraus sich – wie in *Übersicht 4.6* aufgeführt – eine Grundrente von 204,43 €/ha für den eigenen Boden errechnet. Die *Grundrente* als die ha-bezogene Entlohnung für den Einsatz des eigenen Bodens bestimmt sich nach folgender Gleichung:

$$R_{GEP} = \frac{G - LA - ZA}{F} \qquad (4.21)$$

Darin sind:

R_{GEP} = Grundrente je Rechnungsperiode in € je ha eingesetzten eigenen Bodens;
G = Bilanzgewinn je Rechnungsperiode in €;
LA = Lohnansatz je Rechnungsperiode in € für den Unternehmer und seine (nicht entlohnten) mithelfenden Familienmitglieder;
ZA = Zinsansatz je Rechnungsperiode in € für den Wert des unternehmereigenen Kapitals ohne Berücksichtigung des eigenen Bodenwertes;
F = Umfang der unternehmereigenen Nutzflächen in ha.

Schließlich lässt sich auch bei dieser Vorgehensweise wieder der Unternehmergewinn – jetzt nach Abzug des Lohn-, des Zins- und des Pachtansatzes vom Bilanzgewinn – ermitteln, wie es in der rechten Spalte des unteren Teils der *Übersicht 4.6* dargestellt ist.

Aus der Übersicht ist nun insgesamt zu ersehen, dass der Unternehmergewinn für beide Kalkulationsweisen mit 4120,00 € identisch ausgewiesen wurde. Eine solche Übereinstimmung tritt nur dann auf, wenn bei gegebenem Zinssatz für das Eigenkapital und gegebenen Wert des eigenen Bodens der Pachtansatz gerade so gewählt wird, dass die Summe aus Zins- und Pachtansatz in der unteren Rechnung dem Zinsansatz in der oberen Rechnung entspricht. Im Beispiel wurde angenommen, dass Rapsmeyer über 140 ha eigenen Bodens verfügt, dessen Bilanzwert 700.000,00 € beträgt, also einen Wert von 5000,00 € je ha aufweist. Bei dem gewählten Pachtansatz von 175,00 €/ha ergibt sich daraus für den Boden ebenso wie für das übrige Eigenkapital ein Verzinsungsansatz von 3,5 %.

Eine getrennte Ausweisung des Pachtansatzes hat den Vorteil, dass sie die bei der Kalkulation der Opportunitätskosten des Eigenkapitaleinsatzes nicht völlig vermeidbare Willkür zumindest teilweise einschränkt. Diese Problematik entsteht, weil sich der Zinsansatz aus der Multiplikation des Zinssatzes (im Beispiel 3,5 %) mit dem aus der Bilanz abgeleiteten Eigenkapital errechnet, also zwei Größen verwendet werden, die beide durch *Bewertungen* bestimmt werden müssen. Für die Kalkulation der Opportunitätskosten müsste es sich bei beiden Werten um *Marktwerte* handeln, weil ja mit dem Zinsansatz der Betrag errechnet werden soll, den der Entscheider bei einer anderweitigen Verwendung seines Eigenkapitals auch tatsächlich erreichen könnte.

Nun wird derjenige Anteil des Eigenkapitals, der sich aus dem Umlaufvermögen und dem Viehvermögen ergibt, den gegenwärtigen Marktwerten zumindest noch sehr nahekommen, weil den Bilanzbeträgen dafür vergleichsweise zeitnahe Anschaffungswerte zugrunde liegen. Auch für das Maschinenvermögen und selbst für das Gebäudevermögen lässt sich diese Annahme noch halten, wenn wir davon ausgehen, dass die Abschreibungen zur Bestimmung der in der Bilanz enthaltenen Zeitwerte dieser Anlagengegenstände realitätsnah kalkuliert wurden. (Wir wollen an dieser Stelle mögliche Wirkungen der Inflation nicht berücksichtigen. Wir werden darauf im 8. Kapitel zurückkommen.)

Demgegenüber wird das Bodenvermögen nicht abgeschrieben. Die Kaufvorgänge für den Boden und damit dessen Anschaffungswerte liegen oftmals viele Jahre zurück. Häufig kann beim Bodenvermögen gar nicht auf Anschaffungswerte zurückgegriffen werden, weil sich die Nutzflächen schon vor der Aufnahme der Buchführung im Eigentum des Unternehmens befanden und Unterlagen über Anschaffungswerte nicht existieren. Deshalb wurden diese Flächen in den landwirtschaftlichen Unternehmen lediglich nach Maßgabe gesetzlicher Bewertungsvorschriften bewertet. Mit anderen Worten: Die in der Bilanz ausgewiesenen Bodenwerte haben häufig nur noch eine sehr entfernte Ähnlichkeit mit den gegenwärtigen Marktwerten.

Eine Bestimmung der Opportunitätskosten für den Einsatz des eigenen Bodens, der auf eine direkte Bodenbewertung verzichten kann, weil sie – wie im Falle der Kalkulation des unteren Teils der *Übersicht 4.6* – nur den am Markt relativ einfach feststellbaren Pachtzins benötigt, ist immer dann wesentlich realitätsnäher und überdies auch einfacher, wenn der Entscheider die alternative Verwendungsmöglichkeit seines Bodens in dessen Verpachtung sieht. Wird die Alternative dagegen im Bodenverkauf gesehen, bleibt nichts anderes übrig, als den aus der Bilanz übernommenen Wert des Eigenkapitals bezüglich des Bodenwertes in Richtung auf tatsächliche Marktwerte zu korrigieren.

Indessen ist auch der Zinssatz, der als zweiter Wert für die Berechnung der Opportunitätskosten des Eigenkapitals benötigt wird, nicht ohne weiteres vom gängigen Marktzinssatz für Anlagen vergleichbarer Sicherheit ableitbar. Dem Eigenkapital liegen nämlich teilweise – insbesondere in Form des eigenen Bodens – Vermögensgegenstände zugrunde, die im langfristigen Trend Wertzuwächse erfahren. Wenn nun ein Entscheider zur Berechnung der Opportunitätskosten annimmt, dass er seinen Boden verkaufen möchte, würde er damit auf zukünftige Wertsteigerungen dieses Eigenkapitalteils verzichten. Der Zinssatz zur Berechnung des Zinsansatzes für das Eigenkapital muss deshalb dergestalt ermittelt werden, dass vom eigentlichen Marktzinssatz anteilig der im langfristigen Durchschnitt jährlich erwartete Prozentsatz des Wertzuwachses für den Boden subtrahiert wird. Wenn also z. B. der Bodenanteil am Eigenkapital

50 % beträgt und ein jährlicher Bodenwertzuwachs von 2 % erwartet wird, dann muss von dem ermittelten Marktzinssatz in Höhe von bspw. 4,5 % ein Betrag von 1 % – d. h. 50 % von 2 % – subtrahiert werden, so dass sich ein Zinssatz von tatsächlich noch 3,5 % ergibt.

Abschließend wollen wir festhalten, dass bei der Bestimmung der Eingangsgrößen für die Kalkulation der Opportunitätskosten zur Bestimmung der Lohn-, Zins- und Pachtansätze sehr sorgfältig vorgegangen werden sollte, damit der Entscheider durch eine eventuelle Berechnung falscher Residualeinkommen nicht zu falschen Schlussfolgerungen bezüglich der zukünftigen Verwendung seiner Produktionsfaktoren verleitet wird.

4.5.3 Unternehmergewinn und Gesamteinkommen als Erfolgsmaßstäbe im personenbezogenen Unternehmen

Gleichwohl können die kalkulatorischen Residualeinkommen eine wichtige Entscheidungsgrundlage bilden. Damit ergibt sich die Frage, ob denn als Einkommensoberziel anstelle des mit der Bilanz ermittelten Gewinns nicht eher die kalkulatorischen Residualeinkommen und insbesondere der kalkulatorische Unternehmergewinn Verwendung finden sollten.

Zur Beantwortung dieser Frage zeigt *Übersicht 4.7* zwei Tabellen, die im Aufbau mit dem oberen Teil der *Übersicht 4.6* identisch sind, bei denen jedoch von veränderten Eingabedaten ausgegangen wurde. Für den oberen Teil der *Übersicht 4.7* wurde angenommen, dass Rapsmeyer überlegt, ob er zur Bewältigung von Arbeitsspitzen statt seiner Ehefrau nicht verstärkt den

	Berechnung der Residualeinkommen für... Familien-arbeits-einsatz	Eigen-kapital-einsatz	Unter-nehmer-leistung
1. SINKENDER ARBEITSEINSATZ			
Bilanzgewinn in €/Jahr 68.000,00 »»»	+ 68.000,00	+ 68.000,00	+ 68.000,00
Lohnansatz für Unternehmer 11,50 €/h * 2.000,00 h/Jahr	*********	- 23.000,00	- 23.000,00
Lohnansatz f.mithelf.Familienmitglieder 0,00 €/h * 0,00 h/Jahr	*********	- 0,00	- 0,00
Zinsansatz für gesamtes Eigenkapital 0,04 %/100 * 1.118.000,00 €	- 39.130,00	*********	- 39.130,00
Arbeitsertrag in €/Jahr »»»	= 28.870,00		
Arbeitsertrag in €/Arbeitstunde »»»	= 14,44		
Zinsertrag in €/Jahr »»»		= 45.000,00	
Eigenkapitalrentabilität in % »»»		= 4,03	
Unternehmergewinn in €/Jahr »»»			= 5.870,00
2. SINKENDER EIGENKAPITALEINSATZ	Berechnung der Residualeinkommen für... Familien-arbeits-einsatz	Eigen-kapital-einsatz	Unter-nehmer-leistung
Bilanzgewinn in €/Jahr 68.500,00 »»»	+ 68.500,00	+ 68.500,00	+ 68.500,00
Lohnansatz für Unternehmer 11,50 €/h * 2.000,00 h/Jahr	*********	- 23.000,00	- 23.000,00
Lohnansatz f.mithelf.Familienmitglieder 7,50 €/h * 500,00 h/Jahr	*********	- 3.750,00	- 3.750,00
Zinsansatz für gesamtes Eigenkapital 0,04 %/100 * 1.068.000,00 €	- 37.380,00	*********	- 37.380,00
Arbeitsertrag in €/Jahr »»»	= 31.120,00		
Arbeitsertrag in €/Arbeitstunde »»»	= 12,45		
Zinsertrag in €/Jahr »»»		= 41.750,00	
Eigenkapitalrentabilität in % »»»		= 3,91	
Unternehmergewinn in €/Jahr »»»			= 4.370,00

DECK47

Übersicht 4.7: Der Einfluss von Verminderungen des Arbeits- und Eigenkapitaleinsatzes der Unternehmerfamilie für das Unternehmen auf die Residualeinkommen aus dem Unternehmen

Lohnunternehmer einsetzen sollte. Durch diese Umstellung würden die 500 Arbeitsstunden von Frau Rapsmeyer im Unternehmen nicht mehr benötigt, der Arbeitseinsatz von ihr würde also auf 0 sinken. Andererseits würde sich der Bilanzgewinn des Unternehmens von 70.000,00 € auf 68.000,00 € vermindern, weil der zusätzliche Lohnunternehmereinsatz zu Mehrausgaben von 2000,00 € führen würde.

Aus einem Vergleich der oberen Blöcke von *Übersicht 4.6* und *Übersicht 4.7* ist ersichtlich, dass sich durch diese Umstellung nicht nur beim Bilanzgewinn, sondern auch bei den kalkulatorischen Residualeinkommen Veränderungen ergeben würden. Während der Arbeitsertrag ebenso wie der Bilanzgewinn um 2000,00 € zurückgeht, steigen der Zinsertrag und der Unternehmergewinn um jeweils 1750,00 € an. Trotz des sinkenden Arbeitsertrages steigt aber die „Arbeitsrentabilität" als Arbeitsertrag je Arbeitsstunde von 12,35 € auf 14,44 €. Außerdem erhöht sich die Eigenkapitalrentabilität von 3,87 % auf 4,03 %. Sämtliche Veränderungen kommen dadurch zustande, dass bei sinkendem Bilanzgewinn die 500 Arbeitsstunden und der Lohnansatz in Höhe von 3750,00 € für Frau Rapsmeyer entfallen.

Je nachdem, welchen der Werte Rapsmeyer nun verwenden würde, müsste er sich für oder gegen die Umstellung entscheiden. Bei Verwendung des Bilanzgewinns und des Arbeitsertrages als Maßstab für die Zielwirksamkeit der Maßnahme müsste die Entscheidung gegen die Umstellung fallen, umgekehrt bei Verwendung des Zinsertrages und des Unternehmergewinns sowie der Arbeits- und der Eigenkapitalrentabilität.

Zu ähnlich widersprüchlichen Ergebnissen gelangt Rapsmeyer bei einer weiteren Umstellungsüberlegung, die aus einem Vergleich des oberen Teils der *Übersicht 4.6* mit dem unteren Teil der *Übersicht 4.7* hervorgeht. In diesem Fall denkt Rapsmeyer über folgende Umstellung nach: Er könnte 10 ha seiner weiter vom Hof entfernt liegenden Nutzflächen zum Preis von 50.000,00 € verkaufen, andererseits aber 10 ha gleichwertigen Landes in der Nähe seines Hofes für 2000,00 € jährlich pachten. Infolge der geringeren Transportkosten würde dadurch sein Bilanzgewinn nur von 70.000,00 € auf 68.500,00 € um 1500,00 € sinken. Außerdem vermindert sich infolge des freigesetzten Kapitals der Zinsansatz von 39.130,00 € auf 37.380,00 €.

	Ausgangs-situation	Sinkender Arbeits-einsatz	Sinkender Kapital-einsatz	Sinkender Arbeits-einsatz	Sinkender Kapital-einsatz
Bezeichnung	Übersicht 4.6	Übersicht 4.7 (1.)	Übersicht 4.7 (2.)	Wirkung bei Gewinnänderung =Opportunitätskostenansatz	
(Unternehmens-)Bilanzgewinn	70.000,00	68.000,00	68.500,00	68.000,00	68.500,00
+ außerbetriebliche Einkünfte					
aus Gewerbebetrieb	0,00	0,00	0,00	0,00	0,00
aus selbst. Arbeit	0,00	0,00	0,00	0,00	0,00
aus nichtselbst. Arbeit	0,00	3.750,00	0,00	2.000,00	0,00
= Erwerbseinkommen	70.000,00	71.750,00	68.500,00	70.000,00	68.500,00
+ weitere Einkünfte					
aus Vermietung	0,00	0,00	0,00	0,00	0,00
aus Verpachtung	0,00	0,00	0,00	0,00	0,00
aus Kapitalvermögen	0,00	0,00	1.750,00	0,00	1.500,00
aus sonstigen Einkünften	0,00	0,00	0,00	0,00	0,00
aus Einkommensübertragungen	0,00	0,00	0,00	0,00	0,00
= Gesamteinkommen	70.000,00	71.750,00	70.250,00	70.000,00	70.000,00

DECK48

Übersicht 4.8: Berechnung des Einkommens der Unternehmerfamilie (Werte in €/Jahr)

Auch in diesem Fall empfängt Rapsmeyer widersprüchliche Signale von den Erfolgsmaßstäben. Jetzt müsste er sich bei Verwendung des Bilanzgewinns und des Zinsertrages gegen die Maßnahme entscheiden, bei Verwendung des Arbeitsertrages und des Unternehmergewinns sowie der Arbeitsrentabilität und der Eigenkapitalrentabilität jedoch für die Maßnahme.

Zur Auflösung der Widersprüche macht Rapsmeyer dann aber noch eine weitere Rechnung auf. Für den bisherigen Arbeitseinsatz seiner Frau hat er Opportunitätskosten als Lohnansatz in Höhe von 3750,00 € und für seinen Eigenkapitaleinsatz Opportunitätskosten in Höhe von 1750,00 € für die freisetzbaren 50.000,00 € Eigenkapital angenommen. Implizit hat er damit jedoch unterstellt, dass die freigesetzten Produktionsfaktoren tatsächlich auch anderweitig verwendet werden können und dann Einkommensbeiträge in Höhe der jeweiligen Opportunitätskosten erbringen. Wenn das aber so ist, dann muss Rapsmeyer seinen Entscheidungen über die Umstellungsmaßnahmen die in *Übersicht 4.8* skizzierte Rechnung zugrunde legen.

Er darf nicht nur das Einkommen aus dem Unternehmen, vielmehr muss er auch das anderweitig von der Familie erzielbare Einkommen berücksichtigen. Das üblicherweise dafür verwendete Rechnungsschema zur Bestimmung des *Erwerbseinkommens* und des *Gesamteinkommens* geht aus der linken Spalte der *Übersicht 4.8* hervor (vgl. dazu z. B. Agrarpolitischer Bericht der Bundesregierung 2006, S. 155 ff.). Die zweite Spalte der Übersicht enthält die Ausgangssituation, die dritte und vierte Spalte spiegeln die Handlungsfolgen der beiden ins Auge gefassten Handlungsmöglichkeiten wider.

In der Ausgangssituation möge Rapsmeyer kein außerbetriebliches Einkommen und kein sonstiges Einkommen erzielt haben. Das Gesamteinkommen der Unternehmerfamilie entspricht deshalb dem Bilanzgewinn von 70.000,00 €. Mit der Realisierung der ersten Umstellungsentscheidung würde die Unternehmerfamilie dagegen ein um 1250,00 € gestiegenes Gesamteinkommen von 71.750,00 € erzielen, vorausgesetzt, der Lohnansatz wurde vorher realitätsgerecht kalkuliert. Diese Voraussetzung bedeutet also, dass Frau Rapsmeyer nach der Umstellung tatsächlich ein außerbetriebliches Einkommen, z. B. aus unselbstständiger Arbeit, in Höhe des Lohnansatzes von 3750,00 € erzielt.

Mit der zweiten Umstellungsentscheidung würde die Unternehmerfamilie ein um 250,00 € gestiegenes Gesamteinkommen von 70.250,00 € erwirtschaften, vorausgesetzt, der Zinsansatz wurde vorher richtig kalkuliert. Diese Voraussetzung bedeutet, dass das durch den Landverkauf aus dem Unternehmen freigesetzte Eigenkapital in Höhe von 50.000,00 € bei anderweitiger Verwendung ein sonstiges Einkommen, z. B. aus Kapitalvermögen, in Höhe von 1750,00 € erbringt.

Aus diesen Überlegungen ergeben sich mehrere Konsequenzen:

(1) Aus der Sicht der Unternehmerfamilie ist der in ihrem Unternehmen erzielte Bilanzgewinn offenbar keine sachgerechte Maßvorschrift für ihr Oberziel der Einkommenserwirtschaftung und deshalb auch kein geeignetes Entscheidungskriterium für die Beurteilung der relativen Vorzüglichkeit von Handlungsalternativen. Die Unternehmerfamilie sollte dafür das in *Übersicht 4.8* definierte *Gesamteinkommen* verwenden.

(2) Aus dem Beispiel lassen sich allgemeine Regeln zur Beurteilung der relativen Vorzüglichkeit von Handlungsalternativen ableiten. Wenn sich infolge von Umstellungsmaßnahmen sowohl der Bilanzgewinn als auch das außerhalb des Unternehmens erzielbare Einkommen verändern, dann sind damit verbundene Neukombinationen der unternehmerfamilieneigenen Produktionsfaktoren solange wirtschaftlich vernünftig, wie die Abnahme des Bilanzgewinns kleiner oder höchstens gleich ist der damit verknüpften Zunahme des unternehmensextern erzielbaren Einkommens.

Dieser Tatbestand geht zunächst aus den beiden rechten Spalten der *Übersicht 4.8* hervor. Wenn wir für das extern erzielbare Einkommen aus unselbstständiger Arbeit bzw. für das sonstige Einkommen aus Kapitalvermögen gerade Beträge annehmen, die den Veränderungen des Bilanzgewinns entsprechen, dann bleibt das Gesamteinkommen gegenüber der Ausgangssituation unverändert. Jedes außerhalb des Unternehmens erzielbare Einkommen, welches höher/niedriger ist als die damit verbundene Minderung des Bilanzgewinns, sagt also, dass die Umstellungsmaßnahme durchgeführt/nicht durchgeführt werden sollte.

Wenn wir jetzt bedenken, dass unter möglichen Umstellungsmaßnahmen vernünftigerweise zunächst diejenige in die Tat umgesetzt würde, die die höchste positive Veränderung des Gesamteinkommens verspricht, und danach sukzessive weitere Maßnahmen mit jeweils abnehmenden Gesamteinkommensveränderungen realisiert würden, dann können wir dieses Ergebnis stärker verallgemeinern und festhalten, dass Arbeitsstunden und/oder Eigenkapitalbeträge, die bisher im Unternehmen eingesetzt wurden, solange aus dem Unternehmen freigesetzt werden sollten, bis die damit verbundene Betragsänderung des Bilanzgewinns des Unternehmens der Betragsänderung für das außerhalb des Unternehmens erzielbare Einkommen entspricht.

Bezeichnen wir die Bilanzgewinnveränderung mit ΔG, die Veränderung des außerhalb des Unternehmens erzielbaren Arbeitseinkommens mit ΔAAE und die damit verbundene Änderung des Arbeitseinsatzes von Unternehmerfamilienmitgliedern als ΔA, dann gilt für den ersten Entscheidungsanlass im Optimum offenbar:

$$(4.22) \qquad \frac{\Delta AAE}{\Delta A} = \frac{\Delta G}{\Delta A}$$

Lassen wir die Einkommens- und Arbeitseinsatzveränderungen der Differenzenquotienten gegen 0 gehen, betrachten wir also marginale Veränderungen dieser Größen, dann gelten die Differentialquotienten:

$$(4.23) \qquad \frac{dAAE}{dA} = \frac{dG}{dA}$$

Die Zähler der beiden Differentialquotienten lassen sich allgemein als Grenzeinkommen, die beiden Differentialquotienten als gewogene Grenzeinkommen bezeichnen, weil die Grenzeinkommen mit den Veränderungen der Arbeitsstunden gewogen werden. Durch Vergleich mit der bereits in Abschnitt 1.4.3.2 abgeleiteten Bedingung (1.11) ist einsichtig, dass es sich bei der Bedingung (4.23) um eine Form des *Satzes vom Ausgleich der gewogenen Grenzeinkommen* handelt. Als Handlungsanweisung gilt: Verteile zur Erreichung des Gesamteinkommensmaximums den Arbeitseinsatz der Unternehmerfamilie so auf innerhalb und außerhalb des Unternehmens liegende Beschäftigungen, dass die jeweils letzte Arbeitsstunde bei beiden

Beschäftigungen das gleiche zusätzliche Einkommen erbringt, also der Grenzbilanzgewinn dem externen Grenzarbeitseinkommen entspricht.

Prinzipiell das gleiche Optimum lässt sich auch für den zweiten Entscheidungsanlass ableiten. Bezeichnen wir die Bilanzgewinnänderung wieder mit ΔG, die Veränderung des außerhalb des Unternehmens erzielbaren Kapitaleinkommens mit ΔAKE und die damit verbundene Veränderung des Eigenkapitaleinsatzes mit ΔEK, dann gilt im Optimum:

$$(4.24) \qquad \frac{\Delta AKE}{\Delta EK} = \frac{\Delta G}{\Delta EK}$$

und für marginale Veränderungen:

$$(4.25) \qquad \frac{dAKE}{dEK} = \frac{dG}{dEK}$$

Daraus folgt als Handlungsanweisung: Verteile zur Erreichung des Gesamteinkommensmaximums das Eigenkapital der Unternehmerfamilie so auf innerhalb und außerhalb des Unternehmens liegende Verwendungen, dass der jeweils letzte eingesetzte € Eigenkapital bei beiden Verwendungen das gleiche zusätzliche Einkommen erbringt, also der Grenzbilanzgewinn dem externen Grenzkapitaleinkommen entspricht.

Die eben abgeleiteten Optima lassen sich bei praktischen Entscheidungsanlässen i. d. R. nicht so exakt verwirklichen, weil die Kapital- und Arbeitsmengen infolge der nicht beliebigen Teilbarkeit von Umstellungsmaßnahmen ebenfalls nicht beliebig teilbar sind. Die Handlungsanweisungen für den Entscheider sind deshalb wie folgt zu modifzieren: Vermindere den Arbeitseinsatz und/oder den Eigenkapitaleinsatz der Unternehmerfamilie im Unternehmen, wenn sich aufgrund konkreter Planungen erweist, dass Umstellungen in Richtung auf außerhalb des Unternehmens liegende Alternativen des Arbeitseinsatzes und/oder des Kapitaleinsatzes das Gesamteinkommen der Unternehmerfamilie positiv verändern. Und: Vermehre den Arbeitseinsatz und/oder den Eigenkapitaleinsatz der Unternehmerfamilie im Unternehmen, wenn sich aufgrund konkreter Planungen erweist, dass Umstellungen in Richtung auf einen vermehrten Einsatz der unternehmerfamilieneigenen Produktionsfaktoren im Unternehmen das Gesamteinkommen der Unternehmerfamilie positiv verändern.

(3) Kehren wir jetzt zu einer ausschließlich unternehmensbezogenen Betrachtungsweise und den in *Übersicht 4.6* dargestellten Erfolgsmaßstäben für die Beurteilung von Handlungsalternativen zurück. Durch die unter (2) dargestellten Zusammenhänge dürfte deutlich geworden sein, dass der Bilanzgewinn im personenbezogenen Unternehmen kein sachgerechter Maßstab zur Messung des Erreichungsgrades für das Einkommensziel der Unternehmerfamilie sein kann, weil er sich mit dem tatsächlich relevanten Gesamteinkommen der Unternehmerfamilie nicht gleichgerichtet entwickeln muss. Zum Beispiel können Fälle eintreten, bei denen Handlungsalternativen trotz abnehmender Bilanzgewinne zu steigenden *Gesamteinkommen* führen und umgekehrt.

Demgegenüber ist der *Unternehmergewinn* bei einer unternehmensbezogenen Betrachtungsweise ein sachgerechter Maßstab, allerdings unter der Voraussetzung, dass die für seine Berechnung notwendige Bestimmung der Opportunitätskosten für die familieneigenen Produktionsfaktoren realitätsgerecht erfolgt. Wenn wir also davon ausgehen können, dass die durch die Opportunitätskosten ausgedrückten Familieneinkommen bei einem Einsatz außerhalb des Unternehmens auch tatsächlich erreicht werden, dann zeigt z. B. ein Vergleich der Gesamteinkommen in *Übersicht 4.8* (1. bis 3. Wertespalte) mit den kalkulierten Unternehmergewinnen in den *Übersichten 4.6* und *4.7*, dass sich die Unternehmergewinne bei den beiden skizzierten Umstellungsmaßnahmen um die gleichen Beträge und in die gleiche Richtung verändern wie das Gesamteinkommen der Unternehmerfamilie. Bei der ersten Umstellungsmaßnahme steigt der Unternehmergewinn von 4120,00 € auf 5870,00 € um 1750,00 € und das Gesamteinkommen von 70.000,00 € auf 71.750,00 € ebenfalls um 1750,00 €. Bei der zweiten Umstellungsmaßnahme steigt der Unternehmergewinn gegenüber der Ausgangssituation ebenso um 250,00 € wie das Gesamteinkommen.

Lediglich in einem Sonderfall – immer vorausgesetzt, die Opportunitätskosten werden realitätsgerecht bestimmt – ist der Bilanzgewinn gegenüber dem Unternehmergewinn ein gleichwertiger Maßstab, nämlich dann, wenn die Opportunitätskosten sämtlich die Werte 0 annehmen, also keine alternativen Verwendungsmöglichkeiten für die unternehmerfamilieneigenen Produktionsfaktoren gesehen werden. Wie sich durch Nullsetzen der Opportunitätskostensätze in *Übersicht 4.7* leicht nachprüfen lässt, würde bei diesen Gegebenheiten im Falle der ersten Umstellungsmaßnahme der Unternehmergewinn ebenso um 2000,00 € sinken wie der Bilanzgewinn, im Falle der zweiten Umstellungsmaßnahme würden die Beträge der beiden Erfolgsgrößen gleichfalls synchron – nämlich um 1500,00 € – abnehmen. Schon geringe Opportunitätskostensätze würden jedoch wieder zu unterschiedlichen Entwicklungen der beiden Einkommensmaßstäbe führen. (Überprüfen Sie durch Variation der Opportunitätskostensätze in den Tabellenkalkulationsprogrammen DECK47 und DECK48, dass sich der Bilanzgewinn und der Unternehmergewinn, abgesehen von Sonderfällen, stets unterschiedlich entwickeln, dass sich aber der Unternehmergewinn und das Gesamteinkommen stets in gleicher Richtung und um die gleichen Beträge verändern. Überlegen Sie, warum das so sein muss. Überprüfen Sie durch Variation der Opportunitätskostensätze ferner, ab welchen Beträgen für die Lohn- und Zinsansätze die Umstellungsmaßnahmen wirtschaftlich vorteilhaft sind. Welche generellen Konsequenzen können Sie daraus ableiten?)

Aus den Beispielen der *Übersichten 4.6* bis *4.8* lässt sich ferner ableiten, dass sich nicht nur der Bilanzgewinn, sondern auch die übrigen aufgeführten Erfolgsmaßstäbe (Arbeitsertrag, Zinsertrag, Arbeits- und Eigenkapitalrentabilität) unterschiedlich zu der gleichgerichteten Entwicklung von Unternehmergewinn und Gesamteinkommen verhalten. Eine Verwendung dieser Maßstäbe für die Beurteilung von Handlungsalternativen würde deshalb im Hinblick auf das Einkommensoberziel ebenfalls zu falschen Schlussfolgerungen verleiten.

Bei Betrachtung des personenbezogenen Unternehmens gelten deshalb in Analogie zu den unter (2) für die Unternehmerfamilie abgeleiteten Handlungsanweisungen für den Entscheider die folgenden Maximen: Vermindere den Arbeitseinsatz und/oder den Eigenkapitaleinsatz der Unternehmerfamilien im Unternehmen dann, wenn sich aufgrund konkreter Planungen erweist, dass sich für realitätsgerecht bestimmte Opportunitätskosten bei Umstellungen in Richtung auf außerhalb des Unternehmens liegende Alternativen des Arbeitseinsatzes und/oder des Kapitaleinsatzes der Unternehmergewinn erhöht. Und: Vermehre den Arbeitseinsatz und/oder den Eigenkapitaleinsatz der Unternehmerfamilie im Unternehmen auf Kosten von außerhalb des Unternehmens vorhandenen Faktoreinsatzmengen, wenn sich aufgrund konkreter

Planungen erweist, dass sich für realitätsgerecht bestimmte Opportunitätskosten dadurch der Unternehmergewinn erhöht.

Bei realitätsgerecht bestimmten Opportunitätskosten des Arbeits- und des Eigenkapitaleinsatzes führt eine Auswahl von Handlungsalternativen nach Maßgabe der Maximierung des Unternehmergewinns zu einer gleichzeitigen Maximierung des Gesamteinkommens der Unternehmerfamilie.

(4) Die vorstehend abgeleiteten Handlungsmaximen beziehen sich ausschließlich auf *Veränderungen* des Unternehmergewinns, nicht jedoch auf seine absolute Höhe und namentlich auch nicht darauf, ob der Unternehmergewinn in der Ausgangssituation insgesamt positiv oder negativ war. Wir können aus den Beispielen der *Übersichten 4.6* und *4.7* ableiten, dass der bisherige Unternehmergewinn kein Indikator für die einzuschlagende Richtung bei der Neukombination der unternehmerfamilieneigenen Produktionsfaktoren ist. Hätte z. B. der Bilanzgewinn in der Ausgangssituation der *Übersicht 4.6* nur 60.000,00 € anstelle von 70.000,00 € betragen, dann hätte sich anstelle eines Unternehmergewinns von 4120,00 € ein negativer Betrag als Unternehmerverlust in Höhe von 5880,00 € ergeben. Wie sich anhand der *Übersichten 4.7* und *4.8* (oder auch durch Verwendung der Programme DECK47 und DECK48) einfach nachvollziehen lässt, hätten sich bei den beiden Umstellungsmaßnahmen der Unternehmergewinn und das Gesamteinkommen trotzdem um 1750,00 € bzw. 250,00 € verbessert. Allerdings wäre der Unternehmergewinn jetzt von -5880,00 € auf -4130,00 € bzw. auf -5630,00 € angestiegen, während sich das Gesamteinkommen von 60.000,00 € in der Ausgangssituation auf 61.750,00 € bzw. 60.250,00 € um die gleichen Beträge positiv verändert hätte.

Wir können also aus einem positiven oder negativen Unternehmergewinn grundsätzlich nicht schließen, in welcher Richtung sich die Faktoreinsatzmengen der Unternehmerfamilie verändern sollten, weil – um es stärker zu verallgemeinern – insgesamt die in *Übersicht 4.9* skizzierten Möglichkeiten gegeben sein können. Sowohl bei positivem als auch bei negativem Unternehmergewinn sind Maßnahmen denkbar, die einen abnehmenden oder einen zunehmenden Einsatz an unternehmerfamilieneigenen Produktionsfaktoren im Unternehmen wirtschaftlich rechtfertigen. Je nach Verhältnis zwischen Gewinnveränderung und Veränderung der Opportunitätskosten sollten die Maßnahmen durchgeführt oder unterlassen werden. (Die Übersicht verzichtet auf die realitätsfernen, aber gleichwohl denkbaren Extremfälle, dass ein abnehmender Faktoreinsatz im Unternehmen einen zunehmenden Gewinn und ein zunehmender Faktoreinsatz im Unternehmen einen abnehmenden Gewinn hervorrufen könnte. Im 1. Fall wäre die Maßnahme selbstverständlich durchzuführen, im 2. Fall ebenso selbstverständlich zu unterlassen.)

Tatsächlich sagt ein positiver Unternehmergewinn lediglich, dass die *durchschnittliche* Entlohnung der bisher im Unternehmen eingesetzten unternehmerfamilieneigenen Produktionsfaktoren im Unternehmen höher war als die Grenzentlohnung – ausgedrückt durch die Grenzopportunitätskosten – dieser Produktionsfaktoren bei unternehmensexterner Verwendung gewesen wäre. Umgekehrt sagt ein negativer Unternehmergewinn, dass die durchschnittliche Entlohnung der im Unternehmen eingesetzten unternehmerfamilieneigenen Produktionsfaktoren bisher geringer war, als die Grenzentlohnung bei unternehmensexterner Verwendung sein würde. Ob sich aber bei bisher positivem oder negativem Unternehmergewinn dieser bzw. das Gesamteinkommen durch Veränderungen der unternehmerfamilieneigenen Faktoreinsatzmengen erhöht oder vermindert, hängt – wie gesagt – zunächst nur davon ab, wie sich der

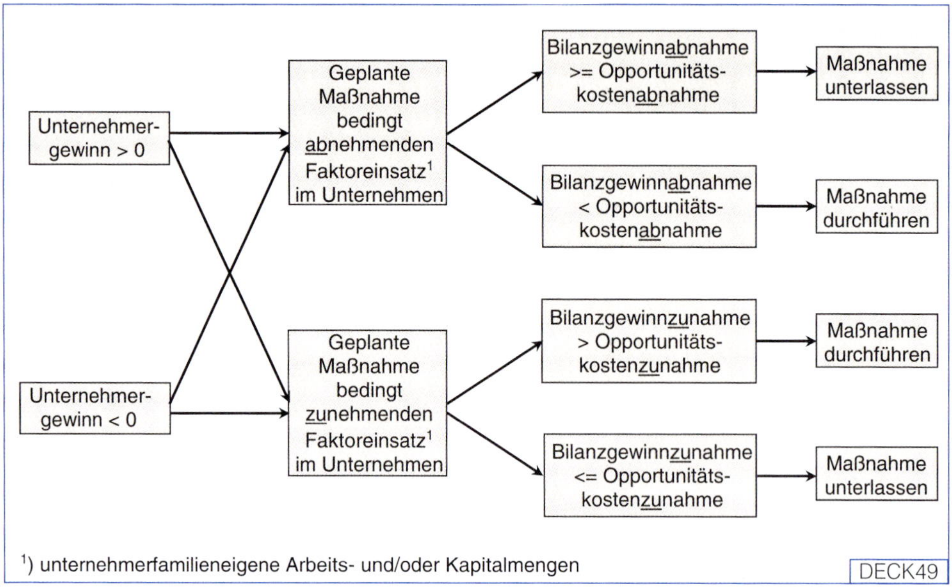

Übersicht 4.9: Maßnahmen zur Faktorneukombination im Unternehmen bei unterschiedlichen Ausgangsbedingungen für den Unternehmergewinn

(Grenz-)Bilanzgewinn des Unternehmens und die zugehörigen (Grenz-)Opportunitätskosten entwickeln.

(5) Demgegenüber weist aber ein bisher negativer Unternehmergewinn zumindest darauf hin, dass die Einkommenswirksamkeit der unternehmerfamilieneigenen Produktionsfaktoren im Unternehmen bisher im Durchschnitt geringer war, als die marginale Einkommenswirksamkeit bei Verwendung von Faktormengen außerhalb des Unternehmens gewesen wäre. Wenn also die durchschnittliche Entlohnung der unternehmensintern eingesetzten Produktionsfaktoren – etwa infolge fehlender Handlungsalternativen im Unternehmen – nicht so angehoben werden kann, dass sich zukünftig zumindest ein Unternehmergewinn von ±0 ergibt, dann kann ein verstärkter Einsatz unternehmerfamilieneigener Produktionsfaktoren für unternehmensexterne Verwendungen zu einem höheren Gesamteinkommen der Unternehmerfamilie und – gleichgerichtet – zu einem höheren Unternehmergewinn führen.

Angesichts des in vielen Unternehmen tatsächlich negativen Unternehmergewinns hat dieser Tatbestand gerade für die Landwirtschaft große Bedeutung. In solchen Fällen führt ein vermehrter Einsatz unternehmerfamilieneigener Produktionsfaktoren für unternehmensexterne Einkommensalternativen zur Mehrung des Unternehmergewinns und damit des Gesamteinkommens der Unternehmerfamilie. Arbeit und Kapital wandern aus dem Agrarsektor ab.

(6) Das methodische Hauptergebnis dieses Abschnittes können wir wie folgt zusammenfassen: Im Unterschied zum kapitalbezogenen Unternehmen ist der Gewinn als Bilanzgewinn im personenbezogenen Unternehmen kein geeignetes Entscheidungskriterium für die Beurteilung der Einkommenswirksamkeit von Handlungsalternativen. Vielmehr wird im personenbezogenen Unternehmen das tatsächlich relevante Gesamteinkommen der Unternehmerfamilie,

welches Arbeits- und Kapitaleinkommen aus unternehmensinternen und unternehmensexternen Quellen zusammenfasst, dann maximal, wenn der Entscheider im Unternehmen den Unternehmergewinn zu maximieren trachtet. Je nach den Relationen zwischen dem Grenzbilanzgewinn des Unternehmens und den realitätsgerecht bestimmten Grenzopportunitätskosten für unternehmensexterne Beschäftigungsalternativen der unternehmerfamilieneigenen Produktionsfaktoren können daraus unterschiedliche Verteilungen dieser Faktoren auf unternehmensinterne und unternehmensexterne Verwendungen resultieren.

Abschließend wollen wir jedoch auch an dieser Stelle nochmals festhalten, dass bei den vorstehenden Überlegungen stets beachtet werden muss, dass Unternehmerfamilien neben dem Ziel des Geldeinkommenserwerbs auch nichtmonetäre Ziele verfolgen und neben der Einkommenshöhe auch die Einkommenssicherheit berücksichtigen. Aus diesen Gründen werden sie oftmals Handlungsalternativen in die Tat umsetzen, die keine Maximierung des Unternehmergewinns bzw. des möglichen Gesamteinkommens versprechen. Eine höhere Befriedigung nichtmonetärer Bedürfnisse, die mit der selbstständigen Tätigkeit verbunden sein kann, wird manchen Unternehmer auch dann nicht zu einer anderweitigen Verwendung seiner Arbeit und seines Eigenkapitals veranlassen, wenn der Unternehmergewinn negativ ausfällt. Diese sonstigen Vorteile überwiegen für ihn die Nachteile der geringen Faktorentlohnung (vgl. dazu insbesondere auch BRANDES 1979).

Andererseits können wir aber auch davon ausgehen, dass durch diese Gegebenheiten die vorstehenden Aussagen zwar eingeschränkt, aber nicht grundsätzlich verändert werden. Bei gegebenen nichtmonetären Zielen und einer gegebenen Mindesteinkommenssicherheit verhalten sich Unternehmerfamilien nach Maßgabe des allgemeinen Ergiebigkeitsprinzips dann wirtschaftlich vernünftig, wenn sie bei realitätsgerechter Einschätzung der Opportunitätskosten ihres Arbeits- und Kapitaleinsatzes den Unternehmergewinn maximieren. Sie maximieren dann gleichzeitig ihr Gesamteinkommen als Summe der Einkommensbeiträge aus unternehmensinternen und unternehmensexternen Quellen.

4.6 Einkommenserwirtschaftung und Einkommensverwendung: Das Wachstumsziel

4.6.1 Das Wachstumsziel in personenbezogenen Unternehmen

4.6.1.1 Extensives Unternehmenswachstum

Die Feststellung, dass im personenbezogenen Unternehmen nach Maßgabe des Entscheidungskriteriums der Maximierung des Unternehmergewinns gewirtschaftet werden sollte, bedeutet selbstverständlich nicht, dass der Unternehmergewinn auch nur derjenige Betrag ist, der dem Unternehmer und seiner Familie für die verschiedenen Verwendungszwecke zur Verfügung steht. Der Unternehmergewinn ist vielmehr – wie wir abgeleitet haben – ein kalkulatorisches Residuum, welches sich aus dem Bilanzgewinn nach Abzug der (kalkulatorischen) Zins- und Lohnansätze ergibt. Diese Beträge sind jedoch gleichfalls Bestandteile des Einkommens der Unternehmerfamilie.

Überdies ergibt sich auch schon der für einzelne Perioden berechnete Bilanzgewinn durch Subtraktion von kalkulatorischen Beträgen in Form der Abschreibungen für die Betriebsmittel.

Wenn wir bei langfristiger Betrachtungsweise allerdings davon ausgehen, dass der Betriebsmittelbestand eines Unternehmens in seiner Altersstruktur etwa so aufgebaut ist, dass zur Erhaltung der Arbeitsfähigkeit des Bestandes jährliche Neuanschaffungen in Höhe der Abschreibungen getätigt werden müssen, dann ist der Bilanzgewinn im Großen und Ganzen derjenige Betrag, über den die Unternehmerfamilie (neben eventuellen Beträgen aus unternehmensexternen Betätigungen) von Periode zu Periode als Einkommen verfügen kann.

Falls nun der Bilanzgewinn des Unternehmens weiter gesteigert werden soll, dann kommen dafür aus der Sicht der Unternehmerfamilie verschiedene Maßnahmen in Betracht. Zur Ableitung dieser Maßnahmen wollen wir gedanklich von einem reinen Familienunternehmen ausgehen, in dem bisher keine Mitarbeiter beschäftigt werden. Der Unternehmer und seine mithelfenden Familienangehörigen können dann zunächst den Bilanzgewinn durch einen zielwirksameren Einsatz der unternehmerfamilieneigenen Produktionsfaktoren zu erhöhen versuchen. Wenn aber die evtl. noch vorhandenen Ergiebigkeitsreserven ausgeschöpft sind, dann lassen sich weitere Gewinnsteigerungen nurmehr durch Steigerungen des Arbeits- und/oder Eigenkapitaleinsatzes der Unternehmerfamilie im Unternehmen realisieren. Bei dieser Strategie wird wiederum eine Grenze spätestens dann erreicht, wenn die verfügbare Arbeitskapazität und das vorhandene Eigenkapital vollständig im Unternehmen eingesetzt sind. Darüber hinausgehende Gewinnsteigerungen müssten deshalb durch einen vermehrten Einsatz „familienfremder" Mitarbeiter und „familienfremden" Kapitals, d. h. von Lohnarbeitskräften und Fremdkapital, realisiert werden.

Der damit angesprochene Prozess des Unternehmenswachstums mit dem Ziel nachhaltig von Periode zu Periode steigender (Bilanz-)Gewinne lässt sich also auf Dauer nur durch eine mehr oder weniger kontinuierliche Ausdehnung der Produktionskapazitäten, d. h. der kapitalbeanspruchenden Sachgüter und der Zahl der Mitarbeiter, bewerkstelligen.

Während nun zusätzliche Mitarbeiter bei marktgängiger Entlohnung ohne grundsätzliche Hindernisse eingestellt werden könnten, bereitet die zusätzliche Kapitalbeschaffung weitere Schwierigkeiten: Zunächst wäre denkbar, dass auch Fremdkapital zu marktgängigen Zinssätzen in ausreichenden Mengen beschafft werden könnte. Tatsächlich ist aus der Sicht der Banken jedoch die Höhe der Kreditvergabe durch das im kreditnehmenden Unternehmen vorhandene Eigenkapital begrenzt. Auch die Banken wägen zwischen Einkommenshöhe und Einkommenssicherheit ab. Ihr Einkommensrisiko als Kreditrisiko steigt mit steigender Fremdkapitalbelastung des kreditnehmenden Unternehmens. Aus der Sicht des kreditnehmenden Unternehmens lässt sich schon deshalb der Fremdkapitalanteil nicht über einen bestimmten Anteil am Eigenkapital ausdehnen. Hinzu kommt, dass auch dem kreditnehmenden Unternehmer das Risiko steigender Fremdkapitalbelastungen gegenwärtig ist und er deshalb auch von sich aus den Fremdkapitalanteil begrenzen wird.

Insgesamt bestimmt mithin die Menge des Eigenkapitals die Menge des aufnehmbaren Fremdkapitals und damit schließlich die Höhe des insgesamt im Unternehmen eingesetzten Kapitals. Da aber die Höhe des erzielbaren Gewinns prinzipiell von der eingesetzten Kapitalmenge abhängt, bestimmt letztlich das Eigenkapital der Unternehmerfamilie die Höhe und Entwicklung des Gewinns. Anders ausgedrückt: Erweiterungen der Einkommensbasis sind an Erweiterungen der Eigenkapitalbasis gebunden.

Wir haben bereits in Abschnitt 3.3.2 über die Kapitalbildung gesehen, dass Kapital nur durch Sparen von Einkommensanteilen der Wirtschaftssubjekte gebildet werden kann. Eigenkapital muss also im personenbezogenen Unternehmen durch Sparen von Anteilen des Gesamteinkommens der Unternehmerfamilie gebildet werden.

Der allgemeine Zusammenhang zwischen Eigenkapitalbasis, Eigenkapitalbildung durch Sparen und Gewinnentwicklung soll durch *Übersicht 4.10* verdeutlicht werden. Die Übersicht zeigt ein personenbezogenes Unternehmen, in dem – zur Vereinfachung – das Gesamteinkommen der Unternehmerfamilie nur aus dem Gewinn des Unternehmens bestehen soll, also keine unternehmensexternen Einkommensbeiträge erwirtschaftet werden. (Überlegen Sie nach dem Lesen des vorliegenden Abschnitts, wie die Darstellung erweitert werden müsste, wenn die Unternehmerfamilie außer dem Gewinn auch unternehmensexterne Einkommen bezieht.)

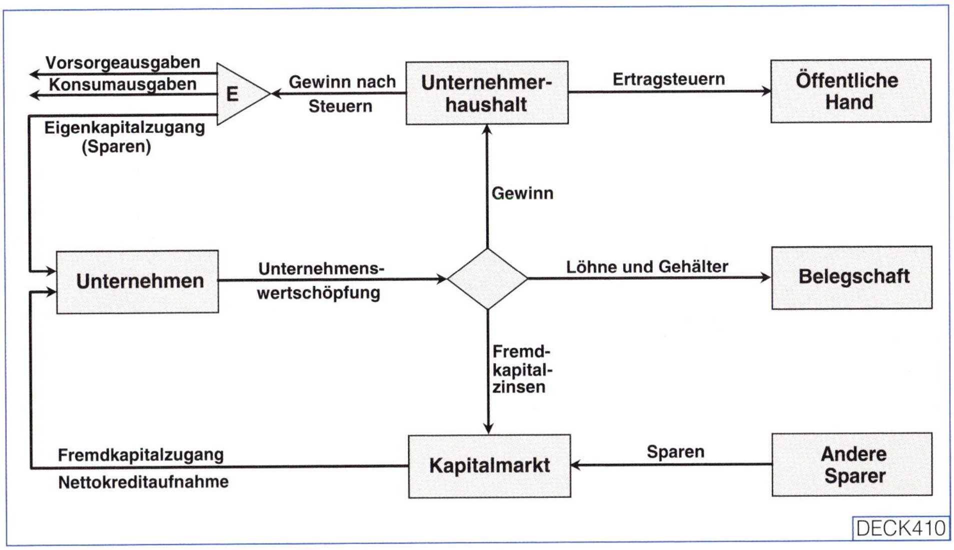

Übersicht 4.10: Zusammenhang zwischen Sparen, Eigenkapitalbildung und Gewinnentwicklung

Aus dem Unternehmen fließen dann – als Bestandteile der Unternehmenswertschöpfung – Löhne und Gehälter an die Belegschaft, Fremdkapitalzinsen an den Kapitalmarkt (Banken) und der Gewinn an den Unternehmerhaushalt. Der in den Unternehmerhaushalt fließende Gewinn vermindert sich zunächst um die zu zahlenden Ertragsteuern und steht dann als *Gewinn nach Steuern* für verschiedene Verwendungszwecke zur Verfügung.

Die entstehende Entscheidungssituation ist in der Grafik durch das mit „E" gekennzeichnete Dreieck angedeutet: Der Gewinn nach Steuern kann zu unterschiedlichen Anteilen für konsumtive Zwecke, für private Vorsorgeausgaben (Sozialversicherung, Altersversorgung etc.) und für den Eigenkapitalzugang im Unternehmen (Sparen) verwendet werden. Für die Aufteilung des Gewinns nach Steuern auf die verschiedenen Verwendungszwecke sind die folgenden Zusammenhänge vorrangig: Je mehr von dem Gewinn für den Eigenkapitalzugang abgezweigt wird, desto rascher erweitert sich die Kapitalbasis des Unternehmens, desto schneller wächst dadurch der erzielbare Gesamtgewinn des Unternehmens. Gleichzeitig vermindert die verstärkte Eigenkapitalzufuhr aber auch die verfügbaren Beträge für Konsumzwecke und Vorsorgeausgaben. Andererseits ließe sich eine bestimmte Erweiterung der Kapitalbasis auch durch zusätzliches Fremdkapital erreichen. Je höher jedoch die Fremdmittel im Unternehmen werden, desto höher wird der notwendige Wertschöpfungsanteil für die Fremdkapitalzinsen, desto geringer wird umgekehrt das verbleibende Residualeinkommen „Gewinn". Je geringer aber der Gewinn wird, desto weniger steht entweder bei gegebenen Konsum- und Vorsorgeausgaben für die Eigenkapitalbildung zur Verfügung, oder desto weniger bleibt bei einer bestimmten, erwünschten Eigenkapitalbildung für die Konsum- und Vorsorgeausgaben übrig.

Diese Interdependenzen zwingen den Unternehmer nun zu einer schwierigen Zielsetzungsentscheidung. Er hat die beiden Einzelziele „Gewinnverwendung für Konsum- und Vorsorgeausgaben" und „Gewinnverwendung für Eigenkapitalbildung zum Zwecke nachhaltiger Gewinnsteigerungen" so miteinander in Einklang zu bringen, dass dadurch der Gesamtnutzen für ihn und seine Familie längerfristig höchstmöglich wird. Insbesondere muss er sich bei dieser Entscheidung – wie wir bereits anhand des Beispiels in Abschnitt 1.4.1 (Entscheidungen über Konsum und Produktion) gesehen haben – über seine *Zeitpräferenz* von zukünftigem gegenüber gegenwärtigem Konsum Klarheit verschaffen. Hohe Eigenkapitalbildung eröffnet die Aussicht auf zukünftig steigende Gewinne und damit auf ein zukünftig höheres Konsumniveau, gleichzeitig senkt sie jedoch den gegenwärtig noch möglichen Konsum. Je mehr die Unternehmerfamilie also gegenwärtigen Konsum schätzt, desto stärker verzichtet sie damit gleichzeitig auf ein zukünftig steigendes Konsumniveau. Je nach Persönlichkeitsstrukturen und familialen Umständen wird die Unternehmerfamilie stärker den Zukunftskonsum oder stärker den Gegenwartskonsum präferieren.

Da in wirklichen Unternehmen im Unterschied zu der Darstellungsweise der *Übersicht 4.10* der Gewinn nicht erst vollständig aus dem Unternehmen abfließt, um dann teilweise wieder im Unternehmen investiert zu werden, sondern nur die zur Begleichung der Steuerschuld und für Konsum- und Vorsorgeausgaben vorgesehenen Beträge aus dem Unternehmen entnommen werden, geht es bei der in *Übersicht 4.10* skizzierten Entscheidung tatsächlich um die Bestimmung des nutzenmaximalen Betrages für den zu entnehmenden Gewinn. Dieser Betrag wird – wie wir aus der Betrachtung des Rapsmeyer-Unternehmens bereits wissen – als Entnahmen bezeichnet.

Aus der Bilanz von Rapsmeyers Unternehmen (*Übersicht 4.5*) geht z. B. hervor, dass der Unternehmer in dem skizzierten Wirtschaftsjahr zwar einen Gewinn von 70.000,00 € erwirtschaftet (Zeile B16), aber nur einen Betrag von 50.000,00 € aus dem Unternehmen entnommen hat (Zeile B15) und deshalb seine Eigenkapitalbasis um 20.000,00 € steigern konnte. Wie aus Zeile B17 der Bilanz ersichtlich ist, erhöht sich das Eigenkapital während des Wirtschaftsjahres von 1.108.000,00 € auf 1.128.000,00 €.

Bisher wurde davon ausgegangen, dass das Gewinnpotenzial von Unternehmen langfristig zwar durch Erhöhungen des Eigenkapitals – ggf. in Kombination mit zusätzlichem Fremdkapital – gesteigert werden kann, dass jedoch für den produktiven Einsatz des damit verbundenen erweiterten Bestandes an Produktionskapazitäten auch zusätzliche Mitarbeiter beschäftigt werden müssen. Eine solcherart charakterisierte Entwicklung wird als *extensives Unternehmenswachstum* bezeichnet.

4.6.1.2 *Intensives Unternehmenswachstum*

Tatsächlich werden Unternehmensentwicklungen aber auch durch *technische Fortschritte* beeinflusst. Technische Fortschritte bewirken prinzipiell, dass die Ergiebigkeit der eingesetzten Produktionsfaktoren ansteigt. Im Einzelnen sind *kapitalsparende Fortschritte* dann gegeben, wenn mit Sachgüterbeständen, deren Umfänge durch die darin investierten Kapitalsummen ausgedrückt werden, im Laufe der Zeit steigende Produktmengen erzeugt werden können, weil die technische Effizienz der Sachgüterbestände angestiegen ist. *Arbeitssparende Fortschritte* sind dagegen dann gegeben, wenn die Arbeitskräfte durch den Einsatz von technisch effizienteren Sachgütern je Zeiteinheit steigende Produktmengen herstellen können.

In der Realität sind kapitalsparende Fortschritte eher die Ausnahme, arbeitssparende Fortschritte dagegen die Regel: Je Arbeitsstunde kann eine Arbeitskraft im Laufe der Zeit steigende Produktmengen erzeugen, aufgrund der gleichbleibenden Relation zwischen Kapitaleinsatz und mengenmäßigem Output aber nur dann, wenn der Kapitaleinsatz je Arbeitskraft im Maße der arbeitssparenden technischen Fortschritte erhöht wird. Wenn also unter diesen Bedingungen eine Unternehmerfamilie durch Nutzung technischer Fortschritte ihre Gewinne über steigende Output-Mengen – bzw. etwas formaler ausgedrückt – über steigende Unternehmenswertschöpfungen nachhaltig steigern möchte, dann benötigt sie dazu auch dann schon zusätzliches Kapital, wenn die Arbeitskapazität des Unternehmens nicht erhöht werden soll.

Auch bei einer gleichbleibenden Arbeitskapazität – z. B. im reinen Familienunternehmen – muss deshalb eine kontinuierliche Eigenkapitalbildung stattfinden, wenn die Unternehmerfamilie nachhaltig steigende Einkommen erreichen will. In einer wachsenden, durch technische Fortschritte geprägten Volkswirtschaft, in der auch die Einkommensniveaus in den übrigen Wirtschaftsbereichen kontinuierlich ansteigen, kann der eben skizzierte Prozess des *intensiven Unternehmenswachstums* für die Unternehmerfamilie sogar zu einer zwingenden Notwendigkeit werden. Wenn das Unternehmen die einzige Einkommensbasis der Unternehmerfamilie ist, kann sie nur auf diese Weise mit der allgemeinen Einkommensentwicklung in der Volkswirtschaft Schritt halten (vgl. KUHLMANN 1969; KUHLMANN 1971).

Da die Nutzung der arbeitssparenden Fortschritte bewirkt, dass die Arbeitskräfte mit steigenden Kapitalmengen kombiniert werden müssen, bedingt umgekehrt eine gleichbleibende oder relativ langsame Ausdehnung der Kapitalbasis eine zu geringe Eigenkapitalbildung, so dass die Arbeitskapazität in solchen Unternehmen sukzessive abgebaut werden muss. Nur so könnte für die jeweils verbleibenden Arbeitskräfte eine steigende Kapitalausstattung d. h., eine steigende *Kapitalintensität,* realisiert werden. Gerade in den vergleichsweise kapitalintensiven landwirtschaftlichen Unternehmen war und ist die Eigenkapitalbildungsrate oftmals so gering, dass eine kontinuierliche Verminderung der Arbeitskapazität des Unternehmens notwendig wird. In vielen Fällen endet dieser Prozess erst mit der Unternehmensauflösung oder in einer Unternehmensform, in der die Landbewirtschaftung nur mehr im Nebenerwerb betrieben wird, der Hauptteil des Gesamteinkommens der Familie aber aus unternehmensexternen Quellen stammt.

4.6.2 Das Wachstumsziel in kapitalbezogenen Unternehmen

Die Frage nach der zielwirksamen Gewinnaufteilung wurde bisher ausschließlich für das personenbezogene Unternehmen behandelt. Wie stellen sich nun diese Zusammenhänge im kapitalbezogenen Unternehmen dar? Selbstverständlich können auch im kapitalbezogenen Unternehmen die erzielbaren Gewinne längerfristig nur durch Ausdehnungen der Eigenkapitalbasis gesteigert werden. Für die Eigenkapitalbildung kommen im kapitalbezogenen Unternehmen jedoch prinzipiell zwei verschiedene Quellen in Frage.

Zunächst wird das Eigenkapital im kapitalbezogenen Unternehmen bekanntlich durch die Anteilseigner bereitgestellt. Zusätzliches Eigenkapital kann also von den bisherigen und evtl. von neuen Anteilseignern durch die Ausgabe weiterer Geschäftsanteile oder Aktien gewonnen werden. Für die Eigenkapitalbildung werden in diesem Falle nicht direkt Anteile des im Unternehmen erwirtschafteten Gewinns, sondern gesparte Anteile der Einkommen der Anteilseigner verwendet. Teilweise können diese Beträge selbstverständlich aus Gewinnanteilen stammen, die vom Unternehmen an bisherige Anteilseigner ausgeschüttet wurden.

Der zweite Weg der Eigenkapitalbildung wird in vielen kapitalbezogenen Unternehmen dadurch beschritten, dass der im Unternehmen erwirtschaftete Bilanzgewinn nur teilweise an die Anteilseigner ausgeschüttet wird und teilweise in Form von sog. *Rücklagen* im Unternehmen verbleibt. Durch diese Unternehmenspolitik vermehrt sich das Eigenkapital des Unternehmens und damit selbstverständlich auch das Eigentum der bisherigen Anteilseigner. Wenn das damit verfolgte Ziel der Gewinnsteigerung dann auch erreicht wird, steigen die Werte (Kurse) der Geschäftsanteile der Anteilseigner, so dass auf diesem Wege zwar prinzipiell kein neues Eigenkapital entsteht, welches sich etwa im Eigentum von Dritten befinden würde, aber es wird der Wert des Anteilseigentums der Anteilseigner erhöht. Der Vorteil des zweiten Weges für das Unternehmen besteht vornehmlich darin, dass das aus dem Gewinn resultierende zusätzliche Eigenkapital direkt im Unternehmen verbleibt und nicht erst ausgeschüttet wird, um dann von den Anteilseignern wieder eingebracht werden zu müssen.

Aus der Sicht des Unternehmens geht es also bei der Entscheidung über die Gewinnverwendung um die Bestimmung des optimal auszuschüttenden Gewinnanteils. Dieser *auszuschüttende Gewinn* entspricht prinzipiell den Entnahmen im personenbezogenen Unternehmen. Unabhängig von der Unternehmensform steht die Unternehmensleitung deshalb letztlich in der gleichen Entscheidungssituation einer Bestimmung der nutzenmaximalen Verteilung des erwirtschafteten Gewinns auf Eigenkapitalbildung und Entnahmen bzw. Ausschüttungen.

Diesen Abschnitt abschließend wollen wir festhalten, dass das erwerbswirtschaftliche Oberziel – ausgedrückt durch die Maximierung des Bilanzgewinns bzw. des Unternehmergewinns – sowohl in den kapitalbezogenen als auch in den personenbezogenen Unternehmen um ein langfristiges *Wachstumsziel* zu ergänzen ist. Durch die Verwendung von mehr oder weniger hohen Anteilen der erwirtschafteten Gewinne für die Eigenkapitalbildung muss der zukünftige Strom von Periodengewinnen nach Breite und Entwicklungsgeschwindigkeit aktiv gestaltet werden. Letztlich wird mit einer hohen Eigenkapitalbildung das gegenwärtig mögliche Niveau der Konsumentnahmen zugunsten eines hohen Zukunftskonsums eingeschränkt. Umgekehrt wird bei geringer oder gar unterlassener Eigenkapitalbildung ein gegenwärtig hohes Konsumniveau auf Kosten der zukünftig möglichen Konsumentnahmen ausgedehnt. Je nach subjektiver Zeitpräferenz des Entscheiders für gegenwärtige im Vergleich zu zukünftigen Einkommen wird die Entscheidung stärker zugunsten hoher oder geringer Eigenkapitalbildungsraten fallen.

4.7 Die Zielhierarchie des Unternehmens

Die Erläuterungen der vorhergehenden Abschnitte beziehen sich ausschließlich auf die erwerbswirtschaftlichen Oberziele der Unternehmen. Tatsächlich werden in den Unternehmen jedoch noch zahlreiche weitere Ziele verfolgt. Dabei handelt es sich um Unterziele für Teilbereiche des Unternehmens. Ober- und Unterziele bilden eine *Zielhierarchie.* Die Einzelziele stehen in einem Mittel-Zweck-Verhältnis zueinander. Ein Unterziel ist ein Mittel bzw. eine Voraussetzung für die Erreichung eines Oberzieles.

Zwischen mehreren Zielen einer Zielhierarchie besteht entweder *Indifferenz* oder *Interdependenz.* Zwei Ziele sind indifferent, wenn der Zielerreichungsgrad eines Zieles den Zielerreichungsgrad des anderen Zieles nicht berührt, wenn also zwischen den beiden Zielen keine Beziehung besteht. Bei den interdependenten Zielen werden *komplementäre* und *konkurrierende* Ziele unterschieden. Zwei Ziele verhalten sich komplementär, wenn der Zielerreichungsgrad eines Zieles bei Erhöhung des Zielerreichungsgrades des anderen Zieles ebenfalls ansteigt. Zwei Ziele verhalten sich dagegen konkurrierend, wenn der Erreichungsgrad des einen Zieles bei Erhöhung des Erreichungsgrades für das andere Ziel absinkt.

Für die Gestaltung einer Zielhierarchie gelten die folgenden zwei Grundregeln:

(1) Beziehungen zwischen Unter- und Oberzielen müssen immer komplementär sein, da die Zielhierarchie andernfalls inkonsistent, d. h. als Handlungsvorschrift in sich widersprüchlich ist.

(2) Beziehungen zwischen Zielen auf gleicher Ebene können komplementär, konkurrierend oder aber indifferent sein. In der Regel sind sie konkurrierend. Sind zwei Ziele konkurrierend, so ergibt sich ein Entscheidungsproblem, d. h., es muss die beste Kombination zwischen den Zielerreichungsgraden der beiden Ziele gefunden werden.

Die einzelnen Beziehungen zwischen den Zielen sollen anhand des in *Übersicht 4.11* skizzierten Beispiels einer (unvollständigen) Zielhierarchie verdeutlicht werden. Die Zielhierarchie enthält zunächst ausschließlich *Extremalziele*, d. h., die Zielerreichungsgrade sollen in allen Fällen entweder maximiert oder minimiert oder auch optimiert werden. Lediglich bei der Formulierung des Oberziels mit „Maximierung des Bilanzgewinns“ wurde mit dem Klammerausdruck „unter Beachtung von Begrenzungszielen“ darauf hingewiesen, dass das Oberziel Konkurrenzbeziehungen zu anderen auf gleicher Ebene liegenden Zielen aufweist. Als diese anderen Ziele haben wir das Streben nach Einkommenssicherheit und die Befriedigung nichtmonetärer Bedürfnisse kennen gelernt.

Da nun aber die Zielerreichungsgrade von mehreren konkurrierenden Zielen logischerweise nicht gleichzeitig maximiert werden können, muss prinzipiell ein Optimum zwischen den einzelnen Erreichungsgraden gefunden werden, also z. B. das Optimum zwischen Gewinnhöhe und Gewinnsicherheit oder zwischen Einkommenserwerb und Befriedigung anderweitiger Bedürfnisse.

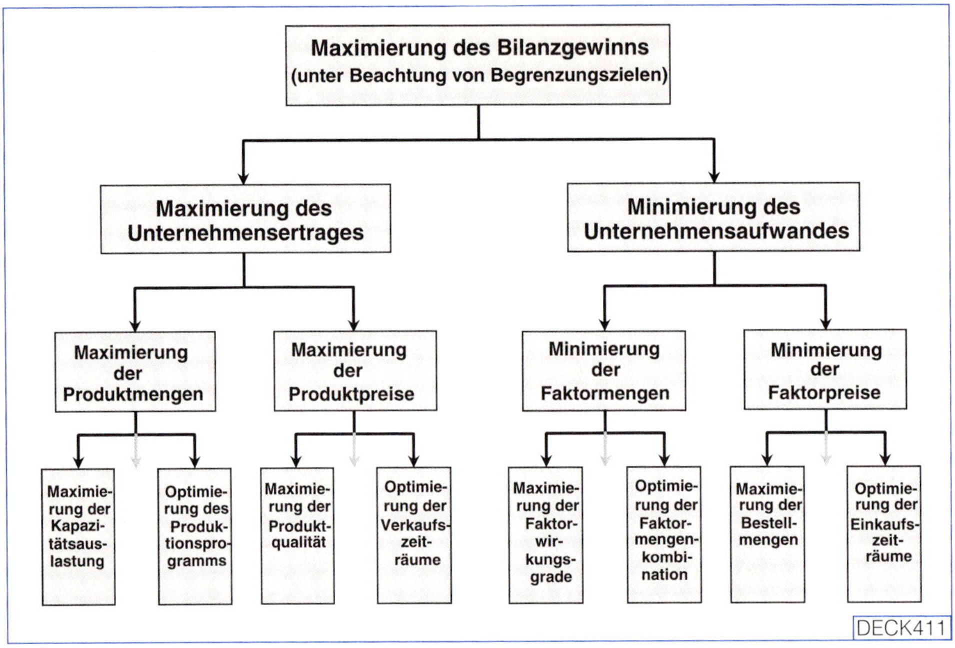

Übersicht 4.11: Beispiel einer Zielhierarchie für ein Unternehmen

Bei den Oberzielen wird die i. d. R. schwierige Bestimmung dieser Optima oftmals dadurch umgangen, dass lediglich das *Einkommensziel als Extremalziel* formuliert wird, während die damit auf gleicher Ebene konkurrierenden Ziele als *Begrenzungsziele* vorgegeben werden, die in einem bestimmten Mindestumfang erfüllt sein müssen. Neben der Befriedigung nichtmonetärer Bedürfnisse spielen im Rahmen des Strebens nach Einkommenssicherheit die Aufrechterhaltung der *Liquidität* und der *Stabilität* des Unternehmens als weitere Begrenzungsziele eine wesentliche Rolle.

Das *Liquiditätsziel* spricht – wie bereits in Abschnitt 3.3.3 abgeleitet wurde – den Tatbestand an, dass die Zahlungsfähigkeit des Unternehmens jederzeit gewährleistet sein muss und deshalb gewisse Liquiditätsreserven für unvorhergesehene Verpflichtungen gehalten werden müssen. Derartige Reserven können also nicht direkt gewinnfördernd eingesetzt werden und mindern deshalb je nach Sicherheitsbedürfnis – ausgedrückt durch die Höhe der Liquiditätsreserven – den Erreichungsgrad des Gewinnzieles.

Das *Stabilitätsziel* spricht den ebenfalls bereits erwähnten Tatbestand an, dass Kapital für gewinnsteigernde Investitionen nicht beliebig verfügbar ist und in den Unternehmen deshalb neben Eigenkapital auch Fremdkapital eingesetzt werden muss. Wegen der grundsätzlichen Gefahr des Fehlschlages von Investitionen ist jedoch der Fremdkapitaleinsatz mit einem höheren Risiko verbunden, da hier vertragliche Verpflichtungen für laufende Zinszahlungen und Tilgungen bestehen. Um die Stabilität des Unternehmens zu gewährleisten, wird die Unternehmensleitung das Fremdkapital nicht über einen bestimmten Anteil am Eigenkapital ausdehnen wollen, damit aber – je nach Höhe des Mindesteigenkapitals – auch auf mehr oder weniger umfangreiche gewinnfördernde Maßnahmen verzichten. Auch hinter dem Stabilitätsziel verbirgt sich also letztlich das Streben nach Einkommenssicherheit.

Die Beachtung dieser mit dem Gewinnziel konkurrierenden Ziele in Form von Begrenzungszielen bedeutet nun prinzipiell, dass das Extremalziel in seinem möglichen Erreichungsgrad mehr oder weniger eingeschränkt wird. Je mehr Ziele mit dem Gewinnziel konkurrieren und je höher deren Mindesterfüllungsgrade angesetzt werden, desto stärker wird der Erreichungsgrad des Extremalzieles der Gewinnerwirtschaftung begrenzt. Jeder Unternehmer und jeder Manager ist sich dieses Sachverhaltes ständig bewusst. Letztlich können sie für die einzelnen Erfüllungsgrade der Begrenzungsziele nur jeweils unternehmensspezifische oder sogar personenspezifische Lösungen finden.

Die Zielhierarchie der *Übersicht 4.11* zeigt auf der unmittelbar unterhalb des Oberzieles liegenden zweiten Ebene die Ziele der „Maximierung des Unternehmensertrages" und der „Minimierung des Unternehmensaufwandes". Beide Ziele verhalten sich zum Oberziel eindeutig komplementär, denn unter sonst gleichen Bedingungen wird der Bilanzgewinn umso höher, je höher die Erträge und je niedriger die Aufwändungen sind. Der Bilanzgewinn ist ja die Differenz aus diesen beiden Größen. Demgegenüber verhalten sich die beiden auf der gleichen Ebene liegenden Ziele offensichtlich konkurrierend, denn mit abnehmendem Produktionsfaktoreinsatz, d. h. mit abnehmenden Aufwändungen, werden die Produktmengen und damit die Unternehmenserträge i. d. R. nicht steigen, sondern sinken. Zwischen den konkurrierenden Zielen muss also ein Optimum in Form des ergiebigsten Aufwands-Ertrags-Verhältnisses gefunden werden.

Prinzipiell die gleichen Aussagen können wir für die Zusammenhänge zwischen der zweiten und dritten Ebene der Zielhierarchie ableiten. Naheliegenderweise wird z. B. der Unternehmensertrag dann maximal, wenn die Produktmengen und die Produktpreise maximiert werden, die einzelnen Erträge sind ja die mathematischen Produkte aus Mengen und Preisen. Die beiden Unterziele verhalten sich also komplementär zu dem übergeordneten Ziel der Ertragsmaximierung. Andererseits kann zwischen diesen Zielen eine konkurrierende Beziehung bestehen, weil steigende Produktmengen u. U. zu Absatzschwierigkeiten und damit zu sinkenden Produktpreisen führen können. Es ist also zur Maximierung des Unternehmensertrages eine optimale Preis-Mengen-Relation zu bestimmen. Analog dazu kann der Leser sicherlich auch selbst die Beziehungen zwischen den übrigen Zielen der zweiten und dritten Ebene in *Übersicht 4.11* interpretieren.

Eine tiefergehende Gliederung der Zielhierarchie wurde mit der vierten Ebene nur mehr exemplarisch angedeutet. Auch die Ziele der vierten Ebene verhalten sich zu den Zielen der übergeordneten (dritten) Ebene komplementär. So können z. B. die Produktmengen durch eine maximale Auslastung der Produktionskapazitäten sowie durch eine Gestaltung des Produktionsprogramms, bei der die bestmögliche Nutzung der Produktionsanlagen erfolgt, maximiert werden. Ähnliche komplementäre Beziehungen lassen sich auch für die übrigen Ziele der dritten und vierten Ebene der Zielhierarchie ableiten. Andererseits sind die konkurrierenden Beziehungen zwischen den Zielen der vierten Ebene sehr vielfältig und intensiv. So führt z. B. eine Maximierung der Bestellmengen wegen der dabei zu erwartenden Rabatte zu vergleichsweise geringen Faktorpreisen. Aber hohe Bestellmengen je Auftrag bedingen auch große Lagerkapazitäten und verursachen deshalb vergleichsweise hohe Lagerhaltungskosten. Darüber hinaus können sich – infolge von Alterung – bei manchen Rohstoffen die Wirkungsgrade vermindern. Ebenso führt eine Maximierung der Produktqualität sicherlich zur Erreichung hoher Produktpreise, aber die hohe Qualität kann auch mit dem Einsatz von relativ teuren Produktionsfaktoren verbunden sein, so dass die positive Wirkung auf der Ertragsseite durchaus durch negative Wirkungen auf der Aufwandsseite überkompensiert werden kann. Weitere derartige Konkurrenzbeziehungen kann der Leser für die übrigen Ziele auf der vierten Ebene sicherlich selber ableiten.

Für die Einzelziele auf den verschiedenen Ebenen einer Zielhierarchie gilt nun ebenso wie für die Oberziele, dass sie operational formuliert sein müssen, d. h., es müssen inhaltlich, quantitativ und zeitlich eindeutige Maßvorschriften vorliegen, um die konkreten Erreichungsgrade der Ziele messen zu können. Bevor deshalb z. B. in einem Unternehmen die „Optimierung des Produktionsprogramms" angestrebt wird, muss bekannt sein, wie das Optimum gemessen werden soll und mit welchen Methoden es bestimmt werden kann. Die Beantwortung dieser Fragen ist das Hauptanliegen der nachfolgenden Kapitel über die verschiedenen Handlungsfelder im Unternehmen. Wir wollen deshalb an dieser Stelle darauf nicht weiter eingehen.

5 Personalwirtschaftliche Handlungsfelder

Arbeit ist die auf wirtschaftliche Ziele ausgerichtete Betätigung von Menschen. Sie umfasst die selbstständige Tätigkeit von Unternehmern (in personenbezogenen Unternehmen) und die vertraglich vereinbarte, weisungsgebundene Tätigkeit von Arbeitnehmern (Arbeiter und Angestellte). Oberziel dieser Aktivitäten ist die Erarbeitung von Einkommen, Arbeit ist also menschliche Tätigkeit zum Zwecke des Einkommenserwerbs.

5.1 Arten von Arbeitskräften

Die in Unternehmen beschäftigten Arbeitskräfte lassen sich nach Maßgabe verschiedener Kriterien den folgenden – sich gegenseitig nicht ausschließenden – Hauptgruppen zuordnen:

Nach den *Arbeitsverrichtungen* wird zwischen vornehmlich geistige und vornehmlich körperliche Arbeit leistenden Arbeitskräften unterschieden. Durch die im Zuge der technischen Fortschritte inzwischen an fast allen Arbeitsplätzen gegebene umfassende Ausstattung mit technischen Hilfsmitteln ist diese Unterscheidung in landwirtschaftlichen Unternehmen nahezu bedeutungslos geworden. In der Pflanzenproduktion ebenso wie in der Tierproduktion wird die Arbeitserledigung durch hochtechnisierte, oftmals mit Computern und Prozessrechnern gesteuerte Maschinen und Produktionsanlagen unterstützt. Die Führung und Überwachung dieser Anlagen wird zum prägenden Merkmal landwirtschaftlicher Arbeitsplätze. Das Gleiche gilt für die meisten Arbeitsplätze in den Unternehmen der Ernährungswirtschaft.

Nach dem *Aufgabenbereich* wird zwischen dispositiv und exekutiv (ausführend) tätigen Arbeitskräften unterschieden. Ausführende Tätigkeiten sind für diejenigen Arbeitskräfte charakteristisch, die direkt mit der Durchführung der Produktionsprozesse betraut sind. Mit dispositiven, d. h. planenden und anordnenden Tätigkeiten, sind dagegen Arbeitskräfte als Manager auf allen Ebenen der Leitungshierarchie eines Unternehmens befasst. Vielfach werden jedoch gerade in den landwirtschaftlichen Unternehmen ausführende und dispositive Tätigkeiten von denselben Personen erledigt. Der Unternehmer im „landwirtschaftlichen Familienbetrieb" ist ebenso wie der Tierwirtschaftsmeister im größeren Unternehmen gleichzeitig dispositiv und exekutiv tätig. Es ist ein Kennzeichen auch größerer Unternehmen, dass durch den Einsatz der modernen Produktions- und Informationstechnologien die Zahl der Leitungsebenen und damit auch der Abstand zwischen dispositiven und exekutiven Tätigkeiten immer stärker aufgehoben wird.

Nach der Art des *Entgelts* für erbrachte Arbeitsleistungen wird – begrifflich etwas irreführend – zwischen entlohnten und nicht entlohnten Arbeitskräften unterschieden. Entlohnte Arbeitskräfte verrichten im Unternehmen auf der Grundlage von Arbeitsverträgen Arbeit und erhalten dafür Lohn oder Gehalt als Kontrakteinkommen. Nicht entlohnte Arbeitskräfte sind in den personenbezogenen Unternehmen der Unternehmer (bzw. die Mitunternehmer) und evtl. mithelfende Familienmitglieder, die kein Kontrakteinkommen erhalten, deren Entgelt vielmehr aus dem Residualeinkommen, nämlich dem Gewinn des Unternehmens, bestritten werden muss.

Nach der Art der *Anwesenheit* im Unternehmen wird zwischen ständigen und nicht ständigen Arbeitskräften unterschieden. Die ständigen Arbeitskräfte, als Vollzeit- und Teilzeitkräfte, stehen dem Unternehmen mit ihren Arbeitskapazitäten – prinzipiell ähnlich wie die Betriebsmittel – längerfristig zur Verfügung. Sie können bestimmte, nach oben begrenzte Arbeitsmengen liefern. Nach Maßgabe des Ergiebigkeitsprinzips muss die Unternehmensleitung dafür Sorge tragen, dass die Arbeitskapazitäten der ständigen Arbeitskräfte auch möglichst vollständig in betriebliche Arbeit umgesetzt werden.

Nicht ständige Arbeitskräfte sind dagegen nur für kürzere Perioden im Unternehmen tätig. Ihre Inanspruchnahme kann auf den im Zeitablauf variierenden Arbeitsbedarf des Unternehmens abgestimmt werden (z. B. für die Obst- und Gemüseernte oder für Pflegemaßnahmen in Pflanzenbeständen).

Die in den Unternehmen tätigen Arbeitskräfte können zahlreichen Berufen angehören und verschiedene Ausbildungsniveaus aufweisen (vgl. dazu im einzelnen ROGGENDORF 1991 und BÜHRMANN 1984). Außer Hilfsarbeitern und angelernten Arbeitern, die oftmals keine formelle Berufsausbildung besitzen, sind in den Unternehmen der Agrar- und Ernährungswirtschaft vorwiegend Fachkräfte der verschiedenen Ausbildungsberufe tätig. *Übersicht 5.1* zeigt Beispiele für das derzeit gültige Spektrum. Insgesamt ist die Entwicklung durch eine fortschreitende Auffächerung und Spezialisierung gekennzeichnet. Darüber hinaus können in größeren Unternehmen selbstverständlich auch Angehörige anderer Ausbildungsberufe (z. B. Landmaschinenschlosser, Maurer etc.) beschäftigt sein.

Landwirt/in	Brauerin/in und Mälzer/in
Gärtner/in	Destillateur/in
Forstwirt/in	Koch/Köchin
Winzer/in	Hotelfachmann/fra
Tierwirt/in	Müller/in
Pferdewirt/in	Restaurantfachmann/frau
Fischwirt/in	Bäcker/in
Revierjäger/in	Konditor/in
Brenner/in	Fleischer/in
Molkereifachmann/frau	Fachverkäufer/in Fleischerei
Landw. Laborant/in	Fachverkäufer/in Bäckerei
Molkereiwirt. Laborant/in	Fachverkäufer/in Konditorei
Hauswirtschafter/in	Fachkraft für Lebensmitteltechnik
	DECK51

Übersicht 5.1: Ausbildungsberufe im Agrar- und Ernährungsbereich – Beispiele –

Die erste Stufe der praktischen Berufsausbildung umfasst nach dem Abschluss einer allgemeinbildenden Schule i. d. R. drei Jahre. Sie findet als betriebliche Ausbildung in staatlich anerkannten Ausbildungsbetrieben unter Anleitung von ebenfalls staatlich anerkannten Ausbildern (i. d. R. Meister) in Kombination mit dem Besuch der Teilzeitberufsschule (ein oder zwei Tage pro Woche) statt (duales Ausbildungssystem). Der erste Berufsbildungsabschluss wird mit einer Prüfung z. B. zum „Landwirt mit Abschlussprüfung" oder zum „Bäcker mit Abschlussprüfung" erreicht.

Darüber hinaus werden weitere Berufsbildungsabschlüsse angeboten. Die wichtigsten Abschlüsse sind in *Übersicht 5.2* als Beispiel für den Beruf des Landwirts aufgeführt. Der Abschluss als „staatlich geprüfter Wirtschafter" kann frühestens zwei Jahre nach Beendigung der Ausbildungszeit („Landwirt mit Abschlussprüfung") durch den Besuch der i. d. R. einjährigen landwirtschaftlichen Fachschule und einer zusätzlichen einjährigen Berufspraxis erreicht werden. Dieser zweijährige Zeitraum ist gleichzeitig Bestandteil des Berufsweges für diejenigen Personen, die die Prüfung zum „Landwirtschaftsmeister" anstreben. Die Vorbereitungszeit zur Meisterprüfung umfasst für alle der in *Übersicht 5.1* genannten Ausbildungsberufe im Agrarbereich mindestens drei Jahre berufspraktischer Tätigkeit, wobei zur Vorbereitung auf die Meisterprüfung zusätzlich spezielle Lehrgänge und Kurse besucht werden müssen.

Landwirt mit Abschlussprüfung
Staatl. geprüfter Wirtschafter
Landwirtschaftsmeister
Staatl. geprüfter Landwirt
Staatl. geprüfter Techniker für Landbau
Diplom-Agraringenieur (FH)
Diplom-Agraringenieur
Bachelor of Science (BSc, Fachrichtung Agrarwissenschaft)
Master of Science (MSc, verschiedene agrarwissenschaftliche Fachrichtungen)

DECK52

Übersicht 5.2: Berufsabschlüsse in der Agrarwirtschaft

Der „staatlich geprüfte Wirtschafter" kann sich nach dem Besuch der i. d. R. einjährigen „Höheren Landbauschule" auch zum „staatlich geprüften Landwirt" qualifizieren. Der „staatlich geprüfte Techniker für Landbau" erreicht diesen Ausbildungsabschluss, wenn er als „Landwirt mit Abschlussprüfung" nach einer zweijährigen Berufspraxis eine zweijährige „Technikerschule für Landwirtschaft" erfolgreich abschließen kann. Ähnliche Technikerschulen existieren auch für die übrigen der in *Übersicht 5.1* genannten Ausbildungsberufe.

Des Weiteren sind in *Übersicht 5.2* auch die bisherigen Berufsabschlüsse des Diplom-Agraringenieurs (FH) und des Diplom-Agraringenieurs aufgeführt. Diese Berufsabschlüsse wurden – mit dem Ziel der innereuropäischen Angleichung – in jüngster Zeit durch die in *Übersicht 5.2* ebenfalls aufgeführten Abschlüsse des *Bachelor of Science (BSc)* und des *Master of Science (MSc)* ersetzt. Die zugehörigen Studiengänge werden – mit unterschiedlichen inhaltlichen Schwerpunkten, was den Praxisbezug anbelangt – sowohl von Fachhochschulen als auch von Universitäten angeboten. Ein Bachelor-Studium umfasst – einschließlich eines integrierten betrieblichen Praktikums – i. d. R. 6 Semester. Voraussetzung zur Zulassung ist die Fachhochschulreife oder die allgemeine Hochschulreife (Abitur). Ein Master-Studium umfasst i. d. R. 4 Semester. Voraussetzung zur Zulassung ist das mit einer bestimmten Mindestgesamtnote erfolgreich abgeschlossene Studium zum Bachelor of Science.

5.2 Personalwirtschaftliche Entscheidungen – Überblick –

Aus dem vielfältigen Angebot an Arbeitskräften, die zudem unterschiedlich qualifiziert sein können, ergeben sich für die Entscheidungsträger in den Unternehmen umfangreiche Entscheidungsprobleme. Zum einen ist zu entscheiden, in welchem Ausmaß neben dem Unternehmer und ggf. seinen Familienangehörigen entlohnte Arbeitskräfte als ständige Vollzeit- oder Teilzeitmitarbeiter oder auch als nicht ständige Arbeitskräfte beschäftigt werden sollen. Zum Zweiten ist zu entscheiden, welche fachliche Qualifikation die Mitarbeiter an den verschiedenen Arbeitsplätzen des Betriebes aufweisen sollten. Prinzipiell geht es also einerseits um die globale Frage nach der bestmöglichen Abdeckung des Gesamtarbeitsbedarfes eines Betriebes und andererseits um die spezifischen Fragen, wie die Anforderungen der einzelnen Arbeitsplätze mit den Eignungen und Fähigkeiten der dafür vorgesehenen oder zuständigen Mitarbeiter bestmöglich in Übereinstimmung gebracht werden können und wie die Bewältigung der Anforderungen des einzelnen Arbeitsplatzes durch den Mitarbeiter von der Unternehmensleitung positiv beeinflusst werden kann.

Im Einzelnen lassen sich die Entscheidungsanlässe im Personalbereich durch die folgenden Fragen umreißen:

(1) Wie lässt sich der Gesamtarbeitsbedarf eines Betriebes ermitteln?
(2) Wie sollte dieser Gesamtarbeitsbedarf gedeckt werden und wie kann die Deckung des Arbeitsbedarfes geplant werden?
(3) Wie werden Mitarbeiter gefunden, ausgewählt und eingestellt?
(4) Wie werden Mitarbeiter in das betriebliche Geschehen eingegliedert?
(5) Wie kann die Leistung der Mitarbeiter an den einzelnen Arbeitsplätzen durch die Betriebsleitung beeinflusst werden?
(6) Wie sollte das Arbeitsentgelt geregelt werden?
(7) Wie sollten die Mitarbeiter von ihrem Vorgesetzten geführt werden?

Bei den Fragen (1) und (2) steht die (Gesamt-)Belegschaft im Vordergrund der Betrachtung, während sich die Fragen (3) bis (7) auf das einzelne Belegschaftsmitglied beziehen. Wir wollen in den nachfolgenden Abschnitten zunächst auf die Fragen (3) bis (7) eingehen und uns anschließend Fragen nach der Planung der gesamtbetrieblichen Arbeitserledigung zuwenden, zumal die zu betrachtenden Entscheidungsanlässe bereits zum nächsten Kapitel der produktionswirtschaftlichen Handlungsfelder überleiten.

5.3 Personalbeschaffung

Der Prozess der Personalbeschaffung besteht – bezogen auf den einzelnen Mitarbeiter – aus den vier Schritten der Arbeitsplatzbeschreibung, der Anwerbung von Kandidaten, der Auswahl des Mitarbeiters und schließlich seiner Einstellung.

5.3.1 Arbeitsplatzbeschreibung

Wenn in einem Betrieb der Bedarf für einen zusätzlichen Mitarbeiter festgestellt wird, dann ist zunächst zu ermitteln, ob dafür eine Aushilfskraft hinreicht oder aber ein ständiger Mitarbeiter eingestellt werden sollte. Ist letzteres der Fall, so empfiehlt sich zunächst eine eingehende *Arbeitsplatzanalyse*, die in einer *Arbeitsplatzbeschreibung* münden sollte.

Die Anforderungen an Mitarbeiter in landwirtschaftlichen Unternehmen haben sich in den letzten Jahren gravierend verändert. Reine Handarbeiter können nicht mehr eingesetzt werden. Die Mitarbeiter in den meisten Bereichen müssen vielmehr in der Lage sein, komplizierte Maschinen und Anlagen selbstständig zu bedienen und zu warten. Darüber hinaus sollten sie täglich notwendige Entscheidungen selbst treffen können. Ein Tierwirt, der eine Milchviehherde betreut, sollte z. B. Futterrationen selbstständig berechnen und an den Bedarf der Tiere oder der Herde anpassen können. Er sollte über Kenntnisse zu Maßnahmen für die Gesundheitsvorsorge verfügen und im Einzelfall entscheiden können, ob der Tierarzt benötigt wird oder nicht. Im Pflanzenbau sollten die Mitarbeiter nicht nur die notwendigen Maschinen bedienen und warten können, vielmehr sollten sie Düngungs- und Pflanzenschutzmaßnahmen – angepasst an die jeweiligen Bedingungen der einzelnen Feldstücke – erkennen und entscheiden können.

Die Analyse des Arbeitsplatzes sollte als Ergebnis eine genaue Auflistung aller Aufgaben und Verantwortlichkeiten des gesuchten Mitarbeiters liefern. Diese Arbeitsplatzbeschreibung bildet die Grundlage für die Stellenausschreibung und des mit dem Mitarbeiter zu vereinbarenden Arbeitsvertrages. Danach liefert sie die Grundlage für die Zusammenarbeit zwischen dem Unternehmen und dem Mitarbeiter sowie den Ausgangspunkt für die individuelle Bewertung seiner Leistungen. *Übersicht 5.3* zeigt als Beispiel die Arbeitsplatzbeschreibung für einen Tierwirt, der in einem größeren Betrieb die Milchviehherde weitgehend selbstständig betreuen soll.

Arbeitsplatzbeschreibung für einen Tierwirt als Betreuer einer Milchviehherde
(incl. Saugkälber)

1. Täglich 2 x Melken der 80 Tiere umfassenden Herde im 2 x 4-Melkstand.
2. Betreuung trockenstehender, abkalbender und kranker Kühe in separater Stallanlage.
3. Füttern und Tränken des Rindviehbestandes. Das Füttern der laktierenden Kühe erfolgt mit Futtermischwagen in Form einer Total-Misch-Ration (TMR). Das Füttern der restlichen Kühe und der Saugkälber erfolgt per Handfuttervorlage und mit Tränkeeimern (Kälber).
4. Heranschaffen von Futter und Streustroh aus Silos und Scheunen.
5. Reinigen der Stallanlagen für die laktierenden Kühe (täglich 2 x) und den sonstigen Tierbestand mit Hofschlepper und Zusatzgeräten. Umpumpen der Gülle und Stapeln des Stallmistes.
6. Reinigung, Pflege der Melk-, Fütterungs- und Entsorgungstechnik. Sauberhalten der Stallanlagen, des Laufhofes, der Tränkevorrichtungen, der Futterläger und der Milchkammer.
7. Selbständige Durchführung kleinerer Reparaturen an der technischen Anlage des Betriebszweiges.
8. Laufende Gesundheitskontrolle und Fruchtbarkeitsüberwachung des Tierbestandes. Hilfestellung bei Geburten, bei tierärztlichen Verrichtungen und beim Klauenschneiden.
9. Laufende Dateneingabe in die Computeranlage des Milchviehstalles, insbesondere auch Erfassen täglicher Verbrauchs- und Erzeugnismengen, Führen der Zuchtbücher sowie Erstellen täglicher Arbeitsberichte.
10. Abgabe von Berichten an den Betriebsleiter nach Maßgabe eines vereinbarten Terminplanes.
11. Berechnung von Futterrationen, Erarbeiten von Vorschlägen für die Zuchtplanung sowie Beauftragung des Tierarztes. Umsetzung der Maßnahmen nach Zustimmung des Betriebsleiters.
12. Nachbestellung von Roh-, Hilfs- und Betriebsstoffen (Samen, Zukauffutter, Reinigungsmittel, etc.) nach Zustimmung des Betriebsleiters.
13. Anleitung von Auszubildenden und Praktikanten. Wahrnehmen der Vorgesetztenfunktion.

DECK53

Übersicht 5.3: Arbeitsplatzbeschreibung für einen Tierwirt als Betreuer einer Milchviehherde (inkl. Saugkälber)

5.3.2 Anwerbung von Mitarbeitern

Zweck der *Anwerbung* ist die Herstellung von Kontakten zwischen dem personalnachfragenden Unternehmen und potenziellen Bewerbern (vgl. zu diesem und den beiden folgenden Abschnitten insbesondere Kossbiel 2002, S. 467 ff.). Mit der Anwerbung sollen die folgenden Funktionen erfüllt werden:

(1) *Informationsfunktion der Personalanwerbung:* Potenzielle Bewerber sollen auf das Bestehen der Vakanz, auf den gewünschten Einstellungstermin, auf die Beschaffenheit des nachfragenden Unternehmens (Größe, Region etc.), auf das Arbeitsgebiet, auf das Arbeitsumfeld (z. B. temporale, soziale und lokale Arbeitsbedingungen), auf die Anforderungen an den Stelleninhaber, auf die Gegenleistungen des Unternehmens (Entlohnung, freiwillige Sozialleistungen, Aufstiegsmöglichkeiten etc.) und auf technisch organisatorische Details der Bewerbung (Bewerbungsfrist, Bewerberunterlagen etc.) aufmerksam gemacht werden.

(2) *Motivationsfunktion der Personalanwerbung:* Potenzielle Bewerber sollen durch Inhalt und Form der Anwerbung zur Abgabe einer Bewerbung angeregt werden.

(3) *Vorselektionsfunktion der Personalanwerbung:* Durch die Anwerbung sollen nur solche Personen zur Bewerbung angeregt werden, die die Voraussetzungen zur Übernahme der Stelle erfüllen. Deshalb sollten weder Über- noch Untertreibungen hinsichtlich der Stellenanforderungen den Bewerberkreis unnötig einengen oder ausdehnen.

Für die Anwerbung können mehrere Wege beschritten werden. Sie sind einerseits verschieden aufwändig und andererseits unterschiedlich ergiebig. Die relative Vorzüglichkeit hängt von der Zielgruppe, vom Anwerbegebiet, vom Anwerbezeitraum und von der allgemeinen Arbeitsmarktlage ab. Prinzipiell können passive und aktive Anwerbeverfahren unterschieden werden.

Beim *passiven Anwerbeverfahren* reagiert das Mitarbeiter suchende Unternehmen auf Stellengesuche in Zeitungen und Fachzeitschriften, auf Angebote der Arbeitsämter oder auch auf direkte Anfragen arbeitsuchender Personen.

Beim *aktiven Anwerbeverfahren* erfolgt die Ansprache von potenziellen Bewerbern z. B. durch bisherige Mitarbeiter des Unternehmens, durch Anfragen bei anderen Unternehmen oder durch Anfragen bei Bildungseinrichtungen (z. B. für Fachschul- oder Hochschulabgänger). Des Weiteren kann das Unternehmen einen (privaten) Personalberater oder die (staatlichen) Arbeitsämter bei der Stellensuche einschalten. Die quasi „aktivste“ Form der Anwerbung ist schließlich die Ansprache potenzieller Bewerber über Stellenanzeigen in Tageszeitungen und Fachzeitschriften sowie über Aushänge, Plakate oder Flugblätter.

In Deutschland wird die Anwerbung über Stellenanzeigen bevorzugt. Verpönt ist dagegen jede Form der Abwerbung, weil sie für das Unternehmen nachteilige Gegenreaktionen der konkurrierenden Unternehmen auslösen kann.

5.3.3 Auswahl von Bewerbern

Mit der *Personalauswahl* soll aus dem Kreis der Bewerber die für die Besetzung am meisten geeignete Person ermittelt werden. Dabei sollen im Interesse des Unternehmens ebenso wie im Interesse der Bewerber sowohl über- als auch unterqualifizierte Personen von vornherein ausgeschlossen werden.

Der Auswahlprozess wird sich i. d. R. in zwei Phasen vollziehen, nämlich in einer Vor- und in einer Endauswahlphase. In der Vorauswahlphase werden aufgrund der schriftlichen Bewerberunterlagen zunächst diejenigen Personen ausgeschieden, die für die zu besetzende Stelle aufgrund fehlender Qualifikation nicht in Frage kommen oder anderen Bewerbern eindeutig unterlegen sind. Bereits für die Vorauswahl empfiehlt sich eine stärker formalisierte Vorgehensweise, wie sie mit dem Beispiel eines Bewertungsschemas in *Übersicht 5.4* angedeutet ist.

Zunächst sollte sich der Einstellende Klarheit darüber verschaffen, welche Kriterien für die Entscheidung über den einzustellenden Mitarbeiter prinzipiell von Bedeutung sind. In *Übersicht 5.4* sind beispielhaft 14 Kriterien aufgeführt. In einem zweiten Schritt kann die relative Bedeutung der einzelnen Kriterien quantifiziert werden, indem den Kriterien „Bedeutungswerte" zwischen 0 und 100 zugeordnet werden (Spalte 1). Ein Wert 0 meint, dass dieses Kriterium für die zu bewertende Stelle belanglos ist. Ein Wert 100 meint, dass dieses Kriterium im anstehenden Fall unabdingbar erfüllt sein sollte. Je nach Arbeitsplatz variiert die Bedeutung der einzelnen Kriterien. Im Beispiel wurde von einem Entscheidungsträger das Bedeutungsprofil für den im vorigen Abschnitt bereits angesprochenen Tierwirt bestimmt. Mit der Zuweisung der „Bedeutung" zu den einzelnen Kriterien wird also das Anforderungsprofil der zu besetzenden Stelle zu quantifizieren versucht.

Spalte 2 enthält dann Werte, die die Eignung der Bewerber für die Stelle widerspiegeln können. Auf einer Bewertungsskala, die von 1 bis 5 reicht, d. h. von „niedrig" bis „hoch", wird die Eignung der Bewerber bewertet.

Mit Hilfe der Spalten 3 und 4 in *Übersicht 5.4* lässt sich schließlich die relative Vorzüglichkeit der Bewerber einschätzen. Die in Spalte 3 aufgeführte „relative Bedeutung" ergibt sich aus den Werten der Spalte 1, indem die jeweiligen Zeilenwerte in Spalte 1 durch die Spaltensumme dividiert werden. Dadurch wird erreicht, dass die Summe der Faktoren zur Messung der relativen Bedeutung stets 1 ist (Spaltensumme in Spalte 3). Werden jetzt die Faktoren der relativen Bedeutung mit den in Spalte 2 erfassten Bewertungen multipliziert, ergeben sich in Spalte 4 die Gewichte für die einzelnen Kriterien. Die Summe dieser Gewichte (rechts unten

Name des Bewerbers:	Ewald Tiermüller			
Spaltennummer:	1	2	3	4
Nr. Kriterien	Bedeutung (0-100)	Bewertung (1-5)	Relative Bedeutung	Gewicht
1. Formales Ausbildungsniveau für den Aufgabenbereich:	50	4	0,054	0,217
2. Berufserfahrungen im Aufgabenbereich:	100	2	0,109	0,217
3. Befähigung zu körperlicher Arbeit (falls erforderlich):	100	5	0,109	0,543
4. Fachkenntnisse für den Aufgabenbereich:	100	4	0,109	0,435
5. Bereitschaft zum Erlernen neuer Fähigkeiten:	50	3	0,054	0,163
6. Motivation für den Aufgabenbereich:	80	3	0,087	0,261
7. Leistungsbereitschaft und Belastbarkeit:	100	5	0,109	0,543
8. Fähigkeit zum Erkennen und Strukturieren von Problemen:	60	3	0,065	0,196
9. Bereitschaft zum Treffen von Entscheidungen:	30	3	0,033	0,098
10. Befähigung zum Führen von Mitarbeitern:	30	2	0,033	0,065
11. Befähigung zur Zusammenarbeit mit Kollegen:	20	2	0,022	0,043
12. Aufnahmebereitschaft für Anordnungen von Vorgesetzten:	100	4	0,109	0,435
13. Befähigung zum Finden von Kompromissen:	80	3	0,087	0,261
14. Persönliche Ziele (soweit für den Aufgabenbereich wichtig):	20	5	0,022	0,109
Spaltensummen »»»	920	***	1,000	3,587
Bedeutung: 0='bedeutungslos' bis 100='unabdingbar notwendig'; Bewertung: 1='niedrig' bis 5='hoch'.				

DECK54

Übersicht 5.4: Bewertungsschema zur Beurteilung potenzieller Mitarbeiter
– Beispiel –

in *Übersicht 5.4*) ergibt dann stets einen Wert, der zwischen 1 und 5 liegt. Die Gesamteignung eines Bewerbers ist c. p. umso höher, je näher dieses „Summengewicht" bei dem Wert 5 liegt.

Es bedarf keines Hinweises, dass ein derartiges Bewertungsschema nur eine Entscheidungshilfe und kein Entscheidungsersatz sein kann. Insbesondere sollte sich der Entscheider bei der Vorauswahlphase sehr genau vergegenwärtigen, welchen Kriterien er für die Sichtung der schriftlichen Unterlagen überhaupt Bedeutung beimessen kann, d. h., welche Eignungen sich aus den schriftlichen Unterlagen ablesen lassen.

Das Bewertungsschema hat deshalb vor allem Bedeutung für die Endauswahlphase. In dieser Phase werden i. d. R. die in die engere Wahl genommenen Bewerber zu einem persönlichen Gespräch eingeladen. Dieses Gespräch dient mehreren Zielen. Einerseits soll dem Bewerber im Einzelnen verdeutlicht werden, welche Anforderungen ihn mit der Übernahme der Stelle erwarten, so dass er Gelegenheit zu einer „informierten" Entscheidung für oder gegen die Übernahme der Aufgabe erhält. Andererseits kann sich der Einstellende im Gespräch zusätzliche Kenntnisse über die Eignung der Bewerber bezüglich der einzelnen Kriterien verschaffen. Ein Bewertungsschema, wie es in *Übersicht 5.4* dargestellt ist, kann auch Hilfestellung für die Strukturierung des Interviews leisten und verhindern, dass das Vorstellungsgespräch über allgemeine Redensarten und „Nettigkeiten" nicht hinausgeht.

Nachdem sämtliche Bewerber interviewt worden sind, wird der Entscheider anhand des Bewertungsschemas eine erneute Einschätzung der Personen vornehmen. Dabei ist vor einer mechanischen Verwendung dieses Hilfsmittels zu warnen. In manchen Fällen stellt sich nämlich heraus, dass das Summengewicht von Bewerbern am höchsten ist, die der Entscheidende „gefühlsmäßig" weniger positiv eingeschätzt hätte. Das kann ein Hinweis dafür sein, dass er entweder die Bedeutung der Kriterien falsch geschätzt oder die Bewertung der Eignung unrichtig vorgenommen hat. Andererseits sollte der Entscheider aber auch nicht soweit gehen, die Bewertungen und/oder Bedeutungen solange zu variieren, bis die gefühlsmäßig von ihm als am besten geeignet angesehene Person auch tatsächlich das höchste Summengewicht aufweist.

Zusätzliche Informationen über die Eignung von Bewerbern können durch Gespräche mit vorhergehenden Arbeitgebern gewonnen werden. Dabei sollten ggf. auch solche Arbeitgeber angesprochen werden, die der Bewerber in seinen Unterlagen nicht ausdrücklich als Referenzpersonen genannt hat.

In größeren landwirtschaftlichen Unternehmen und Unternehmen des Ernährungshandwerks umfasst der Lohnaufwand i. d. R. 20–30 % des gesamten Unternehmensaufwandes. Schon deshalb lohnt sich gerade bei der Einstellung von Mitarbeitern eine umfangreiche Entscheidungsvorbereitung. Leider wird diese Mühe in vielen Fällen nach wie vor gescheut, vergleichsweise häufige Enttäuschungen sind die unausbleibliche Folge.

5.3.4 Einstellung des Mitarbeiters

Der Prozess der Personalauswahl endet mit der *Einstellung* des am meisten geeigneten Bewerbers. In einem Einstellungsgespräch werden die Aufgaben des Mitarbeiters und das Arbeitsentgelt im Einzelnen festgelegt. Als Grundlage für die Zusammenarbeit und auch zur nachfolgenden Bewertung der Leistungen des Mitarbeiters empfiehlt sich der Abschluss eines *schriftlichen Arbeitsvertrages.*

Übersicht 5.5 zeigt als Muster den Arbeitsvertrag, den Landwirt Milchmeyer mit Ewald Tiermüller zur Betreuung der Milchviehherde des Betriebes abgeschlossen hat. In diesem Vertrag wird auf zwei Anlagen, nämlich die Arbeitsplatzbeschreibung und das Berechnungsschema zur Bestimmung des Arbeitsentgeltes, verwiesen. Die Arbeitsplatzbeschreibung wurde bereits in *Übersicht 5.3* skizziert, auf das Bewertungsschema zur Berechnung des Lohnes werden wir in Abschnitt 5.4.3 näher eingehen. Es ist in *Übersicht 5.9* als Beispiel dargestellt.

Darüber hinaus werden im Arbeitsvertrag die Modalitäten der Kündigung sowie – nach Maßgabe von Manteltarifverträgen – die Modalitäten der Urlaubsgewährung und der Lohnfortzahlung im Krankheitsfalle geregelt. Der Manteltarif ist ein Vertragswerk, das zwischen Vertretern der Arbeitgeber (Arbeitgeberverband) und Vertretern der Arbeitnehmer (Gewerkschaft) generell vereinbart wird (Tarifautonomie). Der Manteltarifvertrag liefert den Rahmen für konkrete Arbeitsverträge. Er bietet den Vorteil, dass nicht in jedem Arbeitsvertrag sämtliche Einzelheiten des Arbeitsverhältnisses geregelt werden müssen.

5.3.5 Eingliederung des Mitarbeiters

Die Eingliederung des neuen Mitarbeiters in den Betrieb beginnt mit seiner Arbeitsaufnahme. Sie setzt sich aus drei Komponenten zusammen, nämlich der bereichsübergreifenden, der fachlichen und der sozialen Integration. Dabei soll der neue Mitarbeiter mit den Gegebenheiten seines Aufgabengebietes und seines Arbeitsumfeldes vertraut gemacht werden.

Bei der *bereichsübergreifenden Eingliederung* steht die Information über das Gesamtunternehmen im Vordergrund. Die Entwicklung des Unternehmens und seine Aufbauorganisation sind zu verdeutlichen, um dem Mitarbeiter zu zeigen, an welcher Stelle er steht und für welche Organisation er tätig ist. Die „Unternehmensphilosophie" sollte vermittelt werden, damit der neue Mitarbeiter möglichst rasch ein sog. Wir-Gefühl entwickelt, also unternehmensbezogen denkt und handelt.

Die *fachliche Eingliederung* meint die Einarbeitung in das durch die Arbeitsplatzbeschreibung umrissene Arbeitsgebiet des Mitarbeiters. Das Einüben bestehender Arbeitstechniken, das Bewusstmachen bestehender Qualitäts- und Quantitäts-Standards und die Verdeutlichung der betrieblichen Leitungsstrukturen sind die wesentlichen Bereiche der fachlichen Eingliederung.

Bei diesem „training on the job" sollte auch bereits erfahrenen Mitarbeitern der Umgang mit und die Wartung von Maschinen und technischen Anlagen im Einzelnen gezeigt werden. Gleiches gilt für die Betreuung und Pflege von Nutztierbeständen. Die Ausarbeitung schriftlicher Bedienungs- und Pflegepläne mag zwar zunächst aufwändig erscheinen, längerfristig kann dadurch aber i. d. R. sehr viel Arbeitszeit und Reparaturaufwand gespart werden. Einarbeitungspläne für den neuen Mitarbeiter sind umso wertvoller, je eindeutiger und vollständiger sie formuliert werden. Gleichzeitig zwingt ihre Ausarbeitung die Betriebsleitung dazu, sich immer wieder aufs Neue die Einzelheiten der verschiedenen Arbeitsgebiete zu vergegenwärtigen.

ARBEITSVERTRAG

zwischen Landwirt Alois Milchmeyer, Hof Viehbergen und Viehwirt Ewald Tiermüller

wird folgender Arbeitsvertrag geschlossen:

§ 1

Herr E. Tiermüller wird zum 1.9.2005 unbefristet als alleiniger Betreuer der Milchviehherde eingestellt. Er ist dienstlich direkt dem Betriebsleiter, Herrn A. Milchmeyer, unterstellt. Gegenüber Praktikanten und Auszubildenden, die zeitweilig im Bereich der Milchviehhaltung tätig sind, übt Herr Tiermüller die Funktion des Fachvorgesetzten aus.

§ 2

Der vorliegende Arbeitsvertrag kann unter Einhaltung einer Kündigungsfrist von 3 Monaten zum Schluss eines Kalendermonats gekündigt werden. Die ersten 3 Monate des Arbeitsverhältnisses gelten als Probezeit, innerhalb dieser Zeit ist die Kündigung mit einer Frist von zwei Wochen zum Schluss eines Kalendermonats möglich.

§ 3

Für das Arbeitsverhältnis und insbesondere für die Urlaubsregelung und die Lohnfortzahlung im Krankheitsfall gilt der Melkermanteltarif für das Bundesland ... in der jeweils gültigen Fassung, soweit sich aus dem vorliegenden Arbeitsvertrag nichts anderes ergibt.

§ 4

Der Arbeitslohn wird in Anlehnung an den Melkermanteltarif für das Bundesland ... und den Melkerlohntarif für das Bundesland ... in der jeweils gültigen Fassung monatlich nach dem als Anlage 1 beigefügten Berechnungsschema – welches Bestandteil dieses Arbeitsvertrages ist – festgesetzt. Als Sachleistung erhält Herr Tiermüller zusätzlich täglich 2 l Milch.

§ 5

Herr E. Tiermüller verpflichtet sich zur Betreuung der gesamten Milchviehherde des Betriebes. Die einzelnen Aufgaben gehen aus der als Anlage 2 beigefügten Arbeitsplatzbeschreibung hervor, die Bestandteil dieses Arbeitsvertrages ist.

§ 6

Herr Tiermüller erhält auf dem Betrieb eine Werkswohnung inkl. eines Nutzgartens. Die Einzelheiten der Wohnungs- und Gartennutzung werden durch eine gesonderte schriftliche Zuweisung geregelt. Bei Beendigung des Arbeitsverhältnisses ist die Wohnung unverzüglich zu räumen. Die Haltung eigener Nutztiere ist Herrn Tiermüller nicht gestattet.

§ 7

Das Arbeitsverhältnis steht unter der auflösenden Bedingung für den Fall, dass das noch einzuholende polizeiliche Führungszeugnis oder das Ergebnis der noch ausstehenden Gesundheitsuntersuchung Verhinderungsgründe enthalten.

§ 8

Änderungen des Arbeitsvertrages bedürfen der Schriftform.

Hof Viehbergen, den 15.07.2005

....	....
Milchmeyer (Arbeitgeber)	Tiermüller (Arbeitnehmer)

Übersicht 5.5: Arbeitsvertrag für den Betreuer einer Milchviehherde – Beispiel –

Im Rahmen der *sozialen Eingliederung* geht es darum, den neuen Mitarbeiter möglichst rasch zu einem gleichberechtigten und anerkannten Mitglied der Belegschaft des Unternehmens, die eine soziale Gruppe bildet, werden zu lassen. Diese Eingliederung in das bestehende soziale Umfeld ist durchaus nicht einseitig als Anpassung des neuen Mitarbeiters an die bestehende Gruppe zu sehen, vielmehr verändert sein Beitritt auch die Situation dieser Gruppe. Es ist eine wichtige Aufgabe der Betriebsleitung in diesem Prozess, „moderierend" zu wirken, um Anpassungsfriktionen möglichst zu verhindern.

Insgesamt liegt es sowohl im Interesse des Unternehmens als auch im Interesse des neuen Mitarbeiters, wenn seine Eingliederung nicht dem Zufall überlassen, sondern bewusst gestaltet wird. Je rascher der Mitarbeiter mit den technischen und sozialen Bedingungen seines Arbeitsfeldes vertraut gemacht wird, desto eher wird er das notwendige Selbstbewusstsein als Voraussetzung für eine verantwortungsvolle und unternehmensbezogene Aufgabenerledigung entwickeln.

5.4 Determinanten der realisierten Leistung

Die tatsächlich realisierte Leistung von Mitarbeitern wird durch die drei Determinanten persönliches Leistungspotenzial, Arbeitsbedingungen und Arbeitsentgelt bestimmt. In *Übersicht 5.6* ist dargestellt, dass diese drei Haupteinflussgrößen weiter differenziert werden können.

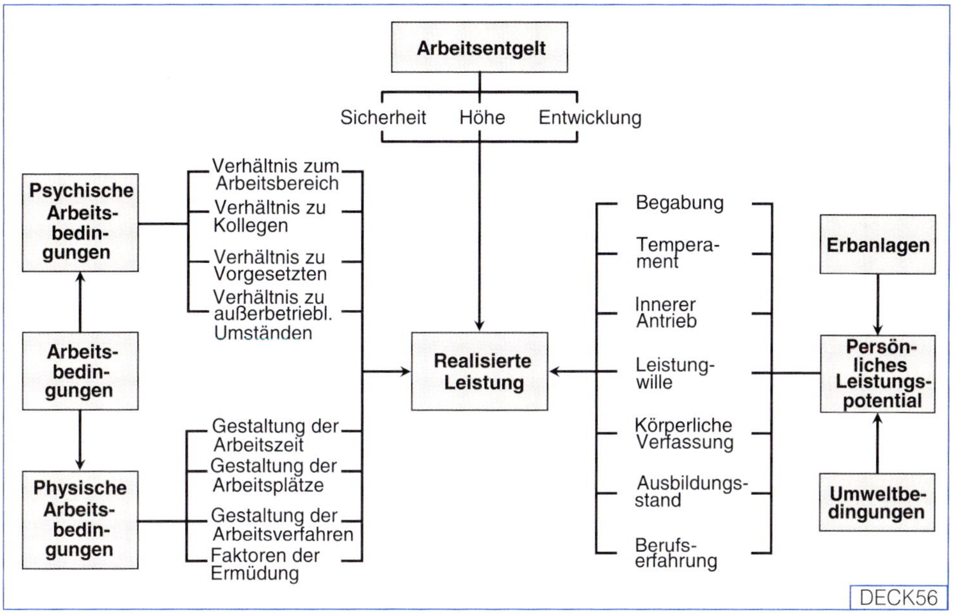

Übersicht 5.6: Determinanten der realisierten Arbeitsleistung

5.4.1 Persönliches Leistungspotenzial

Das *persönliche Leistungspotenzial* eines Menschen ist die Resultante aus seinen Erbanlagen und den bisher wirksamen Umweltbedingungen (Erziehung, Allgemeinbildung, Fachausbildung, Erfahrung etc.). Das Leistungspotenzial ist eine individuelle Obergrenze, die angibt, welche Leistung eine Arbeitskraft unter optimalen gegenwärtigen Umweltbedingungen maximal zu erbringen in der Lage wäre. Das volle Leistungspotenzial wird nur selten und nur kurzfristig (z. B. in extremen Angstsituationen) erreicht. Im Allgemeinen liegt die realisierte Leistung mehr oder weniger unterhalb des Leistungspotenzials. Die Aufgabe der Unternehmensleitung besteht also darin, die realisierte Leistung der Mitarbeiter durch eine zweckgerichtete Gestaltung der Arbeitsbedingungen und des Arbeitsentgeltes möglichst weitgehend an deren Leistungspotenzial anzunähern.

Das Leistungspotenzial konkretisiert sich – wie die rechte Seite der *Übersicht 5.6* zeigt – in Form der Begabung, des Temperaments, des inneren Antriebes, des Leistungswillens, der körperlichen Verfassung (Gesundheitszustand, Alter, Geschlecht) sowie insbesondere auch des Ausbildungsstandes und der bisherigen Berufserfahrungen. Leistungswille und Ausbildungsstand erzeugen im Mitarbeiter i. d. R. ein bestimmtes Leistungsbewusstsein, welches leistungsanspornend und selbstbestätigend, z. B. durch das perfekte Beherrschen bestimmter Tätigkeiten, wirkt.

Da das persönliche Leistungspotenzial im Unterschied zu den Arbeitsbedingungen und zum Arbeitsentgelt nur sehr begrenzt beeinflussbar ist, muss die Unternehmensleitung diese Determinante vor allem bei der Einstellung von Mitarbeitern berücksichtigen. Der vorher geschilderte Vorgang der Personalbeschaffung beinhaltet daher im Kern einen Entscheidungsprozess, mit dem derjenige Mitarbeiter ausgewählt werden soll, der für den zu besetzenden Arbeitsplatz das beste persönliche Leistungspotenzial, d. h. die beste Eignung mitbringt.

Bezogen auf das Gesamtunternehmen mit mehreren Mitarbeitern bedeutet dieser Entscheidungsprozess, dass das Unternehmen den Personaleinsatz dann bestmöglich gestaltet, wenn die Eignungen der Mitarbeiter so weit wie möglich mit den Anforderungen der Arbeitsplätze in Übereinstimmung gebracht werden. Überforderungen der Mitarbeiter wirken ebenso demotivierend bzw. leistungsmindernd wie Unterforderungen.

In gewissen Grenzen lässt sich das Leistungspotenzial der Mitarbeiter jedoch auch während ihrer Tätigkeit im Unternehmen noch beeinflussen. Die Berufserfahrung nimmt bei entsprechender Lernbereitschaft des Mitarbeiters mit der Dauer seiner Beschäftigung zu. Betriebliche und überbetriebliche Fort- und Weiterbildungsmaßnahmen wirken in die gleiche Richtung.

5.4.2 Die Arbeitsbedingungen

Übersicht 5.6 zeigt auf ihrer linken Seite, dass bei den Arbeitsbedingungen zwischen den physischen und den psychischen Arbeitsbedingungen unterschieden werden kann. GUTENBERG bezeichnet erstere auch als die objektiven Bedingungen menschlicher Arbeitsleistung, während er letztere die subjektiven Bedingungen menschlicher Arbeitsleistung nennt (GUTENBERG 1983, S. 1–39).

5.4.2.1 Physische Arbeitsbedingungen

Die Untersuchung des Einflusses der physischen Arbeitsbedingungen auf die realisierte Leistung von Mitarbeitern ist Forschungsgegenstand der Arbeitswissenschaften (vgl. z. B. HAMMER 1976; AUERNHAMMER 1976). Hier wird deshalb nur kurz auf wesentliche Teilbereiche eingegangen. Wie *Übersicht 5.6* zeigt, können die physischen Arbeitsbedingungen mit den Fragen nach der Gestaltung der Arbeitszeit, des Arbeitsplatzes und der Arbeitsverfahren sowie den Faktoren der Arbeitsermüdung umrissen werden.

„Bei der *Gestaltung der Arbeitszeit* kommt es darauf an, einen Kompromiss zwischen den Interessen des Betriebes und denen des arbeitenden Menschen zu schließen. Der Arbeitnehmer muss sich an betriebliche Ordnungen anpassen, etwa an Urlaubs- und Pausenregelungen. Andererseits muss der Betrieb bei der Festlegung solcher Ordnungen berücksichtigen, dass der Mensch ermüdet, eine bestimmte physiologische Belastbarkeitsstruktur aufweist und die unterschiedlichsten individuellen Interessen verfolgt" (WÖHE 2000, S. 248 ff.)

Bei der Festlegung der *Dauer der Arbeitszeit* ist insbesondere zu beachten, dass die je Arbeitsstunde realisierte Leistung mit zunehmender Dauer der täglichen Arbeitszeit abnimmt. So steigt etwa das Arbeitsergebnis bei einer Ausdehnung der täglichen Arbeitszeit von 8 auf 10 Stunden um weit weniger als 25 %. Aus betrieblicher Sicht ist daher z. B. einer wöchentlichen 5 · 8-Stunden-Schicht der Vorzug vor einer ebenfalls möglichen 4 · 10-Stunden-Schicht zu geben. Prinzipiell die gleiche Aussage gilt für die Ausdehnung der Wochenarbeitszeit bei bestimmter Tagesschichtlänge von 5 auf 6 oder gar 7 Tage.

Wenn auch die daraus resultierenden Forderungen gerade in der Landwirtschaft mit ihren witterungsmäßig und biotisch determinierten Produktionsprozessen nicht immer strikt eingehalten werden können, so lässt sich doch sagen, dass es z. B. für größere Milchviehbetriebe günstiger ist, drei Mitarbeiter mit kürzeren Wochenarbeitszeiten und verbesserter Möglichkeit zur gegenseitigen Vertretung anstelle von zwei Mitarbeitern einzustellen, die dann womöglich täglich bis zu 10 Stunden ausgelastet wären.

Bei der *Verteilung der Arbeitszeit* auf den Arbeitstag ist zu berücksichtigen, dass der Mensch während des Tages einem bestimmten Arbeitsrhythmus unterliegt. Jeder Mensch benötigt morgens eine gewisse Anlaufzeit, während der die Leistung ansteigt und ein Vormittagsmaximum erreicht. Vor der Mittagspause tritt ein Leistungsabfall ein, hinterher erfolgt ein erneuter Anstieg bis zum Nachmittagsmaximum, das aber geringer als das morgendliche Maximum ist. Gegen Ende der Arbeitszeit lässt sich ein rascher Leistungsabfall beobachten. Die Unternehmensleitung muss auf diese physiologische Arbeitskurve bei der Arbeitseinteilung Rücksicht nehmen. Sie sollte von den Mitarbeitern nicht gerade zu Beginn oder am Ende der Arbeitszeit Höchstleistungen verlangen und die schwierigsten Verrichtungen auf den Vormittag legen. Überdies verläuft die Fehlerkurve für Ausschuss, Unfälle etc. umgekehrt zur Leistungskurve.

Da die höchste Leistungsbereitschaft vormittags i. d. R. zwischen 8.00 und 11.00 Uhr liegt, ist der immer noch häufig praktizierte Arbeitsbeginn um 6.00 Uhr morgens nicht unbedingt sinnvoll. Hinzu kommt, dass viele Arbeiten in der landwirtschaftlichen Nutzpflanzenerzeugung – bedingt durch das notwendige „Abtrocknen" des Bodens bzw. der Pflanzenbestände – nicht vor 8.00 oder 9.00 Uhr begonnen werden können. Die Einführung der Sommerzeit hat den Zwang zum späteren Beginn der Arbeiten weiter verstärkt. Zudem ist ein früher Beginn der täglichen Arbeitszeit auch noch aus einem anderen Grund problematisch. Ein Arbeitsbeginn um 6.00 Uhr würde bei einem mittleren Schlafbedürfnis des Menschen von 8 Stunden bedingen, dass er bereits um etwa 21.00 Uhr zu Bett gehen müsste. Mehr und mehr der Freizeitaktivitäten finden jedoch erst in den späteren Abendstunden statt. In einem Satz: Es liegt im wohlverstandenen Interesse sowohl des Betriebes als auch der Mitarbeiter, dass der Spruch „Morgenstund hat Gold im Mund" vernünftig interpretiert wird.

Ein wichtiges Problem bei der Festlegung der täglichen Arbeitszeit ist auch die Regelung der *Arbeitspausen*. Arbeitsphysiologische Untersuchungen haben gezeigt, dass mehrere kürzere Pausen wenigen längeren Pausen vorzuziehen sind, weil die Anlaufzeit nach der Pause mit verminderter Leistung in Abhängigkeit von der Länge der Pausen ansteigt. Eine Ausnahme bildet die Mittagspause. Da der arbeitende Mensch – wie gesagt – während der Mittagszeit ein Leistungstief hat, sollte die Mittagspause nicht zu kurz gewählt werden. Mindestens 45-minütige Mittagspausen mit der Möglichkeit einer an die Mahlzeit anschließenden Erholungsphase sind kürzeren Mittagsunterbrechungen vorzuziehen.

Entscheidend wird die Leistung der Mitarbeiter durch die *Gestaltung der Arbeitsverfahren* und der *Arbeitsplätze* beeinflusst. Eine ausreichende Beleuchtung, bequem erreichbare Handgriffe, die Ausstattung mit Sitzplätzen anstelle von Stehplätzen, wo immer das möglich ist, sowie die Sicherstellung eines zuträglichen Klimas (Temperatur, Luftfeuchtigkeit, Staubfreiheit) in Fahrerkabinen und Arbeitsräumen bilden wesentliche Voraussetzungen für hohe Leistungen. Dabei werden Investitionen in eine solche Humanisierung der Arbeitsplätze umso eher auch wirtschaftlich vorzüglich, je länger der Mitarbeiter an einen Arbeitsplatz gebunden ist. Für den großen Standardschlepper, der bis zu 2000 h im Jahr arbeitet, lohnt sich die klimatisierte Fahrerkabine eher als für den kleinen Spezialschlepper, der nur während eines Bruchteils dieser Zeit für Pflegearbeiten eingesetzt wird.

5.4.2.2 Psychische Arbeitsbedingungen

Übersicht 5.6 zeigt, dass die realisierte Leistung auch wesentlich durch die *psychischen Arbeitsbedingungen* beeinflusst werden kann. Hierbei werden insbesondere das Verhältnis des Mitarbeiters zu seinem Arbeitsbereich, zu seinen Arbeitskollegen, zu seinen Vorgesetzten und zu seinen außerbetrieblichen Umständen angesprochen. Die damit zusammenhängenden Fragen bilden den Forschungsgegenstand der Arbeitspsychologie und der Arbeitssoziologie. Es wird deshalb hier auf diese Fragen nur „schlaglichtartig" eingegangen.

Wir haben in den vorhergehenden Kapiteln mehrfach gesehen, dass Menschen eine umfassende Nutzenmaximierung anstreben und dass die Ziele der Belegschaftsmitglieder nicht automatisch mit denen des Unternehmens übereinstimmen müssen. Neben einer leistungsfördernden Gestaltung des Arbeitsentgeltes und der physischen Arbeitsbedingungen muss die Unternehmensleitung deshalb für die Mitarbeiter psychische Arbeitsbedingungen schaffen, die bewirken, dass die Ziele der Mitarbeiter bei der Arbeitserledigung möglichst weitgehend mit den Zielen des Unternehmens übereinstimmen. Mit anderen Worten: Die Mitarbeiter sollen durch die Gestaltung vorteilhafter psychischer Arbeitsbedingungen zu hoher Leistung motiviert werden.
Mit dem *Verhältnis des Mitarbeiters zu seinem Arbeitsbereich* ist zunächst gemeint, dass der Mitarbeiter mit einer Aufgabe befasst sein sollte, mit der er weder über- noch unterfordert ist, dass er aber in jedem Fall das Gefühl hat, etwas Sinnvolles für sich selbst wie für den Betrieb als Ganzes zu leisten. Für die Abgrenzung von Aufgabenbereichen einzelner Mitarbeiter gelten deshalb zunächst die folgenden Grundregeln:

(1) Jeder Mitarbeiter erhält einen fest umrissenen Aufgaben- und Verantwortungsbereich;
(2) jede zu bewältigende Aufgabe fällt in einen festen Zuständigkeitsbereich;
(3) insbesondere bei neu auftretenden Aufgaben müssen mögliche Kompetenzüberschneidungen durch Abstimmung zwischen der Unternehmensleitung und den Beschäftigten beseitigt werden.

Die Regeln (1) und (2) sind die notwendige und hinreichende Bedingung für denselben Tatbestand. Mit der Befolgung dieser Regeln werden „Reibungsverluste" vermieden, die dadurch entstehen können, dass entweder zwei Mitarbeiter die gleichen Kompetenzen haben wollen und darüber in Streit geraten, oder aber die Aufgabe von keinem erfüllt wird, weil jeder annimmt, der andere erledige sie. Die Regel (3) berücksichtigt, dass Betriebe keine stationären Gebilde sind, in denen bestimmte Regelungen „ewig" gültig wären, sondern tatsächlich ständigen Veränderungen unterliegen. Die Regel (3) stellt also sicher, dass die Regeln (1) und (2) auch im Zeitablauf eingehalten werden.

Die Schaffung abgegrenzter Arbeitsbereiche mit eigenen Entscheidungsbefugnissen und eigener Verantwortlichkeit kann vor allem zu einer größeren Qualität der Arbeitserledigung führen. Ein Schlepperfahrer ist für „seinen" Schlepper zuständig. Er fährt und pflegt ihn allein. Der Melker ist für den Milchviehstall möglichst weitgehend eigenverantwortlich. Der Betriebsleiter sollte sich auf die Richtlinienkompetenz beschränken. Die realisierte Leistung steigt, wenn der Mitarbeiter sieht, was er selber geleistet hat.

Nachhaltig hohe Leistungen der Mitarbeiter bedingen auch, dass die Betriebsleitung für die einzelnen Aufgabenbereiche eindeutige Sollvorgaben definiert. Sollvorgaben sagen den Mitarbeitern, was von ihnen erwartet wird. Sie können ihre Leistungen an den Vorgaben messen. Die Sollvorgaben liefern auch eine Messlatte für die Beurteilung der Leistungen des Mitarbeiters. Umgekehrt kann der Mitarbeiter durch die Erreichung der Vorgaben ein Gefühl der Befriedigung über die erbrachte Leistung entwickeln, was prinzipiell motivierend, d. h. leistungsfördernd wirkt.

Andererseits sollte nicht der Eindruck entstehen, dass die realisierte Leistung aller Mitarbeiter umso höher wird, je eigenständiger sie in einem Arbeitsbereich tätig sein können. Manche Mitarbeiter werden nie ein Bedürfnis entwickeln, in der Arbeit aufgehen zu müssen. Sie werden vorzugsweise reine Routinearbeiten verrichten wollen, bei denen sie den „Kopf für andere Gedanken freibehalten können" und dabei eine Ausdauer entwickeln, die den kreativeren Mitarbeitern womöglich fehlt. Es ist die Aufgabe der Betriebsleitung, den „richtigen Mann an den richtigen Platz" zu stellen.

Mit dem *Verhältnis des Mitarbeiters zu seinen Arbeitskollegen* ist der Tatbestand angesprochen, dass mehrere Mitarbeiter, die bei der Aufgabenerledigung zusammenarbeiten müssen, soziologisch gesehen, eine Gruppe bilden, die bestimmte Rollenerwartungen hat. Nur wenn die Verhaltensweise eines Mitgliedes dieser Gruppe mit den Erwartungen der übrigen Gruppenmitglieder übereinstimmt, fühlt sich der einzelne Mitarbeiter wohl, was sich positiv auf die realisierte Leistung auswirkt. Auf ein gestörtes Betriebsklima reagieren Mitarbeiter mit Leistungsabfall. Die Betriebsleitung hat deshalb nicht nur bei der Neueinstellung von Mitarbeitern dafür zu sorgen, dass Mitarbeiter nicht zu einem „Zwangsteam" verbunden werden.

Von ausschlaggebender Bedeutung ist das *Verhältnis des Mitarbeiters zu seinem Vorgesetzten*. Der Vorgesetzte hat selbstverständlich nicht nur die Aufgaben des Erteilens von Arbeitsaufträgen und der Kontrolle der realisierten Leistung, er sollte vielmehr den Mitarbeiter zu einer möglichst hohen Leistung motivieren. Prinzipiell wird sich ein Mitarbeiter dann motiviert fühlen, wenn eine bestimmte Leistung oder eine bestimmte Qualität der Arbeitserledigung zu Anerkennungen durch den Vorgesetzten führen. Offen ausgedrückte Anerkennung für überdurchschnittliche Leistungen, die sich durchaus nicht sofort in Geldprämien oder Lohnsteigerungen ausdrücken muss, stärkt das Selbstbewusstsein des Mitarbeiters und regt seine Leistungsbereitschaft an.

Auf der anderen Seite sollte der Vorgesetzte bei unzureichenden Leistungen des Mitarbeiters auch deutlich auf diese Unzulänglichkeiten hinweisen. Das größte Fehlverhalten entsteht allerdings dann, wenn gute Leistungen mit Schweigen übergangen, unzureichende Aufgabenerledigungen dagegen ständig kritisiert werden. Ein Unternehmer, der die Leistungen seiner Mitarbeiter niemals anerkennt, wird früher oder später ohne Mitarbeiter bleiben.

Wichtig ist in diesem Zusammenhang auch, dass der Vorgesetzte vernünftige, d. h. realisierbare, Arbeitsaufträge erteilt. Ein Vorgesetzter, der in seinen Anforderungen fair ist und gleichzeitig diese Anforderungen für die Mitarbeiter klar definiert, wird im Allgemeinen zufriedenere und dann auch produktivere Mitarbeiter haben.

Zur längerfristigen Stabilisierung des Verhältnisses zwischen Vorgesetzten und Mitarbeitern kann auch eine periodische Evaluierung der Leistungen des Mitarbeiters in einem Gespräch unter vier Augen beitragen. Dabei kann jede Seite ohne Gesichtsverlust verdeutlichen, was sie von der anderen Seite erwartet.

Von Bedeutung für die erbrachte Leistung ist schließlich das Verhältnis des Mitarbeiters zu seinen außerhalb des Betriebes liegenden Umständen. Familienstreit erzeugt geistige Abwesenheit im Betrieb und damit Leistungsabfall. Selbstverständlich kann die Betriebsleitung diese außerbetrieblichen Umstände kaum beeinflussen, sie kann aber durch sensibles Eingehen auf die privaten Probleme durchaus zeigen, dass sie nicht nur an der Arbeitsleistung des Mitarbeiters interessiert ist. Mit anderen Worten: Jeder Vorgesetzte sollte sich immer wieder verdeutlichen, dass die Mitarbeiter keine Untergebenen, sondern Menschen sind, die an ihren Arbeitsplätzen ebenso wie er selber jeweils bestimmte Aufgaben zu erfüllen haben. Auf die damit angesprochenen Fragen nach der Menschenführung wollen wir im nachfolgenden Abschnitt 5.5. näher eingehen.

5.4.3 Das Arbeitsentgelt

5.4.3.1 Grundsätze zur Bemessung des Arbeitsentgelts

Die dritte Determinante zur Beeinflussung realisierter Leistungen von Arbeitskräften ist das Arbeitsentgelt. *Übersicht 5.6* zeigt, dass sich das Arbeitsentgelt zunächst in die drei Komponenten Sicherheit, Höhe und Entwicklung aufgliedern lässt.

Mit der *Höhe des Arbeitsentgelts* im Verhältnis zu seiner Sicherheit ist der Tatbestand angesprochen, dass Menschen – wie bereits diskutiert – zwischen der Höhe und der Sicherheit des Einkommens abwägen. Zugunsten einer höheren Einkommenssicherheit (z. B. durch längere Kündigungsfristen oder gar Unkündbarkeit der Beamten) werden sie im Allgemeinen bei der Einkommenshöhe kompromissbereit sein. Die Unternehmensleitung sollte aber bedenken, dass die Leistungsbereitschaft von Mitarbeitern bei gegebener Einkommenshöhe mit zunehmender Einkommenssicherheit zunächst zwar ansteigt, eine absolute Arbeitsplatzgarantie aber auch zu gegenteiligen Wirkungen führen kann.

Mit der *Entwicklung des Arbeitsentgelts* ist der Tatbestand angesprochen, dass die realisierte Leistung von Mitarbeitern durch die Aussicht auf *Aufstiegsmöglichkeiten* in anspruchsvollere Positionen mit höheren Lohn- oder Gehaltsstufen im Allgemeinen ansteigt. Aufstiegsmöglichkeiten sind ein wichtiges Instrument zur Motivierung von Mitarbeitern. Nur wenige Menschen werden mit „Sackgassenpositionen" zufrieden sein, die keine finanziellen und aufgabenbezogenen Verbesserungsmöglichkeiten eröffnen. Zugunsten späterer Aufstiegsmöglichkeiten werden sich viele Mitarbeiter zu Beginn ihres Beschäftigungsverhältnisses sogar mit vergleichsweise geringen Arbeitsentgelten begnügen.

Auch zwischen der Entwicklung und der Höhe des Arbeitsentgelts besteht ein konkurrierendes Verhältnis. Insgesamt muss die Unternehmensleitung deshalb die Relation zwischen der Sicherheit, der Höhe und der Entwicklung des Arbeitsentgelts der Mitarbeiter so zu gestalten trachten, dass dadurch die realisierte Leistung nachhaltig möglichst günstig beeinflusst wird.

Im engen Zusammenhang damit stehen die Fragen nach der Arbeitsbewertung und der Leistungsbewertung. Mit der *Arbeitsbewertung* sollen die Anforderungen unterschiedlicher Aufgaben bzw. Arbeitsplätze in eine Rangordnung gebracht werden, um danach das Arbeitsentgelt in Form von Lohn- und Gehaltsgruppen abstufen zu können. Die Manteltarife für die einzelnen Berufe enthalten dafür umfangreiche Kriterienkataloge.

Auch bei gegebener Arbeitsbewertung verbleibt für die Unternehmensleitung jedoch die Aufgabe der *Leistungsbewertung* von Mitarbeitern, um diese bei der Einstellung in die „gerechte" Lohn- und Gehaltsstufe einweisen zu können und bei positiver Entwicklung des Arbeitsverhältnisses für „gerechte" Höherstufungen zu sorgen.

Mit dem Begriff „gerecht" ist ein wichtiger Entscheidungsanlass angesprochen. Eine absolut gerechte Höhe des Entgelts kann es kaum geben. Das Niveau der Arbeitseinkommen wird von zu vielen Einflussgrößen bestimmt, die außerhalb der Kontrolle des einzelnen Unternehmens liegen (z. B. vom Stand der volkswirtschaftlichen Entwicklung, von der Arbeitsmarktsituation der Region etc.). Aus der Sicht des Unternehmens ist jedoch von zentraler Bedeutung, dass die einzelnen Mitarbeiter sich im Verhältnis zu ihren Arbeitskollegen gerecht entlohnt fühlen. Nicht nachvollziehbare Bevorzugung oder Benachteiligung einzelner Mitarbeiter führt zu Frustrationen bei den jeweils Benachteiligten und damit zum Leistungsabfall. Die Aufrechterhaltung der unternehmensinternen Lohngerechtigkeit kann im Vergleich zur absoluten Einkommenshöhe durchaus zum vorrangigen Motivationsinstrument werden.

Grundsätzlich können Mitarbeiter, die Zeitlohn beziehen, nach folgenden Kriterien in eine Lohnskala eingestuft werden: (1) nach der tatsächlichen Leistung, (2) nach den Tätigkeitsmerkmalen des Aufgabengebietes, (3) nach dem Ausbildungsniveau, (4) nach dem Lebensalter und (5) nach der Beschäftigungsdauer im Unternehmen.

Die tatsächliche Leistung und die Tätigkeitsmerkmale (vorausgesetzt, sie werden durch entsprechende Leistungen erfüllt) sind Leistungskriterien. Das Ausbildungsniveau sollte nur dann eine Rolle spielen, wenn der Aufgabenbereich auch entsprechende Anforderungen stellt. Das Lebensalter kann von Bedeutung sein, wenn für bestimmte Tätigkeiten unterstellt werden kann, dass sich die Berufserfahrung mit zunehmendem Alter positiv auf die Aufgabenbewältigung auswirkt. Mit der Lohnsteigerung bei zunehmender Beschäftigungsdauer im Unternehmen soll einerseits „Betriebstreue" belohnt werden. Langjährige Mitarbeiter haben aber andererseits auch den Vorteil, dass sie dem Unternehmen erhebliche Kosten für die häufige Eingliederung neuer Mitarbeiter ersparen.

5.4.3.2 Die Entlohnungsformen

Die gebräuchlichen Entlohnungsformen sind in *Übersicht 5.7* aufgeführt. Dabei können wir zunächst zwischen Grundvergütungsformen und Zusatzvergütungsformen unterscheiden. Die tatsächliche Vergütung der Mitarbeiter setzt sich i. d. R. aus der Grundvergütung und einer oder mehreren Zusatzvergütungen zusammen.

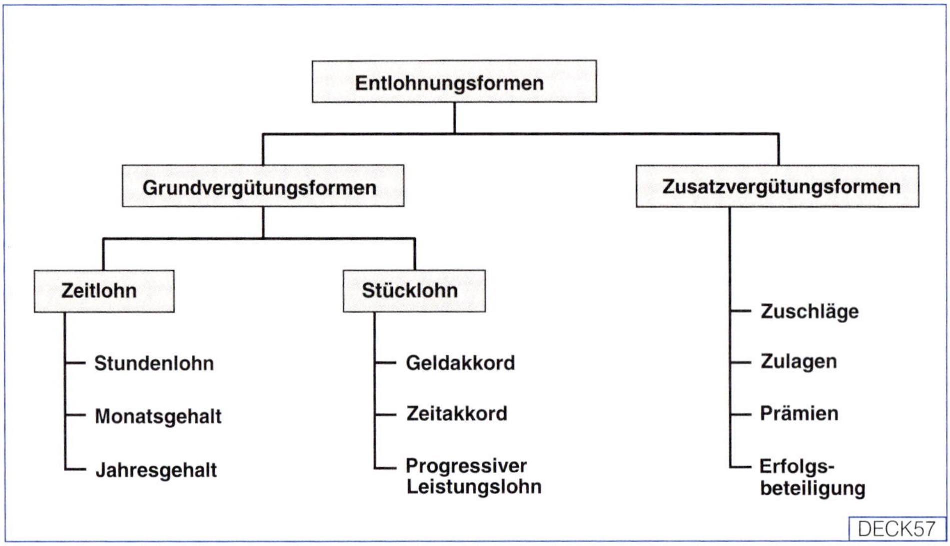

Übersicht 5.7: Formen der Entlohnung

5.4.3.2.1 Grundvergütungen

Die *Grundvergütung* kann als Zeitlohn oder Stücklohn gestaltet werden. Der *Zeitlohn* wird als Stundenlohn für Arbeiter, als Monatsgehalt für Angestellte und als Jahresgehalt für Positionen des Top-Managements gezahlt. Zeitlohnbezieher werden prinzipiell dafür entgolten, dass sie dem Unternehmen ihre Arbeitskraft während bestimmter Zeiten zur Verfügung stellen. Die Unternehmensleitung hat dafür Sorge zu tragen, dass diese Zeiten auch möglichst ergiebig genutzt werden.

Im Unterschied dazu werden Stücklohnempfänger nach der tatsächlich geleisteten Arbeitsmenge entgolten. Selbstverständlich muss die Unternehmensleitung sicherstellen, dass die Hilfsmittel zur Arbeitserledigung bereitstehen. Beim *Stücklohn* können der Geldakkord, der Zeitakkord oder der progressive Leistungslohn zur Anwendung kommen.

Für den *Geldakkord* wird vereinbart, dass der Mitarbeiter je hergestellter Produkteinheit einen bestimmten Geldbetrag (Lohnvorgabe) erhält. Beim *Zeitakkord* wird dem Mitarbeiter dagegen pro hergestellter Produkteinheit eine bestimmte Vorgabezeit angerechnet und diese dann prinzipiell nach dem geltenden Zeitlohn abgegolten. Allerdings wird der Zeitlohnsatz für Akkordarbeiter als Vorgabelohn gegenüber dem reinen Zeitlohn i. d. R. um einen bestimmten Prozentsatz (Akkordzuschlag) erhöht, um einen zusätzlichen Anreiz für die Akkordarbeit zu bieten. Der Zeitakkord hat gegenüber dem Geldakkord den rechentechnischen Vorteil, dass kein gesonderter Geldbetrag als Lohnvorgabe je hergestellter Produkteinheit vereinbart werden muss, der Akkordlohnsatz bei Tarifänderungen also direkt vom Zeitlohn – unter Berücksichtigung der Akkordzuschläge – abgeleitet werden kann.

Der *progressive Leistungslohn* unterscheidet sich vom Geld- und Zeitakkord dadurch, dass der Akkordzuschlag kein fester Prozentsatz ist, sondern mit zunehmender Leistung des Mitarbeiters – d. h. mit zunehmender Anzahl hergestellter Produkteinheiten je Arbeitstag – ansteigt.

Für den effektiven Stundenverdienst (Effektivlohn in €/Std.) eines Mitarbeiters gelten beim Zeitlohn und bei den drei Formen des Stücklohnes die folgenden Beziehungen:

Zeitlohn: (5.1) $$les = ls$$

Geldakkord: (5.2) $$leg = \frac{vl}{ht}$$

Zeitakkord: (5.3) $$lez = \frac{vz \cdot va}{ht}$$

Progressiver Leistungslohn: (5.4) $$lep = \frac{gl \cdot (1+az)}{ht}$$

Darin sind:

les/leg/lez/lep = Effektivlohn des Mitarbeiters in €/h bei Zeitlohn / Geldakkord / Zeitakkord / progressivem Leistungslohn;
ls = Lohn in €/h bei Zeitlohn;
vl = Lohnvorgabe in €/Stück bei Geldakkord;
vz = Vorgabezeit in h/Stück bei Zeitakkord;
va = Vorgabelohn in €/h bei Zeitakkord;
gl = Grundlohnvorgabe in €/Stück beim progressiven Leistungslohn;
az = Akkordzuschläge in %/100, mit zunehmender realisierter Leistung ansteigend;
ht = tatsächlicher Zeitbedarf des Mitarbeiters zur Herstellung einer Produkteinheit in h/Stück.

Für eine allgemeine Einschätzung der Vorzüglichkeit des Zeitlohnes im Vergleich zum Stücklohn wollen wir festhalten, dass der Zeitlohn immer dann eingesetzt werden sollte, wenn die realisierte Leistung der Mitarbeiter

- aufgrund technisch-organisatorischer Bedingungen konstant ist, das Arbeitstempo also z. B. durch die Maschine diktiert wird;
- zwar variabel, aber durch den Mitarbeiter nicht beeinflussbar ist, z. B. bei unregelmäßig anfallenden Arbeiten (Reinigungsarbeiten etc.);
- praktisch nicht quantitativ und qualitativ erfassbar ist, z. B. bei Überwachungs- und Reparaturarbeiten;
- wegen hoher Sicherheits- und Qualitätsanforderungen nicht zusätzlich stimuliert werden soll, z. B. bei Arbeiten in Zuchtgärten und Laboratorien.

Der Vorteil des Zeitlohnes liegt in seiner einfachen Errechnung, wenn die genaue Arbeitszeiterfassung relativ einfach durchführbar ist. Sein Nachteil besteht darin, dass er wenig Anreiz zu hoher individueller Leistung bietet, so dass sich ein erhöhter Kontrollaufwand durch Vorgesetzte ergeben kann.

Für den Stücklohn gelten die vorgenannten Bedingungen und Aussagen quasi mit umgekehrten Vorzeichen: Er ist die Entlohnungsform für Arbeiten, die hinsichtlich des Qualitätsniveaus gut einschätzbar sind und hinsichtlich ihres Umfanges sowohl einfach erfassbar als auch von der Arbeitskraft nennenswert beeinflussbar sind. Zudem dürfen dem Streben nach hoher realisierter Leistung keine übermäßigen Sicherheits- und Qualitätsanforderungen entgegenstehen. Der Stücklohn – oft in Kombination mit Prämien zur Sicherung einer Standardqualität eingesetzt – kann in landwirtschaftlichen Unternehmen bei der Obst- und Gemüsepflege und -ernte sowie insbesondere bei der Betreuung von Nutztierbeständen angewandt werden.

Kernproblem der Stückentlohnung ist allerdings die Bestimmung der Bezugsleistung, an der die Vorgabezeit bzw. die Lohnvorgabe gemessen werden können und sollen. Letztlich müssen diese Vorgaben zwischen den Arbeitsvertragspartnern ausgehandelt werden. Anhaltspunkte lassen sich aus Arbeitszeitbedarfskatalogen oder aus den zugehörigen Manteltarifverträgen ableiten.

Zur Verdeutlichung der Unterschiede zwischen den Entlohnungsformen und zur Gewinnung von Anhaltspunkten für die Beurteilung ihrer relativen Vorzüglichkeit wollen wir das Beispiel eines Arbeitsplatzes betrachten, für dessen Entlohnung verschiedene Entlohnungsformen infrage kommen können.

In einem größeren landwirtschaftlichen Betrieb soll ein Mitarbeiter für die Betreuung einer Bullenmast-Anlage eingestellt werden. Die Anlage, bei der die Bullen in jährlichem Turnus von etwa 125 kg Anfangsgewicht auf etwa 500 kg Endgewicht gemästet werden, hat eine Kapazität von ca. 550 Stallplätzen. Der Betriebsleiter weiß durch Erkundigungen bei Berufskollegen, dass ein Mitarbeiter (inkl. Urlaubs- und Krankheitsvertretung) bei 1800 Arbeitsstunden/Jahr und „normaler" realisierter Leistung etwa 420 Tiere betreuen kann und dabei (exakt) 4,286 h/Tier aufwenden müsste.

Bei einer Variation der realisierten Leistung, d. h. der Leistungsgrade in % der Normalleistung, ergeben sich die Zahlen in Block 1 der *Übersicht 5.8*. Bei Zunahmen des Leistungsgrades von 70 auf 130 % steigt die Zahl der betreubaren Bullen von 294 auf 546 Stück, während der Arbeitsbedarf von 6,122 auf 3,297 h/Tier absinkt. Würde der Mitarbeiter nun auf Zeitlohnbasis eingestellt und einen Stundenlohn von 15,00 € erhalten (wobei der Einfachheit halber der Zeitlohn in €/h (ls) dem Effektivlohn in €/h (les) entsprechen soll, vgl. Gleichung (5.1)), dann ergeben sich für den Betrieb die in Block 2 der *Übersicht 5.8* angegebenen Stücklohnkosten (SLKZL). Sie fallen von 91,84 € bei einem Leistungsgrad von 70 % auf 49,45 € bei einem Leistungsgrad von 130 %. Für die Stücklohnkosten gilt also:

(5.5) $$\text{SLKZL} = \text{ls} \cdot \text{h}$$

(vgl. zur Erläuterung der Symbole die Legende zu den Gleichungen (5.1) bis (5.4.)).

1	Leistungsgrad in %	70	80	90	100	110	120	130
	Leistung in Stück/Jahr [Q]:	294	336	378	420	462	504	546
	Arbeitsbedarf in h/Stück (bei 1800 h/Jahr) [h]	6,122	5,357	4,762	4,286	3,896	3,571	3,297
2	ZEITLOHN Zeitlohn in €/h [ls]:		15,00					
	Effektivlohn in €/h [les]	15,00	15,00	15,00	15,00	15,00	15,00	15,00
	Stücklohnkosten in € [SLKZL]	91,84	80,36	71,43	64,29	58,44	53,57	49,45
3	ZEITAKKORD Vorgabelohn in €/h [la]:		18,00		Vorgabezeit in h/Stück [vz]:			4,286
	Effektivlohn in €/h [lez]	12,60	14,40	16,20	18,00	19,80	21,60	23,40
	Stücklohnkosten in € [SLKZA]	77,15	77,15	77,15	77,15	77,15	77,15	77,15
4	GELDAKKORD Lohnvorgabe in €/Stück [vl]:		77,15					
	Effektivlohn in €/h [leg]	12,60	14,40	16,20	18,00	19,80	21,60	23,40
	Stücklohnkosten in € [SLKGA]	77,15	77,15	77,15	77,15	77,15	77,15	77,15
5	PROGRESSIVER LEISTUNGSLOHN		Grundlohnvorgabe in €/Stück [gl]:			64,29		
	Akkordzuschläge in %/100 [az]	0,05	0,10	0,15	0,20	0,25	0,30	0,35
	Effektivlohn in €/h [lep]	11,03	13,20	15,53	18,00	20,63	23,40	26,33
	Stücklohnkosten in € [SLKPL]	67,50	70,72	73,93	77,15	80,36	83,58	86,79
6	Relative Vorzüglichkeit der Entlohnungsverfahren bei Berücksichtigung von Festkosten der Produktionsanlage [FK] in Höhe von jährlich €:				100.000			
	Festkosten in €/Stück [sfk]	340,14	297,62	264,55	238,10	216,45	198,41	183,15
	Fest-u.Lohnkosten/Stück in € bei...							
	ZEITLOHN	431,97	377,98	335,98	302,38	274,89	251,98	232,60
	ZEITAKKORD	417,28	374,77	341,70	315,24	293,60	275,56	260,30
	GELDAKKORD	417,29	374,77	341,70	315,25	293,60	275,56	260,30
	PROGRESSIVER LEISTUNGSLOHN	407,64	368,34	338,48	315,24	296,81	281,99	269,94

DECK58

Übersicht 5.8: Vergleichende Analyse unterschiedlicher Entlohnungsverfahren – Beispiel –

Block 3 zeigt die Situation bei Anwendung des Zeitakkordes. Gemäß Gleichung (5.3) werden zur Bestimmung des Effektivlohnes der Vorgabelohn (la) und die Vorgabezeit (vz) benötigt. Zur Bestimmung des Vorgabelohnes geht der Betriebsleiter davon aus, dass er einen Akkordzuschlag von 20 % zum Zeitlohn anbieten wird, der Vorgabelohn also 18,00 €/Std. betragen soll. Als Vorgabezeit werden die 4,286 h/Tier angesetzt, die sich bei einem Leistungsgrad von 100 % (Normalleistung) ergeben. Gemäß Gleichung (5.3) errechnet sich daraus ein je nach realisierter Leistung zwischen 12,60 und 22,40 €/h variierender Effektivlohn für den Mitarbeiter. Die Stücklohnkosten (SLKZA) für den Betrieb ergeben sich jetzt nach Maßgabe der folgenden Beziehung:

(5.6) $$SLKZA = vz \cdot la$$

Sie werden durch die realisierte Leistung nicht beeinflusst und betragen im Beispiel stets 77,15 €/Tier.

Block 4 zeigt den Zusammenhang für den Geldakkord. Zu seiner Bestimmung wird lediglich die Lohnvorgabe in €/Stück (vl) benötigt. Der Betriebsleiter übernimmt dafür den Stücklohn, den er vorher beim Zeitakkord errechnet hatte. Naheliegenderweise ergibt sich für den Effektivlohn in Abhängigkeit von der realisierten Leistung des Mitarbeiters gemäß Gleichung (5.2) die gleiche Variationsbreite wie bei der Anwendung des Zeitakkordes, weil $vl = vz \cdot la$ ist. Die Stücklohnkosten (SLKGA) errechnen sich dann mit:

(5.7) $$SLKGA = vl$$

Sie bleiben wie beim Zeitakkord unabhängig von der realisierten Leistung des Mitarbeiters konstant.

Block 5 der *Übersicht 5.8* zeigt schließlich die Situation bei Anwendung des progressiven Leistungslohnes. Gemäß Gleichung (5.4) werden zu seiner Bestimmung die Grundlohnvorgabe in €/Stück (gl) und die Akkordzuschläge (az) in Abhängigkeit von den Leistungsgraden benötigt. Für die Grundlohnvorgabe übernimmt der Betriebsleiter den Betrag, der sich als Stücklohn bei Normalleistung nach der Zeitentlohnung (Block 2) ergeben hatte. Die Akkordzuschläge werden in Abhängigkeit von den Leistungsgraden von 5 bis 35 % der Grundlohnvorgabe variiert, d. h., az hat die Werte 0,05 bis 0,35. Aus Gleichung (5.4) lässt sich dann errechnen, dass der Effektivlohn (lep) von 11,03 €/h bis 26,33 €/h ansteigen kann. Die Stücklohnkosten (SLKZL) ergeben sich nunmehr wie folgt:

(5.8) $$SLKZL = gl \cdot (1 + az)$$

Aus Block 5 der *Übersicht 5.8* geht hervor, dass die Stücklohnkosten bei dieser Lohngestaltung mit zunehmendem Leistungsgrad sogar ansteigen.

Insgesamt wird aus dem Beispiel zunächst deutlich, dass sich der Mitarbeiter für die Stückentlohnung und namentlich für den progressiven Leistungslohn entscheiden sollte, weil dabei im Unterschied zum Zeitlohn eine höhere realisierte Leistung durch einen höheren Stundenlohn – oder bei gegebener Gesamtarbeitszeit – durch ein höheres Gesamteinkommen entgolten wird. Auf den ersten Blick sollte der Betriebsleiter hingegen die Zeitentlohnung vorziehen, weil die Stücklohnkosten bei dieser Entlohnungsform mit steigender realisierter Leistung des Mitarbeiters stark absinken, also im Unterschied zu den Stücklohnformen nicht gleich bleiben oder gar ansteigen.

Indessen ist zu berücksichtigen, dass die Stückentlohnung den Mitarbeiter zu einer höheren realisierten Leistung anspornt und damit u. a. erreicht wird, dass die Produktionsanlage besser genutzt werden kann. Wenn wir z. B. davon ausgehen, dass die Stallanlage jährliche Festkosten in Höhe von 100.000,00 € für Abschreibungen und Wartungen verursacht, dann ergeben sich die in Block 6 der *Übersicht 5.8* aufgeführten Stückkostensummen für die Fest- und Lohnkosten. In Abhängigkeit vom Leistungsgrad sinken die Festkosten je Mastbulle von 340,14 € auf 183,15 €. Trotz gleich bleibender oder gar ansteigender Stücklohnkosten in Abhängigkeit vom Leistungsgrad bei den Stücklohnformen ergibt sich daraus jetzt bei allen Entlohnungsarten ein Absinken der Stückkostensummen. Wenn wir davon ausgehen, dass die übrigen Kosten (insbesondere Futter- und Remontierungskosten) stückkonstant bleiben, dann lohnt sich aus der Sicht des Betriebsleiters bei sämtlichen Entlohnungsformen eine Erhöhung der realisierten Leistung des Mitarbeiters.

Wenn nun aber der Mitarbeiter aufgrund fehlender direkter Anreize bei der Zeitentlohnung nur die Normalleistung (100 %) erbringt, dann entstehen – wie Block 6 zeigt – Stückkosten von 302,38 € je Mastbulle. Würde der Mitarbeiter wegen des Lohnanreizes beim Zeit- oder Geldakkord dagegen eine Leistungssteigerung um 10 % auf 110 % realisieren, dann stiege sein Stundenlohn einerseits von 18,00 € auf 19,80 €, während andererseits die Stückkosten des Betriebes gleichzeitig von 302,38 auf 293,60 € abnähmen. Könnte der Mitarbeiter schließlich bei Anwendung des progressiven Leistungslohnes aufgrund des noch höheren Leistungsanreizes eine Leistungssteigerung auf 120 % erreichen, dann würde sein Stundenlohn sogar von 18,00 € auf 23,40 € ansteigen. Trotz steigender Lohnstückkosten könnte der Betrieb aber eine weitere Kostenersparnis verbuchen. Wie Block 6 zeigt, würden die Stückkosten von 302,38 € auf 281,99 € je Mastbulle zurückgehen.

Wir können aus dem Beispiel also schließen, dass die Stücklohnformen bei erfüllten Bedingungen bezüglich der Arbeitsart immer dann eingesetzt werden sollten – und sowohl im Interesse des Betriebes als auch des Mitarbeiters liegen – wenn die dadurch entstehenden Leistungsanreize auch in die Tat umgesetzt werden können. Ein steigendes Arbeitseinkommen für den Mitarbeiter führt zu gleichzeitig sinkenden Stückkosten für das Unternehmen.

5.4.3.2.2 Zusatzvergütungen

Übersicht 5.7 zeigte, dass sich die Zusatzvergütungen in die Unterformen der Zuschläge, der Zulagen, der Prämien und der Erfolgsbeteiligungen auffächern lassen.

Lohn- und Gehaltszuschläge sind Entgeltbestandteile, die für außergewöhnliche Länge und Lage der Arbeitszeit, z. B. als Überstunden-, Nachtarbeits- sowie Sonn- und Feiertagsarbeitzuschläge oder zum Ausgleich unterschiedlicher Belastungen als Ortszuschläge gezahlt werden. Da wegen der Witterungsabhängigkeit der pflanzlichen Produktion eine manchmal unvermeidliche Kombination aus Überstunden und Feiertagszuschlägen zu einer bis zu mehr als 100%igen Steigerung der Stundenlohnsätze führen kann, sollten die Betriebe mit ihren Mitarbeitern möglichst vereinbaren, dass Über- sowie Sonn- und Feiertagsstunden in arbeitsarmen Zeiten durch Freistellung „abgefeiert" werden. Hohe Überstundenzuschläge können sogar die Neigung mancher Mitarbeiter dazu fördern, dass bestimmte Arbeiten bis in die Überstundenzeit hinausgezögert werden.

Im Unterschied zu Zuschlägen werden *Zulagen* i. d. R. pauschal aufgrund periodisch durchgeführter Leistungsbewertungen oder auch als Erschwernis-, Schmutz- und Gefahrenzulagen für Arbeiten, die mit besonderen Belastungen oder persönlichen Risiken verbunden sind, vergeben. Die Natur vieler Arbeiten bringt es mit sich, dass diese Zulagen einen mehr oder weniger bedeutenden Lohnbestandteil bilden können.

Unter den Zusatzvergütungen nehmen die *Prämien* eine besondere Stellung ein. Der Prämienlohn wird sowohl in der Kombination Zeitlohn plus Prämie als auch in der Kombination Stücklohn plus Prämie verwandt. Die Prämie gilt als eine sehr flexible Lohnform, da Prämien für sehr unterschiedliche Merkmale der Arbeitsleistung gezahlt werden können, wie z. B. für den Leistungsumfang (Mengenleistungsprämie), die Leistungsgüte (Qualitätsprämie), die Materialeinsparung (Ersparnisprämie), die Verminderung von Leerlaufzeiten (Maschinennutzungsprämie) und die Erfüllung von Zeitvorgaben (Termineinhaltungsprämie). Analog zur Stückentlohnung bedarf es bei der Prämienentlohnung der Festlegung einer Bezugsleistung („Normalleistung") hier als Prämienanfangsleistung. Erst nach Erreichen dieser Leistung beginnt die Prämienzahlung. Die Kombination aus Stück- und Prämienentlohnung wird im nächsten Abschnitt anhand eines Beispiels verdeutlicht.

Die *Erfolgsbeteiligung* als Zusatzvergütung, die als Anteil des Unternehmenserfolges bemessen wird, bietet sich sowohl für Arbeiter und Angestellte als auch für Mitglieder der Unternehmensleitung in kapitalbezogenen Unternehmen an. Allerdings ist die Erfolgsbeteiligung für Arbeiter und Angestellte immer wieder daran gescheitert, dass der Unternehmenserfolg negativ werden kann, und dann Lohn- und Gehaltsabschläge die Folge sein müssten. Bei Mitgliedern der Unternehmensleitung hat sich die Erfolgsbeteiligung u. a. deshalb durchgesetzt, weil deren Arbeitsverträge i. d. R. zeitlich befristet sind. Insgesamt kann die Erfolgsbeteiligung für leitende Mitglieder des Unternehmens zu einem wichtigen Motivationsinstrument werden, wie bereits im 4. Kapitel über die Ziele des Unternehmens diskutiert wurde.

5.4.3.2.3 Die Kombination aus Grund- und Zusatzvergütungen

In Abschnitt 5.2.4 wurde als Beispiel der Arbeitsvertrag zwischen Landwirt A. Milchmeyer und Tierwirt E. Tiermüller (vgl. *Übersicht 5.5*) gezeigt. Dabei wurde in § 4 auf ein Berech-

Zeile	1. GRUNDVERGÜTUNG ALS STÜCKLOHN	Faktoren	Punkte	Produkte
	1.1 LAKTIERENDES MILCHVIEH			
1	1.1.1 Melken im 2x4-Fischgrätenmelkstand	8	4	32
2	Abzug elektronische Abruffütterung	1	-2	-2
3	1.1.2 Füttern mit Futtermischwagen	1	5	5
4	Futterentnahme aus Fahrsilos	1	3	3
5	1.1.3 Rauhfuttertransport aus Scheune in Stall	1	4	4
6	1.1.4 Entmisten und Einstreuen des Laufstalls	1	4	4
7	Laufflächenreinigung mit Stallschlepper	1	4	4
8	1.1.5 Herdenüberwachung im Laufstall	1	3	3
9	1.1.6 Besamung	1	3	
10	1.1.7 Datenerfassung u. -eingabe in Computer	1	3	3
11	Gesamtpunktzahl je Tier und Monat (S Z.1-10)	***	***	59
	1.2 HOCHTRAGENDE FÄRSEN, TROCKENSTEHENDE KÜHE			
12	1.2.1 Füttern mit Futtermischwagen	1	3	3
13	Futterentnahme aus Fahrsilos	1	5	5
14	1.2.2 Rauhfuttertransport aus Scheune in Stall	1	4	4
15	1.2.3 Entmisten und Einstreuen des Laufstalls	1	4	4
16	Laufflächenreinigung mit Stallschlepper	1	4	4
17	1.2.4 Herdenüberwachung im Laufstall	1	3	3
18	1.2.5 Datenerfassung u. -eingabe in Computer	1	3	3
19	Gesamtpunktzahl je Tier und Monat (S Z.12-18)	***	***	26
	1.3 SAUGKÄLBER			
20	1.3.1 Füttern (Tragefütterung)	1	24	24
21	1.3.2 Entmisten u. Einstreuen	1	18	1
22	1.3.3 Strohtransport (deckenlastig)	1	4	4
23	1.3.4 Datenerfassung u. -eingabe in Computer	1	2	2
24	Gesamtpunktzahl je Tier und Monat (S Z.20-23)	***	***	48
	1.4 BERECHNUNG DER GRUNDVERGÜTUNG	Tierzahl	Punktzahl	Produkte
25	1.4.1 Laktierendes Milchvieh (Punktzahl Z.11)	68	59	4.012
26	1.4.2 Trag. Färsen, Tr. Kühe (Punktzahl Z.19)	12	26	312
27	1.4.3 Saugkälber (Punktzahl Z.24)	6	48	288
28	Gesamtpunktzahl für Bestand (S Z.25-27)	***	***	4.612
29	Vereinbarter Punktwert in €/Punkt	0,30	4.612	1.383,60
30	Mehrarbeitszuschlag für Punkte>3000 in €/Punkt	0,06	1.612	96,72
31	SUMME DER GRUNDVERGÜTUNG ALS STÜCKLOHN (Z.29+30)	***	***	1.480,32

EINGABE zusätzlicher DATEN zur Berechnung der monatlichen Zusatzvergütungen					
(Monats-)Tage:	30	Ermolkene Milchmenge in l:	52.000	Ø-Fett %:	4,15
Schlachtvieherlös in €:	1500,00	Schlachtkälbererlös in €:	400,00		
Zuchtkälbererlös in €:	450,00	Lebend geb. Kälber in Stück:	6		

Zeile	2. ZUSATZVERGÜTUNGEN ALS PRÄMIEN, ZULAGEN UND ZUSCHLÄGE	€/Monat
32	2.1 Milchprämie [(l Milch/(Tage*Kühe))*0,005%Stücklohn*1%l Milch]	981,07
33	2.2 Fettprämie [Ø-Fett%*0,15*1%l Milch]	323,70
34	2.3 Milchgüteprämie für Güteklasse S [0,13*1%l Milch]	67,60
35	2.4 Verkaufsprämie für Schlachtvieh [1% vom Erlös]	15,00
36	2.5 Verkaufsprämie für Schlachtkälber [2% vom Erlös]	8,00
37	2.6 Verkaufsprämie für Zuchtkälber [2% vom Erlös]	9,00
38	2.7 Geburtsprämie für lebende Kälber [11,-€/Stück]	66,00
39	2.8 Zulage für Reinigung der Milchanlage [0,0010*l Milch]	52,00
40	2.9 Zulage für Nachtarbeit [3,50,-€/Tag]	105,00
41	2.10 Deputatmilch [2 l/Tage*0,40€/l]	24,00
42	SUMME DER ZUSATZVERGÜTUNGEN (S Z.32-41)	1.651,37
43	SUMME DER VERGÜTUNGEN (Z.31+42)	3.131,69

DECK59

Übersicht 5.9: Schema zur Berechnung der monatlichen Vergütungen eines Tierwirtes

nungsschema zur Kalkulation des Monatslohnes als Anlage 1 verwiesen. Dieses Schema ist als Beispiel für eine Kombination aus Grund- und Zusatzvergütungen in *Übersicht 5.9* dargestellt.

Die Übersicht zeigt im oberen Block die Rechnung für die Grundvergütung in Form des Stücklohnes. Im Einzelnen ist ersichtlich, dass der gesamte Milchviehbestand in die Teile „laktierendes Milchvieh", „hochtragende Färsen, trockenstehende Kühe" und „Saugkälber" aufgeteilt wurde und zunächst die Arbeitszeitvorgaben für die notwendigen Einzelarbeitsgänge je Einzeltier des Herdenbestandes berechnet wurden. In der Spalte „Faktoren" wird mit Ausnahme des Melkens von jeweils einem Tier ausgegangen. Im Melkstand werden gleichzeitig 8 Tiere gemolken. Die Spalte „Punkte" enthält die Vorgabezeiten. Die Spalte „Produkte" errechnet sich als mathematisches Produkt aus „Faktoren" und „Punkte".

In den Zeilen 25 bis 27 der Übersicht werden die ermittelten Punktwerte für die Herdenteile mit der Zahl der Tiere multipliziert, um daraus in Zeile 28 die Gesamtpunktzahl als Maß für den Gesamtarbeitsbedarf der Herde zu ermitteln. Zur Berechnung der Grundvergütung wird diese Gesamtpunktzahl mit den vereinbarten Lohnvorgaben „Punktwerte" und „Mehrarbeitszuschläge" (Zeile 29 und 30) multipliziert. Die Summe der Grundvergütung ist in Zeile 31 ausgewiesen.

Der zweite Teil des Schemas dient der Berechnung der Zusatzvergütungen in Form von Prämien, Zulagen und Zuschlägen. Die einzelnen Bestandteile und ihre Berechnung sind in den Zeilen 32 bis 41 der *Übersicht 5.9* dargestellt. Aus der Art und Berechnung der einzelnen Zusatzvergütungen geht unmittelbar hervor, dass Tierwirt E. Tiermüller mit diesem Bestandteil seiner monatlichen Vergütung einerseits zu hoher Leistung und andererseits zur Erreichung hoher Produktqualitäten angeregt werden soll.

Schließlich enthält Zeile 41 der Übersicht mit den 2 l Milch, die Tiermüller täglich erhält, auch einen sog. Naturallohnbestandteil. Die *Naturalentlohnung* hat in der Landwirtschaft früher eine wichtige Rolle gespielt. Teile der Vergütungen der Mitarbeiter bestanden aus Produkten und Produktionsmitteln des Betriebes oder auch aus der Zuweisung von Deputatland und verbilligten Werkswohnungen. Die Naturalentlohnung ist inzwischen jedoch bis auf sinnvolle Restgrößen aufgegeben worden, weil die Betriebe wegen der zunehmenden Spezialisierung immer weniger Arten von Deputaten bereitstellen können und die Mitarbeiter ihrerseits landwirtschaftliche Rohprodukte immer weniger umfangreich verwenden möchten.

Insgesamt ist schließlich darauf hinzuweisen, dass es sich bei der *Übersicht 5.9* lediglich um ein Beispiel der Gesamtentlohnung eines Mitarbeiters handelt. Selbstverständlich sind nicht nur Kombinationen aus Stücklohn und Zusatzvergütungen, sondern auch Kombinationen aus Zeitlohn und Zusatzvergütungen oder Kombinationen aus Zeitlohn und Stücklohn denkbar und werden in der Praxis verwendet.

5.5 Personalführung und Führungsstile

Nach den Überlegungen zur Gestaltung der physischen und psychischen Arbeitsbedingungen sowie des Arbeitsentgeltes für die betrieblichen Mitarbeiter im vorhergehenden Abschnitt können wir nunmehr den Begriff der Personalführung wie folgt fassen (vgl. zu diesem Abschnitt insbesondere Bea 2005, S. 1 ff.):

Personalführung ist die zielorientierte Einflussnahme auf das Verhalten der im Unternehmen beschäftigten Mitarbeiter.

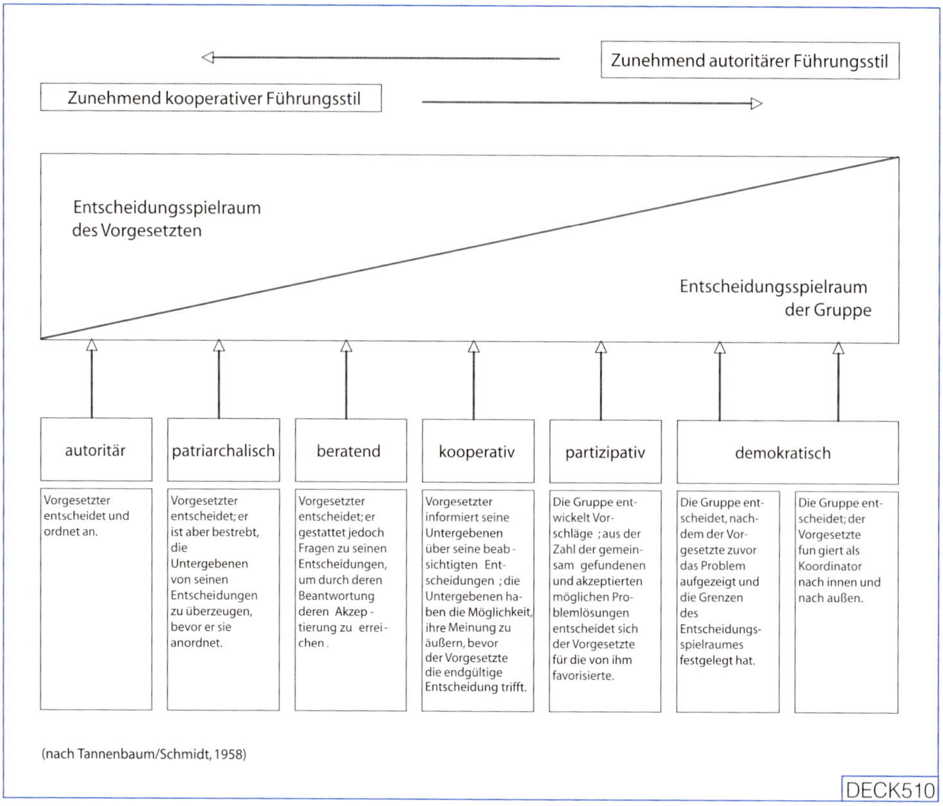

Übersicht 5.10: Führungsstile

Die Notwendigkeit für die Personalführung ist im Verlaufe der wissenschaftlichen Beschäftigung mit diesem Gebiet unterschiedlich begründet worden. Die erste Begründung entstammt der patriarchalischen Sichtweise des Unternehmers zu Beginn des vorigen Jahrhunderts. Menschenführung ist notwendig, weil Menschen geführt werden wollen. Das Menschenbild geht vom unmündigen, sich unterwerfenden, hilflosen und schutzbedürftigen Mitarbeiter aus, der einer „starken Hand" bedarf.

In den 20er und 30er Jahren des vorigen Jahrhunderts wurde Führung dann mit der ideologischen Überzeugung begründet, dass Menschen geführt werden müssen. Ohne die „starke Hand" würden Egoismus, Orientierungslosigkeit und chaotische Selbstbestimmung überhand nehmen. Die Gleichschaltung und verordnete Uniformiertheit passen zu dieser Sichtweise. Diese Führungsbegründung gipfelte in der Diskussion um Eliten, die führen sollten und denen es sich zu unterwerfen galt.

Neuere Führungsbegründungen gehen vom elitären Menschenbild der Über- und Unterordnung ab und betonen das Miteinander. Personalführung wird zu einem Motivationsinstrument. Führung legitimiert sich nicht vorrangig durch Macht, sondern durch die Fähigkeit, Mitarbeiter durch gezielte Einflussnahme zu Leistungsbereitschaft und unternehmensbezogenem Handeln zu motivieren.

Der Grad der Einflussnahme von Vorgesetzten (Führende) auf Untergebene (Geführte) bzw. der Grad der Mitwirkung der Mitarbeiter an den Entscheidungen kann unterschiedlich gestaltet sein. In den verschiedenen Verhaltensmustern kommen unterschiedliche Führungsstile zum Ausdruck. Prinzipiell können wir zwei Extremtypen von Führungsstilen unterscheiden, nämlich den autoritären Führungsstil und den kooperativen Führungsstil. Für den *autoritären Führungsstil* ist charakteristisch, dass die Führungspersonen anordnen, ohne die Betroffenen zu fragen. Beim *kooperativen Führungsstil* findet dagegen eine Mitwirkung der Geführten in Form von mehr oder weniger umfangreichen Willensbildungsprozessen und Entscheidungsdelegationen statt. Zwischen den beiden Extremtypen sind verschiedene Übergangsformen denkbar und werden auch praktiziert. *Übersicht 5.10* (nach TANNENBAUM/SCHMIDT, 1958) gibt dazu einen Überblick.

Die Analyse der Führungsstile hat zur Konzeption einer Reihe von Führungsmodellen geführt. Einige der bekanntesten Modelle sind in *Übersicht 5.11* ohne jeden Anspruch auf Vollständigkeit aufgeführt. In Anlehnung an *Bea* (*Bea* 2005, S. 7 ff.) sei dazu Folgendes kurz erläutert:

(1)	*Führung durch Eingriffe in Ausnahmefällen* *Management by Exception*
(2)	*Führung durch Aufgabenübertragung* *Management by Delegation*
(3)	*Führung durch Vorgabe von Entscheidungsregeln* *Management by Decision Rules*
(4)	*Führung durch Ergebnisüberwachung* *Management by Results*
(5)	*Führung durch Zielvereinbarung* *Management by Objectives*
(6)	*Führung im Mitarbeiterverhältnis* *Harzburger Führungsmodell*

DECK511

Übersicht 5.11: Führungsmodelle – Beispiele –

(1) Die Führung durch Abweichungskontrolle und Eingriffe in Ausnahmefällen *(Management by Exception)* gehört zu den bekanntesten Führungsmodellen. Dieses Modell versucht, die Arbeitsbelastung von Führungskräften dadurch zu mindern, dass Mitarbeiter solange selbstständig entscheiden können, bis vorgeschriebene Toleranzgrenzen überschritten werden oder unvorhergesehene Ausnahmen eintreten. Die Führung legt Ziele und Richtlinien für die Einschätzung von Normal- und Ausnahmefällen fest. Für Normalfälle enthält der Mitarbeiter Entscheidungskompetenz und Entscheidungsverantwortung.

Problematisch für die Mitarbeiter dürfte allerdings die Einteilung der Entscheidungssituationen in Normalfälle und Ausnahmefälle sein. Ein Mitarbeiter, dem die Bewältigung eines Ausnahmefalles nicht zugetraut wird und der ständig mit plötzlichen Eingriffen von oben zu rechnen hat, büßt zudem an Motivation ein. Die ausschließliche Vorgabe von Zielen und Richtlinien lässt außerdem die Kreativität und Initiative der Mitarbeiter verkümmern. Diese Nachteile sind den möglichen Vorteilen einer Zeitersparnis durch die Führung bei diesem Führungsstil gegenüberzustellen.

(2) Führung durch Aufgabenübertragung *(Management by Delegation)*, d. h. die Delegation auf untergeordnete Hierarchieebenen, ist ein allgemeines Führungsprinzip, das beinahe zwangsläufig angewendet werden muss, wenn die Größe des Unternehmens, also die Zahl der Mitarbeiter, ansteigt. Eine konkrete Ausformung erfährt dieses Prinzip deshalb erst in den unten beschriebenen Management-Prinzipien.

(3) Das Prinzip der Führung durch Vorgabe von Entscheidungsregeln *(Management by Decision Rules)* kombiniert den Grundgedanken positiver Anreize durch Delegation mit der Vorstellung, Mitarbeiter durch genaue Regeln steuern zu müssen. Die delegierten Aufgaben können nicht selbstständig bewältigt werden, sondern sind von dem betroffenen Mitarbeiter im Rahmen der Regelvorgabe zu erfüllen. Zu fragen ist indessen, ob sich Mitarbeiter durch enge Regelvorgaben auch motivieren lassen. Eine allgemeine Zielausrichtung aller Teilaufgaben des Unternehmens ist dadurch jedoch möglich.

(4) Führung durch Ergebnisüberwachung *(Management by Results)* ist eine ergebnisorientierte Unternehmensführung, die den Mitarbeitern klare Leistungsergebnisse, meist in Form von zu erreichenden Produktionsmengen, Umsätzen, Stückzahlen oder einzuhaltenden Budgets, vorgibt. Diese Soll-Vorgaben werden dann von der Unternehmensführung unabhängig vom Weg der Erreichung mehr oder weniger stetig überwacht. Organisatorischer Ausdruck des Prinzips ist die „Profit-Centre-Organisation". Bereichsegoismus und Zahlenfetischismus können die Folge sein. Diesem Führungsstil liegt eine skeptische Grundhaltung gegenüber der Leistungsbereitschaft untergebener Mitarbeiter zugrunde.

(5) Führung durch Zielvereinbarung *(Management by Objectives)* ist ebenfalls ein bekanntes Führungsmodell. Durch die Betonung von Zielvorgaben im Gegensatz zu detaillierten Verhaltensregeln und Verhaltensanweisungen wird dem einzelnen Mitarbeiter bewusst ein Ermessensspielraum auf dem Wege zur Zielerreichung eingeräumt. Im Unterschied zum „Management by Results", bei dem die Führungspersonen die Ziele vorgeben, sollen beim „Management by Objectives" Führungspersonen und Mitarbeiter gemeinsam die Ziele festlegen. Das Ergebnis soll in präzisen Angaben zum Inhalt, zum Ausmaß und zum zeitlichen Geltungsbereich der Ziele bestehen. Die Ziele müssen deshalb nicht nur vollständig formuliert werden, vielmehr müssen sie den Fähigkeiten der jeweiligen Stelleninhaber auch angepasst werden, damit sie für diese als Herausforderung gelten können. Die Führungstätigkeit beschränkt sich auf die Zielvereinbarung mit den Mitarbeitern und die Kontrolle der Zielerreichung. Die Mitarbeiter werden nicht nach dem Weg der Zielerreichung beurteilt.

Der Erfolg dieses Führungsmodells hängt entscheidend von der Art der Mitarbeiterbeteiligung bei der Zielbildung und der Form der Zielkontrolle durch die Führungspersonen ab. Unternehmensziele, die den persönlichen Zielen der Mitarbeiter entgegenkommen, sind ideale Voraussetzungen für Leistungswillen und Leistungsbereitschaft. Die Bildung klarer, exakter, realistischer und doch möglichst flexibler Ziele stellt allerdings ein Problem dar. Wenn ausschließlich die Leistung und nicht die Kreativität der Maßnahmen zur Zielerreichung beurteilt wird, kann dies zu Motivationsproblemen führen, insbesondere wenn die Leistungen nicht exakt den Zielvorgaben entsprechen.

(6) Als „Harzburger Führungsmodell" wird das von Reinhard HÖHN, Gründer und Leiter der Führungsakademie in Bad Harzburg, entwickelte Konzept der *Führung im Mitarbeiterverhältnis* bezeichnet. Grundgedanke ist, dass die Motivation von Mitarbeitern durch Delegation von Verantwortung und die Übertragung selbstständiger Aufgabenbereiche gefördert wird. Jeder Mitarbeiter erhält ein fest umgrenztes Aufgabengebiet mit Kompetenzen und eigenverantwortlicher Entscheidungs- und Handlungsbefugnis. Für diesen Aufgabenbereich trägt er aber auch die volle Verantwortung. Der Vorgesetzte sollte in den jeweiligen Aufgabenbereich nicht eingreifen.

Hauptbestandteile des Modells sind umfangreiche Führungsanweisungen und Stellenbeschreibungen. Die Führungsanweisungen enthalten detaillierte Rechte und Pflichten eines Vorgesetzten bezüglich der Information, Kontrolle und Bewertung von Mitarbeitern. Diese Detailliertheit geht soweit, dass mehrseitige Anweisungen zur Gestaltung von Mitarbeitergesprächen ausgearbeitet werden. Dem Harzburger Modell wird vorgeworfen, den Mitarbeitern einerseits zu viel Freiraum und Selbstständigkeit bei Entscheidungen und Handlungen einzuräumen und andererseits durch vielfältige Vorschriften ein bürokratisches Betriebsklima zu schaffen.

Aus der kurzen Diskussion der verschiedenen Führungsmodelle wird einsichtig, dass es sich bei der Einführung eines Führungsmodells in einem Unternehmen um ein komplexes Entscheidungsproblem handelt. Tradierte Organisationsstrukturen, persönliche Macht- und Interessenverhältnisse sowie vorhandene „Seilschaften" können jedes theoretisch noch so fundierte Konzept wirkungslos machen, wenn sich die Mitarbeiter nicht mit ihm identifizieren oder sogar dagegen arbeiten. Die rigorose Einführung nur eines Führungsmodells verbietet sich deshalb in den meisten praktischen Fällen.

5.6 Analyse und Planung der betrieblichen Arbeitserledigung

Bei der Analyse und Planung des Einsatzes von Arbeitskräften für die betriebliche Aufgabenerledigung ist von dem Tatbestand auszugehen, dass einerseits die verschiedenen Transformations- und Transaktionsprozesse zu ihrer Bewältigung quasi eine Nachfrage nach menschlicher Arbeit entfalten und andererseits die Belegschaft des Betriebes ein Angebot zur Durchführung dieser Prozesse bereitstellt. Die generelle Aufgabe der Arbeitsplanung besteht darin, diese beiden Seiten der Arbeitsbilanz so in Übereinstimmung zu bringen, dass weder bestimmte Arbeitsbedarfe ungedeckt noch bestimmte Arbeitsangebote ungenutzt bleiben. Insbesondere aufgrund unterschiedlicher Zeitstrukturen des Angebotes und der Nachfrage gelingt dieser Abgleich zumeist nur näherungsweise. Gerade in der Landwirtschaft treten neben „Arbeitsspitzen" unvermeidlich auch gewisse „Arbeitstäler" auf.

Der Zeithorizont für die Arbeitsplanung reicht von der sehr langfristigen Anpassung des Arbeitsbedarfes in einem Familienbetrieb an den Lebenszyklus der Familie mit ihren – je nach Alter und Zusammensetzung der Mitglieder – zyklisch unterschiedlichen Arbeitsangeboten über den meist jährlichen Arbeitsvoranschlag bis zur täglichen oder gar stündlichen Arbeitseinteilung für die witterungsabhängigen Prozesse der pflanzlichen Erzeugung. Wir wollen in den folgenden Abschnitten näher auf den Arbeitsvoranschlag und die laufende Arbeitseinteilung eingehen.

5.6.1 Determinanten des Arbeitsangebotes

Der Umfang des betrieblichen Arbeitsangebotes wird zunächst von der Zahl der Arbeitskräfte, der Arbeitszeitregelung (inkl. Urlaubsregelung) sowie unvorhersehbaren Arbeitsausfällen durch Krankheit etc. bestimmt. Die Arbeitskapazität gibt die Gesamtzeit an, während der die Arbeitskräfte eines Betriebes für den Betrieb Arbeit verrichten können. Sind z. B. in einem Betrieb drei ständige Vollzeitarbeitskräfte tätig und ist dabei eine tägliche Arbeitszeit von 9 Stunden und eine 5-Tage-Woche vereinbart, dann ergibt sich eine (arbeits-)tägliche Arbeitskapazität von 3 AK · 9 h = 27 AKh (AK ist die gängige Abkürzung für Arbeitskraft, AKh für Arbeitskraftstunde) und eine (arbeits-)wöchentliche Arbeitskapazität von 3 AK · 9 h · 5 Tage = 135 AKh. Wird schließlich unter Berücksichtigung des Urlaubsanspruches und der in der Arbeitswoche liegenden Feiertage davon ausgegangen, dass die Arbeitskräfte innerhalb eines Jahres an 45 Wochen tätig sind, dann errechnet sich daraus eine Jahresarbeitskapazität von 3 AK · 9 h · 5 Tage · 45 Wochen = 6075 AKh.

Die solcherart errechneten Arbeitskapazitäten sind selbstverständlich nur mehr oder weniger grobe Vorgabewerte. Sie vermindern sich durch unvorhergesehene Arbeitszeitausfälle infolge von Krankheit oder auch von Kündigungen mit anschließender Vakanz bis zur Neueinstellung eines Mitarbeiters. Sie können andererseits durch Leistung von Überstunden sowie von Sonn- und Feiertagsarbeit aber auch kurzfristig ansteigen.

5.6.2 Determinanten des Arbeitsbedarfs

Der Arbeitsbedarf für einen betrieblichen Prozess wird ebenfalls in Arbeitskraftstunden (AKh) gemessen. Exakt handelt es sich um den Arbeitszeitbedarf bei normalem Leistungsgrad der ausführenden Arbeitskräfte. *Übersicht 5.12* zeigt für das Beispiel der landwirtschaftlichen Nutzpflanzenerzeugung, dass sich der Arbeitsbedarf aus mehreren Komponenten zusammensetzt. Neben der eigentlichen Ausführungszeit für die Erledigung der Arbeitsaufgabe sind Rüst- und Wegezeiten vor und nach der Ausführung der Arbeit zu berücksichtigen. Die Ausführungszeit wird ihrerseits in die Haupt- und die Nebenzeit aufgegliedert. Nur die Hauptzeit ist im strengen Sinne prozessbezogene Arbeitszeit. Unvermeidliche Nebenzeiten, wie das Wenden an Feldstückrändern oder die Leerfahrten bei einseitigem Mähen von z. B. Erbsen, werden der gesamten Ausführungszeit jedoch hinzugerechnet.

Der Gesamtarbeitsbedarf eines Betriebes hängt zunächst vom Umfang der betrieblichen Transformations- und Transaktionsprozesse ab. Naheliegenderweise steigt der Gesamtarbeitsbedarf mit zunehmender Betriebsgröße.

Je Einheit eines Prozesses – also bspw. je ha Anbaufläche einer Nutzpflanzenart oder je betreuter Einheit einer Nutztierart oder auch je bearbeiteter Einheit von Verwaltungsvorgängen – hängt der Arbeitsbedarf entscheidend von der Beschaffenheit der verwendeten Betriebsmittel, nämlich der Arbeitswerkzeuge, der Arbeitsmaschinen, der baulichen Anlagen und der landwirtschaftlichen Nutzflächen ab. *Übersicht 5.13* zeigt als Beispiel vier wesentliche Determinanten des Arbeitsbedarfes für das Pflügen. Der Arbeitsbedarf je Einheit wird dabei als Arbeitszeit je (gepflügter) Flächeneinheit bzw. mit seinem Kehrwert als (gepflügte) Fläche je Arbeitszeiteinheit ausgedrückt (vgl. zur Datengrundlage KTBL 2004).

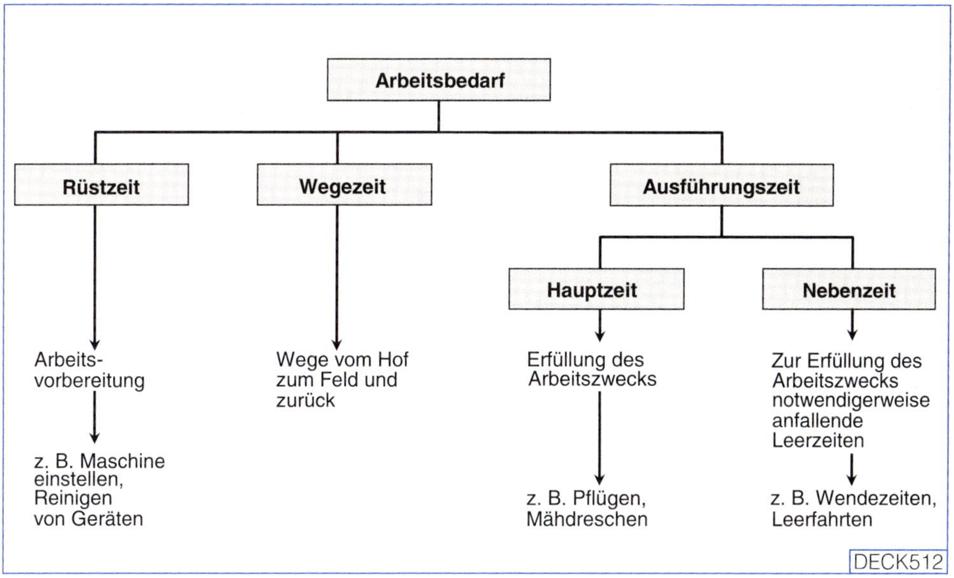

Übersicht 5.12: Komponenten des Arbeitsbedarfes in der landwirtschaftlichen Nutzpflanzenerzeugung

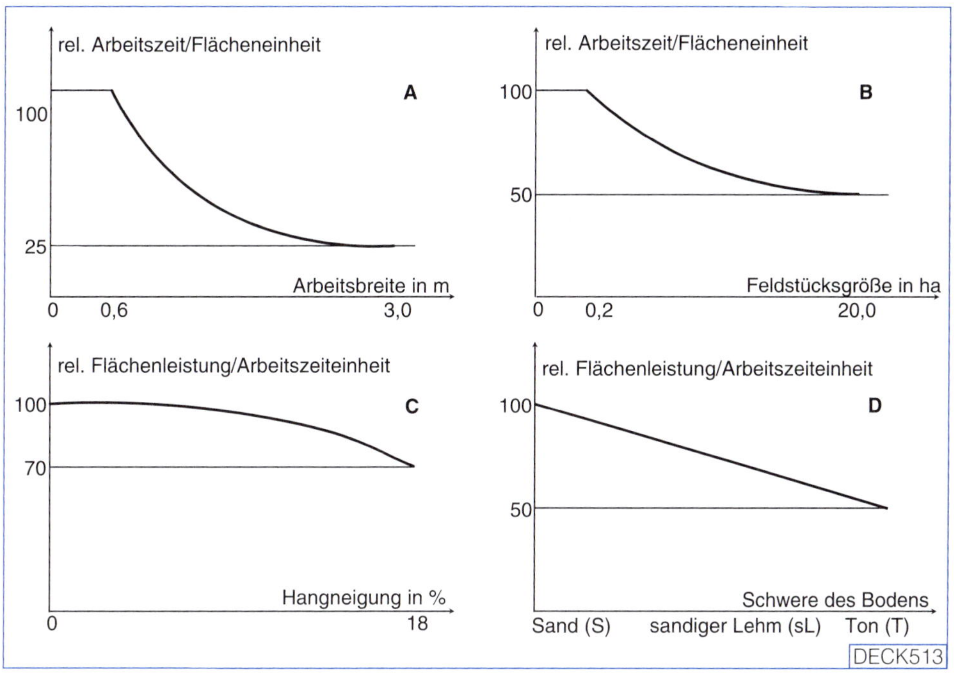

Übersicht 5.13: Relative Leistung beim Pflügen in Abhängigkeit verschiedener Einflussgrößen

Die nichtlinearen Funktionen in den Blöcken A und B der Übersicht kommen dadurch zustande, dass mit zunehmendem Wert der jeweils unabhängigen Variablen die Rüst- und Wegezeiten sowie die Nebenzeiten im Vergleich zur (Haupt-)Ausführungszeit abnehmen. Im Einzelnen zeigt Block A, dass der Arbeitsbedarf mit zunehmender Arbeitsbreite des Pfluges degressiv bis auf ca. 25 % des Ausgangswertes abfällt, wenn der Arbeitszeitbedarf je Flächeneinheit für das Pflügen mit einem 2-Schar-Pflug (60 cm Arbeitsbreite) mit 100 % angenommen wird. In Abhängigkeit von der Feldstücksgröße sinkt der Arbeitsbedarf bei gegebener Arbeitsbreite des Pfluges auf ca. 50 % des Ausgangswertes, wenn die Feldstücksgröße von 0,2 auf 20 ha ausgedehnt wird (Block B). Mit zunehmender Feldstücksgröße sinken die anteiligen Wege- und Nebenzeiten.

Block C zeigt eine progressiv abfallende Leistung in Abhängigkeit von einer zunehmenden Hangneigung bei gegebener Arbeitsbreite des Pfluges und gegebener Feldstücksgröße. Bei Hangneigungen über 18 % ist das Pflügen nicht mehr möglich. Block D zeigt schließlich den näherungsweisen Zusammenhang zwischen Leistung und Schwere des Bodens. Bei gegebener Arbeitsbreite, gegebener Feldstücksgröße und gegebener Hangneigung sinkt die Leistung auf Tonboden (T) im Vergleich zur Leistung auf dem leicht bearbeitbaren Sandboden (S) auf ca. 50 %.

Kumulieren wir die Einflüsse der vier Determinanten, dann vermittelt *Übersicht 5.14* einen Eindruck über die mögliche Variationsbreite des Arbeitsbedarfes für Arbeiten im Bereich der pflanzlichen Produktion. Der Arbeitsbedarf beim Pflügen unterscheidet sich im vorzüglichsten im Vergleich zum nachteiligsten Fall etwa um den Faktor 20. Ähnliche große Unterschiede können sich für andere Feldarbeiten ergeben, auch wenn etwa beim Pflanzenschutz, bei der Düngung oder beim Mähdrusch die Schwere des Bodens kaum eine Rolle spielt.

MAXIMALLEISTUNG [1]	=	*100,000 %*
A. Abnehmende Arbeitsbreite [bis 75%]	-	*75,000 %*
	=	*25,000 %*
B. abnehmende Feldstücksgröße [bis 50%]	-	*12,500 %*
	=	*12,500 %*
C. zunehmende Hangneigung [bis 30%]	-	*3,750 %*
	=	*8,750 %*
D. zunehmende Schwere des Bodens [bis 50%]	-	*4,375 %*
MINIMALLEISTUNG [2]	=	*4,375 %*

[1] *2,5 m Arbeitsbreite auf rechteckigem 20 ha-Schlag in ebener Lage mit Sandboden.*
[2] *0,5 m Arbeitsbreite auf rechteckigem 0,2 ha-Schlag in extremer Hanglage mit Tonboden.*

DECK514

Übersicht 5.14: Variationsbreite für den Arbeitsbedarf des Pflügens

Bei den Prozessen der Tierproduktion sind die Unterschiede des Arbeitsbedarfes vorwiegend durch die Art der Wirtschaftsgebäude (Aufstallungsformen), die Art der technischen Anlagen (Melk-, Fütterungs- und Entsorgungsaggregate) und die Größe der Nutzviehbestände bedingt. Je nach Ausformung dieser Determinanten kann der Arbeitsbedarf bei den gegenwärtig gebräuchlichen Produktionsverfahren um den Faktor 5 bis 10 variieren. Der tägliche Arbeitsbedarf je Milchkuh in kleinen Tierbeständen liegt bei 25 Minuten. Er sinkt in großen Boxenlaufställen auf ca. 5 Minuten. Der laufende tägliche Arbeitsbedarf für kleine Mastschweinebestände auf der Futterbasis Kartoffeln mit Handfütterung liegt bei etwa 12 Minuten je 10 Tiere. Dieser Bedarf sinkt in großen Beständen mit vollautomatischer Futtervorlage und Spaltenbodenentsorgung auf ca. 1,9 Minuten (Daten nach KTBL 2004).

Während die Art der Betriebsmittel die Höhe des Arbeitsbedarfes je Einheit der verschiedenen Produktionsprozesse bestimmt, hängt die zeitliche Verteilung des Arbeitsbedarfes prinzipiell von den Typen der Produktionsprozesse ab. In Abschnitt 3.2.1.2 (vgl. *Übersicht 3.3*) hatten wir bei den Transformationsprozessen die drei Grundtypen der „kontinuierlichen" und der „diskontinuierlichen Fließproduktion in Werkstätten" und der „naturbedingt diskontinuierlichen Produktion auf Baustellen" unterschieden.

Übersicht 5.15 zeigt beispielhaft die zeitlichen Verläufe des Arbeitsbedarfes (auch als „Arbeitsaufrisse" bezeichnet) für diese drei Typen. Während der wöchentliche Arbeitsbedarf bei der kontinuierlichen Fließproduktion der Milcherzeugung im Zeitablauf praktisch nicht schwankt (Block A), ist die diskontinuierliche Fließproduktion der Schlachtschweineerzeugung im Rein-Raus-Verfahren durch zeitkonstante Abschnitte und periodisch auftretende „Arbeitsspitzen" gekennzeichnet. Diese Arbeitsspitzen treten jeweils in der Woche auf, in der die schlachtreifen Schweine ausgestallt, die Stallanlage einer Grundreinigung unterzogen und die neuen Ferkel eingestallt werden müssen.

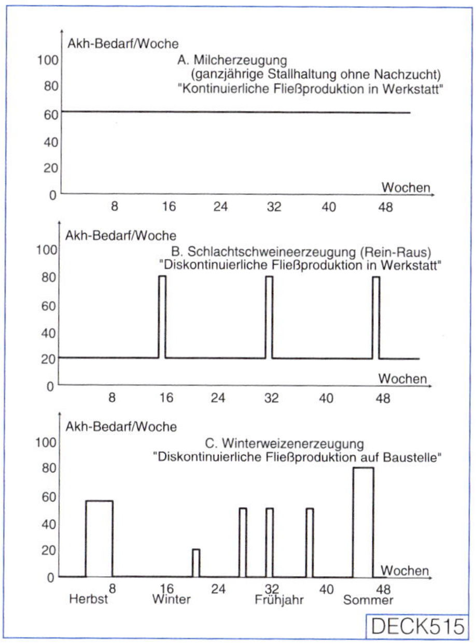

Übersicht 5.15: Arbeitsaufrisse unterschiedlicher Typen von Produktionsprozessen – Beispiele –

Schließlich zeigt Block C der Übersicht den Arbeitsaufriss des Weizenbaus als Beispiel für die „naturbedingt diskontinuierliche Produktion auf Baustellen". Im Herbst für die Grundbodenbearbeitung und Aussaat, im Frühjahr für die Düngung und den Pflanzenschutz und im Sommer für die Ernte und die anschließende Stoppelbearbeitung ergeben sich jeweils Arbeitsspitzen, die von Perioden ohne jeden Arbeitsbedarf unterbrochen werden.

Mit der zeitlichen Struktur im engen Zusammenhang steht die Termingebundenheit des Arbeitsbedarfes. In *Übersicht 5.15* nimmt die Strenge der Terminbindung von A nach C ab. Praktisch sämtliche Arbeiten für die Milchviehherde müssen täglich, teilweise mehrmals, durchgeführt werden und dulden nur in Ausnahmefällen Verschiebungen um wenige Stunden. Prinzipiell das Gleiche gilt für die laufenden Betreuungsarbeiten in der Schlachtschweineproduktion. Lediglich der Aus- und Einstallvorgang kann u. U. um wenige Tage vor- oder zurückverlegt werden.

Die Arbeiten der naturbedingt diskontinuierlichen Pflanzenproduktion sind zwar sämtlich ebenfalls termingebunden, allerdings weniger extrem als diejenigen der tierischen Produktionsprozesse. Je nach Witterungsbedingungen und Intensität der Konkurrenzbeziehungen zu anderen Arbeitsaufgaben kann etwa die Aussaat von Winterweizen um einige Wochen variiert werden. Stärkere Terminbindungen ergeben sich zwar für die Düngungs-, die Ernte- und die Pflanzenschutzmaßnahmen, aber auch hier lassen sich die Zeitpunkte der Arbeitserledigung zumindest um einige Tage variieren.

In der betriebswirtschaftlichen Literatur hat sich – begrifflich etwas unglücklich – eingebürgert, die extrem termingebundenen Arbeiten der tierischen Erzeugung als *laufende* oder *regelmäßig anfallende Arbeiten* zu bezeichnen, während die tatsächlich weniger terminfixierten Arbeiten der pflanzlichen Produktionsprozesse *termingebundene Arbeiten* heißen.

Zu den laufenden Arbeiten zählen im Betrieb neben den genannten Tätigkeiten für die Prozesse der tierischen Produktion auch größere Teile der unaufschiebbaren Führungs- und Verwaltungstätigkeiten. Mit dem Begriff der termingebundenen Arbeiten wird gleichzeitig eine Abgrenzung gegenüber solchen Arbeiten vorgenommen, die nicht termingebunden sind. Diese sog. verschiebbaren oder nicht termingebundenen Arbeiten können immer dann durchgeführt werden, wenn im Betrieb aufgrund der Eigenarten der Prozesse der pflanzlichen Erzeugung Arbeitstäler entstehen. Verschiebbare Arbeiten sind z. B. gewisse Hofarbeiten, Gebäudepflege- und -reparaturmaßnahmen, Grundüberholungen der Maschinen im Winter und einige Verwaltungstätigkeiten.

Trotz der rigorosen Termingebundenheit bereitet die Planung der laufenden Arbeiten im Betrieb vergleichsweise geringe Schwierigkeiten. Da sich die Arbeiten täglich wiederholen und im Jahresablauf nur sehr geringen Schwankungen unterliegen, lässt sich dieser gleichmäßige Arbeitsbedarf mit dem ebenfalls gleichmäßigen Arbeitsangebot ständig verfügbarer Arbeitskräfte relativ einfach zur Übereinstimmung bringen. Der zeitkonstanten Arbeitsnachfrage steht ein zeitkonstantes Arbeitsangebot gegenüber. Gewisse Schwierigkeiten kann jedoch die Regelung der Wochenend-, Urlaubs- und der Krankheitsvertretung bereiten. In größeren Betrieben mit mehreren Mitarbeitern sollten dafür Vertretungskräfte eingearbeitet sein, die kurzfristig einspringen können. Für die Familienbetriebe bestehen in den einzelnen Regionen sog. Betriebshelferdienste, die kurzfristig und zeitlich begrenzt einsetzbare Fachkräfte vermitteln.

Vergleichsweise schwierig gestaltet sich die Arbeitsplanung für die in Block B der *Übersicht 5.15* skizzierte diskontinuierliche Fließproduktion. Die Arbeitsspitzen während des Ein- und Ausstallvorganges können von der Arbeitskraft, die den Mastprozess während der übrigen Zeit betreut, i. d. R. nicht allein bewältigt werden. In größeren Betrieben müssen dafür kurzfristig Mitarbeiter, die ansonsten in der Pflanzenproduktion tätig sind, einspringen. In Familienbetrieben kann dieses Problem dadurch gelöst werden, dass mehrere Landwirte ihre Mastprozesse so koordinieren, dass die Arbeitsspitzen in den Betrieben jeweils durch die Landwirte gemeinsam und zeitlich nacheinander bewältigt werden können. In Schwerpunktgebieten der Schlachtschweine- und Geflügelerzeugung kann der Landwirt auch auf Service-Unternehmen zurückgreifen, die diese Arbeiten übernehmen.

Besondere Anforderungen an die Arbeitsplanung stellen die Prozesse der pflanzlichen Produktion. Verfügt ein Betrieb über eine im Jahresablauf etwa gleich bleibende Arbeitskapazität, und würde dieser Betrieb nur ein pflanzliches Produkt erzeugen, dann würden in diesem Betrieb – wie der Arbeitsaufriss in Block C in *Übersicht 5.15* unmittelbar verdeutlicht – je nach Umfang der Arbeitskapazität entweder Arbeitsspitzen entstehen, die nicht bewältigt werden könnten, oder Arbeitstäler, in denen die Arbeitskräfte nicht voll beschäftigt sind.

Eine Verstetigung des Arbeitsbedarfes im Jahresablauf lässt sich jedoch dadurch erreichen, dass in den Betrieben mehrere Zweige der pflanzlichen Produktion, die zu unterschiedlichen Terminen Arbeitsansprüche haben, miteinander kombiniert werden. Der Anbaukalender für verschiedene pflanzliche Produkte in *Übersicht 5.16* zeigt, dass eine solche Verstetigung auf vielfältige Weise erreicht werden kann. Beispielsweise können Winterraps und Winterweizen oder Zuckerrüben, Winterweizen und Wintergerste sehr gut miteinander kombiniert werden, weil sie unterschiedliche Vegetationsperioden, unterschiedliche Vegetationsdauern und unterschiedliche Aussaat- und Erntetermine haben. Leerzeiten bei einer Nutzpflanzenart lassen sich durch Zeiten des Arbeitsbedarfs bei den anderen Arten ausgleichen.

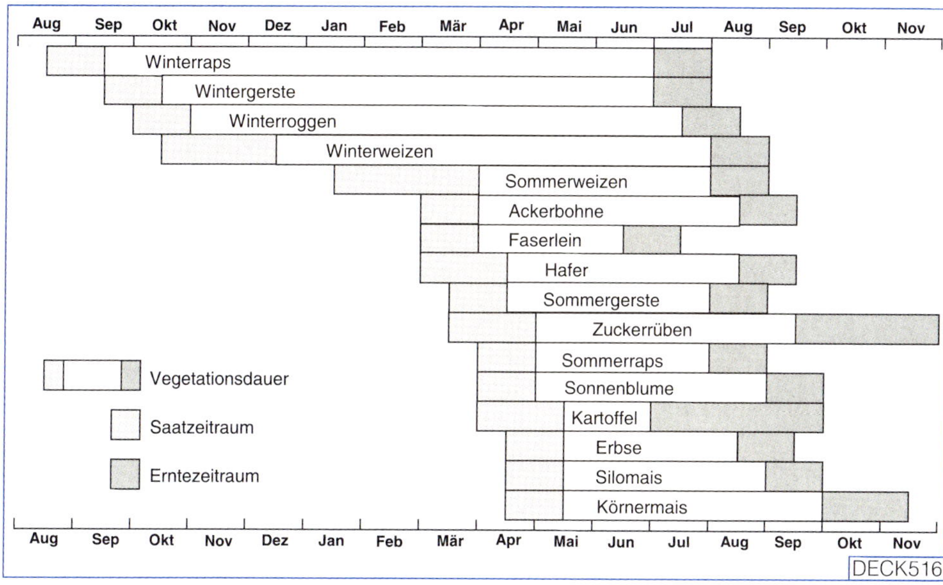

Übersicht 5.16: Anbaukalender landwirtschaftlicher Produkte – Beispiele –

5.6.3 Der Arbeitsvoranschlag

Die Möglichkeit der Schaffung eines gewissen Arbeitsausgleichs durch Kombination mehrerer pflanzlicher Produktionsprozesse bildet die Basis für die Jahresarbeitsplanung in Form des *Arbeitsvoranschlags*. Wir wollen uns dieses Verfahren anhand eines Beispiels verdeutlichen.

Die *Übersichten 5.17* und *5.21* beinhalten den – als Tabellenkalkulationsprogramm gestalteteten – Arbeitsvoranschlag für den spezialisierten Pflanzenproduktionsbetrieb in Sachsen-Anhalt, den wir aus Abschnitt 1.4.3.3 (Bestimmung des Getreideernteverfahrens) bereits kennen (Aufruf der miteinander verknüpften Tabellen der *Übersichten 5.17* und *5.21* mit DECK517). Der Betrieb umfasst insgesamt 1500 ha Ackerfläche. Es werden Zuckerrüben, Winterraps, Winterweizen, Wintergerste und Körnermais angebaut. Außerdem muss der Betrieb nach Maßgabe der EU-Vorgaben 8,95 % seiner Ackerfläche, entsprechend 134,25 ha, stilllegen. Er wählt dafür die Rotationsbrache.

Aus *Übersicht 5.17* geht zunächst hervor, dass das Kalenderjahr zur Kalkulation der termingebundenen Arbeiten für die pflanzliche Erzeugung in Halbmonate (FEB2, MAE1, MAE2 usw.) zerlegt wird, in denen für die einzelnen Produkte jeweils bestimmte Arbeiten durchgeführt werden sollten. Die Zeiträume für die Durchführung der Arbeiten richten sich nach den klimatischen Bedingungen des betrieblichen Standortes. Zur Gewinnung verallgemeinerter Daten wurde dafür die Bundesrepublik Deutschland in 12 Klimagebiete eingeteilt (vgl. KTBL 2004, S. 123 ff.). Der Beispielsbetrieb liegt im Klimagebiet 7. Die Daten in *Übersicht 5.17* gelten für dieses Klimagebiet. Für andere Klimagebiete kann sich die Terminierung der Arbeiten im Jahr verändern.

I			Produktarten und Arbeitsbedarf in AKh/ha:						Verfügbare Feld-arbeits-tage	Tages-arbeits-zeit in AKh	Verfüg-bare AKh je SAK[1]
Z.	Zeit-raum	An-spruch-stufe	Z-Rü-ben	W-Raps	W-Wei-zen	W-Ger-ste	K-Mais	Rotat. Bra-che			
1	FEB2	2	0,10	0,10	0,20	0,20	0,00	0,00	3	10,0	30,0
2		2+3	0,10	0,13	0,20	0,20	0,00	0,00	5	9,0	45,0
3	MAE1	2	0,50	0,17	0,13	0,13	0,00	0,00	4	10,0	40,0
4		2+3	0,50	0,20	0,16	0,16	0,00	0,00	5	9,0	45,0
5	MAE2	2	0,65	0,11	0,12	0,12	0,00	0,00	4	10,0	40,0
6		2+3	0,65	0,11	0,15	0,15	0,00	0,00	5	9,0	45,0
7	APR1	2	0,00	0,35	0,19	0,19	0,63	0,00	6	9,0	54,0
8		2+3	0,00	0,35	0,19	0,19	0,63	0,00	9	9,0	81,0
9	APR2	2	0,23	0,00	0,23	0,23	0,75	0,00	7	9,0	63,0
10		2+3	0,23	0,00	0,23	0,23	0,75	0,00	11	9,0	99,0
11	MAI1	2	0,00	0,00	0,00	0,00	0,23	0,00	8	9,0	72,0
12		2+3	0,00	0,00	0,00	0,00	0,23	0,00	12	9,0	108,0
13	MAI2	2	0,46	0,23	0,00	0,19	0,00	0,00	10	9,0	90,0
14		2+3	0,46	0,23	0,00	0,19	0,00	0,00	13	9,0	117,0
15	JUN1	2	0,00	0,00	0,42	0,00	0,23	0,00	9	9,0	81,0
16		2+3	0,00	0,00	0,42	0,00	0,23	0,00	12	9,0	108,0
17	JUN2	2	0,00	0,00	0,00	0,00	0,68	0,00	9	9,0	81,0
18		2+3	0,00	0,00	0,00	0,00	0,68	0,00	12	9,0	108,0
19	JUL1	1	0,00	0,40	0,00	1,02	0,00	0,00	6	9,0	54,0
20		1+2	0,17	0,40	0,00	1,35	0,00	0,60	10	9,0	90,0
21		1+2+3	0,17	0,46	0,00	1,35	0,00	0,60	13	9,0	117,0
22	JUL2	1	0,00	0,51	0,25	0,00	0,00	0,00	4	10,0	40,0
23		1+2	0,00	1,42	0,25	0,00	0,00	0,00	11	9,0	99,0
24		1+2+3	0,00	2,82	0,25	0,00	0,00	0,00	13	9,0	117,0
25	AUG1	1	0,00	0,00	0,77	0,00	0,00	0,00	6	10,0	60,0
26		1+2	0,00	0,90	0,77	0,60	0,00	0,00	11	10,0	110,0
27		1+2+3	0,00	0,90	0,77	0,63	0,00	0,00	13	9,0	117,0
28	AUG2	1	0,00	0,00	0,00	0,06	0,00	0,00	4	10,0	40,0
29		1+2	0,00	0,89	0,42	0,39	0,00	0,00	10	9,0	90,0
30		1+2+3	0,00	0,89	0,42	0,45	0,00	0,00	13	9,0	117,0
31	SEP1	2	0,00	0,00	0,73	0,96	0,00	0,00	10	9,0	90,0
32		2+3	0,00	0,00	0,73	2,08	0,00	1,40	13	9,0	117,0
33	SEP2	2	1,00	0,00	0,66	0,47	0,00	0,00	11	9,0	99,0
34		2+3	1,00	0,00	0,66	0,82	0,40	0,00	13	9,0	117,0
35	OKT1	2	0,80	0,00	0,88	0,00	0,40	0,00	9	9,0	81,0
36		2+3	0,80	0,00	1,80	0,00	0,40	0,00	13	9,0	117,0
37	OKT2	2	0,67	0,00	0,27	0,00	0,40	0,00	7	9,0	63,0
38		2+3	0,67	0,00	0,82	0,00	1,56	0,00	12	9,0	108,0
39	NOV1	2	0,00	0,00	0,00	0,00	0,76	0,00	3	9,0	27,0
40		2+3	0,82	0,00	0,00	0,00	1,42	0,00	10	9,0	90,0
41	Restzeit		0,60	0,00	0,00	0,00	1,00	0,00	28	9,0	252,0
42	Spalten- Σ:		6,00	6,09	6,80	6,45	7,30	2,00	***	***	***
43	Eingabe der NORM-Jahresarbeitstage und NORM-AKh je Arbeitstag:								225	9,0	2025,0

1) SAK = Ständige Arbeitskräfte

DECK517

Übersicht 5.17: Arbeitsvoranschlag: Arbeitsbedarf je ha Anbaufläche und Arbeitsangebot je ständiger Arbeitskraft (SAK)

Die Arbeiten, die während der einzelnen Zeitspannen durchgeführt werden müssen, sind grob in der Skizze der beiden Fruchtfolgen, die der Beispielsbetrieb gegenwärtig durchführt, mit *Übersicht 5.18* angedeutet.

Fruchtfolge I

	Pflügen	Saat	Pflege	Ernte	Stoppelbearbeitung
Winterraps	JUL	AUG	FEB - MAI	JUL	JUL
Winterweizen	SEP/ OKT	OKT	FEB - MAI	AUG	AUG/ SEP
Wintergerste	SEP	SEP	FEB - MAI	JUL	JUL/ AUG

Fruchtfolge II

	Pflügen	Saat	Pflege	Ernte	Stoppelbearbeitung
Zuckerrüben	OKT/ NOV	MAE	MAE - JUL	SEP/ OKT	
Körnermais	OKT/ NOV	APR	APR - JUN	SEP/ OKT	OKT
Winterweizen	OKT	OKT	FEB - MAI	AUG	AUG/ SEP

DECK518

Übersicht 5.18: Fruchtfolgen, termingebundene Arbeiten für die Produkte und Zeiträume für ihre Erledigung

Des Weiteren geht aus dem linken Teil der *Übersicht 5.17* hervor, dass die Zeitspannen ihrerseits wieder in jeweils drei (Anspruch-)Stufen unterteilt werden. Diese Anspruchstufen beziehen sich auf die notwendige Qualität der Tageswitterung und den Zustand des Bodens, der zur Durchführung bestimmter Arbeiten gegeben sein muss. In *Übersicht 5.19* ist aufgelistet, welche Arbeiten welchen Anspruchstufen zugeordnet sind (vgl. dazu KTBL 2004 und AUGTER 1990, S. 305 ff.). Die Anspruchstufe 1 wurde in *Übersicht 5.17* nur für die Monate Juli und August – dem Zeitraum der Getreide- und Ölfruchternte – berücksichtigt.

Übersicht 5.17 zeigt mit ihren mittleren Spalten, dass zur Kalkulation des Arbeitsvoranschlages im ersten Schritt die Arbeitsbedarfswerte in den einzelnen Halbmonaten und Anspruchstufen für die verschiedenen Früchte je ha Anbaufläche bestimmt werden müssen.

Die angegebenen Werte hat der Betriebsleiter aus einem Datenkatalog (vgl. KTBL 2004) entnommen und an seine betrieblichen Bedingungen angepasst, indem er die mit *Übersicht 5.13* diskutierten Determinanten des Arbeitsbedarfes einbezieht. Neben der Größe der Feldstücke, der Hangneigung und der Schwere des Bodens müssen dafür insbesondere die Leistungsfähigkeiten (Arbeitsbreiten, mögliche Fahrgeschwindigkeiten etc.) der eingesetzten Maschinen berücksichtigt werden. Für jedes einzelne Produkt ist also das *Produktionsverfahren* exakt nach Maßgabe der verwendeten Betriebsmittel und der einzelnen Arbeitsmaßnahmen zu definieren. Um keine Arbeiten zu vergessen, legt der Betriebsleiter zur Bestimmung der einzelnen Werte das Fruchtfolgeschema der *Übersicht 5.18* zugrunde. Die Arbeiten für jedes Produkt beginnen mit der Grundbodenbearbeitung (hier: Pflügen) und enden mit der Stoppelbearbeitung (inkl. Stroheinarbeitung). *Übersicht 5.20* zeigt als Beispiel die Definition eines Produktionsverfahrens und die zugehörigen Arbeitsbedarfe für den Winterweizen. Neben der Art der verwendeten Maschinen ist die Arbeitsbreite (z. B. 2,45 m) und die Häufigkeit der Maßnahmendurchführung (z. B. 1x) angegeben. Die Arbeitsbedarfswerte der *Übersicht 5.20* werden in die *Übersicht 5.17* nicht vollständig übernommen, da der Betriebsleiter zusätzlich betriebs-

Anspruchstufen	Feldarbeiten
1	Ernte von Getreide, Klee, Grassamen, Leguminosen, Ölfrüchten und Rauhfutter
2	Ernte von Hackfrüchten und Mais; Grundbodenbearbeitung; Saatbettbereitung; Saat (Pflanzen); Walzen vor und nach der Saat; Mineraldünger streuen; mechanische Pflegearbeiten; Pflanzenschutzarbeiten
3	Pflügen zu Winterfurche; Einarbeiten von Ernterückständen und Zwischenfrüchten; Stoppelbearbeitung; organischen Dünger ausbringen DECK519

Übersicht 5.19: Anspruchstufen für termingebundene Feldarbeiten

Häufigkeit	Zeitraum	Art 1)	Arbeitsgang	Menge je ha	Zeit AKh/ha
1	SEP1	 BLA FA	PK-Dünger (12% P_2O_5; 24% K_2O) ab Hof streuen, loser Dünger: Radlader Mineraldüngerschaufel 67 kW 6,0 m³, Anhängeschleuderstreuer, 67 kW	 500 kg 500 kg	 0,01 0,12
1	SEP2	FA	Pflügen: 5-Schar-Aufsatteldrehpflug, 83 kW		1,42
1	OKT1	FA	Eggen mit Saatbettkombination: angebaut 5,0 m, 83 kW		0,38
1	OKT2	 BLA TR ELA	Saatguttransport: Frontlader mit Getreideschaufel, 67 kW 6 (4,6) t, Dreiseitenkipper, 54 kW Überladeschnecke	 200 kg 200 kg 200 kg	 0,01 0,04
1	OKT2	FA	Säen von Winterweizen mit Sämaschine: pneumatisch 4,5 m, 67 kW	200 kg	0,54
1	OKT2	FA	Herbizidmaßnahme ab Hof: Anbau-PS-Spritze, 18 m, 1500 l, 67 kW	300 l	0,23
1	FEB2	 BLA FA	Kalkammonsalpeter (27% N) ab Hof streuen, loser Dünger: Düngerförderschnecke 0,8 m³, Anbauschleuderstreuer, 54 kW	 320 kg 320 kg	 0,01 0,27
1	MAE1	FA	Halmverkürzeranwendung ab Hof: Anbau-PS-Spritze, 18 m, 1500 l, 67 kW	300 l	0,23
1	APR1		Kalkammonsalpeter (27% N) ab Hof streuen, loser Dünger:		
	JUN1	BLA FA	Düngerförderschnecke 0,8 m³, Anbauschleuderstreuer, 54 kW	160 kg 160 kg	0,01 0,18
1	APR2 JUN1	FA	Fungizidmaßnahme ab Hof: Anbau-PS-Spritze, 18 m, 1500 l, 67 kW	300 l	0,23
1	AUG1	FA	Mähdrusch von Winterweizen: 4,5 m, 125 kW	8 t	1,02
1	AUG1	TR	Korntransport: 2 x Dreiseitenkipper je 8 (6) t, 67 kW	8 t	0,33
0,33	AUG2	 BLA FA	Kalk ab Feld streuen: Radlader Mineraldüngerschaufel, 67 kW 6,0 m³, Anhängeschleuderstreuer, 67 kW	 3 t 3 t	 0,01 0,04
1	AUG2	FA	1. Stoppelgrubbern flach: Anbaugrubber 3,0 m, 83 kW		0,60
1	SEP2	FA	2. Stoppelgrubbern tief: Anbaugrubber 3,0 m, 83 kW		0,66

1) BLA = Beladen; FA = Feldarbeit; TR = Transport; ELA = Entladen.

Quelle: KTBL 2004, S. 162 ff.

DECK520

Übersicht 5.20: Produktionsverfahren und Arbeitsbedarf für Winterweizen – Beispiel –

individuelle Gegebenheiten berücksichtigt (Feldstücksgrößen, Hof-Feld-Entfernungen, Verschiebungen der Arbeitserledigung zwischen Halbmonaten). Die in *Übersicht 5.17* eingesetzten Arbeitsbedarfswerte für die übrigen Produktionsprozesse wurden auf die gleiche Weise ermittelt.

Die rechten Spalten der *Übersicht 5.17* zeigen, dass im zweiten Schritt des Arbeitsvoranschlages die verfügbaren Arbeitsstunden je Arbeitskraft in den einzelnen Halbmonaten und Anspruchstufen bestimmt werden müssen. Dazu wird von den in den einzelnen Halbmonaten verfügbaren Feldarbeitstagen für die drei Anspruchstufen ausgegangen. Die Feldarbeitstage wurden für die einzelnen Klimagebiete aufgrund statistischer Untersuchungen bestimmt, wobei davon ausgegangen worden ist, dass die angegebene Zahl der Feldarbeitstage in 8 von 10 Jahren mindestens erreicht wird. (Bei geringeren bzw. höheren Eintrittswahrscheinlichkeiten verändert sich die Zahl der Feldarbeitstage.) Die Differenz zwischen den Summen der Feldarbeitstage für die drei Anspruchstufen und den Kalendertagen des Halbmonats ergibt die Zahl der Schlechtwettertage, an denen Feldarbeiten in keiner Anspruchstufe durchgeführt werden können. Aus der Bemerkung über die Wahrscheinlichkeit des Eintritts einer Mindestzahl von Feldarbeitstagen können wir schließen, dass die Jahresarbeitsplanung mit gewissen Unsicherheiten behaftet ist und der Arbeitsvoranschlag deshalb nur einen Jahresrahmen liefert. Die Arbeitsplanung muss während des Jahres kurzfristig immer wieder angepasst werden.

Werden die Feldarbeitstage mit den täglichen Arbeitsstunden einer Arbeitskraft multipliziert, dann ergeben sich daraus die in der letzten Spalte der *Übersicht 5.17* angegebenen verfügbaren Arbeitsstunden je Arbeitskraft für die einzelnen Halbmonate und Anspruchstufen. Zur konkreten Kalkulation dieser Arbeitsstunden ist der Betriebsleiter davon ausgegangen, dass er mit seinen Mitarbeitern in den Arbeitsverträgen vereinbart hat, dass diese im Normalfall an 225 Tagen des Jahres (45 Wochen · 5 Tage je Woche) jeweils 9 Stunden täglich arbeiten. Ferner nimmt er an, dass die Mitarbeiter an tatsächlichen Feldarbeitstagen zumindest zur Verfügung stehen und bei Feldarbeitstagen der Anspruchstufe 1 sowie in Ausnahmefällen auch der Anspruchsstufe 2 für mindestens 10 Stunden tätig sein werden. Die ggf. entstehende Mehrarbeit wird an Regentagen durch Freizeit ausgeglichen.

Wird schließlich in Zeile 43 der *Übersicht 5.17* die Zahl der NORM-Jahresarbeitstage und der NORM-AKh je Arbeitstag eingegeben, dann ergibt sich daraus in Zeile 41, dass eine Arbeitskraft noch an 28 weiteren Tagen während der Restzeit (Winter- und Schlechtwettertage) arbeiten sollte.

Die eigentliche Berechnung der Arbeitsbilanz erfolgt in der Tabelle der *Übersicht 5.21*. Dazu müssen zunächst die Anbauumfänge der einzelnen Produkte eingegeben werden (Zeile 43). Unter Berücksichtigung der Tatsache, dass der Betrieb 8,95 % seiner Ackerfläche stilllegen muss, plant der Betriebsleiter den Anbau von 250 ha Zuckerrüben, 250 ha Winterraps, 500 ha Winterweizen, 250 ha Wintergerste, 115,75 ha Körnermais und 134,25 ha Rotationsbrache. In der mit *Übersicht 5.18* skizzierten Fruchtfolge II wird also gut die Hälfte der Körnermaisfläche nicht mit dieser Frucht bebaut, sondern stillgelegt. Die Arbeitsbedarfswerte für die einzelnen Produktionsverfahren werden dann in den Zeilen 1 bis 41 der Übersicht angezeigt.

Als laufende Arbeiten würden im vorliegenden Beispiel des spezialisierten Pflanzenproduktionsbetriebes ohne Nutztierhaltung praktisch nur die leitenden und verwaltenden Tätigkeiten

II Z.	Zeit-raum	An-spruch-stufe	Gesamtarbeitsbedarf der Produktarten in AKh: Z-Rü-ben	W-Raps	W-Wei-zen	W-Ger-ste	K-Mais	Rotat. Bra-che	Lau-fende Arbeit in AKh	Ver-schieb-bare Arbeit in AKh	Ar beits-be-darf in AKh	Ver-fügb. Arbeit d. SAK in AKh	Sai-son-arbeit in AKh	Über-schuss (+)/De-fizit (-) in AKh
1	FEB2	2	25	25	100	50	0	0			200	210	0	10
2		2+3	25	33	100	50	0	0		90	298	315	0	18
3	MAE1	2	125	43	65	33	0	0			265	280	0	15
4		2+3	125	50	80	40	0	0		0	295	315	0	20
5	MAE2	2	163	28	60	30	0	0			280	280	0	0
6		2+3	163	28	75	38	0	0		0	303	315	0	13
7	APR1	2	0	88	95	48	73	0			303	378	0	75
8		2+3	0	88	95	48	73	0	0	250	553	567	0	14
9	APR2	2	58	0	115	58	87	0			317	441	0	124
10		2+3	58	0	115	58	87	0	0	360	677	693	0	16
11	MAI1	2	0	0	0	0	27	0			27	504	0	477
12		2+3	0	0	0	0	27	0	0	710	737	756	0	19
13	MAI2	2	115	58	0	48	0	0			220	630	0	410
14		2+3	115	58	0	48	0	0	0	580	800	819	0	19
15	JUN1	2	0	0	210	0	27	0			237	567	0	330
16		2+3	0	0	210	0	27	0	0	500	737	756	0	19
17	JUN2	2	0	0	0	0	79	0			79	567	0	488
18		2+3	0	0	0	0	79	0	0	660	739	756	0	17
19	JUL1	1	0	100	0	255	0	0			355	378	0	23
20		1+2	43	100	0	338	0	81			561	630	0	69
21		1+2+3	43	115	0	338	0	81	0	230	806	819	0	13
22	JUL2	1	0	128	125	0	0	0			253	280	0	28
23		1+2	0	355	125	0	0	0			480	693	0	213
24		1+2+3	0	705	125	0	0	0	0	0	830	819	11	0
25	AUG1	1	0	0	385	0	0	0			385	420	0	35
26		1+2	0	225	385	150	0	0			760	770	0	10
27		1+2+3	0	225	385	158	0	0	0	0	768	819	0	52
28	AUG2	1	0	0	0	15	0	0			15	280	0	265
29		1+2	0	223	210	98	0	0			530	630	0	100
30		1+2+3	0	223	210	113	0	0	0	140	685	819	0	134
31	SEP1	2	0	0	365	240	0	0			605	630	0	25
32		2+3	0	0	365	520	0	188	0	0	1.073	819	254	0
33	SEP2	2	250	0	330	118	0	0			698	693	5	1
34		2+3	250	0	330	205	46	0	0	0	831	819	12	0
35	OKT1	2	200	0	440	0	46	0			686	567	119	0
36		2+3	200	0	900	0	46	0	0	0	1.146	819	327	0
37	OKT2	2	168	0	135	0	46	0			349	441	0	92
38		2+3	168	0	410	0	181	0	0	0	758	756	2	0
39	NOV1	2	0	0	0	0	88	0			88	189	0	101
40		2+3	205	0	0	0	164	0	0	0	369	630	0	261
41	Restzeit		150	0	0	0	116	0	0	1.480	1.746	1.764	0	18
42	Spalten-∑:		1.500	1.523	3.400	1.613	845	269	0	5.000	14.148	14.175	***	633
43	Flächen in ha:		250,00	250,00	500,00	250,00	115,75	134,25	Anzahl Ständige Arbeitskräfte:					7

DECK521

Übersicht 5.21: Arbeitsvoranschlag: Der betriebliche Arbeitsbedarf und das Gesamtarbeitsangebot

des Betriebsleiters anfallen. Der Betriebsleiter könnte seine Arbeitszeiten auf die Zeilenwerte der Spalte „Laufende Arbeit in AKh" verteilen und müsste dann die Zahl der ständigen AK des Betriebes entsprechend um 1,0 erhöhen. Da es im Ergebnis keinen Unterschied macht, entscheidet er sich nicht für diese rechentechnische „Bruttolösung", sondern für die „Nettolösung", indem er weder seinen Arbeitsbedarf noch seine Arbeitskapazität berücksichtigt.

Aufgrund von Erfahrungen geht der Betriebsleiter schließlich davon aus, dass im Betrieb während des Jahres etwa 5000 Arbeitskraftstunden für verschiebbare Arbeiten (Maschinenüberholung, Bauunterhaltung etc.) anfallen. Diese Arbeiten können in „Arbeitstälern" durchgeführt werden. Sie wurden deshalb über das Jahr zunächst so verteilt, wie in der Spalte „Verschiebbare Arbeit in AKh" angegeben.

Nachdem die Anbauflächen der pflanzlichen Produktionsverfahren und die erwarteten Arbeitsbedarfswerte für die laufenden und die verschiebbaren Arbeiten eingegeben sind, weist die Spalte „Arbeitsbedarf in AKh" den nach Zeitspannen und Anspruchstufen gegliederten Gesamtarbeitsbedarf des Betriebes aus.

Um die eigentliche Arbeitsbilanz berechnen zu können, muss in Zeile 43 der *Übersicht 5.21* noch die Anzahl der ständigen Arbeitskräfte des Betriebes (hier: 7,0 AK) eingegeben werden. Daraus ergeben sich in der Spalte „Verfügb. Arbeit d. SAK" die aufgeführten Gesamtarbeitsangebote in den einzelnen Halbmonaten. Falls Überstunden geleistet und/oder Saisonarbeitskräfte beschäftigt werden sollen, sind die geplanten Einsatzumfänge in die Spalte „Saison und Überstunden in AKh" einzugeben. Im vorliegenden Fall hat der Betriebsleiter 11 AKh für die Arbeitsspitze im Juli sowie insgesamt 595 AKh für die Arbeitsspitzen im September und Oktober eingesetzt.

Die rechte Spalte der *Übersicht 5.21* „Überschuss (+) / Defizit (-) an AKh" zeigt schließlich an, in welchem Umfang der Arbeitsbedarf und das Arbeitsangebot voneinander abweichen. Bei den angenommenen Zahlenwerten ergibt sich eine recht gute Übereinstimmung. Kleinere Abweichungen liegen innerhalb von Fehlergrenzen.

Im Unterschied zur hier zunächst beschriebenen „linearen" Vorgehensweise wird der Betriebsleiter bei der tatsächlichen Erstellung des Arbeitsvoranschlages jedoch stärker „iterativ" vorgehen, indem er in einem ersten Schritt nur den Arbeitsbedarf ohne Berücksichtigung der verschiebbaren Arbeiten und das Arbeitsangebot ohne Berücksichtigung von Saison-AKh und Überstunden kalkuliert. Die in der letzten Spalte entstehenden Überschüsse und Defizite zeigen dann an, in welchen Halbmonaten noch Arbeitskapazität für die verschiebbaren Arbeiten verfügbar ist und in welchen Halbmonaten aufgrund von Defiziten Überstunden oder Saison-AKh benötigt werden. Durch das Einsetzen entsprechender Werte in die beiden genannten Spalten oder im Extremfall auch durch eine Anpassung der Zahl der ständigen AK wird schließlich eine ausgeglichene Arbeitsbilanz erarbeitet. Eine weitere Möglichkeit der Anpassung ergibt sich auch dadurch, dass viele Arbeiten terminlich nicht so eng gebunden sind, dass sie unbedingt innerhalb des jeweils dafür vorgesehenen Halbmonats erledigt werden müssten. Vielmehr lassen sie sich auch über zwei oder drei benachbarte Halbmonate verteilen. Von dieser Möglichkeit wurde bei einigen Arbeiten in der *Übersicht 5.17* Gebrauch gemacht.

5.6.4 Anpassung von Arbeitsbedarf und Arbeitskapazität

Im Allgemeinen wird die anfängliche Arbeitsbilanz für einen Betrieb keine so gute Übereinstimmung zwischen Arbeitsbedarf und Arbeitskapazität wie im vorstehenden Beispiel ergeben. Insbesondere können zwei gegensätzliche Ausgangssituationen auftreten: Entweder kann der Arbeitsbedarf insgesamt oder in einigen Halbmonaten höher sein als die verfügbare Arbeitskapazität, oder es kann umgekehrt die Arbeitskapazität insgesamt oder in einigen Halbmonaten erheblich über dem Arbeitsbedarf liegen. Ohne Veränderungen müsste der Betrieb im ersten Fall auf die Erzeugung bestimmter Produktmengen verzichten, im zweiten Fall würde er kostenträchtige Arbeitskapazität verschwenden. (Das den *Übersichten 5.17* und *5.21* zugrunde liegende Tabellenkalkulationsprogramm DECK517 ist mit seinen Dateneingabefeldern so angelegt, dass sowohl der Arbeitsbedarf als auch die Arbeitskapazität praktisch beliebig variiert werden können. Variieren Sie die Werte einzelner Datenarten, um sich einen Eindruck über mögliche Wirkungen der nachfolgend skizzierten Anpassungsmaßnahmen zu verschaffen.)

Wenn der Arbeitsbedarf in fast allen Halbmonaten die Arbeitskapazität erheblich übersteigt, so dass sich in der Zeile 42 der *Übersicht 5.21* erhebliche Unterschiede zwischen den Summen des Arbeitsbedarfs und den Summen des Arbeitsangebotes ergeben, wird der Betriebsleiter nicht umhin können, die Zahl der Mitarbeiter zu erhöhen, wenn er nicht den gesamten Produktionsumfang des Betriebes reduzieren will.

Treten dagegen nur in einigen Halbmonaten Defizite auf, ergeben sich mehrere Anpassungsmöglichkeiten. Wenn in einzelnen Halbmonaten noch Überschüsse an Arbeitskapazität vorliegen, kann der Betriebsleiter durch Erhöhung der Arbeitsstundenzahl für die Mitarbeiter in den defizitären Halbmonaten und entsprechende Verringerung der Arbeitsstundenzahl in den anderen Halbmonaten einen Ausgleich herbeizuführen suchen. Dann noch verbleibende Defizite in einzelnen Halbmonaten können auch – falls diese Möglichkeit in der Region besteht – durch die kurzfristige Einstellung von Saisonarbeitskräften beseitigt werden.

Wenn die Möglichkeiten zur Angebotsanpassung bei ständigen Arbeitskräften und durch die Einstellung von Saisonarbeitskräften erschöpft sind, kann umgekehrt auch der Arbeitsbedarf des Betriebes variiert werden. Zunächst wird der Betriebsleiter die verschiebbaren Arbeiten in diejenigen Zeiträume legen, die noch Überschüsse aufweisen. In der Regel bietet sich dafür vor allem die Restzeit an.

Ist diese Möglichkeit ausgeschöpft, kann auch versucht werden, die Arbeitsbedarfswerte für einzelne Produktionsverfahren in den defizitären Halbmonaten zu senken. Prinzipiell lässt sich diese Absenkung durch Nutzung des überbetrieblichen Maschinen- und Arbeitskräfteeinsatzes bewerkstelligen, indem der Betriebsleiter z. B. einen Lohnunternehmer für bestimmte Arbeiten einsetzt und damit den Arbeitsbedarf, der ansonsten durch betriebseigene Arbeitskräfte abgedeckt werden müsste, reduziert.

Schließlich kann der Betriebsleiter den Arbeitsbedarf in einzelnen Zeiträumen auch dadurch vermindern, dass er leistungsfähigere Maschinen beschafft oder gar das Produktionsprogramm umstellt. Dabei wird er den Produktionsumfang von solchen Produkten, die die Defizite in den Halbmonaten verursachen, einschränken und statt dessen den Umfang von solchen Produkten, die vornehmlich Arbeitsbedarf in Halbmonaten haben, die bisher noch Reserven aufweisen, ausdehnen.

Damit sind aber die Grenzen des Arbeitsvoranschlages als einer betrieblichen Teilplanung aufgezeigt. Maschineninvestitionen und Umstellungen des Produktionsprogramms können sich erheblich auf die Wirtschaftlichkeit des Betriebes auswirken. Bevor also diese Maßnahmen ergriffen werden, sollte in einer gesamtbetrieblichen Planung im Einzelnen geprüft werden, ob sich die Arbeitsspitzen nicht kostengünstiger durch Veränderung der Anzahl der ständigen und saisonalen Arbeitskräfte sowie durch den Lohnunternehmereinsatz abbauen lassen.

Für den gegenteiligen Fall schließlich, dass die Arbeitskapazität den Arbeitsbedarf insgesamt oder in einigen Zeiträumen erheblich übersteigt, gelten die vorhergehenden Aussagen quasi mit umgekehrten Vorzeichen: Bei einem Gesamtüberschuss sollte selbstverständlich die Zahl der ständigen Mitarbeiter gesenkt werden. Bei Überschüssen in einzelnen Halbmonaten kann über die Aufnahme zusätzlicher betrieblicher Aktivitäten (z. B. die Durchführung eigener Baumaßnahmen), über die Reduzierung bisher durch Lohnunternehmer geleistete Arbeiten und die dafür notwendige Beschaffung betriebseigener Maschinen sowie schließlich auch über Umstellungen des Produktionsverfahrens nachgedacht werden. Auch hier sind jedoch die Wirkungen auf die gesamte Wirtschaftlichkeit des Betriebes zu berücksichtigen. Auf die dafür notwendige betriebliche Gesamtplanung werden wir im nächsten Kapitel näher eingehen.

5.6.5 Probleme der laufenden Arbeitsplanung

Mit der Skizzierung der Aussaat- und Erntezeiten in *Übersicht 5.16* und der Zuordnung der Arbeiten zu Halbmonaten in *Übersicht 5.17* ist bereits angedeutet, dass die termingebundenen Arbeiten der pflanzlichen Produktionsprozesse nicht an absolut festen Terminen erledigt werden müssen, sondern innerhalb gewisser Zeiträume durchgeführt werden können. Damit ergeben sich innerhalb einzelner Zeiträume Entscheidungsanlässe zur tatsächlichen Termingestaltung und zur Berücksichtigung von Konkurrenzbeziehungen bei der Arbeitserledigung für mehrere Produktionsverfahren. Auf diese Fragen der kurzfristigen Arbeitsplanung wollen wir jetzt eingehen.

Prinzipiell ergibt sich für sämtliche pflanzlichen Produkte für praktisch jeden Arbeitsbereich (Pflügen, Saat, Pflege etc., vgl. *Übersicht 5.18*) ein parabelförmiger Zusammenhang zwischen dem Output des Produktionsprozesses als Naturalertrag je Flächeneinheit und den tatsächlichen Terminen der Arbeitsdurchführung (vgl. *Übersicht 5.22*, Block A). Zumindest theoretisch resultieren daraus in Bezug auf das erreichbare Naturalertragsniveau optimale Aussaat-, Düngungs-, Pflanzenschutz- und Erntetermine. So steigt z. B. innerhalb des insgesamt möglichen Aussaatzeitraumes für Winterweizen (etwa von Mitte September bis Mitte Dezember) der Erwartungswert für den Naturalertrag zunächst an, erreicht irgendwann ein Maximum, um danach wieder abzusinken. Eine verfrühte Aussaat führt zu verstärktem Krankheitsbefall des Bestandes im Herbst. Eine verspätete Aussaat bewirkt, dass sich der Bestand bis zum Eintritt der winterlichen Vegetationsruhe nur unzureichend entwickeln kann. Analoge Aussagen über den Erwartungswert des Ertrages und die Termine der Arbeitsdurchführung lassen sich praktisch für sämtliche termingebundenen Arbeiten machen.

Das Entscheidungsproblem wäre vergleichsweise einfach zu lösen, wenn der Entscheidungsträger die genaue Lage der Ertragsparabel sicher vorhersagen könnte. Für den Fall, dass die Maßnahme quasi zu einem Zeitpunkt durchführbar wäre, würde er (wie in Block A der *Übersicht 5.22* angedeutet) den Zeitpunkt top wählen. Im Scheitelpunkt der Ertragsparabel erreicht der Erwartungswert des Outputs sein Maximum. In der Realität beansprucht die Maßnahme allerdings einen bestimmten Zeitraum. Der Entscheider würde (wie in Block A ebenfalls skizziert) den von t1 bis t2 reichenden Zeitraum Δt wählen. Dieser Zeitraum beinhaltet den optimalen Zeitpunkt top in seinem Zentrum.

Das eigentliche Entscheidungsproblem entsteht aber erst daraus, wie Block B der *Übersicht 5.22* andeutet, dass die Lage der Ertragsparabel von Jahr zu Jahr aufgrund der unterschiedlichen Jahreswitterungen und auch der kurzfristigen Wetterentwicklung variiert und die konkrete Lage der Parabel deshalb nicht sicher vorhergesagt werden kann. Im ersten Jahr wäre z. B. der opti-

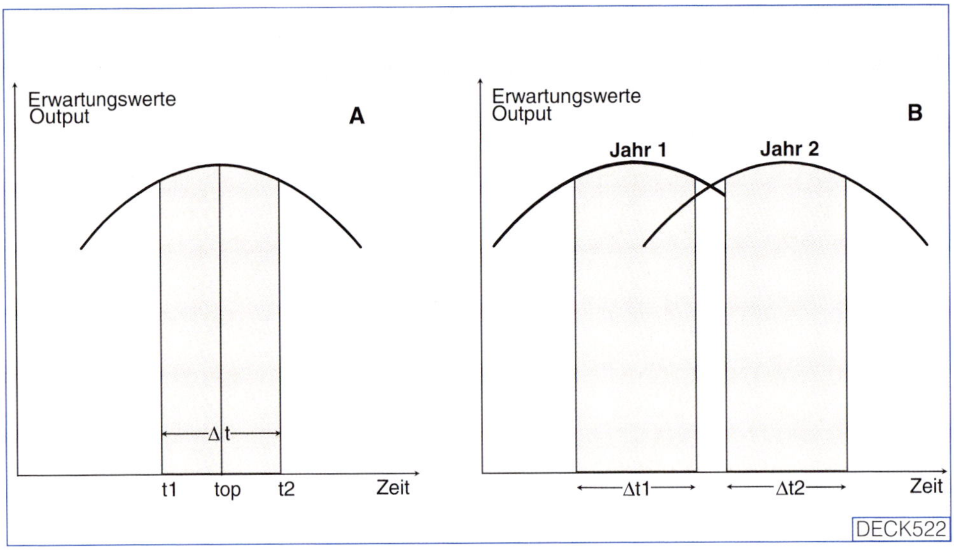

Übersicht 5.22: Ertragserwartungen in Abhängigkeit von Saatzeitpunkten

male Aussaatzeitraum Δt1 gewesen, im zweiten Jahr dagegen Δt2. Der Landwirt kann sich vernünftig nur entscheiden, wenn er je nach Risikobereitschaft die eine oder andere der in Kapitel 2 diskutierten Entscheidungsregeln anwendet.

In vollem Ausmaß trifft diese Entscheidungssituation unter Unsicherheit allerdings nur bei der Aussaat zu. Bei den übrigen Arbeiten – insbesondere bei Düngungs-, Pflanzenschutz- und Erntemaßnahmen – können sich unter Berücksichtigung der kurzfristigen Witterungsentwicklung noch weitere Anhaltspunkte für die konkrete Terminierung der Maßnahmen ergeben. Wenn allerdings der Zeitpunkt für die Durchführung einer Maßnahme für eine Fruchtart immer weiter hinausgeschoben wird, weil man z. B. auf den Eintritt besserer Witterungsbedingungen für die Durchführung der Maßnahme hofft, dann kann das dazu führen, dass der optimale Zeitpunkt für die Durchführung einer Maßnahme bei einer anderen Fruchtart verpasst wird, weil diese Maßnahme notwendigerweise ebenfalls erst später durchgeführt werden kann. Wenn also z. B. – wie in Block A der *Übersicht 5.23* angedeutet – eine Maßnahme für Gerste vom Zeitraum Δtg1 auf den Zeitraum Δtg2 verschoben wird, dann muss die Maßnahme für Weizen vom optimalen Zeitraum Δtw1 auf den suboptimalen Zeitraum Δtw2 verschoben werden. Mögliche Ertragszunahmen bei der Gerste können durch Ertragsverluste beim Weizen wieder aufgezehrt werden. Mit anderen Worten: Bei der Terminierung der Maßnahmen muss der Landwirt nicht nur die Grenzgewinne bei der einen Frucht, sondern auch die Grenzverluste bei der anderen Frucht in Form von Opportunitätskosten berücksichtigen. Bei einer Betrachtung beider Früchte, die in Bezug auf ihre Arbeitsansprüche innerhalb eines bestimmten Zeitraums miteinander konkurrieren, ist die optimale Terminierung für eine Maßnahme prinzipiell dann erreicht, wenn der Grenzgewinn bei Frucht 1 den Opportunitätskosten infolge der Terminverschiebung bei Frucht 2 entspricht. Es ist mithin der Satz vom Ausgleich der gewogenen Grenzerträge als Handlungsmaxime anzuwenden.

Ein ähnliches Entscheidungsproblem ergibt sich, wenn die Arbeitskapazität des Betriebes variiert wird, was bei abnehmender Arbeitskapazität dazu führt, dass sich die Durchführung

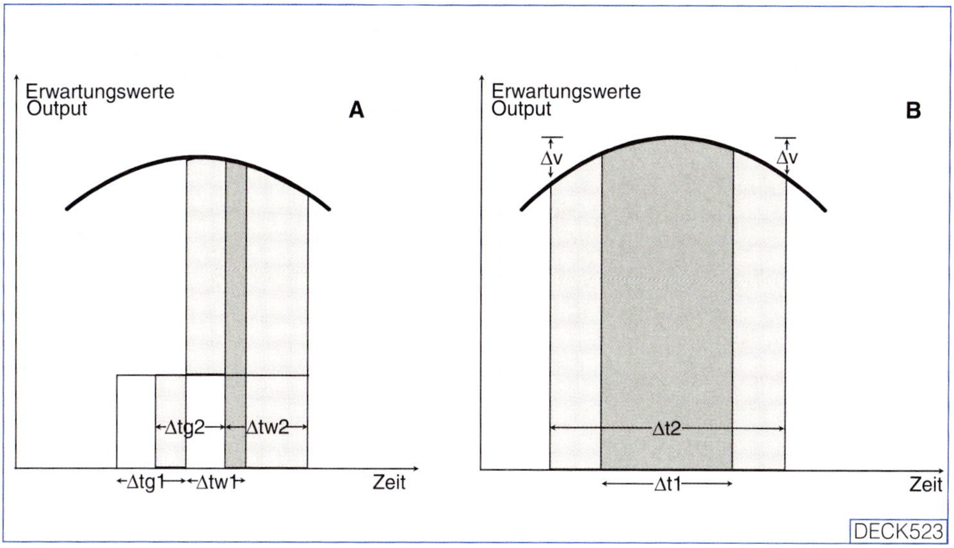

Übersicht 5.23: Ertragserwartungen in Abhängigkeit von Saatzeitpunkten

von Maßnahmen über längere Zeiträume und damit in stärker suboptimale Bereiche erstreckt. Wenn z. B. – wie in Block B der *Übersicht 5.23* dargestellt – der Zeitraum für die Maßnahmendurchführung von Δt1 auf Δt2 ausgedehnt werden muss, dann ergeben sich daraus im jeweiligen Extremfall Ertragsabnahmen in Höhe von Δv. Andererseits führt die damit verbundene Abnahme der Arbeitskapazität jedoch auch zu Lohnkostenersparnissen. Bei Betrachtung nur einer Fruchtart wäre also der optimale Durchführungszeitraum dann erreicht, wenn bei abnehmender Arbeitskapazität die Grenzlohnkosten den Grenzgeldverlusten infolge geringerer Naturalerträge entsprechen.

Das Problem wird schließlich noch schwieriger, wenn mit abnehmender Arbeitskapazität der Zeitraum für die Maßnahmendurchführung nicht nur in suboptimale Bereiche für ein Produktionsverfahren ausgedehnt werden muss, sondern zusätzlich zeitliche Verschiebungen für das nächste Produktionsverfahren hervorrufen. Zur Bestimmung der optimalen Arbeitskapazität sind dann nicht nur die Grenzverluste bei der einen Fruchtart, sondern auch die Grenzverluste als Opportunitätskosten bei der anderen Fruchtart einzubeziehen.

Nur im konkreten Einzelfall unter Berücksichtigung der Eintrittswahrscheinlichkeiten für die eine oder andere Witterungslage kann allerdings kalkuliert werden, welche Arbeitskapazitäten und welche Terminierungen zu maximalen Erwartungswerten für die Wirtschaftlichkeit der Maßnahmen führen. (Als weiterführende Aufgabe: Versuchen Sie ein Tabellenkalkulationsprogramm zu konstruieren, das den Entscheidungsträger bei den vorher skizzierten Entscheidungsanlässen unterstützt. Welche Preis- und Mengengerüste werden dafür benötigt?)

Neben der kurzfristigen Terminierung von Arbeiten spielt bei den pflanzlichen Produktionsprozessen die tägliche Arbeitseinteilung eine wesentliche Rolle. Der Arbeitsvoranschlag liefert – wie gesagt – lediglich einen Rahmen, der im Verlaufe des Jahres von Tag zu Tag durch die laufende Arbeitseinteilung ausgefüllt werden muss.

Bei der täglichen Arbeitseinteilung kann jedoch nicht jeweils auf Computerprogramme zurückgegriffen werden, die den Arbeitsablauf für den Tag optimieren. Wichtigste Voraussetzung für eine effiziente Arbeitseinteilung ist deshalb, dass der Entscheidungsträger die Zahlenwerte der Mengengerüste seiner Produktionsprozesse jederzeit im Kopf hat. Um eine möglichst kontinuierliche, d. h. nicht durch mehr oder weniger lange Pausen unterbrochene, Beschäftigung der Arbeitskräfte zu erreichen, muss der Betriebsleiter vorhersagen können, wann welche Arbeiten auf welchem Feldstück erledigt sein werden, um rechtzeitige Anschlussarbeiten vorzusehen. Bei Arbeiten, die mehrere Arbeitskräfte mit verschiedenen Teilarbeitsgängen gleichzeitig beschäftigen, müssen die einzelnen Teilarbeiten so bemessen werden, dass keine längeren Pausen entstehen. Zum Beispiel sollten die einzelnen Arbeitsgänge des Pflügens, der Saatbettvorbereitung und des Drillens bei der Winterweizenaussaat so aufeinander abgestimmt sein, dass die Arbeitskraft, die die eigentliche Aussaat durchführt, nicht jeweils längere Zeit auf diejenigen Arbeitskräfte warten muss, die das Pflügen und die Saatbettvorbereitung durchführen. Ferner sind während der Getreideernte den Mähdreschern Kapazitäten für den Getreideabtransport in einem solchen Umfang zuzuordnen, dass mit der Tankentleerung nicht gewartet werden muss. Insgesamt geht es also um eine zeitliche und quantitative Abstimmung der Einzelarbeiten dergestalt, dass möglichst keine Leerzeiten bei der Aufgabenerledigung entstehen.

Eine weitere Voraussetzung für die Maßnahmenterminierung und die tägliche Arbeitseinteilung ist die systematische Nutzung von Informationsquellen. Die Nutzpflanzenbestände und – für Bodenbearbeitungs- und Pflegemaßnahmen – der Bodenzustand müssen praktisch täglich beobachtet werden, wenn bestmögliche Pflanzenschutz-, Düngungs-, Ernte- und Bodenbearbeitungstermine gefunden werden sollen. Schließlich stehen für die Planung des laufenden Arbeitsablaufes auch betriebsexterne Informationsquellen zur Verfügung: Regionale Wettervorhersagen, der Pflanzenschutzwarndienst und kurzfristige Marktprognosen unterstützen die Entscheidungsfindung.

Gerade zur effizienten Terminierung und Arbeitseinteilung gehört jedoch auch ein großes Maß an Erfahrungen. Erfolgreiche Betriebsleiter unterscheiden sich von ihren weniger erfolgreichen Kollegen nicht zuletzt dadurch, dass sie die kurzfristigen Arbeitsabläufe wirksamer gestalten.

6 Produktionswirtschaftliche Handlungsfelder

6.1 Grundlagen der Analyse produktionswirtschaftlicher Handlungsfelder

Mit dem Begriff der Produktion werden alle Tatbestände und Tätigkeiten umrissen, die sich auf die Herstellung von Produkten mittels Produktionsfaktoren, d. h. auf die Transformation von Werkstoffen und Diensten in Produkte, mit Hilfe von Arbeitskräften und Betriebsmitteln beziehen. Die Produktion, die sowohl die Be- und Verarbeitung von Werkstoffen zu Produkten (Produktion i. e. S.) als auch deren Transport und Lagerung umfasst, ist der Aufgabenbereich des Betriebes eines Unternehmens. Kurz gesagt: Im Betrieb erfolgen Transformationsprozesse.

Mit diesen Definitionen knüpfen wir an Ergebnisse der Abschnitte 3.2.1 und 3.2.2 dieses Buches an. Die folgenden Ausführungen gehen von dieser Grundlage aus.

6.1.1 Produktionswirtschaftliche Kontroll- und Planungsrechnungen

Bei der betriebswirtschaftlichen Untersuchung von produktionswirtschaftlichen Handlungsfeldern geht es wie bei allen übrigen Handlungsfeldern um die Bestimmung der wirtschaftlichen Konsequenzen von Handlungsalternativen. Dabei kann es sich entweder um die wirtschaftlichen Konsequenzen von bereits realisierten Aktivitäten oder um die wirtschaftlichen Konsequenzen von für die Zukunft ins Auge gefassten Aktivitäten handeln. Im ersten Falle werden die Konsequenzen mit Hilfe von *Kontrollrechnungen* als retrospektive Analysen für eine abgelaufene Produktionsperiode durchgeführt, im zweiten Fall dagegen mit Hilfe von *Planungsrechnungen* als antizipativen Analysen für zukünftige Produktionsperioden. Während sich die Kontrollrechnungen naheliegenderweise auf nur eine, nämlich die tatsächlich realisierte Handlungsalternative beziehen können, werden mit Planungsrechnungen die erwarteten wirtschaftlichen Konsequenzen einer mehr oder weniger großen Zahl von möglichen Handlungsalternativen bestimmt (vorhergesagt), um daraus dann die jeweils zielwirksamste Alternative auswählen zu können.

Der Hauptzweck von produktionswirtschaftlichen Planungsrechnungen besteht also in der Ermittlung der jeweils wirtschaftlichsten bzw. ergiebigsten Handlungsalternative. Der Hauptzweck von produktionswirtschaftlichen Kontrollrechnungen besteht dagegen (1) in der Feststellung der tatsächlich in einer abgelaufenen Produktionsperiode erreichten Ergiebigkeit *(Dokumentationsfunktion* der Kontrollrechnungen) und (2) in der Analyse der durchgeführten Maßnahmen, um daraus Anregungen für zukünftige Verbesserungen zu gewinnen (*Analysefunktion* der Kontrollrechnungen). Diese Analyse wird mit Hilfe von Plan-IST- oder SOLL-IST-Vergleichen durchgeführt, indem die tatsächlich erreichten wirtschaftlichen Konsequenzen mit den vorher geplanten Maßnahmen verglichen und festgestellte Abweichungen zwischen dem Plan und dem IST analysiert und bewertet werden. Die Analysefunktion von Kontrollrechnungen kann also nur durchgeführt werden, wenn für die Produktionswirtschaft des Betriebes auch Planungsrechnungen angefertigt werden.

6.1.2 Kosten-Leistungs-Rechnungen

Im Bereich der Produktionswirtschaft werden die wirtschaftlichen Konsequenzen von ins Auge gefassten Handlungsalternativen ebenso wie diejenigen von bereits realisierten Alternativen als *Kosten-Leistungs-Differenzen* bestimmt. Diese Kosten-Leistungs-Differenzen werden mit Hilfe von *Kosten-Leistungs-Rechnungen* ermittelt, die – je nachdem, ob es sich um retrospektive oder antizipative Untersuchungen handelt – als *IST-Kosten-Leistungs-Rechnungen* oder als *Plan-Kosten-Leistungs-Rechnungen* bezeichnet werden. Die zentralen Begriffe für produktionswirtschaftliche Untersuchungen sind also Kosten und Leistungen. Wir wollen diese Begriffe wie folgt definieren:

Kosten sind der bewertete Verbrauch von Produktionsfaktoren zur Erstellung von betrieblichen Leistungen. Sie werden rechnerisch durch Multiplikationen der Produktionsfaktorverbrauchsmengen mit den Werten (Ankaufspreisen) je Verbrauchsmengeneinheit ermittelt.

Leistungen sind die bewerteten Ergebnisse (Produkte) von betrieblichen Produktionsprozessen. Sie werden rechnerisch durch Multiplikation der Produktmengen mit den Werten (Verkaufspreisen) je Produktmengeneinheit ermittelt.

Kosten und Leistungen sind eng miteinander verbunden. Sie beziehen sich auf eine Produktionsperiode, deren Länge und Lage so zu wählen ist, dass die Kosten den Leistungen *verursachungsgerecht* zugeordnet werden können.

In formaler Notation können wir schreiben:

(6.1) $K_i = r_i \cdot pr_i$

(6.2) $L_j = x_j \cdot px_j$

Darin sind:

K_i = Kosten für die Verbrauchsmenge r_i des i-ten Produktionsfaktors, gemessen in €;
r_i = Verbrauchsmenge des i-ten Produktionsfaktors, gemessen in physischen Einheiten;
pr_i = Ankaufspreis des i-ten Produktionsfaktors, gemessen in € je physischer Einheit;
L_j = Leistung für die Produktmenge x_j des j-ten Produktes, gemessen in €;
x_j = Produktmenge des j-ten Produktes, gemessen in physischen Einheiten;
px_j = Verkaufspreis des j-ten Produktes, gemessen in € je physischer Einheit.

Die Gleichungen (6.1) und (6.2) gelten zunächst für einen Produktionsfaktor und ein Produkt. Tatsächlich werden in den Produktionsprozessen unterschiedliche Mengen von mehreren Produktionsfaktoren verbraucht und oft auch mehrere Produkte gleichzeitig erzeugt. Für die Gesamtkosten (K) und die Gesamtleistungen (L) eines Produktionsprozesses gilt mithin:

(6.3) $K = \sum_{i=1}^{m} r_i \cdot pr_i$

(6.4) $L = \sum_{j=1}^{n} x_j \cdot px_j$

Die Gesamtkosten eines Produktionsprozesses sind die mit den Ankaufspreisen bewerteten Summen aller m Produktionsfaktoren (i = 1, ..., m) und die Gesamtleistungen sind die mit ihren Verkaufspreisen bewerteten Summen aller n Produkte (j = 1, ..., n).

Für die mit Kosten-Leistungs-Rechnungen zu bestimmenden Kosten-Leistungs-Differenzen (KLD) gilt deshalb für jeweils einen Produktionsprozess:

$$(6.5) \qquad KLD = L - K = \sum_{j=1}^{n} x_j \cdot px_j - \sum_{i=1}^{m} r_i \cdot pr_i$$

Mit Hilfe von Kosten-Leistungs-Rechnungen wird also prinzipiell ebenso wie mit der bereits im 4. Kapitel behandelten G.u.V.-Rechnung das Ziel verfolgt, wirtschaftliche Konsequenzen von betrieblichen Maßnahmen bzw. von Handlungsalternativen zu bestimmen. Darüber hinaus können Kosten-Leistungs-Rechnungen ebenso wie die G.u.V.-Rechnung sowohl für IST-Rechnungen als auch für Planungs-Rechnungen eingesetzt werden. Insofern ergeben sich Übereinstimmungen für die beiden Rechnungsarten.

Auf der anderen Seite bestehen jedoch wesentliche Unterschiede, die aus den unterschiedlichen Zwecken resultieren, welche mit den beiden Rechnungsarten verfolgt werden. Während mit der G.u.V.-Rechnung der Periodenerfolg für das Gesamtunternehmen bestimmt wird, wurde die Kosten-Leistungs-Rechnung in dem Bestreben konzipiert, produktionswirtschaftliche Teilbereiche des Unternehmens mit Hilfe von sog. *Teilbereichsrechnungen* im Einzelnen dokumentieren und analysieren bzw. planen zu können. Bei diesen Teilbereichen kann es sich im umfassendsten Fall um den gesamten Betrieb eines Unternehmens handeln oder aber nur um einzelne Betriebszweige oder sogar nur um einzelne Produktionsverfahren oder schließlich auch nur um Teile von Produktionsverfahren. In Abschnitt 1.4.3.2.2 wurde z. B. eine Plan-Kosten-Leistungs-Rechnung zur Bestimmung der optimalen Handlungsalternative für die Durchführung der Getreideernte eines Betriebes eingesetzt.

Da Kosten-Leistungs-Rechnungen für betriebliche Teilbereiche oder im Extremfall für den ganzen Betrieb, nicht aber für das ganze Unternehmen eingesetzt werden, müssen damit notwendigerweise auch Kosten-Leistungs-Differenzen bestimmt werden, die im Unterschied zum Gewinn der G.u.V.-Rechnung von den jeweiligen Eigentumsverhältnissen (Eigenkapital vs. Fremdkapital, Eigentumsnutzflächen vs. Pachtflächen) und den Arten der eingesetzten Arbeitskräfte (entlohnte Arbeitskräfte vs. „nichtentlohnte" Arbeitskräfte als Unternehmer und mithelfende Familienmitglieder) in einem Unternehmen nicht beeinflusst werden. Mit Kosten-Leistungs-Rechnungen wird deshalb die Wirtschaftlichkeit von Handlungsalternativen dadurch bestimmt, dass für sämtliche Produktionsfaktoren Ankaufspreise nach Maßgabe des Prinzips der Opportunitätskosten angesetzt werden. So werden – wie wir es im Einzelnen bereits in Abschnitt 4.5.3 diskutiert haben – für den Eigenkapitaleinsatz Zinsansprüche, für den Einsatz eigener Nutzflächen Pachtansprüche und für den Einsatz nichtentlohnter Arbeitskräfte Lohnansätze als Preise definiert. Die Höhe dieser Preise bemisst sich prinzipiell nach der jeweils besten alternativen Verwendungsmöglichkeit für die Produktionsfaktoren.

Des Weiteren werden Kosten-Leistungs-Rechnungen im Unterschied zur G.u.V.-Rechnung nicht streng für den Zeitraum eines Wirtschaftsjahres durchgeführt. Vielmehr werden dafür solche Rechnungsperioden definiert, die eine verursachungsgerechte Zuordnung der Kosten zu den Leistungen ermöglichen. Dieser Tatbestand hat besondere Bedeutung für die naturbedingt diskontinuierlichen Prozesse der Nutzpflanzenerzeugung.

Namentlich bei der Durchführung von IST-Kosten-Leistungs-Rechnungen in landwirtschaftlichen Betrieben kann damit ein Nachteil beseitigt werden, der sich aus der üblichen Abgrenzung des Wirtschaftsjahres vom 1. Juli eines Kalenderjahres bis zum 30. Juni des folgenden Kalenderjahres ergibt: Die Ernte eines Jahres fällt schwerpunktmäßig in die Monate Juli bis Oktober. Der größte Teil der Faktorverbräuche bzw. deren Kosten für diese Ernteerträge bzw. deren Leistungen ist dagegen bereits vor dem 1. Juli entstanden. Mit anderen Worten: In der G.u.V.-Rechnung werden bei der landwirtschaftlichen Pflanzenproduktion die Faktorverbräuche den damit erzeugten Produktmengen nicht verursachungsgerecht zugeordnet. Vielmehr gehen die bewerteten Faktorverbräuche als Aufwändungen bereits in die G.u.V.-Rechnung des vorhergehenden Wirtschaftsjahres (das bis zum 30. Juni läuft) ein. In der IST-Kosten-Leistungs-Rechnung für einzelne Betriebszweige der Pflanzenproduktion werden deshalb die Produktionsperioden so abgegrenzt, dass eine verursachungsgerechte Zuordnung der Kosten zu den Leistungen eines naturbedingt diskontinuierlichen Produktionsprozesses erfolgen kann.

Da die Kosten und Leistungen jeweils die mathematischen Produkte aus Mengen und Preisen sind, ergeben sich bei ihrer Bestimmung zwei Aufgabenschwerpunkte, nämlich (1) die vollständige und quantitativ exakte Feststellung der Faktorverbrauchs- und der Produktmengen, d. h. der *Mengengerüste* des betrachteten Produktionsbereiches und (2) die vollständige und quantitativ exakte Feststellung der zugehörigen Faktor- und Produktpreise, d. h. der *Preisgerüste* des betrachteten Produktionsbereiches.

Für IST-Kosten-Leistungs-Rechnungen, die sich auf Teilbereiche des Betriebes beziehen, können die Verbräuche an Werkstoffen und die Einsatzumfänge der Arbeitskräfte und Betriebsmittel, d. h. die menschlichen und maschinellen Dienstemengen sowie die Flächenumfänge, die von den Wirtschaftsgebäuden und den Nutzflächen bereitgestellt werden, nur unvollständig aus den Aufzeichnungen der G.u.V.-Rechnung entnommen werden. Zusätzlich müssen laufende Aufzeichnungen erfolgen, aus denen hervorgeht, welche Faktormengen an welchen Orten zu welchen Zeitpunkten und für welche Produkte verbraucht wurden. Sinngemäß das Gleiche gilt für die erzeugten Produktmengen. Wir werden darauf in Abschnitt 6.2 näher eingehen.

Für Plan-Kosten-Leistungs-Rechnungen müssen die erwarteten Faktorverbrauchsmengen in Abhängigkeit von den ins Auge gefassten Produktmengen bestimmt werden. Dies geschieht mit Hilfe von *Produktionsfunktionen,* die die quantitativen Beziehungen zwischen den Produktmengen und den dafür notwendigen Faktorverbrauchsmengen beschreiben. Produktionsfunktionen haben wir bereits im 1. und 3. Kapitel angesprochen. Ihre konkreten Formen für realitätsgerechte Plan-Kosten-Leistungs-Rechnungen werden in Abschnitt 6.4 abgeleitet.

6.1.3 Preisgerüste der Produktion: An- und Verkaufspreise

Besondere Probleme kann die Feststellung der Preisgerüste für die Kosten-Leistungs-Rechnungen bereiten. Grundsätzlich ist davon auszugehen, dass die Preise für die Produktionsfaktoren und Produkte von deren Marktpreisen abgeleitet werden sollten[1]. Die Preisfeststellung ist deshalb für alle diejenigen Produktionsfaktoren, die direkt vom Markt bezogen werden, und für alle diejenigen Produkte, die direkt am Markt abgesetzt werden, noch vergleichsweise einfach. Allerdings verbietet sich eine direkte Übernahme der Marktpreise, weil diese sich

[1] Auf Einzelheiten der tatsächlich sehr komplexen Bewertungsfragen kann in diesem Lehrbuch nicht eingegangen werden. Stattdessen sei auf die Spezialliteratur verwiesen (vgl. z. B. KÖHNE 1993)

von den tatsächlich für den Produktionsbereich eines Betriebes anzusetzenden Preisen mehr oder weniger deutlich unterscheiden, z. B. durch Transportkosten vom Ort der Marktpreisbildung zum Ort des Betriebes und durch Zu- bzw. Abschläge (z. B. für Auftragsbearbeitungsgebühren, Rabatte etc.). Für Produkte und Produktionsfaktoren, die am Markt abgesetzt bzw. vom Markt bezogen werden, wird deshalb in Kosten-Leistungs-Rechnungen mit *Verkaufspreisen* bzw. *Ankaufspreisen* gerechnet (vgl. LOBENSTEIN 2002, S. 128 ff.). Diese Preise sind wie folgt definiert:

Verkaufspreis = Marktpreis abzüglich Vermarktungskosten und abzüglich gewährter Nachlässe;

Ankaufspreis = Marktpreis zuzüglich Beschaffungskosten und abzüglich erhaltener Nachlässe.

Vielfach werden Kosten-Leistungs-Rechnungen in den mehrstufigen Mehrproduktbetrieben des Agrar- und Ernährungsbereiches allerdings nur für betriebliche Teilbereiche oder nur für eine Produktionsstufe bzw. nur für ein Produkt durchgeführt. Ein solcher betrachteter Ausschnitt des Betriebes ist dadurch gekennzeichnet, dass er einige der Produktionsfaktoren nicht vom Markt, sondern von anderen Produktionsstufen oder anderen Betriebszweigen bezieht und seine Produkte teilweise nicht an den Markt, sondern an andere Produktionsstufen oder andere Betriebszweige abgibt. Für derartige Produktionsfaktoren und Produkte existieren somit keine direkten Marktpreise, aus denen sich die Ankaufspreise bzw. Verkaufspreise ableiten ließen.

In diesen Fällen wird deshalb – prinzipiell unter Anwendung des Prinzips der Opportunitätskosten – mit *relativen Verkaufspreisen* und *relativen Ankaufspreisen* gerechnet. Sie sind wie folgt definiert:

Relativer Verkaufspreis = Preis eines Produktes, gemessen am Verkaufspreis eines wirkungsgleichen, am Markt absetzbaren Produktes;

Relativer Ankaufspreis = Preis eines Produktionsfaktors, gemessen am Ankaufspreis eines wirkungsgleichen, vom Markt beschaffbaren Produktionsfaktors.

Zwei Beispiele sollen die Preisbestimmung erläutern: Wenn Landwirt Rapsmeyer, den wir aus der Betrachtung der G.u.V.-Rechnung im 4. Kapitel bereits kennen, eine Kosten-Leistungs-Rechnung für seine Mastschweineproduktion durchführen möchte, dann steht er vor der Frage, mit welchem Preis er die nicht vom Markt, sondern vom Betriebszweig „Futtergetreideerzeugung" bezogene Futtergerste und die an die Betriebszweige der Pflanzenproduktion gelieferte Gülle aus der Schweinehaltung bewerten sollte.

Die Bewertung der Futtergerste ist vergleichsweise einfach, denn Rapsmeyer könnte Futtergerste auch vom Markt beziehen. Er wird deshalb den relativen Ankaufspreis für die in seinem Betrieb erzeugte Futtergerste aus dem Ankaufspreis für zukaufbare Futtergerste direkt ableiten. Schwieriger wird die Bestimmung des Verkaufspreises der Gülle. Dieser organische Dünger wird i. d. R. nicht auf Märkten gehandelt und hat deshalb auch keinen Marktpreis. Rapsmeyer setzt aber die Gülle wegen ihres Nährstoffgehaltes ein, so dass als wirkungsgleiches Gut z. B. eine Mischung aus Mineraldüngern angesehen werden kann, die die gleichen Nährstoffmengen enthält wie eine Einheit der Gülle. Da für Mineraldünger Marktpreise existieren, gelingt die Feststellung des relativen Verkaufspreises der Gülle über diesen Weg. Tatsächlich ist die

Preisbestimmung aber noch etwas schwieriger, weil die Nährstoffversorgung der Nutzflächen über Gülle für die Betriebszweige der Pflanzenproduktion mehr Ausbringungsaufwand erzeugt als die Ausbringung von Mineraldüngern. Vom ermittelten relativen Verkaufspreis für Gülle muss deshalb noch die Differenz der Ausbringungskosten für Gülle und für Mineraldünger abgezogen werden. Die Vorgehensweise wird im folgenden Abschnitt 6.2 anhand eines konkreten Beispiels verdeutlicht.

6.1.4 Abschreibungen als Kosten der Betriebsmittelbereitstellung und -nutzung

Nicht ganz einfach ist ferner die Feststellung der Ankaufspreise für die Dienste der in der Produktion eingesetzten Betriebsmittel, insbesondere was die Abschreibungen der Betriebsmittel betrifft. Die Abschreibungen sind ein substanzieller Bestandteil der Kosten für die Dienste.

In Abschnitt 4.2.2 hatten wir die *Abschreibung* je Rechnungsperiode für ein Betriebsmittel zunächst mit der Gleichung (4.6), die hier als Gleichung (6.6) wiederholt wird, definiert:

$$AB_z = \frac{AP - EVP}{EN} \qquad (6.6)$$

Darin sind:

AB_z = Abschreibung für das Betriebsmittel je Rechnungsperiode, gemessen in €;
AP = Ankaufspreis des Betriebsmittels, gemessen in €;
EVP = Erwarteter Verkaufspreis am Ende der erwarteten Nutzungsdauer des Betriebsmittels, gemessen in €;
EN = Erwartete Nutzungsdauer des Betriebsmittels, gemessen in Rechnungsperioden.

Mit der Gleichung (6.6) wird die *lineare, zeitabhängige Abschreibung* bestimmt. Die Abschreibungsbeträge bleiben von Rechnungsperiode zu Rechnungsperiode gleich und der Nutzungsumfang des Betriebsmittels wird in Zeiteinheiten, d. h. in Rechnungsperioden (meistens in Jahren), gemessen. Neben der linearen, zeitabhängigen Abschreibung kann auch die degressiv-zeitabhängige und die progressiv-zeitabhängige Abschreibung gewählt werden. Ohne hier auf Einzelheiten eingehen zu wollen (vgl. dazu z. B. EISELE 2005, S. 524 ff.), sei festgehalten, dass bei der *degressiv-zeitabhängigen Abschreibung* die Abschreibungsbeträge von Rechnungsperiode zu Rechnungsperiode abnehmen, also neue Betriebsmittel höher abgeschrieben werden als ältere. Bei der *progressiv-zeitabhängigen Abschreibung* werden dagegen umgekehrt die Abschreibungsbeträge von Rechnungsperiode zu Rechnungsperiode angehoben. Ältere Betriebsmittel werden also höher abgeschrieben als neue.

Für beide Vorgehensweisen gibt es Begründungen: Die degressive Abschreibung hat den Vorteil, dass die Summe der Kosten aus Abschreibungen und Reparaturen eines Betriebsmittels über die gesamte Nutzungsdauer gleichmäßiger verteilt werden kann, da die Reparaturen mit zunehmendem Alter der Betriebsmittel ansteigen, während die Abschreibungsbeträge geringer werden. Für die progressive Abschreibung – die in der Praxis kaum Bedeutung hat – wird angeführt, dass sie eingesetzt werden kann, wenn ein Produktionsprozess eine längere Anlaufzeit hat, also das eingesetzte Betriebsmittel in den ersten Rechnungsperioden noch nicht voll genutzt wird.

Außer der zeitabhängigen Abschreibung wird insbesondere für Maschinen auch die *mengenabhängige Abschreibung* verwendet. Bei Einsatz dieser Methode wird davon ausgegangen, dass eine Maschine ein maximales Nutzungspotenzial insofern hat, als sie eine bestimmte Höchstmenge an Maschinenlaufzeitstunden, d. h. an maschineller Arbeit, abgeben kann, bis sie so weit verschlissen ist, dass weitere Reparaturen wirtschaftlich nicht mehr vertretbar erscheinen. Die mengenabhängige Abschreibung einer Rechnungsperiode wird nach Maßgabe der folgenden Gleichung bestimmt:

$$(6.7) \qquad AB_n = \frac{AP \quad EVP}{NP} \cdot mhp$$

Darin sind:

AB_n = Abschreibung des Betriebsmittels je Rechnungsperiode, gemessen in €;
AP = Ankaufspreis des Betriebsmittels, gemessen in €;
EVP = Erwarteter Verkaufspreis (Schrottwert) nach voller Realisierung des Nutzungspotenzials des Betriebsmittels, gemessen in €;
NP = Nutzungspotenzial des Betriebsmittels, gemessen in Maschinenlaufzeitstunden (mh);
mhp = Nutzungsumfang in der Rechnungsperiode, gemessen in Maschinenlaufzeitstunden.

Der Ausdruck (AP – EVP)/NP in Gleichung (6.7) gibt also die Abschreibung je Maschinenlaufzeitstunde an.

Dieses Abschreibungsverfahren hat für IST-Kosten-Leistungs-Rechnungen den Vorteil, dass z. B. der Nutzungsumfang einer Maschine, die in mehreren Betriebszweigen eingesetzt wird, exakt auf die einzelnen Betriebszweige verteilt werden kann, vorausgesetzt die Laufzeitstunden werden im Betrieb im Einzelnen erfasst.

Wenn beispielsweise ein Schlepper einen Ankaufspreis AP = 70.500,00 € hat und erwartet wird, dass sein Schrottwert nach Realisierung seines vollen Nutzungspotenzials noch 500,00 € beträgt und darüber hinaus das Nutzungspotenzial mit NP = 10.000 mh geschätzt wird, dann beträgt die Abschreibung je Maschinenlaufzeitstunde:

$$(6.8) \qquad (AP - EVP)/NP = (70.500 - 500)/10.000 = 7{,}00\ €/mh$$

Wenn der Schlepper in einer Rechnungsperiode insgesamt mit 1200 mh genutzt wurde, dann ergibt sich eine Gesamtabschreibung für diese Rechnungsperiode in Höhe von 8400,00 €. Wurden beispielsweise im Betrieb von Rapsmeyer von den 1200 mh 500 für die Weizen-, 400 für die Gersten- und 300 für die Rapsproduktion verbraucht, dann verteilt sich die Gesamtabschreibung der Rechnungsperiode mit 3500,00 €, 2800,00 € und 2100,00 € auf die drei Betriebszweige.

6.2 IST-Kosten-Leistungs-Rechnungen als Betriebszweigabrechnungen

Die Methodik zur Durchführung von IST-Kosten-Leistungs-Rechnungen soll im folgenden Abschnitt 6.2 anhand eines konkreten Beispiels dargestellt werden. Die Methodik zur Durchführung von Plan-Kosten-Leistungs-Rechnungen wird für verschiedene Entscheidungsanlässe in den Abschnitten 6.3 ff. abgeleitet.

Landwirt Rapsmeyer, dessen G.u.V.-Rechnung und Bilanz für ein Wirtschaftsjahr wir bereits aus dem 4. Kapitel kennen (Abschnitte 4.4.2 und 4.4.4), ist mit diesen Auswertungen der Wirtschaftlichkeit seines Betriebes nicht zufrieden. Erstens stört ihn, dass er den erwirtschafteten Unternehmensgewinn nicht den einzelnen Betriebszweigen zuordnen kann. Er kann nicht sagen, welche seiner Betriebszweige in welchen Umfängen zum Gesamterfolg des Betriebes beigetragen haben. Das möchte er aber wissen, um sich ggf. mit seinem Produktionsprogramm in Richtung auf die wirtschaftlich besonders ergiebigen Betriebszweige anzupassen. Des Weiteren stört ihn – worauf wir bereits eingegangen sind –, dass insbesondere bei den pflanzlichen Produktionsprozessen in der G.u.V.-Rechnung die für das Wirtschaftsjahr erfassten Aufwändungen den im Wirtschaftsjahr entstandenen Erträgen nur teilweise verursachungsgerecht zugeordnet sind. Er muss aber eine verursachungsgerechte Zuordnung aller Aufwändungen in den Erträgen erreichen, wenn er realitätsgerechte Ergebnisse zur Wirtschaftlichkeit der pflanzlichen Produktionsprozesse ableiten will.

Um die aufgeworfenen Fragen sachgerecht beantworten zu können, möchte Rapsmeyer nach Betriebszweigen gegliederte IST-Kosten-Leistungs-Rechnungen für den Gesamtbetrieb seines Unternehmens anfertigen. Zunächst lernt er dabei, dass derartige Rechnungen, die alle Betriebszweige einbeziehen, als *Betriebszweigabrechnungen* bezeichnet werden, weil mit ihrer Hilfe die Kosten-Leistungs-Differenz jedes einzelnen Betriebszweiges bestimmt werden kann. Des Weiteren lernt er zu Beginn, dass er dazu Kostenartenrechnungen, Kostenstellenrechnungen, Kostenplatzrechnungen und Kostenträgerrechnungen durchführen sollte (vgl. zu IST-Kosten-Leistungs-Rechnungen z.B. DLG 2004, COENENBERG 1997, HAHN 1996, HORVATH 1998, STEGER 1999, LOBENSTEIN 2002).

Mit der Kostenstellenrechnung wird die Wirtschaftlichkeit der einzelnen Betriebszweige (Kostenstellen) eines Betriebes bestimmt. Mit der Kostenplatzrechnung werden die Ergebnisse der Kostenstellenrechnung auf einzelne Einheiten der Kostenstelle als Kostenplätze (z. B. je ha Anbaufläche oder je Stallplatz) umgerechnet. Die Kostenplatzrechnung bildet die Voraussetzung für Wirtschaftlichkeitsvergleiche mit anderen Betrieben, die zwar die gleichen Betriebszweige, aber in unterschiedlichen Gesamtumfängen betreiben. Mit der Kostenträgerrechnung wird das Ziel verfolgt, die Stückkosten, d. h. die Kosten je Einheit des Produktes, das in einem Betriebszweig erzeugt wird, zu bestimmen. Überdies ist auch sie eine Voraussetzung für Wirtschaftlichkeitsvergleiche mit anderen Betrieben. Mit der zuerst genannten Kostenartenrechnung wird die Verbindung zwischen der G.u.V.-Rechnung und den weiteren Kostenrechnungsarten hergestellt. Sie bildet dafür eine wichtige Datenbasis.

6.2.1 Die Kostenartenrechnung

Bei der *Kostenartenrechnung* werden die Gesamtkosten seines Betriebes für die Rechnungsperiode nach Kostenarten (z. B. für Düngemittel, Pflanzenschutzmittel, Löhne, Maschinenreparaturen, etc.) und die Gesamtleistungen für die Rechnungsperiode nach Leistungsarten (z. B. für Weizen, Gerste, Schlachtschweine) gegliedert (vgl. JÓRASZ 1996, S. 54). Die Kosten- und Leistungsarten und ihre Beträge werden aus der Einnahmen-Ausgaben-Rechnung, der Beständerechnung und der G.u.V.-Rechnung des Unternehmens abgeleitet. Die Kostenartenrechnung für Rapsmeyers Betrieb ist in *Übersicht 6.1* dargestellt.

Z	Bezeichnung	Beträge in €	Z	Bezeichnung	Beträge in €
1	Direktzahlung Raps	17.500,00	30	Treib- u. Schmierstoffe	8.500,00
2	Direktzahlung Weizen	17.500,00	31	Reparatur Maschinen	19.500,00
3	Direktzahlung Gerste	17.500,00	32	Abschreibungen Maschinen	30.000,00
4	Ölraps	37.500,00	33	Vorsteuer Schlepperkauf	11.400,00
5	Backweizen	57.500,00	34	Strom, Heizstoffe, Wasser	8.000,00
6	Futtergerste	35.000,00	35	Reparatur Bauten	1.000,00
7	Feldendbestand Raps	26.000,00	36	Abschreibungen Bauten	35.000,00
8	Feldendbestand Weizen	43.000,00	37	Versicherungen, Abgaben	1.000,00
9	Feldendbestand Gerste	26.000,00	38	Sonst. Verbrauchsmaterial	6.900,00
10	Schlachtschweine	420.000,00	39	Sonst. Dienstleistungen	2.000,00
11	Tierendbestand Schweine	110.000,00	40	Kosten der Betriebsmittelnutzung (Z30 -Z39)	123.300,00
12	Organischer Dünger	7.000,00			
13	Mieten, Pachten (Leistung)	5.500,00	41	Löhne	22.000,00
14	Leistungen (Z1 -Z13)	820.000,00	42	Lohnansprüche	26.750,00
15	Feldanfangsbestand Raps	26.000,00	43	Pachten	2.500,00
16	Feldanfangsbestand Weizen	43.000,00	44	Pachtansprüche	24.500,00
17	Feldanfangsbestand Gerste	26.000,00	45	Zinsen	12.500,00
18	Saatgut	8.500,00	46	Zinsansprüche	14.630,00
19	Mineraldünger	19.000,00	47	Kosten der Arbeitskraft- und Betriebsmittelbereitstellung (Z41 - Z46)	102.880,00
20	Organischer Dünger	7.000,00			
21	Pflanzenschutzmittel	19.000,00	48	Indirekte Kosten (Z40 + Z47)	226.180,00
22	Lohnarbeit	7.500,00	49	Gesamtkosten (Z28 +Z47)	818.680,00
23	Tieranfangsbestand Schweine	100.000,00	50	Betriebsergebnis (Z14 ./. Z48)	1.320,00
24	Ferkel	207.500,00			
25	Futtergerste	34.500,00			
26	Ergänzungsfutter	93.500,00			
27	Tierarzt	1.000,00			
28	Direktkosten (Z15 - Z27)	592.500,00			
29	Direktkostenfreie Leistung (Z14 ./. Z28)	227.500,00			

DECK61

Übersicht 6.1: IST-Kosten-Leistungs-Rechnung: Kostenartenrechnung – Beispiel –

Bei ihrer Erstellung hat Rapsmeyer zunächst zwei wesentliche Dinge berücksichtigt. Da er die Kostenarten und die Leistungsarten später auf die einzelnen Betriebszweige verteilen möchte, hat er sämtliche Leistungen und sämtliche Kosten nach dem Bruttoprinzip verbucht. Das Bruttoprinzip bedeutet in diesem Falle, dass Rapsmeyer für jeden einzelnen Betriebszweig unabhängig davon, ob dafür Einnahmen oder Ausgaben bzw. Aufwändungen oder Erträge entstanden sind, die zugehörigen Leistungen und Kosten ermittelt. So erbringt z. B. der Betriebszweig „Gerstenbau" eine Leistung, obwohl die Gerste nicht verkauft, sondern an die Schweine verfüttert wird. Auf der anderen Seite entstehen für die Schweinehaltung Kosten durch den dortigen Gerstenverbrauch. Das Bruttoprinzip meint des Weiteren, dass bei denjenigen Betriebszweigen, bei denen Produkte und bestimmte Produktionsfaktoren der Art nach identisch sind, Anfangs- und Endbestände für diese Güter in die Kostenartenrechnung eingehen müssen. Dieser Tatbestand ist z. B. bei den Feldbeständen für die Nutzpflanzen und bei dem Tierbestand für die Schweine zu berücksichtigen. Bei diesen Gütern werden also die wertmäßigen Anfangsbestände als Kosten und die wertmäßigen Endbestände als Leistungen berücksichtigt.

In seiner G.u.V.-Rechnung *(Übersicht 4.4)* hatte Rapsmeyer zunächst nicht zwischen den Direktzahlungen für die drei pflanzlichen Produktionsaktivitäten und den Werten der Verkäufe unterschieden (vgl. Zeilen G01 bis G03 der *Übersicht 4.4*). Tatsächlich setzen sich aber z. B. die Summen der Erträge für Weizen und Raps in Höhe von 75.000,00 € bzw. 55.000,00 € aus Beträgen von jeweils 17.500,00 € für die Direktzahlungen und Beträgen von 57.500,00 € und 37.500,00 € für die Verkäufe des Weizens und des Rapses zusammen. Das Gleiche gilt sinngemäß für die Gerste. Allerdings ist für dieses Produkt zusätzlich zu berücksichtigen, dass in der G.u.V.-Rechnung nur die Direktzahlung von 17.500,00 € und eine Beständedifferenz von 500,00 € gebucht wurden, so dass sich ein Unternehmensertrag von 18.000,00 € ergab (vgl. Zeile G02 der *Übersicht 4.4*). In der Kostenartenrechnung wird dagegen in Zeile 3 die Direktzahlung für Gerste mit 17.500,00 € und in Zeile 6 der Wert der erzeugten Gerste mit 35.000,00 € festgehalten. Von diesen 35.000,00 € wurden im Wirtschaftsjahr an die Schweinehaltung Gerstenmengen mit einem Wert von insgesamt 34.500,00 € verfüttert, wie Zeile 25 der Kostenartenrechnung zeigt. Die Differenz zwischen den 35.000,00 € Leistung und den 34.500,00 € Kosten macht die 500,00 € Bestandesdifferenz aus, die in der G.u.V.-Rechnung in der Zeile G02 berücksichtigt wurde.

In der Kostenartenrechnung sind in den Zeilen 1, 2 und 3 die den Anbauflächen der drei pflanzlichen Produkte zuzurechnenden Direktzahlungen und getrennt davon in den Zeilen 4, 5 und 6 die Produktionswerte für Raps, Weizen und Gerste als Leistungen angegeben.

Im Laufe des Wirtschaftsjahres hat Rapsmeyer die Feldendbestände zum 30. Juni, d. h. zum Ende des Wirtschaftsjahres, erzeugt. Die Werte dieser Endbestände sind als Leistungen in den Zeilen 7 bis 9 der Kostenartenrechnung angegeben. Rapsmeyer hat sie aus dem Gesamtbetrag, der in Zeile A63 der Einnahmen-Ausgaben-Rechnung (*Übersicht 4.3*) angegeben ist, abgeleitet.

In Zeile 10 der Kostenartenrechnung hat Rapsmeyer die Leistung für die verkauften Schlachtschweine mit 420.000,00 € aus Zeile A04 der *Übersicht 4.3* übernommen und dann in Zeile 11 den Wert des Tierbestandes zum Jahresende als weitere Leistung hinzugefügt. Diesen Betrag hat er aus der Zeile A69 der *Übersicht 4.3* entnommen.

In Zeile 12 der Kostenartenrechnung hat Rapsmeyer den organischen Dünger, den er in seiner Schweineanlage erzeugt hat, mit 7000,00 € bewertet. Dieser Betrag, der in der G.u.V.-Rechnung nicht erfasst ist, kommt wie folgt zustande: Seine 1000 Mastplätze umfassende Anlage produziert pro Jahr 2000 m^3 Schweinegülle. Den Preis von 3,50 €/m^3 hat Rapsmeyer als relativen Ankaufswert aus den Nährstoffpreisen für Mineraldünger abgeleitet und im Einzelnen so errechnet, wie es in der *Übersicht 6.2* dargestellt ist. Schweinegülle mit 7 % Trockensubstanz enthält (siehe Zeile 1) je m^3 5,60 kg N, 3,80 kg P_2O_5 und 2,82 kg K_2O. Bei einer Ausnutzung von 50 % für den Stickstoff und 100 % für die übrigen beiden Nährstoffe (siehe Zeile 2) ergeben sich die in Zeile 3 aufgeführten verwertbaren Nährstoffmengen in kg je m^3 Gülle. In Zeile 4 sind dann die relativen Ankaufspreise für die Nährstoffe – abgeleitet aus Mineraldüngerpreisen – angegeben. Multipliziert man diese Preise mit den Beträgen aus Zeile 3, so ergeben sich in Zeile 5 die Werte der drei Nährstoffe in € je m^3 Gülle. Als Summe erhalten wir in Zeile 6 den relativen Ankaufspreis der Gülle in Höhe von 3,50 €/m^3.

Z.	Bezeichnung	N	P_2O_5	K_2O
1	Nährstoffgehalt in kg/m^3 Gülle	5,60	3,80	2,82
2	Nährstoffausnutzung in v.H.	50,00	100,00	100,00
3	Verwertbare Nährstoffe in kg/m^3 Gülle	2,80	3,80	2,82
4	Relativer Ankaufspreis in €/kg Nährstoff	0,57	0,33	0,23
5	Nährstoffwerte in €/m^3 Gülle	1,60	1,25	0,65
6	Relativer Ankaufspreis der Gülle in €/m^3		3,50	

DECK62

Übersicht 6.2: Ermittlung des relativen Ankaufspreises für die wirtschaftseigene Schweinegülle

Insgesamt hat Rapsmeyer unter Berücksichtigung der Miete für die Werkswohnung seines Mitarbeiters (verbucht in Zeile 13 der Kostenartenrechnung und entnommen aus Zeile A05 der *Übersicht 4.3*) für seinen Betrieb Leistungen in Höhe von 820.000,00 € errechnet, wie aus Zeile 14 der Kostenartenrechnung hervorgeht.

Im Bereich der Zeilen 15 bis 49 der Kostenartenrechnung sind die Kostenarten – einzeln und zusammengefasst – für den Betrieb aufgeführt. Daraus geht zunächst hervor, dass Rapsmeyer die Gesamtkosten in die beiden Kostengruppen *direkte Kosten* (Summe in Zeile 28) und *indirekte Kosten* (Summe in Zeile 48) gegliedert hat. Diese Gliederung dient zur Vorbereitung der weiteren Rechnungsarten und lässt sich wie folgt begründen: Generell sind Produktionsprozesse dadurch gekennzeichnet, dass zur Herstellung der Produkte Roh- und Hilfsstoffe sowie Dienste von Arbeitskräften und Betriebsmitteln benötigt werden. Während sich jedoch die Kosten für die Roh- und Hilfsstoffe – zumindest als Summe für die einzelnen Roh- und Hilfsstoffarten – direkt aus der G.u.V.-Rechnung und zugehörigen Unterlagen (Urbelege als Rechnungen) ableiten lassen, trifft das für die Dienste der betrieblichen Arbeitskräfte und Betriebsmittel nicht zu, weil sich die Kosten der innerbetrieblichen Dienste aus mehreren Kostenarten zusammensetzen und in der G.u.V.-Rechnung teilweise gar keine Gegenstücke als Aufwandsposten haben. Die Kosten für die Dienste werden deshalb – sozusagen auf indirektem Wege – dadurch bestimmt, dass zunächst die für die Bereitstellung der Arbeitskräfte sowie die für die Bereitstellung und Nutzung der Betriebsmittel insgesamt entstandenen Kosten erfasst werden, um sie dann in einem weiteren Schritt nach Maßgabe der jeweils verbrauchten Dienstemengen auf die einzelnen Betriebszweige verteilen zu können. Schließlich entsteht für sämtliche Produktionsprozesse Kapitalbedarf. Auch die Kosten für die „Dienste“ des Produktionsfaktors Kapital werden zunächst insgesamt ermittelt, um sie dann in einem nächsten Schritt auf die Betriebszweige aufzuteilen.

Als direkte Kosten werden neben sämtlichen Kosten für Rohstoffe und Hilfsstoffe zusätzlich auch diejenigen Kosten für Dienste angesehen, die nicht durch betriebliche Arbeitskräfte und Betriebsmittel, sondern durch Lohnunternehmer oder dritte Unternehmen direkt zur Verfügung gestellt und nach geleisteten Dienstemengen abgerechnet werden. Dazu gehört in Rapsmeyers Betrieb z. B. der Lohndrusch für den Raps, dessen Kosten der Lohnunternehmer nach Maßgabe der geernteten Flächen in Rechnung stellt.

Die direkten Kosten sind in den Zeilen 15 bis 27 der Kostenartenrechnung aufgeführt. Zunächst sind in den Zeilen 15 bis 17 die Werte der Feldanfangsbestände als Kosten für die drei pflanzlichen Produktionszweige angegeben. Rapsmeyer hat sie aus dem Gesamtbetrag der Zeile A63 der *Übersicht 4.3* abgeleitet. Die Kosten für das Saatgut, den Mineraldünger und die Pflanzenschutzmittel kann Rapsmeyer direkt aus den in den Zeilen G12 bis G14 seiner G.u.V.-Rechnung (*Übersicht 4.4*) gebuchten zugehörigen Aufwändungen übernehmen. Sie erscheinen in den Zeilen 18, 19 und 21 der Kostenartenrechnung.

In Zeile 20 der Kostenartenrechnung sind die Kosten für den organischen Dünger mit 7000,00 € aufgeführt. Diese Leistungen aus der Schweineproduktion (siehe Zeile 12) werden damit zu Kosten für die Zweige der Pflanzenproduktion.

Des Weiteren kann Rapsmeyer die Kosten für die Lohnarbeit aus Zeile G20 und die Kosten für Ferkel und Ergänzungsfutter aus den Zeilen G15 und G16 seiner G.u.V.-Rechnung (*Über-*

sicht 4.4) übernehmen und in den Zeilen 22, 24 und 26 der Kostenartenrechnung verbuchen. In Zeile 25 der Kostenartenrechnung sind die Kosten für die Futtergerste mit 34.500,00 € erfasst. Wie wir bereits vorher festgestellt hatten, hat Rapsmeyer für 500,00 € weniger Gerste in seiner Schweineanlage verfüttert, als er im gleichen Wirtschaftsjahr erzeugt hat (siehe die zugehörige Leistung in Zeile 6 der Kostenartenrechnung).

Schließlich entnimmt er die in Zeile 27 der Kostenartenrechnung erfassten Kosten für den Tierarzt den Unterlagen für seine G.u.V.-Rechnung. In Zeile G25 der G.u.V.-Rechnung sind sonstige Dienstleistungen in Höhe von 3000,00 € zusammenfassend aufgeführt. 1000,00 € davon waren für den Tierarzt, die restlichen 2000,00 € sind für sonstige Dienstleistungen angefallen. Die Kosten für die sonstigen Dienstleistungen hat Rapsmeyer in Zeile 39 der Kostenartenrechnung den indirekten Kosten zugeordnet.

Insgesamt ergeben sich für Rapsmeyers Betrieb Direktkosten in Höhe von 592.500,00 € (siehe Zeile 28). Subtrahiert man diesen Betrag von den Leistungen, so erhält man die *direktkostenfreie Leistung* des Betriebes in Höhe von 227.500,00 € (Zeile 29).

Die indirekten Kosten gliedert Rapsmeyer in Kosten der *Betriebsmittelnutzung* und *Kosten der Arbeitskräfte- und Betriebsmittelbereitstellung*. Die Kostenarten der Betriebsmittelnutzung sind in den Zeilen 30 bis 39 der Kostenartenrechnung erfasst. Sie wurden aus den Zeilen G18 bis G26 der G.u.V.-Rechnung (*Übersicht 4.4*) bzw. aus den Unterlagen dazu übernommen. Insgesamt ergeben sich Kosten der Betriebsmittelnutzung in Höhe von 121.500,00 €, wie Zeile 40 der Kostenartenrechnung ausweist.

Die Kosten der Arbeitskräfte- und Betriebsmittelbereitstellung sind in den Zeilen 41 bis 46 der Kostenartenrechnung aufgeführt. Dabei handelt es sich um die Kosten für die Bereitstellung der drei Produktionsfaktoren menschliche Arbeit, Nutzflächen und Kapital. Die in Zeile 41 aufgeführten Löhne für den Mitarbeiter hat Rapsmeyer direkt aus den Zeilen G30 und G31 seiner G.u.V.-Rechnung übernommen. Die in Zeile 42 aufgeführten Lohnansprüche für Rapsmeyer und seine mithelfende Ehefrau wurden nach dem Prinzip der Opportunitätskosten berechnet und aus der *Übersicht 4.6* – anhand derer wir die Faktoreinkommensansprüche im Einzelnen diskutiert hatten – übernommen. Die in Zeile 43 aufgeführten Pachten übernimmt Rapsmeyer aus Zeile G33 seiner G.u.V.-Rechnung, die in Zeile 44 angesprochenen Pachtansprüche dagegen wieder aus der *Übersicht 4.6*. Für die in den Zeilen 45 und 46 der Kostenartenrechnung aufgeführten Zinsen und Zinsansprüche gilt sinngemäß das Gleiche. Die Zinsen werden aus Zeile G34 der G.u.V.-Rechnung und die Zinsansprüche aus *Übersicht 4.6* übernommen.

Insgesamt ergeben sich damit Kosten der Arbeitskräfte- und Betriebsmittelbereitstellung (vgl. Zeile 47 der Kostenartenrechnung) in Höhe von 102.880,00 €. Die Summe der indirekten Kosten (vgl. Zeile 48) beträgt mithin 226.180,00 €.

Addiert man die indirekten Kosten zu den direkten Kosten, dann ergeben sich für Rapsmeyers Betrieb Gesamtkosten in Höhe von 818.680,00 €. Sie sind in Zeile 49 der Kostenartenrechnung aufgeführt. Subtrahiert man die Gesamtkosten von den Leistungen, so ergibt sich eine Kosten-Leistungs-Differenz als das sog. *Betriebsergebnis* in Höhe von 1320,00 € (vgl. Zeile 50 der Kostenartenrechnung). Damit hat Rapsmeyer sämtliche Kosten von den Leistungen subtrahiert und auf diese Weise eine Kostenartenrechnung als Vollkostenrechnung durchgeführt.

Eine ähnliche Rechnung hatte Rapsmeyer aber schon in der *Übersicht 4.6* zur Bestimmung des Unternehmergewinns aufgemacht. Bei gleichen Ansätzen für die Lohn-, Pacht- und Zinsansprüche kam er in *Übersicht 4.6* jedoch auf einen Unternehmergewinn von 4120,00 €.

Die Differenz von 2800,00 € zwischen der Kosten-Leistungs-Differenz in Höhe von 1320,00 € und dem Unternehmergewinn in Höhe von 4120,00 € lässt sich wie folgt erklären: Rapsmeyer hatte in seiner G.u.V.-Rechnung (vgl. *Übersicht 4.4*, Zeile G09) einen zeitraumfremden Ertrag für den Verkauf einer Altmaschine von 3300,00 € festgehalten und diese Altmaschine mit einem zeitraumfremden Aufwand von 500,00 € (vgl. Zeile G27 der *Übersicht 4.4*) abgeschrieben. In Kostenrechnungen werden jedoch – wie bereits diskutiert – Erträge bzw. Leistungen und Aufwändungen bzw. Kosten verursachungsgerecht zugeordnet und auf eine Rechnungsperiode bezogen. Zeitraumfremde Erträge und zeitraumfremde Aufwändungen werden also in der Kostenrechnung im Unterschied zur G.u.V.-Rechnung nicht berücksichtigt. Im vorliegenden Fall beträgt die Differenz aus den zeitraumfremden Erträgen und den zeitraumfremden Aufwändungen 3300,00 € – 500,00 € = 2800,00 €. Um genau diesen Betrag ist das Betriebsergebnis in *Übersicht 6.1* geringer als der Unternehmergewinn in *Übersicht 4.6.*

Zusammenfassend wollen wir festhalten, dass die Kostenartenrechnung zwar einerseits zur Vorbereitung der weiteren Kostenauswertungen erforderlich ist, weil sie (1) die Verbindung zwischen den betriebsbezogenen Kosten-Leistungs-Rechnungen und den unternehmensbezogenen Auswertungen der G.u.V.-Rechnung und Bilanz herstellt, (2) das Bruttoprinzip bei der Rechnung von Kosten und Leistungen zur Vorbereitung betriebszweigspezifischer Auswertungen beachtet, (3) die unternehmensbezogenen Auswertungen von nichtbetriebsbezogenen Positionen bereinigt und (4) die Kosten der unternehmereigenen Produktionsfaktoren Arbeit, Nutzflächen und Kapital erfasst. Andererseits kann die Kostenartenrechnung den Wunsch nach einer eingehenden Wirtschaftlichkeitsanalyse des Betriebes nicht erfüllen. Insbesondere geht aus ihr keine verursachungsgerechte Zuordnung der Kosten und Leistungen zu den einzelnen Betriebszweigen hervor.

6.2.2 Die Kostenstellen- und die Kostenplatzrechnung

Wenn Rapsmeyer dieses Ziel der Zuordnung von Kosten und Leistungen zu den Betriebszweigen erreichen will, dann muss er zunächst eine *Kostenstellenrechnung* anfertigen. Dazu muss er seinen Betrieb in *Kostenstellen* (Orte der Kostenentstehung) aufteilen, denen dann Kosten und Leistungen zugeordnet werden. Zweckmäßigerweise sollte er die Kostenstellen darüber hinaus in *Hauptkostenstellen* und *Hilfskostenstellen* untergliedern (auf die Hilfskostenstellen wird weiter unten eingegangen). Die Hauptkostenstellen sind diejenigen Produktionsorte, an denen die einzelnen Produkte erzeugt werden. Rapsmeyer hat nur drei Feldstücke (Feld I, II und III), auf denen er im betrachteten Wirtschaftsjahr die drei Produkte Raps, Weizen und Gerste produziert hat. Außerdem hat er auf den Feldstücken bereits im betrachteten Wirtschaftsjahr Aufwändungen für das Folgejahr für Weizen (Feld I), für Gerste (Feld II) und für Raps (Feld III) getätigt und dafür am Ende des betrachteten Wirtschaftsjahres Leistungen in Form der bewerteten Feldendbestände erzielt. Da er die Kosten und Leistungen jedoch verursachungsgerecht zuordnen möchte, definiert er für die pflanzliche Produktion sechs Hauptkostenstellen, nämlich jeweils die drei Felder für die Erntefrüchte und die drei Felder für die Folgefrüchte. Als weitere Hauptkostenstelle definiert er schließlich seine Schweineanlage.

Rapsmeyer möchte im nächsten Schritt diesen Hauptkostenstellen die Leistungen und Kosten zuordnen. Dabei zeigt sich aber, dass die Kostenartenrechnung dafür nicht genügend Informationen enthält, weil aus dieser zusammengefassten Rechnung nicht hervorgeht, welche Anteile der direkten Kosten und welche Leistungsanteile auf welchen Kostenstellen angefallen sind. Das Gleiche gilt für die indirekten Kosten. Zum Beispiel wurden die Schlepper und die Belegschaft auf sämtlichen Kostenstellen des Betriebes eingesetzt, die jeweiligen Einsatzumfänge lassen sich aus der Kostenartenrechnung aber nicht ableiten.

Daraus lernt Rapsmeyer dreierlei: Erstens muss er zusätzlich zu den Hauptkostenstellen noch *Hilfskostenstellen* definieren, auf die er die indirekten Kosten für die Betriebsmittelnutzung sowie für die Arbeitskräfte und die Betriebsmittelbereitstellung zunächst aufteilt, um sie dann in einem zweiten Schritt den Hauptkostenstellen nach Maßgabe ihrer jeweils anteiligen Nutzungsumfänge zuzuordnen. Als Hilfskostenstellen definiert er den Maschinenpark, die Wirtschaftsgebäude, die Belegschaft, die Nutzflächen, das Betriebskapital und schließlich eine „Verwaltungsstelle", auf der er sämtliche Kosten sammelt, die er den übrigen Kostenstellen nicht zuordnen kann.

Zweitens lernt Rapsmeyer, dass er zur Verteilung der Kosten und Leistungen auf die einzelnen Haupt- und Hilfskostenstellen innerhalb eines Wirtschaftsjahres laufende Aufzeichnungen derart machen muss, wie sie aus der *Übersicht 6.3* als Beispiel für eine Tagesaufschreibung seines Mitarbeiters Prachtmann hervorgehen. Alle Belegschaftsmitglieder füllen täglich solche „Arbeitszettel" aus, in denen sie festhalten, wann sie wo, was und womit gemacht haben (oberer Teil der *Übersicht 6.3*). Zum Beispiel hat Prachtmann am 10. April 2006 im Umfang von 4 Stunden auf dem Feld I Mineraldünger mit dem Schlepper 1 und dem Düngerstreuer ausgebracht und die übrigen angegebenen Arbeiten erledigt. Im unteren Teil des Arbeitszettels hat Herr Prachtmann außerdem festgehalten, welche Werkstoffe er bei seinen Arbeiten wo und in welchen Mengen verbraucht hat und welche Erzeugnisse wo und in welchen Mengen entstanden sind.

Insgesamt ermöglichen die Daten der Arbeitszettel für ein ganzes Jahr dann die Zuordnung der Produkt-, Werkstoff- und Dienstemengen auf die einzelnen Haupt- und Hilfskostenstellen. Frau Rapsmeyer gibt die Daten möglichst täglich in eine computergestützte Datenbank ein. Die Datenbank erlaubt zum Jahresende eine automatische Summierung und Zuordnung zu den Kostenstellen, was die Abschlussarbeiten erheblich erleichtert.

Die mit den Arbeitszetteln festgehaltenen Zahlen liefern indessen nur Informationen über die Verteilung von Mengen auf die Kostenstellen. Rapsmeyer möchte jedoch die Kosten verbuchen und lernt deshalb des Weiteren, dass er zusätzlich eine Sammlung von Ankaufs- und Verkaufspreisen anlegen muss. Er entnimmt diese Preise den einzelnen Abrechnungsbelegen, die er als Urbelege für die Durchführung der G.u.V.-Rechnung gesammelt hat.

Auf der Grundlage der Datenbasen der Kostenartenrechnung, der für das Wirtschaftsjahr zusammengefassten Mengendaten aus den „Arbeitszetteln" und der Preisdaten aus den Abrechnungsbelegen kann Rapsmeyer nunmehr die Leistungen und Kosten des Betriebes für das Wirtschaftsjahr auf die Haupt- und Hilfskostenstellen verteilen und so die erwünschte Kostenstellenrechnung anfertigen. Zuerst bestimmt er dabei die direktkostenfreien Leistungen für die Hauptkostenstellen seines Betriebes. Das zusammengefasste Ergebnis ist in Übersicht

NAME: PRACHTMANN	WOCHENTAG:	*Dienstag*	DATUM:	*10.04.06*	
A. DIENSTE: ARBEIT UND MASCHINEN					
Nr.	Wann? [von-bis, Uhrzeit]	Wo? [Arbeitsort]	Was? [Art der Arbeit]	Womit? [Schlepper]	Womit? [Maschinen]
1	*8.00 bis 12.00*	*Feld I*	*Mineraldünger streuen*	*Schlepper 1*	*Düngerstreuer*
2	*13.00 bis 17.00*	*Feld II*	*Unkraut spritzen*	*Schlepper 1*	*Spritze 1*
3	*17.00 bis 17.30*	*Schlepper-garage*	*Tanken, Pflege*	*Schlepper 1*	
4					
5					
B. GÜTER: ERZEUGNISSE UND WERKSTOFFE					
Nr.	Woher? [Herkunftsort]	Wohin? [Bestimmungsort]	Was? [Name des Gutes]	Wieviel? [Menge des Gutes]	Einheit? [z.B. kg,dt,ltr,Stck]
1	*Düngerlager*	*Feld I*	*Kalkammon-salpeter*	*70*	*dt*
2	*Pflanzenschutz-mittellager*	*Feld II*	*Starane*	*25*	*ltr*
3	*Tanklager*	*Schlepper 1*	*Dieselöl*	*95*	*ltr*
4					
5					
Unterschrift:	*Prachtmann*				

DECK63

Übersicht 6.3: Formular zur laufenden Erfassung des Produktionsfaktorverbrauchs und der Produkterzeugung – Beispiel –

6.4 dargestellt. (Aufruf der Datei, die auch die Tabellen der *Übersichten 6.5* und *6.6* enthält, mit DECK64.)

Aus dem oberen Teil der *Übersicht 6.4* geht die Verteilung der Leistungen auf die sieben Hauptkostenstellen hervor (Zeilen 1 bis 11, Spalten 2 bis 8). Die Spalten 2 bis 8 der Zeile 11 weisen die aufsummierten Einzelleistungen der Hauptkostenstellen aus. Außerdem sind in Spalte 9 die Leistungen für den Gesamtbetrieb wieder aufsummiert worden, um so durch Vergleich mit den Summen der Kostenartenrechnung überprüfen zu können, ob die Leistungen vollständig verteilt worden sind.

Ein Vergleich mit den insgesamt erfassten Leistungsarten in der Spalte 9, Zeile 1 bis 11 der *Übersicht 6.4* mit den entsprechenden Werten in den Zeilen 1 bis 14 der Kostenartenrechnung (*Übersicht 6.1*) zeigt indessen, dass die Beträge nicht vollständig übereinstimmen. Die in Zeile 13 der Kostenartenrechnung erfassten Leistungen für Mieten und Pachten in Höhe von 5500,00 € erscheinen nicht in der *Übersicht 6.4*, so dass sich bei den (Gesamt-)Leistungen in *Übersicht 6.4* (Spalte 9, Zeile 11) nur ein Betrag von 814.500,00 € im Unterschied zu den 820.000,00 € der Kostenartenrechnung (*Übersicht 6.1*, Zeile 14) ergibt. Der Betrag für die Mieten und Pachten ist als Leistung aus der Mietwohnung des Mitarbeiters entstanden. Diese Leistung hat Rapsmeyer der Hilfskostenstelle „Wirtschaftsgebäude" als negative Kosten zugeordnet, weil sie zwar eine Leistung der Wirtschaftsgebäude ist, aber mit dem eigentlichen Produktionsprogramm des Betriebes keine unmittelbare Verbindung aufweist (siehe dazu im Einzelnen die nachfolgenden Erläuterungen zur *Übersicht 6.5*).

S	1	2	3	4	5	6	7	8	9
Z	Haupt-kosten-stellen »»»	Feld I Ernte-frucht Raps	Feld II Ernte-frucht Weizen	Feld III Ernte-frucht Gerste	Feld I Folge-frucht Weizen	Feld II Folge-frucht Gerste	Feld III Folge-frucht Raps	Schweine-anlage	SUMMEN
1	Direktzahlungen	17.500,00	17.500,00	17.500,00					52.500,00
2	Ölraps	37.500,00							37.500,00
3	Backweizen		57.500,00						57.500,00
4	Futtergerste			35.000,00					35.000,00
5	FEB[1] Raps						26.000,00		26.000,00
6	FEB Weizen				43.000,00				43.000,00
7	FEB Gerste					26.000,00			26.000,00
8	TEB[3] Schweine							110.000,00	110.000,00
9	Schweine							420.000,00	420.000,00
10	Org. Dünger							7.000,00	7.000,00
11	Leistungen	55.000,00	75.000,00	52.500,00	43.000,00	26.000,00	26.000,00	537.000,00	814.500,00
12	FAB[2] Raps	26.000,00							26.000,00
13	FAB Weizen		43.000,00						43.000,00
14	FAB Gerste			26.000,00					26.000,00
15	Saatgut	0,00	0,00	0,00	4.000,00	2.500,00	2.000,00		8.500,00
16	Mineraldünger	0,00	0,00	0,00	7.000,00	5.000,00	7.000,00		19.000,00
17	Org. Dünger	0,00	0,00	0,00	2.300,00	2.300,00	2.400,00		7.000,00
18	Pfl.schutzmittel	0,00	0,00	0,00	8.000,00	4.000,00	7.000,00		19.000,00
19	Lohnarbeit	6.000,00		1.500,00					7.500,00
20	TAB[4] Schweine							100.000,00	100.000,00
21	Ferkel							207.500,00	207.500,00
22	Futtergerste							34.500,00	34.500,00
23	Ergänz.futter							93.500,00	93.500,00
24	Tierarzt							1.000,00	1.000,00
25	Direktkosten	32.000,00	43.000,00	27.500,00	21.300,00	13.800,00	18.400,00	436.500,00	592.500,00
26	Direktkosten-freie Leistung	23.000,00	32.000,00	25.000,00	21.700,00	12.200,00	7.600,00	100.500,00	222.000,00

[1]) FEB=Feldendbestand; [2]) FAB=Feldanfangsbestand; [3]) TEB=Tierendbestand; [4]) TAB=Tieranfangsbestand

DECK64

Übersicht 6.4: IST-Kosten-Leistungs-Rechnung: Bestimmung der direktkostenfreien Leistungen der Hauptkostenstellen (Werte in €) – Beispiel –

Im unteren Teil der *Übersicht 6.4* (Zeilen 12 bis 25, Spalten 2 bis 8) hat Rapsmeyer dann die aus der Kostenartenrechnung (Zeilen 15 bis 28 der *Übersicht 6.1*) entnommenen Direktkosten nach Maßgabe der Informationen aus den „Arbeitszetteln" und der „Preissammlung" auf die Hauptkostenstellen verteilt. In Spalte 9 wurden auch die Direktkosten wieder aufsummiert, um die Vollständigkeit der Verteilung durch Vergleich mit den zusammengefassten Werten der Kostenartenrechnung auch dabei überprüfen zu können. Die Summen der Direktkosten, die auf den einzelnen Kostenstellen angefallen sind, gehen aus der Zeile 25 der *Übersicht 6.4* hervor. Zeile 26 zeigt die direktkostenfreien Leistungen der Hauptkostenstellen und des Gesamtbetriebes. Sie ergeben sich als Differenzen aus den Leistungen (Zeile 11) und den Direktkosten (Zeile 25).

Mit der Bestimmung der direktkostenfreien Leistungen hat Rapsmeyer zunächst eine Kostenstellenrechnung als *Teilkostenrechnung* durchgeführt. Er möchte jedoch ebenso wie bei der Kostenartenrechnung auch die Kostenstellenrechnung als *Vollkostenrechnung* anfertigen, um die vollständige wirtschaftliche Ergiebigkeit der Betriebszweige zu ermitteln. Dazu muss er im nächsten Schritt die Arten der indirekten Kosten als Summen aus der Kostenartenrechnung auf die jeweiligen Hilfskostenstellen verteilen.

Das Ergebnis dieses Arbeitsschrittes ist in *Übersicht 6.5* dargestellt. Im oberen Teil der Übersicht werden die Kosten der Betriebsmittelnutzung auf die drei Hilfskostenstellen Maschinenpark, Wirtschaftsgebäude und Verwaltungsstelle verteilt (Spalten 2 bis 4). Die in den Zeilen 1 bis 4 aufgeführten Maschinenkostenarten wurden aus den Zeilen 30 bis 33 und die in den

Zeilen 5 bis 8 aufgeführten Gebäudekosten aus den Zeilen 34 bis 37 der Kostenartenrechnung (*Übersicht 6.1*) übernommen. In Zeile 9 der *Übersicht 6.5* hat Rapsmeyer die bereits vorher angesprochenen Mieterträge in Höhe von 5500,00 € als negative Kosten abgesetzt, so dass die verbleibenden Gebäudekosten in Höhe von 39.500,00 € nur die Gebäudekosten für den eigentlichen Betriebszweck umfassen. Damit hat Rapsmeyer zur Vereinfachung aber auch unterstellt, dass die für die Mietwohnung seines Mitarbeiters angefallenen Kosten gerade ebenso hoch sind wie die Mieterträge bzw. -leistungen.

Bei der Verwaltungsstelle (Spalte 4, Zeilen 10 und 11 der *Übersicht 6.5*) hat Rapsmeyer die für sonstiges Verbrauchsmaterial und für sonstige Dienstleistungen entstandenen Kosten erfasst. Die Beträge in Höhe von 6900,00 und 2000,00 € hat er aus den Zeilen 38 und 39 der Kostenartenrechnung übernommen. Diese Kosten, die hauptsächlich für die Verwaltung und Leitung seines Unternehmens entstanden sind (z. B. für Telekommunikation, Büromaterial und den Betriebs-PKW), kann er nicht den übrigen Hilfskostenstellen zuordnen.

Im unteren Teil der *Übersicht 6.5* (Zeilen 13 bis 18) wurden die Kosten der Arbeitskräfte und Betriebsmittelbereitstellung den drei Hilfskostenstellen Belegschaft, Nutzflächen und Betriebskapital zugeordnet (Spalten 5 bis 7). Die einzelnen Beträge wurden aus den Zeilen 41 bis 46 der Kostenartenrechnung übernommen.

Schließlich wurden in der Spalte 8 der *Übersicht 6.5* die Kosten wieder aufsummiert, um die vollständige Zuordnung der verteilten Kosten durch Vergleich mit den Zahlen der Kostenartenrechnung überprüfen zu können. In Zeile 20 der *Übersicht 6.5* sind deshalb nicht nur die indirekten Kosten für die einzelnen Hilfskostenstellen (Spalten 2 bis 7), sondern auch diejenigen für den Gesamtbetrieb (Spalte 8) aufsummiert worden. Der Gesamtbetrag in Höhe von

	1	2	3	4	5	6	7	8
Z	Hilfskostenstellen	Maschinenpark	Wirtschaftsgebäude	Verwaltungsstelle	Belegschaft	Nutzflächen	Betriebskapital	SUMMEN
1	Treib- u. Schmierstoffe	8.500,00						8.500,00
2	Reparatur Maschinen	19.500,00						19.500,00
3	Afa Maschinen	30.000,00						30.000,00
4	Vorst. Schlepperkauf	11.400,00						11.400,00
5	Strom,Heizst.,Wasser		8.000,00					8.000,00
6	Reparatur Bauten		1.000,00					1.000,00
7	Afa Bauten		35.000,00					35.000,00
8	Versicherung, Abgaben		1.000,00					1.000,00
9	Mieten, Pachten		-5.500,00					-5.500,00
10	So. Verbrauchsmaterial			6.900,00				6.900,00
11	So. Dienstleistungen			2.000,00				2.000,00
12	Kosten der Betriebsmittelnutzung	69.400,00	39.500,00	8.900,00	***	***	***	117.800,00
13	Löhne				22.000,00			22.000,00
14	Lohnansprüche				26.750,00			26.750,00
15	Pachten					2.500,00		2.500,00
16	Pachtansprüche					24.500,00		24.500,00
17	Zinsen						12.500,00	12.500,00
18	Zinsansprüche						14.630,00	14.630,00
19	Kosten der Arbeitskräfte- und Betriebsmittelbereitstellung	***	***	***	48.750,00	27.000,00	27.130,00	102.880,00
20	Indirekte Kosten	69.400,00	39.500,00	8.900,00	48.750,00	27.000,00	27.130,00	220.680,00

DECK64

Übersicht 6.5: IST-Kosten-Leistungs-Rechnung: Verteilung der indirekten Kosten auf die Hilfskostenstellen (Werte in €) – Beispiel –

220.680,00 € unterscheidet sich von dem in der Zeile 48 der Kostenartenrechnung ermittelten Betrag in Höhe von 226.180,00 € um den in *Übersicht 6.5* abgesetzten Betrag in Höhe von 5500,00 € für die Mieten und Pachten.

Im nächsten Schritt muss Rapsmeyer die auf den Hilfskostenstellen erfassten indirekten Kosten verursachungsgerecht auf die Hauptkostenstellen verteilen, um dann die Beiträge der einzelnen Betriebszweige (Hauptkostenstellen) zum Betriebsergebnis ermitteln zu können. Zur Aufteilung der indirekten Kosten auf die Hauptkostenstellen bedient er sich der zusammengefassten Informationen aus den Arbeitszetteln und der Preissammlung. Das Ergebnis dieser Verteilung ist im unteren Teil der *Übersicht 6.6* (Zeilen 4 bis 10) dargestellt. Im oberen Teil der *Übersicht 6.6* wurde die Berechnung der direktkostenfreien Leistungen in zusammengefasster Form aus der *Übersicht 6.4* wiederholt. Zeile 1 enthält die Leistungen, Zeile 2 die Direktkosten und Zeile 3 die direktkostenfreien Leistungen.

Die in Zeile 12, Spalte 2 der *Übersicht 6.5* ermittelten Kosten für den Maschinenpark in Höhe von 69.400,00 € hat Rapsmeyer in Zeile 4 der *Übersicht 6.6* für jede einzelne Maschine nach Maßgabe der jeweiligen Maschineneinsatzstunden auf die Hauptkostenstellen (Spalten 2 bis 8) verteilt und zur Überprüfung in Spalte 9 nochmals die Kostensummen gebildet.

Dabei hat er von der Gesamtsumme der Maschinenkosten 3000,00 € vorweg abgezogen und diesen Betrag der Hauptkostenstelle Schweineanlage zugeordnet (vgl. Zeile 4, Spalte 8 in *Übersicht 6.6*). Diesen Betrag hat Rapsmeyer als Mehrkosten der Nährstoffausbringung auf seinen Feldern in der Gülle im Vergleich zur Nährstoffausbringung in Mineraldüngern errechnet. Der Schweineanlage werden deshalb nicht nur die Leistungen für die produzierte Gülle in Höhe von 7000,00 € gutgeschrieben (vgl. Zeile 10, Spalte der *Übersicht 6.4*), sondern auch die Mehrkosten für den erhöhten Ausbringungsaufwand dieses Produktes angelastet.

Die in Zeile 12, Spalte 3 der *Übersicht 6.5* aufgeführten Kosten für die Wirtschaftsgebäude in Höhe von 39.500,00 € sind in Zeile 5 der *Übersicht 6.6* verteilt. Die Gebäudekosten sind zum überwiegenden Teil für die Schweineanlage (inkl. Futtergetreidelager) entstanden. Den kleineren Anteil der Kosten für seine Maschinenhalle und die betriebseigene Werkstatt hat Rapsmeyer auf die sechs Hauptkostenstellen der pflanzlichen Produktion verteilt. Die Verteilung der Gebäudekosten war relativ problemlos, weil Rapsmeyer die Abschreibungen und Versicherungen für die einzelnen Gebäude und die dafür getätigten Reparaturen aus den Unterlagen für seine G.u.V.-Rechnung kennt und die Kosten für Strom, Hilfsstoffe und Wasser mittels der Ergebnisse von Zählern, die er in den einzelnen Gebäuden installiert hat, verteilen kann.

Die in Zeile 12, Spalte 4 der *Übersicht 6.5* ermittelten Kosten für die Verwaltungsstelle in Höhe von 8900,00 € sind in Zeile 6 der *Übersicht 6.6* auf die Hauptkostenstellen verteilt worden. Für die Verteilung hat Rapsmeyer einen einfachen Schlüssel insofern verwendet, als er aus langjähriger Erfahrung schätzen kann, welche Anteile der Leitungs- und Verwaltungstätigkeiten er für welche Betriebszweige aufwendet.

Die in Zeile 12, Spalte 5 der *Übersicht 6.5* ermittelten Kosten für die Belegschaft in Höhe von 48.750,00 € sind in Zeile 8 der *Übersicht 6.6* auf die Hauptkostenstellen verteilt worden. Die Aufteilung der Arbeitskosten kann Rapsmeyer nach Maßgabe der Aufzeichnungen aus seinen Arbeitszetteln vornehmen.

S	1	2	3	4	5	6	7	8	9
Z	Haupt-kosten-stellen »»»	Feld I Ernte-frucht Raps	Feld II Ernte-frucht Weizen	Feld III Ernte-frucht Gerste	Feld I Folge-frucht Weizen	Feld II Folge-frucht Gerste	Feld III Folge-frucht Raps	Schweine-anlage	SUMMEN
1	+Leistungen	55.000,00	75.000,00	52.500,00	43.000,00	26.000,00	26.000,00	537.000,00	814.500,00
2	-Direkt-kosten	32.000,00	43.000,00	27.500,00	21.300,00	13.800,00	18.400,00	436.500,00	592.500,00
3	=Direkt-kostenfreie Leistung	23.000,00	32.000,00	25.000,00	21.700,00	12.200,00	7.600,00	100.500,00	222.000,00
	-Kosten der Betriebsmittelnutzung:								
4	Maschinen	1.800,00	2.100,00	2.300,00	20.800,00	18.800,00	20.600,00	3.000,00	69.400,00
5	Gebäude	100,00	500,00	500,00	800,00	800,00	800,00	36.000,00	39.500,00
6	Verwaltung	250,00	250,00	250,00	750,00	750,00	750,00	5.900,00	8.900,00
7	=Betrieb-liche Wert-schöpfung	20.850,00	29.150,00	21.950,00	-650,00	-8.150,00	-14.550,00	55.600,00	104.200,00
	-Kosten der Arbeitskräfte- und Betriebsmittelbereitstellung:								
8	Arbeit	1.900,00	2.200,00	2.300,00	7.100,00	6.450,00	7.300,00	21.500,00	48.750,00
9	Nutzflächen	2.250,00	2.250,00	2.250,00	6.750,00	6.750,00	6.750,00	0,00	27.000,00
10	Kapital	500,00	1.160,00	1.160,00	2.900,00	2.900,00	2.900,00	15.610,00	27.130,00
11	=Betriebs-ergebnis	16.200,00	23.540,00	16.240,00	-17.400,00	-24.250,00	-31.500,00	18.490,00	1.320,00

DECK64

Übersicht 6.6: IST-Kosten-Leistungs-Rechnung: Verteilung der indirekten Kosten auf die Hauptkostenstellen und Ermittlung der Betriebszweigergebnisse und des Betriebsergebnisses (Werte in €) – Beispiel –

Die in Zeile 12, Spalte 6 der *Übersicht 6.5* ermittelten Kosten für die Nutzflächen in Höhe von 27.000,00 € sind in Zeile 9 der *Übersicht 6.6* auf die sechs Hauptkostenstellen der pflanzlichen Produkte verteilt worden. Für die Verteilung ist Rapsmeyer davon ausgegangen, dass von der insgesamt 12-monatigen Flächennutzung drei Monate auf die Erntefrüchte (vom 01. Juli bis zum 30. September des betrachteten Wirtschaftsjahres) und 9 Monate (vom 01. Oktober bis zum 30. Juni des betrachteten Wirtschaftsjahres) auf die Folgefrüchte entfallen, so dass für jedes der drei Feldstücke ein Viertel der Nutzflächenkosten den Erntefrüchten und drei Viertel den Folgefrüchten zugerechnet werden.

Die in Zeile 12, Spalte 6 der *Übersicht 6.5* ermittelten Kosten für das Betriebskapital in Höhe von 27.130,00 € sind in Zeile 10 der *Übersicht 6.6* auf die 7 Hauptkostenstellen verteilt worden. Diese Verteilung hat Rapsmeyer nach Maßgabe von Unterlagen vorgenommen, die er für die Erstellung der Bilanz benötigte. Dort sind die Werte sämtlicher Vermögensgegenstände erfasst, so dass darüber die Zuordnung der Kostenanteile auf die einzelnen Hauptkostenstellen zumindest teilweise gelingt. Bei Vermögensgegenständen (z. B. Schleppern), die auf mehreren Kostenstellen eingesetzt werden, kann die Verteilung der Kapitalkosten nach Maßgabe der Informationen aus den Arbeitszetteln über ihre Einsatzumfänge auf den verschiedenen Kostenstellen erfolgen.

Subtrahiert man nun von den in Zeile 3 der *Übersicht 6.6* aufgeführten direktkostenfreien Leistungen die in den Zeilen 4 bis 6 aufgeführten Kosten für die Betriebsmittelnutzung, dann ergeben sich in Zeile 7 die Wertschöpfungen der Hauptkostenstellen (Spalten 2 bis 8) und die aufsummierte betriebliche Wertschöpfung (Spalte 9). Aus der Zeile 7 geht also hervor, mit welchen Beträgen bzw. Anteilen die einzelnen Hauptkostenstellen zur Wertschöpfung des Betriebes beigetragen haben und welchen Betrag die betriebliche Gesamtwertschöpfung umfasst (hier 104.200,00 €).

Bis zur Errechnung der Wertschöpfungen handelt es sich bei der Kostenstellenrechnung ebenfalls noch um eine Teilkostenrechnung. Die Vollkostenrechnung wird erst erreicht, wenn von den Wertschöpfungen der Hauptkostenstellen und des Betriebes noch die Kosten für die Arbeitskräfte- und Betriebsmittelbereitstellung, die in den Zeilen 8 bis 10 der *Übersicht 6.6* enthalten sind, subtrahiert werden. Es ergeben sich dann in Zeile 11 die Beiträge der Hauptkostenstellen zum Betriebsergebnis und das Betriebsergebnis insgesamt. Der Gesamtbetrag für das Betriebsergebnis in Höhe von 1320,00 € stimmt mit dem in der Kostenartenrechnung (vgl. Zeile 50, *Übersicht 6.1)* ermittelten Betrag überein. Die Verteilung der Beträge der Leistungs- und Kostenarten auf die Hauptkostenstellen ist also vollständig erfolgt.

Bei Betrachtung der Beiträge zum Betriebsergebnis der einzelnen Hauptkostenstellen fallen jedoch die großen Unterschiede ins Auge. Insbesondere weisen die Hauptkostenstellen für die Folgefrüchte im Vergleich zu denjenigen für die Erntefrüchte erhebliche (negative) Abweichungen auf. Die Ursache dieser Unterschiede muss vor allem darin gesehen werden, dass bei den sechs Hauptkostenstellen der Pflanzenproduktion die Leistungen und Kosten in *Übersicht 6.6* zwar insgesamt vollständig erfasst, aber bisher nicht verursachungsgerecht verteilt worden sind. So wurden z. B. die Direktzahlungen vollständig den Erntefrüchten gutgeschrieben, obwohl sie sozusagen im Verlaufe der gesamten Produktionsperiode entstanden sind. Eine gewisse Willkür lässt sich auch bei der Schätzung der Werte der Feldanfangs- und -endbestände nicht vermeiden. Da es sich dabei aber um vergleichsweise hohe Beträge sowohl auf der Leistungs- als auch auf der Kostenseite handelt, können die Beiträge zum Betriebsergebnis der Kostenstellen durch unterschiedliche Schätzwerte erheblich beeinflusst werden.

Die angesprochenen Probleme können dadurch gelöst werden, dass man die für die bisherigen Rechnungen zweckmäßige Trennung der Hauptkostenstellen der Pflanzenproduktion in Kostenstellen für die Erntefrüchte und solche für die Folgefrüchte im nächsten Schritt wieder auflöst und den Kostenstellen für die Erntefrüchte die dafür insgesamt entstandenen Kosten zuweist. Die konkrete Vorgehensweise dafür wird im Folgenden mit Hilfe der *Übersichten 6.7* bis *6.10* dargestellt (Aufruf der Übersichten 6.7 bis 6.10 mit der Datei DECK67).

Wir haben bisher die Trennung der Hauptkostenstellen für Erntefrüchte und für Folgefrüchte in begründeter Weise deshalb vorgenommen, weil sich in einem Wirtschaftsjahr ein Großteil der Kosten für die Pflanzenproduktion nicht auf die Erntefrüchte des Wirtschaftsjahres, sondern auf die Erntefrüchte des Folgejahres beziehen. Für eine verursachungsgerechte Zuordnung sämtlicher Kosten zu den Erntefrüchten des betrachteten Wirtschaftsjahres benötigen wir deshalb umgekehrt die Kosten der Pflanzenproduktion, die bereits in der Kostenrechnung für das vorhergehende Wirtschaftsjahr als Kosten für die Folgefrüchte auf den Feldern I, II und III entstanden sind.

Die in der Kostenstellenrechnung für das vorhergehende Wirtschaftsjahr erfassten Kosten für die drei Folgefrüchte auf den drei Feldern mögen in Rapsmeyers Betrieb die in Übersicht 6.7 aufgeführten Beträge aufgewiesen haben. Diese Kosten für die drei Felder müssen jetzt mit den Kosten und Leistungen für die Erntefrüchte der drei Felder in Übersicht 6.6 zusammengeführt werden, um eine verursachungsgerechte Zuordnung sämtlicher Kosten zu den Leistungen der Erntefrüchte zu erreichen. Die in der Übersicht 6.6 bisher erfassten Kosten für die Folgefrüchte werden dann erst für die Kostenstellenrechnung des nächsten Wirtschaftsjahres benötigt. Mit dieser Neuordnung der Kosten wird insbesondere erreicht, dass die Berücksichtigung der Feldbestände zum Wirtschaftsjahresanfang und -ende entfällt und überdies die Direktzahlungen insgesamt den jetzt kostenmäßig vollständig erfassten Prozessen der Pflanzenproduktion zugeordnet sind.

S	1	2	3	4
Z	Hauptkostenstellen »	Feld I Folgefrucht Raps	Feld II Folgefrucht Weizen	Feld III Folgefrucht Gerste
1	Saatgut	2.000,00	4.000,00	2.500,00
2	Mineraldünger	6.000,00	6.000,00	4.500,00
3	Organischer Dünger	2.300,00	2.300,00	2.300,00
4	Pflanzenschutzmittel	7.000,00	8.000,00	4.000,00
	- Kosten der Betriebsmittelnutzung			
5	für Maschinenpark	19.500,00	20.500,00	18.000,00
6	für Wirtschaftsgebäude	800,00	800,00	800,00
7	für Verwaltungsstelle	750,00	750,00	750,00
	- Kosten der Arbeitskräfte- und Betriebsmittelbereitstellung			
8	für Belegschaft	7.000,00	7.100,00	6.450,00
9	für Nutzflächen	6.750,00	6.750,00	6.750,00
10	für Betriebskapital	2.900,00	2.900,00	2.900,00

DECK67

Übersicht 6.7: Kosten der Zweige der Pflanzenproduktion gemäß der IST-Kosten-Leistungs-Rechnung für das vorhergehende Wirtschaftsjahr (Werte in €) – Beispiel –

Die Addition der in *Übersicht 6.7* enthaltenen Kosten mit denjenigen, die in den *Übersichten 6.4* und *6.6* für die drei Erntefrüchte erfasst wurden, liefert das in *Übersicht 6.8* dargestellte Ergebnis. Dieses ergibt sich im Einzelnen wie folgt:

S	1	2	3	4	5
Z	Hauptkostenstellen »	Feld I Erntefrucht Raps	Feld II Erntefrucht Weizen	Feld III Erntefrucht Gerste	Schweineanlage Schlacht-schweine
1	Direktzahlungen	17.500,00	17.500,00	17.500,00	
2	Ölraps	37.500,00			
3	Backweizen		57.500,00		
4	Futtergerste			35.000,00	
5	Schlachtschweine				430.000,00
6	Organischer Dünger				7.000,00
7	+ Leistungen je Kostenstelle	55.000,00	75.000,00	52.500,00	437.000,00
8	Saatgut	2.000,00	4.000,00	2.500,00	
9	Mineraldünger	6.000,00	6.000,00	4.500,00	
10	Organischer Dünger	2.300,00	2.300,00	2.300,00	
11	Pflanzenschutzmittel	7.000,00	8.000,00	4.000,00	
12	Lohnarbeit	6.000,00		1.500,00	
13	Ferkel				207.500,00
14	Futtergerste				34.500,00
15	Ergänzungsfutter				93.500,00
16	Tierarzt				1.000,00
17	- Direktkosten je Kostenstelle	23.300,00	20.300,00	14.800,00	336.500,00
18	= Direktkostenfreie Leistung je Kostenstelle	31.700,00	54.700,00	37.700,00	100.500,00
	- Kosten der Betriebsmittelnutzung				
19	für Maschinenpark	21.300,00	22.600,00	20.300,00	3.000,00
20	für Wirtschaftsgebäude	900,00	1.300,00	1.300,00	36.000,00
21	für Verwaltungsstelle	1.000,00	1.000,00	1.000,00	5.900,00
22	= Wertschöpfung je Kostenstelle	8.500,00	29.800,00	15.100,00	55.600,00
	- Kosten der Arbeitskräfte- und Betriebsmittelbereitstellung				
23	für Belegschaft	8.900,00	9.300,00	8.750,00	21.500,00
24	für Nutzflächen	9.000,00	9.000,00	9.000,00	0,00
25	für Betriebskapital	3.400,00	4.060,00	4.060,00	15.610,00
26	= Betriebsergebnis je Kostenstelle	-12.800,00	7.440,00	-6.710,00	18.490,00
27	+ (Gesamt-)Leistungen je Kostenstelle (Z7)	55.000,00	75.000,00	52.500,00	437.000,00
28	- (Gesamt-)Kosten je Kostenstelle (Z17+19+20+21+23+24+25)	67.800,00	67.560,00	59.210,00	418.510,00
29	= Betriebsergebnis je Kostenstelle (Z26)	-12.800,00	7.440,00	-6.710,00	18.490,00

DECK67

Übersicht 6.8: IST-Kosten-Leistungs-Rechnung: Kostenstellenrechnung bei verursachungsgerecht zugeordneten Kosten und Leistungen (Werte in €) – Beispiel –

Die in den Zeilen 1 bis 6 der *Übersicht 6.8* aufgeführten Leistungen für die drei Felder I bis III mit den Erntefrüchten Raps, Weizen und Gerste sowie der Schweineanlage wurden aus den Zeilen 1 bis 10 (Spalten 2, 3, 4 und 8) der *Übersicht 6.4* übernommen. Bei der Schweineanlage wurde eine Anpassung insofern vorgenommen, als die Tierendbestände und die Tieranfangsbestände saldiert wurden (Zeilen 8 und 20 in *Übersicht 6.4*) und nur der Saldo als Produktionsbestandteil in Höhe von 10.000,00 € zusätzlich zu den Leistungen der Schweine in Höhe von 420.000,00 € mit dann insgesamt 430.000,00 € in die Zeile 5 der *Übersicht 6.8* überführt wurde.

Die in den Zeilen 8 bis 12 der *Übersicht 6.8* aufgeführten Direktkosten für die Kostenstellen der Pflanzenproduktion wurden durch Summation der in den Zeilen 15 bis 19, Spalten 2 bis 4 der *Übersicht 6.4* und den in den Zeilen 1 bis 4 der *Übersicht 6.7* erfassten Direktkosten gewonnen. Damit sind sämtliche Direktkosten der Pflanzenproduktion den drei Erntefrüchten verursachungsgerecht zugeordnet. Die in den Zeilen 13 bis 16 der *Übersicht 6.8* erfassten Direktkosten der Schweineanlage wurden aus den Zeilen 21 bis 24 der *Übersicht 6.4* direkt übernommen. Nach Subtraktion der Direktkosten von den Leistungen ergeben sich in Zeile 18 der *Übersicht 6.8* die direktkostenfreien Leistungen der vier Kostenstellen.

Die in den Zeilen 19 bis 21 der *Übersicht 6.8* aufgeführten Kosten der Betriebsmittelnutzung für die Kostenstellen der Pflanzenproduktion wurden durch Summation der in den Zeilen 4 bis 6, Spalten 2 bis 4 der *Übersicht 6.6* und den in den Zeilen 5 bis 7 der *Übersicht 6.7* erfassten Kosten der Betriebsmittelnutzung gewonnen. Damit sind sämtliche Kosten der Betriebsmittelnutzung der Pflanzenproduktion den drei Erntefrüchten verursachungsgerecht zugeordnet. Die in den Zeilen 19 bis 21 (Spalte 5) der *Übersicht 6.8* aufgeführten Kosten der Betriebsmittelnutzung für die Schweineanlage wurden aus den Zeilen 4 bis 6, Spalte 8 der *Übersicht 6.6* direkt übernommen. Nach Subtraktion der Kosten der Betriebsmittelnutzung von den direktkostenfreien Leistungen ergeben sich in Zeile 22 der *Übersicht 6.8* die Wertschöpfungen der Kostenstellen.

Die in den Zeilen 23 bis 25 der *Übersicht 6.8* aufgeführten Kosten der Arbeitskräfte- und Betriebsmittelbereitstellung für die Kostenstellen der Pflanzenproduktion wurden durch Summation der in den Zeilen 8 bis 10 (Spalten 2 bis 4) der *Übersicht 6.6* erfassten Beträge mit den in den Zeilen 8 bis 10 der *Übersicht 6.7* erfassten Beträge gewonnen. Damit sind auch sämtliche Kosten der Arbeitskräfte- und Betriebsmittelbereitstellung für die pflanzlichen Produktionsprozesse verursachungsgerecht zugeordnet. Die in den Zeilen 23 bis 35, Spalte 5 der *Übersicht 6.8* aufgeführten Kosten der Arbeitskräfte- und Betriebsmittelbereitstellung für die Schweineanlage wurden aus den Zeilen 8 bis 10, Spalte 8 der *Übersicht 6.6* direkt übernommen.

Nach Subtraktion der Kosten der Arbeitskräfte- und Betriebsmittelbereitstellung von den Wertschöpfungen ergeben sich in Zeile 26 der *Übersicht 6.8* die verursachungsgerecht erfassten Betriebsergebnisse der vier Kostenstellen. In den Zeilen 27 und 28 der *Übersicht 6.8* wurden die (Gesamt-)Leistungen und die (Gesamt-)Kosten für die Kostenstellen zusammengefasst, woraus sich durch Saldierung in Zeile 29 ebenso wie in der Zeile 26 die Beiträge zum Betriebsergebnis der Kostenstellen ergeben.

S	1	2	3	4	5
Z	Art/Nutzung der Kostenplätze »	Feld I Erntefrucht Raps	Feld II Erntefrucht Weizen	Feld III Erntefrucht Gerste	Schweineanlage Schlacht-schweine
	Anzahl der Kostenplätze (ha-Anbaufläche, Stallplätze)	50,00	50,00	50,00	1.000,00
1	Direktzahlungen	350,00	350,00	350,00	
2	Ölraps	750,00			
3	Backweizen		1.150,00		
4	Futtergerste			700,00	
5	Schlachtschweine				430,00
6	Organischer Dünger				7,00
7	Leistungen je Kostenplatz	1.100,00	1.500,00	1.050,00	437,00
8	Saatgut	40,00	80,00	50,00	
9	Mineraldünger	120,00	120,00	90,00	
10	Organischer Dünger	46,00	46,00	46,00	
11	Pflanzenschutzmittel	140,00	160,00	80,00	
12	Lohnarbeit	120,00		30,00	
13	Ferkel				207,50
14	Futtergerste				34,50
15	Ergänzungsfutter				93,50
16	Tierarzt				1,00
17	- Direktkosten je Kostenplatz	466,00	406,00	296,00	336,50
18	= Direktkostenfreie Leistung je Kostenplatz	634,00	1.094,00	754,00	100,50
	- Kosten der Betriebsmittelnutzung				
19	für Maschinenpark	426,00	452,00	406,00	3,00
20	für Wirtschaftsgebäude	18,00	26,00	26,00	36,00
21	für Verwaltungsstelle	20,00	20,00	20,00	5,90
22	= Wertschöpfung je Kostenplatz	170,00	596,00	302,00	55,60
	- Kosten der Arbeitskräfte- und Betriebsmittelbereitstellung				
23	für Belegschaft	178,00	186,00	175,00	21,50
24	für Nutzflächen	180,00	180,00	180,00	0,00
25	für Betriebskapital	68,00	81,20	81,20	15,61
26	= Betriebsergebnis je Kostenplatz	-256,00	148,80	-134,20	18,49
27	+ (Gesamt-)Leistungen je Kostenplatz (Z7)	1.100,00	1.500,00	1.050,00	437,00
28	- (Gesamt-)Kosten je Kostenplatz (Z17+19+20+21+23+24+25)	1.356,00	1.351,20	1.184,20	418,51
29	= Betriebsergebnis je Kostenplatz (Z26)	-256,00	148,80	-134,20	18,49

DECK67

Übersicht 6.9: IST-Kosten-Leistungs-Rechnung: Kostenplatzrechnung bei verursachungsgerecht zugeordneten Kosten und Leistungen (Werte in €) – Beispiel –

Die Ergebnisse der mit *Übersicht 6.8* dargestellten Kostenstellenrechnung zeigen, dass Rapsmeyer mit seiner Weizen- und Schlachtschweineproduktion positive Ergebnisse, d. h. mehr als Vollkostendeckung erreicht hat, während die wirtschaftliche Ergiebigkeit der Raps- und Gerstenproduktion in der betrachteten Produktionsperiode offenbar unzureichend war. Vor einer weiteren Interpretation der Ergebnisse möchte Rapsmeyer jedoch noch die Kostenplatz- und die Kostenträgerrechnung für seinen Betrieb anfertigen, um damit eine Grundlage für Wirtschaftlichkeitsvergleiche mit anderen Betrieben zu schaffen.

Das Ergebnis für die *Kostenplatzrechnung* des Betriebes ist in *Übersicht 6.9* dargestellt. Rapsmeyer erstellt die Kostenplatzrechnung dadurch, dass er die Beträge der Kostenstellenrechnung für die pflanzlichen Produktionsprozesse auf den ha Anbaufläche und diejenigen für die Schweineanlage auf den Stallplatz umrechnet. Im Kopf der *Übersicht 6.9* ist angegeben, dass Rapsmeyer auf jeweils 50 ha seiner Nutzfläche Raps, Weizen und Gerste produziert hat und seine Schweineanlage 1000 Stallplätze umfasst. Die Beträge der Kostenplatzrechnung ergeben sich durch einfache Division der Beträge der Kostenstellenrechnung (*Übersicht 6.8*) durch die Zahl der jeweiligen Kostenplätze.

6.2.3 Die Kostenträgerrechnung

Schließlich fertigt Rapsmeyer noch eine *Kostenträgerrechnung* an. Sie ist in *Übersicht 6.10* dargestellt. Bei der Kostenträgerrechnung werden die Kosten (und Leistungen) auf Einheiten der Hauptprodukte der Betriebszweige bezogen. Aus der Kopfzeile der *Übersicht 6.10* geht hervor, dass Rapsmeyer 187,50 t Raps, 442,30 t Weizen und 350,00 t Gerste geerntet und insgesamt 325,20 t Lebendmasse mit seiner Schweineanlage erzeugt hat. Bezogen auf jeweils eine Tonne dieser Produkte ergeben sich die Zahlen in den Spalten der *Übersicht 6.10*. Sie werden durch Division der Beträge der Kostenstellenrechnung (*Übersicht 6.8*) durch die jeweiligen Produktmengen gewonnen. Aus Zeile 29 geht hervor, dass Rapsmeyer beim Raps und bei der Gerste 68,27 bzw. 19,17 € je t zuschießt, während er beim Weizen und bei den Schlachtschweinen Überschüsse von 16,82 bzw. 56,86 € je t erreicht. Außerdem wird aus den Einzelbeträgen der Zeilen 9 bis 26 die Kostenstruktur der Betriebszweige im Einzelnen deutlich. Die hier dargestellte Kostenträgerrechnung wird *Kostenträger-Stückrechnung* genannt, weil sämtliche Kosten auf eine Einheit (ein Stück) der Produkte bezogen werden. Tatsächlich werden damit die durchschnittlichen bzw. die Stückkosten für die Produkte bestimmt (vgl. EBERT 2000, S. 22 f.).

S	1	2	3	4	5
Z	Kostenträger »	Raps	Weizen	Gerste	Schlacht-schweine
	Produktmengen (t Erntegut bzw. t Lebendmasse)	187,50	442,30	350,00	325,20
1	Direktzahlungen	93,33	39,57	50,00	
2	Ölraps	200,00			
3	Backweizen		130,00		
4	Futtergerste			100,00	
5	Schlachtschweine				1.322,26
6	Organischer Dünger				21,53
7	Leistungen je Produkteinheit	293,33	169,57	150,00	1.343,79
8	Saatgut	10,67	9,04	7,14	
9	Mineraldünger	32,00	13,57	12,86	
10	Organischer Dünger	12,27	5,20	6,57	
11	Pflanzenschutzmittel	37,33	18,09	11,43	
12	Lohnarbeit	32,00	0,00	4,29	
13	Ferkel				638,07
14	Futtergerste				106,09
15	Ergänzungsfutter				287,52
16	Tierarzt				3,08
17	Direktkosten je Produkteinheit	124,27	45,90	42,29	1.034,75
18	Direktkostenfreie Leistung je Produkteinheit	169,07	123,67	107,71	309,04
	- Kosten der Betriebsmittelnutzung				
19	für Maschinenpark	113,60	51,10	58,00	9,23
20	für Wirtschaftsgebäude	4,80	2,94	3,71	110,70
21	für Verwaltungsstelle	5,33	2,26	2,86	18,14
22	= Wertschöpfung je Produkteinheit	45,33	67,38	43,14	170,97
	- Kosten der Arbeitskräfte- und Betriebsmittelbereitstellung				
23	für Belegschaft	47,47	21,03	25,00	66,11
24	für Nutzflächen	48,00	20,35	25,71	0,00
25	für Betriebskapital	18,13	9,18	11,60	48,00
26	Betriebsergebnis je Produkteinheit	-68,27	16,82	-19,17	56,86
27	+ (Gesamt-)Leistungen je Produkteinheit (Z7)	293,33	169,57	150,00	1.343,79
28	- (Gesamt-)Kosten je Produkteinheit (Z17+19+20+21+23+24+25)	361,60	152,75	169,17	1.286,93
29	= Betriebsergebnis je Produkteinheit (Z26)	-68,27	16,82	-19,17	56,86

DECK67

Übersicht 6.10: IST-Kosten-Leistungsrechnung: Kostenträgerrechnung bei verursachungsgerecht zugeordneten Kosten und Leistungen (Werte in €) – Beispiel –

Nachdem wir die gebräuchlichen Formen der IST-Kosten-Leistungs-Rechnungen vorgestellt und für den Betrieb Rapsmeyer durchgeführt haben, ergibt sich die Frage, was Rapsmeyer aus den Ergebnissen der Rechnungen für seine weitere Betriebsgestaltung und -führung lernen sollte. Aufgrund der Tatsache, dass zwei seiner Betriebszweige keine Vollkostendeckung erreicht haben, könnte man zu der Empfehlung neigen, dass Rapsmeyer seine Weizen- und Schlachtschweineerzeugung ausdehnen und seine Raps- und Gerstenerzeugung einschränken sollte. Eine derartige Empfehlung wäre jedoch aus mehreren Gründen voreilig:

(1) Bei den Ergebnissen für diese eine Produktionsperiode handelt es sich um eine „Momentaufnahme". Aufgrund von jährlichen Ernteschwankungen und aufgrund von Preisfluktuationen können sich für andere Produktionsperioden ganz andere Zahlen ergeben. Bei Schlachtschweinen sind z. B. jährliche Preisschwankungen von bis zu 50 Cent je kg Lebendmasse keine Seltenheit. Aus *Übersicht 6.10* geht hervor, dass Rapsmeyer bei den Schlachtschweinen ein Betriebsergebnis von 56,86 € je t Lebendmasse erreicht hat, was einem Betriebsergebnis von nur 5,7 Cent je kg Lebendmasse entspricht. Schon geringe Preissenkungen können deshalb dazu führen, dass Rapsmeyer bei seinen Schweinen keine Vollkostendeckung mehr erreicht.

(2) Aus der Kostenplatzrechnung in *Übersicht 6.9* geht hervor, dass Rapsmeyer Produktleistungen (ohne Direktzahlungen) von 750,00 € je ha Raps, von 1150,00 € je ha Weizen und von 700,00 € je ha Gerste erreicht hat. Da er auf den jeweils 50 ha Anbaufläche – wie die Kostenträgerrechnung der *Übersicht 6.10* zeigt – insgesamt 187,50 t Raps, 442,30 t Weizen und 350 t Gerste geerntet hat, ergeben sich ha-Erträge von 3,75 t für Raps, von 8,846 t für Weizen und von 7,0 t für Gerste. Dividiert man nun die je ha Anbaufläche erzielten Produktleistungen von 750,00 €, 1150,00 € und 700,00 € für Raps, Weizen und Gerste durch die ha-Erträge, dann ergibt sich, dass Rapsmeyer Verkaufspreise von 200,00 € je t Raps und von 130,00 € je t Weizen erzielte und für die Gerste einen Wert von 100,00 €/t angesetzt hat.

Aus der Kostenplatzrechnung der *Übersicht 6.9* geht des Weiteren hervor, dass Rapsmeyer je ha Rapsbau in der Produktionsperiode 256,00 € zugeschossen hat. Würde er in einem Jahr aufgrund besserer Witterungsverhältnisse statt 3,75 t ca. 5,0 t Raps je ha ernten, würde bei einem Preis von 200,00 € je t Raps der Zuschuss bereits ausgeglichen. Bei Gerste würde eine ha-Ertragssteigerung von ca. 1,3 t auch zu diesem Ergebnis führen, während es umgekehrt beim Weizen eines Ertragsrückganges von ca. 1,5 t/ha oder ca. 13 % des gegenwärtigen Ertragsniveaus bedürfte, um den Überschuss in einen Zuschuss zu verkehren. Weitere Variabilitäten können sich von Produktionsperiode zu Produktionsperiode bei den Produktpreisen und auch bei den einzelnen Kostenpositionen ergeben.

(3) Darüber hinaus kann Rapsmeyer das Anbauverhältnis seiner drei Früchte nicht beliebig z. B. in Richtung auf einen umfangreicheren Weizenbau verändern, weil die daraus resultierenden Fruchtfolgen zu Ertragsdepressionen und damit zu abnehmenden ha-Leistungen führen können.

(4) Schließlich wird Rapsmeyer in Überlegungen zu Veränderungen seines Produktionsprogrammes nicht nur die Produkte einbeziehen wollen, die er gegenwärtig gerade herstellt, sondern weitere Produktionszweige, die auch in Frage kommen können und die womöglich wirtschaftlicher wären.

Mit anderen Worten: Rapsmeyer ist gut beraten, wenn er für Planungsüberlegungen nicht nur die Ergebnisse einer Produktionsperiode betrachtet, sondern mit längerfristigen Durchschnittswerten für die Leistungen und die Kosten rechnet. Des Weiteren sollte er in seine Überlegungen Handlungsalternativen einbeziehen, die zwar realisierbar wären, die er aber bisher nicht realisiert hat. Rapsmeyer sollte also Plan-Kosten-Leistungs-Rechnungen für seinen Betrieb durchführen, wobei er dafür allerdings nützliche Informationen aus seinen IST-Kosten-Leistungs-Rechnungen entnehmen kann. Auf die Unterstützung von produktionswirtschaftlichen Entscheidungen mit Hilfe von Plan-Kosten-Leistungs-Rechnungen und die Gestaltung derartiger Rechnungen wollen wir im nächsten Abschnitt eingehen.

6.3 Plan-Kosten-Leistungs-Rechnungen für produktionswirtschaftliche Entscheidungsanlässe

6.3.1 Elementarprozesse, Produktionsverfahren und Betrieb: Die Ebenen produktionswirtschaftlicher Entscheidungsanlässe

Im Unterschied zu den bisher behandelten IST-Kosten-Leistungs-Rechnungen, die sich auf die Feststellung und Analyse der in der Vergangenheit erreichten Ergiebigkeit beziehen, werden Plan-Kosten-Leistungs-Rechnungen eingesetzt, um die wirtschaftlichen Konsequenzen von für die Zukunft ins Auge gefassten Handlungsalternativen als Voraussetzung für die Auswahl der jeweils ergiebigsten Alternative zu ermitteln bzw. vorherzusagen (vgl. KILGER 1993; SCHMIDT 1998; WOLFSTETTER 1993). Für den Produktionsbereich eines Unternehmens beziehen sich die Vorhersagen auf die Transformationsprozesse des Betriebes.

Die Transformationsprozesse werden im Betrieb, je nachdem, ob es sich um einen Ein- oder Mehrproduktbetrieb mit einem oder mehreren Betriebszweigen sowie einer oder mehreren Produktionsstufen handelt, mit Hilfe von einem oder mehreren Produktionsverfahren durchgeführt. Ein *Produktionsverfahren* wird durch die Art und Menge der eingesetzten Arbeitskräfte und Betriebsmittel und durch die Art und Menge der zu verbrauchenden Werkstoffe konkret beschrieben. Es ist bezüglich seiner Input-Output-Relationen über die zugehörigen Produktionsfunktionen eindeutig definiert. In jedem Produktionsverfahren werden neben verschiedenen Roh- und Hilfsstoffen i. d. R. mehrere Betriebsmittel als maschinelle und bauliche Anlagen sowie als Nutzflächen eingesetzt, die von Menschen als Arbeitskräften bedient oder zumindest überwacht werden und die zur Abgabe ihrer Dienste Betriebsstoffe benötigen. Um also die Transformationsprozesse durchführen zu können, geben die Arbeitskräfte und Betriebsmittel Dienste in Form von menschlicher und maschineller Arbeit sowie in Form von Flächenbereitstellungen während einer Produktionsperiode ab.

Jedes Produktionsverfahren besteht aus einer mehr oder weniger großen Anzahl von *Elementarprozessen*, wobei jeder Elementarprozess durch ein Betriebsmittel (Produktionsanlage) charakterisiert ist, das eine bestimmte Teilaktivität innerhalb eines Produktionsverfahrens erledigt. Wir können einen Elementarprozess so charakterisieren, wie es in *Übersicht 6.11* erfolgt ist: Im eigentlichen Transformationsprozess werden Rohstoffe, Hilfsstoffe und Dienste verbraucht. Die Dienste werden von der Produktionsanlage und von Arbeitskräften geliefert. Die Anlage benötigt zur Erzeugung ihrer Dienste Betriebsstoffe. Im eigentlichen Transformationsprozess werden also nur Roh- und Hilfsstoffe sowie Dienste von Menschen und Anlagen in Produkte umgewandelt.

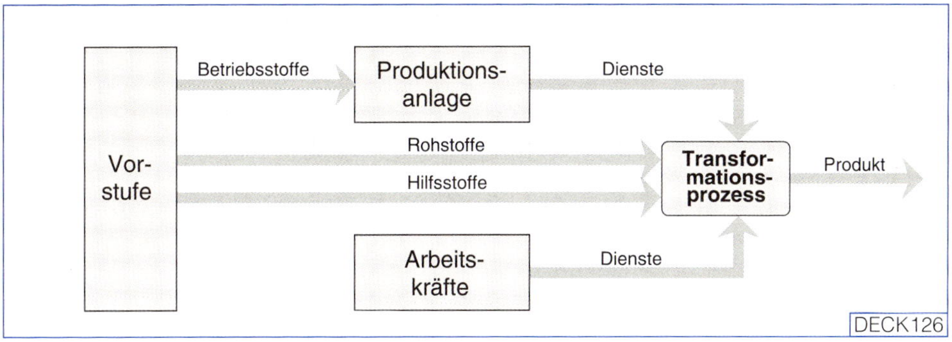

Übersicht 6.11: Schema eines produktionswirtschaftlichen Elementarprozesses

Für jeden Elementarprozess existieren i. d. R. zahlreiche Alternativen insofern, als für die jeweiligen Zwecke unterschiedlich leistungsfähige Betriebsmittel mit unterschiedlichem menschlichen Bedienungsaufwand verfügbar sind. Für die Gestaltung der aus mehreren Elementarprozessen bestehenden Produktionsverfahren entsteht daraus ein komplexes Entscheidungsproblem: Aus vielen möglichen Alternativen für die Elementarprozesse müssen die Produktionsverfahren zusammengestellt und in ihren Kapazitäten bestmöglich aufeinander abgestimmt werden, wobei sich der Entscheider letztlich für jeweils nur eine Alternative entscheiden muss. Erschwerend kommt hinzu, dass einige der Betriebsmittel in zahlreichen Elementarprozessen eingesetzt werden können (z. B. ein Schlepper als Antriebsmaschine für praktisch sämtliche Elementarprozesse der Pflanzenproduktion), für jeden einzelnen Elementarprozess aber ein Betriebsmittel mit einer ganz bestimmten Leistungsfähigkeit, das technisch am besten geeignete wäre. Da aber aus Wirtschaftlichkeitsgründen häufig nicht für jeden Elementarprozess ein spezielles Betriebsmittel eingesetzt werden kann, muss der Entscheider eine Auswahl insofern treffen, als er nur eine solche Betriebsmitteleinheit für mehrere Elementarprozesse vorsehen kann, die bei Betrachtung nur eines Elementarprozesses einen Kompromiss darstellt, weil sie z. B. zu groß dimensioniert wäre, die aber bei Betrachtung der gesamten betrieblichen Produktionswirtschaft eine kostenminimale Lösung ist.

Da Betriebe aus Produktionsverfahren und Produktionsverfahren ihrerseits aus Elementarprozessen bestehen, ergeben sich für produktionswirtschaftliche Fragestellungen – und damit als Felder für den Einsatz von Plan-Kosten-Leistungs-Rechnungen – prinzipiell drei unterschiedliche Entscheidungsebenen:

(1) Die Gestaltung und Führung der Elementarprozesse;
(2) die Gestaltung und Führung der Produktionsverfahren;
(3) die Gestaltung und Führung des Betriebes.

Die Komplexität der Fragestellungen nimmt von der Ebene (1) zur Ebene (3) zu. Die Entscheidungen auf der dritten Ebene bedingen auch die Entscheidungen auf den beiden unteren Ebenen und die Entscheidungen auf der zweiten Ebene bedingen die Entscheidungen auf der ersten Ebene. Anders ausgedrückt: Entscheidungen zur Gestaltung und Führung des Betriebes bedingen Entscheidungen zur Gestaltung und Führung von Produktionsverfahren und Entscheidungen zur Gestaltung und Führung von Produktionsverfahren bedingen Entscheidungen zur Gestaltung und Führung der Elementarprozesse.

Auf sämtlichen Ebenen entstehen Fragen nach der Gestaltung und nach der Führung. Bei den Fragen nach der Gestaltung stehen die Auswahl und die Kombination der Arbeitskräfte und Betriebsmittel im Zentrum der Planungsaktivitäten. Es geht um die Festlegung der Arten und des Umfanges der Arbeitskräfte und der Betriebsmittel bzw. um die Strukturen der Elementarprozesse und Produktionsverfahren sowie des Betriebes. Die zugehörigen Entscheidungsanlässe wurden deshalb bereits in Abschnitt 3.2.1.4 mit dem Begriff der *Strukturoptimierung* zusammengefasst.

Im Bereich der Führung stehen die Fragen nach der Auslastung von vorhandenen Arbeitskräften und Betriebsmitteln sowie nach den Arten und Mengen der zu verwendenden Werkstoffe im Zentrum der Planungsaktivitäten. Es geht also um eine möglichst ergiebige Führung der gegebenen Elementarprozesse und Produktionsverfahren sowie des Betriebes. Die zugehörigen Entscheidungsanlässe wurden deshalb im genannten Abschnitt 3.2.1.4 mit dem Begriff der *Prozessoptimierung* zusammengefasst.

Sämtliche Entscheidungsanlässe auf sämtlichen Entscheidungsebenen lassen sich in eine nahezu unübersehbare Zahl von Einzelanlässen weiter zerlegen. Einen Überblick vermittelt *Übersicht 6.12.* Auf eine Auswahl wird in den folgenden Abschnitten eingegangen.

Bereich: / Ebene:	**Strukturoptimierung** Ausstattung mit Betriebsmitteln und Arbeitskräften	**Prozessoptimierung** Auslastung von Betriebsmitteln und Arbeitskräften
Elementar-prozess	- Welche Produktionsanlage mit welchen Leistungsparametern soll eingesetzt werden? - Soll die Produktionsanlage gekauft, gemietet oder im Lohn eingesetzt werden? - Soll ein Spezialaggregat oder ein mehrseitig verwendbares Aggregat eingesetzt werden?	- Wie stark soll die Produktionsanlage ausgelastet werden (Beschäftigungsgrad der Produktionsanlage und Intensität der Anlagennutzung)? - Welche Werkstoffe und Dienste sollen in welchen Mengen verwendet werden (qualitative und quantitative Kombination der Werkstoffe und Dienste)?
Produktions-verfahren	- Welche Elementarprozesse sollen wie zum Produktionsverfahren verbunden werden (qualitative und quantitative Komdination der Elementarprozesse)? - In welchem Umfang soll das Produktionsverfahren aus mehrseitig verwendbaren Aggregaten bestehen? - Wie sollen die Kapazitäten der Elementarprozesse im Produktionsverfahren aufeinander abgestimmt werden?	- In welchem Umfang soll das Produktionsverfahren ausgelastet werden(Beschäftigungsgrad des Produktionsverfahrens und Intensität der Verfahrensnutzung)? - Welche Produktvarianten sollen in welchen Mengen mit dem Produktionsverfahren hergestellt werden? - Welche Werkstoffe und Dienste sollen in welchen Mengen im Produktionsverfahren verwendet werden (qualitative und quantitative Kombination der Werkstoffe und Dienste)?
Betrieb	- Welche Produktionsverfahren sollen im Betrieb in welcher Kombination eingesetzt werden (qualitative und quantitative Kombination der Produktionsverfahren)? - Wie sollen - bei teilweise mehrseitig verwendbaren Elementarprozessen - die Kapazitäten der Produktionsverfahren aufeinander abgestimmt werden?	- Durch welches - qualitativ und quantitativ definiertes - Produktionsprogramm wird die ergiebigste Auslastung der im Betrieb vorhandenen Produktionsverfahren gewährleistet? - Welche Verbindungen zwischen den Produktionsverfahren sollen wie und in welchen Umfängen genutzt werden (mehrseitige Nutzung von im Betrieb vorhandenen Produktionsanlagen und Arbeitskräften)? DECK612

Übersicht 6.12: Entscheidungsanlässe in der Produktionswirtschaft

6.3.2 Mengengerüste der Produktion: Produktionsfunktionen

Betriebliche Transformationsprozesse, d. h. die Mengengerüste der Produktion, werden mit Hilfe von *Produktionsfunktionen* beschrieben. (Den Plan-Kosten-Leistungs-Rechnungen liegt die betriebswirtschaftliche Produktions- und Kostentheorie zugrunde. Vgl. dazu z. B. GUTENBERG 1983; HEINEN 1978; BLOECH und LÜCKE 2002; KISTNER 1993). In Abschnitt 3.2.1.3 des 3. Kapitels hatten wir die allgemeine Produktionsfunktion zunächst mit Gleichung (3.1), die hier als Gleichung (6.9) wiederholt wird, gekennzeichnet:

$$(6.9) \qquad \vec{O}(t) = f\,[\vec{I}(t), \vec{U}(t)]$$

Die zeitlich determinierten Output-Mengen ($\vec{O}(t)$) sind eine Funktion der zeitabhängigen Mengen der kontrollierbaren Inputs ($\vec{I}(t)$) und der nichtkontrollierbaren Inputs ($\vec{U}(t)$). Gleichung (6.9) ist der allgemeine Ausdruck für eine *dynamische Produktionsfunktion*, weil die einzelnen Sachvariablen Funktionen der Zeit sind.

Für produktionswirtschaftliche Fragestellungen begnügt man sich allerdings meistens mit *statischen Produktionsfunktionen*, d. h. mit Transformationsbeziehungen zwischen den Produkten als Outputs und den Produktionsfaktoren als Inputs, die für eine wohldefinierte Produktionsperiode gelten. Es werden also die zeitlichen Abhängigkeiten nicht berücksichtigt, vielmehr wird von bestimmten Zeitabschnitten ausgegangen, innerhalb derer die betrieblichen Produktionsvorgänge stattfinden. Je nach den Arten der Produktionsvorgänge kann es sich bei den Produktionsperioden um Jahre (z. B. bei vielen Prozessen der Nutzpflanzenerzeugung) oder auch um davon abweichende Zeitabschnitte handeln (z. B. ca. 7 Wochen bei der Hähnchenmast oder ca. 18 Monate bei der Färsenaufzucht). Als Produktionsperiode wird also derjenige Zeitabschnitt definiert, in dem ein vollständiger Produktionsvorgang durchgeführt werden kann.

Für den Fall, dass in einer vergleichenden Analyse mehrere Produktionszweige mit unterschiedlich langen Produktionsperioden in Frage kommen, wird eine Standardperiode definiert. Produktionsprozesse, deren Produktionsperioden einen Bruchteil oder ein Vielfaches dieser Standardperiode ausmachen, werden durch entsprechende Multiplikation bzw. Division der Faktor- und Produktmengen angepasst.

Produktionsfunktionen können entweder als Erzeugungs- oder als Verbrauchsfunktionen dargestellt werden. Im mathematischen Sinne ist eine Verbrauchsfunktion die *Umkehrfunktion* einer Erzeugungsfunktion. Bei der *Erzeugungsfunktion* werden die herstellbaren Produktmengen in Abhängigkeit von den dafür verfügbaren Faktormengen dargestellt, also die Produktmengen als abhängige und die Faktormengen als unabhängige Variable behandelt. Bei der *Verbrauchsfunktion* werden dagegen umgekehrt die benötigten Faktormengen in Abhängigkeit von den herzustellenden Produktmengen dargestellt, also die Faktormengen als abhängige und die Produktmengen als unabhängige Variable angesehen.

Beide Darstellungsweisen haben ihre Berechtigung. In vielen Fällen stehen bestimmte Faktorarten nur in begrenzten Mengen zur Verfügung (z. B. Maschinenlaufzeitstunden) und es wird gefragt, welche Produktmengen damit höchstens erzeugt werden können. In anderen Fällen sollen bestimmte Produktmengen erzeugt werden und es wird gefragt, welche Faktormengen dafür mindestens benötigt werden.

Allgemein kann die statische Produktionsfunktion als Erzeugungsfunktion wie folgt beschrieben werden:

(6.10) $x_j = f(r_i)$

In Worten: Die in einer Produktionsperiode herstellbaren Mengen x_j der n verschiedenen Produktarten X_j (j = 1, ..., n) hängen ab von den verfügbaren Mengen r_i der m verschiedenen Faktorarten R_i (i = 1, ..., m). In Anlehnung an die übliche Notation verwenden wir Kleinbuchstaben, nämlich x für Produkte und r für Produktionsfaktoren, wenn wir die Mengen meinen. Wenn wir dagegen nur von den Arten der Produktionsfaktoren sprechen, verwenden wir die entsprechenden Großbuchstaben.

Die Verbrauchsfunktion ist die Umkehrfunktion der Erzeugungsfunktion. Für sie gilt deshalb:

(6.11) $r_i = g(x_j)$

In Worten: die in einer Produktionsperiode benötigten Mengen r_i der m verschiedenen Produktionsfaktorarten R_i (i = 1, ..., m) hängen ab von den herzustellenden Mengen x_j der n verschiedenen Produktarten X_j (j = 1, ..., n).

Die beiden Ausdrücke der statischen Produktionsfunktion werden wie folgt weiter spezifiziert:

(1) Die Faktor- und Produktmengen sind – wie bereits erwähnt – bestimmten Produktionsperioden zugeordnet. Daraus folgt die Dimensionierung von r_i als Verbrauchsmengen je Produktionsperiode und von x_j als Erzeugnismengen je Produktionsperiode.

(2) In den Produktionsfunktionen sind nur die Verbrauchsmengen der Werkstoffe und der Dienste der Betriebsmittel und Arbeitskräfte als Produktionsfaktoren enthalten und nicht die Betriebsmittel und Arbeitskräfte selbst.

(3) In den Produktionsfunktionen bezieht sich die Dimensionierung aller Größen nur auf die definierte Produktionsperiode. Daraus ergibt sich auch, dass Einflüsse aus früheren Perioden und Auswirkungen auf nachfolgende Perioden unberücksichtigt bleiben.

(4) Die Faktormengen und die Produktmengen können nur positive Werte oder den Wert 0 aufweisen. Negative Faktor- und Produktmengen sind aus naheliegenden sachlichen Gründen ausgeschlossen. Es gilt also $x_j \geq 0$ und $r_i \geq 0$.

(5) Die Qualität der Produkte und der Produktionsfaktoren ist exakt definiert. Jede Produkt- und jede Faktorart ist durch Qualitätsmerkmale genau bestimmt. Zum Beispiel handelt es sich bei Weizen mit 11 % bzw. 13 % Proteingehalt um zwei unterschiedliche Produktarten in einem landwirtschaftlichen Betrieb bzw. um zwei unterschiedliche Faktorarten in einem Mühlenbetrieb.

(6) Die Produktionsfunktion gibt bestimmte quantitativ definierte Verknüpfungen zwischen den Produktmengen und den Faktormengen an. Die Art dieser Verknüpfungen, d. h. die Natur der zugrunde liegenden Transformationsprozesse, wird determiniert durch physikalische, chemische und biochemische Prozesse und gehorcht damit den Naturgesetzen.

6.3.3 Kennzahlen der Produktivität und der Intensität

Zur näheren Kennzeichnung der Effizienz von Elementarprozessen und Produktionsverfahren („Produktionsprozesse") werden bestimmte Kennzahlen gebildet:

Das Gesamtprodukt ist die Produktmenge x_j einer Produktart X_j, die in einem Produktionsprozess erzeugt wird. Das *Durchschnittsprodukt* ist der Quotient aus der Produktmenge x_j und der Menge eines dafür benötigten Produktionsfaktors r_i. Für das Durchschnittsprodukt ($mx_{j,i}$) gilt also:

$$mx_{j,i} = \frac{x_j}{r_i} \qquad (6.12)$$

Das Durchschnittsprodukt wird auch als *Durchschnittsproduktivität* bezeichnet, weil damit die technische Effizienz von Produktionsprozessen charakterisiert werden kann.

Wegen der Nichtaddierbarkeit der verschiedenen Produktmengen und der verschiedenen Faktormengen (unterschiedliche physische Einheiten) lassen sich für Produktionsprozesse immer nur *partielle* Durchschnittsprodukte bzw. -produktivitäten angeben, so z. B. die Arbeitsproduktivität als Menge eines Produktes je Arbeitskraftstunde oder die Bodenproduktivität als Produktmenge eines pflanzlichen Erzeugnisses je ha Anbaufläche.

Das *Grenzprodukt* bzw. die *Grenzproduktivität* ist das Verhältnis einer marginalen Veränderung der Produktmenge x_j zu der damit erforderlichen marginalen Veränderung einer Faktormenge r_i. Für das Grenzprodukt bzw. die Grenzproduktivität ($gx_{j,i}$) gilt also:

$$gx_{j,i} = \frac{dx_j}{dr_i} \qquad (6.13)$$

Wegen der Nichtaddierbarkeit der einzelnen Produkt- und Faktorarten können auch hier nur partielle Grenzprodukte bzw. Grenzproduktivitäten gebildet werden.

Das partielle Grenzprodukt für eine Produktart X_j und eine Produktionsfaktorart R_i ist der Differentialquotient bzw. das Steigungsmaß oder die 1. Ableitung einer Beziehung, die die Menge x_j einer Produktart X_j in Abhängigkeit von der Menge r_i einer Produktionsfaktorart R_i beschreibt. Ist diese Beziehung linearer Natur, dann ist der Wert des Grenzproduktes identisch mit dem Wert des Durchschnittsproduktes, weil lineare Beziehungen konstante Steigungen aufweisen. Steigt dagegen das Gesamtprodukt in Abhängigkeit der Einsatzmengen des einen Produktionsfaktors nichtlinear an, dann unterscheidet sich die Durchschnittsproduktivität von der Grenzproduktivität, weil das Durchschnittsprodukt aus der bis zu einem bestimmten Faktoreinsatzniveau herstellbaren Gesamtproduktmenge und der bis dahin insgesamt eingesetzten Faktormenge gebildet wird, während das Grenzprodukt als Steigung des Gesamtproduktes an diesem Faktoreinsatzniveau bestimmt wird, also die marginale Veränderung der Produktmenge bei einer marginalen Veränderung der Faktormenge beschreibt.

Eine große Bedeutung haben schließlich auch Kennzahlen, mit denen die Intensität von Produktionsprozessen gemessen wird.

Allgemein wird in den Wirtschaftswissenschaften die *Intensität* als Quotient der Einsatzmengen r_1 und r_2 von zwei Produktionsfaktorarten R_1 und R_2 bezeichnet. Für die Intensität ($pi_{1,2}$) gilt also:

$$(6.14) \qquad pi_{1,2} = \frac{r_1}{r_2}$$

Wegen der Nichtaddierbarkeit der Mengen von unterschiedlichen Faktorarten (unterschiedliche physische Einheiten) können nur *partielle* Intensitäten gebildet werden, z. B. die Stickstoffintensität als Stickstoffeinsatzmenge je ha Anbaufläche oder die Kapitalintensität als eingesetzte Kapitalmenge je Arbeitskraft.

Für produktionswirtschaftliche Fragestellungen wird zur Kennzeichnung der Leistung von Maschinen die sog. Nutzungsintensität herangezogen. Die *Nutzungsintensität* beschreibt im physikalischen Sinne nichts anderes als die Leistung der Maschine, gemessen als (maschinelle) Arbeitsmenge je Maschinenlaufzeiteinheit. Die Nutzungsintensität (ni) einer Maschine ist also der Quotient, gebildet aus der Arbeitsmenge (am) und der Maschinenlaufzeit (tm). Es gilt:

$$(6.15) \qquad ni = \frac{am}{tm}$$

6.3.4 Kennzahlen der Wirtschaftlichkeit

Produktionswirtschaftliche Entscheidungen werden durch Plan-Kosten-Leistungs-Rechnungen unterstützt. Zur Bestimmung der wirtschaftlichen Konsequenzen von Handlungsalternativen müssen Plan-Kosten-Leistungs-Differenzen bestimmt werden. Im Unterschied zu den Kosten-Leistungs-Differenzen für die IST-Rechnungen werden für Planungsrechnungen grundsätzlich nur diejenigen Kosten- und Leistungsarten berücksichtigt, die sich von Handlungsalternative zu Handlungsalternative des betrachteten Entscheidungsbereiches verändern können. Wir betrachten damit nur die *entscheidungsrelevanten Kosten* und die *entscheidungsrelevanten Leistungen*. Kosten und ggf. auch Leistungen, die von einer Umsetzung der schließlich gewählten Handlungsalternative in ihrer Höhe nicht beeinflusst werden, bleiben bei Plan-Kosten-Leistungs-Rechnungen unberücksichtigt. Bei der Abgrenzung der entscheidungsrelevanten Kosten und Leistungen ist jedoch im konkreten Fall besondere Umsicht geboten, um ihre unvollständige ebenso wie ihre „übervollständige“ Erfassung zu vermeiden.

Eine weitere wichtige Untergliederung der Kosten ist ihre Einteilung in *variable Kosten* und *fixe Kosten*. Sie bezieht sich vorwiegend auf den Tatbestand, dass nur bestimmte Kostenarten in Abhängigkeit unterschiedlicher Beschäftigungsgrade von Anlagen in den Elementarprozessen in ihrer Höhe variieren. Die variablen Kosten steigen mit zunehmendem Beschäftigungsgrad, d. h. mit zunehmenden Produktmengen, die mit der Anlage in einer Produktionsperiode hergestellt werden können, während die fixen Kosten davon unbeeinflusst bleiben. Fixkosten entstehen in diesem Zusammenhang z. B. für die Zinsansprüche des in die Anlagen investierten Kapitals oder auch für die Abschreibungen, soweit die Anlagen zeitabhängig abgeschrieben werden.

Die Unterteilung in fixe und variable Kosten ist also von Bedeutung, wenn über die wirtschaftlich optimalen Beschäftigungsgrade *vorhandener* Produktionsanlagen entschieden werden soll. Bei unterschiedlichen Beschäftigungsgraden der Anlagen werden sich nur die Kosten für die Werkstoffe und ggf. für die menschlichen Dienste des Bedienungspersonals verändern. In diesem Falle sind die Werkstoffkosten und die Arbeitskosten die variablen Kosten. Gleichzeitig sind sie die entscheidungsrelevanten Kosten. Die Fixkosten der Anlagenbereitstellung (Zinsansprüche, zeitabhängige Abschreibungen) brauchen dagegen nicht berücksichtigt zu werden, weil sie bei jedem Beschäftigungsgrad die gleichen Beträge aufweisen und damit die relative Vorzüglichkeit von unterschiedlichen Beschäftigungsgraden als den Handlungsalternativen nicht beeinflussen. Die Fixkosten sind somit nicht entscheidungsrelevant.

Werden dagegen in einer anderen Entscheidungssituation nicht nur die Beschäftigungsgrade von im Betrieb vorhandenen Anlagen analysiert, wird vielmehr z. B. gefragt, ob es wirtschaftlicher wäre, im Betrieb eine größere Anzahl von Anlagen mit geringeren Beschäftigungsgraden oder eine geringere Anzahl von Anlagen mit höheren Beschäftigungsgraden zu installieren, dann sind auch die vorher als Fixkosten definierten Kostenbestandteile als variable Kosten anzusehen. Die variablen Kosten setzen sich nunmehr aber i. d. R. aus proportionalen und nichtproportionalen Anteilen zusammen. Die *proportionalen Kosten* entstehen für die beliebig teilbaren Werkstoffe und Dienste. Diese Kosten entwickeln sich also direkt proportional zur Produktmenge. *Nichtproportionale Kosten* mit meist treppenförmigen Kostenverläufen in Abhängigkeit von der Produktmenge ergeben sich dagegen z. B. für die zeitabhängigen Abschreibungen der nicht beliebig teilbaren, sondern nur in jeweils ganzzahligen Einheiten einsetzbaren Produktionsanlagen.

Da wir bei produktionswirtschaftlichen Planungsproblemen also nur die entscheidungsrelevanten bzw. variablen Kosten mit ihren proportionalen und ggf. auch nichtproportionalen Bestandteilen und die zugehörigen Leistungen berücksichtigen, sollte als Plan-Kosten-Leistungs-Differenz für die Bestimmung der wirtschaftlichen Ergiebigkeit einer Handlungsalternative auch ein darauf abgestellter Begriff verwendet werden. Dieser Begriff ist der Deckungsbeitrag.

Der *Deckungsbeitrag* einer betrachteten Handlungsalternative ist die Differenz aus ihren (geplanten) Leistungen und ihren (geplanten) variablen Kosten. Es gilt:

$$DB = L - KV \tag{6.16}$$

Darin sind:

DB = Deckungsbeitrag einer Handlungsalternativen, gemessen in € je Produktionsperiode;

L = Leistungen der Handlungsalternative, gemessen in € je Produktionsperiode;

KV = Variable Kosten einer Handlungsalternative, gemessen in € je Produktionsperiode.

Die Kosten und Leistungen setzen sich aus einer mehr oder weniger großen Zahl von Leistungsarten und Kostenarten zusammen. Die Kosten sind deshalb die Summen der mathematischen Produkte der geplanten Verbrauchsmengen der Faktorarten und deren Ankaufspreisen. Die Leistungen sind die Summen der mathematischen Produkte aus den geplanten Erzeugungsmengen der Produktarten und deren Verkaufspreisen. Für die Plan-Kosten und die Plan-Leistungen gelten deshalb sinngemäß ebenfalls die bereits in Abschnitt 6.1 abgeleiteten allgemeinen Definitionsgleichungen (6.3) und (6.4).

Der Begriff des Deckungsbeitrages wurde gewählt, weil in dieser Plan-Kosten-Leistungs-Differenz nur die entscheidungsrelevanten bzw. variablen Kosten berücksichtigt werden und der Betrag des Deckungsbeitrages deshalb nicht nur die Gewinnansprüche, sondern auch die mit der gewählten Handlungsalternative ggf. verbundenen Fixkosten abdecken sollte, wenn der betrachtete Produktionsprozess wirtschaftlich ergiebig sein soll.

Will man auch die Fixkosten berücksichtigen, um die (vollständige) Ergiebigkeit eines Prozesses zu bestimmen, dann muss dafür der Gewinnbeitrag berechnet werden. Als Definition gilt:

(6.17) $$GB = L - KV - KF = L - K = DB - KF$$

Darin sind:

GB = Gewinnbeitrag einer Handlungsalternative, gemessen in € je Produktionsperiode;
L, KV, DB = definiert die unter Gleichung (6.16);
KF = mit der Handlungsalternative verbundene Fixkosten, gemessen in € je Produktionsperiode;
K = Gesamtkosten der Handlungsalternative, gemessen in € je Produktionsperiode.

Es sei hier nochmals darauf hingewiesen, dass die Fixkosten für eine vergleichende Bewertung der relativen Vorzüglichkeit von Handlungsalternativen nicht benötigt werden, weil sie definitionsgemäß bei allen betrachteten Handlungsalternativen den gleichen Betrag aufweisen. Die Fixkosten werden nur dann benötigt, wenn die vollständige Ergiebigkeit einer Handlungsalternative bestimmt werden soll.

Zur weiteren Kennzeichnung der Wirtschaftlichkeit von Handlungsalternativen werden zusätzliche Leistungs- und Kostenbegriffe als Kennzahlen verwendet. Sie leiten sich aus den – vorher definierten – jeweiligen Gesamtwerten ab.

Auf der Leistungsseite einer Handlungsalternative lassen sich die Durchschnittsleistung und die Grenzleistung bilden.

Die *Durchschnittsleistung* (ML) ist der Quotient aus der Gesamtleistung (L) und der Menge eines dafür eingesetzten Produktionsfaktors (r_i). Es gilt:

(6.18) $$ML = \frac{L}{r_i}$$

Wegen der Nichtaddierbarkeit der in physischen Einheiten gemessenen Produktionsfaktoren lässt sich zur Bildung des Durchschnittswertes die Leistung immer nur auf einen Produktionsfaktor beziehen. Es handelt sich also um eine *partielle* Durchschnittsleistung, ausgedrückt z. B. als Leistung je ha Anbaufläche oder als Leistung je Arbeitskraftstunde.

Die *Grenzleistung* (GL) ist der (partielle) Differentialquotient als 1. Ableitung der Leistung nach einem der dafür eingesetzten Produktionsfaktoren. Es gilt:

(6.19) $$GL = \frac{dL}{dr_i}$$

Die Grenzleistung zeigt also die marginale Veränderung der Leistung bei marginaler Veränderung der Einsatzmenge eines der dafür benötigten Produktionsfaktoren an.

Auf der Kostenseite einer Handlungsalternative kann man die variablen, die fixen und die gesamten Durchschnittskosten, die auch als fixe, variable und gesamte Stückkosten bezeichnet werden, aus den Gesamtkosten ableiten.

Die *variablen Durchschnitts- oder Stückkosten* (MKV) sind der Quotient aus den variablen (Gesamt-)Kosten (KV) und der damit erzeugten Produktmenge (x_j). Es gilt:

$$MKV = \frac{KV}{x_j} \tag{6.20}$$

Die *fixen Stückkosten* (MKF) werden als Quotient aus den fixen (Gesamt-)Kosten (KF) und der damit erzeugten Produktmenge (x_j) gebildet. Es gilt:

$$MKV = \frac{KF}{x_j} \tag{6.21}$$

Die gesamten *Stückkosten* (MK) sind die Summe aus den variablen und den fixen Stückkosten. Sie werden als Quotient aus den Gesamtkosten (K) und der damit erzeugten Produktmenge (x_j) gebildet. Es gilt:

$$MKV = \frac{K}{x_j} = MKV + MKF \tag{6.22}$$

Die *Grenzkosten* (GK) werden definiert als der Differenzialquotient bzw. als die 1. Ableitung der Gesamtkosten (K) nach der Produktmenge (xj). Es gilt:

$$GK = \frac{dK}{dx_j} \tag{6.23}$$

Die Grenzkosten sind also die marginalen Veränderungen der Gesamtkosten bei marginalen Variationen der Produktmengen.

6.3.5 Zinskosten für den Kapitalbedarf von Produktionsprozessen

Für jeden Produktionsprozess entsteht Kapitalbedarf für die Beschaffung der Betriebsmittel als den längerlebigen Produktionsanlagen und für die Bindung finanzieller Mittel zur Vorfinanzierung der Werkstoffe und der menschlichen Arbeit während einer Produktionsperiode. Letzteres hat vor allem Bedeutung bei der diskontinuierlichen Fertigung mit längeren festen Produktionsperioden (vgl. dazu auch Abschnitt 3.3).

Nach dem Prinzip der Opportunitätskosten entstehen für den Kapitalbedarf *Zinskosten* in Form der Zinsansprüche. Die *Zinskosten* für das in die Betriebsmittel investierte Kapital werden aufgrund folgender Überlegung bestimmt: Das in die Anlagen investierte Kapital wird im Verlaufe der Nutzungsdauer der Anlagen durch ihre Abnutzung sukzessive verbraucht. Für periodenbezogene Plan-Kosten-Leistungs-Rechnungen wird deshalb zur Vereinfachung i. d. R. angenommen, dass im Durchschnitt in den Anlagen ihre halben Anschaffungswerte als Kapital gebunden sind. Diese Werte müssen mit einem bestimmten Zinssatz, dessen Höhe sich nach den Opportunitätskosten des Kapitals bemisst, verzinst werden. Die Zinskosten je Produktionsperiode für eine Anlage sind deshalb:

(6.24) $Kzp = AP \cdot 0{,}5 \cdot i$

Darin sind:

Kzp = Zinskosten für die Anlage je Produktionsperiode, gemessen in €;
AP = Ankaufspreis der Anlage, gemessen in €;
i = Zinssatz (%/100) je Produktionsperiode.

Die Zinskosten für das zur Vorfinanzierung von Werkstoffen und menschlicher Arbeit benötigte Kapital lassen sich für diskontinuierliche Produktionsprozesse nur dann vergleichsweise einfach bestimmen, wenn sämtliche Werkstoffe und die gesamte menschliche Arbeit zu Beginn der Produktionsperiode quasi „auf einmal" verbraucht werden. Die Zinskosten sind dann ein fester Anteil der Kosten für die Werkstoffe und die menschliche Arbeit. Tatsächlich werden aber die Werkstoffe und menschliche Arbeit i. d. R. kontinuierlich im Verlaufe der gesamten Produktionsperiode verbraucht. Vereinfacht wird deshalb meistens angenommen, dass nur die Hälfte der für die Werkstoffe und die menschliche Arbeit entstehenden Kosten verzinst werden muss. Es gilt dann:

(6.25) $Kzr = Kwa \cdot 0{,}5 \cdot i$

Darin sind:

Kzr = Zinskosten für das in Werkstoffe und menschliche Arbeit investierte Kapital der Produktionsperiode, gemessen in €;
Kwa = Kosten für Werkstoffe und menschliche Arbeit, gemessen in €;
i = Zinssatz (%/100) je Produktionsperiode.

Bei den in den Gleichungen (6.24) und (6.25) verwendeten Zinssätzen i muss es sich nicht um Jahreszinssätze handeln. Die Höhe der Zinssätze bemisst sich vielmehr nach der Länge der Produktionsperiode. Bei einer z. B. nur 6 Monate umfassenden Produktionsperiode hätte i also den halben Wert eines Jahreszinssatzes.

Bei vollständig kontinuierlichen Produktionsprozessen kann die Bestimmung von Zinskosten für die Werkstoffe und die menschliche Arbeit entfallen, weil die Verweildauer zwischen ihrem Verbrauch und der Produkterzeugung quasi auf null zusammenschrumpft.

6.4 Lineare Produktionsfunktionen als Erzeugungs- und Verbrauchsfunktionen

Produktionsfunktionen für Betriebe oder deren Teilbereiche werden generell mit Hilfe von linearen Ungleichungssystemen beschrieben. Als Erzeugungsfunktion werden sie allgemein wie folgt ausgedrückt:

$$
(6.26)\quad
\begin{array}{ccccccc}
a_{11} \cdot x_1 & + \ldots + & a_{1j} \cdot x_j & + \ldots + & a_{1n} \cdot x_n & \leq & r_1 \\
\vdots & & \vdots & & \vdots & & \vdots \\
a_{i1} \cdot x_1 & + \ldots + & a_{ij} \cdot x_j & + \ldots + & a_{in} \cdot x_n & \leq & r_i \\
\vdots & & \vdots & & \vdots & & \vdots \\
a_{m1} \cdot x_1 & + \ldots + & a_{mj} \cdot x_j & + \ldots + & a_{mn} \cdot x_n & \leq & r_m
\end{array}
$$

Darin sind:

x_j = Produktmengen der Produktarten X_j (j = 1, ..., n), gemessen in physischen Einheiten (abhängige Variable);

r_i = Produktionsfaktorverbrauchsmengen der Faktorarten R_i (i = 1, ..., m), gemessen in physischen Einheiten (unabhängige Variable);

a_{ij} = Input-Output-Koeffizienten, die die Verbrauchsmenge des i-ten Faktors je Einheit des j-ten Produktes spezifizieren.

Betrachten wir die 1. Zeile des Systems: Sie besagt, dass die Produktarten X_j jeweils unterschiedliche Mengen r_1 der Faktorart R_1 verbrauchen, wobei die Verbrauchsmengen je Produkteinheit über die Input-Output-Koeffizienten a_{1j} festgelegt werden. Für den Fall, dass zur Herstellung einer Produktart X_j die Faktorart R_1 nicht benötigt wird, hat der zugehörige Input-Output-Koeffizient den Wert 0. Das Gleiche gilt sinngemäß für die übrigen Zeilen des Systems (6.26).

Betrachten wir die 1. Spalte des Systems: Sie besagt, dass die Produktart X_1 jeweils unterschiedliche Mengen der Faktorarten R_i benötigt, wobei die Faktorverbrauchsmengen je Produkteinheit über die Input-Output-Koeffizienten a_{i1} festgelegt werden. In Bezug auf die Produktart X_1 verhalten sich die Produktionsfaktorarten R_i *komplementär*, was besagt, dass sie in einem bestimmten Mengenverhältnis zur Erzeugung des Produktes benötigt werden. Die gleichen Aussagen gelten sinngemäß für die übrigen Spalten des Systems (6.26).

Die zugehörige Verbrauchsfunktion als Umkehrfunktion der Erzeugungsfunktion lautet:

$$
(6.27)\quad
\begin{array}{ccccccc}
b_{11} \cdot r_1 & + \ldots + & b_{1i} \cdot r_i & + \ldots + & b_{1m} \cdot r_m & \geq & x_1 \\
\vdots & & \vdots & & \vdots & & \vdots \\
b_{j1} \cdot r_1 & + \ldots + & b_{ji} \cdot r_i & + \ldots + & b_{jm} \cdot r_m & \geq & x_j \\
\vdots & & \vdots & & \vdots & & \vdots \\
b_{n1} \cdot r_1 & + \ldots + & b_{ni} \cdot r_i & + \ldots + & b_{nm} \cdot r_m & \geq & x_n
\end{array}
$$

Darin sind:

x_j = Produktmengen der Produktarten X_j (j = 1, ..., n), gemessen in physischen Einheiten (unabhängige Variable);

r_i = Produktionsfaktorverbrauchsmengen der Faktorarten R_i (i = 1, ..., m), gemessen in physischen Einheiten (abhängige Variable);

b_{ji} = Output-Input-Koeffizienten, die die Menge des j-ten Produktes je Einheit des i-ten Faktors spezifizieren.

Betrachten wir die 1. Zeile des Systems: Sie besagt, dass die Produktart X_1 wahlweise mit den Faktorarten R_i erzeugt werden kann, wobei die herstellbaren Produktmengen je Einheit der Faktoren über die Output-Input-Koeffizienten festgelegt werden. In Bezug auf das Produkt

X_1 verhalten sich die Produktionsfaktoren jetzt *substitutional.* Sie können sich bei der Herstellung des Produktes gegenseitig vertreten bzw. ersetzen. Das Gleiche gilt sinngemäß für die übrigen Zeilen des Systems (6.27).

Betrachten wir die 1. Spalte des Systems: Sie besagt, dass zur Erzeugung der Produktarten X_j jeweils bestimmte Mengen der Faktorart R_1 bereitgestellt werden müssen, wobei die herstellbaren Produktmengen je Einheit der Faktoren über die Output-Input-Koeffizienten b_{j1} festgelegt werden. Für den Fall, dass zur Erzeugung einer Produktart X_j die Faktorart R_1 nicht benötigt wird, hat der zugehörige Output-Input-Koeffizient den Wert 0. Das Gleiche gilt sinngemäß für die übrigen Spalten des Systems (6.27).

Der praktische Nutzen dieser Produktionsfunktionen wird sich in den folgenden Abschnitten erweisen.

6.5 Die multifaktorielle Monoproduktion

6.5.1 Das Grundmodell der multifaktoriellen Monoproduktion

6.5.1.1 Mengengerüste für produktionswirtschaftliche Elementarprozesse

Elementarprozesse sind dadurch gekennzeichnet, dass jeweils eine Produktart mit Hilfe von mehreren Produktionsfaktorarten erzeugt wird. Wir nennen diesen Fall die *multifaktorielle Monoproduktion.* Aus betriebswirtschaftlicher Sicht interessieren dabei die Fragen, wie die Input-Output-Beziehungen beschaffen sind und welche Verbrauchsmengenrelationen für die Produktionsfaktoren gelten.

In der Realität sind dafür zwei völlig unterschiedliche Gegebenheiten anzutreffen. In manchen Fällen können die verschiedenen Faktorarten für die Herstellung des einen Produktes in beliebigen Mengenrelationen eingesetzt werden, weil sie sich bei der Produktion tatsächlich gegenseitig ersetzen können. Dieser Fall der *substitutionalen Faktorverbrauchsrelationen* wurde mit den Zeilen des Systems (6.27) beschrieben. In den meisten Fällen ist es jedoch genau umgekehrt. Aufgrund technologischer Bedingungen ist ein ganz bestimmtes Mengenverhältnis der Produktionsfaktoren für die Erzeugung des einen Produktes erforderlich. Dieser Fall der *komplementären Faktorverbrauchsrelationen* wurde mit den Spalten des Systems (6.26) beschrieben.

Beispiele für beide Fälle lassen sich leicht finden: Futter- bzw. Nahrungsmittel mit den gleichen wertbestimmenden Nährstoffkomponenten können sich bei der Ernährung ebenso gegenseitig vertreten wie etwa verschiedene Arbeitskräfte mit den gleichen Fähigkeiten oder verschiedene Maschinen mit den gleichen Werkzeugen. Andererseits müssen z. B. bei der Herstellung von Wasser, Sauerstoff und Wasserstoff (im Verhältnis 1 Atom Sauerstoff zu 2 Atomen Wasserstoff) ebenso komplementär eingesetzt werden wie die für das Wachstum von Pflanzen und Tieren essenziellen Elemente Stickstoff, Kohlenstoff, Phosphor, Kalium etc., sofern ein definiertes Produkt hergestellt werden soll. Das Gleiche gilt auch für technische Prozesse: Beim Pflügen, wobei gepflügtes Land das Produkt ist, verhält sich der Diesel- und Schmierölverbrauch komplementär zu den Arbeitsmengen des Schleppers und des Fahrers. In diesem Elementarprozess kann Dieselöl nicht durch Fahrerarbeit ersetzt werden. Bei der Mehlherstellung verhält sich der Getreideverbrauch komplementär zu den Arbeitsmengen des Mahlaggregates und des Bedienungspersonals sowie auch zum dafür anfallenden Energieverbrauch.

Bei Produktionsprozessen mit substitutionalen Faktoreinsatzrelationen ergibt sich kein besonderes Entscheidungsproblem. Wenn ein Produkt wahlweise mit verschiedenen Produktionsfaktoren hergestellt werden kann, dann wird man sich selbstverständlich für denjenigen Produktionsfaktor entscheiden, der unter Berücksichtigung seines Output-Input-Koeffizienten und seines Ankaufspreises die geringsten Kosten je Produkteinheit verursachen würde.

Viel bedeutender sind komplementäre Faktoreinsatzrelationen bei der Herstellung eines Produktes. Die zugehörige Produktionsfunktion als Erzeugungsfunktion lässt sich aus dem System (6.26) ableiten, indem wir (wegen des nur einen Produktes eines Elementarprozesses) die Input-Output-Koeffizienten aller übrigen Produkte auf null setzen und dann schreiben:

$$(6.28) \qquad \begin{array}{lcl} a_1 \cdot x & \leq & r_1 \\ \vdots & & \vdots \\ a_i \cdot x & \leq & r_i \\ \vdots & & \vdots \\ a_m \cdot x & \leq & r_m \end{array}$$

Die maximal erzeugbare Produktmenge x wird bestimmt durch die verfügbaren Faktormengen r_i. Die Produktmenge wird begrenzt durch diejenige Faktormenge, die unter Berücksichtigung des zugehörigen Input-Output-Koeffizienten a_i im Minimum verfügbar ist. Dieser Produktionsfaktor ist der sog. *Engpassfaktor* oder *Minimumfaktor.*

Die Verbrauchsfunktion für einen Elementarprozess, in dem nur ein Produkt mit verschiedenen Faktoren erzeugt wird, lässt sich aus dem System (6.28) unmittelbar ableiten, wenn wir berücksichtigen, dass in diesem Falle die Output-Input-Koeffizienten b_i lediglich die Kehrwerte der Input-Output-Koeffizienten a_i des Systems (6.28) sind. Es gilt dann:

$$(6.29) \qquad \begin{array}{lcl} b_1 \cdot r_1 & \geq & x \\ \vdots & & \vdots \\ b_i \cdot r_i & \geq & x \\ \vdots & & \vdots \\ b_m \cdot r_m & \geq & x \end{array}$$

Bei vorgegebener Produktmenge x und bestimmten Werten der Output-Input-Koeffizienten b_i lassen sich die minimal benötigten Faktormengen r_i Zeile für Zeile einfach errechnen, wenn man dafür die $\geq$ -Zeichen durch Gleichheitszeichen ersetzt.

Die mit den Systemen (6.28) und (6.29) beschriebenen Funktionen werden als linear-limitationale Produktionsfunktionen oder – nach dem Ökonomen, der sie in die Wirtschaftswissenschaft einführte – als *LEONTIEF-Funktionen* bezeichnet. Die Eigenschaften dieser Produktionsfunktionen seien anhand eines einfachen Zahlenbeispiels verdeutlicht.

Der typische Elementarprozess beim heutigen Stand der Technik ist – wie vorher abgeleitet – dadurch gekennzeichnet, dass z. B. eine Maschine als Betriebsmittel mit Werkstoffen sowie menschlicher Arbeit zur Maschinenbedienung kombiniert wird, um ein Produkt herzustellen. Solche Elementarprozesse sind z. B. Mahlaggregate, die aus dem Rohstoff Weizen das Produkt Mehl herstellen und dafür den Betriebsstoff elektrische Energie benötigen und von einer Arbeitskraft bedient werden müssen. Bei dem Elementarprozess kann es sich auch um einen Schlepper mit einem Pflug handeln, der das Produkt „gepflügtes Land" herstellt und dazu Dieselöl und Schmierstoffe als Betriebsstoffe benötigt und von einem Fahrer bedient wird.

Wenn wir zur weiteren Vereinfachung die Werkstoffe und die menschliche Arbeit zu einem Faktorpaket zusammenfassen, das die geforderten Verbrauchsmengen der einzelnen Werkstoffe und Arbeitsstunden im notwendigen komplementären Mengenverhältnis enthält, und deshalb nur die Maschinenlaufzeit als weiteren Produktionsfaktor auffassen, dann wird aus der Erzeugungsfunktion des Systems (6.28) der folgende Ausdruck:

$$(6.30)\quad \begin{aligned} a_1 \cdot x &\leq r_1 \\ a_2 \cdot x &\leq r_2 \end{aligned}$$

Darin sind:

x = Produktmenge, gemessen in physischen Einheiten;
r_1 = Verfügbarer Nutzungsumfang der Maschine je Produktionsperiode, gemessen in Maschinenlaufzeitstunden (mh);
r_2 = Faktorpaketmenge für Werkstoffe und Arbeit, gemessen in physischen Einheiten;
a_1 = Input-Output-Koeffizient (Maschinenlaufzeitstunden je Produkteinheit);
a_2 = Input-Output-Koeffizient (Faktorpaketmenge je Produkteinheit).

In dem Gleichungssystem (6.30) ist r_1 – der verfügbare Nutzungsumfang der Maschine – eine begrenzt verfügbare Faktormenge, weil die Maschine je (zeitlich begrenzter) Produktionsperiode nur eine begrenzte Menge an Maschinenlaufzeitstunden abgeben kann. Die Faktorpaketmenge r_2 möge dagegen in der Produktionsperiode in beliebigen Umfängen einsetzbar sein.

Gehen wir beispielsweise davon aus, dass die beiden Input-Output-Koeffizienten die zahlenmäßigen Werte $a_1 = 1$ und $a_2 = 2$ haben und die Maschine in der Produktionsperiode maximal $r_1 = 80$ Laufzeitstunden abgeben kann, dann lässt sich die herstellbare Produktmenge x in Abhängigkeit von unterschiedlichen Mengen des Faktorpakets R_2 in Form der *Übersicht 6.13* darstellen. Mit zunehmender Menge r_2 steigt die Produktmenge x linear an, bis bei einer Faktorverbrauchsmenge von $r_2 = 160$ die Produktmenge $x = 80$ erreicht wird. Darüber hinausgehende Mengen r_2 führen zu keinen weiteren Produktionssteigerungen, weil die Maschinenlaufzeit auf $r_1 = 80$ mh begrenzt ist und deshalb bei dem gegebenen Input-Output-Koeffizienten von $a_1 = 1$ nur eine maximale Produktmenge von $x = 80$ erzeugt werden kann. Bei über $r_2 = 160$ hinausgehenden Mengen des Repetierfaktorbündels „knickt" die Erzeugungsfunktion ab und verläuft parallel zur Abszisse.

Die dargestellte Erzeugungsfunktion ist gleichzeitig eine sog. *Effizienzgrenze.* Aufgrund der Ungleichheitszeichen in der Erzeugungsfunktion (6.30) sind sämtliche Produktmengen technisch zulässig, die unterhalb der Effizienzgrenze liegen. Oberhalb der Effizienzgrenze liegen dagegen die technisch unzulässigen Produktmengen. Nur auf der Effizienzgrenze, und zwar in dem Abschnitt zwischen dem Ursprung und dem Knickpunkt der Erzeugungsfunktion

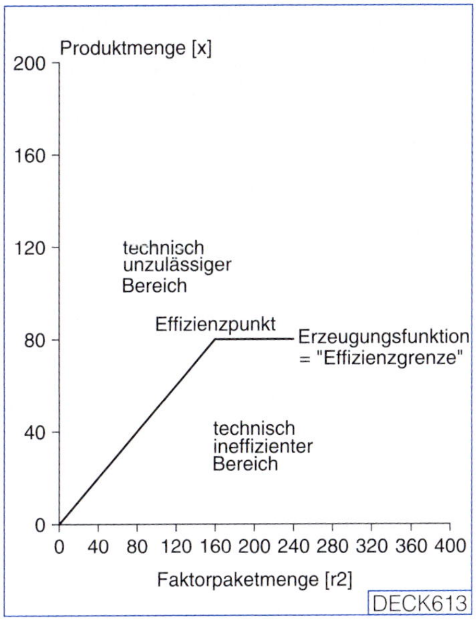

Übersicht 6.13: Die Erzeugungsfunktion bei komplementären Faktorverbrauchsrelationen

(Effizienzpunkt), liegen Produktmengen, die in Bezug auf das variierte Faktorpaket technisch effizient sind. In Bezug auf beide Produktionsfaktoren, d. h. in Bezug auf die begrenzt verfügbare Faktormenge r_1 und die variierte Faktormenge r_2, existiert dagegen nur eine technisch effiziente Produktmenge, nämlich die Menge $x = 80$, die im *Effizienzpunkt* der Erzeugungsfunktion erreicht wird. Die begrenzt verfügbare Faktormenge r_1 bestimmt den Effizienzpunkt. Die verfügbare Maschinenlaufzeit ist also in diesem Falle der Engpassfaktor bzw. Minimumfaktor. Wir bezeichnen den dargestellten Zusammenhang auch als die *partielle Faktorvariation*, weil wir bei begrenzter Angebotsmengen der übrigen Faktoren nur die Angebotsmengen eines Faktors variieren.

Im nächsten Schritt sollen wir einige Eigenschaften dieser Erzeugungsfunktion untersuchen:

(1) Lässt sich z. B. die maximale Maschinenlaufzeit von bisher $r_1 = 80$ mh auf $r_1 = 160$ mh verdoppeln, dann ergibt sich in *Übersicht 6.14* der neue „Effizienzpunkt 160" mit einer Produktmenge von $x = 160$ für die Erzeugungsfunktion E2 im Vergleich zum alten „Effizienzpunkt 80" mit einer Produktmenge von $x = 80$ für die Erzeugungsfunktion E1. Die neue doppelte Produktmenge kann indessen nur erreicht werden, wenn auch die Einsatzmenge r_2 verdoppelt wird.

(2) Technische Fortschritte äußern sich im Allgemeinen dergestalt, dass ein fortschrittlicherer Herstellungsprozess im Vergleich zu einem älteren Prozess dadurch gekennzeichnet ist, dass er geringere Werte der Input-Output-Koeffizienten aufweist. Im Vergleich zur Erzeugungsfunktion E1 des ursprünglichen Verfahrens zeigt *Übersicht 6.15* mit der Erzeugungsfunktion E2 die Wirkung einer Verdoppelung der Leistungsfähigkeit der Maschine. Der zugehörige Input-Output-Koeffizient ist von $a_1 = 1$ auf $a_1 = 0{,}5$ gefallen, so dass jetzt mit einer maximalen Maschinenlaufzeit von $r_1 = 80$ mh insgesamt $x = 160$ Produkteinheiten hergestellt werden

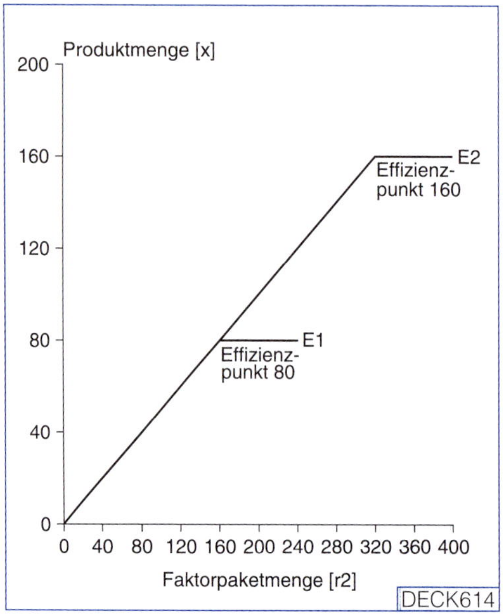

Übersicht 6.14: Die Erzeugungsfunktion bei komplementären Faktorverbrauchsrelationen – Verdoppelung der Maschinenlaufzeit je Produktionsperiode –

können, vorausgesetzt allerdings, die Menge des Faktorpakets wird von $r_2 = 160$ auf $r_2 = 320$ Einheiten ausgedehnt. Grafisch zeigt sich für diesen technischen Fortschritt das gleiche Bild wie für die in *Übersicht 6.14* dargestellte Verdoppelung der Maschinenlaufzeit, inhaltlich bestehen jedoch Unterschiede.

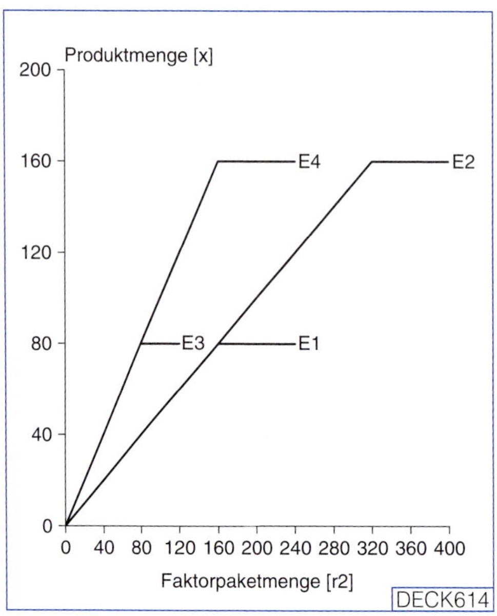

Übersicht 6.15: Die Erzeugungsfunktion bei komplementären Faktorverbrauchsrelationen – Wirkungen technischer Fortschritte –

Ein anderer Verlauf der Erzeugungsfunktion ergibt sich dagegen für den Fall, dass durch einen Fortschrittsprung der Wert des Input-Output-Koeffizienten a_2 von vorher $a_2 = 2$ auf $a_2 = 1$ halbiert werden kann. Mit einer halbierten Faktormenge von $r_2 = 80$ kann jetzt auf der Erzeugungsfunktion E3 in deren Effizienzpunkt die Produktmenge $x = 80$ hergestellt werden.

Für den Fall schließlich, dass sich durch technische Fortschritte die Werte beider Input-Output-Koeffizienten halbiert haben, wird die Erzeugungsfunktion E4 erreicht. Bei gegenüber der Ausgangssituation unveränderten Faktormengen lässt sich die Produktmenge im Effizienzpunkt gegenüber der Ausgangssituation von $x = 80$ auf $x = 160$ verdoppeln.

Bezüglich der Wirkungen von veränderten Faktoreinsatzmengen auf das Produktionsergebnis lassen sich die Zusammenhänge durch die Verwendung der Verbrauchsfunktion weiter verdeutlichen. Die zugehörige Verbrauchsfunktion als Umkehrfunktion der Erzeugungsfunktion (6.30) lautet:

$$(6.31) \quad \begin{aligned} b_1 \cdot r_1 &\geq x \\ b_2 \cdot r_2 &\geq x \end{aligned}$$

Da die Output-Input-Koeffizienten in diesem System die Kehrwerte der Input-Output-Koeffizienten des Systems (6.30) sind, haben sie in unserem Zahlenbeispiel für die Ausgangssituation offensichtlich die Werte $b_1 = 1$ und $b_2 = 0{,}5$. Möchten wir jetzt mit dem Elementarprozess z. B. die Produktmengen $x = 80$ und $x = 160$ erzeugen, dann ergibt sich dafür das Bild der *Übersicht 6.16*. Der Effizienzpunkt 80 wird bei Faktorverbrauchsmengen von $r_1 = 80$ und $r_2 = 160$ erreicht, der Effizienzpunkt 160 bei den verdoppelten Faktorverbrauchsmengen. Die Faktorverbrauchsmengen sind auf den beiden Achsen des Koordinatensystems abgetragen.

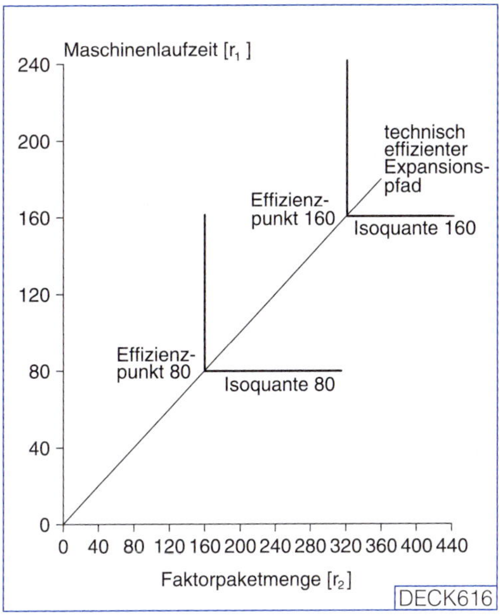

Übersicht 6.16: Die Verbrauchsfunktion bei komplementären Faktorverbrauchsrelationen – Isoquanten bei totaler Faktorvariation –

Mit der *Übersicht 6.16* wurde die sog. *totale Faktorvariation* betrachtet, weil die Produktmengen vorgegeben sind und jetzt die beiden Faktormengen variiert werden, bis die effiziente

Faktoreinsatzkombination für die vorgegebenen Produktmengen in den Effizienzpunkten erreicht sind. *Übersicht 6.16* zeigt mit den dargestellten „Winkelkurven" aber auch die Effizienzgrenzen für den Fall, dass nur eine der beiden angebotenen Faktormengen vollständig genutzt wird. Bei den Winkelkurven handelt es sich um *Isoquanten*, d. h. um Kurven gleicher Produktmengen, wie wir sie prinzipiell bereits aus den Abschnitten 1.4.3.3 des 1. Kapitels kennen. Auf den parallel zur Abszisse verlaufenden Schenkeln werden zwar auch die jeweils maximalen Produktmengen x = 80 bzw. x = 160 erreicht, aber mit größeren Angebotsmengen r_2, als mindestens erforderlich wären. Nur der Faktor R_1 wird also effizient genutzt. Auf den parallel zur Ordinate verlaufenden Schenkeln werden dagegen zwar ebenfalls die jeweils maximalen Produktmengen x = 80 bzw. x = 160 erreicht, jetzt aber mit größeren Angebotsmengen r_1, als mindestens erforderlich wäre. Es wird also nur der Faktor R_2 effizient genutzt.

Zwischen den Achsen des Koordinatensystems und den jeweiligen Isoquanten befinden sich bei dieser Darstellungsweise Faktorkombinationen, die in Bezug auf beide Produktionsfaktoren technisch unzulässig sind, weil hier Faktorkombinationen mit geringeren Faktormengen, als mindestens erforderlich wären, liegen. Jenseits der Isoquanten befinden sich dagegen die technisch ineffizienten Faktorkombinationen, weil hier zur Erzeugung der Produktmengen x = 80 bzw. x = 160 größere Faktormengen eingesetzt würden, als mindestens erforderlich wären.

Des Weiteren wird deutlich, dass sämtliche Effizienzpunkte für unterschiedliche vorgegebene Produktmengen auf der vom Ursprung ausgehenden Linie liegen. Diese Linie wird als *Expansionspfad* bei totaler Faktorvariation bezeichnet. Auf der Linie liegen alle technisch effizienten Faktorverbrauchsrelationen in Abhängigkeit von variablen Produktmengen.

6.5.1.2 Der optimale Beschäftigungsgrad

Wir wollen für den beschriebenen Elementarprozess jetzt eine Plan-Kosten-Leistungs-Rechnung durchführen, um die Determinanten der Wirtschaftlichkeit herauszuarbeiten. Dabei fragen wir letztlich nach der Ergiebigkeit des Elementarprozesses in Abhängigkeit von unterschiedlichen Beschäftigungsgraden der Produktionsanlage als den möglichen Handlungsalternativen. Dazu müssen die Kosten, die Leistungen und die Kosten-Leistungs-Differenzen bestimmt werden.

Die Leistung (L) ergibt sich als mathematisches Produkt aus dem Verkaufspreis (px) und der Produktmenge (x) mit:

(6.32) $$L = px \cdot x$$

Die Produktmenge wird ihrerseits durch die vorher abgeleitete Produktionsfunktion (6.30), d. h. durch die jeweiligen Produktionsfaktormengen bestimmt.

Die Kosten für den Elementarprozess setzen sich aus zwei Blöcken zusammen. Für die Maschine ergeben sich Kosten, die von ihrem Beschäftigungsgrad unabhängig sind. Dies sind nichtproportionale Kosten, bestehend aus den Zinskosten für das in die Anlage investierte Kapital und den Abschreibungskosten, falls – wie hier unterstellt – zeitabhängige Abschreibungen angesetzt werden. Diese Kosten werden nach Maßgabe der Gleichungen (6.24) und (6.6) berechnet und sollen für das Beispiel Kzp = 200,00 € (Zinskosten) und Kap = 600,00 € (Abschreibungen) betragen.

Produktpreis [px]:	25,00	Zinskosten [Kzp]:	200,00	Output-Input-Koeffizient [b_1]:	1,00
Faktorpaket-		Abschreibung [Kap]:	600,00	Output-Input-Koeffizient [b_2]:	0,50
preis [pr_2]:	6,00			Verfügbare Maschinenlaufzeit [r_1]:	80,00

Fall 1: Die Erzeugungsfunktion

Faktor-paket-menge	Ge-samt-produkt	Ge-samt-leistung	Fixe Kosten	Variable Kosten	Ge-samt-kosten	De-ckungs-beitrag	Gewinn-beitrag	Durch-schnitts-produkt	Grenz-produkt	Durch-schnitts-leistung	Grenz-leistung
ME	ME	€	€	€	€	€	€	ME	ME	€	€
[r_2]	[x]	[L]	[KF]	[KV]	[K]	[DB]	[GB]	[mx]	[gx]	[ML]	[GL]
0	0	0	800	0	800	0	-800				
10	5	125	800	60	860	65	-735	0,50	0,50	12,50	12,50
20	10	250	800	120	920	130	-670	0,50	0,50	12,50	12,50
30	15	375	800	180	980	195	-605	0,50	0,50	12,50	12,50
40	20	500	800	240	1040	260	-540	0,50	0,50	12,50	12,50
50	25	625	800	300	1100	325	-475	0,50	0,50	12,50	12,50
60	30	750	800	360	1160	390	-410	0,50	0,50	12,50	12,50
70	35	875	800	420	1220	455	-345	0,50	0,50	12,50	12,50
80	40	1000	800	480	1280	520	-280	0,50	0,50	12,50	12,50
90	45	1125	800	540	1340	585	-215	0,50	0,50	12,50	12,50
100	50	1250	800	600	1400	650	-150	0,50	0,50	12,50	12,50
110	55	1375	800	660	1460	715	-85	0,50	0,50	12,50	12,50
120	60	1500	800	720	1520	780	-20	0,50	0,50	12,50	12,50
130	65	1625	800	780	1580	845	45	0,50	0,50	12,50	12,50
140	70	1750	800	840	1640	910	110	0,50	0,50	12,50	12,50
150	75	1875	800	900	1700	975	175	0,50	0,50	12,50	12,50
160	80	2000	800	960	1760	1040	240	0,50	0,50	12,50	12,50
170	80	2000	800	1020	1820	980	180	0,47	0,00	11,76	0,00
180	80	2000	800	1080	1880	920	120	0,44	0,00	11,11	0,00
190	80	2000	800	1140	1940	860	60	0,42	0,00	10,53	0,00
200	80	2000	800	1200	2000	800	0	0,40	0,00	10,00	0,00

Fall 2: Die Verbrauchsfunktion

Ge-samt-produkt	Faktor-paket-menge	Ge-samt-leistung	Fixe Kosten	Variable Kosten	Ge-samt-kosten	De-ckungs-beitrag	Gewinn-beitrag	Fixe Stück-kosten	Variable Stück-kosten	Stück-kosten	Grenz-kosten
ME	ME	€	€	€	€	€	€	€	€	€	€
[x]	[r_2]	[L]	[KF]	[KV]	[K]	[DB]	[GB]	[MKF]	[MKV]	[MK]	[GK]
0	0	0	800	0	800	0	-800				12,00
5	10	125	800	60	860	65	-735	160,00	12,00	172,00	12,00
10	20	250	800	120	920	130	-670	80,00	12,00	92,00	12,00
15	30	375	800	180	980	195	-605	53,33	12,00	65,33	12,00
20	40	500	800	240	1040	260	-540	40,00	12,00	52,00	12,00
25	50	625	800	300	1100	325	-475	32,00	12,00	44,00	12,00
30	60	750	800	360	1160	390	-410	26,67	12,00	38,67	12,00
35	70	875	800	420	1220	455	-345	22,86	12,00	34,86	12,00
40	80	1000	800	480	1280	520	-280	20,00	12,00	32,00	12,00
45	90	1125	800	540	1340	585	-215	17,78	12,00	29,78	12,00
50	100	1250	800	600	1400	650	-150	16,00	12,00	28,00	12,00
55	110	1375	800	660	1460	715	-85	14,55	12,00	26,55	12,00
60	120	1500	800	720	1520	780	-20	13,33	12,00	25,33	12,00
65	130	1625	800	780	1580	845	45	12,31	12,00	24,31	12,00
70	140	1750	800	840	1640	910	110	11,43	12,00	23,43	12,00
75	150	1875	800	900	1700	975	175	10,67	12,00	22,67	12,00
80	160	2000	800	960	1760	1040	240	10,00	12,00	22,00	
80	170	2000	800	1020	1820	980	180	10,00	12,75	22,75	
80	180	2000	800	1080	1880	920	120	10,00	13,50	23,50	
80	190	2000	800	1140	1940	860	60	10,00	14,25	24,25	
80	200	2000	800	1200	2000	800	0	10,00	15,00	25,00	

DECK617

Übersicht 6.17: Plan-Kosten-Leistungs-Rechnung zur Bestimmung des optimalen Beschäftigungsgrades – Beispiel –

Bei den nichtproportionalen Kosten handelt es sich nur dann um entscheidungsrelevante bzw. variable Kosten, wenn der Elementarprozess noch nicht im Betrieb vorhanden ist und der Entscheider unter mehreren Alternativen die wirtschaftlichste auswählen möchte. Ist der Elementarprozess, ist also die Anlage bereits im Betrieb vorhanden, dann sind die Zins- und Abschreibungskosten nicht mehr entscheidungsrelevant. Es handelt sich nunmehr um fixe Kosten. In diesem Fall wird der Entscheider nur noch über unterschiedliche Beschäftigungsgrade der vorhandenen Anlage entscheiden wollen und deshalb nur noch den zweiten Kostenblock, nämlich die proportionalen Kosten für das Faktorpaket, als variabel bzw. entscheidungsrelevant ansehen.

Wir wollen hier davon ausgehen, dass der Elementarprozess im Betrieb bereits vorhanden ist und es sich damit bei den Kosten für die Anlage um fixe Kosten handelt. Die Fixkosten sollen in diesem Falle ausnahmsweise dennoch in die Analyse einbezogen werden, um nochmals zu verdeutlichen, dass die fixen Kosten tatsächlich keine Auswirkungen auf die Auswahl der wirtschaftlichsten Handlungsalternative haben. Insgesamt ergeben sich damit die folgenden Kosten für den Elementarprozess:

Die fixen Kosten (KF) bestehen aus den Zinskosten (Kzp) und den Abschreibungen (Kap). Es gilt:

$$KF = Kzp + Kap \tag{6.33}$$

Die variablen Kosten (KV) sind das mathematische Produkt aus den Einsatzmengen des Faktorpakets (r_2) und dessen Ankaufspreis (pr_2). Es gilt:

$$KV = r_2 \cdot pr_2 \tag{6.34}$$

Die Deckungsbeiträge (DB) und die Gewinnbeiträge (GB) bei unterschiedlichen Beschäftigungsgraden lassen sich nach Maßgabe der allgemeinen Definitionsgleichungen (6.16) und (6.17) berechnen.

Übersicht 6.17 zeigt nun sowohl für den Fall der Erzeugungsfunktion als auch für den Fall der Verbrauchsfunktion die wirtschaftlichen Kennzahlen des Elementarprozesses in Abhängigkeit unterschiedlicher Beschäftigungsgrade. (Sie können die Tabelle unter Excel mit DECK617 aufrufen, um durch Veränderung von Eingabewerten ein „Gefühl" für die wirtschaftlichen Gegebenheiten zu entwickeln.)

Außer dem bereits spezifizierten Mengengerüst müssen wir noch das zugehörige Preisgerüst spezifizieren. Aus dem Kopf der *Übersicht 6.17* gehen neben den Kennzahlen für das Mengengerüst (Output-Input-Koeffizienten b_1 und b_2 sowie verfügbare Maschinenlaufzeit r_1) und den fixen Kosten (Zinskosten, Abschreibungen) auch die angenommenen Produkt- und Faktorpaketpreise hervor. Für den Produktpreis wurden px = 25,00 € und für den Preis des Faktorpakets pr_2 = 6,00 € angenommen.

Der obere Teil der *Übersicht 6.17* zeigt verschiedene Kennzahlen für den Fall der Erzeugungsfunktion, d. h. für den Fall, dass sich die Leistungen und Kosten in Abhängigkeit steigender Einsatzmengen des Faktors R_2 entwickeln. Der untere Teil der Übersicht zeigt dagegen die Kennzahlen für den Fall der Verbrauchsfunktion als Umkehrfunktion der Erzeugungsfunktion, d. h. für den Fall, dass sich die Kosten und Leistungen in Abhängigkeit steigender Produktmengen x entwickeln.

Die Kosten und Leistungen in Abhängigkeit steigender Einsatzmengen des Faktorpakets R_2 sind in *Übersicht 6.18* grafisch verdeutlicht. Die Leistung steigt bis zur vollen Auslastung der Maschine von r_1 = 80 mh linear an, um danach abzuknicken. Die Gesamtkostenkurve beginnt bei einem Wert von KF = 800,00 € für die fixen Kosten und steigt dann linear an. Die variablen Kosten verlaufen ebenfalls linear, beginnen jedoch bereits im Ursprung. Der maximale Deckungsbeitrag

(DBmax) und der maximale Gewinnbeitrag (GBmax) werden – wie auch aus den Zahlen der *Übersicht 6.17* ablesbar ist – bei voller Auslastung der Maschine erreicht, wenn also die Faktormenge von r_2 = 160 ME (ME = Mengeneinheiten) verbraucht wird. Der *optimale Beschäftigungsgrad* bzw. die ergiebigste Handlungsalternative liegt mithin bei voller Ausschöpfung des verfügbaren Nutzungsumfangs der Maschine. Diese optimale Handlungsalternative hätte tatsächlich auch ohne Berücksichtigung der fixen Kosten gefunden werden können, weil bei voller Nutzung der Maschinenlaufzeit auch der Deckungsbeitrag maximal wird. Das Beispiel bestätigt also die vorher gemachte diesbezügliche Aussage.

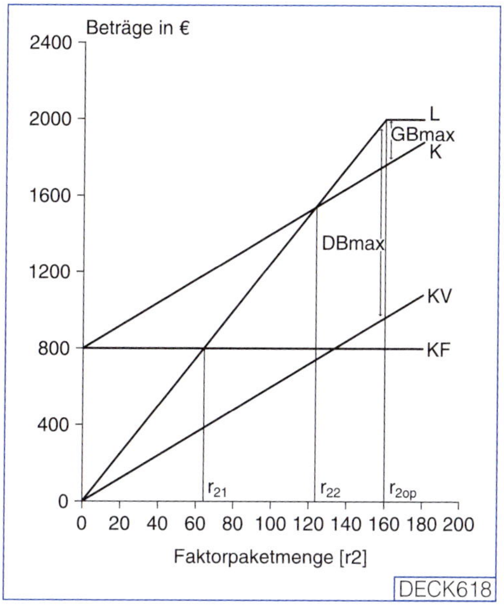

Übersicht 6.18: Kosten und Leistungen bei variablen Beschäftigungsgraden – Erzeugungsfunktion –

Der Deckungsbeitrag des Elementarprozesses ist bereits bei sehr geringen Beschäftigungsgraden positiv. Der Gewinnbeitrag als Differenz aus Leistungen und Gesamtkosten ist wegen der zunächst abzudeckenden fixen Kosten bei geringen Beschäftigungsgraden negativ. Erst bei einem Beschäftigungsgrad von r_{21} wird Fixkostendeckung erreicht. Beim Beschäftigungsgrad von r_{22} wird Vollkostendeckung und beim maximal möglichen Beschäftigungsgrad r_{2op} werden schließlich der maximale Deckungsbeitrag und der maximale Gewinnbeitrag erreicht.

Darüber hinaus sind in den vier rechten Spalten des oberen Teils der *Übersicht 6.17* auch die Entwicklungen des Durchschnittsproduktes, des Grenzproduktes, der Durchschnittsleistung und der Grenzleistung angegeben (zu den Definitionen vgl. die Gleichungen 6.12, 6.13, 6.18 und 6.19). Das Durchschnittsprodukt (mx) als Quotient aus Produktmenge und Einsatzmenge des Faktors R_2 hat bis zum maximalen Beschäftigungsgrad der Anlage den konstanten Wert von mx = 0,5. Das Grenzprodukt (gx) als Steigung des Gesamtproduktes (x) hat den gleichen Wert von gx = 0,5, weil sich das Gesamtprodukt in Abhängigkeit der Einsatzmengen des Faktorpakets (r_2) linear entwickelt. Für die Durchschnittsleistung (ML) und die Grenzleistung (GL) gelten sinngemäß die gleichen Aussagen. Die beiden Werte ML und GL = 12,50 € sind betragsmäßig höher, weil die Beträge des Durchschnittsproduktes und des Grenzproduktes mit dem Produktpreis von px = 25,00 € „skaliert" werden.

Aus dem unteren Teil der *Übersicht 6.17* gehen – wie gesagt – die wirtschaftlichen Kennzahlen für die Verbrauchsfunktion hervor. Die Leistungen und Kosten sind in Abhängigkeit der Produktmenge (x) in *Übersicht 6.19* grafisch verdeutlicht. Prinzipiell ergeben sich die gleichen Aussagen wie für die Erzeugungsfunktion: Wieder werden der maximale Deckungsbeitrag (DBmax) und der maximale Gewinnbeitrag (GBmax) bei voller Nutzung der verfügbaren Maschinenlaufzeit erreicht (x_{op}). Fixkostendeckung ergibt sich bei dem Beschäftigungsgrad x_1 und Vollkostendeckung bei x_2.

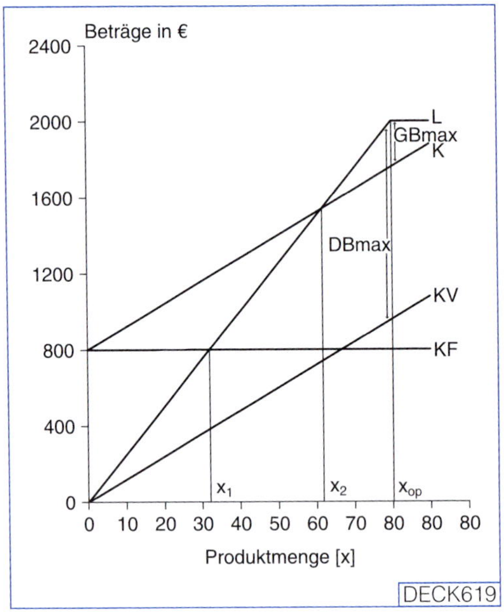

Übersicht 6.19: Kosten und Leistungen bei variablen Beschäftigungsgraden – Verbrauchsfunktion –

Im unteren Teil der *Übersicht 6.17* sind des Weiteren die fixen, die variablen und die (gesamten) Stückkosten angegeben. Während die fixen Stückkosten bis zur vollen Auslastung der Produktionsanlage bei 80 Produkteinheiten degressiv abnehmen, bleiben die variablen Stückkosten konstant. Daraus ergibt sich, dass auch die (gesamten) Stückkosten bis zur vollen Auslastung der Produktionsanlage degressiv fallen. Das Stückkostenminimum – hier mit 22,00 € je Produkteinheit – wird also ebenso wie der maximale Deckungsbeitrag und der maximale Gewinnbeitrag bei dem optimalen Beschäftigungsgrad, d. h. bei der vollen Auslastung der Produktionsanlage erreicht.

Die Entwicklung der Kennzahlen ist in *Übersicht 6.20* grafisch verdeutlicht. Zusätzlich wurde der Produktpreis (px) als parallel zur Abszisse verlaufende Linie eingezeichnet. Der Produktpreis ist somit die vom Beschäftigungsgrad bzw. von der erzeugten Produktmenge unabhängige Höhe der Stückleistung.

Aus der *Übersicht 6.20* geht im Einzelnen hervor, dass die fixen Stückkosten (MKF) bei dem Beschäftigungsgrad x_1 den gleichen Betrag aufweisen wie die Stückleistung als Produktpreis (px). Der Beschäftigungsgrad x_1 entspricht demjenigen in *Übersicht 6.18*. Beim Beschäftigungsgrad x_2 haben die (gesamten) Stückkosten (MK) den gleichen Wert wie die Stückleistung (px). Hier wird – wie beim Beschäftigungsgrad x_2 in *Übersicht 6.19* – volle Kostendeckung erreicht.

Des Weiteren lassen sich aus der Abbildung der *Übersicht 6.19* die Stückdeckungsbeiträge und die Stückgewinnbeiträge, d. h. die je Produkteinheit erreichbaren Werte ablesen. Der Stück-

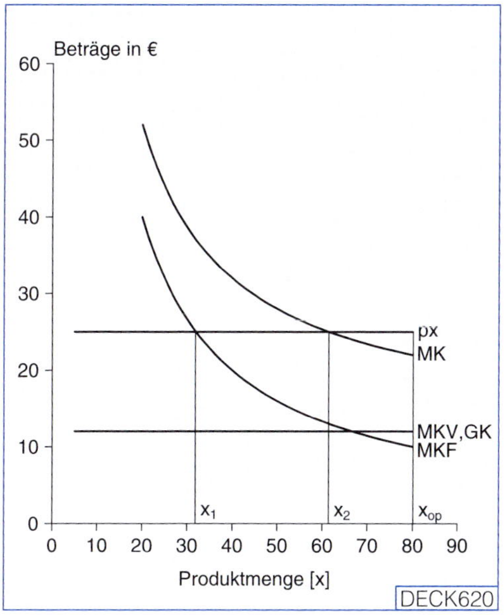

Übersicht 6.20: Stückkosten und Grenzkosten bei variablen Beschäftigungsgraden – Verbrauchsfunktion –

deckungsbeitrag ist bei jedem Beschäftigungsgrad die positive Differenz zwischen dem Produktpreis (px) und den variablen Stückkosten (MKV). Die variablen Stückkosten entsprechen den Grenzkosten (GK). Der Stückgewinnbeitrag ist die erst bei höheren Beschäftigungsgraden positiv werdende Differenz zwischen dem Produktpreis (px) und den (gesamten) Stückkosten (MK).

6.5.1.3 Mindestbeschäftigungsgrad der Produktionsanlage bei gegebenem Preisgerüst

Wir hatten in den *Übersichten 6.19* bzw. *6.20* mit dem Beschäftigungsgrad x_2 diejenige Produktmenge ermittelt, bei der die volle Kostendeckung erreicht wird. Es ist unschwer einzusehen, dass sich c. p. bei höheren Produktpreisen und/oder geringeren Preisen für den Faktor R_2 die Deckung der vollen Kosten schon bei geringeren Beschäftigungsgraden ergeben würde. Umgekehrt wäre die volle Kostendeckung bei geringeren Produktpreisen und/oder höheren Preisen für den Faktor R_2 erst bei höheren Beschäftigungsgraden gewährleistet. Würde z. B. der Produktpreis statt 25,00 €, wie bisher angenommen, nur noch 22,00 € betragen, dann würde sich in *Übersicht 6.20* die Linie für die Stückleistung (px) parallel zu sich selbst soweit nach unten verschieben, dass sie die Kurve der (gesamten) Stückkosten (MK) gerade noch bei dem maximalen Beschäftigungsgrad x_{op} berühren würde. In diesem Falle würde sich eine volle Kostendeckung erst bei voller Auslastung der Produktionsanlage ergeben.

Diese Überlegung führt uns zu drei wichtigen Fragen, nämlich (1) welcher Beschäftigungsgrad bei gegebenen Faktor- und Produktpreisen mindestens erreicht werden muss, wenn eine volle Kostendeckung gewährleistet werden soll, (2) welcher Produktpreis bei einem erwarteten Beschäftigungsgrad der Anlage zur Erreichung der vollen Kostendeckung mindestens erzielt werden muss und (3) welcher Preis für das variable Faktorpaket bei einem erwarteten Beschäftigungsgrad der Anlage zur Erreichung der Vollkostendeckung höchstens gezahlt werden kann.

Wir fragen also (1) nach dem *Mindestbeschäftigungsgrad,* (2) nach dem *Mindestproduktpreis* und (3) nach dem *Höchstfaktorpreis.*

Zur Bestimmung des Mindestbeschäftigungsgrades bei gegebenem Preisgerüst müssen wir zunächst die Leistungen und die Kosten in Abhängigkeit von der Produktmenge (x) bestimmen. Für die Leistungen gilt die vorher bereits abgeleitete Gleichung (6.32):

$$(6.32) \qquad L = px \cdot x$$

Da wir den Mindestbeschäftigungsgrad bestimmen wollen, müssen wir auch die beschäftigungsabhängigen variablen Kosten (KV) als Funktion der Produktmenge abbilden. Wir hatten die variablen Stückkosten (MKV) als variable Kosten je Produkteinheit definiert. Die variablen (Gesamt-)Kosten sind also umgekehrt das mathematische Produkt aus den variablen Stückkosten und der Produktmenge, weshalb gilt:

$$(6.35) \qquad KV = MKV \cdot x$$

Des Weiteren sind die variablen Stückkosten die mit dem Faktorpreis (pr_2) bewerteten Verbrauchsmengen des Faktorpakets (r_2) je Produkteinheit (x). Die Faktorpaketverbrauchsmenge je Produkteinheit hatten wir im Abschnitt 6.5.1.1 als Input-Output-Koeffizient a_2 definiert. In unserem Beispiel hat er den Wert $a_2 = 2$. Für die variablen Kosten (KV) gilt also:

$$(6.36) \qquad KV = a_2 \cdot pr_2 \cdot x$$

Die fixen Kosten dürfen nicht von der Produktmenge abhängig gemacht werden. Sie sind per definitionem von der Produktmenge unabhängig.

Volle Kostendeckung wird erreicht, wenn die Leistungen den gesamten Kosten entsprechen. Mithin gilt:

$$(6.37) \qquad L = KF + KV$$

Durch Einsetzen der Gleichungen (6.32) und (6.36) in Gleichung (6.37) ergibt sich:

$$(6.38) \qquad px \cdot x = KF + a_2 \cdot pr_2 \cdot x$$

Wir erhalten den Mindestbeschäftigungsgrad, ausgedrückt als diejenige Produktmenge, bei der die volle Kostendeckung erreicht wird (xmin), indem wir Gleichung (6.38) nach der Produktmenge (x) auflösen und den erhaltenen Wert für x mit xmin bezeichnen. Es gilt:

$$(6.39) \qquad xmin = \frac{KF}{px - a_2 \cdot pr_2}$$

Für die konkreten Beträge unseres Beispiels ergibt sich:

$$xmin = \frac{800}{25 - 2 \cdot 6} = 61{,}54$$

Die volle Kostendeckung wird also bei einem Beschäftigungsgrad von 61,54 Produkteinheiten je Produktionsperiode erreicht.

Aus Gleichung (6.39) lässt sich ablesen, dass bei höheren/geringeren fixen Kosten und/oder bei geringeren/höheren Produktpreisen und/oder bei höheren/geringeren Repetierfaktorpreisen der Mindestbeschäftigungsgrad steigt/sinkt.

6.5.1.4 Der Mindestproduktpreis bei gegebenem Beschäftigungsgrad der Produktionsanlage

Im nächsten Schritt wollen wir den Mindestproduktpreis bestimmen, der bei einem vorgegebenen Beschäftigungsgrad die volle Kostendeckung garantiert. Dieser Mindestpreis (pxmin) ergibt sich durch Auflösen der Gleichung (6.38) nach dem Produktpreis mit:

$$(6.40) \qquad pxmin = \frac{KF}{x} + a_2 \cdot pr_2$$

Für den oben errechneten Beschäftigungsgrad von 61,54 Produkteinheiten und die übrigen Werte unseres Beispiels gilt:

$$pxmin = \frac{800}{61{,}54} + 2 \cdot 6 = 25$$

Aus Gleichung (6.40) lässt sich ablesen, dass bei geringeren/höheren Beschäftigungsgraden der Mindestproduktpreis zur Gewährleistung der Vollkostendeckung steigen/sinken muss.

6.5.1.5 Der Höchstfaktorpreis bei gegebenem Beschäftigungsgrad der Produktionsanlage

Schließlich ist die Frage zu beantworten, wie hoch der Preis für das variable Faktorpaket R_2 höchstens sein darf, damit bei gegebenem Beschäftigungsgrad der Produktionsanlage noch Vollkostendeckung sichergestellt werden kann. Diesen Faktorpreis erhalten wir, wenn wir Gleichung (6.38) nach pr_2 auflösen und den erhaltenen Wert für pr_2 mit $prmin_2$ bezeichnen. Es gilt:

$$(6.41) \qquad prmin_2 = \frac{px \cdot x - KF}{a_2 \cdot x}$$

Für die konkreten Beträge unseres Beispiels ergibt sich:

$$prmin_2 = \frac{25 \cdot 61{,}54 - 800}{2 \cdot 61{,}54} = 6{,}00$$

Aus Gleichung (6.41) können wir ablesen, dass bei geringen/höheren Beschäftigungsgraden der Produktionsanlage der Höchstpreis für das variable Faktorpaket zur Gewährleistung der Vollkostendeckung sinken/steigen muss.

6.5.2 Die zeitliche und die multiple Verfahrensvariation

6.5.2.1 Mengengerüste bei zeitlicher und multipler Verfahrensvariation

Bei der bisherigen Analyse hatten wir einen Elementarprozess mit nur einer Maschine als Betriebsmittel und einer bestimmten maximalen Maschinenlaufzeit je Produktionsperiode betrachtet. Tatsächlich lassen sich jedoch die in einer Periode herstellbaren Produktmengen entweder durch eine Ausdehnung der Maschinenlaufzeit, etwa durch den Übergang auf den Zweischicht- oder gar Dreischichtbetrieb, oder auch durch den Einsatz von mehr als einer Maschine des gleichen Typs steigern. Diese Möglichkeiten wollen wir als die *zeitliche* und die *multiple Verfahrensvariation* bezeichnen.

Um diese Möglichkeiten abbilden zu können, müssen wir die bisher im Beispiel verwendete Produktionsfunktion als Erzeugungsfunktion (6.30) wie folgt ändern:

$$\begin{aligned} a_1 \cdot x &\leq tm \cdot zm \\ a_2 \cdot x &\leq r_2 \end{aligned} \tag{6.42}$$

Darin sind:

x = Produktmenge, gemessen in physischen Einheiten;
tm = verfügbare Maschinenlaufzeit einer Maschine je Produktionsperiode, gemessen in Stunden (mh);
zm = Anzahl der verfügbaren Maschinen;
r_2 = Faktorpaketmenge, gemessen in physischen Einheiten;
a_1 = Input-Output-Koeffizient (Laufzeitstunden einer Maschine je Produkteinheit);
a_2 = Input-Output-Koeffizient (Faktorpaketmenge je Produkteinheit).

Im Falle der zeitlichen Verfahrensvariation wird zm konstant gehalten und tm variiert. Bei der multiplen Verfahrensvariation wird dagegen umgekehrt tm konstant gehalten und zm variiert.

Bei Variation von tm bzw. zm und zugehöriger Variation von r_2 und bei Annahme der übrigen Beträge für das Mengengerüst aus dem vorhergehenden Beispiel ($a_1 = 1$, $a_2 = 2$, tm = 80) ergibt sich einerseits für tm = 80 mh bis tm = 240 mh und zm = 1 konstant sowie andererseits für tm = 80 konstant und zm = 1, 2 und 3 Maschinen das Bild der *Übersicht 6.21* für die zugehörigen Erzeugungsfunktionen.

Mit einer Maschine (zm = 1) und 80 verfügbaren Maschinenstunden (tm = 80) können im Effizienzpunkt wie bisher x = 80 Produkteinheiten erzeugt werden. 160 Produkteinheiten können dagegen im zugehörigen Effizienzpunkt entweder mit tm = 80 mh je Maschine und zwei Maschinen erzeugt werden oder aber nur mit einer Maschine und einer Maschinenlaufzeit von tm = 160 mh. Schließlich können 240 Produkteinheiten entweder mit tm = 80 mh je Maschine und drei Maschinen oder aber mit nur einer Maschine und einer Maschinenlaufzeit von tm = 240 mh je Maschine erzeugt werden. Darüber hinaus ergeben sich für andere Produktmengen verschiedene weitere Kombinationsmöglichkeiten von tm und zm, wobei allerdings zu beachten ist, dass die Maschinenanzahl selbstverständlich nur ganzzahlig variiert werden kann, während sich die Laufzeit je Maschine kontinuierlich verändern lässt.

Zwischen der zeitlichen und der multiplen Verfahrensvariation besteht also eine substitutionale Beziehung dergestalt, dass Maschinenlaufzeit durch die Maschinenanzahl ersetzt werden kann und umgekehrt.

Für eine erwünschte Herstellung von z. B. x = 240 Produkteinheiten lässt sich diese substitutionale Beziehung prinzipiell durch die Isoquante der *Übersicht 6.22* abbilden. Auf dieser Isoquante

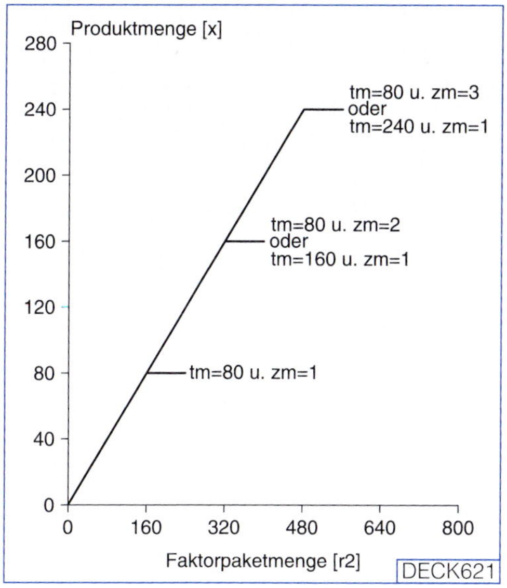

Übersicht 6.21: Die Erzeugungsfunktion bei komplementären Faktorverbrauchsrelationen
– Zeitliche und multiple Verfahrensvariation –

liegen alle Mengenkombinationen aus Maschinenlaufzeit und Maschinenanzahl, mit denen die gleiche Produktmenge erzeugt werden kann. Das betriebswirtschaftliche Entscheidungsproblem besteht also darin, die jeweils kostenminimale Kombination für jeweils erwünschte Produktmengen zu finden.

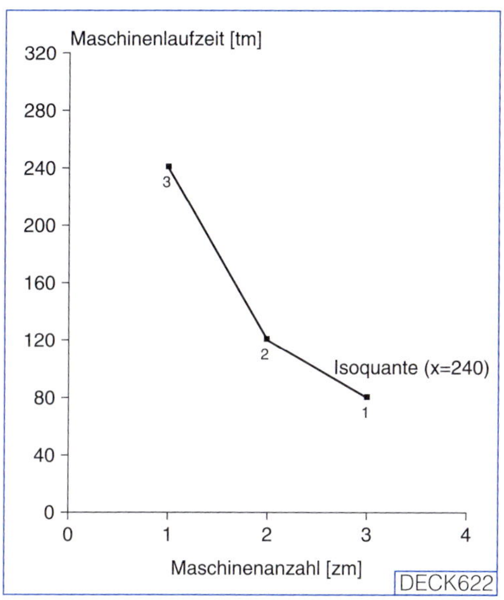

Übersicht 6.22: Beziehung zwischen Maschinenlaufzeit und Maschinenanzahl
– Zeitliche und multiple Verfahrensvariation –

6.5.2.2 *Kosten-Leistungs-Verhältnisse für die zeitliche Verfahrensvariation*

Wir wollen zunächst die Kosten-Leistungs-Verhältnisse bei zeitlicher Verfahrensvariation untersuchen. Dafür gehen wir im Unterschied zum vorhergehenden Abschnitt davon aus, dass der Entscheider bisher den Elementarprozess nicht angeschafft hat, sondern erst ermitteln möchte, ob er den Elementarprozess tatsächlich installieren sollte und ob er ihn dann im Ein-, Zwei- oder Dreischichtbetrieb „fahren" sollte. In diesem Falle bestehen die entscheidungsrelevanten Kosten aus nichtproportionalen Kosten (KNP) für die Zins- und Abschreibungskosten der Maschine und aus proportionalen Kosten (KP) für das Repetierfaktorbündel. Fixkosten treten dagegen nicht auf. Die entscheidungsrelevanten Kosten sind deshalb hier gleichzeitig die Gesamtkosten (K), so dass der Deckungsbeitrag (DB) mit dem Gewinnbeitrag (GB) identisch ist. Unter Einbeziehung der Leistungen (L) gilt also:

(6.43) $$DB = L - KNP - KP$$

Die entscheidungsrelevanten Kosten – hier als Gesamtkosten – sind:

(6.44) $$K = KNP + KP$$

Wir wollen annehmen, dass die nichtproportionalen Kosten je Maschine ebenso wie vorher die Fixkosten 800,00 € betragen. Auch das übrige Preisgerüst möge unverändert sein. Für diese Annahmen ergeben sich bei Ein-, Zwei- und Dreischichtbetrieb zunächst die Kosten-Leistungs-Verhältnisse der *Übersicht 6.23*.

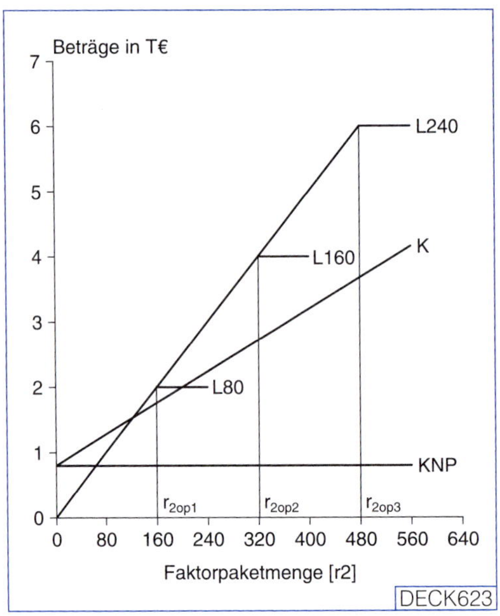

Übersicht 6.23: Leistungen und Kosten bei zeitlicher Verfahrensvariation – Verdreifachung der Maschinenlaufzeit je Produktionsperiode –

Die Gesamtkostenfunktion (K) beginnt bei dem Wert für die nichtproportionalen Kosten. Sie steigt dann in Abhängigkeit des Beschäftigungsgrades bzw. der dafür benötigten Mengen des

Faktorpakets R_2 linear an. Für die Leistungen bei Einschichtbetrieb gilt die Leistungsfunktion L80, bei Zweischichtbetrieb ist die Leistungsfunktion L160 und bei Dreischichtbetrieb die Leistungsfunktion L240 relevant.

Wir sehen sofort, dass sich die Deckungsbeiträge als Differenzen aus Leistungen und Kosten an den jeweiligen Effizienzpunkten rasch vergrößern. Für den Dreischichtbetrieb wäre im Vergleich zum Einschichtbetrieb ein um ein Mehrfaches höherer Deckungsbeitrag realisierbar. Der Entscheider sollte unter diesen Bedingungen also den Dreischichtbetrieb mit einer Leistung von 6000,00 € und einem Faktorpaketeinsatz von $r_2 = 480$ (erreicht bei r_{2op3}) wählen.

Tatsächlich sind die Verhältnisse aber nicht so eindeutig. Beim Übergang auf den Zwei- oder gar den Dreischichtbetrieb sind für die Arbeitsstunden des Bedienungspersonals – wegen der Schichtarbeit – höhere Stundenlöhne zu zahlen. Da die menschliche Arbeit im Faktorpaket R_2 enthalten ist, bedeutet das, dass die Kostenfunktion bei Zweischichtbetrieb steiler ansteigt als bei Einschichtbetrieb und nochmals steiler beim Dreischichtbetrieb verläuft.

Hieraus können sich bspw. die in *Übersicht 6.24* skizzierten Verhältnisse ergeben. Für den Einschichtbetrieb gelte die Kostenfunktion K1S, für den Zweischichtbetrieb die Funktion K2S und für den Dreischichtbetrieb schließlich die Funktion K3S. Unter diesen Bedingungen müsste der Entscheider den Zweischichtbetrieb wählen, weil der zugehörige Deckungsbeitrag DB2 offenbar höher ist als die Deckungsbeiträge für den Einschichtbetrieb DB1 und den Dreischichtbetrieb DB3.

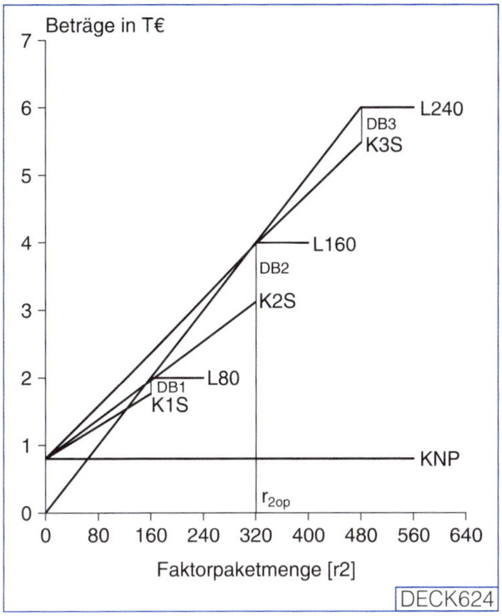

Übersicht 6.24: Leistungen und Kosten bei zeitlicher Verfahrensvariation – Steigende Lohnsätze bei Übergang auf Zwei- und Dreischichtbetrieb –

Selbstverständlich gilt diese Aussage nicht generell. In jedem Einzelfall muss der optimale Beschäftigungsgrad bei zeitlicher Verfahrensvariation kalkuliert werden. Je nach den unterschiedlichen Lohnsätzen können sich durchaus unterschiedliche Optima ergeben.

6.5.2.3 *Kosten-Leistungs-Verhältnisse für die multiple Verfahrensvariation*

Im Unterschied zur zeitlichen Verfahrensvariation werden bei der multiplen Verfahrensvariation die verfügbaren Maschinenlaufzeiten je Produktionsperiode als nicht veränderbar angesehen und unterschiedliche Produktmengen, die die Kapazität einer Anlageneinheit übersteigen, durch eine Ausweitung der Anzahl gleichartiger Produktionsanlagen erzeugt.

Zur Darstellung greifen wir auf die Erzeugungsfunktion der Gleichung (6.42) zurück und variieren jetzt nicht die verfügbaren Maschinenlaufzeiten je Maschine (tm), sondern die Anzahl der Maschinen (zm). Wir sahen bereits im vorhergehenden Abschnitt, dass sich für die Produktionsbeziehungen, d. h. für die herstellbaren Produktmengen in Abhängigkeit von den Mengen des Faktorpakets R_2 kein Unterschied gegenüber der zeitlichen Verfahrensvariation ergibt. Allerdings verhalten sich die Kostenverläufe unterschiedlich, was wir jetzt mit den Zahlen des Mengen- und Preisgerüstes des bisher verwendeten Beispiels zeigen wollen.

Die Kosten-Leistungs-Verhältnisse für die multiple Verfahrensvariation sind in *Übersicht 6.25* für drei Maschinen dargestellt. Die Leistungen entwickeln sich in Abhängigkeit steigender Faktorpaketmengen (r_2) gemäß der Leistungsfunktion (L). Zum Beispiel werden bei dem Input-Output-Koeffizienten $a_2 = 2$ mit einer Faktormenge von $r_2 = 480$ insgesamt $x = 240$ Produkteinheiten erzeugt, die bei einem Produktpreis von $px = 25{,}00$ € eine Leistung von $L = 6000{,}00$ € ergeben.

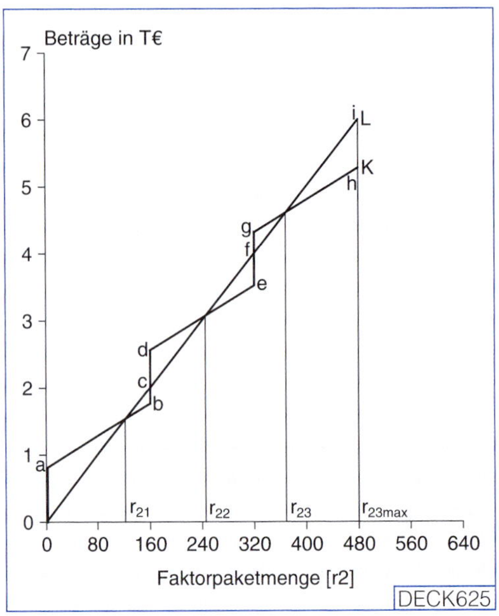

Übersicht 6.25: Leistungen und Kosten bei multipler Verfahrensvariation – Erzeugungsfunktion –

Die Kosten bestehen wieder aus den nichtproportionalen Kosten für die Maschinen und den proportionalen Kosten für das Faktorpaket. Für die erste Maschine entstehen nichtproportionale Kosten in Höhe von KNP = 800,00 €. Die in *Übersicht 6.25* dargestellte Kostenfunktion (K) springt dadurch von null auf den Punkt a. Wird die Laufzeit der Maschine nun sukzessive in Anspruch genommen, dann entwickeln sich die Kosten durch das Faktorpaket sukzessive in Richtung auf den Punkt b. Vollkostendeckung für die eine Maschine wird bei dem Beschäftigungsgrad r_{21} erreicht. Bei voller Auslastung der Maschine ergibt sich ein Deckungsbeitrag, der durch den Abschnitt b bis c der Kostenfunktion gekennzeichnet ist.

Soll der Produktionsumfang weiter gesteigert werden, muss eine zweite Maschine angeschafft werden. Durch die zugehörigen nichtproportionalen Kosten steigen die Kosten auf den Punkt d. Bei sukzessiver Auslastung der jetzt zwei Maschinen entwickeln sich die Kosten in Richtung auf den Punkt e. Vollkostendeckung wird erst wieder bei dem Beschäftigungsgrad r_{22} erreicht. Zwischen dem Beschäftigungsgrad bei voller Auslastung der einen Maschine und dem Beschäftigungsgrad r_{22} von zwei Maschinen liegen also Beschäftigungsgrade, bei denen keine Vollkostendeckung erreicht wird. Erst oberhalb des Beschäftigungsgrades r_{22} bis zur vollen Auslastung der zwei Maschinen wird der Deckungsbeitrag ab einem gewissen Beschäftigungsgrad für zwei Maschinen höher, als er bei voller Auslastung von nur einer Maschine wäre. Bei voller Auslastung von zwei Maschinen umfasst der Deckungsbeitrag (gekennzeichnet durch die Strecke e bis f in *Übersicht 6.25*) dann allerdings einen gegenüber voller Auslastung von nur einer Maschine verdoppelten Betrag.

Für den Einsatz von drei Maschinen wiederholen sich prinzipiell die gleichen Gegebenheiten: Vollkostendeckung wird erst wieder bei dem Beschäftigungsgrad r_{23} erreicht. Bei voller Auslastung der drei Maschinen (Beschäftigungsgrad r_{23max}) ergibt sich ein Deckungsbeitrag, der durch die Strecke h bis i gekennzeichnet ist. Der Deckungsbeitrag wäre dreimal so hoch wie bei voller Auslastung von nur einer Maschine.

6.5.2.4 Vergleichende Bewertung der zeitlichen und der multiplen Verfahrensvariation

Vergleichen wir die zeitliche mit der multiplen Verfahrensvariation, dann ergibt sich als wesentlicher Unterschied, dass der Deckungsbeitrag ab einem Beschäftigungsgrad, bei dem für die eine Maschine Vollkostendeckung erreicht wird, bei der zeitlichen Verfahrensvariation stets positiv bleibt, während sich bei der multiplen Verfahrensvariation nur jeweils bestimmte Beschäftigungsbereiche ergeben, innerhalb derer die Deckungsbeiträge positiv sind.

Um das Problem, vor dem der Entscheider bei der Wahl zwischen der zeitlichen und der multiplen Verfahrensvariation steht, weiter zu verdeutlichen, wollen wir den Zusammenhang durch eine vergleichende Plan-Kosten-Leistungs-Rechnung darstellen.

Übersicht 6.26 zeigt die in der *Übersicht 6.22* bereits angedeuteten drei Handlungsalternativen zur Herstellung von beispielsweise $x = 240$ Produkteinheiten je Produktionsperiode. Dazu werden jeweils $r_2 = 480$ Einheiten des Faktorpakets verbraucht. Bei dem reinen Einschichtbetrieb der ALTERNATIVE 1 entstehen bei dem Faktorpaketpreis von $pr_2 = 6{,}00$ € proportionale Kosten in Höhe von 2880,00 €. Die drei Maschinen der Alternative verursachen nichtproportionale Kosten in Höhe von zusammen 2400,00 €, so dass sich für diese Alternative (Gesamt-)Kosten von 5280,00 € bzw. Stückkosten von MK = 22,00 € ergeben würden.

Für die ALTERNATIVE 2 wurde bei Einsatz von zwei Maschinen der Einschichtbetrieb mit Überstunden angenommen. Für die im „Normalbetrieb" entstehenden Faktorpaketkosten wurde wieder der Preis von $pr_2 = 6{,}00$ € angesetzt. Für die zusätzlich benötigten 160 Faktorpaketeinheiten, die im Überstundenbetrieb verbraucht werden, wurde dagegen von einem Preis von

10,00 € je Einheit ausgegangen, weil für Überstunden höhere Lohnsätze fällig werden. Insgesamt ergeben sich für diese Alternative proportionale Kosten in Höhe von 3520,00 €. Zusammen mit den nichtproportionalen Kosten in Höhe von 1600,00 € für zwei Maschinen entstünden (Gesamt-)Kosten von 5120,00 € und Stückkosten von 21,33 €.

Bei der ALTERNATIVE 3 wird nur eine Maschine, jetzt aber im vollständigen Dreischichtbetrieb, gefahren. Bei Schichtbetrieb müssen höhere Lohnsätze gezahlt werden, so dass angenommen wurde, dass sich der Preis des Faktorpakets jetzt insgesamt auf 10,00 € je Einheit erhöht hat. Dabei entstehen proportionale Kosten in Höhe von 4800,00 €. Zusammen mit den nichtproportionalen Kosten für eine Maschine in Höhe von 800,00 € ergäben sich für die ALTERNATIVE 3 also (Gesamt-)Kosten von 5600,00 € und Stückkosten von 23,33 €.

Bei diesen Gegebenheiten sollte der Entscheider also die ALTERNATIVE 2 mit zwei Maschinen im Einschichtbetrieb mit Überstunden wählen. Schon geringfügig höhere Lohnsätze würden jedoch die ALTERNATIVE 1 zur ergiebigsten Alternative machen. Steigt z. B. der Preis je Faktorpaketeinheit im Überstundenbetrieb von pr_2 = 10,00 € auf pr_2 = 12,00 €, ergeben sich für die ALTERNATIVE 2 bereits (Gesamt-)Kosten in Höhe von 5360,00 €, so dass ALTERNATIVE 1 jetzt wirtschaftlich überlegen würde. Nur durch genaue Einzelkalkulationen kann deshalb jeweils ermittelt werden, welches die wirtschaftlichste Handlungsalternative bei gegebenen Möglichkeiten zur zeitlichen und multiplen Verfahrensvariation ist.

Vorgegebene Produktmenge: x=240 Produkteinheiten	Faktor-paket-mengen	Preise je Faktor-paket-einheit	Propor-tionale Kosten	Nicht-propor-tionale Kosten	(Gesamt-) Kosten	Stück-kosten
	ME	€	€	€	€	€
Handlungsalternativen	$[r_2]$	$[pr_2]$	[KP]	[KNP]	[K]	[MK]
ALTERNATIVE 1: Reiner Einschichtbetrieb: 3 Maschinen mit 80 mh/Maschine	480,00	6,00	2880,00	2400,00	5280,00	22,00
ALTERNATIVE 2: Einschichtbetrieb mit Überstunden: 2 Maschinen mit 120 mh/Maschine	320,00 + 160,00	6,00 10,00	3520,00	1600,00	5120,00	21,33
ALTERNATIVE 3: Dreischichtbetrieb: 1 Maschine mit 240 mh/Maschine	480,00	10,00	4800,00	800,00	5600,00	23,33

DECK626

Übersicht 6.26: Vergleichende Plan-Kosten-Leistungs-Rechnung zur Bestimmung der ergiebigsten Handlungsalternative für die Herstellung einer vorgegebenen Produktmenge bei Möglichkeiten der zeitlichen und multiplen Verfahrensvariation

6.5.3 Die mutative Verfahrensvariation

6.5.3.1 Mengengerüste und Kosten-Leistungs-Verhältnisse bei mutativer Verfahrensvariation

Bisher hatten wir als eine Alternative zur Produktionsausdehnung neben der in gewissen Grenzen möglichen zeitlichen Verfahrensvariation die multiple Verfahrensvariation mit der Erhöhung der Anzahl gleichartiger Produktionsanlagen betrachtet. Häufig ist es jedoch so, dass die Entscheider bei erwarteten Produktionsausdehnungen nicht mit einer Erhöhung der Zahl gleichartiger Anlagen reagieren, sondern den Übergang auf leistungsfähigere Anlagen in Betracht ziehen. Wie wir bereits anhand des Beispiels in Abschnitt 1.4.3.3.2 für die Beschaffung eines

Getreideernteverfahrens gesehen haben, besteht in der Realität in aller Regel eine ganze Angebotspalette an unterschiedlich leistungsfähigen Anlagen, die aber den gleichen Zweck erfüllen. Leistungsfähigere im Vergleich zu weniger leistungsfähigen Anlagen sind allgemein dadurch charakterisiert, dass ihre Ankaufspreise höher sind, also auch ihre nichtproportionalen Kosten als Summe aus den Zins- und Abschreibungskosten über denen von weniger leistungsfähigen Anlagen liegen. Andererseits verbrauchen leistungsfähigere Anlagen geringere Werkstoffmengen je Produkteinheit und insbesondere weniger menschliche Arbeit. Der leistungsfähigere Schlepper mit einem größeren Pflug, der pro Maschinenstunde im Vergleich zu einem kleineren Schlepper mit einem kleineren Pflug beispielsweise die doppelte Fläche pflügen kann, benötigt dazu ebenso nur eine Fahrerstunde wie das kleinere Aggregat. Je Produkteinheit, d. h. je Flächeneinheit gepflügten Landes, verbraucht das größere Aggregat also nur die Hälfte an menschlicher Arbeit. Das Gleiche gilt für ein leistungsfähigeres Mühlenaggregat, das ebenso nur von einer Person bedient wird wie das kleinere Aggregat.

Wir wollen für die vergleichende Analyse der Kosten-Leistungs-Verhältnisse von unterschiedlich leistungsfähigen Elementarprozessen auf die Verbrauchsfunktion der Gleichung (6.31) zurückgreifen:

$$(6.31) \quad \begin{aligned} b_1 \cdot r_1 &\geq x \\ b_2 \cdot r_2 &\geq x \end{aligned}$$

Darin sind:

x = Produktmengen, gemessen in physischen Einheiten;

r_1 = verfügbare Maschinenlaufzeit der Maschine eines Elementarprozesses, gemessen in Stunden (mh);

r_2 = Verbrauchsmengen des Faktorpakets, gemessen in Mengeneinheiten (ME);

b_1 = Output-Input-Koeffizient (herstellbare Produktmenge je Maschinenlaufzeiteinheit);

b_2 = Output-Input-Koeffizient (herstellbare Produktmenge je Faktorpaketeinheit).

Leistungsfähigere Elementarprozesse sind nun im Einzelnen dadurch gekennzeichnet, dass sie im Vergleich zu weniger leistungsfähigen Prozessen höhere Werte der Output-Input-Koeffizienten aufweisen. In *Übersicht 6.27* wurden als Beispiel vier unterschiedliche Elementarprozesse, die das gleiche Produkt erzeugen und die gleiche Art des Faktorpakets benötigen, aufgeführt. (Aufruf der Excel-Tabelle mit DECK627. Variieren Sie die Werte der Eingabeparameter, um das Handlungsfeld zu explorieren. Ermitteln Sie auch Prozesse, die im Vergleich zu anderen Prozessen ineffizient sind, weil sie bei keiner Produktmenge das stückkostenminimale Verfahren darstellen.)

Die vier Elementarprozesse unterscheiden sich durch die Werte der Output-Input-Koeffizienten und die Beträge der nichtproportionalen Kosten (KNP). Die Leistungsfähigkeit der Elementarprozesse und ihre nichtproportionalen Kosten steigen von Elementarprozess 1 bis Elementarprozess 4. Für den Elementarprozess 1 wurden für die Output-Input-Koeffizienten die Werte des in den vorhergehenden Abschnitten verwendeten Beispiels beibehalten. Das Preisgerüst mit $px = 25{,}00$ € für den Produktpreis und $pr_2 = 6{,}00$ € für den Preis des Faktorpakets wurde ebenfalls übernommen. Des Weiteren wurde davon ausgegangen, dass die verfügbare Maschinenlaufzeit je Produktionsperiode mit $r_1 = 100$ mh für jeden der vier Elementarprozesse identisch ist.

		Elementarprozess 1			Elementarprozess 2			Elementarprozess 3			Elementarprozess 4			
		b_{11}:	1,00		b_{12}:	1,50		b_{13}:	2,00		b_{14}:	2,75		
		b_{21}:	0,50		b_{22}:	0,80		b_{23}:	1,10		b_{24}:	1,67		
		KNP_1:	800,00		KNP_2:	1.100,00		KNP_3:	1.320,00		KNP_4:	1.600,00		
		Maschinenlaufzeit [r_1]:	100,00			Repetierfaktorpreis [pr_2]:		6,00		Produktpreis [px]:		25,00		
Produktmenge	Leistung	Proportionale Kosten	Kosten	Stückkosten	Proportionale Kosten	Kosten	Stückkosten	Proportionale Kosten	Kosten	Stückkosten	Proportionale Kosten	Kosten	Stückkosten	Stückkostenminimaler Prozess
ME	€	€	€	€	€	€	€	€	€	€	€	€	€	
[x]	[L]	[KP]	[K]	[MK]	[KP]	[K]	[MK]	[KP]	[K]	[MK]	[KP]	[K]	[MK]	
0	0,00	0,00	800,00		0,00	1.100,00		0,00	1.320,00		0,00	1.600,00		
20	500,00	240,00	1.040,00	52,00	150,00	1.250,00	62,50	109,09	1.429,09	71,45	71,86	1.671,86	83,59	E1
40	1.000,00	480,00	1.280,00	32,00	300,00	1.400,00	35,00	218,18	1.538,18	38,45	143,71	1.743,71	43,59	E1
60	1.500,00	720,00	1.520,00	25,33	450,00	1.550,00	25,83	327,27	1.647,27	27,45	215,57	1.815,57	30,26	E1
80	2.000,00	960,00	1.760,00	22,00	600,00	1.700,00	21,25	436,36	1.756,36	21,95	287,43	1.887,43	23,59	E2
100	2.500,00	1.200,00	2.000,00	20,00	750,00	1.850,00	18,50	545,45	1.865,45	18,65	359,28	1.959,28	19,59	E2
120	3.000,00				900,00	2.000,00	16,67	654,55	1.974,55	16,45	431,14	2.031,14	16,93	E3
140	3.500,00				1.050,00	2.150,00	15,36	763,64	2.083,64	14,88	502,99	2.102,99	15,02	E3
160	4.000,00							872,73	2.192,73	13,70	574,85	2.174,85	13,59	E4
180	4.500,00							981,82	2.301,82	12,79	646,71	2.246,71	12,48	E4
200	5.000,00							1.090,91	2.410,91	12,05	718,56	2.318,56	11,59	E4
220	5.500,00										790,42	2.390,42	10,87	E4
240	6.000,00										862,28	2.462,28	10,26	E4
260	6.500,00										934,13	2.534,13	9,75	E4
280														

DECK627

Übersicht 6.27: Kosten-Leistungs-Verhältnisse bei der mutativen Verfahrensvariation – Beispiel –

Der untere Teil der *Übersicht 6.27* zeigt die Produktmengen als unabhängige Variable und die Leistungen sowie die proportionalen Kosten (KP), die gesamten Kosten (K) und die Stückkosten (MK) als abhängige Variable der unterliegenden Verbrauchsfunktion von Gleichung (6.31). In der rechten Spalte der Übersicht sind die jeweils stückkostenminimalen Elementarprozesse (E1, ..., E4) ausgewiesen. Bei geringen Produktmengen ist das kleinere Verfahren wirtschaftlich vorzüglich. Mit zunehmenden Produktmengen werden sukzessive die leistungsfähigeren Verfahren wirtschaftlich überlegen.

Wir können diesen Zusammenhang weiter verdeutlichen, wenn wir die (gesamten) Kosten (K1, ..., K4) der vier Elementarprozesse in Abhängigkeit von den erwünschten Produktmengen grafisch abtragen. *Übersicht 6.28* zeigt, dass der Elementarprozess 1 bis zur Produktmenge $x_{1/2}$ die geringsten Kosten verursacht. Von der Produktmenge $x_{1/2}$ bis zur Menge $x_{2/3}$ ist der Elementarprozess 2 die kostengünstigste Alternative und von $x_{2/3}$ bis $x_{3/4}$ der Elementarprozess 3. Ab der Produktmenge $x_{3/4}$ weist dann der Elementarprozess 4 die geringsten Kosten auf.

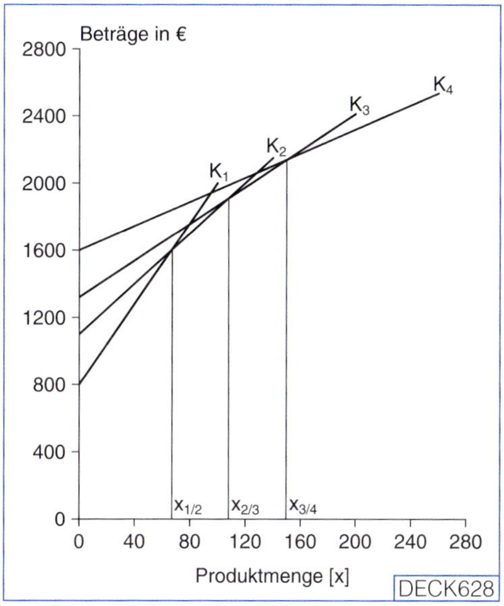

Übersicht 6.28: Kosten bei mutativer Verfahrensvariation – Verbrauchsfunktion –

In *Übersicht 6.29* wurden zusätzlich die Stückkosten der Elementarprozesse (MK1, ..., MK4) in Abhängigkeit von der Produktmenge abgetragen. Infolge der nichtproportionalen Kosten weisen alle Stückkostenkurven in Abhängigkeit steigender Produktmengen degressiv fallende Verläufe auf. Die Stückkostenkurven schneiden einander bei den gleichen Produktmengen wie die (Gesamt-)Kostenkurven in der *Übersicht 6.28*.

Darüber hinaus wurde in *Übersicht 6.29* der Produktpreis (px) als parallel zur Abszisse verlaufende Linie abgebildet. Die Differenz zwischen den Stückkostenkurven und der Preisgeraden gibt den jeweiligen Stückdeckungsbeitrag der vier Elementarprozesse an. Bei voller Auslastung der vier Maschinen werden in allen vier Elementarprozessen positive Deckungsbeiträge erzielt, weil die Stückkosten unterhalb der Preisgerade verlaufen. Bei jeweils voller Auslastung der Maschinen steigt jedoch der Stückdeckungsbeitrag von Prozess 1 bis Prozess 4 sukzessive an.

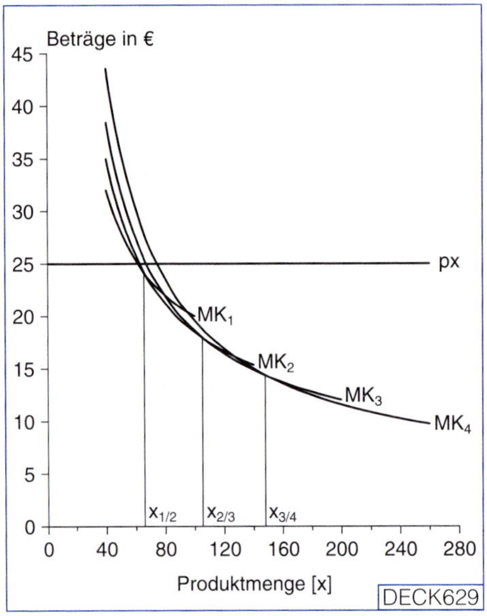

Übersicht 6.29: Stückkosten bei mutativer Verfahrensvariation – Verbrauchsfunktion –

Für technisch effiziente Elementarprozesse lässt sich diese Aussage verallgemeinern: Mit zunehmenden Produktmengen, d. h. letztlich mit zunehmenden Betriebsgrößen, gehen die Unternehmen auf immer leistungsfähigere Anlagen über, weil sie bei voller Auslastung der leistungsfähigeren Anlagen eine höhere Ergiebigkeit erreichen. Bei geringen Betriebsgrößen wird dagegen eine weniger leistungsfähige Anlage bevorzugt, weil sie geringere nichtproportionale Kosten aufweist, deren Verteilung auf eine geringere Produktmenge sich wirtschaftlich weniger nachteilig auswirkt wie diejenige der höheren nichtproportionalen Kosten von leistungsfähigeren Anlagen. Die geringeren nichtproportionalen Stückkosten überkompensieren in diesem Falle die höheren proportionalen Stückkosten der weniger leistungsfähigen Anlagen. Bei höheren Produktmengen kehren sich die Verhältnisse dagegen um.

6.5.3.2 Die optimale Verfahrensalternative: Der Verfahrensvergleich für neu zu beschaffende Produktionsanlagen

Bei der Durchführung von Plan-Kosten-Leistungs-Rechnungen für die mutative Verfahrensvariation interessieren den Entscheider vor allem der Kostenvergleich und insbesondere diejenigen Produktmengen, bei denen die Umschlagspunkte für einen Verfahrenswechsel liegen. Die Berechnung dieser Umschlagspunkte wird als *Verfahrensvergleich* bezeichnet. Die Rechenanweisung dafür lässt sich wie folgt ableiten:

Die Produktmengen an den Umschlagspunkten zwischen zwei Verfahrensalternativen sind dadurch gekennzeichnet, dass bei dieser Produktmenge – wie die *Übersichten 6.28* und *6.29* bereits verdeutlichten – die Kosten der beiden Verfahrensalternativen gerade gleich hoch sind. Es gilt also z. B. für den Elementarprozess 1 im Vergleich zum Elementarprozess 2:

(6.45) $K_1 = K_2$

Bei Produktionsanlagen, deren Anschaffung erst erwogen wird, bestehen die Kosten aus den jeweiligen nichtproportionalen Kosten (KNP1 und KNP2) und den jeweiligen proportionalen Kosten (KP1 und KP2). Während die nichtproportionalen Kosten von den erzeugten Produktmengen unabhängig sind, müssen die proportionalen Kosten von den Produktmengen abhängig gemacht werden, wenn die Produktmenge am Umschlagpunkt der beiden Verfahren bestimmt werden soll. Die proportionalen Kosten (KP) sind das mathematische Produkt aus den proportionalen Stückkosten (MKP) und der Produktmenge (x). Für die Gesamtkosten in Abhängigkeit von der Produktmenge eines i-ten Verfahrens gilt also:

$$K_i = KNP_i + MKP_i \cdot x \tag{6.46}$$

Durch entsprechendes Einsetzen dieses Ausdrucks in die Gleichung (6.45) erhalten wir:

$$KNP_1 + MKP_1 \cdot x = KNP_2 + MKP_2 \cdot x \tag{6.47}$$

Die Auflösung nach der Produktmenge (x) ergibt:

$$x = \frac{KNP_2 - KNP_1}{MKP_1 - MKP_2} \tag{6.48}$$

Die proportionalen Stückkosten (MKP_i) des i-ten Elementarprozesses sind die bewertete Verbrauchsmenge des Repetierfaktorbündels je Produkteinheit, d. h. der mit dem Kehrwert des Output-Input-Koeffizienten (b_{2i}) multiplizierte Repetierfaktorpreis (pr_2). Es gilt also für den i-ten Elementarprozess:

$$MKP_i = \frac{pr_2}{b_{2i}} \tag{6.49}$$

Durch Einsetzen in Gleichung (6.48) erhalten wir:

$$x_{1/2} = \frac{KNP_2 - KNP_1}{\frac{pr_2}{b_{21}} - \frac{pr_2}{b_{22}}} \tag{6.50}$$

Unter Berücksichtigung der in *Übersicht 6.27* angegebenen Kennzahlen für die Elementarprozesse 1 und 2 ergibt sich als Zahlenbeispiel:

$$x_{1/2} = \frac{1100 - 800}{\frac{6}{0,5} - \frac{6}{0,8}} = \frac{300}{4,5} = 66,67$$

Der Verfahrenswechsel vom Elementarprozess 1 auf 2 sollte also erfolgen, wenn eine größere Produktmenge als 66,67 Einheiten erwartet werden kann. Rechnerisch auf die gleiche Weise lassen sich die Produktmengen bestimmen, bei denen die weiteren Verfahrenswechsel stattfinden sollten.

Wir haben damit den Auswahlprozess betrachtet, vor dem die Entscheider stehen, wenn sie zwischen einzelnen Verfahrensalternativen noch frei wählen können. Zur Vervollständigung des Entscheidungsproblems müssten wir aber noch die zeitliche und die multiple Verfahrensvariation in den Auswahlprozess einbeziehen. Tatsächlich stehen Entscheider häufig vor der umfassenden Frage, wie viel Anlageneinheiten (multiple Variation) sie von welchen Anlagentypen (mutative Variation) mit welchen Beschäftigungsgraden (zeitliche Variation) einsetzen sollten. Wir wollen diese Frage hier jedoch nicht an einem weiteren Beispiel im Detail diskutieren. Der Leser möge sich zur Übung aus den Preis- und Mengengerüsten der bisher verwendeten Beispiele ein Entscheidungsproblem selbstständig konstruieren.

An dieser Stelle sei jedoch festgehalten, dass in den Unternehmen bei erwarteten Produktionsausdehnungen i. d. R. nicht mit der Erhöhung der Zahl gleichartiger Anlagen (multiple Variation), sondern mit dem Übergang auf leistungsfähigere Anlagen (mutative Variation) reagiert wird. Erst wenn die erwarteten Produktmengen die Produktionskapazität der leistungsfähigsten beschaffbaren Anlage übersteigen, wird man bei weiteren Produktionsausdehnungen mit der multiplen Verfahrensvariation der jeweils leistungsfähigsten Anlagen reagieren.

6.5.3.3 Die optimale Verfahrensalternative: Der Verfahrensvergleich für den Ersatz einer vorhandenen Produktionsanlage durch eine neu zu beschaffende Anlage

Oftmals stellt sich das Problem der Verfahrensauswahl bei mutativer Verfahrensvariation allerdings noch etwas anders dar, als bisher unterstellt. In der Regel ist ein bestimmter Elementarprozess in einem Betrieb bereits vorhanden. Sollen jetzt die Produktmengen zunehmen, so würde sich der Übergang auf eine leistungsfähigere Produktionsanlage anbieten. Die im Betrieb vorhandene, weniger leistungsfähige Anlage könnte problemlos aber nur dann durch die ins Auge gefasste leistungsfähigere Anlage ersetzt werden, wenn die vorhandene Produktionsanlage ohne wirtschaftliche Verluste verkauft bzw. desinvestiert werden könnte.

Das Problem erwächst aus dem Tatbestand, dass sich der Deckungsbeitrag für den vorhandenen Elementarprozess als Differenz aus den Leistungen und den proportionalen Kosten ergibt, weil es sich hier bei den nichtproportionalen Kosten um Fixkosten handelt, während für den erst noch zu installierenden Elementarprozess sowohl die proportionalen als auch die nichtproportionalen Kosten für die Errechnung des Deckungsbeitrages relevant sind.

Würde der Entscheider also z. B. vor der Frage stehen, ob er den vorhandenen Elementarprozess 3 in *Übersicht 6.27* durch den bisher nicht vorhandenen Elementarprozess 4 ersetzen sollte, dann ergibt sich für den Fall, dass auch der Elementarprozess 4 voll ausgelastet werden könnte, der Deckungsbeitrag für das vorhandene Verfahren 3 (DB_3) bei 200 Produkteinheiten mit:

$$DB_3 = L_3 - KP_3 = 5000{,}00 - 1090{,}91 = 3909{,}09 \text{ €}$$

Für den ins Auge gefassten Elementarprozess 4 gilt dagegen bei 260 Produkteinheiten:

$$DB_4 = L_4 - (KNP_4 + KP_4) = 6500{,}00 - (1600{,}00 + 934{,}13) = 3965{,}87 \text{ €}$$

In dieser Situation würde sich der Verfahrenswechsel zwar lohnen, weil der DB_4 dem DB_3 geringfügig überlegen ist. Es bedürfte jedoch nur unwesentlich unter der vollen Auslastung des Elementarprozesses 4 liegender Produktmengen, um den Elementarprozess 3 in seiner relativen Vorzüglichkeit zu erhalten. Bei dem Produktpreis von px = 25,00 € und dem Repetierfaktorpreis von pr_2 = 6,00 € müsste die Produktmenge für den Elementarprozess 4 von 260 Einheiten um (3965,87 – 3909,09)/(25,00 – 6,00) = 3 Einheiten sinken, damit der vorhandene Elementarprozess 3 wirtschaftlich überlegen bleibt.

Allerdings wird die Vorteilhaftigkeit des Elementarprozesses 4 größer, wenn die Produktionsanlage des vorhandenen Elementarprozesses 3 als gebrauchte Anlage verkauft werden könnte. In diesem Falle sind die aus dem erzielbaren Verkaufspreis für die Anlage abzuleitenden anteiligen Fixkosten des Elementarprozesses 3 – nach dem Opportunitätskostenprinzip – Kosten, die entweder dem Elementarprozess 3 zusätzlich als nichtproportionale Kosten anzulasten oder dem Elementarprozess 4 durch entsprechende Senkung seiner nichtproportionalen Kosten gutzuschreiben wären. In jedem Falle würde sich dadurch die wirtschaftliche Vorzüglichkeit des Elementarprozesses 4 umso stärker erhöhen, je höher der Verkaufspreis für die gebrauchte Produktionsanlage des Elementarprozesses 3 noch wäre.

Insgesamt ergibt sich aus dieser Überlegung, dass die Fixkosten von vorhandenen Produktionsanlagen nur in dem Umfange als „versunkene Kosten" bei entsprechenden Entscheidungsproblemen nicht berücksichtigt zu werden brauchen, in dem für die vorhandene Anlage keine Opportunitätskosten entstehen. Könnte dagegen – wie es meistens der Fall ist – die gebrauchte Anlage zu einem bestimmten Preis verkauft werden, dann sind die daraus resultierenden Opportunitätskosten als entgangener Nutzen für einen Nichtverkauf in das Entscheidungsproblem einzubeziehen.

6.5.4 Die intensitätsmäßigen Verfahrensvariationen

Bisher sind wir davon ausgegangen, dass sich die Produktionsfaktoren bei der Herstellung eines Produktes in ihren Einsatzmengen vollständig komplementär verhalten. Zur Erreichung des Effizienzpunktes müssen die in einem Elementarprozess verwendeten Faktorarten ein ganz bestimmtes Einsatzmengenverhältnis aufweisen. Des Weiteren sind wir davon ausgegangen, dass das Betriebsmittel als Produktionsanlage in einem Elementarprozess einen bestimmten Wert des Produktionskoeffizienten (als Input-Output- bzw. Output-Input-Koeffizient) für seine Dienste aufweist. Mit anderen Worten: Wir haben unterstellt, dass mit dem Betriebsmittel eine bestimmte, nicht variierbare Produktmenge je Nutzzeiteinheit des Betriebsmittels erzeugt werden kann.

Tatsächlich lassen sich jedoch in vielen Fällen die Werte der Produktionskoeffizienten innerhalb gewisser Grenzen variieren. So können Antriebsmaschinen mit unterschiedlichen Intensitäten gefahren werden, d. h. sie können unterschiedliche Arbeitsmengen je Maschinenlaufzeitstunde abgeben, was dann – vorausgesetzt die übrigen benötigen Faktorarten werden in ihren Einsatzumfängen angepasst – zu unterschiedlichen Produktmengen je Maschinenlaufzeitstunde führt. So kann z. B. ein Auto das Produkt „100 km Fahrstrecke" in zwei, einer oder auch nur einer halben Laufzeitstunde „erzeugen". In der naturbedingt diskontinuierlichen Nutzpflanzenproduktion kann das Betriebsmittel „Nutzfläche" mit unterschiedlichen Intensitäten genutzt werden, was hierbei – falls wiederum die übrigen Faktorarten in ihren Einsatzumfängen entsprechend angepasst werden – zu unterschiedlichen Produktmengen (Erträgen) je Produktionsperiode und Nutzflächeneinheit führt.

Wir wollen im Folgenden zunächst die mengenmäßigen und wirtschaftlichen Konsequenzen für den Fall unterschiedlicher Nutzungsintensitäten von landwirtschaftlichen Nutzflächen und im Anschluss daran (Abschnitt 6.5.6) die entsprechenden Konsequenzen für den Fall unterschiedlicher Nutzungsintensitäten von Arbeitsmaschinen ableiten. Wir bezeichnen den ersten Fall als die *biotisch-intensitätsmäßige Verfahrensvariation*, weil es sich um biotisch determinierte Produktionssysteme handelt. Der zweite Fall soll *technisch-intensitätsmäßige Verfahrensvariation* genannt werden, weil dabei technisch-determinierte Produktionssysteme zugrunde liegen.

6.5.5 Die biotisch-intensitätsmäßige Verfahrensvariation

6.5.5.1 Mengengerüste bei biotisch-intensitätsmäßiger Verfahrensvariation: Die Liebig-Ertragsfunktion und das Gesetz vom abnehmenden Ertragszuwachs

In der naturbedingt diskontinuierlichen Nutzpflanzenproduktion hängt die auf einer Flächeneinheit in einer Produktionsperiode erzielbare Produktmenge („Naturalertrag") nicht nur von den Produktionsfaktoren ab, deren Mengen und Einsatzzeitpunkte der Landwirt wählen, d. h. kontrollieren kann, sondern auch von Faktoren, auf deren Mengen und zeitliche Verteilungen er keinen Einfluss hat. Zu diesen nichtkontrollierbaren Faktoren zählen im Freilandpflanzenbau das genetische Ertragspotenzial der angebauten Sorte sowie die Angebotsmengen an pflanzenverfügbarem Wasser, an Solarenergie und anderen Boden-Klima-Faktoren. Da sich die einzelnen Produktionsfaktoren als *Wachstumsfaktoren* bei der Ertragsbildung komplementär verhalten, bleibt dem Entscheider in einer solchen Situation nichts anderes übrig, als sich mit den Einsatzmengen der kontrollierbaren Faktoren jeweils bestmöglich an die begrenzend wirkenden Mengen der nichtkontrollierbaren Faktoren anzupassen.

Wir wollen die Entscheidungssituation an einem vereinfachten Beispiel verdeutlichen. Dazu nehmen wir an, dass die Produktmenge nur von zwei Produktionsfaktoren, nämlich einem nichtkontrollierbaren Faktor U und einem kontrollierbaren Faktor R abhängt. Für die Erzeugungsfunktion wird daraus auf der Grundlage des allgemeinen Systems (6.28) das folgende System:

(6.51)
$$au \cdot x \leq u$$
$$ar \cdot x \leq r$$

Darin sind:

x = Produktmengen, gemessen in Mengeneinheiten;
au = Input-Output-Koeffizient des nichtkontrollierbaren Wachstumsfaktors;
ar = Input-Output-Koeffizient des kontrollierbaren Wachstumsfaktors;
u = Angebotsmengen des nichtkontrollierbaren Faktors, gemessen in Mengeneinheiten;
r = Angebotsmengen des kontrollierbaren Faktors, gemessen in Mengeneinheiten

Ein wichtiger nichtkontrollierbarer Faktor in biotisch determinierten Produktionsprozessen ist das genetische Ertragspotenzial von Nutzpflanzen. Es wirkt als Obergrenze für die in einer Produktionsperiode je einzelner Nutzpflanze erzielbare Produktmenge. Um diesen Tatbestand zu beschreiben, drücken wir die Angebotsmengen des nichtkontrollierbaren Wachstumsfaktors wie folgt aus:

(6.52)
$$u = g \cdot z \cdot f$$

Darin sind:

g = genetisches Ertragspotenzial je Nutzpflanze und Produktionsperiode, gemessen in Mengeneinheiten;

z = Zahl der Nutzpflanzen je Flächeneinheit;

f = Nutzflächenumfang, gemessen in ha.

Wir betrachten im Weiteren nur eine Nutzflächeneinheit, setzen also f = 1. Darüber hinaus gehen wir von einer konstanten Nutzpflanzenzahl (z) je Nutzflächeneinheit aus. Für die sachliche Interpretation des Input-Output-Koeffizienten au folgt daraus: Wenn x die Produktmengen, gemessen z. B. in dt/ha Ertrag, sind, und u das genetische Ertragspotenzial je Flächeneinheit, ebenfalls gemessen in dt/ha, ist, dann muss au den Wert au = 1 haben. Gemäß der ersten Ungleichung des Systems (6.51) kann dann der tatsächliche Ertrag x alle Werte zwischen null und dem genetischen Ertragspotenzial u annehmen. Die Erzeugungsfunktion der Gleichung (6.51) wird deshalb zu:

(6.53) $$\begin{aligned} x &\leq u \\ ar \cdot x &\leq r \end{aligned}$$

Darin sind:

x = Produktmengen je Nutzflächeneinheit, gemessen in Mengeneinheiten;

u = genetisches Ertragspotenzial der Nutzpflanzen je Nutzflächeneinheit, gemessen in Mengeneinheiten des Produktes;

r = Angebotsmengen des kontrollierbaren Produktionsfaktors, gemessen in Mengeneinheiten;

ar = Input-Output-Koeffizient des kontrollierbaren Produktionsfaktors.

Stellen wir uns jetzt den kontrollierbaren Faktor R beispielsweise als Stickstoff vor, dann beschreibt der Input-Output-Koeffizient ar im System (6.51) die Stickstoffmenge je Produkteinheit.

Hat z. B. das genetische Ertragspotenzial einer bestimmten Weizensorte den Wert u = 80 dt/ha und der Input-Output-Koeffizient den Wert ar = 2 kg N/dt Ertrag, dann erhalten wir für die Produktmengen (x) in Abhängigkeit von den Angebotsmengen des kontrollierbaren Faktors (r) bei gegebenem Wert des genetischen Ertragspotenzials (u) wieder die bereits aus *Übersicht 6.13* bekannte Erzeugungsfunktion. Sie ist in *Übersicht 6.30* als E80 dargestellt. Die Produktmenge steigt proportional zur Menge des kontrollierbaren Faktors (r), bis das genetische Ertragspotenzial (u) begrenzend wirkt. Darüber hinaus angebotene Mengen des kontrollierbaren Wachstumsfaktors wären verschwendet, die Erzeugungsfunktion knickt in ihrem Effizienzpunkt ab und verläuft parallel zur Abszisse.

Zusätzlich enthält *Übersicht 6.30* mit den Funktionen E100 und E120 Ertragsverläufe für die Fälle, dass die genetischen Ertragspotenziale einer Nutzpflanzensorte durch züchterische Fortschritte auf 100 oder gar 120 dt/ha gesteigert werden konnten. Bei entsprechender Erhöhung der Mengen des kontrollierbaren Wachstumsfaktors können die Produktmengen jetzt ebenfalls wieder bis an die Niveaus der veränderten genetischen Ertragspotenziale herangeführt werden.

Selbstverständlich hängen in der Realität die erzielbaren Erträge je Flächeneinheit nicht nur von einem nichtkontrollierbaren und einem kontrollierbaren Wachstumsfaktor ab. Für zahl-

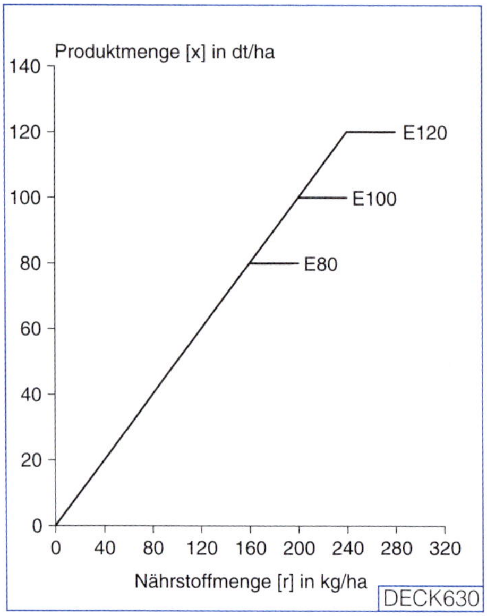

Übersicht 6.30: LIEBIG-Ertragsfunktionen bei unterschiedlichen genetischen Ertragspotenzialen von Nutzpflanzen – Erzeugungsfunktionen –

reiche Wachstumsfaktoren wird aus dem System (6.51) vielmehr der in Abschnitt 6.5.1 bereits abgeleitete Ausdruck für die multifaktorielle Monoproduktion in Form des dort beschriebenen Systems (6.25). In dieser verallgemeinerten Form ist es eine Erzeugungsfunktion, die für den Pflanzenbau bereits von JUSTUS LIEBIG (1803 – 1873) postuliert wurde und in die Literatur als *Gesetz des Minimums* eingegangen ist. Die Aussage dieses „Gesetzes" ist identisch mit der LEONTIEF-Produktionsfunktion.

Das Gesetz des Minimums besagt, dass der Pflanzenertrag je Nutzflächeneinheit in seiner Höhe stets durch denjenigen Wachstumsfaktor begrenzt wird, der im Vergleich zu den übrigen Wachstumsfaktoren im Minimum verfügbar ist. Dieser Minimumfaktor (Engpassfaktor) bestimmt die Lage des Effizienzpunktes der Produktionsfunktion. Über das damit definierte effiziente Einsatzverhältnis der Wachstumsfaktoren hinausgehende Einsatzmengen der übrigen Wachstumsfaktoren wären verschwendet, weil sich die Wachstumsfaktoren bei der Ertragsbildung nicht gegenseitig ersetzen können, sie vielmehr komplementär sind und sich ihre tatsächlichen Verbrauchsmengen proportional zu der Produktmenge verhalten.

Es ist LIEBIG als Chemiker zuzugestehen, dass er die naturwissenschaftliche Logik auf seiner Seite hat: Wenn ein Produkt in seiner chemischen Zusammensetzung quantitativ eindeutig definiert ist, dann kann es auch nur ein Mengenverhältnis der verbrauchten Wachstumsfaktoren geben, mit denen dieses Produkt erstellt wurde. Um die Urheberschaft von JUSTUS LIEBIG zu würdigen, wollen wir die linear-limitationale Produktionsfunktion für biotisch determinierte Produktionsprozesse als LIEBIG-*Ertragsfunktion* bezeichnen.

Die mit dem System (6.53) skizzierten Gegebenheiten der LIEBIG-Ertragsfunktion stehen jedoch in einem offensichtlichen Gegensatz zu den empirischen Ergebnissen vielfach wiederholter pflanzenbaulicher Versuche. Insbesondere bei der Überprüfung der Ertragsbildung in Abhängigkeit steigender Nährstoffzufuhren ergibt sich kein linearer Ertragsanstieg, vielmehr steigt der Ertrag je Flächeneinheit in Abhängigkeit steigender Nährstoffzufuhren mit sukzessive abnehmenden Ertragszuwächsen an. Dieser Tatbestand wird allgemein als das Gesetz vom abnehmenden Ertragszuwachs oder kurz als Ertragsgesetz bezeichnet. Es geht auf TURGOT (1727 – 1781), RICARDO (1777 – 1823) und THÜNEN (1783 –1850) zurück und wurde von E.A. MITSCHERLICH zum *Gesetz der physiologischen Beziehungen* bzw. nach BAULE zum *Wirkungsgesetz der Wachstumsfaktoren* fortentwickelt. Erweiterungen und Verfeinerungen hat insbesondere von BOGUSLAWSKI vorgenommen (vgl. von BOGUSLAWSKI 1981, S. 38 ff.). Allen Formulierungen ist gemeinsam, dass der Pflanzenertrag je Flächeneinheit bei Variation nur eines Wachstumsfaktors mit abnehmenden Zuwächsen ansteigt und ein Maximum erreicht. In den Pflanzenbauwissenschaften wird eine solche Funktion auch als MITSCHERLICH-*Ertragsfunktion* bezeichnet, weil sie von dem Pflanzenphysiologen E.A. MITSCHERLICH erstmals quantitativ definiert wurde.

Der prinzipielle Unterschied zwischen dem Ertragsgesetz und der LIEBIG-Ertragsfunktion sei anhand der *Übersicht 6.31* erläutert. Gehen wir davon aus, dass das genetische Ertragspotenzial (u) vorgegeben ist und steigern wir dann die Einsatzmengen des kontrollierbaren Faktors (r), so ergibt sich für die Produktmengen (x) in Abhängigkeit von dem variierten Wachstumsfaktor (r) beim Gesetz vom abnehmenden Ertragszuwachs prinzipiell die Erzeugungsfunktion des linken Teils der Übersicht, während für die LIEBIG-Ertragsfunktion – wie wir wissen – die Erzeugungsfunktion des rechten Teils der Übersicht zutreffend wäre.

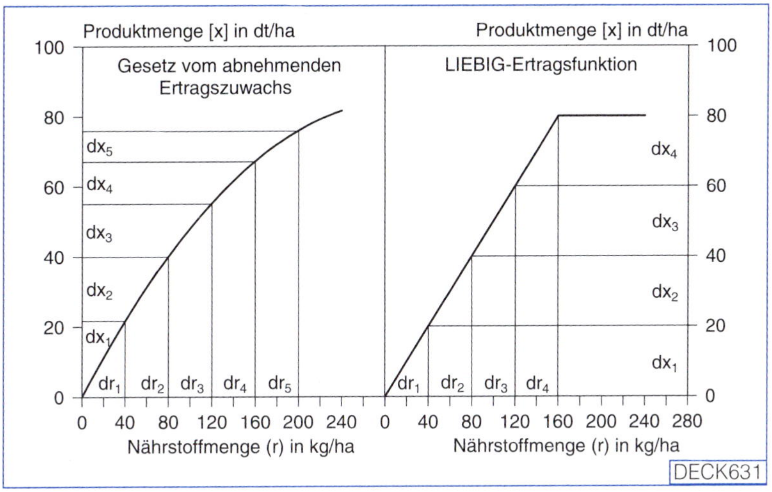

Übersicht 6.31: Entwicklung der Grenzerträge beim Gesetz vom abnehmenden Ertragszuwachs und bei der Liebig-Ertragsfunktion

Steigern wir beim Ertragsgesetz die Einsatzmenge des kontrollierbaren Faktors sukzessive um jeweils gleiche Beträge (dr), dann ergeben sich sukzessiv abnehmende Ertragszuwächse (Grenzerträge dx). Anders ausgedrückt: Mit steigenden Ertragsniveaus nehmen die notwendigen Faktoreinsatzmengen zur Erzeugung einer Produkteinheit zu. Demgegenüber bleiben – wie im rechten Teil der Übersicht angedeutet – die Grenzerträge (dx) in Abhängigkeit sukzessiv steigender Einsatzmengen des variierten Wachstumsfaktors (dr) in jeweils gleichen Schritten bei der LIEBIG-Ertragsfunktion konstant, bis der Effizienzpunkt erreicht wird. Danach sinkt der Grenzertrag abrupt auf null.

Tatsächlich handelt es sich bei dem Widerspruch zwischen der LIEBIG-Ertragsfunktion und dem Gesetz vom abnehmenden Ertragszuwachs aber wohl um eine scheinbare Unvereinbarkeit, die sich wie folgt erklären lässt (vgl. zu den folgenden Ausführungen insbesondere KUHLMANN 1992; KUHLMANN und FRICK 1995; FRICK 1997):

Das Saatgut vieler Nutzpflanzensorten ist so beschaffen, dass das genetische Ertragspotenzial für die einzelnen Pflanzen um einen mittleren Wert streut. Wenn wir annehmen, dass dieses genetische Ertragspotenzial zu einem Minimumfaktor im Sinne LIEBIGS wird und weiter unterstellen, dass jede einzelne Nutzpflanze eines Pflanzenbestandes in ihrer Ertragsbildung in Abhängigkeit von einem variierten Wachstumsfaktor bei vorgegebenen Mengen aller übrigen Wachstumsfaktoren, die nicht begrenzend wirken sollen, einer LIEBIG-Ertragsfunktion gehorcht, dann ergibt sich prinzipiell das Bild der *Übersicht 6.32,* wobei wiederum das Ungleichungssystem (6.53) zugrunde liegt: Einige Pflanzen werden das genetische Ertragspotenzial u = 40 haben, d. h. ab einer Menge r = 80 für den variierten Faktor R wird keine weitere Ertragssteigerung – im Beispiel liegt die Grenze bei x = 40 Ertragseinheiten – mehr erreicht. Die zugehörige Ertragsfunktion ist E40. Dabei wurde – wie vorher – angenommen, dass der Input-Output-Koeffizient den Wert ar = 2 hat. Andere Pflanzen werden z. B. die genetischen Ertragspotenziale gemäß den Funktionen E60, E80, E100 und E120 haben und je nach Zufuhr des variierten Wachstumsfaktors (r) mehr oder weniger lange mit proportionalen Ertragssteigerungen reagieren.

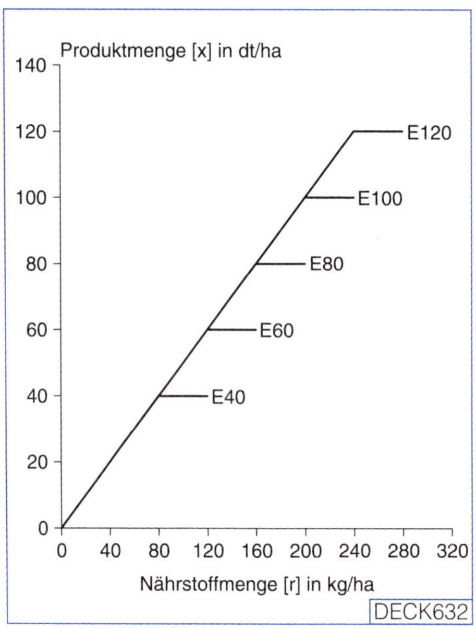

Übersicht 6.32: LIEBIG-Ertragsfunktionen bei unterschiedlichen genetischen Ertragspotenzialen von Nutzpflanzen – Erzeugungsfunktionen –

Für die Streuung der Ertragspotenziale der einzelnen Nutzpflanzen eines Pflanzenbestandes auf einer Nutzflächeneinheit seien nun drei verschiedene Verteilungsfunktionen als Beispiele angenommen. Im ersten Falle sei das genetische Ertragspotenzial von 40 bis 120 dt/ha in 5 Klassen auf den Pflanzenbestand gleichmäßig verteilt. Auf jeweils 20 %, oder Anteilen von jeweils 0,2, stehen auf einer Nutzflächeneinheit Nutzpflanzen mit den genetischen Potenzialen $u_j = 40, 60, 80, 100, 120$, wobei der Landwirt jedoch nicht sagen kann, wo auf der Nutzflächeneinheit welche Pflanzen stehen. Im zweiten Falle möge sich eine Dreiecksverteilung mit Anteilen von 10, 20, 40, 20 und 10 % für die 5 Potenzialertragsklassen ergeben. Im dritten Falle sinke die Streuung auf null, das Ertragspotenzial $u = 80$ wird bei entsprechender Zufuhr des variierten Wachstumsfaktors (r) bei allen Einzelpflanzen und damit auch auf der gesamten Nutzflächeneinheit gleichermaßen erreicht.

Je nach der Form dieser Verteilungen des genetischen Ertragspotenzials ergeben sich die in den drei Teilen der *Übersicht 6.33* dargestellten Ertragsmatrizen und Ertragsentwicklungen. Im oberen Teil jeder Teilübersicht sind die Werte der genetischen Ertragspotenziale u_j ($j = 1, \ldots, n$), die in den 5 Klassen ($n = 5$) erreicht werden können, und die zugehörigen 5 Nutzflächenanteile f_j für die jeweiligen Verteilungsfunktionen dargestellt. Die beiden linken Spalten der Teilübersichten geben die Handlungsalternativen in Form der jeweils angebotenen Mengen des kontrollierbaren Wachstumsfaktors r_i ($i = 1, \ldots, m$) an. Da der Landwirt nicht weiß, wo auf der Fläche die Einzelpflanzen mit welchen genetischen Ertragspotenzialen stehen und überdies auch keine einzelpflanzenspezifische Nährstoffzufuhr durchführen kann, wird er das jeweilige Nährstoffangebot über die gesamte Nutzflächeneinheit gleichmäßig verteilen.

Nach Maßgabe der Erzeugungsfunktion (6.53) ergeben sich aus diesen Handlungsalternativen die in den Ertragsmatrizen dargestellten, bei den jeweiligen genetischen Ertragspotenzialen und den jeweiligen Mengen des kontrollierbaren Wachstumsfaktors jeweils maximal erreichbaren Erträge. Zum Beispiel wird bei einer Menge des kontrollierbaren Faktors von $r_8 = 140$ in der 1. Potenzialertragsklasse mit dem Potenzialertrag $u_1 = 40$ der Ertrag von $x = 40$ erreicht, weil die Menge des kontrollierbaren Wachstumsfaktors zwar für einen Ertrag von $x = 70$ ausreichen würde, aber der Wert des genetischen Ertragspotenzials $u_1 = 40$ nur einen Ertrag von maximal 40 Einheiten zulässt. Bei der gleichen Menge des kontrollierbaren Faktors wird dagegen in der 2. Potenzialertragsklasse ein Ertrag von $x = 60$ erreicht, weil in dieser Klasse Pflanzen mit genetischen Ertragspotenzialen von $u_2 = 60$ stehen. Auch in dieser Klasse wirkt also das genetische Ertragspotenzial als Minimumfaktor. In der 3. Klasse mit einem genetischen Ertragspotenzial von $u_3 = 80$ wird dagegen bei der Menge des kontrollierbaren Faktors $r_8 = 140$ ein Ertrag von $x = 70$ erreicht. Jetzt wirkt nicht mehr das genetische Ertragspotenzial, sondern die angebotene Menge des kontrollierbaren Wachstumsfaktors als begrenzender Minimumfaktor. Sinngemäß auf die gleiche Weise sind die übrigen Zellen der Ertragsmatrix zu interpretieren.

In der Spalte direkt rechts neben der Ertragsmatrix sind dann die insgesamt je Nutzflächeneinheit erzielbaren Erträge ($E(r_i)$) bei unterschiedlichen Mengen des variablen Wachstumsfaktors (r) angegeben. Sie ergeben sich zeilenweise aus der Ertragsmatrix als gewogene Durchschnitte, wobei die für eine Zeile angegebenen Einzelerträge mit den zugehörigen Flächenanteilen (f_j) gewogen werden.

Wir sehen aus dem oberen Teil der *Übersicht 6.33*, dass sich die Erträge in Abhängigkeit steigender Mengen des variierten Wachstumsfaktors (r) bis zu einer Produktmenge von $E(r_i) = 40$ linear entwickeln, um dann bis zu einer Produktmenge von $E(r_i) = 80$ und einer Menge des variierten Wachstumsfaktors von $r_{13} = 240$ einen degressiv steigenden Verlauf anzunehmen.

Potenzialertragsklassen:		1	2	3	4	5	Input-Output-Koeffizient des kontrollierbaren Wachstumsfaktors [ar]:			2,00
Ertragspotenzial dt/ha $[u_j]$:		40,00	60,00	80,00	100,00	120,00				
Nutzflächenanteile $[f_j]$:		0,20	0,20	0,20	0,20	0,20				
Handlungsalternativen: Angebotsmengen $[r_i]$ in kg/ha des kontrollierbaren Wachstumsfaktors [r]:		Ertragsmatrix: Erträge [x] in dt/ha auf den Nutzflächenanteilen $[f_j]$ bei den Handlungsalternativen $[r_i]$:					Produktmenge dt/ha $[E(r_i)]$	Verbrauchte Menge r kg/ha	Unverbrauchte Menge r kg/ha	Nutzung des Faktors r v.H.
r_1	0	0	0	0	0	0	0	0	0	
r_2	20	10	10	10	10	10	10	20	0	100,00
r_3	40	20	20	20	20	20	20	40	0	100,00
r_4	60	30	30	30	30	30	30	60	0	100,00
r_5	80	40	40	40	40	40	40	80	0	100,00
r_6	100	40	50	50	50	50	48	96	4	96,00
r_7	120	40	60	60	60	60	56	112	8	93,33
r_8	140	40	60	70	70	70	62	124	16	88,57
r_9	160	40	60	80	80	80	68	136	24	85,00
r_{10}	180	40	60	80	90	90	72	144	36	80,00
r_{11}	200	40	60	80	100	100	76	152	48	76,00
r_{12}	220	40	60	80	100	110	78	156	64	70,91
r_{13}	240	40	60	80	100	120	80	160	80	66,67

Potenzialertragsklassen:		1	2	3	4	5	Input-Output-Koeffizient des kontrollierbaren Wachstumsfaktors [ar]:			2,00
Ertragspotenzial dt/ha $[u_j]$:		40,00	60,00	80,00	100,00	120,00				
Nutzflächenanteile $[f_j]$:		0,10	0,20	0,40	0,20	0,10				
Handlungsalternativen: Angebotsmengen $[r_i]$ in kg/ha des kontrollierbaren Wachstumsfaktors [r]:		Ertragsmatrix: Erträge [x] in dt/ha auf den Nutzflächenanteilen $[f_j]$ bei den Handlungsalternativen $[r_i]$:					Produktmenge dt/ha $[E(r_i)]$	Verbrauchte Menge r kg/ha	Unverbrauchte Menge r kg/ha	Nutzung des Faktors r v.H.
r_1	0	0	0	0	0	0	0	0	0	
r_2	20	10	10	10	10	10	10	20	0	100,00
r_3	40	20	20	20	20	20	20	40	0	100,00
r_4	60	30	30	30	30	30	30	60	0	100,00
r_5	80	40	40	40	40	40	40	80	0	100,00
r_6	100	40	50	50	50	50	49	98	2	98,00
r_7	120	40	60	60	60	60	58	116	4	96,67
r_8	140	40	60	70	70	70	65	130	10	92,86
r_9	160	40	60	80	80	80	72	144	16	90,00
r_{10}	180	40	60	80	90	90	75	150	30	83,33
r_{11}	200	40	60	80	100	100	78	156	44	78,00
r_{12}	220	40	60	80	100	110	79	158	62	71,82
r_{13}	240	40	60	80	100	120	80	160	80	66,67

Potenzialertragsklassen:		1	2	3	4	5	Input-Output-Koeffizient des kontrollierbaren Wachstumsfaktors [ar]:			2,00
Ertragspotenzial dt/ha $[u_j]$:		40,00	60,00	80,00	100,00	120,00				
Nutzflächenanteile $[f_j]$:		0,00	0,00	1,00	0,00	0,00				
Handlungsalternativen: Angebotsmengen $[r_i]$ in kg/ha des kontrollierbaren Wachstumsfaktors [r]:		Ertragsmatrix: Erträge [x] in dt/ha auf den Nutzflächenanteilen $[f_j]$ bei den Handlungsalternativen $[r_i]$:					Produktmenge dt/ha $[E(r_i)]$	Verbrauchte Menge r kg/ha	Unverbrauchte Menge r kg/ha	Nutzung des Faktors r v.H.
r_1	0	0	0	0	0	0	0	0	0	
r_2	20	10	10	10	10	10	10	20	0	100,00
r_3	40	20	20	20	20	20	20	40	0	100,00
r_4	60	30	30	30	30	30	30	60	0	100,00
r_5	80	40	40	40	40	40	40	80	0	100,00
r_6	100	40	50	50	50	50	50	100	0	100,00
r_7	120	40	60	60	60	60	60	120	0	100,00
r_8	140	40	60	70	70	70	70	140	0	100,00
r_9	160	40	60	80	80	80	80	160	0	100,00
r_{10}	180	40	60	80	90	90	80	160	20	88,89
r_{11}	200	40	60	80	100	100	80	160	40	80,00

DECK633

Übersicht 6.33: Die Ableitung der Mitscherlich-Funktion aus Liebig-Funktionen

Bei weiteren Mengen des variierten Wachstumsfaktors erfolgen dann keine weiteren Ertragssteigerungen mehr. Die angenommenen Werte und die angenommene Verteilung der genetischen Ertragspotenziale lässt höhere Durchschnittserträge als $E(r_i) = 80$ nicht zu.

Sinngemäß auf die gleiche Weise lassen sich auch die Erträge je Nutzflächeneinheit ($E(r_i)$) in den beiden unteren Teilen der *Übersicht 6.33* interpretieren. Im unteren Teil ergibt sich für die Produktmenge in Abhängigkeit von den Mengen des variierten Wachstumsfaktors (r) der Verlauf einer LIEBIG-Ertragsfunktion, weil wir dort nur eine Klasse des genetischen Ertragspotenzials mit einem Wert von u_3 = 80, der auf 100 % der Nutzflächeneinheit gegeben ist, angenommen haben.

Tragen wir nun die Produktmengen in Abhängigkeit von den Mengen des kontrollierbaren Wachstumsfaktors (r) für die Verteilungen der *Übersicht 6.33* grafisch ab, dann erhalten wir die Ertragsfunktionen Egv, Edv und Ekv in *Übersicht 6.34*. Wir sehen: Obwohl jede Einzelpflanze einer LIEBIG-Ertragsfunktion gehorcht, ergibt sich für einen Pflanzenbestand auf einer Nutzflächeneinheit nur dann eine LIEBIG-Ertragsfunktion, wenn das genetische Ertragspotenzial der Einzelpflanzen keine Streuung aufweist. In allen anderen Fällen ergeben sich Ertragsfunktionen, die das Gesetz vom *abnehmenden Ertragszuwachs* bzw. die MITSCHERLICH-*Ertragsfunktion* widerspiegeln. Die Annäherung an eine glatte und stetige Ertragsfunktion wird dabei umso besser sein, je mehr Klassen des Ertragspotenzials wir für die Verteilungsfunktion annehmen. Bei Unterstellung einer kontinuierlichen Verteilung anstelle der hier angenommenen diskreten Verteilung ergäbe sich eine vollkommen glatte und stetige Ertragsfunktion.

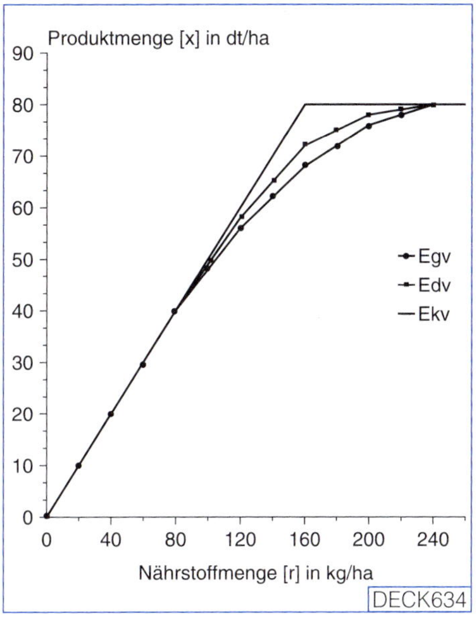

Übersicht 6.34: Ableitung von Mitscherlich-Ertragsfunktionen aus Liebig-Ertragsfunktionen – Erzeugungsfunktionen –

Es leuchtet ein, dass jede von null verschiedene Streuung des genetischen Ertragspotenzials für einen auf einer gegebenen Nutzflächeneinheit angebauten Pflanzenbestand in Abhängigkeit von einem variierten Wachstumsfaktor zu einer Ertragsfunktion mit abnehmenden Ertragszuwächsen führen muss. Wie sich aus einem Vergleich der drei Ertragsfunktionen Egv, Edv und Ekv in *Übersicht 6.34* ableiten lässt, wird sich die Ertragsfunktion umso mehr der LIEBIG-Ertragsfunktion annähern, je geringer die Streuung des Minimumfaktors „genetisches Ertragspotenzial" wird. Der zunächst auftretende lineare Anstieg der Ertragsfunktion wird umso ausgedehnter sein, je höher das mittlere genetische Ertragspotenzial der Nutzpflanzen und je geringer dessen Streuung ist. (Sie können die *Übersicht 6.33* mit der Excel-Tabelle DECK633 aufrufen. Variieren Sie die Eingabeparameter, um die obigen Aussagen im Einzelnen nachzuvollziehen.)

Da nun die Pflanzenzüchtung in den letzten Jahrzehnten einerseits bestrebt war, das mittlere Ertragspotenzial der Nutzpflanzen zu erhöhen und andererseits gegenüber den alten sog. „Landsorten" starke Reduktionen bei Streuungen der genetischen Ertragspotenziale erreichen konnte, die mit kloniertem Saatgut bei einigen Nutzpflanzenarten sogar auf null gehen, wird der Bereich des abnehmenden Ertragszuwachses in der Realität immer geringer, d. h., die Ertragsfunktionen werden sich auch für ganze Pflanzenbestände c. p. immer stärker der LIEBIG-Ertragsfunktion annähern. Diese Entwicklung wird durch die Empirie bestätigt (von BOGUSLAWSKI 1992).

Doch auch bei Verwendung von kloniertem Saatgut können wir feststellen, dass (z. B. bei Kartoffeln) der Ertrag von Einzelpflanze zu Einzelpflanze selbst dann variiert, wenn prinzipiell allen Einzelpflanzen die gleichen Mengen des variierten Wachstumsfaktors (z. B. Stickstoff) angeboten werden. Eine Erklärung dafür ergibt sich, wenn wir realistischerweise davon ausgehen, dass die Versorgungsniveaus mit den nicht variierten, bodengebundenen Wachstumsfaktoren (z. B. andere Nährstoffe, Wasser etc.) auch innerhalb einer Parzelle von Standraum zu Standraum der Einzelpflanzen streuen.

Nehmen wir nun an, dass einer dieser bodengebundenen Wachstumsfaktoren zum Minimumfaktor im Sinne LIEBIGS wird und innerhalb einer Parzelle von Einzelpflanze zu Einzelpflanze in seinem verfügbaren Umfang schwankt, dann ergeben sich – falls wir wieder LIEBIG-Ertragsfunktionen für jede Einzelpflanze annehmen – wiederum prinzipiell die Ergebnisse der *Übersicht 6.33* und das Bild der *Übersicht 6.34*.

Die vorstehenden Überlegungen bieten also Erklärungsmöglichkeiten zur Auflösung des Widerspruchs zwischen der Logik LIEBIGS und der empirischen Evidenz des Gesetzes vom abnehmenden Ertragszuwachs.

Darüber hinaus geht aus ihnen hervor, dass sich bei sukzessiver Zufuhr des variierten Wachstumsfaktors, trotz der resultierenden Ertragsfunktion mit abnehmenden Ertragszuwächsen, Verschwendungen von Teilmengen des variierten Wachstumsfaktors ebenso wie der übrigen Wachstumsfaktoren ergeben müssen. Diese Faktorverschwendungen sind in den rechten Spalten der *Übersicht 6.33* für unser Zahlenbeispiel im Einzelnen ausgewiesen.

Wenn höhere Einsatzmengen des variierten Wachstumsfaktors auf Standräume treffen, in denen Pflanzen mit geringem Ertragspotenzial stehen, oder auf Standräume, die über ein relativ geringes Versorgungsniveau mit den anderen bodengebundenen Wachstumsfaktoren verfügen, dann wird der variierte Wachstumsfaktor nicht mehr voll genutzt, also im physischen Sinne verschwendet. Umgekehrt gilt für eine zu geringe Zufuhr des variierten Wachstumsfaktors, dass ein Teil des genetischen Ertragspotenzials bzw. Teile der verfügbaren Mengen der übrigen bodengebundenen Wachstumsfaktoren nicht genutzt werden.

Insgesamt werden diese Verschwendungen, wobei solche Verschwendungen bekanntlich zu ökologischen Belastungen des Bodens und des Grundwassers führen können, c. p. umso geringer sein, je geringer die Streuung des Ertragspotenzials einer Nutzpflanzensorte ist und je ausgeglichener die Versorgungsniveaus der einzelnen Feldstücke mit bodengebundenen Wachstumsfaktoren sind. Entsprechende Bemühungen der Pflanzenzüchter und entsprechende Meliorationsmaßnahmen reduzieren also das Ausmaß der Faktorverschwendung und können damit auch ökologische Vorteile bringen.

An dieser Stelle sei angemerkt, dass sich aus der Ableitung der Funktionen für die durchschnittlichen Erträge ($E(r_i)$) zwar Ertragsfunktionen ergeben, die im Aussehen prinzipiell dem Gesetz vom abnehmenden Ertragszuwachs gleichen, dass sich jedoch wesentliche inhaltliche Unterschiede ergeben. Bei der Verwendung des Ertragsgesetzes für ökonomische Analysen werden keine Faktorverschwendungen angenommen. Vielmehr wird unterstellt, dass sich der degressiv steigende Verlauf der Ertragsfunktion daraus ergibt, dass sich die Wachstumsfaktoren bei der Ertragsbildung (mit abnehmenden Grenzraten der Substitution) gegenseitig ersetzen können, also z. B. relativ geringe Mengen eines Wachstumsfaktors durch vergleichsweise große Mengen eines anderen Wachstumsfaktors ausgeglichen werden können. So wird z. B. unterstellt, dass der Nährstoff Kalium bei der Pflanzenertragsbildung durch den Nährstoff Phosphor ersetzt werden kann und umgekehrt. Derartige Annahmen über die Substituierbarkeit von Wachstumsfaktoren – die sich praktisch noch in allen einschlägigen Lehrbüchern finden – sind aufgrund der tatsächlich gegebenen Komplementarität der ertragsbildenden Wachstumsfaktoren jedoch keinesfalls gerechtfertigt. Deshalb zeigen die hier abgeleiteten Ertragsfunktionen für biotisch determinierte Produktionsprozesse nur das gleiche äußere Bild wie das Gesetz vom abnehmenden Ertragszuwachs. Die Annahmen über die Zusammenhänge zwischen den Produkten und den Produktionsfaktoren sowie zwischen den Produktionsfaktoren untereinander sind allerdings sehr verschieden.

Wir können deshalb aus den Zahlen der *Übersicht 6.33* noch ein methodisches Ergebnis gewinnen: In den vorhergehenden Abschnitten waren wir zur Bestimmung der optimalen Beschäftigungsgrade stets von streng komplementären Faktoreinsatzrelationen und konstanten Werten für den Produktionskoeffizienten (als Input-Output- bzw. als Output-Input-Koeffizient) für den variierten Produktionsfaktor ausgegangen. Aus den Zahlen der *Übersicht 6.33* geht indessen hervor, dass diese Annahme für die biotisch-intensitätsmäßige Verfahrensvariation nur dann gilt, wenn wir den Input-Output-Koeffizienten aus der tatsächlich verbrauchten Menge des variierten Faktors Nährstoff und der Produktmenge bilden. So zeigen die Zahlenspalten „Produktmenge dt/ha" und „Verbrauchte Menge r kg/ha", dass die Produktmenge von 0 bis 80 dt/ha und die verbrauchte Menge r von 0 bis 160 kg/ha ansteigt. Bei jeder von null verschiedenen Produktmenge hat der Input-Output-Koeffizient als Quotient aus Faktormenge und Produktmenge den Wert ar = 2, wie wir ihn bei der Ableitung des Mengengerüstes für das vorliegende Beispiel auch angenommen hatten.

Bezieht man dagegen die in der linken Spalte der *Übersicht 6.33* (oberer Teil) angegebenen Angebotsmengen des Faktors r auf die Produktmengen, dann zeigt sich, dass der resultierende Input-Output-Koeffizient nur bei den Angebotsmengen bis r_5 = 80 kg/ha ebenfalls den Wert 2,0 hat, in den weiteren Angebotsstufen aber sukzessive bis auf 3,0 ansteigt. Bei Verwendung der Angebots- und nicht der tatsächlichen Verbrauchsmengen des variierten Faktors können wir also bei der biotisch-intensitätsmäßigen Verfahrensvariation die Annahme konstanter Produktionskoeffizienten nicht mehr aufrechterhalten.

Dadurch sind unter diesen Bedingungen die Faktoreinsatzrelationen zwischen dem Produktionsfaktor „Nutzfläche" und dem Produktionsfaktor „Nährstoff" nicht mehr streng komplementär. Es ergibt sich vielmehr eine substitutionale Beziehung mit abnehmenden Grenzraten der Substitution. Wir können diese Beziehung im Rahmen der totalen Faktorvariation durch die jeweiligen Isoquanten als Kurven gleicher Produktmengen verdeutlichen (vgl. dazu auch *Übersicht 6.16* in Abschnitt 6.5.1.1).

Übersicht 6.35 zeigt mit der Isoquante Ik als Winkelkurve die zugehörigen Faktoreinsatzrelationen, die sich bei streng komplementären Relationen für eine Produktmenge von bspw. 80 dt ergeben würden. Der Effizienzpunkt (Ep) ergibt sich bei Einsatz von 1 ha Nutzfläche und 160 kg des Nährstoffes. Auf den Schenkeln dieser Isoquante liegen Faktoreinsatzrelationen für die Produktmenge von 80 dt, bei denen entweder von dem einen oder von dem anderen Produktionsfaktor gewisse Mengen verschwendet würden.

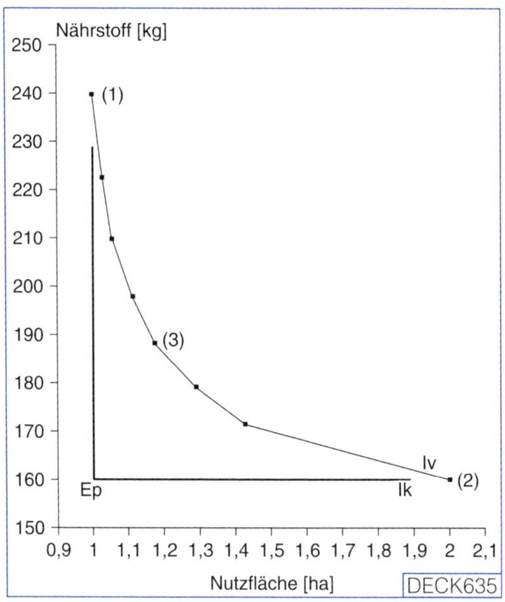

Übersicht 6.35: Isoquanten bei komplementären und begrenzt substitutionalen Faktoreinsatzrelationen

Mit der Kurve Iv in *Übersicht 6.35* wurde dagegen die Isoquante für die Produktmenge von 80 dt dargestellt, die sich ergibt, wenn wir die Faktorangebotsmenge anstatt der tatsächlichen Faktorverbrauchsmenge betrachten. Die beiden Endpunkte dieser Isoquante (1) und (2) zeigen z. B. an, dass die Produktmenge von 80 dt entweder auf 1 ha mit der Nährstoffangebotsmenge von 240 kg (1) oder auch auf 2 ha mit einer Nährstoffangebotsmenge von 160 kg erzeugt werden kann (2). Die erstgenannte Faktorkombination ist die Handlungsalternative r_{13} im oberen Teil der *Übersicht 6.33*. Zur Konstruktion dieser Übersicht waren wir ja von 1 ha Nutzfläche ausgegangen. Die zweitgenannte Faktorkombination lässt sich aus der Handlungsalternative r_5 des oberen Teils der Übersicht herleiten. Dort wurde auf 1 ha mit 80 kg des Nährstoffes die Produktmenge von 40 dt erreicht. Verdoppelt man nun die Faktormengen auf 2 ha und 160 kg Nährstoff, dann lässt sich die auf der Isoquante Iv liegende Produktmenge von 80 dt erreichen. Bei der ebenfalls auf der Isoquante liegenden Faktorkombination (3) wird die Produktmenge von 80 dt auf 1,17647 ha mit einem Nährstoffangebot von 188,23529 kg erreicht. Diese Kombination lässt sich aus der Handlungsalternative r_9 des oberen Teils der *Übersicht 6.33* herleiten. Dort wurde auf 1 ha mit der Nährstoffangebotsmenge von 160 kg eine Produktmenge von 68 dt erreicht. Zur Erzielung der geforderten, um ca. 17,647 % höheren Produktmenge von 80 dt müssen beide Faktormengen ebenfalls um 17,647 % ausgedehnt werden. Darauf ergeben sich die oben genannten Faktormengen von 1,17647 ha und 188,23529 kg Nährstoff. Die übrigen Faktorkombinationen auf der Isoquante Iv wurden prinzipiell auf die gleiche Weise bestimmt.

Im nächsten Schritt wollen wir die vorher durchgeführte Herleitung der MITSCHERLICH-Ertragsfunktion aus LIEBIG-Ertragsfunktionen noch etwas verallgemeinern und dazu auf das Gleichungssystem (6.53) zurückgreifen

In der Ertragsmatrix der *Übersicht 6.33* wurden sämtliche Einzelerträge durch das Ungleichungssystem (6.53) so bestimmt, dass der jeweilige Minimumfaktor gerade voll genutzt wird. Um das zu verdeutlichen, lässt sich das System (6.53) noch in einer anderen Schreibweise ausdrücken:

(6.54) $x = \min\{u; br \cdot r\}$, wobei $br = \frac{1}{ar}$

Bezogen auf die gesamte Ertragsmatrix gilt für jeden Einzelertrag (x_{ji}):

(6.55) $x_{ji} = \min\{u_j; br \cdot r_i\}$

Darin sind:

x_{ji} = Ertragsniveau x für das j-te Ertragspotenzial (j = 1, ..., n) und die i-te Handlungsalternative (i = 1, ..., m);

u_j = Ertragspotenziale in den Klassen j = 1, ..., n;

r_i = Angebotsmengen des kontrollierbaren Wachstumsfaktors R bei der i-ten Handlungsalternative;

br = Output-Input-Koeffizient des kontrollierbaren Faktors R als Kehrwert des Input-Output-Koeffizienten ar.

Die jeweilige Spalte rechts neben den Ertragsmatrizen der *Übersicht 6.33* zeigt die Produktmengen, wie sie sich als gewogene Durchschnitte je Nutzflächeneinheit in Abhängigkeit steigender Mengen des variierten Wachstumsfaktors ergeben. Für jede Handlungsalternative, d. h. für jede Menge (r_i), ergeben sich die mittleren Erträge je Flächeneinheit nach Maßgabe der Gleichung:

(6.56) $E(r_i) = \sum_{j=1}^{n} x_{ji} \cdot f_j$

Darin sind:

$E(r_i)$ = Die durchschnittlichen Erträge je Nutzflächeneinheit bei der Angebotsmenge r_i für den kontrollierbaren Faktor R;

f_j = Flächenanteile der Gesamtparzelle, auf denen die Potenzialerträge u_j erreicht werden können.

Etwas allgemeiner lässt sich die Gleichung (6.56) schreiben, wenn die Gleichung (6.55) in die Gleichung (6.56) eingesetzt und R als kontinuierliche Variable aufgefasst wird. Es gilt dann:

(6.57) $$E(r) = \sum_{j=1}^{n} [(\min\{u_j; br \cdot r\}) \cdot f_j]$$

Darin sind:

r = Die Menge des kontrollierbaren Wachstumsfaktors als kontinuierliche, unabhängige Variable;

E(r) = Produktmenge je Flächeneinheit, gemessen in Nutzungseinheiten.

Zur Bestimmung wirtschaftlicher Kenngrößen lässt sich mit Gleichung (6.57) schwierig umgehen. Insbesondere lässt sich daraus keine Umkehrfunktion bilden. Mit Hilfe einer Einfach-Regression unter Verwendung einer quadratischen Gleichung lassen sich jedoch besser handhabbare Erzeugungsfunktionen ableiten, die praktisch die gleichen Verläufe zeigen wie die mit der *Übersicht 6.33* abgeleiteten Ertragsfunktionen. Dies sei am Beispiel der Ertragsfunktion, die sich bei Gleichverteilung der Klassen der genetischen Ertragspotenziale (oberer Teil der *Übersicht 6.33*) ergibt, gezeigt.

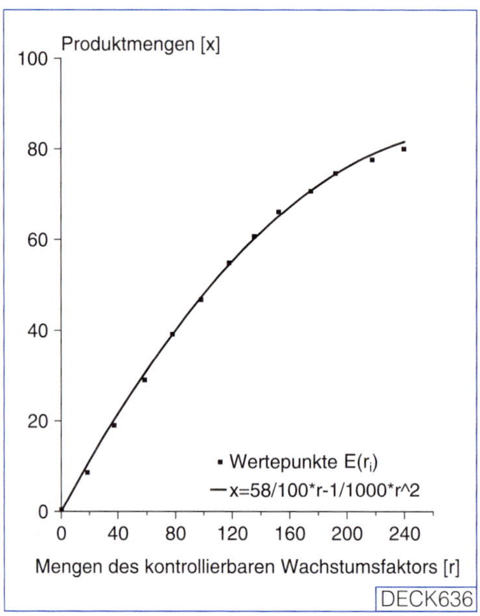

Übersicht 6.36: Abbildung einer Erzeugungsfunktion mittels quadratischer Funktion

Übersicht 6.36 enthält mit den Wertepunkten die Erträge $E(r_i)$ aus dem oberen Teil der *Übersicht 6.33*. Die Regressionsrechnung liefert als beste quadratische Schätzgleichung:

(6.58) $$x = \frac{58}{100} \cdot r - \frac{1}{1000} \cdot r^2$$

Darin sind:

x = Produktmengen je Nutzflächeneinheit, gemessen in Mengeneinheiten;

r = Angebotsmengen eines kontrollierbaren Wachstumsfaktors als unabhängige Variable, gemessen in Mengeneinheiten.

Die Ertragsfunktion der Gleichung (6.58) ist in *Übersicht 6.36* ebenfalls abgebildet. Sie weicht in ihrem Verlauf nur geringfügig von den Wertepunkten $E(r_i)$ ab.

Will man nun die Mengen des kontrollierbaren Faktors (r) in Abhängigkeit von den Produktmengen (x) abtragen, dann muss die Umkehrfunktion als Verbrauchsfunktion gebildet werden. Die Umkehrfunktion der Gleichung (6.58) lautet:

$$(6.59) \qquad r = \frac{1}{2} \cdot (580 - \sqrt{336.400 - 4000 \cdot x})$$

(Als Hausaufgabe: Leiten Sie die Umkehrfunktion unter Verwendung der allgemeinen Lösungsgleichung für quadratische Funktionen ab.)

Die Wertepunkte (r_i) für den kontrollierbaren Wachstumsfaktor aus *Übersicht 6.33* und die Umkehrfunktion als Gleichung (6.59) sind in *Übersicht 6.37* dargestellt.

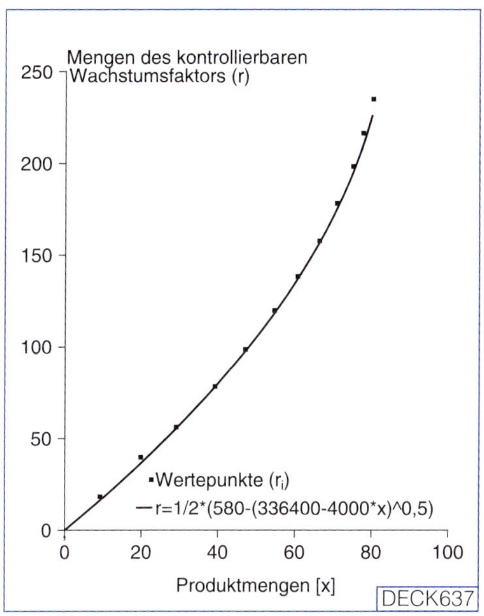

Übersicht 6.37: Abbildung einer Verbrauchsfunktion mittels der Umkehrfunktion einer quadratischen Funktion

6.5.5.2 Kosten-Leistungs-Verhältnisse für die biotisch-intensitätsmäßige Verfahrensvariation

Wir wollen jetzt die Kosten-Leistungs-Verhältnisse für die mit den Gleichungen (6.58) und (6.59) abgeleiteten Erzeugungs- und Verbrauchsfunktionen untersuchen und dabei insbesondere fragen, für welche Nutzungsintensität des Betriebsmittels „Nutzflächeneinheit" sich der Landnutzer bei der biotisch-intensitätsmäßigen Verfahrensvariation entscheiden sollte. Konkret geht es dabei um die Bestimmung der optimalen sog. *speziellen Intensität der Landnutzung*, hier ausgedrückt durch die Menge des kontrollierbaren Wachstumsfaktors (r), die der Landwirt je Nutzflächeneinheit anbieten sollte, wenn er den Deckungsbeitrag bzw. den Gewinnbeitrag je Nutzflächeneinheit maximieren möchte.

Für die Betrachtung der Kosten-Leistungs-Verhältnisse benötigen wir zunächst wieder die zugehörigen Preisgerüste. Zu ihrer Ableitung wollen wir in diesem Falle bei den Kosten zwischen den *flächengebundenen Kosten* und den *ertragsgebundenen Kosten* unterscheiden. Die ertragsgebundenen Kosten entstehen in unserem Beispiel für den kontrollierbaren Wachstumsfaktor (r), weil seine Einsatzmengen die je Flächeneinheit erzielbaren Produktmengen (x) bestimmen bzw. – bei der Verbrauchsfunktion – seine Einsatzmengen von den erwünschten Produktmengen bestimmt werden. Die ertragsgebundenen Kosten ergeben sich durch Multiplikation der Mengen des kontrollierbaren Wachstumsfaktors (r), den wir im Weiteren als ertragsgebundenen Faktor bezeichnen wollen, mit dem zugehörigen Ankaufspreis (pr).

Die flächengebundenen Kosten je Flächeneinheit entstehen dagegen unabhängig vom Ertragsniveau, insbesondere für die meisten menschlichen und maschinellen Dienste, für das Saatgut, für die Grunddüngerversorgung sowie für wesentliche Teile des Pflanzenschutzes.

Bei der Betrachtung einer Nutzflächeneinheit handelt es sich in Bezug auf die Produktmenge je Nutzflächeneinheit bei den flächengebundenen Kosten um nichtproportionale Kosten, und – wenn wir davon ausgehen, dass wir bei gegebenem Produktionsverfahren mit gegebenen flächengebundenen Kosten nur das wirtschaftlich ergiebige Ertragsniveau bestimmen wollen – um fixe Kosten. In dieser Situation sind nur die ertragsgebundenen Kosten als variable Kosten anzusehen.

Als Leistungen entstehen gegenwärtig in der Nutzpflanzenproduktion nicht nur die Leistungen aus den erzeugten Produktmengen, sondern auch die von der Europäischen Union gewährten Direktzahlungen. Da diese Zahlungen flächengebunden sind, die auf einem Standort unabhängig vom realisierten Ertragsniveau gezahlt werden, handelt es sich sozusagen um „negative" nichtproportionale bzw. fixe Kosten. Wir berücksichtigen also die Direktzahlungen dadurch, dass wir sie von den fixen, flächengebundenen Produktionskosten subtrahieren.

Für das nachfolgend dargestellte Beispiel sind für das Preisgerüst die im Kopf der *Übersicht 6.38* angegebenen Werte zugrunde gelegt worden. Der Produktpreis (px) betrage wie in den Beispielen der vorhergehenden Abschnitte px = 25,00 €. Für den ertragsgebundenen Faktor sei der Faktorpreis wiederum pr = 6,00 €. Die flächengebundenen Kosten mögen als zusammengefasstes Paket Kf = 600,00 € und die Direktzahlung Apf = 350,00 € je Nutzflächeneinheit betragen. Mit dem Preisgerüst und den vorher abgeleiteten Erzeugungs- und Verbrauchsfunktionen sind die beiden Hauptteile der *Übersicht 6.38* generiert worden. Die Tabelle ist ebenso aufgebaut wie diejenige der *Übersicht 6.17*, mit der wir den optimalen Beschäftigungsgrad bei linear-limitationalen Produktionsfunktionen ermittelt hatten. Der obere Teil von *Übersicht 6.38* enthält die Kosten- und Leistungsgegebenheiten für die Erzeugungsfunktion, der untere Teil diejenigen für die Verbrauchsfunktionen.

Im oberen Teil der Tabelle entstehen die Werte der naturalen und monetären Kennzahlen in Abhängigkeit von den in der linken Spalte angegebenen Angebotsmengen für den ertragsgebundenen Faktor (r) als der unabhängigen Variablen. Das Gesamtprodukt (x) errechnet sich

Produktpreis € [px]:	25,00	Preis des ertragsgebundenen Faktors € [pr]:	6,00
Flächengebun. Kosten €/ha [Kf]:	600,00	Ausgleichsprämie €/ha [Apf]:	350,00
Erzeugungsfunktion: x= 58/100*r-1/1000*r^2		Verbrauchsfunktion: r= 1/2*(580-(336400-4000*x)^0,5)	

Ertr.-gebundener Faktor	Gesamtprodukt	Gesamtleistung	Fixe Kosten	Variable Kosten	Gesamtkosten	Deckungsbeitrag	Gewinnbeitrag	Durchschnittsprodukt	Grenzprodukt	Durchschnittsleistung	Grenzleistung
ME	ME	€	€	€	€	€	€	ME	ME	€	€
[r]	[x]	[L]	[KF]	[KV]	[K]	[DB]	[GB]	[mx]	[gx]	[ML]	[GL]
0	0,00	0,00	250,00	0,00	250,00	0,00	-250,00				
10	5,70	142,50	250,00	60,00	310,00	82,50	-167,50	0,57	0,57	14,25	14,00
20	11,20	280,00	250,00	120,00	370,00	160,00	-90,00	0,56	0,55	14,00	13,50
30	16,50	412,50	250,00	180,00	430,00	232,50	-17,50	0,55	0,53	13,75	13,00
40	21,60	540,00	250,00	240,00	490,00	300,00	50,00	0,54	0,51	13,50	12,50
50	26,50	662,50	250,00	300,00	550,00	362,50	112,50	0,53	0,49	13,25	12,00
60	31,20	780,00	250,00	360,00	610,00	420,00	170,00	0,52	0,47	13,00	11,50
70	35,70	892,50	250,00	420,00	670,00	472,50	222,50	0,51	0,45	12,75	11,00
80	40,00	1000,00	250,00	480,00	730,00	520,00	270,00	0,50	0,43	12,50	10,50
90	44,10	1102,50	250,00	540,00	790,00	562,50	312,50	0,49	0,41	12,25	10,00
100	48,00	1200,00	250,00	600,00	850,00	600,00	350,00	0,48	0,39	12,00	9,50
110	51,70	1292,50	250,00	660,00	910,00	632,50	382,50	0,47	0,37	11,75	9,00
120	55,20	1380,00	250,00	720,00	970,00	660,00	410,00	0,46	0,35	11,50	8,50
130	58,50	1462,50	250,00	780,00	1030,00	682,50	432,50	0,45	0,33	11,25	8,00
140	61,60	1540,00	250,00	840,00	1090,00	700,00	450,00	0,44	0,31	11,00	7,50
150	64,50	1612,50	250,00	900,00	1150,00	712,50	462,50	0,43	0,29	10,75	7,00
160	67,20	1680,00	250,00	960,00	1210,00	720,00	470,00	0,42	0,27	10,50	6,50
170	69,70	1742,50	250,00	1020,00	1270,00	722,50	472,50	0,41	0,25	10,25	6,00
180	72,00	1800,00	250,00	1080,00	1330,00	720,00	470,00	0,40	0,23	10,00	5,50
190	74,10	1852,50	250,00	1140,00	1390,00	712,50	462,50	0,39	0,21	9,75	5,00
200	76,00	1900,00	250,00	1200,00	1450,00	700,00	450,00	0,38	0,19	9,50	4,50

Gesamtprodukt	Ertr.-gebundener Faktor	Gesamtleistung	Fixe Kosten	Variable Kosten	Gesamtkosten	Deckungsbeitrag	Gewinnbeitrag	Fixe Stückkosten	Variable Stückkosten	Stückkosten	Grenzkosten
ME	ME	€	€	€	€	€	€	€	€	€	€
[x]	[r]	[L]	[KF]	[KV]	[K]	[DB]	[GB]	[MKF]	[MKV]	[MK]	[GK]
0	0,00	0,00	250,00	0,00	250,00	0,00	-250,00				
5	8,75	125,00	250,00	52,52	302,52	72,48	-177,52	50,00	10,50	60,50	10,67
10	17,79	250,00	250,00	106,72	356,72	143,28	-106,72	25,00	10,67	35,67	11,02
15	27,13	375,00	250,00	162,79	412,79	212,21	-37,79	16,67	10,85	27,52	11,41
20	36,82	500,00	250,00	220,92	470,92	279,08	29,08	12,50	11,05	23,55	11,85
25	46,90	625,00	250,00	281,37	531,37	343,63	93,63	10,00	11,25	21,25	12,34
30	57,41	750,00	250,00	344,44	594,44	405,56	155,56	8,33	11,48	19,81	12,90
35	68,41	875,00	250,00	410,49	660,49	464,51	214,51	7,14	11,73	18,87	13,54
40	80,00	1000,00	250,00	480,00	730,00	520,00	270,00	6,25	12,00	18,25	14,29
45	92,26	1125,00	250,00	553,58	803,58	571,42	321,42	5,56	12,30	17,86	15,17
50	105,34	1250,00	250,00	632,03	882,03	617,97	367,97	5,00	12,64	17,64	16,25
55	119,41	1375,00	250,00	716,48	966,48	658,52	408,52	4,55	13,03	17,57	17,59
60	134,76	1500,00	250,00	808,55	1058,55	691,45	441,45	4,17	13,48	17,64	19,32
65	151,80	1625,00	250,00	910,78	1160,78	714,22	464,22	3,85	14,01	17,86	21,71
70	171,26	1750,00	250,00	1027,54	1277,54	722,46	472,46	3,57	14,68	18,25	25,26
75	194,61	1875,00	250,00	1167,64	1417,64	707,36	457,36	3,33	15,57	18,90	31,45
80	225,97	2000,00	250,00	1355,81	1605,81	644,19	394,19	3,13	16,95	20,07	46,85

DECK638

Übersicht 6.38: Plan-Kosten-Leistungs-Rechnung zur Bestimmung des optimalen Beschäftigungsgrades bei biotisch-intensitätsmäßiger Verfahrensvariation – Beispiel –

aus der bereits abgeleiteten Erzeugungsfunktion (6.58). Die Gesamtleistung (L) erhalten wir durch Multiplikation des Gesamtproduktes (x) mit dem Produktpreis (px) als:

$$L = px \cdot \left(\frac{58}{100} \cdot r - \frac{1}{1000} \cdot r^2\right) \qquad (6.60)$$

Die fixen Kosten (KF) sind die Differenz aus den flächengebundenen Produktionskosten (Kf) und den Direktzahlungen (Apf):

$$(6.61) \qquad KF = Kf - Apf$$

Die variablen Kosten (KV) sind das mathematische Produkt aus der Menge des ertragsgebundenen Faktors (r) und dem Faktorpreis (pr):

$$(6.62) \qquad KV = pr \cdot r$$

Für die Gesamtkosten (K) als Summe aus fixen und variablen Kosten gilt dann:

$$(6.63) \qquad K = KF + pr \cdot r$$

Der Deckungsbeitrag (DB) ergibt sich als Differenz aus der Gesamtleistung (L) und den variablen Kosten (KV) mit:

$$(6.64) \qquad DB = px \cdot \left(\frac{58}{100} \cdot r - \frac{1}{1000} \cdot r^2\right) - pr \cdot r$$

Den Gewinnbeitrag (GB) erhalten wir, wenn wir von der Gesamtleistung (L) außer den variablen Kosten (KV) auch die fixen Kosten (KF) subtrahieren:

$$(6.65) \qquad GB = px \cdot \left(\frac{58}{100} \cdot r - \frac{1}{1000} \cdot r^2\right) - pr \cdot r - KF$$

Das Durchschnittsprodukt (mx) ergibt sich nach Maßgabe der allgemeinen Definitionsgleichung (6.12) aus Abschnitt 6.3.4 für unser Beispiel mit:

$$(6.66) \qquad mx = \frac{x}{r} = \frac{\frac{58}{100} \cdot r - \frac{1}{1000} \cdot r^2}{r} = \frac{58}{100} - \frac{1}{1000} \cdot r$$

Das Grenzprodukt (gx) ergibt sich nach Maßgabe der allgemeinen Definitionsgleichung (6.13) für unser Beispiel als 1. Ableitung des Gesamtproduktes aus Gleichung (6.58) mit:

$$(6.67) \qquad gx = \frac{dx}{dr} = \frac{58}{100} - \frac{1}{500} \cdot r$$

Sowohl das Durchschnittsprodukt als auch das Grenzprodukt sind also in Abhängigkeit von steigenden Mengen des ertragsgebundenen Faktors (r) in unserem Beispiel linear fallende Funktionen, wobei – wie aus den zugehörigen Spalten der *Übersicht 6.38* und einem unmittelbaren Vergleich der Ausdrücke (6.66) und (6.67) deutlich wird – das Grenzprodukt um den Faktor 2 rascher abnimmt als das Durchschnittsprodukt. (Hausaufgabe: Warum ist das so?)

Die Durchschnittsleistung (ML) ergibt sich aus der allgemeinen Gleichung (6.17) für unser Beispiel mit:

$$(6.68) \qquad ML = \frac{L}{r} = px \cdot \left(\frac{58}{100} - \frac{1}{1000} \cdot r\right)$$

Und die Grenzleistung (GL) ergibt sich aus der allgemeinen Gleichung (6.18) mit:

$$(6.69) \qquad GL = \frac{dL}{dr} = px \cdot \left(\frac{58}{100} - \frac{1}{500} \cdot r\right)$$

Die Durchschnittsleistung und die Grenzleistung sind also die mit dem Produktpreis (px) multiplizierten Werte des Durchschnittsproduktes (mx) und des Grenzproduktes (gx).

In *Übersicht 6.39* sind die Gesamtleistung (L), die fixen Kosten (KF), die variablen Kosten (KV) und die Gesamtkosten (K) in Abhängigkeit von den Einsatzmengen des ertragsgebundenen Faktors (r) grafisch abgetragen. Außerdem geht daraus hervor, dass der maximale Deckungsbeitrag (DBmax) und der maximale Gewinnbeitrag (GBmax) offenbar bei der Faktoreinsatzmenge r_{op} = 170 erreicht werden. Dort würden also der optimale Beschäftigungsgrad für das Betriebsmittel „Nutzfläche" und die optimale Faktorangebotsmenge (r) je Nutzflächeneinheit, d. h. die optimale spezielle Intensität der Landnutzung, liegen.

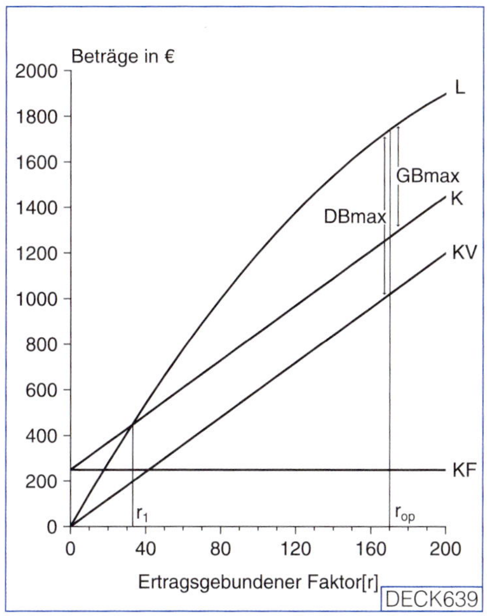

Übersicht 6.39: Kosten und Leistungen bei biotisch-intensitätsmäßiger Verfahrensvariation – Erzeugungsfunktion –

Wie kommt es zu diesen Aussagen? Betrachten wir zunächst die Gesamtleistung (L) und die variablen Kosten (KV). Der Deckungsbeitrag ist die Differenz aus diesen beiden Größen. Aus der Grafik ist ablesbar, dass der Deckungsbeitrag bereits ab einer sehr geringen Faktoreinsatzmenge (r) positiv ist und sich mit zunehmenden Faktoreinsatzmengen rasch vergrößert, weil die Leistungsfunktion stärker ansteigt als die Funktion der variablen Kosten. Im Unterschied zur gleich bleibenden Steigung der Funktion der variablen Kosten steigt zwar die Leistungsfunktion rascher an, ihre Steigung nimmt aber mit steigenden Faktoreinsatzmengen sukzessive ab. Mit zunehmenden Faktoreinsatzmengen (r) wird also der Deckungsbeitragszuwachs nach und nach geringer. Der Deckungsbeitragszuwachs wird schließlich null, wenn die Leistungsfunktion nur mehr ebenso steil ansteigt wie die Funktion der variablen Kosten. Bei weiter zunehmenden Faktoreinsatzmengen würden dann die variablen Kosten rascher zunehmen als die Leistungen. Der Deckungsbeitrag als Differenz aus beiden Größen würde wieder abnehmen.

Offenbar ist also der maximale Deckungsbeitrag (DBmax) dann erreicht, wenn die Steigungen der Leistungsfunktion und der Funktion der variablen Kosten gerade gleich sind. Wir können die zugehörige Faktormenge (r_{op}) deshalb auch dadurch bestimmen, dass wir die ersten Ableitungen der beiden Funktionen bilden, diese dann gleichsetzen und anschließend nach der Faktormenge (r) auflösen. Es gilt für die 1. Ableitung der Gesamtleistung als Grenzleistung die bereits definierte Gleichung (6.69). Die 1. Ableitung der Funktion der variablen Kosten erhalten wir aus der Gleichung (6.62) mit:

$$(6.70) \qquad \frac{dK}{dr} = pr$$

Die Steigung der Funktion der variablen Kosten ist also der Preis des Faktors (r).

Die Gleichsetzung der Ausdrücke (6.69) und (6.70) führt zu:

$$pr = px \cdot \left(\frac{58}{100} - \frac{1}{500} \cdot r\right)$$

Die Auflösung nach r ergibt:

$$(6.71) \qquad r = 290 - 500 \cdot \frac{pr}{px}$$

Das Einsetzen von pr = 6,00 € und px = 25,00 € für unser Beispiel liefert dann:

$$r = 290 - 500 \cdot \frac{6}{25} = 170$$

Die optimale Faktoreinsatzmenge (r) liegt also – wie in *Übersicht 6.39* grafisch dargestellt und wie auch aus der *Übersicht 6.38* zahlenmäßig hervorgeht (der maximale Deckungsbeitrag von 722,50 € unseres Beispiels wird bei der Faktormenge r = 170 ME erreicht) – bei r = 170 ME.

Das Ergebnis lässt sich auch auf eine andere Weise herleiten. Wir hatten vorher festgestellt, dass bei der optimalen Faktoreinsatzmenge (r) der Deckungsbeitragszuwachs null wird. Der Deckungsbeitragszuwachs ist aber der Grenzdeckungsbeitrag, d. h. die Steigung bzw. die 1. Ableitung des Deckungsbeitrages (DB). Wir können also die optimale Faktoreinsatzmenge bestimmen, wenn wir die Deckungsbeitragsfunktion (6.64) nach r differenzieren, den Ausdruck dann null setzen und nach r auflösen. Es gilt:

$$(6.72) \qquad \frac{dDB}{dr} = \frac{58 \cdot px}{100} - \frac{px \cdot r}{500} - pr$$

Nullsetzung dieses Ausdrucks und Auflösung nach r ergibt wieder:

$$(6.71) \qquad r = 290 - 500 \cdot \frac{pr}{px}$$

Aus den Zahlen der *Übersicht 6.38* und der grafischen Darstellung der *Übersicht 6.39* geht zusätzlich hervor, dass der maximale Gewinnbeitrag (GBmax) bei demselben Beschäftigungsgrad (r_{op}) erreicht wird wie der maximale Deckungsbeitrag (DBmax). Das ist unschwer einsehbar: Da sich die zur Bestimmung des Gewinnbeitrages heranzuziehenden Gesamtkosten (K) von den für die Bestimmung des Deckungsbeitrages heranzuziehenden variablen Kosten (KV) nur durch den konstanten Block der fixen Kosten (KF) unterscheiden und damit nicht die für die Lage der

Maxima entscheidende Steigung der Kostenfunktion verändern, müssen sich DBmax und GBmax bei dem gleichen Beschäftigungsgrad ergeben. Diese Aussage lässt sich verallgemeinern:

Die optimale spezielle Intensität für ein definiertes Produktionsverfahren ist unabhängig von der Höhe der flächengebundenen bzw. fixen Kosten je Nutzflächeneinheit. Sie wird nur durch die Steigungsmaße der für die ertragsgebundenen Wachstumsfaktoren entstehenden variablen Kosten und der Leistungen bestimmt. Der optimale Beschäftigungsgrad hängt damit von den Werten der Input-Output-Koeffizienten für die ertragsgebundenen Wachstumsfaktoren, von deren Preisen und vom Produktpreis ab. Es gilt mithin: Sinkende/steigende Werte der Input-Output-Koeffizienten für die ertragsgebundenen Wachstumsfaktoren, steigende/sinkende Produktpreise und sinkende/steigende Preise der ertragsgebunden Wachstumsfaktoren führen zu steigenden/sinkenden optimalen speziellen Intensitäten und darüber hinaus zu steigenden/sinkenden Produktmengen sowie auch zu steigenden/sinkenden Deckungsbeiträgen und Gewinnbeiträgen je Nutzflächeneinheit. Veränderungen der flächengebundenen Kosten haben dagegen keine Auswirkungen auf die optimale spezielle Intensität und die Höhe des Deckungsbeitrages. Sinkende/steigende Beträge für die flächengebundenen Kosten führen nur zu steigenden/sinkenden Gewinnbeiträgen. (Sie können die *Übersicht 6.38* mit der Excel-Tabelle DECK638 aufrufen. Überprüfen Sie durch Variation der Preisparameter die Richtigkeit der vorstehenden Aussagen.)

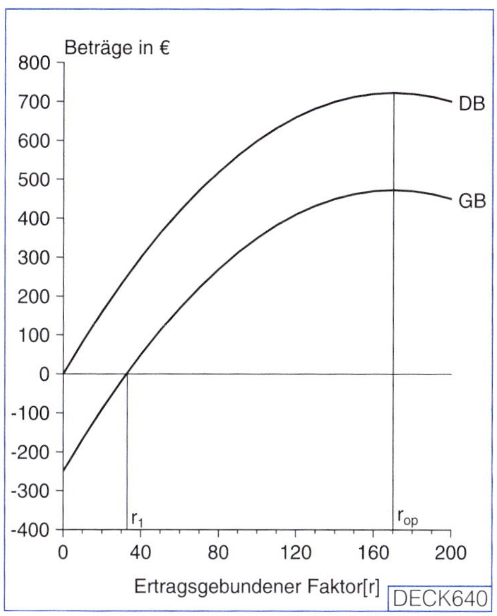

Übersicht 6.40: Deckungsbeitrag und Gewinnbeitrag bei biotisch-intensitätsmäßiger Verfahrensvariation – Erzeugungsfunktion –

Zur weiteren Verdeutlichung der vorher abgeleiteten Aussagen, dass nämlich bei der optimalen speziellen Intensität die Steigungen der Deckungsbeitrags- und der Gewinnbeitragsfunktionen null werden (Gleichung 6.72) und ferner die optimale spezielle Intensität auch dadurch gekennzeichnet ist, dass an diesem Punkt die Grenzleistung dem Preis des ertragsgebundenen Wachstumsfaktors entspricht, dienen die *Übersichten 6.40* und *6.41*.

Übersicht 6.40 zeigt die aus den Zahlen der *Übersicht 6.38* abgeleiteten Funktionen für den Deckungsbeitrag (DB) und den Gewinnbeitrag (GB) in Abhängigkeit von steigenden Einsatzmengen des ertragsgebundenen Faktors (r). Die Maxima der Funktionen werden auch hier wieder bei der Faktormenge r_{op} = 170 erreicht. In den Maxima der beiden Funktionen sind deren Steigungen gerade null (die zugehörigen Tangenten an diesen Punkten würden parallel zur Abszisse verlaufen).
Übersicht 6.41 zeigt schließlich die aus den Zahlen der *Übersicht 6.38* abgeleitete Funktion für die Grenzleistung (GL) und den konstanten Faktorpreis von pr = 6. Die Grenzleistungsfunktion durchschneidet die Linie des Faktorpreises auch hier wieder bei der optimalen Faktoreinsatzmenge von r_{op} = 170. Im Schnittpunkt der beiden Kurven gilt Grenzleistung = Faktorpreis.

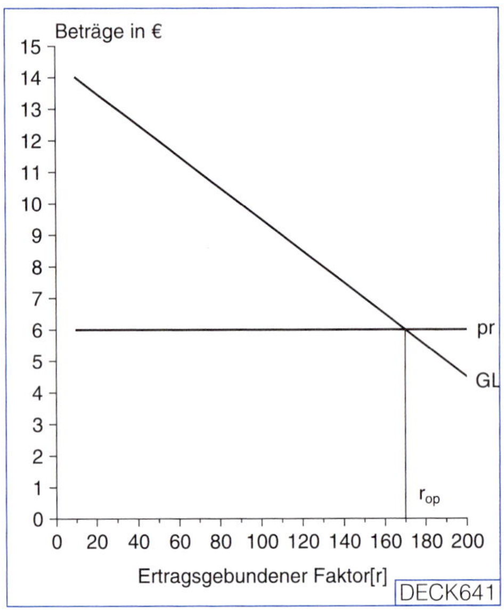

Übersicht 6.41: Preis des ertragsgebundenen Faktors und Grenzleistung bei biotisch-intensitätsmäßiger Verfahrensvariation – Erzeugungsfunktion –

Der untere Teil der Tabelle in *Übersicht 6.38* zeigt die Werte der naturalen und monetären Kennzahlen für die Verbrauchsfunktion in Abhängigkeit von den in der linken Spalte der Tabelle aufgeführten Produktmengen. Die notwendigen Einsatzmengen des ertragsgebundenen Faktors (r) ergeben sich aus der bereits abgeleiteten Verbrauchsfunktion (6.59). Die fixen Kosten je Nutzflächeneinheit (KF) ergeben sich wie zuvor. Die Gesamtleistungen (L), die variablen Kosten (KV) und die Gesamtkosten (K) sind bei der Produktmenge (x) als der unabhängigen Variablen:

$$(6.73) \qquad L = px \cdot x$$

$$(6.74) \qquad KV = pr \cdot \frac{1}{2} \cdot \left(580 - \sqrt{336.400 - 4000 \cdot x}\right)$$

$$(6.75) \qquad K = KF = pr \cdot \frac{1}{2} \cdot \left(580 - \sqrt{336.400 - 4000 \cdot x}\right)$$

Für den Deckungsbeitrag (DB) gilt nunmehr:

$$(6.76)\qquad DB = L - KV = px \cdot x - pr \cdot \frac{1}{2} \cdot \left(580 - \sqrt{336.400 - 4000 \cdot x}\right)$$

Und der Gewinnbeitrag (GB) ist:

$$(6.77)\qquad GB = L - KV - KF = px \cdot x - pr \cdot \frac{1}{2} \cdot \left(580 - \sqrt{336.400 - 4000 \cdot x}\right) - KF$$

Zusätzlich sind im unteren Teil der *Übersicht 6.38* die fixen Stückkosten (MKF), die variablen Stückkosten (MKV), die (gesamten) Stückkosten (MK) und die Grenzkosten (GK) aufgeführt.

Sie errechnen sich nach Maßgabe der allgemeinen Gleichungen (6.20) bis (6.22) (siehe Abschnitt 6.3.4) mit:

$$(6.78)\qquad MKF = \frac{KF}{x}$$

$$(6.79)\qquad MKV = \frac{KV}{x} = \frac{pr \cdot \frac{1}{2} \cdot \left(580 - \sqrt{336.400 - 4000 \cdot x}\right)}{x}$$

$$(6.80)\qquad MK = \frac{K}{x} = \frac{KF + pr \cdot \frac{1}{2} \cdot \left(580 - \sqrt{336.400 - 4000 \cdot x}\right)}{x}$$

Die Grenzkosten (GK) ergeben sich als 1. Ableitung der Gleichung (6.75) unter Anwendung der Kettenregel mit:

$$(6.81)\qquad GK = \frac{dK}{dx} = pr \cdot \frac{1}{2} \cdot \left(\frac{2000}{\sqrt{336.400 - 4000 \cdot x}}\right)$$

Aus den zugehörigen Spalten des unteren Teils der *Übersicht 6.38* geht hervor, dass die fixen Stückkosten (MKF) in Abhängigkeit zunehmender Produktmengen (x) einen degressiv fallenden Verlauf haben, weil sich der konstante Kostenblock der fixen Kosten (KF) auf eine zunehmend größere Produktmenge verteilt. Dieser Tatbestand wirkt grundsätzlich in Richtung auf einen möglichst hohen Beschäftigungsgrad des Betriebsmittels „Nutzfläche" bzw. auf eine möglichst hohe spezielle Intensität.

Die variablen Stückkosten (MKV) steigen dagegen in Abhängigkeit zunehmender Produktmengen sukzessive an. Dies wirkt grundsätzlich in Richtung auf eine Begrenzung des Beschäftigungsgrades. Insgesamt fallen dadurch (die gesamten) Stückkosten (MK) als Summe aus den fixen und den variablen Stückkosten in Abhängigkeit steigender Produktmengen zunächst ab, erreichen im Beispiel und einem Betrag von ungefähr 17,57 € bei einer Produktmenge von ungefähr x = 55 ihr Minimum, um danach wieder anzusteigen. Es ergibt sich also ein u-förmiger Stückkostenverlauf, der damit eine Begrenzung der speziellen Intensität nahelegt. Anzumerken ist, dass sich aus den Zahlen der *Übersicht 6.38* die exakte Lage des Stückkostenminimums und die exakten Werte der zugehörigen Stückkosten und Produktmenge nur näherungsweise („ungefähr") ablesen lassen, weil die Produktmengen (x) in diskreten Schritten von jeweils 5 Mengeneinheiten variiert wurden (zur exakten Berechnung siehe unten).

Die Grenzkosten (GK) steigen dagegen in Abhängigkeit zunehmender Produktmengen – ganz ähnlich wie die variablen Stückkosten – sukzessive an, allerdings offenbar rascher als die variablen Stückkosten.

Übersicht 6.42 verdeutlicht als grafische Darstellung zunächst wieder die Zusammenhänge für die Gesamtleistung (L), die fixen Kosten (KF), die variablen Kosten (KV) und die Gesamtkosten (K). Der maximale Deckungsbeitrag (DBmax) und der maximale Gewinnbeitrag (GBmax) werden bei ungefähr x_{op} = 70 Produkteinheiten erreicht. Der exakte Wert für die deckungsbeitrags- und gewinnbeitragsmaximale Produktmenge lässt sich aus den Zahlen der *Übersicht 6.38* aus den eben genannten Gründen ebenfalls nicht ablesen (zur exakten Berechnung siehe unten).

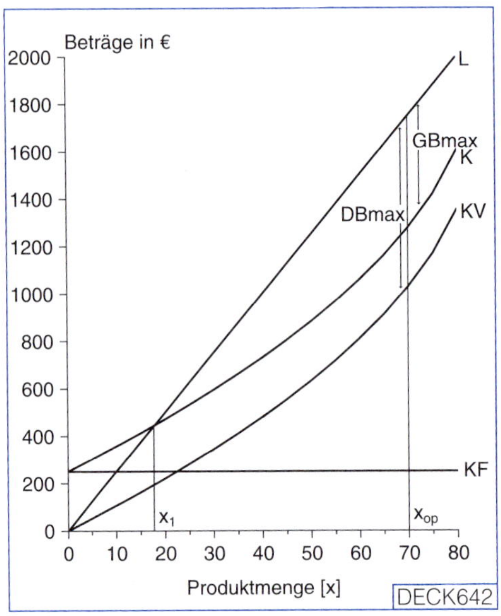

Übersicht 6.42: Deckungsbeitrag und Gewinnbeitrag bei biotisch-intensitätsmäßiger Verfahrensvariation – Verbrauchsfunktion –

Nunmehr verhalten sich die Gesamtleistungen (L) in Abhängigkeit steigender Produktmengen als lineare Funktion (was bei der Linearität der Definitionsgleichung (6.73) naheliegt), während sich für die variablen Kosten und die Gesamtkosten progressiv steigende Verläufe ergeben. Der Deckungsbeitrag als Differenz aus den Gesamtleistungen (L) und den variablen Kosten (KV) wird bereits bei sehr geringen Produktmengen positiv, um bis zum Erreichen des optimalen Beschäftigungsgrades (x_{op}) zuzunehmen. Der Gewinnbeitrag als Differenz aus Gesamtleistungen (L) und Gesamtkosten (K) ist wegen der fixen Kosten bei kleinen Produktmengen zunächst negativ. Erst ab der Produktmenge x_1 wird Vollkostendeckung erreicht. Die flächengebundenen fixen Kosten drängen also prinzipiell in Richtung auf höhere spezielle Intensitäten. Man kann sich leicht klarmachen, dass die spezielle Mindestintensität, d. h. die spezielle Intensität, bei der mindestens Vollkostendeckung erreicht wird, umso höher sein muss, je höher der flächengebundene Kostenblock ist. Steigende flächengebundene Kosten würden in *Übersicht 6.42* zu Parallelverschiebungen der Gesamtkostenkurve (K) nach oben und damit dazu führen, dass die Kostenkurve die Leistungskurve erst bei höheren Produktmengen schneidet.

Die exakte Produktmenge, bei der die optimale spezielle Intensität erreicht wird, lässt sich über die Gleichsetzung der 1. Ableitungen der Leistungsfunktion (L) und der Funktion der variablen Kosten (KV) mit anschließender Auflösung nach der Produktmenge (x) bestimmen. Die Steigung der Leistungsfunktion als 1. Ableitung der Gleichung (6.73) ist:

$$(6.82) \qquad \frac{dL}{dx} = px$$

Sie entspricht also dem Produktpreis.

Die Steigung der variablen Kosten ist identisch mit den bereits vorher abgeleiteten Grenzkosten in Gleichung (6.81). Gleichsetzung von (6.81) und (6.82) und Auflösung nach x liefert nach einigen Umformungen:

$$(6.83) \qquad x = \frac{3364}{40} - 250 \cdot \frac{pr^2}{px^2}$$

Einsetzen von pr = 6,00 € und px = 25,00 € für unser Beispiel führt zu:

$$x = 84{,}1 - \frac{250 \cdot 36}{625} = 69{,}7$$

Der optimale Beschäftigungsgrad, d. h. die optimale spezielle Intensität, würde also für unser Beispiel bei einer Produktmenge von exakt $x_{op} = 69{,}7$ ME je Nutzflächeneinheit erreicht. Durch Einsetzen dieser Produktmenge in die Verbrauchsfunktion (6.59) erhalten wir die zugehörige Angebotsmenge des kontrollierbaren Faktors mit r = 170 ME je Nutzflächeneinheit.

Das gleiche Ergebnis würden wir erhalten, wenn wir die optimale Produktmenge aus der 1. Ableitung der Deckungsbeitragsfunktion mit anschließender Nullsetzung und Auflösung nach x herleiten würden (Hausaufgabe: Führen Sie die Herleitung durch.)

Wir hatten aus den entsprechenden Zahlenspalten der *Übersicht 6.38* abgeleitet, dass die Stückkostenkurve einen u-förmigen Verlauf hat und dass das Stückkostenminimum für unser Beispiel bei einer Produktmenge von ungefähr x = 55 ME liegt. Die exakte Produktmenge, bei der das Stückkostenminimum erreicht wird, können wir rechnerisch bestimmen, wenn wir die 1. Ableitung der Stückkostenfunktion aus Gleichung (6.80) bilden, dieses Ergebnis dann gleich null setzen und schließlich nach x auflösen. Die 1. Ableitung der Stückkosten (MK) unter Verwendung der Produkt- und der Kettenregel ist:

$$\frac{dMK}{dx} = -\frac{KF}{x^2} - \frac{pr}{2 \cdot x^2} \cdot (580 - \sqrt{336.400 - 4000 \cdot x}) + \frac{1000 \cdot pr}{x \cdot \sqrt{336.400 - 4000 \cdot x}}$$

Durch Nullsetzen dieses Ausdrucks und Auflösung nach x ergibt sich nach einigen Umformungen:

$$(6.84) \qquad x = \frac{1}{5000 \cdot pr^2} \cdot [10 \cdot \sqrt{KF} \cdot (KF + 290 \cdot pr) \cdot \sqrt{KF + 580 \cdot pr} - KF \cdot (10 \cdot KF + 5800 \cdot pr)]$$

Durch Einsetzen der Werte unseres Beispiels mit KF = 250,00 € und pr = 6,00 € erhalten wir für die Produktmenge x = 54,954 ME je Nutzflächeneinheit. Die zugehörigen Stückkosten ergeben sich durch Einsetzen dieses Wertes und der Werte für die Fixkosten (KF = 250,00 €) sowie des Faktorpreises (pr = 6,00 €) in Gleichung (6.80) mit MK = 17,5723 €. Durch Einsetzen dieser Produktmenge in die Verbrauchsfunktion (6.59) erhalten wir die zugehörige Angebotsmenge für den kontrollierbaren Faktor mit exakt r = 119,2780038 ME je Nutzflächeneinheit.

Das Stückkostenminimum (MKmin) liegt also exakt bei einer Produktmenge von x = 54,954 je Nutzflächeneinheit, während der optimale Beschäftigungsgrad – wie oben mit Gleichung (6.83) für unser Beispiel errechnet – erst bei der höheren Produktmenge von x = 69,7 ME je Nutzflächeneinheit erreicht wird.

Damit ergibt sich ein wesentlicher Unterschied zu den Gegebenheiten, die in Abschnitt 6.5.1.2 zur Bestimmung des optimalen Beschäftigungsgrades für den Fall der streng komplementären Faktoreinsatzverhältnisse abgeleitet wurden. Dort ergaben sich der optimale Beschäftigungsgrad und das Stückkostenminimum bei ein und derselben Produktmenge, nämlich bei der Produktmenge, die bei voller Auslastung der Produktionsanlage erreicht wird.

Die im vorliegenden Fall unterschiedlichen Produktmengen für den optimalen Beschäftigungsgrad und das Stückkostenminimum lassen sich auf grafischem Wege weiter wie folgt verdeutlichen: Wir hatten bereits abgeleitet, dass beim optimalen Beschäftigungsgrad die Grenzkosten dem Produktpreis wertmäßig entsprechen. *Übersicht 6.43* zeigt die Gerade für den Produktpreis (px) und die Kurve für die Grenzkosten (GK) in Abhängigkeit steigender Produktmengen (x). Die Grenzkostenfunktion schneidet die Produktpreisgerade bei der Produktmenge x_{op} = 69,7 ME. Bei dieser Produktmenge gilt also Grenzkosten = Produktpreis.

Außerdem ist in *Übersicht 6.43* die Stückkostenfunktion (MK) abgebildet. Das Minimum der Stückkosten liegt offensichtlich bei der geringeren Produktmenge Mkmin = 54,954 Produkteinheiten.

Aus der Grafik der *Übersicht 6.43* geht des Weiteren hervor, dass die Stückgewinnbeiträge – grafisch als Abstand zwischen der Preisgeraden und der Stückkostenkurve ablesbar – beim optimalen Beschäftigungsgrad geringer sind als beim Stückkostenminimum. Da jedoch die Produktmenge beim optimalen Beschäftigungsgrad höher ist als beim Stückkostenminimum, ist der (gesamte) Gewinnbeitrag beim optimalen Beschäftigungsgrad höher als beim Stückkostenminimum. Die geringeren Stückgewinnbeiträge beim optimalen Beschäftigungsgrad werden durch die infolge der höheren Produktmengen größeren Menge an Stückgewinnbeiträgen mehr als kompensiert. Dieser Tatbestand lässt sich rechnerisch einfach nachweisen. Die Gewinnbeiträge ergeben sich aus dem mit den Produktmengen multiplizierten Differenzen zwischen dem Produktpreis und den Stückkosten als den Stückgewinnen. Allgemein gilt mithin:

(6.85) $$GB = (px - MK) \cdot x$$

Darin sind:
GB = Gewinnbeitrag, gemessen in €;
px = Produktpreis, gemessen in €;
MK = Stückkosten, gemessen in €;
x = Produktmenge, gemessen in Mengeneinheiten.

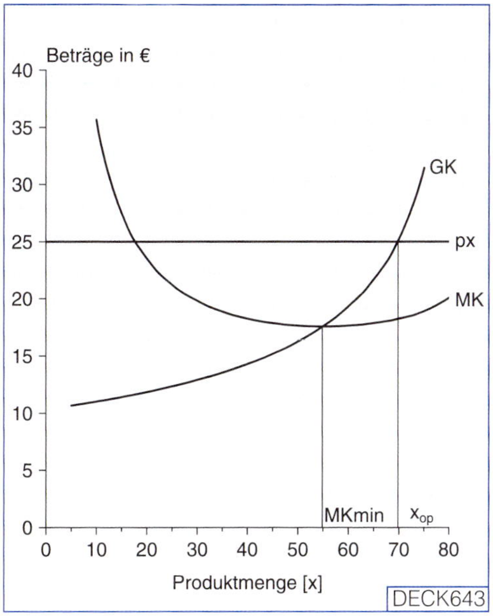

Übersicht 6.43: Produktpreis, Grenzkosten und Stückkosten bei biotisch-intensitätsmäßiger Verfahrensvariation – Verbrauchsfunktion –

Der Produktpreis beträgt für das vorliegende Beispiel px = 25,00 €. Die Produktmengen beim Stückkostenminimum und beim optimalen Beschäftigungsgrad wurden mit 54,954 bzw. 69,7 ME bereits errechnet. Die Stückkosten beim Stückkostenminimum hatten wir mit 17,5723 € ebenfalls bereits bestimmt. Die Stückkosten beim optimalen Beschäftigungsgrad erhalten wir durch Einsetzen der Beträge für die Fixkosten und den Faktorpreis (KF = 250,00 € und pr = 6,00 €) sowie der Produktmenge x = 69,7 beim optimalen Beschäftigungsgrad in die Gleichung (6.80) mit MK = 18,2209.

Setzen wir die Werte für das Stückkostenminimum in Gleichung (6.85) ein, dann ergibt sich für den dort erreichten Gewinnbeitrag:

$$GB = (25{,}00 - 17{,}5723) \cdot 54{,}954 = 408{,}1818\ €$$

Setzen wir dagegen die Werte für den optimalen Beschäftigungsgrad in Gleichung (6.85) ein, dann ergibt sich für den dort erreichten Gewinnbeitrag:

$$GB = (25{,}00 - 18{,}2209) \cdot 69{,}7 = 472{,}5033\ €$$

In unserem Beispiel liegt also der Gewinnbeitrag beim optimalen Beschäftigungsgrad trotz der geringeren Stückgewinnbeiträge um 64,3215 € höher als beim Stückkostenminimum.

Schließlich geht aus der Grafik der *Übersicht 6.43* hervor, dass die Stückkosten in ihrem Minimum den dann erreichten Grenzkosten entsprechen. Die Grenzkostenkurve durchstößt die Stückkostenkurve von unten.

Den Tatbestand, dass im Stückkostenminimum die Stückkosten den Grenzkosten entsprechen, können wir auch rechnerisch nachweisen. Für die Stückkosten hatten wir Gleichung (6.80) abgeleitet und für die Grenzkosten Gleichung (6.81). Gleichsetzen der beiden Ausdrücke und Auflösung nach x führt zu:

$$x = \frac{1}{5000 \cdot pr^2} \cdot [10 \cdot \sqrt{KF} \cdot (KF+290 \cdot pr) \cdot \sqrt{KF+580 \cdot pr} - KF \cdot (10 \cdot KF+5800 \cdot pr)]$$

Durch Einsetzen der Werte unseres Beispiels mit KF = 250,00 € und pr = 6,00 € ergibt sich wieder die (kostenminimale) Produktmenge von 54,954 ME.

Durch Einsetzen dieses Wertes in die Stückkostengleichung (6.80) erhalten wir – wie vorher bereits festgestellt – für die Stückkosten im Stückkostenminimum MK = 17,5723 € und durch Einsetzen des Wertes in die Grenzkostengleichung (6.81) die Grenzkosten mit GK = 17,5723 €. Beide Beträge stimmen exakt überein, die minimalen Stückkosten entsprechen somit den bis dahin erreichten Grenzkosten.

Diese Identität lässt sich grafisch auf eine weitere Weise bestätigen. Das ist in *Übersicht 6.44* dargestellt. In der Übersicht wurde die Gesamtkostenfunktion (K) aus *Übersicht 6.42* wiederholt. Man findet die stückkostenminimale Produktmenge, indem man einen Fahrstrahl aus dem Ursprung so ansteigen lässt, dass er die Gesamtkostenfunktion gerade tangiert. Fällt man vom Tangentialpunkt das Lot auf die Abszisse, ergibt sich dort die stückkostenminimale Produktmenge (MKmin). Die Stückkosten sind allgemein der Quotient aus den Gesamtkosten (K) und der Produktmenge (x), d. h. bezogen auf die *Übersicht 6.44,* der Quotient aus der Strecke a und der Strecke b. Es gilt also:

$$MK = \frac{K}{x} = \frac{a}{b}$$

Der Quotient a/b ist aber – wie unmittelbar zu sehen – der kleinstmögliche Quotientenwert für ein solches Streckenverhältnis auf der Gesamtkostenfunktion und damit das Stückkostenminimum.

Gleichzeitig ist der Fahrstrahl die Tangente an der Gesamtkostenkurve bei der stückkostenminimalen Produktmenge (MKmin). Die Tangente zeigt aber die Steigung der Gesamtkostenkurve in diesem Punkt an. Und die Steigung ist nichts anderes als die Grenzkosten (GK). Also sind bei der stückkostenminimalen Produktmenge die Stückkosten gleich den Grenzkosten und es gilt:

$$MKmin = \frac{K}{x} = GK = \frac{dK}{dx}$$

Als Zusammenfassung unserer Analyse der biotisch-intensitätsmäßigen Verfahrensvariation wollen wir festhalten, dass bei dieser Verfahrensvariation der optimale Beschäftigungsgrad im Unterschied zu dem in Abschnitt 6.5.1 behandelten Fall der streng komplementären Faktoreinsatzrelation nicht unabhängig von den Preisgerüsten jeweils bei voller Auslastung des Potenzialfaktors liegt, sondern je nach Faktor- und Produktpreisen variiert. Generell nimmt der optimale Beschäftigungsgrad bei biotisch-intensitätsmäßiger Verfahrensvariation mit steigenden Produktpreisen und sinkenden Preisen für die ertragsgebundenen Produktionsfaktoren zu und umgekehrt mit sinkenden Produktpreisen und steigenden Preisen für die ertragsgebundenen Produktionsfaktoren ab. Der Entscheider ist also im Unterschied zu dem in Abschnitt 6.5.1 behandelten Fall der streng komplementären Faktoreinsatzrelation bei Faktor- und Produktpreisänderungen zur Neubestimmung des optimalen Beschäftigungsgrades bzw. der optimalen speziellen Intensität der Flächennutzung gezwungen, wenn er weiterhin mit höchster Wirtschaftlichkeit produzieren will.

Hinzugefügt sei, dass das Ausmaß der Veränderung der speziellen Intensität bei Preisänderungen jedoch stark davon abhängt, wie ausgeprägt der degressiv steigende Abschnitt der Erzeugungsfunktion ist. Wir hatten bereits im vorhergehenden Abschnitt gesehen, dass dieses Ausmaß mit abnehmender Streuung der nichtkontrollierbaren Wachstumsfaktoren stark eingeschränkt wird. Unter den heutigen Bedingungen für die Nutzpflanzenproduktion mit einer weitgehenden genetischen Einheitlichkeit der Nutzpflanzensorten und der durch entsprechende Düngungs- und Meliorationsmaßnahmen eingeschränkten räumlichen Variabilität der bodengebundenen nichtkontrollierbaren Wachstumsfaktoren auf einem Feldstück ist das Ausmaß des degressiv steigenden Abschnittes der Erzeugungsfunktion sehr klein geworden, so dass sich bei Faktor- und Produktpreisänderungen nur sehr geringe Veränderungen der optimalen speziellen Intensität ergeben. Würde die Streuung der nichtkontrollierbaren Wachstumsfaktoren schließlich gegen null gehen, würde aus der MITSCHERLICH-Ertragsfunktion wieder eine LIEBIG-Ertragsfunktion, bei der sich unabhängig von den Beträgen der Produkt- und Faktorpreise stets die gleiche optimale spezielle Intensität am Effizienzpunkt der Erzeugungsfunktion ergeben würde.

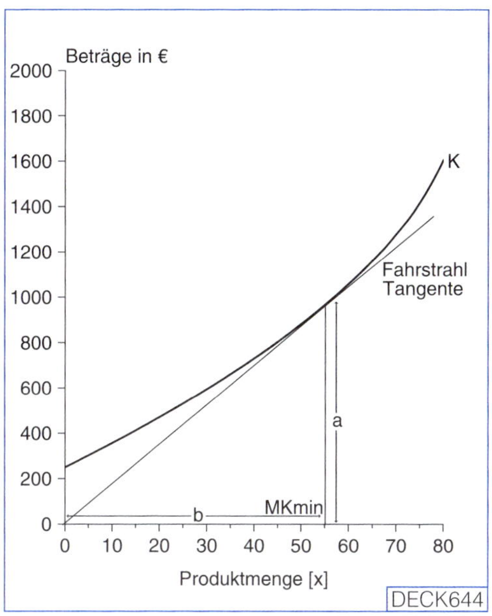

Übersicht 6.44: Grafische Bestimmung der Produktmenge mit den minimalen Stückkosten – Verbrauchsfunktion –

6.5.6 Die technisch-intensitätsmäßige Verfahrensvariation

6.5.6.1 Mengengerüste bei technisch-intensitätsmäßiger Verfahrensvariation

Die technisch-intensitätsmäßige Verfahrensvariation wurde von GUTENBERG als Produktionsfunktion vom Typ B in die betriebswirtschaftliche Literatur eingeführt (vgl. GUTENBERG 1983, S. 326 ff.). Dabei wird von dem Tatbestand ausgegangen, dass Arbeitsmaschinen mit unterschiedlicher Intensität genutzt werden können. Diese Nutzungsintensität drückt sich darin aus, dass die Maschinen unterschiedliche Arbeitsmengen je Maschinenlaufzeiteinheit abgeben und deshalb mit der Maschine auch unterschiedliche Produktmengen je Maschinenlaufzeiteinheit hergestellt werden können (vgl. zur Definition der Nutzungsintensität Gleichung (3.9) in Abschnitt 6.3.3). Allerdings ist die unterschiedliche Nutzungsintensität der Maschine auch mit unterschiedlichen Betriebsstoffverbräuchen je Maschinenlaufzeiteinheit und damit auch je Produkteinheit verbunden.

Wir wollen die daraus resultierenden produktionstechnischen und wirtschaftlichen Zusammenhänge anhand eines einfachen Elementarprozesses zeigen. Ein landwirtschaftlicher Lohnunternehmer kann ein aus einem Schlepper und einer Fräse bestehendes Aggregat zur Stoppelbearbeitung auf landwirtschaftlichen Betrieben in einem Gesamtumfang von 200 Stunden je Periode einsetzen. Außer dem Aggregat wird dafür ein Fahrer als Bedienungsperson und ein Betriebsstoff (Dieselöl) zum Antrieb des Aggregates benötigt. Die Produktionsfunktion als Erzeugungsfunktion für diesen Elementarprozess lässt sich in Konkretisierung der allgemeinen Erzeugungsfunktion (6.28) wie folgt ausdrücken:

$$\begin{aligned} a_1 \cdot x &\leq r_1 \\ a_2 \cdot x &\leq r_2 \\ a_3 \cdot x &\leq r_3 \end{aligned} \tag{6.86}$$

Darin sind:

x = Produktmenge je Periode, gemessen in ha gefrästen Landes;
r_1 = verfügbarer Nutzungsumfang des Aggregates je Produktionsperiode; gemessen in Maschinenlaufzeitstunden (mh);
r_2 = verfügbare Arbeitsmenge der Bedienungsperson je Produktionsperiode, gemessen in Arbeitskraftstunden (Akh);
r_3 = Verbrauchsmenge des Dieselöls als Betriebsstoff, gemessen in l;
a_1 = Input-Output-Koeffizient (Maschinenlaufzeitstunden je ha gefrästen Landes);
a_2 = Input-Output-Koeffizient (Arbeitszeit der Bedienungsperson je ha gefrästen Landes);
a_3 = Input-Output-Koeffizient (Dieselölverbrauch je ha gefrästen Landes).

Unterschiedliche Leistungen des Aggregates lassen sich deshalb durch unterschiedliche Werte der Input-Output-Koeffizienten a_1 ausdrücken, wobei der Koeffizient a_1 der Kehrwert der Leistung der Maschine ist. Die Werte des Koeffizienten a_1 beeinflussen aber ihrerseits die Werte der Koeffizienten a_2 und a_3. Mit höherer Leistung, d. h. mit geringeren Werten des Koeffizienten a_1, werden je Produkteinheit weniger Maschinenlaufzeitstunden und damit auch weniger Arbeitskraftstunden für die Bedienung des Aggregates benötigt. Ebenso wird die Menge des benötigten Betriebsstoffes, d. h. der Wert des Koeffizienten a_3 durch die unterschiedliche Nutzungsintensität des Aggregates, beeinflusst.

Aufgrund des Tatbestandes, dass die Leistung des Aggregates innerhalb gewisser Grenzen variiert werden kann und die Werte der Koeffizienten a_2 und a_3 von den jeweiligen Werten des Koeffizienten a_1 abhängen, gilt:

$$a_1max \geq a_1 \geq a_1min, \qquad a_2 = f_2(a_1), \quad a_3 = f_3(a_1).$$

Der Koeffizient a_1 kann in seinem Wert innerhalb der Grenzen a_1max und a_1min variiert werden. Die Koeffizienten a_2 und a_3 sind Funktionen des Koeffizienten a_1. Aus dem Ungleichungssystem (6.86) wird deshalb:

$$\begin{aligned} a_1 \cdot x &\leq r_1 \\ f_2(a_1) \cdot x &\leq r_2 \\ f_3(a_1) \cdot x &\leq r_3 \end{aligned} \quad \text{, wobei } a_1max \geq a_1 \geq a_1min \text{ gilt.} \tag{6.87}$$

Um das Ungleichungssystem (6.87) rechenbar zu machen, müssen die funktionalen Zusammenhänge zwischen den Input-Output-Koeffizienten operationalisiert und die Grenzen für die Variation des Koeffizienten a_1 zahlenmäßig festgelegt werden. Die Operationalisierung des Koeffizienten a_2 ist einfach. Das Aggregat muss während seiner Laufzeit durch einen Fahrer bedient werden. Der Arbeitsbedarf je Produkteinheit entspricht mithin der Maschinenlaufzeit je Produkteinheit und es gilt:

$$f_2(a_1) = a_2 = a_1 \tag{6.88}$$

Ein typischer Zusammenhang zwischen der Maschinenlaufzeit je Produkteinheit und dem Dieselölverbrauch je Produkteinheit ist in *Übersicht 6.45* dargestellt. Mit zunehmender Nutzungsintensität, d. h. mit abnehmenden Werten des Koeffizienten a_1 sinkt der Dieselölverbrauch je Produkteinheit zunächst, erreicht ein Minimum, um dann mit weiter zunehmender Nutzungsintensität wieder anzusteigen.

Zur Operationalisierung des Koeffizienten a_3 benötigen wir jedoch nicht nur eine Grafik, sondern einen algebraischen Ausdruck. Wir wollen annehmen, dass die Konstrukteure des Schleppers dafür den folgenden Ausdruck geliefert haben:

$$f_3(a_1) = a_3 = 8 \cdot a_1^2 - 32 \cdot a_1 + 48 \tag{6.89}$$

Tatsächlich gehorcht die Kurve in *Übersicht 6.45* diesem Ausdruck.

Für den Variationsbereich des Koeffizienten a_1 mögen die Konstrukteure die Werte a_1max = 2,8 und a_1min = 0,8 angegeben haben.

Wenn wir jetzt davon ausgehen, dass der Lohnunternehmer auf jeden Fall die verfügbaren Maschinenlaufzeitstunden je Produktionsperiode (r_1) in vollem Umfang nutzen möchte, dann können wir das Ungleichungssystem (6.87) nach Einsetzen der Ausdrücke (6.88) und (6.89) in die folgenden drei Gleichungen auflösen:

$$a_1 \cdot x = r_1 \tag{6.90}$$

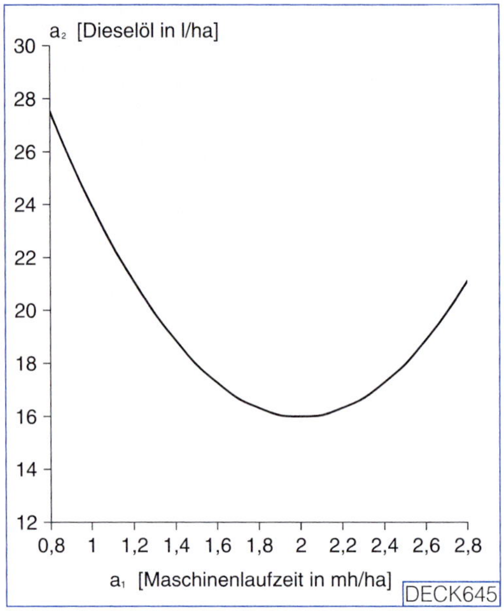

Übersicht 6.45: Dieselölverbrauch je ha in Abhängigkeit von der Maschinenlaufzeit je ha

(6.91) $a_1 \cdot x = r_2$

(6.92) $(8 \cdot a_1^2 - 32 \cdot a_1 + 48) \cdot x = r_3$

Mit Gleichung (6.90) lässt sich die maximal herstellbare Produktmenge bei gegebener Maschinenlaufzeit (r_1) in Abhängigkeit des Koeffizienten a_1 errechnen. Es gilt nach einfacher Umformung:

(6.93) $x = \frac{r_1}{a_1}$

Durch Einsetzen des Ausdrucks (6.93) in Gleichung (6.91) erhalten wir die zugehörige Arbeitsmenge (r_2). Es gilt:

(6.94) $r_2 = a_1 \cdot \frac{r_1}{a_1} = r_1$

Aufgrund der Identität der Koeffizienten a_1 und a_2 entspricht die Arbeitszeit (r_2) der vorgegebenen verfügbaren Maschinenlaufzeit (r_1).

Durch Einsetzen der Gleichung (6.93) in Gleichung (6.92) ergibt sich der Dieselölbedarf (r_3) in Abhängigkeit des Koeffizienten a_1 mit:

$$r_3 = \frac{(8 \cdot a_1^2 - 32 \cdot a_1 + 48) \cdot r_1}{a_1}$$

oder

(6.95) $r_3 = (8 \cdot a_1 - 32 + 48 \cdot a_1^{-1}) \cdot r_1$

Die vorstehenden Gleichungen wurden nun zur Ableitung des Mengengerüstes unseres Beispiels verwendet. *Übersicht 6.46* zeigt in Spalte 1 die in Schritten von 0,1 variierten Werte des Koeffizienten a_1. Für den Fall, dass – wie hier angenommen – die verfügbare Maschinenlaufzeit r_1 = 200 mh beträgt, gehen aus den Spalten 2 und 3 die damit maximal herstellbaren Produktmengen (x) in Abhängigkeit des Koeffizienten a_1 und der dafür benötigte Dieselölverbrauch (r_3) hervor (errechnet mit den Gleichungen (6.93 bzw. 6.95)). Die verfügbare Maschinenlaufzeit ist im Kopf der *Übersicht 6.46* angegeben, ebenso die zugehörige Arbeitszeit, die der Maschinenlaufzeit zahlenmäßig entspricht.

6.5.6.2 *Kosten-Leistungs-Verhältnisse für die technisch-intensitätsmäßige Verfahrensvariation*

Mit diesem Mengengerüst wurde in der *Übersicht 6.46* eine Plan-Kosten-Leistungs-Rechnung zur Bestimmung des optimalen Beschäftigungsgrades des Aggregates, d. h. seiner optimalen Nutzungsintensität, durchgeführt. Zur Ableitung der Kosten und Leistungen wird zunächst das Preisgerüst für den Elementarprozess benötigt. Wie aus dem Kopf der *Übersicht 6.46* hervorgeht, möchte der Lohnunternehmer einen Preis von px = 80,00 € je ha gefrästen Landes berechnen. Die Kosten für den Kraftstoffverbrauch betragen pr_3 = 2,00 €/l.

Zur Bestimmung der wirtschaftlichen Ergiebigkeit des Aggregates benötigt der Lohnunternehmer außerdem die Fixkosten. Sie sollen für das Aggregat (Abschreibungen und Zinskosten) KFm = 1000,00 € betragen. Der Lohnsatz für die Bedienungsperson betrage ls = 12,00 €/Akh.

Spalte 4 der *Übersicht 6.46* zeigt die Leistung in Abhängigkeit von der Nutzungsintensität (Koeffizient a_1). Die Leistung ergibt sich durch Multiplikation der Produktmenge (Sp. 2) mit dem Produktpreis (px). Die in Spalte 5 angegebenen variablen Kosten für das Dieselöl ergeben sich durch Multiplikation der Dieselölverbrauchsmenge (Sp. 3) mit dem Dieselölpreis (pr_3). Die in Spalte 6 aufgeführten Fixkosten setzen sich aus den Aggregatfixkosten (KFm) und den Arbeitskosten zusammen. Letztere ergeben sich durch Multiplikation der Arbeitszeit (r_2) mit dem Lohnsatz (ls). Die in Spalte 7 angegebenen (Gesamt-)Kosten setzen sich aus den variablen und den Fixkosten zusammen. Der Deckungsbeitrag (Sp. 8) ist die Differenz aus der Leistung und den variablen Kosten, der Gewinnbeitrag (Sp. 9) die Differenz aus der Leistung und den (Gesamt-)Kosten. Schließlich ergeben sich die in Spalte 10 aufgeführten Stückkosten durch Division der (Gesamt-)Kosten durch die Produktmengen (Sp. 2).

Aus den entsprechenden Zahlenspalten der *Übersicht 6.46* können wir ersehen, dass der optimale Beschäftigungsgrad, d. h. der maximale Deckungsbeitrag bzw. der maximale Gewinnbeitrag, bei der Nutzungsintensität a_1 = 1,0 mit einem Deckungsbeitrag von DB = 6400,00 € bzw. einem Gewinnbeitrag von GB = 3000,00 € erreicht wird. Demgegenüber liegt die Nutzungsintensität, mit der sich das Stückkostenminimum ergibt, bei a_1 = 1,5. Die Stückkosten betragen dort MK = 61,50 €.

Aufgrund der diskreten Variation des Koeffizienten a_1 als der unabhängigen Variablen in Schritten von 0,1 in *Übersicht 6.46* können wir nicht sicher sein, dass die Zahlenwerte für den Koeffizienten a_1 beim optimalen Beschäftigungsgrad und beim Stückkostenminimum exakt sind. Wir können die exakten Werte jedoch algebraisch bestimmen. Unter Verwendung von zugehörigen oben definierten Gleichungen ergibt sich für den optimalen Beschäftigungsgrad:

Maschinenlaufzeit in mh (r_1):	200	Produktpreis in €/ha (px):	80,00	Aggregatfixkosten in € (KFm):	1.000,00
Arbeitszeit in Akh (r_2):	200	Dieselölpreis in €/l (pr_3):	2,00	Lohnsatz in €/Akh (ls):	12,00

Z/S	1	2	3	4	5	6	7	8	9	10
	Input-Output-Koeffizient [a_1]	Produktmenge in ha [x]	Dieselölverbrauch in l [r_3]	Leistung in € [L]	Variable Kosten Dieselöl in € [KV]	Fixkosten Aggregat und Arbeit in € [KF]	(Gesamt-) Kosten in € [K]	Deckungsbeitrag in € [DB]	Gewinnbeitrag in € [GB]	Stückkosten in € [MK]
1	2,8	71,429	1.508,57	5.714,29	3.017,14	3.400,00	6.417,14	2.697,14	-702,86	89,84
2	2,7	74,074	1.475,56	5.925,93	2.951,11	3.400,00	6.351,11	2.974,81	-425,19	85,74
3	2,6	76,923	1.452,31	6.153,85	2.904,62	3.400,00	6.304,62	3.249,23	-150,77	81,96
4	2,5	80,000	1.440,00	6.400,00	2.880,00	3.400,00	6.280,00	3.520,00	120,00	78,50
5	2,4	83,333	1.440,00	6.666,67	2.880,00	3.400,00	6.280,00	3.786,67	386,67	75,36
6	2,3	86,957	1.453,91	6.956,52	2.907,83	3.400,00	6.307,83	4.048,70	648,70	72,54
7	2,2	90,909	1.483,64	7.272,73	2.967,27	3.400,00	6.367,27	4.305,45	905,45	70,04
8	2,1	95,238	1.531,43	7.619,05	3.062,86	3.400,00	6.462,86	4.556,19	1.156,19	67,86
9	2,0	100,000	1.600,00	8.000,00	3.200,00	3.400,00	6.600,00	4.800,00	1.400,00	66,00
10	1,9	105,263	1.692,63	8.421,05	3.385,26	3.400,00	6.785,26	5.035,79	1.635,79	64,46
11	1,8	111,111	1.813,33	8.888,89	3.626,67	3.400,00	7.026,67	5.262,22	1.862,22	63,24
12	1,7	117,647	1.967,06	9.411,76	3.934,12	3.400,00	7.334,12	5.477,65	2.077,65	62,34
13	1,6	125,000	2.160,00	10.000,00	4.320,00	3.400,00	7.720,00	5.680,00	2.280,00	61,76
14	1,5	133,333	2.400,00	10.666,67	4.800,00	3.400,00	8.200,00	5.866,67	2.466,67	61,50
15	1,4	142,857	2.697,14	11.428,57	5.394,29	3.400,00	8.794,29	6.034,29	2.634,29	61,56
16	1,3	153,846	3.064,62	12.307,69	6.129,23	3.400,00	9.529,23	6.178,46	2.778,46	61,94
17	1,2	166,667	3.520,00	13.333,33	7.040,00	3.400,00	10.440,00	6.293,33	2.893,33	62,64
18	1,1	181,818	4.087,27	14.545,45	8.174,55	3.400,00	11.574,55	6.370,91	2.970,91	63,66
19	1,0	200,000	4.800,00	16.000,00	9.600,00	3.400,00	13.000,00	6.400,00	3.000,00	65,00
20	0,9	222,222	5.706,67	17.777,78	11.413,33	3.400,00	14.813,33	6.364,44	2.964,44	66,66
21	0,8	250,000	6.880,00	20.000,00	13.760,00	3.400,00	17.160,00	6.240,00	2.840,00	68,64

DECK646

Übersicht 6.46: Plan-Kosten-Leistungs-Rechnung zur Bestimmung des optimalen Beschäftigungsgrades bei technisch-intensitätsmäßiger Verfahrensvariation – Beispiel –

$$(6.96) \qquad a_1 = \sqrt{6 - \frac{px}{8 \cdot pr_3}}$$

Durch Einsetzen von $px = 80$ und $pr_3 = 2$ erhalten wir für den Koeffizienten a_1 als exakten Wert ebenfalls $a_1 = 1,0$.

Unter Verwendung der entsprechenden Gleichungen ergibt sich für das Stückkostenminimum:

$$(6.97) \qquad a_1 = 2 - \frac{KF}{16 \cdot pr_3 \cdot r_1}$$

Durch Einsetzen von $KF = 3400$, $pr_3 = 2$ und $r_1 = 200$ erhalten wir den exakten Wert des Koeffizienten mit $a_1 = 1,46875$. Die zugehörigen Stückkosten betragen im Stückkostenminimum $MK = 61,484375$.

(Hausaufgabe: Leiten Sie die Gleichungen (6.96) und (6.97) unter Verwendung der vorher definierten Ausdrücke für die Produkt- und Faktormengen sowie der Produkt- und Faktorpreise im Einzelnen her und bestimmen Sie die zahlenmäßigen Beträge für die Nutzungsintensitäten (Koeffizient a_1) beim optimalen Beschäftigungsgrad und beim Stückkostenminimum. Variieren Sie die Werte der Produkt- und Faktorpreise, um zu ermitteln, wie sich dadurch die Optima verändern.)

Aus den bisherigen Überlegungen lassen sich zwei allgemeinere Ergebnisse gewinnen: Erstens liegen – ebenso wie bei der vorher betrachteten biotisch-intensitätsmäßigen Verfahrensvariation – die Nutzungsintensitäten für das Deckungsbeitragsmaximum und das Stückkostenminimum bei unterschiedlichen Nutzungsintensitäten. Und zweitens wird die Nutzungsintensität für den optimalen Beschäftigungsgrad – wie sich aus Gleichung (6.96) leicht ablesen lässt – von den Produkt- und Faktorpreisen beeinflusst. Die optimale Nutzungsintensität steigt/sinkt mit steigendem/sinkendem Produktpreis (px) und mit sinkendem/steigendem Faktorpreis (pr_3). Im Unterschied zu den streng komplementären Faktoreinsatzrelationen im Grundmodell der multifaktoriellen Monoproduktion sowie bei den zeitlichen, multiplen und mutativen Verfahrensvariationen ist der Entscheider bei der technisch-intensitätsmäßigen ebenso wie bei der biotisch-intensitätsmäßigen Verfahrensvariation bei sich ändernden Produkt- und/oder Faktorpreisen zur Neubestimmung des optimalen Beschäftigungsgrades gezwungen.

6.5.7 Die optimale Nutzungsintensität der Betriebsmittel bei multipler Verfahrensvariation

Wir haben in den vorhergehenden Abschnitten 6.5.1 bis 6.5.3 das Grundmodell eines Elementarprozesses und verschiedene Erweiterungen analysiert. Sowohl für das Grundmodell als auch für die zeitliche, die multiple und die mutative Verfahrensvariation sind wir zu dem Ergebnis gelangt, dass der optimale Beschäftigungsgrad der Betriebsmittel bei voller Nutzung ihrer je Periode verfügbaren maschinellen Dienste liegt. Bei dieser vollen Kapazitätsnutzung der Betriebsmittel wird der maximale Deckungs- bzw. Gewinnbeitrag erreicht. Gleichzeitig ergeben sich dabei die minimalen Stückkosten. Beide Optima liegen bei ein und denselben Produktmengen und Faktoreinsatzmengen.

Im Unterschied dazu haben wir für die beiden intensitätsmäßigen Verfahrensvariationen bei einem gegebenen Betriebsmittelumfang (1 ha Nutzfläche, 1 Arbeitsmaschine) festgestellt, dass sich die Produkt- und Faktormengen beim optimalen Beschäftigungsgrad von denjenigen unterscheiden, die für das Stückkostenminimum zutreffen. Die Nutzungsintensität des Betriebsmittels ist beim optimalen Beschäftigungsgrad höher als beim Stückkostenminimum.

Daraus ergibt sich die Frage, mit welcher Intensität Betriebsmittel genutzt werden sollten, wenn wir nicht mehr von dem bisher unterstellten Fall einer begrenzt verfügbaren Betriebsmittelmenge ausgehen, sondern annehmen, dass nicht nur die Einsatzmengen an Arbeit und Werkstoffen, sondern auch der Betriebsmittel frei wählbar sind. Das ist der Fall der multiplen Verfahrensvariation. Konkret lautet die Frage also: Welches ist die optimale Intensität der Betriebsmittelnutzung bei multipler Verfahrensvariation, d. h. bei zusätzlich frei wählbarem Umfang des Betriebsmittelbestandes?

Die Antwort auf diese Frage lautet: Wenn sämtliche Produktionsfaktoren in einem Elementarprozess in ihren Einsatzumfängen frei wählbar sind, wenn wir also die totale und nicht nur die partielle Faktorvariation annehmen, dann sollte diejenige Intensität der Betriebsmittelnutzung gewählt werden, bei der die dann ebenfalls frei wählbare Produktmenge mit den geringsten Stückkosten erzeugt werden kann. Mit anderen Worten: Die optimale Nutzungsintensität liegt bei derjenigen Faktoreinsatzrelation, für die sich das Stückkostenminimum ergibt. Allerdings gilt diese Aussage uneingeschränkt nur, wenn die Betriebsmittelmenge beliebig teilbar ist. Das ist der Fall bei der biotisch-intensitätsmäßigen Verfahrensvariation. Das Betriebsmittel „Nutzfläche“ ist in seinem Umfang beliebig teilbar. Bei der technisch-intensitätsmäßigen Verfahrensvariation kann die Betriebsmittelmenge in Form der Arbeitsmaschinen dagegen nur ganzzahlig variiert werden.

Zur Erläuterung wollen wir auf das Beispiel der biotisch-intensitätsmäßigen Verfahrensvariation in Abschnitt 6.5.4 zurückgreifen. Dabei hatten wir u. a. festgestellt, dass die Stückkosten beim Stückkostenminimum geringer sind als beim optimalen Beschäftigungsgrad, nämlich 17,5723 € im Vergleich zu 18,2209 € betragen. Die Stückkosten umfassen dabei sowohl die Betriebsmittelkosten für die Nutzfläche als auch die Kosten für den zweiten Faktor „Nährstoff". Bei gegebenem Produktpreis – hier 25,00 € – ergibt sich aus den unterschiedlichen Stückkosten ebenfalls, dass der je Produkteinheit erzielbare Gewinnbeitrag bei der Nutzungsintensität des Stückkostenminimums mit 7,4277 € über dem Betrag von 6,7791 € liegt, der bei der Nutzungsintensität des optimalen Beschäftigungsgrades erreicht werden kann.

Beziehen wir jetzt die multiple Verfahrensvariation in unsere Überlegungen ein, d. h. bestimmen wir den erzielbaren (Gesamt-)Gewinnbeitrag (GB) in Abhängigkeit von frei wählbaren Produktmengen (x), dann ergibt sich unter Berücksichtigung des Tatbestandes, dass der (Gesamt-)Gewinnbeitrag der mit der Produktmenge multiplizierte Stückgewinnbeitrag ist, für den (Gesamt-) Gewinnbeitrag bei der kostenminimalen Nutzungsintensität:

$$GB = 7{,}4277 \cdot x$$

Für den Gewinnbeitrag für die beim optimalen Beschäftigungsgrad zutreffende Nutzungsintensität gilt dagegen:

$$GB = 6{,}7791 \cdot x$$

Der Gewinnbeitrag bei Anwendung der kostenminimalen Nutzungsintensität des Betriebsmittels ist also bei jeder Produktmenge höher als bei Anwendung der Nutzungsintensität, die sich beim optimalen Beschäftigungsgrad ergibt.

Daraus ergibt sich die folgende Konsequenz: Die (höhere) Nutzungsintensität des optimalen Beschäftigungsgrades sollte nur dann gewählt werden, wenn der Umfang des Betriebsmittelbestandes begrenzt ist (wir hatten die optimale spezielle Intensität der Landnutzung auf der Basis des Einsatzes von 1 ha Nutzfläche abgeleitet). Es wird dann die wirtschaftlich bestmögliche Nutzung des gegebenen Betriebsmittelbestandes erreicht. Ist dagegen im Falle der multiplen Verfahrensvariation die Betriebsmittelmenge nicht begrenzt, sondern ebenso frei variierbar wie die übrigen Faktoren, dann sollte die relativ geringere kostenminimale Nutzungsintensität für das Betriebsmittel gewählt werden.

Die prinzipiell gleiche Aussage lässt sich auch für die technisch-intensitätsmäßige Verfahrensvariation ableiten. Erschwerend kommt jedoch hinzu, dass der Umfang des Betriebsmittelbestandes (Anzahl der Arbeitsmaschinen) in der multiplen Verfahrensvariation nur ganzzahlig variiert werden kann. Die vorher abgeleiteten Aussagen gelten deshalb streng genommen nur bei jeweils voller Nutzung der je Maschine und Periode verfügbaren Maschinenlaufzeitstunden. (Als weiterführende Aufgabe: Leiten Sie die dafür relevanten Gegebenheiten quantitativ im Einzelnen ab.)

6.5.8 Die Zusammenstellung von Produktionsverfahren aus Elementarprozessen

Wir haben bisher die produktionstechnischen und wirtschaftlichen Gegebenheiten für einzelne Elementarprozesse und ihrer möglichen Verfahrensvariationen untersucht. An den Märkten absetzbare Endprodukte entstehen aber in der Regel nicht durch den Einsatz von einzelnen Elementarprozessen, sondern durch ganze Produktionsverfahren. Produktionsverfahren bestehen in aller Regel aus mehreren Elementarprozessen. Ein wichtiges betriebswirtschaftliches Entscheidungsproblem ergibt sich deshalb daraus, dass die wirtschaftlich ergiebige Kombination der Elementarprozesse für ein Produktionsverfahren gefunden werden muss. Elementarprozesse müssen nach Art und Leistungsfähigkeit so miteinander kombiniert und in ihren Leistungsfähigkeiten so aufeinander abgestimmt werden, dass das Produktionsverfahren insgesamt ergiebig arbeitet. Es muss also unter allen technisch zulässigen diejenige Kombination der Elementarprozesse herausgefunden werden, die eine wirtschaftlich effiziente Arbeitsweise des Produktionsverfahrens erwarten lässt.

Als Hilfsmittel dafür kann man entweder sog. heuristische Modelle oder – in bestimmten Fällen – auch mathematische Optimierungsmodelle einsetzen. Bei den heuristischen Modellen handelt es sich in der Regel um kombinatorische Verfahren: Alle möglichen Elementarprozesse für ein Produktionsverfahren werden mit einem systematischen Suchprozess so lange miteinander kombiniert, bis die bestmögliche Lösung gefunden ist (vgl. dazu bspw. Kropp, 1996). In bestimmten Fällen lassen sich jedoch auch mathematische Optimierungsmodelle mit strengen Optimierungsalgorithmen einsetzen. Ein Beispiel dafür werden wir im Anschluss an den Abschnitt zur multifaktoriellen Multiproduktion darstellen, d. h. dann, wenn wir im jetzt folgenden Abschnitt 6.6 auf die Verfahren der mathematischen Optimierung eingegangen sind.

6.6 Die multifaktorielle Multiproduktion

6.6.1 Das produktionswirtschaftliche Allokationsproblem des Betriebes

Die multifaktorielle Multiproduktion ist im Unterschied zur bisher betrachteten multifaktoriellen Monoproduktion dadurch charakterisiert, dass dabei nicht mehr nur einzelne Elementarprozesse oder einzelne Produktionsverfahren betrachtet werden, mit denen eine bestimmte Produktart hergestellt werden kann. Vielmehr wird der Fall untersucht, dass sich durch einen mehr oder weniger umfangreichen Bestand an unterschiedlichen Betriebsmitteln mit Hilfe menschlicher Arbeit und verschiedener Werkstoffe mehrere Produktarten in unterschiedlichen Mengen erzeugen lassen. Für jedes der herstellbaren Produkte werden einige oder auch sämtliche Dienste des Betriebsmittelbestandes und der menschlichen Arbeitskräfte und eine mehr oder weniger große Vielfalt an Werkstoffen benötigt. Dabei verhalten sich auch bei der multifaktoriellen Multiproduktion die Produktionsfaktoren – wie vorher schon bei dem Grundmodell der multifaktoriellen Monoproduktion – in Bezug auf jeweils eine Produktart in ihren Verbrauchsmengen komplementär.

Wenn in einem solchen Produktionssystem einige der Produktionsfaktoren – insbesondere die Dienste des gegebenen Bedarfsmittelbestandes oder von fest eingestellten Arbeitskräften – nur in begrenzten Mengen zur Verfügung stehen, dann lautet die betriebswirtschaftliche Frage, welche Produktmengenkombinationen, d. h. welches *Produktionsprogramm*, mit dem Produktionssystem realisiert werden sollte. Dieses Problem wird als das produktionswirtschaftliche *Allokationsproblem* bezeichnet, weil die Produkte den Produktionsfaktoren quasi zugeordnet werden sollen. Gesucht wird im Rahmen des Allokationsproblems letztlich diejenige Handlungsalternative, d. h. hier dasjenige Produktionsprogramm, die/das den höchsten Deckungsbeitrag bzw. den höchsten Gewinnbeitrag erwarten lässt.

6.6.1.1 *Mengengerüste: Die Erzeugungsfunktion*

Wir wollen zunächst das zugehörige Mengengerüst definieren. Dem Allokationsproblem liegt eine Erzeugungsfunktion zugrunde. Sie wurde als Ungleichungssystem (6.26) in Abschnitt 6.4 abgebildet und wird hier als Ungleichungssystem (6.98) wiederholt:

$$
(6.98)\quad
\begin{array}{lllllll}
a_{11} \cdot x_1 & +\ldots+ & a_{1j} \cdot x_j & +\ldots+ & a_{1n} \cdot x_n & \leq r_1 \\
\vdots & & \vdots & & \vdots & \vdots \\
a_{i1} \cdot x_1 & +\ldots+ & a_{ij} \cdot x_j & +\ldots+ & a_{in} \cdot x_n & \leq r_1 \\
\vdots & & \vdots & & \vdots & \vdots \\
a_{m1} \cdot x_1 & +\ldots+ & a_{mj} \cdot x_j & +\ldots+ & a_{mn} \cdot x_n & \leq r_1
\end{array}
$$

Darin sind:

x_j = Produktmengen der Produktarten X_j ($j = 1, \ldots, n$), gemessen in Mengeneinheiten (abhängige Variable);

r_i = Produktionsfaktormengen der Faktorarten R_i ($i = 1, \ldots, m$), gemessen in Mengeneinheiten (unabhängige Variable);

a_{ij} = Input-Output-Koeffizienten, die die Verbrauchsmengen des i-ten Faktors je Einheit des j-ten Produktes spezifizieren.

Zur Verdeutlichung diene ein einfaches Beispiel: Mit Hilfe einer Maschine und dem Einsatz eines Betriebsstoffes und jeweils eines produktspezifischen Rohstoffes können von Arbeitskräften wahlweise zwei Produktarten X_1 und X_2 erzeugt werden. Je Produktionsperiode steht nur eine bestimmte maximale Maschinenlaufzeit r_1 und eine bestimmte Anzahl von Arbeitsstunden r_2 zur Verfügung. Der Betriebsstoff und die Rohstoffe lassen sich dagegen je nach Bedarf beschaffen, ihre Mengen wirken also nicht begrenzend auf das mögliche Produktionsprogramm.

Dieses Produktionssystem kann nun – in Konkretisierung des Systems (6.98) – wie folgt formuliert werden:

$$
(6.99)\quad
\begin{array}{l}
a_{11} \cdot x_1 + a_{12} \cdot x_2 \leq r_1 \\
a_{21} \cdot x_1 + a_{22} \cdot x_2 \leq r_2
\end{array}
$$

Darin sind:

x_1 = Produktmengen der Produktart X_1, gemessen in ME;

x_2 = Produktmengen der Produktart X_2, gemessen in ME;

r_1 = verfügbare Maschinenlaufzeit, gemessen in mh;

r_2 = verfügbare Arbeitszeit, gemessen in AKh;

a_{11} = Input-Output-Koeffizient: Maschinenlaufzeitbedarf je Einheit des Produktes X_1;

a_{12} = Input-Output-Koeffizient: Maschinenlaufzeitbedarf je Einheit des Produktes X_2;

a_{21} = Input-Output-Koeffizient: Arbeitszeitbedarf je Einheit des Produktes X_1;

a_{22} = Input-Output-Koeffizient: Arbeitszeitbedarf je Einheit des Produktes X_2.

Wenn wir beispielsweise annehmen, dass je Produktionsperiode $r_1 = 300$ Maschinenlaufzeitstunden und $r_2 = 300$ Arbeitsstunden zur Verfügung stehen und die Werte der Input-Output-Koeffizienten für $a_{11} = 2{,}0$, für $a_{12} = 4{,}0$, für $a_{21} = 4{,}0$ und für $a_{22} = 2{,}0$ sind, dann wird das System (6.99) zu:

$$(6.100) \quad \begin{aligned} 2 \cdot x_1 + 4 \cdot x_2 &\leq 300 \\ 4 \cdot x_1 + 2 \cdot x_2 &\leq 300 \end{aligned}$$

Wir sehen unmittelbar, dass das Produktionssystem zahlreiche technisch zulässige Lösungen hat, bei denen von den beiden begrenzend wirkenden Produktionsfaktoren weniger Dienstemengen verbraucht werden, als verfügbar sind. Wenn nur die Produktart X_1 hergestellt werden soll, können sämtliche Produktmengen zwischen $x_1 = 0$ und $x_1 = 75$ ME hergestellt werden. $x_1 = 75$ bildet die zulässige Obergrenze, weil dabei nach Maßgabe der zweiten Ungleichung die gesamte verfügbare Arbeitszeit (r_2) verbraucht wird, wohingegen 150 Maschinenstunden nicht genutzt würden. Für das andere Produkt ergibt sich sinngemäß die gleiche Aussage, allerdings wirkt jetzt die erste Ungleichung stärker begrenzend. Bei $x_2 = 75$ ME würde die gesamte Maschinenlaufzeit verbraucht, aber nur die Hälfte der verfügbaren Arbeitszeit. Es sind aber auch Mengenkombinationen der beiden Produkte möglich, bei denen sowohl r_1 als auch r_2 vollständig genutzt würden. Das ist bspw. der Fall, wenn $x_1 = 50$ ME und $x_2 = 50$ ME hergestellt würden, wie sich leicht nachprüfen lässt.

Insgesamt ergibt sich damit für das einfache Produktionssystem ein zulässiger Lösungs- bzw. Handlungsraum, der in *Übersicht 6.47* skizziert ist. Man erhält ihn in dieser Grafik dadurch, dass man die beiden partiellen *Kapazitätslinien* ableitet. Sie ergeben sich formal, wenn man im System (6.100) die Ungleichheitszeichen durch Gleichheitszeichen ersetzt und dann die beiden so entstehenden Gleichungen nach x_1 auflöst. Es gilt dann:

$$x_1 = \frac{300}{2} - \frac{4}{2} \cdot x_2$$

$$x_1 = \frac{300}{4} - \frac{2}{4} \cdot x_2$$

Auf der 1. partiellen Kapazitätslinie liegen sämtliche Produktmengenkombinationen, die höchstens mit der verfügbaren Maschinenlaufzeit (r_1) hergestellt werden können und auf der 2. partiellen Kapazitätslinie sämtliche Produktmengenkombinationen, die höchstens mit der verfügbaren Arbeitszeit (r_2) herstellbar sind.

Da sich die Kapazitätslinien jedoch überschneiden, ist der zulässige Lösungsraum nur die sich ergebende Schnittmenge. Es können also z. B. bei alleiniger Betrachtung der partiellen Kapazitätslinie für r_2 nicht 100 ME des Produktes x_2 erzeugt werden, weil die Kapazitätslinie für r_1 schon bei $x_2 = 75$ ME den Wert null erreicht. Der in *Übersicht 6.47* grau unterlegte zulässige Lösungs- bzw. Handlungsraum wird also durch die Kurve a, b, c und – wenn wir berücksichtigen, dass negative Produktmengen ausgeschlossen sind – durch die beiden Achsen des Koordinatensystems vom unzulässigen Lösungsraum abgegrenzt. Tatsächlich ist die Kurve a, b, c eine Produktionsmöglichkeitenkurve, wie wir sie prinzipiell bereits aus dem Abschnitt 1.4.3.2 kennen.

Wir können nun zwar sagen, dass Produktmengenkombinationen, die auf der Produktionsmöglichkeitenkurve liegen, vorteilhafter sind als solche, die innerhalb des Lösungsraumes liegen, weil auf der Produktionsmöglichkeitenkurve zumindest einer der beiden verfügbaren Produktionsfaktoren voll genutzt werden würde, wir können aber nicht sagen, welches die wirtschaftlich ergiebige Lösung ist, weil wir dazu nicht nur die Mengengerüste, sondern auch die Preisgerüste benötigen.

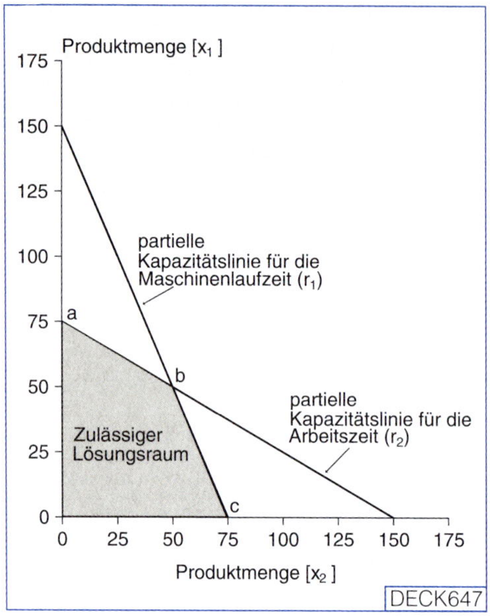

Übersicht 6.47: Grafische Bestimmung des zulässigen Lösungsraumes für die multifaktorielle Multiproduktion – Erzeugungsfunktion –

6.6.1.2 Die Bestimmung des optimalen Produktionsprogramms

6.6.1.2.1 Das Grundmodell

Um die wirtschaftlich ergiebige Lösung feststellen zu können, müssen wir zunächst eine sog. *Zielfunktion* definieren. Diese Zielfunktion, deren abhängige Variable der Deckungsbeitrag (DB) der Handlungsalternativen ist, und deren unabhängige Variablen die Produktmengen sind, lautet allgemein:

(6.101) $DB = MDB_1 \cdot x_1 + \ldots + MDB_j \cdot x_j + \ldots + MDB_n \cdot x_n$

Darin sind:

DB = Gesamtdeckungsbeitrag einer Handlungsalternative, gemessen in €;

x_j = Produktmengen der Produktarten X_j ($j = 1, \ldots, n$), gemessen in Mengeneinheiten;

MDB_j = Deckungsbeiträge je Einheit der Produktarten X_j, gemessen in €.

Die Deckungsbeiträge je Produkteinheit ergeben sich als Differenz aus der Leistung je Produkteinheit und den variablen Kosten je Produkteinheit. Wenn die Produkteinheit in Stück gemessen wird, ist der Deckungsbeitrag je Produkteinheit der *Stückdeckungsbeitrag*, der sich als Differenz aus dem Produktpreis und den variablen Stückkosten ergibt. Es gilt also:

(6.102) $MDB_j = px_j - MKV_j$

Darin sind:

MDB_j = Deckungsbeitrag je Einheit des j-ten Produktes, gemessen in €;

px_j = Preis des j-ten Produktes, gemessen in €;

MKV_j = Variable Kosten je Produkteinheit des j-ten Produktes, gemessen in €.

Die variablen Kosten je Produkteinheit sind die Summe aus den mathematischen Produkten der Verbrauchsmengen der nicht begrenzt verfügbaren Produktionsfaktoren je Produkteinheit und den zugehörigen Faktorpreisen. Es gilt:

$$(6.103) \quad MKV_j = KF = \sum_{k=1}^{p} av_{jk} \cdot prv_k$$

Darin sind:

MKV_j = Variable Kosten je Produkteinheit des j-ten Produktes, gemessen in €;

av_{jk} = Input-Output-Koeffizienten der (nicht begrenzt verfügbaren) variablen Produktionsfaktoren, die die Faktorverbrauchsmenge je Produkteinheit des j-ten Produktes angeben;

prv_k = Preise der variablen Produktionsfaktoren, gemessen in €.

Wenn wir zusätzlich zum Deckungsbeitrag auch den Gewinnbeitrag einer Handlungsalternative bestimmen wollen, dann müssen wir von dem Deckungsbeitrag (DB) noch die Fixkosten (KF) subtrahieren. Die Fixkosten entstehen für die begrenzt verfügbaren Produktionsfaktoren – in unserem Falle für r_1 und r_2 – die mit ihren Kapazitäten im Betrieb vorhanden sind und nicht verändert werden sollen. Es handelt sich also im Beispiel um die vorhandene Maschine, die nicht verkauft werden kann und um eine fest angestellte Arbeitskraft, die nicht entlassen werden soll. Für den Gewinnbeitrag (GB) gilt also allgemein:

$$(6.104) \quad GB = DB - KF \qquad \text{mit} \quad KF = \sum_{i=1}^{m} KF(r_i)$$

Darin sind:

KF = Summe der Fixkosten, die für die begrenzt verfügbaren Produktionsfaktoren entstehen, gemessen in €;

$KF(r_i)$ = Fixkosten des i-ten begrenzt verfügbaren Produktionsfaktors R_i (der die maximale Faktormenge r_i abgeben kann), gemessen in €.

Die Fixkosten bestehen – wie bereits in den Beispielen der vorhergehenden Abschnitte angenommen – aus zeitabhängigen Abschreibungskosten und Zinskosten für das Betriebsmittel und den Lohnkosten für die Arbeitskraft.

Für unser Beispiel wollen wir jetzt von Produktpreisen von px_1 = 500,00 € und px_2 = 300,00 € für die beiden Produkte, von Fixkosten für das Betriebsmittel und die Arbeitskraft von $KF(r_1)$ = 8000,00 € und $KF(r_2)$ = 6000,00 € und von Preisen für die (variablen) Werkstoffe dergestalt ausgehen, dass sich für die beiden Produkte Deckungsbeiträge je Produkteinheit von MDB_1 = 290,00 € und MDB_2 = 110,00 € ergeben. Bei diesen Mengen- und Preisgerüsten erhalten wir die naturalen und monetären Kennzahlen der *Übersicht 6.48*.

In der Lösung A sind die Ungleichungen für das Mengengerüst und die Gleichung für die Zielfunktion enthalten. Die Lösung zeigt die Ergebnisse für den Fall, dass nur die Produktart

LÖSUNG A:		Koeffizienten		Produkt 1		Koeffizienten		Produkt 2		Kapazitäten		Fixkosten		Freie Kapazität
		[a_{1i}]		[x_1]		[a_{2i}]		[x_2]		[r_i]		[KF(r_i)]		
Maschinenzeit [r_1]:	+	2,00	*	75,00	+	4,00	*	0,00	<=	300,00		8.000,00		150,00
Arbeitszeit [r_2]:	+	4,00	*	75,00	+	2,00	*	0,00	<=	300,00		6.000,00		0,00
Zielfunktion in €		[MDB_1]				[MDB_2]				[DB]		[KF]		[GB]
[DB] und [GB]:	+	290,00	*	75,00	+	110,00	*	0,00	=	21.750,00	-	14.000,00	=	7.750,00
LÖSUNG B:		Koeffizienten		Produkt 1		Koeffizienten		Produkt 2		Kapazitäten		Fixkosten		Freie Kapazität
		[a_{1i}]		[x_1]		[a_{2i}]		[x_2]		[r_i]		[KF(r_i)]		
Maschinenzeit [r_1]:	+	2,00	*	0,00	+	4,00	*	75,00	<=	300,00		8.000,00		0,00
Arbeitszeit [r_2]:	+	4,00	*	0,00	+	2,00	*	75,00	<=	300,00		6.000,00		150,00
Zielfunktion in €		[MDB_1]				[MDB_2]				[DB]		[KF]		[GB]
[DB] und [GB]:	+	290,00	*	0,00	+	110,00	*	75,00	=	8.250,00	-	14.000,00	=	-5.750,00
LÖSUNG C:		Koeffizienten		Produkt 1		Koeffizienten		Produkt 2		Kapazitäten		Fixkosten		Freie Kapazität
		[a_{1i}]		[x_1]		[a_{2i}]		[x_2]		[r_i]		[KF(r_i)]		
Maschinenzeit [r_1]:	+	2,00	*	50,00	+	4,00	*	50,00	<=	300,00		8.000,00		0,00
Arbeitszeit [r_2]:	+	4,00	*	50,00	+	2,00	*	50,00	<=	300,00		6.000,00		0,00
Zielfunktion in €		[MDB_1]				[MDB_2]				[DB]		[KF]		[GB]
[DB] und [GB]:	+	290,00	*	50,00	+	110,00	*	50,00	=	20.000,00	-	14.000,00	=	6.000,00
														DECK648

Übersicht 6.48: Das Allokationsproblem: Bestimmung der optimalen Handlungsalternative

X_1 hergestellt wird. Es können maximal x_1 = 75 ME erzeugt werden. Bei der Lösung werden die verfügbaren Arbeitsstunden vollständig verbraucht, während 150 Maschinenlaufzeitstunden ungenutzt bleiben (siehe rechte Spalte der Tabelle). In der Zielfunktionszeile sind der insgesamt erzielbare Deckungsbeitrag und der Gewinnbeitrag dicker eingerahmt. Es wird ein Deckungsbeitrag von DB = 21.750,00 € und – nach Abzug der fixen Kosten in Höhe von KF = 14.000,00 € – ein Gewinnbeitrag von GB = 7750,00 € erzielt.

Lösung B zeigt die Verhältnisse für den Fall, dass nur die Produktart X_2 erzeugt wird. Auch hier können maximal x_2 = 75 ME hergestellt werden, wobei jetzt allerdings die Maschinenlaufzeit stärker begrenzend wirkt als die Arbeitsstunden. Der Deckungsbeitrag ist mit DB = 8250,00 € deutlich geringer als bei der Handlungsalternative der Lösung A. Der Gewinnbeitrag ist – wegen der konstanten fixen Kosten in Höhe von 14.000,00 € – bei Lösung B um den gleichen Betrag geringer als der Deckungsbeitrag der Lösung A. Wie wir bereits wissen, spielen also die fixen Kosten bei der Entscheidungsfindung keine Rolle. Die Handlungsalternative mit dem höchsten Deckungsbeitrag ist immer auch diejenige mit dem höchsten Gewinnbeitrag.

Schließlich zeigt Lösung C eine Handlungsalternative, bei der beide Produktarten im maximal möglichen Umfang von jeweils 50 ME erzeugt werden. Bei dieser Alternative werden zwar die beiden begrenzt verfügbaren Faktormengen vollständig verbraucht, trotzdem ist sie nicht die wirtschaftlich ergiebigste Alternative. Der Deckungsbeitrag liegt mit 20.000,00 € um 1750,00 € unter demjenigen der Lösung A.

Außer den angeführten drei Handlungsalternativen sind zahlreiche weitere Lösungen zulässig. Im Vergleich zur Lösung A weisen sie jedoch sämtlich geringere Deckungsbeiträge auf. Lösung A ist also die optimale Handlungsalternative, weil dabei der maximale Deckungsbeitrag erreicht wird. (Das lässt sich für dieses einfache Beispiel durch Probieren leicht herausfinden. Rufen Sie dazu die der *Übersicht 6.48* zugrunde liegende Excel-Tabelle DECK648 auf und variieren Sie die zulässigen Produktmengen.)

LÖSUNG A:		Koeffizienten		Produkt 1		Koeffizienten		Produkt 2		Kapazitäten		Fixkosten		Freie Kapazität
		$[a_{1i}]$		$[x_1]$		$[a_{2i}]$		$[x_2]$		$[r_i]$		$[KF(r_i)]$		
Maschinenzeit $[r_1]$:	+	2,00	*	75,00	+	4,00	*	0,00	<=	300,00		8.000,00		150,00
Arbeitszeit $[r_2]$:	+	4,00	*	75,00	+	2,00	*	0,00	<=	300,00		6.000,00		0,00
Zielfunktion in €		$[MDB_1]$				$[MDB_2]$				[DB]		[KF]		[GB]
[DB] und [GB]:	+	290,00	*	75,00	+	180,00	*	0,00	=	21.750,00	-	14.000,00	=	7.750,00

LÖSUNG B:		Koeffizienten		Produkt 1		Koeffizienten		Produkt 2		Kapazitäten		Fixkosten		Freie Kapazität
		$[a_{1i}]$		$[x_1]$		$[a_{2i}]$		$[x_2]$		$[r_i]$		$[KF(r_i)]$		
Maschinenzeit $[r_1]$:	+	2,00	*	0,00	+	4,00	*	75,00	<=	300,00		8.000,00		0,00
Arbeitszeit $[r_2]$:	+	4,00	*	0,00	+	2,00	*	75,00	<=	300,00		6.000,00		150,00
Zielfunktion in €		$[MDB_1]$				$[MDB_2]$				[DB]		[KF]		[GB]
[DB] und [GB]:	+	290,00	*	0,00	+	180,00	*	75,00	=	13.500,00	-	14.000,00	=	-500,00

LÖSUNG C:		Koeffizienten		Produkt 1		Koeffizienten		Produkt 2		Kapazitäten		Fixkosten		Freie Kapazität
		$[a_{1i}]$		$[x_1]$		$[a_{2i}]$		$[x_2]$		$[r_i]$		$[KF(r_i)]$		
Maschinenzeit $[r_1]$:	+	2,00	*	50,00	+	4,00	*	50,00	<=	300,00		8.000,00		0,00
Arbeitszeit $[r_2]$:	+	4,00	*	50,00	+	2,00	*	50,00	<=	300,00		6.000,00		0,00
Zielfunktion in €		$[MDB_1]$				$[MDB_2]$				[DB]		[KF]		[GB]
[DB] und [GB]:	+	290,00	*	50,00	+	180,00	*	50,00	=	23.500,00	-	14.000,00	=	9.500,00
														DECK649

Übersicht 6.49: Das Allokationsproblem: Die Auswirkung veränderter Stückdeckungsbeiträge infolge von Veränderungen der Faktor- und/oder Produktpreise auf die optimale Handlungsalternative

6.6.1.2.2 Die Wirkung von Faktor- und Produktpreisänderungen

Die relative Vorzüglichkeit der Handlungsalternativen wird ganz wesentlich von den Produktpreisen und den Preisen für die Werkstoffe beeinflusst. Steigende/sinkende Produktpreise und sinkende/steigende Werkstoffpreise führen zu steigenden/sinkenden Stückdeckungsbeiträgen. In *Übersicht 6.49* wurden die drei Lösungen der *Übersicht 6.48* wiederholt, wobei allerdings angenommen wurde, dass sich der Stückdeckungsbeitrag für die Produktart X_2 von vorher MDB_2 = 110,00 € auf nunmehr MDB_2 = 180,00 € infolge von entsprechenden Preisveränderungen erhöht hat. Wie aus der Tabelle hervorgeht, ist nunmehr Lösung C mit der kombinierten Herstellung beider Produktarten und einem Deckungsbeitrag von DB = 23.500,00 € die optimale Handlungsalternative. (Sie können durch Probieren mit dem Programm DECK649 feststellen, dass es keine „bessere" zulässige Lösung gibt.) Faktor- und Produktpreisveränderungen zwingen also den betrieblichen Entscheider zur Neubestimmung seines Produktionsprogramms.

Für dieses einfache Beispiel lassen sich die optimalen Handlungsalternativen auch auf grafischem Wege bestimmen, indem wir – wie bereits in Abschnitt 1.4.3.2 im Einzelnen dargelegt – die *Isodeckungsbeitragsgerade* heranziehen. Die Isodeckungsbeitragsgerade ergibt sich durch Umformung der Definitionsgleichung (6.101) für den Deckungsbeitrag, indem sie nach der Produktmenge x_2 aufgelöst und auf diese Weise die herstellbare Produktmenge x_1 von der herstellbaren Produktmenge x_2 abhängig gemacht wird. Auf einer Isodeckungsbeitragsgeraden liegen also sämtliche Produktmengenkombinationen, die den gleichen Deckungsbeitrag ermöglichen.

Gehen wir zunächst von einem angenommenen Deckungsbeitrag $\overline{DB}$ aus, dann ergibt sich die Isodeckungsbeitragsgerade mit:

$$(6.105) \quad x_1 = \frac{\overline{DB}}{MDB_1} - \frac{MDB_2}{MDB_1} \cdot x_2$$

Diese Gerade ist für die ursprünglichen Werte der Stückdeckungsbeiträge in *Übersicht 6.48* und einem angenommenen Deckungsbeitrag von $\overline{DB}$ = 15.000,00 € als Isodeckungsbeitragsgerade ID0 in *Übersicht 6.50* abgetragen.

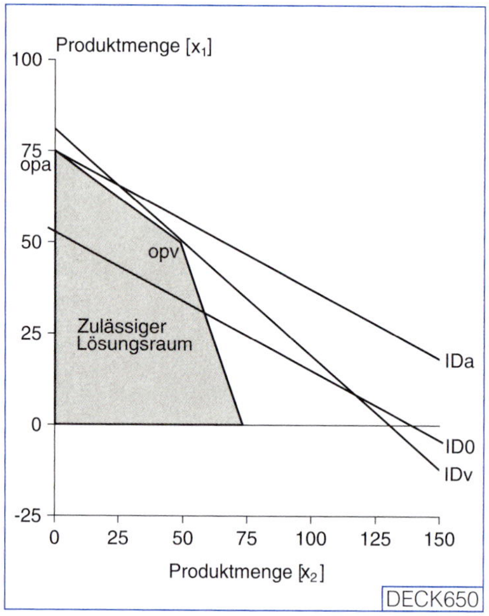

Übersicht 6.50: Grafische Bestimmung der optimalen Handlungsalternative für ein Allokationsproblem

In dieser Übersicht ist der zulässige Lösungsraum aus *Übersicht 6.47* nochmals abgebildet. Die Isodeckungsbeitragsgerade ID0 verläuft teilweise durch den zulässigen Lösungsraum, was bedeutet, dass es zulässige Mengenkombinationen geben muss, die einen höheren Deckungsbeitrag ermöglichen als denjenigen, der auf der Isodeckungsbeitragsgerade liegt. Wir finden das wirtschaftlich ergiebige Produktionsprogramm, wenn wir die Isodeckungsbeitragsgerade ID0 solange parallel zu sich selbst nach außen verschieben, bis sie die Produktmöglichkeitenkurve (als „Rand" des zulässigen Lösungsraumes) gerade noch berührt (siehe Isodeckungsbeitragsgerade IDa). Das ist im Punkt opa der Fall. Die optimale Handlungsalternative liegt also – wie wir aus den Koordinaten dieses Punktes ablesen können – bei den Produktmengen x_1 = 75 ME und x_2 = 0 ME. Das hatten wir mit Lösung A in *Übersicht 6.48* bereits festgestellt.

Die Isodeckungsbeitragsgerade IDv in *Übersicht 6.50* ergibt sich demgegenüber für den Fall der veränderten Stückdeckungsbeiträge aus *Übersicht 6.49*. Die optimale Handlungsalternative liegt nunmehr bei opv, d. h. bei jeweils 50 ME der beiden Produktarten. Das hatten wir mit Lösung C der *Übersicht 6.49* ebenfalls bereits festgestellt.

LÖSUNG A: Optimale Handlungsalternative von Übersicht 6.48		Koeffizienten [a_{1i}]		Produkt 1 [x_1]		Koeffizienten [a_{2i}]		Produkt 2 [x_2]		Kapazitäten [r_i]		Nichtproportionale Kosten [KNP(r_i)]		Freie Kapazität
Maschinenzeit [r_1]:	+	2,00	*	75,00	+	4,00	*	0,00	<=	300,00		8.000,00		150,00
Arbeitszeit [r_2]:	+	4,00	*	75,00	+	2,00	*	0,00	<=	300,00		6.000,00		0,00
Zielfunktion in €		[MDB_1]				[MDB_2]						[KNP]		[DB]
[DB] und [GB]:	+	290,00	*	75,00	+	110,00	*	0,00			-	14.000,00	=	7.750,00
LÖSUNG B: Optimum bei partiell multipler Verfahrensvariation		**Koeffizienten [a_{1i}]**		**Produkt 1 [x_1]**		**Koeffizienten [a_{2i}]**		**Produkt 2 [x_2]**		**Kapazitäten [r_i]**		**Nichtproportionale Kosten [KNP(r_i)]**		**Freie Kapazität**
Maschinenzeit [r_1]:	+	2,00	*	150,00	+	4,00	*	0,00	<=	300,00		8.000,00		0,00
Arbeitszeit [r_2]:	+	4,00	*	150,00	+	2,00	*	0,00	<=	600,00		12.000,00		0,00
Zielfunktion in €		[MDB_1]				[MDB_2]						[KNP]		[DB]
[DB] und [GB]:	+	290,00	*	150,00	+	110,00	*	0,00			-	20.000,00	=	23.500,00
LÖSUNG C: Optimum bei mutativer Verfahrensvariation		**Koeffizienten [a_{1i}]**		**Produkt 1 [x_1]**		**Koeffizienten [a_{2i}]**		**Produkt 2 [x_2]**		**Kapazitäten [r_i]**		**Nichtproportionale Kosten [KNP(r_i)]**		**Freie Kapazität**
Maschinenzeit [r_1]:	+	1,00	*	150,00	+	2,00	*	0,00	<=	300,00		16.000,00		150,00
Arbeitszeit [r_2]:	+	2,00	*	150,00	+	1,00	*	0,00	<=	300,00		6.000,00		0,00
Zielfunktion in €		[MDB_1]				[MDB_2]						[KNP]		[DB]
[DB] und [GB]:	+	290,00	*	150,00	+	110,00	*	0,00			-	22.000,00	=	21.500,00

DECK651

Übersicht 6.51: Das Allokationsproblem: Bestimmung der optimalen Handlungsalternative bei partiell multipler und bei mutativer Verfahrensvariation

6.6.1.2.3 Multiple und mutative Verfahrensvariationen

Die Wirkung von multiplen und mutativen Verfahrensvariationen lässt sich bei Produktionssystemen der multifaktoriellen Multiproduktion ebenfalls analysieren. Das soll anhand der *Übersicht 6.51* verdeutlicht werden.

In dieser Übersicht wurde mit der Lösung A die Lösung A der Ausgangssituation aus *Übersicht 6.48* wiederholt, allerdings mit einem Unterschied: Da wir Verfahrensvariationen betrachten wollen, wurde davon ausgegangen, dass das im Betrieb vorhandene Produktionssystem insofern zur Disposition steht, als es durch andere Verfahrensalternativen ersetzt werden kann. Die bisher als fixe Kosten angesehenen Kosten für die begrenzt verfügbaren Faktoren werden (unter der vereinfachenden Annahme, dass das vorhandene Betriebsmittel ohne Verluste desinvestiert werden kann) dadurch ebenfalls zu entscheidungsrelevanten und damit zu variablen Kosten. Der Deckungsbeitrag einer Handlungsalternative bestimmt sich deshalb als Summe aus den proportionalen variablen Kosten (KP) für die Werkstoffe und den nichtproportionalen variablen Kosten (KNP) für das Betriebsmittel und die Arbeitskraft. Es gilt für unser Beispiel:

(6.106) $$DB = MDB_1 \cdot x_1 + MDB_2 \cdot x_2 - KNP$$

KNP ist dabei die Summe der nichtproportionalen Kosten für die begrenzt verfügbaren Faktoren, wobei die nichtproportionalen Kosten für die einzelnen Faktoren in *Übersicht 6.51* mit KNP(r_i) bezeichnet wurden.

Wie die *Übersicht 6.51* zeigt, ergibt sich unter diesen Bedingungen für die Lösung A ein Deckungsbeitrag von DB = 7750,00 €. Da bei dieser Lösung offenbar die verfügbare Arbeitszeit

(r_2) im Vergleich zur Maschinenlaufzeit (r_1) der knappe Produktionsfaktor ist, weil die Arbeitszeit bei der Handlungsalternative in vollem Umfang genutzt wird, während von der Maschinenlaufzeit noch 150 mh übrigbleiben, bietet sich zunächst eine partiell multiple Verfahrensvariation mit einer Verdoppelung der Zahl der Arbeitskräfte an, so dass anstelle von bisher r_2 = 300 AKh nunmehr r_2 = 600 AKh zur Verfügung stehen.

Die Wirkung dieser ins Auge gefassten Maßnahme geht aus Lösung B der Übersicht hervor. Trotz der auf den doppelten Betrag gestiegenen Lohnkosten (12.000,00 € im Vergleich zu bisher 6000,00 €) würde sich der realisierbare Deckungsbeitrag von DB = 7750,00 € auf DB = 23.500,00 € verdreifachen. Die optimale Lösung bleibt zwar die alleinige Herstellung der Produktart X_1, allerdings könnte jetzt die doppelte Produktmenge von x_1 = 150 ME hergestellt werden. Die Beseitigung des Arbeitsengpasses hätte also eine sehr positive wirtschaftliche Wirkung.

Als zweite Möglichkeit könnte der Entscheider die mutative Verfahrensvariation mit einem Übergang auf eine z. B. doppelt leistungsfähige Maschine ins Auge fassen. Diese Maschine wäre dadurch gekennzeichnet, dass sie bei halbierten Werten ihrer Input-Output-Koeffizienten die doppelte Produktmenge je Maschinenlaufzeiteinheit herstellen könnte. Der Bedienungsaufwand würde sich dabei nicht verdoppeln, so dass sich auch für die menschliche Arbeit halbierte Werte der zugehörigen Input-Output-Koeffizienten ergeben würden. Die Wirkung dieser Maßnahme geht aus Lösung C der *Übersicht 6.51* hervor. Trotz verdoppelter nichtproportionaler Kosten für die neue Maschine in Höhe von nunmehr KNP(r_1) = 16.000,00 € würde sich der Deckungsbeitrag auf DB = 21.500,00 € fast ebenso stark erhöhen wie bei der multiplen Verfahrensvariation.

Bei den dargestellten Wahlmöglichkeiten sollte der Entscheider aber wohl die multiple Verfahrensvariation der Lösung B wählen, weil deren Deckungsbeitrag mit DB = 23.500,00 € über demjenigen des Wertes der mutativen Verfahrensvariation liegt. Wenn sich allerdings die Zahl der Arbeitskräfte nicht ausdehnen lässt oder sie – aus welchen Gründen auch immer – nicht ausgedehnt werden soll, bietet sich bei den Zahlen unseres Beispiels auch die mutative Verfahrensvariation als eine im Vergleich zur Ausgangssituation (Lösung A) deutlich vorzüglichere Handlungsalternative an. (Variieren Sie mit dem Programm DECK651 die Parameterwerte mit der Frage, unter welchen Bedingungen welche Handlungsalternativen relativ vorzüglich sind.)

6.6.1.3 Die lineare und die nichtlineare Optimierung

Bisher haben wir einfache Allokationsprobleme entweder durch Probieren oder auf grafischem Wege lösen können. Diese Verfahren sind bei wirklichen Problemen der multifaktoriellen Multiproduktion mit zahlreichen Produkten und zahlreichen begrenzt verfügbaren Produktionsfaktoren nicht mehr anwendbar. Dafür stehen jedoch mathematische Verfahren in Form der linearen und der nichtlinearen Programmierung zur Verfügung. Wir wollen in diesem Abschnitt anhand eines Beispiels eine Einführung in die Möglichkeiten, die diese Verfahren bieten, geben.

6.6.1.3.1 Bestimmung des optimalen Produktionsprogramms mittels linearer Optimierung

Wir hatten in Abschnitt 5.6 „Analyse und Planung der betrieblichen Arbeitserledigung" einen 1500 haLF umfassenden reinen Ackerbaubetrieb betrachtet, für den mit den *Übersichten 5.17*

1	Ausgangslösung:																
Z.	Aktivitäten: / Begrenzt verfügbare Faktoren:	Zucker-rüben x_1	Winter-raps x_2	Winter-weizen x_3	Winter-gerste x_4	Körner-mais x_5	Brache x_6	SÜ-AKh FEB+MAE x_7	SÜ-AKh APR x_8	SÜ-AKh MAI+JUN x_9	SÜ-AKh JUL+AUG x_{10}	SÜ-AKh SEP x_{11}	SÜ-AKh OKT x_{12}		Verfüg-bare Mengen r_i	Ge-nutzte Mengen rg_i	Unge-nutzte Mengen ru_i
1	Ackerfläche [ha]	1,00	1,00	1,00	1,00	1,00	1,00							<=	1500,00	1500,00	0,00
2	Z-Rüben [to]	50,00												<=	12500,00	12500,00	0,00
3	Arbeit FEB+MAE [AKh]	1,25	0,44	0,51	0,51			-1,00						<=	945,00	805,00	140,00
4	Arbeit APR [AKh]	0,23	0,35	0,42	0,42	1,38			-1,00					<=	1260,00	619,74	640,27
5	Arbeit MAI+JUN [AKh]	0,46	0,23	0,42	0,19	1,14				-1,00				<=	3087,00	561,96	2525,05
6	Arbeit JUL+AUG [AKh]	0,17	5,07	1,44	2,43		0,60				-1,00			<=	3276,00	2718,05	557,95
7	Arbeit SEP [AKh]	1,00		1,39	2,90	0,40	1,40					-1,00		<=	1638,00	1638,00	0,00
8	Arbeit OKT [AKh]	1,47		2,62		1,96							-1,00	<=	1575,00	1575,00	0,00
9	Arbeit NOV+Rest [AKh]	1,42				2,42								<=	2394,00	635,12	1758,89
10	Winterraps [ha]		1,00											<=	500,00	250,00	250,00
11	Wintergetreide [ha]			1,00	1,00									<=	1000,00	750,00	250,00
12	Brache [ha]	0,0983	0,0983	0,0983	0,0983	0,0983	-1,0000							<=	0,00	0,00	0,00
13	MDB [€/ha, €/AKh]:	1363,00	676,00	862,00	673,00	658,00	304,00	-15,00	-15,00	-15,00	-15,00	-15,00	-15,00	**	***	***	***
14	Umfänge [ha, AKh]:	250,00	250,00	500,00	250,00	115,75	134,25	0,00	0,00	0,00	0,00	266,25	329,37		DB:	1217041,20	€

2	Optimale Lösung:																
Z.	Aktivitäten: / Begrenzt verfügbare Faktoren:	Zucker-rüben x_1	Winter-raps x_2	Winter-weizen x_3	Winter-gerste x_4	Körner-mais x_5	Brache x_6	SÜ-AKh FEB+MAE x_7	SÜ-AKh APR x_8	SÜ-AKh MAI+JUN x_9	SÜ-AKh JUL+AUG x_{10}	SÜ-AKh SEP x_{11}	SÜ-AKh OKT x_{12}		Verfüg-bare Mengen r_i	Ge-nutzte Mengen rg_i	Unge-nutzte Mengen ru_i
1	Ackerfläche [ha]	1,00	1,00	1,00	1,00	1,00	1,00							<=	1500,00	1500,00	0,00
2	Z-Rüben [to]	50,00												<=	12500,00	12500,00	0,00
3	Arbeit FEB+MAE [AKh]	1,25	0,44	0,51	0,51			-1,00						<=	945,00	873,43	71,57
4	Arbeit APR [AKh]	0,23	0,35	0,42	0,42	1,38			-1,00					<=	1260,00	518,01	741,99
5	Arbeit MAI+JUN [AKh]	0,46	0,23	0,42	0,19	1,14				-1,00				<=	3087,00	561,62	2525,38
6	Arbeit JUL+AUG [AKh]	0,17	5,07	1,44	2,43		0,60				-1,00			<=	3276,00	2149,90	1126,10
7	Arbeit SEP [AKh]	1,00		1,39	2,90	0,40	1,40					-1,00		<=	1638,00	1638,00	0,00
8	Arbeit OKT [AKh]	1,47		2,62		1,96							-1,00	<=	1575,00	1575,00	0,00
9	Arbeit NOV+Rest [AKh]	1,42				2,42								<=	2394,00	355,00	2039,00
10	Winterraps [ha]		1,00											<=	500,00	115,75	384,25
11	Wintergetreide [ha]			1,00	1,00									<=	1000,00	1000,00	0,00
12	Brache [ha]	0,0983	0,0983	0,0983	0,0983	0,0983	-1,0000							<=	0,00	0,00	0,00
13	MDB [€/ha, €/AKh]:	1363,00	676,00	862,00	673,00	658,00	304,00	-15,00	-15,00	-15,00	-15,00	-15,00	-15,00	**	***	***	***
14	Umfänge [ha, AKh]:	250,00	115,75	1000,00	0,00	0,00	134,25	0,00	0,00	0,00	0,00	189,95	1412,50		DB:	1297772,25	€

DECK653

Übersicht 6.53: Bestimmung des optimalen Produktionsprogramms für den Pflanzenbau mit Hilfe des SIMPLEX-Algorithmus (LINEARE PROGRAMMIERUNG)

geliefert werden. Die Bilanz muss ausgeglichen sein, weshalb in dieser Zeile bei den verfügbaren Mengen der Betrag 0 steht.

In Zeile 13 hat der Betriebsleiter dann die vorher errechneten Stückdeckungsbeiträge für die Produktionsaktivitäten und die angenommenen (negativen) Stückdeckungsbeiträge für die Saison- und Überstunden-AKh als deren Kosten je Arbeitskraftstunde erfasst. In Zeile 14 hat er die ins Auge gefassten Produktionsumfänge aus der *Übersicht 5.21* eingefügt. Durch Multiplikation der Nutzungsumfänge der Produktionsaktivitäten mit den Stückdeckungsbeiträgen und anschließender Aufsummierung aller Einzelergebnisse ergibt sich der zu erwartende Deckungsbeitrag in Höhe von DB = 1.217.041,20 €. Er ist rechts unten im oberen Teil der *Übersicht 6.53* angegeben.

Der Deckungsbeitrag berechnet sich also nach Maßgabe der folgenden Gleichung:

(6.107) $$DB = \sum_{j=1}^{n} MDB_j \cdot x_j$$

Darin sind:

DB = Deckungsbeitrag des betrieblichen Produktionsprogramms, gemessen in €;

MDBj = Stückdeckungsbeitrag der j-ten Produktionsaktivität (j = 1, ..., n), gemessen in €;

x_j = Produktionsumfang der j-ten Produktionsaktivität, gemessen in ha (für x_1 bis x_6) bzw. in AKh (für x_7 bis x_{12}).

Des Weiteren sind in den beiden rechten Spalten der Tabelle die „genutzten Mengen" bzw. die „ungenutzten Mengen" der begrenzt verfügbaren Produktionsfaktoren aufgeführt. Die genutzten Mengen ergeben sich für jede Zeile nach Maßgabe der folgenden Gleichung:

(6.108) $$rg_1 = \sum_{j=1}^{n} a_{ij} \cdot x_j$$

Darin sind:

rg_i = genutzte Mengen des i-ten begrenzt verfügbaren Faktors, gemessen in physischen Einheiten;

a_{ij} = Input-Output-Koeffizienten (Faktorverbräuche je Einheit der Produktionsaktivitäten);

x_j = Produktionsumfang der j-ten Produktionsaktivität.

Dabei gilt, dass die genutzten Mengen (rg_i) höchstens so groß sein dürfen, wie die verfügbaren Mengen (r_i), also:

(6.109) $$rg_i \leq r_i$$

Die ungenutzten Faktormengen (ru_i) sind dann lediglich die Differenz aus den verfügbaren und den genutzten Faktormengen:

(6.110) $$ru_i = r_i - rg_i$$

In der Spalte der „ungenutzten Mengen" dürfen wegen der Bedingung (6.109) keine Werte mit negativen Vorzeichen stehen, wenn das Produktionsprogramm zulässig sein soll. Der Betriebsleiter hat deshalb in Zeile 14 der Spalten x_{11} und x_{12} 266,25 bzw. 329,37 AKh eingesetzt. In der Arbeitsspitze des September und Oktober werden also in größerem Umfang Saison- und/oder Überstunden-AKh benötigt.

Der Betriebsleiter könnte nun durch mehr oder weniger systematisches Probieren versuchen herauszufinden, ob es noch zulässige Produktionsprogramme gibt, die einen höheren Deckungsbeitrag als den hier ermittelten beinhalten. Eine systematische grafische Lösung dieses Problems scheidet hier aus, weil sich mehr als zwei Produktionsaktivitäten im zweidimensionalen Raum nicht mehr abbilden lassen.

Das Auffinden von optimalen Lösungen ist schon bei einfachen Problemen der multifaktoriellen Multiproduktion mühselig. Bei komplexen Problemen wird es unmöglich. Deshalb wurde zur Lösung von derartigen Problemen von G. B. DANTZING der SIMPLEX-Algorithmus entwickelt. Wir können im Rahmen dieses Grundlagenlehrbuches nicht auf die mathematischen Einzelheiten dieses Verfahrens eingehen. Dazu sei der Leser auf die einschlägige Fachliteratur verwiesen (z. B. DANTZING 1966; DORFMAN, SAMUELSON, SOLOW 1958). Jedenfalls ist der Algorithmus so angelegt, dass er für lineare Probleme der multifaktoriellen Multiproduktion diejenige Lösung findet, die die Zielvariable (hier der Deckungsbeitrag) maximiert und dabei keine der Nebenbedingungen für die begrenzt verfügbaren Faktormengen verletzt und außerdem negative Produktionsumfänge ausschließt (Der SIMPLEX-Algorithmus ist im SOLVER (unter Extras) des Programmpaketes Excel enthalten. Der Leser kann sich dort mit weiteren Einzelheiten vertraut machen und z. B. das im unteren Teil der *Übersicht 6.53* skizzierte Problem lösen).

Der SIMPLEX-Algorithmus, auf das vorliegende Beispiel angewandt, liefert die im unteren Teil der *Übersicht 6.53* skizzierte Lösung (2. optimale Lösung). Wir sehen im Einzelnen, dass der Betriebsleiter den Deckungsbeitrag des Betriebes durch Umstellung des Produktionsprogramms um gut 80.000,00 € von 1.217.041,20 € auf 1.297.772,25 € erhöhen könnte. Er müsste dazu bei unveränderten Umfängen des Zuckerrübenbaus und des Brachlandes den Wintergersten- und den Körnermaisbau aufgeben, den Winterrapsbau erheblich einschränken und den Winterweizenbau von 500 auf 1000 ha verdoppeln. Das Produktionsprogramm wäre nur zulässig, wenn er in den Arbeitszeitspannen September und Oktober rund 1600 AKh durch Überstunden der Stammbelegschaft und/oder durch Aushilfskräfte zur Verfügung stellen könnte.

Die Lösung mit Hilfe des SIMPLEX-Algorithmus liefert aber noch weitere Ergebnisse. Sie sind in *Übersicht 6.54* zusammenfassend skizziert. Dieser Sensitivitätsbericht sagt in seiner linken Hälfte etwas zur Stabilität der gefundenen Lösung, indem angegeben wird, um welche Beträge die Stückdeckungsbeiträge der einzelnen Produktionsaktivitäten zunehmen bzw. abnehmen müssten, bevor sich Änderungen des optimalen Produktionsprogramms ergeben würden. So könnte z. B. der Stückdeckungsbeitrag des Zuckerrübenbaus um 649,95 €, d. h. von bisher 1363,00 € auf 713,05 € zurückgehen, bevor der Zuckerrübenbau eingeschränkt würde. Der Winterrapsbau würde bei einem um mehr als 115,85 € höheren Stückdeckungsbeitrag ausgedehnt und bei einem um mehr als 53,40 € geringeren Stückdeckungsbeitrag eingeschränkt werden. Sinngemäß auf die gleiche Weise sind die übrigen Werte des linken Teils der *Übersicht 6.54* zu interpretieren.

Z.	Aktivitäten:		Stückdeckungsbeitrag [€/ha]	Nutzungsumfang [ha]	Zulässige Zunahme des DB bevor Änderungen des Produktionsprogramms eintreten [€/ha]	Zulässige Abnahme des DB bevor Änderungen des Produktionsprogramms eintreten [€/ha]	Z.	Begrenzte Faktoren:	Verfügbare Mengen [Einheiten]	Schattenpreise [€/Einheit]
1	Z-Rüben	x_1	1363,00	250,00		649,95	1	Ackerfläche [ha]	1500,00	640,83
2	W-Raps	x_2	676,00	115,75	115,85	53,40	2	Z-Rüben [to]	12500,00	13,00
3	W-Weizen	x_3	682,00	1000,00		125,85	3	Arbeit in SEP [Akh]	1638,00	15,00
4	W-Gerste	x_4	673,00	0,00	172,35		4	Arbeit in OKT [Akh]	1575,00	15,00
5	K-Mais	x_5	658,00	0,00	53,40		5	Wintergetreide [ha]	1000,00	125,85
6	Brache	x_6	304,00	134,25	393,00		6	Brache [ha]		357,83

DECK654

Übersicht 6.54: Sensitivitätsbericht zur optimierten Lösung der Übersicht 6.53

Der rechte Teil der *Übersicht 6.54* zeigt die sog. „Schattenpreise" als Opportunitätskosten von begrenzt verfügbaren Produktionsfaktormengen. Die erste Zeile zur Ackerfläche ist dahingehend zu lesen, dass der Betriebsleiter seinen Deckungsbeitrag c. p. um 640,83 € ausdehnen könnte, wenn er seine Ackerfläche um 1 ha vergrößern würde. Der Schattenpreis ist also der partielle Grenzdeckungsbeitrag in Abhängigkeit von variierten Mengen eines begrenzt verfügbaren Produktionsfaktors.

Des Weiteren ist ersichtlich, dass der betriebliche Deckungsbeitrag um 13,00 €/t Zuckerrübenkontingent erhöht werden könnte, wenn sich das Kontingent um 1 t ausdehnen ließe. Beide Schattenpreise liefern dem Betriebsleiter damit auch Hinweise zur Beantwortung der Frage, bis zu welchen Pachtpreisen für Nutzflächen bzw. bis zu welchen Kaufpreisen für handelsfähige Zuckerrübenkontingente er mitbieten sollte. Die übrigen Zahlen des rechten Teils der *Übersicht 6.54* können sinngemäß auf die gleiche Weise interpretiert werden.

6.6.1.3.2 Bestimmung des optimalen Produktionsprogramms mittels nichtlinearer Programmierung

Bei näherer Betrachtung der gefundenen Lösung treten bei unserem Betriebsleiter jedoch Zweifel an der Realisierbarkeit des ermittelten Produktionsprogramms auf. Seine Umsetzung würde bedeuten, dass er nur noch eine dreijährige Fruchtfolge durchführen sollte, die im ersten Jahr 250 ha Zuckerrüben, 115,75 ha Winterraps und 134,25 ha Rotationsbrache als „Blattfrüchte" umfassen würde, gefolgt von Winterweizen als einziger Halmfrucht im zweiten und dritten Jahr. Insbesondere ist dem Betriebsleiter bewusst, dass die Naturalerträge praktisch aller Nutzpflanzen in Abhängigkeit von zunehmenden Häufigkeiten ihres Auftretens in der Fruchtfolge bzw. in Abhängigkeit von zunehmenden Nutzflächenanteilen abnehmen. Bei geringen Flächenanteilen sind also für die einzelnen Früchte c. p. hohe Naturalerträge und bei hohen Flächenanteilen geringe Naturalerträge zu erwarten.

Nachdem der Betriebsleiter sich über diese fruchtfolgetechnischen Zusammenhänge Informationen aus der Fachliteratur beschafft hat, berechnet er in Ergänzung der *Übersicht 6.52* die Werte der *Übersicht 6.55*. Er schätzt zunächst die Naturalerträge für die einzelnen Kulturen, die er bei sehr geringen Flächenanteilen erwarten könnte (Zeile 1), und bestimmt daraus die Stückdeckungsbeiträge (Zeile 12). Für den anderen Extremfall schätzt er die Naturalerträge, die sich für den Fall der Monokultur der einzelnen Früchte ergeben würden (Zeile 13), und bestimmt dafür dann ebenfalls die zu erwartenden Stückdeckungsbeiträge (Zeile 14).

Z.	Aktivitäten: / Bezeichnung:	Zucker-rüben x_1	Winter-raps x_2	Winter-weizen x_3	Winter-gerste x_4	Körner-mais x_5	Rotations-brache x_6
1	Naturalertrag bei gegen Null gehenden Nutzflächenanteil [dt/ha]	700,00	50,00	100,00	90,00	100,00	0,00
2	Produktpreis [€/dt]	4,00	22,00	12,80	11,30	13,20	0,00
3	Produktionsleistung [€/ha]	2800,00	1100,00	1280,00	1017,00	1320,00	0,00
4	Preisausgleichszahlung [€/ha]	340,00	340,00	340,00	340,00	340,00	340,00
5	Gesamtleistung [€/ha]	3140,00	1440,00	1620,00	1357,00	1660,00	340,00
6	Saat- und Pflanzgut [€/ha]	190,00	38,00	72,00	56,00	140,00	0,00
7	Mineraldünger [€/ha]	160,00	133,00	138,00	133,00	123,00	0,00
8	Pflanzenschutzmittel [€/ha]	230,00	148,00	158,00	128,00	98,00	0,00
9	Proport. Maschinenkosten [€/ha]	380,00	153,00	228,00	225,00	269,00	36,00
10	Sonstige Kosten [€/ha]	17,00	72,00	34,00	29,00	240,00	0,00
11	Kosten [€/ha]	977,00	544,00	630,00	571,00	870,00	36,00
12	Stückdeckungsbeitrag [€/ha]	2163,00	896,00	990,00	786,00	790,00	304,00
13	Naturalertrag bei Monokultur [dt/ha]	350,00	25,00	75,00	68,00	90,00	0,00
14	Stückdeckungsbeitrag [€/ha]	763,00	346,00	670,00	537,40	658,00	304,00
	Stückdeckungsbeitragsfunktionen:						
15	Zuckerrüben:Stückdeckungsbeitrag = 2163,00€ - (2163,00€ - 763,00€)/Ackerfläche * ha-Anbau						
16	Winterraps: Stückdeckungsbeitrag = 896,00€ - (896,00€ - 346,00€)/Ackerfläche * ha-Anbau						
17	Winterweizen: Stückdeckungsbeitrag = 990,00€ - (990,00€ - 670,00€)/Ackerfläche * ha-Anbau						
18	Wintergerste: Stückdeckungsbeitrag = 786,00€ - (786,00€ - 537,40€)/Ackerfläche * ha-Anbau						
19	Körnermais: Stückdeckungsbeitrag = 790,00€ - (790,00€ - 658,00€)/Ackerfläche * ha-Anbau						
20	Rotationsbrache: Stückdeckungsbeitrag = 304,00€						

DECK655

Übersicht 6.55: Bestimmung von Stückdeckungsbeitragsfunktionen für die NICHTLINEARE PROGRAMMIERUNG mit quadratischer Zielfunktion

Unter der vereinfachenden Annahme, dass sich die Deckungsbeiträge in Abhängigkeit von den Anteilen der Kulturen in der Fruchtfolge zwischen den beiden genannten Extremwerten linear abnehmend verhalten, ergeben sich die in den Zeilen 15 bis 20 der *Übersicht 6.55* skizzierten Stückdeckungsbeitragsfunktionen. Allgemein gilt für diese Stückdeckungsbeitragsfunktionen:

$$(6.111)\qquad MDB_j = MDBmax_j - \frac{MDBmax_j - MDBmin_j}{r_1} \cdot x_j$$

Darin sind:

MDB_j = Stückdeckungsbeitrag der j-ten Produktionsaktivität, gemessen in €;

$MDBmax_j$ = Maximal möglicher Stückdeckungsbeitrag der j-ten Produktionsaktivität bei gegen null gehendem Nutzflächenanteil, gemessen in €;

$MDBmin_j$ = Stückdeckungsbeitrag der j-ten Produktionsaktivität bei Monokultur, gemessen in €;

r_1 = Verfügbare Ackerfläche (hier r_1 = 1500 ha);

x_j = Produktionsumfang der j-ten Produktionsaktivität, gemessen in ha.

Setzen wir nun die Gleichung (6.111) in die vorher abgeleitete allgemeine Gleichung für den Deckungsbeitrag (6.107) ein, dann erhalten wir eine quadratische Zielfunktion:

$$(6.112)\qquad DB = \sum_{j=1}^{n} MDBmax_j \cdot x_j - \frac{MDBmax_j - MDBmin_j}{r_1} \cdot x_j^2$$

Auf diese Weise wird aus dem vorher betrachteten Problem der linearen Optimierung ein Problem der nichtlinearen Optimierung, hier mit einer quadratischen anstelle einer linearen Zielfunktion. Das zugehörige Rechenverfahren wird deshalb als *quadratische Programmierung* bezeichnet.

Der Betriebsleiter setzt die in *Übersicht 6.55* aufgeführten Stückdeckungsbeitragsfunktionen statt der Stückdeckungsbeiträge in die Zeilen 13 des oberen und unteren Teils der *Übersicht 6.53* ein und erhält damit die beiden Teile der *Übersicht 6.56*.

Für die zunächst ins Auge gefasste Ausgangslösung ergibt sich jetzt ein Deckungsbeitrag für den Betrieb in Höhe von 1.433.432,84 €. In Zeile 13 des oberen Teils der *Übersicht 6.56* sind die aus den Deckungsbeitragsfunktionen bei den gewählten Anbauumfängen sich ergebenden Stückdeckungsbeiträge aufgeführt.

Auch bei dieser Lösung tritt selbstverständlich sofort die Frage auf, ob es nicht bessere Lösungen bzw. ein optimales Produktionsprogramm gibt, das zu einem höheren Deckungsbeitrag für den Betrieb führen würde. Zur Berechnung des Optimums werden bei nichtlinearen Problemen sog. *Gradientenverfahren* eingesetzt. Auf die mathematischen Einzelheiten dieses Verfahrens soll an dieser Stelle jedoch nicht näher eingegangen werden (vgl. dazu z. B. HACKBUSCH 1993). Jedenfalls enthält der SOLVER des Programmpakets Excel auch Lösungsalgorithmen für solche nichtlinearen Probleme. Die Anwendung des Gradientenverfahrens mit dem Excel-Solver liefert die Lösung, die im unteren Teil der *Übersicht 6.56* angegeben ist.

Aus den Zahlen geht im Einzelnen hervor, dass sich der Deckungsbeitrag für die optimale Lösung im Vergleich zur Ausgangslösung nur um 5187,67 € von ursprünglich 1.433.432,84 € auf jetzt 1.438,620,51 € erhöhen würde. Das Produktionsprogramm müsste nur wenig verändert werden. Bei exakt bzw. ungefähr gleich bleibenden Nutzflächenanteilen für den Zuckerrübenbau, die Rotationsbrache und den Winterweizenbau würde der Körnermais- zu Lasten des Wintergerstenbaus ausgedehnt werden müssen. Unser Betriebsleiter hat also mit seiner Ausgangslösung intuitiv das Optimum schon näherungsweise getroffen. Bei nur ca. 5000,00 € Deckungsbeitragsunterschied – ein Betrag, der innerhalb der Fehlergrenzen liegt – würde er vermutlich die Ausgangslösung beibehalten, weil sie eine einfachere Gestaltung seiner Fruchtfolgen erlaubt. (Wenden Sie den Excel-Solver auf das Problem der *Übersicht 6.56* an. Variieren Sie einzelne Parameterwerte, um sich ein Gefühl für die Sensitivität der optimalen Lösung zu verschaffen. Konstruieren Sie eigene Beispiele, um ein verbessertes Arbeitswissen zu erlangen.)

6.6.2 Das Mischungsproblem

Im Rahmen der multifaktoriellen Multiproduktion lässt sich auch die Verbrauchsfunktion als Umkehrfunktion der Erzeugungsfunktion als Hilfsmittel zur Bearbeitung von Entscheidungsanlässen verwenden. Eine wichtige Gruppe derartiger Entscheidungsanlässe bilden die sog. *Mischungsprobleme*. Dabei geht es um die Zusammenstellung einer Mischung als Produkt, die verschiedene wertbestimmende Bestandteile in bestimmten Mindestmengen enthalten muss, um den für die Mischung spezifizierten Anforderungen zu genügen. Bei den wertbestimmenden Bestandteilen handelt es sich z. B. um Nährstoffe, die für die Ernährung von Tieren, Pflanzen oder auch Menschen benötigt werden. Das zu erzeugende Mischungsprodukt ist dann eine bestimmte Futterration, die den physiologischen Anforderungen einer Nutztierart genügt, oder ein Mehrnährstoffdünger, der in seiner Zusammensetzung den Anforderungen einer Nutzpflanzenart genügt, oder auch eine Rezeptur für ein Fertiggericht, das ein bestimmtes Nährstoffverhältnis enthalten soll.

Das eigentliche Problem resultiert aus dem Tatbestand, dass zwar zahlreiche verschiedene Nahrungs- und Futterstoffe als Komponenten existieren und prinzipiell verwendet werden können, dass aber jede dieser Komponenten ein Nährstoffverhältnis enthält, das sich von demjenigen unterscheidet, welches die Menschen oder Tiere bzw. Pflanzen benötigen. Es müssen deshalb mehrere Nahrungs- bzw. Futterkomponenten gemischt werden, und zwar so, dass

Z.	Ausgangslösung: Aktivitäten: / Begrenzt verfügbare Faktoren:	Zucker-rüben x_1	Winter-raps x_2	Winter-weizen x_3	Winter-gerste x_4	Körner-mais x_5	Brache x_6	SÜ-AKh FEB+MAE x_7	SÜ-AKh APR x_8	SÜ-AKh MAI+JUN x_9	SÜ-AKh JUL+AUG x_{10}	SÜ-AKh SEP x_{11}	SÜ-AKh OKT x_{12}		Verfüg-bare Mengen r_i	Ge-nutzte Mengen rg_i	Unge-nutzte Mengen ru_i
1	Ackerfläche [ha]	1,00	1,00	1,00	1,00	1,00	1,00							<=	1500,00	1500,00	0,00
2	Z-Rüben [to]	50,00												<=	12500,00	12500,00	0,00
3	Arbeit FEB+MAE [AKh]	1,25	0,44	0,51	0,51			-1,00						<=	945,00	805,00	140,00
4	Arbeit APR [AKh]	0,23	0,35	0,42	0,42	1,38			-1,00					<=	1260,00	619,74	640,27
5	Arbeit MAI+JUN [AKh]	0,46	0,23	0,42	0,19	1,14				-1,00				<=	3087,00	561,96	2525,05
6	Arbeit JUL+AUG [AKh]	0,17	5,07	1,44	2,43		0,60				-1,00			<=	3276,00	2718,05	557,95
7	Arbeit SEP [AKh]	1,00		1,39	2,90	0,40	1,40					-1,00		<=	1638,00	1638,00	0,00
8	Arbeit OKT [AKh]	1,47		2,62		1,96							-1,00	<=	1575,00	1575,00	0,00
9	Arbeit NOV+Rest [AKh]	1,42				2,42								<=	2394,00	635,12	1758,89
10	Winterraps [ha]		1,00											<=	500,00	250,00	250,00
11	Wintergetreide [ha]			1,00	1,00									<=	1000,00	750,00	250,00
12	Brache [ha]	0,0983	0,0983	0,0983	0,0983	0,0983	-1,0000							<=	0,00	0,00	0,00
13	MDB [€/ha, €/AKh]:	1929,67	804,33	883,33	744,50	779,81	304,00	-15,00	-15,00	-15,00	-15,00	-15,00	-15,00	**	***	***	***
14	Umfänge [ha, AKh]:	250,00	250,00	500,00	250,00	115,75	134,25	0,00	0,00	0,00	0,00	266,25	329,37		DB:	1433432,84	€

Z.	Optimale Lösung: Aktivitäten: / Begrenzt verfügbare Faktoren:	Zucker-rüben x_1	Winter-raps x_2	Winter-weizen x_3	Winter-gerste x_4	Körner-mais x_5	Brache x_6	SÜ-AKh FEB+MAE x_7	SÜ-AKh APR x_8	SÜ-AKh MAI+JUN x_9	SÜ-AKh JUL+AUG x_{10}	SÜ-AKh SEP x_{11}	SÜ-AKh OKT x_{12}		Verfüg-bare Mengen r_i	Ge-nutzte Mengen rg_i	Unge-nutzte Mengen ru_i
1	Ackerfläche [ha]	1,00	1,00	1,00	1,00	1,00	1,00							<=	1500,00	1500,00	0,00
2	Z-Rüben [to]	50,00												<=	12500,00	12500,00	0,00
3	Arbeit FEB+MAE [AKh]	1,25	0,44	0,51	0,51			-1,00						<=	945,00	752,11	192,89
4	Arbeit APR [AKh]	0,23	0,35	0,42	0,42	1,38			-1,00					<=	1260,00	720,94	539,06
5	Arbeit MAI+JUN [AKh]	0,46	0,23	0,42	0,19	1,14				-1,00				<=	3087,00	665,46	2421,54
6	Arbeit JUL+AUG [AKh]	0,17	5,07	1,44	2,43		0,60				-1,00			<=	3276,00	2423,42	852,58
7	Arbeit SEP [AKh]	1,00		1,39	2,90	0,40	1,40					-1,00		<=	1638,00	1638,00	0,00
8	Arbeit OKT [AKh]	1,47		2,62		1,96							-1,00	<=	1575,00	1575,00	0,00
9	Arbeit NOV+Rest [AKh]	1,42				2,42								<=	2394,00	888,79	1505,21
10	Winterraps [ha]		1,00											<=	500,00	241,82	258,18
11	Wintergetreide [ha]			1,00	1,00									<=	1000,00	653,36	346,64
12	Brache [ha]	0,0983	0,0983	0,0983	0,0983	0,0983	-1,0000							<=	0,00	0,00	0,00
13	MDB [€/ha, €/AKh]:	1929,67	807,33	879,39	763,61	770,59	304,00	-15,00	-15,00	-15,00	-15,00	-15,00	-15,00	**	***	***	***
14	Umfänge [ha, AKh]:	250,00	241,82	518,49	134,87	220,58	134,25	0,00	0,00	0,00	0,00	0,00	583,27		DB:	1438620,51	€

DECK656

Übersicht 6.56: Bestimmung des optimalen Produktionsprogramms für den Pflanzenbau mit Hilfe des Gradienten-Verfahrens (NICHTLINEARE PROGRAMMIERUNG mit quadratischer Zielfunktion)

die resultierende Mischung die wertbestimmenden Bestandteile in einem solchen Mengenverhältnis enthält, wie es den gewünschten physiologischen Anforderungen für die Menschen, Tiere oder Nutzpflanzen entspricht.

In aller Regel ist nun die Zahl der verfügbaren Mischungskomponenten erheblich größer als die Zahl derjenigen Komponenten, die schließlich in die Mischung eingehen werden. Es muss also eine Auswahl getroffen werden. Ein wesentliches Auswahlkriterium bilden dabei die Kosten der Mischungskomponenten bzw. die Kosten der daraus herzustellenden Mischung. Der Entscheider wird also unter allen zulässigen Mischungen, d. h. unter allen Mischungen, die die Anforderungen in Bezug auf die wertbestimmenden Bestandteile erfüllen, diejenige herausfinden wollen, die diese Anforderungen mit den geringsten Kosten erfüllt.

6.6.2.1 Mengengerüste: Die Verbrauchsfunktion

Zur Lösung dieses Problems wollen wir zunächst wieder das Mengengerüst definieren. Dem Mischungsproblem liegt eine Verbrauchsfunktion zugrunde. Sie wurde als Ungleichungssystem (6.27) in Abschnitt 6.4 abgebildet und wird hier als Ungleichungssystem (6.113) wiederholt:

$$\begin{array}{ccccccc} b_{11} \cdot r_1 & + \ldots + & b_{1i} \cdot r_i & + \ldots + & b_{1m} \cdot r_m & \geq & x_1 \\ & & \vdots & & \vdots & & \vdots \\ b_{j1} \cdot r_1 & + \ldots + & b_{ji} \cdot r_i & + \ldots + & b_{jm} \cdot r_m & \geq & x_j \\ \vdots & & \vdots & & \vdots & & \vdots \\ b_{n1} \cdot r_1 & + \ldots + & b_{ni} \cdot r_i & + \ldots + & b_{nm} \cdot r_m & \geq & x_n \end{array} \tag{6.113}$$

Darin sind:

r_i = Mengen der Mischungskomponenten R_i ($i = 1, \ldots, m$), gemessen in Mengeneinheiten (abhängige Variable);

x_j = Mengen der wertbestimmenden Bestandteile X_j ($j = 1, \ldots, n$), die das Mischungsprodukt enthalten soll, gemessen in Mengeneinheiten (unabhängige Variable);

b_{ji} = Output-Input-Koeffizienten, die die Menge des j-ten wertbestimmenden Bestandteils je Einheit der i-ten Komponente angeben.

Das erwünschte Mischungsprodukt wird also durch das quantitative Verhältnis der wertbestimmenden Bestandteile (x_j) auf der rechten Seite des Ungleichungssystems definiert. Jede Spalte auf der linken Seite des Ungleichungssystems gibt dagegen mit den zugehörigen Output-Input-Koeffizienten das quantitative Verhältnis der wertbestimmenden Bestandteile für jeweils eine mögliche Mischungskomponente (r_i) an.

6.6.2.2 Die Bestimmung der optimalen Ration

Um in diesem Falle die kostenminimale Lösung ermitteln zu können, benötigen wir zunächst wieder eine Zielfunktion. Diese Zielfunktion, deren abhängige Variable hier die zu minimierenden Kosten der Mischung sind und deren unabhängige Variable die Komponentenmengen (r_i) sind (wobei letztere ihrerseits als abhängige Variable von den geforderten Mengen der wertbestimmenden Bestandteile des Mischungsproduktes (x_j) als den dafür unabhängigen Variablen bestimmt werden), lautet hier allgemein:

(6.114) $K = pr_1 \cdot r_1 + \ldots + pr_i \cdot r_i + \ldots + pr_m \cdot r_m$

Darin sind:

K = Kosten einer Handlungsalternative, d. h. einer Mischung, gemessen in €;

r_i = Mengen der Komponenten, gemessen in Mengeneinheiten;

pr_i = Ankaufspreis je Mengeneinheit der i-ten Komponente, gemessen in €.

Wir wollen die Zusammenhänge an einem Beispiel verdeutlichen: Der Mensabetrieb des Studentenwerks einer Universität führt spanische Aktionswochen durch. Dabei darf das Angebot einer Paella selbstverständlich nicht fehlen. Da der Mensa-Betrieb einerseits kostenbewusst, andererseits aber auch ernährungs- und gesundheitsbewusst agiert, soll eine Paella angeboten werden, die sowohl ernährungswissenschaftlich abgesicherte Mindeststandards erfüllt als auch so kostengünstig wie möglich ist. Als Komponenten für die Paella kommen die in den Kopfzeilen der beiden Teile der *Übersicht 6.57* genannten Nahrungsstoffe in Frage.

Das quantitative Verhältnis der wertbestimmenden Bestandteile, dem die Paella genügen sollte, ist in den Zeilen 1 bis 9 spezifiziert. Die Output-Input-Koeffizienten sind jeweils in g oder mg oder Cal je 100 g der Komponenten angegeben. Z. B. besagt Zeile 1, dass die Paella mindestens 73 g Kohlehydrate enthalten sollte und dieser Bedarf wahlweise durch die Komponenten Reis (24 g Kohlehydrate je 100 g), Tomaten (3,5 g Kohlehydrate je 100 g) sowie durch Paprika, Mais, Zucchini und Champignons mit den angegebenen Output-Input-Koeffizienten gedeckt werden könnte. Sinngemäß auf die gleiche Weise sind die übrigen Zeilen (2 bis 8) der Übersicht zu lesen. Mit Zeile 9 wird schließlich der Energiegehalt für die Paella festgelegt. Er soll mit mindestens 600 Cal ein knappes Drittel des Tagesbedarfs für einen nicht körperlich arbeitenden Erwachsenen betragen.

Der Küchenchef der Mensa schaut zunächst in einem spanischen Rezeptbuch nach, in dem ein Rezept für eine Paella vorgeschlagen wird, deren Komponentenmengen in Zeile 14 des oberen Teils der *Übersicht 6.57* angegeben sind. Die Paella sollte danach 150 g Reis (die Mengen sind in Zeile 11 jeweils in 100-g-Einheiten angegeben), 40 g Paprika, 50 g Mais, 150 g Schellfisch, 75 g Krabben und 10 g Olivenöl enthalten. Gewürze nach Bedarf kommen hinzu; sie sind hier allerdings nicht mit aufgeführt.

Die obere Tabelle zeigt nun in ihrem rechten unteren Teil, dass die Materialkosten für diese Paella 2,33 € je Portion betragen würden, wobei die Kosten nach Maßgabe der allgemeinen Gleichung (6.114) bestimmt wurden. Die erwarteten Ankaufspreise je 100 g der Komponenten gehen aus Zeile 10 der Tabelle hervor.

Die rechte Spalte der oberen Tabelle zeigt aber auch, dass diese Paella unzulässig ist, weil sie gleich mehrere der ernährungsphysiologischen Bedingungen nicht erfüllt. Die Paella enthält zu wenig Kohlehydrate (-25,26 g), zu wenig Ballaststoffe (-6,75 g), zu wenig Fett (-2,81 g), zu wenig Calcium (-160,25 mg) und zu wenig Energie (-106,50 Cal). Auf der anderen Seite enthält die Paella zu viel Eiweiß, insbesondere zu viel Tiereiweiß (+14,98 bzw. +24,90 g).

Zur Bestimmung einer zulässigen und gleichzeitig kostenminimalen Paella hilft auch hier der SIMPLEX-Algorithmus weiter. Der Küchenchef formuliert das Problem in einer Excel-Tabelle

Z.	Ausgangslösung: Aktivitäten: / Inhaltsstoffe:	Reis r_1	Tomaten r_2	Paprika r_3	Mais r_4	Zucchini r_5	Champignon r_6	Schellfisch r_7	Krabben r_8	Olivenöl r_9		Mindestmengen x_j	Genutzte Mengen xg_j	Überschuss xu_j
1	Kohlehydrate [g]	24,0	3,5	3,1	21,0	2,2	0,7				>=	73,00	47,74	-25,26
2	Ballaststoffe [g]	0,3	1,8	2,0	2,0	1,1	1,9				>=	9,00	2,25	-6,75
3	Gesamteiweiß [g]	2,0	1,0	1,2	3,2	1,6	2,7	17,9	17,4		>=	30,00	44,98	14,98
4	Tiereiweiß [g]							17,9	17,4		>=	15,00	39,90	24,90
5	Fett [g]	0,2	0,2	0,3	1,5	0,4	0,3	0,1	2,5	100,0	>=	16,00	13,20	-2,81
7	Calcium [mg]	10,0	13,0	10,0		30,0	10,0	18,0	45,0		>=	240,00	79,75	-160,25
8	Vitamin C [mg]		24,0	140,0		16,0	4,0				>=	22,50	56,00	33,50
9	Energie [Cal]	106,0	17,0	20,0	110,0	19,0	15,0	73,0	92,0	930,0	>=	600,00	493,50	-106,50
10	Komp-Preis [€/100g]:	0,10	0,15	0,25	0,10	0,20	0,25	0,80	1,00	0,80	**	***	***	***
11	Mengen (rj) [100g]:	1,5000	0,0000	0,4000	0,5000	0,0000	0,0000	1,5000	0,7500	0,1000		Kosten:	2,33	€

Z.	Optimale Lösung: Aktivitäten: / Inhaltsstoffe:	Reis r_1	Tomaten r_2	Paprika r_3	Mais r_4	Zucchini r_5	Champignon r_6	Schellfisch r_7	Krabben r_8	Olivenöl r_9		Mindestmengen x_j	Genutzte Mengen xg_j	Überschuss xu_j
1	Kohlehydrate [g]	24,0	3,5	3,1	21,0	2,2	0,7				>=	73,00	81,77	8,77
2	Ballaststoffe [g]	0,3	1,8	2,0	2,0	1,1	1,9				>=	9,00	9,00	0,00
3	Gesamteiweiß [g]	2,0	1,0	1,2	3,2	1,6	2,7	17,9	17,4		>=	30,00	31,21	1,21
4	Tiereiweiß [g]							17,9	17,4		>=	15,00	15,00	0,00
5	Fett [g]	0,2	0,2	0,3	1,5	0,4	0,3	0,1	2,5	100,0	>=	16,00	16,00	0,00
7	Calcium [mg]	10,0	13,0	10,0		30,0	10,0	18,0	45,0		>=	240,00	240,00	0,00
8	Vitamin C [mg]		24,0	140,0		16,0	4,0				>=	22,50	117,46	94,96
9	Energie [Cal]	106,0	17,0	20,0	110,0	19,0	15,0	73,0	92,0	930,0	>=	600,00	600,00	0,00
10	Komp-Preis [€/100g]	0,10	0,15	0,25	0,10	0,25	0,25	0,80	1,00	0,80	**	***	***	***
11	Mengen (rj) [100g] »	2,7283	0,7065	0,0000	0,0000	6,2816	0,0000	0,8380	0,0000	0,1272		Kosten:	2,72	€

DECK657

Übersicht 6.57: Bestimmung einer zulässigen und kostenminimalen Rezeptur für eine Paella

und löst es mit dem SOLVER. (Sie können die *Übersicht 6.57* mit dem Namen DECK657 aufrufen. Lösen Sie das Problem und variieren Sie verschiedene Eingabeparameter, um festzustellen, wie die Lösung von welchen Parameterwerten abhängt.) Die Lösung ist in der unteren Tabelle der *Übersicht 6.57* angegeben. Sämtliche physiologischen Bedingungen (siehe rechte Spalte) sind erfüllt. Es besteht lediglich beim Vitamin C ein größerer, aber gesundheitlich unbedenklicher Überschuss. Die zulässige und gleichzeitig kostenminimale Lösung verursacht Materialkosten in Höhe von 2,72 €. Die Zusammensetzung der Paella geht aus den Werten in Zeile 11 hervor. Ob sie allerdings auch schmecken wird, das kann die lineare Programmierung nicht beantworten. Entsprechendes Würzen könnte helfen.

6.6.3 Die Bestimmung der optimalen Konfiguration von Produktionsverfahren mittels gemischt ganzzahliger Programmierung

Nachdem die mathematische Optimierung und einige ihrer Anwendungsmöglichkeiten anhand von Beispielen zur multifaktoriellen Multiproduktion in den vorhergehenden Abschnitten dargestellt wurde, wollen wir in diesem Abschnitt nochmals auf ein Problem der multifaktoriellen Monoproduktion zurückkommen, nämlich auf die bereits in Abschnitt 6.5.8 angesprochene Zusammenstellung eines Produktionsverfahrens aus verschiedenen Elementarprozessen. Dazu wollen wir davon ausgehen, dass der Entscheider ein zusätzliches Produktionsverfahren für ein weiteres Produkt im Betrieb installieren möchte. Die variablen Kosten der einzelnen Elementarprozesse bestehen deshalb sowohl aus proportionalen als auch aus nichtproportionalen Kostenanteilen (nichtproportionale Kosten sind die Zinskosten und die zeitabhängigen Abschreibungen für die Betriebsmittel). Die nichtproportionalen Kosten ergeben sich, weil für die Betriebsmittel der Elementarprozesse keine beliebige Teilbarkeit angenommen werden kann. Man kann entweder 0, 1, 2, 3 usw. Maschinen anschaffen, aber bspw. nicht 0,5 oder 1,3 Maschinen. Formal bedeutet das, dass bei den zugehörigen Plan-Kosten-Leistungs-Rechnungen Ganzzahligkeitsbedingungen eingehalten werden müssen.

Des Weiteren ist davon auszugehen, dass bei dem Problem der Verfahrenszusammenstellung immer auch die multiple und die mutative Verfahrensvariation einbezogen werden müssen. Bei bestimmten Produktionsumfängen sind z. B. entweder mehrere Maschinen des gleichen Typs oder unterschiedlich leistungsfähige Maschinen für die Elementarprozesse in Betracht zu ziehen, wenn das je Periode vorgegebene Produktionsziel auch erreicht werden soll.

Wir wollen die betriebswirtschaftliche Problematik anhand eines vergleichsweise einfachen Beispiels verdeutlichen. Ein ernährungswirtschaftlicher Betrieb, der seine Produkte in Form der kontinuierlichen Fließproduktion herstellt, möchte ein Produktionsverfahren anschaffen, das aus drei Elementarprozessen besteht. Zur Herstellung des Endproduktes müssen die benötigten Roh- und Hilfsstoffe die Elementarprozesse nacheinander durchlaufen. Jeder Elementarprozess benötigt Betriebsstoffe als Energiequelle und wird von einem oder mehreren Arbeitskräften bedient. Des Weiteren stehen für jeden Elementarprozess drei unterschiedlich leistungsfähige Anlagen als Alternativen zur Auswahl.

Die Kennwerte zu den Mengengerüsten des Produktionsverfahrens und der drei Elementarprozesse sind in *Übersicht 6.58* angegeben. Diese Übersicht besteht aus drei Teilen. Der obere Teil „1. Dateneingabe“ enthält die angesprochenen Kennwerte der Mengengerüste, im mittleren Teil „2. Optimierung“ wird die optimale Konfiguration des Produktionsverfahrens bestimmt

1. Dateneingabe:	Elementarprozess I			Elementarprozess II			Elementarprozess III				
Prozessalternativen der Elementarprozesse:	A1	A2	A3	A1	A2	A3	A1	A2	A3	Angestrebter Produktionsumfang [PE]:	400
Produkteinheiten je Maschinenlaufzeitstunde [PE/mh]:	1,00	1,50	2,50	0,50	0,80	1,40	0,90	1,25	1,50	Verfügbare Produktionsstunden [h]:	100
Notwendige Arbeitskräfte je Elementarprozess [AK]:	1	1	1	1	1	1	2	2	2	Werkstoffkostenfreie Stückleistung [€/PE]:	500
Nichtproportionale Maschinenkosten je Maschine [€]:	5.000	8.000	14.000	3.000	5.000	9.000	4.000	6.000	7.000	Stundenlohnsatz der Arbeitskräfte [€/AKh]:	15

2. Optimierung:		Pro-dukt	Elementarprozess I						Elementarprozess II						Elementarprozess III							Verfügb. Mengen	Genutzte Mengen	Ungen. Mengen
			A1	A2	A3				A1	A2	A3				A1	A2	A3							
Z		x_1	x_2	x_3	x_4	x_5	x_6	x_7	x_8	x_9	x_{10}	x_{11}	x_{12}	x_{13}	x_{14}	x_{15}	x_{16}	x_{17}	x_{18}	x_{19}		r_i	rg_{ii}	ru_i
1		1	-1,00	-1,50	-2,50																<=	0,00	0,00	0,00
2	Elementar-	0	1			-100															<=	0,00	0,00	0,00
3	prozess I	0		1			-100														<=	0,00	0,00	0,00
4		0			1			-100													<=	0,00	0,00	0,00
5		1							-0,50	-0,80	-1,40										<=	0,00	0,00	0,00
6	Elementar-	0							1			-100									<=	0,00	0,00	0,00
7	prozess II	0								1			-100								<=	0,00	0,00	0,00
8		0									1			-100							<=	0,00	-14,29	14,29
9		1													-0,90	-1,25	-1,50				<=	0,00	0,00	0,00
10	Elementar-	0													1			-100			<=	0,00	0,00	0,00
11	prozess III	0														1			-100		<=	0,00	0,00	0,00
12		0															1			-100	<=	0,00	-33,33	33,33
13	Produkt	1																			<=	400,00	400,00	0,00
14	Beträge in €	500	-15	-15	-15	-5.000	-8.000	-14.000	-15	-15	-15	-3.000	-5.000	-9.000	-30	-30	-30	-4.000	-6.000	-7.000				
15	Zielfunktion	400	0	100	100	0	1	1	0	0	286	0	0	3	0	0	267	0	0	3		DB:	114.714,29	€

3. Ausgewählte Lösungen																								
Nr.	Lohnsatz	x_1	x_2	x_3	x_4	x_5	x_6	x_7	x_8	x_9	x_{10}	x_{11}	x_{12}	x_{13}	x_{14}	x_{15}	x_{16}	x_{17}	x_{18}	x_{19}				
1	0,00€/Akh	400	400	0	0	4	0	0	800	0	0	8	0	0	444	0	0	5	0	0		DB:	136.000,00	€
2	5,00€/AKh	400	400	0	0	4	0	0	0	500	0	0	5	0	0	80	200	0	1	2		DB:	127.700,00	€
3	10,00€/AKh	400	400	0	0	4	0	0	0	0	286	0	0	3	0	200	100	0	2	1		DB:	121.142,86	€
4	15,00€/AKh	400	0	100	100	0	1	1	0	0	286	0	0	3	0	0	267	0	0	3		DB:	114.714,29	€
5	125,00€/AKh	400	0	100	100	0	1	1	0	0	286	0	0	3	0	0	267	0	0	3		DB:	2.619,05	€
6	126,00€/AKh	250	0	0	100	0	0	1	0	0	179	0	0	2	0	0	167	0	0	2		DB:	1.900,00	€
7	130,00€/AKh	250	0	0	0	0	0	0	0	0	0	0	0	0	0	0	0	0	0	0		DB:	0,00	€

DECK658

Übersicht 6.58: Bestimmung der optimalen Kombination von Elementarprozessen zu einem Produktionsverfahren – Beispiel –

und im unteren Teil „3. Ausgewählte Lösungen" sind verschiedene Lösungen als Grundlage für eine Sensitivitätsanalyse dargestellt.

Der obere Teil der *Übersicht 6.58* zeigt zunächst, dass für die drei benötigten Elementarprozesse I bis III jeweils drei Alternativen A1 bis A3 zur Verfügung stehen. Die Alternativen unterscheiden sich durch ihre Leistungsfähigkeiten, d. h. durch die unterschiedlichen Produktmengen (PE), die je Maschinenlaufzeitstunde (PE/mh) hergestellt werden können. Außerdem ergeben sich Unterschiede bezüglich der erforderlichen Bedienungspersonen. Während für die Elementarprozesse I und II unabhängig von den Leistungsfähigkeiten der Anlagenalternativen jeweils eine Arbeitskraft (AK) benötigt wird, sind es bei den drei Alternativen des Elementarprozesses III jeweils zwei AK.

Die Anlagenalternativen für die Elementarprozesse unterscheiden sich nicht nur durch ihre Leistungsfähigkeiten, sondern auch durch ihre Ankaufspreise. Leistungsfähigere Anlagen haben höhere Ankaufspreise. Daraus resultieren die angegebenen unterschiedlichen nichtproportionalen Maschinenkosten je Maschine (für Zinskosten und zeitabhängige Abschreibung).

Im rechten oberen Teil der *Übersicht 6.58* sind weitere Kennwerte angegeben, die das gesamte Produktionsverfahren betreffen. Der je Periode angestrebte Produktionsumfang soll 400 PE, z. B. 400 Paletten eines Fertiggerichts, umfassen. In der Produktionsperiode, für die hier vom Entscheider ein zwei Wochen umfassender Zeitraum mit Einschichtbetrieb gewählt worden sei, stehen maximal 100 Produktionsstunden, d. h. 100 Maschinenlaufzeitstunden, zur Verfügung.

Des Weiteren hat der Entscheider die werkstoffkostenfreie Stückleistung des Produktes mit 500,00 € bestimmt. Sie ergibt sich prinzipiell durch Subtraktion der Roh-, Hilfs- und Betriebsstoffkosten je Produkteinheit von der erwarteten Leistung je Produkteinheit. In Abhängigkeit von der Produktmenge als der unabhängigen Variablen handelt es sich bei den Werkstoffkosten um die proportionalen Kosten des Produktionsverfahrens. Es leuchtet unmittelbar ein, dass sich die Rohstoff- und die Hilfsstoffkosten proportional zur Produktmenge verhalten. Jede Produkteinheit wird aus bestimmten Mengen verschiedener Roh- und Hilfsstoffe hergestellt. Der Entscheider hat aber zur Vereinfachung auch angenommen, dass sich die Betriebsstoffkosten unabhängig von der schließlich eingesetzten Maschine ebenfalls proportional zur Produktmenge verhalten, obwohl die Anlagenalternativen durchaus unterschiedliche Betriebsstoffbedarfe je Produkteinheit aufweisen könnten. Die leistungsfähigeren Anlagen erfordern je Maschinenlaufzeitstunde zwar größere Betriebsstoffmengen, andererseits werden mit ihnen aber auch größere Produktmengen hergestellt, so dass der Betriebsstoffverbrauch je Produkteinheit durchaus bei jeder Anlagenalternative eines Elementarprozesses identisch sein könnte. Wir haben in diesem Abschnitt diesen Ansatz gewählt, um die Wirkung unterschiedlicher Arbeitskosten für die Bedienungspersonen besser herausarbeiten zu können (siehe unten). Tatsächlich können die Betriebskosten jedoch auch getrennt im Optimierungsmodell behandelt werden. (Überlegen Sie nach der Durcharbeitung dieses Abschnittes, welche Änderungen im Modell dazu vorgenommen werden müssten.)

Schließlich werden im rechten Teil der Dateneingabe die Stundenlohnkosten der Arbeitskräfte mit 15,00 €/AKh angegeben.

Der mittlere Teil der *Übersicht 6.58* ist nun so aufgebaut, dass die vorher genannten Ganzzahligkeitsbedingungen für die nichtproportionalen Kosten der Maschinen in den Elementarprozessen eingehalten werden können. Die Tabelle besteht im Prinzip aus einer Produktionsfunktion für die multifaktorielle Multiproduktion, obwohl in unserem Beispiel nur ein Produkt hergestellt wird. Das Produkt ist mit der Aktivität x_1 charakterisiert. Die übrigen Aktivitäten x_2 bis x_{19} beziehen sich auf die Kosten der Maschinen und Arbeitskräfte. Zeile 14 enthält die Koeffizienten für die in Zeile 15 enthaltene Zielfunktion mit dem positiven Wert der werkstoffkostenfreien Stückleistung – in Höhe von 500,00 € – für das Produkt x_1 und in den Spalten x_2 bis x_{19} – mit jeweils negativen Vorzeichen – die (proportionalen) Arbeitskosten je Maschinenlaufzeitstunde und die nichtproportionalen Maschinenkosten je eingesetzter Maschine.

In den Spalten x_2 bis x_7 ist der Elementarprozess I mit den Alternativen A1 bis A3 erfasst. Zeile 1 zeigt in den Spalten x_2 bis x_4, dass die zur Auswahl stehenden Maschinen je Maschinenlaufzeitstunde 1,00, 1,50 oder 2,50 Produkteinheiten herstellen können (Faktorlieferungen werden mit negativen Vorzeichen gekennzeichnet).

Die Zeile 1 ist mit der Nebenbedingung „< = 0“ versehen (siehe rechter Teil der Tabelle). Damit wird sichergestellt, dass die Maschinen mindestens so viel Maschinenlaufzeitstunden bereitstellen, wie von der jeweiligen Produktmenge benötigt werden.

In den Zeilen 2 bis 4 der Spalten x_2 bis x_7 wird sichergestellt, dass je Maschine nicht mehr Maschinenlaufzeitstunden erbracht werden können, als in der Produktionsperiode – hier mit 100 mh – je Maschine zur Verfügung stehen. Die Nebenbedingungen lauten deshalb ebenfalls „< = 0“.

Die Spalten x_2 bis x_4 der Zeile 14 enthalten die Arbeitskosten je Maschinenlaufzeitstunde. Bei einer Bedienungsperson und einem Lohnsatz von 15,00 €/AKh betragen die Arbeitskosten 15,00 € je Maschinenlaufzeitstunde.

Die Spalten x_5 bis x_7 der Zeile 14 enthalten die je Maschine kalkulierten nichtproportionalen Kosten.

Da bei den Maschinen nur ganzzahlige Anzahlen von Einheiten eingesetzt werden können, wurde in der Zielfunktion (Zeile 15) in den Spalten x_5 bis x_7 die mit dem Excel-Solver mögliche Ganzzahligkeitsbedingung eingegeben. Das Gleiche gilt für die Spalten x_{11} bis x_{13} und x_{17} bis x_{19} für die übrigen beiden Elementarprozesse.

Mit den Spalten x_2 bis x_7 ist die Auswahl der optimalen Alternative für den Elementarprozess I unter Berücksichtigung der nichtproportionalen Maschinenkosten und der zugehörigen Arbeitskosten möglich. Die gleichen Möglichkeiten ergeben sich für die Elementarprozesse II und III mit den sinngemäß auf die gleiche Weise zu lesenden Zeilen 5 bis 8 bzw. 8 bis 12.

Zeile 13 ist die Bedingung für die angestrebte Produktmenge. Die Spalte x_1 sagt, dass je Einheit der Aktivität x_1 eine Produkteinheit hergestellt wird und in der Spalte „Verfügb. Mengen“

(r_i) ist mit den zugehörigen Nebenbedingungen festgehalten, dass in der Periode maximal 400 Produkteinheiten hergestellt werden sollen.

Werden nun die für die Anwendung des Excel-Solvers notwendigen Definitionen der Zielzelle (im rechten Teil der Übersicht dicker umrandet), der veränderbaren Zellen der Zielfunktion (Zeile 15, Spalten x_1 bis x_{19}) und der Nebenbedingungen für die Zeilen 1 bis 13 eingegeben, dann führt die Optimierung dazu, dass sich die in Zeile 15 angegebenen Produktmengen (x_1) und die zugehörigen Faktorverbrauchsmengen (x_2 bis x_{19}) ergeben. Die daraus resultierende Konfiguration des Produktionsverfahrens führt zum maximalen Deckungsbeitrag für den vorgegebenen, maximal möglichen Produktionsumfang. Die Lösung charakterisiert deshalb gleichzeitig die optimale Konfiguration des Produktionsverfahrens.

Aus Zeile 15 der Übersicht geht im Einzelnen hervor, dass für das Produktionsvolumen von 400 Produkteinheiten (Spalte x_1) im Elementarprozess I jeweils eine Maschine des Typs A2 und A3 eingesetzt werden sollte und die beiden Maschinen insgesamt mit 100 + 100 = 200 Maschinenlaufzeitstunden zur Produktion beitragen (Spalten x_5 bis x_7 bzw. x_2 bis x_4). Für den Elementarprozess II sollten drei Maschinen des Typs A3 mit zusammen 286 Maschinenlaufzeitstunden eingesetzt werden. Aus dieser Zahl an Maschinenlaufzeitstunden lässt sich ablesen, dass die drei Maschinen zwar benötigt, aber nicht voll ausgelastet werden können. 300 – 286 = 14 Maschinenlaufzeitstunden einer Maschine oder jeweils 14 : 3 = 4,67 Maschinenlaufzeitstunden von allen drei Maschinen werden nicht benötigt. Für den Elementarprozess III sollten schließlich drei Maschinen des Typs A3 eingesetzt werden, wobei diese Maschinen – mit 33 Maschinenlaufzeitstunden – ebenfalls eine Unterauslastung aufweisen. Aufgrund der Ganzzahligkeitsbedingungen lässt sich eine Vollauslastung der Maschinen nur in Sonderfällen erreichen. Der mit der angegebenen Konfiguration der Elementarprozesse erreichbare Deckungsbeitrag beträgt unter den genannten produktionstechnischen und preislichen Bedingungen 114.714,29 € (siehe Zeile 15, Spalte „Genutzte Mengen (rg_i)" des mittleren Teils der *Übersicht 6.58*.

Die optimale Konfiguration des Produktionsverfahrens variiert jedoch in Abhängigkeit von den technischen Charakteristika der zur Auswahl stehenden Maschinen sowie insbesondere auch bei gegebenem Mengengerüst für die Maschinen in Abhängigkeit von dem Preisgerüst. Als Beispiel dazu zeigt der untere Teil der *Übersicht 6.58*, wie sich die optimale Konfiguration des Produktionsverfahrens bei steigenden Lohnsätzen verändert. Beim Übergang vom Lohnsatz von 0,00 €/AKh über 5,00 €/AKh und 10,00 €/AKh bis zum Lohnsatz von 15,00 €/AKh (Lösungen Nr. 1 bis Nr. 4) vollzieht sich der Übergang von den relativ wenig leistungsfähigen, aber mit relativ geringen nichtproportionalen Kosten verbundenen Maschinenalternativen auf die relativ leistungsfähigen, aber mit relativ hohen nichtproportionalen Kosten verbundenen Maschinenalternativen. Da die leistungsfähigeren Anlagen höhere Ankaufspreise haben und damit auch höhere Kapitalbedarfe, können wir auch sagen, dass mit steigenden Arbeitskosten menschliche Arbeit durch Kapital ersetzt wird. In Lösung Nr. 1 wurden insgesamt $400 \cdot 1 + 800 \cdot 1 + 444 \cdot 2 = 2088$ AKh verbraucht, in Lösung Nr. 4 sind es nur noch $100 \cdot 1 + 100 \cdot 1 + 286 \cdot 1 + 267 \cdot 2 = 1020$ AKh.

Des Weiteren ergeben entsprechende Modelldurchläufe, dass die mit dem Lohnsatz von 15,00 €/AKh zu realisierende Konfiguration bis zu einem Lohnsatz von 125,00 €/AKh (Lösung Nr.

5) keine Veränderungen erfährt, also stabil bleibt. Bei einem Lohnsatz von 126,00 €/AKh (Lösung Nr. 6) werden nur noch Maschinen des jeweils leistungsfähigsten Typs A3 ausgewählt. Gleichzeitig wird die Produktmenge auf nur mehr 250 PE eingeschränkt. Diese geringere Produktmenge führt für den Betrieb zu einem höheren Deckungsbeitrag als jede Konfiguration, mit der weiterhin 400 PE erzeugt werden könnten.

Schließlich ist ab einem Lohnniveau von 130,00 €/AKh (Lösung Nr. 7) die Unterlassung der Einführung des Produktionsverfahrens (verbunden selbstverständlich mit einer Produktmenge von 0 PE) die ergiebige Handlungsalternative. Jede Aufnahme der Produktion, bzw. jede technisch zulässige Konfiguration des Produktionsverfahrens, würde bei diesem Lohnniveau zu negativen Deckungsbeiträgen führen.

Mit Parametervariationen, wie sie eben am Beispiel des Lohnsatzes durchgeführt wurden, kann der Entscheider für den Fall, dass seine technischen und wirtschaftlichen Ausgangsdaten mit Unsicherheiten behaftet sind, eine Exploration seines Entscheidungsraumes durchführen, um Anhaltspunkte dafür zu gewinnen, wie sehr er den Modellergebnissen vertrauen kann. Im vorliegenden Fall ist es beruhigend zu wissen, dass die Konfiguration des Verfahrens ab einem Lohnsatz von 15,00 €/AKh bis zu sehr hohen Lohnsätzen stabil bleibt. (Variieren Sie in dem Modell DECK658 die Eingabedaten, um selbst Sensitivitätsanalysen mit unterschiedlichen Fragestellungen durchzuführen. Konstruieren Sie eigene Modelle für einige der zahlreichen Fragestellungen, bei denen Ganzzahligkeitsbedingungen für sachgerechte Lösungen unabdingbar sind.)

6.7 Die Lagerhaltung und der Transport von Produktionsfaktoren und Produkten

In den vorhergehenden Abschnitten wurden schwerpunktmäßig Probleme der eigentlichen Produktion, d. h. der physischen Transformation von Produktionsfaktoren in Produkte, behandelt. Mit der Analyse von Lagerhaltungs- und Transportproblemen wollen wir zwar ebenfalls betriebliche Transformationsprozesse betrachten, allerdings handelt es sich hier um Transformationen von Gütern über die Zeit (Lagerhaltung) und den Raum (Transport). Dieser betriebswirtschaftliche Bereich, der auch als *betriebliche Logistik* bezeichnet wird, ist inzwischen zu einem umfassenden eigenständigen Wissenschaftsbereich geworden. Wir können deshalb hier nur auf einige grundlegende Entscheidungsanlässe eingehen.

6.7.1 Auswahl der Lagerart

Bei der Analyse von Lagerhaltungsproblemen wollen wir zunächst zwischen Problemen der Lagergestaltung und Problemen der Lagerauslastung unterscheiden. Bei der *Lagergestaltung* handelt es sich um eine Fragestellung aus dem Bereich der Strukturoptimierung. Der Entscheider möchte mittels einer geeigneten baulichen Anlage bestimmte Mengen eines Rohstoffes (z. B. Futtergetreide im landwirtschaftlichen Betrieb oder Brotgetreide in der Mühle) oder eines Produktes (z. B. Verkaufsgetreide im landwirtschaftlichen Betrieb oder Mehl in der Mühle) lagern, weil Erzeugung und Verbrauch der Güter zeitlich auseinanderklaffen.

Bei der *Lagerauslastung* handelt es sich dagegen um eine Fragestellung aus dem Bereich der Prozessoptimierung. Der Entscheider verfügt über Lagerungsmöglichkeiten und fragt sich, in welchen Mengen je Auftrag er ein bestimmtes Gut einlagern soll. Wenn es sich um einen Rohstoff handelt, kann er sich bspw. fragen, ob er häufiger relativ kleine Rohstoffmengen oder weniger häufig relativ große Rohstoffmengen bestellen und einlagern sollte.

Ein wichtiges Problem der Strukturoptimierung ist die Auswahl der Art des Lagers. Für das Grobfutter – als Silage –, das ein Landwirt für seine Wiederkäuerhaltung einlagern möchte, kann er bspw. zwischen einer einfachen Erdmiete, fest installierten, aus Beton bestehenden Fahrsilos oder auch fest installierten Hochsilos wählen. Für das Getreide, das vor der Vermahlung in einer Mühle eingelagert werden soll, stehen Alternativen in Form von Flachlagern in Hallen mit unterschiedlichen Mechanisierungsstufen für die Ein- und Auslagerung oder auch Getreidesiloanlagen der unterschiedlichen Formen zur Auswahl. Bei Stückgütern schließlich existiert eine ganze Fülle von unterschiedlich gestalteten Regallagern (vgl. hierzu Oeldorf und Olfert 2000; Pfohl 2000; Steinbuch 2001).

Die verschiedenen Formen der Lager unterscheiden sich prinzipiell hinsichtlich der Höhe und Zusammensetzung ihrer nichtproportionalen Kosten für die eigentliche Lageranlage (Abschreibungen, Zinskosten, Gebäudewartung und -pflege) und ihrer proportionalen Kosten für die Ein- und Auslagerung des gelagerten Gutes. Hochmechanisierte Lagereinrichtungen werden relativ hohe nichtproportionale und relativ geringe proportionale Kosten aufweisen. Bei weniger stark mechanisierten Lagereinrichtungen ist es umgekehrt.

Das betriebswirtschaftliche Problem der Auswahl des jeweils vorzüglichen Lagers bei einer vorgegebenen Menge des einzulagernden Gutes reduziert sich auf einen Verfahrensvergleich, wie wir ihn bei der Betrachtung der mutativen Verfahrensvariation in Abschnitt 6.5.3 bereits kennen gelernt haben. Als Produktionsfunktion gilt bei vorgegebenen Mengen des einzulagernden Gutes im einfachsten Fall die Verbrauchsfunktion (6.31), die hier als Funktion (6.115) wiederholt werden soll:

(6.115) $$b_1 \cdot r_1 \geq x$$ $$b_2 \cdot r_2 \geq x$$

Darin sind:

x = Menge des einzulagernden Gutes, gemessen in Mengeneinheiten (unabhängige Variable);

r_1 = Lagerraum der Lageranlage als Betriebsmittel, gemessen in ME;

r_2 = Verbrauchsmengen des Faktorpakets für die Ein- und Auslagerung, bestehend aus Betriebsstoffen und menschlicher Arbeit, gemessen in ME;

b_1 = Output-Input-Koeffizient (Lagergutmenge je Einheit des Lagerraumes);

b_2 = Output-Input-Koeffizient (Lagergutmenge je Faktorpaketeinheit).

Aus dieser Verbrauchsfunktion hatten wir die Kostenfunktion (6.45) abgeleitet, die hier als Gleichung (6.116) wiederholt wird:

(6.116) $$K_i = KNP_i + MKP_i \cdot x$$

Darin sind:

K_i = Kosten der i-ten Lageralternative, gemessen in €;

KNP_i = nichtproportionale Kosten für die Lagereinrichtung, gemessen in €;
MKP_i = proportionale Kosten je Einheit des Lagergutes (proportionale Stückkosten), gemessen in €;
x = Menge des Lagergutes, gemessen in ME.

Da die Menge des Lagergutes bei sämtlichen Alternativen gleich bleibt, braucht sie nicht weiter berücksichtigt zu werden. Der Auswahlprozess reduziert sich auf einen Stückkostenvergleich. Die Stückkosten (MK) der i-ten Alternative sind:

$$(6.117) \quad MK_i = \frac{K_i}{x} = \frac{KNP}{x} + MKP_i$$

Die Stückkosten müssen nun für sämtliche Handlungsalternativen nacheinander bestimmt werden, um dann in einem weiteren Schritt diejenige Alternative auswählen zu können, die die geringsten Stückkosten erwarten lässt. Formal gilt:

$$(6.118) \quad MKmin_i = \min \{MK_1; MK_2; \ldots; MK_i; \ldots; MK_m\}$$

$$MKmin_i \Rightarrow \text{optimale Lageralternative}$$

Darin sind:
MK_i = Stückkosten der i-ten Lageralternative (i = 1, ..., m), gemessen in €;
$MKmin_i$ = Stückkosten der Lageralternative, die die geringsten Stückkosten erwarten lässt.

6.7.2 Eigenlager versus Lagerraummiete

Bisher sind wir davon ausgegangen, dass der Entscheider auf jeden Fall ein betriebseigenes Lager einrichten möchte und es nur um die Auswahl der wirtschaftlichsten Alternative geht. In vielen Fällen besteht aber auch die Möglichkeit, auf ein Eigenlager zu verzichten und stattdessen Lagerraum zu mieten. Zum Beispiel kann ein Landwirt sein Verkaufsgetreide auch bei der erstaufnehmenden Hand (Landhandel, Genossenschaften) einlagern. Darüber hinaus existiert eine Vielzahl von spezialisierten Logistikunternehmen, die Lagerraum vermieten.

Wenn wir annehmen, dass der Entscheider die wirtschaftlichste Alternative des Eigenlagers bestimmt hat, dann reduziert sich die Frage „Eigenlager vs. Lagerraummiete" auf einen einfachen Verfahrensvergleich, wobei allerdings zu berücksichtigen ist, dass für die Miete von Lagerraum keine nichtproportionalen Stückkosten, sondern nur proportionale Stückkosten in Form der Mietsätze entstehen, die je Einheit des Lagergutes und je Tag der Lagerraumbelegung berechnet werden. Bei gegebener Menge des Lagergutes und gegebenem Lagerzeitraum ergibt sich deshalb für die Alternative „Lagerraummiete" ein fester Stückkostensatz, der nur aus proportionalen Stückkosten besteht. Der Kostenvergleich mit einem Eigenlager lässt sich deshalb wie folgt formulieren:

$$(6.119) \quad \text{Min} \left\{MKPM; \frac{KNPE}{x} + MKPE\right\}$$

Darin sind:

MKPM = Mietsatz als proportionale Stückkosten bei Lagerraummiete, gemessen in €;

$\frac{\overline{KNPE}}{x}$ = nichtproportionale Stückkosten bei Eigenlager und gegebener Lagermenge (x) gemessen in €;

MKPE = proportionale Stückkosten bei Eigenlagerung, gemessen in €.

Für die Auswahlentscheidung gilt:

(6.120) Wenn $MKPM \leq \frac{\overline{KNPE}}{x} + MKPE$; dann Lagerraummiete; andernfalls Einrichtung eines Eigenlagers.

Wir haben damit den grundsätzlichen Entscheidungsweg für Probleme der Lagergestaltung behandelt. In der Realität wird die Entscheidungsvorbereitung zwar umfangreicher, aber prinzipiell nicht anders ausfallen. Für die konkrete Kalkulation der Handlungsalternativen wird sich der Entscheider sicher eines Tabellenkalkulationsprogramms bedienen wollen und die einzelnen Handlungsalternativen mutatis mutandis so abbilden, wie es für die Auswahl des optimalen Getreideernteverfahrens in Abschnitt 1.4.3.3.2 dieses Buches vorgetragen wurde. Mit einem solchen Arbeitsblatt kann er dann auch Sensitivitätsanalysen durchführen, um festzustellen, von welchen mit Unsicherheit behafteten Daten der Mengen- und Preisgerüste die Ergebnisse in besonderer Weise beeinflusst werden.

6.7.3 Bestimmung der Bestellzeitpunkte und der Bestellmengen

Bei den Fragen nach der Auslastung von vorhandenen Lagerkapazitäten geht es vornehmlich um zwei Entscheidungsanlässe, nämlich (1) um die Festlegung der Zeitpunkte für die Bestellung des Lagergutes und (2) um die Bestimmung der je Auftrag zu bestellenden Mengen.

6.7.3.1 Festlegung der Bestellzeitpunkte

Ein Lagerbestand (z. B. an Fertigfutter für die Mastschweinehaltung oder an Mehl in einer Bäckerei) wird im Zeitablauf nach und nach verbraucht. Das bedeutet, dass entschieden werden muss, bei welchem Lagerbestand die nächste Bestellung erfolgen sollte. Dieser Lagerbestand heißt *Meldebestand*. Seine Höhe hängt von der Bestellungsausführungszeit, der Verbrauchsrate des Lagergutes und von dem sog. Bedienungsstandard ab. Die *Bestellungsausführungszeit* ist die Zeit, die zwischen der Auftragsvergabe, d. h. dem Bestellzeitpunkt, und der Lieferung, d. h. dem Lieferzeitpunkt, vergeht. Die *Verbrauchsrate* kennzeichnet die Verbrauchsmenge des Lagergutes je Zeiteinheit. Der Meldebestand wird also umso höher sein müssen, je länger die Bestellungsausführungszeit und/oder je höher die Verbrauchsrate ist.

Übersicht 6.59 verdeutlicht den Zusammenhang in ihrem linken Teil. Der Betrieb bestellt jeweils 84 t des Lagergutes. Bei einer Verbrauchsrate von 2 t pro Tag wird der Lagerbestand innerhalb von 42 Tagen vollständig abgebaut. Wenn nun eine Bestellungsausführungszeit von 14 Tagen erwartet wird, dann ist der Bestellzeitpunkt nach 28 Tagen erreicht. Der Meldebestand beträgt damit 28 t. Der Lagerverwalter wird also eine Bestellung aufgeben, wenn der Lagerbestand auf 28 t gesunken ist. Die neue Lieferung trifft dann rechtzeitig am 42. Tag ein, wenn der Lagerbestand gerade vollständig aufgezehrt ist.

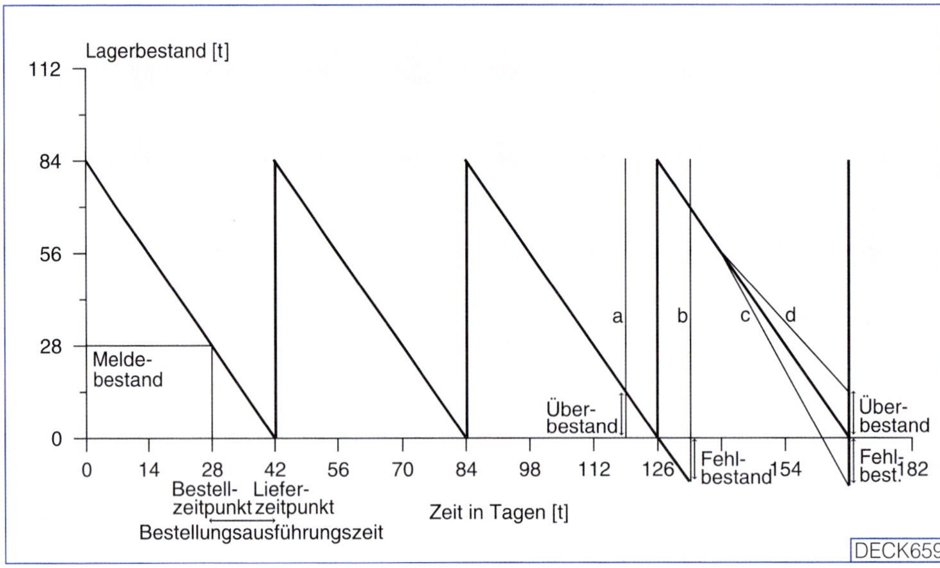

Übersicht 6.59: Entwicklungen eines Lagerbestandes. Wirkungen variabler Bestellungsausführungszeiten und Verbrauchsraten.

Dieser Tatbestand ergibt sich aber nur bei einem hundertprozentigen Bedienungsstandard und einer sicher vorhersehbaren, gleich bleibenden Verbrauchsrate. Oftmals trifft beides nicht zu. Der *Bedienungsstandard* sagt, mit welcher Wahrscheinlichkeit die Bestellungsausführungszeit vom Lieferanten eingehalten wird. Falls sie nicht – wie bisher angenommen – immer genau 14 Tage beträgt, können die in *Übersicht 6.59* zwischen dem 112. und 140. Tag skizzierten Verhältnisse eintreten. Trifft die Lieferung eher als am 126. Tag ein, z. B. schon an dem durch die Linie (a) gekennzeichneten Tag, dann wird der Lagerbestand nicht vollständig abgebaut. Es ergibt sich ein Überbestand, was gerade bei begrenzt haltbarem Fertigfutter oder Mehl insofern problematisch ist, als die neue Lieferung in Siloanlagen häufig über den alten Bestand geschüttet wird. Bei begrenzter Haltbarkeit des Lagergutes kann es so zu wirtschaftlichen Nachteilen durch verdorbene Lagergüter kommen.

Trifft dagegen die Lieferung später als am 126. Tag ein, z. B. zu dem Zeitpunkt, der durch die Linie (b) gekennzeichnet ist, dann ergibt sich ein Fehlbestand mit schwerwiegenden Nachteilen. Die Mastschweine müssen hungern und die Bäckerei muss ihre Arbeit vorübergehend einstellen. Um das zu vermeiden, ist offensichtlich ein höherer Meldebestand erforderlich. Dieser zusätzliche Bestand wird *eiserner Bestand* genannt. Er muss so bemessen sein, dass auch im Falle von Überschreitungen der Bestellungsausführungszeit durch den Lieferanten kein Fehlbestand auftritt. Unzuverlässigkeit des Lieferanten über ein gewisses Maß hinaus legt allerdings einen Wechsel des Lieferanten nahe.

Formal ergibt sich damit der Meldebestand nach Maßgabe der folgenden Gleichung:

(6.121) $Bm = Ta \cdot v + Be$

Darin sind:

Bm = Meldebestand, gemessen in ME (z. B. in t);
Ta = Bestellungsausführungszeit, gemessen in Zeiteinheiten (z. B. in Tagen);
v = Verbrauchsrate, gemessen in Verbrauchsmenge je Zeiteinheit (z. B. in t/Tag);
Be = Eiserner Bestand, gemessen in ME (z. B. in t).

Der eiserne Bestand ist aber noch aus einem zweiten Grund von Bedeutung. Häufig ist die Verbrauchsrate nicht so zeitkonstant, wie bisher angenommen. Wenn sie sich über längere Zeiträume verändert, kann der neue Meldebestand mit der neuen Verbrauchsrate kalkuliert und angepasst werden. Wenn sich die Verbrauchsrate dagegen kurzfristig verändert, dann können die in *Übersicht 6.59* zwischen dem 154. und dem 182. Tag skizzierten Verhältnisse eintreten. Bei einer Erhöhung der Verbrauchsrate könnte sich z. B. die Linie (c) ergeben. Der vorhandene Lagerbestand wird früher als erwartet aufgezehrt. Es ergibt sich ein Fehlbestand. Verringert sich dagegen die Verbrauchsrate kurzfristig, kann sich – z. B. mit der Linie (d) – ein Überbestand ergeben. Die neue Lieferung erfolgt bereits vor der Lagerräumung.

Die durch variierende Verbrauchsraten entstehenden Fehlbestände müssen ebenfalls durch eine sachgerechte Festlegung des eisernen Bestandes abgefangen werden. Der eiserne Bestand wird also bei gegebenen durchschnittlichen Verbrauchsraten umso höher sein müssen, je geringer der Bedienungsstandard und/oder je höher die kurzfristige Variabilität der Verbrauchsrate ist. Der eiserne Bestand ist eine „naturale" Liquiditätsreserve, der diese Unzulänglichkeiten abpuffern soll.

6.7.3.2 Bestimmung der optimalen Bestellmenge

Bei der Bestimmung der optimalen Bestellmenge je Auftrag ist von folgenden Gegebenheiten auszugehen: Bei bekannter durchschnittlicher Verbrauchsrate und damit auch bekanntem Gesamtverbrauch des Lagergutes je Produktionsperiode beeinflusst die Größe der einzelnen Bestellmengen innerhalb der Produktionsperiode die sog. *Bestellfrequenz*. Je größer die einzelne Bestellmenge ist, desto weniger Bestellungen sind je Produktionsperiode erforderlich.

Die Ausführung jeder einzelnen Bestellung ist aber für den beschaffenden Betrieb mit *Bestellungsausführungskosten* verbunden, die vom Lieferanten als fester Betrag je Bestellung in Rechnung gestellt werden, weil für ihn die Bestellungsausführungskosten unabhängig vom Volumen der Bestellung entstehen (z. B. für Buchungen). Aus der Sicht des beschaffenden Betriebes sinken also die je Produktionsperiode für die Gesamtmenge des Lagergutes entstehenden Kosten mit zunehmenden Bestellmengen – und daraus resultierend – mit abnehmender Zahl von Bestellungen.

Andererseits führt jedoch eine abnehmende Bestellfrequenz im beschaffenden Betrieb zu höheren mittleren Lagerbeständen. Mit dem Lagerbestand sind jedoch ebenfalls Kosten verbunden, die sich aus Zinskosten für das in das Lagergut investierte Kapital, aus Versicherungskosten für das Lagergut und – bei biotischen Gütern – aus Schwundkosten zusammensetzen. Die dafür je Produktionsperiode entstehenden Lagerbestandskosten steigen mit zunehmenden Bestellmengen, weil sie vom durchschnittlichen Lagerbestand abhängen und dieser bei geringeren Bestellfrequenzen höher ist.

Wir haben also bei den gesamten Lagerkosten zwei gegenläufige Tendenzen. Während die Bestellungsausführungskosten mit zunehmenden Bestellmengen abnehmen, steigen umgekehrt die Lagerbestandskosten an. Offenbar ist deshalb das Minimum der gesamten Lagerkosten bei derjenigen Bestellmenge je Bestellvorgang erreicht, bei der die Abnahme der Bestellungsausführungskosten betragsmäßig der Zunahme der Lagerbestandskosten entspricht. Für den Zusammenhang kann sich bspw. das Bild der *Übersicht 6.60* ergeben.

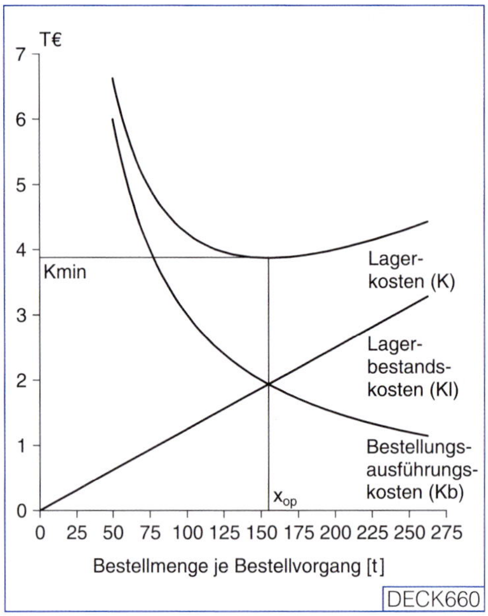

Übersicht 6.60: Bestimmung der optimalen Bestellmenge je Bestellvorgang

Die Bestellungsausführungskosten sinken mit zunehmender Bestellmenge je Bestellvorgang, während die Lagerbestandskosten ansteigen. Als Summe aus beiden Kostenbestandteilen ergibt sich eine u-förmige Lagerkostenkurve. Wenn man nun vom Minimum der Lagerkostenkurve das Lot auf die Abszisse fällt, lässt sich dort die optimale, d. h. die kostenminimale Bestellmenge je Bestellvorgang mit x_{op} ablesen.

Für die Bestellungsausführungskosten gilt:

$$(6.122) \quad Kb = pb \cdot \frac{x}{xb}$$

Darin sind:

Kb = Bestellungsausführungskosten je Produktionsperiode, gemessen in €;
pb = Bestellungsausführungskosten je Bestellvorgang, gemessen in €;
x = Gesamtbedarf des Lagergutes je Produktionsperiode, gemessen in ME;
xb = Bestellmenge je Bestellvorgang, gemessen in ME.

Bei einem festen Kostensatz je Bestellung (pb) und einem gegebenen Gesamtbedarf des Lagergutes je Produktionsperiode (x) sinken also die Bestellungsausführungskosten je Produktionsperiode mit zunehmender Bestellmenge je Bestellvorgang (xb).

Für die Lagerbestandskosten gilt:

$$(6.123) \quad Kl = \frac{xb}{2} \cdot px \cdot pl$$

Darin sind:

Kl = Lagerbestandskosten je Produktionsperiode, gemessen in €;

$\frac{xb}{2}$ = Mittlerer Lagerbestand, gemessen in ME;

px = Ankaufspreis des Lagergutes, gemessen in €;

pl = Kostensatz je Mengeneinheit des Lagergutes und Produktionsperiode, gemessen in %/100.

Bei gegebenem Preis für das Lagergut (px) und gegebenem Kostensatz für den Lagerbestand (pl) steigen also die Lagerbestandskosten (Kl) mit zunehmenden Bestellmengen je Bestellvorgang (xb) an.

Die Gesamtkosten (K) als Summe der beiden Kostenbestandteile sind dann:

$$(6.124) \quad K = Kb + Kl = pb \cdot \frac{x}{xb} + \frac{xb}{2} \cdot px \cdot pl$$

Wir bestimmen die Bestellmenge, bei der das Kostenminimum der Lagerkosten erreicht wird, indem wir die 1. Ableitung der Gleichung (6.124) nach xb bilden, diese dann null setzen und anschließend nach der Bestellmenge (xb) auflösen. Es ergibt sich:

$$(6.125) \quad xb = \sqrt{\frac{2 \cdot pb \cdot x}{px \cdot pl}}$$

Erwartet z. B. eine Großbäckerei einen Jahresbedarf an Mehl einer bestimmten Type in Höhe von x = 600 t mit einem Mehlpreis von px = 250,00 €/t und betragen die Bestellungsausführungskosten je Bestellvorgang pb = 500,00 € und der Kostensatz für den Lagerbestand pl = 0,1 (6 % des durchschnittlichen Wertes des Lagerbestandes für Zinsen, 2 % für Versicherungen und 2 % für Schwund), dann ergibt sich:

$$xb = \sqrt{\frac{2 \cdot 500 \cdot 600}{250 \cdot 0,1}} = 154,92 \text{ t}$$

Die Großbäckerei wird also bei einer Zuladung von bspw. 25 t je Mehltankzug praktischerweise vierteljährlich jeweils 6 Mehltankzüge ordern. Die Jahreskosten für die Lagerhaltung ergeben sich aus Gleichung (6.124) wie folgt:

$$K = 500 \cdot \frac{600}{154,92} + \frac{154,92}{2} \cdot 250 \cdot 0,1 = 3873,00 \text{ €}$$

Das Beispiel der *Übersicht 6.60* wurde aus diesen zahlenmäßigen Beträgen abgeleitet. Die optimale Bestellmenge je Bestellvorgang (xb) und die Lagerkosten je Produktionsperiode (K) können deshalb in der Grafik als x_{op} und Kmin abgelesen werden.

6.7.4 Eigentransport versus Lohntransport

In den Betrieben der Agrar- und Ernährungswirtschaft erhebt sich häufig die Frage, ob die hergestellten Güter mit eigenen Transportmitteln – z. B. mit eigenen LKWs – zu den Kunden transportiert werden sollen oder ob man damit ein Logistikunternehmen beauftragen sollte. Für die Alternative des Eigentransportes würden sich die entstehenden Kosten aus nichtproportionalen und proportionalen Bestandteilen zusammensetzen. Die nichtproportionalen Kosten entstehen als Zinskosten für das in die LKWs (Betriebsmittel) zu investierende Kapital, für die Abschreibungen der LKWs, für Steuern und Versicherungen sowie für ggf. fest einzustellende Fahrer. Die proportionalen Kosten, die in Abhängigkeit von der ins Auge gefassten Transportleistung (gemessen z. B. in 1000 t · km = kt · km) ansteigen, entstehen für die Betriebsstoffe (Kraftstoffe, Schmieröl etc.) und die leistungsabhängigen Reparaturen.

Für die Alternative des Lohntransportes entstehen dagegen nur Kosten, die sich proportional zur gewünschten Transportleistung verhalten, weil die Logistikunternehmen einen festen Kostensatz je Transportleistungseinheit (z. B. je kt · km) berechnen.

Aufgrund dieser Gegebenheiten reduziert sich die Auswahlentscheidung zunächst auf einen Verfahrensvergleich, wie wir ihn analog für das Problem „Eigenlager vs. Lagermiete“ in Abschnitt 6.7.2 behandelt hatten. Der Kostenvergleich lautet deshalb:

(6.126) $\text{Min}\ \{\text{MKPL};\ \frac{\text{KNPE}}{x} + \text{MKPE}\}$

Darin sind:

MKPL = Transportkostensatz des Logistikunternehmens, gemessen in €;

$\frac{\text{KNPE}}{x}$ = Nichtproportionale Stückkosten bei eigenen Transportkapazitäten und gegebener Transportleistung (x), gemessen in €;

MKPE = Proportionale Kosten je Transportleistungseinheit bei eigenen Transportkapazitäten (proportionale Stückkosten), gemessen in €;

x = Transportleistung je Produktionsperiode, gemessen in ME.

Für die Auswahlentscheidung gilt prinzipiell:

(6.127) Wenn $\text{MKPL} \leq \frac{\text{KNPE}}{x} + \text{MKPE}$; dann Lohntransport;

andernfalls Aufbau eigener Transportkapazitäten.

Wir wollen das Entscheidungsproblem anhand eines Beispiels verdeutlichen und dabei auch zeigen, dass die Problematik häufig komplexer ist.

Ein Betrieb möge alternativ zum Lohntransport seiner Produkte den Eigentransport ins Auge fassen. Die zu erbringende Transportleistung je Periode (z. B. je Jahr) liege bei x = 2000 kt · km. Für diese Transportleistung möge bei gleichmäßiger Auslastung ein LKW mit einem fest eingestellten Fahrer ausreichen. Die dafür entstehenden nichtproportionalen Kosten je Periode mögen 30.000,00 € für den LKW und 30.000,00 € für den Fahrer, also insgesamt KNPE = 60.000,00 €

betragen. Die proportionalen Stückkosten bei Eigentransport werden je kt · km mit MKPE = 100,00 € kalkuliert. Das Logistikunternehmen würde dagegen einen Kostensatz je kt · km von MKPL = 150,00 € berechnen.

Durch Einsetzen der Beträge des Beispiels in den Ausdruck (6.126) erhalten wir:

$$\text{Min}\ \{150;\ \frac{60.000}{2000} + 100\} = 130$$

Gemäß der Entscheidungsregel (6.127) sollte sich der Betrieb zum Aufbau eigener Transportkapazitäten entscheiden. Wegen der nichtproportionalen Kosten für das nicht beliebig teilbare Betriebsmittel „LKW" hängt die optimale Handlungsalternative jedoch von der erwarteten Transportleistung ab. Unterhalb einer bestimmten Transportleistung wird nämlich der Lohntransport dem Eigentransport wirtschaftlich überlegen. Den Umschlagspunkt können wir aus der Gleichung (6.48) berechnen, die wir in Abschnitt 6.5.3.2 für den Verfahrensvergleich bestimmt hatten. Sinngemäß lautete sie hier:

$$(6.128) \qquad x = \frac{KNPE - KNPL}{MKPL - MKPE}$$

Setzen wir die Werte unseres Beispiels in diese Gleichung ein, wobei wir berücksichtigen wollen, dass für den Lohntransport keine nichtproportionalen Kosten entstehen, also KNPL = 0 gilt, dann erhalten wir:

$$x = \frac{60.000 - 0}{150 - 100} = 1200\ \text{kt} \cdot \text{km}$$

Übersicht 6.61 zeigt mit den Linien MKL und MKE_1 die Entwicklung der Stückkosten – berechnet aus den beiden Argumenten des Ausdrucks (6.127) für unser Beispiel – in Abhängigkeit von der Transportleistung (x). Während sich für die Stückkosten des Lohntransports wegen des konstanten Transportkostensatzes eine parallel zur Abszisse verlaufende Gerade (MKL) ergibt, verläuft die Stückkostenkurve für den Eigentransport (MKE_1) degressiv fallend. Unterhalb einer Transportleistung von 1200 kt · km sollte der Betrieb den Lohntransport nutzen. Bei der vorgesehenen Transportleistung von 2000 kt · km ist dagegen der Eigentransport kostengünstiger.

Diese Aussage gilt für den Fall, dass der eigene LKW während der Produktionsperiode gleichmäßig ausgelastet werden kann. In vielen Betrieben herrscht jedoch eine mehr oder weniger unregelmäßige Auslastung der Transportkapazitäten vor. Zeiten mit hohem Transportbedarf wechseln sich mit Zeiten geringen Transportbedarfes ab. Wenn z. B. der Transportbedarf so stark schwankt, dass der Betrieb bei unveränderter Gesamttransportleistung von 2000 kt · km je Periode zwei LKWs mit zwei Fahrern vorhalten müsste, um den Transportbedarf in Spitzenzeiten abdecken zu können, dann würden sich die nichtproportionalen Kosten des Eigentransports von vorher $KNPE_1$ = 60.000,00 € auf nunmehr $KNPE_2$ = 120.000,00 € verdoppeln.

Durch Einsetzen dieses veränderten Wertes in Ausdruck (6.127) bei unveränderten übrigen Werten ergibt sich, dass unter den Bedingungen einer ungleichmäßigen Auslastung der Eigentransport dem Lohntransport wirtschaftlich unterlegen wäre. Wir erhalten:

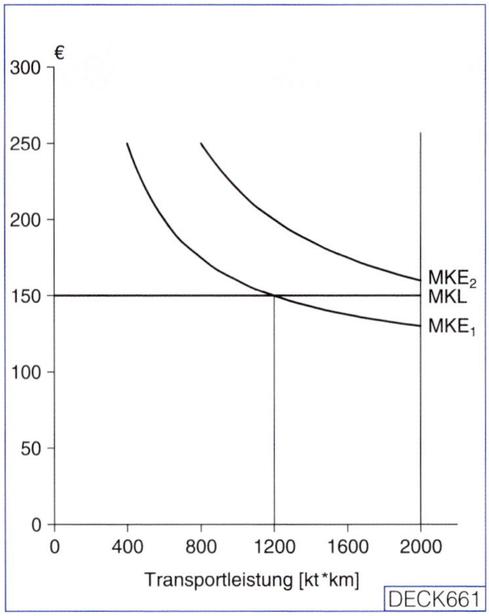

Übersicht 6.61: Bestimmung der optimalen Verfahrensalternative Eigentransport vs. Lohntransport

$$\text{Min}\ \{150;\ \frac{120.000}{2000} + 100\} = 150$$

Die neue Stückkostenkurve für den Eigentransport (MKE_2) ist in *Übersicht 6.61* ebenfalls abgebildet. Wir sehen, dass sie bis zur Erreichung der erwarteten Transportleistung stets oberhalb der Stückkostenkurve für den Lohntransport verläuft.

Aus dem Beispiel lässt sich die allgemein gültige Tendenz ableiten, dass Betriebe umso eher auf den Lohntransport anstelle des Eigentransports übergehen, je ungleichmäßiger der Transportanfall während der Produktionsperiode ist. Durch Leerzeiten während der Zeiträume mit geringem Transportanfall können die eigenen Transportkapazitäten nur unzulänglich ausgelastet werden.

6.7.5 Die Wahl der Transportmittel

Betriebe, die den Transport ihrer Produkte zu ihren Kunden durch Logistikunternehmen erledigen lassen wollen, stehen vor der Frage, welches Transportmittel sie wählen sollten. Bei größeren Entfernungen stehen sie häufig vor der Wahl zwischen dem Flugzeug, dem LKW, der Eisenbahn oder auch dem Schiffstransport.

Die relativ langsamen Transportmittel haben i. d. R. den Vorteil, dass im Vergleich zu den schnelleren Transportmitteln geringere Transportkostensätze berechnet werden. Sie haben allerdings den Nachteil, dass das durch den Wert der Produkte repräsentierte Kapital länger gebunden bleibt und damit höhere Zinskosten verursacht. Während die eigentlichen Transportkosten von den Werten der Produkte unabhängig sind und nur von der Transportleistung – gemessen z. B. in t · km – abhängen, werden die Zinskosten in starkem Maße von den Preisen der Transportgüter bestimmt. Aus der Sicht des Betriebes, der seine Güter durch ein Logistikunternehmen zu seinen Kunden transportieren möchte, setzen sich also die gesamten Transportkosten aus zwei Bestandteilen zusammen, nämlich (1) den eigentlichen Transportkosten und (2) den Zinskosten. Formal gilt deshalb für die j-te Transportmittelalternative:

$$K_j = x \cdot f \cdot pl_j + x \cdot \frac{i}{365} \cdot t_j \cdot px \quad (6.129)$$

Darin sind:

K_j = Kosten für die j-te Transportmittelalternative, gemessen in €;
x = zu transportierende Produktmenge, gemessen in ME (z. B. t);
f = Transportentfernung, gemessen in Entfernungseinheiten (z. B. km);
pl_j = Transportkostensatz für die j-te Transportmittelalternative, gemessen in €/(t · km);
$\frac{i}{365}$ = Tageszinsrate, wobei i = %/100;
t_j = Dauer des Transportes, gemessen in Tagen, wobei mit t_j die Dauer der Kapitalbindung festgelegt wird;
px = Preis des zu transportierenden Produktes, gemessen in €.

In dieser Gleichung beschreibt der 1. Summand die Transportkosten und der 2. die Zinskosten.

Zwischen den Transportkostensätzen (pl) und der Dauer des Transportes (t) besteht eine grundsätzliche Beziehung dergestalt, dass der Transportkostensatz mit abnehmender Transportdauer von Transportmittelalternative zu Transportmittelalternative ansteigt.

Bei gegebener Produktmenge je Produktionsperiode (x) sowie bei gegebenen Transportentfernungen (f) und gegebener Zinsrate (i) hängen die zu erwartenden Transportkosten (K) für eine Transportmittelalternative – für die der Transportkostensatz (pl) und die Transportzeit (t) ebenfalls gegeben sind – von dem Produktpreis (px) ab.

Übersicht 6.62 zeigt als Beispiel die Entwicklung der Transportkosten für vier Transportmittelalternativen (i = 1, ..., 4) in Abhängigkeit vom Produktpreis (px). Dabei wurden für die Parameter und Variablen die folgenden Werte angenommen: x = 2000 t, f = 1000 km, i = 0,1 (= 10 % Jahreszins), pl_1 = 0,01 €, pl_2 = 0,015 €, pl_3 = 0,019 €, pl_4 = 0,02 €/(t · km), t_1 = 20 Tage, t_2 = 11 Tage, t_3 = 9 Tage und t_4 = 6 Tage.

Die Übersicht zeigt die Kostenverläufe der vier Transportmittelalternativen mit den Kostenkurven K_1, K_2, K_3 und K_4 in Abhängigkeit vom Produktpreis. Bei relativ geringen Produktpreisen wird die langsamste Transportmittelalternative mit dem Transportkostensatz pl_1 = 0,01 € und der Transportzeit t_1 = 20 Tage gewählt. Mit steigenden Preisen wird ab dem Punkt $V_{1/2}$ die zweite Transportmittelalternative (pl_2 = 0,015, t_2 = 11) vorzüglich, ab dem Punkt $V_{2/4}$ verursacht schließlich die schnellste Transportmittelalternative (pl_4 = 0,02, t_4 = 6 Tage) die relativ geringsten Transportkosten. Die dritte Transportmittelalternative ist dagegen ineffizient, weil sie bei keinem Produktpreis zur kostengünstigsten Alternative wird.

Die Aussage der *Übersicht 6.62* lässt sich verallgemeinern: Mit zunehmenden Werten je Produkteinheit werden zunehmend schnellere Transportmittelalternativen gewählt, weil die Zinskosten zur wesentlichen Determinante für die Transportkosten werden.

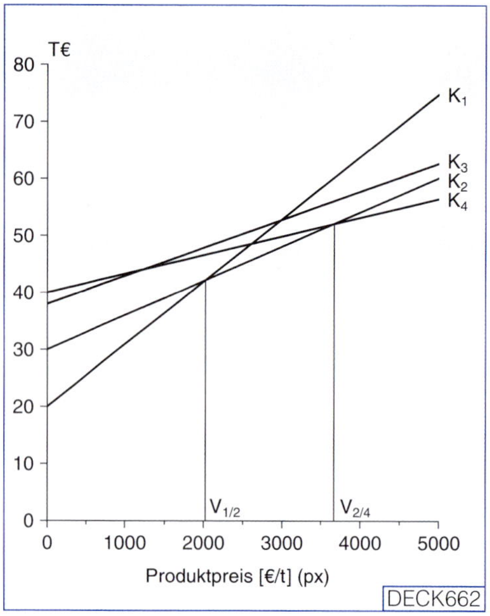

Übersicht 6.62: Bestimmung des optimalen Transportmittels

6.8 Plan-IST-Vergleiche als Hilfsmittel der Überwachung und Steuerung von betrieblichen Produktionswirtschaften

Wenn in einem Betrieb nun die verschiedenen Entscheidungen für die Gestaltung und Führung der Produktionswirtschaft mit Hilfe der in den vorhergehenden Abschnitten dargestellten Verfahren der Plan-Kosten-Leistungs-Rechnung getroffen worden sind, dann muss auf dieser Grundlage ein Jahres-Kosten-Leistungs-Plan erstellt werden, der sämtliche Bereiche der betrieblichen Produktionswirtschaft vollständig abbildet. Dieser Plan sollte möglichst in Monatsschritten gegliedert sein und die Faktorverbräuche und Produktmengen jeweils für die einzelnen Monate beinhalten. Außerdem sollte er Faktor- und Produktmengen einerseits und Faktor- und Produktpreise andererseits getrennt ausweisen, zusätzlich aber die Kosten und Leistungen gegliedert nach Kosten- und Leistungsarten und nach Kostenstellen beinhalten.

Dieser Kosten-Leistungs-Plan bildet dann die Grundlage für innerhalb eines Jahres in Monatsschritten durchzuführende Plan-IST-Vergleiche. Im Laufe des Jahres treten die IST-Mengen für die Faktorverbräuche und die erzeugten Produkte sukzessive ein, so dass sich z. B. nach dem ersten Monat Vergleiche nur für diesen Monat, nach dem zweiten Monat dann schon Vergleiche für zwei Monate (kumuliert), nach dem dritten Monat bereits für drei Monate (kumuliert) usw. anstellen lassen (vgl. dazu im Einzelnen Abschnitt 9.2.2).

Die Vergleiche sollten sich sowohl auf reine Mengenvergleiche als auch auf Kosten-Leistungs-Vergleiche beziehen, um feststellen zu können, ob sich Abweichungen zwischen den Plan- und den IST-Werten aus Mengen- oder aus Preisdifferenzen ergeben haben. Praktischerweise wird man unterjährige Plan-IST-Vergleiche so durchführen, dass man während des Jahres für die Monatsschritte die Beträge der IST-Faktorverbrauchsmengen und der IST-Produktmengen mit den Planpreisen multipliziert, so dass Kostenunterschiede zwischen den beiden Kosten- und Leistungsbereichen nur durch Mengenabweichungen bedingt sein können. Erst am Jahresende wird dann die IST-Kosten-Leistungsrechnung mit IST-Mengen und IST-Preisen so durchgeführt, wie wir es in Abschnitt 6.2 dieses Kapitels beschrieben haben. Auf Jahresbasis lassen sich dann auch vollständige Plan-IST-Vergleiche, aus denen sowohl Preisabweichungen als auch Mengenabweichungen hervorgehen, durchführen.

7 Absatzwirtschaftliche Handlungsfelder

7.1 Austauschbeziehungen in arbeitsteiligen Wirtschaftssystemen

Eine zentrale Voraussetzung für die Steigerung des Wohlstandes in einer Volkswirtschaft ist – wie bereits Adam Smith erkannte – die Einführung der arbeitsteiligen Wirtschaftsweise. Arbeitsteilung bedeutet, dass sich die einzelnen Wirtschaftssubjekte (Personen, Unternehmen, Haushalte) auf die Durchführung von Teilprozessen bei der Herstellung von Gütern und Diensten konzentrieren. Durch diese Spezialisierung steigt die Leistung in jedem Teilbereich und damit letztlich die Gesamtleistung der Volkswirtschaft. Arbeitsteilige Organisationsformen sind wirtschaftlich jedoch nur dann vorteilhaft, wenn die dabei notwendig werdenden Austauschprozesse zwischen den einzelnen Wirtschaftssubjekten möglichst effizient, d. h. kostengünstig durchgeführt werden können. In einer Volkswirtschaft wird deshalb das Ausmaß der Arbeitsteilung nur soweit vorangetrieben, wie die dabei erzielbaren zusätzlichen Effizienzgewinne bei der Produktion höher sind als die zusätzlichen Kosten für den zunehmenden Umfang der Austauschprozesse. Der Nutzen arbeitsteiliger Organisationsformen dürfte also c. p. umso höher sein, je wirksamer und reibungsloser die Austauschprozesse ablaufen.

Sämtliche Aktivitäten, die darauf abzielen, die Austauschprozesse zu ermöglichen, zu fördern und durchzuführen, wollen wir mit dem Begriff *Marketing* umreißen. Zur näheren Kennzeichnung dieser Definition ist Folgendes zu beachten:

(1) Unter Austauschprozessen sind sowohl einmalige Transaktionen als auch die Einrichtung und Aufrechterhaltung von dauerhaften Beziehungen zwischen Wirtschaftssubjekten als Kunden und Lieferanten zu verstehen. Gerade dauerhafte Beziehungen haben in der Realität eine besondere Bedeutung, weil die Tauschpartner nicht nur am Preis der Tauschgüter, sondern z. B. auch an einem sicheren Kundendienst, an reibungslosen Nachlieferungen, an Qualitätssicherheit und anderen Zusatznutzen interessiert sind.

(2) Der Begriff vermeidet bewusst eine Aussage darüber, was ausgetauscht wird. Zunächst soll ein Gut oder eine Dienstleistung gegen ein anderes Gut, gegen eine andere Dienstleistung oder gegen Geld getauscht werden. Prinzipiell werden Dinge ausgetauscht, die für den jeweils anderen Tauschpartner einen Wert besitzen. Der Städter, der vom „einfachen Landleben" träumt, ist bereit, für den Urlaub auf dem Bauernhof Geld zu tauschen; auch dann, wenn der Landwirt das Leben auf seinem Betrieb als durchaus nichts Besonderes empfindet und der Urlauber sogar noch verschiedene Unannehmlichkeiten in Kauf nehmen muss.

(3) Die Definition vermeidet des Weiteren bewusst, entweder den Standpunkt des Käufers oder denjenigen des Verkäufers einzunehmen. Bei Tauschbeziehungen ist jeder sowohl Käufer als auch Verkäufer. Der handelserfahrene Landwirt „verkauft" tatsächlich sein Geld, um dafür einen Schlepper einzutauschen. Der Student „verkauft" seine Person vorteilhaft, wenn er eine bestimmte Wohnung unbedingt mieten möchte.

(4) Um Austauschbeziehungen durchführen zu können, muss jeder Tauschpartner von der Existenz anderer Tauschpartner wissen und Informationen darüber haben, was sie wie und zu welchen Bedingungen tauschen möchten. Außerdem muss jeder Partner technisch und organisatorisch in der Lage sein, Tauschbeziehungen aufzunehmen und durchzuführen.

Aus der Sicht des einzelnen Unternehmens werden die notwendigen Aktivitäten zur Aufnahme und Durchführung von Austauschbeziehungen als *Marketing-Management* bezeichnet. Das Marketing-Management umfasst die Analyse, Planung, Entscheidung, Durchführung und Kontrolle von Prozessen, die darauf gerichtet sind, erwünschte Austauschbeziehungen mit bestimmten Zielgruppen (Kunden) zum beiderseitigen Vorteil in die Tat umzusetzen. Die Betonung liegt dabei auf „beiderseitig", weil jeder Tauschpartner den Austausch nur dann vollziehen wird, wenn er sich vom Tausch seines Geldes, seines Gutes oder seiner Dienstleistung gegen ein anderes Gut, eine andere Dienstleistung oder gegen Geld einen Vorteil verspricht, also das einzutauschende Objekt als wertvoller empfindet als dasjenige, welches er dafür austauscht.

7.2 Die Marketingkonzeption

KOTLER hat darauf hingewiesen, dass erfolgreiches Marketing-Management von einer bestimmten Grundhaltung der damit befassten Personen geprägt sein sollte. Mindestens drei solcher „Unternehmensphilosophien" lassen sich in der Realität beobachten (KOTLER 1989, S. 19 ff.).

Eine *Produktionsorientierung* findet sich in Unternehmen, die in Wirtschaftszweigen tätig sind, für deren Produkte sozusagen „Übernachfrage" besteht. Das war z. B. für die Landwirtschaft im 19. Jahrhundert der Fall. Aufgrund des raschen Bevölkerungswachstums und des zunehmenden Wohlstandes stieg die Nachfrage nach Lebensmitteln rascher als das Angebot. Der Produktabsatz war mithin völlig problemlos. Die Unternehmer maximierten ihre Gewinne, wenn sie sich darauf konzentrierten, die Ressourcen ihrer Betriebe (Nutzflächen, Tierbestände) möglichst effizient und vollständig zu nutzen. Das war die „Intensivierungsphase" der Landwirtschaft, in der erfolgreiche Unternehmer und Agrarwissenschaftler vornehmlich auf produktionstechnologischen Gebieten hervortraten (z. B. JUSTUS VON LIEBIG). Inzwischen hat sich die Situation jedoch grundlegend verändert: Im Vergleich zur Produktion wird der erfolgreiche Absatz der Erzeugnisse zum Hauptproblem vieler Landwirte.

Der Produktionsorientierung folgt deshalb meistens die *Verkaufsorientierung*. In allen Wirtschaftszweigen wird früher oder später ein Zustand erreicht, in dem die Befriedigung der Nachfrage kein vorrangiges Problem mehr ist. Die Unternehmen müssen dann spezifische Verkaufsanstrengungen (z. B. Werbung) durchführen, um den Absatz ihrer Produkte tatsächlich sicherzustellen. Aber auch diese Denkhaltung ist im Grunde noch produktionsorientiert. Man denkt zuerst an die Realisierung eines nach Maßgabe der betrieblichen Ressourcen und der entstehenden Herstellungskosten optimalen Produktionsprogramms und erst danach an den möglichst gewinnbringenden Verkauf der Erzeugnisse.

Die *Marketingorientierung* ist der Denkansatz, der sich mit der Situation der „Gesellschaften im Überfluss" (GALBRAITH 1963) in den hochentwickelten Industrieländern auseinandersetzt. Die Betrachtungsweise wird umgekehrt: Die durchzuführenden Produktionsprogramme sind primär an den tatsächlichen und auch den verborgenen Bedürfnissen und Wünschen der kaufkräftigen Konsumenten auszurichten und erst dann mit den betrieblichen Ressourcen in Übereinstimmung zu bringen. Salopp ausgedrückt lautet die Devise jetzt: „Wir wollen produzieren, was wir verkaufen können!" Und nicht: „Wir wollen verkaufen, was wir produziert haben!"

Die sich aus der Marketingorientierung ergebende *Marketing-Konzeption* bedeutet eine klare Kundenorientierung. Diese wird durch integriertes Marketing unterstützt, das auf die Erzeugung von Kundenzufriedenheit und auf langfristige Verbraucherwohlfahrt ausgerichtet ist und darin den Schlüssel zur bestmöglichen Verwirklichung der Einkommensziele für das Unternehmen sieht. Einige Begriffe dieser Definition der Marketing-Konzeption bedürfen einer näheren Erläuterung:

(1) *Kundenorientierung* meint das Erkennen und Ermitteln der Bedürfnisse der Konsumenten, um daraus Produktionsziele für das Unternehmen abzuleiten. Im Einzelnen bedeutet sie die Identifikation und Abgrenzung von Kundenzielgruppen mit gleichartigen Bedürfnissen, um diese Gruppen über bestimmte Produkteigenschaften und Werbeträger gezielt ansprechen zu können. Daraus folgend ergibt sich als Aufgabe die Differenzierung von Produkteigenschaften und von Informationen über die Produkte. Schließlich meint Kundenorientierung also die Verfolgung von Strategien der relativen Vorzüglichkeit, d. h. der Herstellung und des Angebotes von Gütern und Diensten, die den ausgewählten Kundenzielgruppen im Vergleich zu Produkten anderer Anbieter echte zusätzliche Vorteile bringen und sich dadurch von den Produkten der Wettbewerber positiv abheben. Kundenorientierung ist mithin letztlich auf die Erreichung einer gewissen Monopolstellung ausgerichtet, d. h. auf die Gestaltung von Angeboten, die in den Augen der Kundenzielgruppen etwas Besonderes darstellen und sich nicht beliebig durch die Angebote von Mitbewerbern ersetzen lassen.

(2) Der Begriff des *integrierten Marketing* beinhaltet die Forderung, dass die verschiedenen Aktivitäten und die verschiedenen Unternehmensbereiche so koordiniert werden, dass sich die Maßnahmen zur Förderung der Austauschbeziehungen optimal ergänzen und insgesamt auf die Erreichung der Oberziele des Unternehmens ausgerichtet sind. Es schadet z. B. dem Wohl eines Unternehmens, wenn in der Produktionsabteilung unter dem Gesichtspunkt der Kostenminimierung Produkte von einer Qualität hergestellt werden, die so unzureichend ist, dass die Verkaufsabteilung die Produktqualität nicht als Argument gegenüber ihren Kunden verwenden kann.

(3) Die Schaffung von *Kundenzufriedenheit* ist bedeutsam, weil nur zufriedene Kunden die Produkte des Unternehmens dauerhaft kaufen werden und dafür mindestens kostendeckende Preise zu zahlen bereit sind. Verbraucherwünsche müssen also identifiziert werden, um danach das Angebot des Unternehmens ausrichten zu können. Die Forderung nach Kundenzufriedenheit ist jedoch nicht absolut zu sehen, ihr steht die Forderung nach dem Wohl des Unternehmens gegenüber. Der Zusammenhang sei anhand des Beispiels für die Geschäftsbeziehungen zwischen einem Metzger als Kunden und einem Schlachtschweine produzierenden Landwirt als lieferndem Unternehmen verdeutlicht. *Übersicht 7.1* zeigt, dass in Bezug auf diese Beziehungen prinzipiell vier Situationen denkbar sind. Situation 1 berücksichtigt weder das Wohl des Unternehmens noch dasjenige des Kunden. Situation 2 berücksichtigt einseitig das Wohl des Unternehmens, Situation 3 dagegen einseitig das Wohl des Kunden. Anzustreben ist jedoch die Situation 4. Hier werden beide Interessen so zum Ausgleich gebracht, dass dauerhafte Geschäftsbeziehungen aufrechterhalten werden können.

(4) Die langfristige *Verbraucherwohlfahrt* wird besonders betont, weil gegen Marketingaktivitäten oft eingewandt wird, dass die Marketing-Manager zu partiell und zu kurzfristig denken. Die Herstellung vieler Produkte, die der Konsument zwar offensichtlich wünscht, hat langfristig nachteilige Nebenwirkungen, die letztlich allen schaden. Der verantwortungsbewusste Marketing-Manager wird die Lösung der daraus resultierenden Probleme nicht dem Gesetzgeber über-

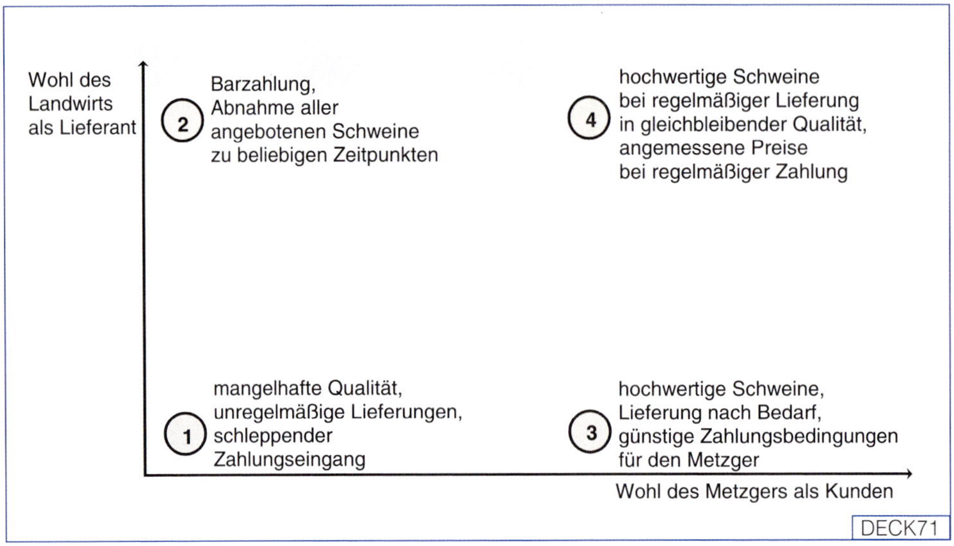

Übersicht 7.1: Beziehungen zwischen Wohl des Lieferanten (Landwirt als Schlachtschweineerzeuger) und dem Wohl des Kunden (Metzger)

lassen, sondern selbst dafür Sorge tragen, dass das Unternehmen dauerhaft zufriedene Kunden behält (z. B. durch unternehmensinduzierte Qualitäts- und Rückstandskontrollen, durch Einführung von Qualitätsmanagement und auch von Umweltmanagementsystemen auf der Unternehmensebene).

7.3 Aufgaben des Marketing-Management

7.3.1 Überblick

Wie jeder Entscheidungsträger im Unternehmen, hat auch der *Marketing-Manager* prinzipiell die Aufgabe, zielwirksame Handlungsalternativen zu identifizieren, die im Hinblick auf die Zielerreichung bedeutsamen Konsequenzen der Handlungsalternativen zu prognostizieren, um daraus dann die jeweils zielwirksamste Handlungsalternative auszuwählen. Wie in anderen Unternehmensbereichen auch, sieht sich der Marketing-Manager damit konfrontiert, dass die Zielwirksamkeit von Handlungsalternativen einerseits von Entscheidungsvariablen, d. h. von Maßnahmen abhängt, deren Werte der Entscheidungsträger beeinflussen kann (kontrollierbare Variable), und andererseits von Variablen bestimmt wird, die er in ihren Werten nicht beeinflussen kann (nichtkontrollierbare oder Umweltvariable). An diese, die Ergebnisse von Handlungen beeinflussenden Größen kann sich der Entscheidungsträger mit seinen Entscheidungsvariablen nur bestmöglich anpassen. Zum Beispiel hat der Marketing-Manager keinen oder nur einen sehr geringen Einfluss auf langfristige Verbrauchertrends (z. B. Abnahme des Fleischverzehrs) und auf gesetzliche Maßnahmen (z. B. das Verbot der Käfigaufstallung bei der Legehennenhaltung). Umgekehrt kann er aber die Qualität der Produkte und die Prozesse, mit denen er über die Produkte informiert und dafür wirbt, durchaus beeinflussen. Indessen wird er stets darauf angewiesen bleiben, sich mit seinen Entscheidungsvariablen an die sich ändernden Werte der Umweltvariablen anpassen zu müssen.

Wir können deshalb den Aufgabenbereich des Marketing-Managers – etwas abstrakter – wie folgt umreißen: Grundsätzliche Aufgabe des Marketing-Managers ist es, diejenigen Werte der Marketing-Entscheidungsvariablen festzulegen und im Zeitablauf jeweils optimal so anzupassen, dass sie unter Berücksichtigung der nichtbeeinflussbaren, aber auf das Marketingsystem des Unternehmens einwirkenden Marketing-Umweltvariablen einen höchstmöglichen Erreichungsgrad für die Unternehmensziele gewährleisten.

7.3.2 Identifikation und Prognose der Marketing-Umweltvariablen

Die Marketingumwelt für das Marketingsystem eines Unternehmens umfasst die Gesamtheit der Kräfte, die den Absatz der Unternehmensprodukte beeinflussen. Die Marketingumwelt für das Unternehmen lässt sich aus der Sicht des Marketing-Managers in vier Schichten gliedern. Sie sind in *Übersicht 7.2* skizziert.

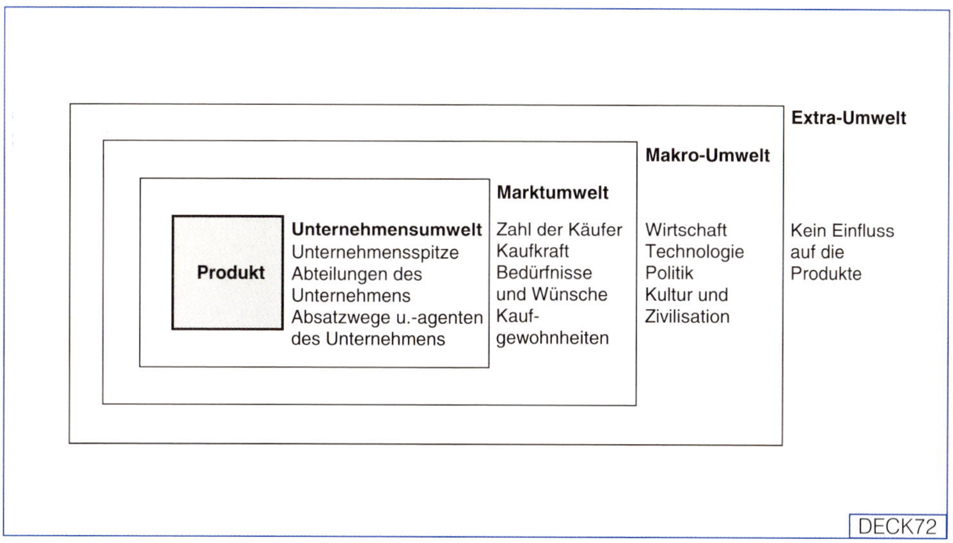

Übersicht 7.2: Schichten der Marketing-Umwelt

Die äußere Umwelt (*Extra-Umwelt*) ist als Grenze definiert, sie wirkt nicht auf die Austauschbeziehungen des Unternehmens ein, hat also keine Relevanz für das Unternehmen. Die *Makro-Umwelt* besteht aus denjenigen Kräften und Institutionen, die die Austauschbeziehungen zwischen dem Unternehmen und seinen Kunden langfristig und grundsätzlich beeinflussen. Die *Marktumwelt* besteht aus sämtlichen aktuellen und potenziellen Käufern für die Unternehmensprodukte. Die *Unternehmensumwelt* schließlich besteht aus dem Unternehmen schlechthin, d. h. aus den übrigen Unternehmensbereichen, die mit dem Marketingbereich in wechselseitigen Abhängigkeiten stehen.

7.3.2.1 Die Makro-Umwelt des Unternehmens

Die *Makro-Umwelt* setzt sich aus vier Komponenten zusammen, nämlich (1) dem Stand der gesamtwirtschaftlichen Entwicklung, (2) dem Stand der Technologie, (3) dem politischen und rechtlichen Rahmen und (4) der Kultur und Zivilisation.

Die folgenden *gesamtwirtschaftlichen Entwicklungen* sind für den Absatz von Agrarprodukten und Lebensmitteln von besonderer Bedeutung:

(1) Mit steigendem Pro-Kopf-Einkommen in den sich entwickelnden Volkswirtschaften kommt das ENGELSCHE-Gesetz zur Wirkung. Es besagt, dass der Anteil der Verbraucherausgaben für die Ernährung abnimmt, obwohl die absoluten Beträge weiter ansteigen. Anders ausgedrückt: Die Gesamteinkommen der Verbraucher steigen rascher als die Ausgaben für die Lebensmittel. Salopp gesagt: Die Leute können sich nicht mehr als satt essen, sie können aber „besser" essen. Absatzsteigerungen und Wertschöpfungszuwächse sind deshalb im Lebensmittelbereich vor allem durch Qualitätssteigerungen, weitergehende Verarbeitung und Schaffung von Zusatznutzen für die Verbraucher zu erreichen.

(2) Mit zunehmender wirtschaftlicher Entwicklung ändern sich die Absatzwege für Lebensmittel. Zwischen landwirtschaftlichen Urproduzenten und Endverbrauchern werden immer mehr Absatzmittler und Verarbeiter eingeschaltet. Die Verbraucher wünschen „konsumnähere Waren", die die landwirtschaftlichen Rohproduzenten i. d. R. nicht mehr bieten können (z. B. Convenience-Produkte). Die Lebensmittelkette wird länger.

(3) Die erstaufnehmenden Hände und der Einzelhandel konzentrieren sich immer stärker. Die Position des klassischen Großhandels wird von genossenschaftlichen Zusammenschlüssen oder Einzelhandelsfilialketten übernommen. Zwischen den zahlreichen Produzenten im Agrar- und Ernährungsbereich und den zahlreichen Endverbrauchern stehen nur wenige rechtlich abgrenzbare Absatzmittlereinheiten. Die Marktmacht in der Lebensmittelkette ist vornehmlich hier konzentriert.

(4) Die Zahl der Einzelhandelsgeschäfte geht zugunsten von Supermärkten, Kaufhäusern und Discount-Läden nachhaltig zurück. Lebensmittel müssen deshalb transport- und lagerfähig und gut verpackt sein. Viele Neuerungen im Bereich des Einzelhandels erklären sich aus dem Bestreben nach steigender Absatzproduktivität bei allgemein steigenden Einkommensansprüchen (z. B. Selbstbedienungsläden mit standardisierten, abgepackten Waren). In den Augen der Verbraucher kann diese Entwicklung aber auch zu Qualitätsverlusten führen. Es entsteht die Gegenbewegung des kleinen „Obst- und Gemüseladens" (z. B. der „Türke an der Ecke" oder der „Ökoladen" mit Produkten aus eigenem Anbau).

(5) Die zunehmende Konzentration im Bereich der Lebensmittelindustrie und des Lebensmittelhandels erklärt sich wesentlich durch technische Fortschritte im Bereich des Güter- und Informationstransports. Aufgrund der Erweiterung des Möglichkeitsfeldes und der Transportverbilligungen lassen sich Güter und Informationen zu großen Märkten immer billiger transportieren. Man braucht weniger und größere Verarbeitungsbetriebe und weniger und größere Verkaufsstätten für Lebensmittel und nutzt damit gleichzeitig Skaleneffekte, d. h. die Stückkostensenkungen, die mit größeren Betriebseinheiten verbunden sind.

(6) Es entstehen letztlich duale Märkte für Lebensmittel, nämlich (a) Märkte für den Grundbedarf und (b) Märkte für Spezialitäten mit bestimmtem Zusatznutzen, wozu z. B. auch die Bio- und Ökoprodukte gehören.

Im *Stand der Technologie* äußert sich das entscheidende Kapital einer hochentwickelten Volkswirtschaft. Der Stand der Technologie schreitet mit zunehmenden Raten fort und kann zu substanziellen Umwälzungen führen. Gelingt z. B. eine wirklich kostengünstige Meerwasserentsalzung, so wird sich die Agrarproduktion in Europa regional stark verlagern. Oder: Gelingen Fortschritte bei der Gen- und Biotechnologie, so könnten die jetzigen Formen des Landbaues völlig verändert werden. Oder: Die Entwicklung genauerer Messverfahren bei Schadstoffen und Rückständen zwingt zu einer immer „sauberer" werdenden Produktion, ermöglicht aber auch neue Produkte und Dienstleistungen.

Folgende technologische Neuerungen haben auf den Agrar- und Ernährungsbereich in den abgelaufenen Jahrzehnten besonderen Einfluss ausgeübt:

- Entwicklung von Mineraldüngern und Pflanzenbehandlungsmitteln;
- Billiger Transport von Eiweißfuttermitteln aus Übersee;
- Entwicklung von Konserven und haltbaren Fertiggerichten;
- Unterglasproduktion, Plastikgewächshäuser mit ausgefeilter Bewässerungstechnik;
- Tiefkühlkost, Gefriertrockenkost, Kühlketten;
- Schnelltransport per Flugzeug für Güter mit kurzem shelf-life (z. B. Blumen).

Die ständige Entwicklung des Standes der Technologie bewirkt einen steigenden Wettbewerbsdruck und erfordert von den Unternehmen und den dafür zuständigen Dienstleistungsinstitutionen immer höhere F+E-Aufwändungen (Aufwändungen für Forschung und Entwicklung) zur Hervorbringung neuer Produkte und Produktionstechnologien. Für den einzelnen Unternehmer ist damit der ständige Zwang zum Lernen verbunden. Bevor eine Produktionstechnik richtig beherrscht wird, muss sie oftmals durch eine neue ersetzt werden, wenn das Unternehmen überleben will. Lernprozesse müssen also immer rascher durchlaufen werden.

Der *politisch rechtliche Rahmen* hat gerade für den Agrar- und Ernährungsbereich besondere Bedeutung. Die Wirtschaftspolitik der EU kann zu einschneidenden Preis- und Mengenänderungen führen. Die Entwicklung der rechtlichen Rahmenbedingungen äußert sich letztlich in neuen und veränderten Gesetzen und Verordnungen etwa in den Bereichen des Umweltschutzes und der Lebensmittelsicherheit. Die Herstellung, Lagerung und Vermarktung von Lebensmitteln ist durch eine Vielzahl von Gesetzen genau reglementiert, worauf in diesem Lehrbuch jedoch nur verwiesen werden kann.

Der *kulturelle und zivilisatorische Werterahmen* ändert sich zwar nur langsam, ist in den letzten Jahrzehnten mit entsprechenden Auswirkungen auch für den Lebensmittelmarkt jedoch deutlich sichtbar. Eine Reihe wesentlicher Veränderungen ist in der *Übersicht 7.3* skizziert. Insbesondere haben die folgenden vier Werteentwicklungen großen Einfluss gehabt:

(1) Das bequeme Leben, der Wunsch nach mehr Freizeit: Trotz abnehmender Arbeitszeit scheint die eigentliche Freizeit als „Mußezeit" für die Menschen abzunehmen. Der Konsum von immer mehr Gütern erfordert immer mehr Zeit, so dass umgekehrt die eigentliche Freizeit immer wertvoller wird. Es werden daher immer stärker Güter bevorzugt, die Zeit sparen, um Mußezeit zu gewinnen (z. B. Convenience-Produkte). Es entstehen damit im Grunde zwei neue Märkte, nämlich 1. Märkte für Produkte, die Zeit sparen (z. B. die eben bereits erwähnten Convenience-Produkte, Schnellrestaurants für das Außer-Haus-Essen, aber auch zeitsparende Haushalts-

Ausgehend von...	... in Richtung auf...
Eigenverantwortung	Kollektive Verantwortung
Harte Arbeit	"flottes und süßes Leben"
Religiöse Überzeugungen	Vernunft, Aufklärung
	Ideologiesierung
Vaterbestimmte Familien	Mutterbestimmte Familie
Elternbestimmter Haushalt	Kinderbestimmter Haushalt
Respekt vor dem Individuum	Gleichmacherei
Spätere Belohnung	Sofortiger Dank
Sparen	Konsumieren
Sexueller Zwang	Sexuelle Freiheit
Unabhängigkeit	Sicherheit

DECK73

Übersicht 7.3: Tendenzen des kulturellen und zivilisatorischen Wertewandels

maschinen), und 2. Märkte für Produkte und Dienstleistungsangebote, die eine sinnvolle Nutzung der Mußestunden versprechen (z. B. das Angebot an „Urlaub auf dem Bauernhof", die Tendenz, besondere Menüs wieder selbst zuzubereiten, die „Slow-food"-Bewegung).

(2) Hedonismus, das süße Leben: Im Unterschied zu früher wollen die Menschen heute mehr Vergnügen und sie wollen es sofort. Darauf müssen sowohl die Werbung als auch die Angebotspaletten an Lebensmitteln ausgerichtet werden. Produkte gewinnen an Bedeutung, die in besonderer Weise Wellness versprechen (z. B. Powerdrinks).

(3) Der Wunsch nach Sicherheit: Der Wunsch nach Lebensmittelsicherheit und gesundheitlicher Unbedenklichkeit tritt mit zunehmendem Wohlstand immer stärker in den Vordergrund. Lebensmittel müssen entsprechende Garantien bieten, auch, weil die Masse der Verbraucher verlernt hat, die gesundheitliche Unbedenklichkeit von Lebensmitteln selber einzuschätzen.

(4) Grundsätzlich wandeln sich die Kaufmotive mit zunehmender wirtschaftlicher Entwicklung einer Gesellschaft und dem damit verbundenen Lebensstandard der Konsumenten. Zur Erklärung hat MASLOW dafür die sog. Hierarchie der Bedürfnisse entwickelt (MASLOW 1954). Sie ist in *Übersicht 7.4* dargestellt.

Zur Interpretation dieser Bedürfnishierarchie ist Folgendes festzuhalten: Jedes vorhergehende Bedürfnis in der Hierarchie unterdrückt, solange es nicht befriedigt wird, alle nachfolgenden Bedürfnisse. Sobald die niedrigeren Bedürfnisse befriedigt sind, tendieren die Bedürfnisse höherer Ebenen dazu, dominant zu werden. Das bedeutet, dass in wohlhabenderen Gesellschaftsschichten ein großer Teil der persönlichen Anstrengungen dem Ziel gewidmet ist, von anderen akzeptiert oder geschätzt zu werden oder das persönliche Potenzial zu entwickeln.

Weiterhin weist dieser Sachverhalt auf das Problem der Nahrungsmittelvermarktung in der Gesellschaft im Überfluss hin. So ist z. B. die Vermarktung des „normalen" Bauernstandes problematisch. Heute ist nicht derjenige Landwirt angesehen, der generell zur Nahrungsmittelversorgung unserer Bevölkerung beiträgt, sondern heute ist der „grüne Bauer" beson-

Physische Bedürfnisse

1. **Physiologische Bedürfnisse**: Grundlagen des Überlebens, z.B. Hunger und Durst
2. **Sicherheitsbedürfnisse**: Sorge um das physische Überleben, normale Vorsicht, die bei dem Versuch, Hunger und Durst zu stillen, eventuell vergessen werden kann.

Soziale Bedürfnisse

3. **Zugehörigkeit und Liebe**: Das Bestreben von nahen Familienmitgliedern akzeptiert zu werden und in ihren Augen eine wichtige Person zu sein. Das Bestreben kann auch nahestehende Nichtfamilienmitglieder einbeziehen.
4. **Ansehen und Status**: Das Bestreben, relativ zu anderen eine hohe Position innezuhaben, andere zu beherrschen, einen guten Ruf und Prestige zu genießen.

Auf das Selbst bezogene Bedürfnisse ("Ich-Bedürfnisse")

5. **Selbstaktualisierung**: Der Wunsch zu wissen, zu verstehen, zu systematisieren, zu organisieren und ein System von persönlichen Wertevorstellungen aufzubauen. "Selbstverwirklichung".

DECK73

Übersicht 7.4: Bedürfnishierarchie nach A. H. Maslow

ders geschätzt. Dieser Bauer erzeugt nämlich keine Nahrungsmittel zum einfachen Verzehr, sondern zur Befriedigung der Ich-Bedürfnisse, er leistet also in den Augen einer zunehmenden Zahl von Konsumenten einen Beitrag zum umweltbewussten, gesunden Leben.

Für das Marketing von Lebensmitteln ergibt sich aus den Veränderungen des kulturellen und zivilisatorischen Rahmens die grundsätzliche Frage, welche Lebensmittel auf welchen Stufen der Bedürfnishierarchie im Vordergrund der Vermarktungsanstrengungen stehen sollten.

Zusammenfassend können wir festhalten, dass die Einflussgrößen aus der Makro-Umwelt zwar im Allgemeinen nur längerfristig, aber durchaus nachhaltig auf das Marketingsystem der Unternehmen einwirken. Für die Marketing-Manager besteht also die Aufgabe darin, die jeweiligen Tendenzen rechtzeitig zu erkennen und in ihren möglichen Wirkungen auf die Produktpalette des Unternehmens und die Gestaltung des Marketingsystems einzuschätzen. Diese Aufgaben sind im Bereich der strategischen (langfristigen) Unternehmensplanung angesiedelt (vgl. dazu Abschnitt 9.2.1).

Zur Erfassung der Einflussgrößen auf der Makro-Umwelt bedient sich der Marketing-Manager eines mehr oder weniger formalisierten und institutionalisierten *Marketing-Nachrichten-Systems*. Nach dem Grad der Formalisierung und Institutionalisierung können wir vier Stufen für das Marketing-Nachrichten-System unterscheiden, nämlich (1) die unspezifische Aufnahme („man hört"), (2) die konditionierte Aufnahme („man erfragt"), (3) das informale Suchen („man beschafft") und (4) das formalisierte Suchen („man erfasst systematisch").

Bei der *unspezifischen Aufnahme* wird der Marketing-Manager auf Fachtagungen, bei Treffen mit Kollegen oder durch mehr oder weniger zufällig verfolgte Beiträge in Zeitungen, im Hörfunk oder im Fernsehen auf bestimmte für den Absatz seiner Produkte u. U. bedeutsame Entwicklungen aufmerksam. Die zweite Stufe der *konditionierten Aufnahme* ergibt sich dann oftmals, wenn man Anregungen auf der ersten Stufe erhalten hat, diese für bedeutsam hält und dann weitere Einzelheiten z. B. im Internet, in Fachzeitschriften oder bei Kollegen ermittelt. Stärker systematisch geht man dann auf der dritten Stufe des *informalen Suchens* vor. Hier werden regelmäßig fachbezogene Zeitschriften gelesen sowie Pressedienste der Fach- und Berufsverbände ausgewertet. Diese Aktivitäten gehen schließlich über in die vierte Stufe der *systematischen Beschaffung*. Es wird eine Daten- und Informationsbank angelegt, die nach relevanten Sachbereichen gegliedert ist. In großen Unternehmen der Agrar- und Ernährungswirtschaft werden eigens Personen mit der Betreuung und Pflege des Daten- und Informationsbestandes beauftragt. Sie können damit Recherchen auf Anfragen der Unternehmensleitung durchführen. Schließlich kann die Vorgehensweise auch so institutionalisiert sein, dass die Unternehmensleitung und die Marketingleitung des Unternehmens über die Ergebnisse von Recherchen regelmäßig in zusammengefasster Form unterrichtet werden („Briefing").

Selbstverständlich können die beiden oberen Stufen des Marketing-Nachrichten-Systems wegen ihrer Aufwändigkeit nur für größere Unternehmen der Agrar- und Ernährungswirtschaft (Zuchtunternehmen, Pflanzenschutz- und Düngemittelhersteller, Landtechnikhersteller, Unternehmen der Lebensmittelverarbeitung und des Lebensmittelhandels etc.) in Frage kommen. Landwirtschaftliche Unternehmen und Betriebe des Ernährungshandwerks werden sich i. d. R. mit den beiden ersten Stufen begnügen. Dabei können sie sich jedoch durch ihre Berufs- und Fachverbände unterstützen lassen. Diese erledigen die systematische Informationsbeschaffung für ihre Mitglieder und geben sie entsprechend aufbereitet weiter. Beispielsweise übernehmen Bauern- und Handwerksverbände oder auch die Deutsche Landwirtschafts-Gesellschaft mit ihren periodischen Publikationen und ihren regelmäßigen Tagungen derartige Aufgaben. Darüber hinaus können die Unternehmen gegen Gebühren spezielle „Unternehmerbriefe" und „Pressedienste" abonnieren, die sehr branchenbezogene spezielle Informationen in aufbereiteter Form anbieten.

7.3.2.2 Die Marktumwelt des Unternehmens

Die nächste Schicht der Marketing-Umwelt des Unternehmens umfasst die Marktumwelt. Sie besteht aus den Märkten für die Unternehmensprodukte. Als Markt wollen wir dabei sämtliche Individuen und Organisationen ansehen, die als aktuelle und potenzielle Käufer für Güter und Dienstleistungen des Unternehmens in Frage kommen. In Bezug auf den Markt des Unternehmens interessieren den Marketing-Manager – wie in *Übersicht 7.2* bereits angedeutet – die Zahl der potenziellen Käufer, die Kaufkraft der Käufer, die Bedürfnisse und Wünsche der Kunden und deren Kaufgewohnheiten. Um darüber systematische Informationen zu beschaffen, installieren größere Unternehmen entweder spezielle *Marketing-Forschungssysteme* oder sie bedienen sich darauf spezialisierter Dienstleistungsunternehmen, die Marktforschungsaufträge für die Unternehmen gegen Entgelt durchführen (z. B. die „Gesellschaft für Konsumforschung").

Prinzipiell müssen für eine erfolgreiche Marketing-Planung Informationen vorliegen, die Antworten auf die nach Maßgabe der in *Übersicht 7.5* skizzierten sog. „W-Fragen" beinhalten. Es wird also nach den Gegenständen des Kaufes, nach den Zielen der Käufer bzw. nach deren Kaufmotiven, nach den Trägern des Kaufes, nach den Kaufpraktiken, nach den Orten des Einkaufs und nach dem Marktvolumen gefragt, um die Marketing-Strategie für das Unternehmen darauf abstellen zu können.

WAS kauft der Markt?	**- Gegenstände des Kaufes -**
WARUM kauft der Markt?	**- Motive und Ziele der Käufer -**
WER kauft?	**- Träger des Kaufes -**
WIE kauft der Markt?	**- Kaufpraktiken der Käufer -**
WO wird gekauft?	**- Orte des Kaufes -**
WIEVIEL kauft der Markt?	**- Marktvolumen -**

DECK75

Übersicht 7.5: Die W-Fragen zur Analyse der Absatzmärkte von Unternehmen

Diese sechs „W-Fragen" lassen sich bei unterschiedlicher Gewichtung mit Hilfsmitteln aus den folgenden drei Kategorien beantworten, nämlich (1) was die Leute sagen, (2) was die Leute tun und (3) was die Leute getan haben.

Die erste Kategorie – *was die Leute sagen* – impliziert eine systematische Ermittlung der Meinungen von Käufern oder von Personen, die mit den Käufern in engem Kontakt stehen. In dieser Kategorie gibt es drei prinzipielle Methoden, nämlich die Untersuchung von Vorhaben der Käufer, die Zusammenfassung von Meinungen des Verkaufspersonals und die Einholung von Expertenmeinungen.

Die zusammengefassten *Ergebnisse von Käuferbefragungen* weisen eine hohe Genauigkeit dann auf, wenn Vollerhebungen bei den Käufern durchgeführt werden. Die Kosten derartiger Vollerhebungen sind jedoch so hoch, dass man sich meistens mit stichprobenartigen Befragungen begnügen muss. Weitere Kostenreduzierungen sind dadurch möglich, dass persönliche Befragungen von anwesenden Interviewern nicht mehr erforderlich sind, seitdem die Telekommunikation immer vielfältiger und leistungsfähiger wird. Ein großes Problem bei diesen Befragungen stellt jedoch ihre Validität dar, sofern die Fragen ungenau gerichtet oder die alternativen Antwortmöglichkeiten zu beschränkt sind. So sind z. B. die Ungenauigkeiten bei einer Befragung, bei der die zugelassenen Antworten nur aus „Ja", „Nein", „Weiß nicht" bestehen, deutlich höher als bei sog. prozentualen Wahrscheinlichkeitsbefragungen. Dabei kann der Kunde antworten, ob er mit 10-, 20-, 30- usw. bis 90- und 100 % iger Wahrscheinlichkeit im nächsten Zeitintervall dieses oder jenes Produkt kaufen oder nicht kaufen will, und wenn ja, in welchem Umfang.

In Situationen, in denen direkte Käuferbefragungen entweder nicht praktikabel oder nicht zweckmäßig erscheinen, kann das *Verkaufspersonal* in größeren Unternehmen selbst zu Schätzungen herangezogen werden. Nur wenige Unternehmen verlassen sich jedoch ohne Korrekturen auf die Ergebnisse derartiger Befragungen. Ein Vertriebsmitarbeiter kann von Natur aus pessimistisch oder optimistisch sein, bzw. kann er sich von den Erfolgen oder Misserfolgen der vorangegangenen Perioden zu einem extremen Standpunkt hinreißen lassen. Darüber hinaus versteht er meistens nicht, die breitere volkswirtschaftliche Entwicklung zu prognostizieren, ebenso wenig kennt er die Marketing-Probleme des Unternehmens als Ganzes. Unter Umständen untertreibt er die Schätzung der Nachfrage, damit das Unternehmen eine niedrigere Umsatzquote für ihn festlegt. Womöglich hat er schließlich weder Zeit noch Lust, eine sorgfältige Schätzung vorzunehmen.

Diese Schwierigkeiten können z. B. dadurch behoben werden, dass jeder Reisende die Abweichung seiner vorhergehenden Prognose mit seinem neuesten Ergebnis erhält, um diese Abweichungen zu erklären. Ebenso können sämtliche Prognoseergebnisse sämtlichen Reisenden zugänglich gemacht werden, um auf dieser Grundlage evtl. eine korrigierte Prognose von den einzelnen Reisenden zu erhalten. Weiterhin besteht die Möglichkeit, die Höhe der Werbebudgets von den Schätzungen der Verkäufer abhängig zu machen. Ein positiver Effekt der direkten Verkäuferbefragung ist zu beachten: Die Verkäufer glauben sich auf diese Weise stärker in den Unternehmens-Entscheidungsprozess eingebunden, was durchaus Motivationsvorteile ergeben kann.

Die Einholung von *Expertenmeinungen* und die darauf aufbauenden Prognosen haben Vor- und Nachteile. Vorteilhaft ist, dass die Prognosen relativ schnell und preiswert zur Hand sind und dass verschiedene Stellungnahmen herangezogen und aufeinander abgestimmt werden können. Außerdem kann die Expertenbefragung die einzigmögliche Methode sein, wenn grundlegende Daten spärlich oder gar nicht vorhanden sind, wie es z. B. für völlig neue Produkte eines Unternehmens zutrifft.

Wichtige Nachteile der Expertenbefragung sind, dass Meinungen im Allgemeinen weniger zuverlässig sind als harte Tatsachen und dass die Verantwortung geteilt und damit schwer zurechenbar wird. Außerdem werden gute und schlechte Schätzungen gleich hoch gewichtet. Die Expertenbefragung ist meistens zuverlässiger bei der Erstellung von Gesamtprognosen als bei der Erarbeitung von Teilprognosen für einzelne Verkaufsgebiete, für einzelne Kundengruppen oder auch für einzelne Produkte des Unternehmens.

Im Bereich der zweiten Kategorie – *was die Leute tun* – hat sich das Verfahren des *Testmarktes* etabliert. Dieses relativ teure Verfahren kommt immer dann in Frage, wenn die Käufer ihre Einkäufe nicht sorgfältig planen, wenn sie ihre Kaufabsichten inkonsequent ausführen oder wenn die Experten nicht besonders gut schätzen können. Mit Hilfe der Testmarktmethode werden sog. Markttests durchgeführt. Dabei werden in einem bestimmten abgegrenzten Gebiet einige Einzelhandelsgeschäfte ausgewählt, die neu entwickelte oder veränderte Produkte von Unternehmen anbieten. Das Kundenverhalten, die Einkaufsgewohnheiten usw. werden dann in den Einzelhandelsgeschäften systematisch erfasst und ausgewertet, um ggf. Änderungen der Produkteigenschaften und der Verkaufspraktiken vornehmen zu können. Ein direkter Markttest ist deshalb immer dann besonders vorteilhaft, wenn es darum geht, den Umsatz eines neuen Produktes oder eines etablierten Produktes in einem neuen Gebiet oder auf einem neuen Absatzweg vorherzusagen. Die Nachteile der Testmarktmethode bestehen zum einen in den relativ hohen Kosten und zum anderen u. U. auch darin, dass Wettbewerber des Unternehmens frühzeitig auf neue Produkte aufmerksam gemacht werden und entsprechende Aktivitäten für Nachahmerprodukte einleiten können.

Die wichtigsten Methoden im Bereich der dritten Kategorie – *was die Leute getan haben* – sind die statistischen *Zeitreihenanalysen* und die *Querschnittsanalysen*. Alternativ zur Durchführung kostspieliger Umfragen oder von Testmärkten erstellen manche Unternehmen ihre Prognosen auf der Basis statistisch-mathematischer Analysen von Datenzeitreihen und/oder von Daten aus unterschiedlichen Verkaufsgebieten. Die Grundannahme dieser Verfahren ist, dass die Daten reale kausale Zusammenhänge enthalten, die mit Hilfe der quantitativen Analyse offengelegt und woraus dann Prognosen über das zukünftige Verhalten des Marktes abgeleitet werden können. Die Datenbasen für die statistischen Analysen können entweder in Form sekundär-statistischer Daten oder in Form primär-statistischer Daten vorliegen. Von sekundär-statistischen Daten spricht man, wenn sie der Marktforscher nicht eigens erhebt, sondern etwa vom Statistischen Bundesamt oder anderen Organisationen routinemäßig erfasste Daten übernimmt. Diese Vorgehensweise ist im Vergleich zu der eigenen Erhebung von primär-statistischen Daten erheblich kostengünstiger, hat jedoch den Nachteil, dass die Daten u. U. nicht exakt auf die Fragen, die mit der Analyse beantwortet werden sollen, abgestimmt sind. Nur wenn sekundär-statistisches Material nicht in hinreichender Qualität und Menge zur Verfügung steht, wird man deshalb mit Hilfe von Surveys eigene, also primär-statistische Daten erheben. Auf die Methoden der Datenerfassung und der statistischen Auswertung kann in diesem Lehrbuch jedoch nur hingewiesen werden. Die damit verbundenen Probleme sind Gegenstand einer eigenen wirtschafts- und sozialwissenschaftlichen Teildisziplin, nämlich der *Markt- und Verbrauchsforschung*.

7.3.3 Die Marketing-Entscheidungsvariablen

7.3.3.1 Überblick

Auf die konkreten Ausprägungen der vorstehend betrachteten Marketing-Umweltvariablen muss der Marketing-Manager mit der Festlegung der Marketing-Entscheidungsvariablen reagieren, wenn er die Unternehmensziele bestmöglich erreichen will. Die Marketing-Entscheidungsvariablen werden auch als absatzpolitische Instrumente oder als Marketing-Instrumente bezeichnet, um anzudeuten, dass es die Aktionsparameter in den absatzpolitischen Handlungsfeldern sind. Die *Marketing-Instrumente* werden stets als Kombinationen von Aktionsparametern mit bestimmten Werten bzw. Ausprägungen in den absatzpolitischen Handlungsfeldern eingesetzt. Sie können zudem sowohl in einem Tun als auch in einem Unterlassen bestehen (vgl. zu Marketing in der Agrar- und Ernährungswirtschaft HAMM 1991; STRECKER, REICHERT und POTTEBEUM 1996).

In einer gegebenen Situation steht jedem Unternehmen eine mehr oder weniger große Zahl von absatzpolitischen Maßnahmen offen, mit denen es seine Märkte bearbeiten bzw. den Absatz seiner Produkte positiv beeinflussen kann. Bevor wir auf die einzelnen Instrumente näher eingehen, wollen wir das absatzpolitische Instrumentarium systematisieren und die verschiedenen Instrumententeilbündel voneinander abgrenzen. Die Gesamtheit des Instrumentariums wird nach Maßgabe der folgenden vier Fragen in vier Teilbündel gegliedert:

1. Welche Leistungen bzw. Problemlösungen sollen wie am Markt angeboten werden? Hier wird nach der Produktpolitik bzw. nach der Festlegung des Produktmix gefragt.

2. Zu welchen Kontrahierungsbedingungen sollen die Leistungen am Markt angeboten werden? Hier wird nach der Preis- und Kontrahierungspolitik bzw. nach der Festlegung des Preis- und Kontrahierungsmix gefragt.

3. An wen und auf welchen Wegen sollen die Leistungen verkauft bzw. an den Käufer herangetragen werden? Hier wird nach der Distributionspolitik bzw. nach der Festlegung des Distributionsmix gefragt.

4. Welche Informations- und Beeinflussungsmaßnahmen sollen ergriffen werden, um den Absatz der Leistungen am Markt positiv zu beeinflussen? Hier wird nach der Kommunikations- und Absatzförderungspolitik bzw. nach der Festlegung des Kommunikations- und Absatzförderungsmix gefragt.

Mit den Begriffen „Produktmix", „Preis- und Kontrahierungsmix" etc. wird angedeutet, dass jedes absatzpolitische Teilbündel seinerseits einzelne Instrumente umfasst, die in geeigneter Weise miteinander kombiniert werden müssen. Auf der nächsten Ebene besteht dann die Aufgabe des Marketing-Managers darin, die vier Teilbündel ihrerseits zum Marketingmix des Unternehmens zusammenzufassen.

Einen Überblick über die absatzpolitischen Einzelinstrumente, gegliedert nach den vier identifizierten Teilbündeln, gibt zunächst die *Übersicht 7.6*. Darüber hinaus wird in der Übersicht bei den Instrumenten danach unterschieden, zu welchen Anteilen es sich um strategische Maßnahmen, d. h. um längerfristig festzulegende Aktionsparameter, und zu welchen Anteilen es sich um taktische Maßnahmen, d. h. um kurzfristig variierbare Aktionsparameter, handelt. Beispielsweise wird der Entscheidungsträger die Absatzkanäle für seine Produkte i. d. R. längerfristig festlegen müssen, während er die Art des Transports seiner Güter kurzfristig verändern kann.

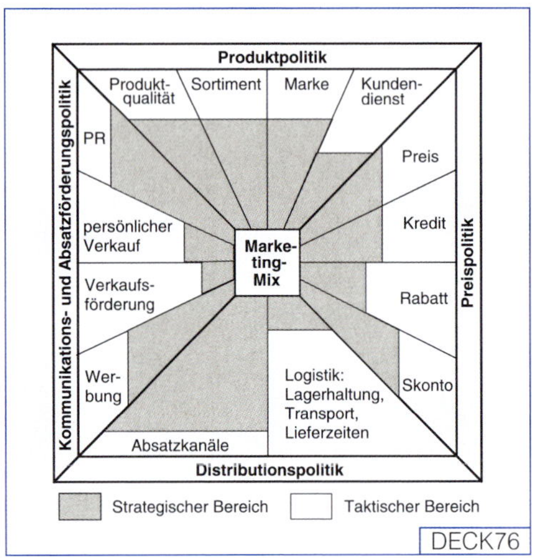

Übersicht 7.6: Marketing-Instrumente des Unternehmens

7.3.3.2 Die Planung des Produktmix: Produktpolitik

Aus *Übersicht 7.6* geht hervor, dass sich im Rahmen der Produktpolitik vier Hauptentscheidungsbereiche voneinander abgrenzen lassen, nämlich Entscheidungen zur Produktqualität, Entscheidungen zur Gestaltung des Sortiments (auch als Produktmix-Entscheidungen i. e. S. bezeichnet), Entscheidungen darüber, ob Markenprodukte oder markenlose Produkte angeboten werden sollen, und schließlich Entscheidungen zum Kundendienst.

Bei den meisten Lebensmitteln lässt sich heute eine Fülle von unterschiedlichen *Produktqualitäten* identifizieren. Beispielsweise werden Hunderte von Brotsorten angeboten und innerhalb jeder Sorte kann der Kunde nach verschiedenen Qualitäten, was die Inhaltsstoffe, die Frische und die Geschmacksvarianten angeht, wählen. Selbst ein so unverdächtiges Grundnahrungsmittel wie Salz, welches eigentlich nur aus NaCl bestehen sollte, wird in vielen Produktvarianten – versehen z. B. mit Zusatznutzen wie Jodierung – mit stark unterschiedlichen Preisen auf den Markt gebracht.

Allgemein lässt sich sagen, dass zunehmende Produktqualitäten, etwa durch wertvollere Inhaltsstoffe, schonendere Herstellungsweise, geringeres Alter und durch verschiedene Zusatznutzen, mit steigenden Herstellungskosten verbunden sind, so dass der Hersteller höhere Produktqualitäten nur dann anbieten wird, wenn sich dafür höhere Verkaufspreise realisieren lassen. Dabei ist jedoch zu berücksichtigen, dass die Kunden auf unterschiedliche Produktqualitäten unterschiedlich reagieren. Manche Kunden sind für hohe Qualitäten zur Zahlung sehr viel höherer Preise bereit, andere nur zur Zahlung geringfügig höherer Preise und eine dritte Gruppe für unterschiedliche Produktqualitäten kaum empfänglich. Mit anderen Worten: Die Zahlungsbereitschaft der Verbraucher ist unterschiedlich, was letztlich dazu führt, dass für Produkte jeder Qualitätsstufe Preis-Absatz-Funktionen bestehen, die so aussehen, dass die Verkaufsvolumina für das Produkt mit steigenden Preisen abnehmen und umgekehrt. Der Hersteller muss deshalb entscheiden, welche Produktqualitäten er wählen sollte und in welchem Umfang er sie anbieten sollte, um die Unternehmensziele bestmöglich zu realisieren. Ein Beispiel im nachfolgenden Abschnitt 7.4.3 wird die diesbezüglichen Zusammenhänge weiter verdeutlichen.

Der zweite Entscheidungsbereich im Rahmen der Produktpolitik bezieht sich auf die *Gestaltung des Sortiments*, d. h. der Produktpalette, die das Unternehmen anbieten sollte. Hier geht es um die sog. Produktmix-Entscheidungen im eigentlichen Sinne.

Das Sortiment bzw. das Produktmix der meisten Unternehmen, ob nun Hersteller oder Groß- und Einzelhändler, umfasst eine mehr oder weniger große Anzahl unterschiedlicher Produkte. Beispielsweise bietet ein Pflanzenzuchtunternehmen unterschiedliche Weizensorten, verschiedene Sorten von unterschiedlichen Getreidearten und auch unterschiedliche Sorten für unterschiedliche Nutzpflanzenarten an. Das Sortiment der Unternehmen wird deshalb unterhalb der gesamten Angebotspalette (alle Saatgutarten) in Produktlinien (Zuckerrübensaatgut, Getreidesaatgut) und unterhalb der Produktlinien in einzelne Produkte (Weizensorte, Hafersorte) aufgeteilt. Da bezüglich der Zahl der Produktlinien und der Zahl der Produkte innerhalb der Produktlinien Spielraum besteht, ergeben sich für die Unternehmen wesentliche Entscheidungsbedarfe zur Breite, Tiefe und Geschlossenheit des Produktmix. Die Breite des Produktmix bezieht sich auf die Zahl der Produktlinien im Sortiment, die Tiefe des Produktmix auf die Zahl der Artikel innerhalb der einzelnen Produktlinien. Die Geschlossenheit des Produktmix bezieht sich schließlich auf die Ähnlichkeit der Produktlinien in Bezug auf ihren Verwendungszweck und den Absatzweg.

Durch eine Verbreiterung des Produktmix versucht das Unternehmen, seinen guten Ruf und seine besonderen Fähigkeiten auf den Märkten zusätzlich gewinnbringend zu nutzen. Durch eine Vertiefung des Produktmix können evtl. zusätzliche Käufergruppen mit anderen Bedürfnissen gewonnen werden, z. B. wenn das Saatzuchtunternehmen Sorten für die Grünlandansaat in sein Programm aufnimmt. Von einer zunehmenden Geschlossenheit des Produktmix kann sich das Unternehmen den Aufbau eines den Wettbewerbern überlegenen „Images" versprechen, z. B. mit dem Ziel, dass die Landwirte, die Saatgut kaufen möchten, immer zuerst an dieses Unternehmen denken.

Generell lassen sich die Entscheidungen im Bereich der Gestaltung des Produktmix nach KOTLER wie folgt umreißen: „Auf der Produktmix-Ebene gilt es zu entscheiden, welche Produktlinien hinzugenommen, welche verstärkt und welche eliminiert werden sollen. Auf der Produktlinienebene geht es darum zu entscheiden, ob eine existierende Produktlinie gestreckt, vertieft oder verkürzt bzw. gelichtet werden soll. Auf der Artikelebene befasst sich die Produktpolitik mit den Fragen, ob bestimmte Artikel modifiziert, neu hinzugefügt oder eliminiert werden sollen" (KOTLER 1989, S. 367).

Im Rahmen der Produktpolitik spielen auch *Markenentscheidungen* eine zentrale Rolle. Bei jedem Besuch in einem Lebensmittelsupermarkt kann man feststellen, dass fast alle verpackten Lebensmittel mit mehr oder weniger bekannten Markennamen oder Markenzeichen versehen sind. Eine *Marke* ist ein Name, eine Bezeichnung, ein Zeichen oder ein Symbol, das zur Identifikation des Gutes eines Anbieters im Vergleich zu jenen der Wettbewerber dient. Die Marken bestehen häufig aus einem Markennamen (z. B. Maggi, Müller-Milch) und einem Markenzeichen (z. B. der „Weißkopf" von Oetker). Markenlose Produkte existieren praktisch nur noch bei unverpackten Frischeprodukten in größerem Umfang (Fleisch, Fisch, Brot, Obst und Gemüse). Aber auch in diesem Segment (z. B. als Tiefkühlkost) nimmt die verpackte Ware zu und wird dann mit Marken versehen.

Aus diesen Tatbeständen können wir zunächst ableiten, dass für ein Unternehmen der Lebensmittelindustrie entschieden werden muss, ob es „markenlose" oder „markierte" Produkte anbieten sollte, und wenn die Produkte markiert werden sollen, ob man eigene Herstellermarken aufbauen oder seine Produkte über eine Verteilermarke (z. B. Erlenhof von REWE) vertreiben sollte.

Der Vorteil markenloser Produkte liegt zunächst darin, dass keine Kosten für den Aufbau und die Pflege der Marke entstehen. Der Hauptnachteil besteht allerdings darin, dass sich die Produkte nicht von den Produkten der Wettbewerber abheben lassen und damit sämtliche Bemühungen zur Entwicklung eines akquisitorischen Potenzials, d. h. einer quasi monopolartigen Stellung des Anbieters, vergeblich sind. Eine aktive Preispolitik, unterstützt durch Werbung mit dem Ziel der Realisierung höherer Produktpreise, lässt sich auf diese Weise nicht betreiben. Das Unternehmen bleibt ein reiner Preisnehmer (Mengenanpasser).

Verteilermarken (auch Handelsmarken genannt) sind zwar für einen Verteiler (z. B. ein Lebensmittelfilialunternehmen) von Vorteil, weil er sich damit von Wettbewerbern abheben kann. Für den Lebensmittelhersteller ergeben sich aber häufig ähnliche Nachteile wie bei den markenlosen Produkten. Er ist durch Mitbewerber im Sortiment des Verteilers jederzeit ersetzbar. Im positiven Fall versucht der Verteiler mit den Produkten seiner Verteilermarke höhere Produktqualitätseigenschaften zu erreichen, die nicht jeder Hersteller garantieren kann. Damit wird dann die Stellung derjenigen Lebensmittelhersteller als Lieferanten gestärkt, die diese Qualitätsanforderungen erfüllen.

Zentrale Voraussetzung für eine aktive Absatzpolitik eines Lebensmittelherstellers ist deshalb die Schaffung und Aufrechterhaltung von eigenen Herstellermarken. Die Vorteile liegen darin, dass eine erfolgreiche Markenpolitik zu einer „monopolartigen" Marktstellung des

Herstellers führt, wodurch sich erhebliche Preisspielräume eröffnen und der Einsatz der übrigen Marketingmix-Variablen erfolgreich gestaltet werden kann.

Zur Produktpolitik gehört schließlich auch der *Kundendienst*. So ergibt sich bspw. für das Saatzuchtunternehmen die Notwendigkeit des Kundendienstes daraus, dass es sich beim Saatgut nicht um problemlose Produkte handelt, die keinen Erklärungsbedarf haben, wie es demgegenüber z. B. für viele Lebensmittel zutrifft. Die Landwirte möchten mit dem Saatgut in ihren Prozessen der Pflanzenproduktion möglichst hohe Gewinne erwirtschaften. Das können sie aber nur, wenn sie an ihren Produktionsstandorten (Boden und Klimabedingungen) die „passenden" Sorten einsetzen und die dafür jeweils sortenspezifischen „richtigen" Bestandesführungsmaßnahmen (Pflanzenschutz, Düngung etc.) ergreifen. Hier kann der Kundendienst des Saatzuchtunternehmens einsetzen, indem er Produktionsinformationen mittels schriftlicher „Betriebsanleitungen" oder über persönliche Beratungen anbietet.

Noch deutlicher wird die Notwendigkeit des Kundendienstes für Landmaschinenhersteller. Die Ackerschlepper, Bodenbearbeitungs- und Erntemaschinen müssen sachgerecht eingesetzt, gepflegt und genutzt werden. Fehlfunktionen können auftreten. Ein zeitnaher und entgegenkommender Kundendienst fördert die langfristige Zusammenarbeit zwischen Herstellern und den Landwirten als Kunden.

7.3.3.3 Die Planung des Kontrahierungsmix: Preis- und Kontrahierungspolitik

Obwohl die übrigen Marketinginstrumente für die Absatzpolitik im Rahmen der „Gesellschaft im Überfluss" eine immer wichtigere Rolle spielen, bleibt der Preis schon deshalb ein wesentliches Element des Marketingmix, weil er neben den Herstellungs- und Absatzkosten die wesentliche Determinante für den erzielbaren Unternehmensgewinn ist. Die Preispolitik umfasst in der Unternehmenspraxis die folgenden vier Entscheidungsbereiche:

1. Die erstmalige Festlegung eines Preises;
2. Preisänderungen, initiiert durch das Unternehmen;
3. Preisänderungen, initiiert durch Wettbewerber;
4. Ermittlung des optimalen Preisverhältnisses von Artikeln innerhalb einer Produktlinie.

Entscheidungen zur erstmaligen Festlegung eines Preises werden notwendig, wenn ein Unternehmen mit bestimmten Produkten erstmalig am Markt auftritt (z. B. der Landwirt, der eine Legehennenhaltung und eine Eierdirektvermarktung neu aufgebaut hat), wenn das Unternehmen mit neuen Produkten auf seinen bisherigen Märkten auftritt oder wenn das Unternehmen mit seinen Produkten in neue Märkte einsteigt. In der Praxis haben sich dafür drei Alternativen der Preissetzung herausgebildet, nämlich (1) die wettbewerbsorientierte Preisbildung, (2) die kostenorientierte Preisbildung und (3) die nachfrageorientierte Preisbildung.

Die *wettbewerbsorientierte Preisbildung* ist immer dann relevant, wenn das Unternehmen mit seinen Produkten nur ein Anbieter unter vielen ist und sämtliche Anbieter gleichartige („homogene") Güter anbieten. Aus der Sicht der Nachfrager sind in diesem Falle die Anbieter gegeneinander austauschbar, so dass dem einzelnen Anbieter nichts weiter übrig bleibt, als seine Preise so zu setzen, wie es auch die Mitbewerber tun. Wir haben eine polypolistische Anbietersituation, in der der „Markt“ die erzielbaren Preise bestimmt. Ein gewisser Spielraum bleibt aber dem einzelnen Anbieter dadurch erhalten, dass auch bei prinzipiell homogenen Gütern Qualitätsunterschiede bestehen können, die sich für Preisdifferenzierungen nutzen lassen (z. B. bei Getreide mit unterschiedlichem Eiweißgehalt und unterschiedlichem Fremdbesatz). Darüber hinaus kann der Anbieter seine Kontrahierungsbedingungen variieren, indem er z. B. Rabatte bei größeren Abnahmemengen gewährt, Skonti bei Sofortzahlung des Kunden und Kredite in Form von Zahlungszielen für die Kunden einräumen kann. De facto wird mit diesen Instrumenten der Preis des Gutes variiert.

Vorbedingung für die Anwendung der kostenorientierten und der nachfrageorientierten Preissetzung ist, dass das Unternehmen mit seinen Gütern eine Marktstellung erlangt hat, die seine Produkte gegen die Produkte von Wettbewerbern nicht unmittelbar austauschbar sein lässt. Falls also das Unternehmen eine quasi monopolartige Stellung in einem kleinen Verkaufsgebiet hat (z. B. als alleiniger Eierdirektvermarkter in einer größeren Wohnvorstadt), in einer Region (z. B. als regional bevorzugte Brauerei in einem ländlichen Gebiet in Bayern) oder als Anbieter von Produktpaletten agiert, die in den Augen der Verbraucher etwas „Besonderes“ sind, so ergeben sich für solche Unternehmen Spielräume für die Preissetzung.

Im Rahmen des *kostenorientierten Ansatzes* ist die Preissetzung nach Maßgabe der Formel „Kosten + Gewinnzuschlag“ eine gebräuchliche Methode. Der Anbieter errechnet die Stückkosten seiner Produkte und addiert dann als „vernünftig und fair“ angesehene Gewinnzuschläge. Die Gründe für diese vereinfachte Preisbildung lassen sich wie folgt zusammenfassen: (1) Die Kosten sind i. d. R. leichter zu bestimmen als die Nachfrage. Der Anbieter umgeht damit die Nachfrageschätzung und damit auch häufigere Preisanpassungen an veränderte Nachfragebedingungen. (2) Die kostenorientierte Preisbildung führt dazu, dass – wenn es von allen Unternehmen einer Branche angewandt wird – bei etwa gleichen Kosten und Gewinnzuschlägen die Preise ziemlich einheitlich sind. Dadurch wird der Preiswettbewerb auf ein Minimum begrenzt. (3) Außerdem ist die Meinung verbreitet, dass das Verfahren „Kosten + Gewinnzuschlag“ sowohl für die Anbieter als auch für die Nachfrager ein „faires“ Verfahren ist. Der Anbieter „beutet“ den Kunden z. B. nicht aus, wenn sich saisonale Nachfragesteigerungen ergeben. Andererseits kommt der Anbieter in den Genuss einer gesicherten Kapitalrentabilität.

Bei der *nachfrageorientierten Preisbildung* geht das anbietende Unternehmen davon aus, dass für seine Produkte Preis-Absatz-Funktionen dergestalt bestehen, dass die absetzbaren Produktmengen je Periode bei hohen Preisen geringer sind als bei geringen Preisen. Es existieren also Beziehungen zwischen gesetzten Preisen und absetzbaren Mengen, die es zu schätzen gilt. Können die Preis-Absatz-Funktionen quantitativ bestimmt werden, dann lassen sich daraus für das Unternehmen die Angebotsmengen und die Preise so bestimmen, dass der Unternehmensgewinn maximal wird. Wir werden die Vorgehensweise anhand eines Beispiels in Abschnitt 7.4.1 zeigen.

Eine Preissetzung ist nicht nur erforderlich, wenn das Unternehmen die Preise seiner Produkte erstmalig bestimmen muss, sondern auch, wenn die Preise geändert werden, nämlich entweder erhöht oder aber reduziert werden sollen. Bei derartigen Preisänderungen kann man nicht davon ausgehen, dass das Käuferverhalten stets so ist, wie es in der volkswirtschaftlichen Mikrotheorie grundsätzlich angenommen wird, nämlich, dass bei Preiserhöhungen die mengenmäßige Nachfrage zurückgehen wird und bei Preisreduzierungen die Nachfrage zunimmt.

Aufgrund dieses Tatbestandes muss das Unternehmen vor möglichen Preisänderungen abschätzen, wie die Kunden reagieren.

Die Kunden können eine Preisreduktion z. B. als Indiz dafür ansehen, dass der Artikel in Kürze durch eine verbesserte Version ersetzt wird, dass das Produkt fehlerhaft ist und deshalb keinen Absatz findet oder dass sich das Unternehmen in finanziellen Schwierigkeiten befindet und deshalb z. B. die gesicherte Ersatzteilnachlieferung gefährdet ist. In all diesen Fällen wird die Nachfrage nach dem Produkt bei einer Preisreduzierung zurückgehen. Das Unternehmen sollte deshalb Preissenkungen mit aufklärenden Werbekampagnen begleiten, mit der den Kunden z. B. deutlich gemacht wird, dass die Preisreduktionen durch verbesserte Herstellungstechniken und damit gesunkenen Herstellungskosten ermöglicht wurde. Der Einsatz aufklärender Werbeaktionen ist selbstverständlich auch bei Preiserhöhungen anzuraten. Man wird z. B. auf Qualitätsverbesserungen hinweisen, die den Nutzen für den Verbraucher erhöhen und somit den gestiegenen Preis rechtfertigen.

Bei Preisänderungen müssen nicht nur die Reaktionen der Kunden, sondern auch diejenigen der Wettbewerber im Vorhinein abgeschätzt werden. Die Kenntnis der Reaktion der Wettbewerber ist insbesondere dann von Bedeutung, wenn die Zahl der Wettbewerber klein, das Produktangebot vergleichsweise homogen und die Kunden sowohl wählerisch als auch relativ gut informiert sind. Wenn z. B. in einem bestimmten landschaftlich bevorzugten Gebiet nur wenige Landwirte als Anbieter von „Urlaub auf dem Bauernhof“ auftreten und ein Anbieter von Urlaubsquartieren seine Übernachtungspreise erhöht oder reduziert, muss er vorhersagen, wie seine Mitbewerber reagieren werden. Wenn sie bei einer Preisreduzierung ihre Preise ebenfalls reduzieren, dürfte der erwünschte Effekt einer Nachfragesteigerung für den einzelnen Anbieter kaum eintreten. Die Preisreduzierung würde lediglich seine wirtschaftliche Situation beeinträchtigen. Wenn die Mitbewerber bei einer Preiserhöhung die Preise ihrerseits nicht erhöhen, könnte für das Unternehmen ein Nachfragerückgang eintreten. Es wäre abzuschätzen, ob die Preiserhöhung den Nachfragerückgang mehr als kompensiert. Wenn die Mitbewerber dagegen ihre Preise ebenfalls erhöhen und es sich bei dem Gebiet, in dem die Anbieter von „Urlaub auf dem Bauernhof“ liegen, um ein besonders attraktives Urlaubsgebiet handelt, dann kann die Preiserhöhung für alle Anbieter von Vorteil sein. In diesem Falle bieten sich Preisabsprachen der Anbieter an, wobei man sich allerdings schon in der Grauzone von „Kartellbildungen“ bewegt.

Oft stellt sich auch die umgekehrte Frage, wie man als Anbieter auf Preisänderungen der Mitbewerber reagieren sollte. Der Leser kann sich auf der Grundlage des Vorhergesagten selber ableiten, welche Reaktionsmöglichkeiten dann in Frage kommen.

Ein wichtiges Aufgabengebiet ist auch die Preissetzung für einzelne Produkte innerhalb einer Produktlinie. Die Preise der einzelnen Artikel sollten aufeinander abgestimmt sein. In der Praxis bilden die Herstellungskosten den üblichen Bezugspunkt für die Preissetzung voneinander abhängiger, einer Linie angehörender Artikel. Dabei bieten sich zwei Verfahren an: Man kann entweder die Vollkosten oder aber die Grenzkosten zugrunde legen. Dem Ansatz mit Vollkosten liegt das vorher bereits erläuterter Prinzip „Stückkosten + Gewinnzuschlag“ zugrunde. Der Ansatz mit Grenzkosten geht davon aus, dass die Grenzkosten bei Ausdehnung der Produktmenge für den einzelnen Artikel zugrunde zu legen sind, weil sich nur diese Kosten bei Produktmengenänderungen innerhalb einer Produktlinie verändern. In diesem Falle würde das Prinzip „Grenzkosten + Gewinnzuschlag“ verwendet. Das zweite Verfahren hat u. a. den Vorteil, dass die Grenzkosten leichter zu erfassen sind als die Vollkosten. Da in die Vollkosten anteilig auch Gemeinkosten eingehen, ergibt sich das Problem der verursachungsgerechten Zuordnung der Gemeinkosten.

7.3.3.4 Die Planung des Distributionsmix: Distributionspolitik

Übersicht 7.6 zeigt, dass sich Entscheidungen im Bereich der Distributionspolitik auf zwei Bereiche beziehen, nämlich einerseits auf das vorwiegend strategische Problem der Wahl der Absatzkanäle für die Produkte des Unternehmens und andererseits auf die vorwiegend taktischen Fragen der Lagerhaltung und des Transportes der Güter. Dieser letzte Bereich wird auch als physische Distribution oder als Logistik bezeichnet.

Prinzipiell muss man davon ausgehen, dass ein Unternehmen seine Produkte auf direktem oder auf indirektem Wege an seine Endkunden bringen kann. Beim direkten Vertrieb sind keine rechtlich selbstständigen Absatzmittler (Großhändler, Einzelhändler, Bezugs- und Absatzgenossenschaften etc.) zwischen den Hersteller und seine Endkunden eingeschaltet. Das ist z. B. der Fall, wenn ein Gartenbaubetrieb seine hergestellten Produkte direkt bei den Endverbrauchern absetzt. Beim indirekten Vertrieb schaltet der Hersteller eine mehr oder weniger große Zahl von Absatzmittlern ein, um seine Produkte an die Endverbraucher zu bringen. Wir können den einstufigen, den zweistufigen oder auch den dreistufigen Vertrieb unterscheiden, wobei der vorher skizzierte Direktvertrieb als Null-Stufen-Vertrieb anzusehen ist.

Für die Auswahl des optimalen Absatzweges ist grundsätzlich davon auszugehen, dass der Abgabepreis des Herstellers für seine Produkte bei gegebenen Endpreisen bei den Endkunden umso geringer sein wird, je mehr Absatzmittler der Absatzweg umfasst. Der naheliegende Grund dafür ist, dass den Absatzmittlern für ihre Tätigkeiten ebenfalls Kosten entstehen, die sie – inklusive eines Gewinnzuschlags – über Teile der sog. Handelsspanne zwischen den Herstellerabgabepreisen und den Endverbraucherpreisen abdecken möchten. Aus der Sicht des Herstellers ist deshalb der indirekte Vertrieb zunächst wirtschaftlich nachteilig.

Auf der anderen Seite ist aber zu berücksichtigen, dass dem Hersteller bei der Wahl des Direktvertriebs oder auch bei vergleichsweise kurzen indirekten Absatzwegen zusätzliche Vertriebskosten entstehen, die anderenfalls auf die Absatzmittler übergegangen wären. Die optimale Länge des Absatzweges ergibt sich also aus zwei gegenläufigen Kostentendenzen: Mit zunehmender Länge des Absatzweges sinken aus der Sicht des Herstellers die direkten Vertriebskosten, es steigen aber die Opportunitätskosten für den entgehenden Nutzen aus dem sinkenden Herstellerabgabepreis. Die optimale Stufigkeit des Absatzweges ist also formal dann erreicht, wenn die Beträge der Grenzvertriebskosten gleich sind den Beträgen für die Grenzopportunitätskosten aus dem sinkenden Herstellerabgabepreis. Da die Vertriebskosten mit zunehmender Länge des Absatzweges sinken und die Opportunitätskosten steigen, können wir auch sagen, dass die optimale Länge des Absatzweges dann erreicht ist, wenn die (negative) Steigung der Vertriebskosten gleich ist der (positiven) Steigung der Opportunitätskosten.

In der Praxis werden sich allerdings kaum stetig differenzierbare Funktionen für die beiden Kostenarten in Abhängigkeit der Länge des Absatzweges ergeben, weil die Länge des Absatzweges nur ganzzahlig variierbar ist. Die Aufgabe des Entscheidungsträgers besteht also darin, die Summen aus Vertriebs- und Opportunitätskosten für sämtliche in Frage kommenden Absatzwege zu bestimmen (Handlungsalternativen) und dann in einem zweiten Schritt denjenigen Absatzweg auszuwählen, der die geringsten Gesamtkosten erwarten lässt.

Im zweiten Bereich der Distributionspolitik geht es – wie gesagt – um die physische Distribution, d. h. um die Bestimmung der wirtschaftlich ergiebigen Transport- und Lagerhaltungsalternativen. Da wir diesbezügliche Entscheidungsanlässe bereits in Abschnitt 6.7 des vorhergehenden Kapitels behandelt haben, wollen wir darauf an dieser Stelle nicht weiter eingehen.

7.3.3.5 Die Planung des Kommunikations- und Absatzförderungsmix: Die Kommunikationspolitik

Der Bereich der Kommunikations- und Absatzförderungsmaßnahmen hat sich in der „Gesellschaft im Überfluss" zu einem eigenständigen Wissenschafts- und Wirtschaftssektor entwickelt, der neben wirtschaftswissenschaftlichen Problemen schwerpunktmäßig psychologische, soziologische und gestalterische Fragestellungen umfasst. In diesem Lehrbuch kann deshalb auf die Kommunikations- und Absatzförderungspolitik nur sehr kursorisch eingegangen werden.

Aus *Übersicht 7.6* geht hervor, dass sich die Kommunikations- und Absatzförderungspolitik aus vier Entscheidungsbereichen zusammensetzt, nämlich (1) aus der Wahl der geeigneten Werbemaßnahmen, (2) aus der Wahl der Absatzförderungsmaßnahmen, (3) aus der Wahl der Verkaufsart (persönlicher vs. unpersönlicher Verkauf) und (4) aus der Wahl der geeigneten PR-Maßnahmen (Public-Relations-Maßnahmen).

Marketing-Management ist mehr als die Entwicklung vorteilhafter Produkte, deren Preisfestsetzung und deren Verteilung an die Endkunden. Das Unternehmen muss Botschaften entwerfen und mitteilen, die über die Existenz der Produkte informieren sowie ihre Eigenschaften, Preise und Vorteile aufzeigen. Jedes Unternehmen muss also in mehr oder weniger großem Umfang die Rolle eines Kommunikators übernehmen. Die Unternehmen tragen dieser Aufgabe Rechnung, „indem sie Verkaufspersonal zur Übermittlung überzeugender Botschaften, Werbeagenturen zur Entwicklung von auffallenden und zugkräftigen Anzeigen, Verkaufsförderungsspezialisten zur Planung und Durchführung von Sonderkampagnen und auf Public Relations spezialisierte Beratungsunternehmen zur Aufbesserung des Rufs ihrer Auftraggeber in der öffentlichen Meinung beschäftigen. Unaufhörlich werden große und ständig wachsende Summen für die Absatzförderung ausgegeben. Für die meisten Unternehmen gilt es nicht zu entscheiden, ob absatzfördernde Maßnahmen ergriffen werden sollen oder nicht, sondern in welchem Ausmaß und in welcher Form sie durchzuführen sind" (Kotler 1989, S. 487).

Für die Auswahl der geeigneten *Werbemaßnahmen* wollen wir zunächst beachten, dass Werbung jede vergütete Form der nichtpersonalen Präsentation und Förderung von Gütern und Dienstleistungen ist, wobei das präsentierende bzw. fördernde Unternehmen seine Identität bekannt gibt. Im Unterschied etwa zum persönlichen Verkauf ist die Werbung eine öffentliche Form der Kommunikation. Diese Eigenschaft verleiht den „beworbenen" Produkten eine gewisse Legitimität und suggeriert ein standardisiertes Angebot. Die Werbung ist ein Medium mit hohem Beeinflussungspotenzial. Sie lässt eine häufige Wiederholung der Botschaft zu. An die Verbraucher über die verschiedenen Medien gerichtete Werbung sagt Positives über die Größe, die Beliebtheit und den Erfolg des Anbieters aus. Die Werbung kann mit Hilfe des Einsatzes von Drucktypen, Musik, Geräuschen und Farben das Unternehmen und seine Produkte auf eindrucksvolle Weise präsentieren. Die Werbung wirkt aber trotzdem nicht so „zwingend" wie ein Verkäufer im persönlichen Verkaufsgespräch.

Für die Wahl der optimalen Maßnahmen und des Umfanges der Werbung muss der Marketing-Manager im Vorhinein abschätzen, welche Maßnahmen in welchem Umfang zu welchen Steigerungen des Verkaufsvolumens seiner Produkte führen. Er benötigt eine sog. *Werbe-Reaktions-Funktion*. Im Unterschied aber zu den Produktionsfunktionen für den Produktionsbereich des Unternehmens ist die Bestimmung dieser Funktion eine relativ anspruchsvolle Aufgabe, weil die Reaktionen von Menschen als Kunden ungleich schwieriger zu identifizieren sind als die Output-Reaktionen der technischen und biotischen Produktionssysteme auf unterschiedliche Inputs. Dieser Tatbestand hat einen erfolgreichen Unternehmer einmal zu folgender Bemerkung veranlasst: „Ich weiß zwar, dass die Hälfte meiner Ausgaben für die Werbung zum Fenster hinausgeworfen ist, ich weiß aber nicht welche." Man kann deshalb i. d. R. nur im Nachhinein den Erfolg von abgelaufenen Werbemaßnahmen ermitteln und diese Informationen für zukünftige Maßnahmen zu extrapolieren versuchen.

Der *persönliche Verkauf* ist im Vergleich zur Werbung, die unpersönlich und einseitig ist, insofern im Vorteil, als eine direkte zweiseitige Kommunikation möglich ist. Es werden Beziehungen zwischen Verkäufer und Käufer aufgebaut, die oft langfristiger Natur sind. Der Käufer kann deshalb davon ausgehen, dass der Verkäufer nicht daran interessiert ist, den Käufer durch unseriöse Angebote zu missbrauchen. Im Unterschied zur Werbung bewirkt der persönliche Verkauf auch, dass sich der Käufer zu einer Gegenleistung für das Verkaufsgespräch und den Zeitaufwand in gewissem Maße verpflichtet fühlt und deshalb ein Angebot etwas weniger leicht ablehnen kann.

Für den Marketing-Manager ist von Bedeutung, dass der persönliche Verkauf – im Unterschied etwa zum unpersönlichen Verkauf im Selbstbedienungsladen – nur dann wirtschaftlich vorteilhaft ist, wenn die zusätzlichen Personalkosten durch zusätzliche Deckungsbeiträge aus einem steigenden Umsatzvolumen mehr als kompensiert werden. Der persönliche Verkauf wird deshalb nicht bei Gegenständen des täglichen Bedarfs (z. B. Lebensmittel) mit geringen Handelsspannen, sondern vorwiegend bei dauerhaften Konsumgütern und bei Investitionsgütern, d. h. bei erklärungsbedürftigen Produkten, angewandt.

Ein Merkmal, welches für *Publicity* als dem Ergebnis von Public-Relations-Maßnahmen im Vergleich zur Werbung vorteilhaft ist, ist der Wahrheitsgehalt der Botschaften. Publicity wird meistens über Zeitungs- und Rundfunkberichte, die einen guten Eindruck über das Unternehmen vermitteln sollen, betrieben. Da der Wahrheitsgehalt dieser Medien als relativ hoch angesehen wird, sind Public-Relations-Maßnahmen eine Methode, das Unternehmen vergleichsweise nachhaltig und glaubwürdig in ein gutes Licht zu rücken. Mit PR-Maßnahmen kann man auch viele potenzielle Käufer erreichen, die ansonsten Verkäufern und Werbung aus dem Wege gehen. Da ihnen die Mitteilungen als Presseberichte im Gegensatz zu einer verkaufsorientierten Kommunikation präsentiert werden, sind sie nicht so defensiv eingestellt.

Unter *Verkaufsförderungsmaßnahmen* wollen wir all jene Maßnahmen zusammenfassen, die nicht unter der Werbung, dem persönlichen Verkauf und den Public-Relations-Maßnahmen subsumierbar sind. Es lassen sich drei verschiedene Bereiche – unterschieden nach Zielgruppen der Käufer – identifizieren, nämlich:

1. Die konsumentenorientierte Verkaufsförderung: eine Maßnahme kann die kostenlose Probe sein, eine andere der Gutschein und ein Geldrückangebot. Sonderpreise und Prämien können darunterfallen ebenso wie Preisausschreiben und die Vergabe von Sammelmarken.

2. Die handelsorientierte Verkaufsförderung: Hierzu gehören Kaufnachlässe, umsatzabhängige Nachlässe und Wiederkaufsnachlässe ebenso wie kostenlose Güter im Sinne von Zugaben und Display-Nachlässe, sofern der Händler bereit ist, im Schaufenster das Produkt aufzubauen bzw. auszustellen. Schließlich sind hier auch Bargeldauszahlungen und Verkaufswettbewerbe zu erwähnen.

3. Die verkaufspersonalorientierte Verkaufsförderung: Zu nennen sind hier Bonus-Systeme für die Verkäufer, Verkäufertreffen sowie die Auszeichnung von besonders erfolgreichen Verkäufern.

Insgesamt handelt es sich bei den Verkaufsförderungsmaßnahmen also um kurzfristige Aktionen, die möglichst häufig variiert und wiederholt werden sollten.

7.3.4 Die Planung der Marketing-Strategie

Wir haben in den vorhergehenden Abschnitten gesehen, dass die Marketing-Instrumente vier Teilbündel umfassen, die ihrerseits wieder aus verschiedenen Einzelmaßnahmen bestehen und die dann vom Marketing-Manager nach Maßgabe seiner Ziele zum Produktmix, zum Preismix, zum Distributionsmix und zum Kommunikationsmix zusammengestellt werden müssen. Das ist die erste Stufe zur Gestaltung einer Marketing-Strategie.

Die zweite Stufe besteht darin, die vier Teilbündel zum sog. *Marketing-Mix* zusammenzufassen und so aufeinander abzustimmen, dass ein bestmögliches Unternehmensergebnis erreicht wird.

Da jedoch der Einsatz der Marketing-Instrumente mit Kosten verbunden ist, ergibt sich als dritte Stufe für die Festlegung einer Marketing-Strategie die Bestimmung des optimalen *Marketing-Aufwandniveaus*. Grundsätzlich gilt dafür der in *Übersicht 7.7* skizzierte Zusammenhang zwischen der Marktleistung aus dem Verkauf der Unternehmensprodukte und dem Marketing-Aufwandniveau bei unterschiedlichem Marketing-Mix. Durch eine Erhöhung des Marketing-Aufwandniveaus werden zwar die Marktleistungen ansteigen, dieser Anstieg wird jedoch degressiv verlaufen, bis ein Maximum erreicht wird, das wegen der Wirkungen der Marketing-Umweltvariablen auch mit noch so hohen Marketing-Aufwändungen nicht überschritten werden kann. Der Anstieg der Marktleistungen wird allerdings umso steiler verlaufen und umso später sein Maximum erreichen, je zielgerechter der Marketing-Mix gewählt wurde. Die Marktleistungsfunktion LM1 in *Übersicht 7.7* spiegelt einen effizienteren Marketing-Mix wider als die Marktleistungsfunktion LM2, und dieser liegt wiederum ein effizienterer Marketing-Mix zugrunde als der Marktleistungsfunktion LM3.

Auf der anderen Seite ist zu berücksichtigen, dass unterschiedliche Marketing-Aufwändungen mit unterschiedlichen Absatzkosten verbunden sind. Die in der *Übersicht 7.7* ebenfalls ein-

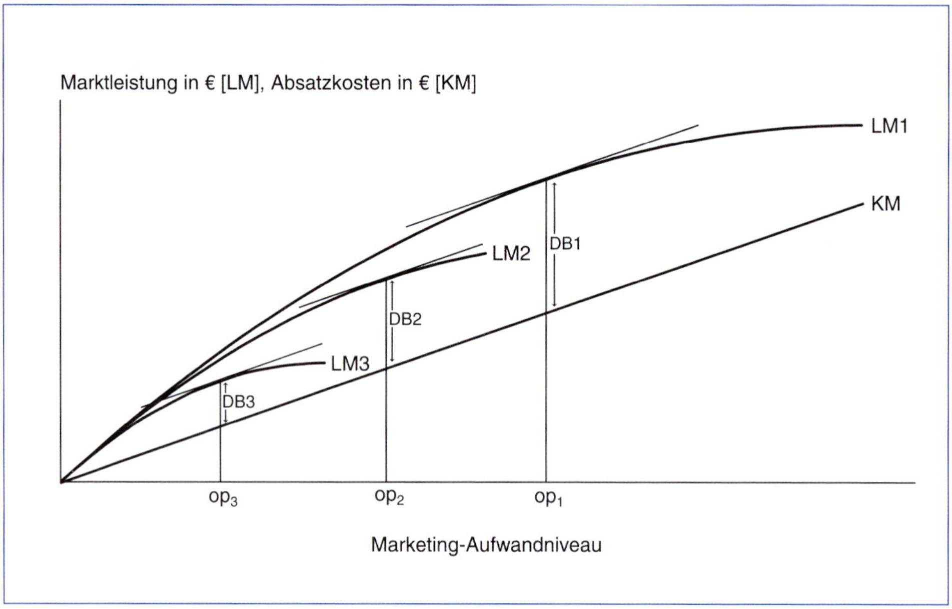

Übersicht 7.7: Optimale Marketing-Aufwandniveaus für verschiedene Marktleistungsfunktionen aufgrund unterschiedlich effizienter Marketing-Mix

gezeichnete Kostenkurve (KM) verläuft proportional zum Marketing-Aufwand. Bei gegebener Marktleistungsfunktion wird damit das optimale Marketing-Aufwandniveau dann erreicht, wenn der Marketing-Deckungsbeitrag als Differenz aus der Marktleistungsfunktion und der Absatzkostenfunktion maximal wird. Das ist – wie wir aus anderen Zusammenhängen bereits wissen – dann der Fall, wenn die Grenzleistungen den Grenzkosten entsprechen bzw. wenn die Steigung der Leistungsfunktion der Steigung der Kostenfunktion gleich ist.

Bei der Marktleistungsfunktion LM1, die durch einen vergleichsweise zielgerecht zusammengestellten Marketing-Mix erreicht werden kann, wird das optimale Marketing-Aufwandniveau am Punkt op_1 auf der Abszisse mit dem Marketing-Deckungsbeitrag DB1 erreicht. Für die weniger sachgerecht zusammengestellten Marketing-Mix für die Marktleistungsfunktionen LM2 und LM3 werden zwar geringere Marketing-Aufwandniveaus erforderlich, nämlich op_2 und op_3, aber die Marketing-Deckungsbeiträge DB2 und DB3 nehmen im Vergleich zum DB1 ebenfalls ab, so dass sich bei diesen drei Marketing-Mix derjenige mit der Marktleistungsfunktion LM1 als „optimum optimorum" bzw. als „maximum maximorum" erweist.

Schließlich besteht die vierte Stufe der Festlegung einer Marketing-Strategie in der Bestimmung der optimalen *Marketing-Allokation*. Fast alle Unternehmen verfügen über mehrere Produktlinien mit jeweils mehreren Artikeln. Der Marketing-Aufwand muss deshalb auf die einzelnen Produktlinien und Artikel so verteilt werden, dass ein möglichst hoher Gesamtdeckungsbeitrag erreicht wird.

In der Praxis großer Unternehmen der Lebensmittelindustrie stellt sich dieses Problem in aller Regel so dar, dass von der Unternehmensspitze ein bestimmtes Marketing-Budget vorgegeben wird, welches dann vom Marketing-Manager so auf die einzelnen Produktlinien und Artikel verteilt werden muss, dass der letzte jeweils für das Marketing eingesetzte € bei allen Verwendungsmöglichkeiten das gleiche Wertgrenzprodukt erbringt. Handlungsprinzip ist also der Satz vom Ausgleich der gewogenen (Wert-)Grenzerträge, den wir bereits kennen.

Dieses theoretische Prinzip wird nun in der Marketing-Praxis so umgesetzt, dass man mit Hilfe von Simulationsmodellen, welche Schätzfunktionen für die Wirkungen aller Marketing-Maßnahmen für alle Produkte enthalten sollten, unterschiedliche Marketing-Mix, unterschiedliche Marketing-Aufwandniveaus und unterschiedliche Marketing-Allokationen „durchspielt", um sich der nach Maßgabe der Unternehmensziele optimalen Marketing-Strategie anzunähern (vgl. dazu das Beispiel in Abschnitt 7.4.3). Selbstverständlich muss die aus diesem Auswahlprozess resultierende Marketing-Strategie immer dann, wenn sich die Umweltvariablen und die Käuferreaktionen ändern, aufs Neue angepasst werden.

Wir können deshalb sagen, dass die Aufgabe des Marketing-Managements letztlich darin besteht, im Zeitablauf immer wieder aufs Neue den Marketing-Mix, das Marketing-Aufwandniveau und die Marketing-Allokation nach Maßgabe der Oberziele des Unternehmens und unter Berücksichtigung der Marketing-Umweltvariablen zu bestimmen und umzusetzen. Insgesamt geht es damit um die Konzeption und Umsetzung von *Marketing-Strategien*.

Jede Marketing-Strategie ist ein Bündel von konkreten Vorgabewerten, der den Marketing-Mix, das Marketing-Aufwandniveau und die Marketing-Allokation eines Unternehmens operational definiert.

7.4 Zur Planung konkreter Marketing-Maßnahmen – Beispiele –

Wir wollen in diesem Abschnitt einige konkrete Beispiele für die Planung von Marketing-Maßnahmen als Bestandteile von Marketing-Strategien betrachten. Das erste Beispiel bezieht sich auf die Preispolitik, das zweite auf die Festlegung des optimalen Produkt-Mix und das dritte auf die Bestimmung der Marketing-Strategie bei mehreren Alternativen für den Absatzweg, die Produktqualitäten und den Kommunikationsaufwand. In einem vierten Beispiel werden wir dann noch die Vorgehensweise bei der Neuproduktentwicklung behandeln.

7.4.1 Zur Bestimmung des optimalen Produktpreises

Landwirt Eiermann, der eine größere Legehennenhaltung betreibt und dessen Betrieb in der Nähe neu erbauter Wohnsiedlungen am Rande einer Großstadt liegt, hat sich entschlossen, diesen neuen Absatzmarkt für sein Unternehmen zu nutzen. Vorher hatte er seine gesamte Eierproduktion an einen Großhändler abgesetzt. Dieser Absatzweg hat den Vorteil, dass ihm nur geringe Absatzkosten entstehen, aber auch den Nachteil, dass er nur einen vergleichsweise niedrigen Preis von 8 Cent je Ei erlöst. Inzwischen vermarktet er einen Teil der Eier mit einem Verkaufsfahrer und einem Lieferwagen direkt in den Wohnsiedlungen. Dafür hat er einen Preis von 15 Cent je Ei festgesetzt. Bei diesem Preis, diesem Absatzweg und einer laufenden Werbung über die regionale Tageszeitung vertreibt er gegenwärtig monatlich 300.000 Eier in den Wohnsiedlungen.

Bei den im Vergleich zu seinem anderen Absatzweg zu berücksichtigenden zusätzlichen Kosten erzielt er damit zwar einen positiven Deckungsbeitrag, aber er ist nicht sicher, ob es der maximal mögliche ist. Insbesondere könnte ein höherer oder geringerer Verkaufspreis für die direkt abgesetzten Eier zu einem höheren Deckungsbeitrag führen, wobei allerdings zu berücksichtigen ist, dass sich die unterschiedlichen Preise auf die absetzbaren Mengen auswirken werden. Bei höheren Preisen werden wahrscheinlich einige Kunden „abspringen", um ihre Eier wieder im Supermarkt zu kaufen, während bei geringeren Preisen umgekehrt neue Kunden hinzugewonnen werden können.

Der Unternehmer entschließt sich deshalb, für einige Zeit in den räumlich voneinander abgrenzbaren Wohnsiedlungen unterschiedliche Verkaufspreise zu verlangen, um die Auswirkungen auf die Verkaufsmengen zu testen. Nach einigen Wochen erhält er Ergebnisse, die ihm die in den Spalten 1 bis 3 der *Übersicht 7.8* skizzierten Zusammenhang für den Gesamtabsatz aus der Direktvermarktung hochzurechnen gestatten. Bei zwischen 10 und 25 Cent je Ei in Schritten von 2,5 Cent variierten Verkaufspreisen als den sieben Handlungsalternativen würde er die zugehörigen, in Spalte 3 angegebenen monatlichen Eiermengen absetzen können. Die absetzbaren Mengen steigen mit abnehmendem Eierpreis und umgekehrt. Der Unternehmer berechnet nun für jede der sieben Handlungsalternativen den Deckungsbeitrag als Differenz aus der variablen Leistung für die direkt vermarkteten Eier und den zugehörigen variablen Kosten (siehe Spalte 9).

Die variablen Leistungen für die Handlungsalternativen ergeben sich als mathematische Produkte aus den Verkaufspreisen und den Absatzmengen in Spalte 4 der Übersicht.

Die variablen Kosten setzen sich aus proportionalen und nichtproportionalen Bestandteilen zusammen. Sie sind in den Spalten 5 bis 8 der Übersicht für die einzelnen Handlungsalternativen aufgeführt. Die nichtproportionalen Kosten, die aber variable bzw. entscheidungsrelevante Kosten darstellen, weil sie nur entstehen, wenn der Landwirt den Direktabsatz beibehält, setzen sich aus den Abschreibungen, Steuern und Zinsansprüchen für den Lieferwagen und den Kosten für die Routinewerbung in der Tageszeitung zusammen. Sie betragen – unabhängig vom Eierpreis – monatlich 2000,00 € (vgl. Spalte 5). Die proportionalen Kosten verhalten sich proportional zur Absatzmenge. Die proportionalen Stückkosten haben also einen bestimmten Wert je abgesetztem Ei. Diese Stückkosten setzen sich aus drei Kostenarten zusammen. Sie entstehen für den laufenden Betrieb des Lieferwagens (Kraftstoffe, Reparaturen etc.), wobei Eiermann davon ausgegangen ist, dass sich die gefahrenen Kilometer mit dem Lieferwagen proportional zur Eierabsatzmenge verhalten. Des Weiteren entstehen proportionale

1	2	3	4	5	6	7	8	9	10	11
Handlungsalternative	Verkaufspreis € je Ei	Absatzmenge Stück je Monat	Variable Leistungen €/Monat	Nichtproportionale Kosten €/Monat	Proportionale Stückkosten € je Ei	Proportionale Kosten €/Monat	Variable Kosten €/Monat	Deckungsbeiträge €/Monat	Grenzleistung € je Ei	Grenzkosten € je Ei
	[px]	[x]	[L]	[KNP]	[mkp]	[KP]	[K]	[DB]	[dL/dx]	[dK/dx]
1	0,250	100.000	25.000,00	2.000,00	0,10	10.000,00	12.000,00	13.000,00	0,20	0,10
2	0,225	150.000	33.750,00	2.000,00	0,10	15.000,00	17.000,00	16.750,00	0,15	0,10
3	0,200	200.000	40.000,00	2.000,00	0,10	20.000,00	22.000,00	18.000,00	0,10	0,10
4	0,175	250.000	43.750,00	2.000,00	0,10	25.000,00	27.000,00	16.750,00	0,05	0,10
5	0,150	300.000	45.000,00	2.000,00	0,10	30.000,00	32.000,00	13.000,00	0,00	0,10
6	0,125	350.000	43.750,00	2.000,00	0,10	35.000,00	37.000,00	6.750,00	-0,05	0,10
7	0,100	400.000	40.000,00	2.000,00	0,10	40.000,00	42.000,00	-2.000,00	-0,10	0,10

DECK78

Übersicht 7.8: Plan-Kosten-Leistungs-Rechnung für einen Legehennenhalter mit Direktvermarktung bei variablen Verkaufspreisen der Eier

Stückkosten für den Verkaufsfahrer, mit dem Eiermann einen Arbeitsvertrag dergestalt abgeschlossen hat, dass der Fahrer eine Umsatzbeteiligung je verkauftem Ei, aber keinen Grundlohn erhält. Und schließlich ist zu berücksichtigen, dass die direkt vermarkteten Eier Opportunitätskosten in Höhe des Preises der Eier für seinen Hauptabsatzweg an den Großhändler verursachen. Für den laufenden Betrieb des Lieferwagens entstehen Kosten von 1 Cent je Ei, der Fahrer erhält ebenfalls 1 Cent je Ei, und die Opportunitätskosten betragen 8 Cent je Ei, so dass sich proportionale Stückkosten von 10 Cent je Ei ergeben. Sie sind in Spalte 6 der *Übersicht 7.8* in € je Ei aufgeführt. Die proportionalen Kosten für die sieben Handlungsalternativen ergeben sich dann in Spalte 7 der Übersicht als mathematische Produkte aus den Absatzmengen (Spalte 3) und den proportionalen Stückkosten (Spalte 6).

Die (gesamten) variablen Kosten sind – als Summe aus den nichtproportionalen und den proportionalen Kosten – in Spalte 8 der Übersicht aufgeführt. Nach Subtraktion dieser Kosten von den Leistungen (Spalte 4) erhält Eiermann die Deckungsbeiträge für die sieben Handlungsalternativen in Spalte 9 der *Übersicht 7.8*. Die höchste Wirtschaftlichkeit würde also bei einem Preis von 0,20 € je Ei und einer Absatzmenge von 200.000 Eiern pro Monat erreicht. Seine bisherige Absatzpolitik mit einem Preis von 0,15 € je Ei und 300.000 Eiern pro Monat bringt im Vergleich zum höchstmöglichen Deckungsbeitrag von 18.000,00 € nur einen um 5000,00 € geringeren Deckungsbeitrag von 13.000,00 € pro Monat.

Aus der *Übersicht 7.8* ergeben sich darüber hinaus zwei wesentliche Konsequenzen:

(1) Das wirtschaftliche Optimum, gekennzeichnet durch den maximalen Deckungsbeitrag, liegt weder bei dem maximalen Verkaufspreis noch bei der maximalen Absatzmenge.

(2) Gehen wir die Handlungsalternativen vom höchsten Absatzpreis zum geringsten Absatzpreis nacheinander durch, dann zeigt sich, dass bis zur optimalen Handlungsalternative die variablen Kosten (Spalte 8) langsamer zunehmen als die variablen Leistungen (Spalte 4). Nach dem Optimum steigen dagegen die Kosten rascher als die Leistungen bzw. werden die Leistungszunahmen bei geringen Eierpreisen sogar negativ. Das wirtschaftliche Optimum ist also offenbar dann erreicht, wenn die Beträge der Kostenänderungen den Beträgen der Leistungsänderungen gerade entsprechen. Die Kostenänderungen und die Leistungsänderungen sind aber nichts anderes als die Grenzkosten und die Grenzleistungen, so dass als Handlungsanweisung zur Bestimmung der optimalen Handlungsalternative gilt: Wähle den Produktpreis und die zugehörige Absatzmenge so, dass die Grenzkosten gleich den Grenzleistungen sind. Zur Verdeutlichung sind die Grenzleistungen und die Grenzkosten in den Spalten 10 und 11 der *Übersicht 7.8* im Einzelnen aufgeführt. Die Grenzkosten entsprechen hier – wie wir bereits aus anderen Zusammenhängen wissen – den proportionalen Stückkosten. Sie betragen – wie gesagt – 0,10 € je Ei. Die Grenzleistungen nehmen von Handlungsalternative zu Handlungsalternative sukzessive ab. Sie haben bei der Handlungsalternative 3 den gleichen Wert wie die Grenzkosten in Höhe von 0,10 € je Ei.

Diese Überlegung erlaubt die Ableitung einer analytischen Vorgehensweise zur Bestimmung des optimalen Verkaufspreises und der zugehörigen optimalen Absatzmenge. Tragen wir die Verkaufspreise und die zugehörigen Absatzmengen der *Übersicht 7.8* in ein Koordinatensystem ein, dann erhalten wir die Punkte 1 bis 7 der *Übersicht 7.9*. Interpolieren und extrapolieren wir diese Werte, so ergibt sich eine Gerade als eine Preis-Absatz-Funktion. Die Ermittlung der

Preis-Absatz-Funktion ist in diesem Beispiel besonders einfach, weil sämtliche Punkte auf einer Geraden liegen. Bei tatsächlichen Testmarkt-Ergebnissen wird man mehr oder weniger stark um die Gerade streuende Einzelwerte erhalten. Der Verlauf der Preisabsatzfunktion muss dann mit Hilfe einer Regressionsanalyse geschätzt werden.

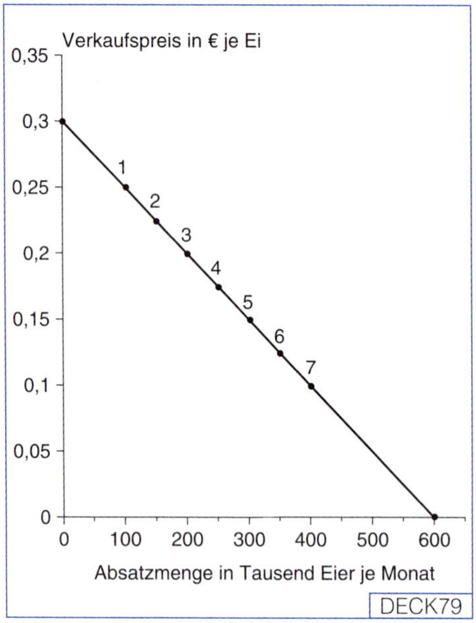

Übersicht 7.9: Preis-Absatz-Funktion für die Eierdirektvermarktung

Da es sich bei der Preis-Absatz-Funktion in unserem Falle um eine Gerade handelt, ergibt sie sich als lineare Funktion allgemein offenbar wie folgt:[1)]

(7.1) $px = b + a \cdot x$

Darin sind:

px = Produktpreis, gemessen in €;
b = Ordinatenabschnitt (im Beispiel ist b = 0,3);
a = Steigung der Preis-Absatz-Funktion (im Beispiel ist a = –0,0000005);
x = Absatzmenge, gemessen in Eiern je Monat.

Um nun die optimalen Mengen und Werte bestimmen zu können, die sich – wie gesagt – aus der Gleichsetzung von Grenzleistungen und Grenzkosten ergeben, benötigen wir die Ausdrücke für die Leistungen und die Kosten. Für die Leistungen (L) gilt allgemein:

(7.2) $L = px \cdot x$

Durch Einsetzen der Preis-Absatz-Funktion (7.1) ergibt sich:

(7.3) $L = b \cdot x + a \cdot x^2$

Die Kosten bestehen gemäß *Übersicht 7.8* aus nichtproportionalen und proportionalen Bestandteilen. Für die Kosten (K) gilt also:

(7.4) $$K = KNP + mkp \cdot x$$

Darin sind:
KNP = nichtproportionale Kosten, gemessen in €;
mkp = proportionale Stückkosten, gemessen in €.

Die 1. Ableitung von (7.3) ergibt für die Grenzleistungen:

(7.5) $$\frac{dL}{dx} = b + 2 \cdot a \cdot x$$

Die 1. Ableitung von (7.4) ergibt für die Grenzkosten:

(7.6) $$\frac{dK}{dx} = mkp$$

Die Grenzleistungen unterscheiden sich – nebenbei bemerkt – von der Preis-Absatz-Funktion durch einen doppelten Betrag für die Steigung (2 · a statt a). Die Grenzkosten entsprechen – wie wir bereits wissen – bei der linearen Kostenfunktion den proportionalen Stückkosten (mkp).

Setzen wir nun die Grenzleistungen (Gleichung 7.5) den Grenzkosten (Gleichung 7.6) gleich und lösen nach x auf, dann ergibt sich für die optimale Produktmenge:

(7.7) $$x = \frac{mkp - b}{2 \cdot a}$$

In unserem Beispiel sind mkp = 0,10, b = 0,3 und a = –0,0000005, so dass sich durch Einsetzen dieser Werte in die Gleichung (7.7) die optimale Produktmenge wie folgt ergibt:

$$x = \frac{0{,}1 - 0{,}3}{2 \cdot (-0{,}0000005)} = 200.000 \text{ Eier}$$

Diesen Betrag von 200.000 Eiern hatten wir bereits aus *Übersicht 7.8* abgelesen.

Wir können jetzt noch die übrigen Werte für das Optimum bestimmen. Aus der Preis-Absatz-Funktion (7.1) ergibt sich der optimale Absatzpreis mit:

$$px = 0{,}3 - 0{,}0000005 \cdot 200.000 = 0{,}20 \text{ €/Ei}$$

---

1) Tatsächlich hätten wir in *Übersicht 7.9*, in Umkehrung der hier gewählten Darstellungsweise, die Absatzmengen in Abhängigkeit von den gesetzten Preisen abtragen sollen, weil der Preis die eigentliche unabhängige Variable ist. Da jedoch die proportionalen Kosten in Abhängigkeit von den Absatzmengen variieren, wurde für die Preis-Absatz-Funktion die Umkehrfunktion verwendet.

Aus der Leistungsfunktion (7.3) ergibt sich die zugehörige Marktleistung mit:

$$L = 0{,}3 \cdot 200.000 - 0{,}0000005 \cdot 200.000^2 = 40.000{,}00\ €$$

Die zugehörigen Kosten ergeben sich aus der Kostenfunktion (7.4) mit:

$$K = 2000 + 0{,}1 \cdot 200.000 = 22.000{,}00\ €$$

Der Deckungsbeitrag (DB) ist die Differenz aus Leistungen (L) und Kosten (K). Für den Deckungsbeitrag ergibt sich im Optimum:

$$DB = L - K = 40.000 - 22.000 = 18.000{,}00\ €$$

Schließlich wollen wir uns das Optimum noch auf grafischem Wege verdeutlichen. *Übersicht 7.10* zeigt den (parabelförmigen) Verlauf der Leistungen (L) und den (linearen) Verlauf der Kosten (K) in Abhängigkeit variabler Absatzmengen (x). Wir erhalten auf grafischem Wege das Optimum, indem wir die lineare Kostenfunktion parallel zu sich selbst verschieben, bis sie die Leistungsfunktion gerade noch tangiert. Fällen wir vom Tangentialpunkt die Lote auf die beiden Achsen des Koordinatensystems, dann können wir auf der Abszisse die optimale Produktmenge (x_{op}) und auf der Ordinate die zugehörigen optimalen Leistungen (L_{op}) und Kosten (K_{op}) ablesen. Der größtmögliche Deckungsbeitrag (DBmax) ergibt sich bei der optimalen Absatzmenge als Differenz aus L_{op} und K_{op}. Er ist in *Übersicht 7.10* ebenfalls angegeben.

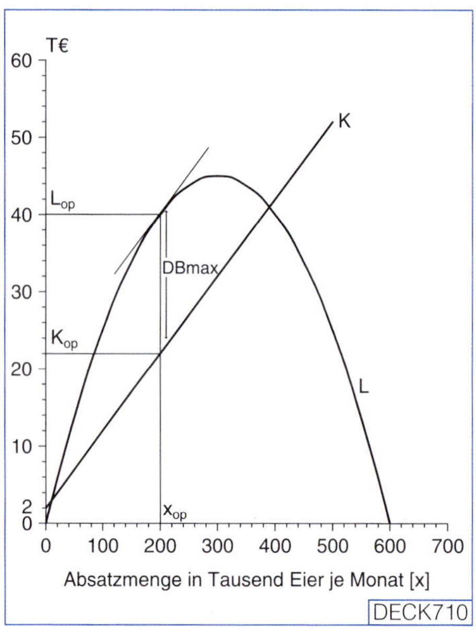

Übersicht 7.10: Bestimmung des maximalen Deckungsbeitrages und der zugehörigen optimalen Absatzmenge

Die Lage des Optimums verändert sich selbstverständlich mit Veränderungen der Preis-Absatz-Funktion und der Kostenfunktion. Stärker/schwacher abfallende Preis-Absatz-Funktionen und/oder stärker/schwacher ansteigende Kostenfunktionen führen zu geringeren/höheren optimalen Absatzmengen. Diese Veränderungen wirken sich auch auf den optimalen Absatzpreis und den optimalen Deckungsbeitrag aus, wie sich der Leser sehr einfach anhand der *Übersicht 7.8*, der die Tabellenkalkulation DECK78 zugrunde liegt, verdeutlichen kann.

7.4.2 Zur Bestimmung des optimalen Produktmix

Eine bayerische Regionalbrauerei stellt sechs verschiedene Biersorten her und setzt ihre Produkte in 30- und 50- l-Fässern an Gaststätten der Region ab. Der Produktmix umfasst Pilsener, Export, Leichtbier, AF-Bier (alkoholfreies Bier), Lager und Radler. Die Brauerei bewegt sich mit ihren Produkten im Premium-Segment und hat gegenwärtig vergleichsweise hohe Verkaufspreise angesetzt. Diese Verkaufspreise sowie weitere Daten zum Mengengerüst und zur Wirtschaftlichkeit der Brauerei gehen aus der *Übersicht 7.11* hervor.

Die Brauerei hat – bezogen auf die Standardsorte Pilsener – eine jährliche Sudkapazität von 30.000 hl. Gegenwärtig werden in der Produktion 10 Mitarbeiter mit jeweils 2000 AKh je Mitarbeiter und Jahr beschäftigt. Die Abfüllanlage läuft ca. 3000 mh/a. Die Zeilen 1 bis 3 der *Übersicht 7.11* zeigen das Mengengerüst der Brauerei im Einzelnen. Für die verschiedenen Produkte (x_1 bis x_6) sind die zugehörigen Input-Output-Koeffizienten – gemessen in Faktorbedarf je hl der Biersorten – angegeben.

Bei den gegenwärtig verlangten Verkaufspreisen (Zeile 7 der Übersicht) kann die Brauerei die in Zeile 6 angegebenen Jahresmengen der Biersorten absetzen. Aus Zeile 1 geht hervor, dass die Brauerei bei diesen Preisen und Absatzmengen für die Biersorten ihre Sudkapazität nicht voll auslasten kann. Von der 30.000 hl/a umfassenden Kapazität werden nur 21.901,79 hl tatsächlich genutzt.

Trotz dieser Unterauslastung erzielt die Brauerei einen ansehnlichen Deckungsbeitrag in Höhe von 2.337.023,64 €/a, wie die Zeile 5 der Übersicht ausweist. Dieser Gesamtdeckungsbeitrag ergibt sich wie folgt:

$$(7.8) \qquad DB = \sum_{j=1}^{6} MDB_j \cdot x_j$$

Darin sind:
DB = Gesamtjahresdeckungsbeitrag, gemessen in €;
MDB_j = Stückdeckungsbeitrag der j-ten Biersorte (j = 1, ..., 6), gemessen in €/hl;
x_j = Produktmengen der j-ten Biersorte, gemessen in hl.

Die Stückdeckungsbeiträge – die in Zeile 4 der Übersicht angegeben sind – errechnen sich wie folgt:

$$(7.9) \qquad MDB_j = px_j - mkp_j$$

Darin sind:
px_j = Verkaufspreis der j-ten Biersorte, gemessen in €/hl;
mkp_j = proportionale Stückkosten der j-ten Biersorte, gemessen in €/hl.

Die proportionalen Stückkosten entstehen für die Werkstoffe (Roh-, Hilfs- und Betriebsstoffe).

Z.	Produkte: / Begrenzt verfügbare Faktoren:	Pilsener x_1	Exportbier x_2	Leichtbier x_3	AF-Bier x_4	Lager x_5	Radler x_6		Verfügbare Mengen r_i	Genutzte Mengen rg_i	Ungenutzte Mengen ru_i
1	Sudkapazität [hl/a]	1,0	1,0	0,9	1,1	0,9	0,5	<=	30.000,00	21.901,79	8.098,21
2	Arbeit [Akh/a]	0,6	0,6	0,8	1,0	0,6	1,2	<=	20.000,00	19.603,58	396,42
3	Abfüllkapazität [mh/a]	0,1	0,1	0,2	0,2	0,1	0,1	<=	3.000,00	2.950,60	49,40
4	Stückdeckungsbeiträge [€]	85,00	95,00	95,00	100,00	80,00	110,00	**	***	***	***
5	Zielfunktionswert [€/a]								Deckungsbeitrag »	2.337.023,64	€/a
	Daten und Auswertungen:								Summen		
6	Produktmengen [hl/a] »	7.916,67	5.089,29	1.875,00	3.000,00	1.333,33	5.416,67	=	24.630,96		
7	Verkaufspreise [€/hl] »	175,00	185,00	185,00	200,00	170,00	190,00		***		
8	Umsätze [€/a]	1.385.416,83	941.518,24	346.875,00	600.000,00	226.666,13	1.029.167,13	=	4.529.643,34		
9	Deckungsbeiträge [€/a]	672.916,53	483.482,14	178.125,00	300.000,00	106.666,43	595.833,53	=	2.337.023,64		
10	Mengenumsatzanteile [%]	32,14	20,66	7,61	12,18	5,41	21,99	=	100,00		
11	Wertumsatzanteile [%]	30,59	20,79	7,66	13,25	5,00	22,72	=	100,00		
12	DB-Anteile [%]	28,79	20,69	7,62	12,84	4,56	25,50	=	100,00		

DECK711

Übersicht 7.11: Zur Wirtschaftlichkeit des gegenwärtigen Produktmix einer Regionalbrauerei – BEISPIEL -

Da die proportionalen Stückkosten umgekehrt auch die Differenz zwischen den Verkaufspreisen und den Stückdeckungsbeiträgen sind, lässt sich aus den Zeilen 4 und 7 der Übersicht ablesen, dass die Brauerei gegenwärtig mit proportionalen Stückkosten von 90,00 €/hl für Pilsener, Export, Leichtbier und Lager, von 100,00 €/hl für AF-Bier und von 80,00 €/hl für Radler rechnet.

In den Zeilen 8 und 9 sind die Umsätze und die Deckungsbeiträge für die einzelnen Biersorten angegeben. Die Zeilen 10 bis 12 zeigen die prozentuale Verteilung der Mengenumsätze, der Wertumsätze und der Deckungsbeiträge für die sechs hergestellten Produkte. Die größten mengen- und wertmäßigen Beiträge liefert gegenwärtig das Pilsener-Bier, gefolgt vom Mischgetränk Radler.

Mit diesen Mengen- und Preisgerüsten erzielt die Brauerei zwar gegenwärtig – wie gesagt – einen ansehnlichen Deckungsbeitrag, aber der neu eingestellte Marketing-Manager ist sich nicht sicher, ob es auch der maximal mögliche ist. Zunächst ist ihm bekannt, dass die mengenmäßigen Umsätze von den Verkaufspreisen der Biersorten abhängen. Geringere Preise würden zu mehr Umsatz führen und damit die nicht ausgelastete Sudkapazität besser nutzen. Der Gesamtdeckungsbeitrag würde allerdings nur dann zunehmen, wenn die Preisabschläge durch die Mengenzuwächse mehr als kompensiert würden.

Um die Zusammenhänge näher zu untersuchen, schätzt der Marketing-Manager die Preis-Absatz-Funktionen für die einzelnen Biersorten. Das Ergebnis ist grafisch und zahlenmäßig in *Übersicht 7.12* dargestellt. Zunächst hat der Marketing-Manager die gegenwärtigen Verkaufspreise bei den gegenwärtigen Absatzmengen mit den Punkten 1 bis 6 in das Koordinatensystem eingetragen. Durch diese Punkte müssen die zu schätzenden Preis-Absatz-Funktionen jedenfalls verlaufen. Aufgrund von einschlägigen Publikationen weiß der Marketing-Manager, dass sich die Nachfrage nach den einzelnen Biersorten in Reaktion auf Preisänderungen unterschiedlich elastisch verhält. Die Nachfrage nach Leichtbier, Lager und Radler reagiert preiselastischer als die Nachfrage nach Pilsener, Export und insbesondere nach AF-Bier. Bei AF-Bier verändert sich die mengenmäßige Nachfrage bei Preisänderungen nur wenig, weil dieses Bier nur zu besonderen Anlässen getrunken wird (weil z. B. alkoholhaltige Getränke bei bevorstehenden Autofahrten nicht in Frage kommen), während umgekehrt die Nachfrage nach Lager-Bier durch Preisänderungen sehr stark beeinflusst wird, weil die Verbraucher dann auf ähnliche Biersorten „umsteigen". Formal äußern sich die unterschiedlichen Preiselastizitäten der Biersorten in unterschiedlichen Steigungen der Preis-Absatz-Funktionen.[2] Das Ergebnis dieser „Grobschätzung" des Marketing-Managers der Brauerei geht aus den Preis-Absatz-Funktionen der *Übersicht 7.12* hervor.

---

[2] Die Preiselastizität der Nachfrage gibt die relative Änderung der Nachfragemenge in Abhängigkeit von der relativen Änderung des Preises eines Gutes an. Da bei normal verlaufenden Preis-Absatz-Funktionen der Quotient aus Mengen- und Preisänderungen negativ ist, wird die Preiselastizität der Nachfrage ($\varepsilon_{x,px}$) wie folgt definiert:

$$\varepsilon_{x,px} = \frac{dx}{x} / \frac{dpx}{px} \cdot (-1)$$

Darin sind: x = Nachfragemengen und px = Produktpreis.
$\varepsilon_{x,px}$ kann Werte zwischen 0 und Unendlich annehmen. Je höher die Produktmengenänderung bei einer bestimmten Preisänderung ist, desto elastischer reagiert die Nachfrage. Bei vergleichsweise stark abfallenden Preis-Absatz-Funktionen sind die Werte der Preiselastizität geringer als bei vergleichsweise schwach abfallenden Preis-Absatz-Funktionen, wie sich der Leser grafisch leicht verdeutlichen kann.

Wie bereits im vorhergehenden Abschnitt behandelt, lautet der allgemeine Ausdruck für eine lineare Preis-Absatz-Funktion:

(7.10) $px_j = b_j + a_j \cdot x_j$

Darin sind:

px_j = Preis der j-ten Biersorte, gemessen in €/hl;

b_j = Ordinatenabschnitt der j-ten Biersorte, d. h. der maximal erzielbare Preis, der bei gegen null gehenden Angebotsmenge theoretisch erreichbar wäre;

a_j = Steigungsmaß der Preis-Absatz-Funktion für die j-te Biersorte;

x_j = Absatzmenge der j-ten Biersorte, gemessen in hl/a.

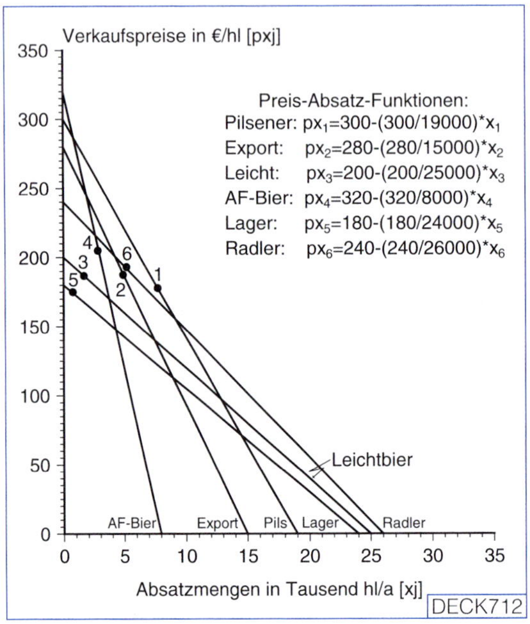

Übersicht 7.12: Preis-Absatz-Funktionen der Biersorten

Durch Einsetzen der Gleichung (7.10) in Gleichung (7.9) erhält der Marketing-Manager die Stückdeckungsbeiträge der Brauerei in Abhängigkeit unterschiedlicher Produktmengen. Es gilt:

(7.11) $MDB_j = b_j \cdot mkp_j + a_j \cdot x_j$

Und durch Einsetzen der Gleichung (7.11) in die Gleichung (7.8) ergibt sich der Ausdruck für den Gesamtdeckungsbeitrag der Brauerei in Abhängigkeit unterschiedlicher Produktmix, d. h. in Abhängigkeit unterschiedlicher Absatzmengen für die Biersorten als Folge unterschiedlicher Produktpreise. Es gilt:

(7.12) $DB = \sum_{j=1}^{6} (b_j - mkp_j) \cdot x + a_j \cdot x_j^2$

Wir erhalten also eine quadratische Deckungsbeitragsfunktion als Zielfunktion. Den Wert dieser Zielfunktion möchte der Marketing-Manager maximieren.

Wir kennen nun eine solche quadratische Zielfunktion bereits aus dem Abschnitt 6.6.1.3.2 (Bestimmung des optimalen Produktionsprogramms mittels nichtlinearer Programmierung). Im Unterschied zu den dort für die abnehmenden Stückdeckungsbeiträge verantwortlichen abnehmenden Produktmengen je Nutzflächeneinheit bei zunehmenden Produktionsumfängen sind jetzt für die abnehmenden Stückdeckungsbeiträge die sinkenden Verkaufspreise bei zunehmenden Produktionsumfängen verantwortlich.

Formal kann deshalb der Marketing-Manager zur Bestimmung des optimalen Produktmix auf die gleiche Weise vorgehen wie im Beispiel des Abschnittes 6.6.1.3.2, indem er nämlich das Gradientenverfahren zur Lösung von linearen Ungleichungssystemen mit nichtlinearer (hier quadratischer) Zielfunktion einsetzt. Das Ergebnis ist in *Übersicht 7.13* dargestellt.

Im mittleren Teil der Übersicht sind zunächst die Stückdeckungsbeitragsfunktionen für die sechs Biersorten angegeben, wie sie sich durch Einsetzen der konkreten Preis-Absatz-Funktionen aus *Übersicht 7.12* in die Gleichung (7.11) ergeben. Diese Stückdeckungsbeitragsfunktionen werden nun anstelle der festen Werte in Zeile 4 der *Übersicht 7.11* in Zeile 4 der *Übersicht 7.13* verwendet, um dann das Produktmix-Problem mit Hilfe des Gradientenverfahrens zu lösen. Dazu wurde das im Excel-Solver enthaltene Gradientenverfahren verwendet.

Aus einem Vergleich der Werte in den Zeilen 5 der *Übersichten 7.11* und *7.13* sehen wir zunächst, dass der „optimierte" Gesamtdeckungsbeitrag mit 2.563.023,31 € um rund 226.000,00 € oder fast 10 % über demjenigen liegt, den die Brauerei bisher realisiert hat (nämlich 2.337.023,64 €, vgl. *Übersicht 7.11*).

Aus einem Vergleich der Werte der unteren Teile der beiden Übersichten wird zudem deutlich, dass die Brauerei ihre Preispolitik anpassen sollte. Die Preise für Pilsener, Export und AF-Bier sollten angehoben werden, während die Preise für Leichtbier, Lager und Radler gesenkt werden sollten. Durch die Preisänderungen ergibt sich selbstverständlich auch ein veränderter Produktmix. Gegenüber der Ausgangssituation kann weniger Pilsener, Export und AF-Bier abgesetzt werden, während die Absatzmengen der übrigen Biersorten zunehmen würden. Aus dem oberen Teil der *Übersicht 7.13* geht indessen hervor, dass auch bei diesem Produktionsprogramm die vorhandene Sudkapazität der Brauerei unterausgelastet wäre, weil nur 21.261,42 hl der vorhandenen 30.000 hl Sudkapazität tatsächlich genutzt würden.

Engpässe bilden in dieser Situation offenbar die verfügbare Arbeitskapazität und die verfügbaren Maschinenlaufzeitstunden der Abfüllanlage. Beide Kapazitäten werden in vollem Umfange genutzt. Deshalb überlegt der Marketing-Manager im nächsten Schritt eine Ausdehnung der Arbeitskapazität durch Einstellen weiterer Mitarbeiter, die auch eine proportionale Ausdehnung der Maschinenlaufzeit für die Abfüllanlage ermöglichen würden. Nach einigem Probieren findet er die in *Übersicht 7.14* skizzierte optimale Lösung. Bei dieser Lösung werden die Arbeits- und die Abfüllkapazität so angepasst, dass die vorhandene Sudkapazität voll ausgelastet werden kann. Der Marketing-Manager müsste dazu die Zahl der Mitarbeiter von bisher 10 Mitarbeitern (bzw. 10 Mitarbeiter · 2000 AKh je Mitarbeiter = 20.000 AKh) auf 15 Mitarbeiter (bzw. 15 Mitarbeiter · 2000 AKh je Mitarbeiter = 30.000 AKh) um 50 % erhöhen. Er würde damit eine ebenfalls um 50 % ansteigende Maschinenlaufzeit für die Abfüllanlage von vorher 3.000 mh/a auf jetzt 4500 mh/a ermöglichen.

Z.	Produkte: / Begrenzt verfügbare Faktoren:	Pilsener x_1	Exportbier x_2	Leichtbier x_3	AF-Bier x_4	Lager x_5	Radler x_6		Verfügbare Mengen r_i	Genutzte Mengen rg_i	Ungenutzte Mengen ru_i
1	Sudkapazität [hl/a]	1,0	1,0	0,9	1,1	0,9	0,5	<=	30.000,00	21.261,42	8.738,58
2	Arbeit [Akh/a]	0,6	0,6	0,8	1,0	0,6	1,2	<=	20.000,00	20.000,00	0,00
3	Abfüllkapazität [mh/a]	0,1	0,1	0,2	0,2	0,1	0,1	<=	3.000,00	3.000,00	0,00
4	Stückdeckungsbeiträge [€]	121,85	111,85	84,31	141,50	61,85	103,43	**	***	***	***
	Stückdeckungsbeitragsfunktionen: Pilsener: 300-90-(300/19000)*x1; Export: 280-90-(280/15000)*x2; Leichtbier: 200-90-(200/25000)*x3; AF-Bier: 320-100-(320/8000)*x4; Lager: 180-90-(180/24000)*x5: Radler: 240-80-(240/26000)*x6.										
5	Zielfunktionswert [€/a]								Deckungsbeitrag »	2.563.023,31	€/a
	Auswertungen:								Summen		
6	Produktmengen [hl/a] »	5.582,99	4.186,74	3.211,57	1.962,47	3.753,66	6.128,53	=	24.825,96		
7	Verkaufspreise [€/hl] »	211,85	201,85	174,31	241,50	151,85	183,43		****		
8	Umsätze [€/a]	1.182.742,63	845.083,01	559.800,11	473.938,61	569.984,56	1.124.150,46	=	4.755.699,39		
9	Deckungsbeiträge [€/a]	680.273,52	468.276,46	270.759,07	277.691,76	232.154,81	633.867,67	=	2.563.023,31		
10	Mengenumsatzanteile [%]	22,49	16,86	12,94	7,90	15,12	24,69	=	100,00		
11	Wertumsatzanteile [%]	24,87	17,77	11,77	9,97	11,99	23,64	=	100,00		
12	DB-Anteile [%]	26,54	18,27	10,56	10,83	9,06	24,73	=	100,00		

DECK713

Übersicht 7.13: Bestimmung des optimalen Produktmix einer Regionalbrauerei mit Hilfe des Gradienten-Verfahrens

Z.	Produkte: / Begrenzt verfügbare Faktoren:	Pilsener x_1	Exportbier x_2	Leichtbier x_3	AF-Bier x_4	Lager x_5	Radler x_6		Verfügbare Mengen r_i	Genutzte Mengen rg_i	Ungenutzte Mengen ru_i
1	Sudkapazität [hl/a]	1,0	1,0	0,9	1,1	0,9	0,5	<=	30.000,00	30.000,00	0,00
2	Arbeit [Akh/a]	0,6	0,6	0,8	1,0	0,6	1,2	<=	30.000,00	28.713,57	1.286,43
3	Abfüllkapazität [mh/a]	0,1	0,1	0,2	0,2	0,1	0,1	<=	4.500,00	4.463,57	36,43
4	Stückdeckungsbeiträge [€]	106,79	96,79	56,61	111,97	46,61	80,89	**	***	***	***
	Stückdeckungsbeitragsfunktionen: Pilsener: 300-90-(300/19000)*x1; Export: 280-90-(280/15000)*x2; Leichtbier: 200-90-(200/25000)*x3; AF-Bier: 320-100-(320/8000)*x4; Lager: 180-90-(180/24000)*x5: Radler: 240-80-(240/26000)*x6.										
5	Zielfunktionswert [€/a]								Deckungsbeitrag »	2.824.466,48	€/a
	Auswertungen:								Summen		
6	Produktmengen [hl/a] »	6.536,89	4.993,55	6.674,03	2.700,86	5.785,60	8.569,88	=	35.260,82		
7	Verkaufspreise [€/hl] »	196,79	186,79	146,61	211,97	136,61	160,89		****		
8	Umsätze [€/a]	1.286.367,67	932.730,79	978.465,05	572.489,88	790.359,06	1.378.837,49	=	5.939.249,94		
9	Deckungsbeiträge [€/a]	698.047,98	483.311,07	377.801,90	302.403,43	269.655,24	693.246,87	=	2.824.466,48		
10	Mengenumsatzanteile [%]	18,54	14,16	18,93	7,66	16,41	24,30	=	100,00		
11	Wertumsatzanteile [%]	21,66	15,70	16,47	9,64	13,31	23,22	=	100,00		
12	DB-Anteile [%]	24,71	17,11	13,38	10,71	9,55	24,54	=	100,00		

DECK714

Übersicht 7.14: Bestimmung des optimalen Produktmix einer Regionalbrauerei mit Hilfe des Gradienten-Verfahrens (NICHTLINEARE PROGRAMMIERUNG mit quadratischer Zielfunktion). Auswirkung einer Anpassung der Arbeitskapazität mit einer komplementären Erhöhung der Abfüllkapazität

Wie aus der Zeile 5 der *Übersicht 7.14* hervorgeht, könnte durch diese Anpassungen der Mitarbeiterzahl der Deckungsbeitrag der Brauerei nochmals um 261.443,17 € von vorher 2.563.023,31 € auf jetzt 2.824.466,48 € gesteigert werden. (Rufen Sie das Programm DECK713 auf. Verändern Sie die verfügbaren Mengen der begrenzend wirkenden Faktoren. Generieren Sie neue optimale Lösungen mit Hilfe des im Excel-Solver vorhandenen Gradientenverfahrens.)

Der Deckungsbeitragszuwachs ist jedoch nicht mit einer Verbesserung der Wirtschaftlichkeit der Brauerei in gleicher Höhe zu verwechseln. Es müssen jetzt nämlich die Löhne für die zusätzlichen fünf Mitarbeiter und evtl. höhere Abschreibungen für die sich rascher abnutzende Abfüllanlage berücksichtigt werden, weil es sich in dieser Entscheidungssituation dabei ebenfalls um variable, d. h. um entscheidungsrelevante Kosten handelt. Betragen z. B. die Jahreslohnkosten je zusätzlichem Mitarbeiter 40.000,00 € und die zusätzliche Abschreibung ca. 50.000,00 €, dann würden sich die zusätzlichen Kosten für die volle Auslastung der Sudkapazität auf ca. 250.000,00 €/a belaufen, womit der vorher errechnete Deckungsbeitragszuwachs von 261.443,17 €/a nur zu einer (Netto-)Verbesserung der wirtschaftlichen Situation der Brauerei von ca. 10.000,00 €/a führen würde. Angesichts der Unsicherheiten in den Schätzwerten für die Preis-Absatz-Funktionen wird der Marketing-Manager bei dieser geringen Steigerungsmöglichkeit für die Wirtschaftlichkeit der Brauerei die Ausdehnung der Arbeitskapazität noch sehr gut überdenken wollen.

Indessen zeigt unser Beispiel, dass die nichtlineare Programmierung für die Bestimmung des optimalen Produktmix Voraussetzungen für Simulationen liefern kann, die zu weiteren Einsichten in den komplexen Entscheidungsraum führen. Mathematische Optimierungsverfahren können dem Marketing-Manager die Entscheidung zwar nicht abnehmen, sie können ihn aber bei seinen Entscheidungen unterstützen, indem sie zusätzliche Informationsgrundlagen für „bessere" Entscheidungen liefern.

7.4.3 Zur Bestimmung des optimalen Marketing-Mix

Ein weiteres Beispiel soll eine Vorgehensweise zur Bestimmung des optimalen Marketing-Mix für ein – zur Vereinfachung angenommenes – Einproduktunternehmen zeigen. Wenn wir grundsätzlich davon ausgehen, dass für den Zusammenhang zwischen dem Verkaufspreis und der absetzbaren Produktmenge eine lineare Preis-Absatz-Funktion dergestalt gilt, wie sie in den beiden vorher betrachteten Beispielen angenommen wurde, dann ergibt sich die Frage, wie sich die drei Marketing-Instrumente „Produktpolitik", „Absatzwege- und Distributionspolitik" sowie „Kommunikations- und Absatzförderungspolitik" auf diese Preis-Absatz-Funktion auswirken.

Formal ausgedrückt, führen höhere Einsatzniveaus dieser drei Marketing-Instrumente dazu, dass die Preis-Absatz-Funktion nach außen verschoben wird. *Übersicht 7.15* verdeutlicht diese Aussage. Ein Unternehmen operiere bei den gegenwärtigen Einsatzniveaus seiner Marketing-Instrumente auf der Preis-Absatz-Funktion PAF_1. Bei dem Verkaufspreis px_1 für das Produkt setzt das Unternehmen die Produktmenge x_1 ab. Durch Verbesserungen in der Distribution, durch produktgestaltende Maßnahmen (z. B. Qualitätsverbesserungen) sowie durch vermehrte Kommunikations- und Absatzförderungsanstrengungen (z. B. Durchführung aufwändigerer Werbekampagnen) lässt sich die Preis-Absatz-Funktion von PAF_1 über PAF_2 und PAF_3 nach PAF_4 verschieben.

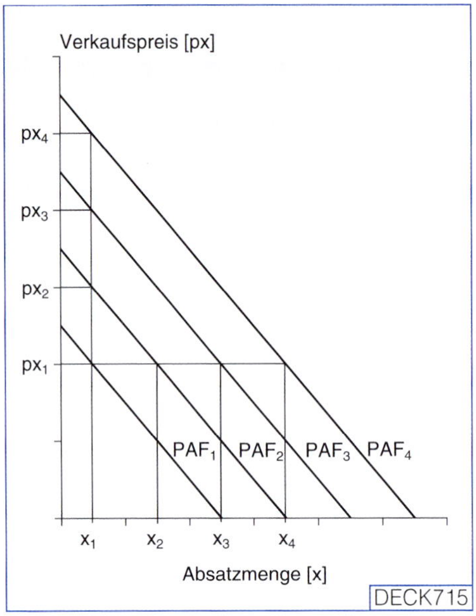

Übersicht 7.15: Der Einfluss von Marketing-Maßnahmen auf die Absatzmenge und den Preis eines Produktes

Zunächst könnte das Unternehmen dadurch bei unverändertem Verkaufspreis px_1 seine Absatzmengen von x_1 über x_2 und x_3 bis auf x_4 steigern. Bei einem bestimmten Stückdeckungsbeitrag würde sich dadurch der Gesamtdeckungsbeitrag parallel zur steigenden Absatzmenge ausdehnen.

Für einen größeren Kreis von Unternehmen, insbesondere für diejenigen, die ihre Produktionskapazitäten zur Herstellung der vergrößerten Produktmengen nicht ohne weiteres ausdehnen können, ist jedoch die zweite Konsequenz der nach außen verschobenen Preis-Absatz-Funktionen von größerer Bedeutung. Durch die zunehmenden Einsatzniveaus der drei Marketing-Instrumente könnte nämlich auch der Verkaufspreis bei gleich bleibender Absatzmenge x_1 von px_1 über px_2 und px_3 bis nach px_4 angehoben werden. Bei gleich bleibenden Herstellungskosten würde sich dadurch ebenfalls der Deckungsbeitrag des Unternehmens erhöhen.

Bei den betrachteten Entwicklungen ist allerdings zu berücksichtigen, dass die zusätzlichen Einsatzniveaus der Marketing-Instrumente zu zusätzlichen Marketingkosten führen, die in die Wirtschaftlichkeitsrechnung einbezogen werden müssen. Der vermehrte Einsatz der Marketing-Instrumente ist also nur solange wirtschaftlich, wie die Marktleistungen bzw. der Produktpreis dadurch rascher ansteigen als die Absatzkosten bzw. die Absatzkosten je Produkteinheit.

Welche Wirkungen sich dabei im Einzelnen ergeben können, soll an einem konkreten Beispiel abgeleitet werden:

Landwirt Diensthuber, dessen Betrieb in einer zwar landschaftlich schönen, aber landwirtschaftlich mäßigen Region liegt, überlegt, ob er in sein für die Kleinfamilie inzwischen viel zu groß gewordenes Bauernhaus einige Urlaubsquartiere einbauen sollte, um „Urlaub auf dem Bauernhof" als zusätzliche Einkommensquelle zu betreiben. Er könnte drei Wohneinheiten in seinem Bauernhaus erstellen.

Um sich einen Überblick über die zu erwartende Wirtschaftlichkeit zu verschaffen, bestimmt Diensthuber gemeinsam mit seinem Fachberater zunächst das Handlungsfeld. Zuerst ermitteln sie insgesamt drei Handlungsalternativen für die Qualität der Wohneinheiten. Die unterschiedlichen Qualitäten wären mit unterschiedlichen Stückkosten je Übernachtung verbunden. Wir wollen diese Kosten als Stückherstellkosten bezeichnen. Des Weiteren unterscheiden sie drei verschiedene Absatzwege. Diensthuber könnte seine Urlaubsquartiere über einen großen Reiseveranstalter anbieten, der die Quartiere seinerseits dann über seine Filialen vertreiben würde (Absatzweg 1). Er könnte die Urlaubsquartiere aber auch über einzelne unabhängige Reisebüros anbieten (Absatzweg 2). Schließlich könnte er seine Urlaubsquartiere auch ohne Einschaltung eines Absatzmittlers direkt vermarkten (Absatzweg 3). Die Absatzwege unterscheiden sich durch unterschiedliche Absatzwegkosten je Übernachtung. Die geringsten Kosten erwarten Diensthuber und sein Berater beim Absatz über die große Reiseorganisation, die höchsten beim Direktabsatz. Andererseits könnte Diensthuber bei der Direktvermarktung höhere Übernachtungspreise realisieren.

Darüber hinaus bestehen drei Alternativen für die Werbung, die ebenfalls einerseits mit unterschiedlichen Kosten für die Werbemaßnahmen verbunden sind, andererseits aber auch unterschiedlich hohe Übernachtungszahlen erwarten lassen.

Nachdem das Handlungsfeld definiert ist, konstruiert der Fachberater das in *Übersicht 7.16* dargestellte Simulationsmodell zur Bestimmung der optimalen Handlungsalternative. Er geht von der allgemeinen (linearen) Preis-Absatz-Funktion aus, die wir bereits kennen:

(7.13) $px = b + a \cdot x$

Darin sind:

px = Preis je Übernachtung, gemessen in €;
b = Ordinatenabschnitt;
a = Steigung der Preis-Absatz-Funktion;
x = Anzahl der Übernachtungen pro Jahr.

Der Ordinatenabschnitt b ist in diesem Beispiel jedoch keine Konstante. Wie aus *Übersicht 7.15* hervorging, verschiebt sich die Preis-Absatz-Funktion bei unterschiedlichen Einsatzniveaus der Marketing-Instrumente (im einfachsten Fall) parallel zu sich selbst nach außen. Wir können diesen Tatbestand dadurch simulieren, dass wir den Ordinatenabschnitt in Abhängigkeit von den Einsatzniveaus der Marketing-Instrumente variieren lassen. Für die Beziehung zwischen dem Ordinatenabschnitt und den drei Marketing-Instrumenten „Absatzweg", „Produktqualität" und „Werbung" hat der Berater die folgende Form der (linear-homogenen) COBB-DOUGLAS-Funktion (vgl. dazu Abschnitt 1.4.3.3.1) ermittelt:

(7.14) $b = awf^{c1} \cdot pqf^{c2} \cdot wgf^{c3}$

Darin sind:

b = Ordinatenabschnitt der Preis-Absatz-Funktion;
awf = Absatzwegfaktor, der die quantitative Beziehung zwischen den möglichen Absatzwegen und dem Ordinatenabschnitt herstellt;

pqf = Qualitätsfaktor, der die quantitative Beziehung zwischen den drei möglichen Produktqualitäten und dem Ordinatenabschnitt herstellt;

wgf = Werbungsfaktor, der die quantitative Beziehung zwischen den drei möglichen Werbemaßnahmen und dem Ordinatenabschnitt herstellt;

c1, c2, c3 = Exponenten, deren Werte zwischen 0 und 1 variieren können und deren Summe = 1 ist.

Aufgrund des Tatbestandes, dass die Exponenten i. d. R. sämtlich < 1 sind, steigt der Ordinatenabschnitt bei gegebenem Absatzweg mit zunehmender Produktqualität und zunehmenden Aufwändungen für die Werbung nicht proportional, sondern nur degressiv an. Eine solche Annahme erscheint angesichts der Wirkungen aus der Makro-Umwelt (vgl. Abschnitt 7.3.2.1) realistisch.

Durch Einsetzen der Gleichung (7.14) in die Preis-Absatz-Funktion (7.13) erhalten wir für die Preis-Absatz-Funktion nun die folgende Beziehung (7.15):

$$(7.15) \qquad px = awf^{c1} \cdot pqf^{c2} \cdot wgf^{c3} + a \cdot x$$

Diensthuber hatte für die Vermarktung seiner Urlaubsquartiere drei Absatzweg-Alternativen ins Auge gefasst. Für die Beziehung zwischen den Absatzwegen und den Absatzwegfaktoren gilt deshalb konkret der Ausdruck (7.16):

$$(7.16) \qquad awf = \begin{cases} awf_1; & aw = 1 \\ awf_2; & aw = 2 \\ awf_3; & aw = 3 \\ 0; & aw = sonst \end{cases}$$

Dieser Ausdruck ist wie folgt zu lesen: Der Absatzwegfaktor awf in Gleichung (7.15) hat den zahlenmäßigen Wert awf_1, wenn der Absatzweg 1 (aw = 1) gewählt wird. Entsprechendes gilt für die übrigen Absatzwege.

Unterschiedliche Absatzwege wirken sich wegen unterschiedlicher Werte des Absatzwegfaktors gemäß Gleichung (7.15) bei gegebenem Übernachtungspreis auf die Absatzmengen aus. Auf der anderen Seite sind die drei Absatzwege mit unterschiedlichen Absatzwegkosten je Übernachtung, d. h. mit unterschiedlichen Stück-Absatzwegkosten (mak) verbunden. Für den Zusammenhang zwischen dem Absatzweg (aw) und den Stück-Absatzwegkosten gilt der folgende Ausdruck (7.17):

$$(7.17) \qquad mak = \begin{cases} mak_1; & aw = 1 \\ mak_2; & aw = 2 \\ mak_3; & aw = 3 \\ 0; & aw = sonst \end{cases}$$

Die unterschiedlichen Produktqualitäten wirken sich gemäß Gleichung (7.15) ebenfalls auf den Ordinatenabschnitt und damit auf die Absatzmengen bei gegebenen Produktpreisen aus. Für die Beziehung zwischen den Produktqualitäten (pq) und dem Qualitätsfaktor (pqf) in Gleichung (7.15) gilt deshalb der Ausdruck (7.18):

Parameter:								
Absatz-	[awf_1]:	10,00	Stück-	[mak_1]:	5,00	Steigung der Preis-		
weg-	[awf_2]:	20,00	Absatzweg-	[mak_2]:	10,00	Absatz-Funktion	[a]:	-0,10
faktoren:	[awf_3]:	30,00	kosten:	[mak_3]:	40,00	Exponenten	[c1]:	0,33333333
Quali-	[pqf_1]:	600,00	Stück-	[mqk_1]:	15,00	der	[c2]:	0,33333333
täts-	[pqf_2]:	1.200,00	Herstell-	[mqk_2]:	30,00	Faktoren:	[c3]:	0,33333333
faktoren:	[pqf_3]:	1.800,00	kosten:	[mqk_3]:	115,00			
Wer-	[wgf_1]:	100,00	Werbe-	[wek_1]:	100,00			
bungs-	[wgf_2]:	300,00	einheits-	[wek_2]:	100,00			
faktoren:	[wgf_3]:	500,00	kosten:	[wek_3]:	100,00			
Entscheidungsvariable:			Konsequenzen:					
Absatzweg:(1,2,3)		2	Absatzwegfaktor	[awf]:	20,00	Kosten je	[mak]:	10,00
Produktqualität:(1,2,3)		2	Qualitätsfaktor	[pqf]:	1.200,00	Stück bzw.	[mqk]:	30,00
Art d. Werbung:(1,2,3)		2	Werbungsfaktor	[wgf]:	300,00	Einheit:	[wek]:	100,00

Produktmenge [x]	Ordinatenabschnitt [b]	Produktpreis [Px]	Marktleistung [L]	Herstellungskosten [Kh]	Absatzwegekosten [Ka]	Kosten für Werbung [Kw]	Gesamtkosten [K]	Deckungsbeitrag [DB]
0	193,10	193,10	0,00	0,00	0,00	30.000,00	30.000,00	-30.000,00
50	193,10	188,10	9.404,89	1.500,00	500,00	30.000,00	32.000,00	-22.595,11
100	193,10	183,10	18.309,79	3.000,00	1.000,00	30.000,00	34.000,00	-15.690,21
150	193,10	178,10	26.714,68	4.500,00	1.500,00	30.000,00	36.000,00	-9.285,32
200	193,10	173,10	34.619,57	6.000,00	2.000,00	30.000,00	38.000,00	-3.380,43
250	193,10	168,10	42.024,47	7.500,00	2.500,00	30.000,00	40.000,00	2.024,47
300	193,10	163,10	48.929,36	9.000,00	3.000,00	30.000,00	42.000,00	6.929,36
350	193,10	158,10	55.334,25	10.500,00	3.500,00	30.000,00	44.000,00	11.334,25
400	193,10	153,10	61.239,15	12.000,00	4.000,00	30.000,00	46.000,00	15.239,15
450	193,10	148,10	66.644,04	13.500,00	4.500,00	30.000,00	48.000,00	18.644,04
500	193,10	143,10	71.548,93	15.000,00	5.000,00	30.000,00	50.000,00	21.548,93
550	193,10	138,10	75.953,83	16.500,00	5.500,00	30.000,00	52.000,00	23.953,83
600	193,10	133,10	79.858,72	18.000,00	6.000,00	30.000,00	54.000,00	25.858,72
650	193,10	128,10	83.263,61	19.500,00	6.500,00	30.000,00	56.000,00	27.263,61
700	193,10	123,10	86.168,51	21.000,00	7.000,00	30.000,00	58.000,00	28.168,51
750	193,10	118,10	88.573,40	22.500,00	7.500,00	30.000,00	60.000,00	28.573,40
800	193,10	113,10	90.478,29	24.000,00	8.000,00	30.000,00	62.000,00	28.478,29
850	193,10	108,10	91.883,19	25.500,00	8.500,00	30.000,00	64.000,00	27.883,19
900	193,10	103,10	92.788,08	27.000,00	9.000,00	30.000,00	66.000,00	26.788,08
950	193,10	98,10	93.192,98	28.500,00	9.500,00	30.000,00	68.000,00	25.192,98
1000	193,10	93,10	93.097,87	30.000,00	10.000,00	30.000,00	70.000,00	23.097,87

DECK716

Übersicht 7.16: Simulationsmodell zur Bestimmung des optimalen Marketing-Mix für ein Einproduktunternehmen

$$(7.18) \qquad pqf = \begin{cases} pqf_1; & pq = 1 \\ pqf_2; & pq = 2 \\ pqf_3; & pq = 3 \\ 0; & pq = \text{sonst} \end{cases}$$

Dieser Ausdruck ist wie folgt zu lesen: Der Qualitätsfaktor pqf in Gleichung (7.15) hat den zahlenmäßigen Wert pqf_1, wenn die Produktqualität 1 (pq = 1) gewählt wird. Entsprechendes gilt für die übrigen Produktqualitäten.

Auf der anderen Seite wird die Bereitstellung unterschiedlicher Produktqualitäten mit unterschiedlichen Kosten für die Bereitstellung bzw. Herstellung der Urlaubsquartiere verbunden sein. Für den Zusammenhang zwischen den Stück-Herstellkosten (mqk) und den drei Produktqualitäten (pq) gilt der Ausdruck (7.19):

$$(7.19) \qquad mqk = \begin{cases} mqk_1; & pq = 1 \\ mqk_2; & pq = 2 \\ mqk_3; & pq = 3 \\ 0; & pq = \text{sonst} \end{cases}$$

Schließlich wirken sich auch die unterschiedlichen Werbemaßnahmen jeweils differenzierend auf den Verlauf der Preis-Absatz-Funktion aus. Für den Zusammenhang zwischen den Werbemaßnahmen (wg) und den Werbungsfaktoren (wgf) gilt die Beziehung (7.20):

$$(7.20) \qquad wgf = \begin{cases} wgf_1; & wg = 1 \\ wgf_2; & wg = 2 \\ wgf_3; & wg = 3 \\ 0; & wg = sonst \end{cases}$$

Die Werbemaßnahmen setzen sich jeweils aus einer bestimmten Menge von Werbeeinheiten zusammen. Den Zusammenhang zwischen den Werbemaßnahmen (wg) und den Kosten je Werbeeinheit (wek) beschreibt der Ausdruck (7.21):

$$(7.21) \qquad wek = \begin{cases} wek_1; & wg = 1 \\ wek_2; & wg = 2 \\ wek_3; & wg = 3 \\ 0; & wg = sonst \end{cases}$$

Die zahlenmäßigen Werte für den Absatzwegfaktor, den Qualitätsfaktor und den Werbungsfaktor in Abhängigkeit von den Handlungsalternativen – die der Berater herausgefunden hat – sind nun im oberen Teil der *Übersicht 7.16* angegeben. Ebenso sind dort die Stück-Absatzwegkosten, die Stück-Herstellkosten und die Werbeeinheitskosten sowie die Werte für die Steigung der Preis-Absatz-Funktion und die Exponenten c1, c2 und c3 festgehalten.

Der mittlere Teil der Übersicht zeigt links die Eingabe für die Entscheidungsvariablen, d. h. für die Handlungsalternativen in Bezug auf die Marketing-Maßnahmen und im rechten Teil die Konsequenzen, die sich daraus nach Maßgabe der Gleichungen (7.16) bis (7.21) ergeben.

Der untere Teil der *Übersicht 7.16* zeigt dann eine Plan-Kosten-Leistungs-Rechnung, die die wirtschaftlichen Größen für den im Beispiel gewählten Satz von Marketing-Maßnahmen, d. h. für den hier gewählten Marketing-Mix in Abhängigkeit unterschiedlicher Produktmengen enthält. Nach Eingabe der Produktmengen ergibt sich in der zweiten Spalte der Wert des Ordinatenabschnitts (hier b = 193,10), der sich nach Maßgabe der Gleichung (7.14) errechnet. In der nächsten Spalte sind die Produktpreise in Abhängigkeit von den Produktmengen aufgeführt. Sie errechnen sich nach Maßgabe der Preis-Absatz-Funktion (7.15).

Die im übrigen Bereich des unteren Teils der *Übersicht 7.16* angegebenen Werte für die Wirtschaftlichkeit errechnen sich nach Maßgabe der folgenden Definitionsgleichungen:

Für die Marktleistung (L) gilt:

$$(7.22) \qquad L = px \cdot x$$

Für die Absatzwegkosten gilt:

$$(7.23) \qquad Ka = mak \cdot x$$

Für die Herstellungskosten gilt:

(7.24) $Kh = mqk \cdot x$

Für die Kosten der Werbung gilt:

(7.25) $Kw = wek \cdot wgf$

Im Unterschied zu den Absatzwegkosten und den Herstellungskosten hängen die Kosten für die Werbung nicht von der Produktmenge ab, sie werden vielmehr durch die Art der Werbemaßnahme bestimmt, verhalten sich also nichtproportional zur Produktmenge.

Als Summe der drei Kostenarten ergeben sich die Gesamtkosten (K) mit:

(7.26) $K = Ka + Kh + Kw$

Schließlich ergibt sich der Deckungsbeitrag (DB) als Zielvariable aus der Differenz zwischen Marktleistung und Kosten:

(7.27) $DB = L - K$

Aus dem Beispiel der *Übersicht 7.16* können wir ableiten, dass bei dem hier gewählten Marketing-Mix – nämlich Absatzweg 2, Produktqualität 2 und Werbemaßnahme 2 – der optimale Preis für die Urlaubsquartiere bei px = 118,10 € je Übernachtung liegen sollte. Bei diesem Marketing-Mix und diesem Preis könnte Diensthuber jährlich mit insgesamt x = 750 Übernachtungen für seine Urlaubsquartiere rechnen. Der Deckungsbeitrag läge dann bei jährlich DB = 28.573,40 €.

Anhand des in *Übersicht 7.16* dargestellten Simulationsmodells in Form der Plan-Kosten-Leistungs-Rechnung lassen sich nun zwei wesentliche zusätzliche Analysen durchführen: Da es sich bei den im Kopf der Tabelle angegebenen Parametern sämtlich um Schätzwerte handelt, die im einfachsten Fall nach Maßgabe von Plausibilitätsüberlegungen und im aufwändigsten Fall durch statistische Analysen auf der Grundlage von primärstatistischen Erhebungen gewonnen werden müssen, wird man eine *Sensitivitätsanalyse* durchführen. Bei einer solchen Analyse werden die Werte der Parameter systematisch variiert, um herauszufinden, wie stabil die Lösung ist bzw. wie stark das Ergebnis (hier der Deckungsbeitrag) in Abhängigkeit von welchen Parameterwertänderungen schwankt. Diejenigen Parameter, auf die das Ergebnis besonders sensibel, d. h. mit besonders großen Änderungen, reagiert, wird man womöglich einer weiteren Prüfung unterziehen wollen. (Führen Sie eine solche Sensitivitätsanalyse durch. Aufruf des Programms mit DECK716.)

Zum anderen werden Diensthuber und sein Berater sämtliche möglichen Marketing-Mix systematisch „durchspielen" wollen, um denjenigen Marketing-Mix mit dem zugehörigen Produktpreis herauszufinden, bei dem der höchste Deckungsbeitrag realisierbar wäre. Bei drei Absatzwegen, drei Produktqualitäten und drei verschiedenen Werbemaßnahmen als Handlungsalternativen ergeben sich daraus nach den Regeln der Kombinatorik insgesamt $3 \cdot 3 \cdot 3 = 27$ verschiedene Marketing-Mix. (Führen Sie diese Analyse durch. Bei welchem Marketing-Mix und welchem Produktpreis wird das sog. maximum maximorum als höchster maximaler Deckungsbeitrag erreicht?)

Diensthuber und sein Berater vereinfachen sich diese Aufgabe etwas, indem sie die jeweiligen Maxima auf analytischem Wege bestimmen. Dazu gehen sie von folgender Überlegung aus:

Der Deckungsbeitrag DB_i für den i-ten Marketing-Mix (i = 1, ..., 27) ergibt sich unter sinngemäßer Anwendung von Gleichung (7.27) mit:

$$(7.28) \qquad DB_i = L_i - K_i$$

Durch sinngemäßes Einsetzen der Gleichungen (7.22) für die Leistung und (7.23) bis (7.26) für die Kosten erhalten wir:

$$(7.29) \qquad DB_i = px \cdot x - mak \cdot x - mqk \cdot x - wek \cdot wgf$$

Da der Produktpreis (px) von der Produktmenge (x) über die Preis-Absatz-Funktion (7.15) abhängt, erhalten wir durch Einsetzen von (7.15) in (7.29) schließlich:

$$(7.30) \qquad DB_i = awf^{c1} \cdot pqf^{c2} \cdot wgf^{c3} \cdot x + a \cdot x^2 - mak \cdot x - mqk \cdot x - wek \cdot wgf$$

Den maximalen Deckungsbeitrag für den i-ten Marketing-Mix können wir bestimmen, wenn wir die erste Ableitung der Gleichung (7.30) nach der Produktmenge (x) bilden, den erhaltenen Ausdruck gleich null setzen und dann nach x auflösen. Wir erhalten für den i-ten Marketing-Mix dann diejenige Produktmenge, bei der der Grenzdeckungsbeitrag den Wert 0 erreicht und damit der Gesamtdeckungsbeitrag maximal wird. Es gilt für die erste Ableitung der Gleichung (7.30):

$$\frac{dDB_i}{dx} = awf^{c1} \cdot pqf^{c2} \cdot wgf^{c3} + 2 \cdot a \cdot x - mak - mqk$$

Nullsetzung und Auflösung dieser Gleichung nach x führt zu:

$$(7.31) \qquad x_{iop} = \frac{mak + mqk - (awf^{c1} \cdot pqf^{c2} \cdot wgf^{c3})}{2 \cdot a}$$

Darin ist x_{iop} die optimale, d. h. die deckungsbeitragsmaximale Produktmenge für den i-ten Marketing-Mix.

Diensthuber und sein Berater konstruieren nun unter Verwendung der Gleichung (7.31) das in *Übersicht 7.17* dargestellte Modell für die insgesamt 27 Marketing-Mix.

Die Tabelle enthält in ihrem oberen Teil wieder die Parameterwerte aus *Übersicht 7.16*. Im unteren Teil sind die 27 verschiedenen Marketing-Mix skizziert. Unter Berücksichtigung der zugehörigen Parameterwerte nach Maßgabe der Gleichungen (7.16) bis (7.21) und unter Verwendung der Gleichung (7.31) ergeben sich daraus die in der 4. Spalte angegebenen (optimalen) Produktmengen und in der 5. Spalte die zugehörigen Werte des Ordinatenabschnitts der Preis-Absatz-Funktion, die nach Maßgabe der Gleichung (7.14) ermittelt wurden. Unter Verwendung der Gleichungen (7.22) bis (7.27) errechnen sich die übrigen Werte der Tabelle, nämlich die Marktleistungen, die Kosten und die Deckungsbeiträge.

Parameter:								
Absatz-	[awf_1]:	10,00	Stück-	[mak_1]:	5,00	Steigung der Preis-		
wege-	[awf_2]:	20,00	Absatzweg-	[mak_2]:	10,00	Absatz-Funktion	[a]:	-0,10
faktoren:	[awf_3]:	30,00	kosten:	[mak_3]:	40,00	Exponen-	[c1]:	0,3333333
Quali-	[pqf_1]:	600,00	Stück-	[mqk_1]:	15,00	ten der	[c2]:	0,3333333
täts-	[pqf_2]:	1.200,00	Herstell-	[mqk_2]:	30,00	Faktoren:	[c3]:	0,3333333
faktoren:	[pqf_3]:	1.800,00	kosten:	[mqk_3]:	115,00			
Wer-	[wgf_1]:	100,00	Werbe-	[wek_1]:	100,00			
bungs-	[wgf_2]:	300,00	einheits-	[wek_2]:	100,00			
faktoren:	[wgf_3]:	500,00	kosten:	[wek_3]:	100,00			

Absatzweg [aw]	Produktqualität [pq]	Werbung [wa]	Produktmenge [x]	Ordinatenabschnitt [b]	Produktpreis [Px]	Marktleistung [L]	Herstellkosten [Kh]	Absatzwegekosten [Ka]	Kosten für Werbung [Kw]	Gesamtkosten [K]	Deckungsbeitrag [DB]
1	1	1	321,72	84,34	52,17	16.784	4.826	1.609	10.000	16.434	350,13
1	1	2	508,22	121,64	70,82	35.993	7.623	2.541	30.000	40.164	-4.171,25
1	1	3	621,12	144,22	82,11	51.002	9.317	3.106	50.000	62.422	-11.420,44
1	2	1	356,33	106,27	70,63	25.169	10.690	1.782	10.000	22.472	2.697,04
1	2	2	591,31	153,26	94,13	55.660	17.739	2.957	30.000	50.696	4.964,64
1	2	3	733,56	181,71	108,36	79.486	22.007	3.668	50.000	75.675	3.811,00
1	3	1	8,22	121,64	120,82	993	945	41	10.000	10.986	-9.993,24
1	3	2	277,20	175,44	147,72	40.949	31.879	1.386	30.000	63.265	-22.315,75
1	3	3	440,04	208,01	164,00	72.169	50.605	2.200	50.000	102.805	-30.636,36
2	1	1	406,33	106,27	65,63	26.669	6.095	4.063	10.000	20.158	6.510,33
2	1	2	641,31	153,26	89,13	57.160	9.620	6.413	30.000	46.033	11.127,73
2	1	3	783,56	181,71	103,36	80.986	11.753	7.836	50.000	69.589	11.396,60
2	2	1	469,43	133,89	86,94	40.814	14.083	4.694	10.000	28.777	12.036,70
2	2	2	765,49	193,10	116,55	89.217	22.965	7.655	30.000	60.620	28.597,32
2	2	3	944,71	228,94	134,47	127.037	28.341	9.447	50.000	87.789	39.248,38
2	3	1	141,31	153,26	139,13	19.660	16.251	1.413	10.000	27.664	-8.003,18
2	3	2	480,21	221,04	173,02	83.086	55.224	4.802	30.000	90.026	-6.939,95
2	3	3	685,37	262,07	193,54	132.644	78.818	6.854	50.000	135.671	-3.026,80
3	1	1	333,22	121,64	88,32	29.431	4.998	13.329	10.000	28.327	1.103,55
3	1	2	602,20	175,44	115,22	69.386	9.033	24.088	30.000	63.121	6.265,07
3	1	3	765,04	208,01	131,50	100.606	11.476	30.602	50.000	92.077	8.528,83
3	2	1	416,31	153,26	111,63	46.473	12.489	16.652	10.000	39.142	7.331,32
3	2	2	755,21	221,04	145,52	109.899	22.656	30.208	30.000	82.865	27.034,04
3	2	3	960,37	262,07	166,04	159.457	28.811	38.415	50.000	117.226	42.231,05
3	3	1	102,20	175,44	165,22	16.886	11.754	4.088	10.000	25.842	-8.955,42
3	3	2	490,15	253,03	204,01	99.998	56.367	19.606	30.000	105.973	-5.975,46
3	3	3	725,00	300,00	227,50	164.937	83.375	29.000	50.000	162.375	2.562,38

DECK717

Übersicht 7.17: Gewinnmaximale Produktmengen bei unterschiedlichen Marketing-Mix für das Einproduktunternehmen

Bei Betrachtung der Ergebnisse für die einzelnen Marketing-Mix können wir zunächst feststellen, dass bei einigen Marketing-Mix – auch im jeweils „besten" Fall – keine positiven Deckungsbeiträge erreicht werden können. Das maximum maximorum, d. h. der höchste aller maximalen Deckungsbeiträge, würde offenbar mit einem Wert von DB = 42.231,05 € bei dem Marketing-Mix mit Absatzweg 3, Produktqualität 2 und Werbemaßnahme 3 erreicht. Diensthuber würde also eine mittlere Qualität für seine Urlaubsquartiere realisieren, diese Quartiere dann direkt vermarkten und diese Vermarktung durch die aufwändigsten Werbemaßnahmen begleiten. Er würde einen Preis von 166,04 € je Übernachtung realisieren und damit jährlich insgesamt 960 Übernachtungen verbuchen können.

Selbstverständlich hängen auch hier wieder die Ergebnisse entscheidend von den im Kopf der *Übersicht 7.17* angegebenen Parameterwerten ab. (Führen Sie eine Sensitivitätsanalyse durch. Programmaufruf mit DECK717.)

7.4.4 Zur Vorgehensweise bei der Neuproduktentwicklung

Ein wesentliches Kennzeichen hochentwickelter Volkswirtschaften ist, dass die kaufkräftigen Konsumenten nach immer neuen Produkten fragen und die Unternehmen ihrerseits versuchen, jeweils als Erste mit neuen Produkten am Markt aufzutreten, um sich dadurch Wettbewerbsvorteile zu verschaffen. Damit wird die Neuproduktentwicklung in den Unternehmen der Ernährungswirtschaft zum wesentlichen Bestandteil der Marketing-Mix-Variable Produktgestaltung. Aber auch in vielen landwirtschaftlichen Unternehmen können neue Produkte oder zumindest neue Produktvarianten (z. B. Gemüsesorten, Heil- und Gewürzpflanzen, weiterverarbeitete Nahrungsrohstoffe: selbst gebackenes Brot, Wein vom Winzer, Vorzugsmilch, Schweinehälften ab Hof, gewaschene oder geschälte Kartoffeln in 2½ kg-Beuteln oder Gläsern, etc.) erheblich dazu beitragen, dass die individuelle Preis-Absatz-Funktion des Unternehmens „nach außen" verlagert wird.

Die Suche nach neuen Produkten ist eine kreative Tätigkeit, eine unternehmerische Leistung im eigentlichen Sinne. Streng formalisierte Verfahren lassen sich dafür letztlich nicht ableiten. Nichtsdestoweniger lässt sich sagen, dass eine erfolgreiche Neuproduktentwicklung aus sechs Schritten bestehen sollte (vgl. Kotler 1974, S. 456-504):

- Ideensuche
- Vorauswahl
- Wirtschaftlichkeitsanalyse (Planungsrechnung)
- Produktentwicklung
- Testmärkte
- Einführung des Produktes

Die Schritte können an folgendem Beispiel verdeutlicht werden: Landwirt Ziegenmayer, dessen größeres Unternehmen zwar nahe einer Großstadt, aber in einer von Boden und Klima wenig begünstigten Region liegt, möchte sich von seiner unwirtschaftlichen Milchviehhaltung trennen und sucht nach Alternativen für die Nutzung der ausgedehnten Grünlandflächen. Gesucht wird die Idee für ein neues Produkt. Das ist der schwierigste Teil des gesamten Prozesses; ohne Idee keine Neuproduktentwicklung. Verbindliche Aussagen über diesen Teilprozess existieren nicht: Schiller konnte angeblich nur dichten, wenn er (angefaulte) Äpfel in der Schublade hatte. Der Physiker Bunsen konnte nur auf ansteigenden Spazierwegen wirklich konzentriert nachdenken. Wir wollen annehmen, dass unser Landwirt nach vielen wieder verworfenen Ideen während einer Italienreise schließlich auf den Gedanken kommt, die Grünlandflächen seines Betriebes durch Schafe und Ziegen zur Herstellung von Käse zu nutzen. Der Käse könnte in der benachbarten Großstadt außergewöhnlich hohe Preise erzielen, wie Ziegenmayer anhand ähnlicher importierter Produkte feststellt.

An die Ideensuche schließt sich die Vorauswahl für das neue Produkt an. Eine mögliche Vorgehensweise, die verhindert, dass in mangelhafte Produktideen zu viele Anstrengungen investiert werden, zeigt *Übersicht 7.18*.

An die Vorauswahl schließt sich die Wirtschaftlichkeitsanalyse an. Sie kann z. B. mit Hilfe von Plan-Kosten-Leistungs-Rechnungen, aber auch mit Investitionsrechnungen, wie sie in Kapitel 8 dieses Buches dargestellt sind, durchgeführt werden. Besteht das Produkt auch die-

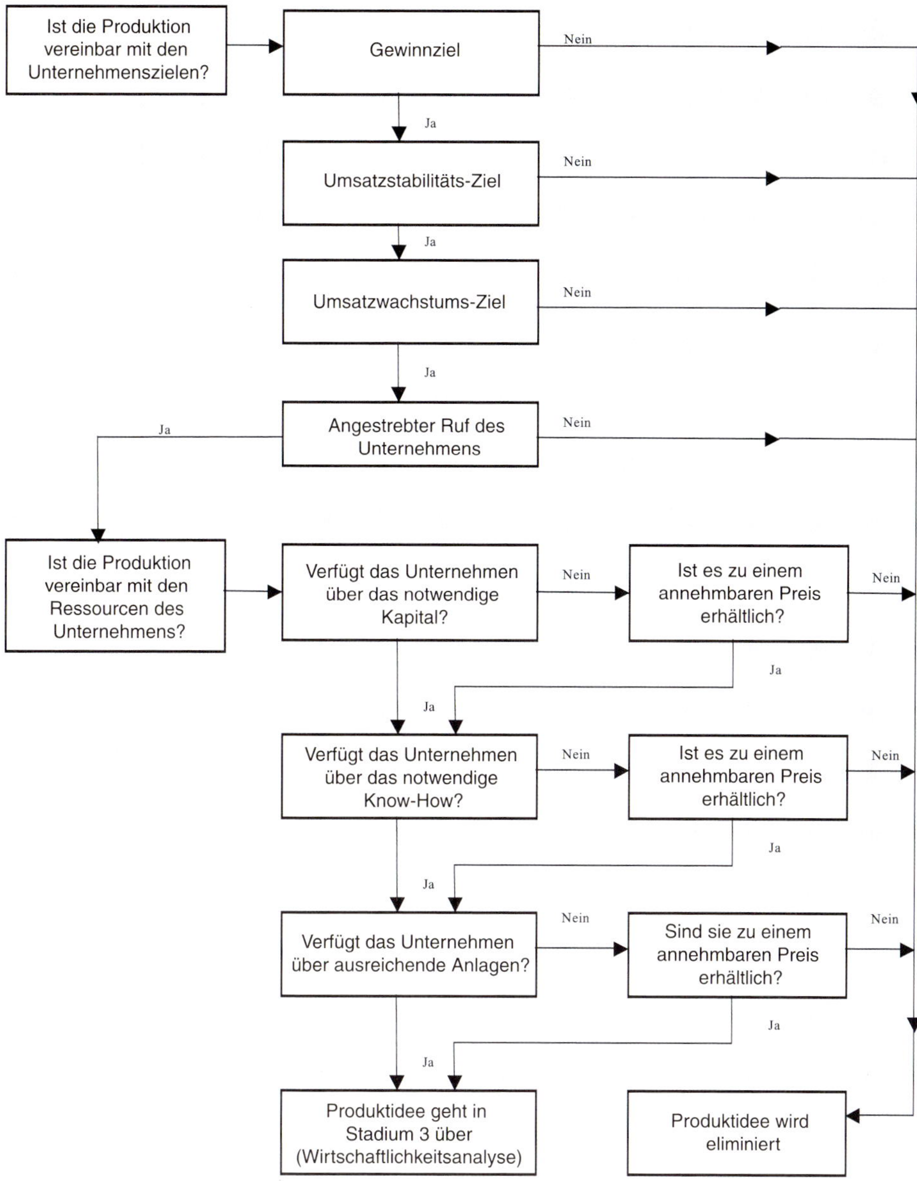

Quelle: Kotler, Ph. 1974, S. 471

DECK718

Übersicht 7.18: Verfahren zur Vorauswahl für ein neues Produkt

sen Test, so erfolgt die eigentliche Produktentwicklung zunächst im kleinen Umfang: Schafe und Ziegen werden angeschafft, Stallungen werden hergerichtet und ein mit Schafen und Ziegen sowie der Käseherstellung vertrauter Mitarbeiter wird eingestellt. Die Produktion läuft in kleinem Umfang an.

Die ersten Produktmengen werden dann auf Testmärkten geprüft. Ziegenmayer liefert den Käse an drei verschiedene Einzelhandelsgeschäfte der Großstadtregion. Um Aussagen über die Preis-Absatz-Funktion zu erhalten, wird der Käse in den drei weit voneinander entfernt liegenden Geschäften zu unterschiedlichen Preisen und mit unterschiedlichen sonstigen Marketing-Aufwändungen angeboten.

Besteht das Produkt auch diesen Test, d. h. erscheint die Nachfrage bei einem mindestens kostendeckenden Preis für eine „Großproduktion" hinreichend, so wird das Produkt eingeführt.

Der Landwirt schafft die notwendigen produktionstechnischen, absatzwirtschaftlichen und personellen Voraussetzungen. Die Produktion läuft voll an.

8 Finanz- und investitionswirtschaftliche Handlungsfelder

In den vorhergehenden Kapiteln haben wir uns schwerpunktmäßig mit güterwirtschaftlichen Fragen der betrieblichen Leistungserstellung und -verwertung befasst. In diesem Kapitel wollen wir dagegen geldwirtschaftliche Fragen, d. h. Entscheidungen zu Finanzierungs- und Investitionsmaßnahmen im Unternehmen, in den Mittelpunkt unserer Betrachtungen stellen. Das finanz- und investitionswirtschaftliche Handlungsfeld des Unternehmens besteht aus den institutionellen, organisatorischen und monetären Alternativen der Kapitalbereitstellung und des Kapitaleinsatzes. Dazu gehören auch die Ablösung von Kreditverpflichtungen (Tilgung) und damit die Gestaltung sowohl der Kapitalzuflüsse als auch der Kapitalrückflüsse.

Kapital als Finanzierungsmittel für Investitionen bildet die wesentliche Voraussetzung für die Einrichtung und die Durchführung betrieblicher Produktionsprozesse. Kapital ist – wie wir bereits in Abschnitt 3.3 abgeleitet haben – notwendig, weil die Ausgaben zur Beschaffung von Produktionsmitteln für die Produktionsprozesse stets vor den Einnahmen für die damit hergestellten Produkte anfallen. Die Produktionsvorgänge beanspruchen Zeit.

Auf den folgenden Seiten wollen wir zunächst untersuchen, durch welche Einflussgrößen die Höhe des Kapitalbedarfs für die betrieblichen Leistungsprozesse bestimmt wird. Im Anschluss an diese „Nachfrageanalyse" für das Kapital wollen wir als „Angebotsanalyse" die verschiedenen Kapitalquellen erfassen und analysieren. Danach werden wir auf Kriterien und Verfahren zur Bestimmung der Wirtschaftlichkeit des Kapitaleinsatzes, d. h. zur Beurteilung der relativen Vorzüglichkeit von Investitionsalternativen, eingehen. Abschließend soll gezeigt werden, mit welchen Planungshilfsmitteln die Kapitalnachfrage und das Kapitalangebot im laufenden Unternehmen so in Übereinstimmung gebracht werden können, dass das Unternehmen nicht zahlungsunfähig (illiquide) wird.

8.1 Determinanten des Kapitalbedarfes

8.1.1 Zur Methodik der Bestimmung des Kapitalbedarfes

Die Höhe des Kapitalbedarfes für einen gewinnträchtigen Produktionsprozess beeinflusst dessen Kapitalrentabilität. Da die Kapitalrentabilität der Quotient aus Gewinn und Kapitaleinsatz ist, wird man in den Unternehmen bestrebt sein, möglichst wenig Kapital zur Erzielung eines bestimmten Gewinnes einzusetzen bzw. umgekehrt einen gegebenen Kapitalbetrag möglichst so einzusetzen, dass damit ein maximaler Gewinn erzielt wird. Um diese Ziele realisieren zu können, muss jedoch bekannt sein, von welchen Einflussgrößen die Höhe des Kapitalbedarfes wie bestimmt wird. Die wichtigsten derartigen Determinanten des Kapitalbedarfes sind (1) die Anordnung des Produktionsverfahrens, (2) der mit dem Produktionsverfahren verbundene Umfang der Lagerhaltung von Werkstoffen, (3) die Beschäftigungsgrade der Betriebsmittel, (4) der größenmäßige Umfang des Produktionsverfahrens und (5) die Eigentumsverhältnisse für die Betriebsmittel.

Fragen zum Kapitalbedarf von Produktionsverfahren werden – wie bereits in Abschnitt 3.3 dargestellt wurde – mit Hilfe von Ausgaben- und Einnahmenströmen analysiert. Um diese Analyse nicht durch Nebensächlichkeiten zu erschweren, sollen hier einige vereinfachende Annahmen gemacht werden, die die wesentlichen Ergebnisse klarer herauszuarbeiten gestatten, ohne die Realität grundsätzlich zu verfälschen:

(1) Wir betrachten das einzelne – klar abgrenzbare – Produktionsverfahren und nicht die Gesamtheit der sich vielfach überlagernden Produktionsvorgänge von Unternehmen.

(2) Wir beschränken die Analyse auf direkt produktionsbezogene Geldbewegungen. Da Kreditaufnahmen und Kredittilgungen sowie Zinszahlungen nur mittelbar mit den Produktionsvorgängen in Verbindung stehen, klammern wir sie hier aus.

(3) Die Preise für die Produktionsfaktoren und Produkte bleiben im Zeitablauf konstant, so dass sich die Einnahmen- und Ausgabenströme nicht durch Preisschwankungen verändern können.

8.1.2 Der Einfluss der Verfahrensanordnung auf den Kapitalbedarf und die Kapitalrentabilität

Landwirt Rapsmeyer, dessen landwirtschaftliches Unternehmen wir bereits in vorhergehenden Kapiteln kennen gelernt haben, plant die Erweiterung seiner Schlachtschweineproduktion um eine zusätzliche Einheit mit 1000 Mastplätzen. Um den Kapitalbedarf und die zu erwartende durchschnittliche Kapitalrentabilität dieser Investition bestimmen zu können, konstruiert er das in *Übersicht 8.1* dargestellte Tabellenkalkulationsprogramm. (Aufruf mit dem Dateinamen DECK81. Variieren Sie die Eingabedaten, um eine Sensitivitätsanalyse in Bezug auf den Kapitalbedarf und die Kapitalrentabilität durchzuführen.)

Aus dem Kopf der *Übersicht 8.1* gehen die wesentlichen Daten zum Mengen- und Preisgerüst der geplanten Investition hervor. Landwirt Rapsmeyer rechnet mit fünfmonatigen Mastperioden, wobei pro Tier und Monat 56 kg Futter als Fertigfutter aufgenommen werden. Er möchte dazu jeweils den Monatsbedarf von 560 dt Futter beschaffen. Er sieht für die Produktion das „Rein-Raus-Verfahren" vor, so dass nach jeweils fünf Monaten 1000 Schweine die Mastanlage verlassen und 1000 Ferkel zugekauft werden (zur Vereinfachung berücksichtigen wir keine Tierverluste). Er rechnet mit mittleren Ankaufspreisen je Ferkel von 65,00 € und mit Verkaufspreisen je Schlachtschwein von 150,00 €. Der Futtermittelpreis wird mit durchschnittlich 18,00 €/dt angenommen. Es entstehen sonstige Aufwändungen je Schwein für Arbeitslohn und Hilfsstoffe von monatlich 3,00 €. Die Stallanlage als Fertigbau könnte für 300.000,00 € erstellt werden. Die erwartete Lebensdauer dieses Betriebsmittels beträgt 20 Jahre.

Im mittleren Teil der *Übersicht 8.1* sind die Mengen- und Geldströme für die ersten 16 Monate in Monatsschritten dargestellt, um den Kapitalbedarf der Investition als maximale negative Einnahmen-Ausgaben-Differenz bestimmen zu können (vgl. zur allgemeinen Bestimmung des Kapitalbedarfes Abschnitt 3.3). Anhand dieser Zeitreihen zeigt sich, dass die maximale negative Einnahmen-Ausgaben-Differenz am Ende des 5. Monats kurz vor dem Verkauf der ersten 1000 Schlachtschweine mit – 430.400,00 € entsteht, so dass der Kapitalbedarf für diese Investition mit 430.400,00 € anzusetzen ist. Er ist im Kopf der *Übersicht 8.1* zusätzlich aufgeführt.

Anzahl der Stallplätze [ka]:	1.000	Ferkelpreis €/St. [pf]:	65,00
Futterverbrauch je Tier in kg/Monat [fv]:	56	Futtermittelpreis €/dt [pm]:	18,00
Futtermenge je Beschaffungsvorgang in dt [tm]:	560	Schweinepreis €/St. [ps]:	150,00
		Preis des Stalles € [as]:	300.000
Länge der Mastperiode in Monaten [mw]:	5	Mon. Ausgaben für Lohn u.	
Periode der Ferkelbeschaffung in Monaten[1] [tf]:	5	Sonst. €/Bestandstier [ph]:	3,00
Tiere je Belegungsvorgang in Stück[2] [sp]:	1.000	Kapitalbedarf € [K]:	430.400

Sp.	1	2	3	4	5	6	7	8	9	10	11	12	13
	Ferkel/Schweine[4]			Futter[5]			Einzelausgaben			Kumulierte		Kumulierte Differenz	Kassenbestand b. gegeb. Kapital
Monat	Zugang	Abgang	Bestand	Zugang	Abgang	Bestand	Ferkel	Futter	Lohn, Sonstiges	Ausgaben[3]	Einnahmen		
	St	St	St	dt	dt	dt	€	€	€	€	€	€	€
1	1.000	0	1.000	560	560	0	65.000	10.080	3.000	378.080	0	-378.080	52.320
2	0	0	1.000	560	560	0	0	10.080	3.000	391.160	0	-391.160	39.240
3	0	0	1.000	560	560	0	0	10.080	3.000	404.240	0	-404.240	26.160
4	0	0	1.000	560	560	0	0	10.080	3.000	417.320	0	-417.320	13.080
5	0	0	1.000	560	560	0	0	10.080	3.000	430.400	0	-430.400	0
6	1.000	1.000	1.000	560	560	0	65.000	10.080	3.000	508.480	150.000	-358.480	71.920
7	0	0	1.000	560	560	0	0	10.080	3.000	521.560	150.000	-371.560	58.840
8	0	0	1.000	560	560	0	0	10.080	3.000	534.640	150.000	-384.640	45.760
9	0	0	1.000	560	560	0	0	10.080	3.000	547.720	150.000	-397.720	32.680
10	0	0	1.000	560	560	0	0	10.080	3.000	560.800	150.000	-410.800	19.600
11	1.000	1.000	1.000	560	560	0	65.000	10.080	3.000	638.880	300.000	-338.880	91.520
12	0	0	1.000	560	560	0	0	10.080	3.000	651.960	300.000	-351.960	78.440
13	0	0	1.000	560	560	0	0	10.080	3.000	665.040	300.000	-365.040	65.360
14	0	0	1.000	560	560	0	0	10.080	3.000	678.120	300.000	-378.120	52.280
15	0	0	1.000	560	560	0	0	10.080	3.000	691.200	300.000	-391.200	39.200
16	1.000	1.000	1.000	560	560	0	65.000	10.080	3.000	769.280	450.000	-319.280	111.120

G.u.V.-RECHNUNG: + Ertrag:	360.000
- Ferkelaufwand:	156.000
- Futteraufwand:	120.960
- (Lohn + Sonstiger Aufwand):	36.000
- Abschreibungen:	15.000
= Gewinn:	32.040

Kapitalrentabilität in %:
= Gewinn/Kapitalbedarf*100: 7,44

Erläuterung: Werte für Ertrag, Aufwändungen und Gewinn in € je Jahr

ANMERKUNGEN: [1]) Für den einzugebenden Wert [tf] gilt die Begrenzung 0<=tf<=mw. Der Wert [tf] muss zudem so beschaffen sein, dass der Quotient (mw/tf) eine ganze Zahl ist. [2]) Damit der Tierbestand nicht die verfügbaren Stallplätze [ka] übersteigt, dürfen je Belegungsvorgang nur (sp<=(ka/mw*tf)) Ferkel beschafft werden. [3]) in Monat 1 einschließl. der Ausgabe für die Beschaffung des Stalls. [4]) jeweils Monatsanfang. [5]) Zugang am Monatsanfang, Verbrauch während des Monats, Bestand am Monatsende.

Die Erträge und Aufwändungen zur Berechnung des (Jahres-)Gewinns ergeben sich nach folgenden Bestimmungsgleichungen: Ertrag=sp/tf*ps*12; Ferkelaufwand=sp/tf*pf*12; Futteraufwand=sp/tf*mw*(fv/100)*pm*12; So.Aufwand=sp/tf*mw*ph*12; AfA=as/20.

DECK81

Übersicht 8.1: Determinanten für die Höhe des Kapitalbedarfes, dargestellt am Beispiel einer Schlachtschweineproduktion – AUSGANGSSITUATION „REIN-RAUS-VERFAHREN“ –

Aus dem unteren Teil der *Übersicht 8.1* gehen der erwartete mittlere Jahresgewinn der Schlachtschweineanlage und deren Kapitalrentabilität hervor. Der Gewinn ergibt sich nach Maßgabe der folgenden Gleichung:

Gewinn = Ertrag – Ferkelaufwand – Futteraufwand – Sonstiger Aufwand – Abschreibungen

Die Gleichungen zur Bestimmung der einzelnen Beträge sind im Fuß der *Übersicht 8.1* angegeben. Sie werden für ein Jahr bestimmt, in dem das jeweilige Mastverfahren – nach Abschluss der Anlaufphase – bereits in vollem Umfang „läuft“. (Vollziehen Sie die Berechnungen im Einzelnen nach!)

Bei dieser Prozessanordnung kann Rapsmeyer – wie die Übersicht ausweist – mit einem (Jahres-) Gewinn von 32.040,00 € und einer Kapitalrentabilität von 7,44 % rechnen.

Bei näherer Betrachtung empfindet Rapsmeyer den Kapitalbedarf von 430.400,00 €, der um 130.430,00 € über dem Ankaufspreis für das Anlagevermögen (die Stallanlage) von 300.000,00 € liegt, als ziemlich hoch. Deshalb simuliert er mit seinem Modell, welche Konsequenzen sich ergäben, wenn er statt des „Rein-Raus-Verfahrens" eine stärker kontinuierliche Mast durchführen würde. Dabei würden nicht nur jeweils nach fünf Monaten, sondern in jedem Monat – wenn auch jeweils geringere – Einnahmen entstehen. *Übersicht 8.2* zeigt, wie der Produktionsprozess nunmehr abliefe. Dadurch, dass jetzt nicht mehr zu Beginn des ersten Monats 1000 Ferkel beschafft werden, sondern der Stall in Monatsschritten mit Partien von jeweils 200 Ferkeln sukzessive aufgefüllt wird, um den kontinuierlichen Prozess in vollem Umfang zu Beginn des fünften Monats zu erreichen, beträgt der Kapitalbedarf nur noch 404.240,00 €. Der Kapitalbedarf zur Vorfinanzierung von Arbeitslöhnen und Werkstoffen sinkt also um 26.160,00 € oder ca. 20 %. Wenn sich der kontinuierliche Mastprozess voll etabliert hat, steigt die durchschnittliche Kapitalrentabilität von vorher 7,44 % auf jetzt 7,93 % um fast 7 % an.

Anzahl der Stallplätze [ka]:	1.000	Ferkelpreis €/St. [pf]:	65,00
Futterverbrauch je Tier in kg/Monat [fv]:	56	Futtermittelpreis €/dt [pm]:	18,00
Futtermenge je Beschaffungsvorgang in dt [tm]:	560	Schweinepreis €/St. [ps]:	150,00
		Preis des Stalles € [as]:	300.000
Länge der Mastperiode in Monaten [mw]:	5	Mon. Ausgaben für Lohn u.	
Periode der Ferkelbeschaffung in Monaten[1] [tf]:	1	Sonst. €/Bestandstier [ph]:	3,00
Tiere je Belegungsvorgang in Stück[2] [sp]:	200	Kapitalbedarf € [K]:	404.240

Sp.	1	2	3	4	5	6	7	8	9	10	11	12	13
	Ferkel/Schweine[4]			Futter[5]			Einzelausgaben			Kumulierte		Kumulierte Differenz	Kassenbestand b. gegeb. Kapital
Monat	Zugang	Abgang	Bestand	Zugang	Abgang	Bestand	Ferkel	Futter	Lohn, Sonstiges	Ausgaben[3]	Einnahmen		
	St	St	St	dt	dt	dt	€	€	€	€	€	€	€
1	200	0	200	560	112	448	13.000	10.080	600	323.680	0	-323.680	80.560
2	200	0	400	0	224	224	13.000	0	1.200	337.880	0	-337.880	66.360
3	200	0	600	560	336	448	13.000	10.080	1.800	362.760	0	-362.760	41.480
4	200	0	800	0	448	0	13.000	0	2.400	378.160	0	-378.160	26.080
5	200	0	1.000	560	560	0	13.000	10.080	3.000	404.240	0	-404.240	0
6	200	200	1.000	560	560	0	13.000	10.080	3.000	430.320	30.000	-400.320	3.920
7	200	200	1.000	560	560	0	13.000	10.080	3.000	456.400	60.000	-396.400	7.840
8	200	200	1.000	560	560	0	13.000	10.080	3.000	482.480	90.000	-392.480	11.760
9	200	200	1.000	560	560	0	13.000	10.080	3.000	508.560	120.000	-388.560	15.680
10	200	200	1.000	560	560	0	13.000	10.080	3.000	534.640	150.000	-384.640	19.600
11	200	200	1.000	560	560	0	13.000	10.080	3.000	560.720	180.000	-380.720	23.520
12	200	200	1.000	560	560	0	13.000	10.080	3.000	586.800	210.000	-376.800	27.440
13	200	200	1.000	560	560	0	13.000	10.080	3.000	612.880	240.000	-372.880	31.360
14	200	200	1.000	560	560	0	13.000	10.080	3.000	638.960	270.000	-368.960	35.280
15	200	200	1.000	560	560	0	13.000	10.080	3.000	665.040	300.000	-365.040	39.200
16	200	200	1.000	560	560	0	13.000	10.080	3.000	691.120	330.000	-361.120	43.12

		G.u.V.-RECHNUNG: + Ertrag:	360.000
Kapitalrentabilität in %:		- Ferkelaufwand:	156.000
= Gewinn/Kapitalbedarf*100:	7,93	- Futteraufwand:	120.960
		- (Lohn + Sonstiger Aufwand):	36.000
Erläuterung: Werte für Ertrag, Aufwändungen und Gewinn in € je Jahr		- Abschreibungen:	15.000
		= Gewinn:	32.040
ANMERKUNGEN: s. Übersicht 8.1			

DECK82

Übersicht 8.2: Determinanten für die Höhe des Kapitalbedarfes, dargestellt am Beispiel einer Schlachtschweineproduktion – „KONTINUIERLICHE MAST", Einstallung in Monatsschritten –

Den Vorteilen des geringeren Kapitalbedarfes und der höheren durchschnittlichen Kapitalrentabilität steht indessen der Nachteil einer weniger raschen Kapitalwiedergewinnung gegenüber. So betragen die Gesamteinnahmen beim „Rein-Raus-Verfahren" im 11. Monat bereits 300.000,00 €, während es bei der kontinuierlichen Mast erst 180.000,00 € sind. Wie man sich leicht klarmachen kann, wird dieser Unterschied jedoch mit zunehmender Produktionsdauer relativ immer geringer.

Generell zeigt das Beispiel, dass sich der Kapitalbedarf durch die Wahl der Verfahrensanordnung bei langfristig gleich bleibendem Produktionsumfang variieren lässt. Dabei wird der Kapitalbedarf umso geringer, je kontinuierlicher ein Produktionsprozess gestaltet werden kann, d. h. in je mehr zeitlich versetzte Teilprozesse sich der Gesamtprozess aufspalten lässt.

Allerdings ist eine Variation der Verfahrensanordnung nur bei solchen Produktionsverfahren möglich, die zu jedem beliebigen Zeitpunkt während eines Jahres aufgenommen werden können. Das trifft – wie wir bereits in Abschnitt 3.2.1.2 abgeleitet haben – nur für die technisch bedingt diskontinuierliche Produktion zu. Bei der naturbedingt diskontinuierlichen Produktion der Nutzpflanzenerzeugung scheidet diese Möglichkeit zur Senkung des Kapitalbedarfes für die Vorfinanzierung von Arbeitslöhnen und Werkstoffen dagegen aus. Im Übrigen ergibt sich daraus, dass kontinuierliche Produktionsverfahren den geringsten Kapitalbedarf zur Vorfinanzierung von Arbeitslöhnen und Werkstoffen haben, weil die dafür erforderlichen kontinuierlichen Ausgaben unmittelbar durch die ebenfalls kontinuierlich anfallenden Einnahmen finanziert werden können.

8.1.3 Der Einfluss der Lagerhaltung auf den Kapitalbedarf und die Kapitalrentabilität

Bisher wurde davon ausgegangen, dass Rapsmeyer 560 dt Futter je Beschaffungsvorgang einkauft. Bei voller Nutzung der Stallkapazität entspricht das einem Monatsbedarf. Rapsmeyer simuliert in einem nächsten Schritt, welche Konsequenzen sich ergeben würden, wenn er jeweils einen Jahresbedarf an Futtermitteln – z. B. in Form von Getreide, das er zur Erntezeit von anderen Betrieben zukauft – beschaffen würde. Bei dieser Vorgehensweise ergäben sich die in *Übersicht 8.3* dargestellten Konsequenzen. Die Beschaffung der Jahresfuttermenge in Höhe von 6720 dt würde zu einer Erhöhung des Kapitalbedarfes von 430.400,00 € (Ausgangssituation) auf 500.960,00 € um 70.560,00 € führen. Bei unverändertem Gewinn von 32.040,00 € würde dadurch die Kapitalrentabilität auf 6,4 % abnehmen. Eine gleich bleibende Rentabilität von 7,44 % (Ausgangssituation) ließe sich aber sicherstellen, wenn bei Einkauf der Jahresfuttermenge die Futtermittel um mindestens 0,73 € je dt preisgünstiger wären. (Prüfen Sie das durch Veränderung der zugehörigen Parameterwerte im Programm DECK81 nach.)

Das Ergebnis dieses Beispiels lässt sich verallgemeinern: Eine zunehmende Lagerhaltung führt zu steigendem Kapitalbedarf. Sie ist deshalb wirtschaftlich nur dann gerechtfertigt, wenn dem höheren Kapitalbedarf, der Nutzungskosten für entgehende Zinsen verursacht, andere Vorteile wie z. B. geringere Bestellungsausführungskosten oder Preisnachlässe für die Lagergüter etwa in Form von Rabatten gegenüberstehen. Die zugehörigen Überlegungen hatten wir bereits in Abschnitt 6.7.3 angestellt.

8.1.4 Der Einfluss des Beschäftigungsgrades der Betriebsmittel auf den Kapitalbedarf und die Kapitalrentabilität

Die Wirkung unterschiedlicher Beschäftigungsgrade von Betriebsmitteln geht aus einem Vergleich der *Übersicht 8.4* mit der *Übersicht 8.1* hervor. In *Übersicht 8.4* wurde angenommen, dass Rapsmeyer seine Stallanlage nur zur Hälfte auslastet und deshalb monatlich auch nur 280 anstelle von 560 dt Futter beschafft. Durch diese Maßnahme sinkt zwar der Kapitalbedarf von 430.400,00 € (Ausgangssituation) auf 365.200,00 € um 65.200,00 € oder ca. 15 %, aber

Anzahl der Stallplätze [ka]:	1.000	Ferkelpreis €/St. [pf]:	65,00
Futterverbrauch je Tier in kg/Monat [fv]:	56	Futtermittelpreis €/dt [pm]:	18,00
Futtermenge je Beschaffungsvorgang in dt [tm]:	6.720	Schweinepreis €/St. [ps]:	150,00
		Preis des Stalles € [as]:	300.000
Länge der Mastperiode in Monaten [mw]:	5	Mon. Ausgaben für Lohn u.	
Periode der Ferkelbeschaffung in Monaten[1] [tf]:	5	Sonst. €/Bestandstier [ph]:	3,00
Tiere je Belegungsvorgang in Stück[2] [sp]:	1.000	Kapitalbedarf € [K]:	500.960

Sp.	1	2	3	4	5	6	7	8	9	10	11	12	13
	Ferkel/Schweine[4]			Futter[5]			Einzelausgaben			Kumulierte		Kumu-lierte	Kassen-bestand
Mo-nat	Zu-gang	Ab-gang	Be-stand	Zu-gang	Ab-gang	Be-stand	Ferkel	Futter	Lohn, Sons-tiges	Aus-gaben[3]	Ein-nahmen	Diffe-renz	b. gegeb. Kapital
	St	St	St	dt	dt	dt	€	€	€	€	€	€	€
1	1.000	0	1.000	6.720	560	6.160	65.000	120.960	3.000	488.960	0	-488.960	12.000
2	0	0	1.000	0	560	5.600	0	0	3.000	491.960	0	-491.960	9.000
3	0	0	1.000	0	560	5.040	0	0	3.000	494.960	0	-494.960	6.000
4	0	0	1.000	0	560	4.480	0	0	3.000	497.960	0	-497.960	3.000
5	0	0	1.000	0	560	3.920	0	0	3.000	500.960	0	-500.960	0
6	1.000	1.000	1.000	0	560	3.360	65.000	0	3.000	568.960	150.000	-418.960	82.000
7	0	0	1.000	0	560	2.800	0	0	3.000	571.960	150.000	-421.960	79.000
8	0	0	1.000	0	560	2.240	0	0	3.000	574.960	150.000	-424.960	76.000
9	0	0	1.000	0	560	1.680	0	0	3.000	577.960	150.000	-427.960	73.000
10	0	0	1.000	0	560	1.120	0	0	3.000	580.960	150.000	-430.960	70.000
11	1.000	1.000	1.000	0	560	560	65.000	0	3.000	648.960	300.000	-348.960	152.000
12	0	0	1.000	0	560	0	0	0	3.000	651.960	300.000	-351.960	149.000
13	0	0	1.000	6.720	560	6.160	0	120.960	3.000	775.920	300.000	-475.920	25.040
14	0	0	1.000	0	560	5.600	0	0	3.000	778.920	300.000	-478.920	22.040
15	0	0	1.000	0	560	5.040	0	0	3.000	781.920	300.000	-481.920	19.040
16	1.000	1.000	1.000	0	560	4.480	65.000	0	3.000	849.920	450.000	-399.920	101.040

		G.u.V.-RECHNUNG:	+ Ertrag: 360.000
Kapitalrentabilität in %:			- Ferkelaufwand: 156.000
= Gewinn/Kapitalbedarf*100:	6,40		- Futteraufwand: 120.960
			- (Lohn + Sonstiger Aufwand): 36.000
Erläuterung: Werte für Ertrag, Aufwändungen und Gewinn in € je Jahr			- Abschreibungen: 15.000
			= Gewinn: 32.040
ANMERKUNGEN: *s. Übersicht 8.1*			

DECK83

Übersicht 8.3: Determinanten für die Höhe des Kapitalbedarfes, dargestellt am Beispiel einer Schlachtschweineproduktion – „REIN-RAUS-VERFAHREN", Beschaffung des Futterjahresbedarfes –

der zu erwartende Gewinn fällt ebenfalls, nämlich von 32.040,00 € auf nur noch 8520,00 €, so dass trotz des geringeren Kapitalbedarfes die Kapitalrentabilität drastisch von 7,44 % auf 2,33 % absinkt. Umgekehrt gesagt: Mit zunehmenden Beschäftigungsgraden von Produktionsanlagen steigt – wegen des festen Kapitalbedarfes für das Betriebsmittel – der Kapitalbedarf weit langsamer als der Gewinn, so dass sich die Kapitalrentabilität überproportional erhöht. Die Grenzkapitalrentabilität nimmt zu.

8.1.5 Der Einfluss von multiplen Verfahrensvariationen auf den Kapitalbedarf und die Kapitalrentabilität

Der Umfang von Produktionsverfahren hat einen erheblichen Einfluss auf den Kapitalbedarf. Geht man davon aus, dass bei jeweils voller Kapazitätsauslastung die Kapazität einer Produktionsanlage durch die Vermehrung jeweils gleichartiger Anlagen ausgedehnt werden soll, dann steigen durch diese multiple Verfahrensvariation (vgl. Abschnitt 6.5.2.3) der Kapitalbedarf und der zu erwartende Gewinn in gleichem Maße, so dass die Kapitalrentabilität konstant bleibt. Ein Vergleich der *Übersicht 8.5* mit der *Übersicht 8.1* verdeutlicht diesen Tatbestand für unser Beispiel. Eine Ausdehnung der Anlagenkapazität um 25 % von 1000 auf 1250 Stallplätze führt c. p. zu einer Erhöhung des Kapitalbedarfes um ebenfalls 25 % auf 538.000,00 € und zu einer Steigung des zu erwartenden Gewinns um 25 % auf 40.050,00 €. Die Kapitalrentabilität bleibt mit 7,44 % unverändert.

Anzahl der Stallplätze [ka]:	1.000	Ferkelpreis €/St. [pf]:	65,00
Futterverbrauch je Tier in kg/Monat [fv]:	56	Futtermittelpreis €/dt [pm]:	18,00
Futtermenge je Beschaffungsvorgang in dt [tm]:	280	Schweinepreis €/St. [ps]:	150,00
		Preis des Stalles € [as]:	300.000
Länge der Mastperiode in Monaten [mw]:	5	Mon. Ausgaben für Lohn u.	
Periode der Ferkelbeschaffung in Monaten[1] [tf]:	5	Sonst. €/Bestandstier [ph]:	3,00
Tiere je Belegungsvorgang in Stück[2] [sp]:	500	Kapitalbedarf € [K]:	365.200

Sp.	1	2	3	4	5	6	7	8	9	10	11	12	13
	Ferkel/Schweine[4]			Futter[5]			Einzelausgaben			Kumulierte		Kumu-lierte Diffe-renz	Kassen-bestand b. gegeb. Kapital
Mo-nat	Zu-gang	Ab-gang	Be-stand	Zu-gang	Ab-gang	Be-stand	Ferkel	Futter	Lohn, Sons-tiges	Aus-gaben[3]	Ein-nahmen		
	St	St	St	dt	dt	dt	€	€	€	€	€	€	€
1	500	0	500	280	280	0	32.500	5.040	1.500	339.040	0	-339.040	26.160
2	0	0	500	280	280	0	0	5.040	1.500	345.580	0	-345.580	19.620
3	0	0	500	280	280	0	0	5.040	1.500	352.120	0	-352.120	13.080
4	0	0	500	280	280	0	0	5.040	1.500	358.660	0	-358.660	6.540
5	0	0	500	280	280	0	0	5.040	1.500	365.200	0	-365.200	0
6	500	500	500	280	280	0	32.500	5.040	1.500	404.240	75.000	-329.240	35.960
7	0	0	500	280	280	0	0	5.040	1.500	410.780	75.000	-335.780	29.420
8	0	0	500	280	280	0	0	5.040	1.500	417.320	75.000	-342.320	22.880
9	0	0	500	280	280	0	0	5.040	1.500	423.860	75.000	-348.860	16.340
10	0	0	500	280	280	0	0	5.040	1.500	430.400	75.000	-355.400	9.800
11	500	500	500	280	280	0	32.500	5.040	1.500	469.440	150.000	-319.440	45.760
12	0	0	500	280	280	0	0	5.040	1.500	475.980	150.000	-325.980	39.220
13	0	0	500	280	280	0	0	5.040	1.500	482.520	150.000	-332.520	32.680
14	0	0	500	280	280	0	0	5.040	1.500	489.060	150.000	-339.060	26.140
15	0	0	500	280	280	0	0	5.040	1.500	495.600	150.000	-345.600	19.600
16	500	500	500	280	280	0	32.500	5.040	1.500	534.640	225.000	-309.640	55.560

	G.u.V.-RECHNUNG:	
Kapitalrentabilität in %:	+ Ertrag:	180.000
= Gewinn/Kapitalbedarf*100: 2,33	- Ferkelaufwand:	78.000
	- Futteraufwand:	60.480
	- (Lohn + Sonstiger Aufwand):	18.000
Erläuterung: Werte für Ertrag, Aufwändungen und Gewinn in € je Jahr	- Abschreibungen:	15.000
	= Gewinn:	8.520
ANMERKUNGEN: *s. Übersicht 8.1*		

DECK84

Übersicht 8.4: Determinanten für die Höhe des Kapitalbedarfes, dargestellt am Beispiel einer Schlachtschweineproduktion – „REIN-RAUS-VERFAHREN", halbe Auslastung der Stallkapazität –

8.1.6 Der Einfluss von mutativen Verfahrensvariationen auf den Kapitalbedarf und die Kapitalrentabilität

Eine mutative Verfahrensvariation (vgl. Abschnitt 6.5.3) kommt dann in Frage, wenn mindestens noch ein andersartig konfiguriertes Produktionsverfahren für die Herstellung eines Produktes einsetzbar wäre. In *Übersicht 8.6* wurde im Vergleich zu *Übersicht 8.1* angenommen, dass Rapsmeyer eine Verfahrensalternative betrachtet, die sich durch eine verbesserte Stallklimatisierung von der ursprünglichen Alternative unterscheidet. Dieser Stall hat zwar einen um 100.000,00 € höheren Ankaufspreis, aber er ermöglicht auch eine verbesserte Futterverwertung für die Schweine. Bei einer unverändert fünfmonatigen Mastperiode werden nunmehr nur noch 250 kg Futter anstelle der bisherigen 280 kg Futter je Mastschwein verbraucht. Unter sonst gleichen Bedingungen stiege dadurch – wie die *Übersicht 8.6* zeigt – zwar der Kapitalbedarf um 94.600,00 € auf 525.000,00 € an, aber der Gewinn nähme von 32.040,00 € auf 40.000,00 € ebenfalls substanziell zu, so dass sich die höhere Kapitalrentabilität von 7,62 % (Ausgangssituation 7,44 %) ergäbe.

Mutative Verfahrensvariationen führen zwar i. d. R. zu einem höheren Kapitalbedarf, oftmals steigen damit jedoch auch die erzielbaren Kapitalrentabilitäten, so dass derartige Verfahrensvariationen im Hinblick auf die interne Verzinsung des zusätzlich eingesetzten Kapitals wirtschaftlich sinnvoll sein können. Indessen ist durchaus nicht jede mutative Ver-

Anzahl der Stallplätze [ka]:	1.250	Ferkelpreis €/St. [pf]:	65,00
Futterverbrauch je Tier in kg/Monat [fv]:	56	Futtermittelpreis €/dt [pm]:	18,00
Futtermenge je Beschaffungsvorgang in dt [tm]:	700	Schweinepreis €/St. [ps]:	150,00
		Preis des Stalles € [as]:	375.000
Länge der Mastperiode in Monaten [mw]:	5	Mon. Ausgaben für Lohn u.	
Periode der Ferkelbeschaffung in Monaten[1] [tf]:	5	Sonst. €/Bestandstier [ph]:	3,00
Tiere je Belegungsvorgang in Stück[2] [sp]:	1.250	Kapitalbedarf € [K]:	538.000

Sp.	1	2	3	4	5	6	7	8	9	10	11	12	13
	Ferkel/Schweine[4]			Futter[5]			Einzelausgaben			Kumulierte		Kumulierte Differenz	Kassenbestand b. gegeb. Kapital
Monat	Zugang	Abgang	Bestand	Zugang	Abgang	Bestand	Ferkel	Futter	Lohn, Sonstiges	Ausgaben[3]	Einnahmen		
	St	St	St	dt	dt	dt	€	€	€	€	€	€	€
1	1.250	0	1.250	700	700	0	81.250	12.600	3.750	472.600	0	-472.600	65.400
2	0	0	1.250	700	700	0	0	12.600	3.750	488.950	0	-488.950	49.050
3	0	0	1.250	700	700	0	0	12.600	3.750	505.300	0	-505.300	32.700
4	0	0	1.250	700	700	0	0	12.600	3.750	521.650	0	-521.650	16.350
5	0	0	1.250	700	700	0	0	12.600	3.750	538.000	0	-538.000	0
6	1.250	1.250	1.250	700	700	0	81.250	12.600	3.750	635.600	187.500	-448.100	89.900
7	0	0	1.250	700	700	0	0	12.600	3.750	651.950	187.500	-464.450	73.550
8	0	0	1.250	700	700	0	0	12.600	3.750	668.300	187.500	-480.800	57.200
9	0	0	1.250	700	700	0	0	12.600	3.750	684.650	187.500	-497.150	40.850
10	0	0	1.250	700	700	0	0	12.600	3.750	701.000	187.500	-513.500	24.500
11	1.250	1.250	1.250	700	700	0	81.250	12.600	3.750	798.600	375.000	-423.600	114.400
12	0	0	1.250	700	700	0	0	12.600	3.750	814.950	375.000	-439.950	98.050
13	0	0	1.250	700	700	0	0	12.600	3.750	831.300	375.000	-456.300	81.700
14	0	0	1.250	700	700	0	0	12.600	3.750	847.650	375.000	-472.650	65.350
15	0	0	1.250	700	700	0	0	12.600	3.750	864.000	375.000	-489.000	49.000
16	1.250	1.250	1.250	700	700	0	81.250	12.600	3.750	961.600	562.500	-399.100	138.900

Kapitalrentabilität in %: = Gewinn/Kapitalbedarf*100: 7,44	**G.u.V.-RECHNUNG:**	+ Ertrag: 450.000
		- Ferkelaufwand: 195.000
		- Futteraufwand: 151.200
		- (Lohn + Sonstiger Aufwand): 45.000
Erläuterung: Werte für Ertrag, Aufwändungen und Gewinn in € je Jahr		- Abschreibungen: 18.750
		= Gewinn: 40.050
ANMERKUNGEN: *s. Übersicht 8.1*		

DECK85

Übersicht 8.5: Determinanten für die Höhe des Kapitalbedarfes, dargestellt am Beispiel einer Schlachtschweineproduktion – „REIN-RAUS-VERFAHREN", multiple Verfahrensvariation –

fahrensvariation relativ vorzüglich. Würde in unserem Beispiel der mittlere Futterverbrauch je Mastschwein nur von 56 kg/Monat (Ausgangssituation) auf 51 kg/Monat anstelle von 50 kg/Monat abnehmen, würde sich nur eine Kapitalrentabilität von 7,21 % ergeben. Die Verfahrensalternative wäre der ursprünglichen Alternative wirtschaftlich unterlegen.

8.1.7 Der Einfluss der Eigentumsverhältnisse auf den Kapitalbedarf und die Kapitalrentabilität

Aus der Sicht des einzelnen Unternehmens besteht eine weitere Möglichkeit zur erheblichen Senkung des Kapitalbedarfs für ein Produktionsverfahren darin, die Betriebsmittel nicht in das Eigentum des Unternehmens zu überführen, sondern nur zu mieten bzw. zu pachten. Mit *Übersicht 8.7* wurde für unser Beispiel davon ausgegangen, dass Rapsmeyer die Stallanlage mietet. Der Mietpreis betrage 2,50 € je Stallplatz und Monat, wodurch sich die monatlichen Ausgaben für Lohn und Sonstiges (ph) von bisher 3,00 € auf nunmehr 5,50 € erhöhen würden. Andererseits entfällt der Ankaufspreis für die Stallanlage.

Die Realisierung dieser Handlungsalternative würde bewirken, dass der Kapitalbedarf von 430.400,00 € (Ausgangssituation) um 287.500,00 € oder ca. 67 % auf nunmehr nur noch 142.900,00 € gesenkt werden könnte. Der zu erwartende Gewinn würde trotz der entfallenden Abschreibung in Höhe von 15.000,00 € auf 17.040,00 € zurückgehen, weil der sonstige

Anzahl der Stallplätze [ka]:	1.000	Ferkelpreis €/St. [pf]:	65,00
Futterverbrauch je Tier in kg/Monat [fv]:	50	Futtermittelpreis €/dt [pm]:	18,00
Futtermenge je Beschaffungsvorgang in dt [tm]:	500	Schweinepreis €/St. [ps]:	150,00
		Preis des Stalles € [as]:	400.000
Länge der Mastperiode in Monaten [mw]:	5	Mon. Ausgaben für Lohn u.	
Periode der Ferkelbeschaffung in Monaten[1] [tf]:	5	Sonst. €/Bestandstier [ph]:	3,00
Tiere je Belegungsvorgang in Stück[2] [sp]:	1.000	Kapitalbedarf € [K]:	525.000

Sp.	1	2	3	4	5	6	7	8	9	10	11	12	13
	Ferkel/Schweine[4]			Futter[5]			Einzelausgaben			Kumulierte		Kumulierte Differenz	Kassenbestand b. gegeb. Kapital
Monat	Zugang	Abgang	Bestand	Zugang	Abgang	Bestand	Ferkel	Futter	Lohn, Sonstiges	Ausgaben[3]	Einnahmen		
	St	St	St	dt	dt	dt	€	€	€	€	€	€	€
1	1.000	0	1.000	500	500	0	65.000	9.000	3.000	477.000	0	-477.000	48.000
2	0	0	1.000	500	500	0	0	9.000	3.000	489.000	0	-489.000	36.000
3	0	0	1.000	500	500	0	0	9.000	3.000	501.000	0	-501.000	24.000
4	0	0	1.000	500	500	0	0	9.000	3.000	513.000	0	-513.000	12.000
5	0	0	1.000	500	500	0	0	9.000	3.000	525.000	0	-525.000	0
6	1.000	1.000	1.000	500	500	0	65.000	9.000	3.000	602.000	150.000	-452.000	73.000
7	0	0	1.000	500	500	0	0	9.000	3.000	614.000	150.000	-464.000	61.000
8	0	0	1.000	500	500	0	0	9.000	3.000	626.000	150.000	-476.000	49.000
9	0	0	1.000	500	500	0	0	9.000	3.000	638.000	150.000	-488.000	37.000
10	0	0	1.000	500	500	0	0	9.000	3.000	650.000	150.000	-500.000	25.000
11	1.000	1.000	1.000	500	500	0	65.000	9.000	3.000	727.000	300.000	-427.000	98.000
12	0	0	1.000	500	500	0	0	9.000	3.000	739.000	300.000	-439.000	86.000
13	0	0	1.000	500	500	0	0	9.000	3.000	751.000	300.000	-451.000	74.000
14	0	0	1.000	500	500	0	0	9.000	3.000	763.000	300.000	-463.000	62.000
15	0	0	1.000	500	500	0	0	9.000	3.000	775.000	300.000	-475.000	50.000
16	1.000	1.000	1.000	500	500	0	65.000	9.000	3.000	852.000	450.000	-402.000	123.000

Kapitalrentabilität in %:		**G.u.V.-RECHNUNG:**	
= Gewinn/Kapitalbedarf*100:	7,62	+ Ertrag:	360.000
		- Ferkelaufwand:	156.000
		- Futteraufwand:	108.000
		- (Lohn + Sonstiger Aufwand):	36.000
Erläuterung: Werte für Ertrag, Aufwändungen und Gewinn in € je Jahr		- Abschreibungen:	20.000
		= Gewinn:	40.000
ANMERKUNGEN: *s. Übersicht 8.1*			

DECK86

Übersicht 8.6: Determinanten für die Höhe des Kapitalbedarfes, dargestellt am Beispiel einer Schlachtschweineproduktion – „REIN-RAUS-VERFAHREN", mutative Verfahrensvariation –

Aufwand durch die Stallmiete um mehr als diesen Abschreibungsbetrag von ursprünglich 36.000,00 € auf nunmehr 66.000,00 € ansteigen würde.

Da jedoch der Kapitalbedarf prozentual stärker abnimmt als der Gewinn, steigt die Kapitalrentabilität von 7,44 % (Ausgangssituation) auf jetzt 11,92 % substanziell an, wie die *Übersicht 8.7* ausweist.

Allerdings ist der Mietpreis für die Stallanlage eine sehr sensible Variable. Bei einem um 0,52 € höheren Mietpreis je Stallplatz und Monat von 3,02 € anstelle der ursprünglichen 2,50 € ginge die Kapitalrentabilität auf den Ausgangswert von 7,44 % zurück. Bei einem um 0,52 € geringeren Mietpreis würde sich die Kapitalrentabilität auf 16,59 % erhöhen.

8.2 Die Kapitalbedarfsrechnung

Wie das Beispiel in den vorhergehenden Abschnitten gezeigt hat, ist die exakte Bestimmungdes Kapitalbedarfes eine zentrale Voraussetzung zur Bestimmung der relativen Vorzüglichkeit von Investitionsalternativen. Der Kapitalbedarf ist die größte negative Differenz zwischen den erwarteten Einnahmen und Ausgaben, die mit einer Investitionsalternative verbunden sind. Um diesen Kapitalbedarf zu ermitteln, müssen somit die mit der Anlaufphase der Produktion verbundenen Einnahmen und Ausgaben festgestellt und aufsummiert werden.

Anzahl der Stallplätze [ka]:	1.000	Ferkelpreis €/St. [pf]:	65,00
Futterverbrauch je Tier in kg/Monat [fv]:	56	Futtermittelpreis €/dt [pm]:	18,00
Futtermenge je Beschaffungsvorgang in dt [tm]:	560	Schweinepreis €/St. [ps]:	150,00
		Preis des Stalles € [as]:	0
Länge der Mastperiode in Monaten [mw]:	5	Mon. Ausgaben für Lohn u.	
Periode der Ferkelbeschaffung in Monaten[1] [tf]:	5	Sonst. €/Bestandstier [ph]:	5,50
Tiere je Belegungsvorgang in Stück[2] [sp]:	1.000	Kapitalbedarf € [K]:	142.900

Sp.	1	2	3	4	5	6	7	8	9	10	11	12	13
	Ferkel/Schweine[4]			Futter[5]			Einzelausgaben			Kumulierte		Kumu-lierte Diffe-renz	Kassen-bestand b. gegeb. Kapital
Mo-nat	Zu-gang	Ab-gang	Be-stand	Zu-gang	Ab-gang	Be-stand	Ferkel	Futter	Lohn, Sons-tiges	Aus-gaben[3]	Ein-nahmen		
	St	St	St	dt	dt	dt	€	€	€	€	€	€	€
1	1.000	0	1.000	560	560	0	65.000	10.080	5.500	80.580	0	-80.580	62.320
2	0	0	1.000	560	560	0	0	10.080	5.500	96.160	0	-96.160	46.740
3	0	0	1.000	560	560	0	0	10.080	5.500	111.740	0	-111.740	31.160
4	0	0	1.000	560	560	0	0	10.080	5.500	127.320	0	-127.320	15.580
5	0	0	1.000	560	560	0	0	10.080	5.500	142.900	0	-142.900	0
6	1.000	1.000	1.000	560	560	0	65.000	10.080	5.500	223.480	150.000	-73.480	69.420
7	0	0	1.000	560	560	0	0	10.080	5.500	239.060	150.000	-89.060	53.840
8	0	0	1.000	560	560	0	0	10.080	5.500	254.640	150.000	-104.640	38.260
9	0	0	1.000	560	560	0	0	10.080	5.500	270.220	150.000	-120.220	22.680
10	0	0	1.000	560	560	0	0	10.080	5.500	285.800	150.000	-135.800	7.100
11	1.000	1.000	1.000	560	560	0	65.000	10.080	5.500	366.380	300.000	-66.380	76.520
12	0	0	1.000	560	560	0	0	10.080	5.500	381.960	300.000	-81.960	60.940
13	0	0	1.000	560	560	0	0	10.080	5.500	397.540	300.000	-97.540	45.360
14	0	0	1.000	560	560	0	0	10.080	5.500	413.120	300.000	-113.120	29.780
15	0	0	1.000	560	560	0	0	10.080	5.500	428.700	300.000	-128.700	14.200
16	1.000	1.000	1.000	560	560	0	65.000	10.080	5.500	509.280	450.000	-59.280	83.620

Kapitalrentabilität in %:		**G.u.V.-RECHNUNG:** + Ertrag:	360.000
= Gewinn/Kapitalbedarf*100:	11,92	- Ferkelaufwand:	156.000
		- Futteraufwand:	120.960
		- (Lohn + Sonstiger Aufwand):	66.000
Erläuterung: Werte für Ertrag, Aufwändungen und Gewinn in € je Jahr		- Abschreibungen:	0
		= Gewinn:	17.040

ANMERKUNGEN: *s. Übersicht 8.1*

DECK87

Übersicht 8.7: Determinanten für die Höhe des Kapitalbedarfes, dargestellt am Beispiel einer Schlachtschweineproduktion – „REIN-RAUS-VERFAHREN“, mieten statt kaufen der Stallanlage –

Da der höchste Kapitalbedarf i. d. R. bis unmittelbar vor Anfall der ersten größeren Einnahmen entsteht, wird man die monetären Ströme nur bis zu diesem Zeitpunkt – das ist im Allgemeinen das Ende der sog. „Anlaufphase“ für die Produktion – aufsummieren. Besonders deutlich wird dieser Zeitpunkt bei den diskontinuierlichen Prozessen der landwirtschaftlichen Produktion. Der Kapitalbedarf als Summe aus den notwendigen Mitteln zur Finanzierung der Betriebsmittel sowie der Werkstoffe und der Arbeit ergibt sich kurz vor dem Verkauf der ersten Schlachttiere bzw. der Ernte.

Bezeichnet man den Kapitalbedarf mit K, die Ausgaben für die verschiedenen Produktionsfaktoren mit A_i ($i = 1, \ldots, m$), die evtl. bereits vor Erreichung der höchsten Differenz anfallenden Einnahmen mit E_j ($j = 1, \ldots, n$), so lässt sich die Kapitalbedarfsrechnung durch die folgende Gleichung (8.1) kennzeichnen:

$$K = \sum_{t=1}^{p} \left(\sum_{i=1}^{m} A_{t,i} - \sum_{j=1}^{n} E_{t,j} \right) \tag{8.1}$$

Geht man davon aus, dass fällige Rechnungen jeweils mindestens auf Monatsbasis beglichen werden müssen, dann ist $t = p$ der von der ersten Zahlung ab in die Zukunft gerechnete Monat, in dem die höchste negative Differenz zwischen den Einnahmen und den Ausgaben entsteht.

8.3 Die Kapitalquellen

8.3.1 Zur Systematik der Kapitalbeschaffungsmöglichkeiten

In Abschnitt 3.3 wurde bereits abgeleitet, dass Kapital Finanzierungsmittel für Investitionen ist und dass Kapital durch Konsumverzicht, d. h. durch Sparen von Wirtschaftssubjekten, gebildet wird. Deshalb kommen für jedes Unternehmen als Möglichkeiten der Kapitalbeschaffung sowohl das Sparen im Unternehmen selbst aus vergangener und laufender Wirtschaftstätigkeit als auch der Rückgriff auf gesparte Gelder anderer Wirtschaftssubjekte in Frage. Nach Maßgabe dieser Herkünfte von Kapital unterscheiden wir aus der Sicht des Unternehmens zwischen der *Innenfinanzierung* und der *Außenfinanzierung*.

Des Weiteren können wir die Kapitalquellen nach der rechtlichen Stellung der Kapitalgeber in Bezug auf das Unternehmen gliedern. Danach lassen sich Eigenkapitalgeber und Fremdkapitalgeber definieren. Aus der Sicht des Unternehmens handelt es sich bei der Verwendung von Eigenkapital um die *Eigenfinanzierung*, bei der Verwendung von Fremdkapital dagegen um die *Fremdfinanzierung*. *Übersicht 8.8* zeigt, dass unterhalb dieser beiden Finanzierungskategorien eine ganze Reihe von Finanzierungsinstrumenten zur Verfügung steht. Jedes dieser Instrumente kann jeweils einer Kategorie der beiden eben abgeleiteten Kategorienpaare zugeordnet werden. Wir wollen in den folgenden Abschnitten die Wirkungsweisen der im Mittelteil von *Übersicht 8.8* aufgeführten Finanzierungsinstrumente darstellen und betriebswirtschaftlich bewerten (vgl. zum Gebiet des Finanzmanagements als Spezialliteratur z. B. GUTENBERG 1980, HAGENMÜLLER und DIEPEN 2000; PERRIDON und STEINER 2002; SÜCHTING 1995).

8.3.2 Die Eigenkapitalquellen

8.3.2.1 Die Einlagen- und Beteiligungsfinanzierung

Soll ein Unternehmen neu gegründet oder käuflich erworben werden, so wird dafür Kapital in Höhe des Herstellungs- bzw. Ankaufswertes benötigt. Falls es sich bei dem Kapital um Eigenkapital handelt, das der zukünftige Unternehmer während vergangener Wirtschaftstätigkeit gespart oder das er geerbt hat, wird dieses Kapital als Einlage und die Finanzierungsform als *Einlagenfinanzierung* bezeichnet. Auch im laufenden Unternehmen ist jedoch die Einlagenfinanzierung möglich: beispielsweise, wenn in eine Personengesellschaft neue Gesellschafter eintreten, die der Gesellschaft weitere Einlagen zuführen, oder wenn der Einzelunternehmer anderweitig zusätzlich erworbenes Kapital in das Unternehmen einbringt.

Die Einlagenfinanzierung ist eine Außenfinanzierung als Eigenfinanzierung. Das Kapital steht dem Unternehmen prinzipiell unbefristet zur Verfügung und ist aus der Sicht des Unternehmens im Unterschied zu Fremdkapital nicht mit im Vorhinein festliegenden Kosten verbunden. Der Einleger als Unternehmer bzw. als Mitunternehmer hat vielmehr als Entlohnung für die Kapitalhergabe Anspruch auf den Gewinn bzw. auf den Gewinnanteil als Residualeinkommen.

Im Unterschied zum personenbezogenen Unternehmen wird in kapitalbezogenen Unternehmen aus der Einlagenfinanzierung die *Beteiligungsfinanzierung*. Wirtschaftssubjekte, die Kapital in eine Kapitalgesellschaft oder eine Genossenschaft einbringen, erhalten dafür Anteilsscheine in Form von Aktien, Gesellschafts- und Genossenschaftsanteilen, die den Anspruch auf das

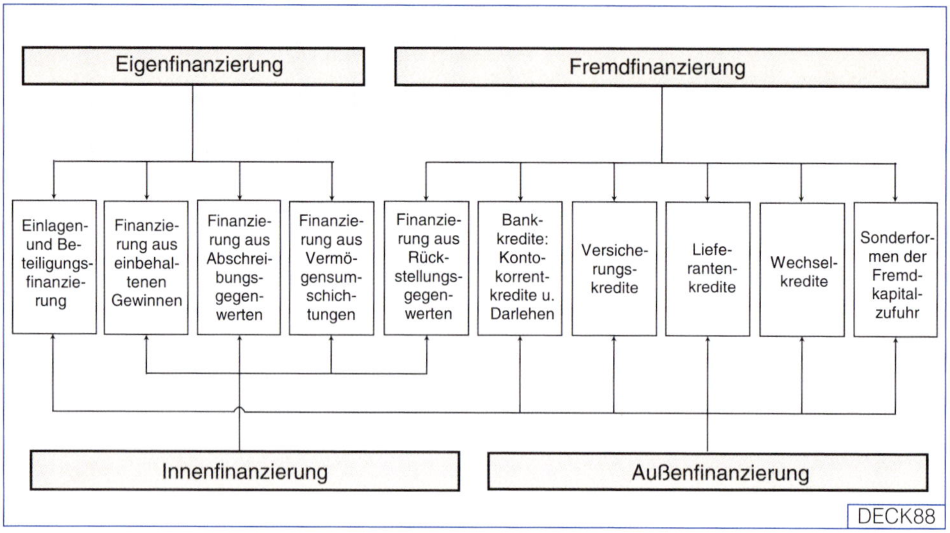

Übersicht 8.8: Möglichkeiten der Unternehmensfinanzierung

Miteigentum und die Beteiligung am Gewinn des Unternehmens begründen. Kapitalgesellschaften werden deshalb auch als emissionsfähige Unternehmen bezeichnet, weil sie Anteilsscheine ausgeben (emittieren) dürfen. Auch dieses Beteiligungskapital ist eine Form des Eigenkapitals. Wie bei der Einlagenfinanzierung handelt es sich deshalb um eine Eigenfinanzierung als Außenfinanzierung. Wie bei den Einlagen steht das Beteiligungskapital dem Unternehmen prinzipiell unbefristet zur Verfügung. Wirtschaftssubjekte, die ihr Miteigentum am Unternehmen aufgeben möchten, verkaufen ihre Aktien oder Gesellschaftsanteile an andere Wirtschaftssubjekte (bei Aktien i. d. R. über die Börse) und nicht an das Unternehmen. Die Kapitalbasis des Unternehmens bleibt also von solchen Transaktionen unberührt. Und wie bei den Einlagen ist der Preis für die Kapitalhergabe Residualeinkommen, das als Dividende aus dem Unternehmensgewinn bestritten wird und deshalb in seiner Höhe nicht im Vorhinein festgelegt ist, sondern sich prinzipiell nach der Höhe des Unternehmenserfolges bemisst.

8.3.2.2 Finanzierung aus einbehaltenen Gewinnen: Selbstfinanzierung

Im Unterschied zu den vorgenannten Formen der Eigenfinanzierung ist die *Selbstfinanzierung* zwar auch eine Eigenfinanzierung, aber zugleich eine Form der Innenfinanzierung. Das Kapital stammt aus dem laufenden Unternehmensprozess. Die Selbstfinanzierung durch Einbehaltung von Gewinnen ist vor den Finanzierungen aus Abschreibungs- und Rückstellungsgegenwerten sowie aus Vermögensumschichtungen die wichtigste Form der Innenfinanzierung.

Die Möglichkeiten der Innenfinanzierung lassen sich anhand des Schemas der *Übersicht 8.9* verdeutlichen. Dabei betrachten wir die Einnahmensumme, die in einem Unternehmen in einer bestimmten Periode erreicht wird, um dann zu fragen, wie dieses Geld für die nächste Periode verwendet werden soll. Folgende Möglichkeiten zur Verwendung der Einnahmen des Unternehmens bestehen[1]: Zur kurzfristig weiteren Aufrechterhaltung der Unternehmensaktivitäten

[1] Zur Vereinfachung wurde ein vollständig mit Eigenkapital finanziertes Unternehmen angenommen.

muss ein Teil der Einnahmen als Ausgaben für die Löhne verwendet werden. Ein weiterer Teil dient zur Beschaffung der laufend benötigten Werkstoffe. Außerdem verzichtet der Staat nicht auf die regelmäßige Bezahlung der so genannten „Kostensteuern" (z. B. die abzuführende Umsatzsteuer). Durch Erfüllung dieser drei Ausgabenverpflichtungen können die Unternehmensaktivitäten kurzfristig aufrechterhalten werden.

Längerfristig erschöpfen sich jedoch die Nutzungspotenziale der Betriebsmittel. Im Allgemeinen ist das Alter dieser Produktionsfaktoren im Unternehmen zeitlich so gestaffelt, dass kontinuierlich ein bestimmter Teil ersetzt werden muss. Ein Teil der Einnahmen wird also zur Aufrechterhaltung des Durchschnittsalters der Betriebsmittelbestände eingesetzt werden müssen.

Berücksichtigen wir nun, dass wir in der G.u.V.-Rechnung die Abschreibungen als Aufwand für die Abnutzung der Betriebsmittel angesetzt haben, dann lässt sich bei der eben angenommenen Altersstruktur des Anlagenbestandes sagen, dass im Durchschnitt Ausgaben zur Neubeschaffung von Betriebsmitteln je Periode in Höhe der Abschreibungen entstehen. Liegt keine Inflation vor, so wird bei einer solchen Unternehmenspolitik gerade die sog. *nominale Unternehmenssubstanz* des Unternehmens erhalten.

Man bezeichnet diese Art der Innenfinanzierung als *Finanzierung aus verdienten Abschreibungen* (im Einzelnen siehe Abschnitt 8.3.2.3). Der Begriff impliziert, dass die Gesamteinnahmen des Unternehmens so hoch sein müssen, dass die Abschreibungen auch tatsächlich abgedeckt werden können.

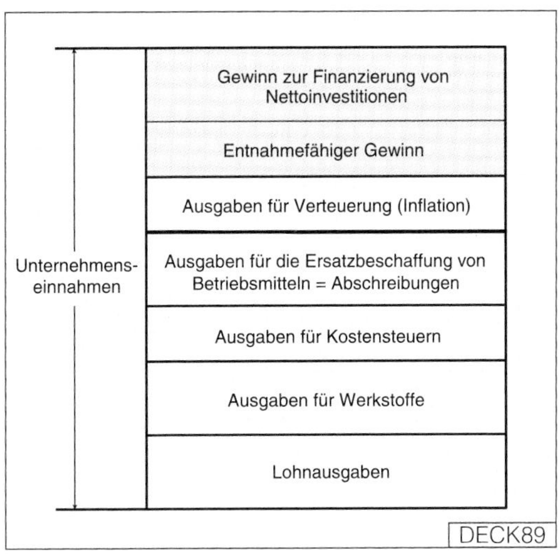

Übersicht 8.9: Ableitung von Möglichkeiten zur Innenfinanzierung im Unternehmen

Das Unternehmen kann jedoch noch weitere Ausgabenverpflichtungen haben: Verteuern sich die Maschinen und Anlagen im Laufe der Zeit infolge von Inflation und Preisstrukturänderungen, so werden die Ausgaben für neue Einheiten um diesen Verteuerungsfaktor höher sein müssen, wenn der Leistungsumfang des Unternehmens längerfristig erhalten bleiben soll. Der Rest der Einnahmen ist dann – längerfristig gesehen – entnahmefähiger Gewinn; entnahmefähig allerdings unter der Bedingung, dass das Unternehmen nicht vergrößert werden soll.

Ein Teil dieser Einnahmen dient in kapitalbezogenen Unternehmen zur Gewinnausschüttung an die Anteilseigner und im personenbezogenen Unternehmen an den Unternehmer. Ein letzter Teil der Einnahmen wird in der Regel nicht ausgeschüttet. Er dient der Beschaffung zusätzlicher Produktionsfaktoren und damit dem Unternehmenswachstum.

Diese Finanzierung durch Nicht-Ausschüttung von Gewinnen ist eine *Nettofinanzierung*, mit der *Nettoinvestitionen* getätigt werden. Wir sprechen von *Finanzierung aus einbehaltenen Gewinnen* oder von *Selbstfinanzierung* (vgl. dazu insbesondere auch die Ausführungen in Abschnitt 4.6).

8.3.2.2.1 Die offene Selbstfinanzierung

Der Zweck der Selbstfinanzierung ist in erster Linie, neben den von außen eingebrachten Einlagen bzw. Beteiligungen weiteres Eigenkapital an das Unternehmen zu binden. Das geschieht buchungstechnisch durch die Bildung von *Rücklagen*. Rücklagen sind somit Eigenkapitalreserven. Als Selbstfinanzierungsquellen sind die offene und die stille Selbstfinanzierung zu unterscheiden.

Bei der offenen Selbstfinanzierung werden die ausgewiesenen Gewinne nicht ausgeschüttet (gem. § 272 Abs. 2 HGB). Bei Einzelkaufleuten und Personengesellschaften bleiben die Gewinne auf den Kapitalkonten. Bei der GmbH und der AG werden die zurückbehaltenen Gewinne den *offenen Rücklagen* zugeführt. Man bezeichnet sie als „offen", weil diese Rücklagen in der Jahresbilanz einer Aktiengesellschaft und anderer publizitätspflichtiger Unternehmen gemäß dem Publizitätsgesetz ausgewiesen werden müssen. Sie gehören zum Eigenkapital eines Unternehmens. Bei den Aktiengesellschaften unterscheidet man drei Arten von offenen Rücklagen:

(1) Das Aktiengesetz schreibt die Bildung von *gesetzlichen Rücklagen* zwingend vor (§ 150 AktG). Bis die Rücklagen 10 % des Grundkapitals erreicht haben, sind 5 % des Jahresüberschusses den Rücklagen zuzuführen. Gesetzliche Rücklagen dürfen nur zum Ausgleich von Verlusten aufgelöst werden, ferner unter gewissen Voraussetzungen zur Kapitalerhöhung aus Gesellschaftsmitteln.

(2) Die Gesellschaft kann darüber hinaus zusätzlich eine höhere Rücklagenbildung in Form von *statuarischen Rücklagen* festlegen. Sie sind durch das Statut (Satzung) der Gesellschaft festgelegt.

(3) Rücklagen, die über gesetzliche und satzungsmäßige Erfordernisse hinaus gebildet werden, nennt man *freie Rücklagen*. Freie Rücklagen werden aus finanzwirtschaftlichen („kostenloses" Eigenkapital, Schutz des Grundkapitals), bilanzoptischen (hohes sichtbares Eigenkapital) und steuerlichen Motiven gebildet. Ohne Zustimmung der Hauptversammlung können Vorstand und Aufsichtsrat maximal 50 % des Jahresüberschusses in die Rücklagen einstellen.

Für Genossenschaften schreibt das Genossenschaftsgesetz vor, dass in das Statut Bestimmungen über die Bildung einer *gesetzlichen Rücklag*e aufzunehmen sind, die der Deckung etwaiger Verluste dient (vgl. § 7 Nr. 2 GenG). Im Statut ist festzulegen, welcher Mindestbetrag erreicht werden soll und welcher Teil des jährlichen Gewinns in die Rücklage einzustellen ist, bis dieser Betrag erreicht wird. Darüber hinaus können Genossenschaften auch eine zusätzliche *Ergebnisrücklage* bilden, die ebenfalls im Statut benannt wird.

Hierzu ein Beispiel. Der Geschäftsbericht 2001 der Westfleisch eG enthielt im Anhang folgende Passage: „... Gewinnverwendung / Gewinnverwendungsbeschluss: Die Gewinn-und-Verlustrechnung weist für 2001 einen Jahresüberschuss von € 3.558.743,47 und einen Gewinnvortrag aus dem Vorjahr von € 3112,99 aus. Nach den Bestimmungen der Satzung wurden hiervon in die Ergebnisrücklagen eingestellt: gesetzliche Rücklage lt. § 34 der Satzung (25 %) € 890.464,29, andere Ergebnisrücklagen lt. § 35 der Satzung (25 %) € 890.464,83".

Die offenen Rücklagen haben keinen gesonderten Gegenposten auf der Aktivseite der Bilanz, sondern sind wie alles Kapital durch die Gesamtheit der Vermögenswerte gedeckt. Die durch die Rücklagen zurückbehaltenen Beträge können deshalb sowohl zur Finanzierung von Investitionen als auch zur Rückzahlung von Fremdkapital verwendet werden.

8.3.2.2.2 Die stille Selbstfinanzierung

Bei der stillen Selbstfinanzierung werden stille Reserven (stille Rücklagen) gebildet, die Teil des Eigenkapitals sind. *Stille Reserven* entstehen durch Unterbewertung von Aktiva und Überbewertung von Passiva. Der Unterschied zwischen stillen Reserven auf der Aktivseite und der Passivseite besteht darin, dass stille Aktivreserven überhaupt nicht in der Bilanz enthalten sind, während stille Passivreserven als Fremdkapital „versteckt" in der Bilanz erscheinen. Der erste Fall führt zu einer Verkürzung der Bilanzsumme, wogegen im zweiten Fall das offen ausgewiesene Eigenkapital zu gering dargestellt wird.

Stille Reserven können zwangsweise oder durch Ermessensspielräume entstehen. Gesetzliche Bewertungsvorschriften können zu *stillen Zwangsreserven* führen, da grundsätzlich die Bewertung höchstens bis zum Anschaffungs-(Herstellungs-)Wert zulässig ist. Liegt der Tageswert höher, entstehen stille Zwangsreserven. Ermessensspielräume ergeben sich, weil viele Wertansätze nur ungenau geschätzt werden können. Wird unter Ausnutzung eines Ermessensspielraums vorsichtig und niedrig bewertet, so entstehen *stille Ermessensreserven*.

Ein einfaches Beispiel für eine stille Aktivreserve ist ein betriebliches Grundstück, das seinerzeit für 20.000,00 € gekauft wurde und jetzt für 100.000,00 € verkauft wird. In der Bilanz ist das Grundstück mit seinem Buchwert (20.000,00 €) enthalten. Die Differenz zum Veräußerungspreis stellt – solange das Grundstück nicht verkauft ist – einen unrealisierten Gewinn dar.

Direkter Einfluss auf die Gewinnermittlung des Unternehmens zeigt sich hingegen beispielsweise bei Firmenfahrzeugen. Schreibt ein Unternehmen ein für 60.000,00 € gekauftes Nutzfahrzeug in der Gewinn-und-Verlustrechnung in fünf Jahren ab, so steht es danach in der Bilanz nur noch mit einem Erinnerungswert von 1,00 € zu Buche. Der tatsächliche Wert des Fahrzeugs nach fünf Jahren mag aber noch bei 20.000,00 € liegen. In diesem Fall ist eine stille Reserve von 19.999,00 € entstanden.

Eine stille Passivreserve ergibt sich beispielsweise durch das Höchstwertprinzip bei der Bewertung von Verbindlichkeiten: Ende November entsteht durch einen amerikanischen Lieferanten eine Verbindlichkeit von 20.000,00 US $, die erst Mitte Januar fällig wird. Der Kurs Ende November beträgt 1,10 € je US $. Am Abschlussstichtag liegt Dollarparität vor. Die Bewertung in der Bilanz muss gemäß Höchstwertprinzip mit 22.000,00 € erfolgen.

8.3.2.2.3 Vergleichende Bewertung der offenen und stillen Selbstfinanzierung

Abschließend sollen die Vorteile und Nachteile der beiden Selbstfinanzierungsformen kurz betrachtet werden. Da sich stille Rücklagen unauffällig bilden und auflösen lassen, kann so eine Verstetigung des Gewinnausweises erreicht werden. Das kann eine positive Wirkung auf die Kreditwürdigkeit des Unternehmens haben, insbesondere bei Lieferantenkrediten. Banken, die eine eingehende Kreditwürdigkeitsprüfung betreiben, zeigen sich meist weniger beeindruckt.

Insbesondere für Kapitalgesellschaften spielt die Entscheidung für oder gegen stille Rücklagen als Schutzfunktion eine wichtige Rolle. Bei einer guten Ertragslage von Aktiengesellschaften können u. U. die Dividendenwünsche der Aktionäre durch stille Rücklagen in Grenzen gehalten werden. Durch die bereits angesprochene Verstetigung des Gewinnausweises besteht allerdings gleichzeitig die Gefahr einer Täuschung von Gläubigern und Anteilseignern. Die Unternehmensleitung kann ggf. Fehlleistungen durch die Verstetigung des Auszahlungsflusses vertuschen. Außerdem werden die Prinzipien der Bilanzwahrheit und Bilanzklarheit verletzt. Unter volkswirtschaftlichen Gesichtspunkten besteht die Gefahr von Kapitalfehlleitungen bei Täuschung über die tatsächliche Rentabilität.

8.3.2.3 Finanzierung aus Abschreibungsgegenwerten

Abschreibungen haben nicht nur erfolgsrechnerische und kalkulatorische, sondern auch finanzwirtschaftliche Aspekte. Sie wirken auf die finanzwirtschaftlichen Dimensionen in zweierlei Hinsicht, nämlich (1) durch die Beeinflussung des Gewinns (vgl. stille Selbstfinanzierung) und (2) über den Rückfluss der Abschreibungsgegenwerte.

Da Abschreibungen selbst „nur" Verrechnungsgrößen sind, können Finanzierungseffekte immer nur aus verdienten Abschreibungsgegenwerten entstehen. Der Rückfluss der Abschreibungsgegenwerte lässt sich verwenden, um gerade erforderlich gewordene Zahlungsverpflichtungen zu erfüllen. Auch können sie angesammelt und für Investitionen verwendet werden. Die Nutzung von Abschreibungsgegenwerten kann zur Kapazitätserweiterung genutzt werden. Dieser Kapazitätserweiterungseffekt wurde 1953 von LOHMANN und RUCHTI erstmals dargestellt und wird daher als *Lohmann-Ruchti-Effekt* bezeichnet (LOHMANN 1955). Werden die freigesetzten Mittel nicht sofort investiert und stehen somit anderweitig zur Verfügung, spricht man vom Kapitalfreisetzungseffekt.

Die Wirkungsweise des Lohmann-Ruchti-Effektes wollen wir anhand eines Beispiels betrachten. Landwirt Rapsmeyer, der seine Schlachtschweineproduktion um 1000 zusätzliche Mastplätze erweitern möchte (vgl. Abschnitt 8.1), erhält ein weiteres Angebot für einen Stallneubau. Der zuständige Verkaufsberater legt ihm das in *Übersicht 8.10* skizzierte Angebot als Excel-Tabelle vor (Aufruf mit DECK810). Es handelt sich dabei um eine Stallanlage, die aus Fertigmodulen in „Billigbauweise" zusammengesetzt wird. Die Anfangsinvestition von 1000 Mastplätzen kann später beliebig erweitert werden. Aus dem Kopf der *Übersicht 8.10* geht hervor, dass der Neupreis je Mastplatz für die 1000 Mastplätze umfassende Anfangsinvestition ebenso 120,00 € beträgt wie der Neupreis je Mastplatz bei eventuellen Stallerweiterungen. Die erwartete Lebensdauer der Mastplätze wird auf 7 Jahre geschätzt.

Aus dem mittleren Teil der *Übersicht 8.10* geht dann hervor, wie sich die Stallanlage entwickelt, wenn – wie der Verkaufsberater Herrn Rapsmeyer vorschlägt – die (verdienten) Abschreibungsgegenwerte jährlich verwendet werden, um den Stall um jeweils soviel (ganzzahlige) Stallplätze zu erweitern, wie es die Abschreibungsgegenwerte erlauben. Die im Jahre t = 1 bis t = 7 anfallenden Abschreibungsgegenwerte können zur Finanzierung von Stallerweiterungen verwendet werden. Erst am Ende des Jahres t = 7 sind die ursprünglich beschafften 1000 Stallplätze verbraucht und werden in Abgang gestellt.

Auf diese Weise werden am Anfang des Jahres t = 1 1000 Mastplätze beschafft, die (bei siebenjähriger Nutzungsdauer) am Ende des Jahres t = 1 zu Abschreibungen von jafa = 17.142,86 € führen. Diese Mittel stehen am Jahresende mit lje = 17.142,86 € zur Verfügung. Damit werden am Anfang des Jahres t = 2 insgesamt 142 Mastplätze beschafft, die eine Ausgabe von 142 Mastplätze · 120,00 € je Mastplatz = 17.040,00 € verursachen. Da nur ganzzahlige Anzahlen an Mastplätzen beschafft werden können, verbleibt am Anfang des Jahres t = 2 ein Restbetrag von lja = 102,86 € in der Kasse. Zusammen mit dem Abschreibungsbetrag von jafa = 19.577,14 € am Endes des Jahres t = 2 ergibt sich am Ende des Jahres t = 2 ein für Investitionen verfügbarer Betrag von lje = 19.680,00 €. Dieser wird zu Beginn des Jahres t = 3 wiederum investiert. Der Prozess setzt sich auf diese Weise fort. Die einzelnen Bestimmungsgleichungen als Differenzengleichungen sind im Fuß der *Übersicht 8.10* angegeben. (Vollziehen Sie die Gleichungen im Einzelnen nach!)

Betrachten wir nun die Zeitreihen für die Entwicklung der Stallplätze, dann können wir feststellen, dass der Bestand an Mastplätzen über zusätzliche Investitionen der Abschreibungsgegenwerte bis zum Jahre t = 7 auf insgesamt bm = 2227 Mastplätze ansteigt. Am Endes des Jahres t = 7 sind die ursprünglich beschafften 1000 Mastplätze verbraucht, so dass im Jahre t = 8 nur mehr bm = 1545 Mastplätze verbleiben. In den folgenden Jahren stabilisiert sich der Prozess schließlich bei bm = 1750 Mastplätze, wie die *Übersicht 8.10* zeigt. Dieser Kapazitätserweiterungseffekt – hier von 1000 auf 1750 Mastplätze –, der durch die sofortige Reinvestition von Abschreibungsgegenwerten ohne den Zufluss weiterer Mittel entsteht, ist der Lohmann-Ruchti-Effekt.[1)]

8.3.2.4 Finanzierung aus Vermögensumschichtungen

Vermögensumschichtungen bewirken eine Verbesserung der Kapitalstruktur. Bei der *Finanzierung durch Vermögensumschichtungen* werden nicht oder wenig produktive Aktiva (Vermögensbestandteile) des Unternehmens in Liquidität oder produktive Aktiva getauscht. So kann beispielsweise eine Erweiterung der Kapazitäten für die Schweinemast, die sich durch

---

1) Wenn Sie die Eingabedaten in dem Excel-Tableau DECK810 variieren wollen, müssen Sie die Formel in der Spalte (ja(„Abgang an Mastplätzen am Jahresende in Stück" verändern. Dort steht bei der jetzt siebenjährigen Nutzungsdauer der Mastplätze die Formel: =WENN(ZS(-3)<np; 0; Z(-6)S(-2)). Bei z. B. 10-jähriger Nutzungsdauer müsste im letzten Argument der Formel der Wert -6 durch -9 ersetzt werden. Allgemein ist dieser Wert die Nutzungsdauer in Jahren vermindert um 1, weil im Modell angenommen wurde, dass die Investitionen zu Beginn von Jahren vorgenommen wurden und am Ende von Jahren verbraucht sind.

EINGABEDATEN:

Neupreis je Mastplatz in € [pm]:	120,00	Anfangsinvestition an Mastplätzen in Stück [ab]:	1000
Erwartete Nutzungsdauer der Mastplätze in Jahren [np]:	7		

Jahr	Zu beschaffende Mastplätze am Jahresanfang in Stück	Bestand an Mastplätzen während des Jahres in Stück	Abgang an Mastplätzen am Jahresende in Stück	Abschreibungen am Jahresende in €	Liquide Mittel für Investitionen aus „verdienten" Abschreibungen" am Jahresanfang in €	am Jahresende in €
t	[jk]	[bm]	[ja]	[jafa]	[lja]	[lje]
1	1.000	1.000	0	17.142,86	0,00	17.142,86
2	142	1.142	0	19.577,14	102,86	19.680,00
3	164	1.306	0	22.388,57	0,00	22.388,57
4	186	1.492	0	25.577,14	68,57	25.645,71
5	213	1.705	0	29.228,57	85,71	29.314,29
6	244	1.949	0	33.411,43	34,29	33.445,71
7	278	2.227	1.000	38.177,14	85,71	38.262,86
8	318	1.545	142	26.485,71	102,86	26.588,57
9	221	1.624	164	27.840,00	68,57	27.908,57
10	232	1.692	186	29.005,71	68,57	29.074,29
11	242	1.748	213	29.965,71	34,29	30.000,00
12	250	1.785	244	30.600,00	0,00	30.600,00
13	255	1.796	278	30.788,57	0,00	30.788,57
14	256	1.774	318	30.411,43	68,57	30.480,00
15	254	1.710	221	29.314,29	0,00	29.314,29
16	244	1.733	232	29.708,57	34,29	29.742,86
17	247	1.748	242	29.965,71	102,86	30.068,57
18	250	1.756	250	30.102,86	68,57	30.171,43
19	251	1.757	255	30.120,00	51,43	30.171,43
20	251	1.753	256	30.051,43	51,43	30.102,86
21	250	1.747	254	29.948,57	102,86	30.051,43
22	250	1.743	244	29.880,00	51,43	29.931,43
23	249	1.748	247	29.965,71	51,43	30.017,14
24	250	1.751	250	30.017,14	17,14	30.034,29
25	250	1.751	251	30.017,14	34,29	30.051,43
26	250	1.750	251	30.000,00	51,43	30.051,43
27	250	1.749	250	29.982,86	51,43	30.034,29
28	250	1.749	250	29.982,86	34,29	30.017,14
29	250	1.749	249	29.982,86	17,14	30.000,00
30	250	1.750	250	30.000,00	0,00	30.000,00
31	250	1.750	250	30.000,00	0,00	30.000,00
32	250	1.750	250	30.000,00	0,00	30.000,00
33	250	1.750	250	30.000,00	0,00	30.000,00
34	250	1.750	250	30.000,00	0,00	30.000,00
35	250	1.750	250	30.000,00	0,00	30.000,00

Bestimmungsgleichungen: jk(t)=GANZZAHL[lje(t-1)]. bm(t)=bm(t-1)-ja(t-1)+jk(t). jafa(t)=bm(t)*pm/np. ja(t)=WENN:t<np; DANN:0; SONST:jk(t-np+1). lja(t)=lje(t-1)-jk(t)*pm. lje(t)=jafa(t)+lja(t).

DECK810

Übersicht 8.10: Die Wirkungsweise des Lohmann-Ruchti-Effekts

die Investitionsrechnung als positiv gezeigt hat, in Ermangelung eines direkten Zugriff auf das erforderliche Kapital durch den Verkauf eines nicht genutzten Grundstücks ermöglicht werden. Der Liquiditätsengpass wird so durch die Vermögensumschichtung von unproduktiver Brachfläche in die produktive Schweinemast umgangen.

Eine spezielle Form, die insbesondere von Unternehmen mit Liquiditätsproblemen genutzt wird, welche die zu verkaufenden Aktiva weiterhin benötigen, ist das *sale and lease back*. Dabei wird ein Vermögensgegenstand verkauft und vom Verkäufer im Wege des Finanzierungsleasings gleichzeitig wieder gemietet (siehe auch Abschnitt 8.3.3.6). Durch diesen Verkauf mit gleichzeitiger Rückmiete wird Liquidität geschaffen, ohne auf die weitere Nutzung der verkauften Güter verzichten zu müssen. Das Sale-and-lease-back-Verfahren steht grundsätzlich in Konkurrenz zur Kreditfinanzierung.

Eine Finanzierung mittels *Kapitalfreisetzung durch Rationalisierungsmaßnahmen* liegt dann vor, wenn es dem Unternehmen gelingt, den betrieblichen Produktions- und Umsatzprozess mit einem geringeren Kapitaleinsatz als zuvor durchzuführen.

Die so freigesetzten Kapitalbeträge können dann für andere Zwecke genutzt werden. Das kann durch Rationalisierungsmaßnahmen in der Beschaffung, der Fertigung oder im Vertrieb erfolgen. Durch verbesserte Dispositionen im Einkauf ist es zum Beispiel möglich, mit geringeren Lagerbeständen an Werkstoffen oder Produkten auszukommen als bisher. Gelingt es beispielsweise Landwirt Rapsmeyer, die Futtermittel-Einkaufsmengen an den Verbrauch anzupassen, reduziert sich dadurch die Kapitalbindung, wie wir bereits in Abschnitt 8.1 gesehen haben. Durch Beschleunigung des Umsatzprozesses kann der gleiche Umsatz mit geringerem Kapitaleinsatz erzielt werden. Eine solche Beschleunigung des Umsatzprozesses kann z. B. durch Verminderung der Lagerdauer der Fertigprodukte oder durch Verminderung bzw. bessere Überwachung der Zahlungsziele erreicht werden.

8.3.2.5 Finanzierung aus Rückstellungsgegenwerten

Die *Finanzierung aus Rückstellungsgegenwerten* ist ebenfalls eine Form der Innenfinanzierung, allerdings nicht der Eigen-, sondern der Fremdfinanzierung. Rückstellungen sind Verbindlichkeiten, die nur dem Grunde, aber nicht der Höhe und/oder dem Zeitpunkt nach bekannt sind. Sie sind als Aufwand der gegenwärtigen oder der abgelaufenen Periode zuzurechnen, führen aber erst in künftigen Perioden zu Ausgaben oder Mindereinnahmen. *Rückstellungen* sind Verbindlichkeiten gegenüber Dritten, deren Eintritt und Höhe am Abschlussstichtag unsicher ist (z. B. Rückstellungen für Prozessrisiken).

Finanzwirtschaftlich besonders wichtig sind die *Pensionsrückstellungen*. Sie werden für betriebliche Pensionsverpflichtungen gegenüber Betriebsangehörigen gebildet. Das Unternehmen verpflichtet sich, für die jeweiligen Anwartschaften vom Jahr der Zusage an eine Rückstellung in der Bilanz zu bilden. Der Finanzierungseffekt liegt in dem zeitlichen Auseinanderfallen von der Bildung der Rückstellungen und den Zahlungen der Pensionen: In der Zwischenzeit können sie zur Finanzierung anderer Aktivitäten verwendet werden. Pensionsrückstellungen sind Fremdkapital, das allerdings aus dem betrieblichen Umsatzprozess stammt. Pensionsrückstellungen schmälern die Gewinne, wodurch sich ihr Finanzierungseffekt danach richtet, ob das Unternehmen seine Gewinne normalerweise ausschüttet oder zur Selbstfinanzierung verwendet. Pensionsrückstellungen sind deswegen so bedeutend, weil sie quantitativ relevante Größenordnungen erreichen, der Zeitpunkt der Auflösung (Rückstellungen werden immer „aufgelöst“) mit der Auszahlung an die Pensionäre relativ sicher vorhersehbar ist und sie langfristig zur Verfügung stehen.

Nur wenn die erwirtschafteten Gewinne bisher nicht im Unternehmen verblieben sind, können durch Pensionszusagen zusätzliche Geldmittel beschafft werden. Dennoch haben auch in diesem Fall Pensionsrückstellungen einen Effekt: Weil durch sie der Aufwand größer und der ausgewiesene Gewinn gleichzeitig kleiner wird, werden Ertragsteuern eingespart. Der finanzielle Effekt besteht somit in den weniger zu zahlenden Ertragsteuern.

8.3.3 Die Fremdkapitalquellen

Die Beschaffung Fremdkapital in Form von Krediten aller Art ist als *Fremdfinanzierung* immer auch gleichzeitig eine Außenfinanzierung. Fast alle Unternehmen unterhalten langfristige Finanzkontakte mit Fremdkapitalgebern.

Bei den Kreditarten unterscheidet man: (1) *Bankkredite*, (2) *Versicherungskredite*, (3) *Lieferantenkredite*, (4) *Kundenkredite*, (5) *Wechselkredite*, (6) *Sonderformen der Kreditaufnahme*.

Für die *kurzfristige Außen-Fremdfinanzierung* sollen hier die Alternativen Kontokorrentkredite, Kunden- und Lieferantenkredite, Wechselkredite, Lombardkredite, Avalkredite sowie Factoring unterschieden werden. Für die *mittel- und langfristige Außen-Fremdfinanzierung* betrachten wir Darlehen, Versicherungskredite, Anleihen (z. B. Teilschuldverschreibung), nichtmonetäre Kreditaufnahmen, Kauf auf Rentenbasis sowie Leasing.

8.3.3.1 Bankkredite

Jeder Bankkredit lässt sich durch die vier Kriterien Kreditlaufzeit, Kreditsicherung, Zweckbestimmung und Rückzahlungsmodalitäten charakterisieren.

Die Untergliederung von Krediten nach Maßgabe der *Kreditlaufzeit* wird in der Literatur uneinheitlich vorgenommen. Kurzfristige Kredite reichen in Anlehnung an die Bundesbankstatistik bis zu maximal einem Jahr. Andere Autoren schreiben, dass die Laufzeit zumeist eine Reihe von Monaten, selten länger als sechs Monate beträgt. In der Ernährungswirtschaft, wo die Produktionsperioden im Allgemeinen kürzer sind, werden schon Kredite mit einer Laufzeit ab drei Monaten als mittelfristig und ab einem Jahr als langfristig bezeichnet. In der Landwirtschaft gelten Kredite mit einer Laufzeit bis zu einem Jahr als kurzfristig (entsprechend einer Produktionsperiode für die pflanzliche Erzeugung), von einem bis zu zehn Jahren als mittelfristig und von über zehn Jahren als langfristig.

Nach der *Kreditsicherung* wird zwischen Personalkrediten und Realkrediten unterschieden. Der *Personalkredit* (auch Blankokredit) wird ohne dingliche Sicherheit aufgrund der persönlichen Kreditwürdigkeit vergeben, z. B. wenn ein Unternehmer seine besondere „Tüchtigkeit" unter Beweis gestellt hat und bspw. einen größeren Betrieb übernehmen möchte. Der *Realkredit* (z. B. als Hypothek oder als Grundschuld) spielt eine besondere Rolle in der Landwirtschaft. Aufgrund des hohen Bodenwertes sind landwirtschaftliche Unternehmen im Allgemeinen besonders kreditwürdig.

Nach der *Kreditzweckbestimmung* wird zwischen zweckgebundenen und frei einsetzbaren Krediten unterschieden. Die Zweckbindung ist bei staatlich geförderten Krediten für die Landwirtschaft üblich (z. B. im Rahmen des einzelbetrieblichen Förderungsprogramms).

Schließlich lassen sich Kredite nach Maßgabe der *Kreditrückzahlungsmodalitäten* einordnen. Die Rückzahlung eines Kredites erfolgt entweder in einem Betrag am Ende der Laufzeit (*Festkredit*) oder in Raten während der Laufzeit, wobei zwischen Abzahlungs- oder *Ratendarlehen* (konstante Tilgung und abnehmender Zinsanteil führen zu ständig sinkenden Jahresleistungen des Schuldners an den Gläubiger) und Annuitätsdarlehen[1] oder *Amortisationsdarlehen* (gleich bleibende Jahresleistungen des Schuldners an den Gläubiger haben zunehmenden Tilgungsanteil und abnehmenden Zinsanteil zur Folge) zu unterscheiden ist.

8.3.3.1.1 Kontokorrentkredit

Der *Kontokorrentkredit*, auch bekannt als Überziehungskredit, ist der klassische kurzfristige Kredit. Häufig wird diese Finanzierungsform de facto langfristig in Anspruch genommen. Die Bank räumt dem Kreditnehmer das Recht ein, sein laufendes Konto bis zu einer vereinbarten Kreditlinie zu überziehen. Ein solcher Kredit kann dem Kunden einmalig für einen bestimmten Zweck oder auch laufend bis auf Widerruf eingeräumt werden. Verzinst werden muss bei Vereinbarung eines „Nettozinssatzes", abgesehen von Buchungsgebühren usw., lediglich der tatsächlich in Anspruch genommene Kreditbetrag. Der Vorteil des Kontokorrentkredits ist seine Flexibilität; dafür liegt der Sollzinssatz relativ hoch. Verlangt das Kreditinstitut zur Einräumung einer Kreditlinie ein Faustpfand (z. B. Sicherungsübereignung), so spricht man von einem unechten Lombardkredit.

8.3.3.1.2 Darlehen

Kleine Unternehmen haben es in der Regel besonders schwer, langfristiges Fremdkapital zu beschaffen. Häufig kommt es nur zu „Freundschaftsdarlehen" von Bekannten oder Familienangehörigen oder Darlehen gegen besondere Sicherheiten (Hypothekendarlehen). Großunternehmen, insbesondere Aktiengesellschaften und auch bekannte GmbHs, können dagegen wesentlich leichter langfristiges Fremdkapital beschaffen.

Darlehen sind mittel- bis langfristig ausgelegt und umfassen als Bankkredite Investitionsdarlehen und Realkredite. *Investitionsdarlehen* sind langfristige Darlehen, die von Kreditinstituten zur Finanzierung der Anschaffung von Gegenständen des Anlagevermögens ausgegeben werden. Sie werden entweder von der Bank direkt aus eigenen Mitteln oder als weitergeleitete Mittel öffentlicher Förderprogramme vergeben. Ein *Realkredit* ist ein durch Grundpfandrechte an Grundstücken oder Gebäuden gesicherter langfristiger Kredit. An die Sicherheiten werden besonders hohe Anforderungen gestellt, weil ihr Wert die Zahlung von Zins und Tilgung unabhängig von der Zahlungsfähigkeit des Schuldners garantieren muss. Realkredite werden nur von Spezialbanken, den Hypothekenbanken, vergeben, die besonderen gesetzlichen Vorschriften unterliegen (Hypothekenbankgesetz).

8.3.3.2 Versicherungskredite

Zu den *Versicherungskrediten* zählen Schuldscheindarlehen und Teilschuldverschreibungen. Schuldscheindarlehen sind langfristig von Kapitalsammelstellen (z. B. Lebensversicherungen, Bausparkassen) unter Umgehung des anonymen Kapitalmarktes bereitgestellte Großkredite. Der Schuldschein dient dabei als Beweisurkunde, stellt rechtlich aber kein Wertpapier dar. Schuldscheindarlehen werden häufig nicht direkt begeben, sondern durch Einschaltung von Banken und Finanzmaklern vermittelt.

---

[1] Annuität = gleich bleibender Betrag aus Tilgung und Zinsen während der gesamten Kreditlaufzeit.

Die Aufnahme von Fremdkapital durch Emission von *Teilschuldverschreibungen* ist die typische Form langfristiger Fremdfinanzierung von großen Aktiengesellschaften. Durch die Stückelung des Gesamtbetrages in kleinere Teilbeträge bieten die Anleihen den Vorteil, dass große Kreditsummen, die eine Einzelbank einzuräumen nicht bereit oder in der Lage wäre, von vielen einzelnen Gläubigern aufgebracht werden können. Man unterscheidet hierbei *Wandelschuldverschreibungen* (enthalten das Recht, nach einer bestimmten Sperrfrist in Aktien umgetauscht zu werden), *Optionsschuldverschreibungen* (ähnlich wie die Wandelschuldverschreibungen, werden aber nicht in Zahlung gegeben, sondern bleiben nebenher bestehen) und *Gewinnschuldverschreibungen* (sie sind entweder festverzinslich, mit zusätzlichem Gewinnanspruch in einem bestimmten Verhältnis zu den Dividenden, oder sie sind nicht mit festem Zins ausgestattet, und haben einen nach oben begrenzten Gewinnanspruch).

8.3.3.3 Lieferantenkredite

Ein *Lieferantenkredit* entsteht, wenn die Zeitpunkte von Lieferung bzw. Leistung einerseits und Gegenleistung andererseits nicht zusammenfallen. In den Zahlungsbedingungen ist im Allgemeinen vorgesehen, dass der Käufer entweder das Zahlungsziel (die Zahlungsfrist Zf) in Anspruch nimmt, und zwar ohne Abzug vom Rechnungsbetrag, oder aber innerhalb einer kürzeren Frist (Skontofrist Sf) unter Abzug von Skonto (p = Skontosatz) zahlen kann. Die Skontobezugsspanne t ist (Zf – Sf). Der vergleichbare Jahreszinssatz (z) beträgt dann:

$$z = p \cdot \frac{360}{Zf - Sf} \qquad (8.2)$$

Betrachten wir hierzu ein Beispiel: Landwirt Rapsmeyer müsste für die Beschaffung von Schweinefutter alle vier Wochen 10.080,00 € zahlen (siehe *Übersicht 8.1*). Nehmen wir nun an, dass der Futterlieferant die beiden folgenden Zahlungsweisen vorschlägt: „Zahlung mit 2 % Skonto innerhalb von 7 Tagen, Zahlung des Rechnungswertes ohne Abzug innerhalb von 28 Tagen". Daraus ergibt sich, umgerechnet auf ein Jahr, eine effektive Zinsbelastung von 34,3 %, wenn Landwirt Rapsmeyer die Skontoregelung nicht in Anspruch nimmt. Es gilt nämlich durch Einsetzen der Beträge in Gleichung (8.2):

$$z = 2\,\% \cdot \frac{360}{28 - 7} = 34{,}3\,\%$$

Beim Lieferantenkredit kauft ein Unternehmen Produktionsmittel und bezahlt diese später, z. B. wenn die Einnahmen aus dem Produktionsprozess zurückfließen. In der Landwirtschaft ist der Produktionsmittellieferant oft gleichzeitig der Produktabnehmer (Genossenschaften, Landhandel). In einem solchen Falle finden überhaupt keine Geldbewegungen statt. Es handelt sich um ein reines Tauschgeschäft. Zunächst bezieht der Landwirt Produktionsmittel, dann liefert er seine Produkte. Die Genossenschaft rechnet Schulden und Guthaben gegeneinander auf. Die Aufnahme hoher Lieferantenkredite bei oftmals nur einem Partner ist wirtschaftlich sehr fragwürdig. Sie engt den Handlungsspielraum des kreditnehmenden Unternehmens ein. In manchen Fällen werden keine direkten Zinsen berechnet. Dieser Wegfall der Zinsen ist jedoch nur scheinbar vorteilhaft, denn gelegentlich erheben die kreditgebenden Unternehmen Zinsen indirekt dadurch, dass sie ungewöhnlich hohe Preise für die Produktionsmittel bzw. ungewöhnlich niedrige Preise für die Produkte berechnen.

8.3.3.4 *Kundenkredite*

In manchen Branchen ist es üblich, dass die Auftraggeber – z. B. für große technische oder bauliche Anlagen – Anzahlungen leisten. Diese *Kundenkredite* stehen dem Auftragnehmer zwar zinslos zur Verfügung; häufig sind sie aber mit Preiszugeständnissen seitens des Auftragnehmers als dem kreditnehmenden Unternehmen verbunden. Sie verbessern jedoch die Liquiditätslage des Unternehmens.

8.3.3.5 *Wechselkredite*

Grundlage des *Wechselkredits* ist das Vorliegen eines *Wechsels*. Ein Wechsel ist ein Wertpapier, das ein Zahlungsversprechen des Schuldners enthält. Es handelt sich also um ein schuldrechtliches Wertpapier, das bestimmten Anforderungen genügen muss (vgl. § 1 WG). Der Wechsel kann durch *Indossament* übertragen werden. Der berechtigte Inhaber kann bei Fälligkeit von dem Wechselverbundenen allein aufgrund des Besitzes der Urkunde Zahlungen verlangen. Durch strenge Rechtsnormen kann der Inhaber bei Nichteinlösung rasch ein rechtskräftiges Urteil erwirken. Der Wechselkredit tritt in zwei Formen auf, nämlich als Diskontkredit und als Akzeptkredit.

Ein *Wechseldiskontkredit* wird von der Bank durch Ankauf von Kundenwechseln eingeräumt. Nominell ist der Wechseldiskontkredit oft billiger als der Kontokorrentkredit (zwischen den drei Alternativen Lieferantenkredit, Kontokorrentkredit und Wechseldiskontkredit ist der Lieferantenkredit i. d. R. die teuerste Alternative). Da jedoch der Wechseldiskontkredit stets für die gesamte Restlaufzeit des diskontierten Wechsels in Anspruch genommen werden muss, können bei schwankendem Kreditbedarf sog. „Leerzeiten“ entstehen. Dadurch kann der Wechseldiskontkredit effektiv teurer werden als der Kontokorrentkredit. Ein niedrigerer Zinssatz gegenüber dem Kontokorrentkredit ergibt sich infolge des höheren Liquiditätsgrades und der größeren Sicherheit für den Kreditgeber. Der Hauptunterschied zwischen dem Wechseldiskontkredit und anderen Formen der kurzfristigen Fremdfinanzierung liegt in der Möglichkeit der Refinanzierung für den Kreditgeber. Verkauft der Betrieb seine Produkte auf Ziel, so belastet die Gewährung eines Lieferantenkredits seine Liquidität, zieht er dagegen auf einen Abnehmer einen Wechsel, so kann der Betrieb sich durch Weitergabe des Wechsels refinanzieren (vgl. Hagenmüller und Diepen 2000, S. 483 ff.).

Wir wollen zum besseren Verständnis des Wechselgeschäfts ein Beispiel betrachten, dessen Ablauf in *Übersicht 8.11* dargestellt ist. Nehmen wir an, Landwirt Rapsmeyer möchte eine Futterlieferung über Kredit finanzieren. Zur Wahl stehen Kontokorrentkredit, Wechseldiskontkredit und Lieferantenkredit. Angenommen, er entscheidet sich für den Wechseldiskontkredit, weil Rapsmeyer ausgerechnet hat, dass dieser Kredit die billigste Finanzierungsform der drei Alternativen darstellt. Der Futterlieferant liefert die Ware an Rapsmeyer (1. Schritt) und zieht einen Wechsel, den Rapsmeyer akzeptiert (2. Schritt). Der Lieferant refinanziert sich durch Weitergabe des Wechsels an seine Bank, die Bank A (3. Schritt). Der Diskonterlös fließt an den Lieferanten (4. Schritt). Die Bank A ihrerseits hat die Möglichkeit, sich bei der Landeszentralbank zu refinanzieren (5. Schritt). Sie erhält im Gegenzug den Rediskonterlös (6. Schritt). Bei Fälligkeit des Wechsels legt die Landeszentralbank den Wechsel der im Wechsel bezeichneten Zahlstelle (einer weiteren Bank, hier Bank B) vor (7. Schritt). Diese löst ihn ein (8. Schritt). Die Bank B, die jetzt den Wechsel besitzt, präsentiert diesen dann Rapsmeyer als

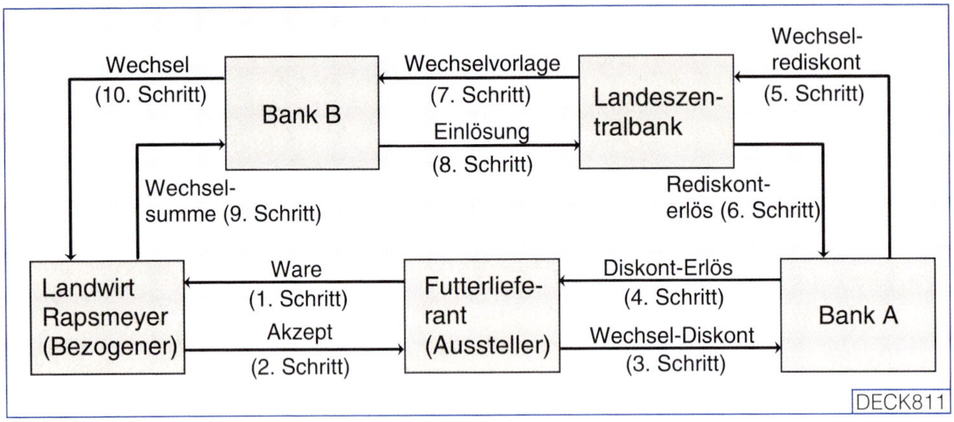

Übersicht 8.11: Ablauf von Wechselgeschäften

Bezogenem. Rapsmeyer zahlt den auf dem Wechsel festgeschriebenen Geldbetrag (9. Schritt) und erhält den Wechsel zurück (10. Schritt). Damit ist der Kreis geschlossen.

Die Kosten des Diskontkredits bestehen im Wesentlichen aus dem Diskont, der von der Bank einbehalten wird. Dieser richtet sich nach dem jeweils geltenden Diskontsatz der Deutschen Bundesbank, der mit einem Zuschlag versehen wird. Der Zuschlag richtet sich danach, ob der eingereichte Wechsel rediskontfähig ist, nach dem Verhandlungsgeschick und der Höhe der Wechselsumme. Bei einem Bundesbank-fähigen Wechsel beträgt der Zuschlag zum Diskontsatz ca. 0,75 % bis 2,5 % p. a., für andere Wechsel 2 % bis 4 % p. a. (Wöhe 2000, S. 731).

Beim *Akzeptkredit* zieht das Unternehmen einen Wechsel auf seine Bank, die diesen akzeptiert und ihn damit praktisch zum Zahlungsmittel macht, ohne selbst Geldmittel zur Verfügung zu stellen. Es entsteht eine so genannte Kreditleihe, die Landwirt Rapsmeyer bspw. zur Begleichung offener Rechnungen oder zur Liquiditätsbeschaffung beim bezogenen Kreditinstitut einsetzen kann. Dem Akzeptkredit liegt kein Warengeschäft zugrunde. Im Gegensatz zum oben beschriebenen Handelswechsel stellt er einen Finanzierungswechsel dar und wird für größere Beträge gewährt (ab 50 T€). Das Risiko der Bank liegt darin, dass sie, falls der Kunde nicht rechtzeitig den fälligen Betrag begleicht, diesen selbst aufbringen muss. Dafür berechnet sie zusätzlich eine Akzeptprovision.

8.3.3.6 Sonderformen der Kreditaufnahme

Als Sonderformen der Kreditaufnahme gelten: (1) nichtmonetäre Kreditaufnahme (Miete, Pacht), (2) Kauf auf Rentenbasis, (3) Lombardkredit (bewegliches Pfand), (4) Avalkredit (Bürgschaft oder Garantie), (5) Factoring oder Forderungsankauf (Forderungsabtretung), (6) Leasing (Variante der Miete).

Eine *nichtmonetäre Kreditaufnahme* liegt vor, wenn einem Unternehmen von anderen Wirtschaftssubjekten nicht Kapital, sondern reale Produktionsfaktoren gegen Entgelt (Pacht, Miete) zur Nutzung überlassen werden. Hierzu zählen die Pachtung bzw. Verpachtung von ganzen Betrieben, von Wirtschaftsgebäuden oder von Nutzflächen.

Beim *Kauf auf Rentenbasis* wird ein Wirtschaftsgut dem Käufer sofort überlassen; die Bezahlung wird jedoch in Raten über einen Zeitraum verteilt. Wird der Gesamtkaufpreis und damit das Zahlungsende nicht festgesetzt, so ist der Zahlungsendtermin von einem bestimmten Ereignis abhängig, z. B. dem Tod des Verkäufers.

Bei einem *Lombardkredit* überträgt der Kreditnehmer seinem Kreditinstitut ein leicht verkäufliches Pfand als Sicherheitsleistung. Das können beispielsweise Wertpapiere, Rohstoffe oder in der Landwirtschaft die noch auf dem Halm stehende Getreideernte sein. Grundsätzlich wird nie der volle Wert des Unterpfandes beliehen.

Ein *Avalkredit* wird i. d. R. nur für Kunden einwandfreier Bonität gewährt. Die Bank übernimmt hierbei die Bürgschaft bzw. Garantie für eine von ihrem Kunden eingegangene Verpflichtung. Sie verpflichtet sich einem Dritten gegenüber, bei Nichterfüllung der Verpflichtung ihres Kunden einem durch den Avalkredit eingegangenen Zahlungsversprechen nachzukommen. Zum Einsatz kommen Avalkredite beispielsweise bei Bürgschaften gegenüber öffentlichen Stellen (Zoll, Fracht, Steuer) sowie für Exportgarantien.

Unternehmen, die ihren Abnehmern Lieferantenkredite als Buchkredite gewähren, können diese Außenstände in zweierlei Weise zur Beschaffung von Geldmitteln heranziehen: Erstens lassen sich die Forderungen als Sicherheit verwenden, womit sie als Grundlage zur Beschaffung von Bankkrediten dienen. Zweitens können Forderungen verkauft und dadurch unmittelbar in Geldmittel umgewandelt werden. Diese zweite Möglichkeit bildet den Kern des *Factoring*. Das Factoring besteht darin, dass ein spezialisiertes Unternehmen (eine Factoring-Gesellschaft) Forderungen aus Lieferungen und Leistungen ankauft und außerdem dem Verkäufer der Forderung verschiedene Dienstleistungen erbringt. Das Factoring bzw. der Forderungsankauf ist eine Möglichkeit der Absatzfinanzierung: Der Verkäufer kann dadurch seine Forderung stunden, ohne dass diese Kreditgewährung seine eigene Liquidität belastet oder ein Kreditrisiko entsteht. Eine Factoring-Gesellschaft (der Factor) kauft die aus Geschäften mit Zahlungsziel stammenden Forderungen auf und übernimmt das volle Risiko des Forderungseinganges. Der Verkäufer erhält vom Factor den Forderungsbetrag abzüglich einer Gebühr.

Leasing ist eine spezielle Form der Miete. Das Besondere beim Leasing ist, dass die Rechtsposition des Mieters (Leasingnehmer) eigentümerähnlich ist. Dies bedeutet, dass er die wesentlichen Pflichten hat und Risiken trägt, die nach deutschem Recht normalerweise vom Vermieter (Leasinggeber) getragen werden. Bei geleasten Anlagen müssen die Wartungskosten vom Leasingnehmer selbst getragen werden, wohingegen bei der Miete die Wartung vom Vermieter zu tragen ist (§ 536 BGB). Nach der Art der Vertragsgestaltung, und letztlich nach der Verteilung des Investitionsrisikos, lassen sich zwei Grundtypen von Leasingverträgen unterscheiden:

(1) Beim *Financial-Leasing* übernimmt der Leasingnehmer Anlagegüter von einer Leasing-Gesellschaft über eine nichtkündbare „Mietdauer" (die kürzer ist als die wirtschaftliche Nutzungsdauer) und zahlt für ihre Benutzung in Raten, die die Kapitalkosten, das Risiko und die Verwaltungskosten decken. Die Grundmietzeit beträgt meist 40 bis 90 % der betriebsgewöhnlichen Nutzungsdauer. Das Investitionsrisiko trägt also der Leasingnehmer. Das Finanzierungsleasing ist eine Form der Fremdfinanzierung, denn der Leasingnehmer erhält vom Leasinggeber praktisch einen Kredit in Höhe der Anschaffungs- oder Herstellungskosten des Leasinggebers. Da die Grundmietzeit kürzer als die wirtschaftliche Nutzungsdauer ist, sind

die bis zum Ende der Grundmietzeit aufzubringenden Leasingraten höher als die durch den Umsatzprozess freigesetzten Abschreibungsgegenwerte. Dadurch entsteht bei jedem Leasingobjekt im Laufe seiner Nutzung eine Finanzierungslücke, die durch andere Finanzierungsmittel gedeckt werden muss. Das Finanzierungsleasing eignet sich wegen der vertraglichen Risikoübernahme durch den Leasingnehmer nicht nur für marktgängige Wirtschaftsgüter, sondern auch für Verträge über Güter, die nach den besonderen Wünschen eines Leasingnehmers gestaltet werden.

(2) Beim *Operating-Leasing* kann der Leasingvertrag von den Vertragspartnern sofort oder unter Einhaltung einer relativ kurzen Kündigungsfrist gekündigt werden. Der Mieter kann die Zeitdauer des Nutzungsrechts somit selbst bestimmen. Das Investitionsrisiko trägt also der Leasinggeber. Das Operating-Leasing unterscheidet sich mit Ausnahme der Haftungsregelungen kaum von normalen Mietverträgen. Durch die Risikobelastung des Leasinggebers kommen für derartige Verträge in der Regel nur solche Wirtschaftsgüter in Frage, die von einer größeren Anzahl potenzieller Mieter nachgefragt werden, also jederzeit erneut vermietet werden können (z. B. Standardmaschinen).

8.3.3.7 Aufwändungen für den Fremdkapitaleinsatz

Die Aufwändungen des Fremdkapitaleinsatzes sind für den Kapitalgeber Kontrakteinkommen. Sie setzen sich im Allgemeinen aus Zinsen und Bearbeitungsgebühren zusammen. Die Bearbeitungsgebühren werden in der Regel ebenso wie die Zinsen als fester Prozentsatz vom Kreditvolumen vereinbart.

Für die Höhe des Zinssatzes gilt generell, dass er umso höher angesetzt wird, je geringer die Sicherheit des Kredites ist, d. h., je höher das Risiko ist, dass der Kreditnehmer die Zins- und Tilgungsleistungen nicht rechtzeitig oder gar nicht leisten kann. Demgemäß ist der Zinssatz für Personalkredite oft erheblich höher als für Realkredite, weil Realkredite dinglich gesichert sind. Die Bank kann ihre Forderung gegebenenfalls dadurch eintreiben, dass sie Vermögensteile des Schuldners übernimmt oder deren Verkauf veranlasst.

8.4 Zur Wirtschaftlichkeit des Kapitaleinsatzes

Die vorstehenden Ausführungen haben gezeigt, dass den Unternehmen zur Kapitalbeschaffung zahlreiche Möglichkeiten sowohl der Eigenkapital- als auch der Fremdkapitalfinanzierung offen stehen. Damit könnte die Frage auftreten, ob ein Unternehmen vornehmlich Eigen- oder aber Fremdkapital einsetzen sollte. Da der Einsatz von Eigenkapital weniger Abhängigkeiten schafft, weil es im Unterschied zum Fremdkapital unbefristet zur Verfügung steht und darüber hinaus bei jährlich schwankender Ertragslage mit weniger Risiko behaftet ist, weil keine Ausgabenverpflichtungen für Fremdkapitalzinsen und Tilgungen bestehen, wird man die Eigenfinanzierung der Fremdfinanzierung vorziehen. Angesichts einer begrenzten Kapitalverfügbarkeit kann die Frage daher nur lauten: Wie viel Fremdkapital sollte ein Unternehmen zusätzlich zum Eigenkapital aufnehmen?

Die Berechtigung dieser Frage ergibt sich aus dem Tatbestand, dass eine reine Eigenkapitalfinanzierung – mangels Masse – zur Sicherstellung eines ausreichenden Einkommensniveaus oder einer bestimmten, erwünschten Unternehmensentwicklung oft nicht ausreicht. Als Quelle für eine Nettofinanzierung mit Eigenkapital steht ja im laufenden Unternehmen

i. d. R. nur der nicht für Entnahmen benötigte Gewinn zur Verfügung, wenn man von der Beteiligungsfinanzierung in kapitalbezogenen Unternehmen einmal absieht.

Bevor wir die oben angesprochene Frage beantworten können, müssen wir uns jedoch fragen, wie hoch der Kapitaleinsatz in einem Unternehmen überhaupt liegen sollte. Wir fragen damit nach den Erträgen in Abhängigkeit von unterschiedlichen Kapitaleinsatzniveaus.

8.4.1 Ertragsbedingte Kriterien des Kapitaleinsatzes

Die Frage nach der Höhe des Kapitaleinsatzes in einem Unternehmen lässt sich grundsätzlich mit Hilfe des finanzwirtschaftlichen COURNOT-Theorems beantworten: Der Kapitaleinsatz ist soweit auszudehnen, wie der zusätzlich mit einem weiteren € erzielbare interne Gewinn[1] größer ist als die Aufwändungen für diesen €. Der Grenzertrag des Kapitals muss dem Grenzaufwand entsprechen. Den Zusammenhang verdeutlicht *Übersicht 8.12*. Dort sind drei mögliche Entwicklungen für den internen Gewinn in Abhängigkeit von steigenden Kapitaleinsatzniveaus dargestellt.

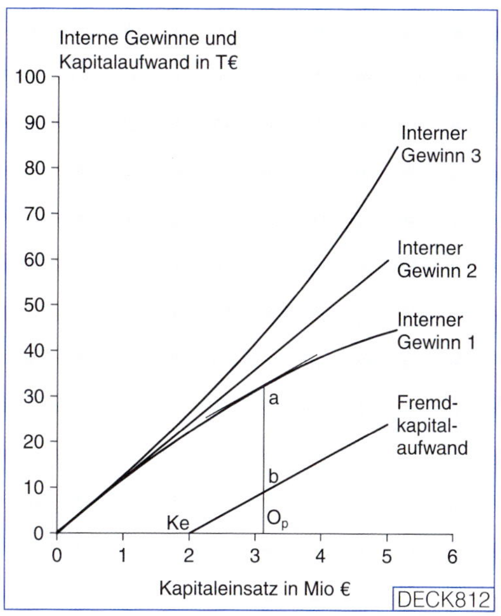

Übersicht 8.12: Unterschiedliche Entwicklungen der internen Gewinne in Abhängigkeit vom Kapitaleinsatz und die Bestimmung des optimalen Kapitaleinsatzniveaus in Abhängigkeit vom Fremdkapitalaufwand

Darüber hinaus wurden die Kapitalaufwändungen ebenfalls in Abhängigkeit zunehmender Kapitaleinsatzmengen abgetragen. Dafür wurde angenommen, dass das Unternehmen über einen Eigenkapitalbetrag (Ke) von 2 Mio. € verfügt. Für diesen Betrag entstehen keine Aufwändungen. Ab dem Punkt (Ke) muss jedoch Fremdkapital eingesetzt werden. Für den Fall, dass die Kapitalaufwändungen je eingesetztem € unabhängig vom Kreditvolumen sind, ergibt sich eine lineare Aufwandsfunktion.

Die *Übersicht 8.12* zeigt dann, dass sich ein optimales Kapitalvolumen bestimmen lässt, wenn der interne Gewinn mit zunehmendem Kapitaleinsatz degressiv ansteigt (Interner Gewinn 1), also der zusätzliche Gewinn (Grenzgewinn) des jeweils letzten eingesetzten € an Kapital abnimmt. Im Beispiel ergibt sich das optimale Kapitaleinsatzniveau am Punkt 0_p. Dabei wird ein Nettogewinn (Interner Gewinn 1 abzüglich Kapitalaufwand) in Höhe des Streckenabschnittes a bis b erreicht. Der interne Gewinn ist die Strecke a bis 0_p, die Kapitalaufwändungen entsprechen der Strecke b bis 0_p.

Steigt dagegen der interne Gewinn bei zunehmendem Kapitaleinsatz proportional an (Interner Gewinn 2), so wird der Nettogewinn mit zunehmendem Kapitaleinsatz fortschreitend größer. Ein „Optimum" wäre formal erst bei einem gegen unendlich gehenden Kapitaleinsatz erreicht. Lediglich wenn der Satz für die Kapitalaufwändungen höher als der Satz des internen Gewinns wäre, d. h., wenn die Funktion für den Fremdkapitalaufwand in *Übersicht 8.12* steiler als diejenige für den Internen Gewinn 2 ansteigen würde, ergäbe sich ein Optimum als Sonderfall: Das Unternehmen dürfte gar kein Fremdkapital einsetzen. Völlig eindeutig ist dagegen die Situation für den Verlauf des Internen Gewinns 3. Hier lässt sich kein Optimum bestimmen: das Unternehmen wäre umso rentabler, je mehr Fremdkapital es einsetzen würde.

Tatsächlich dehnen Unternehmen ihren Kapitaleinsatz jedoch stets nur bis zu einem bestimmten Volumen aus. Das hat vornehmlich zwei Ursachen:

(1) Unternehmen, deren Produktionsvolumina für ihre Absatzmärkte bereits so groß sind, dass sie mit unterschiedlichen Absatzmengen den Preis beeinflussen, operieren auf einer Funktion des internen Gewinns mit abnehmenden Zuwachsraten (Interner Gewinn 1 in *Übersicht 8.12*). Für diese Unternehmen existieren also optimale Absatzvolumina und korrespondierende Betriebsgrößen. Das wurde bereits anhand des Beispiels im Abschnitt 7.4.1 (optimales Absatzvolumen für Frischeier) deutlich.

(2) Unternehmen, deren Produktionsvolumina im Vergleich zu den Gesamtvolumina ihrer Absatzmärkte so klein sind, dass eine in sehr weiten Grenzen variierende Betriebsgröße den Marktpreis des Produktes nicht beeinflusst, operieren zwar in der Regel auf linear oder progressiv ansteigenden Funktionen für den internen Gewinn, aber hier ergibt sich eine endliche Betriebsgröße daraus, dass die Kapitalaufwändungen (nämlich die Fremdkapitalzinsen) mit zunehmendem Kapitaleinsatz nicht proportional, sondern überproportional ansteigen. Ab einem bestimmten Fremdkapitalanteil gehen sie formal sogar gegen unendlich, weil die Unternehmen nur bis zu einem gewissen maximalen Fremdkapitalanteil kreditwürdig sind.

Diese Aussage führt uns jedoch zu unserer Hauptfrage: Wie viel Fremdkapital sollte ein Unternehmen zweckmäßigerweise zusätzlich zum Eigenkapital einsetzen?

8.4.2 Aufwandsbedingte Kriterien des Kapitaleinsatzes

Wir wollen diese Frage mit einem konkreten Beispiel beantworten: Ein Unternehmen operiere auf einer linear ansteigenden Funktion für den internen Gewinn. Die Gesamtkapitalrentabilität als Quotient aus internem Gewinn und Kapitaleinsatz bleibt also unabhängig von der Betriebs-

[1] Als internen Gewinn bezeichnen wir die Summe aus Gewinn und Kapitalaufwändungen

größe konstant. Im Beispiel sei sie 0,1 ≙ 10 %. Bisher setzt das Unternehmen lediglich 2 Mio. € Eigenkapital ein und erzielt damit eine Gesamtkapitalrentabilität, die hier der Eigenkapitalrentabilität entspricht, in Höhe von 10 %, d. h. einen Gewinn von 200.000,00 €. Dieser Gewinn – DG_1 – ist im linken Block der *Übersicht 8.13* dargestellt.

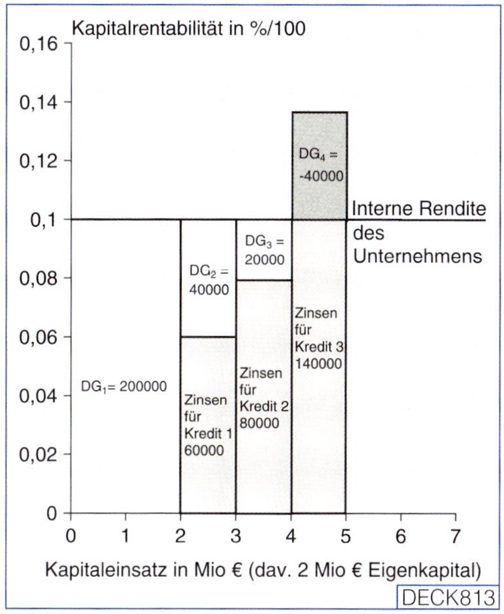

Übersicht 8.13: Gewinnentwicklung bei steigendem Fremdkapitaleinsatz und zunehmendem Fremdkapitalzinssatz

Einen ersten Kredit in Höhe von 1 Mio. € könnte das Unternehmen nun zu einem Auwandssatz von 6 % aufnehmen. Der Gewinn stiege dadurch um 40.000,00 € (DG_2), so dass die Eigenkapitalrentabilität (EKR_2) von vorher 10 % auf nunmehr 12 % ansteigen würde:

$$EKR_2 = \frac{\text{Gewinn}}{\text{Eigenkapital}} \cdot 100 = \frac{DG_1 + DG_2}{\text{Eigenkapital}} \cdot 100 = \frac{200.000 + 40.000}{2.000.000} \cdot 100 = 12\,\%$$

Einen zweiten Kredit über eine weitere Mio. € könnte das Unternehmen zu einem Zinssatz von 8 % erhalten. Dadurch stiege der Gewinn um weitere 20.000,00 € (DG_3), so dass sich eine Eigenkapitalrentabilität von 13 % ergäbe:

$$EKR_3 = \frac{DG_1 + DG_2 + DG_3}{\text{Eigenkapital}} \cdot 100 = \frac{200.000 + 40.000 + 20.000}{2.000.000} \cdot 100 = 13\,\%$$

Man bezeichnet diesen Anstieg des Gewinnes als Folge zusätzlicher Kreditaufnahmen bei unterhalb der Gesamtkapitalrentabilität liegenden Fremdkapitalaufwändungen als *leverage effect*.

Ein dritter Kredit schließlich wäre nur noch für einen 14%igen Zinssatz zu haben. Hätte dieser Kredit eine Höhe von ebenfalls 1 Mio. €, so wären dafür 140.000,00 € an Zinsen aufzubringen. Dem steht nur ein zusätzlicher interner Gewinn von 100.000,00 € gegenüber. Die Eigenkapitalrentabilität würde durch diese Maßnahme also von vorher 13 % auf 11 % sinken:

$$EKR_4 = \frac{DG_1 + DG_2 + DG_3 + DG_4}{\text{Eigenkapital}} \cdot 100 = \frac{200.000 + 40.000 + 20.000 - 40.000}{2.000.000} \cdot 100 = 11\%$$

Das Optimum des Fremdkapitaleinsatzes liegt also offenbar zwischen dem 2. und dem 3. Kredit. Vor diesem Optimum ist der Zinssatz geringer, nach dem Optimum ist er höher als die Gesamtkapitalrentabilität. Daraus ergibt sich als generelle Konsequenz: Bei steigendem Fremdkapitaleinsatz nimmt die Rentabilität des Eigenkapitals solange zu, wie eine positive Differenz zwischen der Gesamtkapitalrentabilität und dem Aufwandssatz für das Fremdkapital besteht. Der optimale Fremdkapitalanteil ist dann erreicht, wenn der letzte zusätzlich aufgenommene € Kapitalaufwändungen erfordert, die wertgleich sind dem mit diesem € zusätzlich erzielbaren internen Gewinn. Es gilt also: Grenzkapitalaufwand = interner Grenzgewinn.

Mit diesem Ergebnis können wir jetzt auch die *Übersicht 8.12* so verändern, dass sich daraus die *Übersicht 8.14* ergibt. Gegenüber der *Übersicht 8.12* wurden zwei wesentliche Dinge umgestaltet. Zum einen wurde die lineare Funktion für den Fremdkapitalaufwand in eine progressiv steigende Funktion umgewandelt, um zu zeigen, dass die Fremdkapitalzinssätze mit zunehmendem Fremdkapitaleinsatz ansteigen. Zum anderen verläuft die Funktion für den Internen Gewinn 3 nunmehr quasi s-förmig. Damit wird angedeutet, dass derartige Unternehmen durch Betriebsvergrößerungen zwar zunächst ihre Gesamtkapitalrentabilität dadurch steigern können, dass sie Vorteile der mutativen Verfahrensvariation nutzen (economies of scale), dass sie aber wieder auf eine Funktion mit dem Internen Gewinn 2 (linear) einschwenken, wenn sie die jeweils vorzüglichsten Verfahrensalternativen realisiert haben.

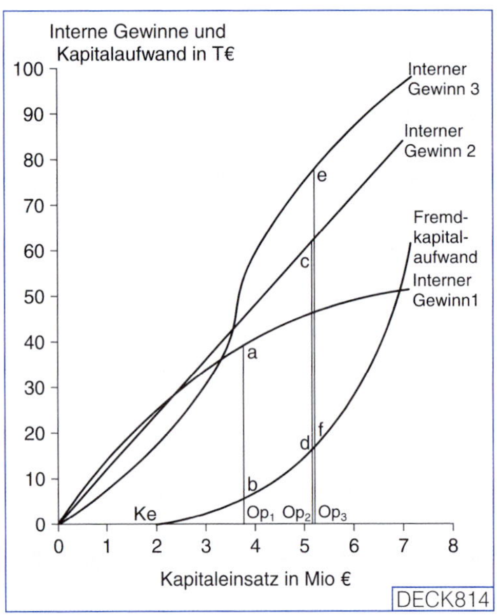

Übersicht 8.14: Unterschiedliche Entwicklungen der internen Gewinne in Abhängigkeit vom Kapitaleinsatz und die Bestimmung der optimalen Kapitaleinsatzniveaus in Abhängigkeit vom Fremdkapitalaufwand

Wie die *Übersicht 8.14* zeigt, lässt sich nunmehr in jedem Fall ein optimaler Fremdkapitaleinsatz grafisch ableiten. Bei den Verhältnissen für die degressiv steigende Funktion des Internen

Gewinns 1 wird der optimale Kapitaleinsatz Op_1 erreicht. In diesem Punkt entspricht die Steigung der Funktion für den Fremdkapitalaufwand der Steigung der Funktion für den Internen Gewinn 1, d. h., es gilt: Grenzkapitalaufwand = interner Grenzgewinn. Der hier erzielbare maximale (Netto-)Gewinn entspricht dem Streckenabschnitt a bis b.

Bei den Verhältnissen für die linear ansteigende Funktion des Internen Gewinns 2 wird der optimale Kapitaleinsatz am Punkt Op_2 erreicht. Auch dafür gilt: Grenzkapitalaufwand = interner Grenzgewinn. Der hier erzielbare maximale (Netto-)Gewinn entspricht dem Streckenabschnitt c bis d.

Bei den Verhältnissen schließlich für die Funktion des Internen Gewinns 3 wird der optimale Kapitaleinsatz am Punkt Op_3 erreicht. Es gilt wieder: Grenzkapitalaufwand = interner Grenzgewinn. Der maximal erzielbare (Netto-)Gewinn entspricht dem Streckenabschnitt e bis f.

8.5 Zum Risiko des Fremdkapitaleinsatzes

Bereits mehrfach wurde angesprochen, dass die Kreditwürdigkeit der Unternehmen begrenzt ist, weil das Risiko, dass der Kapitalgeber Geld verliert, mit zunehmendem Fremdkapitalanteil steigt. Der Kreditgeber fordert deshalb mit zunehmendem Verschuldungsgrad des Unternehmens nicht nur höhere Zinsen; ab einer gewissen Grenze ist er zu weiterer Kreditvergabe nicht mehr bereit.

Wie sich dieses Kreditrisiko konkret äußert, wollen wir anhand eines weiteren Beispiels verdeutlichen. In *Übersicht 8.15* (Aufruf mit DECK815) sind vier äußerlich gleichartige Unternehmen skizziert, die mit einem Gesamtkapitaleinsatz von jeweils 1.200.000,00 € einen jährlichen Unternehmensertrag von 400.000,00 € erzielen. Die Unternehmen unterscheiden sich lediglich in ihrer Kapitalstruktur. Der Eigenkapitalanteil sinkt von 100 % für Unternehmen I bis auf 25 % für Unternehmen IV. Subtrahieren wir nun vom Unternehmensertrag (Zeile 4) sämtliche Aufwändungen (Zeile 9), so ergeben sich jeweils unterschiedliche Gewinne (Zeile 10) infolge der unterschiedlichen Höhe des Aufwandes für Fremdkapital. Da jedoch der Gewinn langsamer als das Eigenkapital der Unternehmen (Zeile 1) sinkt, steigt die Eigenkapitalrentabilität (Zeile 11) mit zunehmendem Fremdkapitalanteil – infolge des leverage effect – sogar sukzessive an. Dabei ist schon berücksichtigt, dass die durchschnittlich von den Unternehmen zu zahlenden Zinssätze von 6,5 auf 8,0 % mit zunehmendem Fremdkapitalanteil ansteigen. (Variieren Sie die Zinssätze im Programm DECK815, um den Einfluss auf die Unternehmensergebnisse abzuleiten.)

Unterstellen wir – wie in der Übersicht angenommen – zur Vereinfachung, dass der Ertrag den Einnahmen entspricht und die Material-, die Lohn- und die Fremdkapitalaufwändungen den jeweiligen Ausgaben entsprechen, dann erhalten wir in Zeile 14 den jeweils aus eigenen Mitteln des Unternehmens für Investitionen verfügbaren Betrag. Er ergibt sich aus dem Gewinn nach Abzug der hier mit 35.000,00 € angenommenen Gewinnentnahmen (Zeile 12) und Hinzufügung der für Abschreibungen einbehaltenen Beträge (Zeile 8), die hier mit 40.000,00 € angenommen wurden. Die zwischen 125.000,00 und 53.000,00 € schwankenden Beträge dienen für Ersatz- und Erweiterungsinvestitionen im Bereich der Anlagenbestände. Sämtliche Unternehmen können über die Ersatzinvestitionen (40.000,00 € in Höhe der Abschreibungen) hinaus noch Nettoinvestitionen im Wege der Selbstfinanzierung tätigen (Zeile 14).

	Unternehmen Nr.	I	II	III	IV
	Fremdkapitalanteil in %	0,0	25,0	50,0	75,0
Z.	Zinssatz für das Fremdkapital in %	6,5	7,0	7,5	8,0
1	Eigenkapital in €	1.200.000,00	900.000,00	600.000,00	300.000,00
2	Fremdkapital in €	0,00	300.000,00	600.000,00	900.000,00
3	Unternehmenskapital in € (Z1+Z2)	1.200.000,00	1.200.000,00	1.200.000,00	1.200.000,00
4	U-Ertrag = U-Einnahmen in €	400.000,00	400.000,00	400.000,00	400.000,00
5	Lohnaufwand = Lohnausgaben in €	40.000,00	40.000,00	40.000,00	40.000,00
6	Werkstoffaufwand = Werkstoffausgaben in €	200.000,00	200.000,00	200.000,00	200.000,00
7	Fremdkapitalzinsen in €	0,00	21.000,00	45.000,00	72.000,00
8	Abschreibungen in €	40.000,00	40.000,00	40.000,00	40.000,00
9	Unternehmensaufwand in € (Z5+Z6+Z7+Z8)	280.000,00	301.000,00	325.000,00	352.000,00
10	Gewinn in € (Z4./.Z9)	120.000,00	99.000,00	75.000,00	48.000,00
11	Eigenkapitalrentabilität in % (Z10/Z1*100)	10,00	11,00	12,50	16,00
12	Gewinnentnahmen in €	35.000,00	35.000,00	35.000,00	35.000,00
13	Einbehaltener Gewinn in € (Z10./.Z12)	85.000,00	64.000,00	40.000,00	13.000,00
14	Für Investitionen aus unternehmenseigenen Mitteln verfügbar in € (Z8+Z13)	125.000,00	104.000,00	80.000,00	53.000,00
	Die für Investitionen aus eigenen Mitteln verfügbaren Beträge vermindern sich auf.....€:				
	....bei Verminderungen der Unternehmenserträge um....%:				
15	5	105.000,00	84.000,00	60.000,00	33.000,00
16	10	85.000,00	64.000,00	40.000,00	13.000,00
17	15	65.000,00	44.000,00	20.000,00	-7.000,00
18	20	45.000,00	24.000,00	0,00	-27.000,00
	Die Eigenkapitalrentabilitäten der Unternehmen vermindern sich auf....%:				
	....bei Verminderungen der Unternehmenserträge um....%:				
19	5	8,33	8,78	9,17	9,33
20	10	6,67	6,56	5,83	2,67
21	15	5,00	4,33	2,50	-4,00
22	20	3,33	2,11	-0,83	-10,67

DECK815

Übersicht 8.15: Auswirkungen steigender Fremdkapitalanteile am Unternehmenskapital auf die Varianz der Unternehmensergebnisse und das Kreditrisiko

Wie würden sich indessen die wirtschaftlichen Situationen der Unternehmen gestalten, wenn Schwankungen der Unternehmenserträge infolge z. B. von Produktionsmengen- oder Produktpreisschwankungen aufträten?

Die Zeilen 15 bis 18 zeigen die Wirkungen auf die verfügbaren Investitionssummen. Während das vollständig mit Eigenkapital finanzierte Unternehmen I auch bei 20%igen Ertragseinbußen noch über Investitionsmittel verfügt, die über den Abschreibungen von 40.000,00 € liegen, ist das mit dem höchsten Fremdkapitalanteil belastete Unternehmen IV schon bei 5%igen Ertragseinbußen nicht mehr in der Lage, die Abnutzung des Betriebsmittelbestandes – ausgedrückt durch die Abschreibungssumme von 40.000,00 € – zu ersetzen. Es kommt zu einem „Substanzverlust“: Bei Unternehmen IV muss der Unternehmer bei 20%igen Ertragseinbußen entweder seine Konsumentnahme bereits um 27.000,00 € einschränken, oder er kann gewisse laufende Ausgaben für Material, Löhne oder Fremdkapitalzinsen nicht mehr abdecken. Jedenfalls entsteht zumindest ein erheblicher Substanzverlust, wenn nicht gar Illiquidität eintritt.

Entsprechende Aussagen erhält man bei der Betrachtung der Eigenkapitalrentabilität (Zeilen 19 bis 22). Unternehmen I weist auch bei 20%igen Ertragsrückgängen noch eine positive Eigenkapitalrentabilität auf. Der Wert sinkt von + 10 % auf +3,33 %. Unternehmen IV zeigt dagegen eine negative Eigenkapitalrentabilität. Der Wert sinkt von +16,00 % auf –10,67 % bei 20%igen Ertragsabnahmen. Die Unternehmen II und III liegen in ihren Entwicklungen zwischen den beiden Extremfällen.

Wir können mithin festhalten, dass relativ hochgradig fremdfinanzierte Unternehmen eine vergleichsweise geringere Stabilität in Bezug auf Ertragseinbußen aufweisen. Die Kennziffern „Investitionen aus eigenen Mitteln“ und „Eigenkapitalrentabilität“ schwanken weitaus stärker. Hoch verschuldete Unternehmen reagieren empfindlicher, d. h., das Risiko des Kapitalverlustes wird für den Kreditgeber mit zunehmendem Fremdkapitaleinsatz sukzessive größer, bis er ab einem bestimmten Punkt – trotz steigender Eigenkapitalrentabilität – wie etwa das Beispiel (Zeile 11) zeigt – zu weiteren Kreditvergaben nicht mehr bereit ist.

8.6 Die Planung von Investitionen

Der Begriff der Investition meint den Prozess der Umwandlung des nominalen Produktionsfaktors Kapital in reale Produktionsfaktoren, insbesondere in Betriebsmittel. Unternehmen investieren, weil sie sich von der anschließenden Nutzung der Investitionsgüter wirtschaftliche Vorteile versprechen. Da aber Kapital stets in begrenztem Umfang zur Verfügung steht, ergibt sich die Frage nach den jeweils vorteilhaftesten Investitionen. Derartige Entscheidungsprobleme werden mit Hilfe von *Investitionsplanungsverfahren* gelöst. Vor der Behandlung dieser Planungsverfahren soll zunächst ein kurzer Überblick über die verschiedenen investitionswirtschaftlichen Entscheidungsanlässe gegeben werden.

8.6.1 Investitionswirtschaftliche Entscheidungsanlässe

Bei der Betrachtung von Investitionen ist grundsätzlich zwischen *Neuinvestitionen* und *Ersatzinvestitionen* zu differenzieren. Der Entscheidungsanlass für Ersatzinvestitionen unterscheidet sich vom Entscheidungsanlass für Neuinvestitionen dadurch, dass hier eine noch funktionsfähige Produktionsanlage (als Investitionsgut) im Unternehmen vorhanden ist, die aber ggf. durch eine neue Anlage ersetzt werden soll. In das Entscheidungsfeld ist also neben den neuen in Frage kommenden Anlagen die Beibehaltung der vorhandenen Anlage als Alternative einzubeziehen.

Bei Neuinvestitionen ist das nicht der Fall. Ein Entscheidungsanlass für Neuinvestitionen ist z. B. gegeben, wenn ein neu gegründetes Unternehmen seine betrieblichen Produktionsanlagen erstmalig aufbaut, oder wenn ein bestehendes Unternehmen seine Produktionsvolumina ausdehnen möchte und dafür zusätzliche Produktionsanlagen benötigt, oder auch dann, wenn ein bestehendes Unternehmen neue Produkte in sein Produktionsprogramm aufnehmen möchte, die mit dem vorhandenen Anlagenbestand nicht hergestellt werden können. Ein Entscheidungsanlass für Neuinvestitionen ist schließlich auch gegeben, wenn die Nutzungspotenziale des Anlagenbestandes für ein bisher betriebenes Produktionsverfahren vollständig aufgezehrt sind und zur weiteren Aufrechterhaltung der Produktion neue Betriebsmittel beschafft werden müssen.

Da auf den Investitionsgütermärkten in aller Regel mehrere Verfahrensalternativen in Form unterschiedlicher Produktionsanlagen zur Herstellung eines Produktes angeboten werden, besteht das typische Entscheidungsproblem bei Neuinvestitionen darin, unter den möglichen Investitionsalternativen diejenige auszuwählen, die eine bestmögliche Realisierung der Unternehmensziele (je nach Entscheidungssituation, z. B. Kostenminimierung, Gewinnmaximierung oder Rentabilitätsmaximierung) erwarten lässt. Selbstverständlich ist dabei die Unterlassung der Investition als eine weitere Handlungsalternative in das Entscheidungsfeld einzubeziehen. Wenn z. B. das Ziel in der Gewinnmaximierung besteht und sämtliche Investitionsalternativen nur Verluste erwarten lassen, wäre die Unterlassung der Investition die bestmögliche Alternative, weil sie zwar ebenfalls keinen Gewinn, aber auch keinen Verlust erbrächte.

Bei den Entscheidungsanlässen für Ersatzinvestitionen ist in das Entscheidungsfeld neben sämtlichen Investitionen, die an die Stelle der vorhandenen Investitionsgüter treten könnten – wie gesagt –, auch die Weiternutzung der vorhandenen Produktionsanlage einzubeziehen. Für den Fall, dass eine vorhandene Produktionsanlage ggf. durch eine neue Anlage ersetzt werden soll, können wir drei Unterarten von Entscheidungsanlässen identifizieren, nämlich die reine (identische) Ersatzinvestition, die Rationalisierungsinvestition ohne Kapazitätserweiterungseffekt und schließlich die Rationalisierungsinvestition mit Kapazitätserweiterungseffekt. Bei der reinen Ersatzinvestition würde ein Betrieb eine vorhandene, aber mehr oder weniger stark gebrauchte Anlage durch eine zwar völlig gleichartige, aber neue Anlage ersetzen. Dieser Fall kann z. B. auftreten, wenn die gebrauchte Anlage infolge Verschleißes höhere Reparaturkosten oder einen höheren Energieverbrauch aufweist als die neue Anlage.

In einer durch technische Fortschritte geprägten Volkswirtschaft sind jedoch weit häufiger Entscheidungsanlässe für Rationalisierungsinvestitionen gegeben. Es werden im Zeitablauf Produktionsanlagen entwickelt und angeboten, die im Vergleich zu den im Betrieb vorhandenen Anlagen z. B. weniger Arbeits- oder Energieeinsatz je hergestellter Produkteinheit erfordern. Bei Rationalisierungsinvestitionen ohne Kapazitätserweiterungseffekt können sich deshalb Kosteneinsparungen im Vergleich zu den vorhandenen älteren Produktionsanlagen ergeben. Häufig weisen die neueren Produktionsanlagen jedoch zusätzlich noch höhere Leistungen auf, so dass mit diesen Anlagen größere Produktmengen je Produktionsperiode hergestellt werden können. Wenn ein Investor sich zur Beschaffung einer solchen Anlage entschließt, würde er eine Rationalisierungsinvestition mit Kapazitätserweiterungseffekt tätigen.

8.6.2 Planungsverfahren für Investitionen

8.6.2.1 Überblick

Planungsverfahren zur Unterstützung von Investitionsentscheidungen sollten so gestaltet sein, dass mit ihrer Hilfe für die eben skizzierten Entscheidungsanlässe die jeweils zielwirksamste Investitionsalternative nach Maßgabe der Unternehmensziele gefunden werden kann. Für diese Entscheidungsunterstützung existieren zwei Gruppen von Planungsverfahren, nämlich zum einen die Verfahren der *Plan-Kosten-Leistungs-Rechnungen*, wie wir sie anhand eines Beispiels bereits in Abschnitt 1.4.3.3.2 und ausführlich in den Abschnitten 6.3 bis 6.7 kennen gelernt haben, und zum anderen die sog. *finanzmathematischen Verfahren* der Investitionsplanung, die in Abschnitt 8.6.2.3 vorgestellt werden.

Die Verfahren zur Investitionsplanung in Form von Plan-Kosten-Leistungs-Rechnungen werden auch als *statische Investitionsplanungsverfahren* bezeichnet, weil sie die Zeit, in der ein Investitionsgut arbeitet, nicht explizit in die Analyse einbeziehen, sondern die Wirtschaftlichkeiten der Investitionsalternativen nur für jeweils eine „typische" Produktionsperiode, die z. B. ein Jahr beträgt und in aller Regel kürzer ist als die Lebensdauer der Produktionsanlagen, ermitteln. Mit Hilfe dieser Investitionsplanungsverfahren entscheidet man sich für diejenige Investitionsalternative, die – bezogen auf die Produktionsperiode – die höchste

Leistungs-Kosten-Differenz erwarten lässt. Für den Fall, dass die zu erbringende Leistung bei sämtlichen zur Wahl stehenden Investitionsalternativen quantitativ und qualitativ die gleiche ist, wird diejenige Alternative gewählt, die die geringsten Kosten je Produktionsperiode und damit automatisch die geringsten Stückkosten erwarten lässt. Diese Entscheidungssituation war z. B. bei der Beschaffung des neuen Getreideernteverfahrens in Abschnitt 1.4.3.3.2 gegeben.

Die finanzmathematischen Verfahren der Investitionsplanung werden auch *dynamische Investitionsplanungsverfahren* genannt, weil bei ihnen im Unterschied zu den statischen Verfahren nicht von einer Produktionsperiode ausgegangen, sondern die gesamte Lebensdauer der Investitionsalternativen in die Betrachtung einbezogen wird. Prinzipiell ähnlich wie bei der Totalerfolgsrechnung, die wir in Abschnitt 3.3.1 (*Übersicht 3.13*) kennen gelernt haben, wird dabei nicht mit (periodenbezogenen) Kosten und Leistungen, sondern mit Einnahmen und Ausgaben für die Gesamtlebensdauer der Investitionsalternativen gerechnet. Zusätzlich wird dabei berücksichtigt, zu welchen Zeitpunkten während der Lebensdauer welche Einzelbeträge an Einnahmen und Ausgaben anfallen. Das ist von grundsätzlicher Bedeutung, weil Menschen einen bestimmten Geldbetrag, den sie heute ausgeben müssen bzw. einnehmen können, höher schätzen als den gleichen Geldbetrag, der erst später fällig wird. Die Konsequenzen daraus werden wir bei der Betrachtung der dynamischen Investitionsplanungsverfahren in Abschnitt 8.6.2.3 im Einzelnen darstellen.

8.6.2.2 Die statischen Investitionsplanungsverfahren

Die statischen Investitionsplanungsverfahren umfassen (1) die Kostenvergleichsrechnung, (2) die Gewinnvergleichsrechnung, (3) die Rentabilitätsvergleichsrechnung und (4) die Amortisationsvergleichsrechnung. Die Vorgehensweise bei der Anwendung dieser Verfahren wird in den folgenden beiden Unterabschnitten anhand von Beispielen dargestellt.

8.6.2.2.1 Die Kostenvergleichsrechnung

Für die Darstellung der *Kostenvergleichsrechnung* greifen wir auf die in Abschnitt 1.4.3.3.2 abgeleitete Vorgehensweise zur Berechnung des kostenminimalen Getreideernteverfahrens zurück. Dort waren wir davon ausgegangen, dass der Unternehmer die Beschaffung eines Getreideernteverfahrens für die 1000 ha umfassende Getreideerntefläche seines Betriebes plant, weil das bisherige Ernteverfahren wegen totalen Verschleißes nicht mehr verwendet werden kann. Es handelt sich also um einen Entscheidungsanlass für *Neuinvestitionen*. Der Unternehmer hatte zunächst die Mengen- und Preisgerüste zur Bestimmung der Kosten auf Jahresbasis für 10 verschiedene – technisch zulässige – Verfahrensalternativen ermittelt und dann festgestellt, dass nur 6 dieser 10 Alternativen technisch effizient sind und deshalb in den weiteren Entscheidungsprozess einbezogen werden sollten.

Für die Darstellung der Kostenvergleichsrechnung zur Bestimmung der kostenminimalen Handlungsalternative in *Übersicht 8.16* wurde nun wieder angenommen, dass sich der Unternehmer für eines dieser 6 Ernteverfahren entscheiden möchte. Zunächst müssen dazu die relevanten allgemeinen Betriebs- und Verfahrensdaten und die verfahrensspezifischen Daten (angegeben in den farbig unterlegten Feldern) für die Verfahrensalternativen I bis VI ermittelt werden. Die Verfahrensalternativen I bis VI entsprechen den technisch effizienten Verfahren 1, 2, 4, 5, 9 und 10 in den *Übersichten 1.23* bzw. *1.24* (vgl. Abschnitt 1.4.3.3.2). Aus den Betriebs-

Z.	ALLGEMEINE BETRIEBS- UND VERFAHRENSDATEN:							
	Jahreserntefläche in ha	[ef]:	1.000,00	Zinssatz in % der mittleren Kapitalbindung [ki]:				6,00
	Mittl. Schlaggröße in ha	[sg]:	10,00	Versicherung in % vom Kapitalbedarf [vs]:				0,30
	Jahresdruschstunden	[mh]:	175,00	Maschinennutzungsdauer in Jahren [nd]:				10,00
	Arbeitskosten je h	[ak]:	30,00					
	Reparatur- u. Betriebsstoffkostensatz je ha	[rb]:	28,50					
Z.	Nr. DES VERFAHRENS	»»	I	II	III	IV	V	VI
	VERFAHRENSDATEN:							
1	MDh-Bed.(5ha-Schlag) /ha[1]	[nb]:	2,00	1,60	1,36	1,14	0,90	0,70
2	Ankaufspreis je Maschine	[kp]:	32.000,00	42.000,00	52.000,00	80.000,00	115.000,00	175.000,00
3	Verkaufspreis je Maschine	[vp]:	0,00	0,00	0,00	0,00	0,00	0,00
	BETRIEBL. ANFORDERUNGEN							
4	Mittlerer MDh-Bedarf je ha betriebl. Erntefläche	[he]	1,83	1,47	1,25	1,05	0,83	0,64
5	Mittlere Erntekapazität je Maschine in ha pro Jahr	[ek]	95,45	119,32	140,37	167,46	212,12	272,73
6	Benötigte Anzahl von Maschinen	[zm]	11,00	9,00	8,00	6,00	5,00	4,00
7	Jährl. Gesamterntefläche des Ernteverfahrens in ha	[ef]	1.000,00	1.000,00	1.000,00	1.000,00	1.000,00	1.000,00
8	Kapitalbedarf zur Maschinenbeschaffung	[kb]	352.000,00	378.000,00	416.000,00	480.000,00	575.000,00	700.000,00
9	Mittlere Kapitalbindung für Maschinen	[mb]	176.000,00	189.000,00	208.000,00	240.000,00	287.500,00	350.000,00
10	Arbeitsstunden für Maschineneinsatz und -wartung	[am]	2.200,00	1.760,00	1.496,00	1.254,00	990,00	770,00
	VERFAHRENSKOSTEN:							
11	Abschreibungen	[An]	35.200,00	37.800,00	41.600,00	48.000,00	57.500,00	70.000,00
12	Zinsansprüche	[Za]	10.560,00	11.340,00	12.480,00	14.400,00	17.250,00	21.000,00
13	Versicherungen	[Vn]	1.056,00	1.134,00	1.248,00	1.440,00	1.725,00	2.100,00
14	Reparaturen u. Betriebsstoffe	[Rk]	28.500,00	28.500,00	28.500,00	28.500,00	28.500,00	28.500,00
15	MASCHINENKOSTEN	[KM]	75.316,00	78.774,00	83.828,00	92.340,00	104.975,00	121.600,00
16	ARBEITSKOSTEN	[KL]	66.000,00	52.800,00	44.880,00	37.620,00	29.700,00	23.100,00
17	GESAMTKOSTEN	[K]	141.316,00	131.574,00	128.708,00	129.960,00	134.675,00	144.700,00
18	KOSTEN je ha	[mk]	141,32	131,57	128,71	129,96	134,68	144,70

GLEICHUNGEN: he=(1+1/sg)*0,5*nb/0,6; ek=mh/he; zm=aufrunden auf Ganzzahl(ef/ek); kb=kp*zm; mb=(kp+vp)/2*zm; am=ef*he+0,2*mh*ef/ek; An=(kp-vp)/nd*zm; Za=mb*ki/100; Vn=kb*vs/100; Rk=rb*ef; KM=An+Zn+Vn+Rk; KL=am*ak; K=KM+KL; mk=K/ef. 1) MDh = Mähdrescherstunden

DECK816

Übersicht 8.16: Kostenvergleichsrechnung für Neuinvestitionen bei vorgegebenem Leistungsumfang: Bestimmung des kostenminimalen Getreideernteverfahrens (Preise, Kapital, Kosten in €)

und Verfahrensdaten (sie lassen sich bei Aufruf des Excel-Programms mit DECK816 für Sensitivitätsanalysen verändern) werden dann die Jahreskosten in den Zeilen 4 bis 18 für die Verfahrensalternativen schrittweise berechnet. Die zugehörigen Bestimmungsgleichungen sind im Fuß der *Übersicht 8.16* angegeben. Die Vorgehensweise ist im Übrigen in Abschnitt 1.4.3.3.2 detailliert beschrieben. Darauf wird hier verwiesen. Angemerkt werden soll an dieser Stelle indessen nochmals, dass bei den Kosten der Investitionsalternativen auch die Opportunitätskosten für das investierte Kapital in Form von Zinsansprüchen berücksichtigt werden müssen. Da jedoch der Wert des investierten Kapitals im Verlaufe der Anlagennutzung – ausgehend vom Ankaufswert – sukzessive bis auf null absinkt, wird bei Anwendung der statischen Investitionsplanungsverfahren zur Berechnung der Zinskosten vereinfacht vom halben Ankaufswert der Investitionsgüter ausgegangen. Das ist das im Durchschnitt in den Investitionsgütern gebundene Kapital oder die *mittlere Kapitalbindung*.

Aus den Zeilen 17 und 18 der *Übersicht 8.16* geht dann nach Durchführung der Kostenkalkulationen hervor, dass bei den hier angenommenen Werten für die Betriebs- und Verfahrensdaten das Ernteverfahren III mit Jahresgesamtkosten von 128.708,00 € und Kosten je ha Erntefläche von 128,71 € die kostenminimale Investitionsalternative wäre. Im vorliegenden Fall einer

	ALLGEMEINE BETRIEBS- UND VERFAHRENSDATEN:							
	Jahreserntefläche in ha [ef]:	1.000,00		Zinssatz in % der mittleren Kapitalbindung [ki]:				6,00
	Mittl. Schlaggröße in ha [sg]:	10,00		Versicherung in % vom Kapitalbedarf [vs]:				0,30
	Jahresdruschstunden [mh]:	175,00		Maschinennutzungsdauer in Jahren [nd]:				10,00
	Arbeitskosten je h [ak]:	30,00						
	Reparatur- u. Betriebsstoff-kostensatz je ha [rb]:	28,50		Restnutzungsdauer in Jahren für vorhandene Maschinen [rn]:				5,00
Z.	Nr. DES VERFAHRENS »»	I vorhanden	I	II	III	IV	V	VI
	VERFAHRENSDATEN:							
1	MDh-Bed.(5ha-Schlag)/ha [nb]:	2,00	2,00	1,60	1,36	1,14	0,90	0,70
2	Ankaufspreis je Maschine [kp]:	12.000,00	32.000,00	42.000,00	52.000,00	80.000,00	115.000,00	175.000,00
3	Verkaufspreis je Maschine [vp]:	0,00	0,00	0,00	0,00	0,00	0,00	0,00
	BETR. ANFORDERUNGEN:							
4	Mittlerer MDh-Bedarf je ha betriebl. Erntefläche [he]	1,83	1,83	1,47	1,25	1,05	0,83	0,64
5	Mittlere Erntekapazität je Maschine in ha pro Jahr [ek]	95,45	95,45	119,32	140,37	167,46	212,12	272,73
6	Benötigte Anzahl von Maschinen [zm]	11,00	11,00	9,00	8,00	6,00	5,00	4,00
7	Jährl. Gesamterntefläche d. Ernteverfahrens in ha [ef]	1.000,00	1.000,00	1.000,00	1.000,00	1.000,00	1.000,00	1.000,00
8	Kapitalbedarf zur Maschinenbeschaffung [kb]	132.000,00	352.000,00	378.000,00	416.000,00	480.000,00	575.000,00	700.000,00
9	Mittlere Kapitalbindung für Maschinen [mb]	66.000,00	176.000,00	189.000,00	208.000,00	240.000,00	287.500,00	350.000,00
10	Arbeitstunden für Maschineneinsatz und -wartung [am]	2.420,00	2.200,00	1.760,00	1.496,00	1.254,00	990,00	770,00
	VERFAHRENSKOSTEN:							
11	Abschreibungen [An]	26.400,00	35.200,00	37.800,00	41.600,00	48.000,00	57.500,00	70.000,00
12	Zinsansprüche [Za]	3.960,00	10.560,00	11.340,00	12.480,00	14.400,00	17.250,00	21.000,00
13	Versicherungen [Vn]	1.056,00	1.056,00	1.134,00	1.248,00	1.440,00	1.725,00	2.100,00
14	Rep. und Betriebsstoffe [Rk]	34.200,00	28.500,00	28.500,00	28.500,00	28.500,00	28.500,00	28.500,00
15	MASCHINENKOSTEN [KM]	65.616,00	75.316,00	78.774,00	83.828,00	92.340,00	104.975,00	121.600,00
16	ARBEITSKOSTEN [KL]	72.600,00	66.000,00	52.800,00	44.880,00	37.620,00	29.700,00	23.100,00
17	GESAMTKOSTEN [K]	138.216,00	141.316,00	131.574,00	128.708,00	129.960,00	134.675,00	144.700,00
18	KOSTEN je ha [mk]	138,22	141,32	131,57	128,71	129,96	134,68	144,70

GLEICHUNGEN: he=(1+1/sg)*0,5*nb/0,6; ek=mh/he; zm=aufrunden auf Ganzzahl(ef/ek); kb=kp*zm; mb=(kp+vp)/2*zm; am=ef*he+0,2*mh*ef/ek; An=(kp-vp)/nd*zm; Za=mb*ki/100; Vn=kb*vs/100; Rk=rb*ef; KM=An+Zn*Vn+Rk; KL=am*ak; K=KM+KL; mk=K/ef.

DECK817

Übersicht 8.17: Kostenvergleichsrechnung für Ersatzinvestitionen (vorgegebener Leistungsumfang) als identischer Ersatz und als Rationalisierungsinvestition ohne Kapazitätseffekt: Bestimmung des kostenminimalen Getreideernteverfahrens (Preise, Kapital, Kosten in €)

Neuinvestition würde sich der Investor also mit Hilfe der Kostenvergleichsrechnung für das Ernteverfahren III entscheiden. Zusätzliche Sensitivitätsanalysen mit veränderten Verfahrensdaten (z. B. veränderte Zinssätze oder Arbeitskosten) können dem Investor helfen, die Entscheidung entweder weiter abzusichern oder aber neu zu überdenken.

Im nächsten Schritt wollen wir die Kostenvergleichsrechnung für den Fall von *Ersatzinvestitionen* betrachten. Dazu wurde in *Übersicht 8.17* davon ausgegangen, dass der Unternehmer über ein noch arbeitsfähiges Ernteverfahren verfügt, das bei seiner ursprünglichen Beschaffung die technischen Eigenschaften des Verfahrens I aufwies, infolge von Verschleißerscheinungen jetzt aber teilweise andere Werte für das Mengengerüst während seiner noch verbleibenden Restnutzungsdauer erwarten lässt. Dieses Verfahren ist als „vorhanden" in der linken Datenspalte der *Übersicht 8.17* skizziert.

Für das vorhandene Verfahren geht der Investor von folgenden Überlegungen aus: Er erwartet eine Restnutzungsdauer von fünf weiteren Jahren (siehe Kopf der Übersicht). Im Unterschied zum Neupreis von 32.000,00 € je Maschine ist in Zeile 2 für die vorhandenen Maschinen ein

Preis von 12.000,00 € je Maschine angegeben. Das ist in diesem Falle der Preis, den der Investor erzielen würde, wenn er die gebrauchten Maschinen zum (gegenwärtigen) Planungszeitpunkt verkaufen würde. Dieser Wert ist unabhängig vom betriebsinternen Zeitwert der Maschinen, der sich ergeben würde, wenn vom Neupreis die tatsächlich bisher getätigten Abschreibungen subtrahiert würden. Der betriebsinterne Zeitwert ist für die Bestimmung der kostenminimalen Investitionsalternative belanglos, weil die Entscheidung nicht von den in der Vergangenheit entstandenen, sondern von den zukünftig zu erwartenden Kosten abhängt. Kosten der Vergangenheit sind „versunkene Kosten" (*sunk costs*), die die zukunftsbezogenen Kosten nicht beeinflussen. Die tatsächliche Entscheidungssituation lässt sich deshalb mit der folgenden Frage umreißen: „Soll man das bisher vorhandene Verfahren weiterhin nutzen oder aber verkaufen, um entweder eine identische Ersatzinvestition oder eine Rationalisierungsinvestition zu tätigen?"

Für den Fall, dass das vorhandene Verfahren weiter im Betrieb verbleiben soll, sind die nichtrealisierten, aber realisierbaren Verkaufserlöse für die Gebrauchtmaschinen als Opportunitätskosten anzusehen, die – über die erwartete Restnutzungsdauer – als auf Jahresbasis berechnete Abschreibungen für das vorhandene Verfahren in den Verfahrensvergleich eingehen müssen. Es bleibt anzumerken, dass diese Opportunitätskosten null werden, wenn die Gebrauchtmaschinen nicht mehr verkauft werden können. Dadurch stiege – wie man sich leicht klarmachen kann – die relative Vorzüglichkeit des vorhandenen Verfahrens. Diese relative Vorzüglichkeit sinkt dagegen umgekehrt mit steigendem Verkaufspreis für die Gebrauchtmaschinen.

Aus der linken Spalte der *Übersicht 8.17* geht hervor, mit welchen verfahrensspezifischen Werten der Investor für das vorhandene Ernteverfahren rechnet. Im Vergleich zu den Neuanlagen bei identischer Ersatzinvestition (vgl. Spalte I der Übersicht) erwartet der Investor infolge des Verschleißes der vorhandenen Maschinen höhere Arbeitsbelastungen für die Maschinenwartung. Er hat in Zeile 10 deshalb die Anzahl der Arbeitsstunden im Vergleich zu identischen Neumaschinen von 2200 auf 2420 um 10 % angehoben. Des Weiteren rechnet der Investor (siehe Zeile 14) mit im Vergleich zu Neumaschinen um 20 % erhöhten Kosten für Reparaturen und Betriebsstoffe (34.200,00 € im Vergleich zu 28.500,00 € im Beispiel).

Aus dem Vergleich der Gesamtkosten und der Kosten je ha Erntefläche in den Zeilen 17 und 18 der *Übersicht 8.17* für die beiden Verfahrensalternativen „vorhanden" und „I" geht dann hervor, dass der Investor zum (gegenwärtigen) Planungszeitpunkt eine identische Ersatzinvestition nicht vornehmen sollte. Bei den angenommenen Werten für das vorhandene Ernteverfahren ergeben sich zukünftige Erntekosten je ha Erntefläche von 138,22 €, während es bei einer identischen Ersatzinvestition mit Neumaschinen 141,32 € wären. Selbstverständlich könnte sich jedoch bei anderen Werten für die Restnutzungsdauer, die Gebrauchtmaschinenpreise, den Arbeitsaufwand der Maschinenwartung und die Reparatur- und Betriebsstoffaufwändungen eine andere Entscheidung ergeben. (Variieren Sie – wie es der Investor ebenfalls tun würde – in dem Programm DECK817 diese Werte, um die Sensitivität bzw. Stabilität der gefundenen kostenminimalen Handlungsalternative zu ermitteln.)

Der Investor betrachtet jedoch nicht nur die identische Ersatzinvestition als Alternative zur Beibehaltung des vorhandenen Verfahrens, vielmehr wird er auch die Ersatzinvestitionen in Form von Rationalisierungsinvestitionen in die Entscheidung einbeziehen wollen. Dieser Sachverhalt ist mit den Verfahrensalternativen II bis VI der *Übersicht 8.17* exemplarisch dargestellt. Aus einem Vergleich der Werte für die Kosten je ha Erntefläche (Zeile 18) geht hervor, dass nur die Investitionsalternative VI mit Kosten je ha Erntefläche von 144,70 € dem vorhandenen Ernteverfahren wirtschaftlich unterlegen wäre. Der Investor sollte sich deshalb unter den vorliegenden Bedingungen zum Verkauf des vorhandenen Ernteverfahrens entscheiden und eine Ersatzinvestition als Rationalisierungsinvestition in Form der Alternative III vornehmen, weil dieses Verfahren die kostenminimale Handlungsalternative mit 128,71 € je ha Erntefläche wäre. Bei anderen Datenkonstellationen könnte aber auch der Fall eintreten, dass sämtliche Alternativen für Ersatzinvestitionen höhere Kosten je ha Erntefläche verursachen würden als die Weiternutzung des vorhandenen Verfahrens. Auch deshalb würde der Investor Sensitivitätsrechnungen durchführen, um die Stabilität der gefundenen Lösung zu überprüfen.

Zusätzlich kann er die Kostenvergleichsrechnung auch noch mit einem Verfahren zur Entscheidung unter Unsicherheit – wie wir sie im 2. Kapitel kennen gelernt haben – kombinieren, um eine „besser informierte" Entscheidung zu treffen. (Als Hausaufgabe sollte sich der Leser die Entwicklung eines Excel-Tableaus für eine Kombination aus Kostenvergleichsrechnung mit dem Verfahren nach der „Safety-first-Regel" vornehmen.)

Wir wollen diesen Abschnitt mit einigen generellen Aussagen zur Kostenvergleichsrechnung abschließen: Diese Art der Investitionsrechnung kann grundsätzlich nur dann angewendet werden, wenn die Leistungen bei allen Verfahrensalternativen gleich sind (in diesem Falle z. B. die 1000 ha zu beerntende Fläche), also die Leistungen nicht von Alternative zu Alternative variieren. Unterscheiden sich die Leistungen der einzelnen Handlungsalternativen dagegen, muss auf die im nächsten Abschnitt vorgestellten Verfahren der Gewinn-, Rentabilitäts- und Amortisationsvergleichsrechnung zurückgegriffen werden. Diese Rechnungsarten beziehen die Leistungsseite in die Alternativenauswahl ein.

Trotzdem kommt der Kostenvergleichsrechnung in der Unternehmenspraxis eine erhebliche Bedeutung zu. Sie kann stets dann eingesetzt werden, wenn für ein vorgegebenes, qualitativ und quantitativ feststehendes, betriebliches Leistungsprogramm Ersatzinvestitionen für bestimmte Teile des Anlagenbestandes ins Auge gefasst werden. Da das Leistungsprogramm unverändert beibehalten werden soll, wird nur nach der kostenminimalen Alternative gesucht, mit der dieses Leistungsprogramm auch weiterhin realisiert werden kann.

Aus dem vorstehenden Beispiel können wir schließlich auch ableiten, dass der Bestimmung der optimalen Investitionsalternative im Rahmen der Kostenvergleichsrechnung die folgende allgemeine Vorgehensweise zugrunde liegt:

1. Bestimme die zu erwartenden Stückkosten für jede der ins Auge gefassten m Handlungsalternativen (i = 1, ..., m) (bei Ersatzinvestitionen inkl. der vorhandenen Alternative) nach Maßgabe der folgenden Gleichung (8.3):

(8.3) $$mk_i = \sum_{j=1}^{n} K_{ji} / x$$

Darin sind:

mk_i = Stückkosten (z. B. Kosten je ha Erntefläche) der i-ten Investitionsalternative, gemessen in € je Produkteinheit (z. B. je ha Erntefläche);

K_{ji} = Kosten der i-ten Investitionsalternative für die erwarteten Faktorverbrauchsmengen der n (j = 1, ..., n) erforderlichen Faktorverbrauchsarten, gemessen in € je Periode (z. B. je Jahr);

x = vorgesehener Leistungsumfang für die Investitionsalternativen, gemessen in Produktmengen je Periode (z. B. in ha Erntefläche je Jahr).

2. Bestimme als optimale Investitionsalternative (V_{op}) diejenige Alternative, die die geringsten Stückkosten (mk_{min}) erwarten lässt. Es gilt formal:

(8.4) $mk_{min} = \min \{mk_1; \ldots; mk_i; \ldots; mk_m\}$

(8.5) $mk_{min} \Rightarrow V_{op}$

3. Führe abschließend Sensitivitätsanalysen zur Überprüfung der Stabilität der gefundenen optimalen Investitionsalternative durch und beziehe ggf. Verfahren zur Bestimmung der optimalen Handlungsalternative für Entscheidungssituationen unter Unsicherheit ein.

8.6.2.2.2 Die Gewinn-, die Rentabilitäts- und die Amortisationsvergleichsrechnung

Im vorhergehenden Abschnitt wurde darauf hingewiesen, dass die statischen Investitionsplanungsverfahren der Gewinn-, der Rentabilitäts- und der Amortisationsvergleichsrechnung eingesetzt werden, wenn sich die ins Auge gefassten Investitionsalternativen nicht nur durch ihre Kosten, sondern auch durch ihre Leistungen unterscheiden.

Bei der *Gewinnvergleichsrechnung* werden die erwarteten Gewinnbeiträge der Investitionsalternativen als Differenz aus den periodenbezogenen Leistungen und den verursachungsgerecht zugeordneten, periodenbezogenen Kosten bestimmt. Um unterschiedliche Kapitaleinsätze für die einzelnen Alternativen zu berücksichtigen, werden bei den Kosten – analog zur Kostenvergleichsrechnung – auch die Zinsansprüche für das durchschnittlich gebundene Kapital einbezogen. Die Auswahl der optimalen Investitionsalternative erfolgt dann nach Maßgabe der so bestimmten Gewinnbeiträge für die Alternativen. Es ist diejenige Investition zu wählen, die den höchsten Gewinnbeitrag erwarten lässt. Für den Entscheidungsprozess gilt formal:

1. Berechne die Gewinnbeiträge für sämtliche der ins Auge gefassten m Investitionsalternativen (i = 1, ..., m) (bei Ersatzinvestitionen inkl. der im Betrieb vorhandenen Alternative) nach Maßgabe der folgenden Gleichung (8.6):

(8.6) $GB_i = \sum_{k=1}^{p} L_{ki} - \sum_{j=1}^{n} K_{ji}$

Darin sind:

GB_i = Gewinnbeitrag der i-ten Investitionsalternative, gemessen in € je Periode (z. B. je Jahr);

L_{ki} = Leistungen für die erwarteten Produktmengen der p (k = 1, ..., p) Produktarten für die i-te Investitionsalternative, gemessen in € je Periode (z. B. je Jahr);

K_{ji} = Kosten für die Faktorverbrauchsmengen der n (j = 1, ..., n) erforderlichen

Faktorarten für die i-te Investitionsalternative, gemessen in € je Periode (z. B. je Jahr).

2. Bestimme als optimale Investitionsalternative (V_{op}) diejenige Alternative, die den höchsten Gewinnbeitrag (GB_{max}) erwarten lässt. Es gilt:

(8.7) $$GB_{max} = \max \{GB_1; \ldots; GB_i; \ldots; GB_m\}$$

(8.8) $$GB_{max} \Rightarrow V_{op}$$

Bei der *Rentabilitätsvergleichsrechnung* dient die interne Rendite der Investitionsalternativen als Entscheidungskriterium. Die interne Rendite einer Investitionsalternative ergibt sich als Quotient aus dem internen Gewinnbeitrag und dem durchschnittlich gebundenen Kapital. Dieser Quotient wird mit 100 multipliziert, um die interne Rendite als Prozentwert auszudrücken. Der zur Berechnung erforderliche interne Gewinnbeitrag ergibt sich als Differenz aus den periodenbezogenen Leistungen und den verursachungsgerecht zugeordneten, periodenbezogenen Kosten einer Investitionsalternative, wobei hier jedoch die Zinsansprüche für das durchschnittlich gebundene Kapital unberücksichtigt bleiben, weil zur Bildung der internen Rendite die Gewinnbeiträge auf das Kapital bezogen werden. Die Auswahl der optimalen Investitionsalternative erfolgt dann nach Maßgabe der so bestimmten internen Renditen für die Alternativen. Es ist diejenige Investition zu wählen, die die höchste interne Rendite erwarten lässt. Für den Entscheidungsprozess gilt formal:

1. Berechne die internen Gewinnbeiträge für sämtliche der ins Auge gefassten m Investitionsalternativen (i = 1, ..., m) (bei Ersatzinvestitionen inkl. der im Betrieb vorhandenen Alternative) nach Maßgabe der folgenden Gleichung (8.9):

(8.9) $$IGB_i = \sum_{k=1}^{p} L_{ki} - \sum_{j=1}^{n} K_{ji} + Za_i$$

Darin sind:

IGB_i = Interner Gewinnbeitrag der i-ten Investitionsalternative, gemessen in € je Periode (z. B. je Jahr);

L_{ki} und K_{ji} = definiert wie unter Gleichung (8.6);

Za_i = Zinsansprüche der i-ten Investitionsalternative für das durchschnittlich gebundene Kapital, gemessen in € je Periode (z. B. je Jahr).

2. Bestimme die internen Renditen für die m Investitionsalternativen nach Maßgabe der folgenden Gleichung (8.10):

(8.10) $$IR_i = \frac{IGB_i}{mb_i} \cdot 100$$

Darin sind:

IR_i = Interne Rendite der i-ten Investitionsalternative, gemessen in % je Periode (z. B. je Jahr);

mb_i = durchschnittlich gebundenes Kapital der i-ten Investitionsalternative, gemessen in €.

3. Bestimme als optimale Investitionsalternative (V_{op}) diejenige Alternative, die die höchste interne Rendite (IR_{max}) erwarten lässt. Es gilt:

(8.11) $$IR_{max} = \max \{IR_1; \ldots; IR_i; \ldots; IR_m\}$$

(8.12) $$IR_{max} \Rightarrow V_{op}$$

Bei der *Amortisationsvergleichsrechnung* dienen die Amortisationsdauern der Investitionsalternativen als Entscheidungskriterium. Die Amortisationsdauer einer Investitionsalternative ist diejenige Zeitspanne, die vergeht, bis das für die Investition erforderliche Kapital durch die Leistungen aus der Investition – bereinigt um laufende Kosten für Arbeit und Werkstoffe – zurückgewonnen wird. Diese Rückflüsse bestehen also – umgekehrt ausgedrückt – aus der Summe der periodischen Gewinnbeiträge, Zinsansprüche und Abschreibungen. Die in Perioden bzw. meistens in Jahren gemessene Amortisationsdauer ergibt sich dann als Quotient aus dem Kapitalbedarf der Investitionsalternative und den eben definierten periodischen Rückflüssen. Die Auswahl der optimalen Investitionsalternative erfolgt nach Maßgabe der so bestimmten Amortisationsdauern für die Alternativen. Es ist diejenige Investition zu wählen, die die kürzeste Amortisationsdauer erwarten lässt. Für den Entscheidungsprozess gilt formal:

1. Bestimme die Amortisationsdauern für sämtliche der ins Auge gefassten m Investitionsalternativen (i = 1, ..., m) nach Maßgabe der folgenden Gleichung (8.13):

(8.13) $$AD_i = \frac{kb_i}{(GB_i + Za_i + An_i)}$$

Darin sind:
AD_i = Amortisationsdauer der i-ten Investitionsalternative, gemessen in Perioden (i. d. R. in Jahren);
kb_i = Kapitalbedarf (Ankaufswert) der i-ten Investitionsalternative, gemessen in €;
GB_i und Za_i = definiert wie unter den Gleichungen (8.6) und (8.9);
An_i = Abschreibungen der i-ten Investitionsalternative, gemessen in € je Periode (i. d. R. je Jahr).

2. Bestimme als optimale Investitionsalternative (V_{op}) diejenige Alternative, die die kürzeste Amortisationsdauer (AD_{min}) erwarten lässt. Es gilt:

(8.14) $$AD_{min} = \min \{AD_1; \ldots; AD_i; \ldots; AD_m\}$$

(8.15) $$AD_{min} \Rightarrow V_{op}$$

Während nun bei der Alternativenauswahl nach Maßgabe der Gewinn- und der Rentabilitätsvergleichsrechnung die Höhe des erzielbaren Gewinns im Vordergrund steht, spielen bei Anwendung der Amortisationsrechnung für den Investor Risikogesichtspunkte eine größere Rolle: Je schneller das investierte Kapital zurückgewonnen werden kann, desto geringer ist das Risiko einer Fehlinvestition bei unvorhergesehenen Veränderungen der Rahmenbedingungen. Während die Gewinn- und die Rentabilitätsvergleichsrechnung sowohl für den Fall der Neuinvestition als auch für denjenigen der Ersatzinvestition angewandt werden können, sollte die Amortisationsvergleichsrechnung auf Neuinvestitionen beschränkt bleiben, weil im

Z.			I	II	III	IV	V	VI
	ALLGEMEINE BETRIEBS- UND VERFAHRENSDATEN:							
	Verfügbares Kapital	[kf]:	380.000,00		Zinssatz in % der mittleren Kapitalbindung	[ki]:		6,00
	Mittl. Schlaggröße in ha	[sg]:	10,00		Versicherung in % vom Kapitalbedarf	[vs]:		0,30
	Jahresdruschstunden	[mh]:	175,00		Maschinennutzungsdauer in Jahren	[nd]:		10,00
	Arbeitskosten je h	[ak]:	30,00					
	Reparatur- u. Betriebsstoffkostensatz je ha	[rb]:	28,50		Mittlerer Preis für die Lohnunternehmerleistung je ha	[pe]:		130,00
Z.	Nr. DES VERFAHRENS	»»	I	II	III	IV	V	VI
	VERFAHRENSDATEN:							
1	MDh-Bed.(5ha-Schlag)/ha	[nb]:	2,00	1,60	1,36	1,14	0,90	0,70
2	Ankaufspreis je Maschine	[kp]:	32.000,00	42.000,00	52.000,00	80.000,00	115.000,00	175.000,00
3	Verkaufspreis je Maschine	[vp]:	0,00	0,00	0,00	0,00	0,00	0,00
	BETR. ANFORDERUNGEN							
4	Mittlerer MDh-Bedarf je ha betriebl. Erntefläche	[he]	1,83	1,47	1,25	1,05	0,83	0,64
5	Mittlere Erntekapazität je Maschine in ha pro Jahr	[ek]	95,45	119,32	140,37	167,46	212,12	272,73
6	Anzahl beschaffb. Maschinen für das verfügbare Kapital	[zm]	11,00	9,00	7,00	4,00	3,00	2,00
7	Jährl. Gesamterntefläche d. Ernteverfahrens in ha	[ef]	1.050,00	1.073,86	982,62	669,86	636,36	545,45
8	Kapitalbedarf zur Maschinenbeschaffung	[kb]	352.000,00	378.000,00	364.000,00	320.000,00	345.000,00	350.000,00
9	Mittlere Kapitalbindung für Maschinen	[mb]	176.000,00	189.000,00	182.000,00	160.000,00	172.500,00	175.000,00
10	Arbeitsstunden für Maschineneinsatz und -wartung	[am]	2.310,00	1.890,00	1.470,00	840,00	630,00	420,00
	VERFAHRENSKOSTEN:							
11	Abschreibungen	[An]	35.200,00	37.800,00	36.400,00	32.000,00	34.500,00	35.000,00
12	Zinsansprüche	[Za]	10.560,00	11.340,00	10.920,00	9.600,00	10.350,00	10.500,00
13	Versicherungen	[Vn]	1.056,00	1.134,00	1.092,00	960,00	1.035,00	1.050,00
14	Reparaturen u. Betriebsstoffe	[Rk]	29.925,00	30.605,11	28.004,68	19.090,91	18.136,36	15.545,45
15	MASCHINENKOSTEN	[KM]	76.741,00	80.879,11	76.416,68	61.650,91	64.021,36	62.095,45
16	ARBEITSKOSTEN	[KL]	69.300,00	56.700,00	44.100,00	25.200,00	18.900,00	12.600,00
17	GESAMTKOSTEN	[K]	146.041,00	137.579,11	120.516,68	86.850,91	82.921,36	74.695,45
18	GESAMTLEISTUNGEN	[L]	136.500,00	139.602,27	127.740,64	87.081,34	82.727,27	70.909,09
19	GEWINNBEITRAG	[GB]	-9.541,00	2.023,16	7.223,96	230,43	-194,09	-3.786,36
20	INTERNE RENDITE in %	[IR]	0,58	7,07	9,97	6,14	5,89	3,84
21	AMORTISATIONSDAUER[1]	[AD]	9,72	7,39	6,67	7,65	7,73	8,39

GLEICHUNGEN: he=(1+1/sg)*0,5*nb/0,6; ek=mh/he; zm=Ganzzahl(kf/kp); kb=kp*zm; mb=(kp+vp)/2*zm; am=ef*he+0,2*mh*ef/ek; An=(kp-vp)/nd*zm; Za=mb*ki/100; Vn=kb*vs/100; Rk=rb*ef; KM=An+Zn+Vn+Rk; KL=am*ak; K=KM+KL; L=pe*ef; GB=L-K; IR=(GB+Za)/mb*100; AD=kb/(GB+Za+An). [1]) in Jahren.

DECK818

Übersicht 8.18: Gewinn-, Rentabilitäts- und Amortisationsvergleichsrechnung für Neuinvestitionen bei begrenzt verfügbarem Kapital: Bestimmung des optimalen Getreideernteverfahrens (Preise, Kapital, Kosten in €)

Betrieb vorhandene Anlagen – aus naheliegenden Gründen – in aller Regel die kürzeste Amortisationsdauer aufweisen werden, aber durchaus nicht die gewinnträchtigste oder rentabelste Handlungsalternative sein müssen.

Wir wollen die Verfahren der Gewinn-, Rentabilitäts- und Amortisationsvergleichsrechnung anhand von konkreten Fällen verdeutlichen. Dazu verwenden wir wieder das Beispiel des vorhergehenden Abschnitts, allerdings in modifizierter Form. Da bei der Gewinn-, Rentabilitäts- und Amortisationsvergleichsrechnung auch die Leistungen der Investitionsalternativen in das Auswahlverfahren einbezogen werden, gehen wir davon aus, dass es sich bei dem Investor für das Getreideernteverfahren um einen Lohnunternehmer handelt, der die Erntemaschinen im Lohndrusch einsetzen möchte und dafür bestimmte Leistungen je ha Erntefläche von seinen Auftraggebern erwartet.

Im ersten Fall wollen wir einen Lohnunternehmer betrachten, der bisher nicht im Bereich der Getreideernte tätig war, jetzt aber die Beschaffung eines solchen Ernteverfahrens plant und dafür eine bestimmte, in ihrer Höhe nach oben begrenzte Kapitalsumme einsetzen möchte. Es handelt sich also um eine Neuinvestition bei begrenzt verfügbarem Kapital. *Übersicht 8.18* verdeutlicht die Entscheidungssituation.

Der Lohnunternehmer verfügt über maximal 380.000,00 € Kapital (siehe Kopf der Übersicht). Er möchte unter den aus dem vorhergehenden Abschnitt bereits bekannten sechs Investitionsalternativen I bis VI die für ihn vorzügliche Alternative auswählen. Als mittleres Entgelt für die zu erbringende Lohndruschleistung rechnet er mit einem Preis von 130,00 € je ha Erntefläche.

Aus den Zeilen 1 bis 17 gehen dann wieder die Ankaufspreise, die Druschleistungen und die periodenbezogenen Kosten für die Investitionsalternativen hervor. Allerdings ergibt sich ein wesentlicher Unterschied gegenüber den Beispielen des vorhergehenden Abschnittes daraus, dass aufgrund der begrenzt verfügbaren Kapitalsumme stark unterschiedliche Anzahlen von Maschinen (siehe Zeile 6 der Übersicht) und – als Folge davon – auch unterschiedliche Jahreserntеflächen (siehe Zeile 7) zu berücksichtigen sind. Die in Zeile 8 angegebenen Kapitalbedarfe für die Investitionsalternativen liegen mehr oder weniger unterhalb des maximal verfügbaren Kapitals von 380.000,00 €, weil nur „ganze" Maschineneinheiten beschafft werden können. Gemäß diesen Unterschieden ergeben sich auch unterschiedliche Kapitalbindungen (Zeile 9) und unterschiedliche Arbeitsstunden für Maschineneinsatz und -wartung (Zeile 10).

Aus Zeile 17 der *Übersicht 8.18* gehen die periodenbezogenen Kosten für die Investitionsalternativen hervor. Zeile 18 enthält die periodenbezogenen Leistungen, die sich als mathematische Produkte aus den Ernteflächen (Zeile 7) und dem mittleren Preis je ha Erntefläche von – hier – 130,00 € ergeben. Durch Subtraktion der Kosten von den Leistungen erhalten wir in Zeile 19 die Gewinnbeiträge der Investitionsalternativen. Sie werden so bestimmt, wie mit Gleichung (8.6) festgelegt. Die Zeilen 20 und 21 weisen die internen Renditen und die Amortisationsdauern der Investitionsalternativen aus. Sie wurden so bestimmt, wie mit den Gleichungen (8.10) und (8.13) gefordert.

Ein Vergleich der Ergebnisse für die Investitionsalternativen zeigt, dass der Investor nach Maßgabe aller drei Entscheidungskriterien die Investitionsalternative III wählen sollte, weil sie sowohl den höchsten Gewinnbeitrag (7223,96 €) als auch die höchste interne Rendite (9,97 %) als auch die geringste Amortisationsdauer (6,67 Jahre) aufweist. Selbstverständlich wird der Investor auch hier wieder Sensitivitätsrechnungen durch Veränderungen der relevanten Verfahrensdaten durchführen wollen, um die Stabilität der optimalen Lösung zu prüfen. (Aufruf mit DECK818. Führen Sie entsprechende Sensitivitätsrechnungen durch.)

Aus *Übersicht 8.18* geht – wie gesagt – hervor, dass in der skizzierten Entscheidungssituation sämtliche Entscheidungskriterien zur Auswahl derselben Investitionsalternative führen. Wir wollen anhand von zwei weiteren Beispielen zeigen, dass das durchaus nicht immer der Fall sein muss. Das erste Beispiel ist in *Übersicht 8.19* skizziert. Hier handelt es sich um eine Ersatzinvestition als identischer Ersatz und als Rationalisierungsinvestition mit Kapazitätserweiterungseffekt. Dazu wurde davon ausgegangen, dass der Unternehmer bisher über einen Mähdrescher verfügt, dieser Mähdrescher aber teilweise abgenutzt ist und entweder durch eine identische Neumaschine oder durch eine Neumaschine mit anderen Spezifikationen ersetzt werden soll. Der vorhandene Mähdrescher ist in der linken Spalte der *Übersicht 8.19* – analog zu den Spezifikationen in der *Übersicht 8.17* – skizziert. Aus den Zahlen geht hervor,

	ALLGEMEINE BETRIEBS- UND VERFAHRENSDATEN:								
	Mittl. Schlaggröße in ha	[sg]:	10,00		Zinssatz in % der mittleren Kapitalbindung [ki]:				6,00
	Jahresdruschstunden	[mh]:	175,00		Versicherung in % vom Kapitalbedarf [vs]:				0,30
	Arbeitskosten je h	[ak]:	30,00						
	Reparatur- u. Betriebsstoffkostensatz je ha	[rb]:	28,50						
Z.	Nr. DES VERFAHRENS	»»	vorhanden	I	II	III	IV	V	VI
	VERFAHRENSDATEN:								
1	MDh-Bed.(5ha-Schlag)/ha	[nb]:	2,00	2,00	1,60	1,36	1,14	0,90	0,70
2	Ankaufspreis je Maschine	[kp]:	12.000,00	32.000,00	42.000,00	52.000,00	80.000,00	115.000,00	175.000,00
3	Verkaufspreis je Maschine	[vp]:	0,00	0,00	0,00	0,00	0,00	0,00	0,00
4	Nutzungsdauer in Jahren	[nd]:	5,00	10,00	10,00	10,00	10,00	10,00	10,00
5	Preis der Lohnleistung	[pe]:	130,00	130,00	130,00	130,00	130,00	130,00	130,00
	BETR. ANFORDERUNGEN:								
6	Mittlerer MDh-Bedarf je ha betriebl. Erntefläche	[he]	1,83	1,83	1,47	1,25	1,05	0,83	0,64
7	Mittlere Erntekapazität je Maschine in ha pro Jahr	[ek]	95,45	95,45	119,32	140,37	167,46	212,12	272,73
8	Mittlere Kapitalbindung für Maschinen	[mb]	6.000,00	16.000,00	21.000,00	26.000,00	40.000,00	57.500,00	87.500,00
9	Arbeitsstunden für Maschineneinsatz und -wartung	[am]	231,00	210,00	210,00	210,00	210,00	210,00	210,00
	VERFAHRENSKOSTEN:								
10	Abschreibungen	[An]	2.400,00	3.200,00	4.200,00	5.200,00	8.000,00	11.500,00	17.500,00
11	Zinsansprüche	[Za]	360,00	960,00	1.260,00	1.560,00	2.400,00	3.450,00	5.250,00
12	Versicherungen	[Vn]	96,00	96,00	126,00	156,00	240,00	345,00	525,00
13	Reparatur u.Betriebsstoffe	[Rk]	3.264,54	2.720,45	3.400,57	4.000,67	4.772,73	6.045,45	7.772,73
14	MASCHINENKOSTEN	[KM]	6.120,54	6.976,45	8.986,57	10.916,67	15.412,73	21.340,45	31.047,73
15	ARBEITSKOSTEN	[KL]	6.930,00	6.300,00	6.300,00	6.300,00	6.300,00	6.300,00	6.300,00
16	GESAMTKOSTEN	[K]	13.050,54	13.276,45	15.286,57	17.216,67	21.712,73	27.640,45	37.347,73
17	GESAMTLEISTUNGEN	[L]	12.409,09	12.409,09	15.511,36	18.248,66	21.770,33	27.575,76	35.454,55
18	GEWINNBEITRAG	[GB]	-641,45	-867,36	224,80	1.031,99	57,61	-64,70	-1.893,18
19	INTERNE RENDITE in %	[IR]	-4,69	0,58	7,07	9,97	6,14	5,89	3,84
20	AMORTISATIONSDAUER	[AD]	5,66	9,72	7,39	6,67	7,65	7,73	8,39

GLEICHUNGEN: he=(1+1/sg)*0,5*nb/0,6; ek=mh/he; mb=(kp+vp)/2; am=ek*he+0,2*mh; An=(kp-vp)/nd; Za=mb*ki/100; Vn=kp*vs/100; Rk=rb*ek; KM=An+Zn+Vn+Rk; KL=am*ak; K=KM+KL; L=pe*ek; GB=L-K; IR=(GB+Za)/mb*100; AD=kp/(GB+Za+An). Amortisationsdauer in Jahren.

DECK819

Übersicht 8.19: Gewinn-, Rentabilitäts- und Amortisationsvergleichsrechnung für Ersatzinvestitionen als identischer Ersatz und als Rationalisierungsinvestition mit Kapazitätserweiterungseffekt: Bestimmung des optimalen Getreideernteverfahrens (Preise, Kapital, Kosten in €)

dass der Investor für die Restnutzungsdauer des vorhandenen Verfahrens mit einem negativen Gewinnbeitrag in Höhe von 641,45 € und einer negativen internen Rendite von 4,69 % rechnen müsste. Die restliche Amortisationsdauer wurde mit 5,66 Jahren bestimmt.

Der Investor vergleicht nun dieses vorhandene Verfahren „vorhanden" mit einem identischen Neuverfahren „I". Bezüglich der Entscheidungskriterien stellt sich Folgendes heraus: Die identische Ersatzinvestition würde zu einem noch höheren negativen Gewinnbeitrag führen als das vorhandene Verfahren. Die Kapitalrentabilität wäre jetzt allerdings schwach positiv. Die Amortisationsdauer ist mit 9,72 Jahren deutlich länger als bei dem vorhandenen Verfahren.

Bei der ausschließlichen Betrachtung einer identischen Ersatzinvestition erhält der Investor also unterschiedliche Signale. Bezüglich des Entscheidungskriteriums Gewinnbeitrag sollte er das vorhandene Verfahren weiter verwenden, bezüglich des Entscheidungskriteriums Interne Rendite sollte er die identische Ersatzinvestition durchführen und bezüglich der Amortisationsdauer sollte er wieder bei dem vorhandenen Verfahren bleiben.

Der Investor betrachtet jedoch auch Ersatzinvestitionen als Rationalisierungsinvestitionen mit Kapazitätserweiterungseffekten. Diese Erweiterung der Entscheidungssituation ist durch

Z.			vorhanden	I	II	III	IV	V	VI
	ALLGEMEINE BETRIEBS- UND VERFAHRENSDATEN:								
	Mittl. Schlaggröße in ha	[sg]:	10,00		Zinssatz in % der mittleren Kapitalbindung	[ki]:			6,00
	Jahresdruschstunden	[mh]:	175,00		Versicherung in % vom Kapitalbedarf	[vs]:			0,30
	Arbeitskosten je h	[ak]:	30,00						
	Reparatur- u. Betriebsstoffkostensatz je ha	[rb]:	28,50						
Z.	Nr. DES VERFAHRENS	»»	vorhanden	I	II	III	IV	V	VI
	VERFAHRENSDATEN:								
1	MDh-Bed.(5ha-Schlag)/ha	[nb]:	2,00	2,00	1,60	1,36	1,14	0,90	0,70
2	Ankaufspreis je Maschine	[kp]:	12.000,00	32.000,00	36.000,00	52.000,00	80.000,00	115.000,00	175.000,00
3	Verkaufspreis je Maschine	[vp]:	0,00	0,00	0,00	0,00	0,00	0,00	0,00
4	Nutzungsdauer in Jahren	[nd]:	5,00	10,00	8,00	10,00	10,00	12,00	10,00
5	Preis der Lohnleistung	[pe]:	130,00	130,00	130,00	130,00	130,00	130,00	130,00
	BETR. ANFORDERUNGEN:								
6	Mittlerer MDh-Bedarf je ha betriebl. Erntefläche	[he]	1,83	1,83	1,47	1,25	1,05	0,83	0,64
7	Mittlere Erntekapazität je Maschine in ha pro Jahr	[ek]	95,45	95,45	119,32	140,37	167,46	212,12	272,73
8	Mittlere Kapitalbindung für Maschinen	[mb]	6.000,00	16.000,00	18.000,00	26.000,00	40.000,00	57.500,00	87.500,00
9	Arbeitsstunden für Maschineneinsatz und -wartung	[am]	231,00	210,00	210,00	210,00	210,00	210,00	210,00
	VERFAHRENSKOSTEN:								
10	Abschreibungen	[An]	2.400,00	3.200,00	4.500,00	5.200,00	8.000,00	9.583,33	17.500,00
11	Zinsansprüche	[Za]	360,00	960,00	1.080,00	1.560,00	2.400,00	3.450,00	5.250,00
12	Versicherungen	[Vn]	96,00	96,00	108,00	156,00	240,00	345,00	525,00
13	Reparatur u.Betriebsstoffe	[Rk]	3.264,54	2.720,45	3.400,57	4.000,67	4.772,73	6.045,45	7.772,73
14	MASCHINENKOSTEN	[KM]	6.120,54	6.976,45	9.088,57	10.916,67	15.412,73	19.423,79	31.047,73
15	ARBEITSKOSTEN	[KL]	6.930,00	6.300,00	6.300,00	6.300,00	6.300,00	6.300,00	6.300,00
16	GESAMTKOSTEN	[K]	13.050,54	13.276,45	15.388,57	17.216,67	21.712,73	25.723,79	37.347,73
17	GESAMTLEISTUNGEN	[L]	12.409,09	12.409,09	15.511,36	18.248,66	21.770,33	27.575,76	35.454,55
18	GEWINNBEITRAG	[GB]	-641,45	-867,36	122,80	1.031,99	57,61	1.851,97	-1.893,18
19	INTERNE RENDITE in %	[IR]	-4,69	0,58	6,68	9,97	6,14	9,22	3,84
20	AMORTISATIONSDAUER	[AD]	5,66	9,72	6,31	6,67	7,65	7,73	8,39

GLEICHUNGEN: he=(1+1/sg)*0,5*nb/0,6; ek=mh/he; mb=(kp+vp)/2; am=ek*he+0,2*mh; An=(kp-vp)/nd; Za=mb*ki/100; Vn=kp*vs/100; Rk=rb*ek; KM=An+Zn+Vn+Rk; KL=am*ak; K=KM+KL; L=pe*ek; GB=L-K; IR=(GB+Za)/mb*100; AD=kp/(GB+Za+An). Amortisationsdauer in Jahren.

DECK820

Übersicht 8.20: Analyse der Gewinn-, Rentabilitäts- und Amortisationsvergleichsrechnungen für Ersatzinvestitionen: Nichteindeutigkeit der Entscheidungsvorschläge (Preise, Kapital, Kosten in €)

die Investitionsalternativen II bis VI in *Übersicht 8.19* skizziert. Aus den Zeilen 18 bis 20 gehen die Werte der Entscheidungskriterien für den Fall hervor, dass sich der Investor für jeweils eine Einheit dieser Investitionsalternativen entscheiden möchte. In dieser Situation sollte der Investor die Investitionsalternative III wählen, weil sie mit 1031,99 € auch unter Einbeziehung des vorhandenen Verfahrens den höchsten Gewinnbeitrag erwarten lässt. Für die interne Rendite gilt die gleiche Entscheidung. Die Alternative III weist mit 9,97 % die höchste interne Rendite auf. Die Amortisationsdauer ist zwar die kürzeste für alle Neuanlagen, sie ist jedoch um etwa ein Jahr länger als bei Beibehaltung des vorhandenen Verfahrens. Es wurde schon darauf hingewiesen, dass die Amortisationsdauer ein Kriterium ist, das bei Ersatzinvestitionen nicht angewandt werden sollte. Aus dem Beispiel geht hervor, dass die Beibehaltung des vorhandenen Verfahrens zwar die kürzeste Amortisationsdauer aufweist, bei den beiden übrigen Wirtschaftlichkeitskriterien jedoch deutlich schlechter abschneidet als die bestmögliche Investitionsalternative III.

Schließlich wollen wir in einem dritten Beispiel von einer weiteren Entscheidungssituation für Ersatzinvestitionen ausgehen und dabei zeigen, dass die optimale Investitionsalternative in Abhängigkeit von dem gewählten Entscheidungskriterium variiert. Diese Entscheidungssituation ist in *Übersicht 8.20* skizziert. Dort wurde wieder von dem im Betrieb vorhandenen Verfahren „vorhanden" und den sechs möglichen Investitionsalternativen ausgegangen.

Allerdings wurden beim Verfahren II gegenüber den Werten in *Übersicht 8.19* folgende Veränderungen vorgenommen: Der Ankaufspreis je Maschine (Zeile 2) wurde von vorher 42.000,00 € auf jetzt 36.000,00 € gesenkt. Diese „billigere" Maschine hat jedoch auch nur eine erwartete Nutzungsdauer von 8 Jahren gegenüber vorher 10 Jahren. Des Weiteren wurde für das Verfahren V eine erhöhte Nutzungsdauer von 12 Jahren im Vergleich zu vorher 10 Jahren angenommen. (Die Veränderungen sind durch dickere Umrahmungen gekennzeichnet.)

Bestimmt man jetzt wieder die Werte für die drei Entscheidungskriterien, dann erhält man die Ergebnisse der Zeilen 18 bis 20 der *Übersicht 8.20*. Nach Maßgabe des Kriteriums Gewinnbeitrag sollte der Investor die Investitionsalternative V wählen. Nach Maßgabe des Kriteriums Interne Rendite sollte er dagegen die Investitionsalternative III wählen, und nach Maßgabe des Kriteriums Amortisationsdauer sollte er – unter Nichtberücksichtigung des vorhandenen Verfahrens – die Investitionsalternative II wählen. (Die jeweils optimalen Werte der Entscheidungskriterien sind in *Übersicht 8.20* umrandet.)

Damit ergibt sich die Frage, welches von den drei Entscheidungskriterien wohl dasjenige sein müsste, auf das die Entscheidung basiert werden sollte. Da in den meisten Entscheidungssituationen Kapital der begrenzend wirkende Produktionsfaktor ist, sollte in derartigen Situationen die interne Rendite als Entscheidungskriterium verwendet werden. Wenn Kapital dagegen nicht der entscheidende knappe Faktor ist und entweder als Eigenkapital zur Verfügung steht oder zu einem bestimmten Zinssatz geliehen werden kann, dann wäre das Entscheidungskriterium des Gewinnbeitrages zu wählen. Eine Investition, die einen positiven Gewinnbeitrag hat, bringt dann eine Verzinsung, die über dem Zinsanspruch liegt. Die Investitionsalternative, deren Gewinnbeitrag am höchsten ist, ist als die relativ vorzügliche anzusehen. Das Entscheidungskriterium der Amortisationsdauer ist dagegen ein zusätzliches Kriterium, das der Investor dann anwenden wird, wenn er zusätzlich zu Rentabilitätsgesichtspunkten noch Risikogesichtspunkte berücksichtigen möchte. (Für Sensitivitätsanalysen können Sie das den *Übersichten 8.19* und *8.20* zugrunde liegende Programm mit DECK819 aufrufen.)

Im Unterschied zur Kostenvergleichsrechnung werden – wie gesagt – die Gewinn-, die Rentabilitäts- und die Amortisationsvergleichsrechnung eingesetzt, wenn sich die Investitionsalternativen sowohl durch ihre Kosten als auch durch ihre Leistungen unterscheiden. Das bedeutet aber auch, dass sowohl die Kosten als auch die Leistungen den Investitionsalternativen jeweils eindeutig zugeordnet werden müssen. Diese Zuordnung bereitet jedoch in vielen Fällen Schwierigkeiten, weil sich die geplanten Investitionsmaßnahmen oftmals nur auf Teile von Produktionsverfahren beziehen, die Leistungen aber durch das gesamte Produktionsverfahren entstehen. In typischen Unternehmen der Agrar- und Ernährungswirtschaft mit ihrer mehrstufigen, verbundenen Produktion lassen sich die Kosten und Leistungen sogar häufig nicht auf die einzelnen Produktionsverfahren, sondern – aufgrund des Verbundcharakters der Produktion – tatsächlich nur auf den gesamten Betrieb beziehen. Mit anderen Worten: Nicht immer ist die Zuordnung der Kosten und Leistungen so einfach und vollständig möglich, wie wir es für die vorstehenden Beispiele annehmen konnten.

In solchen Fällen müssen die Plan-Kosten-Leistungs-Rechnungen der Gewinn-, Rentabilitäts- und Amortisationsvergleichsrechnung für ganze Produktionsverfahren oder sogar für den gesamten Betrieb durchgeführt werden, wobei jeweils nur eine der ins Auge gefassten Investitionsalternativen als Teil des Produktionsverfahrens bzw. des Betriebes in der Plan-Kosten-Leistungs-

Rechnung sachgerecht berücksichtigt werden muss. Über einen Vergleich der Ergebnisse für die unterschiedlichen Investitionsalternativen kann dann die optimale Investitionsalternative ausgewählt werden. Im Ansatz haben wir derartige Rechnungen bereits in Abschnitt 6.6.1.2 durchgeführt. Darauf sei hier verwiesen. (Als weiterführende Hausaufgabe: Konstruieren Sie ein entsprechendes Beispiel als Excel-Tableau.)

8.6.2.3 Die dynamischen Investitionsplanungsverfahren

Die statischen Investitionsplanungsverfahren haben allesamt den Nachteil, dass bei ihnen jeweils nur eine – meist „typische" – Produktionsperiode für die Investitionsalternative betrachtet wird, also oftmals nur unvollkommen berücksichtigt werden kann, dass sich die mit den Investitionen verbundenen Einnahmen- und Ausgabenströme nach Größe, Zeitpunkt und Dauer von Investitionsalternative zu Investitionsalternative unterscheiden können. Bei Verwendung der dynamischen Investitionsplanungsverfahren werden deshalb die gesamten Lebensdauern der Investitionsalternativen betrachtet und die Verläufe der damit verbundenen Einnahmen- und Ausgabenströme im Einzelnen erfasst. Das bedeutet aber auch, dass der Investor in der Lage sein muss, die mit der Investitionsalternative verbundenen Zahlungsströme im Einzelnen vorhersagen zu können.

Die dynamischen Investitionsplanungsverfahren umfassen (1) die Kapitalwertmethode, (2) die Interne-Zinsfußmethode und (3) die Annuitätenmethode (vgl. dazu SCHNEIDER 1954).

8.6.2.3.1 Die Kapitalwertmethode

Bei der *Kapitalwertmethode* – auch *Diskontierungsmethode* genannt – dient der Kapitalwert einer Investition als Maßstab für die Beurteilung ihrer Wirtschaftlichkeit. Auf den ersten Blick könnte eine Investition wirtschaftlich erscheinen, wenn die Summe der Einnahmen aus der Investition größer ist als die Summe der mit der Investition verbundenen Ausgaben (einschließlich der Anfangsausgabe zur Beschaffung des Investitionsgutes). Da jedoch die zugehörigen Einnahmen- und Ausgabenreihen im Zeitablauf nach Größe, Zeitpunkten und Gesamtdauer divergieren, können sie nicht einfach als Gesamtsummen betrachtet werden. Vielmehr ist – wie bereits angedeutet wurde – zu berücksichtigen, dass Menschen einen bestimmten Geldbetrag, den sie gegenwärtig einnehmen können bzw. ausgeben müssen, höher schätzen als den gleichen Geldbetrag, der erst später fällig wird. Je weiter die Geldbeträge in der Zukunft liegen, als desto geringer ist ihr gegenwärtiger Wert anzusehen. Um also die Vergleichbarkeit von Einnahmen- und Ausgabenbeträgen, die zu unterschiedlichen Zeitpunkten anfallen, herzustellen, werden die mit einer Investition verbundenen Einnahmen- und Ausgabenbeträge auf ihre Gegenwartswerte abgezinst bzw. diskontiert. Diese Abzinsung erfolgt dadurch, dass der Geldbetrag mit dem Abzinsungs- oder Diskontierungsfaktor multipliziert wird. Für den Diskontierungsfaktor gilt:

$$\text{Diskontierungsfaktor} = \frac{1}{(1+i)^t} = (1+i)^{-t} \qquad (8.16)$$

Darin sind:

i = Kalkulationszinsfuß, gemessen als prozentualer Zinssatz je Periode dividiert durch 100 (für einen Zinssatz von 10 % hat also z. B. der Kalkulationszinsfuß den Wert i = 0,1);

t = der in Perioden gemessene Zukunftszeitraum, an dem der Einnahmen- bzw. Ausgabenbetrag fällig wird (werden die Perioden als Jahre definiert und wird eine Einnahme bzw. Ausgabe in zwei Jahren fällig, dann gilt z. B. $t = 2$).

Nehmen wir zur Verdeutlichung einen Einnahmenbetrag von 100,00 € an, der zum einen gegenwärtig, d. h. zum Zeitpunkt $t = 0$, zum zweiten in einem Jahr, d. h. zum Zeitpunkt $t = 1$ und zum dritten in zwei Jahren, d. h. zum Zeitpunkt $t = 2$, fällig wird. Im ersten Fall beträgt der Gegenwartswert (GW):

$$GW_0 = \frac{100}{(1 + i)^0} = 100$$

Der Gegenwartswert entspricht dem Geldbetrag, weil dieser Geldbetrag ja gegenwärtig fällig wird. Im zweiten und dritten Fall betragen die Gegenwartswerte dagegen:

$$GW_1 = \frac{100}{(1 + i)^1} \quad \text{und} \quad GW_2 = \frac{100}{(1 + i)^2}$$

Wenn wir nun einen Kalkulationszinsfuß von $i = 0$ annehmen, dann würde für die beiden Gegenwartswerte gelten:

$$GW_1 = \frac{100}{(1 + 0)^1} = 100 \quad \text{und} \quad GW_2 = \frac{100}{(1 + 0)^2} = 100$$

Die Annahme eines Kalkulationszinsfußes von $i = 0$ bedeutet also, dass es uns gleichgültig wäre, wann der Einnahmenbetrag anfällt. Wir würden der Einnahme in zwei Jahren den gleichen Wert von 100,00 € beimessen wie der Einnahme zum gegenwärtigen Zeitpunkt. Sehen wir dagegen zukünftige Einnahmenbeträge als weniger nützlich an als gegenwärtige, dann drücken wir das durch positive Werte für den Kalkulationszinsfuß aus. Beträgt dieser Zinsfuß z. B. $i = 0{,}1$, dann gilt für den Gegenwartswert der gegenwärtigen Einnahme weiterhin:

$$GW_1 = \frac{100}{(1 + 0{,}1)^0} = 100$$

Für die Gegenwartswerte der Einnahmen in einem bzw. in zwei Jahren gilt dagegen:

$$GW_1 = \frac{100}{(1 + 0{,}1)^1} = \frac{100}{(1{,}1)} = 90{,}91$$

$$GW_2 = \frac{100}{(1 + 0{,}1)^2} = \frac{100}{(1{,}21)} = 82{,}64$$

Bei diesem Kalkulationszinsfuß würden wir also eine in einem Jahr fällige Einnahme von 100,00 € als ebenso wertvoll ansehen wie eine Einnahme von 90,91 €, die heute fällig würde. Eine Einnahme von 100,00 € in zwei Jahren wäre wertgleich einer heutigen Einnahme von 82,64 €.

Je höher der Kalkulationszinsfuß angesetzt wird, desto geringer werden die Gegenwartswerte von zukünftig fällig werdenden Einnahmen. Beim Kalkulationszinsfuß von $i = 0{,}2$ würde für die Gegenwartswerte der beiden zukünftigen Einnahmen gelten:

$$GW_1 = \frac{100}{(1 + 0{,}2)^1} = \frac{100}{(1{,}2)} = 83{,}33$$

$$GW_2 = \frac{100}{(1 + 0{,}2)^2} = \frac{100}{(1{,}44)} = 69{,}44$$

Damit ergibt sich die Frage nach der Höhe des zu verwendenden Kalkulationszinsfußes. Dazu Folgendes: Ein Gegenwartswert von 90,91 € für einen Betrag von 100,00 €, der in einem Jahr fällig wird, sagt ja, dass wir uns gegenüber den beiden Beträgen indifferent verhalten, weil wir den beiden Beträgen, die zu unterschiedlichen Zeitpunkten anfallen, denselben Nutzen beimessen. Unter wirtschaftlichen Gesichtspunkten können wir das aber nur dann tun, wenn wir erwarten, dass der gegenwärtige Betrag von 90,91 €, zum gegenwärtigen Zeitpunkt für ein Jahr gewinnbringend investiert, nach einem Jahr auf einen Betrag von 100,00 € anwachsen würde. Das würde er aber nur dann tun, wenn die Rendite bzw. die Verzinsung 10 % oder $i = 0{,}1$ betragen würde, denn es würde gelten:

$$90{,}91 \cdot 1{,}1 = 100$$

Die gleiche Jahresverzinsung von 10 % bzw. $i = 0{,}1$ würde bei dem Betrag von 82,64 € in zwei Jahren ebenfalls zu einem Betrag von 100,00 € führen, wie man leicht nachrechnen kann.

Die Höhe des Kalkulationszinsfußes sollte also nach der Mindestrendite bemessen werden, die wir von einer Investition erwarten. Wir werden diese zunächst allgemeine Aussage weiter unten stärker qualifizieren.

Der Gegenwartswert eines Geldbetrages, der zu einem bestimmten zukünftigen Zeitpunkt eingenommen oder ausgegeben wird, ist also derjenige Betrag, der – von heute ab auf Zinseszins gelegt – zu dem betreffenden Zeitpunkt gerade die erforderliche Summe ergibt. Den Gegenwartswert eines zukünftigen Betrages berechnen heißt mithin, diesen Betrag abzuzinsen bzw. zu diskontieren.

Wenn nun mit einer geplanten Investitionsmaßnahme Einnahmenströme und Ausgabenströme verbunden sind, dann berechnet man zum Zeitpunkt unmittelbar vor Durchführung der Investitionsmaßnahme ($t = 0$) den Gegenwartswert für die Einnahmenreihe und den Gegenwartswert für die Ausgabenreihe. Die Differenz der Gegenwartswerte ist der *Kapitalwert der Investition*. Unter dem Kapitalwert einer Investition in Bezug auf den Kalkulationszeitpunkt $t = 0$ bei einem Kalkulationszinsfuß i versteht man also die Summe aller auf den Zeitpunkt $t = 0$ diskontierten Zahlungen, die nach dem Zeitpunkt $t = 0$ erfolgen. Bei einem gegebenen Kalkulationszinsfuß ist eine geplante Investition grundsätzlich dann wirtschaftlich, wenn die Differenz aus dem diskontierten Einnahmenstrom und dem diskontierten Ausgabenstrom, d. h. wenn ihr Kapitalwert nicht negativ ist. Sie würde dann nämlich eine Rendite erbringen, die mindestens so hoch wie der Kalkulationszinsfuß ist.

Gehen wir davon aus, dass ein Investor den Kapitalwert einer Investition unmittelbar vor Beginn des Investitionsprozesses berechnen will, d. h. zum Zeitpunkt $t = 0$, dann lässt sich der allgemeine Ansatz zur Berechnung des Kapitalwertes wie folgt entwickeln:

Die Investition sei gekennzeichnet durch eine Einnahmenreihe $e_0, e_1, \ldots, e_t, \ldots, e_n$ zu den Zeitpunkten 0,1,..., t, ..., n und eine Ausgabenreihe $a_0, a_1, \ldots, a_t, \ldots, a_n$ zu den Zeitpunkten 0,1, ..., t, ..., n. Unter Anwendung des Abzinsungsfaktors gilt dann für den Gegenwartswert der Einnahmenreihe (GWE):

$$(8.17) \qquad GWE = \frac{e_0}{(1+i)^0} + \frac{e_1}{(1+i)^1} + \ldots + \frac{e_t}{(1+i)^t} + \ldots + \frac{e_n}{(1+i)^n}$$

Für den Gegenwartswert der Ausgabenreihe (GWA) gilt:

$$(8.18) \qquad GWA = \frac{a_0}{(1+i)^0} + \frac{a_1}{(1+i)^1} + \ldots + \frac{a_t}{(1+i)^t} + \ldots + \frac{a_n}{(1+i)^n}$$

Da der Kapitalwert (NBW) einer Investition die Differenz der Einnahmen- und Ausgabengegenwartswerte ist, gilt auch:

$$(8.19) \qquad NBW = GWE - GWA = \frac{e_0 - a_0}{(1+i)^0} + \frac{e_1 - a_1}{(1+i)^1} + \ldots + \frac{e_t - a_t}{(1+i)^t} + \ldots + \frac{e_n - a_n}{(1+i)^n}$$

Bezeichnet man die einzelnen Einnahmen-Ausgaben-Differenzen (e_t - a_t) mit S_t und berücksichtigt man, dass der Nenner des ersten Gliedes – unabhängig von der Höhe des Kalkulationszinsfußes – stets den Wert 1 hat, dann gilt auch:

$$(8.20) \qquad NBW = S_0 + \frac{S_1}{(1+i)^1} + \ldots + \frac{S_t}{(1+i)^t} + \ldots + \frac{S_n}{(1+i)^n}$$

Oder stärker zusammengefasst:

$$(8.21) \qquad NBW = S_0 + \sum_{t=1}^{n} \frac{S_t}{(1+i)^t}$$

Wir wollen die Berechnung des Kapitalwertes sowie die Wirkungen unterschiedlicher Kalkulationszinsfüße und unterschiedlicher Zeitstrukturen der Einnahmen- und Ausgabenströme anhand eines einfachen Beispieles verdeutlichen: Ein Investor kann wahlweise zwei Investitionen durchführen. Investition A verlangt eine Anschaffungsausgabe zum Zeitpunkt t = 0 von a_0 = 5000,00 € und führt in den drei Jahren ihrer Lebensdauer zu Einnahmen von e_1 = 4000,00 €, e_2 = 4000,00 € und e_3 = 3500,00 € sowie zu laufenden Ausgaben von a_0 = 1500,00 €, a_1 = 2000,00 € und a_2 = 2000,00 €. Investition B verlangt eine Anfangsausgabe von a_0 = 4.000,00 € und führt in den ebenfalls drei Jahren ihrer Lebensdauer zu Einnahmen von e_1 = 3000,00 €, e_2 = 4000,00 € und e_3 = 4500,00 € sowie zu laufenden Ausgaben von a_0 = 3000,00 €, a_1 = 1500,00 € und a_2 = 2000,00 €.

Durch Einsetzen der Werte in die Gleichung (8.17) erhalten wir für den Gegenwartswert der Einnahmenreihe der Investitionsalternative A (GWE_A):

$$GWE_A = 0 + \frac{4000}{(1+i)^1} + \frac{4000}{(1+i)^2} + \frac{3500}{(1+i)^3}$$

Für die Ausgabenreihe der Investitionsalternative A ergibt sich der Gegenwartswert (GWA_A) mit:

$$GWA_A = -6500 + \frac{-2000}{(1+i)^1} + \frac{-2000}{(1+i)^2}$$

Für den Gegenwartswert der Einnahmenreihe von Investitionsalternative B (GWE_B) erhalten wir:

$$GWE_B = 0 + \frac{3000}{(1+i)^1} + \frac{4000}{(1+i)^2} + \frac{4500}{(1+i)^3}$$

Und für den Gegenwartswert der Ausgabenreihe von Investitionsalternative B (GWA_B) gilt:

$$GWA_B = -7000 + \frac{-1500}{(1+i)^1} + \frac{-2000}{(1+i)^2}$$

Beide Investitionen weisen also jeweils dieselben Einnahmensummen und dieselben Ausgabensummen auf. Der nichtdiskontierte Einnahmen-Ausgaben-Überschuss würde also in beiden Fällen 1000,00 € betragen. Die Investitionsalternativen unterscheiden sich aber bezüglich der Zeitstruktur der Einnahmen- und Ausgabenströme. Würden für den Investor diese Zeitstrukturen keine Rolle spielen, d. h. formal, würde er von einem Kalkulationszinsfuß von $i = 0$ ausgehen, dann ergäben sich die Kapitalwerte der beiden Investitionsalternativen nach Maßgabe der Gleichung (8.20) mit:

$$NBW_A = -6500 + \frac{2000}{(1+0)^1} + \frac{2000}{(1+0)^2} + \frac{3500}{(1+0)^3} = 1000$$

$$NBW_B = -7000 + \frac{1500}{(1+0)^1} + \frac{2000}{(1+0)^2} + \frac{4500}{(1+0)^3} = 1000$$

Bei einem Kalkulationszinsfuß von $i = 0$ würde sich der Investor gegenüber den beiden Investitionsalternativen also indifferent verhalten, weil sie beide gleich vorzüglich wären. Geht der Investor allerdings von einer Mindestrendite von 6 % aus, rechnet er also mit einem Kalkulationszinsfuß von $i = 0{,}06$, dann ergäben sich für die beiden Investitionsalternativen die folgenden Kapitalwerte:

$$NBW_A = -6500 + \frac{2000}{1{,}06} + \frac{2000}{1{,}06^2} + \frac{3500}{1{,}06^3} = -6500{,}00 + 1886{,}79 + 1779{,}99 + 2938{,}67$$

$$NBW_A = 105{,}45$$

$$NBW_B = -7000 + \frac{1500}{1{,}06} + \frac{2000}{1{,}06^2} + \frac{4500}{1{,}06^3} = -7000{,}00 + 1415{,}09 + 1779{,}99 + 3778{,}29$$

$$NBW_B = -26{,}63$$

Die Investitionsalternative A hat einen positiven Kapitalwert, sie erbringt also eine mehr als 6%ige Rendite. Die Investitionsalternative B hat dagegen einen negativen Kapitalwert, sie erbringt also nicht die erforderliche Mindestrendite von 6 %. Bei einem Kalkulationszinsfuß von $i = 0{,}06$ sollte sich der Investor also für die Alternative A entscheiden.

Geht der Investor dagegen von einer Mindestrendite von 10 % aus, dann ergeben sich die folgenden Kapitalwerte:

$$NBW_A = -6500 + \frac{2000}{1{,}1} + \frac{2000}{1{,}1^2} + \frac{3500}{1{,}1^3} = -6500{,}00 + 1818{,}18 + 1652{,}89 + 2629{,}60$$

$$NBW_A = -399{,}33$$

$$NBW_B = -7000 + \frac{1500}{1{,}1} + \frac{2000}{1{,}1^2} + \frac{4500}{1{,}1^3} = -7000{,}00 + 1363{,}64 + 1652{,}89 + 3380{,}92$$

$NBW_B = -602,55$

Nunmehr ergeben sich für beide Investitionsalternativen negative Kapitalwerte. Keine der Alternativen erreicht die geforderte Mindestrendite von 10 %. Der Investor sollte die Investition unterlassen.

Diese Überlegung liefert uns den Hinweis zur Festlegung des Kalkulationszinsfußes. Erfolgt die Finanzierung mit vorhandenem Eigenkapital, sollte der Investor von einem Zinssatz ausgehen, den er bei einer Geldanlage vergleichbarer Sicherheit als Habenzinsen von der Bank erhalten würde. Hat die Investition bei diesem Kalkulationszinsfuß einen positiven Kapitalwert, sollte er sich für die Investition entscheiden, weil sie eine höhere Verzinsung erbringt als die Anlage bei der Bank.

Falls der Investor Eigenkapital als Beteiligungskapital von Anteilseignern verwendet, sollte er den Kalkulationszinsfuß nach der Dividende bemessen, die die Anteilseigner von dem Unternehmen mindestens erwarten. Hat die Investition unter diesen Bedingungen einen positiven Kapitalwert, dann sollte er die Investition durchführen. Falls jedoch die Finanzierung der Investitionsmaßnahmen mit Fremdkapital erfolgen muss, sollte der Investor von dem zugehörigen Fremdkapitalzinssatz ausgehen. Nur Investitionen mit positiven Kapitalwerten erbringen dann eine interne Rendite, die über dem Fremdkapitalzinssatz liegt. Nur solche Investitionen können damit einen zusätzlichen Gewinn für das investierende Unternehmen liefern.

Mit der Kapitalwertmethode kann also bei unterschiedlichen Finanzierungsbedingungen die Frage beantwortet werden, ob eine Investition durchgeführt werden sollte oder nicht. Grundsätzlich sollten nur Investitionen mit positiven Kapitalwerten durchgeführt werden.

Damit ist jedoch noch nicht die Frage beantwortet, für welche Investitionsalternative der Investor sich entscheiden sollte, wenn er aus einem Kreis von mehreren Investitionsalternativen eine auswählen muss und sämtliche Investitionsalternativen, zumindest aber einige davon, positive Kapitalwerte aufweisen.

Auf den ersten Blick erscheint die Lösung dieses Wahlproblems einfach: Von mehreren vorteilhaften Investitionsalternativen ist bei einem gegebenen Kalkulationszinsfuß diejenige Alternative am vorteilhaftesten, deren Kapitalwert am größten ist. Diese Entscheidungsregel ist jedoch mit einigen Einschränkungen verbunden, wie wir anhand eines weiteren einfachen Beispiels zeigen wollen.

Bei einem Kalkulationszinsfuß von $i = 0{,}06$ habe ein Investor die Wahl zwischen zwei Investitionsalternativen, nämlich:

C. Eine Ausgabe jetzt von 5000,00 € und 5 Jahre später eine Einnahme von 7000,00 €.
D. Eine Ausgabe jetzt von 7000,00 € und 8 Jahre später eine Einnahme von 12.000,00 €.

Es gilt für die Kapitalwerte der Investitionsalternativen:

$$NBW_C = -5000 + \frac{7000}{1{,}06^5} = 230{,}81$$

$$NBW_D = -7000 + \frac{12.000}{1{,}06^8} = 528{,}95$$

Beide Investitionen sind grundsätzlich vorteilhaft, weil sie beide einen positiven Kapitalwert aufweisen. Wirtschaftlicher erscheint zunächst die Investitionsalternative D zu sein. Dieser Schluss ist jedoch nur unter einer bestimmten Voraussetzung richtig, die einer näheren Erörterung bedarf. Wählt der Investor die Möglichkeit D, so verzichtet er nicht nur auf die Investitionsalternative C, sondern auch auf eine dritte Investition X („Differenzinvestition"), deren Ausgabenreihe aus einer Ausgabe von 2000,00 € zum Zeitpunkt t = 0 und einer Ausgabe von 7000,00 € nach 5 Jahren (t = 5) besteht, denn die Investition D erfordert den um diese Beträge höheren und längeren Kapitaleinsatz. Die Wahl zwischen C und D beruht also tatsächlich auf einem Vergleich zwischen C und X einerseits und D andererseits. Die beiden Alternativen C und D sind offenbar nur dann vergleichbar, wenn die Differenzinvestition X ebenso wie die Investition D nach 8 Jahren abgeschlossen wird. Der Kapitalwert der Differenzinvestition hängt nun davon ab, wie die 2000,00 € zum Zeitpunkt t = 0 und die 7000,00 € zum Zeitpunkt t = 5 verwendet werden. Verwendet der Investor diese Summen derart, dass der Kapitalwert der Differenzinvestition X bei dem gegebenen Kalkulationszinsfuß null ist, dann spielt die Investition X bei dem Vergleich zwischen C und D keine Rolle. Der Vergleich kann also nur dann allein zwischen C und D vorgenommen werden, wenn der Kapitalwert der Differenzinvestition X beim Kalkulationszinsfuß null ist, d. h., wenn der Investor in der Lage ist, zu diesem Kalkulationszinsfuß – im Falle von Fremdkapital – beliebige Beträge zu leihen und – im Falle von Eigenkapital – beliebige Beträge anzulegen.

Als Grundregel gilt daher: Unter der Voraussetzung, dass der Unternehmer zu dem gegebenen Kalkulationszinsfuß beliebige Beträge leihen bzw. ausleihen kann, ist von zwei vorteilhaften Investitionen, bei welchen die Ausgabenreihen und die Einnahmenreihen für die Wirtschaftlichkeitsrechnung relevant sind, diejenige bei dem gegebenen Kalkulationszinsfuß am vorteilhaftesten, deren auf den Zeitpunkt unmittelbar vor Beginn der Investition bezogener Kapitalwert am größten ist. Entsprechendes gilt für den Vergleich zwischen mehreren alternativen Investitionsmöglichkeiten mit unterschiedlich hohen Kapitaleinsätzen und unterschiedlichen Kapitalbindungsdauern.

8.6.2.3.2 Die Interne-Zinsfußmethode

In vielen Fällen möchte der Investor nicht die Kapitalwerte von Investitionsalternativen unter Zugrundelegung von bestimmten Kalkulationszinsfüßen bestimmen, sondern direkt feststellen, mit welcher internen Rendite bzw. mit welcher internen Verzinsung er bei den Investitionsalternativen rechnen kann. Diese Ermittlung gelingt mit der *Internen-Zinsfußmethode.*

Mathematisch gesehen ist die Interne-Zinsfußmethode lediglich eine Umformung der Kapitalwertmethode. Der interne Zinsfuß einer Investition ist nämlich derjenige Kalkulationszinsfuß, bei dem der Kapitalwert null wird. Unter Anwendung der Gleichung (8.20), wobei hier der Kalkulationszinsfuß i durch den jetzt zu bestimmenden internen Zinsfuß r ersetzt wird, erhalten wir die relevante Ausgangsgleichung mit:

$$(8.22) \qquad NBW = S_0 + \frac{S_1}{(1+r)^1} + \ldots + \frac{S_t}{(1+r)^t} + \ldots + \frac{S_n}{(1+r)^n}\text{, wobei } NBW \overset{!}{=} 0$$

ALLGEMEINE BETRIEBS- UND VERFAHRENSDATEN:			
Verfügbares Kapital [kf]:	380.000,00	Kalkulationszinsfuß [i]:	0,06
Mittl. Schlaggröße in ha [sg]:	10,00		
Jahresdruschstunden [mh]:	175,00	Versicherung in % vom Kapitalbedarf [vs]:	0,30
Arbeitskosten je h [ak]:	30,00		
Reparatur- u. Betriebsstoffkostensatz je ha [rb]:	28,50	Mittlerer Preis für die Lohnunternehmerleistung je ha [pe]:	130,00

Z.	Nr. DES VERFAHRENS	»»	I	II	III	IV	V	VI
	VERFAHRENSDATEN:							
1	MDh-Bed.(5ha-Schlag)/ha	[nb]:	2,00	1,60	1,36	1,14	0,90	0,70
2	Ankaufspreis je Maschine	[kp]:	32.000,00	42.000,00	52.000,00	80.000,00	115.000,00	175.000,00
	BETR. ANFORDERUNGEN:							
3	Mittlerer MDh-Bedarf je ha betriebl. Erntefläche	[he]	1,83	1,47	1,25	1,05	0,83	0,64
4	Mittlere Erntekapazität je Maschine in ha pro Jahr	[ek]	95,45	119,32	140,37	167,46	212,12	272,73
5	Anzahl beschaffb. Maschinen für das verfügbare Kapital	[zm]	11	9	7	4	3	2
6	Jährl. Gesamterntefläche d. Ernteverfahrens in ha	[ef]	1.050,00	1.073,86	982,62	669,86	636,36	545,45
7	Kapitalbedarf zur Maschinenbeschaffung	[kb]	352.000,00	378.000,00	364.000,00	320.000,00	345.000,00	350.000,00
8	Arbeitstunden für Maschineneinsatz und -wartung	[am]	2.310,00	1.890,00	1.470,00	840,00	630,00	420,00
		Jahr	I	II	III	IV	V	VI
	Anfangsausgaben für die Investitionsalternativen [S0]	0	-352.000,00	-378.000,00	-364.000,00	-320.000,00	-345.000,00	-350.000,00
	Lfd. Einnahmen-Ausgaben-Differenzen der Investitionsalternativen [St], (t=1,...,n) (Annahme: Die angegebenen Beträge entstehen jeweils zum Ende der angegebenen Jahre)	1	36.219,00	51.163,16	54.543,96	41.830,43	44.655,91	41.713,64
		2	36.219,00	51.163,16	54.543,96	41.830,43	44.655,91	41.713,64
		3	36.219,00	51.163,16	54.543,96	41.830,43	44.655,91	41.713,64
		4	36.219,00	51.163,16	54.543,96	41.830,43	44.655,91	41.713,64
		5	36.219,00	51.163,16	54.543,96	41.830,43	44.655,91	41.713,64
		6	36.219,00	51.163,16	54.543,96	41.830,43	44.655,91	41.713,64
		7	36.219,00	51.163,16	54.543,96	41.830,43	44.655,91	41.713,64
		8	36.219,00	51.163,16	54.543,96	41.830,43	44.655,91	41.713,64
		9	36.219,00	51.163,16	54.543,96	41.830,43	44.655,91	41.713,64
		10	36.219,00	51.163,16	54.543,96	41.830,43	44.655,91	41.713,64
9	GELDÜBERSCHÜSSE in €	[GS]	10.190,00	133.631,59	181.439,63	98.304,31	101.559,09	67.136,36
10	KAPITALWERTE in €	[NBW]	-85.425,01	-1.434,70	37.448,31	-12.124,39	-16.328,62	-42.984,01
11	INTERNE ZINSFÜSSE in %	[IKV]	0,52	5,92	8,12	5,19	4,99	3,32
12	ANNUITÄTEN in €	[RMZ]	-11.606,52	-194,93	5.088,03	-1.647,32	-2.218,54	-5.840,15

GLEICHUNGEN: he=(1+1/sg)*0,5*nb/0,6; ek=mh/he; zm=Ganzzahl(kf/kp); kb=kp*zm; am=ef*he+0,2*mh*ef/ek; S_0=-kb; S_t=ef*pe-kb*vs/100-ef*rb-am*ak; GS=$S_0+S_1+...+S_t+...+S_n$; NBW=$S_0+S_1/(1+i)^1+...+St/(1+i)^t+...+Sn/(1+i)^n$; Für Internen Zinsfuß gilt: Bestimme r aus: $S_0+S_1/(1+r)^1+...+S_t/(1+r)^t+...+S_n/(1+r)^n=0$ und IKV=r*100; RMZ=NBW*$(1+i)^n$*i)/($(1+i)^n$-1).

DECK821

Übersicht 8.21: Die Anwendung der Kapitalwertmethode und der Internen-Zinsfußmethode für Neuinvestitionen bei begrenzt verfügbarem Kapital: Bestimmung des optimalen Getreideernteverfahrens (Preise, Kapital, Kosten in €)

Mit dieser Gleichung – als einem Polynom n-ten Grades in einer Unbekannten – sind jedoch zwei mathematische Probleme verbunden. Zum einen lassen sich nur Polynome bis zum Grade 4 analytisch – wenn auch schwierig – lösen. Da sich aber Investitionen häufig über mehr als 4 Perioden erstrecken, sind die dafür relevanten Polynome höhergradig. Man muss deshalb den internen Zinsfuß dadurch herausfinden, dass man durch mehr oder weniger „systematisches Probieren" den internen Zinsfuß solange in Gleichung (8.22) zahlenmäßig variiert, bis der Kapitalwert den Betrag NBW = 0 annimmt. Anwenderprogrammpakete – wie z. B. Excel – verwenden dafür iterative Suchverfahren.

Zum anderen kann das Polynom oftmals mehrere Lösungen haben, die sowohl reell (positiv und negativ) als auch imaginär und konjugiert komplex sein können. „Sinnvolle" reelle Lösungen erhält man i. d. R. nur dann, wenn die Einnahmen-Ausgaben-Differenzen in den ersten Perioden der Investitionslaufzeit negative Vorzeichen tragen, also die periodischen Ausgaben die periodischen Einnahmen übersteigen und in den letzten Perioden positive Vorzeichen tragen, also die periodischen Einnahmen die periodischen Ausgaben übersteigen. Bei „normalen" Investitionen für Produktionsanlagen ist das jedoch praktisch stets der Fall, weil die Investition mit einer Anschaffungsausgabe (negatives Vorzeichen) beginnt und nachfolgend Überschüsse der laufenden Einnahmen über die laufenden Ausgaben erbringt.

Zur Verdeutlichung der Internen-Zinsfußmethode möge sich der Leser ein einfaches Excel-Tableau für die beiden im vorhergehenden Abschnitt behandelten Investitionsalternativen A und B konstruieren. Durch Probieren wird er nach kurzer Zeit herausfinden, dass die Investitionsalternative A einen internen Zinsfuß von $r_A = 0{,}0679 \mathrel{\hat{=}} 6{,}79\,\%$ und die Investitionsalternative B einen solchen von $r_B = 0{,}0583 \mathrel{\hat{=}} 5{,}83\,\%$ aufweist.

Zum Abschluss dieses Abschnittes wollen wir die Kapitalwertmethode und die Interne-Zinsfußmethode noch auf ein im vorigen Abschnitt zur Demonstration der statischen Investitionsplanungsverfahren verwendetes Beispiel anwenden. Dafür greifen wir auf das in *Übersicht 8.18* dargestellte Beispiel für Neuinvestitionen bei begrenzt verfügbarem Kapital zurück. In diesem Beispiel waren wir davon ausgegangen, dass ein Lohnunternehmer zwischen sechs Alternativen für einen Mähdrescher auswählen möchte. Die technischen Gegebenheiten sowie die Faktor- und Produktpreise dieser Alternativen sind im oberen und mittleren Teil der *Übersicht 8.21* wiederholt. Im Unterschied zur Vorgehensweise bei den statischen Investitionsplanungsverfahren möchte der Lohnunternehmer jetzt jedoch die Kapitalwertmethode und die Interne-Zinsfußmethode zur Berechnung der optimalen Investitionsalternative einsetzen. Dafür benötigt er indessen nicht nur die Kosten und Leistungen der Alternativen für eine typische Periode, sondern die Einnahmen- und Ausgabenströme für die gesamte Lebensdauer der Investitionen, gegliedert nach Perioden. Diese Einnahmen- und Ausgabenströme bestehen – wie die *Übersicht 8.21* in ihrem unteren Teil zeigt – aus jeweils einer Anfangsausgabe für die Beschaffung der Mähdrescher und dann aus den laufenden Einnahmen-Ausgaben-Differenzen für die Jahre 1 bis 10 (Lebensdauer). Die Bestimmung dieser Differenzen erfolgt nach der im Fuß der Übersicht angegebenen Gleichung für S_t.

Die Zeilen 9 bis 11 der *Übersicht 8.21* enthalten die Geldüberschüsse der Alternativen als (nichtdiskontierte) Gesamt-Einnahmen-Ausgaben-Differenzen, die Kapitalwerte bei einem Kalkulationszinsfuß von $i = 0{,}06$ und die internen Zinsfüße. Sämtliche Investitionsalternativen weisen zwar Geldüberschüsse auf, aber bei einem Kalkulationszinsfuß von 6 % hat nur die Alternative III einen positiven Kapitalwert. Nur bei dieser Alternative liegt auch der interne Zinsfuß mit 8,12 % über dem kalkulatorischen Zinsfuß von 6 %. Der Investor sollte sich also für das Ernteverfahren III entscheiden.

Damit gelangt der Investor im Übrigen zu der gleichen Entscheidung wie bei der Anwendung der statischen Investitionsplanungsverfahren. Allerdings wurde im vergleichbaren Fall der *Übersicht 8.18* die interne Rendite, die dem internen Zinsfuß prinzipiell entspricht, mit 9,97 % ausgewiesen. Dieser gegenüber dem internen Zinsfuß in *Übersicht 8.21* in Höhe von 8,12 % um 1,85 Prozentpunkte höhere Wert ist darauf zurückzuführen, dass bei Anwendung der statischen Rentabilitätsvergleichsrechnung die zeitliche Verteilung der Einnahmen und Ausgaben unberücksichtigt bleibt. Mit der statischen Rentabilitätsvergleichsrechnung kann deshalb zwar die relativ vorzügliche Investitionsalternative, nicht jedoch deren tatsächlich zu erwartende interne Verzinsung „richtig" bestimmt werden. Mit anderen Worten: Es kann nicht exakt ermittelt werden, ob eine Investition eine interne Verzinsung erbringt, die über dem Kalkulationszinsfuß, abgeleitet aus einer anderen Anlagemöglichkeit des Kapitals, liegt.

Das ist ein wesentlicher Vorteil der dynamischen Investitionsplanungsverfahren und insbesondere der Internen-Zinsfußmethode. Andererseits haben die dynamischen Verfahren einen wesentlichen Nachteil mit den statischen Verfahren der Gewinn- und Rentabilitätsrechnung gemein. Sie erfordern die exakte Zuordnung der Kosten und Leistungen bzw. der Einnahmen und Ausgaben zu den Investitionsalternativen. Die dynamischen Planungsverfahren verlangen überdies die exakte Zuweisung der Einnahmen und Ausgaben zu den einzelnen Perioden während der gesamten Lebensdauer der Investitionen. Diese Zuordnungen sind bei vielen Investitionsmaßnahmen aber nur schwer oder oft gar nicht möglich. Man muss sich deshalb auch bei Anwendung der dynamischen Verfahren so behelfen, wie es für die statischen Verfahren im vorigen Abschnitt beschrieben wurde.

8.6.2.3.3 Die Annuitätenmethode

Die *Annuitätenmethode* wird angewandt, wenn ein Investor wissen möchte, mit welchen jährlich gleich bleibenden Entnahmen er rechnen kann, wenn das investierte Kapital verzinst und bis zum Ende der Lebensdauer der Investition vollständig getilgt sein soll. Diese jährlich gleichbleibende Entnahme wird als *Annuität* bezeichnet. Offenbar ist eine Investitionsmaßnahme wirtschaftlich, wenn die Annuität einen positiven Wert hat, und sie ist umso wirtschaftlicher, je höher die Annuität ist.

Die Annuität wird errechnet, indem der Kapitalwert der Investition mit dem sog. *Wiedergewinnungsfaktor* multipliziert wird. Es gilt:

$$RMZ = NBW \cdot \frac{(1+i)^n \cdot i}{(1+i)^n - 1} \tag{8.23}$$

Darin sind:

RMZ = Annuität, gemessen in €;

NBW = Kapitalwert der Investition, gemessen in €;

$\frac{(1+i)^n \cdot i}{(1+i)^n - 1}$ = Wiedergewinnungsfaktor;

i = Kalkulationszinsfuß;

n = Lebensdauer der Investition, gemessen in Jahren.

Zur Verdeutlichung betrachten wir die beiden Investitionen A und B aus Abschnitt 8.6.2.3.1. Die dreijährigen Lebensdauern (n = 3) der Investitionen hatten bei einem Kalkulationszinsfuß von i = 0,06 Kapitalwerte von NBW_A = 105,45 € und NBW_B = -26,63 €. Gemäß Gleichung (8.23) ergäbe sich die Annuität für die Investition A mit:

$$RMZ_A = 105{,}45 \cdot \frac{(1+0{,}06)^3 \cdot 0{,}06}{(1+0{,}06)^3 - 1} = 39{,}45$$

Für die Annuität der Investition B gilt:

$$RMZ_B = -26{,}63 \cdot \frac{(1+0{,}06)^3 \cdot 0{,}06}{(1+0{,}06)^3 - 1} = -9{,}96$$

Zeitpunkt		Jährliche Zinsen bei i=0,06	Einnahmen-Ausgaben-Differenzen	Annuität		Zum Zeitpunkt gebundenes Kapital
		€	€	€		€
	INVESTITION A:					
0					=	6.500,00
1	6.500,00 +	390,00 -	2.000,00 +	39,45	=	4.929,45
2	4.929,45 +	295,77 -	2.000,00 +	39,45	=	3.264,67
3	3.264,67 +	195,88 -	3.500,00 +	39,45	=	0,00
	INVESTITION B:					
0					=	7.000,00
1	7.000,00 +	420,00 -	1.500,00 +	-9,96	=	5.910,04
2	5.910,04 +	354,60 -	2.000,00 +	-9,96	=	4.254,68
3	4.254,68 +	255,28 -	4.500,00 +	-9,96	=	0,00

DECK822

Übersicht 8.22: Kapitalwiedergewinnung bei Investitionen unter Berücksichtigung von Zinsen und Annuitäten

Anhand der Geldbewegungen für die beiden Investitionen soll mit *Übersicht 8.22* gezeigt werden, warum sich die beiden Annuitäten ergeben. Die Investition A war durch eine Anfangsausgabe zum Kalkulationszeitpunkt (t = 0) von 6500,00 € und durch Einnahmen-Ausgaben-Differenzen von S_1 = 2000,00 € nach einem Jahr (t = 1), von S_2 = 2000,00 € nach zwei Jahren (t = 2) und S_3 = 3500,00 € nach drei Jahren (t = 3) gekennzeichnet (vgl. Abschnitt 8.6.2.3.1). Bei einem Kalkulationszinsfuß von i = 0,06 und unter Berücksichtigung der Annuität RMZ_A = 39,45 € ergibt sich für die Geldbewegungen der Investition A das Bild des oberen Teils der *Übersicht 8.22*. Zum Zeitpunkt 0 werden mit der Anfangsausgabe 6500,00 € Kapital gebunden. Bis zum Zeitpunkt 1 vermindert sich das gebundene Kapital auf 4929,45 €. Dieser Betrag ergibt sich daraus, dass sich die 6500,00 € einerseits durch die Einnahmen-Ausgaben-Differenz in Höhe von 2000,00 € reduziert und andererseits durch die auflaufenden Zinsen während des ersten Jahres und durch die anfallende Annuität von 39,45 € erhöht. Am Ende des zweiten Jahres beträgt das gebundene Kapital nur mehr 3264,67 € und am Ende des dritten Jahres sinkt es auf 0,00 €. Mit anderen Worten: Die Rückflüsse aus der Investition in Form der Einnahmen-Ausgaben-Differenzen waren so hoch, dass dadurch nicht nur das anfangs eingesetzte Kapital vollständig wiedergewonnen, sondern auch die jährlichen Zinsansprüche von 6 % des jeweils gebundenen Kapitals und darüber hinaus die Annuitäten von jeweils 39,45 € abgedeckt werden konnten.

Eine andere Situation ergibt sich für die Investition B, wie der untere Teil der *Übersicht 8.22* zeigt. Das zu Beginn investierte Kapital kann nunmehr bis zum Ende der Lebensdauer der Investition nur dann vollständig zurückgewonnen werden, wenn der Investor keine Entnahmen, sondern sogar Einlagen in Form negativer Annuitäten in Höhe von jährlich 9,96 € tätigt. Es bestätigt sich also, was wir bereits aus der Anwendung der Kapitalwertmethode und der Internen-Zinsfußmethode auf die Beispiele der Investitionen A und B wissen, dass nämlich nur die Investition A eine mehr als 6%ige interne Rendite erbringt und deshalb einen positiven Kapitalwert hat und mithin positive Annuitäten als Entnahmen ermöglicht.

Im Beispiel der *Übersicht 8.21* sind nicht nur die Kapitalwerte und die internen Zinsfüße der sechs Investitionsalternativen in den Zeilen 10 und 11 angegeben, sondern in Zeile 12 zusätzlich die zu erwartenden Annuitäten. Die Annuität hat nur bei der Investitionsalternative III einen positiven Wert. Auch nach diesem Wirtschaftlichkeitskriterium sollte sich der Investor also für die Investitionsalternative III entscheiden.

8.6.2.4 *Die Systemsimulation*

Eine geeignete Möglichkeit zur Generierung der Einnahmen- und Ausgabenströme für langfristige Investitionen ist die Anwendung des *Systemansatzes* bzw. der *Systemsimulation*. Wir wollen auf dieses tatsächlich sehr weitläufige Gebiet sowohl der sozialwissenschaftlichen als auch der naturwissenschaftlichen Forschung in diesem Abschnitt nur in aller Kürze eingehen (vgl. dazu im Einzelnen z. B. BERG und KUHLMANN 1993).

Ausgangspunkt des Systemansatzes ist die naheliegende Beobachtung, dass die Welt, in der wir leben, nicht aus einer Summe von isolierten Teilen, sondern aus Systemen besteht. Ein System ist ein Komplex von interagierenden Elementen. Die Interaktion besteht darin, dass Elemente P so untereinander in Beziehungen R stehen, dass das Verhalten eines Elementes P in einer Beziehung R sich von dem Verhalten des gleichen Elementes in einer anderen Beziehung R' unterscheidet. Wenn sich das Verhalten in R vom Verhalten in R' nicht unterscheidet, existiert keine Interaktion und die Elemente verhalten sich im Hinblick auf die Beziehungen R und R' unabhängig voneinander.

Werden die Werte der Elemente P_i (i = 1, ..., m) mit Q_i bezeichnet, so hat ein System für eine endliche Zahl von Elementen und im einfachsten Fall die Form:

$$\begin{aligned} \frac{dQ_1(t)}{dt} &= f_1\,[Q_1(t), \ldots, Q_i(t), \ldots, Q_m(t)] \\ \vdots\quad & \quad \vdots \\ \frac{dQ_i(t)}{dt} &= f_1\,[Q_1(t), \ldots, Q_i(t), \ldots, Q_m(t)] \\ \vdots\quad & \quad \vdots \\ \frac{dQ_m(t)}{dt} &= f_n\,[Q_1(t), \ldots, Q_i(t), \ldots, Q_m(t)] \end{aligned} \tag{8.23}$$

Jede Veränderung eines Wertes Q_i – ausgedrückt durch den Differentialquotienten $\frac{dQ_i(t)}{dt}$ – ist deshalb eine Funktion aller Q's. Umgekehrt verlangt jede Veränderung von Q_i Veränderungen aller anderen Werte und damit des Systems als Ganzes. Zusätzlich zu den sachlichen Interdependenzen wird mit dieser Systemdefinition erfasst, dass sich sämtliche Prozesse im Zeitablauf vollziehen und deshalb die zeitlichen Interdependenzen ein konstituierendes Systemmerkmal sind (BERTALANFFY 1968).

In ihrer Bewegung durch die Zeit befinden sich Systeme zu jedem Zeitpunkt in einem bestimmten, quantitativ beschreibbaren Zustand (Integral), der das Ergebnis von früheren Zuständen (Anfangsbedingungen) sowie von Strömen als Veränderungen von Zuständen (Differentialquotienten) ist und der sich seinerseits wieder durch eben diese Ströme im Zeitablauf verändert. Im Systemansatz werden deshalb die Variablen, die Zustände beschreiben, als *Zustandsvariable* und diejenigen, die Veränderungen beschreiben, als *Ratenvariable* bezeichnet.

Wenn in einem betrachteten realen System die zeitlichen Interdependenzen eine wichtige Rolle spielen, dann sollten sie als dynamische Modelle abgebildet werden. Gerade von den zeitlichen Interdependenzen können Wirkungen ausgehen, die sich mit statischen Modellen, die sich nur auf eine Periode beziehen, nicht erfassen lassen. Um diese zeitlichen Interdependenzen sachgerecht zu erfassen, werden reale Systeme durch Systeme von simultanen Differentialgleichungen abgebildet, wie es mit dem Gleichungssystem (8.23) für den einfachen Fall gezeigt wurde. Mit solchen Modellen lassen sich auch die Einnahmen- und Ausgabenströme generieren, die wir für die Bestimmung der relativen Vorzüglichkeit von Investitionen mit Hilfe der dynamischen Investitionsplanungsverfahren benötigen.

Bei der Verwendung von Differentialgleichungen tritt jedoch eine Schwierigkeit auf. Während die Beschreibung von realen Systemen mit Hilfe von Differentialgleichungen durchaus gelingt, stellen sich ihrer analytischen Lösung vielfach unüberwindliche Hindernisse entgegen. Systeme simultaner Differentialgleichungen sind schon dann, wenn sie linear sind und es sich um wenige Variablen handelt, ermüdend zu lösen. Sind die Systeme nichtlinear, so sind sie außer in Sonderfällen analytisch nicht mehr lösbar.

Näherungslösungen für Systeme simultaner Differentialgleichungen lassen sich jedoch mit nummerischen Verfahren finden. Dazu werden die Differentialgleichungen in Differenzengleichungen umgewandelt und dann auf rekursivem Wege gelöst. Diese Vorgehensweise bezeichnet man als *Systemsimulation*. Da die nummerischen Rechenverfahren im Unterschied zu vielen analytischen Verfahren zwar mathematisch meist erheblich weniger anspruchsvoll, dafür aber in aller Regel äußerst rechenzeitaufwändig sind, erlangten sie erst mit der Einführung des Computers eine größere praktische Bedeutung.

Wir wollen die Vorgehensweise des Systemansatzes und die Lösung von dynamischen Systemen mittels der Systemsimulation anhand eines einfachen, langfristigen Investitionsproblems verdeutlichen.

Dem jungen Agraringenieur Viehmeyer wurde von der zuständigen Landwirtschaftsbehörde angeboten, in einer peripheren Mittelgebirgsregion, in der sich die Sozialbrache mit anschließender Verbuschung immer weiter ausbreitet, zur „Offenhaltung" der Landschaft ein Range-Management-System, d. h. eine extensive Mutterkuhhaltung mit Weidemast und ganzjähriger Außenhaltung, aufzubauen. Dauergrünlandflächen als Weideflächen in einem bestimmten Umfang, d. h. mit einer bestimmten Besatzkapazität, sollen Viehmeyer kostenlos zur langfristigen Nutzung überlassen werden. Futtermittel zur Zufütterung während des Winters (z. B. Heu, Stroh, Melasse) sollen zugekauft werden. Als Investition stünde für den Agraringenieur also lediglich die Beschaffung der Herde an.

Viehmeyer sucht nun nach einem möglichst wirtschaftlichen Umfang der Anfangsherde und nach einer langfristigen Herdenentwicklung, die einerseits sicherstellt, dass sein Unternehmen bestimmte Konsumentnahmen als Einnahmen-Ausgaben-Differenzen für seinen Lebensunterhalt ermöglicht, andererseits jedoch eine möglichst rasche Herdenvergrößerung erlaubt. Viehmeyer beabsichtigt nämlich, die Herde am Ende seiner Lebensarbeitszeit von 30 Jahren als Grundstock für seine Altersversorgung zu veräußern. Wie lassen sich solche Herdenentwicklungen berechnen, welche Entnahmen ergeben sich und welcher Herdenumfang wird am Planungsende erreicht?

Um sich ein erstes Bild von dem Range-Management-System zu machen, entwickelt Viehmeyer das in *Übersicht 8.23* dargestellte *Kausalschleifendiagramm*. In solchen Diagrammen kennzeichnet man Variablen als Ellipsen und Beziehungen zwischen den Variablen als Pfeile, die mit ihren Pfeilfüßen die beeinflussenden Variablen und mit ihren Pfeilköpfen die beeinflussten Variablen anzeigen. Die grundsätzlichen Beziehungen zwischen zwei Variablen werden durch Plus- oder Minuszeichen am Pfeilkopf angedeutet. Ein Pluszeichen bedeutet, dass der Wert der beeinflussten Variablen mit steigenden Werten der beeinflussenden Variablen zunimmt, ein Minuszeichen bedeutet dagegen umgekehrt, dass der Wert der beeinflussten Variablen mit zunehmenden Werten der beeinflussenden Variablen abnimmt.

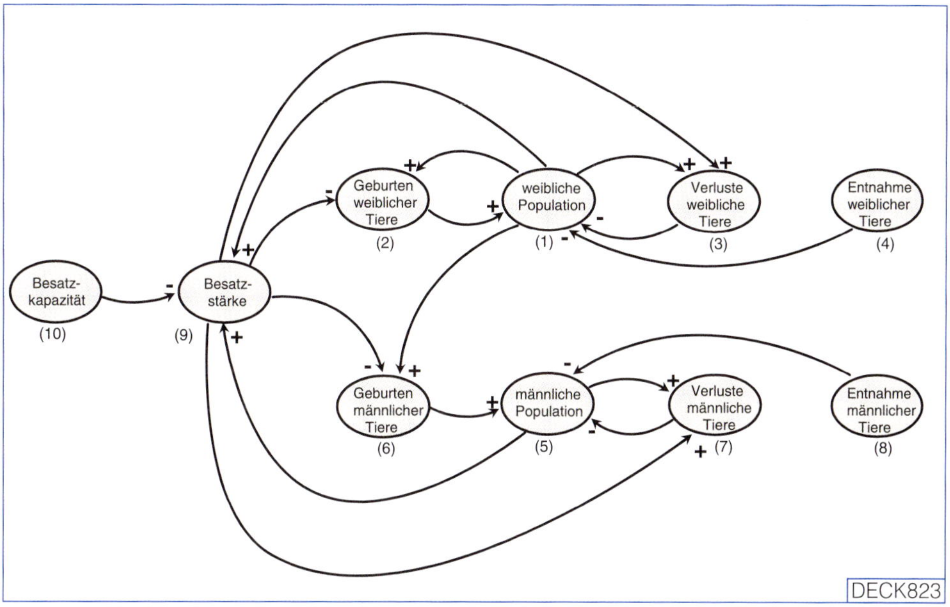

Übersicht 8.23: Kausalschleifendiagramm eines Range-Management-Systems

Zunächst identifiziert Viehmeyer, dass der Umfang der weiblichen Population seiner Herde (gekennzeichnet mit (1) in *Übersicht 8.23*) umso rascher ansteigen dürfte, je mehr weibliche Tiere geboren werden (2). Andererseits wird die Entwicklung der weiblichen Population durch Verluste an weiblichen Tieren (3) gebremst. Umgekehrt beeinflusst der Umfang der weiblichen Population die Zahl der Geburten weiblicher Tiere, aber auch die Zahl der Verlusttiere positiv. Des Weiteren wird der Umfang der weiblichen Population durch die Entnahme weiblicher Tiere (4) für Schlachtungen beeinflusst. Die weibliche Population wächst umso langsamer, je mehr weibliche Tiere der Population entnommen werden.

Der Umfang der männlichen Population der Herde (5) wird von der Zahl der geborenen männlichen Tiere (6) positiv und von den Verlusten an männlichen Tieren (7) negativ beeinflusst. Ihrerseits wird die Zahl der geborenen männlichen Tiere (6) vom Umfang der weiblichen Population (1) positiv beeinflusst. Schließlich wird der Umfang der männlichen Population (5) auch durch die Entnahme männlicher Tiere (8) beeinflusst. Der Umfang der männlichen Population wächst umso langsamer, je mehr Tiere zur Schlachtung entnommen werden.

Die Umfänge der Geburten und Tierverluste werden ihrerseits von der Besatzstärke (9) beeinflusst. Die Besatzstärke gibt an, in welchem Ausmaß die Besatzkapazität der verfügbaren Weidefläche (10) genutzt wird. Nähert sich der Umfang der Population auf der gegebenen Weidefläche der Besatzkapazität an, d. h. steigt die Besatzstärke, wird sich das wegen der zunehmenden Futterkonkurrenz in verminderten Geburten und steigenden Tierverlusten auswirken. Bei gegebenem Umfang der Tierpopulation nimmt also mit steigender Besatzkapazität die Besatzstärke ab und umgekehrt.

Die Technik des Kausalschleifendiagramms gestattet nicht nur die Identifikation der wesentlichen Variablen eines betrachteten Systems und der zwischen diesen Variablen bestehenden Beziehungen, sondern auch das Erkennen von endogenen und exogenen Systemvariablen. Sämtliche Variablen, zu denen Pfeile hinführen und von denen Pfeile wegführen, sind endogene Variablen, weil sie nicht nur andere Variable des Systems beeinflussen, sondern auch von anderen Variablen des Systems beeinflusst werden. Variablen, von denen lediglich Pfeile wegführen, sind exogene Variable, d. h. – im mathematischen Sinne – unabhängige Variablen des Systems. Ihre Werte werden von außerhalb des Systems – z. B. durch den Manager des Systems – gesetzt. Sie dienen damit zur Beeinflussung der Systementwicklung. Sie werden deshalb auch als *Politikvariablen* bezeichnet. Wie das Kausalschleifendiagramm der *Übersicht 8.23* zeigt, trifft die Eigenschaft der Politikvariablen auf die Entnahme weiblicher Tiere (4) und die Entnahme männlicher Tiere (8) zu.

Darüber hinaus ist jedoch auch die Besatzkapazität prinzipiell eine Politikvariable, weil sie das System in seiner Entwicklung beeinflusst, umgekehrt jedoch nicht vom System beeinflusst wird. Im vorliegenden Fall geht unser Agraringenieur jedoch von einer gegebenen, nicht veränderbaren Futterfläche, d. h., bei einer gegebenen maximalen Besatzdichte je Futterflächeneinheit, mithin von einer gegebenen Besatzkapazität aus. In diesem Fall handelt es sich daher bei der Besatzkapazität nicht um eine exogene Variable, sondern um einen exogenen (zeitkonstanten) Parameter, der eine Begrenzung für die Entwicklung des Systems darstellt.

Nach dieser qualitativen Identifikation des realen Systems wird im nächsten Schritt eine quantitative Identifikation vorgenommen, d. h., das reale System wird durch ein System von Gleichungen so abgebildet, dass es unter verschiedenen Annahmen für die Koeffizienten und Parameter rechenbar wird.

Näherungslösungen für das Range-Management-System als einem tatsächlich schon vergleichsweise komplexen und langfristigen Investitionsproblem lassen sich auf der Grundlage der folgenden beiden Differentialgleichungen finden, die die Herdenentwicklung beschreiben:

(8.24) $$\frac{dPw(t)}{dt} = 0{,}5 \cdot gr(t) \cdot Pw(t) - srw(t) \cdot Pw(t)$$

(8.25) $$\frac{dPm(t)}{dt} = 0{,}5 \cdot gr(t) \cdot Pw(t) - srm(t) \cdot Pm(t)$$

Darin sind:
Pw(t) = weibliche Population in Anzahl Herdentiere;
Pm(t) = männliche Population in Anzahl Herdentiere;

gr(t) = Reproduktionsrate in Stück pro Zeiteinheit (z. B. pro Jahr), bezogen auf den weiblichen Populationsumfang;
srw(t) = Schlachtrate für weibliche Tiere, in Stück pro Zeiteinheit, bezogen auf den weiblichen Populationsumfang;
srm(t) = Schlachtrate für männliche Tiere, in Stück pro Zeiteinheit, bezogen auf den männlichen Populationsumfang;
t = Zeit als kontinuierliche Variable;
0,5 = Faktor, der benötigt wird, weil jeweils die Hälfte der Reproduktion aus männlichen und weiblichen Tieren besteht.

Die Gleichungen sagen in Worten: Die Veränderungen des Umfangs der weiblichen und männlichen Population $\frac{dPw(t)}{dt}$ und $\frac{dPm(t)}{dt}$ hängen bei gegebenem Umfang der männlichen und weiblichen Population ab von der Reproduktionsrate und von den Schlachtraten. Bei gegebener Reproduktionsrate wird der Herdenumfang im Zeitablauf umso rascher ansteigen, je geringer die Schlachtraten sind und umgekehrt. Mit Hilfe der Schlachtraten als den Politikvariablen kann Viehmeyer das Verhältnis zwischen Herdenzuwachs und laufenden Entnahmen für seinen Lebensunterhalt bestimmen. Je mehr Tiere er schlachtet, desto höher werden seine laufenden Entnahmen, desto langsamer entwickelt sich jedoch der Herdenumfang bzw. desto niedriger wird der Herdenumfang am Planungsende als Basis für seine Altersversorgung.

Zur Reproduktionsrate [gr(t)] sei hinzugefügt, dass es sich hier um eine Nettoreproduktionsrate handelt, die sich als Differenz aus der Geburtsrate und der Verlustrate ergibt. Die Reproduktionsrate ist also ein Ausdruck für den Nettozuwachs der Population, falls keine Schlachtungen erfolgen würden.

Der aus den beiden vorgenannten Gleichungen bestehende Kern des dynamischen Systems wird nun durch die folgenden *Definitionsgleichungen* vervollständigt.

Der Herdenumfang [P(t)] ist die Summe aus männlicher und weiblicher Population:

$$(8.26) \qquad P(t) = Pw(t) + Pm(t)$$

Das in der Herde gebundene Kapital [C(t)] ergibt sich als Summe der mit den jeweiligen (mittleren) Zeitwerten multiplizierten männlichen und weiblichen Populationen:

$$(8.27) \qquad C(t) = zww \cdot Pw(t) + zwm \cdot Pm(t)$$

Darin sind:
C(t) = Zeitwert der Herde (entspricht dem gebundenen Kapital), gemessen in €;
zww = mittlerer Zeitwert für weibliche Tiere, gemessen in € je Tier;
zwm = mittlerer Zeitwert für männliche Tiere, gemessen in € je Tier.

Es wird angenommen, dass sich die Herde gleichmäßig aus den verschiedenen Altersjahrgängen zusammensetzt, der Zeitwert wird deshalb als Durchschnittswert über alle Altersklassen gebildet. Es wird also unterstellt, dass Viehmeyer auch zu Beginn eine so definierte Herde anschaffen möchte und am Ende des Planungszeitraumes eine ebenfalls so definierte Herde verkaufen wird, so dass die mittleren Zeitwerte der Herdentiere gleichzeitig auch ihre mittleren Ankaufs- und Verkaufswerte sind. Mangels besserer Information geht Viehmeyer davon aus, dass sich die Zeitwerte der Tiere während des gesamten Planungszeitraumes nicht verändern.

Die Anzahl der weiblichen und männlichen Schlachttiere je Zeiteinheit [SPw(t)] und [SPm(t)] ergibt sich aus den beiden folgenden Definitionsgleichungen:

$$SPw(t) = srw(t) \cdot Pw(t) \quad (8.28)$$

$$SPm(t) = srm(t) \cdot Pm(t) \quad (8.29)$$

SPw(t) und SPm(t) sind also Ratenvariablen, nämlich die Anzahl der Schlachttiere pro Zeiteinheit. Die Populationsumfänge [Pw(t)] und [Pm(t)] sind dagegen Zustandsvariablen, nämlich Herdenumfänge zu bestimmten Zeitpunkten.

Aus den Anzahlen der Schlachttiere je Zeiteinheit ergeben sich die Einnahmen je Zeiteinheit mit:

$$E(t) = ew \cdot SPw(t) + em \cdot SPm(t) \quad (8.30)$$

Darin sind:
E(t) = Einnahmen pro Zeiteinheit, gemessen in €;
ew = mittlere Einnahme je weiblichem Schlachttier, gemessen in €;
em = mittlere Einnahme je männlichem Schlachttier, gemessen in €.

In dieser Gleichung ist die Einnahme [E(t)] wiederum eine Ratenvariable, ew und em sind Koeffizienten, die in diesem Falle zeitkonstant sind. Mit anderen Worten: Viehmeyer geht – mangels besserer Information – auch hier davon aus, dass sich die Schlachttierpreise im Zeitablauf nicht verändern.

Des Weiteren sei angenommen, dass sich die laufenden Ausgaben für die Herde für die Weidepflege (durch Lohnunternehmer), für Zukauffutter und für sonstige Aufwändungen aus zwei großen Gruppen zusammensetzen, nämlich aus den Aufzuchtausgaben für die Jungtiere und den Haltungsausgaben für die übrigen Herdentiere. Die gesamten Ausgaben je Zeiteinheit bestimmen sich deshalb mit:

$$A(t) = ahw \cdot Pw(t) + ahm \cdot Pm(t) + aa \cdot gr(t) \cdot Pw(t) \quad (8.31)$$

Darin sind:
A(t) = Ausgaben pro Zeiteinheit, gemessen in €;
ahw = Haltungsausgaben je weiblichem Tier pro Zeiteinheit, gemessen in €;
ahm = Haltungsausgaben je männlichem Tier pro Zeiteinheit, gemessen in €;
aa = Aufzuchtausgaben je „reproduziertem" Tier pro Zeiteinheit, gemessen in €, wobei sich die Anzahl der reproduzierten Tiere durch Multiplikation der weiblichen Population Pw(t) mit der Reproduktionsrate gr(t) ergibt.

Die Entnahmen pro Zeiteinheit [S(t)] als Saldo aus den Einnahmen und den Ausgaben ergeben sich mit:

(8.32) $S(t) = E(t) - A(t)$

Zum Abschluss seiner quantitativen Identifikation des Systems muss Viehmeyer noch die Beziehung zwischen der Besatzstärke und der Reproduktionsrate herstellen. Dafür verwendet er die in *Übersicht 8.24* skizzierte Beziehung. Sie sagt, dass die Reproduktionsrate [gr(t)] bei geringer Besatzstärke [ka(t)] mit dem Höchstwert (grmax) beginnt und sich mit zunehmender Besatzstärke linear einer minimalen Reproduktionsrate (grmin) annähert. Diese minimale Reproduktionsrate wird bei einer Besatzdichte von ka(t) = 1 erreicht, d. h., wenn die Besatzkapazität voll ausgelastet ist. Für die Reproduktionsrate in Abhängigkeit von der Besatzstärke gilt also der Ausdruck:

(8.33) $gr(t) = grmax - (grmax - grmin) \cdot ka(t)$

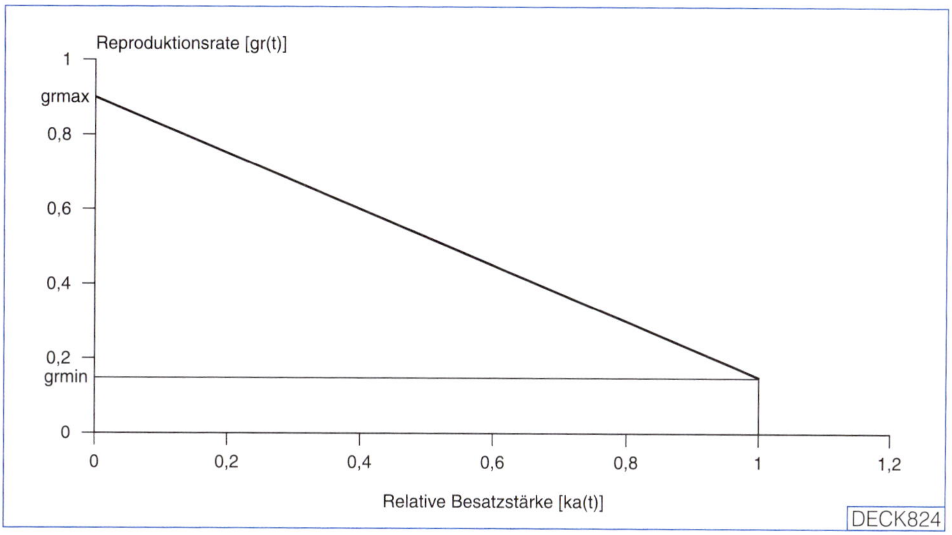

Übersicht 8.24: Relation von Reproduktionsrate zur relativen Besatzstärke

Die Besatzstärke [ka(t)] ist das Verhältnis des Umfangs der Population [P(t)] zur Besatzkapazität [Pmax]. Es gilt also:

(8.34) $ka(t) = \frac{P(t)}{Pmax}$

Damit hat Viehmeyer sämtliche Gleichungen zur Abbildung seines geplanten Range-Management-Systems bestimmt. Um das System jedoch tatsächlich rechenbar, d. h. „simulierbar" zu machen, muss er im nächsten Schritt die beiden Differentialgleichungen zur Herdenentwicklung (8.24) und (8.25) in Differenzengleichungen umwandeln. Dafür verwendet er eine grundlegende – aus der Schulmathematik bekannte – Beziehung, die besagt, dass die Differenzenquotienten von stetig differenzierbaren Funktionen bei kleinen bzw. gegen null gehenden Veränderungen der unabhängigen Variablen den Werten der Differentialquotienten entsprechen. Für die linke Seite der Gleichung (8.24) würde also gelten:

$$\frac{dPw(t)}{dt} = \lim_{\Delta t \to 0} \frac{Pw(t + \Delta t) - Pw(t)}{\Delta t} \qquad (8.35)$$

Und für kleine Δt gilt:

$$\frac{dPw(t)}{dt} \cong \frac{Pw(t + \Delta t) - Pw(t)}{\Delta t} \qquad (8.36)$$

Die Annäherung des auf der rechten Seite der Gleichung (8.36) stehenden Differenzenquotienten an den auf der linken Seite stehenden Differentialquotienten wird dabei umso besser, je kleiner der Wert für Δt gewählt wird.

Durch Einsetzen des Ausdrucks (8.36) in Gleichung (8.24) und sinngemäßes Einsetzen in Gleichung (8.25) erhalten wir:

$$\frac{Pw(t + \Delta t) - Pw(t)}{\Delta t} = 0{,}5 \cdot gr(t) \cdot Pw(t) - srw(t) \cdot Pw(t) \qquad (8.37)$$

$$\frac{Pm(t - \Delta t) - Pm(t)}{\Delta t} = 0{,}5 \cdot gr(r) \cdot Pw(t) - srm(t) \cdot Pm(t) \qquad (8.38)$$

Die einfache Umformung der Gleichungen führt zu:

$$Pw(t + \Delta t) = Pw(t) + \Delta t \cdot 0{,}5 \cdot gr(t) \cdot Pw(t) - \Delta t \cdot srw(t) \cdot Pw(t) \qquad (8.39)$$

$$Pm(t + \Delta t) = Pm(t) + \Delta t \cdot 0{,}5 \cdot gr(t) \cdot Pw(t) - \Delta t \cdot srm(t) \cdot Pm(t) \qquad (8.40)$$

In Worten sagt Gleichung (8.39): Der Umfang der weiblichen Population zum Zeitpunkt $(t + \Delta t)$ hängt ab vom Umfang der weiblichen Population zum davorliegenden Zeitpunkt (t) zuzüglich der Anzahl der reproduzierten weiblichen Tiere während der Zeitspanne Δt und abzüglich der während dieser Zeitspanne Δt geschlachteten weiblichen Tiere. Gleichung (8.40) sagt: Der Umfang der männlichen Population zum Zeitpunkt $(t + \Delta t)$ hängt ab vom Umfang der männlichen Population zum davorliegenden Zeitpunkt (t) zuzüglich der Anzahl der reproduzierten männlichen Tiere während der Zeitspanne Δt und abzüglich der während dieser Zeitspanne Δt geschlachteten männlichen Tiere.

Grundsätzlich werden Differentialgleichungen durch Integration gelöst. Der eben skizzierte Weg der nummerischen Lösung unter Verwendung des Differenzenquotienten wird zu Ehren des Schweizer Mathematikers Leonhard EULER (1707–1783) als EULER-Integration bezeichnet. Daneben existiert eine größere Zahl weiterer nummerischer Integrationsverfahren, die für manche Fragestellungen genauere Näherungslösungen liefern. Auf ihre Darstellung wird hier verzichtet (vgl. z. B. BERG und KUHLMANN 1993).

Wenn wir für die Gleichungen (8.39) und (8.40) zur weiteren Vereinfachung annehmen, dass die Zeitspanne Δt den Wert $\Delta t = 1$ hat, dann ergibt sich:

$$Pw(t + 1) = Pw(t) + 0{,}5 \cdot gr(t) \cdot Pw(t) - srw(t) \cdot Pw(t) \qquad (8.41)$$

$$(8.42)\qquad Pm(t+1) = Pm(t) + 0{,}5 \cdot gr(t) \cdot Pw(t) - srm(t) \cdot Pm(t)$$

Da die Umfänge der Populationen zu einem bestimmten Zeitpunkt stets von den Umfängen der Populationen der jeweils vorhergehenden Zeitpunkte abhängen, lassen sich aus den beiden vorstehenden Gleichungen sehr einfach rekursive Gleichungssysteme entwickeln, wie wir sie z. B. schon in Abschnitt 1.4.1.2 definiert hatten. Die vorher abgeleiteten Definitionsgleichungen (8.26) bis (8.34) brauchen dagegen nicht verändert zu werden. Sie beziehen sich bei sämtlichen Variablen jeweils auf ein und denselben Zeitpunkt bzw. ein und dieselbe Zeitspanne.

Bisher wurden die beiden Schlachtraten als Politikvariablen in ihren Werten als voneinander unabhängig angesehen. Unser Unternehmer Viehmeyer möchte aber sicherstellen, dass die Zusammensetzung der Herde stets einem bestimmten Mengenverhältnis zwischen männlichen und weiblichen Tieren entspricht, weil z. B. für jeweils 20 bis 30 Tiere ein Bulle ausreichend ist. Dieses Verhältnis zwischen männlichen und weiblichen Tieren, das wir mit „vmw" bezeichnen wollen, bestimmt mithin bei gegebenen Werten der übrigen Koeffizienten und insbesondere bei gegebenem Wert der Schlachtrate für weibliche Tiere [srw(t)] die Schlachtrate für männliche Tiere [srm(t)]. Wir können diese männliche Schlachtrate bestimmen, wenn wir die weibliche Population [Pw(t)] über den Koeffizienten vmw zur männlichen Population [Pm(t)] ins Verhältnis setzen. Unter Verwendung der Gleichungen (8.41) und (8.42) gilt:

$$Pm(t) + 0{,}5 \cdot gr(t) \cdot Pw(t) - srm(t) \cdot Pm(t) \overset{!}{=} vmw \cdot [Pw(t) + 0{,}5 \cdot gr(t) \cdot Pm(t) - srw(t) \cdot Pw\,(t)]$$

Die Auflösung dieser Bedingung nach srm(t) führt nach einigen Umformungen zu:

$$(8.43)\qquad srm(t) = 1 + [\ srw(t) + \frac{0{,}5 \cdot gr(t)}{vmw} - 1 - 0{,}5 \cdot gr(t)] \cdot vmv \cdot \frac{Pw(t)}{Pm(t)}$$

Auf diese Weise verbleibt in unserem Modell – wenn wir vmw als zeitkonstanten Koeffizienten betrachten – nur mehr die Schlachtrate für weibliche Tiere als einzige Politikvariable übrig. Zur Vereinfachung wollen wir annehmen, dass die weibliche Schlachtrate [srw(t)] ebenfalls zeitkonstant ist, Viehmeyer sie also während des 30-jährigen Planungszeitraumes nicht verändern möchte. Selbstverständlich wollen wir aber Simulationsrechnungen mit jeweils unterschiedlichen Werten für die Schlachtraten durchführen, um auf diese Weise die bestmögliche Schlachtrate durch „mehr oder weniger systematisches Probieren" herauszufinden.

Auf zwei weitere Quasi-Politikvariablen müssen wir noch kurz eingehen, nämlich auf die Umfänge der Anfangspopulationen, die Viehmeyer beschaffen sollte. Wie aus den Gleichungen (8.41) und (8.42) unschwer ablesbar ist, müssen diese Populationen – als Anfangsbedingungen für die Differenzengleichungen – einerseits größer als null sein, damit überhaupt eine positive Herdenentwicklung stattfinden kann. (Bei Pw(0) = 0 und Pm(0) = 0 blieben die Populationsumfänge stets 0.) Andererseits ist aus den Gleichungen auch ablesbar, dass die Herdenentwicklungen je nach Umfang der Anfangspopulationen unterschiedlich verlaufen werden. Viehmeyer möchte deshalb auch die Auswirkungen unterschiedlicher Anfangspopulationen auf die zu erwartende Wirtschaftlichkeit seiner Investitionsmaßnahme überprüfen.

Aus den vorstehend abgeleiteten Gleichungen (8.26) bis (8.34) und (8.41) bis (8.43) lässt sich nun das Simulationsmodell konstruieren, mit dem Herdenentwicklungen und Geldströme bei gegebener Besatzkapazität in Abhängigkeit unterschiedlicher Werte für die Anfangs-

POLITIKVARIABLE:		PARAMETER UND KOEFFIZIENTEN:			
Schlachtrate für weibl. Tiere [srw]:	0,15	Relation männlicher zu weiblicher Tiere [vmw]:	0,05	Einnahme je weibl. Verkaufstier in € [ew]:	900,00
ANFANGSBEDINGUNGEN:		max.Reproduktionsrate [grmax]:	0,95	Einnahme je männl. Verkaufstier in € [em]:	1.200,00
		min.Reproduktionsrate [grmin]:	0,15	Aufzuchtausgaben je Tier in € [aa]:	500,00
Weibl. Tiere [Pw(0)]:	100	Zeitwert je weibl.Tier in € [zww]:	800	Haltungsausgaben je weibl. Tier in € [ahw]:	100,00
Männl.Tiere [Pm(0)]:	5	Zeitwert je männl.Tier in € [zwm]:	1.100	Haltungsausgaben je männl. Tier in € [ahm]:	100,00
		Besatzkapazität [St.] [Pmax]:	1.000	Kalkulationszinsfuß in %/100 [i]:	0,06

ZEIT	ZUSTANDSVARIABLE				KOEFFIZIENTEN					RATENVARIABLE		
t	Pw(t)	Pm(t)	P(t)	C(t)	ka(t)	gr(t)	srm(t)	SPw(t)	SPm(t)	E(t)	A(t)	S(t)
Jahr	Stück	Stück	Stück	€				€	€	€	€	€
							Anfangsausgabe zur Beschaffung der Herde [Aa]:					-85.500,00
1	100	5	105	85.500,00	0,11	0,87	8,38	15	42	63.762,00	53.800,00	9.962,00
2	128	6	135	109.696,50	0,13	0,84	8,15	19	52	80.068,18	67.500,43	12.567,75
3	163	8	171	139.436,76	0,17	0,81	7,87	24	64	99.059,69	83.418,20	15.641,49
4	205	10	215	175.202,95	0,22	0,78	7,54	31	77	120.364,70	101.215,13	19.149,57
5	254	13	267	217.065,13	0,27	0,74	7,15	38	91	143.172,49	120.178,30	22.994,18
6	309	15	325	264.465,97	0,32	0,69	6,71	46	104	166.226,63	139.219,49	27.007,13
7	370	18	388	316.059,82	0,39	0,64	6,23	55	115	187.974,82	157.010,59	30.964,23
8	432	22	454	369.708,62	0,45	0,59	5,72	65	124	206.891,18	172.266,38	34.624,80
9	494	25	519	422.720,67	0,52	0,53	5,23	74	129	221.879,62	184.092,50	37.787,12
10	552	28	580	472.325,99	0,58	0,49	4,77	83	132	232.570,80	192.234,03	40.336,77
11	604	30	634	516.242,96	0,63	0,44	4,36	91	132	239.345,90	197.082,22	42.263,68
12	647	32	679	553.106,30	0,68	0,41	4,01	97	130	243.082,44	199.440,86	43.641,58
13	681	34	715	582.586,13	0,72	0,38	3,74	102	127	244.789,59	200.203,40	44.586,19
14	708	35	743	605.200,57	0,74	0,36	3,53	106	125	245.327,56	200.111,51	45.216,05
15	727	36	764	621.969,77	0,76	0,34	3,37	109	123	245.293,91	199.663,93	45.629,99
16	742	37	779	634.080,14	0,78	0,33	3,26	111	121	245.040,55	199.139,76	45.900,79
17	752	38	789	642.654,19	0,79	0,32	3,18	113	119	244.745,00	198.666,75	46.078,25
18	759	38	797	648.637,44	0,80	0,31	3,12	114	118	244.481,72	198.286,63	46.195,09
19	763	38	802	652.769,97	0,80	0,31	3,08	115	118	244.272,49	198.000,07	46.272,42
20	767	38	805	655.603,69	0,81	0,31	3,06	115	117	244.116,09	197.792,23	46.323,86
21	769	38	808	657.537,10	0,81	0,30	3,04	115	117	244.003,35	197.645,13	46.358,21
22	771	39	809	658.851,73	0,81	0,30	3,03	116	117	243.923,89	197.542,66	46.381,23
23	772	39	810	659.743,51	0,81	0,30	3,02	116	116	243.868,70	197.472,01	46.396,69
24	772	39	811	660.347,48	0,81	0,30	3,01	116	116	243.830,73	197.423,65	46.407,08
25	773	39	811	660.756,09	0,81	0,30	3,01	116	116	243.804,77	197.390,69	46.414,08
26	773	39	812	661.032,33	0,81	0,30	3,01	116	116	243.787,10	197.368,30	46.418,80
27	773	39	812	661.218,98	0,81	0,30	3,00	116	116	243.775,10	197.353,12	46.421,98
28	774	39	812	661.345,06	0,81	0,30	3,00	116	116	243.766,97	197.342,85	46.424,12
29	774	39	812	661.430,20	0,81	0,30	3,00	116	116	243.761,47	197.335,90	46.425,57
30	774	39	812	661.487,69	0,81	0,30	3,00	116	116	243.757,74	197.331,20	707.953,05
31	774	39	812	661.526,51								

Geldüberschuss in € [GU]:	1.743.243,74	Kapitalwert in € [NBW]:	493.482,20
Interner Zinsfuß in % [IKV]:	25,49	Annuität in € [RMZ]:	35.428,18

DECK825

Übersicht 8.25: Dynamisches Simulationsmodell eines Range-Management-Systems: Bestimmung der Herdenentwicklung und der Wirtschaftlichkeit

populationen und die Schlachtraten simuliert werden können. Das Modell ist als Excel-Tableau in *Übersicht 8.25* dargestellt. (Aufruf mit DECK825.) In den grau unterlegten Feldern des Tabellenkopfes sind zunächst die Werte der Politikvariablen sowie der Parameter und Koeffizienten eingetragen. Mit Hilfe der vorher abgeleiteten Gleichungen ergeben sich daraus im mittleren Teil der Tabelle dann die Zeitreihen für die Werte der Zustands- und Ratenvariablen sowie der endogen zu bestimmenden Koeffizienten.

Die Tabelle für die Jahre 1 bis 30 ist wie folgt zu lesen: Die Werte der Zustandsvariablen gelten für den Jahresbeginn, die Werte der endogenen Koeffizienten gelten für das Jahr, und die Werte der Ratenvariablen entstehen im Laufe des Jahres.

Die Anfangsausgabe zur Beschaffung der Herde (hier Aa = -85.500,00 €) wurde extra eingefügt (sie ergibt sich aus dem Betrag für C(t) zu Beginn des Jahres 1), um die im Excel-Programm angebotene Formel zur Bestimmung des internen Zinsfußes leichter anwenden zu können. Für das Jahr 30 wurde berücksichtigt, dass Landwirt Viehmeyer den am Ende des Planungszeitraumes vorhandenen Viehbestand als Basis für seine Altersversorgung zum Zeitwert veräußern möchte. Die Einnahmen-Ausgaben-Differenzen für das Jahr 30 – nämlich S(30) – enthält deshalb neben der Einnahmen-Ausgaben-Differenz aus dem laufenden Produktionsprozess auch die Einnahmen aus der Veräußerung der Herde in Höhe von – hier – 661.526,51 €. Um diesen Veräußerungswert bestimmen zu können, werden die Werte der Zustandsvariablen, die jeweils zum Jahresbeginn gelten, für den Beginn des Jahres 31, welches formal dem Ende des Jahres 30 entspricht, berechnet (siehe Spalte C(t) für das Jahr 31).

Im Fuß der *Übersicht 8.25* sind die Werte für die Wirtschaftlichkeitskriterien Geldüberschuss, Kapitalwert, Interner-Zinsfuß und Annuität angegeben. Diese Werte ergeben sich hier nach Maßgabe der aus den allgemeinen Gleichungen abgeleiteten Formeln wie folgt:

Für den Geldüberschuss (GU) gilt:

$$\text{(8.44)} \qquad GU = Aa + \sum_{t=1}^{30} S(t),$$

wobei Aa = Anfangsausgabe zur Beschaffung der Herde ist.

Für den Kapitalwert (NBW) gilt:

$$\text{(8.45)} \qquad NBW = Aa + \sum_{t=1}^{30} \frac{S(t)}{(1+i)^t}$$

Der interne Zinsfuß (IKV) errechnet sich aus:

$$\text{(8.46)} \qquad Aa + \frac{S(1)}{(1+r)^1} + \frac{S(2)}{(1+r)^2} + \ldots + \frac{S(30)}{(1+r)^{30}} = 0$$

und: $IKV = r \cdot 100.$

Für die Annuität (RMZ) gilt:

$$\text{(8.47)} \qquad RMZ = NBW \cdot \frac{(1+i)^{31} \cdot i}{(1+i)^{31} - 1}$$

Wir wollen die Zeitreihen der Zustands- und Ratenvariablen sowie der endogenen Koeffizienten und die wirtschaftlichen Ergebnisse noch etwas näher betrachten. Wie die Spalten Pw(t), Pm(t), P(t) und C(t) in *Übersicht 8.25* ausweisen, nähern sich die Herdenumfänge und deren Zeitwerte bei einer Anfangspopulation von 100 weiblichen und 5 männlichen Rindern im Zeitverlauf einem stabilen Endzustand, der etwa im Jahre 25 mit 774 weiblichen und 39 männlichen Rindern, d. h. mit insgesamt 812 Rindern, sowie einem Zeitwert in Höhe von gut 661.000,00 € erreicht wird. Dieser Tatbestand ergibt sich daraus, dass die Besatzstärke[ka(t)] mit zunehmender Herdengröße zunimmt (vgl. Spalte ka(t)), was gemäß unserer Annahme zu abnehmenden Reproduktionsraten (gr(t) führt (vgl. Spalte gr(t)).

Durch Veränderung der Anfangspopulationen im Excel-Programm der *Übersicht 8.25* kann man feststellen, dass dieser stabile Endzustand unabhängig vom Umfang der Anfangspopulation erreicht wird. *Übersicht 8.26* zeigt die Populationsentwicklungen im Zeitablauf für unterschiedliche Anfangspopulationen [P(0)]. Wird als Anfangspopulation die stabile Population angenommen, so verändert sich die Population im Zeitablauf nicht. Bei geringeren Anfangspopulationen nähern sich die Endpopulationen früher oder später der höheren stabilen Population an. Wird dagegen eine Anfangspopulation angenommen, die z. B. der Besatzkapazität von Pmax = 1000 Tieren entspricht, so geht die Population im Zeitablauf auf den geringeren stabilen Umfang zurück.

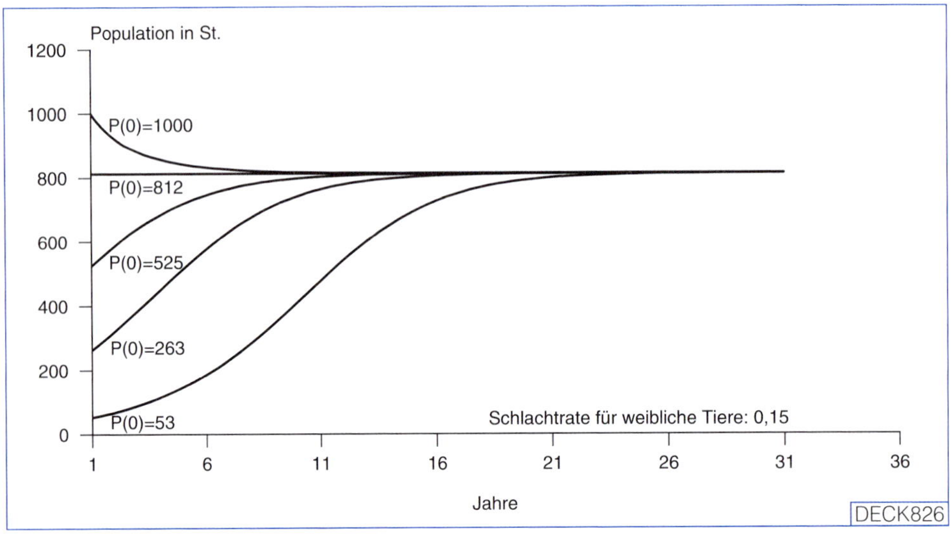

Übersicht 8.26: Entwicklungspfade für die Gesamtpopulation bei unterschiedlichen Anfangspopulationen P(0) und gegebener Schlachtrate für weibliche Tiere

Unterschiedliche Anfangspopulationen beeinflussen dagegen gravierend die Wirtschaftlichkeit der Investitionsmaßnahme. *Übersicht 8.27* zeigt bei gegebener Schlachtrate für weibliche Tiere in Höhe von srw = 0,15 die Entwicklung des Kapitalwertes, des internen Zinsfußes und der Annuität. Der Kapitalwert und die Annuität steigen mit zunehmender Anfangspopulation zunächst an, um ihre Maxima zwischen 100 und 150 weiblichen Tieren zu erreichen, und fallen dann wieder ab. Durch Probieren mit dem Modell kann man feststellen, dass der maximale Kapitalwert und die maximale Annuität bei einer weiblichen Anfangspopulation von 122 weiblichen Tieren (und exakt 6,1 männlichen Tieren) erreicht werden. Nach Maßgabe der Kriterien „Kapitalwert" und „Annuität" sollte sich Agraringenieur Viehmeyer bei der gegebenen Schlachtrate von srw = 0,15 also für eine Anfangspopulation von 122 weiblichen Tieren entscheiden.

Übersicht 8.27 zeigt aber auch, dass der interne Zinsfuß mit zunehmender Anfangspopulation kontinuierlich (degressiv) abnimmt. Wenn Viehmeyer also eine möglichst hohe interne Rendite für seine anfangs zu investierende Kapitalsumme erreichen möchte, dann sollte er sich für eine möglichst kleine Anfangspopulation entscheiden. Sie muss allerdings aus naheliegenden Gründen mindestens 20 weibliche und 1 männliches Rind umfassen. Bei dieser Population

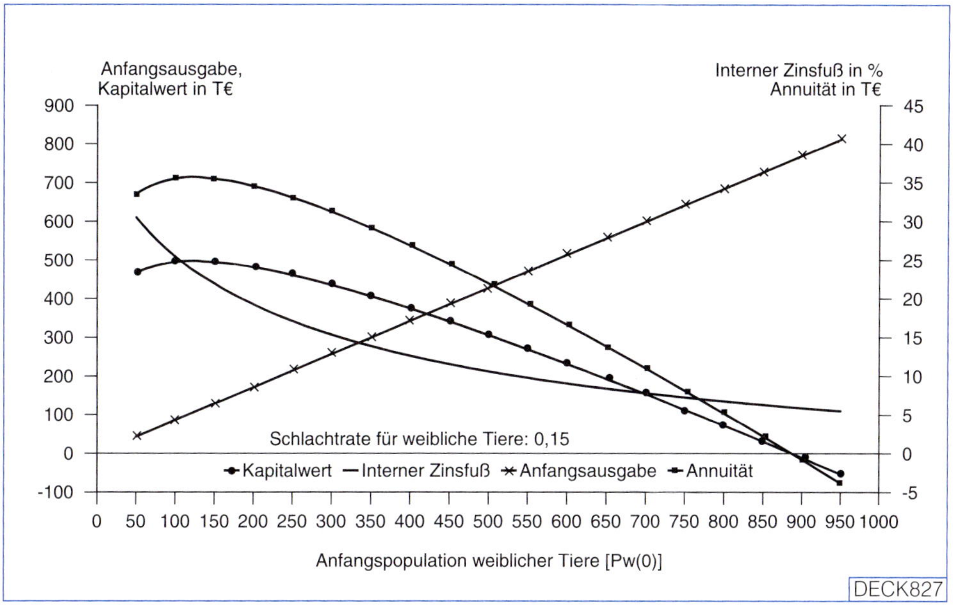

Übersicht 8.27: Entwicklung wirtschaftlicher Indikatoren in Abhängigkeit von der Anfangspopulation weiblicher Tiere bei gegebener Schlachtrate für weibliche Tiere

würde ein interner Zinsfuß von 35,37 % erreicht, während es bei einer weiblichen Anfangspopulation von 122 Tieren nur noch 23,81 % wären, wie man mit dem Modell DECK825 feststellen kann. Allerdings wären dabei die durchschnittlichen jährlichen Entnahmen (Annuitäten) weitaus geringer als bei der dafür optimalen Anfangspopulation von 122 weiblichen Tieren, nämlich nur 29.140,73 € im Vergleich zu 35.564,38 €.

Wir können also festhalten, dass bei Anwendung der dynamischen Investitionsplanungsverfahren die zugehörigen Wirtschaftlichkeitskriterien nicht immer zur gleichen optimalen Investitionsalternative führen. Ohne darauf an dieser Stelle näher eingehen zu können, sei gesagt, dass diese Unterschiede dadurch zustande kommen, dass bei der Kapitalwertmethode (und auch bei der Annuitätenmethode) – wie wir bereits in Abschnitt 8.6.2.3.1 diskutiert haben – implizit angenommen wird, dass Differenzinvestitionen nur zum Kalkulationszinsfuß angelegt werden können. Demgegenüber wird bei der Internen-Zinsfußmethode implizit angenommen, dass Differenzinvestitionen zum internen Zinsfuß angelegt werden können. (Als weiterführende Aufgabe: Versuchen Sie diese impliziten Annahmen formal herzuleiten.)

Die Wirtschaftlichkeit des Range-Management-Systems wird aber auch vom Wert der Politikvariablen „Schlachtrate für weibliche Tiere" stark beeinflusst. *Übersicht 8.28* zeigt für eine gegebene Anfangspopulation von 100 weiblichen und 5 männlichen Tieren die Entwicklung einiger Indikatoren in Abhängigkeit von zunehmenden Schlachtraten.

Zunächst ist festzuhalten, dass sich die jeweils stabilen Endpopulationen mit zunehmenden Schlachtraten vermindern. Während ohne Schlachtungen weiblicher Rinder (srw = 0) die

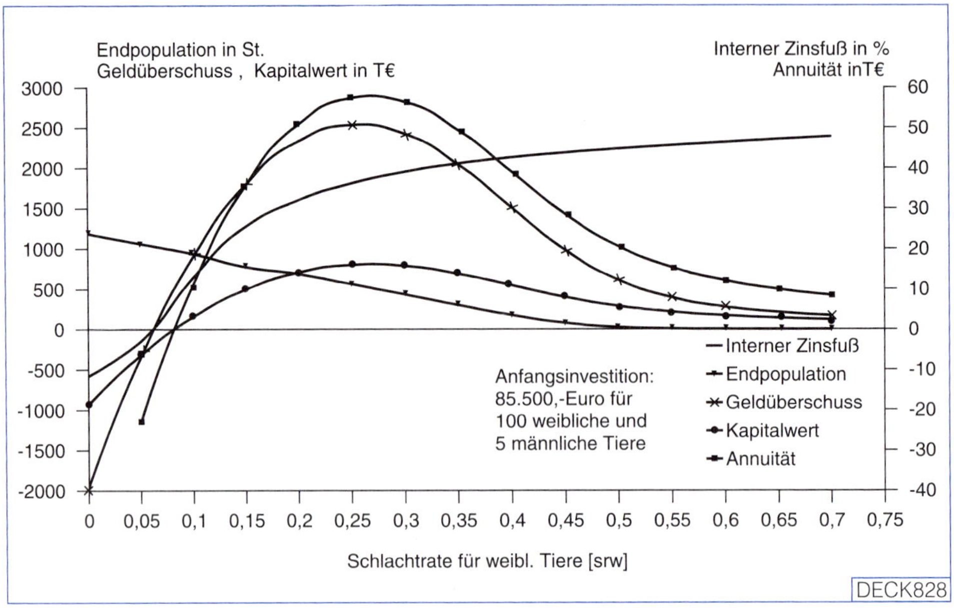

Übersicht 8.28: Entwicklung wirtschaftlicher Indikatoren in Abhängigkeit von der Schlachtrate für weibliche Tiere bei gegebener Anfangsinvestition

Endpopulation mehr als 1000 Tiere umfasst, also bei einer Besatzkapazität von Pmax = 1000 Tiere Übernutzung der Futterbasis stattfindet, geht die Endpopulation bei Schlachtraten von über 0,5 gegen 0. (Überprüfen Sie das mit dem Modell DECK825.)

Des Weiteren zeigt sich, dass die Indikatoren „Geldüberschuss", „Kapitalwert" und „Annuität" bei Schlachtraten zwischen 0,25 und 0,3 ihre maximalen Werte erreichen. Durch Simulation mit dem Modell DECK825 kann man schnell herausfinden, dass die optimale Schlachtrate in Bezug auf diese Kriterien bei srw = 0,267 liegt. Nach Maßgabe dieser Kriterien sollte sich Agraringenieur Viehmeyer also bei einer Anfangspopulation von 100 weiblichen und 5 männlichen Rindern für eine Schlachtrate von srw = 0,267 entscheiden.

Allerdings ergibt sich bei Anwendung des Kriteriums „Interner Zinsfuß" auch bei Variationen der Schlachtrate wieder ein „Randoptimum". Der interne Zinsfuß steigt – wie *Übersicht 8.28* zeigt – mit zunehmender Schlachtrate zunächst progressiv und dann degressiv (also s-förmig) an. Der höchste interne Zinsfuß wird bei sehr hohen Schlachtraten erreicht. Offenbar würde Viehmeyer bei einer solchen Politik zwar eine hohe interne Rendite seines eingesetzten Kapitals erreichen, aber die hohe Rendite würde mit geringen absoluten Beträgen für die Annuitäten erkauft. Die Unterschiede zwischen den Optima gehen auch hier letztlich auf die Unterschiede bei den impliziten Annahmen über die Verwendung der Differenzinvestitionen zurück. (Variieren Sie im Modell DECK825 auch die Werte der übrigen exogenen Parameter und Koeffizienten, um nähere Einblicke in den Entscheidungsraum zu erlangen. Denken Sie dabei darüber nach, in welchen Hinsichten das Modell erweitert werden könnte, um es realitätsnäher zu gestalten.)

8.6.2.5 *Zeitstrukturen der Entnahmen bei langfristigen Investitionsplanungen*

Für Unternehmensentwicklungsplanungen, bei denen es sich im Kern um langfristige Investitionsplanungen handelt, spielt die sachgerechte Formulierung der Investitionsziele eine wichtige Rolle. In *Übersicht 8.28* des vorhergehenden Abschnittes sind neben dem Verlauf der Werte für die Wirtschaftlichkeitskriterien auch der insgesamt zu erzielende Geldüberschuss und die Endpopulation des Tierbestandes abgetragen. Aus der Übersicht geht hervor, dass bis zu einer Schlachtrate für weibliche Tiere in Höhe von ca. srw = 0,25 offenbar eine konkurrierende Beziehung zwischen dem erzielbaren Geldüberschuss und dem Umfang der erreichbaren Endpopulation bzw. – durch Bewertung mit deren Zeitwert – eine ebensolche konkurrierende Beziehung zwischen dem Geldüberschuss und der Höhe des Endkapitals besteht: Je höher der Geldüberschuss, desto geringer wird die Endkapitalsumme und umgekehrt.

Da einerseits der Geldüberschuss – verteilt auf die einzelnen Jahre der Unternehmenslaufzeit – diejenige Summe ist, die Landwirt Viehmeyer aus seinem Unternehmen für seinen Lebensunterhalt entnehmen möchte, andererseits aber die Endkapitalsumme aus dem Verkauf der Herde den Grundstock seiner Altersversorgung bilden soll, befindet er sich in einer schwierigen Entscheidungssituation: Je mehr er während der Laufzeit aus seinem Unternehmen für Konsumzwecke entnimmt, je höher er also die Schlachtrate ansetzt, desto weniger bleibt für seine Altersversorgung übrig.

Wir wollen diesen Sachverhalt nochmals anhand eines einfachen Beispiels verdeutlichen. Dazu ist in *Übersicht 8.29* die folgende Situation skizziert: Ein Kapitalanleger investiert zu Beginn des Jahres 1 eine Summe von 1 Mio. € mit einem Zinssatz von 10 % je Jahr für 5 Jahre in festverzinsliche Wertpapiere. Während der fünfjährigen Laufzeit möchte er mit Teilen der Zinsen einerseits seine Konsumausgaben bestreiten, andererseits sollen die übrigen Zinsen – auf Zinseszins gelegt – den investierten Betrag sukzessive erhöhen. Für die Entwicklung der investierten Geldsumme – des Kapitalstocks – gilt also offenbar die Differenzengleichung:

(8.48) $$K(t+1) = K(t) + Z(t) - C(t)$$

Darin sind:
K(t) = Kapitalstock zum Zeitpunkt t, gemessen in €;
Z(t) = Jahreszinssumme, gemessen in €;
C(t) = Jahresentnahmen, gemessen in €.

In Worten: Der Kapitalstock zu Beginn eines Jahres ist gleich dem Kapitalstock zu Beginn des Vorjahres zuzüglich der während des Jahres entstehenden Zinsen und abzüglich der während des Jahres getätigten Entnahmen.

Die Jahreszinsen ergeben sich aus dem Jahreszinssatz (i) und dem Kapitalstock. Es gilt also:

(8.49) $$Z(t) = i \cdot K(t)$$

Diese Gleichungen liegen den in *Übersicht 8.29* dargestellten neun Simulationsläufen zugrunde. Die Simulationen A1 bis A3 zeigen zunächst die Wirkung sukzessive steigender – aber in sich jeweils jährlich gleich bleibender – Konsumentnahmen auf das Endkapital nach Beendigung

Allg. Daten:	Anfangskapital [K(0)]:	1.000,00	Zinssatz in %/100/Jahr [i]:	0,10

Simulation A1:

Jahr (t)	Kapital K(t)	Zinsen Z(t)	Entnahme C(t)
1	1.000,00	100,00	30,00
2	1.070,00	107,00	30,00
3	1.147,00	114,70	30,00
4	1.231,70	123,17	30,00
5	1.324,87	132,49	30,00
Endkapital:	1.427,36	Entnahmesumme:	150,00

Simulation A2

Jahr (t)	Kapital K(t)	Zinsen Z(t)	Entnahme C(t)
1	1.000,00	100,00	60,00
2	1.040,00	104,00	60,00
3	1.084,00	108,40	60,00
4	1.132,40	113,24	60,00
5	1.185,64	118,56	60,00
Endkapital:	1.244,20	Entnahmesumme:	300,00

Simulation A3

Jahr (t)	Kapital K(t)	Zinsen Z(t)	Entnahme C(t)
1	1.000,00	100,00	90,00
2	1.010,00	101,00	90,00
3	1.021,00	102,10	90,00
4	1.033,10	103,31	90,00
5	1.046,41	104,64	90,00
Endkapital:	1.061,05	Entnahmesumme:	450,00

Simulation B1

Jahr (t)	Kapital K(t)	Zinsen Z(t)	Entnahme C(t)
1	1.000,00	100,00	60,00
2	1.040,00	104,00	60,00
3	1.084,00	108,40	60,00
4	1.132,40	113,24	60,00
5	1.185,64	118,56	60,00
Endkapital:	1.244,20	Entnahmesumme:	300,00

Simulation B2

Jahr (t)	Kapital K(t)	Zinsen Z(t)	Entnahme C(t)
1	1.000,00	100,00	20,00
2	1.080,00	108,00	40,00
3	1.148,00	114,80	60,00
4	1.202,80	120,28	80,00
5	1.243,08	124,31	100,00
Endkapital:	1.267,39	Entnahmesumme:	300,00

Simulation B3

Jahr (t)	Kapital K(t)	Zinsen Z(t)	Entnahme C(t)
1	1.000,00	100,00	0,00
2	1.100,00	110,00	0,00
3	1.210,00	121,00	0,00
4	1.331,00	133,10	0,00
5	1.464,10	146,41	300,00
Endkapital:	1.310,51	Entnahmesumme:	300,00

Simulation C1

Jahr (t)	Kapital K(t)	Zinsen Z(t)	Entnahme C(t)
1	1.000,00	100,00	67,24
2	1.032,76	103,28	67,24
3	1.068,80	106,88	67,24
4	1.108,44	110,84	67,24
5	1.152,04	115,20	67,24
Endkapital:	1.200,00	Entnahmesumme:	336,20

Simulation C2

Jahr (t)	Kapital K(t)	Zinsen Z(t)	Entnahme C(t)
1	1.000,00	100,00	23,93
2	1.076,07	107,61	47,86
3	1.135,82	113,58	71,78
4	1.177,62	117,76	95,71
5	1.199,67	119,97	119,64
Endkapital:	1.200,00	Entnahmesumme:	358,92

Simulation C3

Jahr (t)	Kapital K(t)	Zinsen Z(t)	Entnahme C(t)
1	1.000,00	100,00	0,00
2	1.100,00	110,00	0,00
3	1.210,00	121,00	0,00
4	1.331,00	133,10	0,00
5	1.464,10	146,41	410,51
Endkapital:	1.200,00	Entnahmesumme:	410,51

DECK829

Übersicht 8.29: Auswirkungen unterschiedlicher Entnahmensummen und unterschiedlicher Zeitstrukturen der Entnahmen auf die Erreichungsgrade langfristiger Investitionsziele – Werte in T€ –

der fünfjährigen Investitionsphase. Eine Erhöhung der Entnahmensummen von 150 über 300 auf 450 T€ ist mit einer Verminderung des Endkapitals von 1427,36 über 1244,20 auf 1061,05 T€ verbunden.

Viel erfreulicher wäre es jedoch, wenn es Lösungen gäbe, bei denen beide Größen gleichzeitig maximale Werte aufweisen würden. Da aber bei konkreten Planungsrechnungen nicht zwei Variablen gleichzeitig maximiert werden können, haben sich für langfristige Investitionsplanungen zwei verschiedene Zielfunktionen herausgebildet, nämlich:

(1) Maximiere die Kapitalsumme des Unternehmens am Ende des Planungszeitraumes und unter Beachtung einer bestimmten Mindestentnahmensumme während des Planungszeitraumes!
(2) Maximiere die Entnahmensumme während des Planungszeitraumes unter Beachtung einer bestimmten Mindestkapitalsumme am Ende des Planungszeitraumes!

Bei der ersten Zielformulierung ist das Endkapital die Variable für das Extremalziel, die Entnahmen sind die Variable für ein Begrenzungsziel bzw. für eine einzuhaltende Nebenbedingung. Bei der zweiten Zielformulierung ist es gerade umgekehrt. Es wird also – methodisch machbar – jeweils ein Maximum unter einer Nebenbedingung gesucht.

Die erste Zielformulierung wird man wählen, wenn man als vorsichtiger Unternehmer unbedingt sicherstellen möchte, dass das Unternehmen nach Beendigung des Planungszeitraumes für die fernere Zukunft „gut aufgestellt" ist. Dafür bildet eine vergleichsweise hohe Endkapitalsumme c. p. eine relativ hohe Sicherheit. Die zweite Zielformulierung wird man wählen, wenn man stärker gegenwartsbezogen lebt und annimmt, dass eine bestimmte Endkapitalsumme zur weiteren Daseinsvorsorge ausreicht. Selbstverständlich lassen sich bei Anwendung beider Zielfunktionen durch Variation des Wertes der jeweiligen Nebenbedingung weitere Einsichten in den Handlungsraum gewinnen.

Allerdings ist bei beiden Zielformulierungen zusätzlich zur Höhe der Entnahmensummen während des Planungszeitraumes auch deren sog. „Zeitstruktur" zu berücksichtigen. Der Inhalt dieses Begriffes wird aus den Simulationen B1 bis B3 der *Übersicht 8.29* deutlich. Für diese Simulationen wurde die erste Zielformulierung gewählt. In allen drei Fällen soll eine Mindestentnahmensumme von 300,00 T€ erreicht werden. Die drei Simulationen unterscheiden sich nur durch die Abfolge der einzelnen Entnahmenbeträge während der Investitionslaufzeit. Bei Simulation B1 mit jährlich gleich bleibenden Entnahmen in Höhe von 60,00 T€ ergibt sich für das zu maximierende Endkapital ein Betrag von 1244,20 T€. Bei Simulation B2 mit jährlich um 20,00 T€ ansteigenden Entnahmen ergibt sich dagegen ein höheres Endkapital von 1267,39 T€. Und bei Simulation B3, bei der die Entnahmen in einer Summe erst im fünften Jahr getätigt werden, ergibt sich die noch höhere Endkapitalsumme von 1310,51 T€.

Offenbar wird also das Endkapital von der Zeitstruktur der Entnahmensumme – ausgedrückt durch ihre Verteilung während der Investitionslaufzeit – beeinflusst. Je weiter der Schwerpunkt der Entnahmen gegen das Ende des Planungszeitraumes verlegt wird, desto höher wird c. p. das Endkapital. Der Grund dafür ist leicht einsehbar. Beträge, die am Anfang des Planungszeitraumes nicht entnommen werden, bleiben zwischenzeitlich zinsbringend angelegt, was bei unveränderter Entnahmensumme zu einem höheren Endkapital führt.

Prinzipiell das gleiche Phänomen ergibt sich auch bei Verwendung der zweiten Zielfunktion. Das wird aus den Simulationen C1 bis C3 der *Übersicht 8.29* deutlich. Bei allen drei Simulationen soll ein Mindestendkapital von 1200,00 T€ sichergestellt und die Entnahmensumme maximiert werden. Bei Gleichverteilung der Entnahmenbeträge (Simulation C1) wird eine Entnahmensumme von 336,20 T€ erreicht. Bei einer Entnahmenstruktur, die derjenigen der Simulation B2 entspricht, wird eine Entnahmensumme von 358,92 T€ erreicht. Und bei einer vollständigen Tätigung der Entnahmen im letzten Planungsjahr können bei unverändert 1200,00 T€ betragender Endkapitalsumme sogar 410,51 T€ als Entnahmensumme erreicht werden. Im Falle der Anwendung der zweiten Zielfunktion kann also die Entnahmensumme umso höher werden, je weiter der zeitliche Schwerpunkt der Entnahmen gegen das Ende des Planungszeitraumes verlegt wird. (Variieren Sie im Programm DECK829 die Werte für die Entnahmen, um zusätzliche Einsichten in den Handlungsraum zu gewinnen.)

Um also zu vermeiden, dass bei Planungsrechnungen – unabhängig davon, ob die erste oder die zweite Zielfunktion gewählt wird – die Entnahmensummen jeweils automatisch an das Ende des Planungszeitraumes verlegt werden, müssen die vorher definierten Zielfunktionen wie folgt ergänzt werden:

(1) Maximiere die Kapitalsumme am Ende des Planungszeitraumes unter Beachtung einer in ihrer Zeitstruktur definierten Mindestentnahmensumme!

(2) Maximiere die in ihrer Zeitstruktur definierte Entnahmensumme unter Beachtung einer Mindestkapitalsumme am Ende des Planungszeitraumes!

Die Zeitstruktur der Entnahmensumme wird in den seltensten Fällen so aussehen können, dass die gesamten Entnahmen auf das Ende des Planungszeitraumes verlegt werden, weil im personenbezogenen Unternehmen der Unternehmer und seine Familie aus naheliegenden Gründen nicht auf bestimmte laufende Entnahmen für den Lebensunterhalt und die private Daseinsvorsorge verzichten können und im kapitalbezogenen Unternehmen die Anteilseigner nicht auf bestimmte Gewinnausschüttungen verzichten wollen.

8.7 Die Netzplantechnik als Instrument zur Durchführungsplanung

Für größere Investitionsmaßnahmen, z. B. die Einrichtung einer Fertigungsstraße oder die Einführung einer neuen EDV-Anlage mit verteilter Datenerfassung und -verarbeitung, ergeben sich i. d. R. zwei Planungsschritte. Im ersten Schritt wird die wirtschaftlichste Investitionsalternative ausgewählt. Das wurde in den vorhergehenden Abschnitten dargestellt. Im zweiten Schritt muss die *Durchführungsplanung* erfolgen, d. h., es muss festgelegt werden, wann welcher Einzelvorgang bei der Einrichtung der Maßnahme erfolgen soll.

Bei der Durchführungsplanung hilft die *Netzplantechnik*, mit der die Vorgangsfolge für eine Investitionsmaßnahme (Strukturplanung) und für den einzelnen Vorgang der frühestmögliche und der spätestzulässige Start- und Endtermin (Zeitplanung) ermittelt werden kann. Bei Anwendung der Netzplantechnik lassen sich drei verschiedene Rechenwege unterscheiden, nämlich CPM = Critical Path Method, PERT = Program Evaluation and Review Technique und MPM = Meta-Potenzial-Methode. Wir wollen hier nur letztere behandeln.

Wenn man die Einzelvorgänge für eine komplexe Investitionsmaßnahme ermittelt hat, dann muss man die Zeiten feststellen, die für jeden Vorgang zur Verfügung stehen, indem man für jeden Vorgang das in *Übersicht 8.30* dargestellte Formular ausfüllt. Bei der MPM-Methode heißt ein solcher Vorgang Ereignisknoten.

i = Vorgangsnummer	t_i = Dauer von Vorgang i
FA_i Frühestmöglicher Anfangstermin von Vorgang i (falls alle Vorgänger frühestmöglich beginnen)	*Vorwärtsrechnung*: SA_i Spätestmöglicher Anfangstermin des Vorgangs i (falls alle Nachfolger spätestmöglich beginnen und das frühestmögliche Projektende eingehalten wird) N(i) = Menge aller Nachfolger von Vorgang i
$FE_i = FA_i + t_i$ Frühestmögliches Ende von Vorgang i	*Rückwärtsrechnung:* $SE_i = SA_i + t_i$ Spätestmögliches Ende des Vorgangs i V(i) = Menge aller Vorgänger des Vorgangs i

DECK830

Übersicht 8.30: Ereignisknoten bei MPM

Häufig geht es bei der Anwendung der Netzplantechnik darum, den *kritischen Pfad* und die *Pufferzeiten* zu ermitteln. Der kritische Pfad ist der längste Weg im Netzplan. Kommt es entlang dieses Weges zu Verzögerungen, dann verzögert sich die Fertigstellung des Gesamtprojektes. Im kritischen Weg sind alle Pufferzeiten gleich null.

Die *gesamte Pufferzeit* eines Vorgangs (GP_i) ist die maximale Zeitspanne, um die sich der Vorgang i verschieben/verlängern kann, ohne dass sich die Projektdauer erhöht. Wird GP_i ausgenutzt, dann wird der Weg über i kritisch. Es gilt:

(8.50) $$GP_i = SA_i - FA_i$$

Die *freie Pufferzeit* (FP_i) ist der zeitliche Spielraum, der für Vorgang i verbleibt, wenn alle Nachfolger von i frühestmöglich beginnen. Es gilt

(8.51) $$FP_i = \min \{FA_j \mid j \in N(i)\} - FE_i$$

Die *unabhängige Pufferzeit* (UP_i) ist der zeitliche Spielraum, der für Vorgang i verbleibt, wenn alle Nachfolger von i frühestmöglich und alle Vorgänger von i spätestmöglich beginnen. Negative UP_i-Werte werden null gesetzt. Durch Ausnutzung der UP_i werden weder die Projektdauer noch die Pufferzeiten eines anderen Vorgangs beeinflusst. Es gilt:

(8.52) $$UP_i = \min \{FA_j \mid j \in N(i)\} - \max \{SE_j \mid j \in V(i)\} - t_i$$

Die gesamte Pufferzeit ist immer größer als die freie Pufferzeit und diese wiederum als die unabhängige Pufferzeit ($GP_i \geq FP_i \geq UP_i$). Für den kritischen Pfad gilt für alle Vorgänge i:

(8.53) $$FA_i = SA_i \ (FE_i = SE_i)$$

Wichtige Voraussetzung für die Anwendung der Netzplantechnik ist, dass man sich im Vorfeld klarmacht, welcher Detaillierungsgrad im Plan erforderlich ist, welche zeitlichen Reihenfolgen zwischen den einzelnen Vorgängen bestehen und wie viel Zeit die einzelnen Vorgänge unter realistischer Planung für ihre Abarbeitung benötigen. Während sich bei der zeitlichen Abfolge Reihenfolgen häufig logisch bedingen (so kann bei der Planung eines Lagerhauses das Dach erst aufgesetzt werden, wenn die Seitenwände hochgezogen wurden), gibt es aber auch die Möglichkeit, bestimmte Vorgänge parallel abzuarbeiten. Immer wenn Vorgänge parallel abgearbeitet werden können und zu einem späteren Zeitpunkt wieder zusammenlaufen, ergibt sich ein kritischer Pfad und ergeben sich Pufferzeiten in den nichtkritischen Vorgängen. Für die Planung des Zeitbedarfs zerlegt man die jeweiligen Vorgänge so detailliert in seine Aktivitäten, dass man eine hinreichend präzise Planungsgröße erhält.

Wir wollen für die Netzplantechnik ein Beispiel betrachten, bei dem für ein Unternehmen der Umzug in ein neues Verwaltungsgebäude durch einen MPM-Netzplan abgebildet werden soll. Dazu hat ein Projektteam zuvor den in *Übersicht 8.31* dargestellten Strukturplan erarbeitet, aus dem der MPM-Netzplan erstellt werden soll. Durch einen entsprechenden Projektplan lassen sich u. a. folgende Fragen beantworten: Was sind die frühesten Anfangs- und Endtermine? Wie groß ist die gesamte Pufferzeit (Projektanfang = 0)? An welcher Stelle darf sich ein Vorgang verlängern, ohne die rechtzeitige Beendigung des Gesamtprojektes zu verzögern?

Vorgang	Aktivitäten	Vorgänger	Zeitbedarf (t_i) in Tagen
A	Raumvergabe festlegen	-	1
B	Transportunternehmen beauftragen	A	2
C	Abteilung Call Center zieht mit bestehenden Möbeln um	B	3
D	Abteilung Vertrieb zieht mit bestehenden Möbeln um	B	4
E	Anlieferung neuer Möbel für die Marketingabteilung	B	5
F	Umzug der Marketingabteilung	E	8
G	Einrichtung Empfang für Vertriebs- und Marketingabteilung	D, F	7
H	Computer-Netzwerk aktivieren	C, G	6

DECK831

Übersicht 8.31: Strukturplan

Aus den Angaben der *Übersicht 8.31* ergibt sich der in *Übersicht 8.32* gezeigte MPM-Plan. Dabei werden die Angaben zu den einzelnen Knoten entsprechend der Vorgehensweise in *Übersicht 8.30* eingetragen, indem die Vorgänger- und Nachfolgerbeziehungen berücksichtigt werden.

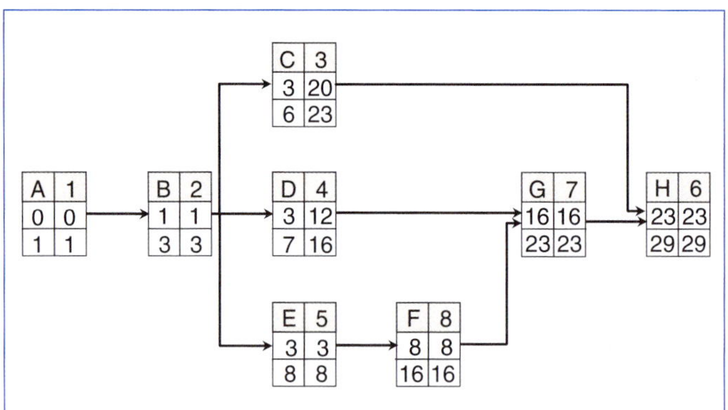

DECK832

Übersicht 8.32: MPM-Netzplan

Der *kritische Pfad* für das obige Beispiel dauert 29 Tage und führt über A-B-E-F-G-H. Das Projekt kann also, sofern es nicht zu Verzögerungen in einem der kritischen Vorgänge kommt, in 29 Tagen abgeschlossen sein. Jede Verzögerung in einem der Vorgänge A, B, E, F, G oder H führt direkt zu einer Verzögerung des Gesamtprojektes. Im Umkehrschluss sind die übrigen Vorgänge (C und D) zunächst unkritisch: Vorgang C kann sich um 17 Zeiteinheiten (20 minus 3) verzögern, D um 9 Zeiteinheiten, ohne dass sich die Projektdauer verlängert.

8.8 Die Finanzplanung als Liquiditätsplanung

Die Finanzplanung als *Liquiditätsplanung* ist eine Planungsrechnung, mit der sichergestellt werden soll, dass die *Liquiditätsbedingung* im laufenden Unternehmensprozess während der folgenden Monate oder des folgenden Wirtschaftsjahres eingehalten werden kann. Bei dieser Planung geht man davon aus, dass die Aktivitäten im Beschaffungs-, Produktions- und Absatzbereich bereits vorläufig ermittelt wurden, so dass man nun durch eine Gegenüberstellung der damit verbundenen – meist in Monatsschritten gegliederten – Einnahmen und Ausgaben nur noch feststellen möchte, ob dabei die Liquiditätsbedingung eingehalten werden kann. Für die Liquiditätsbedingung gilt prinzipiell:

(8.54) $$LM(t) \overset{!}{\geq} 0$$

In Worten: Der Bestand an liquiden Mitteln LM(t) des Unternehmens muss zu jedem Zeitpunkt des Planungszeitraumes mindestens 0 oder größer als 0 sein, wenn das Unternehmen zahlungsfähig bleiben soll.

Die liquiden Mittel setzen sich aus dem Bestand des Kontokorrentkontos [BK(t)] (oder der Summe der Bestände der Kontokorrentkonten) des Unternehmens und der von der Bank eingeräumten Kreditlinie (KL) für das Kontokorrentkonto zusammen. Es gilt also:

(8.55) $$LM(t) = BK(t) + KL$$

Bei gegebener Kreditlinie sind also die liquiden Mittel zu jedem Zeitpunkt umso höher, je höher der (positive) Bestand des Kontokorrentkontos ist. Das Kontokorrentkonto kann maximal bis zur Höhe der Kreditlinie „überzogen" werden, also einen maximalen (negativen) Bestand in Höhe der Kreditlinie aufweisen. Das Unternehmen wird zahlungsunfähig, wenn der (negative) Bestand des Kontokorrentkontos die Kreditlinie zu übersteigen droht.

Der Bestand des Kontokorrentkontos wird von den Einnahmen und den Ausgaben sowie von den Zinsen für das Kontokorrentkonto beeinflusst. Für die Veränderung des Bestandes des Kontokorrentkontos gilt also:

(8.56) $$\frac{dBK(t)}{dt} = E(t) - A(t) + ZK(t)$$

Darin sind:
E(t) = Unternehmenseinnahmen je Zeitabschnitt (z. B. je Monat), gemessen in €;
A(t) = Unternehmensausgaben je Zeitabschnitt, gemessen in €;
ZK(t) = Zinsen des Kontokorrentkontos je Zeitabschnitt, gemessen in €.

Die Unternehmenseinnahmen je Zeitabschnitt sind die Summe aller Einzeleinnahmen aus dem Unternehmensprozess inkl. eventueller Einnahmen aus Fremdkapitalaufnahmen (außerhalb des Kontokorrentkontos) sowie aus Einlagen und Beteiligungen. Es werden hier also nicht nur die mit der Produktion direkt verbundenen Einnahmen berücksichtigt. Für die Unternehmenseinnahmen je Zeitabschnitt gilt also:

$$(8.57) \qquad E(t) = \sum_{i=1}^{m} e(t)_i$$

wobei $e(t)_i$ die Einzeleinnahmen je Zeitabschnitt sind.

Umgekehrt sind die Unternehmensausgaben je Zeitabschnitt die Summe der Ausgaben für den Unternehmensprozess inkl. eventueller Ausgaben für Fremdkapitaltilgungen (außerhalb des Kontokorrentkontos) sowie für Kreditzinsen und Entnahmen. Für die Unternehmensausgaben je Zeitabschnitt gilt:

$$(8.58) \qquad A(t) = \sum_{j=1}^{n} a(t)_j$$

wobei $a(t)_j$ die Einzelausgaben je Zeitabschnitt sind.

Die Zinsen in Gleichung (8.56) [ZK(t)] können entweder positive oder negative Werte aufweisen. Der Betrag je Zeitabschnitt ist positiv, wenn das Kontokorrentkonto einen positiven Betrag aufweist, er ist negativ, wenn das Kontokorrentkonto überzogen ist. Für die Zinsen je Zeitabschnitt gilt also:

$$(8.59) \qquad ZK(t) = \begin{cases} ihm \cdot BK(t);\ BK(t) \geq 0 \\ ism \cdot BK(t);\ BK(t) \leq 0 \end{cases}$$

Darin sind:
ihm = Habenzinssatz, gemessen in %/100 je Zeitabschnitt;
ism = Sollzinssatz, gemessen in %/100 je Zeitabschnitt.

Für konkrete Rechnungen wird nun die Differentialgleichung (8.56) mit Hilfe der EULER-Integration in eine Differenzengleichung überführt. Wenn der jeweils betrachtete Zeitabschnitt t = 1 ist, also z. B. jeweils einen Monat umfasst, dann gilt für den Bestand des Kontokorrentkontos:

$$(8.60) \qquad BK(t + 1) = BK(t) + E(t) - A(t) + ZK(t)$$

In Worten: Der Bestand des Kontokorrentkontos zu Beginn eines Monats (bzw. was das Gleiche ist, am Ende des Vormonats) ist gleich dem Bestand dieses Kontos zu Beginn des Vormonats zuzüglich der Einnahmen während des Monats und abzüglich der Ausgaben während des Monats. Die Zinsen erhöhen gemäß Gleichung (8.59) den Bestand des Kontokorrentkontos, wenn sie einen positiven Wert haben, sie vermindern ihn bei negativem Wert.

Wir wollen die mit den Gleichungen (8.54) bis (8.60) skizzierte allgemeine Vorgehensweise für die Liquiditätsplanung jetzt an einem Beispiel verdeutlichen. Landwirt Rapsmeyer, dessen Jahreserfolgsrechnung wir aus Abschnitt 4.4 und dessen Ist-Kosten-Leistungs-Rechnung wir aus Abschnitt 6.2 kennen, möchte eine Liquiditätsplanung für das folgende Wirtschaftsjahr durchführen. Gemäß den vorstehenden Gleichungen konstruiert er dafür das in *Übersicht 8.33* dargestellte Tabellenkalkulationsprogramm (Aufruf mit DECK833). Im Kopf der Tabelle definiert Rapsmeyer zunächst die Daten seines Kontokorrentkontos. Am Ende des vorhergehenden Wirtschaftsjahres hatte er sein Kontokorrentkonto um 2500,00 € überzogen (vgl. *Übersicht 4.3* im 4. Kapitel). Der Bestand des Kontokorrentkontos zu Beginn des Planungsjahres

Z.	Eingabedaten für Kontokorrentkonto:					Bestand des Kontokorrentkontos zu Beginn der Planungsperiode in € [BK(0)]:				-2.500,00				
			HABEN-Zins %/100/Monat [ihm]:		0,0025	SOLL-Zins in %/100/Monat [ism]:				0,0100	Kreditlinie in € [KL]:		80.000,00	JAHRES-SUMMEN
Z.	Bezeichnung	Juli	August	September	Oktober	November	Dezember	Januar	Februar	März	April	Mai	Juni	
1	Weizen							57.500,00						57.500,00
2	Raps			35.000,00										35.000,00
3	Schweine		140.000,00				145.000,00				135.000,00			420.000,00
4	Direktzahlungen						55.000,00							55.000,00
5	Mieten, Pachten	500,00	500,00	500,00	500,00	500,00		500,00	500,00	500,00	500,00	500,00	500,00	5.500,00
6	Anlagenverkäufe				1.500,00									1.500,00
7	Darlehenszugang													0,00
8	Einlagen/Beteiligungen													0,00
9	EINNAHMEN [E]	500,00	140.500,00	35.500,00	2.000,00	500,00	200.000,00	58.000,00	500,00	500,00	135.500,00	500,00	500,00	574.500,00
10	Saat- und Pflanzgut		2.000,00	6.000,00										8.000,00
11	Düngemittel							15.000,00			5.000,00			20.000,00
12	Pflanzenschutzmittel								19.000,00					19.000,00
13	Ferkel		70.000,00				70.000,00				67.500,00			207.500,00
14	Futtermittel		14.500,00		14.500,00		14.500,00		14.500,00		14.500,00		14.500,00	87.000,00
15	Treib- u. Schmierstoffe	2.000,00			2.000,00			2.000,00			2.000,00			8.000,00
16	Strom,Heizst.,Wasser	400,00	400,00	3.100,00	400,00	400,00	400,00	400,00	400,00	400,00	400,00	400,00	400,00	7.500,00
17	Lohnmaschinen		6.000,00	1.500,00										7.500,00
18	Unterhalt Maschinen	1.500,00	2.000,00	2.000,00	2.000,00	2.000,00	1.500,00	1.000,00	1.000,00	1.500,00	2.000,00	2.000,00	1.000,00	19.500,00
19	Unterhalt Gebäude												1.000,00	1.000,00
20	Versicherungen, Abgaben							1.000,00						1.000,00
21	So. Verbrauchsmaterial	500,00	500,00	500,00	500,00	500,00	500,00	1.400,00	500,00	500,00	500,00	500,00	500,00	6.900,00
22	So. Dienstleistungen	100,00	100,00	1.900,00	100,00	100,00	100,00	100,00	100,00	100,00	100,00	100,00	100,00	3.000,00
23	Lohnausgaben	1.700,00	1.700,00	1.700,00	1.700,00	3.300,00	1.700,00	1.700,00	1.700,00	1.700,00	1.700,00	1.700,00	1.700,00	22.000,00
24	Darlehenszins u. Pacht	2.500,00		2.900,00			2.900,00			2.400,00			2.400,00	13.100,00
25	Darlehenstilgung						25.000,00							25.000,00
26	Entnahmen	4.000,00	4.000,00	4.000,00	4.000,00	6.000,00	4.000,00	4.000,00	4.000,00	4.000,00	4.000,00	4.000,00	4.000,00	50.000,00
27	Anlagenzugänge					80.000,00								80.000,00
28	AUSGABEN [A]	12.700,00	101.200,00	23.600,00	25.200,00	92.300,00	120.600,00	26.600,00	41.200,00	10.600,00	97.700,00	8.700,00	25.600,00	586.000,00
29	Kontokorrentkonto:													
30	+ Anfangsbestand	-2.500,00	-14.725,00	24.427,75	36.388,82	13.279,79	-78.487,01	128,12	31.528,44	-9.092,74	-19.283,67	18.323,50	10.169,31	**********
31	+ EINNAHMEN [E]	500,00	140.500,00	35.500,00	2.000,00	500,00	200.000,00	58.000,00	500,00	500,00	135.500,00	500,00	500,00	574.500,00
32	- AUSGABEN [A]	12.700,00	101.200,00	23.600,00	25.200,00	92.300,00	120.600,00	26.600,00	41.200,00	10.600,00	97.700,00	8.700,00	25.600,00	586.000,00
33	+ Kontokorrentzinsen [ZK]	-25,00	-147,25	61,07	90,97	33,20	-784,87	0,32	78,82	-90,93	-192,84	45,81	25,42	-905,27
34	= Endbestand	-14.725,00	24.427,75	36.388,82	13.279,79	-78.487,01	128,12	31.528,44	-9.092,74	-19.283,67	18.323,50	10.169,31	-14.905,27	**********
35	+ Kreditlinie [KL]	80.000,00	80.000,00	80.000,00	80.000,00	80.000,00	80.000,00	80.000,00	80.000,00	80.000,00	80.000,00	80.000,00	80.000,00	**********
36	= Liquide Mittel [LM]	65.275,00	104.427,75	116.388,82	93.279,79	1.512,99	80.128,12	111.528,44	70.907,26	60.716,33	98.323,50	90.169,31	65.094,73	**********

DECK833

Übersicht 8.33: Jahresfinanzplan in Monatsschritten – Beträge in € –

beträgt also BK(0) = −2500,00 €. Der Haben-Zins für das Konto beträgt 0,25 %/Monat, d. h., für den Zinssatz gilt ihm = 0,0025. Der Soll-Zins beträgt 1 %/Monat, d. h., für den Zinssatz gilt ism = 0,01. Außerdem hat Rapsmeyer für sein Kontokorrentkonto eine Kreditlinie von KL = 80.000,00 € mit seiner Bank vereinbart.

Im zweiten Schritt listet Rapsmeyer sämtliche erwarteten Einzeleinnahmen auf (vgl. die Zeilen 1 bis 8 der Tabelle). Außer den Produktionseinnahmen für Weizen, Raps und Schweine erwartet er Direktzahlungen in Höhe von 55.000,00 €. Sie fallen im Dezember an. Sein Mitarbeiter zahlt monatliche Mieten in Höhe von 500,00 €. Die Miete wird im Dezember als Teil der Weihnachtsgratifikation ausgesetzt. Im Oktober möchte Rapsmeyer eine Altmaschine im Wert von 1500,00 € verkaufen. Rapsmeyer will kein zusätzliches Fremdkapital (hier in Form von Darlehen) aufnehmen. Außerdem will er keine Einlagen tätigen. Durch Aufsummierung der Einzeleinnahmen ergeben sich in Zeile 9 der Übersicht die Einnahmen für die folgenden 12 Monate.

Die Einzelausgaben, die Rapsmeyer erwartet, sind in den Zeilen 10 bis 27 der Tabelle aufgeführt. Außer den Sach- und Lohnausgaben für die laufende Produktion (Zeilen 10 bis 23) plant er die Ausgaben für die Darlehenszinsen und die Pacht ein (Zeile 24). Darüber hinaus möchte er das aufgenommene Darlehen im Dezember um weitere 25.000,00 € tilgen (Zeile 25) und während des Jahres insgesamt 50.000,00 € aus dem Unternehmen für Konsumzwecke und die private Vorsorge entnehmen (Zeile 26). Schließlich will er im November einen neuen Mähdrescher für 80.000,00 € anschaffen (s. Zeile 27 Anlagenzugänge). Die erwarteten Ausgaben für die nächsten 12 Monate als Summe der Einzelausgaben sind dann in Zeile 28 der Tabelle aufgeführt.

Der untere Teil der Tabelle zeigt die Bestände auf seinem Kontokorrentkonto und die zugehörigen monatlichen Geldbewegungen. Die Zeilen 30 bis 34 wurden nach Maßgabe der Gleichung (8.60) unter Berücksichtigung der Gleichung (8.59) modelliert. Durch Hinzufügung der monatlichen Einnahmen und durch Subtraktion der monatlichen Ausgaben ergibt sich unter Berücksichtigung der Kontokorrentzinsen der monatliche Endbestand des Kontokorrentkontos. Er ist identisch mit dem monatlichen Anfangsbestand für den Folgemonat. Durch Hinzufügung des Betrages für die Kreditlinie zum monatlichen Endbestand des Kontokorrentkontos erhält Rapsmeyer schließlich in Zeile 36 seinen Bestand an liquiden Mitteln gemäß Gleichung (8.55).

Im vorliegenden Finanzplan ist die Liquiditätsbedingung (8.54) in jedem Monat des Planungszeitraumes erfüllt. Kritisch könnte es lediglich im Monat November werden, wo der Bestand an liquiden Mitteln auf 1512,99 € schrumpft.

In der Realität wird nun i. d. R. nicht gleich mit dem ersten Planungsansatz eine zulässige Lösung gefunden. Für den Bestand an liquiden Mitteln werden sich in einzelnen Monaten negative Werte ergeben, was jedoch mit der Liquiditätsbedingung (8.54) unvereinbar ist. Diese Unzulässigkeiten können auf mehrfache Weise beseitigt werden. Zum einen lassen sich bei lagerfähigen Gütern u. U. die Einkaufs- bzw. Verkaufszeitpunkte verändern. Zum Beispiel hätte Rapsmeyer den Verkauf seines Weizens von – jetzt – Januar auf November vorverlegen können, wenn im November tatsächlich die Illiquidität gedroht hätte. Umgekehrt hätte er den Kauf des Mähdreschers um einige Monate verschieben können, denn er braucht diese Maschine ja erst im folgenden Sommer.

Derartige Verschiebungen helfen zwar bei der Sicherstellung der Zahlungsfähigkeit, sie können aber auch wirtschaftliche Nachteile haben. Zum Beispiel kann es sein, dass Rapsmeyer bei einem Vorziehen des Weizenverkaufs einen geringeren Verkaufspreis erzielen würde, was zwar die Liquidität sicherstellen, aber die Rentabilität des Unternehmens negativ beeinflussen würde. Andererseits kann es sein, dass er den Mähdrescher zu einem späteren Einkaufszeitpunkt zu weniger günstigen Konditionen erwerben könnte, weil der Lieferant für den erntefernen Monat November besonders günstige Konditionen gewährt. Auch mit einer solchen Maßnahme ist deshalb u. U. eine negative Auswirkung auf die Rentabilität verbunden. Generell folgt daraus, dass die Finanzplanung tatsächlich in Kombination mit der Gewinnplanung durchgeführt werden sollte.

Des Weiteren müsste Rapsmeyer bei dem derzeitigen Plan mit Jahres-Sollzinsen für sein Kontokorrentkonto in Höhe von 905,27 € rechnen (vgl. Zeile 33 der *Übersicht 8.33*). Er könnte diese Zinsen beispielsweise dadurch senken, dass er die Einkaufs- und Verkaufszeitpunkte – innerhalb der produktionstechnisch zulässigen Grenzen – so verändert, dass sein Kontokorrentkonto weniger häufig und in weniger großen Umfängen überzogen wird. Für sein Unternehmen ergäbe sich aus einer solchen Maßnahme zunächst auch eine Rentabilitätsverbesserung. Umgekehrt können jedoch auch bei diesen Maßnahmen Rentabilitätseinbußen auftreten, wenn sich nämlich die Einkaufs- und Verkaufskonditionen bei Verschiebung der Einkaufs- und Verkaufszeitpunkte verschlechtern würden. Auch aus diesem Grunde sollte die Finanzplanung in Kombination mit der Gewinnplanung durchgeführt werden.

Hinzu kommt schließlich, dass sich die Einkaufs- und Verkaufszeitpunkte aus produktionstechnischen Gründen nicht beliebig variieren lassen. Tatsächlich sollte Rapsmeyer deshalb die Finanzplanung in Kombination mit der Gewinnplanung und der Produktionsplanung durchführen.

Neuere Computer-basierte Verfahren für die Jahresplanung eines Unternehmens berücksichtigen diese Anforderungen. Sie erfordern die komplette Eingabe der erwarteten Mengen- und Preisgerüste, um auf dieser Datenbasis die geplanten Produktionsvorgänge abbilden und die Einnahmen- und Ausgabenströme errechnen zu können. Unter Berücksichtigung der Bestände an Produkten und Produktionsmitteln zu Beginn des Planungszeitraumes lassen sich daraus dann auch Plan-G.u.V.-Rechnungen, Plan-Bilanzen und Plan-Kosten-Leistungs-Rechnungen erstellen, so dass Aussagen zur erwarteten Wirtschaftlichkeit bzw. Rentabilität gemacht werden können (vgl. dazu SIEBERT 2004). Wir werden auf ein solches umfassendes Verfahren für die Jahresplanung in Abschnitt 9.2.2 des folgenden Kapitels näher eingehen. (Verändern Sie in dem Modell DECK833 die grau unterlegten Eingabedaten, um die Auswirkungen zu prüfen. Als weiterführende Aufgabe: Konzipieren Sie ein erweitertes Modell für das Unternehmen Rapsmeyer, mit dem den vorher vorgetragenen Anforderungen Rechnung getragen werden kann.)

9 Planung – Entscheidung – Kontrolle

In diesem Kapitel sollen die vielfältigen Planungs-, Entscheidungs- und Kontrollanlässe in den Unternehmen, die für Teilbereiche in den vorhergehenden Kapiteln 5 bis 8 bereits eingehend behandelt wurden, geordnet und zusammengefasst werden. Dazu sollen zunächst die Planungen und Entscheidungen nach Maßgabe wichtiger Gruppen von Anlässen gegliedert werden (Abschnitt 9.1). Danach wird auf die Inhalte und Vorgehensweisen der wichtigsten Planungs- und Kontrollarten im laufenden Unternehmen eingegangen (Abschnitt 9.2). Das Kapitel wird mit einer generellen Handlungsvorlage für Planungsprozesse abschließen (Abschnitt 9.3).

9.1 Planungs- und Entscheidungsanlässe

9.1.1 Übersicht

Sämtliche Planungs- und Entscheidungsanlässe in den Unternehmen lassen sich nach Maßgabe verschiedener Merkmale in Gruppen von Planungs- und Entscheidungsanlässen untergliedern. Von besonderer Bedeutung sind die folgenden Merkmale:

1. *Entscheidungsträger:* Dabei wird gefragt, ob es sich um Führungsentscheidungen oder delegierbare Entscheidungen handelt, die entweder vom Unternehmer bzw. vom Top-Management oder von untergeordneten Mitarbeitern gefällt werden sollten.
2. *Wirkungsniveau:* Hier interessiert die Frage, ob sich eine Entscheidung auf den gesamten Unternehmensprozess oder nur auf Teilbereiche des Unternehmens auswirkt.
3. *Funktionsbereich:* Gegliedert wird danach, ob es sich um Entscheidungen im Produktions-, Beschaffungs-, Investitions-, Personal-, Absatz- oder Finanzierungsbereich des Unternehmens handelt.
4. *Unternehmensphase:* Dabei wird nach Entscheidungen in der Gründungsphase, in der Umsatzphase und in der Liquidationsphase gegliedert.

Der folgende Abschnitt 9.1.2 enthält nähere Erläuterungen zum 1. Gliederungsmerkmal. Im Abschnitt 9.1.3 über die funktionale Analyse der Planungs- und Entscheidungsanlässe betrachten wir das 2. und 3. Merkmal. Mit Abschnitt 9.1.4 über die genetische Analyse der Planungs- und Entscheidungsanlässe wird auf das 4. Merkmal eingegangen.

9.1.2 Entscheidungsanlässe und Entscheidungsträger

Erich GUTENBERG hat zwischen *Führungsentscheidungen* und *delegierbaren Entscheidungen* unterschieden (GUTENBERG 1983, S. 133 ff.). Nur die Führungsentscheidungen sollten von der Unternehmensleitung im Sinne einer vernünftigen Arbeitsteilung selber getroffen werden. Echte Führungsentscheidungen sind durch drei Eigenschaften charakterisiert:

Die erste Eigenschaft echter Führungsentscheidungen ist das Maß an Bedeutung, das eine Entscheidung für das Kapital und die Wirtschaftlichkeit und damit für den zukünftigen Bestand eines Unternehmens besitzt.

Die zweite Eigenschaft echter Führungsentscheidungen bezieht sich auf ihren Zielbereich. Sie sind auf das ganze Unternehmen gerichtet. Es handelt sich also um Entscheidungen, die

die Unternehmensleitung aus ihrer besonderen Verantwortung für das Ganze des Unternehmens und aus ihrer Kenntnis der Gesamtzusammenhänge heraus treffen muss.

Die dritte Eigenschaft echter Führungsentscheidungen ist ihre Nicht-Delegierbarkeit an untergeordnete Führungskräfte. Es handelt sich um Entscheidungen, die entweder nicht an untergeordnete Stellen übertragbar sind oder, obwohl tatsächlich übertragbar, im Interesse des Unternehmens und seiner Führung nicht delegiert werden sollten.

Anhand dieser Eigenschaften lässt sich der folgende Katalog echter Führungsentscheidungen zusammenstellen:

1. *Festlegung der Unternehmenspolitik auf weite Sicht:* Dabei geht es um folgende Fragen: Welche Ziele sollen für den überschaubaren Zeitraum festgelegt werden? Für welche Maßnahmen soll sich die Unternehmensleitung entscheiden? Welche Voraussetzungen sind notwendig, um Entscheidungen auf weite Sicht treffen zu können? Jede Festlegung einer Politik, die die Unternehmensleitung in einem bestimmten Zeitraum durchführen möchte, bedeutet, dass Entscheidungen darüber getroffen werden, wie die Unternehmensleitung in Zukunft zu operieren gedenkt.

2. *Die Koordinierung der großen betrieblichen Teilbereiche:* Die nicht von sich aus zueinander strebenden Teile des Unternehmens müssen durch die Unternehmensleitung zu einer Einheit verbunden werden. Sie allein hat die Vollmacht und die Übersicht, dem betrieblichen Geschehen die Ordnung zu geben, in der jeder Vorgang, jeder manuelle und maschinelle Prozess seinen Ort und seinen Zusammenhang findet. Dieses Einfügen von Tätigkeiten in eine Ordnung bezeichnet man als Koordination. Indem sie koordiniert, stabilisiert die Unternehmensleitung die Ordnung, nach der der Betriebsprozess in all seinen Teilbereichen ablaufen soll.

3. *Die Beseitigung von Störungen im laufenden Betriebsprozess:* Der Betriebsprozess, mag er noch so gut organisiert sein, läuft nicht reibungslos ab. Menschliche Unzulänglichkeiten, organisatorische Mängel, Planungsfehler, technisches Versagen, unzulängliche Anpassungsmaßnahmen an sich ändernde Umweltbedingungen wirtschaftlicher oder technischer Art stellen einige Ursachen für das Entstehen von Reibungsverlusten im Ablauf des Unternehmens dar. Entstehen die Störungen durch Mängel in der Zusammenarbeit von Mitarbeitern oder beruhen sie auf Kompetenzkonflikten, so ergibt sich die Notwendigkeit, dass die Unternehmensleitung eingreifen muss. Im Allgemeinen verlangen jedoch nur wenige Störungen im laufenden Betriebsprozess ihr Eingreifen.

4. *Geschäftliche Maßnahmen von größerer Bedeutung:* Ein Katalog dafür lässt sich selbstverständlich nicht erstellen, da es sich von Fall zu Fall um unterschiedliche Aktionen handeln kann. Bei einem kleinen Unternehmen kann schon die Anschaffung einer einzelnen Maschine eine Maßnahme von außergewöhnlicher Bedeutung sein. Entscheidend ist, dass bei diesen Maßnahmen die drei vorher genannten Eigenschaften echter Führungsentscheidungen gegeben sind.

5. *Die Besetzung der Führungsstellen im Unternehmen:* Dass die Besetzung der Führungspositionen im Unternehmen allein Aufgabe der Unternehmensleitung ist, sollte selbstverständlich sein. Doch wird bei großen Unternehmen die Besetzung von Positionen der unteren

und mittleren Führungsebene meist nicht von der Unternehmensleitung vorgenommen. Bis zu welcher Stufe der betrieblichen Hierarchie die Geschäftsleitung die Besetzung von Führungsstellen von ihrer Zustimmung abhängig machen soll, ist vor allem von der Größe des Unternehmens abhängig und lässt sich nicht allgemein, sondern nur von Fall zu Fall entscheiden. In den vergleichsweise kleinen Unternehmen der Landwirtschaft und des Ernährungshandwerks wird der Unternehmer sämtliche Personalentscheidungen selber treffen.

9.1.3 Zur funktionalen Analyse von Planungs- und Entscheidungsanlässen

9.1.3.1 Teilplanungen und ihre Interdependenzen

Bereits im 3. Kapitel dieses Buches wurden verschiedene Funktionsbereiche für Unternehmen identifiziert (vgl. Abschnitt 3.2.2.3). Entsprechend wurden die Kapitel 5 bis 8 über die Handlungsfelder des Unternehmens gegliedert. Dabei wurde deutlich, dass aufgrund der in jedem Handlungsfeld zahlreich vorhandenen Handlungsalternativen für jeden Funktionsbereich des Unternehmens fortgesetzt eine Vielfalt von Planungs- und Entscheidungsanlässen entsteht. Wir wollen jetzt anhand eines Beispiels zeigen, dass diese Anlässe oft nicht isoliert – d. h. nach Funktionsbereichen getrennt – gesehen werden dürfen, weil sich bei der Realisierung von Plänen für einen Funktionsbereich oft auch Auswirkungen auf die Gestaltung der übrigen Funktionsbereiche ergeben können.

Angenommen, ein Unternehmen, dessen Betrieb in Form einer mehrstufigen, verbundenen Produktion organisiert ist, stellt zwei Produkte A und B in einem bestimmten Mengenverhältnis her. Im Rahmen einer Planung zur Bestimmung des optimalen Produktionsprogramms unter Beachtung der gegebenen Produktionskapazitäten stellt sich heraus, dass es günstiger wäre, zukünftig mehr von Produkt A und weniger von Produkt B zu produzieren. Diese Feststellung gilt zunächst unter der Annahme, dass die veränderten Werkstoffmengen zu gleichen Bedingungen wie bisher beschafft werden können und dass sich die veränderten Produktmengen nach wie vor zu denselben Konditionen absetzen lassen. Auch die Liquiditätsbedingung soll weiterhin erfüllt sein, obwohl sich ja die Einnahmen- und Ausgabenströme ebenfalls verändern dürften.

Tatsächlich wird sich das veränderte Produktionsprogramm jedoch auch auf die übrigen Funktionsbereiche des Unternehmens auswirken. Größere Rohstoffmengen für das Produkt A führen u. U. zu Beschaffungsengpässen. Man benötigt eventuell einen weiteren Vorlieferanten, der zu weniger günstigen Preisen liefert. Geringere Rohstoffmengen für das Produkt B können dazu führen, dass der Zulieferer geringere Mengenrabatte gewährt. Offenbar sollte deshalb die Produktionsprogrammplanung möglichst gemeinsam und möglichst gleichzeitig, d. h. *simultan*, mit der Beschaffungsplanung erfolgen. Ein isoliert als optimal sich ergebendes Produktionsprogramm ist ein sog. *Suboptimum*, das unter Berücksichtigung der weiteren Auswirkungen mit einem denkbaren Gesamtoptimum nicht übereinzustimmen braucht.

Eine veränderte Beschaffung wirkt sich des Weiteren auf die Lagerwirtschaft aus. Größere Werkstoffmengen für das Produkt A je Zeiteinheit haben u. U. zur Folge, dass die vorhandenen Lagerkapazitäten nicht mehr ausreichen, zumal dann, wenn sich die frei werdende Lagerkapazität aufgrund des geringeren Verbrauches für das Produkt B nicht zusätzlich für das Produkt A einsetzen lässt. Zum Beispiel kann es sich bei Rohstoffen für das Produkt A um flüssige, bei denjenigen für Produkt B dagegen um feste Stoffe handeln. Notwendige Umbauten der Läger dürften aber zu zusätzlichen Kosten und zu zusätzlichen Kapitalanforderungen führen. Daraus erwächst die Forderung nach einer simultanen Produktions-, Beschaffungs- und Lagerhaltungsplanung.

Darüber hinaus ist zu berücksichtigen, dass sich die veränderten Produktmengen auf den Absatzbereich auswirken können. Womöglich müssen für die größeren Produktmengen von A zusätzliche Abnehmer gefunden werden, die weniger günstige Preise zu zahlen gewillt sind oder einen Lieferantenkredit in Anspruch nehmen möchten. Die verkleinerte Menge des Produktes B kann dagegen zu Verstimmungen bei den Abnehmern für dieses Produkt führen. Sie sehen sich u.U. nach anderen Lieferanten um oder werden zumindest günstigere Ankaufsbedingungen herauszuhandeln suchen. Damit ergibt sich, dass die geplanten Produktionsmengenveränderungen mit den Bedingungen im Absatzbereich zumindest abgestimmt werden müssen. Grundsätzlich erwächst daraus jedoch die Forderung nach einer simultanen Absatz-, Produktions-, Beschaffungs- und Lagerhaltungsplanung.

Schließlich werden sich die geschilderten Umstellungen auch auf den Finanzbereich auswirken. Veränderte Ausgabenströme aufgrund der neuen Beschaffungspolitik, veränderter Kapitalbedarf aufgrund der Umstellungen bei der Lagerhaltung und der möglichen Vergabe von Lieferantenkrediten, veränderte Einnahmenströme aufgrund einer modifizierten Absatzpolitik führen dazu, dass eine Liquiditäts- und Kapitalbedarfsplanung notwendig wird. Im Extremfall kann sich sogar herausstellen, dass das Suboptimum der gemeinsamen übrigen Planungen nicht realisiert werden kann, weil sich dabei die Liquiditätsbedingung nicht einhalten lässt.

Damit ergibt sich die Forderung nach einer simultanen Produktions-, Beschaffungs-, Lagerhaltungs-, Absatz- und Finanzierungsplanung, d. h. letztlich die Forderung, dass bei jedem Planungsanlass eine umfassende Unternehmensplanung durchgeführt werden sollte, weil sich die Realisierung von Teilplänen immer mehr oder weniger stark auch auf die anderen Funktionsbereiche eines Unternehmens auswirken kann. Aus der Tatsache, dass sich die Teilbereiche eines Unternehmens in vielfältigen Interdependenzbeziehungen befinden, folgt, dass auch bei Planungen diese Interdependenzen beachtet werden müssen. Das ist jedoch nur mit einer simultanen Gesamtunternehmensplanung möglich. Nur dann kann das Gesamtunternehmensoptimum auch tatsächlich gefunden werden.

9.1.3.2 Sukzessive und simultane Unternehmensplanung

Wer indessen die Forderung nach der simultanen Gesamtunternehmensplanung stellt, der sollte bedenken, dass er dabei fordert, sämtliche Einflussgrößen innerhalb des Unternehmens und außerhalb des Unternehmens, die auf das Unternehmen einwirken, exakt und vollständig zu berücksichtigen. Diese Größen werden dann in einem umfassenden Planungsverfahren so verarbeitet, dass sich das Gesamtoptimum als sog. *optimum optimorum* der Teil- oder Suboptima ergibt.

Tatsächlich ist die Betriebswirtschaftslehre bisher jedoch noch nicht so weit fortgeschritten, dass sich die obige Forderung uneingeschränkt erfüllen ließe. Gegenwärtig lassen sich Simultanplanungen nur für Teilaspekte durchführen, z. B. die kombinierte Investitions- und

Finanzplanung oder auch die kombinierte Investitions-, Finanz- und Produktionsprogrammplanung. In den Unternehmen wird deshalb bis heute nicht simultan, sondern sukzessiv geplant. *Sukzessive Unternehmensplanung* meint, dass man in einem Funktionsbereich, in dem sich der unmittelbare Planungsanlass ergibt, mit der Planung beginnt und dann Schritt für Schritt zu anderen Bereichen übergeht, um festzustellen, ob, und wenn ja, welche Auswirkungen sich dort ergeben können. Ergeben sich unvorteilhafte Konsequenzen, so wird der erste Teilplan neu gefasst. Dann folgt wieder die Anpassung. Dieser schrittweise oder iterative Prozess wird solange fortgesetzt, bis ein zufriedenstellender Gesamtplan gefunden ist.

Übersicht 9.1 zeigt als Beispiel ein Flussdiagramm für die mögliche Vorgehensweise in einem absatzorientierten Ein-Produkt-Unternehmen. Über mehrere Rückkopplungsschleifen wird dabei sichergestellt, dass ein zulässiger und zufriedenstellender Gesamtplan entwickelt werden kann.

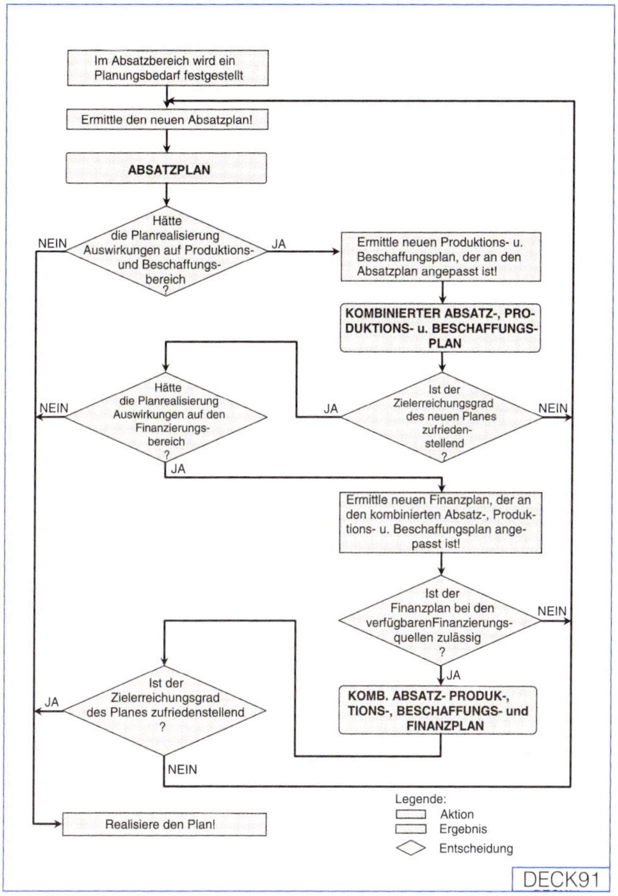

Übersicht 9.1: Flussdiagramm der sukzessiven Unternehmensplanung

Es muss jedoch beachtet werden, dass durchaus nicht jeder Planungsanlass zur Gesamtplanung für ein Unternehmen führt. Oft sind die durch eine Neuplanung notwendig werdenden Veränderungen im Unternehmen so gering, dass sie sich praktisch nicht auf andere Bereiche auswirken (z. B. die tägliche Arbeitseinteilung in einem Betrieb bei gegebenem Produktionsprogramm). In dem dargestellten Flussdiagramm der *Übersicht 9.1* ist dies dadurch berücksichtigt, dass bei jedem Teilbereich gefragt wird, ob der neue Plan Auswirkungen auf die anderen Funktionsbereiche des Unternehmens hat. Nur wenn das zutrifft, werden die anderen Funktionsbereiche ebenfalls „beplant".

9.1.4 Zur genetischen Analyse von Planungs- und Entscheidungsanlässen

Für die funktionale Analyse der Entscheidungsanlässe wurde implizit unterstellt, dass es sich um ein „laufendes" Unternehmen handelt. Tatsächlich haben Unternehmen jedoch eine endliche, wenn auch teilweise sehr langfristige Lebensdauer. Mit anderen Worten: Unternehmen werden gegründet, arbeiten über einen mehr oder weniger langen Zeitraum und werden schließlich einmal aufgelöst. Aufgrund dieser Tatsache lässt sich für Unternehmen (1) die Gründungsphase, (2) die Umsatzphase und (3) die Liquidationsphase unterscheiden (vgl. HEINEN 1985, S. 144 ff.).

In jeder dieser Phasen haben bestimmte Planungs- und Entscheidungsanlässe eine jeweils hervorragende Bedeutung. In der *Gründungsphase* muss zunächst grundsätzlich über das Leistungsprogramm, d. h. darüber, welche Leistungen erbracht werden sollen, entschieden werden. Es handelt sich um eine typische Zielsetzungsentscheidung. Diese Entscheidung fällt unter besonderer Berücksichtigung des Marktumfeldes. Es werden diejenigen Produkte ausgewählt, die besondere Gewinnchancen aufweisen. Weiterhin wird in der Gründungsphase über die zu wählende Rechtsform des Unternehmens entschieden. Hier spielen die notwendige Mindestgröße, steuerliche Bedingungen und das Eigenkapital des zukünftigen Unternehmers eine wichtige Rolle (vgl. Abschnitte 3.3 bis 3.5). Außerdem müssen Art und Umfang der Kapitalquellen festgelegt werden (vgl. Abschnitt 8.3).

Bereits im Übergang zur *Umsatzphase* muss dann aufgrund von Marktanalysen und der Bedingungen des Kapitaleinsatzes der Aufbau des Betriebes in seinen einzelnen Schritten bestimmt werden. In dieser Anlaufphase ist der Finanzierungsbereich durch Ausgabenströme gekennzeichnet, die noch nicht durch Einnahmen aus der laufenden Produktion gedeckt sind. Eine Kapitalbedarfsrechnung und eine Liquiditätsplanung für das Gesamtunternehmen sind hier von hervorragender Bedeutung. In der anschließenden Umsatzphase gewinnen dann alle diejenigen Planungs- und Entscheidungsanlässe an Gewicht, die wir in den Kapiteln über die Handlungsfelder der Unternehmen bereits dargestellt haben.

Die Lebenszeit eines Unternehmens endet mit der *Liquidationsphase*. Unter *Liquidation* versteht man die freiwillige, planmäßige Veräußerung (Verflüssigung) aller Vermögensteile eines Unternehmens mit dem Ziel, aus dem Erlös eventuell bestehende Kredite zu tilgen und einen gegebenenfalls verbleibenden Erlösrest an den oder die Unternehmenseigner zu verteilen. Für die Auflösung eines Unternehmens können verschiedene Gründe ausschlaggebend sein. Eine Auflösung erfolgt z. B., wenn das Unternehmen über mehrere Jahre mit Verlust arbeitet und keine Möglichkeit besteht, in der Zukunft eine Änderung herbeizuführen. Ferner findet eine Auflösung statt, wenn der Betriebszweck erreicht oder die durch Satzung oder Vertrag bestimmte Zeit der Unternehmenstätigkeit abgelaufen ist.

Die Liquidation eines Unternehmens kann sich über längere Zeiträume erstrecken. Dies ist vor allem bei der sog. materiellen Liquidation der Fall. Neben den für einzelne Unternehmensformen formal-rechtlich unterschiedlich geregelten Abwicklungsvorschriften stehen bei dieser Form der Liquidation die Entscheidungen über die Desinvestition des Kapitals im Vordergrund. Es sind sämtliche Forderungen einzuziehen. Der Betrieb ist als Ganzes oder in Teilen zu verkaufen.

Die Planungen während der Liquidationsphase haben gerade für den Agrar- und Ernährungsbereich besondere Bedeutung, da in der Landwirtschaft und im Ernährungshandwerk im Zuge des Strukturwandels jährlich zahlreiche Unternehmen aufgegeben werden. Insbesondere geht es hier darum, das Unternehmensende schon für mehrere Jahre im Voraus systematisch einzuplanen, um zu vermeiden, dass noch kurz vor der Auflösung Investitionen (z. B. Neubauten) getätigt werden, die sich nicht oder nur unbefriedigend liquidieren lassen. Optimal ist der Auflösungszeitpunkt dann, wenn bei Betriebsauflösung sämtliche Investitionen, deren Wiederverkaufswert niedriger als der sich aus den Abschreibungen ergebende Zeitwert ist, gerade vollständig verbraucht sind, so dass das Problem der unbefriedigenden Desinvestition von gebrauchten Produktionsfaktoren nicht mehr auftritt.

9.2 Das System der Planungen und Kontrollen

Planung ohne anschließende Kontrolle ist nutzlos, Kontrolle ohne vorhergehende Planung ist unmöglich. Das Erstellen von Plänen für die Zukunftsgestaltung des Unternehmens und die Durchführung von Kontrollen darüber, ob und inwieweit die Pläne realisiert wurden, gehören zusammen wie die beiden Seiten einer Medaille.

Wir wollen uns in diesem Abschnitt einen Überblick über die wichtigsten Planungs- und Kontrollarten verschaffen. Sie umfassen i. d. R. (1) die strategische Planung und Kontrolle, (2) die Jahresplanung und -kontrolle, (3) die Produktplanung und -kontrolle und (4) die Projektplanung und -kontrolle.

9.2.1 Die strategische Planung und die strategische Kontrolle

9.2.1.1 Die strategische Planung und der Unternehmensentwicklungsplan

Das Ergebnis der strategischen Planung ist der langfristige – meist 5 bis 10 Jahre umfassende – *Unternehmensentwicklungsplan*. Die strategische Planung erfolgt im Rahmen des strategischen Managements für das Unternehmen. Strategisches Management führt auf der Ebene des Gesamtunternehmens zur Entwicklung von Gesamtstrategien für das Überleben und das Wachstum des Unternehmens. Der Begriff Strategie meint nichts anderes als Handlungsalternative. Wir können deshalb auch sagen: Der Prozess der strategischen Planung führt zur Entwicklung von Handlungsalternativen, die das Überleben und das Wachstum des Gesamtunternehmens in bestmöglicher Weise zu erfüllen geeignet sind (vgl. Ansoff 1965; Brockhoff und Leker 1998; Hax und Majluff 1991; Hungenberg 2000; Kotler 1989).

Das strategische Management des Unternehmens umfasst jene Managementaktivitäten, die darauf abzielen, eine tragfähige Beziehung zwischen dem Unternehmen und seiner Umwelt zu entwickeln und zu erhalten, und zwar durch die Klarstellung des *Unternehmenszweckes* (Unternehmensvision), der *Unternehmensziele*, der *Wachstumsstrategien* (d. h. der Handlungsalternativen für die Unternehmensentwicklung) und des *Portfolio-Plans* (d. h. des Leistungsprogramms) für ein Gesamtunternehmen. Eine Hauptaufgabe des strategischen Managements ist die

Durchführung der strategischen Planung. Das Ergebnis der strategischen Planung ist der strategische Plan, der Unternehmensentwicklungsplan oder auch *Perspektivplan* heißt.

Die *Übersicht 9.2* zeigt die Beziehung zwischen den vorher genannten vier Bereichen. Der Planungsprozess beginnt mit der Identifikation des Unternehmenszwecks. Daraus werden die langfristigen Unternehmensziele abgeleitet. Unternehmenszweck und Unternehmensziele bilden ihrerseits die Voraussetzung für die Identifikation von Wachstumsstrategien. Im letzten Schritt wird das Leistungsprogramm des Unternehmens als Portfolio-Plan bestimmt. Allerdings verläuft der gesamte Planungsvorgang nicht linear, er ist vielmehr, wie in der Übersicht angedeutet, durch iterative Prozesse bzw. Rückkopplungsschleifen gekennzeichnet. Zum Beispiel können die entwickelten Wachstumsstrategien ihrerseits wieder Einfluss auf die Definition des Unternehmenszwecks und die Unternehmensziele ausüben. Zwischen den vier Bereichen bestehen also Interdependenzen.

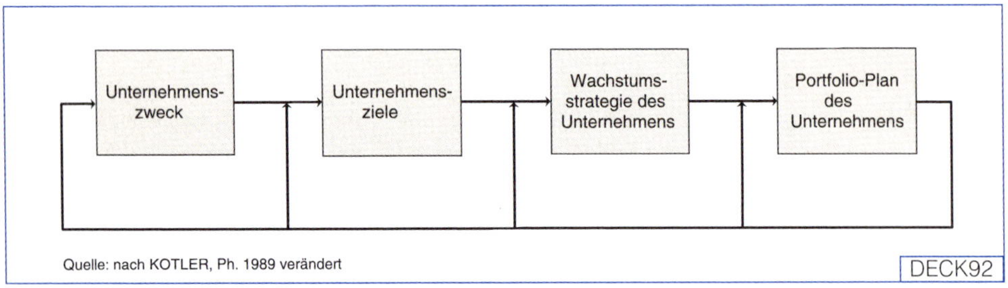

Übersicht 9.2: Der Prozess des strategischen Managements und der strategischen Planung

9.2.1.1.1 Die Identifikation des Unternehmenszwecks

Die Definition des Unternehmenszwecks beginnt mit den beiden scheinbar einfachen Fragen: „Was ist unser Geschäft?" und „Was sollte unser Geschäft sein?". Bei der Beantwortung dieser Fragen sind mindestens fünf Bereiche zu analysieren, nämlich:

(1) Die Geschichte des Unternehmens (Was haben wir bisher gemacht? Wo stehen wir gegenwärtig?);
(2) die Umwelt des Unternehmens (Welche Chancen und Risiken ergeben sich aus unserer Umwelt, insbesondere aus der Entwicklung unserer Märkte, des Standes der Technologie und der rechtlichen Rahmenbedingungen?);
(3) die Ressourcen des Unternehmens (Über welche Mittel verfügen wir? Zur Durchführung von welchen Strategien reichen diese Mittel aus?);
(4) die speziellen Fähigkeiten des Unternehmens im Vergleich zu den Fähigkeiten der Wettbewerber (Was können wir besser als andere? Welche Vorteile im Wettbewerb können wir daraus ziehen?);
(5) die gegenwärtigen Präferenzen der Unternehmensleitung und der Unternehmenseigentümer (In welchen Geschäftsfeldern sind wir besonders gern tätig? Wodurch wird unser Kapital längerfristig am besten gesichert und möglichst nachhaltig erweitert?).

Das Ergebnis der auf diese fünf Bereiche bezogenen Beschreibung und Analyse sollte die Voraussetzung für die Definition des Unternehmenszwecks liefern (vgl. dazu insbesondere Kotler 1989, S. 67 ff.).

Immer mehr Unternehmen bemühen sich um eine formale Beschreibung ihrer Zwecksetzung. Das Ergebnis dieser Bemühungen ist zwar manchmal nobel, aber so allgemein gehalten, dass es für konkrete Entscheidungen nutzlos ist. Formulierungen wie „Wir wollen das führende Unternehmen einer Branche in einem Gebiet sein, Produkte höchster Qualität zu geringstmöglichen Preisen herstellen und mit der bestmöglichen Andienung arbeiten" klingen zwar gut, bilden aber keine Grundlage für Entscheidungen. Eine sachgerechte Zweckformulierung sollte vielmehr folgende Merkmale aufweisen: Der Zweck sollte so formuliert werden, dass er sich auf eine Leistung außerhalb des Unternehmens bezieht. Begriffe wie „Gewinn machen" oder „Branchenführer" sind kein ausreichendes Konzept. Gewinne und eine führende Position sind das Ergebnis von erfolgreicher Zweckerfüllung, nicht der Zweck selbst. Die Zweckbestimmung sollte mithin ausdrücklich auf die Geschäftsfelder bezogen sein, auf denen das Unternehmen tätig ist bzw. tätig werden möchte. So kann eine Produktklasse, ein technologisches Gebiet, eine Kundengruppe, ein Marktbedürfnis oder eine Kombination dieser Bezugsgrößen als Geschäftsbereich gelten.

In der Vergangenheit wurde der Geschäftsbereich fast immer durch eine Produktklasse („Wir sind ein Mineraldünger- und Pflanzenschutzhersteller") oder durch einen technologischen Bereich („Wir machen Chemie") umrissen. Nachdem durch die zunehmende Wettbewerbsintensität immer mehr Unternehmen verstärkt marktorientiert agieren möchten, werden in zunehmendem Maße kundenbezogene Formulierungen gewählt („Wir helfen Landwirten bei der Produktivitätssteigerung" oder „Wir helfen im Kampf gegen den Welthunger" oder „Wir sorgen dafür, dass Landwirte hochwertige, sichere Produkte zu verbraucherfreundlichen Preisen anbieten können").

Die richtige Formulierung des Unternehmenszwecks ist einerseits eine wesentliche Voraussetzung für die nachfolgenden Schritte der strategischen Planung, andererseits erfüllt sie eine wichtige Motivationsfunktion für die Mitarbeiter des Unternehmens. Für das Selbstverständnis der Belegschaft klingt es vorteilhafter, wenn sie anderen Menschen mit ihren Produkten helfen (d. h. zu deren Bedürfnisbefriedigung beitragen), als wenn sie nur Mineraldüngemittel herstellen.

9.2.1.1.2 Die Ermittlung der Unternehmensziele

Die zweite Aufgabe der strategischen Planung besteht in der Übertragung der Zwecksetzung in konkrete Unternehmensziele, deren Erreichen den Unternehmenszweck zu erfüllen geeignet sind. Inhaltlich beziehen sie sich auf die Gewinnerzielung, die Umsatzsteigerung durch Produktionsausweitung, die Steigerung des Marktanteils, die Risikoabsicherung und die Produktivitätssteigerung durch Nutzung von Innovationen. Die Ziele sind dann sachgerecht, wenn sie hierarchisch geordnet, untereinander konsistent und quantitativ eindeutig und realitätsnah formuliert sind.

Wir haben die Zielbildung und die Ableitung der Zielhierarchie bereits im 4. Kapitel ausführlich behandelt. Darauf sei verwiesen.

9.2.1.1.3 *Die Ermittlung der Wachstumsstrategie*

Hat die Unternehmensleitung den Unternehmenszweck definiert und die Unternehmensziele konkret bestimmt, dann weiß sie, „wohin sie will". Es bleibt die Frage nach dem Wie, d. h. die Frage nach der konkreten Strategie. Die Festlegung der Unternehmensstrategie beinhaltet die Auswahl der Geschäftsfelder, die zur Erreichung der Ziele bearbeitet werden sollen, und die Allokation der im Zeitablauf jeweils verfügbaren Unternehmensressourcen (Kapital, Personal, Produktionskapazitäten etc.). „Die Strategie ist die Vorstellung des Unternehmens, wie der Krieg gewonnen werden soll. Sie sollte nicht mit der Taktik verwechselt werden, diese beinhaltet abgeleitete, auf das Gewinnen einzelner Schlachten abgestimmte Aktivitäten" (KOTLER 1989, S. 75).

In fast allen Unternehmen bilden die Steigerung des Umsatzes (d. h. die Steigerung des Umfangs ihrer Leistungsprogramme) und die Steigerung des Gewinns vorrangige Ziele. Diese Ziele können i. d. R. nur durch Unternehmenswachstum erreicht werden. Ausbleibendes Wachstum bzw. Stagnation wirken demotivierend auf das Management und die Belegschaft: „Stillstand ist Rückgang" wie der Volksmund sagt. Das Unternehmen benötigt deshalb eine Wachstumsstrategie, d. h., es muss im Kern diejenigen Investitionsrichtungen bestimmen, die mit der größten Wahrscheinlichkeit zum Überleben des Unternehmens und zu einer positiven Entwicklung führen. Mögliche Wachstumsstrategien sind in *Übersicht 9.3* aufgelistet.

Im oberen Teil der Übersicht sind mit der Produktführerschaft und der Kostenführerschaft zunächst zwei generische Wachstumsstrategien genannt, die sich auf das grundsätzliche Wachstumsziel beziehen, das wir bereits im 4. Kapitel ausführlich behandelt haben (vgl. Abschnitt 4.6). Dort hatten wir festgestellt, dass Unternehmenswachstum seinerseits ein Wachstum der Kapitalbasis des Unternehmens voraussetzt. Da die Kapitalbasis aber nicht ausschließlich durch zusätzliches Fremdkapital erweitert werden kann, ist dazu auch Eigenkapital – insbesondere in Form einbehaltener Gewinne – erforderlich. Ein Unternehmen kann aber c. p. umso größere Beträge und auch umso größere Anteile der erwirtschafteten Gewinne zur Finanzierung des Unternehmenswachstums einbehalten, je höher diese erwirtschafteten Gewinne sind.

Produktführerschaft (Differenzierung)		Kostenführerschaft
1. Intensives Wachstum	2. Integratives Wachstum	3. Diversifikatives Wachstum
- Marktpenetration	- Rückwärtsintegration	- Konzentrische Diversifikation
- Marktentwicklung	- Vorwärtsintegration	- Horizontale Diversifikation
- Produktentwicklung	- Horizontale Integration	- Konglomerative Diversifikation

Quelle: In Anlehnung an KOTLER 1989 und PORTER 1999 DECK93

Übersicht 9.3: Strategien für das Unternehmenswachstum

Prinzipiell gibt es unter marktwirtschaftlichen Rahmenbedingungen nur zwei Möglichkeiten zur Erreichung dieses Ziels. Ein Unternehmen kann entweder die Strategie der *Produktführerschaft* oder diejenige der *Kostenführerschaft* verfolgen. Unternehmen, die Produktführerschaft anstreben, versuchen Produkte herzustellen, die sich in ihren Eigenschaften und Qualitäten von denjenigen aller Wettbewerber in den Augen der Kunden so positiv abheben, dass sie auf ihren Märkten quasi als Monopolisten agieren können. Die Strategie der Produktführerschaft wird deshalb auch die *Strategie der Differenzierung* genannt (Porter 1999). Die dadurch erzielbaren, vergleichsweise hohen Produktpreise führen dann zu höheren Gewinnen und im Weiteren zu rascherem Unternehmenswachstum.

Unternehmen, die Kostenführerschaft anstreben, versuchen Standardprodukte gewisser Qualitätsstufen mit möglichst geringen Stückkosten herzustellen. Bei gegebenen Marktpreisen für die Produkte erreichen sie dadurch vergleichsweise hohe Stück- und Gesamtgewinne und im Weiteren ebenfalls rascheres Unternehmenswachstum.

Bei der ersten Strategie stehen die Neuproduktentwicklung und absatzpolitische Maßnahmen im Vordergrund der Bemühungen. Bei der zweiten Strategie wird man dagegen im Produktionsbereich des Unternehmens besondere Rationalisierungsanstrengungen vollziehen, z. B. durch eine vergleichsweise frühzeitige Nutzung des jeweils neuesten Standes der Produktionstechnologie.

Die im unteren Teil der *Übersicht 9.3* dargestellten Strategiealternativen für das Unternehmenswachstum sollen an einem konkreten Beispiel verdeutlicht werden: Eine regionale Bäckerei, die ihre Backwaren an den Großhandel und Lebensmittelfilialunternehmen liefert und ihre Rohstoffe als vorgefertigte Teige oder Backmischungen bezieht, droht bezüglich ihres Umsatzes und Gewinns zu stagnieren. Der Unternehmer denkt deshalb über Wachstumsstrategien nach.

Bei der Verfolgung des *intensiven Wachstums* können die Marktpenetration, die Marktentwicklung und die Produktentwicklung angestrebt werden. Die Strategien des intensiven Wachstums bieten sich grundsätzlich dann an, wenn das Unternehmen die in seinen gegenwärtigen Produkten und Märkten liegenden Möglichkeiten noch nicht voll ausgeschöpft hat.

Mit der *Marktpenetration* strebt das Unternehmen einen höheren Absatz seiner gegenwärtigen Produkte auf seinen gegenwärtigen Märkten an, indem es die Absatzbemühungen verstärkt. Die Bäckerei könnte versuchen, durch bessere Absatzkonditionen oder auch durch schnelleren Lieferservice den Absatz bei seinen derzeit belieferten Lebensmittelhändlern zu erhöhen. Die Bäckerei könnte des Weiteren versuchen, in ihren gegenwärtigen Absatzbereichen Kunden von Wettbewerbern zu gewinnen, indem sie bessere Lieferkonditionen und bessere Kontrahierungsbedingungen anbietet. Die Bäckerei könnte aber auch einen regionalen Markenbegriff für ihre Produkte aufbauen und durch Werbung bei den Endverbrauchern erreichen, dass diese ihre Produkte in den Einzelhandelsgeschäften verstärkt nachfragen.

Mit der *Marktentwicklung* strebt das Unternehmen einen höheren Absatz dadurch an, dass es seine gegenwärtigen Produkte auf neue Märkte bringt. Die Bäckerei könnte z. B. ihr Verkaufsgebiet ausdehnen, indem sie weiter entfernt liegende Einzelhändler als Kunden gewinnt. Die Bäckerei könnte aber auch neue Marktsegmente dadurch erschließen, dass sie z. B. versucht, Groß- und Anstaltsküchen als Kunden für ihre Backwaren zu gewinnen.

Mit der *Produktentwicklung* strebt das Unternehmen einen höheren Absatz durch verbesserte Produkte für die gegenwärtigen Märkte an. Die Bäckerei könnte ihren Brotsorten z. B. neue Produkteigenschaften – wie etwa eingebackene Körner und Nüsse – hinzufügen, um dadurch den Absatz im Lebensmitteleinzelhandel zu steigern. Die Bäckerei könnte auch hochwertigere Versionen ihrer Brotsorten herstellen oder aber Backmischungen aus organisch erzeugten Rohstoffen verwenden. Schließlich könnte die Bäckerei auch zusätzliche Produkte, wie Feinbackwaren, herstellen und damit ihre Angebotspalette für die Kunden attraktiver gestalten.

Zum *integrativen Wachstum* kann sich ein Unternehmen entschließen, wenn entweder die Branche vergleichsweise wachstumsträchtig ist oder das Unternehmen durch Rückwärts-, Vorwärts- oder Horizontalbewegung innerhalb der Branche seine Gewinne, seine Effizienz oder seine Marktmacht vergrößern kann.

Eine *Rückwärtsintegration* erfolgt, wenn ein Unternehmen mit Unternehmen der vorgelagerten Stufe vertikale Kooperationen bis hin zu Fusionen oder Unternehmensübernahmen eingeht oder die vorgelagerte Herstellungsstufe selber aufbaut. Die Bäckerei könnte auf diese Weise auf die Teig- und Backmischungsherstellung seiner Lieferanten Einfluss nehmen und an den Gewinnen partizipieren oder sogar eine eigene Teigherstellung aufbauen.

Eine *Vorwärtsintegration* ergibt sich, wenn ein Unternehmen versucht, auf der Distributionsseite vertikale Kooperationen einzugehen oder eigene Einzelhandelsfilialen aufzubauen. Die Bäckerei könnte z. B. mit kleineren, selbstständigen Facheinzelhandelsgeschäften kooperieren oder sogar mit ihnen fusionieren. Sie könnte aber auch eigene Filialen als Bäckereifachgeschäfte einrichten. Gerade im Backwarensektor ist diese Form des integrativen Wachstums verstärkt zu beobachten.

Eine *horizontale Integration* ergibt sich, wenn ein Unternehmen versucht, auf der Ebene der direkten Wettbewerber Eigentum zu erwerben, mit Wettbewerbern zu kooperieren oder auch zu fusionieren. Die Bäckerei könnte mit Wettbewerbern fusionieren, um die Marktstellung des dann größeren Unternehmens zu verbessern. Die horizontale Integration hat insbesondere in der Landwirtschaft eine große Bedeutung. Flächengebundene Pflanzenproduktionsunternehmen können im Allgemeinen nur wachsen, wenn sie zusätzliche Flächen oder ganze Unternehmen übernehmen. Kooperationen bei der Arbeitserledigung bieten sich als integrative Wachstumsstrategie ebenfalls an.

Zum *diversifikativen* Wachstum werden sich Unternehmen u. U. dann entschließen, wenn die bisherigen Geschäftsfelder kaum noch Wachstumschancen offen lassen und man sich von neuen Geschäftsfeldern Entwicklungschancen verspricht.

Mit der *konzentrischen Diversifikation* versucht ein Unternehmen, neue Produkte in seine Angebotspalette aufzunehmen, die technologische oder marketingbezogene Ähnlichkeiten mit der bisherigen Produktpalette aufweisen. Die Bäckerei könnte z. B. die Herstellung von Feinbackwaren oder von Keksen erwägen.

Mit der *horizontalen Diversifikation* versuchen Unternehmen, neue Produkte aufzunehmen, die zwar technologisch mit den vorhandenen Produkten nicht verwandt sind, aber für die bisherigen Kunden attraktiv sein können. Wenn die Bäckerei bereits über eigene Filialen verfügt, in denen sie bisher nur Backwaren verkauft hat, könnte sie das Sortiment durch Produkte erweitern, die mit dem Konsum von Backwaren einhergehen, z. B. durch Kaffee, Sahne, Brotaufstrich etc.

Mit Hilfe der *konglomerativen Diversifikation* versuchen Unternehmen, neue Produkte für neue Kundengruppen in ihr Leistungsprogramm aufzunehmen. Die Bäckerei würde das beispielsweise tun, wenn sie in ihrer Branche und ihrem Verkaufsgebiet sämtliche anderen Möglichkeiten des Wachstums ausgereizt hat und neue Anlagemöglichkeiten für das erworbene Kapital sucht. Aufgrund des Schatzes an ähnlichen Erfahrungen könnte die Bäckerei z. B. einen Metzgereibetrieb übernehmen und dafür Filialen als Fleischerfachgeschäfte aufbauen.

Das Beispiel zeigt, dass ein Unternehmen systematisch Wachstumschancen und -strategien identifizieren kann, indem es von seinem bisherigen Leistungsprogramm und seinen bisherigen Märkten ausgeht und zunächst diejenigen Chancen zu erkennen sucht, die sich auf den gegenwärtigen Märkten ergeben, als nächstes Erweiterungen des Leistungsprogramms oder der Märkte in Betracht zieht, Kooperationen und Fusionen sucht und schließlich ins Auge fasst, ob es mit neuen Produkten auf neuen Märkten tätig werden sollte.

9.2.1.1.4 Die Erstellung des Portfolio-Plans

Der letzte Teilbereich der strategischen Planung ist die Erarbeitung eines *Portfolio-Plans*. Die meisten Unternehmen bestehen aus mehreren Betriebszweigen bzw. Geschäftsbereichen. Die Unternehmensleitung muss nach Maßgabe der zu erwartenden Entwicklungen auf den relevanten Märkten von Zeit zu Zeit prüfen, ob der Portfolio-Mix, d. h. die Zusammensetzung der Geschäftsbereiche des Unternehmens, noch optimal ist, und dann entscheiden, welche Bereiche ausgedehnt, welche nur erhalten und welche womöglich abgebaut werden sollten.

Die erste Teilaufgabe besteht dann in einer möglichst klaren Aufgliederung der Portfolios in *strategische Geschäftsbereiche*. Das ist wegen der Verbundenheit vieler Produktionsbereiche nicht immer ganz einfach. Ein idealer strategischer Geschäftsbereich sollte ein vergleichsweise selbstständiges Gebilde innerhalb des Unternehmens sein (z. B. die Schweineproduktionsanlage in einem großen landwirtschaftlichen Unternehmen oder die Mähdrescherherstellung bei einem sog. „Full-Liner" der Landmaschinenbranche oder auch der Milchproduktebereich eines Lebensmittelherstellers). Ein strategischer Geschäftsbereich hat also eine Aufgabe, die sich von den Aufgaben anderer Geschäftsbereiche deutlich abhebt. Er hat seine eigenen Wettbewerber (z. B. andere Mähdrescherhersteller), wird von einem verantwortlichen Manager geführt, kann von der strategischen Planung für das Unternehmen profitieren und kann weitestgehend unabhängig von anderen Geschäftsbereichen des Unternehmens gestaltet und geführt werden.

Im nächsten Schritt müssen sämtliche strategischen Geschäftsbereiche des Unternehmens so klassifiziert werden, dass deutlich wird, welche Zuweisung von Ressourcen (Investitionsmittel, Personal etc.) zukünftig jeweils erfolgen sollte. Ein bekanntes Schema für diese Klassifizierung wurde von der Boston Consulting Group entwickelt (vgl. HOFER und SCHENDEL 1978). Dabei werden die strategischen Geschäftsbereiche eines Unternehmens in einer Portfolio- oder Wachstumsanteilsmatrix so geordnet, wie es die Übersicht 9.4 für das Beispiel eines „Full-Liners" der Landmaschinenbranche zeigt.

Auf der Ordinate der Matrix wird die Wachstumsrate des Marktes für den Geschäftsbereich in % je Jahr abgetragen und der maximale Wachstumsbereich dann in eine obere und untere Hälfte aufgegliedert. Auf der Abszisse werden die relativen Marktanteile, die die Produkte der ein-

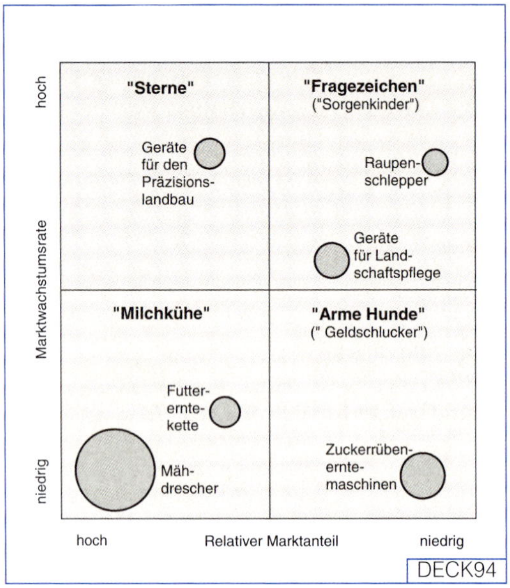

Übersicht 9.4: Die Portfoliomatrix der Boston Consulting Group, dargestellt am Beispiel der strategischen Geschäftsfelder eines „Full-Liners“ der Landmaschinenbranche

zelnen Geschäftsbereiche haben, abgetragen. Der relative Marktanteil wird gemessen am Marktanteil des wichtigsten Wettbewerbers. Auch die Abszisse wird in zwei Hälften mit hohen und niedrigen relativen Marktanteilen aufgeteilt. Den so entstehenden vier Quadranten werden dann die strategischen Geschäftsfelder des Unternehmens zugeordnet.

Jeder Quadrant beschreibt in Bezug auf die erzielbaren Geldüberschüsse charakteristische Eigenheiten: „Sterne“ sind Geschäftsfelder mit hohen Marktwachstumsraten und gleichzeitig hohen Marktanteilen des Unternehmens. Sie erfordern umfangreiche Geldmittel zur Finanzierung ihres raschen Wachstums. Bei dem Landmaschinenhersteller könnte das z. B. die Technologie für den Präzisionslandbau sein (georeferenzierte Ertragsdatenerfassung, Erfassung von Bodeneigenschaften und teilflächenspezifische Werkstoffapplikation). Im Laufe der Entwicklung wird sich die Wachstumsrate der „Sterne“ verringern. Sie werden dann zu sog. „Milchkühen“ und damit zur wesentlichen Quelle für Geldüberschüsse, die für Investitionen in anderen Geschäftsbereichen verwendet werden können.

„Milchkühe“ sind Geschäftsbereiche mit hohem Marktanteil, aber nur noch geringen Marktwachstumsraten („gesättigte Märkte“). Bei dem Landmaschinenhersteller könnten das z. B. die Mähdrescher oder die Futtererntеketten sein. Die Milchkühe werfen jedoch – wie gesagt – hohe Geldüberschüsse ab.

„Fragezeichen“ – auch „Sorgenkinder“ genannt – sind Geschäftsbereiche mit geringen Marktanteilen des Unternehmens, die sich aber in stark wachsenden Märkten befinden. Sie erfordern hohe Finanzmittel zur Erhaltung und evtl. zum Ausbau des Marktanteils. Die Unternehmensleitung muss hier entscheiden, ob diese Geschäftsbereiche ausgebaut, eingeschränkt oder gar ganz eingestellt werden sollen. Bei dem Landmaschinenhersteller könnte es sich beispielsweise um Traktoren für den Landbau in hängigen Lagen oder um Raupenschlepper für Großbetriebe handeln.

„Arme Hunde" – auch „Geldschlucker" oder „Problemprodukte" genannt – sind Geschäftsbereiche mit geringer Marktwachstumsrate und geringem Marktanteil. Sie können zwar gewisse Geldüberschüsse erzeugen, werden aber nie zu großen Geldquellen. Bei dem Landmaschinenhersteller könnte es sich z. B. um den Bereich der Herstellung von Zuckerrübenerntemaschinen handeln, den er beim Kauf des Unternehmens eines Wettbewerbers übernommen hat und wo der streng regulierte und in der Tendenz schrumpfende Markt für Zuckerrüben kein Wachstum ermöglicht. Starke – spezialisierte – Wettbewerber verhindern zudem eine Steigerung des Marktanteils.

Die Verteilung der Geschäftsbereiche auf die vier Quadranten der Matrix zeigt, wo das Unternehmen steht, und liefert Ansatzpunkte für die strategische Planung, nämlich für die Beantwortung der Frage, wo das Unternehmen zukünftig stehen sollte.

Selbstverständlich ist ein Unternehmen mit „Sternen" und einigen großen „Milchkühen" positiver einzuschätzen als ein Unternehmen, dessen Portofolio-Mix überwiegend aus „Armen Hunden" und „Fragezeichen" besteht.

Im nächsten Schritt der strategischen Planung ist deshalb zu entscheiden, welche Strategie für jeden einzelnen Geschäftsbereich im Sinne einer effizienten Allokation der Finanzmittel des Gesamtunternehmens eingeschlagen werden sollte. Vier Basisstrategien sind möglich:

(1) *Aufbauen:* Diese Strategie zielt auf eine Verbesserung der Marktposition. Die Unternehmensleitung ist zur Erreichung dieses Zieles bereit, eine kurzfristig schlechte Ertragslage in Kauf zu nehmen. Die Strategie des Aufbauens kommt für „Fragezeichen" in Betracht, deren Marktanteil wachsen muss, wenn sie „Sterne" werden sollen.
(2) *Erhalten:* Bei dieser Strategie soll die Erhaltung des Marktanteils eines Geschäftsbereiches sichergestellt werden. Sie eignet sich für große „Milchkühe", die auch zukünftig hohe Geldüberschüsse erbringen sollen.
(3) *Abmelken:* Mit dieser Strategie soll eine kurzfristige Erhöhung der Geldüberschüsse ohne Rücksicht auf längerfristige Konsequenzen erreicht werden. Sie kann bei schwachen „Milchkühen" mit ungewisser Zukunft eingesetzt werden, lässt sich aber auch bei „Fragezeichen" und „Armen Hunden" anwenden.
(4) *Ablegen:* Diese Strategie zielt auf die Auflösung oder den Verkauf eines Geschäftsbereiches, um das darin gebundene Kapital und das darin eingesetzte Personal anderweitig gewinnträchtiger verwenden zu können. Sie ist geeignet für „Arme Hunde" und „Fragezeichen", von denen die Unternehmensleitung annimmt, dass sie nicht zum Wachsen gebracht werden können.

Nachdem die vier Hauptschritte der strategischen Planung – nämlich Zweckbestimmung, Zielformulierung, Festlegung der Wachstumsstrategien und Erarbeitung des Portfolio-Plans – vollzogen sind, müssen die Ergebnisse in einem konkreten Perspektivplan oder Unternehmensentwicklungsplan schriftlich niedergelegt werden. Dieser Plan bildet dann die Grundlage für weitere Teilplanungen in den einzelnen Geschäftsbereichen.

Die strategische Planung sollte allerdings keine einmalige Aktion bleiben. Vielmehr sollte sie als *rollende Planung* angelegt werden: Der im Jahre 2007 erstellte Unternehmensentwicklungsplan für die Jahre 2008 bis 2017 wird im Jahre 2008 für den Zeitraum von 2009 bis 2018 angepasst und so fort. Damit kann jeweils rechtzeitig auf unvorhergesehene Änderungen der Unternehmensumwelt reagiert werden.

Hinzuzufügen bleibt, dass es für die strategische Planung kein streng formalisiertes, einheitliches Planungshilfsmittel gibt. Für wesentliche Teilbereiche werden aber vorrangig mathematische Optimierungsmodelle und Investitionsplanungsverfahren eingesetzt, wie wir sie in den vorhergehenden Kapiteln kennen gelernt haben. Selbstverständlich finden auch ökonometrische Verfahren der Marktanalyse und Marktprognose Anwendung. Der Unternehmensentwicklungsplan besteht dann jedoch aus einem Bericht, in dem die Ergebnisse der verschiedenen Schritte der strategischen Planung und die Ergebnisse der Anwendung formalisierter Planungshilfsmittel niedergelegt sind. Er zeigt die Perspektiven für das Unternehmen auf und dient damit gleichzeitig zur Motivation des Managements und der Belegschaft.

9.2.1.2 Die strategische Kontrolle als Revision und Evaluierung

Von Zeit zu Zeit sollte jedes Unternehmen die Eignung des Unternehmenszwecks und der Unternehmensziele und die Wirksamkeit der Unternehmensstrategien und des Portfolio-Mix überprüfen, und zwar umfassender, als es im Rahmen der üblichen Jahreskontrolle geschieht.

Eine derartige *strategische Kontrolle* wollen wir als *Unternehmensevaluierung* oder *Unternehmensrevision* bezeichnen. Diese Revision kann entweder durch die Unternehmensleitung bzw. durch die Leiter der einzelnen Geschäftsbereiche selber oder aber durch externe Revisoren einer Unternehmensberatungsfirma erfolgen. Es hat sich herausgestellt, dass die Revision durch externe Revisoren zwar oft kostenträchtiger, dafür aber auch sehr viel objektiver ist als diejenige durch unternehmensinterne Revisoren. Interne Revisoren sind oft nicht objektiv, außerdem können sie „betriebsblind" sein. Professionelle externe Revisoren als Unternehmensberater haben neben ihrer größeren Objektivität den wesentlichen Vorteil, dass sie Revisionen in vielen Unternehmen durchführen und die dabei gewonnenen Vergleichsmöglichkeiten positiv in eine Revision einbringen können. (Salopp wird deshalb die Beratung durch externe Berater bzw. Revisoren auch als „organisierter geistiger Diebstahl" bezeichnet, wobei das jedoch keinesfalls negativ gemeint ist.)

Wir definieren: Eine Unternehmensevaluierung oder Unternehmensrevision als Kernstück der strategischen Kontrolle ist eine unabhängige Untersuchung der gesamten Aktivitäten eines Unternehmens, die die relevante Unternehmensumwelt, den Unternehmenszweck, die Unternehmensziele, die Unternehmensstrategien und den Portfolio-Mix des Unternehmens zum Gegenstand hat. Eine Unternehmensrevision besteht grundsätzlich aus drei Schritten, nämlich (1) der Feststellung dessen, was im Unternehmen getan wird, (2) einer Bewertung dessen, was getan wurde und (3) der Erarbeitung von Empfehlungen darüber, was zukünftig getan werden sollte.

Im ersten Schritt (Ermittlung des Ist-Zustandes) geht man zweckmäßigerweise von den Zielen des Unternehmens aus. Die Ermittlung der Ziele erscheint zunächst trivial, bereitet in der Praxis aber häufig Probleme. In vielen Fällen sind die Ziele überhaupt nicht oder nur unzureichend konkret formuliert. Oft werden auch die Unternehmensziele von der Unternehmensleitung ganz anders formuliert, als sie von den Mitarbeitern gesehen werden. In einem solchen Fall kann eine „betriebsbezogene" Denkweise der Mitarbeiter, die eine Koordination aller Unternehmensbereiche in Richtung auf die Gesamtziele ermöglicht, kaum erreicht werden. Mit anderen Worten: Die Zielhierarchie der Unternehmen ist häufig unvollständig und in sich nicht widerspruchsfrei.

Nachdem die Unternehmensziele in mehr oder weniger befriedigendem Ausmaße festgestellt sind, erfolgt die Untersuchung der Maßnahmen zur Erreichung dieser Ziele, nämlich die Analyse der Unternehmensstrategien und des Portfolio-Mix. Dabei interessieren der Umfang und die Effizienz der einzelnen Leistungsprozesse und des gesamten Leistungsprogramms. So können z. B. unter Berücksichtigung der ebenfalls zu analysierenden Unternehmensumwelt die Intensität der Anlagennutzung und das Produktionsprogramm nicht mehr optimal an die derzeitigen und zu erwartenden Preisstrukturen für Produktionsfaktoren und Produkte angepasst sein. Eine wichtige Quelle für derartige Analysen ist die Ist-Kosten-Leistungs-Rechnung des Unternehmens, insbesondere dann, wenn sie für mehrere Jahre vorliegt und dadurch abzuleiten erlaubt, wie sich das Unternehmen bisher entwickelt hat.

Im zweiten Schritt der Unternehmensrevision (Bewertungsphase) wird dann systematisch analysiert, ob die Unternehmensziele noch den relevanten Umweltbedingungen des Unternehmens und seiner Ressourcenausstattung entsprechen. Des Weiteren sind – wie bereits im ersten Schritt angesprochen – die Unternehmensstrategien und das Leistungsprogramm zu analysieren. Beide sollten an die Unternehmensziele angepasst sein.

Im dritten Schritt der Unternehmensrevision (Empfehlungen) werden Verbesserungsvorschläge zur Beseitigung der festgestellten Mängel bei den Zielen und den Maßnahmen erarbeitet. Die Vorschläge können sich auf eine Revision oder eine Anpassung von Zielinhalten beziehen oder gar in der Forderung münden, die Ziele überhaupt erst einmal operational, vollständig und widerspruchsfrei zu formulieren. Des Weiteren werden hier die Entwicklungstendenzen der Märkte des Unternehmens aufgezeigt und daraus Anpassungen für die Unternehmensstrategie und den Portfolio-Mix vorgeschlagen. Da es bei dem langfristigen Unternehmensentwicklungsplan nicht nur um die Prozess-, sondern ganz wesentlich auch um eine Strukturoptimierung geht, werden Empfehlungen zum Investitionsprogramm und zum langfristigen Finanzierungsprogramm einbezogen. Verbesserungsvorschläge können sich schließlich auch auf die im Unternehmen verwendeten Planungs- und Kontrollrechnungsverfahren sowie auf die Personalführung beziehen. Damit kann die Unternehmensrevision auch Vorschläge zur Aufbau- und Ablauforganisation des Unternehmens unterbreiten.

Insgesamt werden die einzelnen Schritte der Unternehmensrevision von den externen Revisoren bzw. Beratern zu einem Bericht zusammengefasst, der dann von der Unternehmensleitung in einer neuerlichen strategischen Planung umgesetzt werden sollte.

9.2.2 Die Jahresplanung und die Jahreskontrolle

9.2.2.1 Die Jahresplanung

Mit der *Jahresplanung* werden die Soll-Vorgaben für die Mengen- und Preisgerüste und für die Einnahmen und Ausgaben in den einzelnen Unternehmensbereichen in Monatsschritten konkret festgelegt. Bei der Erstellung des Planes können drei unterschiedliche Vorgehensweisen gewählt werden. Die erste wird „Planung von oben nach unten" *(top-down-approach)* genannt, weil dabei die Unternehmensleitung nicht nur die Jahresziele im Einzelnen festlegt, sondern auch den Plan der Zielerreichung für alle Ebenen und Bereiche des Unternehmens erstellt. Dieser Vorgehensweise liegt ein autoritärer oder patriarchalischer Führungsstil zugrunde, bei dem angenommen wird, dass die Mitarbeiter Verantwortung scheuen und lieber geführt werden wollen (vgl. dazu auch Abschnitt 5.5).

Die zweite Vorgehensweise ist die „Planung von unten nach oben" (*bottom-up-approach*). Die einzelnen Bereiche des Unternehmens legen dabei auf der Grundlage dessen, was sie bestenfalls für erreichbar halten, eigene Ziele und auch eigene Pläne fest. Diese müssen dann durch die Unternehmensleitung genehmigt werden. Dieser Vorgehensweise liegt ein partizipativer oder demokratischer Führungsstil zugrunde, bei dem angenommen wird, dass die Mitarbeiter Arbeit und Verantwortung suchen und kreativer sowie mit größerem Einsatz arbeiten, wenn sie an der Planung und Entscheidung beteiligt werden.

In den meisten Unternehmen wird die dritte Vorgehensweise gewählt, nämlich „Rahmenbedingungen von oben, Pläne von unten" (*Planung nach dem Gegenstromprinzip*). Hierbei muss die Unternehmensleitung den Überblick über die Möglichkeiten und Begrenzungen des Unternehmens behalten und daraus gewisse Rahmenbedingungen vorgeben. Die einzelnen Bereiche des Unternehmens sind dann für die Erstellung der Einzelpläne mit Zielen und Maßnahmen zuständig. Aus diesen Plänen wird – nach Genehmigung durch die Unternehmensleitung – der Jahresplan als Soll-Vorgabe für das Gesamtunternehmen.

Die Arbeiten zum Jahresplan müssen jeweils so rechtzeitig vor Beginn des folgenden Wirtschaftsjahres begonnen werden, dass am Ende des derzeitigen Wirtschaftsjahres nur noch die Jahresanfangsbestände an Gütern und Geld in den Plan eingefügt werden müssen, um daraus dann die Beschaffungs- und Lagerhaltungspläne und den Finanzplan generieren zu können. Ein Beispiel für einen Finanzplan hatten wir bereits in Abschnitt 8.8 kennen gelernt.

Der dort dargestellte Plan ist allerdings erst das Ergebnis zahlreicher Vorarbeiten. Computergestützte Jahresplanungsmodelle arbeiten nach einem System, wie es – als Beispiel – in *Übersicht 9.5* dargestellt ist. Bei diesem Beispiel handelt es sich um die Vorgehensweise des Modells CASHPLAN, das für landwirtschaftliche Unternehmen und Unternehmen des Ernährungshandwerks eingesetzt wird (Siebert 2004).

Die Jahresplanung beginnt mit der Erstellung von Preisplänen für sämtliche im Betrieb verwendeten Produktionsfaktoren und hergestellten Produkte. Dazu bedient man sich auf der Basis vergangener Preiszeitreihen der Hilfe von geeigneten Prognoseverfahren.

Im zweiten Schritt wird der Arbeitsangebotsplan erstellt. Er ist die eine Seite des Arbeitsvorschlages, wie wir ihn in Abschnitt 5.6.3 bereits ausführlich dargestellt haben.

Im dritten Schritt wird der Produktionsstellenplan erstellt. Er hat insbesondere für den Pflanzenproduktionsbereich von landwirtschaftlichen Betrieben Bedeutung, wo entschieden werden muss, auf welchen Feldstücken welche Nutzpflanzen angebaut werden sollen. Auf der Basis von Fruchtfolgerestriktionen kann man dafür Allokationsmodelle einsetzen, wie sie im Abschnitt 6.6.1.3 mit der linearen und der nichtlinearen Programmierung vorgestellt wurden.

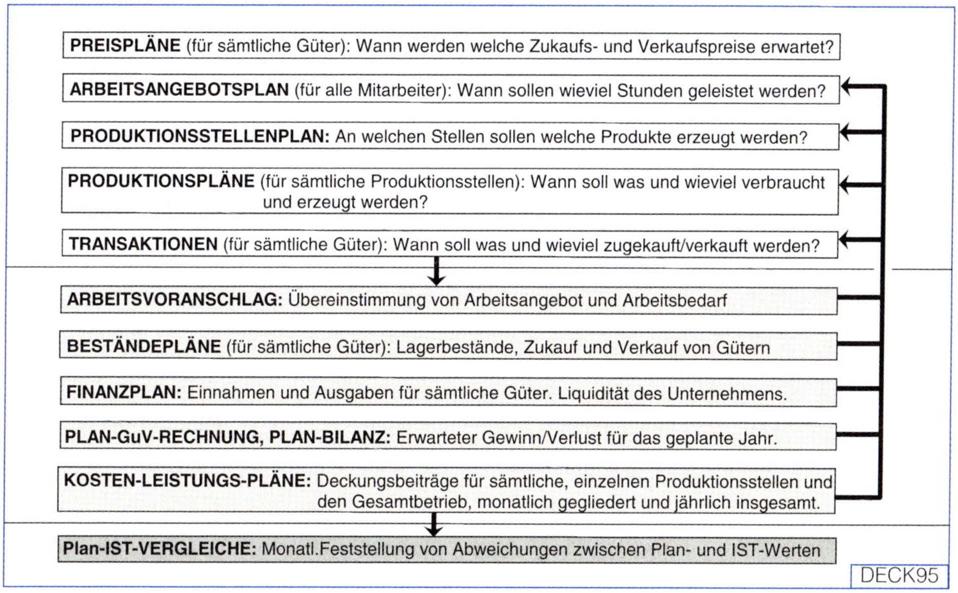

Übersicht 9.5: Vorgehensweise zur Erstellung des Jahresplans mit dem Modell CASHPLAN

Im vierten Schritt werden die Produktionspläne für sämtliche Produktionsstellen im Einzelnen festgelegt. Hier geht es insbesondere um die Erarbeitung der Mengengerüste der Produktion. Die Summe der Mengengerüste aller Produktionsstellen liefert dann die Faktor- und Produktmengen als Grundlage für den Beschaffungs-, den Lagerhaltungs- und – bei lagerfähigen Produkten – die Auslieferungsplanung.

Diese Pläne werden im fünften Schritt mit der Bestimmung der Transaktionen erstellt. Als Voraussetzung für die Liquiditätsplanung ist dabei festzulegen, wann, was und wie viel zugekauft und verkauft werden soll. Auf die zugehörige Vorgehensweise sind wir bereits in Abschnitt 8.8 zur Finanzplanung eingegangen.

Auf der Grundlage dieser Pläne als Daten-Inputs für das Jahresplanungsmodell werden die im unteren Teil der *Übersicht 9.5* aufgeführten Pläne vom Computer generiert.
Der Arbeitsvoranschlag zeigt die Übereinstimmung von Arbeitsangebot und Arbeitsnachfrage (vgl. zum Arbeitsvoranschlag Abschnitt 5.6.3).

Bei den Beständeplänen wird von den in das Modell ebenfalls einzugebenden Anfangsbeständen ausgegangen und dann nach Maßgabe der Produktionspläne generiert, wann welche Produkt- und Faktormengen aus den Lägern abfließen bzw. wann welche Faktormengen zugekauft werden müssen. Die Beständepläne sind also gleichzeitig die Beschaffungspläne.

Der Finanzplan zeigt – monatlich gegliedert – die einzelnen erwarteten Einnahmen und Ausgaben des Unternehmens. Für die direkt produktionsbezogenen Einnahmen und Ausgaben entstehen sie durch Multiplikation der Faktorverbrauchs- und Produkterzeugungsmenge mit den vorher bestimmten Ankaufs- und Verkaufspreisen. Der Finanzplan ist prinzipiell so aufgebaut, wie es in Abschnitt 8.8 gezeigt wurde.

Aus dem Finanzplan werden des Weiteren – unter Zuhilfenahme der Anfangs- und Endbestände aus den Beständeplänen – die Plan-G.u.V.-Rechnung und die Plan-Bilanz prinzipiell so generiert, wie es in Abschnitt 4.4 dieses Buches für die Ist-G.u.V.-Rechnung und die Ist-Bilanz im Einzelnen abgeleitet wurde.

Der Jahresplan wird vervollständigt durch Kosten-Leistungs-Pläne. Hier werden die Deckungsbeiträge für sämtliche Produkte bzw. Produktionsstellen und den Gesamtbetrieb – monatlich gegliedert und zusammengefasst – für das Planjahr erzeugt. Diese Kosten-Leistungs-Pläne bilden zusammen mit dem Finanzplan, der Plan-G.u.V.-Rechnung und der Plan-Bilanz die Grundlage für den nachfolgenden Arbeitsschritt während des Jahres, bei dem die Planwerte mit den sukzessive eingehenden Ist-Werten verglichen werden, um bei Abweichungen rechtzeitig Korrekturmaßnahmen einleiten zu können. Diese Plan-Ist-Vergleiche sind im Fuß der *Übersicht 9.5* angedeutet.

Selbstverständlich verläuft der Prozess der Jahresplanung nicht so linear, wie eben beschrieben. Vielmehr kann sich in späteren Stadien der Planung immer wieder herausstellen, dass sie mit früheren Stadien nicht kompatibel sind. Die Planung verläuft deshalb iterativ, was mit den Pfeilen auf der rechten Seite der *Übersicht 9.5* angedeutet wurde.

Überdies sollte die Jahresplanung eingebettet sein in ein umfassenderes Planungs- und Kontrollsystem, wie es in *Übersicht 9.6* am Beispiel des Entscheidungs-Unterstützungs-Systems Marienborn skizziert ist. Dieses System wird auf dem Lehr- und Versuchsbetrieb Marienborn-Heldenbergen der Justus-Liebig-Universität eingesetzt, optimiert und sukzessive fortentwickelt. Dabei steht das Jahresplanungsmodell CASHPLAN im Mittelpunkt verschiedener Planungs- und Kontrollmodule (vgl. KUHLMANN und BRODERSEN 1999a; KUHLMANN und BRODERSEN 1999b; KUHLMANN und BRODERSEN 2001).

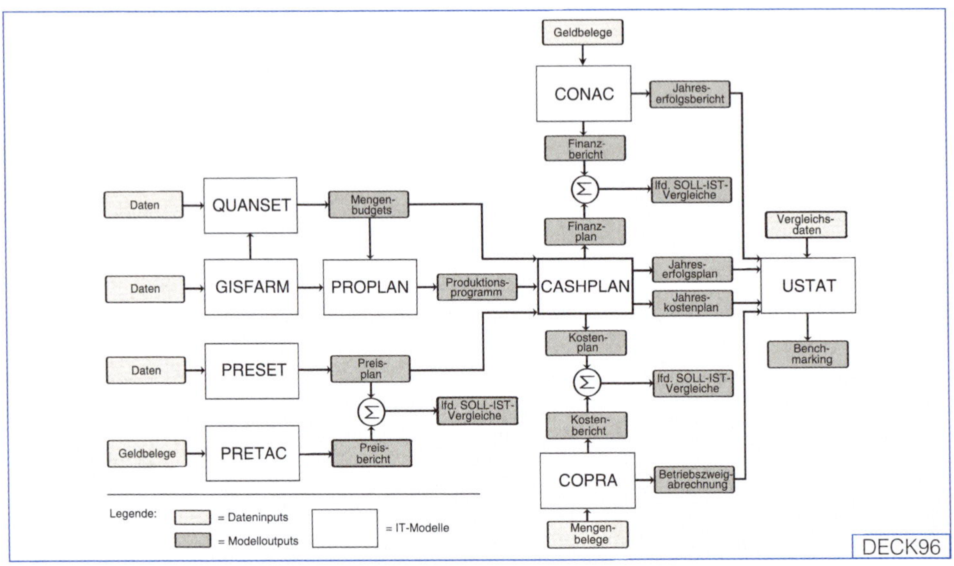

Übersicht 9.6: Entscheidungs-Unterstützungs-System (EUS) MARIENBORN

Mit dem Modul QUANSET werden die Mengengerüste, d. h. die einzelnen Produktionspläne, generiert. Ergebnis sind dann die Faktorverbrauchs- und Produktmengen-Budgets.

Mit dem Modul GISFARM werden – als einer wichtigen Voraussetzung für die Erstellung der Produktionspläne im Rahmen der Präzisionslandwirtschaft – die zu erwartenden Erträge für die pflanzlichen Produkte aufgrund der georeferenziert erfassten Bodeneigenschaften (pflanzenverfügbares Wasser, Bodenzahl etc.) vorhergeschätzt. Hier geht es um die Feststellung der Erträge nach Maßgabe der nichtkontrollierbaren Wachstumsfaktoren. Die prinzipiellen Zusammenhänge dazu wurden in Abschnitt 6.5.5 im Einzelnen beleuchtet.

Das Modell PROPLAN ist ein Allokationsmodell auf der Basis der linearen und nichtlinearen Programmierung. Mit dem Modell wird die Belegung der einzelnen Feldstücke ermittelt.

Das Modell PRESET dient schließlich zur Prognose der An- und Verkaufspreise, die für die Preispläne des Modells CASHPLAN benötigt werden.

Die *Übersicht 9.6* zeigt weitere Modelle und darüber hinaus verschiedene Soll-Ist-Vergleiche. Sie dienen der Kontrolle des Betriebsablaufes und sollen im folgenden Abschnitt 9.2.2.2 näher behandelt werden.

An dieser Stelle sei jedoch hinzugefügt, dass es mehrere Jahre dauern kann, bis ein Jahresplanungssystem erfolgreich arbeitet. Anfangs wehrt sich ein Teil der Mitarbeiter dagegen, Pläne für den Verantwortungsbereich zu erstellen. Dieser Widerstand ergibt sich aus dem Wunsch, sich angesichts der Unsicherheit der Erwartungen (Preise, Witterung, sonstige „Störvariablen") nicht im Vorhinein auf konkrete Ziele und Strategien festlegen zu müssen, des Weiteren aus der Vorstellung, dass man in der zur Erstellung des Planes erforderlichen Zeit „wichtigere" Dinge tun könnte, und schließlich aus der falschen Auffassung, dass Planung und Pläne etwas sind, was die Unternehmensleitung beschwichtigen soll, statt sie als Werkzeuge für den persönlichen Gebrauch bei der Leistungsverbesserung zu betrachten. Aufgrund dieser Widerstände sollte die Unternehmensleitung eine Strategie für eine wirksame Einführung des Planungsgedankens erarbeiten. Die Unternehmensleitung braucht also einen „Plan für die Planung" und einen Plan dafür, wie die Mitarbeiter von den Vorteilen der Planung überzeugt werden können.

Dabei erweist es sich als nützlich, die Vor- und Nachteile einer formalisierten Planung mehrfach mit den Mitarbeitern zu diskutieren. Die folgenden Argumente können für die Planung ins Feld geführt werden: Die Planung fordert (1) systematisches Vorausdenken, sie hilft (2) zu einer besseren Kenntnis der Betriebsabläufe, sie erzwingt (3) eine explizite Darstellung der Unternehmensziele und allgemeinen Grundsätze, sie bereitet (4) auf unvorhergesehene Ereignisse vor und sie vermittelt (5) den Mitarbeitern genauere Vorstellungen zu den Wechselbeziehungen zwischen den einzelnen Unternehmensbereichen.

Die Entwicklung eines Jahresplanungssystems wird durch die Bestimmung eines verantwortlichen „Planungsmanagers" erleichtert. (In kleinen Unternehmen wird das meist der Unternehmer selber sein.) Der Planungsmanager fragt jeden Mitarbeiter nach dessen Vorstellungen zum Planungssystem, entwickelt z. B. mit Hilfe eines Tabellenkalkulationsprogramms einen einfachen Prototyp für ein Planungsverfahren und testet ihn unter Einbeziehung der Mitarbeiter solange, bis er anwendungsreif ist. Sind das Planungsverfahren und der zeitliche Ablauf für die einzelnen Planungsschritte – möglichst im Konsens – vereinbart, so hilft der Planungsmanager bei der Datenerfassung und der Planerstellung für die einzelnen Betriebsbereiche. Die ersten Pläne sollten kurz und praktisch sein. Im Laufe der Jahre wird sich jedoch die Bereitschaft der Mitarbeiter zur Erstellung von umfassenderen und tiefer gegliederten Plänen erhöhen, insbesondere dann, wenn sie im Rahmen der Jahreskontrolle Berichte erhalten, die eventuelle Abweichungen zwischen Plan- und Ist-Werten und deren Ursachen aufzeigen.

9.2.2.2 Die Kontrolle des Jahresplans

9.2.2.2.1 Die Verlaufskontrolle

Mit der Kontrolle des Jahresplanes wird während des Jahres – meist in monatlichen Schritten – festgestellt, ob und in welchen Umfängen die im Jahresplan festgelegten Ergebnisse erreicht werden. Falls sich Abweichungen zwischen Plan- und Ist-Werten ergeben, werden die Gründe dafür analysiert.

Abweichungen können prinzipiell drei Ursachen haben: (1) Die Marktumwelt des Unternehmens kann sich unvorhergesehen verändert haben. Zum Beispiel können für die Preise der Produktionsfaktoren und Produkte – ohne dass das Unternehmen diese Entwicklungen beeinflussen konnte – im Laufe des Jahres andere Werte eingetreten sein, so dass die Ausgaben bzw. die Kosten höher und die Einnahmen bzw. die Leistungen geringer sein können als vorhergeplant. (2) Die Mitarbeiter können bei der Ausführung ihrer Tätigkeiten nicht so effizient gearbeitet haben, wie es vorher angenommen wurde. Abweichungen sind dann durch unzureichenden Einsatzwillen der Mitarbeiter bedingt. (3) Auch die Planvorgaben können unrealistisch hoch angesetzt worden sein. Diese Vorgaben lassen sich mit den produktions- und marketingtechnischen Gegebenheiten des Unternehmens nicht erreichen.

Im ersten Fall bleibt dem Unternehmen nichts anderes übrig, als sich mit kurzfristigen Korrekturmaßnahmen an die Veränderungen anzupassen. Unter Umständen muss der Jahresplan überarbeitet werden. Für den zweiten Fall ergeben sich jedoch unternehmensinterne Einflussmöglichkeiten, die von engerer Personalführung bis zur Entlassung ungeeigneter und Neueinstellung befähigterer Mitarbeiter reichen können. Um während des Jahres festzustellen, ob der erste oder der zweite Ursachenkomplex dominierend ist, werden die im Laufe des Jahres entstehenden Ist-Verbrauchs- und Erzeugungsmengen häufig mit den vorher festgelegten Plan-Preisen und nicht mit den tatsächlich eintretenden Ist-Preisen bewertet. Abweichungen zwischen den Plan- und Ist-Werten können dann nur noch durch Differenzen bei den Mengengrößen verursacht sein.

Gerade in der Landwirtschaft, wo insbesondere die pflanzenbaulichen Produktmengen außer von den kontrollierbaren Wachstumsfaktoren auch von den nichtkontrollierbaren Wachstumsfaktoren beeinflusst werden, ist bei Schlussfolgerungen jedoch Vorsicht geboten. Zu geringe Erträge bei den pflanzlichen Produkten können einerseits z. B. durch zum falschen Zeitpunkt durchgeführte Pflanzenschutzmaßnahmen, andererseits aber auch durch vergleichsweise ungünstige Witterungsbedingungen verursacht sein. Eine Differenzierung dieser beiden Ursachenkomplexe gelingt nur, wenn man die Erträge des eigenen Betriebes mit denjenigen besonders erfolgreicher Wettbewerber, die unter möglichst ähnlichen Produktionsbedingungen arbeiten, vergleicht.

Den dritten Ursachenkomplex werden die Mitarbeiter des Unternehmens i. d. R. als ersten Grund für eine mangelhafte „Planerfüllung" anführen: Die Ziele waren nicht erreichbar, weil sie zu hoch angesetzt wurden. Anhaltspunkte darüber, ob die Ziele tatsächlich unrealistisch formuliert sind, kann man wiederum durch einen Vergleich mit den Zielen anderer unter gleichen Bedingungen arbeitenden Unternehmen gewinnen. Externe Unternehmensberater mit ihrem Wissen aus vielen Unternehmen können dabei sehr behilflich sein.

Zur Verdeutlichung der Jahresplankontrolle wollen wir nochmals auf die *Übersicht 9.6* eingehen. Neben den Planungsmodulen sind dort mit CONAC und COPRA zwei Kontrollinstrumente aufgeführt. Bei CONAC handelt es sich um die laufende Geschäftsbuchhaltung des Unternehmens. Sie liefert in Form der monatlichen Finanzberichte die Ist-Daten für den monatlichen Plan-Ist-Vergleich unter Berücksichtigung der Plan-Daten des Finanzplanes, der seinerseits von CASHPLAN generiert wird.

COPRA ist das Modul für die laufende Betriebsbuchhaltung in Form der Ist-Kosten-Leistungs-Rechnung. Dieses Modul liefert monatliche Kostenberichte. Zusammen mit den Kostenplänen aus CASHPLAN werden daraus die laufenden Plan-Ist-Vergleiche zur Wirtschaftlichkeit der einzelnen Betriebsbereiche generiert.

Übersicht 9.7 zeigt am Beispiel eines Einproduktunternehmens der Schlachtschweineproduktion mit kontinuierlicher Mast einige Plan-Ist-Vergleiche. Der obere Teil bezieht sich auf die Kontrolle der produktionsbezogenen Geldströme. Das Unternehmen hat die Einnahmen und die Ausgaben und als Saldo den Geldüberschuss für das Wirtschaftsjahr vorausgeplant und befindet sich derzeit am Ende des ersten Halbjahres (31. Dezember). Für die Monate Juli bis Dezember liegen also bereits Ist-Werte vor. Der Dezember-Ist-Wert wird bis zum Jahresende fortgeschrieben, um zu zeigen, welche Einnahmen und Ausgaben zur Planerfüllung bis zum Jahresende noch erforderlich wären. Bei den Werten in den einzelnen Monaten handelt es sich um kumulierte Werte, d. h. der Monat August enthält die Summe aus den Monaten Juli und August usw.

Ein Vergleich der Plan-Werte mit den Ist-Werten zeigt, dass das Unternehmen zwischenzeitlich sehr gut „im Rennen" lag, sich aber in den letzten beiden Monaten eine Lücke beim Geldüberschuss auftut.

Zur Aufdeckung der Ursachen werden dazu die Produktmengen und die Faktorverbrauchsmengen für das Plan-Jahr und die zugehörigen Ist-Werte von Juli bis Dezember des laufenden Wirtschaftsjahres im mittleren Teil der Übersicht gezeigt. Bei den Produktmengen sind in den ersten sechs Monaten praktisch keine Plan-Ist-Abweichungen feststellbar. Die Mehr- und Mindereinnahmen sind also offenbar auf Preisschwankungen zurückzuführen.

Schließlich zeigt der untere Teil der *Übersicht 9.7* Ergebnisse der laufenden Betriebsbuchhaltung. Die Deckungsbeiträge als Differenzen aus den Leistungen und den variablen Kosten verhalten sich bisher weitgehend plangemäß.

In der vorhergehenden *Übersicht 9.6* ist mit dem Modul USTAT ein weiteres Kontrollrechnungsverfahren aufgeführt. Mit diesem Modell wird die zusammenfassende (Gesamt-)Jahreskontrolle für den aus der Geschäftsbuchhaltung sich ergebenden Jahreserfolgsbericht als G.u.V.-Rechnung und Bilanz und für die sich aus der Betriebsbuchhaltung ergebende Betriebszweigabrechnung durch-

Z.	Bezeichnung	Juli	August	September	Oktober	November	Dezember	Januar	Februar	März	April	Mai	Juni
I. Finanzkontrolle:													
1	Plan- Einnahmen in €	30.000,00	62.000,00	96.000,00	125.000,00	155.000,00	183.000,00	210.000,00	240.000,00	271.000,00	303.000,00	335.000,00	370.000,00
2	Ist-Einnahmen in €	32.000,00	65.000,00	100.000,00	130.000,00	157.000,00	181.000,00	181.000,00	181.000,00	181.000,00	181.000,00	181.000,00	181.000,00
3	Abweichung in €	2.000,00	3.000,00	4.000,00	5.000,00	2.000,00	-2.000,00	-29.000,00	-59.000,00	-90.000,00	-122.000,00	-154.000,00	-189.000,00
4	Abweichung in %	6,67	4,84	4,17	4,00	1,29	-1,09	-13,81	-24,58	-33,21	-40,26	-45,97	-51,08
5	Plan-Ausgaben in €	21.000,00	43.000,00	67.000,00	88.000,00	108.000,00	128.000,00	147.000,00	168.000,00	190.000,00	212.000,00	235.000,00	259.000,00
6	Ist-Ausgaben in €	20.000,00	42.000,00	65.000,00	87.000,00	108.000,00	129.000,00	129.000,00	129.000,00	129.000,00	129.000,00	129.000,00	129.000,00
7	Abweichung in €	-1.000,00	-1.000,00	-2.000,00	-1.000,00	0,00	1.000,00	-18.000,00	-39.000,00	-61.000,00	-83.000,00	-106.000,00	-130.000,00
8	Abweichung in %	-4,76	-2,33	-2,99	-1,14	0,00	0,78	-12,24	-23,21	-32,11	-39,15	-45,11	-50,19
9	Plan-Geldüberschuss in €	9.000,00	19.000,00	29.000,00	37.000,00	47.000,00	55.000,00	63.000,00	72.000,00	81.000,00	91.000,00	100.000,00	111.000,00
10	Ist-Geldüberschuss in €	12.000,00	23.000,00	35.000,00	43.000,00	49.000,00	52.000,00	52.000,00	52.000,00	52.000,00	52.000,00	52.000,00	52.000,00
11	Abweichung in €	3.000,00	4.000,00	6.000,00	6.000,00	2.000,00	-3.000,00	-11.000,00	-20.000,00	-29.000,00	-39.000,00	-48.000,00	-59.000,00
12	Abweichung in %	33,33	21,05	20,69	16,22	4,26	-5,45	-17,46	-27,78	-35,80	-42,86	-48,00	-53,15
II. Mengenkontrolle:													
13	Plan-Ferkelzugang in kg	6.900,00	13.800,00	20.700,00	27.600,00	34.500,00	41.400,00	48.300,00	55.200,00	62.100,00	69.000,00	75.900,00	82.800,00
14	Ist-Ferkelzugang in kg	6.800,00	13.700,00	20.700,00	27.500,00	34.500,00	41.500,00	41.500,00	41.500,00	41.500,00	41.500,00	41.500,00	41.500,00
15	Abweichung in kg	-100,00	-100,00	0,00	-100,00	0,00	100,00	-6.800,00	-13.700,00	-20.600,00	-27.500,00	-34.400,00	-41.300,00
16	Abweichung in %	-1,45	-0,72	0,00	-0,36	0,00	0,24	-14,08	-24,82	-33,17	-39,86	-45,32	-49,88
17	Plan-Futterverbrauch in dt	580,00	1.160,00	1.740,00	2.320,00	2.900,00	3.480,00	4.060,00	4.640,00	5.220,00	5.800,00	6.380,00	6.960,00
18	Ist-Futterverbrauch in dt	580,00	1.150,00	1.730,00	2.300,00	2.900,00	3.500,00	3.500,00	3.500,00	3.500,00	3.500,00	3.500,00	3.500,00
19	Abweichung in kg	0,00	-10,00	-10,00	-20,00	0,00	20,00	-560,00	-1.140,00	-1.720,00	-2.300,00	-2.880,00	-3.460,00
20	Abweichung in %	0,00	-0,86	-0,57	-0,86	0,00	0,57	-13,79	-24,57	-32,95	-39,66	-45,14	-49,71
21	Plan-Schweineabgang in kg	27.000,00	54.000,00	84.000,00	111.000,00	138.000,00	165.000,00	192.000,00	219.000,00	246.000,00	273.000,00	30.000,00	327.000,00
22	Ist-Schweineabgang in kg	28.000,00	55.500,00	84.500,00	111.500,00	138.000,00	164.000,00	164.000,00	164.000,00	164.000,00	164.000,00	164.000,00	164.000,00
23	Abweichung in kg	1.000,00	1.500,00	500,00	500,00	0,00	-1.000,00	-28.000,00	-55.000,00	-82.000,00	-109.000,00	134.000,00	-163.000,00
24	Abweichung in %	3,70	2,78	0,60	0,45	0,00	-0,61	-14,58	-25,11	-33,33	-39,93	446,67	-49,85
III. Leistungs-Kosten-Kontrolle:													
25	Plan-Leistungen in €	31.000,00	64.000,00	99.000,00	129.000,00	160.000,00	189.000,00	216.000,00	248.000,00	280.000,00	313.000,00	346.000,00	382.000,00
26	Ist-Leistungen in €	32.500,00	66.000,00	100.000,00	130.000,00	160.000,00	188.000,00	188.000,00	188.000,00	188.000,00	188.000,00	188.000,00	188.000,00
27	Abweichung in €	1.500,00	2.000,00	1.000,00	1.000,00	0,00	-1.000,00	-28.000,00	-60.000,00	-92.000,00	-125.000,00	-158.000,00	-194.000,00
28	Abweichung in %	4,84	3,13	1,01	0,78	0,00	-0,53	-12,96	-24,19	-32,86	-39,94	-45,66	-50,79
29	Var. Plan-Kosten in €	21.000,00	42.000,00	63.000,00	84.000,00	105.000,00	126.000,00	147.000,00	168.000,00	189.000,00	210.000,00	231.000,00	252.000,00
30	Var. Ist-Kosten in €	20.000,00	41.000,00	62.500,00	84.500,00	105.500,00	127.000,00	127.000,00	127.000,00	127.000,00	127.000,00	127.000,00	127.000,00
31	Abweichung in €	-1.000,00	-1.000,00	-500,00	500,00	500,00	1.000,00	-20.000,00	-41.000,00	-62.000,00	-83.000,00	-104.000,00	-125.000,00
32	Abweichung in %	-4,76	-2,38	-0,79	0,60	0,48	0,79	-13,61	-24,40	-32,80	-39,52	-45,02	-49,60
33	Plan-Deckungsbeitrag in €	10.000,00	22.000,00	36.000,00	45.000,00	55.000,00	63.000,00	69.000,00	80.000,00	91.000,00	103.000,00	115.000,00	130.000,00
34	Ist-Deckungsbeitrag in €	12.500,00	25.000,00	37.500,00	45.500,00	54.500,00	61.000,00	61.000,00	61.000,00	61.000,00	61.000,00	61.000,00	61.000,00
35	Abweichung in €	2.500,00	3.000,00	1.500,00	500,00	-500,00	-2.000,00	-8.000,00	-19.000,00	-30.000,00	-42.000,00	-54.000,00	-69.000,00
36	Abweichung in %	25,00	13,64	4,17	1,11	-0,91	-3,17	-11,59	-23,75	-32,97	-40,78	-46,96	-53,08

DECK97

Übersicht 9.7: Laufende Jahreskontrolle in Monatsschritten für eine Schlachtschweineerzeugung mit kontinuierlicher Produktion

geführt. Beide Plan-Ist-Vergleiche liefern eine solide Grundlage für zukünftige Jahresplanungen. Viel wichtiger aber ist, dass mit dem Modul USTAT auch sog. *Benchmarking-Analysen* in Form von *vertikalen und horizontalen Betriebsvergleichen* durchgeführt werden können. Im Rahmen des vertikalen Betriebsvergleichs werden relevante Werte für die Wirtschaftlichkeit des Unternehmens über mehrere Jahre miteinander verglichen, um Aussagen über die Unternehmensentwicklung zu erhalten. Diese Aussagen können eine wichtige Grundlage für die strategische Unternehmensplanung liefern.

Zum anderen werden mit dem Modul USTAT auch horizontale Betriebsvergleiche durchgeführt. Hierbei werden die Zahlen des zu analysierenden Unternehmens mit denjenigen anderer – möglichst ähnlich strukturierter – Unternehmen verglichen, um festzustellen, wo das Unternehmen im Vergleich zu anderen Unternehmen steht. Besonders intensiv kann diese Analyse für landwirtschaftliche Unternehmen durchgeführt werden, wo die Bundesregierung mit ihrem Agrarpolitischen Bericht jährlich zusammengefasste Kennzahlen einer großen Anzahl von Unternehmen, gegliedert nach Hauptproduktionsrichtungen und nach Regionen, herausgibt. Diese Zahlen beruhen auf Buchführungsergebnissen von mehreren Tausend landwirtschaftlichen Unternehmen (BUNDESMINISTERIUM FÜR ERNÄHRUNG, LANDWIRTSCHAFT UND VERBRAUCHERSCHUTZ 2006).

Übersicht 9.8 zeigt als Beispiel einige Ergebnisse für den Lehr- und Versuchsbetrieb Marienborn-Heldenbergen der Justus-Liebig-Universität Gießen, wobei es sich um einen Gemischtbetrieb handelt. Marienborn wird mit dem Durchschnitt größerer Gemischtbetriebe aus dem Agrarpolitischen Bericht für das Wirtschaftsjahr 2000/2001 verglichen („Vergleichsbetrieb").

Die Übersicht zeigt im oberen Teil mit den Spalten 3 und 4 zunächst die in Gruppen zusammengefassten Gesamtwerte für den „Vergleichsbetrieb" und „Marienborn" auf der Basis von G.u.V.-Rechnungen.[1] Bis zur Zeile 15 werden die Unternehmenserträge zusammengefasst. Nach Subtraktion der Materialaufwändungen für die Pflanzen- und Tierproduktion ergibt sich in Zeile 25 ein Unternehmensergebnis I. Das ist der „materialaufwandfreie Unternehmensertrag".

Nach Subtraktion des Maschinenaufwandes und des laufenden Gebäudeaufwandes (ohne Gebäudeabschreibungen, da es sich bei Marienborn um einen Pachtbetrieb handelt und der Vergleichsbetrieb durch entsprechende Bereinigungen auf einen Pachtbetrieb „umgestellt" wurde) ergibt sich das Unternehmensergebnis II in Zeile 35. Das ist quasi der „sachaufwandfreie Unternehmensertrag".

Nach Subtraktion einiger Gemeinsachaufwändungen und des Personalaufwandes für Aushilfskräfte erhält man in Zeile 38 das Unternehmensergebnis III. Dieses Ergebnis entspricht nicht mehr vollständig der Unternehmenswertschöpfung, weil bereits einige Personalaufwändungen subtrahiert wurden. Die Bereinigung um die Personalaufwändungen für Aushilfskräfte erweist sich als notwendig, weil es sich bei Marienborn um einen Lohnarbeitsbetrieb handelt, der zusätzlich Aushilfskräfte einsetzt, während es sich beim „Vergleichsbetrieb" um den Durchschnitt von Familienbetrieben handelt, in denen Personalaufwändungen nur für gelegentliche Aushilfskräfte entstehen. Mit anderen Worten: Im Vergleichsbetrieb werden die familieneigenen Kräfte und in Marienborn die fest angestellten Belegschaftsmitglieder als stän-

[1] Leider weist der Agrarpolitische Bericht des Bundesregierung die für Betriebsvergleiche wesentlich besser geeigneten Betriebszweigabrechnungen für die Betriebe nicht aus, so dass man sich auf einen Vergleich der Ergebnisse aus den G.u.V.-Rechnungen beschränken muss.

Z/S	Bezeichnung	D.	Beträge je Unternehmen in €		Beträge je ha LF in €		M.-born in % d.	Beträge je St. AK in€		M.-born in % d.
			Vergleichsbetrieb	Marienborn	Vergleichsbetrieb	Marienborn	Vergleichsbetriebs	Vergleichsbetrieb	Marienborn	Vergleichsbetriebs
Z/S	1	2	3	4	5	6	7	8	9	10
1	Getreide, Körnermais	€	10.034	56.596	126	307	245			
2	Öl-, Hülsen-,Faserpflanzen	€	2.189	5.825	27	32	115			
3	Zuckerrüben, Kartoffeln	€	12.145	109.958	152	597	393			
4	So. pflanzliche Erzeugnisse	€	6.039	2.895	76	16	21			
5	Pflanzliche Erzeugnisse	€	30.407	175.274	380	951	250	17.887	50.078	280
6	Rinder, Milch	€	68.607	190.394	858	1.033	120			
7	Schweine	€	191.087	345.214	2.390	1.873	78			
8	So.tierische Erzeugnisse	€	4.772	793	60	4	7			
9	Tierische Erzeugnisse	€	264.465	536.400	3.308	2.910	88	155.568	153.257	99
10	Landwirtschaftliche Erträge	€	294.872	711.674	3.689	3.861	105	173.454	203.335	117
11	Zulagen und Zuschüsse	€	30.443	53.833	381	292	77			
12	Pacht, Miete, MWSt.	€	45.564	84.363	570	458	80			
13	Aktivierte Eigenleistungen	€	4.474	30.640	56	166	297			
14	Sonstige Betriebserträge	€	80.481	168.835	1.007	916	91	47.342	48.239	102
15	**Unternehmenserträge**	**€**	**375.354**	**880.509**	**4.695**	**4.777**	**102**	**220.796**	**251.574**	**114**
16	Saat- und Pflanzgut	€	5.052	13.879	63	75	119			
17	Düngemittel	€	7.041	20.202	88	110	124			
18	Pflanzenschutz	€	7.886	32.876	99	178	181			
19	So.Mat. Pflanzenproduktion	€	1.144	2.149	14	12	81			
20	Material Pflanzenproduktion	€	21.123	69.107	264	375	142	12.425	19.745	159
21	Tierzukäufe	€	97.199	200.504	1.216	1.088	89			
22	Futtermittel	€	56.873	110.148	711	598	84			
23	So. Mat. Tierproduktion	€	8.620	17.632	108	96	89			
24	Material Tierproduktion	€	162.693	328.283	2.035	1.781	88	95.702	93.795	98
25	**Unternehmensergebnis I**	**€**	**191.539**	**483.120**	**2.396**	**2.621**	**109**	**112.670**	**138.034**	**123**
26	Treib- u. Schmierstoffe	€	7.852	20.647	98	112	114	4.619	5.899	128
27	Lohnarbeit, Maschinenmiete	€	10.041	30.126	126	163	130	5.906	8.608	146
28	Unterhaltung Maschinen	€	9.179	34.002	115	184	161	5.399	9.715	180
29	AfA Maschinen	€	17.100	43.108	214	234	109	10.059	12.316	122
30	Maschinenaufwand	€	44.172	127.883	553	694	126	25.983	36.538	141
31	Heizmat., Strom, Wasser	€	6.014	30.736	75	167	222			
32	Unterhaltung Bauten	€	2.641	4.817	33	26	79			
33	Sachaufw. akt. Eigenleistung	€	1.332	6.535	17	35	213			
34	Lfd. Gebäudeaufwand (o.AfA)	€	9.987	42.088	125	228	183	5.875	12.025	205
35	**Unternehmensergebnis II**	**€**	**137.380**	**313.148**	**1.719**	**1.699**	**99**	**80.812**	**89.471**	**111**
36	So. lfd. Sachaufw. (VSt.etc.)	€	40.489	66.383	506	360	71			
37	Personalaufw. (Aushilfen)	€	6.764	41.665	85	226	267			
38	**Unternehmensergebnis III**	**€**	**90.126**	**205.100**	**1.127**	**1.113**	**99**	**53.015**	**58.600**	**111**
39	Pachtansatz[1]	€	18.360	42.330	230	230	100	10.800	12.094	112
40	Zinsansatz [2]	€	7.016	18.807	88	102	116	4.127	5.374	130
41	Lohnansatz[3]	€	43.729	90.031	547	488	89			
42	**Unternehmensergebnis IV**	**€**	**21.021**	**53.932**	**263**	**293**	**111**	**38.088**	**41.132**	**108**
43	Landw. Nutzfläche	ha	80	184				47	53	112
44	St. (nichtentlohnte) AK	AK	2	4	2	2	89			
45	Vieheinheiten: Rinder	VE	68	74	85	40	47			
46	Vieheinheiten:Schweine	VE	153	357	192	194	101			
47	Vieheinheiten:Summe	VE	221	431	277	234	84	130	123	95
48	Milchleistung je Kuh	kg	6.979	7.885						
49	ha-Ertrag: Weizen	dt			67	76	112			
50	ha-Ertrag: Gerste	dt			59	73	124			
51	ha-Ertrag: Körnermais	dt				92				
52	ha-Ertrag: Raps	dt			31	28	90			
53	ha-Ertrag: Z-Rüben	dt			648	580	90			
54	Pächteranlagevermögen	€	121.214	306.841	1.516	1.665	110	71.303	87.669	123
55	Tiervermögen	€	79.252	230.510	991	1.251	126	46.619	65.860	141
56	PAT-Vermögen[4]	€	200.466	537.351	2.508	2.915	116	117.921	153.529	130

Anmerkungen:[1]) nach tatsächlicher Pacht für Marienborn bemessen; [2]) 3,5 % des PAT-Vermögens; [3]) 25.723 € je Ständiger (nichtentlohnter) AK; [4]) PAT-Vermögen = Pächteranlage- und -tiervermögen

DECK98

Übersicht 9.8: Benchmarking als horizontaler Unternehmensvergleich – Kennzahlen der Produktivität und Intensität (Werte auf ganze € gerundet)

dige Arbeitskräfte angesehen, mit denen im Weiteren die Kennzahlen zur Arbeitsproduktivität berechnet werden.

Subtrahiert man schließlich vom Unternehmensergebnis III den Pachtansatz, den Zinsansatz und den Lohnansatz, so erhält man in Zeile 42 das Unternehmensergebnis IV, welches grosso modo dem Unternehmergewinn entspricht, wie wir ihn in Abschnitt 4.5.2 dieses Buches im Einzelnen abgeleitet haben.

Der Pachtansatz wurde für den Vergleichsbetrieb auf der Basis des tatsächlichen Pachtzinses für Marienborn berechnet. Für Marienborn wurde als Pachtansatz die tatsächlich gezahlte Pacht angesetzt. Als Zinssatz für das im Unternehmen vom Pächter eingesetzte Kapital wurde mit 3,5 % des Pächteranlage- und Tiervermögens gerechnet. Der Zinssatz von 3,5 % wird auch im Agrarpolitischen Bericht der Bundesregierung verwendet. Der Lohnsatz von 25.723,00 € je ständiger Jahresvollarbeitskraft entspricht dem gewerblichen Vergleichslohn, wie er im Agrarpolitischen Bericht (in diesem Falle für das Jahr 2000/2001) jährlich berechnet wird.

Mit einem Vergleich der Gesamtwerte lässt sich eine Wirtschaftlichkeitsanalyse für die Betriebe nicht durchführen. Die Zahlen zeigen zwar, dass beide Betriebe positive Unternehmensergebnisse IV erwirtschaften, sie zeigen aber darüber hinaus nur, dass die beiden Betriebe offenbar unterschiedlich groß sind.

Die Möglichkeit zur Wirtschaftlichkeitsanalyse eröffnet sich erst, wenn man wertmäßige *Kennziffern der Produktivität, der Intensität und der Wirtschaftlichkeit* bildet. Das ist in den Spalten 5 und 6 der Übersicht erfolgt, in denen die Gesamtwerte auf die Nutzflächenausstattung der Betriebe bezogen wurden, also wertmäßige Kennziffern der Flächenproduktivität und der Flächenintensität gebildet wurden. In den Spalten 8 und 9 werden die Gesamtwerte auf die Ausstattung der Betriebe mit ständigen Arbeitskräften bezogen und auf diese Weise wertmäßige Kennziffern der Arbeitsproduktivität und der Arbeitsintensität gebildet. Die Spalten 7 und 10 zeigen zur Erleichterung der Analyse jeweils die Werte für Marienborn in v. H. der Werte für den Vergleichsbetrieb.

In Bezug auf die wertmäßige Flächenproduktivität ergibt sich im Einzelnen, dass die Betriebe ähnliche Unternehmenserträge je ha LF aufweisen. Die offenbar leicht geringere Materialintensität für Marienborn (ausgedrückt durch die Materialaufwändungen je ha LF in den Zeilen 16 bis 23) bedeutet bei den etwa gleichen Unternehmenserträgen, dass die Flächenproduktivität – ausgedrückt durch das Unternehmensergebnis I – in Marienborn überdurchschnittlich ist.

Andererseits ist die Nutzflächenintensität in Bezug auf die Maschinen und den Gebäudeeinsatz in Marienborn offenbar vergleichsweise hoch (Zeilen 26 bis 34), so dass die Flächenproduktivität in Bezug auf das Unternehmensergebnis II in Marienborn nicht mehr diejenige des Vergleichsbetriebes übersteigt. Die Flächenproduktivitäten bezüglich der Unternehmensergebnisse III und IV sind für beide Betriebe ähnlich hoch.

Die Analyse zeigt also, dass Marienborn den Benchmarking-Test in Bezug auf den Faktor Nutzfläche im betrachteten Wirtschaftsjahr mit „durchschnittlichen Noten“ bestanden hat. Die erreichten Flächenproduktivitäten entsprechen denjenigen des Durchschnitts der Vergleichswerte.

Eine ganz ähnliche Analyse lässt sich auch mit den Werten der Spalten 8 bis 10 für die Arbeitsproduktivitäten und die Arbeitsintensitäten durchführen. Das sei jedoch dem Leser als weiterführende Aufgabe überlassen.

Der untere Teil der *Übersicht 9.8* weist schließlich einige (naturale) Produktivitäts- und Intensitätskennziffern auf. Auch die Analyse dieser Kennzahlen sei dem Leser als weiterführende Aufgabe überlassen.

Insgesamt zeigt das Beispiel, dass horizontale Betriebsvergleiche ein nützliches Instrument der Jahreskontrolle sein können und Anregungen für zukünftige Verbesserungen im Unternehmen liefern.

9.2.2.2.2 Die Gewinnkontrolle

Eine wichtige Erweiterung der Jahresplankontrolle ist die sog. *Gewinnkontrolle*. Mit ihrer Hilfe soll - meist auf Jahresbasis - festgestellt werden, welche Geschäftsbereiche des Unternehmens zum Gesamtgewinn des Unternehmens in besonderem Maße beigetragen haben und welche evtl. sogar Verluste erbracht haben. Diese Gewinnkontrolle sollte mit Hilfe der gegliederten Betriebszweigabrechnung durchgeführt werden, wie sie in Abschnitt 6.2 dieses Buches bereits ausführlich für ein Beispielunternehmen dargestellt wurde.

9.2.3 Die Produktplanung und die Produktkontrolle

9.2.3.1 Die Produktplanung

Die *Produktplanung* ist häufig ein Bestandteil der Jahresplanung, sie kann aber auch eine eigenständige Planungsaufgabe sein. Bei dieser Planung werden die Mengengerüste für die einzelnen Produkte, d. h. die Werkstoffverbräuche und die Inanspruchnahme der Produktionsanlagen festgelegt. Als Grundlage dafür dienen insbesondere die Zusammenhänge, die im 6. Kapitel über die produktionswirtschaftlichen Handlungsfelder abgeleitet werden. Für die Daten zur Festlegung der Mengengerüste kommen mindestens zwei Quellen in Frage. Zum einen wird man sich auf IST-Daten des Unternehmens aus den Vorjahren stützen. Zum anderen kann man für die Planung Normwertkataloge heranziehen. So werden z. B. für die Landwirtschaft vom Kuratorium für Technik und Bauwesen in der Landwirtschaft (KTBL 2004) jährlich fortgeschriebene Normwertkataloge für den Bedarf an menschlicher und maschineller Arbeit sowie für Werkstoffe auf der Grundlage von Erhebungen in existierenden Betrieben herausgegeben. Diese Daten können zumindest als Anhaltswerte für die Produktplanung unter den spezifischen Verhältnissen eines Unternehmens dienen.

9.2.3.2 Die Produktkontrolle als Effizienzkontrolle

Kontrollen der einzelnen Produkte, bzw. besser der darauf bezogenen Produktionsverfahren, sind vor allem *Effizienzkontrollen*. Hierbei werden die realisierten Mengengerüste der Produktion daraufhin „abgeklopft", ob noch „Sand im Getriebe" steckt. Es wird also einerseits nach Möglichkeiten zur Faktorverbrauchsmengensenkung bei gegebenem Produktionsniveau und andererseits nach Möglichkeiten zur Produktionssteigerung bei gegebenem Faktorverbrauchsniveau gesucht. Zum Beispiel wird gefragt, ob und ggf. wie Verminderungen der Arbeitserledigungskosten (als Summe aus den Maschinen- und den Arbeitskosten) etwa durch eine effizientere Organisation der Arbeitsabläufe möglich sind. Entsprechende Hilfsmittel der Analyse – auf die wir hier nicht näher eingehen können – werden von der Arbeitswissenschaft entwickelt (REFA-Studien, vgl. z. B. AUERNHAMMER 1976).

9.2.4 Die Projektplanung und die Projektkontrolle

9.2.4.1 Die Projektplanung

Projektplanungen werden notwendig, wenn im Betrieb einzelne Neuprojekte (z. B. Neubau einer Fertigungsstraße oder Durchführung einer Meliorationsmaßnahme auf dem Ackerland eines landwirtschaftlichen Betriebes) in Angriff genommen werden sollen. Die *Projektplanung* besteht i. d. R. aus zwei Stufen. Da es sich meistens um langfristig wirksame Maßnahmen handelt, wird im ersten Schritt nach einer genauen Erfassung der Mengen- und Preisgerüste zur Bestimmung der Einnahmen- und Ausgabenströme mit Hilfe von Investitionsplanungsverfahren die optimale Investitionsalternative ausgewählt.

Im zweiten Schritt des Planungsprozesses erfolgt dann eine Durchführungsplanung. Dabei muss die genaue Abfolge der Einzelschritte für die Realisierung des Projektes geplant werden. Da einige Schritte aus naheliegenden technologischen Gründen vor anderen Schritten durchgeführt werden müssen, sind zunächst die technisch zulässigen Lösungen, dann die technisch effizienten und schließlich die ökonomisch effiziente, d.h. die optimale Schrittfolge für die Projektdurchführung, zu bestimmen. Für derartige Planungen wird die Netzplantechnik angewendet, wie sie in Abschnitt 8.7 bereits vorgestellt wurde.

9.2.4.2 Die Projektkontrolle

Der zweite wesentliche Schritt der Projektplanung ist die Projektdurchführungsplanung. Auf diesen zweiten Schritt bezieht sich die *Projektkontrolle*. Mit ihrer Hilfe soll zeitnah festgestellt werden, ob sich zeitliche und mengenmäßige Abweichungen zwischen den Plan-Werten für die einzelnen Schritte der Projektdurchführung und den IST-Werten ergeben und worauf diese Differenzen zurückzuführen sind. Bei mengenmäßigen Abweichungen sind Korrekturen vorzusehen. Bei zeitlichen Abweichungen ist der Projektdurchführungsplan neu zu fassen.

9.3 Zur allgemeinen Vorgehensweise bei Planungen

Für die Ableitung einer allgemeinen Handlungsvorlage für Planungsprozesse können wir auf die Aussagen im Abschnitt 3.6 über den allgemeinen Ablauf von Handlungsprozessen zurückgreifen. Auf diesen Grundlagen lässt sich eine aus mehreren Schritten bestehende „Betriebsanleitung" für die Lösung von Planungsaufgaben ableiten, wie sie als Flussdiagramm in *Übersicht 9.9* dargestellt ist. Jedes Rechteck des Flussdiagramms bezeichnet eine Handlung, jeder Ellipsoid das Ergebnis einer Handlung.

Eine Planung beginnt mit der Anregung bzw. Problemerkennung und – daraus folgend – mit der Entwicklung erster Zielvorstellungen. Nachdem die Planungsaufgabe vorläufig formuliert ist, wird der gegenwärtige Zustand des Unternehmensbereiches (oder eines Teiles davon), für den die Planung durchgeführt werden soll, aufgenommen und analysiert. Ein quantitatives

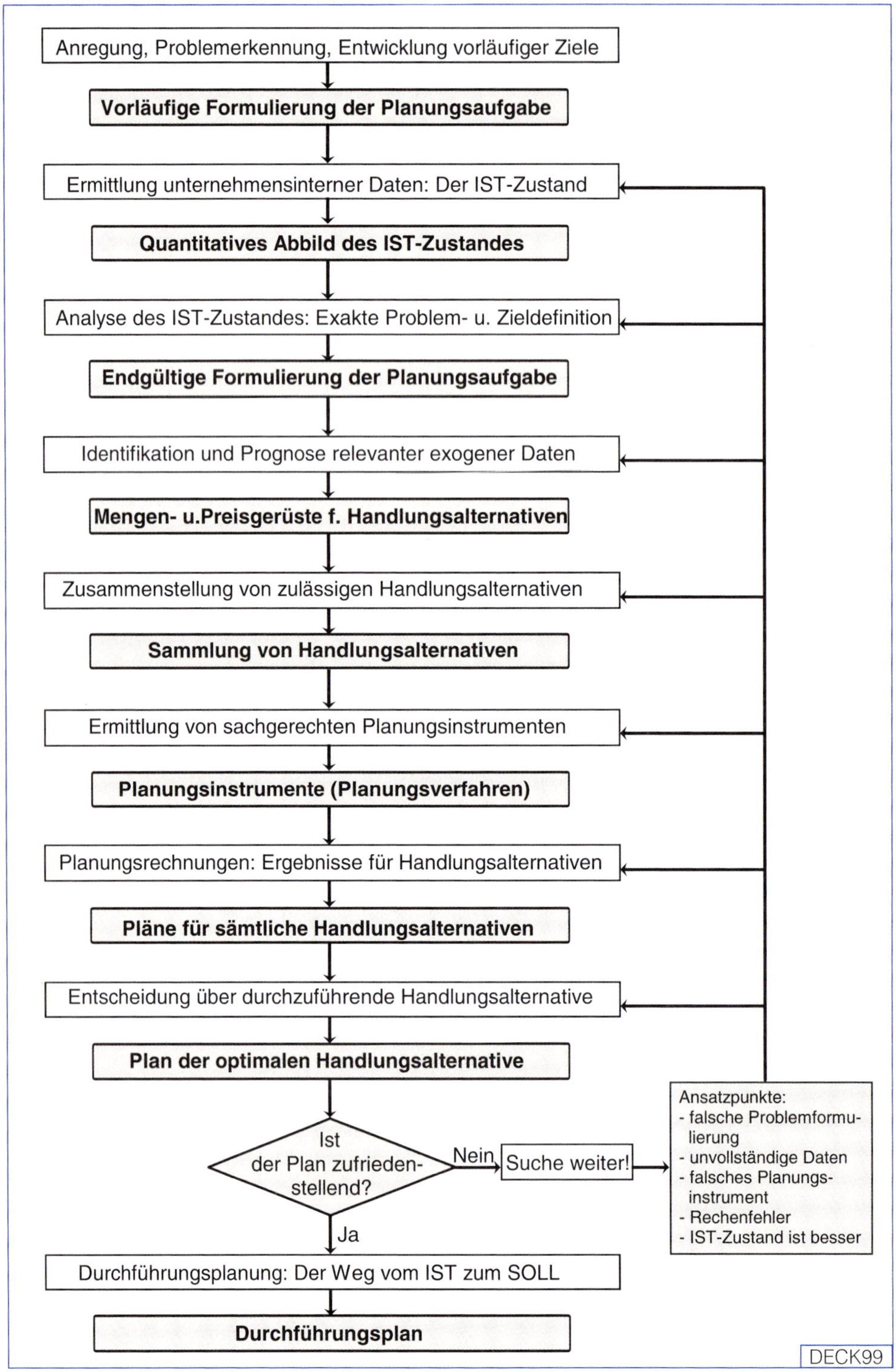

Übersicht 9.9: Vorgehensweise und Schrittfolge bei Planungen

Bild des IST-Zustandes kann in Form entsprechender Kontrollrechnungen bereits vorliegen. Vielfach ergibt sich der Anlass für eine Planung aus Kontrollrechnungsergebnissen. Die Analyse des IST-Zustandes liefert dann eine genaue (operationale) Formulierung der Planungsaufgabe.

Im nächsten Schritt werden die Lösungsmöglichkeiten, d. h. die Strategien und die Umweltkonstellationen bestimmt, um die Mengen- und Preisgerüste für mögliche Maßnahmen beurteilen zu können. Dieser Schritt erfordert Kreativität und Gespür für Neues.

Im Anschluss daran sucht man unter den verfügbaren Planungsmethoden die passende(n) heraus. Man wird grundsätzlich diejenige sachgerechte Methode verwenden, die das Planungsproblem mit dem geringsten Aufwand zu lösen gestattet (Ökonomik der Planung!).

Mit der Planungsmethode werden dann im Rahmen der eigentlichen Planungsrechnung zulässige Handlungsalternativen ermittelt. Unter den Alternativen wird diejenige, die dem zugrunde gelegten Entscheidungskriterium am besten gehorcht, als „optimale Lösung" ausgewählt. Das ist der Optimalplan. Für eine Reihe von Planungsproblemen sind Planungsmethoden verfügbar, die die Optimallösung nach der Problemformulierung nicht in mehreren Schritten, sondern direkt zu errechnen gestatten (z. B. die lineare und die nichtlineare Programmierung, vgl. Abschnitt 6.6.1.3).

Danach wird gefragt, ob der Optimalplan „zufriedenstellend" ist. Insbesondere ist zu prüfen, ob der Optimalplan eine zufriedenstellende Wirtschaftlichkeit (z. B. Kapitalrentabilität, Deckungsbeitrag) erwarten lässt. Falls die Prüfung negativ ausfällt, muss unter Beachtung verschiedener Ansatzpunkte nach „besseren" Lösungen gesucht werden, d. h., der Planungsprozess ist ganz oder teilweise solange zu wiederholen, bis sich ein zufriedenstellender Plan ergibt, und sei es gegebenenfalls auch die Beibehaltung des bisherigen IST-Zustandes.

Damit ist die sog. *Maßnahmenplanung* abgeschlossen. Es schließt sich nunmehr die *Durchführungsplanung* an. Der Durchführungsplan soll zeitliche und sachliche Schrittfolgen vom gegenwärtigen IST-Zustand zum angestrebten SOLL-Zustand (Optimalplan) im Einzelnen festlegen. Bei der Durchführungsplanung muss entschieden werden, wer, was, wann, wie, wo und womit auf dem Wege zum SOLL-Zustand durchführt. Nachdem der Durchführungsplan vorliegt, kann mit der Planrealisierung begonnen werden.

10 Die Betriebswirtschaftslehre als Wissenschaft

Das *Erfahrungsobjekt* der Betriebswirtschaftslehre sind die personen- und kapitalbezogenen Einzelwirtschaften, wie sie zum Zwecke der Bedarfsdeckung und des Einkommenserwerbs eingerichtet und betrieben werden. Das Erfahrungsobjekt der Betriebslehre der Agrar- und Ernährungswirtschaft als ein Teilbereich der Betriebswirtschaftslehre sind dementsprechend die personen- und kapitalbezogenen Einzelwirtschaften, wie sie auf den verschiedenen Stufen der Wertschöpfungskette zur Herstellung von Lebensmitteln für die Bedarfsdeckung und den Einkommenserwerb eingerichtet und betrieben werden.

Das *Erkenntnisobjekt* der Betriebswirtschaftslehre lässt sich umreißen, wenn wir berücksichtigen, dass sie ein Bestandteil der Realwissenschaften ist. Die *Realwissenschaften* – auch Erfahrungs- oder empirische Wissenschaften genannt – umfassen jene Disziplinen, die sich auf real existierende Objekte beziehen. Dazu gehören einerseits die Naturwissenschaften (Physik, Chemie, Biologie etc.) und andererseits die Sozialwissenschaften (Betriebswirtschaftslehre, Volkswirtschaftslehre, Soziologie etc.).

Ein Grundkonzept der Arbeitsweise aller realwissenschaftlichen Disziplinen ist die Erarbeitung und nachfolgende Anwendung von *Modellen*. Wir entwickeln verbale, grafische, physische und schließlich mathematische Modelle als – mehr oder weniger vereinfachte – Abbilder von Systemen und Subsystemen der realen Welt, um mit ihrer Hilfe das Verhalten bzw. die Dynamik der abgebildeten Systeme zu studieren und Konsequenzen, die sich einerseits aus Einwirkungen von außerhalb auf die Systeme und andererseits aus der Anwendung von Maßnahmen mit dem Ziel der Systembeeinflussung ergeben, vorherzusagen.

Im ersten Fall möchten wir Kräfte, die von der relevanten Systemumwelt ausgehen, in ihren Wirkungen auf das System prognostizieren, z. B. die Wirkung von Klimaänderungen auf den Ertrag des Systems „Nutzpflanzen" oder die Wirkung steigender Arbeitslöhne auf die Wirtschaftlichkeit des Systems „Unternehmen". Im zweiten Fall möchten wir die zu erwartenden Konsequenzen bei der Durchführung von Handlungsalternativen für das betrachtete System vorhersagen, um damit die zielwirksamste Handlungsalternative auswählen zu können. Hier kann es sich z. B. um die Wirkungen unterschiedlicher Düngungs- und Pflanzenschutzstrategien auf die Naturalerträge von Nutzpflanzenbeständen handeln oder um die Wirkungen unterschiedlicher Rationalisierungsinvestitionen auf die Wirtschaftlichkeit eines Unternehmens. Vorhersagen der ersten Art geben oftmals erst den Anlass zur Generierung von Vorhersagen der zweiten Art.

Wir benötigen – allgemeiner ausgedrückt – Vorhersagen, damit wir bei den auf unser Dasein jeweils einwirkenden Umwelteinflüssen die jeweils zielwirksamsten Handlungen für die Daseinsbewältigung und Daseinsverbesserung auswählen können. Im Unterschied zu den Tieren haben wir als Menschen die Fähigkeit zur „automatischen" Reaktion (Instinktreaktion) auf Umwelteinflüsse und innere Bedürfnisse weitgehend verloren. In dieser Hinsicht sind Modelle und ihre Vorhersagen ein notwendiger Ersatz für diesen Verlust. Kurz gesagt: Modelle dienen dem Menschen zur Generierung von Vorhersagen und die Vorhersagen benötigt er für zielgerichtetes Handeln.

Den realwissenschaftlichen Prozess der Modellbildung hat John G. KEMENY in seinem Buch „A Philosopher Looks at Science" (KEMENY 1959) generell so beschrieben, wie er in *Übersicht 10.1* etwas stärker formalisiert dargestellt ist. KEMENY unterscheidet zwischen der „Welt der Fakten" und der „Welt der Mathematik". Beide Welten werden im Verlauf von realwissenschaftlichen Erkenntnisprozessen mehrfach berührt.

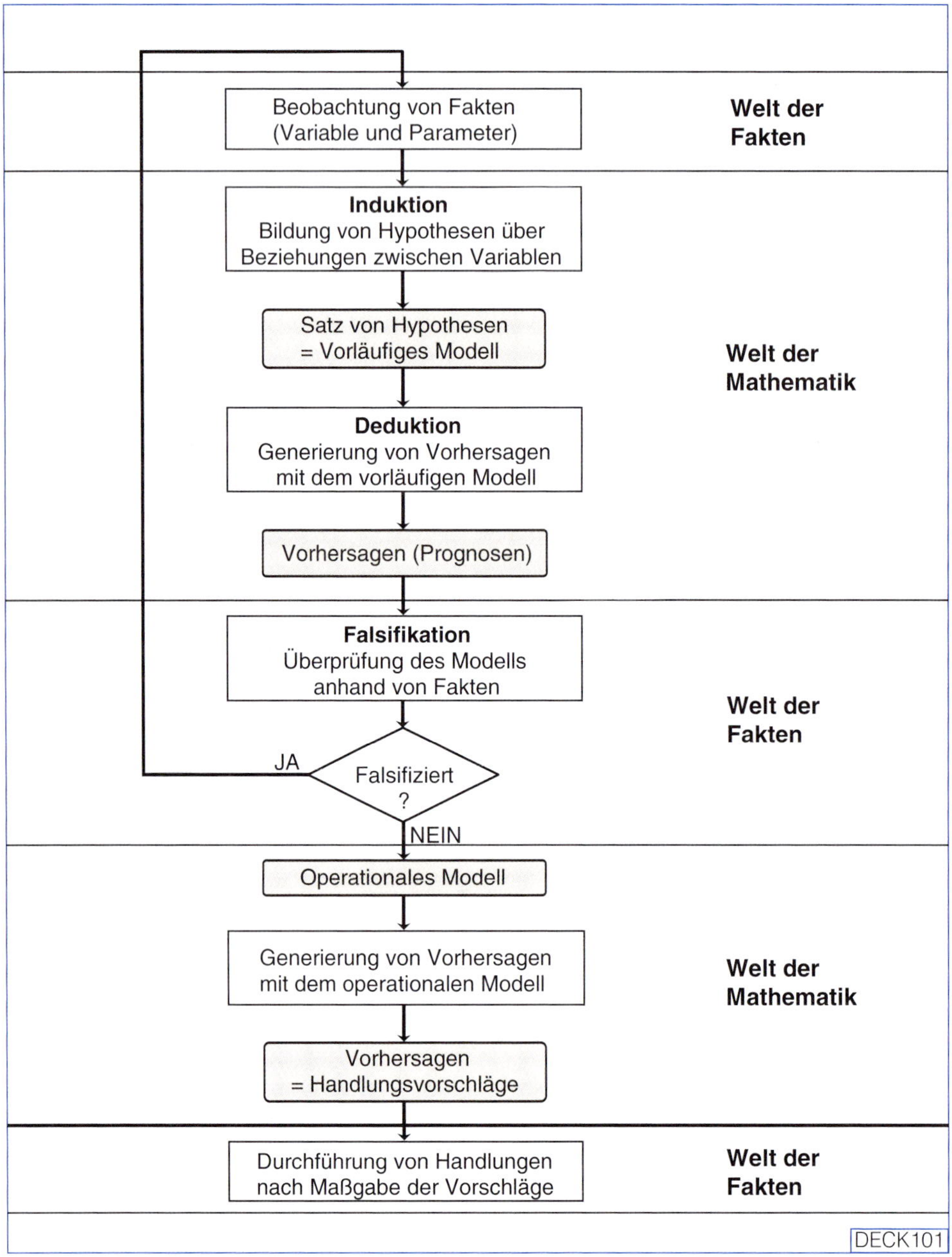

Übersicht 10.1: Erkenntnisfindung in den Realwissenschaften

Im ersten Schritt gewinnen wir in der „Welt der Fakten" durch *Beobachtungen* erste Vermutungen über Beziehungen zwischen Phänomenen oder Variablen in einem Ausschnitt der realen Welt. Auf dem Wege der *Induktion* leiten wir daraus dann *Hypothesen* oder ganze Sätze von Hypothesen über die prinzipiellen Beziehungen zwischen den beobachteten Variablen in quantitativer Form ab. Damit treten wir ein in die „Welt der Mathematik".

Die Induktion ist das generelle Schlussverfahren, mit dem in den Realwissenschaften von besonderen Sätzen (z. B. dokumentierten Beobachtungen) auf allgemeine Sätze geschlossen wird. Wir schließen also von den speziellen Beobachtungen auf die allgemeine Natur der Beziehungen und formulieren diese allgemeine Natur als Hypothesen. Bei den Hypothesen handelt es sich um ein vorläufiges Modell des betrachteten realen Systems.

Zum Beispiel könnte einer unserer frühen, Ackerbau treibenden Vorfahren beobachtet haben, dass auf den hofnahen Teilen seines Feldes, wo er vergleichsweise mehr von dem im Winter angefallenen Stallmist entsorgt, die Erträge seiner Nutzpflanzen höher als auf den hoffernen Teilen des Feldes sind. Er könnte daraus – auf dem Wege der Induktion – geschlossen haben, dass eine allgemeine Beziehung zwischen dem Ertrag (als der abhängigen Variablen) und der Höhe der Stallmistzufuhr (als der unabhängigen Variablen) besteht. Damit hat unser Vorfahr eine Hypothese gebildet.

Da eine Variable in ihrer Ausprägung aber oftmals von mehreren anderen Variablen beeinflusst wird und ihrerseits wiederum mehrere andere Variablen in deren Ausprägungen beeinflusst, weil sie tatsächlich Elemente eines Systems sind, werden schon die vorläufigen Modelle aus mehreren oder vielen mathematischen Gleichungen bestehen. Und da sich die beobachteten Stimulanz-Reaktions-Mechanismen in der Zeit vollziehen, die Zeit also eine wichtige unabhängige Variable im System ist, werden die Modelle oftmals dynamische Eigenschaften aufweisen müssen, wenn sie die unterliegende Realität hinreichend sachgerecht abbilden sollen.

Im nächsten Schritt des realwissenschaftlichen Erkenntnisprozesses überprüfen wir das vorläufige Modell auf seine *logische Konsistenz* und seine *faktische Richtigkeit* (Isomorphie zwischen Modell und abgebildeter Realität). Dazu generieren wir mit dem Modell auf dem Wege der *Deduktion* Vorhersagen über die Ausprägung der abhängigen Variablen bei unterschiedlichen Werten für die unabhängigen Variablen. Diese Vorhersagen überprüfen wir dann wieder anhand von Fakten.

Die Deduktion ist das generelle Schlussverfahren, mit dem in den Realwissenschaften von allgemeinen Sätzen auf spezielle Sätze geschlossen wird. Unser Ackerbau treibender Vorfahr könnte z. B. die quantitative Hypothese entwickelt haben, dass sich der ha-Ertrag seiner Rüben mit jeder Steigerung der Stallmistgaben um eine bestimmte Menge nur um jeweils die Hälfte des vorhergehenden Ertragszuwachses erhöhen wird. Wenn er also bei einer ersten Gabe von 50 dt/ha Stallmist einen Ertrag von z. B. 80 dt/ha Rüben erwartet, dann würden Steigerungen der Stallmistgaben auf 100, 150 und 200 dt/ha zu Erträgen von 120, 140 und 150 dt/ha führen. Das wäre seine Vorhersage mit der Hypothese, die er anhand von Fakten sehr einfach überprüfen kann, wenn er im nächsten Jahr auf einem anderen Teil seines Feldes Parzellen mit den jeweils unterschiedlichen Stallmistgaben anlegt und die zugehörigen Erträge misst.

Soweit also die Modellgleichungen physikalische, chemische oder biologische Zusammenhänge als *naturgesetzlich-technologische Beziehungen* beschreiben, erfolgt die deduktive Überprüfung des Modells mit Hilfe von kontrollierten *Experimenten*. Das ist die generelle Vorgehensweise für die Naturwissenschaften unter den Realwissenschaften. Handelt es sich bei den Modellen aber um Abbilder von soziotechnischen Systemen, wo die Reaktionen von Menschen auf bestimmte Stimuli (z. B. auf steigende Löhne oder Produktpreisänderungen) eine wichtige Rolle spielen, dann enthalten die Modelle auch Hypothesen in Form sog. *Verhaltensbeziehungen*. Zum Beispiel ist die Preis-Absatz-Funktion, die sagt, dass die absetzbare Produktmenge mit steigendem Verkaufspreis im Allgemeinen zurückgeht, eine solche Verhaltensbeziehung, weil damit ein bestimmtes menschliches Verhalten gegenüber Preisänderungen beschrieben wird.

Hypothesen in Form von Verhaltensbeziehungen können mit Experimenten unter definierten Randbedingungen bisher nur für vergleichsweise einfache Beziehungen überprüft werden. Die Sozialwissenschaften unter den Realwissenschaften sind deshalb zur Hypothesenprüfung auch auf Daten aus Beobachtungen bei möglichst unterschiedlichen Ausprägungen für die unabhängigen Variablen, d. h. bei möglichst unterschiedlichen Umweltbedingungen, angewiesen. Diese Daten werden durch Befragungen und Erhebungen (Surveys) gewonnen.

Betriebswirtschaftliche Modelle können sowohl naturwissenschaftlich-technologische Beziehungen, konkret in Form von Produktions-, Verbrauchs- und Wachstumsfunktionen, als auch Verhaltensbeziehungen, konkret in Form von Verhaltensfunktionen, enthalten. Während die Produktions-, Verbrauchs- und Wachstumsfunktionen bei den produktions- und investitionswirtschaftlichen Modellen eine größere Rolle spielen, enthalten die absatzwirtschaftlichen Modelle vorrangig Verhaltensfunktionen. Sämtliche Modelle werden darüber hinaus ergänzt durch Definitionsgleichungen, bei denen mittels (mathematischer) Operatoren bestimmte Größen direkt aus anderen Größen hergeleitet werden, z. B. die monetäre Leistung durch Multiplikation der Produktmenge mit dem Produktpreis. Die Definitionsgleichungen bedürfen selbstverständlich nicht der empirischen Überprüfung, sie müssen jedoch logisch konsistent sein.

Insgesamt bezeichnen wir den eben beschriebenen Teil des Erkenntnisprozesses als Verifikation – bzw. mit Popper – als *Falsifikation* (Popper 1966). Popper geht davon aus, dass man Hypothesen nicht verifizieren kann, weil der Mensch grundsätzlich nicht in der Lage ist, die Wahrheit zweifelsfrei zu erkennen. Man kann deshalb nur versuchen, Hypothesen zu falsifizieren. Eine Hypothese, die mehreren Falsifizierungsversuchen erfolgreich widerstanden hat, wird zur *These*, nämlich zu einer vorläufigen Wahrheit, die wir *Theorie* nennen.

Mit dem Prozess der Falsifikation anhand von empirischen Überprüfungen sind wir aus der „Welt der Mathematik" wieder zurückgekehrt in die „Welt der Fakten". Sollte sich bei der Falsifikation ein vorläufiges Modell als unzulänglich erweisen, weil die mit dem Modell gewonnenen Vorhersagen nicht mit der Realität übereinstimmen, müssen die vorhergehenden Schritte des Erkenntnisprozesses auf der Suche nach „richtigeren" Hypothesen – u. U. mehrmals – wiederholt werden.

Zwei Hauptursachen für falsche Hypothesen spielen eine wichtige Rolle: Zum einen kann die prinzipielle Natur der angenommenen Beziehungen – oder mathematisch ausgedrückt – die *Funktionsklasse* der angenommenen Beziehung falsch sein. Zum anderen stimmt zwar die Funktionsklasse, aber die *Parameter* der Funktion wurden falsch oder ungenau geschätzt.

Letzteres bleibt bei vielen Beziehungen bis zu einem gewissen Grade praktisch stets der Fall, weil die Beziehungen *stochastischer Natur* sind. Das bedeutet, dass die abhängigen Variablen in einer Beziehung nicht nur von den in der Beziehung erfassten unabhängigen Variablen, sondern zusätzlich von anderen unabhängigen Variablen beeinflusst werden. Deshalb können die erfassten unabhängigen Variablen das Verhalten des betrachteten realen Systems, d. h. die Werte der abhängigen Variablen, nur unvollständig erklären.

Unser ackerbaulicher Vorfahr wird daher auch nur eine vorläufige Beziehung zwischen dem Rübenertrag und der Stallmistzufuhr finden, weil seine Rübenerträge außer von den Nährstoffen des Stallmistes auch von anderen Wachstumsfaktoren beeinflusst werden, die er aber nicht explizit erfasst hat. Das trifft z. B. für die Witterung in Form der Hauptvariablen Wasser und Solarenergie zu. Eine Einschränkung der Varianz der Schätzwerte gelingt zwar durch mehrfache Versuchswiederholung, aber solche Wiederholungen können nicht das Grundproblem der unzulänglichen Erfassung von Einflussgrößen lösen.

Wird der Falsifikationsprozess schließlich in befriedigender Weise abgeschlossen, dann verfügen wir über ein *operationales Modell*, das uns die Generierung von Vorhersagen als Grundlage für Entscheidungen über Handlungsalternativen erlaubt.

Ziel des realwissenschaftlichen Arbeitens und damit auch der Betriebswirtschaftslehre ist deshalb zwar einerseits die Bildung von Modellen, andererseits aber auch deren Anwendung zur Generierung von Vorhersagen. Mit der Modellanwendung kehren wir ein letztes Mal zurück in die „Welt der Mathematik". Wir rechnen mit dem Modell, um Handlungsvorschläge zu erarbeiten. Die anschließende Durchführung von Handlungen nach Maßgabe der Handlungsvorschläge erfolgt dann wieder in der „Welt der Fakten".

Abschließend sei noch auf eine Problematik der Wissenschaften eingegangen, nämlich auf die Frage nach der Relevanz wissenschaftlicher Erkenntnisse. Die Wissenschaften sollen – wie vorher abgeleitet – den Menschen mit ihren Erkenntnissen bei der Daseinsbewältigung helfen. Diese Hilfe bzw. Relevanz ist bei der Erkenntnis, die unser Ackerbau treibender Vorfahr mit seiner Entdeckung des Zusammenhanges zwischen dem Umfang der Stallmistzufuhr und der daraus resultierenden Höhe des Pflanzenertrages gewonnen hat, sicherlich für jedermann unmittelbar einsichtig. Im Zuge der Entwicklung der Wissenschaften sind aber die Fragestellungen zunehmend komplexer geworden. Namentlich bei Grundlagen orientierten Ergebnissen können deshalb die Menschen als die Kunden der Wissenschaftler deren Nützlichkeit für ihre Daseinsbewältigung – weil sie in den Kontext nicht eingeweiht sind – oftmals nur unzureichend oder auch gar nicht mehr erkennen. Daraus kann sogar eine wissenschaftsfeindliche Einstellung resultieren.

Gerade in Bezug auf die im Kern eigentlich anwendungsorientierten Agrar- und Ernährungswissenschaften hat dieses Phänomen besondere Bedeutung. Die Endkunden als die Erwerbstätigen im Agrar- und Ernährungsbereich können das Gefühl entwickeln, dass die Wissenschaft „abgehoben" ist und ihre Erkenntnisse für sie irrelevant geworden sind.

Auf der anderen Seite versuchen die Wissenschaftler Ergebnisse zu erarbeiten, die von der Scientific Community, d. h. von den Kollegen, als bedeutungsvoll und weiterführend angesehen werden. Man möchte mit wichtigen Beiträgen zitiert werden. Dieses Ziel wird aber eher mit Grundlagen orientierten Beiträgen erreicht. Anders und salopp gesagt: Die Endkunden wollen wissen, wie die Dinge besser funktionieren können, die Wissenschaftler interessiert aber vor allem, wie die Dinge überhaupt funktionieren. Die Kunden sehen nicht immer, dass die Beantwortung der zweiten Frage die Voraussetzung zur Beantwortung der ersten Frage ist.

Hieraus entsteht gerade für den prinzipiell anwendungsorientiert arbeitenden Wissenschaftler ein Spannungsfeld, welches es immer wieder aufs Neue aufzulösen gilt. Die Erkenntnisse sollten einerseits so beschaffen sein, dass sie vor den Augen der „peer group" bestehen können, andererseits aber auch so, dass sie von den Endkunden als vorteilhaft für ihre Daseinsbewältigung angesehen werden. Letzteres u. a. auch dafür, dass die Endkunden als Steuerzahler und Sponsoren „ihre" Disziplinen materiell und auch politisch unterstützen. Dieser Spagat kann immer nur näherungsweise gelingen. Das Pendel wird wohl auf Dauer immer wieder mal mehr nach der einen Seite der Grundlagenorientierung und mal mehr nach der anderen Seite der Anwendungsorientierung ausschlagen. Wie stets in der Betriebswirtschaftslehre geht es auch hier für den einzelnen Wissenschaftler um das Auffinden eines Optimums.

Literatur

AEREBOE, F. (1923): Allgemeine landwirtschaftliche Betriebslehre, 6. Aufl., Berlin

ANDERSON, J. R., DILLON, J. L. and J. B. HARDAKER (1977): Agricultural Decision Analysis, Ames Iowa

ANSOFF, I. (1965): Corporate Strategy, New York

AUERNHAMMER, H. (1976): Eine integrierte Methode zur Arbeitszeitanalyse, Planzeiterstellung und Modellkalkulation landwirtschaftlicher Arbeiten, dargestellt an verschiedenen Arbeitsverfahren der Bullenmast, KTBL-Schrift 203, Darmstadt

AUGTER, G. (1990): Neue Daten zu verfügbaren Feldarbeitstagen, Landtechnik, Jg. 45, H. 7/8, S. 305–307

BAMBERG, G. und A. G. COENENBERG (1991): Betriebswirtschaftliche Entscheidungslehre, 6. Aufl., München

BARNARD, C. S. and J. S. NIX (1979): Farm Planning and Control. 2nd ed., Reprints 1982 & 1999, Cambridge, New York, Melbourne

BAYES, Th. (1736): An Essay Towards Solving a Problem in the Doctrine of Chances. In: Biometrika, 45. Jg., 1958, S. 296

BEA, F. X. (2005): Führung, in: BEA, F. X., FRIEDL, B. und M. SCHWEITZER (Hrsg.): Allgemeine Betriebswirtschaftslehre, Bd. 2, Führung, 9. Aufl., Stuttgart

BEA, F. X. (2004): Entscheidungen des Unternehmens. In: BEA, F. X., FRIEDL, B. und M. SCHWEITZER (Hrsg.): Allgemeine Betriebswirtschaftslehre, Bd. 1, Grundfragen, 9. Aufl., Stuttgart

BEA, F. X., FRIEDL, B. und M. SCHWEITZER (Hrsg.): Allgemeine Betriebswirtschaftslehre, Bd. 1 (2004): Grundfragen, 9. Aufl., Bd. 2 (2005): Führung, 9. Aufl., Bd. 3 (2002): Leistungsprozess, 8. Aufl., Uni-Taschenbücher 1081–1083, Stuttgart

BERG, E. und F. KUHLMANN (1993): Systemanalyse und Simulation für Agrarwissenschaftler und Biologen, Stuttgart

BERNOULLI, D. (1738): Specimen Theoriae Novae de Mensura Sortis (Engl. Übersetzung in: Econometica, 22. Jg., 1954, S. 23)

BERTALANFFY, L. v. (1968): General System Theory, 3. Aufl., New York

BITZ, M., DOMSCH, M., EWERT, R. und F. W. WAGNER (Hrsg.): Kompendium der Betriebswirtschaftslehre, Bd. 1 (2005) und 2 (2005), 5. Aufl., München

BLOECH, J. und W. LÜCKE (2002): Produktionswirtschaft. In: BEA, F. X., DICHTL, E., SCHWEITZER, M. (Hrsg.): Allgemeine Betriebswirtschaftslehre, Bd. 3: Leistungsprozess, 8. Aufl., Stuttgart

BODMER, U. und A. HEISSENHUBER (1993): Rechnungswesen in der Landwirtschaft, Uni-Taschenbücher 1680, Stuttgart

BOEHLJE, M. D. and V. R. EIDMAN (1984): Farm Management, New York, Chichester, Brisbane, Toronto, Singapore

BOGUSLAWSKI, E. v. (1981): Ackerbau: Grundlagen der Pflanzenproduktion, Frankfurt/Main

BOGUSLAWSKI, E. v. (1992): Mündliche Mitteilung

BOTTLER, J. (1982): Wirtschaftslehre des Großhaushaltes, Stuttgart

BRANDES, W. (1979): Über das subjektive Element in der Betriebsplanung. In: Beiträge zur Agrarökonomie, Festschrift zum 80. Geburtstag von Prof. Dr. Dr. h. c. Emil Woermann, Hamburg und Berlin

BRANDES, W. und M. ODENING (1992): Investition, Finanzierung und Wachstum in der Landwirtschaft, Stuttgart

BRINKMANN, Th. (1922): Die Ökonomik des landwirtschaftlichen Betriebes. In: Grundriss der Sozialökonomie, Abt. VII, Tübingen

BROCKHOFF, K. und J. LEKER (1998): Zur Identifikation von Unternehmensstrategien, ZfB, 1201–1223

BUERMANN, H. (1984): Die Ausbildungsstätten – Schulen und Lehrgangsstätten – im Agrarbereich der Bundesrepublik Deutschland, Hrsg. AID, Bonn

Bundesministerium für Ernährung, Landwirtschaft und Verbraucherschutz (jährlich):
Statistisches Jahrbuch über Ernährung, Landwirtschaft und Forsten der Bundesrepublik Deutschland, Münster
Bundesministerium für Ernährung, Landwirtschaft und Verbraucherschutz (2006):
Agrarpolitischer Bericht der Bundesregierung, Bonn
Coenenberg, A. G. (1997): Kostenrechnung und Kostenanalyse, 3. Aufl., Landsberg/Lech
Dantzig, G. B. (1966): Lineare Programmierung und Erweiterungen, Berlin, Heidelberg, New York
DLG (Hrsg.), (2004): Die neue Betriebszweigabrechnung, Arbeiten der DLG, Bd. 197, 2. Aufl., Frankfurt/Main
Doluschitz, R. (1997): Unternehmensführung in der Landwirtschaft, Uni-Taschenbücher 1977, Stuttgart
Dorfmann, R., Samuelson, P. A. und R. M. Solow (1958): Linear programming and economic analysis, New York
Ebert, G. (2000): Kosten- und Leistungsrechnung, 9. Aufl., Wiesbaden
Eisele, W. (2005): Rechnungswesen. In: Bea, F. X., Friedl, B., Schweitzer, M. (Hrsg.): Allgemeine
Betriebswirtschaftslehre, Bd. 2: Führung, 9. Aufl., Stuttgart
Frick, K. F. (1997): Analyse und Entwicklung von Standardproduktionsfunktionstypen in der pflanzlichen
Produktion, Agrarwirtschaft SH 153
Galbraith, J. K. (1963): Gesellschaft im Überfluss, München
Grochla, E. und W. Wittmann (Hrsg.) (1993): Handwörterbuch der Betriebswirtschaft, 5. Aufl., Stuttgart
Gutenberg, E. (1980): Grundlagen der Betriebswirtschaftslehre, Bd. 3: Die Finanzen,
8. Aufl., Heidelberg, Berlin, New York
Gutenberg, E. (1983): Grundlagen der Betriebswirtschaftslehre, Band 1, Die Produktion,
24. Aufl., Berlin, Heidelberg, New York
Hackbusch, W. (1993): Iterative Lösung großer schwachbesetzter Gleichungssysteme:
mit Beispielen und Übungsaufgaben, 2. Aufl., Stuttgart
Hagenmüller, K. F. und G. Diepen (2000): Der Bankbetrieb, 15. Aufl., Wiesbaden
Hahn, D. (1996): PuK – Controllingkonzepte, 5. Aufl., Wiesbaden
Hamm, U. (1991): Landwirtschaftliches Marketing, Stuttgart
Hammer, W. (1976): Arbeitszeit- und Beanspruchungsfunktionen, KTBL-Schriftenreihe, S. 202
Hanf, C. H. (1991): Entscheidungslehre, 2. Aufl., München
Harsh, S. B., Connor, L. J. and G. D. Schwab (1981): Managing the Farm Business, Englewood Cliffs
Hax, A. C. und N. S. Majluf (1991): The Strategy Concept and Process, Englewood Cliffs, New Jersey
Heady, E. O. (1952): Economics of Agricultural Production and Resource Use., Englewood Cliffs
Heinen, E. (1966): Das Kapital in der betriebswirtschaftlichen Kostentheorie, Wiesbaden
Heinen, E. (1978): Betriebswirtschaftliche Kostenlehre, 5. Aufl., Wiesbaden
Heinen, E. (1985): Einführung in die Betriebswirtschaftslehre, 9. Aufl., Wiesbaden
Hlbs (Hauptverband der landwirtschaftlichen Buchstellen und Sachverständigen e.V.) (Hrsg.) (1999):
Begriffskatalog zum Jahresabschluß, Heft 80, 5. Aufl., St. Augustin
Hlbs (Hauptverband der landwirtschaftlichen Buchstellen und Sachverständigen e.V.) (Hrsg.) (1996):
Betriebswirtschaftliche Begriffe für die landwirtschaftliche Buchführung und Beratung, Heft 14,
7. Aufl., St. Augustin
Hofer, C. W. and D. Schendel (1978): Strategy Formulation: Analytical Concepts, St. Paul, Minnesota
Horváth, P. (1998): Controlling, 7. Aufl., München
Hungenberg, H. (2000): Strategisches Management in Unternehmen, Wiesbaden
Jórasz, W. (1996): Kosten- und Leistungsrechnung, Stuttgart
Kay, R. D. (2004): Farm Management, Planning, Control and Implementation, 5th ed., New York
Kemeny, J. G. (1959): A Philosopher Looks at Science, New York, London, Toronto
Kilger, W. (1992): Einführung in die Kostenrechnung, 2. Aufl., Wiesbaden
Kilger, W. (1993): Flexible Plankostenrechnungen und Deckungsbeitragsrechnung, 10. Aufl., Wiesbaden
Kistner, K. P. (1993): Produktions- und Kostentheorie, 2. Aufl., Heidelberg

KNIGHT, F. H. (1921): Risk, Uncertainty and Profit, Boston and New York

KÖHNE, M. (1993): Landwirtschaftliche Taxationslehre, 2. überarb. Auflage, Hamburg und Berlin

KÖHNE, M. und R. WESCHE (1995): Landwirtschaftliche Steuerlehre, 3. Aufl., Stuttgart

KORNDÖRFER, W. (2003): Allgemeine Betriebswirtschaftslehre, 13. Aufl., Wiesbaden

KOSIOL, E. (1966): Die Unternehmung als wirtschaftliches Aktionszentrum, Reinbek

KOSSBIEL, H. (2002): Personalwirtschaft. In: BEA, X. F., DICHTL, E. und M. SCHWEITZER (Hrsg.): Allgemeine Betriebswirtschaftslehre, Bd. 3, Leistungsprozess, 8. Aufl., Stuttgart

KOTLER, Ph. (1974): Marketing-Management, 2. Aufl., Stuttgart

KOTLER, Ph. (1989): Marketing Management: Analyse, Planung und Kontrolle, 4. Aufl., Stuttgart

KROPP, M. (1996): Entwicklung eines Modellsystems zur Konfiguration technisch zulässiger Maschinenausstattungen für die Pflanzenproduktion, Göttingen

KUBICEK, H. und N. THOM (1993): Umsystem, betriebliches. In: Handwörterbuch der Betriebswirtschaft, 5. Aufl., Stuttgart

KUHLMANN, F. (1969): Modelle zum Wirtschaftswachstum - eine theoretische und empirische Studie unter besonderer Berücksichtigung des Wirtschaftsbereiches Landwirtschaft –, Agrarwirtschaft, SH. 35, Hannover

KUHLMANN, F. (1971): Entnahmefähige Einkommen in wachsenden landwirtschaftlichen Unternehmen, Frankfurt/Main

KUHLMANN, F. (1990): Ökonomische Ziele und Grenzen des konventionellen und des integrierten Landbaus. In: DIERKS, R. und R. HEITEFUSS (Hrsg.): Integrierter Landbau, München, Wien, Zürich

KUHLMANN, F. (1990): Technische Entwicklungstendenzen in der Betriebsführung. In: Schriften der Gesellschaft für Wirtschafts- und Sozialwissenschaften des Landbaus, Bd. 23, Münster-Hiltrup, S. 41

KUHLMANN, F. (1992): Zum 50. Todestag von Friedrich Aereboe: Einige Gedanken zu seiner Intensitätslehre, Agrarwirtschaft 41, S. 122–230

KUHLMANN, F. und C. M. BRODERSEN (1999a): Informations- und Entscheidungs-Unterstützungs-Systeme (EUS), In: Schriftenreihe der Gesellschaft für Wirtschafts- und Sozialwissenschaften des Landbaues, Bd. 35, 75-84

KUHLMANN, F. und C. M. BRODERSEN (1999b): Nutzung der EDV in der Landwirtschaft - Kritische Entwicklungen und Perspektiven, Agrarwirtschaft, Bd. 48, 122–129

KUHLMANN, F. und C. M. BRODERSEN (2001): Information Technology and Farm Management: Developments and Perspectives. In: Computers and Electronics in Agriculture, 30, 71–83

KUHLMANN, F. und K. F. FRICK (1995): Produktionstheoretische Betrachtungen über das „Gesetz des Minimums" und das „Gesetz vom abnehmenden Ertragszuwachs", Berichte über Landwirtschaft 73, S. 591–623

KUHLMANN, F. und P. WAGNER (1986): Zur Nutzung der Informationselektronik in landwirtschaftlichen Unternehmen. In: Berichte über Landwirtschaft, Bd. 64 (3), S. 408

KUPSCH, P. (2004): Steuersystem. In: BEA, F. X., FRIEDL, B. und M. SCHWEITZER (Hrsg.): Allgemeine Betriebswirtschaftslehre, Bd. 1, Grundfragen, 9. Aufl., Stuttgart

KTBL (Kuratorium für Technik und Bauwesen in der Landwirtschaft) (Hrsg.) (jährlich): Betriebsplanung Landwirtschaft: Daten für die Betriebsplanung in der Landwirtschaft, Münster

KTBL (Kuratorium für Technik und Bauwesen in der Landwirtschaft) (Hrsg.) (jährlich): Standarddeckungsbeiträge (SDB), Daten zur Betriebsklassifizierung nach der EU-Typologie, Münster (http://www.ktbl.de/standarddeckungsbeitrag/index.htm)

KTBL (Kuratorium für Technik und Bauwesen in der Landwirtschaft) (Hrsg.) (2005): Faustzahlen in der Landwirtschaft, 13. Aufl., Münster-Hiltrup

LANDESBETRIEB LANDWIRTSCHAFT HESSEN (2006): Buchführungsergebnisse Landwirtschaftlicher Betriebe in Hessen, Kassel

LIPSCHUTZ, S. (1976): Wahrscheinlichkeitsrechnung, Schaums Überblicke, London

LOBENSTEIN, Th. (2002): Konzeption und Implementierung eines integrierten Controllinginstruments für landwirtschaftliche Unternehmen, Dissertation, Gießen

LOHMANN, M. (1955): Einführung in die Betriebswirtschaftslehre, 2. Aufl., Tübingen
MASLOW, A. H. (1954): Motivation and Personality, New York
NEUMANN, J. v. und O. MORGENSTERN (1961): Spieltheorie und wirtschaftliches Verhalten, Würzburg
ODENING, M. und W. BOKELMANN (2001): Agrarmanagement, 2. Aufl., Stuttgart
OELDORF, G. und K. OLFERT (2000): Materialwirtschaft, 9. Aufl., Ludwigshafen (Rhein)
PACK, L. (1965): Rationalprinzip, Gewinnprinzip und Rentabilitätsprinzip, ZfB, S. 525 ff.
PERRIDON, L. und M. STEINER (2002): Finanzwirtschaft der Unternehmung, München
PFOHL, H. C. (2000): Logistiksysteme, 6. Aufl., Berlin et al.
POPPER, K. (1966): Logik der Forschung, Tübingen
PORTER, M. E. (1999): Wettbewerb und Strategie, München
PREISER, E. (1953): Der Kapitalbegriff und die neuere Theorie.
In: Jahrbücher für Nationalökonomie und Statistik, Bd. 165, S. 16
REISCH, E. und J. ZEDDIES (1992): Einführung in die landwirtschaftliche Betriebslehre.
Spezieller Teil. 3. Aufl., Uni-Taschenbücher 617, Stuttgart
ROGERS, E. M. (1962): Diffusion of Innovations, New York
ROGGENDORF, B. (1991): Ausbildungsberufe im Agrarbereich, AID-Heft 1013/1991, Bonn
SAUER, N., WEIERSHÄUSER, L. und B. HARDEWEG (2004): Standarddeckungsbeiträge (SDB) 2000/01, 2001/02, 2002/03, hrsg. vom Kuratorium für Technik und Bauwesen in der Landwirtschaft e.V. (KTBL), Darmstadt
SAVAGE, L. J. (1954): The Foundations of Statistics, New York
SCHÄFER, E. (1963): Die Unternehmung, 5. Aufl., Opladen
SCHIERENBECK, H. (2002): Grundzüge der Betriebswirtschaftslehre, 16. Aufl., München und Wien
SCHLAIFER, R. (1959): Probability and Statistics for Business Decisions, New York, Toronto, London
SCHMIDT, A. (1998): Kostenrechnung: Grundlagen der Vollkosten-, Deckungsbeitrags-,
Plankosten- und Prozesskostenrechnung, 2. Aufl., Stuttgart
SCHNEIDER, E. (1954): Wirtschaftlichkeitsrechnung, 5. Aufl., Tübingen, Zürich
SCHWEITZER, M. (2004): Gegenstand und Methoden der Betriebswirtschaftslehre. In: BEA, F. X., FRIEDL,
B. und M. SCHWEITZER (Hrsg.): Allgemeine Betriebswirtschaftslehre,
Bd. 1: Grundfragen, 9. Aufl., Stuttgart
SEUSTER, H. (1966): Der funktionelle Ablauf im landwirtschaftlichen Betrieb, Hamburg und Berlin
SIEBERT, Ch. (2004): Konzeption und Implementierung eines integrierten Jahresplanungsmodells für
Unternehmen der Agrar- und Ernährungswirtschaft, Dissertation, Gießen
STEFFEN, G. und D. BORN (1987): Betriebs- und Unternehmensführung in der Landwirtschaft,
Uni-Taschenbücher 1423, Stuttgart
STEGER, J. (1999): Kosten- und Leistungsrechnung, 2. Aufl., München, Wien
STEINBUCH, P. A. (2001): Logistik, Herne, Berlin
STEINHAUSER, H., LANGBEHN, C. und U. PETERS (1992): Einführung in die landwirtschaftliche Betriebslehre.
Allgemeiner Teil, 5. Aufl., Uni-Taschenbücher 113, Stuttgart
STRECKER, O., REICHERT, J. und P. POTTEBAUM (1996): Marketing in der Agrar- und Ernährungswirtschaft,
3. neubearb. Aufl., Frankfurt/Main
SÜCHTING, J. (1995): Finanzmanagement: Theorie und Politik der Unternehmensfinanzierung, 6. Aufl., Wiesbaden
THAER, A. (1821): Grundsätze der rationellen Landwirtschaft, 2. wohlfeilere Ausgabe, Berlin
THÜNEN, J. H. v. (1875): Der isolierte Staat in Beziehung auf Landwirtschaft und Nationalökonomie, 3. Aufl., Berlin
WALD, A. (1950): Statistical Decision Functions, New York
WIENER, N. (1952): Mensch und Menschmaschine, Frankfurt/Main und Berlin
WÖHE, G. (2000): Einführung in die Allgemeine Betriebswirtschaftslehre, 20. Aufl., München
WÖHE, G. (2005): Einführung in die Allgemeine Betriebswirtschaftslehre, 22. Aufl., München
WOLFSTETTER, G. (1993): Moderne Verfahren der Kostenrechnung, 4. Aufl., Pfaffenweiler

Sachregister